国家社科基金
GUOJIA SHEKE JIJIN HOUQI ZIZHU XIANGMU
后期资助项目

绥德方言调查研究

Investigations and Researches on
Dialect of SuiDe

黑维强　著

北京师范大学出版集团
BEIJING NORMAL UNIVERSITY PUBLISHING GROUP
北京师范大学出版社

图书在版编目(CIP)数据

绥德方言调查研究 / 黑维强著. —北京：北京师范大学出版社，2016.12

（国家社科基金后期资助项目）

ISBN 978-7-303-19246-5

Ⅰ.①绥… Ⅱ.①黑… Ⅲ.①西北方言—调查研究—陕西省 Ⅳ.①H172.2

中国版本图书馆 CIP 数据核字（2015）第 173186 号

营 销 中 心 电 话　010-58805072　58807651
北师大出版社学术著作与大众读物分社　http://xueda.bnup.com

出版发行：北京师范大学出版社　www.bnup.com
　　　　　北京市海淀区新街口外大街 19 号
　　　　　邮政编码：100875
印　　刷：三河兴达印务有限公司
经　　销：全国新华书店
开　　本：730 mm×980 mm　1/16
印　　张：42
字　　数：755 千字
版　　次：2016 年 12 月第 1 版
印　　次：2016 年 12 月第 1 次印刷
定　　价：84.00 元
审 图 号：陕 S（2015）029 号

策划编辑：曾忆梦　　　　　责任编辑：王　宁
美术编辑：王齐云　　　　　装帧设计：王齐云
责任校对：陈　民　　　　　责任印制：马　洁

国家社科基金后期资助项目
出 版 说 明

　　后期资助项目是国家社科基金设立的一类重要项目，旨在鼓励广大社科研究者潜心治学，支持基础研究多出优秀成果。它是经过严格评审，从接近完成的科研成果中遴选立项的。为扩大后期资助项目的影响，更好地推动学术发展，促进成果转化，全国哲学社会科学规划办公室按照"统一设计、统一标识、统一版式、形成系列"的总体要求，组织出版国家社科基金后期资助项目成果。

全国哲学社会科学规划办公室

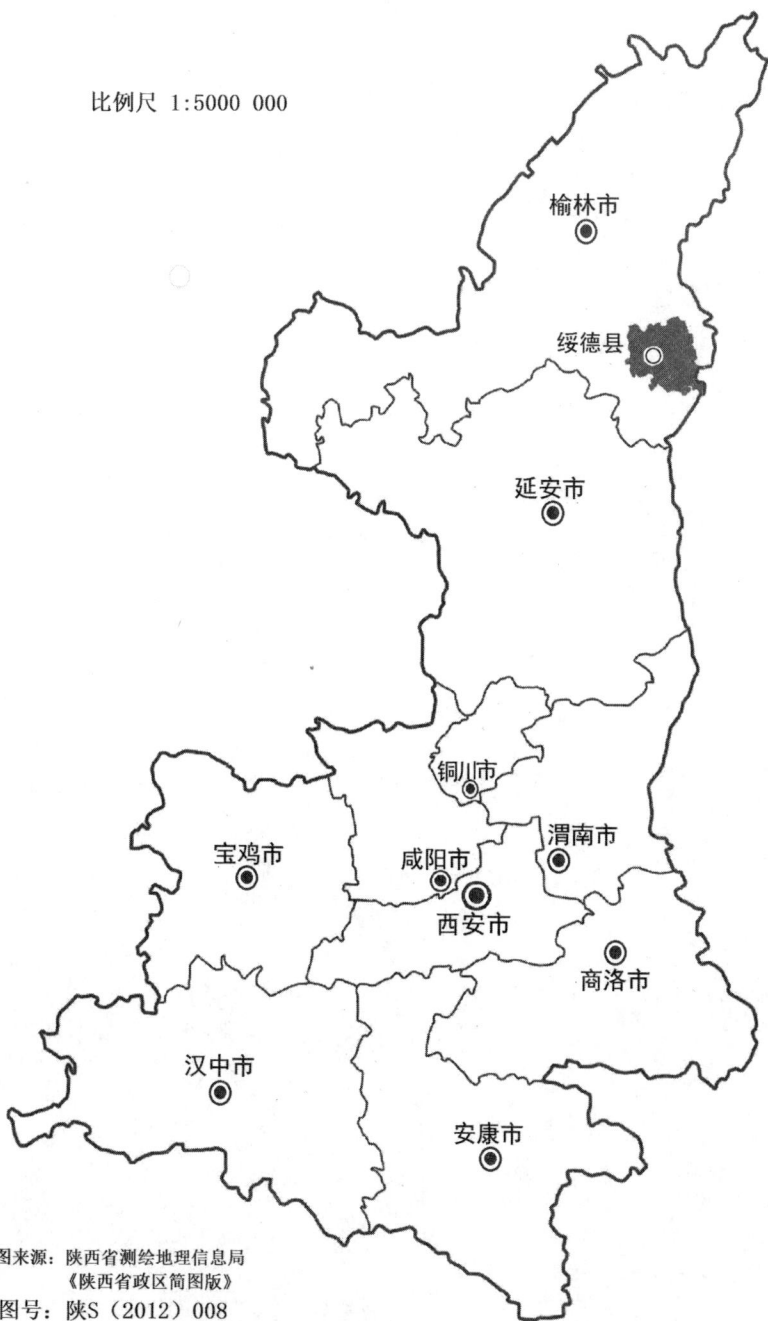

比例尺 1:5000 000

榆林市

绥德县

延安市

铜川市

宝鸡市

咸阳市

渭南市

西安市

商洛市

汉中市

安康市

地图来源：陕西省测绘地理信息局
《陕西省政区简图版》
审图号：陕S（2012）008

绥德县在陕西省的地理位置

目 录

语音篇

词汇篇

语法篇

语料篇

第一章 导论

第一节 人文地理、历史沿革、人口概况[①]

一、人文地理

绥德县位于陕西省北部，榆林市东南部，无定河下游，在北纬37°16′—37°45′、东经110°04′—110°41′。东连吴堡县，西邻子洲县，北接米脂县，南靠清涧县，东北角与佳县接壤，东南角濒临黄河，与山西省柳林县隔河相望。全县地势西北高，东南低。境内多为黄土峁梁、丘陵沟壑，沿无定河、大理河河谷有川台平地，当地人称为"川地"，是绥德县唯一的水利灌溉地。境内地形由西北向东南倾斜，海拔在607.8—1287米，最高地位于薛家河乡内的主天山，海拔1287米。县城海拔821米。县域略呈方形，西南略缺。县境东西宽56公里，南北长51.8公里，总面积1848平方公里，农耕地82.9万亩。无定河由北向南纵贯全县，黄河流经东南县界。绥德县属于温带大陆性干旱气候，年均气温9.7°，无霜期165天，年均降水量486毫米。农作物主要有高粱、黄豆、玉米、谷子、糜子等杂粮。

绥德历来是陕北地区的一个重镇，在陕北政治、经济、文化、军事、交通等诸方面具有重要地位。今天公路、铁路四通八达，纵贯南北的210国道和横穿东西的307国道、太银高速公路交会于此，西（安）包（头）铁路和太（原）银（川）铁路分别在县城十字交会。地理位置重要，故而素有"天下名州"之美誉。

二、历史沿革

绥德地处中华民族发祥地的黄河中游地区，历史悠久，建置较早。据境内众多的仰韶文化、龙山文化遗址考证，距今五六千年之前，就有人类在这里繁衍生息。"绥德"之名始于北朝，取"绥民以德"之意。根据

---

① 本节内容在写作中参考了《绥德县志》有关章节，特此说明。

有关史志记载，夏商为雍州地，周为狄地，春秋时属晋国，战国魏设上郡，后归秦国、赵国。秦始皇统一六国，仍设为郡。汉沿秦置，楚王项羽曾改上郡为翟国。新莽时改为增山。三国两晋时为并州属地。东晋义熙三年(407)之后被大夏国占领，设吴儿城。北朝时，在今县城东设立政和县，西设立魏平县，隶属于朔方郡。西魏设绥州、安宁郡、上县。隋初改为上州，不久改州为郡，设雕阴郡、上县。唐玄宗天宝元年(742)改上县为龙泉县。五代建制未变。北宋太平兴国七年(982)，设绥德城，隶延州，建今之县城。宋元符二年(1099)改设绥德军，隶永兴军路，辖领城、寨、关、堡33个。南宋建炎二年(1128)金国占领，金大定二十二年(1182)改绥德军为绥德州，隶属鄜延路，辖米脂、清涧、义合等8县。正大三年(1226)在州下设绥德县，今县名正式确立。元朝至元四年(1267)撤销绥德县，县地归绥德州直辖。明洪武初于绥德州增设延绥镇，辖领延安、绥德、东胜、庆阳4个卫。清雍正三年(1725)改绥德州为直隶州。民国二年(1913)废州设为绥德县，隶属榆林道。1933年撤销道置，绥德县直属陕西省。1935年，国民党在绥德县设立陕西省第二行政督察专员公署，辖绥德、清涧、吴堡、延川、延长、安塞、安定、保安、肤施9县。1940年2月29日，绥德全县解放，建立了陕甘宁边区绥德分区行政督察专员公署。1950年5月，改设陕西省绥德专员公署，辖绥德、米脂、佳县、吴堡、清涧、子洲、子长、延川8县。1956年10月，撤销绥德专员公署，绥德县隶属榆林专员公署。1984年7月行政区划改革后，全县设23个乡镇，2000年7月，改属榆林市，设20个乡镇。

截至2007年，绥德县设9乡11镇，即名州镇、薛家河镇、四十铺镇、石家湾镇、田庄镇、薛家峁镇、崔家湾镇、义合镇、吉镇镇、枣林坪镇、定仙墕镇、赵家砭乡、韭园沟乡、张家砭乡、辛店乡、白家硷乡、满堂川乡、马家川乡、中角乡、河底乡。①

绥德县城在名州镇。

三、人口概况

绥德县的人口历史文献资料不详。现在能见到的相关资料是明代马理、吕柟所纂写《陕西通志》卷33《户口》中的有关记载。西汉上郡户十万三千六百八十三，人口六十万六千六百八十五；东汉上郡户五千一百六十九，人口二万八千五百九十九；隋雕阴郡户三万六千一十八；明绥德

---

① 最近将赵家砭乡、辛店乡、马家川乡、河底乡并入周围其他乡镇。

州户一千一百一十二，人口一万四千二百七十，军卫户一万七千五百，人口二万六千五百五十。① 但是这些数据是绥德所属郡、州所辖县区的全部人口，非绥德县独有。所以绥德县人口历史发展、变化的资料不能对方言发展历史提供有效参考。能够准确说明绥德县人口状况的资料为近年统计。最新资料是 2005 年年底的统计，全县总人口 35.2 万人，其中男 182858 人，女 169670 人，人口密度 173 人/平方公里。主要是汉族，也有其他少数民族。

第二节　绥德的方言归属与内部差异

一、绥德方言的归属

根据 1987 年版《中国语言地图集》和沈明《晋语的分区（稿）》（2006）的划分，绥德方言归属晋语五台片。晋语五台片的语音特点是古清平和古清上、次浊上字今声调相同，入声不分阴阳。这些特点绥德方言大多数乡镇都具备，因此，将绥德方言归属晋语五台片是没有任何问题的。但这只是一个粗略的划分，如果从绥德县全境方言来说，有些乡镇的归属存在一些不足。从我们的调查结果看，根据声调特点，其中黄河沿岸的乡镇（即沿河区）应该划归晋语吕梁片汾州小片（详见下文）。吉镇区也当属吕梁片汾州小片，但是与沿河区相比，缺失了系统的文白异读特点，因此又具有五台片与吕梁片过渡区的性质。

二、绥德方言内部差异

《绥德县志》（2003：677）中《方言志》的有关章节将绥德方言分为城区、东北区、东南区、南区四个区。由于调查的深度和编写者的专业水平限制等原因，有关区域的划分及乡镇的归属，存在一些问题，从语言实际情况来看，所分区域不够准确，故而需要重新划分。根据语音上的差别，绥德方言大致可以分为四个区域两大片：城区、义合区、沿河区、吉镇区。城区、义合区可以合并为一个大片，吉镇区、沿河区为另一大片。

绥德方言分区的语音条件主要有六项：（1）知系字（止、效、咸开三、

---

① （明）马理、吕柟纂，李之勤等校点：《陕西通志》，西安，三秦出版社，2006，第 1817～1846 页。

山开三、曾以及章组深、梗开三除外)有没有分化；(2)是否存在成系统的文白异读；(3)是否保存比较完整的入声韵；(4)宕效部分字是否合流；(5)假摄章组字是否读鼻音尾-ŋ；(6)阴平与上声单字调是否独立。见表 1-1。

表 1-1　绥德方言分区语音条件

分区条件	城　区	义合区	沿河区	吉镇区
(1)知系字没有分化	+	－	－	－
(2)文白异读成系统	－	－	+	－
(3)保存比较完整的入声韵	－	－	+	+
(4)宕效部分字合流	－	+	－	－
(5)假摄章组字读鼻音尾-ŋ	+	－	－	－
(6)阴平与上声单字调各自独立	－	－	+	+

注：上表"＋"表示存在该语音现象；"－"表示不存在该语音现象。

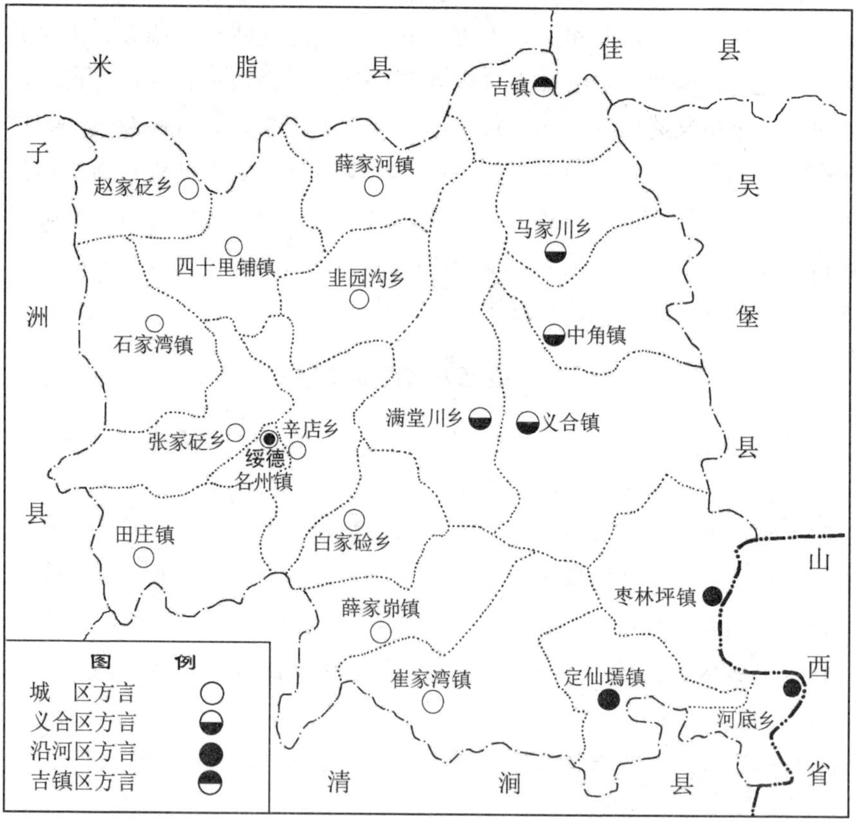

图 1-1　绥德方言分区图

根据(1)(5)的条件，把绥德方言分为城区与东部乡镇两个区。再据(2)(3)(4)(6)可将东部区分为义合区、沿河区、吉镇区三个区，义合区只具备(4)的条件，沿河区兼有(2)(3)(6)的条件，吉镇区具有(3)(6)的条件。

其中城区分布范围最大，有12个乡镇，占全县的一半多。各区的差异主要表现在以下方面。

声母方面的差异表现在古代疑影母字上。古疑母字城区、义合区读零声母，沿河区、吉镇区读 n-。例如，山摄开口二三四等的眼、颜、雁、言、砚，咸摄开口三等的酽茶浓，假摄开口二等的牙、芽。古影母字四个片都读 ŋ- 外的字，城区、义合区读零声母，沿河区、吉镇区读 n-。例如，假摄开口二等的鸦、哑，山摄开口三等的蔫，咸摄开口三等的鸭、淹。绥德方言能区别知组字与照组字的读音，但是各区将两组与精组合流的情况却并不一致，城区与精组合流的字少，其他三区与精组合流的字多，照组今读合口呼的遇、止、山、臻、宕、江、通摄字，城区读-tʂ 组音，其他三区读-ts 组音。

韵母方面，古代入声韵在城区、义合区中只保存一部分，沿河区、吉镇区保存得较为完整；入声韵的主要元音系统各区不一致，城区、义合区的元音只有一套，以 ə 为主要元音，沿河区、吉镇区有三套，以 a、ə、e 为主要元音。

声调方面，绥德方言各个区大致一致，但是也存在差异。城区、义合区有阳平、阴平上、去声、入声四个单字调，调值相同。沿河区、吉镇区阴平与上声没有合流，有阴平、阳平、上声、去声、入声五个单字调，阴平读213，上声读312。

从文白异读的情况看，沿河区与城区、义合区、吉镇区有着明显的差别。沿河区的文白异读成系统分布，其他三个区只是个别字存在文白异读，不成系统。

三、绥德方言的形成与地位

（一）绥德方言的形成

关于绥德方言的形成，由于各种原因，清代以前的文献中没有任何有关的信息记录。现在所见最早直接记载绥德方言的文字，是清朝乾隆年间修纂的《绥德州直隶州志》卷3《风俗志》("附方言")，其中只有一句话："绥德语言类太原、代州等处，与汾阳、永宁虽接壤，却不相似也。"光绪年间修纂的《绥德州志》卷4《风俗卷》注："按，绥德方言多宫商之音，而少唇齿轻音，故口语稍缓，与榆林语言相近，与长安口音不同也。"这两条材料表明绥德方言与汾阳、永宁（今山西汾阳、离石）在地理上近邻，语音上却差异较大，与榆林方言相近，而与省府长安口音不相同。这里的"多宫商之音，而少唇齿轻音，故口语稍缓"，其义难以理解。材料中没有说明绥德方言产生的时代问题。

那么，绥德方言的形成大致在什么时期呢？一种方言的形成受政治、经济、文化、地理等诸多因素的影响，绥德方言形成当与整个陕北晋语形成的时代一致，陕北晋语形成时代，也就是绥德方言形成的时代。所以讨论绥德方言的形成过程，离不开对陕北晋语乃至整个晋语大背景的考察。

关于陕北晋语的来源，前辈时贤已有论及。例如，罗常培在《唐五代西北方音》(1961：136，143)一书讨论唐五代西北方音与现代西北方音之间的关系时指出，"我现在所采取的六种西北方音——兰州平凉西安三水文水兴县——虽然不能算是牠们的直接后代音，然而从几个特点来看，其间实在不无渊源可寻"。现代山西文水、兴县、平阳以及"陕北的安塞延川清涧吴堡绥德米脂等处也有类似的读法，这便是从唐五代沙州附近的方音一脉相传下来的"。乔全生(2004)则更为明确地提出："唐五代汉语西北方言的嫡系支裔就是现代晋方言。主要包括今山西、陕北等地方言。"我们从词汇的角度也就晋语和唐五代西北方言之间的继承关系作过一些举例与分析(黑维强2010c：148－199)。因此，可以初步确定绥德方言的形成时代是唐五代时期。

在绥德方言(亦即陕北晋语)形成过程中，有几点需要特别强调。首先，关中地区政治、文化因素对陕北晋语形成影响较小。行政区划在汉语方言的形成演变过程中是一个非常重要的因素。从行政管辖历史来看，今陕西省政治、文化、经济中心的西安，在唐五代时期是国家的政治文化中心，宋代随着国都东移，它的政治地位下降，但是在元代以后一直是省府所在地，因此，西安所在地的关中方言仍然具有权威性。从文献来看，关中方言与《中原音韵》的关系有着显著的一致性，换言之，在有元一代开始，已经具有了现代关中方言的基本特征。而绥德方言还保留着《中原音韵》之前的一些语音特点，可以说明绥德方言在元代之前就已经形成了。如果从历史上行政管辖角度来看，也能为我们提供绥德方言形成时代的一丝线索。例如，绥德方言中将外地人称呼为"外路人"，蔑称为"外路脑子"。冠名以"路"的行政区划称谓，最早是宋代，最晚为元代，宋代绥德隶属永兴军路，金隶归鄜延路，元代为陕西行省延安路。

陕北地区行政上在元代以后一直是西安省府所直管，但是省府下还设有州一级行政机构，与省府直接往来的是这一级机构的官员，在异地为官的封建治理政策之下，来陕北做官者皆为他乡之人，也就是说，省府的方言对陕北人的方言影响不明显。所以可以作出一个推测，绥德方言的形成有可能就在这个时代之内，我们的看法趋向于元代之前。

明代山西移民在绥德方言形成中的作用不大。我们经常听到有人说绥德人是明代从山西迁来的，即洪武年间从洪洞县大槐树或枸杞杞畔（大概在今洪洞境内或附近）移居而来，据此来确定绥德方言与山西方言的关系，或说明今天绥德方言的来源。这一说法没有语言事实作根据，不可信。一般说，某一方言是因移民缘故而形成的，迁出地与迁入地方言来源具有同源性，在跨越不太久远时代之内（洪武年到今六百来年，从晋语保存一千年前的语音现象看，六百年也不算太长），两地应该或多或少地保存着一些共同语言成分，这样就可以证明移民因素所起的作用。事实上洪洞只是移民的集聚地与发散地，移来的不一定就是洪洞当地人。退一步说，即便是洪洞人，也没有语言证据可考的，这从语音和词汇上最容易说明。语音上看，洪洞方言（包括周边一些地方）是中原官话汾河片，与晋语五台片的绥德方言差别很大。例如，是否有入声，古全浊声母不论平仄，今逢塞音、塞擦音一律送气与否，"书、人"读 f、v 与否。这些方面两地截然不同，属于两个方言类型。词汇上看，绥德方言中有许多常用词语，在洪洞方言中找不到，而与绥德隔河相望的柳林、离石等处却在使用，在陕北其他地方也普遍使用。这说明洪武年间的移民结果与绥德方言的形成没有多大关系。另外，有许多方志中随手可见的记载，某时某地当时千里无人烟，十室九空，实在是夸大其词的文学笔法，多不可完全相信。客家方言的形成是移民造成的，这是真实可信的事实，但是像这样规模的移民极其少见。而方言中有些例外或特殊现象的形成，如果没有确凿的事实依据，简单地归结于人口迁徙造成的，是移民原因造成的，或者只在移民方面寻找原因，这是不可取的。我们不能过高地看重移民对方言差异形成的作用，仅据此而作出的一些结论需要斟酌。今陕北晋语形成不是明代移民的结果，如果是移民造成的，同一个源头如何会有如此多的区别？有的属于五台片，有的是吕梁片，有的独立为志延片？难道这些差别是明代移民之后才形成的？侯精一（1999：45）对山西境外晋语区形成有一论述："山西的移民是形成山西境外晋语区的直接原因。"对于河南、内蒙古晋语而言，这是无疑的。而对陕北晋语来说，恐怕并非如此直接。

地理因素是陕北晋语形成中的关键因素。陕北地形属于高原、山地类型，与关中平原相比，历史上交通十分不便，彼此联系受到严重阻碍，关中地区的文化包括方言在内，较难传播到陕北地区，陕北地区方言受关中权威方言的影响极其有限，地理因素是一个主要原因。地理因素中的地形对方言的影响是起绝对阻隔作用，而却在无江河阻隔的同时又有联系纽带作用。

语言事实本身的解释力。从语音上看，唐宋时期的一些语言现象在绥德方言中保留着。例如，文白异读保留唐五代宋西北方言的一些现象（见第五章第五节）。既然是那个时代的语音现象的残存，说明这里的方言从唐五代至今在历史演变过程中没有脱节过，也就是这里的人口在改朝换代的时候并没有出现过断层，而是一脉相承的。从有关历史文献的记载看，陕北地区人口并没有在某朝某代全部迁走而出现空缺断代现象，这从另外一个角度说明了方言发展具有连续性。

从词汇上看，绥德方言保留古代词汇有先秦的，也有汉魏以后的，而更多的是唐五代及其之后的。例如：装袄棉袄；装裤棉裤；掳击打，揉搓；质淤积；唵以掌进食；科修剪；烧霞光；艺解能力、办法；枚量词，用于表人；价（家）助词，时、时候等，它们是唐代文献或敦煌文献中出现的，有的在宋代文献也还能见到。绥德方言的继承使用，说明古今之间是相联系的，它们是绥德方言源头的体现之一。

（二）绥德方言的地位

绥德地处陕北腹地，从发展历程来看，历来是陕北地区的政治、经济、交通、文化中心。自从北魏将绥德设立为州，下领今周边数县，直到中华人民共和国成立初期，都是一个行政专区，领有现在属于榆林市南部的六个县及延安市的部分县，可见其作为陕北的一个政治中心是毫无疑问的。在文化方面，绥德也是陕北文化的中心地之一，最具陕北地域性特色的文化，无论是衣食住行，还是社会习俗，无不以绥德为代表。由于这个缘故，绥德对周边的文化有着很大的影响，同时，又对周边文化具有极大的兼容力。作为文化构成要素之一的绥德方言也是如此，绥德方言以外的一些陕北晋语现象在绥德方言中能看到它们的根源，绥德方言是陕北晋语的代表方言。关于绥德方言的地位、价值，邢向东（2006a：14）曾经说道："在陕北晋语中，绥德县城话有一定的威信，显得比较'文'，显然受到了来自四面八方的影响。""绥德话代表了受到共同语和权威方言影响的陕北方言，对周围其他方言有一定的辐射力。""方言学者一般把绥德话作为陕北晋语的代表，这无疑是正确的。"刘勋宁给笔者的来信中曾数次说道绥德话是陕北的"普通话",具有陕北方言的权威性。他们的看法是中肯的。

绥德方言虽然处于相对闭塞的陕北地理环境下,却仍然受到共同语和权威方言的影响而在变化。陕北晋语语音方面最大特点是保留古代入声调类,但是入声开始发生变化,一些入声字韵尾-ʔ消失,韵母舒化,并入到了其他声调;入声尾-ʔ开始弱化,不再紧促,念单字音时,已经没有塞音尾。李荣(1985a)指出:"陕西省的方言,陕北有入声,可是好些处一部分古入声字已经变成舒声了,可以说是从有入声到无入声,就是从晋语到官话的过渡区。"李荣1986年3月给刘育林《陕西省志·方言志·陕北部分》作的《序》中又说:"陕北方言有入声,就整个地区而言,古入声字今读入声的从北到南,从西到东,逐步递减。这现象充分说明方言在地理上的渐变性,因此陕北可以说是'有入声'到'无入声'的过渡地带。"这个陕北方言从北到南的"从有入声到无入声"具体起点在哪里呢?根据我们调查的结果,起点就在绥德,绥德方言是渐变的起点,是陕北晋语语音向官话语音演变的起点。绥德北邻的米脂县及米脂以北的横山、榆林、神木、府谷、佳县,中古入声几乎完整地保留着,而绥德方言的城区、义合区将咸、山、宕、江、曾开一、梗开二合三摄的入声调,读舒声调,与阳平调合并,绥德县以南的清涧、延川、子长等地,入声都不再完整地保留了。"清涧话保留了入声,但入声调已分化为阴、阳两类,韵尾只有喉塞音-ʔ一种,而且有一部分古入声字已派入舒声。"(刘勋宁1998a:73)由此可以看到绥德方言在陕北晋语中所处的地位以及研究价值所在。

四、绥德沿河区方言归属

因文白异读现象和声调差异的缘故,沿河区方言被称之为"河畔话"或"前山话",沿河区的人被称为"河畔上的"。

在1987年版的《中国语言地图集》中,将绥德方言全部划归晋语五台片,就绥德全县大多数地方来说,这是没有什么问题的,但是对于县境内的所有方言全部作这样的归属,还是有些不妥。根据我们调查,绥德境内的方言并不完全一致,沿河区与城区的差异还非常突出。从现有的材料来看,沿河区方言语音的总体特征与相邻的清涧、吴堡方言具有明显的一致性,即更具有晋语吕梁片汾州小片的主要语音特征,而非五台片的特征。因此,沿河区方言应该划归晋语吕梁片汾州小片,而非晋语五台片。

侯精一(1986/1999:78—79)对晋语吕梁片汾州小片提取的语音特征

归纳为：平声、入声分阴阳，阴平与上声不同调，即古平清与上清次浊各自独立，去声不分阴阳。绥德沿河区方言划归吕梁片汾州小片，除了文白异读这一特征，也几乎具有吕梁片汾州小片的全部表现。在此通过与划归吕梁片汾州小片的清涧、吴堡方言比较来说明。

在声母方面，清涧、吴堡的疑影母字都有读鼻音声母的现象，沿河区亦然。请看表1-2。

表1-2　声母比较

声母	例字	清涧	吴堡	沿河区
疑母	牙芽眼颜雁言砚/鱼渔	Ø/n	Ø/n̳	Ø/n
影母	鸦哑淹鸭	Ø/n	Ø/n̳	Ø/n

这些字在五台片的绥德城区、米脂、子洲、神木方言中都读零声母。

沿河区古全浊声母入声部分字今读送气音，清涧、吴堡方言也读都送气音，而这些字在五台片的绥德城区、米脂、子洲、神木方言中读不送气音。

声调方面，清涧、吴堡方言都是中古清平声字和上声清、次浊字，今声调不相同，分为阴平和上声，沿河区也是如此。清涧、吴堡方言是6个单字调，沿河区为5个单字调。沿河区虽然入声没有分阴阳(有部分字已经舒化，归阳平)，但是声调的总体特征与清涧、吴堡方言一致。而五台片的绥德城区、米脂、子洲、神木方言古清平声和上声清、次浊字今声调合流，共有4个单字调：阳平、阴平上、去声、入声。请看表1-3。

表1-3　沿河区方言与其他方言声调比较

	阴平	阳平	上声	去声	阴入	阳入
沿河区	213	33	312	52	3	
清涧	213	24	52	44	43	44
吴堡	213	33	412	53	3	213
绥德城区等	213	33	213	52	3	

沿河区方言与清涧、吴堡方言还有一些共同点，参见清涧方言(刘勋宁1983/1998a，张崇2001)与吴堡方言(邢向东2007a)的有关描写，此处不赘。

沿河区方言语音与城区方言语音之间存在的差异，我们推测主要是受地理因素和人文环境影响的结果。沿河区虽然在行政上隶属绥德县，但是因为大山的阻隔，又加之与县城的距离相对遥远而偏居一隅，是一个地理环境相对封闭的地方，与县城的交通极不便利，也就意味着与县城联系相对少了，而和吴堡、清涧、黄河对岸的山西柳林县的沿河乡镇因为近邻关系则交往密切，赶集庙会，通婚结拜，诸如此类，无不如此。受这类因素影响，沿河区方言与清涧、吴堡和柳林方言相同也自在情理之中了。

从以上情况看出，绥德沿河区方言的语音具有晋语吕梁片特征，与晋语五台片则有较大差异。因此，绥德沿河区方言在陕北晋语方言区划中，应该与清涧、吴堡方言一样，划归晋语吕梁片汾州小片，而非目前的晋语五台片。

另外，根据古清平与古清上、次浊上今声调有别，以及入声韵母分为三套系统的特征来看，吉镇区多数村落的方言也当属于晋语吕梁片汾州小片。

第三节　绥德方言的特点

每一种方言都有自己的特点，这个特点是通过比较得出的。绥德方言的特点是同北京话、晋语进行比较得出的。与北京话比较，寻找彼此间的差异性；与晋语比较，观察彼此间的共同性。在此我们概要介绍绥德方言的一些特点。

一、语音特点

绥德方言在语音上的特点有如下一些表现：

(1)中古全浊声母今逢塞音与塞擦音大部分是平声送气，仄声不送气，部分字读送气音。

(2)鼻音声母较强的同部位浊塞音成分。

(3)见系开口二等字较多地保留了舌根音，读 k-、k'-、x-。

(4)疑母开口一二等及部分三等，影母开口一等及部分三等，读鼻音 ŋ；影母合口一等及部分二三等，部分字读 v-。疑母部分字读 n-。

(5)知组开口三等、章组开口(止摄除外)读 tʂ-组音，庄组、知组二等及章组止摄开口三等读 ts-组音，与精组字合流。属北方方言中分 ts-、tʂ-的"昌徐型"。

(6)果假摄部分字读舌根鼻音韵尾-ŋ。

(7)臻、深摄与通、曾摄字合流，韵尾读-ŋ。

(8)臻深通曾四摄见系开口字-ŋ韵尾消失，读元音 ɯ，与果摄见系开口一等字合流。

（9）蟹合一止合三来母字读合口呼 luei。

（10）深、臻、曾、梗三四等、通摄字保留入声。

（11）入声字的舒化以韵摄的不同为前提条件。

（12）有部分舒声字读促化韵。

二、词汇特点

（1）具有晋语词汇构词法的共同特征，有大量的"圪"头词、"不"头词、"日"头词、"忽"头词、分音词，状态形容词中"A 圪 BB"结构十分显著。

（2）有不同于北京话的一些词尾。

（3）有丰富的方言成语，晋语代表性的"A 眉 C 眼"格式词数量很大。

（4）重叠式名词具有小称意义。

（5）保留了大量古代、近代汉语的语词。《诗经》、《史记》、《汉书》等文献使用的以及《说文解字》、《方言》、《广韵》等字书韵书及出土文献记载的词语。例如：斤平~：锛子、先后妯娌、综织布经数计量单位，四十根线为一~、煏烘烤、差病愈、儿不好，坏、衿系、縻用长缰绳拴着牧放牛羊、砆过河踩踏的石头、茹塞、甋算子、授揉搓、水火大小便、风火大小便、窜（~灶）诱引、栎桑叶树、组用大针脚缝、袓鞋底与鞋帮断开、稙庄稼早种、穋庄稼晚种、搭抱、不说不能、不会。

（6）常用词汇具有晋语的共同特点，而与北京话有较大的差异性。例如：壁虱臭虫、夜里昨天、年时去年、婆姨妇女、妻子、冷子冰雹、脑头、焖饭腊八粥、和和饭米菜面的稠饭、引婆。

三、语法特点

（1）代词系统用词丰富，比北京话更富于表现力，叠置着不同时代的层次。如古老代词"何"的保存。合音现象突出。

（2）人称代词复数后缀保存近代汉语阶段的用法，当为"每"读促声，表示处所的指示代词后缀是"~搭儿"。

（3）没有专职的第三人称代词，用指示代词"那"、"那些"来替代他、他们。用"阿儿"表示人家、别人。

（4）动词一般不重叠使用，用加"给下儿/给阵儿"表示时间短和尝试状态。

（5）动词可以受程度副词修饰，表示多、大、长等：很走喽、歘拿喽、很长生长喽。

(6)结构助词"的"与"地"、"价"读音有别，分工明确，"的"用于亲属称谓词后，表示为第三人称领属的意义，又有介词用法。

(7)动宾式"的"字短语可以作定语，"的"字结构具有比况意义。

(8)结构助词"得"带趋向动词"来"、"去"后，不能带可能补语。

(9)体貌助词"的"可表示持续体、完成体。

(10)时制助词"来"表示过去，"也"表示将来。

(11)一些虚词的用法极其丰富，例如"家(价)"、"个"、"的"。

(12)有一套不同于北京话的副词、语气词等。

(13)有较为丰富的不同于北京话的话题标记词。

(14)反复问句用"VO 不/没"等格式表示，有"VP 要"反复问句。

(15)有几种特殊语序。例如，"VO 着助正 vo 着呢"、"V 得 O 噪该 vo 了"。

(16)保存了一些近代汉语语法现象。如元末明初助词"的"表示第三人称领属关系，比况助词"也是的"的使用。

(17)表达复句关系的关联词语与北京话有较大的差异。

第四节 绥德方言的研究现状、研究意义及其他

一、研究现状

绥德方言属于陕北晋语，对它的研究无不与陕北晋语研究紧密地联系在一起，因此，回顾绥德方言研究的历史，不能离开对陕北晋语的研究历程的梳理，在陕北晋语研究的大背景下才能够看清楚绥德方言的研究历史、现状及未来。所以这里先简要介绍陕北晋语研究，再说绥德方言的研究。

(一)"陕北话"、"陕北方言"与"陕北晋语"的含义

在回顾陕北晋语研究现状前，需要对"陕北话"、"陕北方言"、"陕北晋语"三个词语所指意义作一界定。陕北是相对于关中、陕南而言的一个地理概念，也大致是行政区划上的概念。"陕北话"是口语用语，指陕北地理、行政区划上的所有方言，也可以指称方言学界的"陕北晋语"。"陕北方言"具有学术专业意义，一般是指陕北地理上有入声特征的方言，不包括中原官话(定边、富县、黄陵、洛川等县的方言)在内。"陕北晋语"专指有入声特征的陕北方言，是学术专门用语，含义单一，界线更加清楚，突出了陕北方言的语言特征和方言归属。本书在使用"陕北方言"时等同于"陕北晋语"所具有的含义。陕北方言和陕北晋语这两个术语的使

用各有利弊，前者相对通俗，使用时间久远，后者更具有学术性。

（二）陕北晋语研究概况

陕北晋语研究起步较晚。根据调查研究的情况，大致可以分为两个阶段。

第一阶段始于 20 世纪 50 年代。50 年代初，黎锦熙出版了《陕北关中两县方言分类词汇》(1951)一书①，对陕北洛川方言与关中铜川方言词汇进行了一些比较描写。这是首次使用"陕北"一词而进行的方言词汇描写。洛川地域上属于陕北，但其方言属中原官话关中片，因此虽然冠名以"陕北"一词，却与我们当今所说的陕北晋语不属一个范畴。现代意义上的陕北晋语研究始于 20 世纪 50 年代后期(1957—1958)的全国汉语方言普查。这是由陕西省方言调查组组织的一次比较简单的调查，最终成果是《陕西方言概括》(1960)。它只有油印本流传，在学术界几乎没有什么大的影响。这一阶段内，主要成果还有为学习普通话而编写的两本小册子。一是薛生民的《陕北人怎样学习普通话》(1958)②，该书是针对陕北人如何学习普通话而写，对陕北方言作了一些大致描写，内容侧重于陕北方言和普通话的语音和词汇对应关系，没有语法内容。该书中存在的问题，西北大学中文系汉语方言小组的《对〈陕北人怎样学习普通话〉一书的一些意见》(1959)一文作了商讨。二是杜松寿的《普通话语音和西北音的对应练习》(1958)③。该书立足于整个西北地区，陕北晋语略有涉及。概括这一阶段研究的总体特点是，初步描写，注重实用。

第二阶段是文化大革命之后至今。这一阶段内的陕北晋语研究突飞猛进，进入了一个全面深入的研究时期，所取得的成果是第一阶段无法比较的。同时，研究队伍也逐渐壮大，到现在已经是一支老中青相结合的队伍，主要学者有薛生民、张崇、刘育林、刘勋宁、邢向东、黑维强等。

薛生民发表了《吴堡方言词汇研究》(1980)、《吴堡话"来"的特殊用法》(1980)④。前者是对吴堡方言不同于普通话的词语所进行的调查与描写，这类词也是陕北晋语大多数地方所具有的。后者是对吴堡方言中的过去时助词"来"的描写，发现了与普通话差异所在。该文分析中存在的

---

①　黎锦熙：《陕北吴中两县方言分类词汇》，北京，北京师范大学出版社，1951。
②　薛生民：《陕北人怎样学习普通话》，西安，陕西人民出版社，1958。
③　杜松寿：《普通话语音和西北音的对应练习》，西安，陕西人民出版社，1958。
④　薛生民：《吴堡方言词汇研究》，《语言教学与研究》1980 年第 2 期；《吴堡话"来"的特殊用法》，《中国语文》1980 年第 5 期。

不足之处，张崇的《也谈吴堡话"来"的特殊用法》(1982)一文予以商榷、订正①。薛生民还发表了《吴堡方言本字考》(1981)一文②，对吴堡方言的本字作了一些考释。

20世纪80年代对陕北晋语研究较为全面的是刘育林。他于1983年开始在《延安大学学报》上发表一系列文章，到90年代初，总计有9篇，有些长文是分期刊登，其中主体内容就是后来出版的《陕西省志·方言志·陕北部分》(1990)，有的内容也收录在《陕北方言词典》(1991)一书中。《陕西省志·方言志·陕北部分》是对陕北方言进行整体研究的第一部著作，此书从语音、词汇、语法三个方面对陕北晋语进行了全面的描写，界定了陕北方言含义，比较了陕北方言与北京话以及周边方言中原官话、兰银官话的异同，发掘了陕北方言一些特点。该书的主要观点曾在《方言》(1988年第4期)上以《陕北方言说略》为题目发表。《陕北方言词典》是对陕北晋语不同于北京话的独特词汇的收集与解释，使人们能够大致了解到陕北方言词汇与北京话的所异之处、陕北晋语和山西晋语的共同地方，该书为了照顾读者以汉语拼音与国际音标两种注音方式同时标注。这部词典的不足与问题，曹晖《〈陕北方言词典〉读后》(《语文研究》1994年第4期)，张子刚、张晓梅的《〈陕北方言词典〉部分词条用字商榷》(《延安教育学院学报》2004年第2期)，作了补充说明。

张崇对陕北晋语的研究成果主要是《延川方言虚词初探》(四川大学硕士学位论文摘要汇集，1983)、《延川县方言志》(1990)、《陕西方言古今谈》(1993)及一系列论文。《延川县方言志》是陕北晋语第一部系统的方言志，描写全面，记音精准，深入发掘了延川方言现象，在语言学界引起广泛关注，书中的方言材料征引频率很高。《陕西方言古今谈》是将陕西方言(主要是陕北方言)与近代汉语文献结合起来考释一大批词语，发掘了方言活化石的价值，也为近代汉语词语研究提供了有益材料。所惜该书发行渠道不畅，仅有极少人见到，大大限制了该书的学术影响。张崇主编的《陕西方言词汇集》(2007)一书，是陕西方言研究迄今选点最多、调查最系统最全面的词汇研究著作，该书除了描写3400余条词语，还有详细的音系描写以及部分语法现象记录，涉及陕北晋语的是绥德、延安两地。这部著作是国家哲学社会科学1992年中华基金课题的最终成果。此外，张崇还参编了陈章太、李行健主编的《普通话基础方言基本词汇

---

① 张崇：《也谈吴堡话"来"的特殊用法》，《中国语文》1982年第2期。
② 薛生民：《吴堡方言本字考》，《语言教学与研究》1981年第3期。

集》(1996)一书，其中有对绥德方言词汇描写的内容。

刘勋宁的研究主要体现在《现代汉语研究》(1998a)一书及后来发表的论文中。他的陕北晋语研究始于 20 世纪 80 年代初。1982 年完成了北京大学硕士学位论文《清涧方言》，1983 年发表《陕北清涧方言的文白异读》和《古入声在清涧话中的分化与广州话的长短入》两篇论文，其中涉及的陕北晋语主要是作者母语清涧方言。刘勋宁接受了北京大学诸多著名语言学家的教育与影响，他的研究高屋建瓴，透过点滴材料，发掘出了独到的方言学价值。使陕北晋语材料发挥到了极高境界，故而有人说他是"站在清涧看世界"。赵金铭在为《汉语语言学世纪丛书》所作《序》中评价说："把现代汉语的共时研究与历时研究熔为一炉。作者浸淫在自己的方言之中，一点一滴地去体味，挖掘出不少值得重视的语言事实。由于多了一个方言参照点，有些问题就更容易看清、说清。"①刘勋宁是当代颇有影响力的著名语言学家，他的成果表明了陕北晋语研究走向了一个新的发展阶段。

邢向东的陕北晋语研究主要体现在《神木方言研究》(2002)、《陕北晋语语法比较研究》(2006)、《秦晋两省沿河方言比较研究》(合著，2012)、《吴堡方言调查研究》(合著，2014)四书和一系列论文中。前书是作者在博士论文基础上修改而成，也是作者近二十年神木方言研究的一个总结。洋洋五十余万字，是迄今一个点的方言研究最为详细全面的方言描写著作，用钱曾怡的话说是"直到今天，我还没有见过这么详细的汉语方言单点调查的研究报告"②。本书在描写的基础上对一些方言现象进行了解释说明，增加了研究深度，为此获得了"全国优秀博士论文"称号。该书的转引率很高。第二种是在作者博士后出站报告的基础上修改而成。该书是对陕北晋语沿黄河七县方言在整体上所作的系统语法研究。比较异同，求同存异，共时分析，历时探源，描写与解释并举，为当前汉语方言语法研究优秀之作，因此荣获了第 12 届王力语言学奖二等奖。第三种是将秦晋黄河沿岸 28 个县市的方言作对象，在更大背景下，通过历史梳理、共时比较等多种手段，观察、描写、解释秦晋方言的异同，得出了许多具有重要理论意义的结论，如"南北差异大于两岸差异"、"词汇层次"说。这样视角下的研究，也使学术界对陕北晋语的认知更加清晰。张振兴对该书评述为："全书材料可靠，内容丰富，视野开阔，解释和阐述得当，

---

① 刘勋宁：《现代汉语研究》，序，北京，北京语言文化大学出版社，1998 年。
② 邢向东：《神木方言研究》，序，北京，中华书局，2002 年。

就我所见过、所读过的同类论著来说，该书大概是近年来地域方言比较研究领域里最优秀的著作之一。"①第四种为"陕西方言重点调查研究"丛书之一，该书是对吴堡方言进行系统、全面的综合研究，继承了作者以往研究的扎实细致、描写与解释并重特点，为吕梁片的陕北晋语研究树立了范例。邢向东的系列论文，都是以神木方言为出发点，竭力发掘陕北晋语鲜活的方言现象，材料条分缕析，共时历时兼顾，描写解释并重，使陕北晋语的研究不断走向深入。

陕北晋语研究的硕、博士学位论文迄今有 9 篇。有李建校的《陕北晋语语音研究》(北京语言大学 2006)，冯登宁的《靖边方言研究》(西北大学 2008)，曹鹏的《延川方言的语音演变与层次》(陕西师范大学 2009)，张小华的《佳县方言语音研究》(西北大学 2010)，张建华的《子洲方言语音研究》(西北大学 2011)，高峰的《晋语志延片语音研究》(陕西师范大学 2011)，尚莹的《佳县螅镇方言语音研究》(陕西师范大学 2011)，任海燕的《佳县螅镇方言重叠式研究》(陕西师范大学 2012)，贺雪梅的《陕北晋语词汇研究》(陕西师范大学 2014)。李建校的论文，对陕北方言 49 个点的方言语音作了调查，其中 16 个为重点调查点，33 个为一般调查点，与过去的调查比较，调查点更多了，同时还进行了内、外部语音比较，描写的同时还进行了一定的解释，研究深入了一步。后将此论文分为数篇文章发表。高峰的论文则是目前对晋语志延片整体语音面貌研究较为全面和充分的。论文选择志延片 16 个代表点进行调查，在详细描写老户话、上头话(榆林地区移民带来的方言)语音状况及历史演变规律的同时，还进行了老户话与上头话、关中话的比较，探究了与上头话和关中话交流形成两种方言接触类型的规律和特点，论证了志延片的范围与其具有过渡地带性质的特点。冯登宁的论文着重分析了靖边方言的语音系统，并对分类词汇进行了描写，收录词语 2358 条。这是靖边方言系统研究的第一篇论文。曹鹏的论文是陕北晋语硕士学位论文中比较有深度的文章，它在前人研究基础上，从不同角度分析了延川县方言语音演变的历史层次，是难得一见的学位论文。张小华的论文全面描写佳县北区方言的语音系统及其特点，并分析果摄一等字在佳县方言的演变情况及佳县方言的内部差异，弥补了佳县方言研究的不足。张建华的论文对子洲县南川老君殿镇方言音系进行了系统的描写，整理了同音字汇，比较了老君殿

---

① 张振兴：《以语言事实支持方言研究——〈秦晋两省沿河方言比较研究〉读后》，《中国社会科学报》2014 年 6 月 18 日。

镇方言与中古音，分析了中古入声字的读音变化状况。尚莹的论文对佳县螅镇方言语音首次作了系统的调查，特别是在文白异读现象方面下了不少工夫。任海燕的论文对佳县螅镇方言重叠式的描写全面系统，材料挖掘上有颇多的收获。贺雪梅的博士论文首次从整体上对陕北晋语 19 个县区方言词汇进行系统研究。论文通过共时的内外比较、特色高频词与风物词的描写，历时的古语词、底层词的索隐，以及构词法的考察，揭示了陕北晋语词汇整体面貌、共同特征及内外差异。论文材料扎实，创获良多，从词汇的角度为陕北晋语内部分区提供了充分依据。如发现内部"纵向贯通，横向阻隔"，外部"横向贯通，纵向阻隔"的地理分布特征，具有重要的理论意义；陕北晋语核心区为绥（德）米（脂）子（洲）的确定，与陕北晋语语音、语法绥（德）米（脂）子（洲）为核心地位的事实一致，填补了这方面的空缺；在词汇语义学理论视角下描写解释方言词汇，在当前方言词汇研究中具有代表性。

此外，还有综合性研究汉语方言论著及各地县志中的方言简志。有张政飚《西部语言资源重要性例议》（2000），黄伯荣《汉语方言语法类编》（1996），张盛裕、张成材《陕甘宁青四省区汉语方言的分区（稿）》（1986），杨春霖《陕西方言内部分区概说》（1986），侯精一《晋语的分区（稿）》（1986），宋文程、张维佳《陕西方言与普通话》（1993），曹志耘《汉语方言地图集》（2008）。实用普及性的论著有刘育林《陕北人学习普通话教程》（1993）等。

这一阶段的研究特点是，面广深入，描写与解释并重。

研究成果的不断问世也是研究队伍发展壮大的结果。当今活跃在方言学界的陕北晋语研究者，除了上述成果显著的学者外，还有张军、马晓琴、王鹏翔、李延梅、高峰、贺雪梅等。重要的文章有袁梅《陕北方言中的一个常用格式》（2001），王鹏翔《陕北方言的动态类型》（2002）、《陕北方言的疑问句》（2002），邵敬敏、王鹏翔《陕北方言的正反是非问句——一个类型学的过渡格式研究》（2003），马晓琴的《陕北方言的反复问句》（2004）、《陕北方言的选择问句》（2004），高峰《陕北榆林方言"转"的语法化》（2011），张军《陕北横山话的话题标记"是"》（2012），贺雪梅《陕北晋语贬义形容词"儿"的形成》（2014），等等。

不管是哪种类型的研究，这些成果为陕北晋语的进一步描写与分析，开启了思路，提供了可资借鉴的成果或参考范本。

（三）绥德方言研究现状

由上文所述可知，对绥德方言最早记录的是清代乾隆年间吴忠诰修、李继峣编的《绥德州直隶州志》，没有具体的方言内容，仅有一句话（见本章第二节）。光绪三十一年（1905）由孔繁朴修、高维岳撰的《绥德州志》沿袭旧志那句话，并作了一句注释。不过，两部志中的《民赋志》（前者为卷8，后者是卷3）中列举了绥德当地"物产"，前者分为谷类、蔬类、瓜类、果类、木类、花类、药草类、羽类、毛类、鳞类、介类、虫类、土石类等13类，共计词语前者259种，后者266种，用"土人呼"、"俗呼"表明方言叫法，可谓绥德方言名物词汇首次调查成果的记录。此外，这一成果的意义还在有益于该类名词的探源及本字的书写。现代意义上的绥德方言调查研究，开始于20世纪50年代的方言普查。在油印本《陕西省方言概况》中，涉及了绥德方言的语音和词汇，但内容很少，也由于编写体例的原因，没有将绥德方言调查的成果系统反映出来。比较全面系统的调查与研究是20世纪80年代之后开始。在刘育林的《陕西省志·方言志·陕北部分》（1990）中，首次详细记录了绥德方言的声韵调；对两字组的连读变调进行了描写与分析；做了同音字表；将包括绥德方言在内的陕北晋语19个点的440个字与西安方言作了字音对照；对比了19个点与西安方言、北京话297条词的异同；对陕北晋语一些语法现象进行了简要的描写，举例多以绥德方言为主；最后还列举了民歌、信天游、歇后语标音材料。这些研究成果的部分内容于1980年开始，在《延安大学学报》、《方言》等杂志上先后发表。刘育林、安宇柱的《陕北方言词典》涉及绥德方言的词语较多。还有上文说到的《普通话基础方言基本词汇集》、《陕西方言词汇集》。前者采用刘育林的音系，词条的调查由张崇完成，收录词语32类2700多条；后者音系由张崇调查整理，包括声韵调系统、连读变调、单音字表，词条调查与整理由黑维强完成。二书的词条收录主要是根据中国社会科学院语言研究所方言组编的《方言调查词汇表》，词语调查比较系统丰富，就一般词汇而言，能够较为全面地反映绥德方言词汇的基本面貌。

对绥德方言进行研究的除了刘育林、张崇，还有邢向东、黑维强、马晓琴、马世平等。邢向东的研究主要体现在《陕北晋语语法比较研究》（2006）一书中。该书对绥德方言语法现象作了准确描写与深入分析，但由于该书的体例是比较研究，受此限制，书中不能也不便于用单点方言那种办法进行系统、专门的描写与分析。黑维强的研究主要有《陕北绥德话带"日"字头词语》（1996）；《陕北话果假摄字读鼻尾韵例》（1997）；《从陕北方言看近代汉语助词"也似"的来源》（2002）；《陕北绥德话"的"的一种用法》（2003）；《陕北绥德话"的"的用法》（2003）；《陕北方言表贬义

"儿"的用法及来源》(2003);《晋语"去"词性辨析》(2003);《绥德话"X行"的"行"考辨》(2006);《陕北方言助词"也 ia 是的"》(2007);《陕北绥德话的人称代词》(2008);《陕北绥德方言"个"的读音和用法》(2009);《陕北绥德河底方言的文白异读》(2010);《绥德方言语音的内部差异》(2010);《陕北绥德方言的指示代词》(2011);《绥德义合话同音字汇》(2011);《绥德方言表击打义单音节动词例释》(2012,合写);《陕北绥德方言的疑问代词》(2013,合写);《陕北绥德方言的"把"字句》(2013);《绥德方言"赶"字比较句及"赶"的语法化》(2013);《绥德方言的几类补语》(2014);《绥德方言的"给"字句》(2014);《绥德话、清涧话古全浊仄声字今声母送气比较》(2014,合写)。此外,还有《元杂剧词语方言证》(2001)、《晋语"去"本字辨》(2001)、《释"精神"》(2001)、《试论"把+NP"句》(2002)、《敦煌文献词语陕北方言证》(2002)、《试说"的"字结构的比况义》(2002)、《吐鲁番出土文书词语疏证三则》(2004)、《元明清白话词语方言考》(2004)、《敦煌文献词语陕北方言证(续)》(2005)、《敦煌文献词语方言续考》(2005)、《敦煌、吐鲁番文献词语方言考补遗》(2011)、《晋语与唐五代西北方言亲缘关系词汇例举》(2013)等。这些论文分为两类,一是对绥德方言的一些词汇、语法现象进行系统描写,并作历史探源;一是利用绥德方言对汉语史中的词汇、语法现象进行考释与观察,或以绥德方言去印证古代、近代汉语词汇现象、研究近代汉语语法现象,充分发掘并展示了绥德方言在汉语史研究中的价值和意义。

马晓琴的论文有《绥德方言的副词》(2004);《绥德方言语气词的连用》(2007,与陶相荣合作);《影视作品中的陕西方言——简述绥德方言的语气词》(2007,与陶相荣合作)。马世平《绥德方言单音词举凡》等。这些论文对绥德方言的副词、语气词等进行了较为全面的描写。

李建校的博士论文《陕北晋语语音研究》(2006)以及在此基础上修改发表的几篇文章,涉及绥德方言的有四个点。这几篇论文对四个点的语音进行了较好的描写与分析,但是存在些许不足。主要是调查点发音人选择有问题,发音人并不是调查点的合适人选①,所以所调查的结果与所确定地点的音系有了较为明显的差异,调查的结果不是该点语音现象

---

① 绥德县调查的四个点,除了枣林坪镇发音人是枣林坪村人外,其余都不是。名州镇的发音人是四十里铺雷家岔村人,四十铺镇的发音人是佛店峁村人。二村相距大致约五六华里左右,且与米脂县十里铺乡村庄相邻,两个村几乎在一处,都远离四十铺镇,距离名州镇则更远。义合镇发音人为义合镇嫣头村人,该村距离义合镇三十华里,说话明显带有绥德沿河方区言和吴堡方言的一些语音特点。

的真实反映。

绥德方言研究成果总体而言，都是某些角度的探究，更多方面的问题还没有涉及。例如，语音方面，缺乏古今演变的系统分析，缺少横向的周边方言比较；语法方面，缺乏系统性的描写与分析，缺乏历时性的考察；词汇调查比较系统而全面，但是构词法的研究，词头、词尾、熟语的研究，体现晋语特征词汇的研究，历时的探源问题等，或未涉及，或涉及不多，挖掘深度也有待深入。

二、研究意义、方法

(一)研究意义

就语言外部而言：第一，绥德方言是陕北晋语中具有代表性的方言之一，所谓"山里人的普通话"，在陕北晋语研究中，绥德南部与北部分别有《延川县方言志》和《神木方言研究》等著作问世，而唯独地处陕北文化中心地带的绥德迄今还没有系统的专门研究著作，与其所处中心地位极不相称。第二，随着当今时代的快速发展变化，外来文化的强力冲击，绥德方言的许多现象也正处于急速变化、消失之际。方言不是再生资源，消失了就不会再现，抢救性的记录迫在眉睫。第三，陕北晋语的充分认识与全面深入研究，需要每个县，甚至是每个乡镇系统的材料做支撑，作为陕北晋语代表性的绥德方言更是不可缺少。今晋语是唐五代西北方言的直系后裔，绥德方言自在其中，而对这一问题的进一步研究也需要绥德方言的资料。20世纪八九十年代晋语特点的发掘与它在全国汉语方言中的地位讨论，主要限于山西晋语，陕北晋语资料使用很少，究其原因是没有多少陕北晋语调查研究成果可供学界参考。我们相信，晋语地位问题、晋语特点问题等今后还会继续讨论，要改变陕北晋语被人们关注少的局面，就需对包括绥德方言在内的陕北晋语进行充分地调查研究。晋语的深入系统研究，不能没有陕北晋语的资料，否则晋语的研究是不完整的研究。

就语言本身而言：第一，由上述研究现状介绍可知，绥德方言的研究缺乏系统性和全面性成果，本书力图解决这一问题，为陕北晋语研究提供一份较为系统、较为全面的资料。第二，绥德方言中蕴藏着其他陕北晋语没有的一些现象，这些有趣的现象需要去细致调查与深入发掘。第三，绥德方言中保留了古代、近代汉语的一些词汇、语法等现象，通过绥德方言能够为古代、近代汉语这些词汇、语法的探究，提供鲜活材料与有力解释。

（二）研究方法

本研究以语言事实为基础，语音、词汇、语法并重，以共时描写为主，历时考察、平面比较为辅，动静结合，点面结合，全面考察与重点挖掘结合，以城区为重点，旁及其余区域，如语音的描写主要是四个代表点的音系，重点是城区方言语音。

描写是方言调查研究的基础和前提，忠实于客观事实的描写是进一步研究的前提。本书力求达到对方言事实的零距离描写。

比较是方言研究不可缺少的方法之一。就某一方言一些现象不能说明白、解释清楚其来历的，往往通过比较的办法能得以解决，所以比较的目的是为了说明和解释问题服务的，可比则比，不需要则不比，不作牵强的比较。本书的比较主要是绥德方言内部的比较，与外部的晋语和中原官话、北京话的比较，与古代、近代汉语的比较。比较的内容有语音方面的，也有词汇和语法方面的。

重点与一般的问题。重点问题既是能体现方言特征的问题，也是方言研究的基本问题，本书在研究中将着力去探究重点。一般问题的讨论并不放弃，如常用词汇的调查和描写，绥德方言许多常用词汇与北京话一致，需要不需要描写呢，答案是肯定的。因为任何一种方言的词汇系统都是由基本词汇和一般词汇两个部分构成，基本词汇的大多数方言和共同语一致，对于它们的描写与研究，一是基于体现绥德方言词汇的完整性，二是便于绥德方言与北京话和其他方言的比较，有益于共同语词汇的研究。当然体现方言色彩的部分，不管是语音，还是词汇和语法，都需要着力去调查和研究。

县城方言与其他乡镇方言的处理。笔者非常喜欢邢向东的一句话："方言的宝藏深藏于社会的末梢地带。"所谓社会的末梢地带，我们的理解是，一个小县城对于省会那样的大都市来说是社会的末梢地带，偏僻的乡下对于县城来说，又是县城的社会末梢地带，社会最末梢的偏远乡下就是蕴藏丰富方言宝藏最多的地方。如果一个县的方言研究，仅仅是县城的方言，而没有来自社会末梢的乡下材料，一县的方言研究就没有那么丰富多彩了，就看不出一县更多方言现象的特有价值了。就绥德方言的调查情况来看，一些县城少说或不说的，在今乡下还存活着，使用频率还非常高，虽然我们的研究重点是城区，但是也不放弃末梢地带的乡下之言，如文白异读的问题，宕效摄字合流问题，入声韵母保留完整与否的问题，入声塞音尾[-ʔ]的紧张度的问题等。不过，县城方言作重点研究的目标是不变的。

　　方言与共同语的发展相比较，它的速度比较缓慢，因此，方言中保留了较多古代汉语和近代汉语中的一些现象。换句话说，方言与古代汉语和近代汉语的联系更加紧密，方言现象的解释需要借助古代、近代汉语的材料才更有说服力，所以历史探源是方言研究中不可缺少的内容之一，也是解决问题的手段之一。在分析绥德方言的一些现象时，我们与古代、近代汉语文献联系起来，探究历史根源，分析发展脉络。

　　已有成果的吸收与未发掘的现象。绥德方言的一些现象已有时贤揭示，这是我们走向方言研究之路的阶梯和桥梁，也是进一步研究的坚实基础，在研究时参考了这些成果。在本书写作中，若涉及直接吸收他人成果的，行文中以随文作注、脚注和文末列举参考文献三种形式来体现，以示对他人劳动成果的尊重；若觉得有的研究存在问题，则相关的文献只列于文末参考文献中。本研究的主体对象是前人尚未触及的鲜活的事实和需要进一步深化的问题，这也是研究的根本意义所在。

三、研究的困难与不足

　　做研究不能回避研究中存在的问题。这里列出存在的问题，以励日后继续努力。

　　第一，本书的描写多于解释，本可用语言学的理论去分析解释的问题，由于本人的理论学习不够，分析能力有限，却未能如愿。

　　第二，前人已经做了一些研究，有些描写是准确的，分析是深入的，这部分内容如果再去写，有重复之感；如果不去涉及，则作为绥德方言系统性阐发研究显得不完整。这方面的内容在写作中很容易受到原作者的思路牵引，甚至在行文上受到一定的影响。

　　第三，由于本书的描写以城区方言为主，其他三个区的方言为辅，受此体例限制，使得其他三区一些很有价值的方言现象不能进行较为详细的描写与讨论。

　　第四，因时间和精力上的条件限制，许多需要深入进行讨论的问题未能去研究。比如，方言片的划分大致以乡镇点出发，实际上各区彼此的界限还是不够细致的；丰富的提顿语气表达，各种语气词之间的差异是什么，目前还说不清楚。

　　第五，许多值得去参考的资料，特别是山西晋语研究成果与当代语言学理论的成果未能加以吸收。

四、发音合作人介绍

城区：

安守义，男，1938 年 9 月出生，名州镇拐沟村人，中专学历，退休干部。

李文彬，男，1940 年 11 月出生，名州五一队村人，高中学历，中医。

张晓敏，男，1966 年 10 月出生，名州镇兴隆庙坡村人，高中学历，干部。

张登科，男，1932 年 2 月出生，名州镇张家砭村人，小学学历，务农。

丁光耀，男，1953 年 1 月出生，赵家砭乡丁辛庄村人，中师学历，教师。

汪汉儒，男，1933 年 5 月出生，四十里铺镇人，高中学历，退休教师。

杨士平，男，1956 年 10 月出生，四十铺麻地沟村人，中师学历，教师。

王幼雄，男，1950 年 3 月出生，田庄镇人，中学学历，小学教师。

刘腾云，男，1950 年 2 月出生，石家湾镇人，中学学历，小学教师。

韩炳林，男，1947 年 10 月出生，崔家湾镇苏家岩村人，中师学历，教师。

韩旗会，男，1963 年 1 月出生，崔家湾镇纸坊沟村人，中师学历，教师。

以上调查时间 2008 年 8 月。

义合区：

贾和璧，男，1925 年出生，义合镇背园则村人，中师学历，退休教师。调查时间 1998 年 8 月。

霍宝林，男，1936 年 1 月出生，义合镇紫汉沟村人，距义合镇约 2 公里，中师学历，退休教师。

孙明清，男，1943 年 2 月出生，满堂川乡孙家岔村人，中师学历，退休教师。

以上调查时间为 2006 年 8 月。

田增虎，男，1951 年 12 月出生，义合镇田家岔村人，中专学历，干部。

郝玉银，男，1960 年 8 月出生，土地岔郝家畔村人，中师学历，中学教师。

马裕生，男，1952 年 7 月出生，马家川村人，高中学历，小学教师。

霍玉芬，女，1964 年 3 月出生，中角村人，高中学历，小学教师。

以上调查时间 2008 年 8 月。

吉镇区：

刘富芝，女，1943 年 10 月出生，吉镇村人，高中学历，退休教师。

调查时间为 2007 年 9 月、2012 年 2 月。

沿河区：

王翠峰，女，1941 年 8 月出生，河底镇吴家渠村人。中师学历，退休教师。

贺建荣，男，1967 年 7 月出生，河底镇界首村人，中专学历，干部。

郝汉中，男，1955 年 5 月出生，枣林坪镇人，高中学历，小学教师。

张存富，男，1940 年 9 月出生，定仙墕镇赵家山村人，中学学历，退休教师。

冯金龙，男，1956 年 10 月出生，定仙墕镇冯家山村人，初中学历，小学教师。

以上调查时间为 2007 年 9 月。

五、本书凡例

(1)如果没有特别的所指，绥德方言就是指城区话，用名州镇记音。

(2)用"□"代替有音无字的音节，用"～"代替例字、例词，字下加"﹋"表示同音借代字，字下加"＿"表示白读音，字下加"＝"表示文读音。

(3)合音词下划"＿"线表示，如"这么"，读 tʂəu²¹³，"那么"，读 nəu²¹³，"媳妇(子)"，读 ɕiəu³³。

(4)记音、举例时，用"/"表示"或"，用"｜"表示"和"，用"( )"表示也可以不出现。

(5)标音中，调值用数码表示，调类用发圈法表示。

(6)举例中的连读变调、儿化韵读音，一般按本调和在原韵母后加 r 表示，只在词汇表和长篇语音材料中按实际读音标注。轻声字调值是

21，本书行文中一般在音节前用"·"来表示，如"身体 ʂəŋ²¹³·tʼi"，词汇表与长篇语音材料中按实际的调值 21 或 0 来表示，如"身体 ʂəŋ²⁴ tʼi²¹/tʼi⁰"。

(7)所举句子、词语后用右下标的形式随文作注。最常见词语注释，如第三人称代词"那"、"那些"表示他、他们，用于表人的名词及代词后表示多数的助词"每"，即北京话的"们"，举例时如果不发生理解上的困难，一般不再作注。如果理解起来比较困难者，全句翻译成北京话，用下标格式表示。

(8)语法部分的行文中，有时用 X、Y、Z 表示某事物、动作行为的词、短语，N、Np 表示名词、名词性短语，V、Vp 表示动词、动词性短语，A、Ap 表示形容词及形容词性短语，C 表示补语。

(9)征引古代文献用例，限于篇幅，参考文献中不列。引用古代文献时，按朝代、作者、文献名称、卷或回、折数次序书写。文献没有作者的，只列朝代、文献名称，文献佚名者，列朝代、"佚名"字样。最常见的古代文献，如二十五史、十三经、《太平广记》、字书、韵书等，不加朝代和作者。所引文献属同一时代的，前一文献已说明者，后边文献省去。元杂剧前不书作者名字，只写"元杂剧"或"元刊本杂剧"与杂剧名称。书中出现 P. 2032V、S. 4199 是指法国伯希和、英国斯坦因盗劫敦煌文献编号，V 代表该编号文书的背面。引用文献中的校改增补符号依原文，不作改动。

(10)行文引用参考文献，如果该文后被收集到本人的论文集中，有的文章作了一定的文字改动，引用时就按论文集的版本征引，但时间仍然按原来发表时间表明，参考文献中只列论文集。行文综述研究状况时，为省篇幅，在论著后用括号注明发表时间，其他地方没有征引或参考者，参考文献不再列出。

(11)为了便于陕北晋语的比较研究，本书兼顾与邢向东《神木方言研究》的体例保持统一。

(12)为了节约版面，行文中征引论著时只称作者名字，未加"先生"等字样，谨表歉意。

语音篇

第二章　音系分析

本章对绥德方言代表点名州镇语音作系统的描写与分析，同时也对义合、沿河及吉镇三个区代表点的语音进行描写与说明。

第一节　城区音系

一、声母

绥德城区方言声母一共有 25 个，包括零声母在内。①

p 布罢 　白比	p‘ 怕皮 　盘铺	m 门米 　马满	f 飞冯 　放符	v 围午 　外务
t 到睹 　夺大	t‘ 太炭 　同徒	n 南怒 　女年		l 兰吕 　路罗
ts 糟在 　摘争	ts‘ 仓从 　撑巢		s 丝三 　师诗	z 吟
tʂ 知阵 　庄撰	tʂ‘ 昌丑 　虫初		ʂ 扇声 　书识	ʐ 认绕 　闰日
tɕ 精贱 　见件	tɕ‘ 清齐 　起穷		ɕ 线虚 　星休	
k 高街 　共贵	k‘ 开跪 　看去	ŋ 岸我 　恩爱	x 化胡 　慌下	
∅ 运延 　而荣				

说明：

(1)m、n、ŋ 的音值伴有一定的同部位浊塞音成分，实际音值接近 m^b、n^d、$ŋ^g$。

———————

① 城区音系的确定参考了刘育林(1990)、张崇(2007)的记音。

(2)t、tʻ、n 与 u 相拼时双唇略带滚动，也可以记为 uʳ。

(3)舌根音 x 的发音部位较北京话的要后一点，当逢 ə、ɯ 韵母时，小舌略有颤动。

(4)v 的浊化程度较弱。

(5)z 声母只能构成 zəŋ²¹³ 一个音节，用于"吟～诗"一词和拟声词。

二、韵母

绥德城区方言韵母共有 35 个，不包括儿化韵。

ɿ 资瓷翅是

ʅ 知迟持池

ər 儿二耳<u>扔</u>	i 第替姐被	u 故苦富无	y 居取女驴
a 八爬发扎	ia 架夏爷<u>奶</u>	ua 刮夸花话	ya□ 硬～～
ɔ 饱跑刀高	iɔ 条撩桥窑		
ə 割渴勒摘			
ɯ 哥河肯恒			
		uo 国阔火弱	
æ 三看满蓝		uæ 关宽酸乱	
	ie 北接前眼		ye 月缺全选
ai 盖开买来		uai 怪快怀揣	
ei 背赔飞给		uei 对腿雷谁	
əu 狗口斗路	iəu 九秋流油		
ã 忙钢党帮	iã 讲墙仰羊	uã 光筐窗双	
əŋ 风盆门骡	iŋ 顶拧亲新	uŋ 东同蹲棍	yŋ 穷兄军论
əʔ 直吃十不	iəʔ 急席踢一	uəʔ 做哭熟绿	yəʔ 局续速捋

说明：

(1)u 与 ts 组音相拼时实际音值接近 ʮu，与 tʂ 组音相拼时实际音值接近 ʯu，其他合口呼韵与 tʂ 相拼时，没有 ʯ 化音，ʯu 与非 ʯu 合口呼处于互补分布。

(2)uo 的 o 唇形较展。

(3)ai 的动程较短，ai、uai 音值接近 ɛ、uɛ。

(4)ei 的动程较短，ei、uei 音值接近 e、ue。

(5)æ 的开口度较标准音略小一点。

(6)ɔ的开口度略小，iɔ 的音值接近 iɣɔ。

（7）əu组音在发音时的动程较短，u的开口度较大，音值接近ʊ。

（8）ã、iã、uã的a唇形较圆，接近ɒ，这组音也可以记作ɒ̃、iɒ̃、uɒ̃。

（9）əŋ、iŋ、uŋ、yŋ的韵尾ŋ较松，近似ɣ̃，今一律记作ŋ。

（10）əʔ、iəʔ、uəʔ、yəʔ韵母，发音人在念单字时，分别读成ə、iə、uə、yə，经多次提示后才读出喉塞尾ʔ，说双音节词语时喉塞尾明显，但不太紧促。词语连读时，作两字组的前字发音较紧，后字较松。

三、声调

绥德城区方言单字调有4个，不包括轻声。

阳平 33 穷寒鹅割麦舌 阴平上① 213 刚知高古有好
去声 52 近柱盖岸坐肉 入声 3 急竹匹局读俗
说明：

（1）阴平与上声调值相同，归为一类，但在连读变调中不同，需要时分为阴平上a、阴平上b。念单字音时，后边略带下降衍音，在连读变调中则没有。

（2）阴平上的调值曲折状况没有像北京话214的前半部分那么突出，后部分有衍音，调值近乎2132，连调时没有衍音现象。本书记作213。

（3）去声的下降度没有完全达到52，要略高一点，也可记成53。

（4）阳平调值结尾处略为下降，记作33。

（5）入声调为短调，不十分急促，收尾略降，时长较短，在3度与4度之间，认字读音时，读成了阳平调值33，因此，本书记作3。

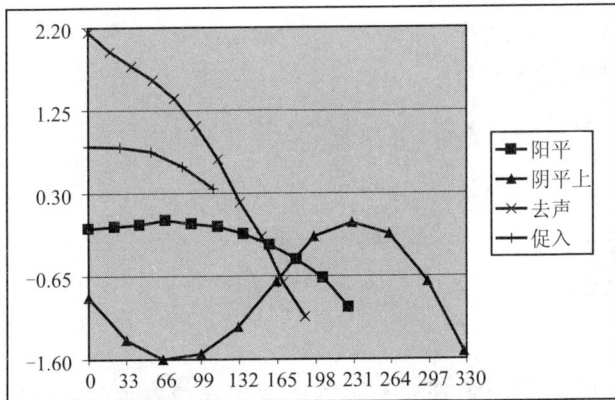

图2-1 绥德方言声调图

---

① 侯精一在《山西方言的分区（稿）》中指出："用'阴平上'的名目便于看出'阴平＝上声'的事实，所以没有把这一类字称作'阴平'或称作'上声'。"（侯精一、温端政、田希诚：《山西方言的分区（稿）》，《方言》1986年第2期）我们采用此种说法，以下行文用调类符号表示时用上声的符号。

说明：本图是用 Praat 软件录音分析归一化处理后得来。设备为 ThinkpadT430i，话筒为普通变圈式话筒，采样率（Sampling frequency）预设在 22,050Hz。发音人安守义，男，1938 年出生。

第二节　义合区、沿河区和吉镇区音系

本节对城区以外的义合、沿河、吉镇三个区的音系进行描写。

一、义合区音系

（一）声母

义合区声母包括零声母在内，一共有 25 个。

p 布兵 病白	pʻ 怕普 爬盘	m 门米 马满	f 飞冯 放符	v 围午 外务
t 到端 夺动	tʻ 太毯 徒同	n 南怒 女年		l 兰吕 路罗
ts 早在 中浊	tsʻ 仓从 柴虫		s 丝三 师水	z 吟闰 绒如
tʂ 知阵 照植	tʂʻ 彻昌 耻成		ʂ 扇声 蛇社	ʐ 认肉 热人
tɕ 精贱 举件	tɕʻ 清齐 轻桥		ɕ 心席 歇休	
k 高古 街共	kʻ 开看 跪去	ŋ 岸我 恩爱	x 化慌 胡下	
ø 运延 驴荣				

说明：

（1）m、n、ŋ 的音值伴有一定的同部位浊塞音成分，实际音值接近 mᵇ、nᵈ、ŋᵍ。

（2）v 的浊化程度很弱。

（二）韵母

义合区共有 35 个韵母，不包括儿化韵在内。

ɿ 资瓷翅是
ʅ 知持池社

ər 儿耳二抴	i 第替姐被	u 故苦富无	y 居醋粗驴
a 八爬发扎	ia 架夏爷奶	ua 刮夸花话	ya 角瘸
ɔ 饱毛钢狼	iɔ 讲墙仰羊	uɔ 光筐窗双	
ə 割渴勒摘			
ɯ 哥肯恩耕			
æ 三看满蓝		uæ 关宽酸乱	
	ie 北接前眼		ye 月缺全选
	io 条桥窑苗		
	uo 波播国火		
ai 盖开买来		uai 怪快怀揣	
ei 背赔飞给		uei 对腿雷谁	
əu 狗口斗路	iəu 九秋流油		
əŋ 风盆门骒	iŋ 顶拧亲新	uŋ 东同蹲棍	yŋ 穷兄军论
əʔ 直吃十不	iəʔ 急席踢一	uəʔ 做哭熟绿	yəʔ 局续速挦

说明:

(1)ts 组音后的 u,音值接近 ʮ。t 组音与 u 相拼时略带滚音成分。

(2)ai 的动程较短,ai、uai 音值接近 ɛ、uɛ。

(3)ei 的动程较短。

(4)æ 的开口度略小一点。

(5)əu 组音在发音时的动程短,u 的开口度较大,音值接近 ʊ。

(6)io 的音值接近 iɤo。

(7)ɔ、iɔ、uɔ 的 ɔ,开口度略小。

(8)əŋ、iŋ、uŋ、yŋ 的韵尾 ŋ 较松,可记为 ỹ。

(9)与城区相比较,入声韵尾-ʔ 较紧促。

(三)声调

义合区有 4 个单字调,不包括轻声在内。

阳平　33　穷寒鹅割麦舌　阴平上　213　刚开婚古口好
去声　52　近柱盖岸坐肉　入声　　3　　急匹黑入局俗

说明:

(1)清平与清上字单字调调值相同,但是在连读时有不同的变化模式。

(2)阴平上的调值曲折状况没有像北京话 214 的前半部分那么突出。

(3)去声的下降度没有完全达到 52,要略高一点,也可记成 53。

二、沿河区音系

(一)声母

沿河区声母有 25 个，包括零声母在内。

p 布步 别板	p' 怕盘 脖破	m 门母 米马	f 飞冯 符放	v 围武 微危
t 到道 端动	t' 太同 土夺	n 南怒 眼年		l 兰路 龙连
ts 姐争 猪糟	ts' 齐巢 处仓		s 僧生 散书	z 闰软 绒如
tʂ 招蒸 展丈	tʂ' 昌潮 车吃		ʂ 扇声 少深	ʐ 认绕 肉热
tɕ 精经 俊节	tɕ' 秋丘 全桥		ɕ 休宣 线虚	
k 贵街 高古	k' 开葵 跪去	ŋ 岸袄 严爱	x 化话 下慌	
∅ 延荣 女运				

说明：

(1)m、n、ŋ 的音值伴有一定的同部位浊塞音成分，实际音值接近 mᵇ、nᵈ、ŋᵍ。

(2)v 的浊化程度很弱。

(二)韵母

沿河区韵母有 42 个，不包括儿化韵在内。

ɿ 资师支是

ʅ 知耻治池

ər 儿耳二尔	i 以皮米第	u 过母毛普	y 女雨去虚
a 爬蛇哥把	ia 架野茄夏	ua 瓜挂花耍	ya 瘸橫
ɔ 桃饱到好	iɔ 小条窑庙		
ə 盘满半毡		uə 转酸软宽	

æ 三滩半站   uæ 关短观款
           ie 介添面天   ye 圆权喧卷

ɯ 波我糠升   iɯ 羊墙匠耕   uɯ 坐唾霜床
ai 盖倍妹赔   uai 怪帅碎回
ei 飞利离杯   uei 桂贵水脆
əu 口斗丑狗   iəu 流有休油
ã 仓放邦上   iã 良强江羊   uã 光框窗庄
əŋ 庚争深根   iŋ 灵新心亲   uŋ 东红温魂   yŋ 穷群云胸
aʔ 舌色塌辣   uaʔ 刮刷捉滑
           ieʔ 铁接夹百   yeʔ 月缺学绝
əʔ 木直日各   iəʔ 急踢匹药   uəʔ 出郭活哭   yəʔ 续屈速局

说明：

(1)ai 的动程较短，ai、uai 音值接近ɛ、uɛ。

(2)ɔ 的开口度略小，iɔ 的音值接近iɤ。

(3)əu 组音在发音时的动程短，u 的开口度较大，音值接近ʊ。

(4)əŋ、iŋ、uŋ、yŋ 的韵尾 ŋ 较松，可记为ɣ̃。

(5)ieʔ、yeʔ 中的 e 音值近似ε，与城区相比较，入声韵尾-ʔ 较紧。

(6)iəʔ 韵母有合并到 ieʔ 韵母的发展趋势，新派中更明显一些。

（三）声调

沿河区有 5 个单字调，不包括轻声在内。

阴平 213 高开婚飞 阳平 33 穷寒文人 上声 312 古口好五
去声 52 近盖共岸 入声 3 急接入局

说明：

(1)阴平的调值曲折状况没有像北京话 214 的前半部分那么突出。

(2)去声的下降度没有完全达到 52，要略高一点，也可记成 53。

三、吉镇区音系

（一）声母

吉镇区声母一共有 25 个，包括零声母在内。

p 布兵   p' 怕普   m 门米   f 飞冯   v 围午
  病白   爬盘   马满   放符   外务

t 到端   t' 太毯   n 南怒   l 兰吕
  夺动   徒同   女年   路罗

ts 早在	ts' 仓从		s 丝三	z 吟闰
中浊	柴虫		师水	绒如
tʂ 知阵	tʂ' 彻昌		ʂ 扇声	ʐ 认肉
照植	耻成		蛇社	热人
tɕ 精贱	tɕ' 清齐		ɕ 心席	
举件	轻桥		歇休	
k 高古	k' 开看	ŋ 岸我	x 化慌	
街共	跪去	恩爱	胡下	
ø 运延				
驴荣				

说明：

(1)m、n、ŋ的音值伴有一定的同部位浊塞音成分，实际音值接近 mᵇ、nᵈ、ŋᵍ。

(2)v的浊化程度很弱。

(二)韵母

吉镇区共有40个韵母，不包括儿化韵在内。

ɿ 资瓷翅是			
ʅ 知持池社			
ər 儿二耳扔	i 第替姐被	u 普土苦无	y 虚雨驴素
a 把爬马蛇	ia 家夏爷奶	ua 瓜夸花耍	ya 角瘸
ə 多罗波磨		uə 躲坐果火	
æ 三看满蓝		uæ 关宽酸乱	
	ie 野阶前尖		ye 靴全选远
ai 盖开买来		uai 怪快怀揣	
ei 倍妹飞给		uei 贵回累雷	
au 饱桃毛好	iau 条桥窑苗		
əu 狗口都路	iəu 九秋流油		
ã 党桑昌放	iã 讲墙仰羊	uã 光筐窗双	
əŋ 风庚盆门	iŋ 顶拧亲新	uŋ 东同蹲棍	yŋ 穷兄军论
aʔ 各落舌合	iaʔ 夹恰甲鸭	uaʔ 国活刷镯	
	ieʔ 接百铁药		yeʔ 绝缺雪月
əʔ 直尺石日	iəʔ 急北踢一	uəʔ 哭木出绿	yəʔ 足缺速欲

说明：

(1)ts 组音后的 u，音值接近 ʮu。t 组音与 u 相拼时略带滚音的成分。

(2)ai 的动程较短，ai、uai 音值接近 ɛ、uɛ。

(3)əu 组音在发音时的动程短，u 的开口度较大，音值接近 ʊ。

(4)æ 的开口度略小一点。

(5)ã、iã、uã的 a 音值接近 ɒ，也可以记作 ɒ̃、iɒ̃、uɒ̃。

(6)əŋ、iŋ、uŋ、yŋ 的韵尾 ŋ 较松，可记为 ɣ̃。

(7)ieʔ、yeʔ 中的 e 音值近似 ɛ。

(8)与城区相比较，入声韵尾-ʔ 较紧促。

（三）声调

吉镇区有 5 个单字调，不包括轻声在内。

阴平 213　高开婚飞　　阳平 33　穷寒文人　　上声 312　古口好五

去声　52　近盖共岸　　入声　3　急接入局

说明：

(1)阴平与上声在新派中有合并的趋势。

(2)去声的下降度没有完全达到 52，要略高一点，也可记成 53。

第三节　文白异读、变音别义

一、文白异读

文白异读与词汇、语法关系密切，这是陕北晋语的共同特征。绥德方言的大部分文白异读字固定在特定的词语和用法中，一般不能随意互读，特别是文读音的字，不能用白读音去读，一些文白异读各自承担了多义词的不同义项。文读音的词语多为后来的新词语，白读音的词为老牌词，历史相对悠久。

绥德方言的文白异读现象并不普遍，只有沿河区呈现出比较系统而复杂的分布状态（黑维强 2010b），城区等三个区除了果假蟹摄、曾梗摄和见系字文白异读较为系统外，其余为个别零星字，表现为残存局面。文白异读字不论多少，都体现在声母、韵母方面，声调方面没有什么反映。沿河区的文白异读与其相邻的清涧、吴堡方言一致，清涧、吴堡方言属于晋语吕梁片，成系统的文白异读是晋语吕梁片的一个特点。黄河沿岸地区的文白异读在北方地区来说是比较复杂的。刘勋宁（1983/1998a：187）曾经对清涧县方言的文白异读作过这样的论述："如果只是从平面上去描写语言的话，可以说清涧话的这种文白异读不是对立的两个层次，而是分化后的一个复杂整体，它丰富了语言的音素和音节，增加了区别意义的语音手段。"其实整个陕北晋语的文白异读无不如此。沿河区的文白异读现象的复杂性还表现在，有的字只有文读，没有白读；有的与此正好相反。有的既存在文读，也存在白读；有的文白读可能是统一的。有的文白异读严格；有的宽松。有的是旧有的，形成层次较早，早到唐五代时期；有的是受普通话影响而新产生的，时代较晚，仅有几十年的历史。以下是城区的文白异读情况。

（一）声母文白异读

声母的文白异读主要体现在见系二等字，仅见如下 20 个（文读在前，白读在后，一表示没有文读或白读）：

假摄：下匣 φia^{52} / xa^{52}、罅~开,晓 φia^{213} / xa^{33}。

遇摄：去溪 $t\varphi 'y^{52}$ / $k'ə ?^{3}$。

蟹摄：秸麦秸,见 $-$ / kai^{213}、芥~菜,见 $-$ / kai^{52}、街见 $t\varphi ie^{213}$ / kai^{213}、解见 $t\varphi ie^{213}$ / kai^{213}、解匣 $t\varphi ie^{213}$ / xai^{52}、鞋匣 φie^{33} / xai^{33}。

咸摄：咸匣 φie^{33} / $xæ^{33}$、馅陷匣 φie^{52} / $xæ^{52}$、匣匣 φia^{33} / xa^{33}、严疑 ie^{33} / $\eta æ^{33}$。

山摄：闲匣 φie^{33} / $xæ^{33}$、限门~,匣 φie^{52} / $xæ^{52}$、瞎晓 φia^{33} / xa^{33}。

梗摄：杏匣 $\varphi i\eta^{52}$ / $x\mu^{52}$、行匣 $\varphi i\eta^{33}$ / 道~ $x\mu^{33}$、耕见 $k\mu^{213}$ / $t\varphi i^{213}$。

此外，精组字有 5 个：秦从 $t\varphi 'i\eta^{33}$ / $ts'ə\eta^{33}$、就从 $t\varphi iəu^{52}$ / $tsəu^{52}$、脊精 $t\varphi iə?^{3}$ / $tsə?^{3}$、在从 $tsai^{52}$ / tai^{52}①、须心 φy^{33} / $suei^{33}$。

（二）韵母的文白异读

韵母的文白异读音，主要出现在果、假、止及梗、曾、臻六摄中。其中，梗曾臻三摄的见系开口字，只有白读音，没有文读音。

果、假摄：个 $k\mu^{52}$ / $kuə?^{3}$ / $kə?^{3}$、讹 $\eta ə^{33}$ / $\eta\mu^{33}$、爹 tie^{213} / ta^{213}、爷 ie^{33} / i^{33}大伯 / ia^{213}祖父、也 ie^{213} / ia^{213}、野 ie^{213} / i^{213}。

止摄：肥 fei^{33} / φi^{33}、尾 vei^{213} / i^{213}。

梗摄：棚 $p'i^{33}$ / $p'ə\eta^{33}$、迸 pi^{52} / $pə\eta^{52}$、绷 $p'i^{52}$破裂 / $pə\eta^{213}$。

受普通话的影响，近年来又产生了新的文白异读，但数量不多。例如：恋联 lie^{33} / lye^{33}、角 $t\varphi ye^{33}$ / $t\varphi ie^{33}$、略掠 lye^{33} / lie^{33}。这类文白异读虽然出现时代很晚，但作为新文白异读是无疑的。

绥德方言中的文白异读现象在声调上极为罕见。

---

① 在西安方言的老派文盲口语中又读为"待"（孙立新：《西安方言研究》，西安，西安出版社，2007，第 222 页），可见绥德方言并不孤立。

二、变音别义

变音别义是通过改变一个音节的声母、韵母或声调来表示不同的词义或用法。这是汉语中的常见现象，历史悠久，用例丰富。如古汉语中"衣"的名词、动词义以平声、去声相别，"骑"的动词、名词义以平声、去声相别，"语"的名词、动词义以上声、去声来区别，"数"的名词、动词义以去声、上声进行区分。现代汉语还在使用的"好"的形容词与动词义，"钉"的名词、动词义也是通过声调的改变来区别。变音别义与有规律性的文白异读是不同的两种现象，变音别义没有规律性可言（侯精一1997/1999：20）。绥德方言中亦有此现象。除了与北京话一致的外，还有一些。例如，奶 nai^{213}乳汁—nia^{213}祖母；可 k'ɯ^{213}可以：形容词，好。～着助—k'ɯ^{52}副词，可巧；正好—k'əʔ^{3}副词，非常；停 t'iŋ^{33}停止—t'iŋ^{52}打发；早 tsɔ^{213}名词、形容词、副词—tsɔ^{52}副词；时 sɿ^{33}时辰—sɿ^{52}年时：去年；拉 la^{33}牵、扯—la^{52}拉话：说话，等等。

第四节　单字音表

本表中黑体字和用代码代表的音节在音节表后注释说明。表中"平"为阳平，"上"为阴平上，"去"为去声，"入"为入声。

表 2-1　单字音

声母	ɿ			ʅ			ər			i			u			y			a			ia		
	平	上	去	平	上	去	平	上	去	平	上	去	平	上	去	平	上	去	平	上	去	平	上	去
p										白	屄	闭		补	布				八	把	霸	别⑤	啪	
p'										皮	披	屁	蒲	普	部				爬		怕	⑥	啪	
m										迷	米	**靡**	谋	母	幕				麻	妈	骂③			
f													扶	夫	富				发					
v													无	五	误				娃	挖	**洼**			
t										碟	底	地	**嘟**	赌	肚				达	打	大			
t'										提	梯	剃	图	土	兔				踏	他	**嗒**			
n										泥	你	腻		努	怒		女		拿	那	捺		奶	压
l										离	里	例			鹿	驴	吕	虑	拉	哪	拉④		俩	**落**
ts	吱	紫	志											祖					砸	怎	炸			
ts'	瓷	此	翅											粗	醋			觑	擦	镲	岔			
s	辞	死	是											苏	素				杀	洒	沙			

续表

声母	ɿ			ʅ			ər			i			u			y			a			ia		
	平	上	去	平	上	去	平	上	去	平	上	去	平	上	去	平	上	去	平	上	去	平	上	去
z																			②					
tʂ				知		置							主	柱							这			
tʂ'				迟	耻								除	杵	处									
ʂ						世							书	树										
ʐ					①								如	乳	擩									
tɕ										嚼	鸡	记				撅	居	据				夹	家	架
tɕ'										齐	起	气				区	取	趣				掐	搭	抾
ɕ										肥	西	细				徐	虚	序				狭	罅	夏
k													咕	古	顾					乬	卡			
k'														苦	裤				喀		卡			
ŋ																				我				
x													胡	虎	户				瞎	哈	下			
ø							儿	耳	二	移	衣	意				余	雨	玉	啊	啊	啊	牙	哑	亚

縻 mi^{52}：拴，羊～出去　嘟 tu^{33}：喇叭声，～～　注 va^{52}：坡地的一种类型　嗒 $t'a^{52}$：拟声词，忽～　落 lia^{52}：落在后边　沙 sa^{52}：挑选、挑拣　抾 $tɕ'ia^{52}$：两手卡，把脖子～住　肥 $ɕi^{33}$：指人吃胖，这人可吃～嘞　①$zʅ^{33}$拟声词　②za^{33}说话声　③mia^{33}猫叫声　④$lia^{33/52}$有一声无一声的哭泣声：哭得～～价　⑤pia^{213}粘贴：～门上　⑥$p'ia^{213}$分开：腿～开

续表

声母	ua			ya	ɔ			ei			ə			ɯ			uo			æ			uæ		
	平	上	去	上	平	上	去	平	上	去	平	上	去	平	上	去	平	上	去	平	上	去	平	上	去
p					包	抱			表	婊	剥	钵					薄	波	簸	搬		半			
p'					跑	抛	炮	瓢	飘	票			泼				婆	坡	破	盘	攀	盼			
m					毛	卯	冒	苗	秒	庙			没				魔	摸	磨	蛮	满	慢			
f													佛							凡	翻	饭			
v													物				掮	窝	卧	完	碗	万			
t						倒	道	刁		掉	得						夺	躲	剁⑦	单		蛋		短	断
t'					桃	掏	套	条	挑	跳	托						脱	妥	唾	谈	滩	探	团	貒	
n					脑	恼	闹	⑥	鸟	尿									懦	男		难		暖	
l					牢	老	涝	撩	了	料	勒								裸	兰	懒	烂	栾	卵	乱
ts	咋	①		⑤		早	灶						作				撮		坐	攒		站	钻		钻
ts'					槽	草	造						册				矬		错	蚕	掺	灿	攒	汆	窜
s					睄	扫	哨						色				缩		锁	唦	伞	散	酸		算

续表

	ua			ya	ɔ			iɔ			ə			ɯ			ou			æ			uæ		
	平	上	去	上	平	上	去	平	上	去	平	上	去	平	上	去	平	上	去	平	上	去	平	上	去
tʂ	抓				招		照						哲				桌				展	战	砖		转
tʂʻ	茬		甭②		朝		超						彻				锄		初	缠		颤	船	穿	串
ʂ	刷	耍	唰		绍	烧	少				舌		奢				说	梳	硕	蝉	闪	善	拴		涮
ʐ	挼		③		饶	扰	耀						热				挼			然	染	墀⑧		软	
tɕ				④				交		叫															
tɕʻ								桥	巧	撬															
ɕ								**枵**	小	笑															
k	刮	瓜	挂		高		告						割	根		更	郭	果	过	**敢**	**敢**	干	关		贯
kʻ		胯	挎		考		靠						渴	坑		可	扩	科	课		砍	看	宽		
ŋ					熬	袄	傲						恶	鹅	摁	饿				厂	俺	按			
x	划	花	话		壕	好	号						合	河	哼	恨	禾	火	货	寒	喊	汉	还	欢	换
∅				噢	噢			摇	腰	要				嗯								咹			咹

　　咋 $tsua^{213}$："怎么"的合音　　枵 $ɕiɔ^{33}$：悬空，或抬起物体腾出空间：腿～起　　敢 $kæ^{33}$：副词，表示语气　　敢 $kæ^{213}$：动词，有勇气　　① $tsua^{52}$滴水的样子　　② $tʂʻua^{52}$整齐步伐的声音　　③ $ʐua^{52}$口中塞满食物咀嚼的样子：吃得～～的　　④ $tɕya^{213}$僵硬的样子　　⑤ $tsɔ^{33}$拟声词　　⑥ $niɔ^{33}$厌烦　　⑦ $tæ^{33}$水流声　　⑧ $ʐuæ^{33/52}$咀嚼的样子：吃得圪～圪～价

续表

	ie			ye			ai			uai			ei			uei			əu			iəu		
	平	上	去	平	上	去	平	上	去	平	上	去	平	上	去	平	上	去	平	上	去	平	上	去
p	别	边	变				**摆**	摆	拜				杯		辈									
pʻ	拍	撇	骗				排	派	败				赔	坯	配									
m	灭	免	面				埋	买	迈				媒	美	妹									
f													肥	飞	费									
v										歪		外				维	危	位						
t	跌	掂	电					逮	戴							堆		对		陡	豆	丢		
tʻ	铁	天					抬	胎	太							推		退	投	偷	透	提		
n	捏	碾	念		虐		挨	奶	耐						那			内	奴	努	怒	牛	扭	谬
l	列	脸	练		略	**恋**	来	黧	赖							雷	垒	泪	楼	搂	路	流	柳	六
ts							贼	栽	寨				贼				嘴	醉	邹	走	奏			
tsʻ							才	猜	菜							崔		脆	愁	瞅	凑			
s							腮	筛	晒							随	绥	岁	嗖	搜	瘦			

续表

	ie 平	ie 上	ie 去	ye 平	ye 上	ye 去	ai 平	ai 上	ai 去	uai 平	uai 上	uai 去	ei 平	ei 上	ei 去	uei 平	uei 上	uei 去	əu 平	əu 上	əu 去	iəu 平	iəu 上	iəu 去
z								①																
tʂ										拽					这	锥		坠	周			纠		
tʂʻ											揣	膪	锤			吹			稠	丑	臭			
ʂ										衰		帅				谁	水	睡	仇	手	受			
ʐ														②	③		蕊	锐	揉		肉			
tɕ	接	肩	见	绝	卷	倦																	九	旧
tɕʻ	切	潜	欠	缺	圈	劝																求	秋	
ɕ	歇	先	线	雪	选	楦																囚	修	袖
k							该		盖		拐	怪		给		规		贵		狗	够			
kʻ							开		慨		会	快				亏	跪			口	扣			
ŋ								矮	爱										欧		构			
x	鞋							海	害	怀		坏	嘿			回	灰	会	侯	吼	后			
∅	言	野	砚	月	远	怨	唉	哎		哎			诶		④				油	有	又			

恋 lye^{52}：依恋，这娃娃可～人呦　摆 pai^{33}：摇晃，摇得～～价　摆 pai^{213}：陈列，～下一锅台　䇓 lai^{213}，～黦：穿戴不整洁、办事不精干，这人～黦　会 kʻuai^{213}：～计　会 xuei^{52}：～议
①zai^{33}哭声　②zʐei^{33}惊叹声　③zʐei^{52}惊叹声　④ei^{52}惊叹声

续表

	ã 平	ã 上	ã 去	iã 平	iã 上	iã 去	uã 平	uã 上	uã 去	əŋ 平	əŋ 上	əŋ 去	iŋ 平	iŋ 上	iŋ 去	uŋ 平	uŋ 上	uŋ 去	yŋ 平	yŋ 上	yŋ 去
p	梆	帮	棒							嘣	蹦	笨	宾		病						
pʻ	旁	髈	胖							盆	喷	碰	平	品	拼						
m	忙	莽								门	猛	梦	明	抿	命						
f	房	方	放							坟	风	缝									
v	王	网	忘							文	稳	瓮									
t	当	党	挡							噔	灯	扽		顶	定	咚	董	顿			
tʻ	唐	汤	烫							疼	拖	腾	停	听	挺	同	吞	痛			
n	瓤	攘	齉	娘	仰					能			能	宁	咛	硬	浓		嫩		
l	狼	食	浪	凉	两	亮				罗	冷	愣	林	领	另	农	拢	弄	轮	抡	论
ts		赃	葬							噌	左	赠					总	纵			
tsʻ	藏	仓	①							层	搓	衬				从	村	寸			
s	桑		丧							生		渗				㞞	孙	送			

续表

	ã			iã			uã			əŋ			iŋ			uŋ			yŋ		
	平	上	去	平	上	去	平	上	去	平	上	去	平	上	去	平	上	去	平	上	去
z										②	吟	③									
tʂ		张	丈				装		壮	真		正					准	众			
tʂʻ	肠	敞	唱				床	窗	撞	成	车	乘				唇	冲	铳			
ʂ	裳	商	上				爽	双		神	升	社					吮	顺			
ʐ	瓤	嚷	让							人	仍	认				绒	冗	润			
tɕ				江		匠							今		镜					炯	俊
tɕʻ				墙	抢	炝							勤	请	庆				群	焪	
ɕ				详	想	向							寻	新	性				雄	凶	训
k		钢	杠				咣	光	逛								滚	共			
kʻ	扛	康	炕				狂	筐	框								捆	控			
ŋ		昂																			
x	航	夯	项				黄	慌	晃	哼	哼	哼				魂	哄	轰			
∅				阳	洋	样				嗯		嗯	银	英	应				云	永	用

梆 pã^{33}：碰撞声　能 nəŋ^{33}：能够　拖 təŋ^{52}：使展开　能 nəŋ^{52}：宁可　咛 niŋ^{213}：少量，一～～　①tsʻã^{52}沾上　②zəŋ^{33}：拟声词　③zəŋ^{52}：拟声词

续表

	əʔ	iəʔ	uəʔ	yəʔ		əʔ	iəʔ	uəʔ	yəʔ
	入	入	入	入		入	入	入	入
p	不	笔			tʂ	直		竹	
pʻ	扑	匹			tʂʻ	吃		出	
m	目	密			ʂ	石		熟	
f	福				ʐ	日		入	
v	往				tɕ		积		局
t	的	敌	独		tɕʻ		七		曲
tʻ	①	踢	突		ɕ		吸		续
n	那	逆	衲		k	胳		骨	
l		立	绿	捋	kʻ	可		哭	
ts	脊		做		ŋ	②			
tsʻ	措		族		x	黑		忽	
s	塞				∅		乙		欲

①tʻəʔ^{3}："他的"合音　②ŋəʔ^{3}："我的"合音

第三章　同音字汇

说明：本字汇收录方言的单字音，以《方言调查字表》为基础增删而成：补充绥德方言常用而字表没有收录的字，删去方言不用的生僻字。根据上文韵母、声母、声调的次序排列。写不出本字的音节用方框"□"表示，释义和举例用小号字表示。举例时用"～"代替本字。绥德方言有少数的文白异读字，对有把握的在字下加"＿"表示白读音，加"＝"表示文读音。又读音字下注"又"。异读字只举例。只读轻声的字列在每一音节的最后，用[0]表示。

ɿ

ts　[˧]吱拟声词　[˨]紫资姿兹咨姊滋子孳籽梓辎支枝肢吱不～声脂旨指纸只～有之芝止趾址至～如：从来□碾，压　[˅]自字稃～谷子至～于志志气；称量：拿秤～志痣痔

ts'　[˧]瓷慈磁辞词祠嗞拟声词竬龇划痕：白不～　[˨]雌鹚～怪子此疵兹齿呲～牙趹～塌指六～儿　[˅]刺赐翅次伺～候

s　[˧]匙钥～辞推～时莳　[˨]斯厮撕嘶澌～气饭施豕私死师狮尸屎矢屎司丝思饲～养诗始使史驶　[˅]是氏四肆示视嗜似祀巳寺嗣士仕柿市俟饲事恃试侍时年～；去年咝凉～～

ʅ

tʂ　[˨]知蜘～蛛　[˅]滞制～度，～造智致稚幼～雉置治窒炙

tʂ'　[˧]池驰弛迟痴持　[˨]侈耻嗤～笑痴又，说话～

ʂ　[˧]□饮牲畜喝水的声音　[˅]世势誓逝

ʐ　[˧]□拟声词，扔东西时的声音

ər

ø　[˧]儿　[˨]耳尔而饵洱惹又　[˅]二贰

i

p　[˧]白又别插　[˨]蓖屄女阴彼比妣俾浜秕臂　[˅]敝蔽弊闭币毖陛箅～梳被备愎辅～鞍子吡咬牙～棒迸

p'　[˧]皮疲脾琵枇痞黑～蚍～蜉棚　[˨]批披避鄙庇痹麻～僻砒～霜纰～漏辟腿～开　[˅]屁绷

m [꜒]迷谜咪眯糜靡弥弭猕~猴眉楣媚嵋郿唱~鄠 [꜓]米 [꜔]縻羊~
出去 觅昧据为己有 哞牛~子：牛犊迷~人：用好的言行迷惑使人上当

t [꜒]碟叠~被子滴娇~~谍 [꜓]低底抵羝圪~：种羊嘀 [꜔]帝弟第递
悌地嘀笑得圪~~价

t' [꜒]堤屉题提蹄啼 [꜓]梯体 [꜔]替涕剃嚏又，喷~

n [꜒]泥倪宜谊尼呢妮 [꜓]你拟霓 [꜔]腻匿泥~匠：陷进湿软的土里
溺又

l [꜒]犁黎藜离篱璃梨劙刀割鳌狸~猫厘漓履利海~：更加 [꜓]礼李里
理鲤哩 [꜔]例厉励隶吏利俐莉痢离又，~远，牙~囒里又，不反~正

tɕ [꜒]嚌 [꜓]姐鸡稽饥肌几虮叽机讥基挤己耕~地戟姬姓 [꜔]借祭
际继寄技妓伎冀骥纪记忌既季悸嫉稷

tɕ' [꜒]茄褯又齐整~脐荠畦奇骑岐歧祁杞其棋期旗麒箕祺琪琦岂
[꜓]妻凄悽启欺起 [꜔]企契器弃气汽沏褉泣憩敧斜：~转齐全部，
都：~给哩人囒

ɕ [꜒]邪斜肥用于动物，用人有贬义 [꜓]写西栖犀希稀洗玺徙溪奚分携
牺恓~惶嬉喜嬉熹熙撵又些那~：他们 [꜔]谢相~细婿系係戏卸把镢
头把~下来膝圪~些~价：之类熄

ø [꜒]伊移夷姨疑怡贻沂遗逸抑疫役彝邑裔轶榆又~树意专~故儿：故
意矣爷老~庙 [꜓]野~的蚁椅倚医已以衣依饴胰~子尾~巴溢饭~囒
咿~~吟吟揖 [꜔]夜艺呓刈仪义议翌屹宜便~易肆意臆异毅忆亿翼
懿译绎驿佚颐奕以~先：先前，一开始□锈：生~ [0]爷大~：大伯

u

p [꜓]补捕哺逋 [꜔]布佈怖步卜萝~

p' [꜒]蒲葡匍菩~萨扑~克呼吹气声 [꜓]谱铺~设普浦脯鸡~圃埔堡璞
[꜔]铺~子部簿

m [꜒]馍模~子，~范谋牟 [꜓]某亩牡母拇 [꜔]暮慕墓募幕牧□~脑
子：脑子不精明的人

f [꜒]傅敷孚俘浮孵呼又扶凫咐安~：叮嘱抚 [꜓]夫~人肤跗府俯腑甫
斧麸芙釜腐辅否蝠夜蝙~阜蜉蚍~ [꜔]付赋赴讣符父附富副妇负
驸埠咐吩~

v [꜒]吴蜈无兀那~儿 [꜓]五伍午仵乌污武舞侮鸽~丝鹉吾呜~咽泉：
村名 [꜔]悟焐梧晤误恶可~巫诬务雾戊勿又毋呜哭声乌~排：黑鹰

t [꜒]嘟拟声词 [꜓]都~城堵赌睹肚羊~子犊嘟~曛笃 [꜔]肚~囊肉妒
杜度渡踱镀蠹嘟冒水声音

tʻ　[꜓]徒屠途涂图荼　[꜔]土吐　[꜕]兔

n　[꜔]努_{突出；憋气鼓劲}　[꜕]<u>怒</u>

l　[꜕]鹿

ts　[꜔]租祖组阻俎诅

tsʻ　[꜓]觑　[꜔]粗　[꜕]醋

s　[꜔]苏<u>酥</u>　[꜕]<u>素</u>诉塑<u>嗉</u>粟朔夙漱

tʂ　[꜔]猪诸煮诛蛛~~：蜘蛛株拄朱硃珠主　[꜕]帚_笤~著驻注柱住蛀
铸箸

tʂʻ　[꜓]除储厨橱雏刍□_{拟声词}　[꜔]处_{相~杵~子}殊暑_又楚_{清~}础_{基~}褚
如强~：强似□炮~嗅：没有放响的炮　[꜕]处<u>試</u>挑唆，煽动□灰~~　[0]
帚扫~

ʂ　[꜔]疏蔬~菜书抒舒暑薯鼠黍署曙枢输庶墅　[꜕]恕成竖树

ʐ̩　[꜓]如~果茹放：填~　[꜔]汝儒孺乳茹拥挤：家里可~叻擩~哩两圪都(拳)
[꜕]擩茹等：~口跟前

k　[꜓]咕_{拟声词}　[꜔]辜孤箍姑古估枯牯咕股_又鼓臌罟<u>强迫做事</u>　[꜕]故
固雇顾　[0]菇蘑~

kʻ　[꜔]苦　[꜕]库裤

x　[꜓]胡湖糊~窗子瑚蝴鬍煳~馍狐弧壶和~牌斛会多~儿：什么时间
[꜔]呼乎虎唬吓~琥~珀浒　[꜕]户沪扈互护糊_{不清楚：~脑子}黏黏：水
好熬得米汤~

y

n　[꜔]女

l　[꜓]驴　[꜔]吕侣铝履旅<u>屡</u>缕　[꜕]虑<u>滤</u>

tɕ　[꜓]橛　[꜔]居车~马炮举拘驹沮□筷子抄　[꜕]据锯剧巨苣_{甜~}拒距
矩炬聚俱具惧惧句瞿_姓遽飓

tɕʻ　[꜓]渠区岖觑又~活~~：活结　[꜔]趋取娶驱躯　[꜕]去趣

ɕ　[꜓]徐须鬚需栩　[꜔]酥墟虚嘘吁许　[꜕]絮序叙绪恤<u>素</u>~菜，~的
续~亲亲

ø　[꜓]鱼渔余盂禹愚榆~林渝迂竽　[꜔]语于淤与吁呼~予雨宇羽禹屿
舆苇　[꜕]御驭誉预豫娱遇寓逾愉愈喻愈瘉瑜裕虞芋洋~魏~家峁，地
名纬~线，织布的横向线尉　尉_姓育郁玉狱毓聿煜鬻鹬臾俞

a

p　[꜓]爸八捌拔跋叭喇~　[꜔]巴芭疤屄~屎靶把~握扒圪~八张~李九
[꜕]霸灞把_刀~坝耙~地罢吧□~起：撅起八~叉：腿劈分开

p' 　[㇀]爬琶杷耙~子帕趴马~髻胡子~婆眼泪~婆　[㇏]怕啪

m 　[㇀]麻痳蟆蚂~蚱抹退，取：~下马~虎吗嘛么什~　[㇏]马码~子妈玛
蚂　[㇂]骂

f 　[㇀]法乏发伐筏阀罚砝~码

v 　[㇀]蛙娃袜哇娲鸹老~　[㇃]瓦砖~洼硬~~挖窊掀　[㇂]哇瓦动词：~
房皮洼~地：坡地㿻(本地人写"洼"为"㿻"：背㿻)凹堆：~下一地

t 　[㇀]答搭褡鞑瘩达嗒拟声词　[㇃]爹掸鸡毛~子打　[㇂]大搭一~：一块儿
[0]达遢~打后缀：看~、做~

t' 　[㇀]踏撻拓沓塔榻塌溻浸：~湿蹋遢邋~褟~水的：背心罯罯~　[㇃]他
她它　[㇂]嗒不~~：拟声词

n 　[㇀]拿纳呐衲娜　[㇃]那　[㇂]捺□不予理睬：我~你呀

l 　[㇀]拉垃~圾腊蜡鑞剌辣落丢　[㇃]哪邋~遢喇~叭　[㇂]拉~话兒沓~

ts 　[㇀]杂人~炸~油糕铡剳札扎砸匝咂煠~粉睫眼~毛　[㇃]渣怎拃踏踩，
站：~下脚踪噤诈以言语诳出哢吸唝剿刀子刹　[㇂]乍诈榨炸蚱闸栅咤爹
竖，举咋语气词喳拟声词挓倒：~地上嗻；张开，伸开：~个炕上剿又

ts' 　[㇀]茶搽楂查碴茬插擦察咱馇~猪食嚓礤杂拉~□滑：~哩一跤　[㇃]
又圪~权衩疹嘶哑：~喉咙差~别，病~喳镲扠攀爬　[㇂]岔差错嚓姹侘
又腿~开扠~腰衩衣服边上开的口子

s 　[㇀]杀刹煞飒　[㇃]砂~糖沙~土纱痧莎鲨裟洒傻撒萨厦刹索利~
[㇂]唼虫咬刹一~那沙筛选、挑选：~下些猴的筛稀疏：布可~唢索~利：利索
娑眼泪婆~

z 　[㇀]□说话的声音

tʂ 　[㇃]这

k 　[㇃]生~渣　[㇂]卡拦挡嘎尬尴~

k' 　[㇃]卡喀~血咖　[㇂]咔

ŋ 　[㇃]我

x 　[㇀]匣风~瞎鳛裂开阁门~开　[㇃]呵~气哈　[㇂]下

ø 　[㇀]啊　[㇃]阿啊　[㇂]啊

ia

p 　[㇀]别又：门上~个甚吶啪　[㇃]□粘贴　[㇂]啪

p' 　[㇃]□分开：腿~开　[㇂]啪

m 　[㇀]□猫叫声

n 　[㇃]奶　[㇂]压迁碾：~钱钱

l 　[㇀]□有一阵没一阵的哭声　[㇃]俩两　[㇂]落~后：走路落在后边□有一阵没

一阵的哭声

tɕ [˥]夹袷~衣荚挟颊甲胛价助词 [˩]家加痂嘉傢~具假真~葭贾佳枷~锁 [˅]假请~架驾嫁稼价枷连~

tɕ' [˥]恰掐 [˩]搭抱卡~住 [˅]洽抔~死

ɕ [˥]虾霞瑕遐暇狭侠峡瞎辖匣 [˩]鳕分开：腿~转 [˅]下夏厦~门吓

ø [˥]牙呀芽伢衙涯崖鸭押也助词，表将来 [˩]爷雅也鸦丫哑讶惊~ [˅]亚压

ua

ts [˩]咋"怎么"合音 [˅]□滴水貌：水滴得~~价

tʂ [˩]鬏抓爪

tʂ' [˥]莡谷~欻拟声词，形容步伐矫健 [˩]雷剥离，去掉：皮~哩□抽打：鞭子~ [˅]欻拟声词，形容速度快

ʂ [˥]刷缩甩扔：~嘞 [˩]耍 [˅]唰拟声词，形容速度快、整齐有力

ʐ [˥]挼 [˅]□形容下垂、胖的样子：吃得脸直~奶奶价□嘴里塞满：吃的~~价

k [˥]刮~风呱 [˩]瓜寡剐刮刀子~趏跑：~嘞 [˅]蜗~~牛：蜗牛挂卦褂

k' [˩]夸侉垮胯跨 [˅]挂又跨又挎

x [˥]铧划~破滑猾踝~二骨活又 [˩]花华 [˅]化华~山桦画话划计~

ya

tɕ [˩]□硬~~：僵硬的感觉

ɔ

p [˩]褒保堡宝包饱胞衣~刨~树 [˅]报抱刨~花儿播广~暴爆苞~鸡娃包土~子胞双~胎豹鲍

p' [˥]袍脬尿~跑胞同~剖庖抛~过刨鸡~开的 [˩]抛跑又泡气~儿 [˅]泡炮砲雹

m [˥]毛矛~盾茅猫锚髦髳~氉：性子烈，烦躁蘑~菇 [˩]卯峁铆牡~丹摸估计：~不来 [˅]冒帽貌茂贸□盲目

t [˩]刀叨裯岛捣倒跌~导~师蹈悼蹈捯来回~ [˅]到倒~水道稻~子盗导

t' [˥]桃逃滔韬淘陶啕萄涛洮~米 [˩]掏讨捯以拳击打 [˅]套鼗高粱□掉

n [˥]脑~上挠铙饶姓[˩]脑~子恼垴~畔掓扛孬~子 [˅]闹瘰毒，中毒

l [˥]劳捞牢唠痨~病崂醪~糟啰叫猪声：儿~~饹饹~ [˩]老姥佬

〔ˇ〕涝落得到，获得：～哩几块钱烙～饼耢～园子唠尖声呲～

ts　〔ˉ〕□拟声词，说话、狗叫声　〔ˊ〕遭糟早枣澡骚～扰爪又找　〔ˋ〕灶蚤皂罩櫂笊焯～豆芽早副词：就，已经

ts'　〔ˉ〕曹槽巢褯衣物等的污渍：～点点　〔ˊ〕操草驕抄钞筷子夹取炒麨～面吵
吵吃：小声议论剿　〔ˋ〕躁燥造糙钞姓刍～蛋：捣蛋□蹭；粘：～烂喷；～
上些黑

s　〔ˉ〕睄略看　〔ˊ〕骚～情臊～味梢捎稍扫嫂　〔ˋ〕臊～子燥干～臊高～潲
跌～：小瀑布艄哨扫帚□苗条

tʂ　〔ˊ〕朝～气召昭招～手沼诏找又钊　〔ˋ〕赵兆照肇招教～：教育，教诲着
猜，说～

tʂ'　〔ˉ〕朝～代潮嘲　〔ˊ〕超

ʂ　〔ˉ〕韶绍邵～三甭四：多嘴　〔ˊ〕烧少　〔ˋ〕少邵烧霞：早～不出门，晚～晒
死人□退色

ʐ　〔ˉ〕饶　〔ˊ〕扰绕围～　〔ˋ〕绕～开耀～眼：刺眼照～镜子

k　〔ˊ〕高膏篙稿搞镐羔糕　〔ˋ〕告诰

k'　〔ˊ〕考烤拷　〔ˋ〕靠犒铐馋

ŋ　〔ˉ〕熬累燠～白菜　〔ˊ〕祅凹熬～煎：～一院地方　〔ˋ〕傲鳌敖奥懊燠～锅
水拗撬：用撬往起～坳

x　〔ˉ〕蒿耗豪壕毫嚎薅　〔ˊ〕好～坏　〔ˋ〕好喜～浩皓号孝戴～

ø　〔ˉ〕噢表答应的声音　〔ˋ〕噢表告知的声音

ci

p　〔ˊ〕膘标表彪婊裱镖　〔ˋ〕覅不要

p'　〔ˉ〕瓢嫖剽瞟　〔ˊ〕飘漂～起　〔ˋ〕票漂～亮

m　〔ˉ〕苗描瞄矛～子　〔ˊ〕藐渺～无音信秒　〔ˋ〕庙妙

t　〔ˊ〕刁叼貂雕凋碉　〔ˋ〕吊钓鸢长掉调～头□～棒子：调情

t'　〔ˉ〕条笤～帚调～和□踩藋灰～　〔ˊ〕挑　〔ˋ〕跳粜

n　〔ˉ〕□厌烦，烦腻：吃得～～价　〔ˊ〕咬鸟□痒　〔ˋ〕尿

l　〔ˉ〕撩聊辽疗僚嘹獠～牙寥敹粗略缝：～上几针缭轻忽～～蹽～滑嫽嘹潦
　〔ˊ〕燎火～了醪①白：白忽～～　〔ˋ〕料撂镣脚～瞭又尥

tɕ　〔ˊ〕交郊胶饺绞狡铰跤教～书搅焦蕉香～椒骄娇矫浇侥缴疔　〔ˋ〕教
～育较酵～子：酵母窖觉轿叫噍～草校又，～对

tɕ'　〔ˉ〕瞧樵乔侨桥荞　〔ˊ〕敲巧缲悄剿～猪跷跻一～：一步雀　〔ˋ〕俏峭

---

① 《玉篇·面部》："醪，面白醪醪也。"

窍撬窾翘鞘鹊鸦～

ɕ [˧]学～自行车枵悬空：腿～起 [˨˦]肖消霄宵硝销逍屑削剥～小嚣啸萧箫晓 [˥˨]孝效校学～笑□开裂：镢头儿～鑻

ø [˧]摇谣窑肴淆混～姚尧遥 [˨˦]妖邀腰要～求舀夭吆～喊杳 [˥˨]鞠要重～耀照～鹞跃鼬黄～褄草～～：草绳

ə

p [˧]钵拨泼活～博搏膊泊水～卜姓剥驳擘分～焞煳～□棵：一～树孛～箩薄单衣～裳 [˨˦]膀肩～钵又，饭～～泊圪～～

p' [˧]泼～水钹朴扑又仆勃又渤瀑破～行烂李樸～牛

m [˧]末沫没殁拇又

f [˧]佛拂沸

v [˧]物握屋沃勿

t [˧]得德

t' [˧]讬托～人庹特忑

l [˧]落～后烙洛络酪乐肋勒蝼～蛄

ts [˧]作昨凿则侧～楞：侧着泽择窄摘责仄指手～头趾脚～头

ts' [˧]宅侧～面测拆踖策册厕铩铲凿～儿：木匠凿孔的工具□～蔄：花似韭菜花而小的一种植物，炝麻油味道很香

s [˧]涩瑟虱塞色啬腮

tʂ [˧]蔗褶蛰哲蜇～人折～回浙酌着～急摭打～，～并

tʂ' [˧]彻～底撤辙着睡～焯尺～子：量器

ʂ [˧]摄涉舌设折断勺芍佘姓 [˨˦]奢～侈

ʐ [˧]热若弱偌

k [˧]合十～是一升；制作：～哩一架门窗割葛各阁搁格隔鸽革格槅牛轭

k' [˧]磕瞌搕～烟灰渴可最；全：～里头，～世界壳刻克客咳～嗽

ŋ [˧]讹鄂鳄遏愕颚恶额扼轭噩厄屙～下一脬

x [˧]喝合盒鹤核审～

ɯ

k [˨˦]哥歌跟根亘更～换庚赓羹哽埂梗耕耿 [˥˨]个～人更～加

k' [˨˦]可恳垦啃肯坑 [˥˨]渴口～：嘴唇干裂的样子揹～落：勒索可恰好；称心：～～儿价，～心

ŋ [˧]蛾鹅俄峨讹～人 [˨˦]恩摁擦 [˥˨]饿

x [˧]河何荷痕恒亨学～舑：学舌行道～衡呵训斥饸 [˨˦]很狠哼唱：～上两句□蒸，馏 [˥˨]贺恨杏撼推，搬：～不动何～那么个是

ᴓ　[˦]嗯拟声词，表应答

uo

p　[˦]脖薄　[˧]波菠~菜跛簸~一~玻~璃　[˅]簸~箕播~节目〈新〉

p'　[˦]婆勃饽面~　[˧]颇坡破准备，齄出：~命　[˅]破~烂

m　[˦]魔磨~刀莫膜寞蘑~菇〈新〉摩~托　[˧]摹~仿摩观~摸手~陌抹涂破又，~命坡斜，有坡度：修得~~价　[˅]磨石~掮打：~哩一棍抹拖：~地上嘬　[0]么

v　[˦]掵挑，挖：~茄苗；~干草：称量东西时秤杆翘得很高　[˧]窝蜗~牛莴~笋踠脚~定嘬捼用力使弯曲卧发酵：~柚　[˅]卧渥腌渍

t　[˦]夺铎度~量赌敠指头、棍子等点击跢矗立，站（含贬义）：炕上~几布袋麦子｜你~个那儿做甚助　[˧]朵躲敠战~　[˅]剁垛柴~跺惰掇堕

t'　[˦]脱陀坨砣舵饦圪~猫耳朵托摩~　[˧]妥椭　[˅]唾

n　[˅]诺喏懦

l　[˧]啰~嗦裸

ts　[˦]撮　[˅]坐座助

ts'　[˦]矬~不塌：矮个子　[˅]措错挫

s　[˦]缩　[˧]梭唆嗦锁琐所索

tʂ　[˦]拙桌卓捉琢酌蛳~

tʂ'　[˦]镯锄绰宽~戳　[˧]初

ʂ　[˦]说　[˧]数动词梳蔬菜~所又：看守~　[˅]数名词硕

ʐ　[˦]捼推、掀：~的前，搞的后

k　[˦]聒郭虢国帼　[˧]锅戈果菓裹裸　[˅]过

k'　[˦]括阔廓扩　[˧]科窠稞颗稞青~敲敲击　[˅]课嗑骒

x　[˦]和~气禾豁活劐拿刀子~开或□~开口子，~折　[˧]火伙　[˅]货祸和~面：汤面荒~地火红~伙量词，份，顿，次：压哩两~钱钱；打哩一~

æ

p　[˧]班斑颁扳般搬板版瘢癍扁□~子：女阴　[˅]扮瓣办半绊伴拌畔

p'　[˦]盘磐蟠半太~　[˧]攀扳拿绳~定潘　[˅]盼襻判叛□正：~走着跌倒嘬半慭溜~罐

m　[˦]蛮瞒馒蔓~菁鞔埋~怨　[˧]满　[˅]慢漫幔谩

f　[˦]凡帆梵烦藩樊繁矾番幡　[˧]反返翻幡疲胃翻欲吐：心里圪~~价　[˅]范犯泛贩饭

v　[˦]玩完丸顽　[˧]豌剜弯湾皖碗晚挽宛婉惋绾捥拔：~黑豆腕揪：~哩一眼黄又　[˅]腕万蔓~子屶勾连~字□陷入

t　[˦]□水流声　[˧˥]耽担~水丹单胆~量疸旦又诞眈虎视~~聃　[˩]旦

担~子；横着中间没有放实淡但丹山~~石量词弹蛋胆苦~啖吃：~哩一嘴

掭使毛笔尖调整到合适或去掉墨汁到合适；粗略磨：~刀子掸筛：罗子~□经过，

从：~脑跶过去趆趋：散步，散心

t'　[˦]潭谭谈痰檀坛弹~簧　[˧˥]贪坍滩摊毯坦瘫袒~护挩以拳相击

[˩]探炭碳叹谈舚吐：~舌头

n　[˦]南楠男难不~　[˩]难困~

l　[˦]蓝篮兰拦栏婪澜　[˧˥]览褛揽榄缆懒两爁轻炒□得~：低垂　[˩]

滥烂蓝又，红黑~青揽拾~　[0]喽了₂

ts　[˧˥]簪湛清~~眨斩崭又嚓咬叮，吃喳多~攒积~拶　[˩]暂錾站蘸赞绽

袒鞋底与鞋帮断开盏栈组用大针脚缝

ts'　[˦]蚕馋残谗~人：语言相讥　[˧˥]参掺惨铲产惭谗搀崭划只，仅跐磨

破：脊梁~嚓　[˩]餐灿璨爘不~子：底子浅的器皿黪量词，遍：洗哩一~~绽

包、捆的东西展开：~开

s　[˦]啥语气词　[˧˥]三杉衫珊散~架伞山删　[˩]散~伙颡圪~~三又，~

七家分趆~趋：散心，散步

z　[˦]□屁~~□小孩子没紧没慢的哭声　[˧˥]□红圪~~

tʂ　[˧˥]沾粘~贴瞻展搌~布毡　[˩]占~卦，~领战颤又

tʂ'　[˦]蟾缠蝉禅婵觇~哩一眼　[˧˥]谄划(器物)开口度大而浅：~口子　[˩]

忏颤

ʂ　[˦]阐蝉秋~觇又搧一~~两打　[˧˥]陕闪膻搧煽　[˩]疝~气扇骟善膳缮

擅苦单姓

ʐ　[˦]然粘黏然讻纠缠：~~匠　[˧˥]染冉燃　[˩]黏小孩子特别留恋大人穰

大~泥

k　[˦]敢~是　[˧˥]甘柑泔~水，米~感敢橄尴~尬干~湿肝竿杆秆擀干

赶间房~费　[˩]干~部赣　[0]□烂~：乱了，破产

k'　[˧˥]堪龛坎砍勘看~照：照看刊侃　[˩]看~见　[0]砍扑~

ŋ　[˦]安~心：存心严阉门闭~厂石~掩圪~：隐藏　[˧˥]庵埯~种安平~~

鞍揞遮住唵醃甜~~：很甜　[˩]暗岸按案署~署：藏好干~部、营~〈老〉

x　[˦]含函咸罕寒韩还副词闲~话　[˧˥]撼憨喊唅颔~水：口水荷拿

撼憾醋陷馅限门~鼾汉旱汗焊翰~林瀚颔悍捍

ø　[˦]唵语气词　[˩]唵语气词□~儿：人家

uæ

t　[˧˥]端短　[˩]断锻段缎椴碫~磨

t'　[˦]团　[˧˥]鷻

n　[ˇ]暖

l　[ˊ]栾鸾挛峦圝聚积、集中　[ˇ]卵　[ˋ]乱

ts　[ˇ]钻　[ˋ]赚钻~儿攥_{耒水~噻}

ts'　[ˊ]攒_{齐全，集中：人~噻；量词：大~院儿}　[ˇ]攒_{又；事都~一搭里噻}汆撺趱_{攛：猫不上树狗~这叻}　[ˋ]窜蹿篡纂_{编~}

s　[ˇ]酸　[ˋ]算蒜

tʂ　[ˇ]转专砖　[ˋ]撰馔转篆传_{~记}

tʂ'　[ˊ]传_{~递}椽船　[ˇ]川穿喘钏舛簸_{去皮、杂质等：~稻黍米}　[ˋ]串

ʂ　[ˇ]闩拴栓　[ˋ]涮

ʐ　[ˊ]□_{咀嚼的样子}　[ˇ]阮蒇_{地~：类似木耳而小软}　[ˋ]□_{嘴嚼的样子}

k　[ˇ]官棺观_{~音}管馆冠_{鸡~}子鳏关纶　[ˋ]贯灌罐冠_{~军}惯掼踬摔：_{~哩一跤}

k'　[ˇ]宽款

x　[ˊ]桓_{还动词}环寰唤_{声~}　[ˇ]欢缓　[ˋ]唤_{呼~}焕换涣痪幻患宦

ie

p　[ˊ]别鳖憋蹩擘弼北百柏伯白憋瞥_{~见：看见}苖颗粒饱满　[ˇ]贬砭石_~鞭编边蝙_{夜~}蝠匾褙绷_{袖子~}食帛槌_{~石}癟　[ˋ]变辨辩辫汴便_{方~}遍念一~蹩_{~扭}迸_{~得不高}绷_{裂缝：脑子不~裂裂}

p'　[ˊ]便_{~宜}缏_{~缝子}拍白说，聊：_{瞎~叻}骈排_{高粱秆上一节缝制的用具}□_{受凉而感冒：~噻}　[ˇ]偏扁_{~豆}篇又撇瞥翩箅_{甑~儿}　[ˋ]篇骗片眦破裂

m　[ˊ]绵棉眠灭麦脉陌□_{猜，识别：~得声音叻}　[ˇ]蔑免勉娩冕腼_{~腆}缅_{~怀}渑□_{买~}　[ˋ]面脸_{~，白~}

t　[ˊ]跌叠重_~氽喋蝶滴哐捏叻_{断开：~树}　[ˇ]爹掂跕战_~敠颠点典腆挺_{：~个老肚}　[ˋ]店惦电殿奠佃垫　[0]笛_{梅~：笛子}

t'　[ˊ]田填_{~茄}甜帖贴铁嚏_{喷~}　[ˇ]添舔天填_{~空}腆_{腼~}

n　[ˊ]黏聂镊蹑孽拈年研硌捏砼_{~石：河中供人走的石头}眼睨_{~：物色}　[ˇ]碾撵辇捻蹍腴_{又，挺}　[ˋ]廿聂_又念孽_又

l　[ˊ]廉镰帘帘连莲裢_{~褡}怜猎列冽烈裂趔劣略掠捩　[ˇ]脸圙圞_{~：圈儿，环}　[ˋ]敛殓练链炼圙_又□_{涩~~价}

tɕ　[ˊ]间_{——房}接杰竭羯揭节结洁诘拮捷_{~报}截劫角觉_{~着}脚桀　[ˇ]皆阶街解姐_{~家：外婆家}减碱检俭捡硷_{地名用字}崄_{地名用字，今地图上写"硷"}简监尖兼间_{中~}奸犍肩坚搛艰柬拣煎剪茧猳_{~猪：公猪}　[ˋ]介界芥疥届戒械诫鉴舰渐剑间_{空~}谏涧锏溅践贱饯件建键健腱毽见笺荐秸麦_{~：麦茳。~~：高粱秆的最上一节}

tɕʻ [˧]劫怯切截却砌捷~近路钳钱乾~坤虔前 [˩]且鸽谦浅遣谴千迁
悭纤钎阡牵铅歼~灭签~簿，~字潜黔□~莲 [˥]箧倾斜锲嵌欠茨~
面妾歉窃堑倩□恰好

ɕ [˧]谐偕蟹鞋鹾咸衔嫌胁协闲涎痫贤弦歇蝎楔血学薛~家河：地名
塞~定挟熁 [˩]些一~~险柭仙鲜薛癣掀锨显先冼姓 [˥]泻卸懈陷
馅限线羡宪献现县泄先~后：妯娌谢

ø [˧]爷外~耶叶业岩盐阎檐严俨颜焉延谚言研噎沿缘衍胭虐~待疟
~疾约药钥~匙岳乐~器芫~荽哕又奄务~：抚育栎~树挹音：~水 [˩]
也野页冶掖淹阉腌掩魇睡~餍笑~圪坨儿：酒窝靥~子眼演烟兖琰嫣
蔫死~ [˥]夜验厌炎艳焰酽雁晏筵蜒毛蚰~堰砚燕~子宴咽沿边~
彦液腋谒餍哕恶心得圪~~价

ye

n [˥]虐疟
l [˧]联恋~爱略掠□卷屈：骨~ [˥]恋~人：亲近人糯米汤熬得~~价
tɕ [˧]鹃绝撅厥撅橛又镢橛掘决爵角崛 [˩]卷捐娟绢锩~刃角圪~脑：
尖儿不正的头型□硬~~：形容僵硬的样子 [˥]绢~罗卷倦圈眷镌券诀倔
□挟制：叫人家~定唤

tɕʻ [˧]全痊诠泉旋~风拳权颧瘸阙阕缺确权鹊 [˩]犬圈雀 [˥]劝券
圈修建：~窑

ɕ [˧]薛姓旋~涡玄悬眩血又穴雪蜇横~理性 [˩]轩宣选喧揎靴谖~谎
蓿苜~ [˥]镟漩筛选(余下的)：~下的没人要旋经常：~来楦桊牛鼻~券
揉~：堆砌修窑洞的拱形模型鲜新新~~

ø [˧]圆员元原塬源苑鸳猿袁辕园援垣渊悦阅月越曰粤虐又，~待
[˩]冤远 [˥]院愿怨

ai

p [˧]摆摇动：脑摇得~~价 [˩]摆襬 [˥]拜湃澎~
pʻ [˧]排一~~树牌徘~徊 [˩]派~人排~脚：八字脚 [˥]派又败
m [˧]埋 [˩]买 [˥]卖迈
v [˩]歪崴脚~嗌 [˥]外喂
t [˩]呆逮歹袋布~儿囊邋~：不干净，穿戴不整洁 [˥]戴待怠贷代袋~子
黛岱带殆大~夫在
tʻ [˧]台苔抬薹蒜~□收藏 [˩]太~半胎~诞：开玩笑 [˥]态太泰汰淘~
n [˧]崖捱~打 [˩]乃奶矮又，~子 [˥]耐奈捺
l [˧]来莱 [˩]睐囊攋不~：扔，丢弃 [˥]赖癞籁睐青~睐不~~：形容

垂吊、抖动的样子

ts [˦]贼 [˧]灾栽哉斋宰载三年两~崽宅 [˅]再在债寨载满~而归□拟声词：圪~的一下跌倒喊

ts' [˦]才材财裁豺柴 [˧]差~事撮~面猜彩采钗睬踩 [˅]菜蔡搋击打：~哩一顿 保拟声词□板~~：扁平的样子

s [˦]腮 [˧]筛 [˅]赛晒塞腮又

z [˦]□圪~~价：将要哭的样子

k [˧]该街改稽麦~解~开：把系着的或捆绑着的东西打开 [˅]概溉盖丐芥~菜介鉴~

k' [˧]开揩楷凯恺锴 [˅]慨忾

ŋ [˧]哀埃挨薆碍矮隘癌皑 [˅]艾爱暖

x [˦]咳笑圪~~鞋 [˧]海孩核~对懈松~~：松开的样子□~开：裂开□~导：叫 [˅]亥害骇赅解姓；明白，懂得懈又，松~~和掺和：几样~到一搭里薤葱头：葱韭~蒜

ø [˦]唉 [˧]哎 [˅]哎

uai

t [˦]□垂拽的样子：吊得~~价

tʂ [˅]拽

tʂ' [˧]揣 [˅]膪软~

ʂ [˧]衰摔甩 [˅]帅率蟀

k [˧]乖拐枴 [˅]怪

k' [˧]会~计块方~子蒯 [˅]块一~地快筷脍

x [˦]怀槐淮徊 [˅]坏

ei

p [˧]杯背~娃娃碑卑婢悲盃□"不依"的合音 [˅]贝辈背倍蓓

p' [˦]培陪赔裴焙~干 [˧]胚丕坯 [˅]沛配佩珮辔霈呸

m [˦]梅枚玫媒煤墨~笔纸张霉酶莓哞牛叫声 [˧]每美穗~圪瘩：高粱、玉米的黑穗病 [˅]妹昧寐魅

f [˦]妃肥翡~翠 [˧]飞非匪扉菲啡绯蜚诽霏斐 [˅]肺废吠痱费

v [˦]卫为作~砲碨~桩维惟唯帷微薇围跟坐着移动 [˧]危威桅煨伪委萎尾韦伟苇纬违猬 [˅]为位外~婆未味魏慰蔚尉畏喂偎胃谓渭遗

n [˅]那"那一"的合音：~下

ts [˦]贼又

tʂ [˅]这~下

ẑ　〔ㄐ〕□惊叹声：～，你在这里叻　　〔ㄟ〕□惊叹声：～，咂跑嘞

k　〔ㄟ〕给

Ø　〔ㄋ〕欬叹词：～，不是这个　　〔ㄟ〕□叹词：～，咂做过嘞

uei

t　〔ㄋ〕堆　〔ㄟ〕对队兑

t'　〔ㄋ〕推腿　〔ㄟ〕退蜕褪煺

n　〔ㄟ〕内

l　〔ㄐ〕雷　〔ㄋ〕屡累积～垒儡　〔ㄟ〕擂～台累连～类泪滤～黄酒

ts　〔ㄋ〕嘴最表范围的副词，唯独，只有：～你的好　　〔ㄟ〕最表最高程度罪醉晬过～儿：小孩子过生日

ts'　〔ㄋ〕蛆生～催崔摧榱～树　〔ㄟ〕脆翠粹悴瘁

s　〔ㄐ〕遂隧随隋须圪～～儿价　　〔ㄋ〕虽绥髓　　〔ㄟ〕碎岁祟穗荽芫～

tʂ　〔ㄋ〕追锥赘　〔ㄟ〕坠缀

tʂ'　〔ㄐ〕垂槌锤捶　〔ㄋ〕吹炊

ʂ　〔ㄐ〕谁　〔ㄋ〕水　〔ㄟ〕税睡瑞又

ẑ　〔ㄋ〕蕊　〔ㄟ〕芮锐瑞

k　〔ㄋ〕圭闺规龟轨归诡鬼　〔ㄟ〕瑰玫～刿鳜桂柜贵

k'　〔ㄋ〕亏盔魁奎窥逵葵葵暌规礼～三道傀　〔ㄟ〕跪愧溃崩～馈刽又

x　〔ㄐ〕回茴蛔　〔ㄋ〕灰恢诙麾辉徽悔毁挥　〔ㄟ〕贿晦汇溃流脓～水会绘秽惠慧讳烩卉桧秦～回使土质疏松：地～嘞□～水：游泳

əu

t　〔ㄋ〕兜篼斗～升抖蚪蝌～陡都～走敊展：～开　〔ㄟ〕斗～争豆逗痘窦敊～乱：搞乱

t'　〔ㄐ〕头投揄嵞～灶　〔ㄋ〕偷　〔ㄟ〕透□性交

n　〔ㄐ〕奴□好看的模样：长得～～的　〔ㄋ〕努～力□"那么"的合音　〔ㄟ〕怒

l　〔ㄐ〕卢炉芦庐庐颅掳楼搂抱：～柴镂楼篓灯～定　〔ㄋ〕鲁橹卤篓圪～搂　〔ㄟ〕路露赂鹭漏陋噜忽～～瘘辘车轴～戮割：刀子～圪～：打嗝

ts　〔ㄐ〕邹　〔ㄋ〕走搣端：盆～下去　〔ㄟ〕奏就皱绉骤揍诌

ts'　〔ㄐ〕愁　〔ㄋ〕揫搣扶，推瞅枪驴笼咀　〔ㄟ〕凑掐又

s　〔ㄐ〕飕又馊嗖　〔ㄋ〕叟搜擞薮艘锼～儿：炊具□摇晃：上树～　〔ㄟ〕嗽咳～瘦飕欶雨下得扑～～的

tʂ　〔ㄋ〕周舟州洲轴粥肘帚杻手～：手铐拽举，执□"这么"的合音　〔ㄟ〕昼纣宙咒□拉：手～定

tʂ'　〔ㄐ〕仇绸稠筹畴酬　〔ㄋ〕抽丑　〔ㄟ〕臭

ʂ [ˊ]仇□使人操劳：～人 [ˇ]收手首守 [ˋ]兽受寿授售嗾～狗

ʐ [ˊ]柔揉 [ˋ]肉

k [ˋ]勾钩沟狗苟枸觳篝股 [∨]够

k' [ˋ]抠眍口可～恶 [∨]叩扣寇蔻

ŋ [ˋ]欧讴瓯藕偶呕鸥殴耦怄烧焦喷烧制：～糖酱 [∨]构购沤怄

x [ˊ]侯候猴瘊喉～咽 [ˇ]吼 [∨]候～车室后厚

iəu

t [ˋ]丢

t' [ˊ]提又，～上

n [ˊ]牛妞 [ˋ]纽扭忸拗钮呦～嘴 [∨]谬

l [ˊ]刘浏留榴瘤馏流硫琉 [ˋ]稆～生柳绺剪～溜逢迎，讨好：～沟子
[∨]溜趁人不见走开：～走遛六陆大写六绺一～鎏

tɕ [ˋ]揪鬏鸠阄纠究枢蹴酒九久韭灸 [∨]就救臼舅旧咎鹫瘼缩：圪～

tɕ' [ˊ]求球逑毬仇姓尿男阴裘酋囚□～势：完蛋 [ˋ]秋鞧丘蚯邱愀偏，歪尵～定

ɕ [ˊ]囚□"媳妇"的合音：～子 [ˋ]修羞休朽馐削～铅笔 [∨]秀绣宿星～
锈袖嗅

ø [ˊ]由邮油尤游犹幽莜悠蚰毛～蜒圝山鸡～子、人命～子 [ˋ]忧优有友
西莠 [∨]又右祐佑诱幼釉柚黝黑～～

ã

p [ˊ]梆撞击声 [ˋ]邦帮梆榜绑牓～子：翅膀 [∨]谤棒蚌磅□～螂：蜻蜓

p' [ˊ]旁滂螃傍膀～胱庞嗙撞击声 [ˋ]膀脸～着叻胖～臭 [∨]胖胖

m [ˊ]忙芒茫盲虻氓流～ [ˋ]莽蟒

f [ˊ]房防妨～碍 [ˋ]方肪芳妨～人纺仿访坊 [∨]放

v [ˊ]亡芒麦～～。《广韵》武方切，微母 [ˋ]汪网辋枉往 [∨]忘妄望旺

t [ˊ]当拟声词 [ˋ]当党挡 [∨]当～成挡荡宕档党～家沟，村名，在义
合镇

t' [ˊ]堂棠螳唐糖塘 [ˋ]汤倘躺蹚～水 [∨]躺～倒烫趟踢掉，摔

n [ˊ]馕吃得坉～圪～ [ˋ]囊攮儾～包馕～口：可口齉 [∨]軂多曩

l [ˊ]郎廊狼榔螂 [ˋ]食寁～ [∨]朗浪

ts [ˋ]髒脏不干净 [∨]葬脏内～藏西～臟姓喈遭～：训斥

ts' [ˊ]藏隐～□吃水果等的声音 [ˋ]仓苍舱沧 [∨]□蹭：粘：～烂噘；～上
些黑

s [ˋ]桑嗓操丧出～ [∨]丧～失

tʂ　〔˦〕张长~高涨章樟掌彰璋磉窑~　〔˅〕帐账胀丈仗杖涨障瘴场地~

tʂʻ　〔˦〕长~短肠场常嫦偿又尝品~　〔˧〕昌猖娼厂场敞氅　〔˅〕畅唱倡怅
　　□"吃上"的合音

ʂ　〔˦〕尝裳偿　〔˧〕商伤赏晌~午墒垧　〔˅〕上绱~鞋尚

ʐ̩　〔˦〕瓤穰　〔˧〕酿壤攘嚷　〔˅〕让糇掺杂:~灶

k　〔˧〕冈岗刚纲钢缸港肛~门□蝇子叮咬　〔˅〕杠港逛跑钢~刀子枫~木□
　　冒烟、冒气

kʻ　〔˦〕抗扛　〔˧〕康糠慷扛又康空虚　〔˅〕抗炕

ŋ　〔˧〕昂肮~脏

x　〔˦〕行航杭夯　〔˧〕扛挤:~进去。~口:不好意思说出口　〔˅〕项脖~巷

iɑ̃

n　〔˦〕娘仰头~起　〔˧〕仰躺

l　〔˦〕良粮凉量~给下梁梁墚山~　〔˧〕两辆　〔˅〕亮谅量饭~晾

tɕ　〔˧〕将~军浆蒋奖桨疆僵薑礓缰姜刚才~江豇讲耩~子　〔˅〕酱将~领
　　浆~布匠哓犟降糨~子强姓降

tɕʻ　〔˦〕墙羌强　〔˧〕枪抢强勉~戗~脸风呛水~嗆腔　〔˅〕炝戗呛框门~腔
　　脖~骨

ɕ　〔˦〕襄~事的详祥降~服翔　〔˧〕相~互箱厢湘镶香乡想饷享响飨
　　〔˅〕相貌~象像橡向项~目

ø　〔˦〕秧~歌羊杨扬佯~哭阳疡　〔˧〕央秧~子殃鸯鸳~鞅泱仰~尘养痒
　　洋氧　〔˅〕样漾□甩恙

uɑ̃

tʂ　〔˧〕庄装桩妆　〔˅〕壮状僮~族幢装~裤:棉裤

tʂʻ　〔˦〕床　〔˧〕疮闯窗撞　〔˅〕创撞□摸,挨

ʂ　〔˧〕霜媚礵爽双缩~定　〔˅〕双~生

k　〔˦〕咣拟声词　〔˧〕光广胱　〔˅〕逛□滑:路上~哩一下□~夜:失眠

kʻ　〔˦〕狂匡哐拟声词　〔˧〕筐　〔˅〕框一~儿线旷眶框哐况矿

x　〔˦〕黄簧潢璜磺硫~蝗皇凰隍癀煌惶　〔˧〕荒慌谎幌~子恍　〔˅〕晃

əŋ

p　〔˦〕嘣拟声词　〔˧〕奔锛本崩绷~紧□~颅:前额　〔˅〕奔~不上笨坌打哩
　　眼~嗆迸泵蹦嘣圪~镚~子谤又,怂愚

pʻ　〔˦〕盆朋鹏硼~砂彭膨澎棚篷蓬　〔˧〕喷~水烹捧　〔˅〕喷~香碰抨

m　〔˦〕门扪虻萌盟蒙朦濛曚圪~~眼~嗆　〔˧〕猛懵蒙~古蠓醣~莫又,约~
　　饛~哩一碗　〔˅〕闷焖枣~饭孟梦懵反应慢:~老大□浸泡

f [˧]坟冯峰锋逢缝~袄 [˨˩]分粉芬纷吩汾~酒焚风枫疯讽丰封蜂烽 [˥˧]粪奋愤忿份风封信~儿奉俸缝~子

v [˧]文纹蚊雯闻翁嗡 [˨˩]温瘟稳吻刎紊 [˥˧]问璺打烂砂锅~到底瓮嗡

t [˧]噔拟声词 [˨˩]登蹬等灯罾张开戥~子多 [˥˧]扽~展凳镫邓澄瞪驮~子噔拟声词

t‘ [˧]疼腾~开誊照着抄；重新打一遍：~谷穗穗驮~东西驼骆~鸵~鸟 [˨˩]拖吞腾奔~滕藤熥熥，烫 [˥˧]腾饥荒~利嘞，够得上，略升，怂恿

n [˧]挪能 [˥˧]能宁可：~坐不睡

l [˧]罗锣箩萝骡螺棱打楞愣又塄地~儿囵囫~龙~门：大门咙喉~ [˨˩]冷腡孛~：圆形手指纹□割：~一刀 [˥˧]骆~驼摞愣窿窟~楞心重，冒失：这人可~叻；词缀：红~~价塄一种坡式地势：上~｜下~

ts [˧]噌断裂、亲吻等的声音 [˨˩]左~右佐曾姓增锃亮~~争睁峥筝又铮硬圪~~儿狰赠副词，白：~给人嘞□圪~ [˥˧]左~手，~分右倒憎赠~送缯捆扎挣筝睁张大眼睛：眼~的和个杂面圪瘩是震声音响亮：放炮把人耳朵~聋

ts‘ [˧]岑秦曾~经层噌拟声词 [˨˩]搓撑磣铲刮~□吃，含贬义 [˥˧]衬锉剉蹭掌撑剷刀子细切

s [˨˩]森参人~粡圪~~僧生牲笙甥省~长豉豆~ [˥˧]渗森阴~~瘆圪~

z [˧]□疼得~~的 [˨˩]吟 [˥˧]□疼得~~的

tʂ [˨˩]针斟~酒珍枕臻真诊疹砧贞侦振祯箴缜稹甄帧蒸拯正~月征整惩又遮者蛰又 [˥˧]镇阵震朕赈证症正政怔郑整齐~：整齐

tʂ‘ [˧]沉陈尘辰晨娠臣嗔~恼澄橙惩承丞呈程成城诚骋 [˨˩]称秤~一~逞车扯 [˥˧]趁称秤一杆~乘

ʂ [˧]神辰时~绳盛~满嘞宬住，待蛇箴[①]织具部件，即综（读 zèng） [˨˩]深沈身神申伸审绅呻婶升声赊舍四~五入少又，多~：询问数量 [˥˧]甚葚肾慎剩胜~任，~败圣盛~大晟射社麝舍宿~儿赦

ʐ [˧]壬任姓人仁纫缝~机 [˨˩]忍韧扔仍惹 [˥˧]任刃认纫~线 [0]日白~

x [˧]亨衡哼 [˨˩]哼 [˥˧]哼

ø [˧]嗯语气词 [˥˧]嗯语气词

iŋ

p [˨˩]彬宾滨槟斌殡冰兵丙柄炳秉饼禀摒 [˥˧]鬓病并

① 该字由刘勋宁先生告诉，特致谢忱。

p'　[˦]贫频濒颦平坪评苹瓶屏萍凭　[˧]品　[˥]聘牝拼姘乒

m　[˦]民鸣明名铭岷流~酩抿闭：口~住　[˧]闽悯敏抿皿冥瞑溟泯~灭命~故儿：死　[˥]命

t　[˧]丁钉~子疔靪顶订~婚耵叮鼎酊　[˥]钉~住饤定锭掟扔

t'　[˦]停　[˧]听~见厅亭廷庭蜓艇挺霆梃婷停~~坐下　[˥]挺~给听~天由命

n　[˦]您凝宁安~拧咛狞狰追赶　[˧]咛~~曩曩□小，少：一~~　[˥]硬佞

l　[˦]林淋雨~琳霖临邻鳞磷燐璘麟獜陵凌菱绫灵零玲铃伶聆翎苓羚图　[˧]禀凛檩懔领岭拎　[˥]淋~醋赁吝蔺姓令龄另

tɕ　[˧]今金襟衿~裤带津锦巾斤~两尽~吃~喝禁~不起折腾紧仅筋谨僅年~瑾溠湿~~荆京鲸惊景警精晶睛经径井颈茎泾旌□怕　[˥]浸禁妗进晋尽全部近劲斤平~：锛子靳境敬竟竞镜兢静靖净径又儆菁蔓~甄~片儿：箅子

tɕ'　[˦]琴禽擒噙秦勤芹卿擎情晴　[˧]侵寝呮猫狗吐亲钦鲸清请青蜻轻倾顷卿　[˥]呮又沁亲~家撤庆磬馨~人：出行不带任何东西清油脂等凝固

ɕ　[˦]寻挦~毛驳不是行~为，品~形型刑邢陉　[˧]心辛芯新薪欣兴~盛省反~星腥醒猩撏馨葚桑~　[˥]凶信讯迅汛衅兴高~杏幸性姓悻恼~~□等：~一下

Ø　[˦]银龈匀~称寅蝇迎~接赢营茔　[˧]音阴饮荫淫瘾暗哑~因姻茵裀引蚓殷隐瘾缤~被子尹姓嘤~~哇哇萦~记莺魇又英瑛影~子；圪~婴缨鹦~鹉樱鹰盈楹萤莹颖迎~媳妇子约又，~摸　[˥]窨饮~生灵印洇应~对孕映胤~种子衍冰上上的浮水：冰上有~圽

（uŋ）

t　[˧]敦墩吨蹾蹲东冬董懂渾①阴麻圪~　[˥]顿饨囤沌钝盾遁炖吨冻栋动洞咚

t'　[˦]豚臀同铜桐童瞳僮潼彤屯峂　[˧]通桶捅筒统箭~瓦　[˥]痛峂

n　[˦]脓浓　[˥]嫩脓软~~

l　[˦]笼~火聋农龙□突~：峂　[˧]拢陇笼~子垄隆　[˥]弄隆忽~~□突~：峂

ts　[˧]尊遵綬又椴鬃总宗综踪螽扁~：蝗虫　[˥]糭粽纵~横，放~

---

① 该字由刘勋宁先生告知，特致谢意。

ts'　[˥]存从~容　[˦]村寸尺~皴聪忽葱囱匆奄大：地里土圪瘩可~叻　[˅]忖丛寸~草不收

s　[˥]㞞屄精液；不好的：~人　[˦]孙损松~树，~手嵩笋榱　[˅]送宋诵颂讼筲捒推：~哩一把

tʂ　[˦]准谆中忠衷冢钟盅种~类肿　[˅]中~计仲众重轻~种~地

tʂ'　[˥]唇纯醇虫崇重~复　[˦]椿春蠢充宠冲春　[˅]铳冲味儿~

ʂ　[˦]吮　[˅]顺舜瞬

z̩　[˥]戎绒茸仍~然　[˦]冗~~烦烦　[˅]润闰

k　[˦]滚衮磙公蚣工功攻弓躬宫汞龚恭拱供~书　[˅]棍贡供~奉共

k'　[˦]昆坤啃崑琨捆空~虚孔巩恐　[˅]困控空~缺

x　[˥]魂馄浑~身弘宏横一~红虹洪鸿　[˦]昏婚荤烘哄~骗浑~浊　[˅]混诨横~山；县名轰哄起~烘暖~~蕻丛：一~草□招引：~蝇子

yŋ

l　[˥]仑论诉讼：你~去告去伦沦轮囵嵛硫又，~磺　[˦]抡垄拢~攒　[˅]论议~

tɕ　[˥]均钧莙君军郡菌窘迥炯郡缧织布的四十根经线为一~~供~书　[˅]俊峻骏竣

tɕ'　[˥]群裙琼穷　[˦]焌慢火焖；闷热

ɕ　[˥]荀旬询殉循巡勋熊雄胸匈　[˦]熏薰兄凶洶训~人　[˅]逊训~练驯燻~干□~甜

ø　[˥]匀均~云耘荣融痈腐烂：南瓜~喂容蓉镕溶庸佣甬勇涌俑蛹臃　[˦]允永泳咏雍拥　[˅]熨韵运晕蕴用佣~人陨

ə?

p　[˥]不笸~箩把介词脖~脐：肚脐

p'　[˥]扑仆~倒魄礴溢出烞烟火从灶膛涌出

m　[˥]木目睦穆每们苜摸又没又，~领二拉么语气词

f　[˥]复~习佛仿~缚福幅腹複复覆服袱辐馥

v　[˥]㧣罟①往殙发霉、变质：粮~喂

t　[˥]的助词地助词得给：~，你的包儿；助词耷~揽：耷拉

t'　[˥]跶~拉□"他的"合音：~娘把戏忒零~撒

n　[˥]那~些；第三人称代词他们

ts　[˥]只~想蓛~蔾儿脊~梁子词尾怎又，~么仄~棱多舞

---

① 《广韵》乌合切，入合，影。

ts'　[ɿ]措_{收藏，搁置}

s　[ɿ]塞耳~　唑~溜溜：拟声词

tʂ　[ɿ]稙_{早种的庄稼。~子：谷子未成熟的籽实}执汁侄秩质直~_接值植_{种~}殖_{生~}织职质泥土淤积只——羊帜着_{看~}挚真~这_{又，}~些

tʂ'　[ɿ]赤斥尺吃~_饭叱饬直~_端掷①忽~：撒落

ʂ　[ɿ]食蚀识式饰殖_{骨~}植_{木~}适释石失室湿十什拾射实涉又是可~不好

ʐ　[ɿ]日合_{性交}

k　[ɿ]骨又，~_头胳嘎圪纥~_蚤棘~_针疙~_瘩蛤~_蟆核~_桃旮~_旯趷~_{蹴个}又

k'　[ɿ]可~_好叻去喀康~_食

ŋ　[ɿ]□"我的"合音

x　[ɿ]郝黑赫嚇~_{诈和谁}谁~_{不一样}嘿_{语气词}

Ø　[ɿ]呃_{语气词}

iəʔ

p　[ɿ]鼻笔毕必弼又逼碧璧壁臂~_力煏_{烘烤}

p'　[ɿ]匹迫辟劈霹魄又

m　[ɿ]秘泌密蜜墨默

t　[ɿ]的_目~嫡笛敌狄觌~_面

t'　[ɿ]踢剔惕

n　[ɿ]腻逆溺□"你的"合音

l　[ɿ]立粒力历栗笠霄

tɕ　[ɿ]捷辑急级圾及疾吉集即积极迹脊籍藉绩缉通~_寂击激吃_{口吃：~磕}亟指~_甲

tɕ'　[ɿ]祈缉~_{鞋口子}七漆膝乞讫迄戚嘁_{东西湿了将干未干}楔~_匙圪捞耳

ɕ　[ɿ]习袭吸悉息膝媳熄惜_{珍~}昔席夕锡蟋析晰厮_{相互：~打}敫_{击打：~哩一把子}

Ø　[ɿ]一壹溢乙益缢亦

uəʔ

t　[ɿ]独读督犊又毒瘃嘟~_{哝哝}

t'　[ɿ]秃突凸瘃_{头疮}铀_(尖儿)钝：~_{脑子}怞_{(分量)短}笃温~_{子水}

n　[ɿ]入又呐入_{，放入：~哩一囊盐}

l　[ɿ]律率禄陆~_月绿录碌辘　[0]轳辘~

---

① 《广韵》直炙切，入昔，澄。

ts 　[ɿ]做卒簇击打足_又

ts' 　[ɿ]猝族簇促_{急~}

tʂ 　[ɿ]琢啄浊竹筑逐祝烛触蜀埚_{堵塞}

tʂ' 　[ɿ]出畜绌_{草草地缝}搐楚_又础_又

ʂ 　[ɿ]术_{算~}述叔熟淑嘱赎束蜀_又属

ʐ 　[ɿ]辱褥入

k 　[ɿ]骨谷锢_{~露锅}个_{量词：一~□}~略：蜷

k' 　[ɿ]窟哭酷骷圐_{~圙}

x 　[ɿ]豁_又忽霍攉_{~斥：扬}藿惑核_{枣~子}获鹘_{~突}瓠瓢_{~芦}葫_{~芦}囵_{~囫}

　　　　　　　　yəʔ

l 　[ɿ]捋

tɕ 　[ɿ]橘菊掬鞠足_{~劲儿：来劲}局

tɕ' 　[ɿ]屈麴曲駮_{~黑}促_{略有不足：饭有点儿~}

ɕ 　[ɿ]续削_{刀~}肃旭宿畜蓄粟俗戌速穴

Ø 　[ɿ]域欲浴裕峪

第四章　共时音变

第一节　连调、轻声及其模式

一、两字组连调

绥德方言的古清平字和古清上、次浊上字的单字调调值相同，但是在连读中有一些区别，在行文中将绥德方言来自古清平字的阴平上称为"清平"，将来自古清上、次浊上字的阴平上称为"清上"。列表和举例时用 1 代表阳平；2 代表阴平上，2a 表示清平，2b 表示清上；3 代表去声；4 代表入声调类。

绥德方言两字组的连读变调可分为非重叠两字组和叠字两字组两类。这里先讨论非重叠两字组连读变调的情况，叠字两字组连读变调在本节第四小节中讨论。

绥德方言非重叠两字组连读规律见下表 4-1。表左栏是前字调类及调值，表上横栏是后字的调类及调值。

表 4-1　非重叠两字组连读

后字 前字		阳平 33	阴平上 213		去声 52	入声 3
			a	b		
阳平 33		33＋33	33/21＋213	33＋213	33＋52	33＋3
阴平上 213	a	21＋33	24＋213	24＋213	21＋52	24/21＋3
	b	21＋33	21＋213	24＋213	21＋52	21＋3
去声 52		52＋33	52＋213	52＋213	52＋52	52＋3
入声 3		3＋33	21＋213	5＋213	3＋52	5＋3

绥德方言非重叠两字组的连读变调情况如下：

阳平在阳平、阴平上 b、去声、入声前不变调，读本调 33。阳平在阴平上 a 前分为两种情况：一部分不变调，即阳平字来自古平声字，阳平不变，读本调 33；一部分发生变调，即阳平字是由古入声字演变而来的，它在阴平上 a 即清平前发生变调，由 33 变为 21。

阴平上字在阳平、阴平上、去声、入声前都发生变化。变化的情况是：阴平上 a 与阴平上 b 在阳平、去声前都变调，由 213 变为 21，在阴平上 b 前，由 213 变为 24。这一点上，二者保持一致的变调规律。而在阴平上 a 前，二者不一致：阴平上 a 在阴平上 a、部分入声字前，由 213 变为 24，阴平上 a 在部分入声字前，由 213 变为 21；阴平上 b 在阴平上 a、入声字前，由 213 变为 21。可以看出，阴平上 a 与阴平上 b 单字调调值相同，而在两字组中阴平上 a 和部分入声字前，它们的区别就明显地表现出来了。从阴平上 a 在部分入声字与阴平上 b 合流的情况推测，将来有可能都会合流的。就连读变调前有别的缘故，如果将阴平与上声独立为两个调类是有道理的；而从单字调来看，将二者合并为一个调类，也是有依据的。

去声在所有的调类前都不发生变调，读本调 52。

入声在阳平、去声前不变调，读本调 3；在阴平上 a 前变为 21；在阴平上 b、入声前，由 3 变为 5。

根据上表可以看出，两字组连读变调产生三种新调值：21、24、5。

两字组连读变调的各种情况，举例如下：

前字阳平

1+1	33+33	厨房 tʂʻu fã	前门 tɕʻie mən	名额 miŋ ŋə
		来客 lai kʻə	铁塔 tʻie tʻa	瞎说 xa ʂuo
		铁勺 tʻie ʂə	缺乏 tɕʻye fa	
1+2a	33+213	钱多 tɕʻie təŋ	名声 miŋ ʂəŋ	名花 miŋ xua
	21+213	铁钉 tʻie tiŋ	结冰 tɕie piŋ	北瓜 pie kua
		说书 ʂuo ʂu		
1+2b	33+213	存款 tsʻuŋ kʻuæ	人好 zŋ xɔ	羊奶 iã nai
		男女 næ ny	屋顶 və tiŋ	铁板 tʻie pæ
		发冷 fa ləŋ	瞎眼 xa ie	弱小 zŋ ɕiɔ
		拔草 pa tsʻɔ	白米 pi mi	落伍 lə vu
1+3	33+52	绸缎 tʂʻəu tuæ	流汗 liəu xæ	还账 xuæ tʂã
		奇怪 tɕʻi kuai	零件儿 liŋ tɕiər	行动 ɕiŋ tuŋ
		客气 kʻə tɕʻi	发票 fa pʻiɔ	八路 pa ləu
		觉悟 tɕie vu	发动 fa tuŋ	接受 tɕie ʂəu
		白菜 pi tsʻai	学费 ɕie fei	热闹 zŋ nɔ
		踏步 tʻa pu	杂技 tsa tɕi	落户 lə xu
1+4	33+3	油漆 iəu tɕʻiəʔ	潮湿 tʂʻɔ ʂəʔ	仇敌 tʂʻəu tiəʔ

		发黑 fa xəʔ	脚踢 tɕie tʼiəʔ	恶毒 ŋə tuəʔ
		蜡烛 la tʂuəʔ	越级 ye tɕiəʔ	学术 ɕie ʂuəʔ
		学习 ɕie ɕiəʔ		

前字阴平上

2a+1	21+33	今年 tɕiŋ nie	安排 ŋæ pʼai	
		书桌儿 ʂu tʂuor	霜雪 ʂuɑ ɕye	抓贼 tʂua tsei
		开学 kʼai ɕie		
2a+2a	24+213	书香 ʂu ɕiɑ̃	沾光 tʂæ kuɑ̃	
2a+2b	24+213	睁眼 tsəŋ ie	浇水 tɕiɔ ʂuei	沙眼 sa ie
		收礼 ʂəu li		
2a+3	21+52	开店 kʼai tie	车票 tʂʼəŋ pʼiɔ	军队 tɕyŋ tuei
		开会 kʼai xuei	兄弟 ɕyŋ ti	山后 sæ xəu
2a+4	24+3	筋骨 tɕiŋ kuəʔ	公式 kuŋ ʂəʔ	风俗 fəŋ ɕyəʔ
		阴历 iŋ liəʔ		
	21+3	蜂蜜 fəŋ miəʔ	天黑 tʼie xəʔ	消毒 ɕiɔ tuəʔ
		青竹 tɕʼiŋ tʂuəʔ	升级 ʂəŋ tɕiəʔ	心急 ɕiŋ tɕiəʔ
2b+1	21+33	好人 xɔ z̩əŋ	口粮 kʼəu liɑ̃	
		小雪 ɕiɔ ɕye	好说 xɔ ʂuo	死活 sɿ xuo
		体弱 tʼi z̩ə		
2b+2a	21+213	火车 xuo tʂʼəŋ	普通 pʼu tʼuŋ	
2b+2b	24+213	起草 tɕʼi tsʼɔ	口齿 kʼəu tsʼɿ	
		手软 ʂəu z̩uæ	顶嘴 tiŋ tsuei	
		美好 mei xɔ	养狗 iɑ̃ kəu	
		买米 mai mi	我有 ŋa iəu	
2b+3	21+52	改造 kai tsʼɔ	火柱 xuo tʂu	
		广告 kuɑ̃ kɔ	狗叫 kəu tɕiɔ	
		草帽 tsʼɔ mɔ	走路 tsəu ləu	
2b+4	21+3	粉笔 fəŋ piəʔ	组织 tsu tʂəʔ	
		解毒 tɕie tuəʔ	火力 xuo liəʔ	

前字去声

3+1	52+33	拜年 pai nie	证明 tʂəŋ miŋ	
		送客 suŋ kʼə	变色 pie sə	
		信佛 ɕiŋ fə	岁月 suei ye	
		骂人 ma z̩əŋ	乱来 luæ lai	

		大雪 ta ɕye	调拨 tiɔ pə	
		闷热 məŋ zʮə	路滑 ləu xua	
		造船 tsʻɔ tʂʻuæ	重型 tʂuŋ ɕiŋ	
		负责 fu tsə	犯法 fæ fa	
		厚薄 xəu puo	拒绝 tɕy tɕye	
3＋2a	52＋213	战争 tʂæ tsəŋ	气粗 tɕʻi tsʻu	
		话多 xua təŋ	办公 pæ kuŋ	
		坐车 tsuo tʂʻəŋ	旱灾 xæ tsai	
3＋2b	52＋213	放手 fã ʂəu	课少 kʻuo ʂɔ	
		送礼 suŋ li	战友儿 tʂæ iəur	
		卖酒 mai tɕiəu	贺喜 xu ɕi	
		号码儿 xɔ mɐr	代理 tai li	
		厚纸 xəu tsʮ	受苦 ʂəu kʻu	
		动武 tuŋ vu	父母 fu mu	
3＋3	52＋52	教训 tɕiɔ ɕyŋ	看戏 kʻæ ɕi	四害 sʮ xai
		棍棒 kuŋ pã	路费 ləu fei	定价 tiŋ tɕia
		办事 pæ sʮ	调动 tiɔ tuŋ	愣笑 ləŋ ɕiɔ
		受气 ʂəu tɕʻi	卖饭 mai fæ	犯罪 fæ tsuei
3＋4	52＋3	半尺 pæ tʂʻəʔ	性急 ɕiŋ tɕiaʔ	费力 fei liaʔ
		断续 tuæ ɕyəʔ	字迹 tsʮ tɕiaʔ	地质 ti tʂəʔ
		练习 lie ɕiaʔ	暴力 pɔ liaʔ	幸福 ɕiŋ fəʔ
		市尺 sʮ tʂʻəʔ	尽力 tɕiŋ liaʔ	被褥 pi zʮuəʔ

前字入声

4＋1	3＋33	急忙 tɕiaʔ mã	出门 tʂʻuəʔ məŋ	叔伯 ʂuəʔ pie
		竹节 tʂuəʔ tɕie	黑白 xəʔ pie	吃药 tʂʻəʔ ie
		石头 ʂəʔ tʻuə	及格儿 tɕiəʔ kər	立约 liəʔ ie
		值钱儿 tʂəʔ tɕʻiər	服役 fəʔ i	直达 tʂəʔ ta
4＋2a	**21**＋213	实心 ʂəʔ ɕiŋ	值班 tʂəʔ pæ	木瓜 məʔ kua
		录音 luəʔ iŋ		
4＋2b	**5**＋213	吃奶 tʂʻəʔ nai	出丑 tʂʻuəʔ tʂʻəu	
		谷雨 kuəʔ y	促使 tsʻəu sʮ	
		逆水 niəʔ ʂuei	力小 liəʔ ɕiɔ	
		敌我 tiəʔ ŋa	木偶儿 məʔ ŋəur	
4＋3	3＋52	出嫁 tʂʻuəʔ tɕia	必要 piəʔ iɔ	

失败 ʂəʔ pʻai　　　　一定 iəʔ tiŋ

黑市儿 xəʔ sər　　　急件 tɕiəʔ tɕie

绿化 luəʔ xua　　　　日记 zˌəʔ tɕi

木料 məʔ liɔ　　　　绿豆 luəʔ təu

赎罪 ʂuəʔ tsuei　　　集市 tɕiəʔ sˌ

4＋4　　5＋3　　黑竹 xəʔ tʂuəʔ　　　黑吃 xəʔ tʂʻəʔ

出力 tʂʻuəʔ liəʔ　　　笔墨 piəʔ miəʔ

突击 tʻuəʔ tɕiəʔ　　　墨汁 miəʔ tʂəʔ

独立 tuəʔ liəʔ　　　　入席 zˌuəʔ ɕiəʔ

有一些例外情况。前字是古入声字演变而来的阳平字，后字是来自古清平的阳平字，前后字都变调，由 33＋33 变为 21＋213。例如：爬尿 pʻa suŋ、瞎尿 xa suŋ。由古入声字演变而来的阳平字在来自古浊平的阳平字由 33 变为 21。例如：瞎毛 xa mɔ。

绥德方言的两字组一般是前字发生变调，但是阴平上在与其他调的连读中，也有后字发生变调读 24 的例子。例如：草鸡 tsʻɔ²¹³⁻²¹ tɕi²¹³⁻²⁴、起身 tɕʻi²¹³⁻²¹ ʂəŋ²¹³⁻²⁴、底里 ti²¹³⁻²¹ li²¹³⁻²⁴、口里 kʻəu²¹³⁻²¹ li²¹³⁻²⁴、底下 ti²¹³⁻²¹ xa⁵²⁻²⁴。这一现象限于地道的老牌词。

二、三字组连调

三字组的连调是按两字组模式进行的，即 abc 三字组，先按 ab 两字组变调，再按 bc 两字组变调。例如，"新同学"，分别为"新同"和"同学"两组，由 213＋33＋33 变为 21＋33＋33，"双眼皮"由 213＋213＋33 变为 24＋21＋33，"小手手"由 213＋213＋213 变为 24＋21＋24，"母老虎"由 213＋213＋213 变为 21＋24＋21，"饿脸风"由 213＋213＋213 变为 24＋21＋213。"猴娃娃"为三个阳平字相连，后一"娃"为轻声，仍为 33＋33＋21。三字组变调的结构规律不完全按语法结构来进行变化，而是受韵律规律支配。三字组的连调这里不作详细分析，参见上文两字组连调规律。

三、轻声及其连调模式

轻声是指在一定的条件下一些字读得又短又轻的调子。但是有的人将"轻声"与"轻音"概念混淆，因而出现了一些不同的理解。我们这里的轻声是指"重轻"式双音节的后一音节声调变化。绥德方言的轻声调值是 21，与阴平上的变调调值相同。

轻声作用同北京话，可以区别词性、词义等。例如：起火 tɕʻi²¹³

xuo²¹³名词，鞭炮一起火 tɕʻi²¹³·xuo动词，生气，发火、下水 ɕi⁵²ʂuei²¹³动词，下到水中一下水 ɕi⁵²·ʂuei名词，猪羊内脏、早起 tsɔ²¹³ tɕʻi²¹³动词，早起床一早起 tsɔ²¹³·tɕʻi名词，早晨、大姨 ta⁵² i³³一大爷 ta⁵²·i伯父、行礼 ɕiŋ³³ li²¹³一行李 ɕiŋ³³·li。

绥德方言除了"重轻"式双音节的后一音节有声调变化外，还有一些虚词、词缀也读轻声。例如：

个量词、助词 ·kuəʔ　三个　五个　拉个话　办个价事

哩助词，了₁ ·li　吃哩饭早来来　饿哩几年肚子　跳哩好一阵儿

嘁语气词，了₂ ·læ　吃饱嘁　要得去嘁　给给嘁　太高嘁　饭热嘁

叻语气词，呢 ·liəʔ　给叻　唱叻　走叻

么语气词 ·mə　好么　来么　说么　吃么

砍后缀 ·kʻæ　捋砍　碰砍　冻砍　捩砍

打后缀 ·ta　说打　看打　拉打　拾打

拉后缀 ·la　说拉　看拉　吃拉　做拉

家(价)后缀 ·tɕia　省上家　山西家　小价　走价　早价　热价　大大儿价　远远儿价

下儿补语 ·xɐr　看给下儿　说给下儿　走给下儿

阵儿补语 ·tʂɤ̃r　坐给阵儿　歇给阵儿　看给阵儿　耍给阵儿

下后置词，这里、那里 ·xa　你下　我每下　那家下

每助词，们 ·məʔ　我每　你每　咱每　那些每

轻声词连读变调也可以分为非叠字和叠字两类来说明。

(一)非叠字组中的轻声

非叠字组中的轻声的情况见下表 4-2。表左栏是前字调类及调值，表上横栏是作为轻声的原来调类及调值，空格表示没有轻声。

表 4-2　非叠字组中的轻声读音

前字＼后字		阳平 33	阴平上 213		去声 52	入声 3
			a	b		
阳平 33		33＋21	33＋21	33＋21		33＋21
阴平上 213	a		24＋21	24＋21		24＋21
	b			24＋21		21＋21
去声 52		52＋21	52＋21	52＋21	52＋21	52＋21
入声 3		5＋21	5＋21	5/21＋21		5＋21

从表 4-2 可以看出，绥德方言非叠字组中的轻声变调情况如下：阳平、阴平上、去声、入声后的轻声一律读 21，轻声前的入声读 5。入声

在阴平上 b 变为轻声字的前边也可以读 21。阳平、去声在轻声前不变调。阴平上在轻声前发生变调，即阴平上 a 在轻声前都读 24，阴平上 b 在由阴平上 b 变来的轻声前同阴平上 a 一样，也读 24，在由入声变来的轻声前读 21。

非叠字组轻声变调中新产生的调值同两字组连读变调一样，也是三个：21、24、5。

非叠字组轻声变调的各种情况，举例如下：

前字阳平　33＋21

后字阳平　明年 miŋ nie　裁缝 ts'ai fəŋ　丸药 væ ie　八百 pa pie 活泼 xuo p'ə

后字阴平上 a　镰刀 lie tɔ　棉花 mie xua　茴香 xuei ɕiã　说家 ʂuo tɕia　延安 ie ŋæ

后字阴平上 b　皮袄 p'i ɔ̃　苹果 p'iŋ kuo　黄酒 xuã tɕieu　辣椒 la tɕiɔ　吴堡 vu p'u

后字入声　寒食 xæ ʂəʔ　神木 ʂəŋ məʔ

前字阴平上

前字阴平上 a　**24＋21**

后字阴平上 a　秋天 tɕ'ieu t'ie　清官 tɕ'iŋ kuæ　花椒 xua tɕiɔ　东西 tuŋ ɕi　西安 ɕi ŋæ

后字阴平上 b　牲口 səŋ k'əu　冬里 tuŋ li　烧酒 ʂɔ tɕieu　肩膀 tɕie pə　绥德 suei tæ

后字入声　公式 kuŋ ʂəʔ　三十 sæ ʂəʔ　初级 tʂ'uo tɕiəʔ　甘肃 kæ ɕyəʔ

前字阴平上 b

后字阴平上 b　**24＋21**　赶紧 kæ tɕiŋ　奶水 nai ʂuei　古董 ku tuŋ　老虎 lɔ xu

后字入声　**21＋21**　五谷 vu kuəʔ　酒谷 tɕieu kuəʔ　九十 tɕieu ʂəʔ　九七 tɕieu tɕ'iəʔ

前字去声　52＋21

后字阳平　后年 xəu nie　栈羊 tsæ iã　太原 t'ai ye　二月 ər ye　大学 ta ɕie

后字阴平上 a　夏天 ɕia t'ie　汽车 tɕ'i tʂ'əŋ　旱烟 xæ ie　横山 xuŋ sæ　气功 tɕ'i kuŋ

后字阴平上 b　后晌 xəu ʂã　灶火 tsɔ xuo　下水 ɕia ʂuei　试打 sʅ ta　大米 ta mi

后字去声　夏上 ɕia ʂā　地下 ti xa　上面儿 ʂā miər　解下 xai xa
笑话 ɕiə xua

后字入声　拜识 pai ʂəʔ　玉石 y ʂəʔ

前字入声　5＋21

后字阳平　立客 liəʔ k'ə　服帖 fuəʔ t'ie　毒辣 tuəʔ la　毒药 tuəʔ ie

后字阴平上 a　目标 məʔ piɔ　菊花 tɕyəʔ xua

后字阴平上 b　石马 ʂəʔ ma　扑砍 p'əʔ k'æ　圪扭 kəʔ niəu　做果
tsuəʔ kuo　壁虎儿 piəʔ xur

后字入声　木植 məʔ ʂəʔ　骨殖 kuəʔ ʂəʔ　积极 tɕiəʔ tɕiəʔ　督促 tuəʔ
ts'əu？　直尺 tʂəʔ tʂ'əʔ

注：黄酒：米酒。酒谷：有黏性的谷子。栈羊：圈养的羊。立客：站立的客人。扑砍：往
前冲。积极地做某事。圪扭：胳膊肘。做果：做掉、干掉。

（二）叠字组中的轻声

叠字式中轻声变调（见下）。

四、各种特殊词汇、语法形式的连调模式

特殊词汇、语法形式的变调主要是指 AA 式名词、形容词、副词、
ABB 式名词、形容词，AAB 式名词、动词，AABB 式名词、动词、形
容词、副词，A 格/不/忽 BB 式形容词等等。它们或是构词形式特殊，
或是与语法意义紧密联系。语法意义的内容在“语法编”讨论，这里仅仅
说明读音问题。

（一）AA 式

1. AA 式名词

表 4-3　AA 式名词连读变调

重叠词单字调		连调模式
阳平 33		33＋21
阴平上 213	a	**24＋21**
	b	**21＋33**
去声 52		52＋21
入声 3		**5＋3/21**

从表 4-3 可以看出，绥德方言 AA 式名词阳平及去声的叠音前字不
变调，后字读轻声 21。阴平上 a 叠音前字变为 24，后字读轻声 21，阴平
上 b 叠音前字变为 21，后字变为 33。入声叠音名词前字变 5，后字可读
本调 3，也可读轻声 21。AA 式名词后一音节不能读儿化音。

名词叠字组变调的各种情况，举例如下：

1＋1	33＋21	篮篮 læ læ	盆盆 pʻəŋ pʻəŋ
		豁豁 xuo xuo	虱虱 sə sə
2a＋2a	**24＋21**	花花 xua xua	筐筐 kʻuã kʻuã
		盅盅 tʂuŋ tʂuŋ	筋筋 tɕiŋ tɕiŋ
2b＋2b	**21＋33**	颗颗 kʻuo kʻuo	本本 pəŋ pəŋ
		桶桶 tʻuŋ tʻuŋ	毯毯 tʻæ tʻæ
3＋3	52＋21	囤囤 tuŋ tuŋ	空空 kʻuŋ kʻuŋ
		瓮瓮 vəŋ vəŋ	窖窖 tɕiɔ tɕiɔ
4＋4	**5＋21**	鼻鼻 piəʔ piəʔ	叔叔 ʂuəʔ ʂuəʔ
		习习 ɕiəʔ ɕiəʔ	曲曲 tɕʻyəʔ tɕʻyəʔ

注：习习：玉米、水果等芯子。

2. 形容词

表 4-4　AA 式形容词重叠连读变调

重叠词单字调	连调模式
阳平 33	33＋33
阴平上 a、b 213	**21＋33**
去声 52	52＋52
入声 3	**5＋3/21**

从表 4-4 可以看出，绥德方言 AA 式形容词阳平、去声前后字都不变；阴平上 a、b 前字都变为 21，后字变为 33；入声前字变为 5，后字可读本调 3，也可以读轻声 21。AA 式形容词的后一字一般要读儿化，不读儿化音时，后边要带词尾"价"。

形容词叠字组变调的各种情况，举例如下：

1＋1	33＋33	明明 miŋ miŋ	牢牢 lɔ lɔ
		窄窄 tsə tsə	热热 ʐə ʐə
2a＋2a	21＋33	高高 kɔ kɔ	悄悄 tɕʻiɔ tɕʻiɔ
		公公 kuŋ kuŋ	尖尖 tɕie tɕie
2b＋2b	21＋33	远远 ye ye	好好 xɔ xɔ
		滚滚 kuŋ kuŋ	老老 lɔ lɔ
3＋3	52＋52	厚厚 xəu xəu	重重 tʂuŋ tʂuŋ
		暗暗 ŋæ ŋæ	大大 ta ta
4＋4	5＋3/21	直直 tʂəʔ tʂəʔ	黑黑 xəʔ xəʔ
		湿湿 ʂəʔ ʂəʔ	足足 tɕyəʔ tɕyəʔ

3．AA 式副词

表 4-5　AA 式重叠副词连读变调

表 4-5　AA 式重叠副词连读变调

重叠词单字调	连调模式
阳平 33	33＋33
阴平上 a、b 213	**21＋33**
去声 52	52＋52
入声 3	**5**＋3/21

从表 4-5 可以看出，绥德方言 AA 式副词的变调情况是：阳平及去声前后字均不变调；阴平上 a、b 前字变为 21，后字变为 33；入声前字变 5，后字可读本调 3，也可以读轻声 21。AA 式副词阳平、入声的后一字一般不儿化，其余可儿化。

副词叠字组连读调的各种情况，举例如下：

1＋1　　33＋33　　才才 tsʻai tsʻai　　扎扎 tsa tsa

2a＋2a　**21＋33**　端端 tuæ tuæ　偏偏 pʻie pʻie　将将儿 tɕiɑ̃ tɕiɔ̃r

2b＋2b　**21＋33**　猛猛 məŋ məŋ　美美 mei mei　款款儿 kʻuæ kʻuær

3＋3　　52＋52　　利利 li li　　可可儿 kʻɯ kʻɯr

4＋4　　**5**＋21　　实实 ʂəʔ ʂəʔ　的的 tiəʔ tiəʔ

注：端端：直直。偏偏。将将：刚刚。美美：狠狠。利利：彻底。可可：偏偏。的的：狠狠。

（二）ABB 式名词、形容词

绥德方言 ABB 式名词、形容词的连调按 AB、BB 模式变调。A 根据第一个 B 的情况变调，同上文所说的非重叠两字组类型变调，BB 的变调同上文的 AA 式类型变调，有的后一 B 读轻声。另外形容词 BB 为阴平上的，有的读 52＋52，如下"明光光"、"白生生"、"黑软软"。

1．ABB 式名词

表 4-6　ABB 式名词连读变调

		BB 阳平 33＋33	BB 阴平上 213＋213		BB 去声 52＋52	BB 入声 3＋3
			a	b		
A 阳平 33		33＋33＋21	33＋**24**＋21	33＋**21**＋**24**	33＋52＋21	33＋**5**＋21
A 阴平上 213	a	**21**＋33＋21	**24**＋**24**＋21	**24**＋**21**＋**24**	**21**＋52＋21	**21**＋**5**＋3
	b	**21**＋33＋21	**21**＋**24**＋21	**24**＋**21**＋**24**	**21**＋52＋21	**21**＋**5**＋3
A 去声 52		52＋33＋21	52＋**24**＋21	52＋**21**＋**24**	52＋52＋21	52＋**5**＋3
A 入声 3		3＋33＋21	3＋**24**＋21	3＋**21**＋**24**	3＋52＋52	**5**＋**5**＋3

从表 4-6 看以看出，绥德方言的 ABB 式名词连调的情况是，A 和 BB 的变调主要是在阴平上和入声中发生。

BB 是阳平、去声的，只有 A 变调，由 213 读为 21。阴平上前的 A 为阳平时，A 的调值要略高于 33。

BB 是阴平上 b 的，A 由 213 变为 24；A 为阴平上 a，BB 是阴平上 a 和入声的，A 由 213 变为 24；A 为阴平上 b，BB 是阴平上 b 和入声的，A 由 213 变 21。也就是说，BB 是阴平上 b 和入声时，A 为阴平上 a 与阴平上 b 变调模式不同，二者形成区别。BB 是阴平上和入声时，BB 按叠音名词的模式变。

阴平上 a 的前一 B 由 213 变为 24，后一 B 由 213 变为轻声 21；阴平上 b 的前一 B 由 213 变为 21，后一 B 由 213 变为轻声 24。

BB 是入声时，前一 B 由 3 变为 5，后一 B 不变。

ABB 式名词变调的各种情况，举例如下：

A 为阳平

BB 为阳平　33＋33＋21　窑须须 iɔ suei suei　辣角角 la tɕie tɕie 豁唇唇 xuo tʂʻuŋ tʂʻuŋ

BB 为阴平上 a　33＋**24**＋21　平滩滩 pʻiŋ tʻæ tʻæ　猴筐筐 xəu kʻuã kʻuã

BB 为阴平上 b　33＋**21**＋33　油点点 iəu tie tie　血水水 ɕie ʂuei ʂuei 毛眼眼 mɔ ie ie

BB 为去声　33＋52＋21　崖画画 nai xua xua　药罐罐 ie kuæ kuæ

BB 为入声　33＋**5**＋21　梨习习 li ɕiəʔ ɕiəʔ　桃核核 tʻɔ xuəʔ xuəʔ

A 为阴平上 a

BB 为阳平　**21**＋33＋21　花蝉蝉 xua ʂæ ʂæ　锅刷刷 kuo ʂua ʂua

BB 为阴平上 a　**24**＋24＋21　挨身身 ŋai ʂəŋ ʂəŋ　憨精精 xæ tɕiŋ tɕiŋ 针尖尖 tʂəŋ tɕie tɕie

BB 为阴平上 b　**24**＋21＋33　灯影影 təŋ iŋ iŋ　歪嘴嘴 vai tsuei tsuei

BB 为去声　**21**＋52＋21　干面面 kæ mie mie　花帽帽 xua mɔ mɔ

BB 为入声　**21**＋5＋21　恾豖豖 tɕiəu tuəʔ tuəʔ

A 为阴平上 b

BB 为阳平　**21**＋33＋21　柳毛毛 liəu mɔ mɔ　死虫虫 sɿ tʂʻuŋ tʂʻuŋ

BB 为阴平上 a　**21**＋24＋21　水杯杯 ʂuei pei pei　酒盅盅 tɕiəu tʂuŋ tʂuŋ

　　BB 为阴平上 b　**24＋21＋33**　打碗碗 ta væ væ　死眼眼 sʅ ie ie　碗底底 væ ti ti

　　BB 为去声　**21＋52＋21**　碾把把 nie pa pa　草褯褯 cɔ cˈɔ cˈɔ

　　BB 为入声　**21＋5＋21**　果习习 kuo ɕiəʔ ɕiəʔ　枣核核 tsɔ xuʔ xuʔ

　　A 为去声

　　BB 为阳平　**52＋33＋21**　豆角角 təu tɕie tɕie　大馍馍 ta mu mu
秤锤锤 tʂˈəŋ tʂˈuei tʂˈuei

　　BB 为阴平上 a　**52＋24＋21**　大箱箱 ta ɕiɑ̃ ɕiɑ̃　树根根 ʂu kɯ kɯ
细尖尖 tɕəŋ tɕie tɕie

　　BB 为阴平上 b　**52＋21＋33**　嫩水水 nuŋ ʂuei ʂuei　瓮底底 vəŋ ti ti
装袄袄 tʂuɑ̃ ŋɔ ŋɔ

　　BB 为去声　**52＋52＋21**　饭罐罐 fæ kuæ kuæ　豆蔓蔓 təu væ væ
磨把把 muo pa pa

　　BB 为入声　**52＋5＋21**　杏核核 xɯ xuʔ xuʔ

　　A 为入声

　　BB 为阳平　**3＋33＋21**　黑坛坛 xəʔ tˈæ tˈæ　绿毛毛 luəʔ mɔ mɔ

　　BB 为阴平上 a　**3＋24＋21**　不摊摊 pəʔ tˈæ tˈæ　笔尖尖 piəʔ tɕie tɕie

　　BB 为阴平上 b　**3＋21＋33**　黑水水 xəʔ ʂuei ʂuei　竹片片 tʂuəʔ pˈie pˈie

　　BB 为去声　**3＋52＋21**　石缝缝 ʂəʔ fəŋ fəŋ　木棍棍 məʔ kuŋ kuŋ

　　BB 为入声　**3＋5＋21**　圪搐搐 kəʔ tʂˈuəʔ tʂˈuəʔ

注：窑须须：窑洞中尘埃结成的线状物。豁唇唇：兔唇。挨身身：每一年出生一个孩子。
草褯褯：草绳。㑇屡屡：瓜果等底部不端正的样子。瓷定定：瓷实的样子。

2. ABB 式形容词

表 4-7　ABB 式形容词连读变调

| | | BB 阳平
33＋33 | BB 阴平上 213＋213 | | BB 去声
52＋52 | BB 入声
3＋3 |
			a	b		
A 阳平 33		33＋33＋33	33＋**21**＋33	33＋**21**＋33	33＋52＋52	33＋3＋21
A 阴平上 213	a	21＋33＋33	**24**＋**21**＋33	**24**＋**21**＋33	**21**＋52＋52	**21**＋3＋21
	b	21＋33＋33	**21**＋**21**＋33	**24**＋**21**＋33	**21**＋52＋52	**21**＋3＋21
A 去声 52		52＋33＋33	52＋**21**＋33	52＋**21**＋33	52＋52＋52	52＋3＋3/21
A 入声 3		3＋33＋33	3＋**21**＋33	3＋**21**＋33	3＋52＋52	3＋3＋3/21

　　从表 4-7 可以看出，A 为阳平、去声、入声字在重叠式 BB 前不变调。A 为阴平上 a、b 字时，在重叠式 BB 为阳平、阴平上 b、去声、入声、前变为 21；A 为阴平上 a 字时，在重叠式 BB 为阴平 a、b 前，A 变

为 24；A 为阴平上 b 字时，在重叠式 BB 为阴平 a 前，A 变为 21，在重叠式 BB 为阴平 b 前，A 变为 24。BB 为阳平、去声、入声，二字皆不变调，B 为入声，后一 B，也可以读轻声。

ABB 式名词变调的各种情况，举例如下：

A 为阳平

BB 为阳平　33＋33＋33　白刷刷 pi ʂua ʂua

BB 为阴平上 a　33＋**21**＋**33**　绵囊囊 mie nã nã　白生生 pi səŋ səŋ

BB 为阴平上 b　33＋**21**＋**33**　红崭崭 xuŋ tsæ tsæ　绵海海 mie xuai xuai

BB 为去声　33＋52＋52　黄暗暗 xuã ŋæ ŋæ　白怪怪 pi kuai kuai

BB 为入声　33＋3＋21　白秃秃 pi tʻuəʔ tʻuəʔ

A 为阴平上 a

BB 为阳平　**21**＋33＋33　灰蒙蒙 xuei məŋ məŋ　花颜颜 xua ie ie

BB 为阴平上 a　**24**＋**21**＋**33**　松弯弯 suŋ væ væ　轻飘飘 tɕʻiŋ pʻio pʻio

BB 为阴平上 b　**24**＋**21**＋**33**　清崭崭 tɕʻiŋ tsæ tsæ　松软软 suŋ z̩uæ z̩uæ

BB 为去声　**21**＋52＋52　灰丧丧 xuei sã sã　憨兴兴 xæ ɕiŋ ɕiŋ

BB 为入声　**21**＋3＋21　光秃秃 kuã tʻuəʔ tʻuəʔ

A 为阴平上 b

BB 为阳平　**21**＋33＋33　软绵绵 z̩uæ mie mie　肿棱棱 tʂuŋ ləŋ ləŋ

BB 为阴平上 a　**21**＋**33**＋**33**　紧绷绷 tɕiŋ pəŋ pəŋ　软溜溜 z̩uæ liəu liəu

BB 为阴平上 b　**21**＋**21**＋**33**　死板板 sɿ pæ pæ

BB 为去声　**21**＋52＋52　水害害 ʂuei xai xai　软腻腻 z̩uæ tʂʻuai tʂʻuai

BB 为入声　**21**＋3＋21　粉秃秃 fəŋ tʻuəʔ tʻuəʔ　紧挶挶 tɕiŋ lyəʔ lyəʔ

A 为去声

BB 为阳平　52＋33＋33　乱番番 luæ fæ fæ　脆切切 tsʻuei tɕʻie tɕʻie

BB 为阴平上 a　52＋**21**＋**33**　厚墩墩 xəu tuŋ tuŋ　脆铮铮 tsʻuei tsəŋ tsəŋ

BB 为阴平上 b　52＋**21**＋**33**　乱湩湩 luæ tuŋ tuŋ　俊板板 tɕyŋ pæ pæ

BB 为去声　52＋52＋52　逛面面 kuã mie mie　溜圿圿 liəu va va

BB 为入声　52＋3＋21　硬挶挶 niŋ lyəʔ lyəʔ

A 为入声

BB 为阳平　3＋33＋33　囫囵囵 xuəʔ ləŋ ləŋ　黑麻麻 xəʔ ma ma

BB 为阴平上 a　3＋**21**＋**33**　湿囊囊 ʂəʔ nã nã　木呆呆 məʔ tai tai

BB 为阴平上 b　3＋**21**＋**33**　黑软软 xəʔ ʐuæ ʐuæ　湿楚楚 ʂəʔ tʂʻu tʂʻu

BB 为去声　3＋52＋52　绿茂茂 luəʔ mɔ mɔ　黑瘆瘆 xəʔ səŋ səŋ

BB 为入声　3＋3＋21　黑漆漆 xəʔ tɕʻiəʔ tɕʻiəʔ　黑搐搐 xəʔ tʂʻuəʔ tʂʻuəʔ

（三）AAB 式名词、ABB 式动词

1. AAB 式名词

AAB 式名词依 AA 与 B 的模式变调，AA 式按相关的重叠式变调，B 一般不变调，读本调。这里不再作详细分析了，仅举几个例子来说明。例如：

AA 为阳平　钱钱汤 tɕʻie^{33} tɕʻie^{33} t'ã^{213}、盘盘秤 p'æ^{33} p'æ^{33} tʂʻəŋ^{52}、格格布 kə^{33} kə^{33} pu^{52}

AA 为阴平上 a　花花书 xua^{24} xua^{21} ʂu^{213}、温温水 vəŋ^{24} vəŋ^{21} ʂuei^{213}

AA 为阴平上 b　粉粉纸 fəŋ^{21} fəŋ^{24} tsʅ^{213}、雀雀窝 tɕʻiɔʔ^{21} tɕʻiɔʔ^{24} vuo^{213}、颗颗雪 k'uo^{21} k'uo^{24} ɕye^{33}

AA 为去声　面面炭 mie^{52} mie^{52} t'æ^{52}、和和饭 xuo^{52} xuo^{52} fæ^{52}

AA 为入声　搐搐裤儿 tʂʻuəʔ^5 tʂʻuəʔ^{21} k'ur^{52}

2. ABB 式动词

动词变调同 ABB 式名词、形容词一样，按 AB、BB 相关的模式变调。这里不再详细列出，只作举例说明。例如：藏猫猫 tsʻã^{33} mɔ^{33} mɔ^{21}、搜零零 sou^{21} liŋ^{33} liŋ^{21}、打擦擦 ta^{21} tsʻa^{33} tsʻa^{21}、漾花花 iã^{52} xua^{24} xua^{21}、转圈圈 tʂuæ^{52} tɕʻye^{24} tɕʻye^{21}、遛马马 liəu^{52} ma^{21} ma^{24}、戏耍耍 ɕi^{52} ʂua^{21} ʂua^{24}、打转转 ta^{21} tʂuæ^{52} tʂuæ^{52}、逛面面 kuã^{52} mie^{52} mie^{21}。

（四）AABB 式名词、动词、形容词、副词

AABB 式先按照 AA、BB 重叠分为两组变调，再按照相关重叠式变调模式变调。下面所举例子是名词、动词、形容词和副词的重叠式。

名词：眉眉眼眼 mi^{33} mi^{33} ie^{21} ie^{24}、皮皮毯毯 p'i^{33} p'i^{33} t'æ^{21} t'æ^{24}、瓶瓶罐罐 p'iŋ^{33} p'iŋ^{33} kuæ^{52} kuæ^{52}、家家俱俱 tɕia^{24} tɕia^{21} tɕy^{52} tɕy^{52}、般般样样 pæ^{24} pæ^{21} iã^{52} iã^{52}、衣衣裳裳 i^{24} i^{21} ʂã^{33} ʂã^{33}、汤汤水水 t'ã^{24} t'ã^{21} ʂuei^{21} ʂuei^{24}、箱箱柜柜 ɕiã^{24} ɕiã^{21} kuei^{52} kuei^{21}、眼眼窍窍 ie^{21} ie^{24} tɕʻiɔ^{52} tɕʻiɔ^{52}各种机会、边边沿沿 pie^{24} pie^{21} ie^{52} ie^{52}、针针线线 tʂəŋ^{24} tʂəŋ^{21} ɕie^{52} ɕie^{52}、样样数数 iã^{52} iã^{52} ʂuo^{52} ʂuo^{52}。

动词：挨挨恋恋 ŋai^{24} ŋai^{21} lye^{52} lye^{52}、神神叨叨 ʂəŋ^{33} ʂəŋ^{33} tɔ^{21} tɔ^{24}、订订对对 tiŋ^{24} tiŋ^{21} tuei^{52} tuei^{52}、写写算算 ɕi^{24} ɕi^{21} suæ^{52} suæ^{52}、勾勾画画 kəu^{24} kəu^{21} xua^{52} xua^{52}、拾拾揽揽 ʂəʔ^5 ʂəʔ^{21} læ^{52} læ^{52}。

形容词：可可以以 kʻɯ²⁴ kʻɯ²¹ i²⁴ i²¹、可可怜怜 kʻɯ²⁴ kʻɯ²¹ lie³³ lie³³、海海漫漫 xai²⁴ xai²¹ mæ⁵² mæ⁵²、客客气气 kʻə³³ kʻə³³ tɕʻi⁵² tɕʻi⁵²、歪歪好好 vai²⁴ vai²¹ xɔ²¹ xɔ²⁴、新新鲜鲜 ɕiŋ²⁴ ɕiŋ²¹ ɕye⁵² ɕye⁵²、烂烂坑坑 læ⁵² læ⁵² kʻɯ²⁴ kʻɯ²¹、恓恓惶惶 ɕi²⁴ ɕi²¹ xũ³³ xuɑ̃³³、拴拴整整 ʂuæ²⁴ ʂuæ²¹ tʂəŋ⁵² tʂəŋ⁵²

副词：的的当当 tiə ʔ⁵ tiə ʔ³ tɑ̃⁵² tɑ̃⁵²、实实在在 ʂə ʔ⁵ ʂə ʔ³ tsai⁵² tsai⁵²、美美实实 mei²⁴ mei²¹ ʂə ʔ⁵ ʂə ʔ³、坚坚实实 tɕie³³ tɕie³³ ʂə ʔ⁵ ʂə ʔ³

第二节　儿化

一、儿化的语音表现

绥德方言的儿化韵母除了 ər、ya 以外的 33 个韵母都有儿化读音，归纳起来，共计 25 个。

儿化韵	本韵		例词	
ər	ɿ	瓜子儿	扭丝儿	字儿
	ʅ	水池儿		
	ə	墨盒儿	勺儿	鸽儿
	ei	香味儿	刀背儿	哞儿牛
	ə ʔ	小吃儿	直直儿	软石儿
iər	i	鞋底儿	猪蹄儿	小米儿
	ie	树叶儿	羯儿	前儿
	iə ʔ	影壁儿	凉席儿	老七儿
uər	uei	裤腿儿	墨水儿	锥儿
	uə ʔ	绿绿儿	鹿儿	杏核儿
yər	ye	口诀儿	眼圈儿	卷儿
	yə ʔ	小曲儿	足足儿	
ur	u	牛肚儿	看乎儿	兔儿
yr	y	窄玉儿	鱼儿	锯儿
ɐr	a	一沓儿	打茬儿	刀把儿
iɐr	ia	豆芽儿	抿夹儿	碗架儿
uɐr	ua	马褂儿	小瓜儿	花儿
ɯr	ɯ	唱歌儿	底坑儿	根儿
uor	oo	被窝儿	罗锅儿	钢磨儿
ɛr	ai	鞋带儿	瓶盖儿	刘海儿
uɛr	uai	一块儿		

	uŋ	门洞儿　空儿　囷儿　棍儿
ɔr	ɔ	水泡儿　桃儿　枣儿
iɔr	iɔ	树苗儿　鸟儿　瓢儿　雀儿
əur	əu	菜豆儿　心口儿　门楼儿
iəur	iəu	皮球儿　加油儿
ær	æ	花瓣儿　秆儿　案儿
uær	uæ	茶馆儿　官儿
ãr	ã	鞋帮儿　仿儿　偏旁儿
iãr	iã	门箱儿　缰儿　街墙儿
uãr	uã	礳床儿　疮儿　筐儿
ə̃r	əŋ	门儿　锣儿　缝儿　秤儿
iə̃r	iŋ	背心儿　秤星儿　瓶儿
yə̃r	yŋ	车轮儿　裙儿　小熊儿

说明：老派的 a 与 æ、ua 与 uæ 韵母的儿化音值比较接近，新派中区别明显。

绥德方言的儿化韵母一般都有本韵母，但有两个字只有儿化韵母，没有本韵母："鹿"，读 luər^{52}；"鱼"，读 yr^{33}。没有把它们单独列为韵母，考虑到只有两个字，在同音字汇中类推了它们的本音。

二、儿化变调与连调

绥德方言的儿化引起的变调主要表现在阴平上与入声形容词重叠式的后一音节上，这一变调模式与非儿化连读变调的情况基本一致。双音节词后一音节的入声儿化后，也有变调发生。在绥德方言内部各片也显示出了一定的差异。儿化变调与非儿化连读变调共同的地方表现在两个方面。

第一，阴平上重叠式的第二个音节儿化后也读为 33。例如：端端儿 tuæ^{21} tuær^{33}、高高儿 kɔ^{21} kɔr^{33}、光光儿 kuã^{21} kuãr^{33}、紧紧儿 tɕiŋ^{21} tɕiə̃r^{33}、清清儿 tɕʼiŋ^{21} tɕʼiə̃r^{33}、水水儿 ʂuei^{21} ʂuər^{33}。

第二，入声字重叠式的第二个音节儿化时，塞音尾-ʔ 丢失，调值由 3 变为 52。例如：服服儿 fəʔ^{3} fər^{52}、直直儿 tʂəʔ^{3} tʂər^{52}、立立儿 liəʔ^{3} liər^{52}、曛曛儿湿了的东西将干未干状 tɕʼiəʔ^{3} tɕʼiər^{52}、熟熟儿 ʂuəʔ^{3} ʂuər^{52}、绿绿儿 luəʔ^{3} luər^{52}、足足儿 tɕyʔ^{3} tɕyər^{52}、促促儿 tɕʼyʔ^{3} tɕʼyər^{52}。入声字不重叠时很少有儿化读音，能读儿化音最典型的就是"小吃儿（碟碟）"、"凉席儿"、"光秃儿"、"老七儿"、"初一儿"、"枣核儿"、"掐谷儿谷子的一个品种"、"软石儿"。陕北晋语有些地方说的"曲儿"，绥德方言一般用重叠的方式来说"曲曲"。参见本章第一节。据沈明（2007）考察，山西晋语五台片的入声儿化连调，"一律丢失喉塞尾[-ʔ]，短调拉长，同阳平调。"从绥德方言看，重叠式入声儿化连调，也是一律丢失喉塞尾[-ʔ]，短调拉长，但是并没有变同阳平，而是变同去声，反映了晋语入声儿化韵连调的多样性特点。

绥德方言各区儿化变调表现的差异是：城区以外其他三个区的阳平字，单音节儿化与重叠式第二个音节儿化后一律读52调值；城区的阳平字仅限于重叠式第二个音节儿化后读52调值，单音节儿化后是不变调的。例如义合区：前儿 tɕʲiər³³⁻⁵²、桃儿 tʰʲɔr³³⁻⁵²、黄儿发糕 xuɔr³³⁻⁵²、角儿形体大的蒸饺儿 tɕiər³³⁻⁵²、（没）法儿 fɚr³³⁻⁵²、碟儿 tiɚr³³⁻⁵²、勺儿 ʂɚr³³⁻⁵²、明明儿 miŋ³³ miɣ̃r³³⁻⁵²、匀匀儿 iŋ³³ iɣ̃³³⁻⁵²、红红儿 xuŋ³³ xuɚr³³⁻⁵²、辣辣儿 la³³ lɚr³³⁻⁵²。这些例子，单音节儿化的在城区不变调，重叠式儿化的读降调52，有时也读本调，处于变化过程中。此外，城区的"黄儿发糕"老派也有人读52调，或者读本调33，说明阳平字儿化后原来可能都是读降调52的，周边的神木（邢向东2002）、米脂、子洲、清涧等方言就是如此模式。城区方言演变的速度快于其他区，其他三区的阳平单字调儿化变去声，将来发展的结果可能同城区一样。参见第五章第四节。

三、儿化的作用

绥德方言的儿化作用与北京话基本相同。第一，儿化有区别意义及区别词性的作用。例如：月尽儿除夕－月尽农历正月到十一月最后一天、前儿前天－前表方位、后儿后天－后表方位、出门儿走亲戚－出门在外地工作、明儿明天，名词－明形容词。第二，儿化指小。例如：锅－锅儿、盆－盆儿、镢头－镢头儿、窑－窑儿、棍－棍儿。前者表大，后者表小。第三，表示亲切、喜爱色彩。例如：碗－碗儿、铃－铃儿、口－口儿、小狗－小狗儿。

第三节　其他共时音变

一、变韵与变调

在汉语发展过程中，为了区别词义、词性或用法，有时将一个音节的某一要素进行改变，以示有别，即所谓变韵、变调。当然，也许还有早期古音的遗存。绥德方言的变韵、变调主要是出现在一些具体特定的词语中，用下划线"＿"表示。

（一）变韵例

为了说明情况，读儿化音变韵的例子，这里没有按实际读音标写，而是只在本韵后加 r 来表示。磷黄 lyŋ³³·xuã、人七儿正月初七 zəŋ³³·tɕ'iŋr、天每儿 t'ie²¹³ məŋr²¹³、白日 pi³³·zəŋ、牡丹 mɔ²¹³ tæ²¹³、蘑菇 mɔ³³·ku、荒地 xuo⁵² ti⁵²、桑葚 sã²¹³ ɕiŋ²¹³、相谢 ɕiã²¹³ ɕi⁵²　荒菱 ie³³ suei²¹³、约莫 ie³³/iŋ²¹³·məŋ、豆豉 təu⁵²·səŋ①、丈母 tʂã⁵²·məŋ、广播 kuã²¹³ pɔ⁵²。

（二）变调例

这里说的变调是指不符合连调模式而发生的特殊变调。例如：绢罗 tɕye⁵² ləŋ³³、扫帚 sɔ⁵² tʂ'u²¹³、笤帚 t'iɔ³³ tʂu²¹³、毛蚰蜒 mɔ³³ iəu³³ ie⁵²、水眼 ʂuei²¹³ ie⁵²、元宝 ye³³ pɔ⁵²、药碱 ie³³ tɕie⁵²化肥、囟门子 ɕiŋ⁵² məŋ²¹³·tsəʔ、荞麦 tɕ'iɔ³³ mie⁵²、盼不得 p'æ³³ pəʔ³·təʔ、可好正好 k'ɯ⁵² xɔ²¹³、平斤锛子 p'iŋ³³ tɕiŋ⁵²、年时 nie³³ sʅ⁵²、酸枣 suæ²¹³ tsɔ⁵²、门帘 məŋ³³ lie⁵²、措 ts'əʔ³拿，收藏。以先 i⁵²·ɕie 开始，最初。

二、弱化、合音与分音

（一）弱化例

肩膀 tɕie²¹³·pə、姑夫 ku²¹³·fə、姨夫 i³³·fə；意思 i⁵²·sʅ→i⁵² s、豆腐 təu⁵²·fu→təu⁵² f、螺丝 ləŋ³³·sʅ→ləŋ³³ s、吊死鬼 tiɔ⁵²·sʅ·kuei→tiɔ⁵² s·kuei、推辞 t'uei²¹³·sʅ→t'uei²¹³ s。

以上例子可以看出，绥德方言弱化的情况大致分为两种类型：一类是主要元音央化，"姨夫"之前三例；一类是后一音节的韵母弱化为零，以致声母与前音节融合为一体，"姨夫"之后五例。

（二）合音例

绥德方言的合音用例，从语法角度看，可以分为词的合音与非词的合音两类。词的合音是指词的内部合音，也就是语素之间的合音。非词的合音是指词和词、词和短语、短语和短语的合音，因此，非词的合音又分为短语合音与跨短语合音两类。跨短语的合音是指前一词或短语的后字与后一词或短语的前字发生的合音。词的合音，如：不依 pəʔ³ i²¹³→□pei²¹³、不要 pəʔ³ iɔ⁵²→覅 piɔ⁵²/puo⁵²（后一音仅限于城区名州镇）、不应 pəʔ³ iŋ⁵²→piŋ⁵²、怎么 tsa²¹³ ma³³→咋 tsua²¹³、这么 tʂəʔ³ muo³³→□tʂəu²¹³、那么 nəʔ³ muo³³→□nəu²¹³、媳妇子→□子 ɕiəu³³ təʔ³、木耳 məʔ³ ər²¹³→□mər⁵²。短语的合音，如：我的 ŋa²¹³ təʔ³→ŋəʔ³、你的 ni²¹³

---

① 按，"豆豉"的"豉"或许另有本字。

təʔ³→niəʔ³、他的 t‘a²¹³ təʔ³→t‘əʔ³、那日 nei⁵² z̩əʔ³→nər⁵²。跨短语的合音，如：我二（舅/姨等）ŋa²¹³ ər⁵²→ŋer⁵²、你二（妈/姐等）ni²¹³ ər⁵²→niər⁵²、他二（舅/外婆等）t‘a²¹³ ər⁵²→t‘ər⁵²、这一 tʂa²¹³ iəʔ³→tʂəʔ³/tʂei⁵²、那一 na²¹³ iəʔ³→nəʔ³/nei⁵²。这里的"我二（舅/姨等）"按语法结构分析，首先是"二"与"舅/姨"构成一个短语，然后再与"我"构成短语，所以"我二"不是处于一个层面上的成分。"这一"首先是"一"与省略的量词构成一个短语，然后再与"这"构成短语，"这"与"一"不在一个层面上，此例比较典型，因为代词是不能直接修饰数词的。

以上合音例中，人称代词"我、你、他"与"二"的合音，只限于与亲属称谓词搭配，如"我二舅"，即我的二舅父。

（三）分音例

参见第七章第一节。

第五章　比较音韵

第一节　绥德方言与北京音的比较

一、声母的比较

绥德方言声母与北京音声母的比较，请看表 5-1。

表 5-1　绥德方言与北京话声母比较

绥德	北京	例字	绥德	北京	例字
p	p	波别布宝	z	∅	吟
	p'	畔	tʂ	tʂ	猪柱朱状
p'	p'	怕盆批普		tʂ'	惩
	p	败雹胞庇鄙痹辟避	tʂ'	tʂ'	畅肠疮床产昌船常
m	m	麻忙米母		tʂ	镯触撞直着睡～
	p'	破豁出		ʂ	殊
f	f	飞费符凡	ʂ	ʂ	梳书树
v	∅	无危伟腕		tʂ'	仇
t	t	到道夺	ʐ	ʐ	惹揉锐
t'	t'	土太徒同		n	饶
	t	舵堤		∅	荣蓉融容溶嵘榕
n	m	谬	tɕ	tɕ	酒纠舅捐
	n	泥男娘		tɕ'	瞿
l	l	来路吕连	tɕ'	tɕ'	枪墙羌强铅
	n	哪农		tɕ	截劫歼
ts	ts	左糟坐赠	ɕ	ɕ	羞袖孝效
	tʂ	站绽皱支		tɕ'	囚
	tɕ	脊就	k	k	恭规共柜
ts'	ts'	搓粗材蚕	k'	k'	亏筐葵狂
	ts	躁剿造族		k	巩跪
	tʂ'	掌茶茬	ŋ	∅	我艾哀爱
	tɕ'	秦	x	x	火花祸华
s	s	锁斯涩缩	v	∅	微瓦卧歪煨委为维
	ts'	辞～职	∅	∅	牙雅雨榆吁
	ʂ	沙筛施是		ʐ	容荣融

绥德方言有声母 25 个，比北京话多出 v、ŋ、z 三个，其余读音与北京话相同。主要区别是：

①北京话读合口呼零声母，绥德方言的 v 声母，但是浊的程度较弱。

②北京话读开口呼零声母，绥德方言的 ŋ 声母。

③北京话读零声母的"吟"，绥德方言读 z 声母，此外还有描摹孩子哭声的一个拟声词。

④北京话读 tʂ 组的字要比绥德方言多，绥德方言大约是北京话的二分之一。

⑤北京话来源于云以匣三母的 z̩，绥德方言读零声母，如荣云融以嵘匣。

⑥北京话零声母在绥德方言中基本上都读辅音声母 ŋ，极少数读 n，如仰咬宜谊硬崖。

⑦北京话部分来自古见系开口二等的字读 tɕ 组音，绥德方言读 k 组音，如街解~开、~板，读 k；去，读 kʻ；瞎下杏鞋闲巷，读 x。

二、韵母的比较

绥德方言韵母与北京音韵母的比较，请看表 5-2。

表 5-2　绥德方言与北京话韵母的比较

绥德	北京	例　字	绥德	北京	例　字
ɿ	ɿ	紫瓷斯	ə	ə	得德割涩热恶
	ʅ	支翅始		o/uo	博握屋托作弱
ʅ	ʅ	知迟世		u	扑朴拂物
ər	ər	儿耳二	uo	uo	脖窝朵坐锅
i	i	闭底泥易		ə	戈科禾
	ai	白	ie	ie	憋灭跌揭业
	ei	被眉昧肥尾		ai	百柏拍白
	ie	别姐碟叠写		ei	北
u	u	补普肚古		ian	边点间淹
	ou	某谋		i	籴
y	y	女驴举雨		iao	角
a	a	八拿杂插	ye	ye	掠镢
	ua	瓦挖袜		ie	联恋薛血月
ia	ia	家掐霞牙		yan	圈全选元
ua	ua	刷挂花	ɯ	ə	哥可鹅
	uo	缩		ən	根肯痕

续表　　　　　　　　　　　　　　　续表

绥德	北京	例　字
ɯ	əŋ	更坑亨
	iŋ	杏
ai	ai	拜代来开
	uai	外歪
uai	uai	揣乖怀
ei	ei	杯媒给
	uei	维伟卫位
	i	坏
uei	uei	堆嘴锥规
	ei	内雷累泪类
ɔ	au	宝刀早招高
	u	牡
	o	蘑
iɔ	iau	表刁交摇
ue	əu	芦走周沟偶
	u	奴鲁路赂
ieu	ieu	丢牛九锈
æ	an	班担展坎
	uan	湾完顽万
uæ	uan	端暖钻转官
ã	aŋ	帮当脏张钢
	uaŋ	王网往忘
iã	iaŋ	娘粮僵香羊
uã	uaŋ	装光黄
əŋ	əŋ	朋灯争蒸哼
	uəŋ	翁瓮嗡
	ən	奔森针人
	uən	稳问闻
	uo	拖罗左搓惹

绥德	北京	例　字
iŋ	iŋ	冰钉惊英
	in	宾林亲银
	yn	寻讯迅孕匀
uŋ	uŋ	东总中公
	un	墩尊准滚
yŋ	yŋ	郡穷雄荣
	yn	轮均裙云
əʔ	u	不福
	i	的脊
	ʅ	执吃食日
	ə	胳疙吓
	ei	黑
	au	郝
	a	把蛤呷
iəʔ	i	鼻笛立急壹
	o	墨默
uəʔ	u	缚独谷葫
	uo	豁霍惑获
	y	律率禄
yəʔ	y	掬曲续
	u	足粟俗

　　绥德方言有 35 个韵母，比北京话少 4 个。其中，23 个与北京话相同，即 ʅ、ɭ、ər、i、u、y、a、ia、ua、ə、ie、ye、uo、ai、uai、ei、uei、əu、ieu、əŋ、iŋ、uŋ、yŋ，12 个不同，即 ɯ、ɔ、iɔ、æ、uæ、ã、iã、uã、əʔ、iəʔ、uəʔ、yəʔ。不同表现在音值和音类两个方面。

　　音值上看，①绥德方言 uo 的 o 唇形较展。ai、ei 动程较短，接近 ɛ、e。②əu、ieu 的 u 音值接近 ʋ。③ɔ、iɔ 的 ɔ 开口度略小，ɔ、iɔ 分别跟北京话的 au、iau 相对应。④æ、uæ 对应于北京话的 an、uan。⑤ã、iã、 uã 三个鼻化韵母分别对应于北京话的 aŋ、iaŋ、uaŋ。参见第二章第一节韵母说明。

音类上看，①绥德方言的 ɯ 是北京话没有的，它对应于北京话 k、kʻ、x、Ø 相拼的韵母 ə、ən、əŋ。②əʔ、iəʔ、uəʔ、yəʔ 四个入声韵母是北京话没有的，它们对应于北京话的 i、u、y、a、o/uo、ə、ʅ、ei、au，彼此之间的对应关系比较复杂。③ʅ 韵母字比北京话少一些。④i 对应于北京话的 i、ai、ei、ie。⑤ə 对应于北京话的 ə、o/uo、u。⑥əŋ 韵母的部分字，北京话读 uo，它们来自中古果假摄字。这一现象在汉语方言中极其少见。⑦绥德方言只有后鼻音韵母，没有前鼻音韵母，北京话的前鼻音韵母在绥德方言中有三种情况：一是 an、ian、uan、yan 韵尾 n 脱落，an、uan 读 æ、uæ，ian、yan 与 ie、ye 合并；二是 ən、in、un、yn，并入相应的后鼻音韵母；三是 ən 读 ɯ，见①与 k、kʻ、x、Ø 相拼的。⑧绥德方言有 v 声母，这个声母除了单韵母 u 是合口呼外，其余都是开口呼。⑨绥德方言的 iŋ 韵母部分字是北京话的 yn 韵母。总之，绥德方言与北京话复杂的关系主要表现在古入声字和文白异读上，来自古入声的字，绥德方言古今之间关系简单，北京话复杂；因文白异读的原因，绥德方言古今之间关系复杂，北京话简单。

例外情况如下。绥德方言 i 的白读音中有的是中古时期的后鼻音韵母，为数不多，主要是"迸绷棚"几个字。另外，文白异读的音与北京话有本质区别，如 ɯ、əŋ 就是这样。

三、声调的比较

绥德方言声调与北京话声调的比较，见表 5-3。

表 5-3　绥德方言与北京话声调的比较

绥　德	北京	例　字
阳　平˧	阴平˥	割拍缺切说歇桌瞎
	阳平˧˥	穷寒人得杂白合舌
	上声˨˩˦	北百铁法塔甲渴脚
	去声˥˩	月灭纳袜麦药客阔
阴平上˨˩˦	阴平˥	高猪开抽三飞东风
	上声˨˩˦	古走口草好死五老
去　声˥˩	去声˥˩	近厚盖唱汉共害岸
入　声˧	阴平˥	扑一壹吃七出踢曲
	阳平˧˥	读福竹族执鼻敌直
	上声˨˩˦	谷尺骨笔匹曲脊乙
	去声˥˩	不褥益禄速筑立入

　　绥德方言与北京话的声调在数量上相同，都是四个，但是彼此的四个声调并不全部对等。从调类看，绥德方言有入声调类，北京话没有；北京话分阴平与上声，绥德方言不分（连读变调有区别）。从调值、调型看，彼此相差比较明显，绥德方言的阳平，调值是 33，中平调，北京话的是 35，中升调；绥德方言的阴平上与北京话的上声，都是降升调，而绥德方言读 213，北京话读 214；去声都是降调，绥德方言读 52 或 53，北京话读 51；绥德方言入声是短促调，读 3，北京话没有，绥德方言的这一声调，北京话分别读 55、35、214、51；北京话的阴平是高平调，读 55，绥德方言没有，合并到上声中去了，读 213。

　　例外："疫役厕"和"蓖"北京话归入去声，绥德方言根据入声舒化的规律，前三字读阳平声，后一字归入阴平上。

第二节　绥德方言与中古音的比较

　　古音是指以《切韵》、《广韵》为代表的语音系统，古音的分类据中国社会科学院语言研究所编写的《方言调查字表》（修订本），今音的分类据本书第三章的绥德方言同音字表。例外字分别列举。

一、声母的比较

（一）绥德方言与中古声母比较

　　绥德方言声母有 25 个，中古音声母是 40 个。古今音之间的演变，在发音方法上，主要以声调为变化条件；在发音部位上，主要以韵母为条件，即洪音和细音。古今音之间的比较，可以从两个方面来看，一是从古看今，一是以今推古。绥德方言与中古声母的比较，请见表 5-4。

表 5-4　绥德方言与中古声母比较

		清		全浊		次浊	清	全浊	
				平	仄			平	仄
帮组		帮 p	旁 pʻ	并 pʻ	p	明 m			
非组		非 f	敷 f	奉 f		微 v			
端组		端 t	透 tʻ	定 tʻ	t	泥 n	来 l		
精组	今洪	精 ts	清 tsʻ	从 tsʻ	ts		心 s	邪 s	
	今细	精 tɕ	清 tɕʻ	从 tɕʻ	tɕ		心 ɕ	邪 ɕ	
知组	今开二	知 ts	彻 tsʻ	澄 tsʻ	ts				
	其他	知 tʂ	彻 tʂʻ	澄 tʂʻ	tʂ				

续表

声类	条件	清	全浊（平）	全浊（仄）	次浊	清	全浊（平）	全浊（仄）
庄组 今开	今开	庄 ts　初 tsʻ	崇 tsʻ	ts		生 s		
庄组 今合	今合	庄 tʂ　初 tʂʻ	崇 tʂʻ	tʂ		生 ʂ		
章组 止今开	止今开	章 ts　昌 tsʻ	船 tsʻ	ts		书 s	禅 s	
章组 其他	其他	章 tʂ　昌 tʂʻ	船 tʂʻ	tʂ		书 ʂ	禅 tʂʻʂ	ʂ
日母 止今开	止今开				日 ∅			
日母 其他	其他				日 ʐ̩			
见晓组 今洪	今洪	见 k　溪 kʻ	群 kʻ	k	疑 v　ŋ	晓 x	匣 x	
见晓组 今细	今细	见 tɕ　溪 tɕʻ	群 tɕʻ	tɕ	疑 n　∅	晓 ɕ		匣 ɕ
影组 今洪	今洪	影 v　ŋ			云 v；以 v ʐ̩			
影组 今细	今细	影 ∅			云 ∅；以 ∅			

（二）声母例外字

古音声母的演变规律很强，但同时也存在例外的情况。例外主要是以下这些字。

帮母（p）：谱 ꜀pʻu、鄙庇痹 ꜀pʻi、箅 ꜀pʻie、泌秘 miəʔ꜕、蝙扁 ꜀pʻie、迫 pʻiəʔ꜕。

滂母（pʻ）：泊 ꜀pə、玻 ꜀puo、怖 puꜘ、破（豁出）꜀muo。

并母（p）：耙 ꜀pʻa、部簿 pʻuꜘ、败 pʻaiꜘ、佩 pʻeiꜘ、避 ꜀pʻi、叛 pʻæꜘ、勃悖 ꜀pʻuo、傍 ꜀pʻã、雹 pʻɔꜘ、辟 ꜀pʻi、仆瀑 ꜀pʻə。

明母（m）：谬 niəuꜘ、戊 vuꜘ。

非母（f）：脯 ꜀pʻu。

敷母（f）：捧 pʻəŋꜘ。

微母（v）：尾 ꜀i（白）。

端母（t）：堤 ꜀tʻi、鸟 niɔꜘ。

透母（tʻ）：贷 taiꜘ、腆 ꜀tie、敁 ꜀təu/ təuꜘ。

定母（t、tʻ）：提~溜 təʔ꜕、饨 tuŋꜘ、查 ꜀tʻa、突 tʻuəʔ꜕、特 ꜀tʻə、艇挺 ꜀tʻiŋ。

泥母（n）：粘 ꜀ʐ̩æ（白）、赁 liŋꜘ、酿 ꜀ʐ̩ã、农 ꜀luŋ。

来母（l）：辇 ꜀nie。

精母（ts、tɕ）：躁 tsʻɔꜘ、剿 ꜀tsʻɔ、歼 ꜀tɕʻie、雀 ꜀tɕʻiɔ。

从母（ts, tsʻ）：蹲 ꜀tuŋ、造 tsʻɔꜘ、族 tsʻuəʔ꜕、截 ꜀tɕʻie、捷 ꜀tɕʻie、疾

tɕiə?ₔ。

心母（s、ɕ）：燥 tsʻɔˀₔ、玺徙 ᶜɕi、侍 tsʻʅˀ、粹 tsʻueiˀ、惜 ɕiə?ₔ。

知母（tʂ）：爹 ᶜtie 文、ᶜta 白。

澄母（tʂʻ、tʂ、ts）：惩 ᶜtʂəŋ、辙着睡~ ᶜtʂʻə、直~端走 tʂʻə?ₔ、撞 ᶜtʂʻuã、瞪 təŋˀ、赚 tʂuæˀ。

彻母（tʂʻ）：侦 ᶜtʂəŋ。

庄母（ts、tʂ）：楂 ᶜtsʻa、阻 ᶜtsu。

崇母（tʂ、ts）：助 tsuoˀ、镯 ᶜtʂʻuo、士仕柿俟事 sʅˀ。

章母（tʂ）：震 tsəŋˀ。

昌母（tʂʻ）：枢 ᶜʂu、触 tʂuə?ₔ、帜 tʂə?ₔ。

船母（tʂ）：盾 tuŋˀ。

书母（ʂ）：暑 ᶜtʂʻu、产 ᶜtsʻæ。

禅母（tʂʻ）：翅 tsʻʅˀ、植殖 tʂə?ₔ /ʂə?ₔ、蜀 tʂuə?ₔ。

日母（z̟）：惹 ᶜər、饶姓 ᶜnɔ、扔 ᶜər。

见母（k、tɕ）：会计 ᶜkʻuai、刽 kʻuaiˀ、愧 kʻueiˀ、构购 ŋəuˀ、昆 ᶜkʻuŋ、矿 kʻuãˀ、扛 ᶜkʻã/ ᶜkʻã/ ᶜxã~口：难以开口、巩 ᶜkʻuŋ、挂 kʻuaˀ、括 ᶜkʻuo、解 ᶜkai~开、解 xaiˀ~下：明白、酵发~ɕiɔˀ、脸 ᶜlie、讫 tɕʻiə?ₔ。

溪母（kʻ、tɕʻ）：枯 ᶜku、恢 ᶜxuei、墟 ᶜɕy、吃 tʂʻə?ₔ / tɕiə?ₔ。

群母（k、tɕʻ）：跪 kʻueiˀ、瞿 tɕyˀ、鲸 ᶜtɕiŋ。

疑母（ŋ、v、ø）：崖捱挨 ᶜnai、硬 niŋˀ、砲 ᶜvei、呆 ᶜtai、讹 ᶜŋɯ、吟 ᶜzəŋ、阮 z̟uæˀ。

晓母（x）：歪 ᶜvai。

匣母（ɕ、x）：械舰 tɕieˀ、畦 ᶜtɕʻi、淆肴 ᶜɕiɔ、萤荧 ᶜiŋ、迥 ᶜtɕyŋ、完丸 ᶜvæ、皖 ᶜvæ、核~桃 kə?ₔ。

影母（ŋ、v、ø）：矮~子 ᶜnai、秽 xueiˀ、杳 ᶜmiɔ、压 niaˀ。

云母（ø）：汇 xueiˀ、熊雄 ᶜɕyŋ。

以母（ø）：铅 ᶜtɕʻie、捐 ᶜtɕye、锐 z̟ueiˀ。

二、韵母的比较

（一）绥德方言与中古韵母比较

绥德音与中古韵母的比较，见表 5-5。

（二）韵母例外字

下面所列字后括号内是古韵及比较表中的常规读音。

果摄：个白 kuə?ₔ（歌 ɯ）、讹白 ᶜŋɯ（戈 uo）。

表5-5　绥德方言与古韵母比较

摄	呼	一等			二等				三四等							
		帮系	端系	见系	帮系	端系	知庄组	见系	帮系	端组	泥组	精组	庄组	知章组	日母	见系
果	开		əŋ多 a大 u骡	a我											那 na	ie茄
果	合	uo波	uo朵 əŋ骡	uo过 ə讹												ye瘸
假	开				a把	a拿	a查	ia家				i姐		əŋ车	əŋ惹	ie也
假	合						ua耍	ua瓜								
遇	合	u补	u肚 əu奴	u姑					u夫		y女 əu庐 iou糟	y徐	uo初	u猪	u如	y居
蟹	开	ei贝	ai戴	ai该	ai拜	ai奶	ai债	ie阶 ai揩 ia佳	i蔽	i低	i泥	i祭		ɿ制		i鸡
蟹	合	ei杯	uei堆	uai拽 uei魁 ei煨			uai搋	uai乖 ai歪 a蛙	ei废			uei脆		uei税	uei芮	uei桂 i睡 ei卫
止	开								ei碑 i彼	i地	i离	ɿ紫 i玺	ai筛 ɿ师	ɿ知 ɿ支	ar儿	i寄
止	合								ei非		uei累	uei嘴	uai揣	uei吹	uei蕊	uei归 ei威
效	开	ɔ宝	ɔ刀	ɔ高	ɔ包	ɔ挠		iɔ交	iɔ表	iɔ刁	iɔ燎	iɔ焦		ɔ招	ɔ饶	iɔ骄
流	开	ɔ贸 u某	əu兜	əu勾					u否	iou丢	iou纽	iou酒	əu愁	əu肘	əu柔	iou九
咸舒	开		æ探	æ感			æ站	ie减 æ馅	ie贬	ie掂	ie镰	ie尖		æ陕	æ染	ie检
咸舒	合								æ凡							
深舒	开								əŋ品		iŋ林	iŋ侵	əŋ森	əŋ针	əŋ任	iŋ金

续表

摄	开合	一等 帮系	一等 端系	一等 见系	二等 帮系	二等 端系	二等 知庄组	二等 见系	三四 帮系	三四 端组	三四 泥组	三四 精组	三四 庄组	三四 知章组	三四 日母	三四 见系
山舒	开	æ般	æ单	æ肝	æ扮		æ山	ie艰	ie鞭	ie颠	ie碾	ie煎		æ展	æ然	ie件
山舒	合		uæ端	uæ官 æ碗			uæ栓	uæ关 æ湾			ye恋	ye泉			uæ软	ye卷
臻舒	开	əŋ犇	əŋ吞	ɯ根					iŋ宾		iŋ邻	iŋ津	əŋ村	əŋ珍	əŋ人	iŋ巾
臻舒	合		əŋ敦	uŋ昆 əŋ稳					əŋ分		yŋ轮	uŋ遵 yŋ俊		uŋ准	uŋ闰	yŋ均 yŋ匀
宕舒	开	ɑ̃帮	ɑ̃当	ɑ̃钢							iɑ̃娘	iɑ̃将		ɑ̃张	ɑ̃瓤	iɑ̃疆
宕舒	合			uɑ̃光 ɑ̃汪					ɑ̃方				uɑ̃庄			uɑ̃筐 ɑ̃王
江舒	开				ɑ̃邦	ɑ̃攘	uɑ̃撞	iɑ̃江 ɑ̃扛								
曾舒	开	əŋ崩	əŋ登	ɯ肯					iŋ冰		iŋ陵			əŋ征	əŋ仍	iŋ兴
曾舒	合			əŋ弘												
梗舒	开			ɯ更 iŋ行	ŋe烹	ŋe冷	ŋe撑	ia夹	iŋ兵	iŋ钉	iŋ领	iŋ精		iŋ贞		iŋ颈
梗舒	合			uŋ宏												iŋ倾
通舒	合	əŋ蓬	uŋ东	uŋ公 əŋ翁					əŋ风		uŋ浓	uŋ从	uŋ崇	uŋ中	uŋ绒	uŋ弓 yŋ穷
咸入	开		a答	ə合			a扎			ie跌	ie镊	ie接		ə折		ie劫
咸入	合								a法							
深入	开										ieʔ立	集ieʔ		əʔ执	ʐən入	ieʔ急

续表

		一等			二等				三四等							
		帮系	端系	见系	帮系	端系	知庄组	见系	帮系	端组	泥组	精组	庄组	知章组	日母	见系
山入	开	ə拨	a达	ə割	a八		a札	a瞎 ia辖	ie别	ie铁	ie列	ie节		ə哲	ə热	ie揭
	合		uo夺	uo括			ua刷	ua刮 a挖	a发		ie劣	ye绝		uo拙		ye决
臻入	开	əʔ不							iaʔ笔		iaʔ栗	iaʔ七		əʔ侄	əʔ日	iaʔ吉 橘
	合						uai率		əʔ佛		yeʔ律	yeʔ戊		uaʔ出		yeʔ橘
宕入	开	əʔ博	ə托	ə各							ie略	ye鹊		ə勺	ə弱	yeʔ脚
	合			uo郭					əʔ缚							ie脚
江入	开	ə剥					uo捉 uaʔ啄	ie觉 ə握								ye噱
曾入	开	ie北	ə德	ə刻				ə格	iaʔ逼		iaʔ力	iaʔ即	ə侧	əʔ织		iaʔ极 i亿
	合			uo国 或												yeʔ域
梗入	开				ie百		ə拆		iaʔ碧	iaʔ的	iaʔ历	iaʔ积		əʔ尺		iaʔ击
	合							uaʔ获								i疫
通入	合	ə卜	uoʔ督	uoʔ合					əʔ福		uaʔ陆	yaʔ肃	ua缩	uaʔ竹	uoʔ辱	yeʔ菊 y玉

说明：绥德方言见系有些字存在文白异读现象，表中只列文读音。

假摄：爹白 ꜜta(麻 i)、下白 xaˀ（麻 a）、藉 tɕiəʔ˳（麻 i）、爷白也白 ꜛia（麻 ie）、野白 ꜛi(麻 ie)、傻 ꜛsa(麻 ua)。

遇摄：做 tsuəʔ˳（模 u）、错措 tsʻuoˀ（模 u）、锢 kuəʔ˳（模 u）、瓠 xuəʔ˳（模 u）、庐 ꜗləu(鱼 y)、稆 ꜛliəu(鱼 y)、阻 ꜛtsu(鱼 uo)、楚 ꜛtʂʻu(鱼 uo)、疏 ꜛʂu(鱼 uo)、去白 kʻəʔ˳（鱼 y）、雏 ꜗtʂʻu(虞 uo)、裕 yəʔ˳（虞 y）。

蟹摄：咳 ꜗkʻə(哈 ai)、㿴 ꜗvei(哈 ai)、尬 kaˀ（皆 ie）、罢 paˀ（佳 ai）、筭 ꜛpʻie(齐 i)、携 ꜗɕi(齐 uei)、睡 ꜗtɕʻi(齐 uei)。

止摄：豉 ꜗsəŋ(支 ɿ)、玺徙 ꜛɕi(支 ɿ)、臂 piəʔ˳（支 i）、荔 liəʔ˳（支 i）、筛 ꜛsai(脂 ɿ)、秘泌 miəʔ˳（脂 i）、滓 tsəʔ˳（之 ɿ）、厕 ꜛtsʻə(之 ɿ)、鼻 piəʔ˳（脂 i、ei）、腻 niəʔ˳（脂 i）、指 ꜗtsə 指头、tɕiəʔ˳ 指甲(脂 ɿ)、祈 tɕʻiˀ（微 i）、季 tɕiˀ（脂 uei）、遗 ꜗi(脂 ei)、尾白 ꜛi(微 ei)、慰纬织布的~线 yˀ（微 ei）、苇 ꜛy(微 ei)、帜 tʂəʔ˳（志 ɿ、i、ʮ）。

效摄：抓 ꜛtʂua(肴 ɔ)、爪 ꜛtʂua(肴 ɔ)、搞 ꜛkɔ(肴 ɔ)、剿 ꜛtsʻɔ(宵 iɔ)。

流摄：矛白 ꜗmiɔ(尤 iəu)、廖 liɔˀ（尤 iəu）、就白 tsəuˀ（尤 iəu）、漱 suˀ（尤 iəu）、彪 ꜛpiɔ(尤 iəu)。

咸舒：赚 tʂuæˀ（咸 æ）、粘 ꜗʐæ(盐 ie)、尴 ꜛkæ(咸 ie)、咸(鹹)白 ꜗxæ(咸 ie)、陷馅白 xæˀ（咸 ie）、闲白 ꜗxæ(咸 ie)。

深舒：甚 ꜛɕiŋ(侵 əŋ)、吟白 ꜗzəŋ(侵 iŋ)。

山摄：疝 ʂuæˀ（删 æ）、联 ꜗlye(仙 ie)、轩 ꜛɕye(元 ie)、拼 pʻiŋˀ（桓 æ）、攒 ꜛtsæ(桓 ye)、缘沿 ꜗie(仙 ye)、铅 ꜗtɕʻie(仙 ye)、兖 ꜛie(仙 ye)、阮 ꜛʐuæ(元 ye)、宛 ꜛvæ(元 ye)、县 ɕieˀ（先 ye）。

臻舒：啃又 ꜛkʻuŋ(痕 ɯ)、秦白 ꜗtsʻəŋ(真 iŋ)、逊 ɕyŋˀ（魂 uŋ)、椿白 ꜗtsʻuei(谆 uŋ)、遵 ꜛtsuŋ(谆 yŋ)、皴 ꜛtsʻuŋ(谆 yŋ)、笋榫 ꜛsuŋ(谆 yŋ)、迅 ɕiŋˀ（谆 yŋ)、匀 ꜗiŋ(谆 yŋ)、尹 ꜛiŋ(谆 yŋ)、荤 ꜛxuŋ(文 yŋ)。

宕摄：酿 ꜛʐã(阳 iã)、饷 ꜛɕiã(阳 ã)、逛 kãˀ（阳 uã)、往介词 vəʔˀ（养 ã)。

曾摄：扔白 ꜛər(蒸 əŋ)。

梗摄：盲 ꜗmã(庚 əŋ)、打 ꜛta(庚 əŋ)、蚌 pãˀ（耕 əŋ)、盟 ꜗməŋ(庚 iŋ)、矿 kʻuãˀ（庚 uŋ)。

通摄：煳 ꜛtʻəŋ(东 uŋ)。

咸入：眨 ꜛtsæ(洽 a、ia)、碟叠~定碟 ꜗti(帖 ie)、挟 ꜗtɕia(帖 ie)。

深入：入 ʐˌuəʔ˳（缉 ə）、给 keiˀ（缉 ə)。

山入：屑 ꜛɕia(屑 ie)、抹 məʔ˳（末 ə）、捋 lyəʔ˳（末 uo）。

臻入：弼 ꜗpie(质 əʔ)、瑟虱 ꜗsə(质 əʔ)、逸 ꜗi(质 əʔ)、勃馞 ꜗpʻuo(没 uəʔ)、没 ꜗmə(没 uəʔ)、率蟀 ʂuaiˀ（术 uə)、物勿 ꜗvə(物 əʔ)、佛 ꜗfə~家(物 əʔ)、

掘 ᶜtɕye(物 ə?)、倔 tɕyeᵓ（物 ə?）。

宕入：幕 muᵓ（铎 ə、uo）、嚼 ₌tɕi（药 ie）、削 ᶜɕieu/ɕyə?ᵓ（药 ye）。

曾入：雹 p'ɔᵓ（觉 ə）、墨 miə?₌、₌mei（德 ə）、默 miə?₌（德 ə）、贼 ₌tsei（德 ə）。

梗入：迫 p'iə?₌（陌 ie）、陌 ᶜmuo(陌 ie）、剧 tɕyᵓ（陌 iə）、僻 ᶜp'i（昔 iə?）、脊 tsə?₌（昔 iə?）、炙 tʂʅᵓ（昔 ə?）、觅 mi（昔 iə?）、滴籴 ₌tie（锡 iə?）、溺 niᵓ（锡 iə?）、划 ₌xua（麦 uə?）。

通入：牧 muᵓ（屋 ə?）、轴 ᶜtʂue(屋 uə?）、缩 ₌ʂua（屋 uə?、yə?）、肉 z̩ᵓ₌ueu（屋 uə?、yə?）。

三、声调的比较

（一）绥德音与中古声调比较

绥德方言声调与中古声调的比较见表 5-6。

表 5-6 绥德音与中古声调比较

古声调 \ 绥德方言		阳平 33	阴平上 213	去声 52	入声 3
平声	清		波刀遭知支班安		
	次浊	馍无拿骡儿疑围			
	全浊	婆扶徒才厨柴牙			
上声	清		补普堵土阻煮举		
	次浊		马舞女乳语雨与		
	全浊			抱肺造赵士盾巨	
去声	清			布兔再注债锯亚	
	次浊			慢万内类让义用	
	全浊			背队字治事顺旧	
入声	清	八法踏跌擦札结			壁福踢昔释吉蓄
	次浊	灭袜纳拉热月阅			木覆立褥逆植欲
	全浊	别伐杂铡舌折活			缚独集逐席石获

从表 5-6 可以看出绥德方言声调的演变状况是：首先，古平声一分为二，古清平合流到古清上、次浊上中了，即古清平与古清上、次浊上字调值相同，读阴平上。这是绥德方言声调最突出的特点，也是晋语五台片的一个共同语音特征。古浊平声与舒化的古清入、浊入字合流，读阳平。其次，古清上、次浊上读上声，古全浊上与古去声都读去声。第

三，古去声今仍读去声。第四，古入声一部分舒化，与古浊平声合流，读阳平；一部分入声仍读入声。古入声的演变以韵摄为条件，与声母清浊关系不大。入声字韵尾一律收喉塞音-ʔ。参见本章第三节。

(二)声调例外字

1. 古清平

读阳平(30字)：楂 tsʻa、虾 ɕia、肤 fu、敷俘孵 fu、须需 ɕy、台 tʻai、堤 tʻi、蛙 va、伊 i、妃 fei、滔 tʻɔ、蒿 xɔ、燶 ŋɔ、胞同~pʻɔ、幽 iəu、藩 fæ、渊 ye、荀 ɕyŋ、勋 ɕyŋ、滂 pʻã、襄镶 ɕiã、夯 xã、亨 xɯ、卿 tɕʻiŋ、从 tsʻuŋ、痈 yŋ。

读去声(23字)：洼 va、瑰 kuei、俱 tɕy、坳 ŋɔ、嵌 tɕʻie、禁~不住 tɕiŋ、餐 tsʻæ、鼾 xæ、篇 pʻie、钻~开 tsuæ、冠衣~kuæ、泅 iŋ、眶 kʻuã、憎 tsəŋ、胜~任 ʂŋ、应~用 iŋ、筝睁~大眼 tsəŋ、姘拼~命 pʻiŋ、轰揈 xuŋ、纵~横 tsuŋ。

2. 古浊平

读阴平上(45字)：妈 ma、膶 ləŋ、爷白 ia、华 xua、摹 muo、芙 fu、殊 tʂʻu、于 y、携 ɕi、疵 tsʻ̩、危 vei、葵逵 kʻuei、刨~树 pɔ、违 vei、巢 tsʻɔ、惭 tsʻæ、馋 tsʻæ、潜 tɕʻie、吟 zəŋ、淫 iŋ、燃 zæ、犍 tɕie、焉 ie、填 tʻie、铅 tɕʻie、捐 tɕye、闽 miŋ、蹲 tuŋ、浑浊：~水 xuŋ、芬 fəŋ、囊 nã、洋 iã、惩 tʂəŋ、仍扔 zəŋ、茎 tɕiŋ、鲸 tɕiŋ、盈 iŋ、亭廷庭蜓 tʻiŋ、隆 luŋ、松 suŋ。

读去声(17字)：梧 vu、吾 vu、符 fu、巫诬 vu、瞿 tɕy、虞娱逾愉 y、啼 tʻi、跳 tʻiɔ、酣 xæ、筵 ie、旋经常：~来 ɕye、乘 tʂʻəŋ、丛 tsʻuŋ。

读入声(2字)：瓠 xuəʔ、祈 tɕʻiəʔ。

3. 古清上、次浊上

读阳平(9字)：虏 ləu、麾 mi、杞岂 tɕʻi、唯 vei、剖 pʻɔ、俨 ie、坦~克 tʻæ、罕 xæ。

读去声(23字)：左~手 tsəŋ、矩 tɕy、懦 zu、愈 y、贿 xuei、企 tɕʻi、纪 tɕi、漂~白粉 pʻiɔ、瞭 liɔ、敨又 təu、叩 kʻəu、诱 iəu、揩 næ、敛 lie、盏 tsæ、纂 tsuæ、忖 tsʻuŋ、挡 tã、朗 lã、港 kã、境 tɕiŋ、矿 kʻuã、怂~恿 suŋ。

读入声(4字)：指~甲 tɕiəʔ、滓 tsəʔ、子 tsəʔ、往介词 vəʔ。

4. 古全浊上

读阳平(2字)：舵 tʻuo、韶 ʂɔ。

读阴平上(16字)：釜腐辅 fu、婢 pei、俭 tɕie、葚白 ɕiŋ、缓 xuæ、皖 væ、很 xɯ、尽 tɕiŋ、菌窘 tɕyŋ、强勉~tɕʻiã、挺艇 tʻiŋ、汞 kuŋ。

5. 古去声

读阳平(33字)：荷 xɯ、和~面 xuo、爸 pa、帕 pʻa、耙 pʻa、暇 ɕia、蔗 tʂə、作 tsə、傅 fu、咳 kʻə、谜 mi、屈 tʻi、焙 pʻei、卫 vei、谊 ni、媚 mi、厕 tsʻə、遂隧 suei、翡 fei、疗 liə、藿 tʻiə、候 xəu、纫 zəŋ、谚 ie、玩 væ、恋 lye、眩 ɕye、傍~晚 pʻã、扛 kʻã、虹 xuŋ、行品~ɕiŋ、横 xuŋ文/ɕye白。

读阴平上(62字)：那 na、佐 tsuo、破 糜出 muo、吐呕~tʻu、疏 ʂu、捕 pu、署薯 ʂu、屡 ly、输 ʂu、载~重 tsai、碍 ŋai、蔼 ŋai、派 pʻai、隘 ŋai、蒯 kʻuai、譬 pi、避 pʻi、致 səŋ、庇痹 pʻi、思 sɿ、饲 sɿ、饵 ər、伪 vei、纬文 vei、膏 kɔ、稍 sɔ、召 tʂɔ、诏 tʂɔ、勾~当 kəu、偶 ŋəu、宄 tɕiəu、枢 tɕiəu、勘 kʻæ、缆 læ、监国子~tɕie、枕 tʂəŋ、荫 iŋ、振 tʂəŋ、韧 zəŋ、仅 tɕiŋ、奔 pəŋ、寸 tsʻuŋ、郡 tɕyŋ、当~作 tã、扛又 kʻã、酿 zã、辆 liã、饷 ɕiã、访 fã、撞 tʂʻuã、柄 piŋ、订 tiŋ、径经 tɕiŋ、泳咏 yŋ、统 tʻuŋ、综 tsuŋ、讽 fəŋ、中射~tʂuŋ。

读入声(15字)：个 kuəʔ/kəʔ、藉 tɕiəʔ、做 tsuəʔ、锢 kuəʔ、去白 kʻəʔ、续 ɕyəʔ、裕 yəʔ、溢 iəʔ、臂 piəʔ、荔 liəʔ、秘泌 miəʔ、鼻 piəʔ、腻 niəʔ、帜 tʂəʔ。

6. 古入声

读阴平上(22字)：眨 tsæ、靥 ie、页 ie、腌 ie、揖 i、薛 ɕie/ɕye、撇 pʻie、屑 ɕiə、抹 muo、掇 tuo、挖 va、掘 tɕye、摸 muo、索 suo/sa、雀 tɕʻiə、削~铅笔 ɕiəu、陌 muo、载 tɕi、僻pʻi、犊文 tu、轴 tʂəu、粥 tʂəu。

读去声(45字)：压 nia、妾 tɕʻie、给 kei、捺 na、癞 lai、轧 nia、泄 ɕie、孽 nie、哕 ie、诀 tɕye、恤 ɕy、勿又 vu、倔 tɕye、幕 mu、踱 tu、诺 nuo、烙~饼 lɔ、骆 ləŋ、错 tsʻuo、跃 iɔ、雹 pʻɔ、朔 su、匿 ni、忆亿 i、翼 i、栅 tsa、剧剧烈,戏剧 tɕy、炙 tʂɿ、译易 i、液腋 ie、觅 mi、溺 ni、划 xua、卜萝~pu、牧 mu、肉 zəu、郁 y、育 y、玉狱 y、索 sa~利。

四、例外字原因分析

语音的演变是有规律的，但是例外的情况也总是与规律性相伴随。对例外读音的分析，不仅有利于特殊现象来历的说明，而且也有利于语音演变一般规律的深入探究。从上边的描写可以看出，绥德方言的一些字读音并不完全符合语音的演变规律，出现了一些例外字。这些例外字往往是陕北晋语多数地方都存在的，即张光宇(2006)曾就汉语方言许多地方将"触"不读送气音而读了不送气音、"帚"不读不送气而读送气音现象的所谓"共同脱轨"。例外有不同的类型，李荣(1965/1982)从内部因素、外部因素和其他因素三个方面将汉语语音演变的例外归纳为六类：连音变化、感染作用、回避同音字、字形的影响、误解反切、方音借字。邢向东(2002)将神木方言的例外分为五类。绥德方言的例外情况与神木方言大体一致，有以下几种情况。

（一）《广韵》未记音切或另有来历

中古时代的韵书《广韵》是最为重要的一部，全书收录汉字 26194 个。但这个数字肯定不是当时汉字的全部，一些字没有被收录进去也在情理之中，例如敦煌吐鲁番文献、唐五代墓志碑刻资料中的一些字，在《广韵》中就查检不到。有些多音字收录了，却非每一个音都一定作了记录，这样对于考察今天的读音来历就容易造成例外假象。例如，鼻 piəʔ₂，与"毗至切"的声调不合。李荣(1965/1982：39)对此有考证："《切韵》系韵书里'鼻'字没有入声读法。可是孙奕《示儿编》卷十八'声讹'条有'以鼻为弼'的说法，可见'鼻'字古代有入声读法，不过《切韵》系韵书没有收这个读音而已。"又如，能 nəŋˀ，表示宁可意义时，读去声，与《广韵》平声登韵的"奴登切"声调不合，与其他音切（奴来切、奴代切、汤来切）也不合。其实宋代人的词作中已作过说明，"能"还有去声一读。宋·吴文英《过秦楼·黄钟商芙蓉》："能（原注去声）西风老尽，羞趁东风嫁与。"吴文英对此句中的"能"特别注明读"去声"，而且去声读音的词义也正是宁可的意思，说明在当时就有了去声的读音，只不过是韵书中没有记载。再如，叛 pʻæˀ，薄半切，声母不合；括 ₌kʻuo，古活切，声母不合。这二字在《集韵》中另有音切的，叛，读普半切，括，读苦活切。这两个反切是符合规律的。又如，触 tʂuəʔ₂，尺玉切，声母不合；堤 ₌tʻi，有都奚切、都礼切、是支切三个读音，声母都不合；块 ʻkʻuai，与苦对切、苦怪切的声调不合。根据方言材料和其他文献看，它们都是另有所承，是合规律的。

（二）一音承担几个音的意义

韵书中有多个音切分别表达不同的词义，今用一个音来表示，从而造成例外。例如：应 iŋˀ，有于陵、于证二切，前者为平声，应当、应该的意思，后者是去声，应付、答应的意思，绥德方言只用去声的"于证切"来表示两个词的意思。胜 ʂəŋˀ，有识蒸、诗证二切，胜任义（读平声）绥德方言也用去声的"诗证切"来担当。离 ₌li，吕支切；离 liˀ，力智切。绥德方言说"站远点"为"离 liˀ 远个儿"，用去声的读音承担了平声的意思。

（三）保留中古音之前读音

现代汉字的读音一般都能够在中古韵书中找到对应的音韵地位，但是也有个别字的读音可能要早于中古时期。例如：缢 iəʔ₂、秘泌 miəʔ₂、裕 yəʔ˨、臂 piəʔ˨、瓠 xuəʔ˨、淬 tsəʔ˨、腻 niəʔ˨、个 kuəʔ˨/kəʔ˨、去 k'əʔ˨。这 10 个字绥德方言读入声调，中古时期的韵书、字书记录的皆非入声，但是这些字在中古之前就读入声，郭锡良（2010）《汉字古音手册》将"缢、臂、秘、泌、裕"列在上古音入声韵的锡部、质部、屋部里，"鼻"在上古音中也是入声韵的质部。换言之，绥德方言的这些字，可能是直接从上古音继承来的。无独有偶，像"裕、缢、臂"在现代方言中不少地方也读入声，如神木方言（邢向东 2002：176）、山西临县方言（李小平 1998）。下边再分析几个典型的例子。

个 "个"在古代典籍中有"个"、"箇"、"個"三个形体，读入声调在现代方言中分布的地区比较广泛。① 绥德周边的米脂、子洲、清涧、吴堡、佳县、神木、府谷、榆林、延川、延安、志丹、子长、安塞等地读 kəʔ、kuəʔ 或 kuɜʔ，内蒙古的呼和浩特、集宁、二连浩特、包头、临河、东胜、乌海、凉城、丰镇、化德、和林、山西的沁县、襄垣、左权、屯留、大同、山阴、应县、长治、长子、黎城、潞城、壶关、高平、陵川、平定、保德、河北武安等地读 kəʔ，山西的离石、方山、临县、石楼、隰县、寿阳、繁峙等地读 kuəʔ，平遥（"个子"）、平顺读 kʌʔ，汾西读阳入（没有塞音尾），江淮官话的南京、睢宁、灌云、灌南、涟水等地读 kəʔ，吴方言的海门、崇明、宁波、舟山等地读 goʔ，丹阳读 kæʔ，常州、溧阳、宜兴、江阴、苏州、常熟、溧水、嘉定、龙游、金华、桐庐、嘉善等地读 kəʔ，上海读 gəʔ，杭州、德清等地读 koʔ，长沙话读入声（写作"咯"）。如此广阔的区域内都读入声，说明"个"的读音不是孤立现象。王

---

① 志丹、子长、安塞三地由延安大学王鹏翔老师告知，谨致谢意。其他资料来自：张维佳：《山西晋语指示代词三分系统的来源》，《中国语文》2005 年第 5 期；乔全生：《山西方言重点研究丛书》，太原，山西人民出版社，2002—2007；鲍明炜、王均：《南通地区方言研究》，南京，江苏教育出版社，2002；温端政、侯精一：《山西省方言志丛刊》、《山西省方言志丛书》，《语文研究》增刊、语文出版社、山西高校联合出版社，1984—1995；马文忠：《大同方言的舒声字的促变》，《语文研究》1985 年第 3 期；张崇（1990）；黄伯荣（1996）；许宝华、宫田一郎（1999）；孙玉卿、王茂林（2006）；王利：《晋东南晋语的舒声促化现象》，第三届晋方言国际学术研讨会（太原）论文，2007；侯精一：《平遥方言民俗语汇》，北京，语文出版社，1995；马国凡、邢向东、马叔骏：《内蒙古汉语方言志》，呼和浩特，内蒙古教育出版社，1997；邢向东、张永胜（1994）；汤珍珠、陈忠敏：《嘉定方言研究》，北京，社会科学文献出版社，1993；方松熹：《舟山方言研究》，同上；季华权：《江苏方言总汇》，北京，中国文联出版公司，1998；曹志耘（2002）；浙江省桐庐县县志编纂委员会等：《桐庐方言志》，北京，语文出版社，1992；俞允海、苏向红：《浙北吴语声韵调研究》，合肥，黄山书社，2001；王健（2007）；檀栋、张光明：《试谈晋语五台片的舒声促化》，《忻州师范学院学报》2007 年第 6 期；王志勇：《武安方言舒声促化现象初探》，《邯郸职业技术学院学报》2009 年第 2 期；张丽珍：《方山方言"舒声促化"现象探析》，《文教资料》2010 年第 18 期。其余为笔者调查所得。

力(1988：132)认为，上古促声有长入和短入之分，长入演变为中古的去声，短入发展为中古的入声。邢向东(2000)据此通过"鼻、臂、譬、秘、蔗、厕、裕"七个字和汉字中的谐声关系提出："实际上可能是上古汉语促声字在现代方言中的遗留，而不是真正的舒声促化。也就是说，当大批长入字失去塞音韵尾，变作去声的时候，在一些方言中，这些字却没有丢失韵尾，而是混到短入行列中去了，并且一直遗留到今天(注意：并非整齐划一)。"这不失为一个最佳解释。此外，包括绥德方言在内的晋语"去"字读入声的情况与"个"类似，可能也是这样的原因。参见第十九章第四节。

黏 《广韵》平声，盐韵，女廉切，绥德方言 ≤z̞æ，是典型的娘日互转例。绥德近邻清涧方言读日母 ≤z̞ei，西安方言、西宁方言也读日母音(刘勋宁 1998c：179)。

女 《广韵》上声，语韵，尼吕切，绥德沿河乡镇白读 ⌐z̞u。子洲老君殿周围乡镇亦读 ⌐z̞u，清涧文读 ⌐zu，说明这个字的读音在陕北晋语中有一定的分布范围。

(四)舒声促化

中古音是舒声字，今读入声，一般称之为"舒声促化"。这一现象在许多方言里都存在，引起了人们的关注，仅晋语的研究就有不少文章发表，晋语之外的其他方言亦存。[①] 其形成原因，有学者进行了一定的探索。如曹志耘(2002：84)认为南部吴语的 8 个促化字"可能是由于它们属于极常用字，因而容易引起韵母的央化、弱化而变成入声韵。"绥德方言促化字有两种情况：一是只有入声一个读音，如"做、葫、锔、帜"；二是舒入两读，即除了入声读音，还有舒声读音，入声与舒声存在于具体一些词汇中，舒促不同，有区别词义、词性的功能。目前调查到的舒声促化字有如下 16 个：做 tsuəʔ⌐、祈 tɕ'i⌐ʔ⌐ ~雨、锔 kuəʔ⌐、葫 xuəʔ⌐、淬 tsəʔ⌐、涂 tuəʔ⌐ 糊~、帜 tʂəʔ⌐、喉 ≤xəu~咽—xuəʔ⌐ ~咙、夫 ⌐fu 姐~，~妻—fuəʔ⌐ 姑~、姨~、指 ⌐ts̩~导—tɕiəʔ⌐~甲、只 ⌐ts̩~好—tsəʔ⌐ ~管、子 ⌐ts̩~女—tsəʔ⌐ 作词尾、提 ≤t'i~上—t'iəʔ⌐ ~手儿、把 ⌐pa 动词—paʰ 名词—pəʔ⌐ 介词[②]、

① 如马文忠：《大同方言舒声字促变》(1985)、贺巍(1996)、李小平(1998)、邢向东(2000)、孙玉卿、王茂林(2006)；檀栋、张光明：《试谈晋语五台片的舒声促化》(2007)；王志勇：《武安方言舒声促化现象初探》(2009)；张丽珍：《方山方言"舒声促化"现象探析》(2010)；张光明：《忻州方言的舒声促化现象》(2006)；温栗：《太原方言的舒声促化》(2011)、郑张尚芳(1990)、曹志耘(2002)。

② 上海话把引出动作行为处置者的介词也读入声韵[paʔ⌐]，写作"拨"，如"我拨本书依"或"我书拨本依"。见侯精一：《现代汉语方言概论》，上海，上海教育出版社，2002年，第74页。

往 ᶜvã~每年、往常－vəʔ₂ 介词、怎 ᶜtsa~么－tsəʔ₂ ~么。

"是、可"两个字较为特殊和复杂，稍作一点说明。

是　（1）读 sʅᵓ，为《广韵》的"承纸切"。在单用、否定、肯定否定连用时，读这个音。如"是不是这么个？是叻。""看你不是个受苦的。"（2）ṣəʔ₂／səʔ₂。作语气词，如"你为甚不好好说是？"也用于双音节词或短语中，例如"早是、常是"，"但是个人赶你强。"参见第十九章第三节。

可　（1）读 ᶜkʻɯ，为《广韵》的"枯我切"。表示值得、同意、范围等，如"可怜"、"可惜"、"可以"、"可吃可喝能吃能喝"、"可世界到处"。（2）读 ₌kʻə，表示最大程度，用于方位名词、时间词前边，与北京话的"最"、"极"用法相同，如"可没意思"、"可那里头叻"、"可那前年来喽"。（3）读 kʻɯᵓ，表示合适、恰好。如"可心"、"可可儿"、"可身"、"可巧你不在家里"。恰好的意思有时可以读成 ₌kʻə。如"可圪单单"。（4）ᶜkʻəu，仅用于"可恶"一词中。（5）读 kʻəʔ₂。在表示程度或提醒语气时，如"可好叻"、"可爱叻"、"我可没说"。①

（五）受其他方言影响出现例外音

方言接触或受权威方言的影响，一种方言里就有可能出现读音的例外，与自身方言的读音规律不一致。"各方言语音演变规律不完全一致，因此方言之间的借字就往往不符合借入地区方言的音变规律。"（李荣1965/1982：115）例如：捧 ᶜpʻəŋ，敷奉切，声母不合。"捧"在绥德人的口语中不说，它的意思一般说"掬"、"抱"、"拿"。这个词是从外借入的。赚 tṣuæᵓ，《集韵》直陷切，开口二等，澄母字，读合口呼不合乎规律。绥德方言多说"挣"，"赚"说得很少，"赚"也是由外借入的。傻 ᶜsa，有沙瓦、所化二切，两个音切韵母都与合口不合。它在绥德方言中不用，"傻"的意思，绥德方言用"憨"、"半脑子"、"半吊子"等来表示，说明"傻"也是借入的。错 tsʻuoᵓ，仓各切，措 tsʻuoᵓ，仓故切，韵母都不合。二字遇合一等精母，应读 u 韵母，"错"口语中说"差 tsʻaᵓ"，"措~施"口语中不说，说"办法"、"法子"，可见两个词也是外来的。再如，古入声今读去声的字"忆、亿、翼、剧、异、易、觅、牧、肉、郁、育、玉、狱"等，它们是较早时期受到某一权威方言（入声已消失，促声舒化了）影响而读去声的，因为在陕北晋语中保存入声比较完整的方言里，这些字都读去声了，说明归入去声的时代较早。与此相对，没有受到影响的南

————————

①　山西晋语也存在（4）以外的四个读音，如大同、太原、忻州。参见侯精一等（1993），第144页、第258页、第100页、第298页。

方方言仍然读入声，如吴方言常州话，至今仍然读入声。

（六）变音别义

变音别义也会引起语音的例外。绥德方言的"奶"，读 ⁼nia，指祖母，与乳汁意思的"奶"相区别。"奶"在中古时期读奴礼切、奴蟹切，绥德方言读 ia 韵母与古音不合。也许是"娘"的音变。脑 ⁼nɔ，奴晧切，读阴平上，指大脑、头脑、脑子的意思；读阳平，指头，与前者的意思区别。更多例子参见第二章第三节。

（七）避讳

避讳引起的例外绥德方言不多见。最典型的是"入 zᵤəʔ²"，读人执切，韵母四呼不合，因避讳性交的"zᵤeʔ"字音改合口音。此字还读 nueʔ²，也是避讳所致。

（八）形声字声旁的类推、感染

形声字声旁类推的例外，实际上是"秀才读了半边字"造成的。惩 ⁼tʂəŋ，澄母，按平声送气的规律，应读送气音，但声符"征"不送气，类推出了"惩"的音。躁燥 tsʻɔ²，同声旁字"操"读送气音，类推出了"躁"的送气音。再如：歼－千、概溉－慨、庇－屁、楂－查、券－卷、蝙扁－篇，径－经、召诏－招、郡－君、傍－旁、缢－益、藉－籍。以上都读后一字的音。

（九）不明本字

不明白本字而使得一些字的读音变得特殊了，这类情况实际上不算例外。绥德薛家河乡与吉镇镇之间，有座山叫"主天山 ⁼tʂu ʻtʻie ⁼sæ"，"主"又读 ⁼zᵤu，此音声母不合规律。这个音的本字当为"茹"①。绥德方言将人名用字读阳平 ⁼zᵤu，深入里边、搁置的意思说成去声 zᵤu²，又读阴平上 ⁼zᵤu，"茹"的"人诸、人恕、人渚"三个音切正好吻合，词义也一致，去声一读今人多用"擩"。主天山者，山高入云，即山茹到天上去了，概因其山高入云而得名②。因其本字难写（即使"擩"一般人也写不出），便据意思用近音字代替，遂成今名，实为不知其命名本意也。或谓此山高如天柱，故名之为"柱天山"，后走音为"主天山"。从意思上可以作此推断，但是无法说明为何去声"柱"音变为上声"主"的理据，更无法说明读 ⁼zᵤu

---

① 刘勋宁：《"我心匪鉴，不可以茹"解》，《纪念王力先生百年诞辰学术论文集》，北京，商务印书馆，2002。

② 笔者同学朱波（在绥德审计局工作）为薛家河乡人，曾在吉镇中学读书，由家去学校要从"主天山"半山腰经过。他告知笔者是有"zᵤu²¹³"一读，山之得名理据的理解与笔者同。吉镇申婉慧老师也认为是山很高，茹到了天上，才得名的。

的声母是从何而来的。再如：

霍白湾 xuəʔ˳ ꜁pʻie ꜁væ　村名，在义合镇。其中，地名"白"读送气音 ꜁pʻie，不符合绥德方言语音演变规律，姓氏读不送气音 ꜀pi，符合绥德方言语音演变规律。参见本章第四节。

玉皇庙 iəʔ˳ ꜁xuã miə꜒　义合镇党家沟村与官元里村之间，海拔 1200米，党家沟村称"元皇庙"，别村的人称为"一皇庙"。

和合峁 ꜁xuã ꜁mɯ ꜀mə　村名，在义合镇。"和"读如"黄"的读音。

魏家峁 y꜒ ꜁tɕia ꜀mə　村名，在薛家峁乡。本村姓氏"魏"读 vei꜒。"魏"的姓氏读音符合绥德方言演变规律，地名读音是古音的保留（参见本章第五节）。

（十）其他原因

合音带来的例外。参见第四章第三节。

还有些例外不清楚是什么原因引起的。最 tsuei꜒ 程度副词，例如，最大、最高、最长。这是最常见的读音。又读 ꜁tsuei 范围副词，唯独，只有，例如，最你儿坏、最谁好。读去声是符合规律的，读阴平上是例外。新鲜 ꜁ɕie，新新鲜鲜 ɕye꜒ ɕye꜒，读阴平上是符合规律的，读去声是例外。

第三节　绥德方言音韵特点

与中古音比较，绥德方言在音韵方面，表现出如下特点。

一、声母特点

（1）中古浊塞音与塞擦音平声字读送气音，仄声字大部分读不送气音，一小部分字读送气音。如并母的"部簿败避叛勃傍雹辟"读 pʻ-。参见本章第二节"声母例外字"。

中古部分不送气清音声母字读送气音，如，劫见 ꜀tɕʻie、巩见 ꜁kʻuŋ、刽见 kʻuei꜒、蒂端 tʻi꜒、歼精 ꜀tɕʻie。

中古部分送气清声母字读不送气音，如，湃滂 pai꜒，挞透 ꜁ta、触穿 tʂuəʔ˳。中古擦音声母部分字，读清塞擦音，如，膝心 tɕʻiəʔ˳、躁心 tsʻə꜒。

（2）鼻音声母带有同部位浊塞音成分。即 m-、n-、ŋ- 读 mᵇ-、nᵈ-、ŋᵍ-。参见罗常培（1961：142－143）。

（3）见系开口二等字较多地保留了古代舌根音的读音，读 k-、kʻ-、x-。如，秸解解开街见 ꜁kai、去溪 kʻəʔ˳、鞋匣 ꜁xai、咸闲匣 ꜁xæ、解匣 xai꜒、杏 xɯ꜒、瞎晓匣匣 ꜁xa、下匣 xa꜒、陷馅 xæ꜒。

（4）疑影母果开口一二等字合流，即在今洪音前合流，读鼻音 ŋ，如，傲疑＝懊影 ŋɔˀ、偶疑＝呕影 ˤŋəu、岸疑＝按影 ŋæˀ、鄂疑＝恶影 ≤ŋəˀ；疑母部分字读 n-，如，崖 ≤nai、挨 ≤nai、咬 ˤniɔ、牛 ≤niəu、孽 nieˀ、凝 ≤niŋ、硬 niŋˀ、逆 niəʔ˳。其余疑影母细音韵母字读零声母，如，验疑 ieˀ、元疑 ≤ye、玉疑 yˀ、优影 ˤiəu、音影 ˤiŋ、痈影 ˤyŋ。

(5)微母和合口的疑、影、云、以母字在今洪音前合流，读 v-，也就是说，这些字在绥德方言不读零声母。如，芒微＝杠影＝王云 vã、微微＝威影＝围云＝维以 vei。再如微母的无 ≤vu、武 ˤvu、微 ≤vei、味 veiˀ、晚 ˤvæ、万 væˀ、文 ≤vəŋ、问 vəŋˀ、亡 ≤vã、忘 vãˀ，影母的污 ˤvu、委 ˤvei、腕 væˀ、稳 ˤvəŋ、屋 ≤və，云母的卫 ≤vei、为位谓 veiˀ，以母的唯惟 ≤vei。

(6)知系三组字的分合较为复杂。遇合口三等的知系三组合流，读 tʂ-组音，如，除知＝锄庄＝处章 tʂʻu、虫知＝崇庄＝冲章 tʂʻuŋ、槌知＝揣庄 tʂʻ-、衰庄＝水章 ʂ-、张知＝装庄＝章章 tʂ-。知组开口三等、章组开口(止摄除外)今读 tʂ-组音，知组开口二等、庄组开口机章组止摄开口读 ts-组音，与精组字合流。如，追知＝锥章 ˤtʂuei、稠知＝酬章 ≤tʂʻəu、支精＝紫章 ˤtsʅ、茶知＝查庄 ≤tsʻa、再精＝债庄 tsaiˀ、财精＝豺庄 ≤tsʻai、此精＝齿庄 ˤtsʻʅ、私精＝师庄＝尸章 ≤sʅ、伞精＝山庄 ˤsæ。根据熊正辉(1990)的研究来看，绥德方言古知庄章三组字读音演变类型属于现代汉语方言的"昌徐型"。

二、韵母特点

(1)果开一端系、合一泥组、假开三章组与日母字读鼻音尾-ŋ。这在汉语方言中是极其少见的现象。见下第五节。

(2)效、流摄的部分字复合元音单元音化。效开字的主要元音读-ɔ，如，宝 ˤpɔ、劳 ≤lɔ、高 ˤkɔ、闹 nɔˀ、赵 tʂɔˀ、少 ˤʂɔ、小 ˤɕiɔ、桥 ≤tɕʻiɔ、料 liɔˀ。山西晋语中这一现象较为普遍(侯精一 1997/1999：15)，流摄帮、非组复元音韵母单元音化，与遇摄合流，读-u。如，谋流＝模遇 ≤mu、否流＝府遇 ˤfu。蟹摄字的-ai，发音动程很短，接近ɛ、uɛ。

(3)蟹合一泥组与止合三泥组读合口呼-uei。如，雷蟹 ≤luei、内蟹 nueiˀ、磊 ˤluei、累蟹泪止 lueiˀ、累止垒止 ˤluei。

(4)咸山摄舒声字鼻音尾脱落，洪音独自成韵，读-æ、-uæ。如，耽咸＝单山 ˤtæ、蚕咸＝残山 ≤tsʻæ、罐山 kuæˀ、拴山 ˤʂuæ。细音与蟹、果、假以及入声舒化的山、宕、江摄合流，读成纯元音 ie、ye。如，减咸＝艰山＝阶蟹 ˤtɕie、嫌咸＝闲山＝谐蟹＝协咸入＝楔山入 ≤ɕie、盐咸＝言山＝爷假＝噎山入＝约宕入＝岳江入 ≤ie、全山＝瘸果＝缺山入＝却宕入＝确江入 ≤tɕʻye、圆山＝阅山入 ≤ye。

（5）臻、深摄与梗、曾、通摄舒声字合流，读-ŋ。如，林深＝零梗 ₌liŋ、奔臻＝崩曾 ˪pəŋ、魂臻＝宏梗＝红通 ₌xuŋ、云臻＝容通 ₌yŋ、贫臻＝凭曾＝平梗 ₌pʻiŋ、针深＝珍臻＝征曾＝贞梗 ˪tʂəŋ、今深＝巾臻＝京梗 ˪tɕiŋ。

（6）臻开一、曾开一、梗开二的见系字，读纯元音-ɯ。如，跟臻＝耕梗 ˪kɯ、啃臻＝肯曾＝坑梗 ˪kʻɯ、痕臻＝恒曾＝亨梗 ₌xɯ、恩臻 ˪ŋɯ。① 这一现象无论在晋语，还是在其他方言中都是极其少见的。

（7）深、臻、曾三、梗开三四合二、通摄入声字除了早期舒化字外（如给深 kei˒、揖深 ɕi˒、逸臻 ɕi˒、率臻 ʂuai˒、亿忆翼曾 i˒、剧梗 y˒、译易梗 i˒、疫役梗 ɕi˒、牧通 mu˒、肉通 zˌəu˒、育玉狱通 y˒），保留着喉塞音韵尾-ʔ，入声韵母读-əʔ、-iəʔ、-uəʔ、-yəʔ，单字读音中，塞音尾有些松弛，在词语中较为稳定。其他摄的促塞音尾丢失，并入舒声韵母中。

中古时期的阴声韵在今天绥德方言中的演变模式为合流、分流（果假摄部分字合流到鼻音韵中）；阳声韵到今天演变的模式大致可以归纳为四类，即合流（臻深并入曾梗通摄）、弱化（宕江摄）、脱落（咸山摄）、分流（曾梗臻见系字分流到果假摄），最终形成鼻音型、鼻化型、元音型三种类型；入声韵的演变模式是合流（-p、-t、-k 合为一个-ʔ，主要元音合并为一个-ə）、脱落（-ʔ 脱落，即舒化后并入阴声韵）。

三、声调特点

（1）中古清平与清上、次浊上单字调合流。这是晋语五台片的特点（侯精一 1986/1999：35），绥德周边的陕北晋语子洲、神木、米脂方言亦如此。古清平与清上、次浊上在清平前，清平变为 24，清上、次浊上在清平前变为 21。详见第四章第一节。

（2）部分韵摄保留入声调，不分阴阳。中古时期入声的舒化以韵摄的不同为前提条件，入声的有无以塞音韵尾-ʔ 的存在与否为特征。韵摄的条件是以主要元音舌位高低来确定，舌位低的入声韵首先消失塞音韵尾-ʔ，舌位高的保留。这个演变进程与鼻音尾韵母的发展规律是一致的。汉语方言鼻音尾韵母的发展规律是，舌位低的 a 作韵腹的最先丢失鼻音尾，变为元音韵母，入声尾与鼻音尾发音部位相近，所以演变时同步进行。在十六摄的九个入声韵摄中，绥德方言咸、山、宕、江、梗开二五韵摄，鼻音尾消失或鼻化，塞音韵尾-ʔ 也消失，入声调消失，深、臻、曾、梗开二以外、通五个韵摄入声调保留。入声调消变后分为两类，绝大多数归

---

① 唯一例外的是"啃"，又读 ˪kʻuŋ，因读入合口呼而不符合该条例。

调型相同的阳平，极少数合并到去声。

（3）有部分舒声字读促化韵，同时读入声调。舒声调读入声调，主要是轻读、别义引起的。当一个音节读轻声时很容易发生跟历史音变方向相左的逆向音变现象，如清音浊化、舒声促化等，汉语方言大量事实说明了这一点。

（4）有少数几个字上古促声、中古舒声，今保留上古的促声，这些促声字难以从轻读等角度去解释。参见本章第二节"例外字原因分析"。

第四节　绥德方言语音的内部差异

一、内部差异表现

（一）古浊塞音与塞擦音的差异

绥德方言内部四个区同陕北大部分的方言一样，中古全浊声母今读清塞音、塞擦音的字，绝大多数平声送气仄声不送气。但是也有少部分仄声读送气音的。其中，有 33 个字是四个区共同的：避部簿败钹勃馞雹焙並 p'-、舵递~进缔~造洞串~：雨水、山洪冲刷而成的洞沓踏铎特定 t'-、截褯从 tɕ'-、族造凿从 ts'-、镯撞磪澄 tʂ'/ts'-、宅澄 ts/tʂ'-、直~端走着睡~掷忽~：撒落辙澄 tʂ'-、跪群 k'-、圈~羊去。群 tɕ'-。中古浊塞音、塞擦音的差异性主要体现在以下十来个字上。

例字	城区	义合区	沿河区	吉镇区
脖並	puo³³	puo³³	p'əʔ³	pəʔ³
薄並	puo³³	puo³³	p'əʔ³	paʔ³
泊並	puo³³	pə³³	p'əʔ³	paʔ³
鼻並	piəʔ³	p'iəʔ³	p'iə³	p'iəʔ³
白並	pi³³	pi³³	p'ieʔ³/p'ie³¹²	pie³³
碟定	tie³³	tie³³	t'iəʔ³	tieʔ³
夺定	tuo³³	tuo³³	t'uəʔ³	tuəʔ³
剂从	tɕi⁵²	tɕi⁵²	ts'ei³³	tɕi⁵²
铡崇	tsa³³	tsa³³	ts'aʔ	tsaʔ³
橛群	tɕy³³	tɕy³³	tɕ'yeʔ³	tɕyeʔ³

从上可以看出，沿河区与其他三区形成区别。沿河区较多地保留送气音，体现了陕北晋语黄河沿岸方言的共同特点。

（二）知系字的差异

绥德方言能够区分 tʂ-组音与 ts-组音。知系字读音在各个区中有一致的地方，表现在开口字上。但各区同时也显示出了差异，表现在合口假庄组、遇、蟹章组、止庄、章组、山二庄组、三知章组、臻、通摄和开口宕庄组、江摄字上，城区读 tʂ-组音，其他三个区读 ts-组音。

例字	城区	义合区	沿河区	吉镇区
猪遇合三	tʂ-	ts-	ts-	ts-
追止合三	tʂ-	ts-	ts-	ts-
撰山合二	tʂ-	ts-	ts-	ts-
转山合三	tʂ-	ts-	ts-	ts-
准臻合三	tʂ-	ts-	ts-	ts-
装宕开三庄	tʂ-	ts-	ts-	ts-
桌江开二	tʂ-	ts-	ts-	ts-
中通合三	tʂ-	ts-	ts-	ts-
初遇合三	tʂ'-	ts'-	ts'-	ts'-
吹止合三	tʂ'-	ts'-	ts'-	ts'-
船山合三	tʂ'-	ts'-	ts'-	ts'-
春臻合三	tʂ'-	ts'-	ts'-	ts'-
床宕开三庄	tʂ'-	ts'-	ts'-	ts'-
窗江开二	tʂ'-	ts'-	ts'-	ts'-
崇通合三	tʂ'-	ts'-	ts'-	ts'-
冲通合三	tʂ'-	ts'-	ts'-	ts'-
书遇合三	ʂ-	s-	s-	s-
谁止合三	ʂ-	s-	s-	s-
说山合二	ʂ-	s-	s-	s-
率臻合三	ʂ-	s-	s-	s-
霜宕开三庄	ʂ-	s-	s-	s-
双江开二	ʂ-	s-	s-	s-
熟通合三	ʂ-	s-	s-	s-
软山合三	ʐ-	z-	z-	z-
润臻合三	ʐ-	z-	z-	z-
闰臻合三	ʐ-	z-	z-	z-
弱宕开三庄	ʐ-	z-	z-	z-
绒通合三	ʐ-	z-	z-	z-
辱通合三	ʐ-	z-	z-	z-
锐蟹合三	ʐ-	z-	z-	z-

可以看出，知系字的差异主要表现在城区与其他三区形成对立，也就是说，城区读 tʂ-组音的字要比其他三个区要多。城区以外的其他三个区读 ts-组音，与吴堡方言(邢向东 2007a)接近。

（三）蟹摄精组字的差异

绥德方言的蟹摄精组部分字，有的区读 tɕ-组音，有的区读 ts-组音。例如：

例字	城区	义合区	沿河区	吉镇区
挤祭际济	tɕi	tɕi	tsei	tɕi
妻齐脐砌	tɕʻi	tɕʻi	tsʻei	tɕʻi
西洗细婿	ɕi	ɕi	sei	ɕi

沿河区与其他三个区形成区别。蟹摄的见组字各区都读 tɕ-组音，可见沿河区的蟹摄字是分尖团音的。分尖团音的现象在陕北沿河各县方言都存在。

（四）影、疑母的差异

影、疑母在绥德方言的各区中有一致性，假、咸二、三、山开二、三以外的字，读辅音 n-、ŋ-、n-声母和零声母。读 n-的，如，崖、压、挨、咬、牛、孽、凝、硬、逆、谊、仰；读 ŋ-的，如，蟹开一的碍、艾、哀、埃、爱、霭等，皆为 ŋai；读 v-的，是普通话读合口呼的韵母；读零声母的是普通话读齐齿呼、撮口呼的韵母。影、疑母读音的差异在绥德方言各区中也是存在的。例如：

例字	城区	义合区	沿河区	吉镇区
牙芽 假开二疑	ia	ia	nia	nia
鸦哑 假开二影	ia	ia	nia	nia
鸭 咸开二影	ia	ia	nie?	ia
醃 咸开三疑	ie	ie	nie	nie
淹 咸开三影	ie	ie	nie	ie
眼颜雁 山开二疑	ie	ie	nie	nie
言 山开三疑	ie	ie	nie	nie
蔫 山开三影	ie	ie	ie	nie
砚 山开四疑	ie	ie	nie	nie
银 臻开三疑	iŋ	iŋ	niŋ	iŋ

从这些例子可以看出，城区与义合区一致，读零声母；沿河区与吉镇区一致，读鼻音声母。吉镇区呈现出了向城区靠拢的趋势，如"鸭"、"淹"、"银"读零声母，而不读鼻音声母。

（五）蟹止摄的差异

蟹止摄字在绥德方言各区的差异表现在两个方面。

（1）蟹开三四、合一与止开三的来母字有不同的读音，有的区读-i，有的区读-ei。例如：

例字	城区	义合区	沿河区	吉镇区
例厉犁礼蟹	li	lei	lei	lei
离梨利李里理止	li	lei	lei	lei

蟹、止摄来母字的差异使城区与其他三区形成区别。

（2）蟹合一帮组与端系字各区读音有差异，有的区读 ei、uei，有的区读 ai、uai。例如：

例字	城区	义合区	沿河区	吉镇区
辈背倍	pei	pei	pai	pei
坯培赔裴佩	pei	pei	pai	pei
梅媒煤每妹	mei	mei	mai	mei
堆对队兑	tuei	tuei	tuai	tuei
推腿退蜕	t'uei	t'uei	t'uai	t'uei
雷	luei	luei	luai	luei
内	nuei	nuei	nuai	nuei
最罪	tsuei	tsuei	tsuai	tsuei
催崔	ts'uei	ts'uei	ts'uai	ts'uei
碎	suei	suei	suai	suei

蟹摄帮组与端系的差异使沿河区与其他三区成形对立。

（六）果假摄字的差异

绥德方言的果摄字在各个区中有其相同的一面，有一部分字都读元音韵母，但是也有读鼻音韵母的，读鼻音韵母的字，各区分布状态也不一致，有的区读的多，有的区读的少。

例字	城区	义合区	沿河区	吉镇区
多	$təŋ^{213}$	$təŋ^{213}$	$tɯ^{213}$白	$tə^{213}$
拖	$t'əŋ^{213}$	$t'əŋ^{213}$	$t'ɯ^{213}$白	$t'ə^{213}$
驼驮~起	$t'əŋ^{33}$	$t'əŋ^{33}$	$t'ɯ^{33}$白	$t'ə^{33}$
驮~子	$təŋ^{52}$	$təŋ^{52}$	$tɯ^{52}$白	$tə^{52}$
挪	$nəŋ^{33}$	$nəŋ^{33}$	$nɯ^{33}$白	$nə^{33}$
左	$tsəŋ^{213}$	$tsəŋ^{213}$	$tsɯ^{312}$白	$tsə^{312}$
搓	$ts'əŋ^{213}$	$ts'əŋ^{213}$	$ts'ɯ^{213}$白	$ts'ə^{213}$

骡螺	ləŋ³³	ləŋ³³	luɯ³³白	lə³³
舍宿~社	ʂəŋ⁵²	ʂʅ⁵²	ʂa⁵²白	ʂə⁵²
摞以上果摄	ləŋ⁵²	ləŋ⁵²	luɯ⁵²白	lə⁵²
遮	tʂəŋ²¹³	tʂʅ²¹³	tʂa²¹³白	tʂə²¹³
扯	tʂʻəŋ²¹³	tʂʻʅ²¹³	tʂʻa³¹²白	tʂʻə³¹²
车	tʂʻəŋ²¹³	tʂʻʅ²¹³	tʂʻa²¹³白	tʂʻə²¹³
蛇	ʂəŋ³³	ʂʅ³³	ʂa³³白	ʂə³³
射	ʂəŋ⁵²	ʂʅ⁵²	ʂa⁵²白	ʂə⁵²
奢赊	ʂəŋ²¹³	ʂʅ²¹³	ʂa²¹³白	ʂə²¹³
舍不~	ʂəŋ²¹³	ʂʅ²¹³	ʂa³¹²白	ʂə³
惹以上假摄	ʐəŋ²¹³	ʐʅ²¹³	ʐa³¹²白	ʐə³¹²

果假摄字读阳声韵的现象，在汉语各方言中是极其少见的，从今所见方言调查研究资料来看，除了陕北绥德外，还有绥德周边的子洲、清涧紧邻绥德的一些乡镇，以及佳县、神木也有此类读音(沈明 2011)。

果假摄字在各区的差异，还表现在上述以外的其他字的读音上。即沿河区、吉镇区与城区、义合区形成差异。例如：

例字	城区	义合区	沿河区	吉镇区
波菠跛簸玻	puo	puo	pɯ	pə
颇坡婆破	pʻuo	pʻuo	pʻɯ	pʻə
魔磨摩	muo	muo	mɯ	mə
朵躲剁惰跺	tuo	tuo	tuɯ	tuə
妥椭唾	tʻuo	tʻuo	tʻuɯ	tʻuə
坐座	tsuo	tsuo	tsuɯ	tsuə
矬	tsʻuo	tsʻuo	tsʻuɯ	tsʻuə
梭锁琐	suo	suo	suɯ	suə
过锅戈果裹	kuo	kuo	ku	kuə
科棵颗课	kʻuo	kʻuo	kʻu	kʻuə
和禾火货祸	xuo	xuo	xu	xuə
卧踒窝	vuo	vuo	vu	vuə

从上可以看出，城区、义合区读音相同，而且果摄的内部没有大的分别，都读-uo。沿河区、吉镇区与城区、义合区形成区别。就区内分布状态看，吉镇区二分，帮组读-ə，端系、见系读-uə；沿河区三分，帮组读-ɯ，端系读-uɯ，见系读-u。

(七)山摄开口一、二等字读音的差异

山摄字的开口一、二等字城区、义合区、吉镇区合流，只有一个读音，都读-æ，沿河区存在文白异读，文读合流，读-æ，但是白读音一二等字有别，一等白读音读-ie，如，擀～面杖 kie、汉老～xie、鞍～子 ŋie，二等白读音读-ə，如，蛮～不讲理 mə、攀～拉 pə。

（八）见系臻、曾、梗摄舒声韵的差异

绥德方言的见系臻、曾、梗三摄舒声字在各区中有不同的读音，形成差异。具体表现为，有的区是元音-ɯ 韵，有的区是带鼻音尾-ŋ 韵，主要元音也并不相同。

例字	城区	义合区	沿河区	吉镇区
根跟	kɯ	kɯ	kəŋ	kəŋ
垦恳啃	k'ɯ	k'ɯ	k'əŋ	k'əŋ
痕很恨	xɯ	xɯ	xəŋ	xəŋ
恩以上臻开一	ŋɯ	ŋɯ	ŋəŋ	ŋəŋ
肯	k'ɯ	k'ɯ	k'əŋ	k'əŋ
恒以上曾开一	xɯ	xɯ	xəŋ	xəŋ
更庚羹梗耕耿	kɯ	kɯ	kəŋ	kəŋ
坑	k'ɯ	k'ɯ	k'əŋ	k'əŋ
亨衡杏以上梗开二	xɯ	xɯ	xəŋ	xəŋ

从上例字可见，城区、义合区读音一致，读元音韵；沿河区、吉镇区一致，读舌根鼻音尾韵。

（九）宕江摄舒声韵与效摄的差异

绥德方言的宕江摄摄舒声韵与效摄的字，有的区独立，有的区合并。具体分合情况如下：

效摄开口的二等见系、三等知系除外、四等与宕摄开三等知、章组除外、江摄帮组以外字，各区都是有区别的，即宕江与效摄字在今读音中有介音存在者，各区是独立的，如，疆宕≠交效、江江≠浇效、羌宕≠敲效、向宕≠效效、良宕≠辽效、羊宕≠腰效。而宕开一、三知、章组、江开二帮组与效开一、二见系除外、三知系字，各区读音有的独立，有的合流，即宕江与效摄字在今读音中没有介音存在者，有的区将三摄字合流。

例字	城区	义合区	沿河区	吉镇区
襃袍毛	ɔ	ɔ	ɔ	au
刀掏桃	ɔ	ɔ	ɔ	au
恼劳	ɔ	ɔ	ɔ	au
遭操槽臊	ɔ	ɔ	ɔ	au
高考熬	ɔ	ɔ	ɔ	au

例字				
好豪袄以上效开一	ɔ	ɔ	ɔ	au

例字	城区	义合区	沿河区	吉镇区
好豪袄以上效开一	ɔ	ɔ	ɔ	au
包泡跑卯	ɔ	ɔ	ɔ	au
罩棹笊抄巢梢	ɔ	ɔ	ɔ	au
挠以上效开二	ɔ	ɔ	ɔ	au
朝超潮	ɔ	ɔ	ɔ	au
招烧绍	ɔ	ɔ	ɔ	au
饶以上效开三	ɔ	ɔ	ɔ	au
帮滂旁忙	ã	ɔ	ã	ã
当汤堂	ã	ɔ	ã	ã
囊郎	ã	ɔ	ã	ã
葬仓藏桑	ã	ɔ	ã	ã
钢康昂	ã	ɔ	ã	ã
航吭以上宕开一	ã	ɔ	ã	ã
张畅场	ã	ɔ	ã	ã
章昌商常	ã	ɔ	ã	ã
瓤以上宕开三	ã	ɔ	ã	ã
方房亡以上宕合三	ã	ɔ	ã	ã
邦胖棒	ã	ɔ	ã	ã
攘以上江开二	ã	ɔ	ã	ã

从上看出，宕江效三摄合流的是义合区，其他三区是独立的。宕江效三摄字的分与合，关键因素是今读音有无介音的存在，有则分，无则合。宕效摄字合流的现象与山西临县方言类似(邢向东 2009)。据张光宇(2012)研究，汉语方言的"鼻化运动"中，对应于北京话的 an、en、ang、eng 有四类情况，绥德方言城区属于一类鼻化、一类消失的方言类型，即有ã组音和 æ、ie 组音；义合区属于没有鼻化音，二类消失的方言类型，即 æ、ie 组音和 ɔ 组音。义合区与城区的差别很显著。

(十)文白异读的差异

绥德方言有文白异读现象的存在，但是各个区的分布很不平衡。从系统性而言，沿河区的文白异读现象典型，系统性显著，如古代为阳声韵的韵摄，今白读音为元音韵，文读音为鼻音韵；其他三区除了见系之外，则只是零星的残存，已经没有系统性可言了。

例字	城区	义合区	沿河区	吉镇区
赶山开一	æ	æ	æ/ie	æ
板山开二、三、合一	æ	æ	æ/ə	æ

端山合一、二、三	uæ	uæ	uæ/uə	uæ
粘咸开三	æ	æ	æ/ɯ	æ
汤宕开一、三，合三	ã	ɔ	ã/ɯ	au
娘宕开三	iã	iɔ	iã/ɯ	iau
庄宕开三	uã	uɔ	uã/ɯ	uã
光宕合一	uã	uɔ	uã/u	uã
耩江开二	iã	iɔ	iã/ɯ	iã
双江开二	uã	uɔ	uã/ɯ	uã
生梗开二	əŋ	əŋ	əŋ/a、iɯ	əŋ
平梗开三、四	iŋ	iŋ	iŋ/ei	iŋ
横梗合二	uŋ	uŋ/y	uŋ/y	uŋ
兄梗合三	yŋ	yŋ	yŋ/ye	yŋ
蒸曾开三	əŋ	əŋ	ɯ/əŋ	əŋ
冰曾开三	iŋ	iŋ	iŋ/ei	iŋ
大果开一	a	a	a/ɯ	a
写假开三	i	i	ie/ia	i
孩蟹开一	ai	ai	ai/i	ai
挤脐蟹开四	i	i	i/ei	i
组遇合一	u	u/y	u/y	u
毛猪毛，效开一	ɔ	ɔ	ɔ/u	au

（十一）入声韵母的差异

绥德方言保留入声韵，以收喉塞音-ʔ尾为韵母特征，同时，有独立的调值。这是各个区的共同点。各区入声的差异表现在保留的完整程度和入声韵母数量的多少两个方面。

从入声保留的状况而言，有的区比较完整地保留了中古时期的入声韵，有的区一部分消失，读舒声韵。咸、山、宕、江、曾开一、梗开二合三的字城区、义合区读舒声韵，沿河区、吉镇区仍读入声韵（清声母部分字也有读舒化韵的，声调归阳平）。深、臻、曾开三照组除外、合三、梗开三四合二、通的字，各区都较完整地保留入声，其中，深、臻开三、合一端系见系、合三非组除外、宕合三非组、梗开三开四合二、通的字，各区的读音相同；其余摄的字读音存在差异。

就入声韵母的读音来说，城区、义合区只有以ə为韵腹的一套韵母：-əʔ、-iəʔ、-uəʔ、-yəʔ；沿河区、吉镇区除了这一套韵母，还有以a、e为韵腹的两套韵母：-aʔ、-iaʔ、-uaʔ、-yaʔ、-ieʔ、-yeʔ。沿河区、吉镇区读-aʔ组、-ieʔ组音的字，城区、义合区韵尾消失，读了舒声韵。各区读音韵摄等呼情况如下：

韵摄	城区	义合区	沿河区	吉镇区
咸开一端系、开二、合三	a ia	a ia	aʔ	aʔ iaʔ
山一开端系、开二、合二、合三非组	a ua	a ua	aʔ uaʔ	aʔ
曾开三照组	ə	ə	aʔ	aʔ
梗开二知系	ə	ə	aʔ	aʔ
梗开二见系	ə	ə	əʔ	aʔ
江帮组	ə	ə	əʔ	aʔ
咸开一见系、开三章组	ə	ə	əʔ	aʔ əʔ
山开一见系、开三知系	ə	ə	əʔ	aʔ
山合一、合三章组	ə uo	ə uo	əʔ uəʔ	aʔ uaʔ
臻合三非组	ə	ə	əʔ	aʔ
臻合一帮组	ə uo	ə uo	əʔ uəʔ	əʔ uəʔ
宕开一、合一	ə uo	ə、uo	əʔ uəʔ	aʔ uaʔ
宕开三见系之外	ə	ə	əʔ	əʔ aʔ
江知系	uo	uo	uəʔ uaʔ	uaʔ ʔ
曾开一端系见组、合一	ə uo	ə uo	əʔ uəʔ	əʔ uaʔ
江见组	ie	ie	ieʔ	ieʔ
曾开一帮组	ie	ie	ieʔ	iəʔ
梗开二帮组	ie	ie	ieʔ	ieʔ iəʔ iaʔ
咸开三端系、见系、开四	ie	ie	ieʔ	ieʔ
山开三知系之外、开四、合三端系见组、合四	ie ye	ie ye	ieʔ yeʔ	ieʔ yeʔ
宕开三泥组见系、合三见组	ie ye	ie ye	ieʔ yeʔ	ieʔ yeʔ

读三套入声韵母的沿河区、吉镇区，-iaʔ韵字较少，同韵摄的字多归入-ieʔ韵，呈现出合并趋势。

（十二）声调的差异

绥德方言在声调方面表现出了较大的统一性，但是也存在着一定的差异。共同的方面是，各区都有阳平、去声、入声三个声调，调值各区都是33、52、3。差异表现在单字调的数量的多少不同，沿河区、吉镇区阴平和上声是独立的，有五个单字调，阴平读213，上声读312；另二区是上声与阴平单字调调值相同，都读213，是四个单字调，上声与阴平只有在连读变调中才能显示出二者的区别。

阳平字儿化音各区形成差异。城区读原调，其他三区读如去声。

例字	城区	义合区	沿河区	吉镇区
明/明儿	miŋ³³/miŋr³³	miŋ³³/miŋr⁵²	mei³³白/meir⁵²白	miŋ³³/miŋr⁵²
瓶/瓶儿	p'iŋ³³/p'iŋr³³	p'iŋ³³/p'iŋr⁵²	p'ei³³白/p'eir⁵²白	p'iŋ³³/p'iŋr⁵²
前/前儿	tɕ'ie³³/tɕ'ier³³	tɕ'ie³³/tɕ'ier⁵²	tɕ'ie³³/tɕ'ier⁵²	tɕ'ie³³/tɕ'ier⁵²
桃/桃儿	t'ɔ³³/t'ɔr³³	t'ɔ³³/t'ɔr⁵²	t'ɔ³³/t'ɔr⁵²	t'au³³/t'aur⁵²
梨/梨儿	li³³/lir³³	lei³³/leir⁵²	lei³³/leir⁵²	lei³³/leir⁵²
球/球儿	tɕ'iəu³³/tɕ'iəur³³	tɕ'iəu³³/tɕ'iəur⁵²	tɕ'iəu³³/tɕ'iəur⁵²	tɕ'iəu³³/tɕ'iəur⁵²

除了以上的差异，还有由上述差异引起的其他方面的差别，如韵母数量的差别，音节多少的差别，等等。绥德方言各区声母数量一致，而韵母方面却有明显的不同：一是沿河区、吉镇区比城区、义合区多出了两套 5 个入声韵母。二是沿河区的白读音韵母-iɯ、-uɯ 两个韵母是其他三区没有的。三是城区以外的三个区都有较多的-ya 韵母字，城区只有一个 tɕya，将其余的读成了-ye 韵母。由于韵母的不同，各区音节数量也就不同。城区独有一个 tɕya 韵母，也就没有由此构成的 lya、tɕ'ya、ɕya 音节。沿河区、吉镇区由-aʔ 组、-ieʔ 和-uə 组所构成的音节是城区、义合区没有的。z-声母各区都有，而它所构成的音节，城区仅"吟 zəŋ"和表示哭声意义的"zæ"几个字，其他三区还有 zu、zua、zuæ、zuŋ、zuei、zuəʔ 等音节，这些音节，城区读为 ʐ-声母，即 ʐu、ʐua、ʐuæ、ʐuŋ、ʐuei、ʐuəʔ 等音节，它们自然是其他三区所无。

以上就绥德方言各区语音差异比较突出的地方做了一些比较。这些差异也是我们分区的主要根据。这是就各区相同的一面而论的。另外从各区内部看，也不是完全一致的，仍然有差异存在。如城区的崔家湾、薛家峁两个乡镇，将部分城区其他乡镇读 ts-组音的字，读成了 tʂ-组音。

二、内部差异的几点说明

考察绥德方言内部语音异同问题，有以下几个方面需要说明。

第一，绥德方言内部差异还是比较突出，呈现出复杂性的特点。详细而论，各区内部还存在差异性，如城区的崔家湾、薛家峁两个乡镇的大多数地方将精组字读 tʂ-组音，如，祖精 tʂu、崔清 tʂ'uei、坐从 tʂuo、脆心 tʂ'uei、岁心穗邪 ʂuei。这一现象是城区其他乡镇所无。庄组读 s-的"所"，这两个乡镇 ʂuo。又如高频词的"我"，城区大多数地方读 ŋa²¹³，而在薛家河乡的一些地方却读 ŋe²¹³（可能是受米脂方言的影响，近邻米脂

杨家沟就读 ŋɛ²¹³）。虽然如此，这些内部的分歧并不影响城区与其他区的大差异，也没有影响到绥德方言的分区问题。再如，沿河区的文白异读成系统，沿河区因此而与其他区相区别，但是我们并不能以此否定其他三区文白异读的存在，只是其他三区的文白异读比较零散，系统性不强而已。

第二，城区话具有权威性，对其他区的影响呈现出地域上的渐变性。绥德县城是全县的政治、经济、文化中心，以县城为代表的城区话分布区域最大，使用人口最多，对外代表着绥德方言特点。在内而言，城区话影响着其他三区话的发展方向。如城区一部分入声消失，受此影响，义合区也是该部分入声消失。义合区周围的情况可以证明这一推断的成立。义合区的东边是吴堡县，吴堡方言同义合区北部的吉镇区、南边的沿河区一样，都比较完整地保存了入声，而义合区西边的城区是部分入声消失，从这一地理分布状况说明，义合区入声消失是城区影响的结果。再如"白"字在地名中读音上的变化。义合镇东边三四公里处有一个村庄叫"霍白湾"，其中"白"读送气音的 pʻie²¹³，西边七八公里处有个村叫"白家沟"，"白"读不送气的 pi³³，白家沟村向西几里路就属城区话的范围。城区"白"读不送气音。霍白湾村的东边是吴堡方言，"白"读送气音。两个村庄都在义合区，西边靠近城区就读不送气音，靠近东边就读送气音。显然，不送气音是受到城区话影响的结果。

第三，沿河区的一些语音现象，体现了沿黄河两岸方言的基本特点。从现有调查研究资料看，沿黄河两岸的方言，不论是陕北晋语，还是山西晋语，都存在比较成系统的文白异读现象。根据初步调查，绥德方言沿河区的文白异读，与北部的吴堡、佳县、神木南乡、南部的清涧、延川以及黄河对岸山西柳林县等地方言或相同，或相类似，是沿黄河两岸方言语音现象的突出体现。

第四，根据文白异读及入声等现象的情况看，沿河区的方言发展缓慢，其历史面貌比城区更为古老，反映了社会末梢地带语言的价值。

第五节　绥德方言语音的发展及其历史层次

一、声母的发展及其历史层次

（一）鼻音声母

绥德方言鼻音 m-、n-、ŋ-，都有同部位的浊塞音 b、d、g 的成分，即读 mᵇ-、nᵈ-、ŋᵍ-，这是陕北晋语共有的现象。据罗常培（1961：142—

143)考察，这一现象属于唐五代西北方言的现象，他指出："在前面所引的四种藏音里，凡明母字之不附-n 或-ṅ 收声者皆对以'b，泥母字之不附-m或-ṅ 收声者皆对以'd，而疑母字则不论收声是什么一律都变成'g：这类声母的变读要算是唐五代西北方音的一种特征。我在上文已经证明这个'b，'d，'g，前面的'号是含有鼻音成素的，因此我觉得这三母的读音应该同现代文水兴县平阳的[mb]，[nd]，[ŋg]相近。在我们从前所有的方言材料里除去上面所举的三个山西方言以外，其他陕西甘肃的方言还没有同样的佐证，最近白涤洲先生赴陕西调查，发现陕北的安塞、延川、清涧、吴堡、绥德、米脂等处也有类似的读法，这便是从唐五代沙州附近的方音一脉相传下来的。"也就是说，现代陕北晋语鼻音带有同部位浊塞音现象是唐五代西北方言现象的保留。

（二）见系字

蟹、咸、山、梗摄的见系开口二等字在许多方言中都有舌根音 k-、k'-、x-，说明这组字具有很强的保守性，同时这种读法又具有广阔的区域性。绥德方言见系二等字读舌根音例字，参见第五章第三节。白读音读舌根音，这是中古时期的音，文读音读舌面音，时代在近代以后，文白异读形成两个层次。如"下"在"下火"、"下午"、"下酒菜"等词语中读 ɕiaˀ，这几个词语是外来的，ɕiaˀ 这个音是随着词语的引进而进入的，这几个词绥德方言中说成"泻火"、"后晌"、"喝酒（就）的菜"；其他词语中，"下"读 xaˀ，如"底下"、"下面"、"下去"等。读舌根音与舌面音形成先后两个层次。

（三）分音词

分音词中的见组音反映了它们的产生在尖团音合流和见系开口二等字细音化之前，如圪捞（搅）。

（四）古全浊声母字

中古音全浊声母在后来的发展中，多数方言是平声送气仄声不送气。绥德方言仅有 33 个古全浊声母字今读送气音（见本章第四节），这是例外，但将此现象放到陕北晋语的大环境下，就能够看得比较明白。绥德方言沿河区属于吕梁片，相较城区来说历史更为古老，保留的仄声字送气音更多，绥德周边的清涧、吴堡等方言也是如此。因此，可以推测绥德方言在历史上，全浊声母清化时曾经历过不论平仄均读送气音的阶段，绥德方言的底层应该是一个仄声读送气音的层次，时代在前，否则不会有今天三十多个例外字的存在。因为从绥德方言在陕北晋语中的中心、权威地位来看，三十余字的残存，只能是自身发展轨迹的印记，而不大可能是向周边方言借来的。这也就是说，绥德方言在全浊声母清化时不论平仄都曾读送气音，后来受到权威方言的影响，逐渐趋同于平声送气仄声不送气的演变模式，以致今天仄声读不送气音了。读送气音是白读音层，读不送气音是文读音层。文读音是共同语的层次，出现时间较晚，白读音与唐宋西北方音的关系密切，时代较早。罗常培(1961)对此有详细的考证，在此不赘。

(五)精组字

精组字的"就从 tɕiəⁱ⁼ /tsəⁱ⁼、秦从 ᵋtɕ'iŋ/ ᵋts'əŋ、脊 tɕiəʔ⁼ /tsəʔ⁼、须 ᵋɕy/ ᵋsuei"，白读音保留了中古音，与文读音之间构成不同的两个层次。

二、韵母的发展及其历史层次

(一)果摄

一等字绥德方言读 a、ɯ、əŋ、uo，三等字读 i、ye，它们的演变现状可以分为三种类型：第一，以语音分布为条件进行连续性音变类型，是语音系统自身发生的音变，一等字读 ɯ、uo 和三等读 i、ye 的音，它们是由 *a、*ĭa 或 *ĭua 演变而来①，就属于该类型。第二，以语素为分布条件的词汇扩散方式类型，一等端系多数读 əŋ，见系多读 ɯ，而读 a 音的"他、大、那、哪"和"我、阿"就属于这一类型。第三，系统内部的牵引音变型，开口一三等字读 əŋ 音就是属于该类型，它们是与曾梗臻摄字白读音合流后受到这三摄字文读音影响发生的音变。

果摄字这些读音代表三个不同层次。(1)a。如：他 ᶜt'a、大 taᵓ、那ᶜna、哪 ᶜla、我 ᶜŋa、阿 ᶜa。这个音时代在前，属于中古时期读音的保存，在最底层，绝大多数的古音拟测论著，将果摄字拟为 *a，说明读 a 是中古音时代读音的保留。(2)ɯ、uo 或 i、ye。如：哥 ᶜkɯ、可 ᶜk'ɯ、河 ᵋxɯ、讹 ᵋŋɯ、饿 ŋɯᵓ、波 ᶜpuo、唾 t'uoᵓ、坐 tsuoᵓ、科 ᶜk'uo、火 ᶜxuo、茄 ᵋtɕ'i、瘸 ᵋtɕ'ye、靴 ᶜɕye。这两组音是 a 或 ia 的演变，时代在 a 之后，属于第二层。ɯ 的发展过程是 *a＞*ɔ＞*u＞ɯ。uo 的发展过程是 *ua＞*uɔ＞uo。i 的发展过程同假摄字 i 的形成过程，见下文。从 i、ye 前的声母读舌面音 tɕ-、tɕ'- 来看，它们是在中古见母字颚化之后进入的。ye 的形成大致经历了 *ĭua＞*ĭua＞*ĭəu＞*ĭue＞ye。(3)əŋ。如：多 ᶜtəŋ、拖 ᶜt'əŋ、挪 ᵋnəŋ、左 ᶜtsəŋ、骡 ᵋləŋ、锉 ts'əŋᵓ。这个音限于端

---

① 本节中古音拟测都是来自王力先生的《汉语史稿》，《王力文集》第 9 卷，济南，山东教育出版社，1988。

系，产生时代应当在曾梗臻摄与果假摄字合流之后的时代，属于第三层。

这里要特别提及"个"的层次问题。"个"的演变更为复杂，它除了读 kuɿ²，还有其他读音，又读 kər²、ᶜkuai、kuəʔₐ/kəʔₐ（参见第十九章第四节），入声韵讨论另见本章第二节。这几个读音，其中入声韵时代最早，可能是上古音的保留；其次是 ᶜkuai，此音可能就是古音学上所谓的"歌微通转"的遗迹（张维佳 2002：229），时代比入声韵要晚，但是比 kuɿ² 音要早；kuɿ² 音时代最后，它是中古以后发生的音变。这里的 kər² 是 kuɿ² 的儿化音，kəʔₐ 是 kuəʔₐ 的变体。现在受北京话影响，新派中年龄段较小的人读 gè，可又算一个层次了。

（二）假摄

假摄三等字有四个层次。（1）ia。只有两个字：也、爷白 ᶜia。它们时代最早，是最底层的音，属于中古时期读音。（2）i。如：借 tɕi²、斜 ₛɕi、野白 ᶜi。i 是由 ia 演变而来，属于自然音变，为 a 逐渐高化，最后脱落的结果，时间比中古时代要晚一些。ia 到 i 经历的演变过程不是 ia 韵中直接将韵腹 a 脱落，而是大致为 *ia＞iɛ＞ie＞iŋ＞i 这样的过程。（3）ie。如：也文 ᶜie、野文 ᶜie、爷文 ₛie、笡 tɕ'ie²。它是外来权威方言音进入的，层次最上，时代最晚。（4）əŋ。如：遮 ᶜtʂəŋ、车 ᶜtʂ'əŋ、赊 ₛʂəŋ、惹 ᶜʐəŋ，这也是一种较为特殊的读音，限于章组三等字，它的层次应该在 ie 之前，与果摄字"多、拖、挪、罗、左"读 əŋ 属于同一层次。

果假摄字读舌根鼻音尾的用例在北方方言中极为罕见，南方方言中也少而又少，而且韵母限于央元音-ə。① 从音理上看，绥德方言读舌根鼻音尾没有什么演变的根据，难以作出一个较为合理的解释。那么是什么原因使果假摄字读鼻音尾的呢？这可能与文白异读有关。沈明（2011）最近对此进行了一个推断。她认为，首先是曾梗摄字消失鼻音尾-ŋ，与果假摄字合流，这是第一步，属于自身演变；曾梗摄字读元音韵，是白读音层次。其次是受到官话方言曾梗摄字读鼻音的影响，果假章组三等摄字同曾梗摄字一起读鼻音，是为第二步，属于层次问题。在音理无法解释的情况下，沈说是目前所见最有说服力的解释，绥德方言在中古以来的确存在过臻深曾梗摄非入声的白读音读元音的现象。

沈明的解释说明，绥德方言经历了一些有趣的发展过程。② 第一，第一步的演变，意味着绥德方言曾梗摄字曾经有过一个白读音层的存在，

---

① 韦名应（2010）所举方言例子中，没有一个是果假摄字的用例，而且多限于今读合口呼的字。

② 笔者阅读沈明（2011）文章，曾就有些疑问向沈先生请教，因此而写出本节，谨致感谢！

曾梗果假_{章组三等}四摄字的发展经历了一个循环过程：鼻音——元音——鼻音/元音_{见系开口}。第二，曾梗摄存在过的白读层曾经整体覆盖了原有韵摄，古代阳声韵的发展仅剩通摄字从古到今未变，通摄字因为鼻音尾-ŋ的黏合性最强而一枝独秀。这一现象也广见于湘语和吴语，特别是南部吴语。第三，"曾梗丢失鼻尾-ŋ合流到果假_{三等章组}在先，深臻合流到曾梗在后"。而不是相反，即非先由深臻合流到曾梗（今天的绥德方言深臻合并到曾梗摄中了），而后口语中脱落鼻音尾，再与果假摄字合流。第四，果假摄见系之外的帮组、知系读鼻音尾，曾梗臻见系不读鼻音尾，没有同步发展，是语音自我发展有快有慢的体现，也正是语音层次形成的体现。绥德方言果假摄字读鼻尾音问题的讨论，需要放在晋语整体背景下来进行。"陕北晋语根据调类划归晋语五台片，实际上其语音系统和吕梁片更接近。也就是说，吕梁片是五台片的前世，五台片是吕梁片的今生"。①

　　韦名应（2010）对此类现象从音理上也作了解释。他是在汉藏语的大背景下进行讨论的，认为这是一种自身音变，不仅仅是一般所说的鼻音声母同化结果，更为重要的条件在于是高元音韵尾和辨义功能较弱的鼻音韵尾系统，是"口鼻耦合"的结果。可以概括为 CV＞CVⁿ/CV＞CVN，即第一步是共时变异，形成变体 CVⁿ/CV，第二步是，变体 CVⁿ/CV 经受系统选择，继而扩散，形成音变。绥德的具体形成过程是："多拖驮骡罗遮车 Cəŋ＜əɯ＜ɯɯ"，这里的 ɯɯ 是指长元音，他认为汉语中所有的单韵母都是长元音。进一步解释说："晋语绥德话的果、假两摄字均带鼻音韵尾，是在它们合流并高化之后发生的：*ɑ＞*a＞*o＞*u＞ɯ。《切韵》时代歌韵为*ɑ，麻韵为*a。晋方言中，两者在 9 世纪合流，10 世纪以后高化为*o。歌韵字在今祁县、汾阳、汾西等地读 ɯ，清徐读 ɣɯ，娄烦读 əɯ，形成一条高化、裂化链。元音高化、裂化在不同历史时期、不同地域、不同语言和方言中重复发生，是一种普遍现象。"这一变音模式是普遍现象，没有什么问题，推导过程也是合理的，但是该解释只注意到了一般规律的普遍性，没有注意到具体音系的特殊性，即没有考虑到绥德方言具体的整体语音格局，没有将果假摄的鼻音化现象与曾梗臻摄的音变关系联系起来考察。因为绥德方言果假摄字的读音与曾梗臻摄有着密切的联系，特别是曾梗臻见系开口一二等字韵读 ɯ，与果摄见系字合流，读音一致，哥_果＝耕_梗＝根_臻 ˊkɯ，河_果＝恒_曾＝亨_梗＝痕_臻 ᵍxɯ。

换句话说，曾梗臻读 ɯ 是与果假摄字曾经有过合流历史的体现。后来果假摄字读 əŋ，这正如沈明所谓的受到曾梗摄外力作用拉动所致，相比之下，韦名应的解释不够全面，说服力弱。

（三）效摄

效摄字在中古时期四等俱全，到了《中原音韵》时代，它的分合不像中古四等俱全的咸山蟹摄按等进行分类，而是归属到萧豪一个韵之中，唇舌齿音一二三等分立，是为三类，因此显得比较特殊（刘勋宁 1998a：139）。从音值上看，绥德方言的开齐合撮都是具备的，如-a、-ia、-ua、-ə、-uə、-əŋ、-iŋ、-uŋ、-yŋ、-əʔ、-iəʔ、-uəʔ、-yəʔ，唯有效摄的-ɔ 与-iɔ 一组差异非常突出。那么，仅仅是音值的差别，还是另有来历？我们推测可能与其来源有关系。一二等与三四等形成对立，一二等在见系上也形成对立。见系二等字中，"搞"字来自其他方言，只体现在见系字上，三四等除知系字合流了。

（四）止摄

本摄中存在"支微入鱼"现象，就是支微韵的字与鱼韵字读音合流。绥德方言仅存 5 个字：慰影 vei˧/y˧、尉影,姓 vei˧/y˧、苇云 ˉvei/ˉy、纬云,织布用～线 ˉvei/y˧、魏地名 vei˧/y˧。y 音时代早，ei 音时代在后。陕北晋语的清涧、延川方言也存在。"支微入鱼"现象在陕西方言中较为普遍，王军虎（2004）对此做过考察，如西安、渭南、凤翔等地都保存。刘勋宁（2005）针对这一现象作了深入研究，认为"这种 ü 的读音实际是古中原官话的读法。后来在北方官话的影响下，ü[y]韵母成为历史残迹，与北方官话来的 uei 韵母叠置在一起，成为两个语音层次。ü[y]韵母在全国分布这么普遍，原因就在于古中原官话本来是汉语的标准音。"是为的说。

止摄还有"肥 ₌fei/₌ɕi、尾 ˉwei/ˉi"两个字，i 音时代要早于 ei 音，也构成不同语音层次。这一现象在关中方言中存在，而且字数保留更多，如，惠姓氏 ɕi˧、碑 ₌pi、飞非妃 ₌fi、匪 ˉfi、费 fi˧ 等。

（五）深臻曾梗摄

此四摄非入声字合流，存在两个层次。（1）əŋ、iŋ、uŋ、yŋ。它们属底层音，是中古时代读音的保留。（2）ɯ。这个音时代在后，是 əŋ 类音脱落鼻音尾读音演变的结果。在陕北晋语中，曾梗摄见系字的鼻音尾较为稳定，如神木、清涧、延川、延安、佳县等，唯独绥德方言完全脱落。为什么限于见系字 əŋ 的鼻音尾容易脱落呢？从汉语方言鼻音尾韵母演变的规律看，韵母中韵腹是低元音，鼻音尾就易脱落，元音和鼻音尾彼此之间的黏合性不强，韵腹高的黏合性强，鼻音尾也就不易脱落。绥德方言亦此，咸山摄全部丢失鼻音尾，读元音 æ、uæ、ie、ye。宕江摄鼻化，接近脱落。绥德方言除此规律之外，臻深曾梗四摄字就今天的现状看，鼻音尾的脱落又与声母有直接关系，声母是见系字，则音节中鼻音尾与元音的黏合性较弱，鼻音尾容易脱落，读 ɯ 就是这一现象的体现。见系字之外的端系、知系以及帮组字，音节中鼻音尾与元音的黏合性强，鼻音尾不易脱落，仍读 əŋ、iŋ、uŋ、yŋ，就是这一规律的体现。据张光宇（2012）的研究，汉语方言"鼻化运动"分为两组进行，一组是 an 领先，继之以 ən，然后是 aŋ、əŋ；一组是 an 领先，继之以 aŋ、ən、əŋ。绥德方言应该是第二组情况。从城区的情况看，aŋ 组音已经变化为 ã 组，而义合区已经合流到 ɔ 音中了，城区的发展趋势不一定要与 -ɔ 音合流，但发展为元音应该是其趋势。

（六）宕、江摄入声字

宕、江摄入声字绥德方言读 ə(ɯ)、u、ie、ye、uo、əʔ、uəʔ、yəʔ，后三个音保留入声韵，其余都是舒化音。此外"学、雀、落、索、着、烙"六个字有例外读音，即 ɔ、iɔ、a，这些例外的读音，实际上反映出了不同的语音层次。

"学"有三个读音。（1）₌ɕie（新派 ₌ɕye）。如：学校、同学、学习。（2）₌ɕɯ。如：学人家说话劢、学酤（t'æˀ）学舌、学唇酤舌学舌。ɯ 是 ə 演变来的，是 ə 高化的结果。（3）₌ɕiɔ。如：学会、学骑自行车。这一意思主要用于学习某种技术、技巧。音（3）词语可读音（1），但不能读音（2）。音（1）词语中不能读音（2）、（3）。（2）、（3）、（1）构成先后三个层次。

"雀"有两个读音。（1）ᶜtɕ'ye。如：孔雀。（2）ᶜtɕ'iɔ。如：雀儿麻雀、雀雀鸟的总称。

"落"有四个读音。（1）₌lə。如：落霜、枣儿落下一层、墙上落个雀儿。（2）lɔˀ。如：落的几块钱、落不下个好、本钱落下喽。（3）₌la。如：丢落、落把把的。（4）liaˀ。如：走着走着就落的后面喽。这四个读音中的词语，除了（2）的"落不下个好"中可以读（1）外，彼此都不能换读。

"索"有两个读音。（1）ᶜsuo。如：绳索、勒索、线索。（2）saˀ。如：利索、索利利索、索索利利利索。两个音之间不能互换。

"着"有四个读音。（1）₌tʂə，如：着急、着慌、着怕、着凉。（2）₌tʂ'ə，如：睡着、看着、着紧、着心、不着家、着地、着火、就着火。（3）tʂəʔ，小着小的时候、明儿着明天的时候、赶集起着赶集的时候。（4）tʂɔˀ。如：猜着、说着、吃着。这四读音不能互换。

"烙"有两个读音。（1）₌lə。如：烙铁、烙饼子做饼。（2）lɔˀ。如：烙饼名词、烙烙饼做烙饼。

这六个字的读音，看似杂乱，背后隐藏着不同的层次。刘勋宁(2005)曾就宕江摄字的入声进行过深入讨论："宕江摄入声韵母，中原官话为 uo/e 型，北方官话为 ao 型。经过长期竞争，互有所获。中原的'学'xue 战胜了北方的 xiao，可是中原的'药'yue 却败给了北方的 yao；北方的'薄'bao 掩盖了中原的 bo，中原的'落'luo 却顶住了北方的 lao；北方的'弱'rao 不敌中原的 ruo，中原的'郝'he 却莫名其妙地输给了北方的 hao。"借此来观察，绥德方言的 ə/ie(ye) 是底层音，ie(ye) 属于早期的中原官话层，"学"读 x-声母还保留着中古音的特征，ə 的时代更早；ɔ/iɔ 音是属于后起的北方官话层，今天老北京和河北方言中还有这个音。绥德方言这六个字不同读音现象能为刘先生的分析提供又一很好的材料。

文白异读现象是一个方言中不同读音层次的体现，它能够为语音层次的揭示提供极有价值的材料和线索，但是语音层次不完全等同于文白异读。不同层次语音的体现，并非都是文白异读，自身语音演变而形成的层次，很难说就是文白异读，却形成了不同的语音层次。绥德方言假摄的 ɯ、uo 是 *a 演变的结果；端系字读鼻音尾 əŋ，是绥德方言自身受到深臻曾梗摄的类化作用，从 ɯ 或 uo 演变来的，因为周边晋语及整个汉语方言都不见此现象。果摄的读音存在着几个不同的层次，我们却很难说这几个音是文白异读。所以有学者说，最好不用文白异读这一术语，而用语音层次来表达，是有其道理的。

三、声调的发展及其历史层次

绥德方言的声调演变层次不够突出。如果说有相对比较明显的层次的话，就是入声舒化。今一些韵摄入声调消失后都合并到阳平中了，例外情况有两类，22 个字并入阴平上，46 个合并到去声(见本章第二节)。这些合并到去声中的字，其演变时代要早。保留入声比较完整的许多方言，如陕北晋语的米脂、榆林、神木方言，这些字已经舒化，也都读去声，山西晋语一些地方的读音也是如此，如"剧、育"(侯精一等 1993：166—169)。这一现象大致可以从侧面证明绥德方言并入到去声的入声字，它们在合并到阳平之前就完成了去声的演变。可见入声在演变过程中存在着两个不同层次。

绥德方言的入声调类不分阴阳，只有一个。入声调类是一个，这是晋语五台片的特点。我们知道，中古以后，声调因为清浊不同情况，汉语声调无论是共同语，还是方言都发生了不同的演变，或合或分，没有不变的情况。那么，绥德方言的入声一个调类，是中古时期入声的直接继承，即没有变化呢？还是也因为清浊条件的不同而曾经有过先分后合的变化呢？要对此作些说明，就绥德方言一个点而言，是难以看清楚的，需要放在绥德方言所属五台片和邻近方言吕梁片大的环境中加以比较，进行侧面观察。晋语五台片的入声发展演变问题，沈明（2007）曾经进行过全面的讨论。在与晋语吕梁片比较的基础上，她认为五台片入声演变有岢岚型和神池型两类，绥德方言属于岢岚型的演变模式，今天一个入声调类是在历史上清入和浊入合并的结果，保留下来的是清入调。是为一说。

入声调的消失与入声韵母的发展紧密相关。绥德方言一部分入声字塞音韵尾-ʔ消失，入声调合并到阳平调中了，具体演变的起始点是从哪里开始的？从现在绥德方言入声字读音的情况来看，我们推测可能最先始于一组音节段的末一音节，而后扩展到前边音节上。换言之，就是与它在和别的音节组合时的所处位置有关。例如，读入声韵母的"吃"在"吃饭"与"快吃"两组读音中，塞音尾-ʔ读的并不完全相同，第一组中"吃"的塞音尾-ʔ比较紧促，阻塞的特征显著，而第二组中塞音尾-ʔ则比较松弛，即"前紧后松"。再如，十五—五十、直端—站直、局限—气局、笔记—毛笔、做事—没做，等等，无不"前紧后松"。又如，数数中让对方注意计数情况时，边数边念出的"一十、二十、三十、八十、九十"，后松的特征十分突出，注意这里的"十"不是轻声。这一现象的发生，可能与音节组合而成的音节段的轻重模式有关系。在一组音节组合段中，特别是双音节结构段中，吴为善（1988）认为汉语节律的自然倾向是"后重"（指后一个音节重读），亦即一般情况的读音模式是前轻后重。这里需要注意"重"的实现，不是通过加强音强而实现的，而是主要通过延长音节时长来实现的。赵元任（1979：23）指出："汉语重音首先是扩大音域和持续时间，其次才是增加强度。"徐世荣（1980：133）发现汉语音节重读后的影响，表现为主要元音变得长些。王士元（1983）通过声学实验证明，汉语的重音也有时间的因素参与其中。这就是说，绥德方言"快吃"、"五十"、"没做"的"吃"、"十"、"做"处于重的位置上被读成了重音。对于有塞音尾韵母的音节，如果要实现重音的延时过程，就必须要将塞音尾丢掉或弱化，否则无法实现。在这一作用下，绥德方言塞音尾-ʔ松弛自然因此而引发。这种松弛状况进一步持续发展，-ʔ就完全脱落，促声韵就变为舒声韵了。有了这样的舒化开端后，然后再以韵摄为条件进行系统舒化。以韵摄为条件舒化也是有一些原因可考。从与陕北周边保留入声比较完整的方言对比中，可以看到这样一种情况，绥德方言入声韵只有以央元音 ə 为韵腹一套，其他方言如绥德沿河区、米脂、佳县、神木等，另外还保存 a 为韵腹的一套入声韵或 a、e/ɛ 为韵腹的两套入声韵，而它们在绥德方言中却都消失了。从音理上说，与 a、e/ɛ 比较，央元音 ə 的稳定性最强，也最具竞争力，所以如果发生变化，一般就从 a、e/ɛ 开始，a、e/ɛ 中，e/ɛ 又是先变的，如神木方言中就没有 e/ɛ 组韵母，它们合流到 ə 组中了。再如山西晋语中的入声，据侯精一、温端政《山西方言调查研究报告》(1993：49－53)，山西境内入声有三种类型，一组型、两组型、三组型。一组型只有三个点，较为特殊，ʌ 为韵腹，其余二、三组类型的，都有 ə 组的存在。由此说明，绥德方言为什么只有 ə 一套入声韵的原因所在。这套入声韵母，从现今的语言环境来预测，随着时代的发展，也将会逐渐消失塞音尾-ʔ 的，最后入声调在绥德方言中彻底消失。

词汇篇

第六章　构词法

第一节　重叠构词法

重叠是绥德方言常见的构词方法之一，所构成的词有名词、动词、形容词、副词等。以下分别说明。

一、名词

名词重叠式数量最为丰富的是日常生活的衣食、住行相关的衣物、用品、器具、动植物名称等，其他类型的较少，从这一分布状况看，这类构词法是方言中固有的，非外来输入的产物。

（一）重叠形式

绥德方言重叠式构成的名词，主要有 AA 式、ABB 式、AAB 式、AABB 式四类。

1. AA 式

AA 式除了有北京话的"姐姐、舅舅、姑姑、叔叔、娃娃"之外，还有北京话没有的。例如：

（1）草草　虫虫　豆豆豆类　牛牛昆虫　雀雀鸟　蝉蝉蝴蝶、飞蛾等条条细的枝条　网网网兜　纂纂发髻

它们基本上是某类事物的统称、总称。多数不能构成"子"尾词，有的构成"子"尾词，构成"子"尾词后意义有一些变化，即没有统称、总称之意。

（2）棒棒去穗后的高粱秆儿　包包包袱　擦擦板擦、橡皮擦　茬茬机遇、机会沉沉液体中的沉淀物　尘尘　笭笭衣服上的口袋　缸缸　肚肚兜肚　褂褂褂子拐拐拐角，拐子　憨憨傻子　胡胡胡琴　花花面食　黄黄蛋黄　架架背心　搅搅小孩子吃的面糊　角角豆角　秸秸　精精头脑精明的人　筋筋豆角等上的筋　撩撩衣服的前下摆，用于盛东西，故名　清清蛋清　牌牌小孩子的围嘴儿　襻襻　畔畔批批簸子　钱钱黄豆浸泡后压成的片　墙墙　亲亲亲戚　锁锁小孩子的发型　崖崖纹纹花纹　窝窝窝头　掌掌里边　至至界线　蛛蛛蜘蛛　夹夹发夹　馍馍

这类词只能以重叠的方式出现，不能以单音节的形式单独使用，也

不能构成"子"尾词。

（3）a 膀膀翅膀　钵钵钵子　肠肠肠子　锤锤　笪笪驴笼嘴　带带布条　凳凳垫垫　杠杠线儿　拐拐腿瘸的人　巷巷小巷子　糊糊　豁豁豁口　架架架子　角角角落　蓝蓝　棱棱　裂裂裂缝　沫沫泡沫　面面粉末　卯卯卯榫　拍拍高粱秆缝的圆、方形的片片用具　穰穰　瓢瓢　仁仁　滩滩　条条便条　影影　栽栽柳树苗；比喻有发展前途的孩子　掌掌　柱柱　腿腿物体上像腿的部件　筛筛　口口　印印　尖尖　杆杆

　　b 杯杯　本本本子　刀刀　蛋蛋小球　底底　顶顶　缝缝　盖盖　管管　罐罐　棍棍　壶壶　扣扣纽扣　皮皮　票票钞票　瓶瓶　壳壳　圈圈　穗穗　盅盅　套套　爪爪　嘴嘴器皿的嘴儿　筐筐　格格　框框　钩钩　眼眼　门门　碟碟　钉钉　苗苗　芽芽

　　它们不能以单音节的形式单独使用（有的能使用而意思变了），但是可以构成"子"尾词（a）、儿化词（b）。

（4）疤疤　道道细长的痕迹　根根　丝丝　窨窨　粉粉　盆盆　碗碗　桶桶　崂崂　台台　弯弯　空空　线线　梁梁

　　这类词能以单音节的形式成词，能构成"子"尾词，有的也能成儿化词。

（5）毛毛　坡坡　汤汤　沟沟　桥桥　神神神仙　纸纸　油油擦手脸的护肤品

　　这类词能以单音节的形式单独使用，不能构成"子"尾词。与 A 单独成词时的词义相同。

　　AA 式的 A 多数是名词或名词性语素，但是也有动词性语素构成的，例如：沉沉、搅搅、擦擦、夹夹、垫垫、筛筛、刷刷、盖盖、套套等。也有形容词性的，例如：尖尖、弯弯、黏黏等。

　　AA 式名词可以分为有基式和无基式两类。前者如，根根＝根植物的根部≠根子事物的本源，后者如，票票＝票子钞票≠票票据。

2. ABB 式

（1）a1 背洼洼　锅底底　鞋钵钵　鞋刷刷　黑拍拍高粱面等手拍成片状的黑馍　黑水水　辣面面　门关关　门环环　门闩闩　树枝枝　土蛋蛋　阳胯胯阳坡地两侧　眼圈圈　针尖尖

　　a2 常年年往年　花眼眼双眼皮　揿子子好抬扛的人　毛眼眼　稀汤汤　油汤汤

　　b 布袋袋　窗格格　豆角角　方框框　脚把把脚跟　筐系系筐子的提梁　窋窿窿　酒盅盅　酒壶壶　脸蛋蛋　麻绳绳　树叶叶　石缝缝　羊羔羔　洋码码阿拉伯数字　鞋带带　眼皮皮　药面面

这类是有基式的ABB式词。其基式有的可以构成“子”尾词(a1、b)，例如：背洼—背洼洼—背洼子、布袋—布袋袋—布袋子。有的不能变为“子”尾词(a2)。例如：常年—常年年—*常年子。有的(b)可以变为儿化。例如：眼皮—眼皮皮—眼皮儿、树叶—树叶叶—树叶儿。有的不能变为儿化(a2)。例如：油汤—油汤汤—*油汤儿。

(2)a 葱纸纸葱皮　单爪爪不成双的物品　垫窝窝同胎中最后生产的　龟子子做事、为人差劲的人　黄馍馍小米面包枣泥豆馅儿的馍　豁唇唇兔唇　活渠渠活结儿　毛爹爹蜈蚣　马奶奶草名　驴奶奶草名　憨精精只想着自己利益的人　墓生生老生生老年生子女，最小的孩子　崖画画墙壁上贴的美人画儿　腆 nie^{213}肚肚物体中间鼓起　水咕咕　死规规 k'uei^{213}旧的规矩　死眼眼缺心眼、不灵活的人　头首首第一胎孩子　油馍馍　油炸炸馃子　糠窝窝　花绳绳彩色线绳儿　花心心花蕊　花纸纸　神白白 p'ie^{33}能说会道的人　歪腿腿歪了的腿子

b 背阴阴　笔脑脑笔头　布绺绺布条　柴棍棍　窗肩肩　打碗碗喇叭花　底豚豚物品的底部　饭沫沫熬稀饭时上面的沫子　鬼点点坏点子　黑拍拍麸子面做的片状食品　猴脑脑碎小的人或物　花牙牙花边　鸡嗉嗉　辣角角　命系系维持生命的唯一依赖　麦秸秸麦莛　麦穗穗　帽檐檐　毛边边　毛女女　米颗颗　木条条　木楔楔　咬舌舌说话口齿不清　硬票票新钞票　硬杠杠硬指标　手掂掂拉手　石毯毯一窍不通的　蒜钵钵捣蒜臼　碎脑脑　炭巢巢放煤的地方　碗瓜瓜碗托　羊蹄蹄羊蹄　烟霉霉烟毛儿　圆圈圈

这类是无基式的AAB式词，有的(b)可以变为“子”尾词。例如：布绺绺—布绺子、毛边边—毛边子。有的不能(a)变为“子”尾词。例如：葱纸纸、黄馍馍。有的(b)如果算是AB基式，只能凭儿化形成存在。例如：木条条—木条儿、羊蹄蹄—羊蹄儿。

3. AAB式

(1)层层底一层层缝缀的鞋底　踖踖饭高粱与黄豆片做成的稀饭　道道纸　格格布　格格纸　花花书连环画　颗颗雪　鸡鸡蔓一种开紫色花、结荚状角的草，羊喜欢吃　帽帽鸡头上的毛长得像帽子形的鸡　蒙蒙雨　掐掐花儿半枝莲　钱钱饭　黏黏草　黏黏匠黏糊的人　撴撴匠做事特别缓慢的人　锁锁头　条条布　窝窝面　悠悠气

这类是由AA和B构成的词，AA可以独立为词，AB不能独立为词。

(2)崖崖定　掌掌里　人人脑人头　畔畔起

这类词也是由AA和B构成的重叠式词，AA可以独立为词，AB也可以独立为词。

4. AABB 式

a 包包蛋蛋　边边畔畔　肠肠肚肚　眉眉眼眼　崖崖畔畔　崖崖洼洼
头头点点　蹄蹄爪爪

b 眼眼窍窍各种机会　茬茬系系各种机会

这类词有的(a)AA、BB 皆独立为重叠词。有的(b)则不能。

(二)读音特征

重叠音节第二字一般读轻声，即 AA 式的第二个音节 A，AAB 式的第二个 A。AABB 式分为两种情况，第二个 A、B 如果为阴平上的，按阴平上的变调模式变调，前后两字都变调，前字 213 变为 21，后字 213 变为 33。其余第二字读轻声。

(三)词义特征

绥德方言一部分 AA 式名词含有细小、表亲切喜爱色彩的特征，能构成"A 子"式的 AA 式名词没有，如上文 AA 式的第一类，"牛牛"是昆虫的总称，"蝉蝉、蛛蛛、胡胡"分别指蝴蝶、蜘蛛、二胡。ABB 式、AAB 式和 AABB 式名词大多数也没有这一词义特征。

AA 式的 A 有的能单说，但词义与 AA 式并不一样，成为另一个词了。有的 AA 式可以说成具有晋语词汇特征的"圪"头词，含有表小的意义。

二、动词

(一)重叠形式

绥德方言的重叠式动词仅有 ABB 式。例如：

藏猫猫躲藏　打火火放野火　打擦擦在冰雪上助跑后站立向前滑动　打餐餐小孩子比赛吃饭快慢　打筒筒①两人一个被窝睡。②设圈套　打哇哇幼儿在发"啊"声时用手拍打口　打转转　无闲闲不经意，无意识　逛面面做表面文章　戏要要开玩笑　歇凉凉乘凉　遛马马在一定坡度的物体上坐下下滑　挠虱虱挠痒痒　挠咬咬挠痒痒　捏油油小孩子练习手指合拢张开　拈蛋蛋抓阄　拈瓦瓦抓阄　跑门门　朋伙伙合伙　晒阳阳晒太阳　掏交交　跳房房

这类型的动词不多见。它们中除了"打火火"、"戏要要"有"打火"、"戏要"基式外，一般没有对应的双音节词。

(二)读音特征

ABB 式按照 AB 与 BB 的模式读音。AB 中 A 发生变调，BB 如果是清平和清上字则两个都发生变调，如"打火火"，读为 ta$^{213-24}$ xuo$^{213-21}$ xuo$^{213-24}$；如果是非清平和清上字，则后一个 B 读轻声，如"逛面面"，

读 kuã^{52} mie^{52} mie^0。

三、形容词

(一)重叠形式

绥德方言重叠形容词有 AA 式、ABB 式、A 圪 BB 式、A 不 BB 式、A 忽 BB 式等形式。后三种类型有专门的章节讨论，在此不赘。

1. AA 式

大大　光光　乖乖　猴猴　顺顺　明明　麻麻　辣辣　悄悄　咸咸
香香　臭臭　稳稳

形容词重叠式的第二个音节可以儿化，也可以不儿化，它们使用时后边必须加词尾"家(价)"或"的"，构成"AA 家(价)"或"AA 的"，否则无法使用。

2. ABB 式

ABB 式形容词主要用于表示情状、感觉的。可以分为视觉、味觉、触觉及心理感觉的几个类。视觉的又可分为颜色、状态等。

表颜色：白怪怪　白生生　白溜溜　白刷刷　白列列　白洼洼
白秃秃　白菀菀　白奈奈　白潭潭　粉楚楚　粉秃秃　粉艳艳　粉崭崭
黑艳艳　黑熏熏　黑森森　黑涔涔　黑楚楚　黑溜溜　黑暗暗　黑雾雾
黑委委　黑列列　黄剌剌　黄暗暗　红艳艳　红楞楞　红彤彤　红当当
红堂堂　红涔涔　红森森　红崭崭　红剌剌　灰处处　灰雾雾　蓝洼洼
绿艳艳　绿茂茂　绿崭崭　绿菀菀

表情状：饱兴兴　长延延　长晃晃　丑逊逊　瓷呆呆　瓷囊囊
瓷软软　瓷悖悖　瓷迷迷　瓷蔓蔓　粗沙沙　粗晒晒　呆痴痴　呆剌剌
憨涕涕　憨兴兴　黑忍忍　黑凶凶　黑兴兴　黑动动　黑擦擦　黑冒冒
厚墩墩　欢溜溜　囫囵囵　俊颜颜　俊旦旦　烂囊囊　烂懈懈　乱擦擦
乱繁繁　乱潭潭　慢踏踏　慢腾腾　慢延延　慢兴兴　明溜溜　明艳艳
木呆呆　恼凶凶　恼悖悖　胖囊囊　肥囊囊　肉囊囊　胖墩墩　齐茬茬
齐刷刷　齐蓁蓁　齐铮铮　齐楚楚　齐溜溜　晴当当　水拉拉　死塌塌
死觅觅　松懈懈 xai^{52}　松塌塌　松菀菀　碎菀菀　碎□□zæ^{213} zæ^{213}
碎软软　清丝丝　清崭崭　软腩腩　细蒙蒙　显当当　圆当当　圆溜溜
痈懈懈　痈囊囊　肿棱棱

表味觉、嗅觉：臭乎乎　臭楚楚　臭腾腾　臭胖胖　脆铮铮　脆切切
淡剌剌　淡□□tʂʅ^{213} tʂʅ^{213}　干洼洼　干搭搭　苦巴巴　苦溜溜
苦□□pia^{33} pia^{33}　黑性性　麻溜溜　麻丝丝　绵海海　腻囊囊　水害害

水刺刺　酸溜溜　酸害害　酸刺刺　甜海海　甜乎乎　甜刺刺　甜唵唵
甜美美　甜泯泯　咸嗤嗤　咸刺刺　香喷喷　油囊囊

　　表触觉：潮渭渭　潮注注　潮乎乎　潮软软　瓷定定　瓷当当
瓷性性　瓷掇掇　滚烫烫　火燎燎　火溜溜　僵溜溜　僵捋捋　冷渗渗
冷洼洼　绵楚楚　绵软软　绵当当　绵踏踏　绵墩墩　木兴兴
木愣愣　黏注注　黏海海　黏囊囊　黏抿抿　皮处处 皮实的样子　热昂昂
热乎乎　热堂堂　热烫烫　软囊囊　软溜溜　软踏踏　涩淋淋　涩捩捩
涩揣揣　涩洼洼　湿渭渭　湿囊囊　湿溜溜　湿软软　湿洼洼　硬光光
硬溜溜　硬洼洼　硬铮铮　硬梆梆　硬僵僵　硬拐拐　虚软软　虚堂堂
虚楚楚　阳堂堂

　　表心理感觉：孤丧丧　孤零零　灰处处　灰丧丧　灰溜溜　灰烧烧
显当当

　　ABB 式形容词非常丰富，词缀 BB 的数量近百个，大多数很难找到本字。BB 的后一 B 有的读轻声。后缀大多没有具体的词汇意义，词义都是由词根 A 来决定。ABB 式形容词具有几个方面的特点：第一，在语义上多表示程度加深。因此在使用时，一般不能再受程度副词的修饰，也不受否定副词"不"的修饰。第二，在句子中一般作定语、补语、谓语，作谓语、补语时，后边必须要带助词"家（价）"，作补语时前边必须有结构助词"得"。第三，具有形象色彩和褒贬色彩。如"囊囊"、"溜溜"、"梆梆"、"洼洼"、"刺刺"等构成的词，含有不喜欢的色彩。试比较：（油糕）软溜溜－软囊囊、（木植）黄艳艳－黄刺刺、（地）绵墩墩－绵囊囊。前者是肯定的色彩，后者为否定的色彩。能在 A 与 BB 之间加"圪"的词绝大多数含有喜欢的色彩。第四，这类格式构词能产性高，一些词缀组合性强。如"囊囊"、"溜溜"在表情状、视觉、味觉、触觉的词中都可组合，构成词的数量也很多。第五，在表意上具有单一性突出特点，一般只含一个意思。

　　（二）读音特点

　　AA 式第二个音节一般要读儿化音，如果不读儿化音，AA 式在使用时一般带词尾"家（价）"，如大大价、稳稳价。

四、量词

　　（一）重叠形式

　　量词重叠形式主要是 AA 式，前边一般要有数词出现，有的只能是"一"，有的可以是其他数词。例如：

（一）些些　（一）阵阵　（一）点点　（一）□□zæ²¹³ zæ²¹³形容数量极少
（一）捻捻　（一）窝窝　（一）摞摞　（两）层层　（三）把把　（五）堆堆
（六）对对

（二）读音特点

重叠式量词一般不读儿化音，音变模式同名词 AA 式。重叠式与非重叠式在表意上没有区别，如：一些些＝一些、三把把＝三把。

五、副词

（一）重叠形式

绥德方言副词重叠式主要有 AA 式，数量不多，常见的有如下几个：

彻彻儿　端端儿　可可儿　将将儿　款款儿　猛猛儿　利利儿
偏偏儿　歉歉儿刚好　美美　扎扎　狠狠

（二）读音特点

除了"美美、扎扎、狠狠"不能儿化，其余第二个音节都可以儿化。可以儿化的，基式是副词，重叠后仍然是副词，不能儿化的，基式是形容词，重叠后为副词。不管哪种类型的，使用时多数情况下要带助词"家（价）"。

第二节　特殊的表音前缀、后缀

本书讨论的特殊表音词缀，主要是晋语词汇中比较突出的或特有的词缀现象。侯精一（1998/1999）、温端政（1997）在划分晋语与非晋语词汇方面提出的标准（或特点）是，有丰富的"圪"头词、"日"头词、分音词等。绥德方言同陕北及山西晋语一样，也存在这些词汇现象，体现了晋语词汇构词法方面的共同特点。下面主要描写绥德方言中的"圪"头词、"忽"头词、"不"头词、"日"头词等。同时，对相关的一些问题进行简要讨论。

一、圪

（一）"圪"头词的类型

"圪"在绥德方言中读 kəʔ³，入声。本书使用"词头"这一名称称呼"圪"，是基于它的主要功能和学界的习惯。因为在形容词生动式中作中缀时，说它是"词头"就显得不那么合适了。由"圪"头构成的词语，根据"圪"字与语素结合的紧密程度，分为两类。一类为"圪"是该词不可缺少的部分，将"圪"去掉后，剩余语素不能独立成词，或意义发生变化；一类是去掉"圪"后，剩余语素可以成词，意思基本未变。另外，由于构成"圪"头词的一些语素，其本字难考，所以对它们难以归类。

（二）"圪"头的构词功能

从构词功能来看，"圪"是构成合成词的一个语素，主要作前缀，在状态形容词中也能作中缀。"圪"头构成的词，只有整体上的附加性词汇意义，没有具体的词汇意义和语法意义。"圪"头构成的词有名词、动词、量词、形容词、拟声词五类。其他词性的"圪"头词还没有见到。"圪"头的基本词形是"圪 A"式，在此基础上又产生出三字格、四字格八种词形。见表 6-1。

表 6-1　"圪"头词构词形式及功能

词　形		词　性	借助助词	例　子
基本式	圪 A	名词、动词、量词、形容词、拟声词		圪疤、圪摆、圪截、圪亲、圪哇
扩展式 三字格	圪 AA(1)	名词、量词、拟声词		圪叉叉
	圪 AA(2)	形容词	价、的、地	圪挼挼
	圪 A 子	名词		圪纽子
扩展式 四字格	圪 A 圪 A	动词	价、的	圪行圪行
	圪 A 圪 B	动词		圪摇圪摆
	圪里圪 A	名词	价	圪里圪落
	A 圪 BB	形容词	价、的	黑圪艳艳
	圪 ABC	动词、形容词、拟声词		圪泊洼害

"圪 A"式以外的其他格式，词性与词形密切相关，基本上是固定的。

1. 名词

（1）"圪 A"式

a 圪疤伤疤　圪泊　圪叉　圪岔　圪虫　圪蛋球状物　圪钉冒出来的包　圪顶　圪疔　圪洞①小洞。②小的巷子　圪堆　圪巷　圪壕　圪窖　圪梁山梁　圪塄土阶　圪崂山崂　圪渠　圪泡　圪台①台阶。②像台阶形状的可耕种的地　圪弯　圪桩

b 圪巴锅巴　圪帛儿袼褙　圪瘩①小球形或块状物的东西。②犹块。一～地方（一块宅院）　圪磴台阶　圪羝种羊　圪都拳头　圪都儿锤状物。鼻～　圪豁　圪痂　圪尖　圪筋　圪卷　圪痨羊身上长出的豆状结块，疥疮之类　圪组 tɕy²¹³陀螺状。麨面～｜恶水～　圪搅搅团　圪节树木的分枝在干枝上留下的节疤　圪狸松鼠　圪篓儿　圪蟆青蛙　圪纽肘关节　圪扭蝌蚪　圪膝　圪渣　圪针　圪折折子　圪爪

圪枝　圪肘　圪嘴形状或作用像嘴的东西

以上两组，a 组去掉"圪"后，仍然是词，意思基本相同。b 组去掉"圪"后，不能成词，或者意思变了。

（2）"圪 AA"式

a 圪钵钵　圪叉叉　圪杈杈　圪岔岔　圪蛋蛋　圪堆堆　圪壕壕　圪豁豁①豁口。②特指院子的出入口　圪痂痂　圪搅搅小孩子吃的糊状米面粉　圪尖尖　圪筋筋　圪卷卷　圪峁峁　圪楞楞　圪梁梁　圪糁糁碎小的粒状物　圪刷刷　圪须须　圪台台　圪弯弯　圪窝窝　圪渣渣　圪折折　圪枝枝　圪纂纂　圪抓抓　圪嘴嘴

b 圪瘩瘩　圪都都～上站着叻　圪节节　圪扭扭弯曲的笔画，歪歪扭扭的笔画　圪泡泡　圪掏掏错杂不清的账目、事情

以上两组，a 组去掉"圪"后，仍然是词，意思基本相同。b 组去掉"圪"后，不能成词。

（3）"圪 AB"式

圪尖帽　圪痂脑　圪囔尻说话啰嗦的人，贬称　圪泡眼　圪皱纹抬头纹　圪肘子　圪膝盖儿膝盖

这一格式多为"圪 A"式后加一语素 B 构成，"圪 A"是一个能够独立成词的语素。

（4）"圪 ABC"式

圪唧烂虫指蝎子之类的虫子　圪捵片子性格怪僻的人　圪膝弯子膝盖背面的陷窝

（5）"圪里圪 A"式

圪里圪落形容到处都是　圪里圪旯形容到处都是

它们表示到处，有周遍的意思在内。"圪里圪 A"类型的词是通过顺向变声、逆向变韵的方式形成。如"圪里圪落"是由"角"首先变为分音词"圪落"，"圪"与"落"声母不同，再经过逆向变韵叠加，就成为"圪里圪落"，"圪落"与"圪里"韵母不同。这一构词方式在元曲中频见，例如"七留七力、乞留乞良、剔留团圞、乞留曲律"等（江蓝生 2008：199－222）。绥德方言继承了这一构词方式。

（6）其他

圪蟆蟆字写得难看的字　圪落扯泊泊胳肢窝　圪钉圪蛋　圪顶圪峁　圪里里圪落落　圪里里圪旯旯　圪丁丁圪瘩瘩　圪低低圪蛋蛋　圪低低圪瘩瘩

名词"圪 A"一般都可以将 A 重叠，变成"圪 AA"，也可以说成"子"

尾词。例如，"圪巷"可说成"圪巷巷"、"圪巷子"；"圪纽"可说成"圪纽子"，"圪弯"说成"圪弯弯"、"圪弯子"。如果说成"圪AA"，表示小称意义更加明显。相反，有的"圪AA"、"圪A子"却无"圪A"词形。"圪糁糁"、"圪糁子"，没有"圪糁"，有"圪刷刷"、"圪刷子"，无"圪刷"。说明有些"圪A子"词并不都是由"圪A"加上"子"构成的。三音节的"圪"头词产生的机制，并非完全是双音节化的结果，而是类化的结果。

2. 动词

(1)"圪A"式

圪扒①攀。②巴结　圪霸霸占　圪揞掩藏　圪按　圪摆摆动　圪昂昂扬起来　圪绷紧绷　圪啵咬东西的样子　圪别感觉不自如　圪蹭　圪超撇一边　圪吵①吵闹。②议论　圪趁往跟前靠近一点　圪乘稍微用点力气抬、推　圪赤　圪搐水果等失去水分而萎缩。谜语：～毡，～被，～老婆儿那黑里那睡(谜底：核桃)　圪揣　圪伺稍作等待　圪瞅　圪凑往一起聚集　圪单踮起脚尖　圪捣①捣乱、打扰。②干、做　圪澄愣住　圪低低头　圪点宠惯　圪嗲故意撒娇　圪惦惦记　圪踮踮脚　圪定稍微停止一下　圪潭做下麻烦的事　圪撖搅和　圪逗①进行，不停止：生活给咱～着，要停下。②达到最低界限　圪讹讹人　圪扢揸、涂抹　圪翻　圪扶　圪抚凑合，将就　圪俯小心俯卧　圪拐　圪裹　圪混①混入。②苟且着　圪哄　圪晃　圪汇走动的样子　圪挤①拥挤。②闭住　圪夹腋下夹住　圪僵①僵硬。②死的戏称　圪搅①搅拌。②搅扰，捣乱　圪绞　圪哼　圪候　圪交交织　圪麻缩小　圪蹴蹴　圪混　圪锯①锯。②拉扯　圪里搔痒，挠痒痒　圪挦扭挦　圪溜溜走　圪绺偷走　圪漏打嗝　圪蒙眼睛眯缝　圪蒙蒙骗　圪眯眼睛合起来；打盹，稍微小睡　圪觅骗取、迷惑、偷　圪抿①抹。②收敛嘴唇，少量沾取　圪磨①走路不利索。②缓慢地干活　圪嚷唠叨　圪压偷偷地藏下　圪擎挺出：肚子一～　圪念念叨　圪仰①抬头，读niā³³。②半躺，读niā²¹³　圪拧反复走来走去　圪努　圪扭扭动　圪拗　圪挪　圪爬　圪盘指腿蜷曲起来　圪碰　圪皮小睡　圪避　圪砌　圪迁死去　圪觑　圪接　圪茹填塞　圪瘆　圪嗖①下雨。②身体颤抖　圪闪　圪守　圪缩　圪搜动作磨叽　圪酸咀嚼　圪硬①僵硬。②死的戏称　圪筲走路缓慢的样子　圪塌欠　圪沓说话　圪探打探、探究　圪掏账目相互纠缠　圪筒　圪团蜷曲　圪推推诿，推延　圪妥①待在某处。②凑合、将就　圪凹　圪掀　圪歪　圪弯弯曲：腰～定　圪围　圪揉①使弯曲。②居于某处不作为：～个家里，哪儿也不去　圪呜　圪罅派开　圪啰ie⁵²想吐而吐不出　圪掩稍微掩饰一下　圪扬　圪摇　圪阴天这阵儿～　圪拥人群移动的样子　圪晕　圪㞎　圪蹭小步走　圪嚼小口慢吃　圪吟　圪占霸占　圪皱　圪钻

"圪A"有的可以重叠为"圪A圪A"，重叠后具有状态词的性质，一般作状语、补语，也能作谓语。例如，圪磨→圪磨圪磨：那哑又～走的

来唆(状语)。圪摆→圪摆圪摆：娃娃坐下摇得～价(补语)。圪扬→圪扬圪扬：那一天～价，甚事没有的(谓语)。

这类词使用时一般要带"家(价)"、"的"。

(2)"圪A圪A"式

圪尿圪尿无力不舒展的样子　圪行圪行走路向前的样子　圪蜓圪蜓慢悠悠移动的样子　圪软圪软 z̩uæ³³嚼食物的样了；做活不利索的动作　圪拥圪拥人群浩浩荡荡的样子　圪涌圪涌向上涌起的样子

这类词一般只以重叠的方式使用，后边必须带助词"家(价)"、"的"，一般不能独立使用。

(3)"圪A圪B"式、"圪AA圪BB"式

圪摇圪摆摇摆　圪咛圪嚷唠叨　圪咛咛圪嚷嚷嘟囔　圪嘻嘻圪算算低声私语　圪心心圪算算低声私语　圪起起圪杵杵低声私语　圪嘤嘤圪哇哇哭泣

这类结构的词语，可以独立使用，不带"家(价)"之类的词尾，作状语、谓语。

3. 形容词

(1)"圪A"式

圪渣好挑剔，难以接待　圪碜　圪搋不顺手，不自如　圪里痒　圪离心里难受、不舒服　圪亲撒娇　圪怵斜，倾斜　圪如不自如　圪影①识羞。②恶心。③不好意思　圪争特别客气，不随意拿、用他人东西

这类词可以作谓语、定语，不能重叠使用。

(2)"圪AA"式

圪摆摆显摆的样子　圪板板板着面孔的样子　圪帮帮形容很硬的样子　圪抱抱紧抱的样子　圪绷绷绷绷的样子　圪彬彬文质彬彬的样子　圪彻彻不高兴的样子　圪沉沉脸色难看的样子　圪扯扯　圪赤赤　圪楚楚静坐的样子　圪处处痛哭流涕的样子　圪撺蹿小孩子快走路的样子　圪抽抽　圪搐搐干瘪皱缩的样子，缩得很厉害　圪杵杵①冒出的样子。②形容长得快　圪冲冲气味浓，直逼鼻子　圪瞅瞅　圪呆呆①木呆呆的样子。②哭泣时抽搐的样子　圪道道小孩子说话流畅的样子　圪瞪瞪稍微停了一下　圪顶顶　圪动动　圪都都①突出的样子。南瓜老得～价。②端端正正。～价坐个那儿做甚㖊　圪堆堆容器盛得很满的样子　圪泛泛向上泛起的样子　圪疲疲发呕的样子　圪愤愤气愤的样子　圪浮浮身体软弱无力的样子，小心的样子　圪裹裹紧裹的样子　圪娥娥　圪昂昂仰起的样子　圪哈哈嬉笑的样子　圪罅罅裂开的样子　圪海海稀～　圪哈哈笑的样子　圪咳咳哭泣的样子　圪汗汗出汗的样子　圪乎乎向上升起、生长或下沉的样子　圪晃晃①颤悠悠的样子。②晃动的样子　圪汇汇　圪尖尖很满的样子

圪健健小孩子刚学会走路的样子　圪紧紧　圪烂烂爱得～价　圪溜溜轻快跑走的样子
圪麻麻歪歪扭扭的样子　圪漫漫　圪冒冒向上升起、生长的样子　圪蒙蒙眼睛迷蒙
看的样子　圪眯眯嬉笑的样子。笑～　圪磨磨拖拉东西在地的样子　圪能能显能的
样子　圪挪挪走路像挪动的样子　圪压压压迫、吊坠的样子　圪念念 nie³³心里惦记的
感觉　圪拧拧　圪努努　圪奴奴　圪皮皮小心翼翼的样子　圪搂搂紧紧抱住的样子
圪洽洽嬉笑的样子　圪勤勤　圪情情热情恭敬的样子　圪觑觑看东西看不清楚的样子
圪怵怵歪偏的样子　圪喷喷气味等逼近的样子　圪跐跐①不稳当；②上年纪老人身体消
瘦的样子　圪呲呲嬉笑的样子　圪矮矮长得不高的样子　圪爬爬弯曲的样子　圪漂漂
圪飘飘　圪品品拿架子假斯文的样子　圪黏黏亲近的样子　圪挼挼软弱无力的样子
圪软软　圪筛筛不稳重的样子　圪散散待人热情的样子　圪颏颏 sæ⁵²摇动的样子
圪扇扇飞动、飘落的样子　圪神神儿板着面孔有些不高兴的样子　圪尿尿胆怯的样子
圪守守紧紧守候的样子　圪须须垂吊繁多的样子　圪嗒嗒　圪胎胎吃喝太多的样子
圪探探渴求得到　圪跳跳奔跳的样子　圪团团蜷曲成一团的样子　圪挺挺挺起来的
样子　圪汪汪油、水汪起来的样子　圪文文斯文的样子　圪兴兴　圪显显很显眼的
样子　圪掀掀形容鼓胀的样子　圪蜒蜒爬动的样子　圪噎噎心里惦记的样子　圪沿沿
圪洋洋悠闲的样子　圪漾漾趾高气扬的样子　圪游游慢慢游动的样子　圪争争很客
气、很要强　圪抻抻直直地举着、端着　圪啁啁烟冒起的样子　圪铮铮很硬的样子：硬～
圪占占霸占的样子　圪颤颤打冷战的样子　圪阵阵①快跑、快走的样子。②勤快的样子
圪转转　圪桩桩①桩子。②像木桩子一样立着的样子

　　这类结构的词非常丰富，最后一字有的要儿化，使用时后边要加助
词"家（价）"、"的"之类，作状语、补语。例如，你看那圪阵阵快走的样子
价就来喽。那家他们那些都长得圪矮矮的。有的如果没有第二个重叠音节
就是动词。例如，圪拧、圪守、圪团、圪抻、圪占。
　　（3）"A 圪 BB"式
　　白圪生生　白圪烈烈　沉圪甸甸　沉圪腾腾　稠圪楚楚　稠圪囊囊
稠圪艳艳　稠圪严严 ŋæ³³　臭圪楚楚　臭圪乎乎　脆圪铮铮　脆圪嘣嘣
端圪溜溜　端圪铮铮　端圪沿沿　肥圪楚楚　肥圪囊囊　干圪巴巴
干圪嘣嘣　乖圪处处　乖圪溜溜　光圪旦旦　光圪楚楚　光圪抿抿
光圪闪闪　光圪悠悠　光圪纠纠　红圪楚楚　红圪旦旦　红圪当当
红圪烈烈　红圪腾腾　红圪艳艳　红圪□□ zæ²¹³ zæ²¹³　黑圪楚楚
黑圪旦旦　黑圪懂懂　黑圪麻麻　黑圪生生　黑圪惨惨　黑圪都都
黑圪恰恰　黑圪暗暗　黑圪死死　黑圪显显　黑圪艳艳　黑圪影影
黑圪油油　黑圪攒攒　灰圪塌塌　灰圪楚楚　活圪灵灵　可合圪旦旦
哭圪咳咳　紧圪巴巴　紧圪绷绷　静圪悄悄　严 ŋæ³³圪单单　辣圪丝丝

辣圪乎乎　　蓝圪茵茵　　蓝圪瓦瓦　　懒圪洋洋　　烂圪乎乎　　烂圪囊囊
牢圪巴巴　　牢圪旦旦　　牢圪沿沿　　棱圪铮铮　　凉圪沿沿　　凉圪丝丝
亮圪堂堂　　亮圪沿沿　　灵圪崭崭　　立圪当当　　立圪踍踍 tuo³³很陡立
立圪铮铮　　泪圪汪汪　　绿圪艳艳　　绿圪蓁蓁　　绿圪崭崭　　禄圪实实家产殷实
麻圪丝丝　　满圪溜溜　　满圪沿沿　　毛圪楚楚　　毛圪墩墩　　毛圪软软
毛圪闪闪　　毛圪丝丝　　绵圪乎乎　　绵圪囊囊　　绵圪软软　　绵圪墩墩
明圪当当　　明圪晃晃　　明圪纠纠　　明圪艳艳　　明圪崭崭　　密圪眼眼
密圪旦旦　　硬圪铮铮　　暖圪楚楚　　暖圪乎乎　　暖圪堂堂　　嫩圪海海
嫩圪水水　　嫩圪崭崭　　胖圪楚楚　　胖圪乎乎　　平圪旦旦　　平圪沿沿
平圪展展　　轻圪乎乎　　轻圪晃晃　　轻圪燎燎　　轻圪飘飘　　清圪当当
清圪艳艳　　清圪崭崭　　热圪处处　　热圪乎乎　　热圪堂堂　　热圪煴煴
软圪溜溜　　软圪塌塌　　涩圪巴巴　　涩圪揣揣　　涩圪瓦瓦　　拴圪铮铮
生圪巴巴　　生圪溜溜　　湿圪乎乎　　湿圪处处　　湿圪囊囊　　顺圪旦旦
顺圪当当　　顺圪溜溜　　顺圪沿沿　　水圪海海　　水圪叽叽　　水圪灵灵
瘦圪丝丝　　瘦圪沿沿　　酸圪溜溜　　酸圪丝丝　　甜圪乎乎　　甜圪楚楚
甜圪美美　　甜圪蘸蘸　　秃圪楚楚　　稳圪旦旦　　稳圪当当　　稳圪岩岩
稳圪悠悠　　温圪沓沓　　温圪楚楚　　稀圪沿沿　　细圪溜溜　　细圪蒙蒙
细圪丝丝　　显圪当当　　显圪沿沿　　香圪喷喷　　香圪乎乎　　笑圪眯眯
笑圪嘻嘻　　新圪旦旦　　新圪崭崭　　虚圪楚楚　　虚圪囊囊　　阳圪堂堂
油圪软软　　油圪粘粘　　圆圪楚楚　　圆圪旦旦　　圆圪当当　　圆圪乎乎
圆圪纠纠　　匀圪称称　　匀圪旦旦　　真圪眼眼

　　这类词所谓的嵌入式，"圪"是嵌入成分，如果表示可爱、喜欢、亲切等色彩意义的，最后一个音节一般要儿化。它们的数量极其丰富，在陕北晋语词汇中具有典型的构词特征。

　　(4)"圪 A 圪 B"式

　　圪疗圪瘩不平整、不光滑　　圪钉圪蛋不平整、不光滑　　圪顶圪崾形容不平整
圪斗圪瘩　　圪焦圪懒 pie³³别扭，不自在　　圪里圪瘩心里不畅快

　　这类词不多，表示物体或山势的不平坦，或表示心理感受，总体上使人有不舒服的感觉。其中有的也可以是名词，形容词是由名词演变来的，例如，"圪疗圪瘩"。

　　(5)"圪 ABC"式

　　圪巴链脑 tʂʻuai⁵²　　圪泊洼害　　圪泊洼掐　　圪搔麻也　　圪低打洞
圪丁冒塔　　圪斗搬蛋　　圪蹴马爬　　圪揽棒卡　　圪料二三　　圪料马爬
圪柳二歪　　圪竦 suŋ²¹³猴气　　圪堆二摞　　圪堆压马　　圪愣半片　　圪筋麻夛
圪筋马爬　　圪轻害眯 tsʻai⁵²　　圪轻麻叉　　圪稀颒 sæ⁵²摇　　圪吟要哇

圪蹐麻也

这类词是状态形容词，多数由两音节的"圪 A"裂变或扩充而来，裂变式的构成格式与北京话的"A 里 AB"（如马里马虎）相同。但是我们也很容易看出，北京话的 AB 是一个形容词，而绥德方言的 AB 是名词，如"圪瘩、圪落（圪崂）"都是名词，变成"A 里 AB"式后却成了形容词。参见第九章三十"熟语"。

4. 量词

圪瘩块　圪都　圪夹腋下所夹东西的量　圪卷　圪纶　圪截个　圪抓串圪撮　圪攒攒堆，一～

绥德方言的"圪"头类的量词数量最少，以上所举例子几乎是我们收集到的全部。它们大多数是由名词转变而来。从意义上看，被计量的名词都是表示小的。如"圪都"，①犹颗、株，一～蒜；②份，黑豆分成三～背回去；③些，这～人不好说。

5. 拟声词

（1）"圪 A"式

圪叭　圪嘣　圪邦　圪巴　圪㖭　圪喳　圪噌　圪噔　圪咕　圪哼圪呼　圪忽儿　圪唧　圪哇　圪吟　圪咂　圪邹咬比较脆的菜发出的声音。绿黑豆咬得～～价

（2）"圪 AA"式

圪叭叭　圪㖭㖭 ts'ai^{52}　圪噌噌　圪噔噔　圪嘀嘀嬉笑的样子　圪嘟嘟圪咚咚流淌的声音　圪咕咕嬉笑的样子　圪呱呱爽朗的笑声　圪哈哈　圪嘿嘿圪哼哼　圪卡卡 tɕ'ia^{52}小孩子哭泣的声音　圪哇哇　圪嗡嗡　圪炸炸尖细刺耳的声音　圪在在东西扭掰断时的声音。强得～　圪铮铮　圪吱吱　圪□□tʂua^{52}tʂua^{52}爽朗的笑声

这类词一般用在"V＋得＋C"中结构中作补语 C。"圪"头拟声词数量最少，模拟自然界声音的能力有限。

（三）"圪"的性质

晋语"圪"类词"圪"的性质，学术界的看法基本一致，认为它是一个词头。但是其来源，还有不同的意见。总体上看，大致有六说。（1）动词前具有副词的性质（温端政 1985）。此说的根据是这类"圪"在动词前表示动作行为短暂性或小量的反复性。名词、量词、动词等的"圪"可能不是一个字，而是一群音近的字，在动词、形容词前起修饰限制作用的"圪"

是副词，表示轻微、短暂、随意等意义①。（2）外来说。"是从少数民族语言吸收进来的"（马文忠 1996）。（3）复辅音说。"似乎和上古复辅音声母有联系"（沙加尔 1987）②。（4）双音化说。"圪头词是在汉语词汇双音化的洪流中，由单纯圪头词（引者按，指分音词）类推产生的"（邢向东 1987），"加'圪'是晋语词汇双音化的一种方式"（刘育林 2001）。（5）实意说。"圪"是有实意的（白平 2002：100）。（6）来源于指代代词，是表示弱化、相仿、名词化标记（张定 2007）。

其中（1）、（2）两说，有不少学者做过分析，认为是难以成立的（刘育林 2001、范慧琴 2007）。（3）说没有相关的对译材料或直接的材料加以印证。（5）说仅仅是一些特例。（6）说是"圪"问题讨论的进一步深化，更具理论性的探索，也是目前最新的看法。（4）说的解释为许多学者所看重，如刘育林（2001）、李蓝（2002）、邢向东（2002）等。（4）说对于三字格和四字格中"圪"作何解释呢？三字格的结构有两个模式。模式一：（a）圪＋AA，（b）圪 A＋A。模式二：（a）圪＋A 子，（b）圪 A＋子。如：圪刷刷、圪刷子，圪泊泊、圪泊子。毫无疑问，从构词理据上看，应该是 a 式，而非 b 式。也就是说，三字格的"圪"头词是在重叠式"AA"或"A 子"前加"圪"头构成的。重叠式"AA"和"圪"头词，意义上没有什么大的区别。那么，既然重叠词是双音节化了，为什么再加一个"圪"呢？这可能是晋语构词的需要而扩大了复音化的功能，是"圪"用法的进一步发展。形容词生动式四字格的"圪"，亦当如此。至于形容词生动式四字格中的"圪"是否仍然叫词头，如"红圪艳艳"，还需要思考。本书称"词头"，是沿用习惯说法。

（四）"圪"头词的意义

无论是山西晋语（王临惠 2001），还是陕北晋语（邢向东 2002），"圪"头词在表意上多数含有称小、动作行为的幅度小或短暂性，含有稍微如何，都具有口语性色彩。王临惠（2001）对山西方言的"圪"头词做过详细的调查与研究，认为"'圪'的附加意义概括一点说，就是'小'"。总体上说，由"圪"字构成的词，名词通常用以称述较为细小的东西，动词通常表示动作行为的幅度小或持续的时间短暂，形容词表示轻微的程度、状态或亲切喜爱，量词表示小的、模糊性的计量单位，拟声词表示较为细小声音的描摹。这些意义的体现，有时还与儿化等形式结合。绥德方言

① 马启红：《太谷方言"圪"字研究》，《语文研究》2008 年第 4 期。
② 以上二说转见刘育林（2001）。

"圪"头词在表意上有一定的词类区别。名词、形容词体现得相对突出一些，动词较少。此外，名词中的"圪 AA"，虽然该类结构词有表小的意思，实际上，是重叠式的 AA 在起作用。

在"圪"头词中，与"圪"相搭配的成分，在语音方面有一个特点，就是除了"圪裹"等几个词外，再很少有发音部位相同的 k-、k'-作声母的词根或构词成分与"圪"组合。这是晋语研究者们很少关注的一个特点。此外，绥德方言还有一个语音特点，就是"圪"头很少与入声音节的语素组合搭配。这是音理的原因，还是别的什么原因，需要进一步研究。

（五）"圪"头词的构词功能

晋语"圪"头词还有继续构词的功能，即"圪"头词可以作为构词的一个成分，再进一步构成新的词。例如：圪瘩云、圪崂地、圪尖帽、圪柳棍、圪扎人爱挑剔的人、圪争人特别客气的人、楞圪蛋下手重的人、毛圪蛋对孩子的昵称、猴圪蛋小的东西、鬼圪溜儿鬼鬼祟祟，心眼多、一圪溜儿很短的时间、圪搐搐裤、圪趴趴树、窝囊圪挤、涩嶙圪疤不光滑、黑青圪蛋愣头青等。其中的"圪瘩"、"圪尖"等都是能独立成词的。

（六）"圪"头词的历史考察及现代方言中的分布

"圪"头词最早使用非为某地方言专有，就古代文献看，唐宋元明清时代的"圪"头词主要为拟声词与"圪蚤、棘针、个堆"等几个名词，使用者并不只是今晋语地区籍贯的人，有北方的，也有南方的。北方的作者，有今晋语区域的，也有非晋语区域的。这说明晋语中的"圪"头词并非晋语独自创造来的，而是历史的继承与几何级的发展演变。

"圪"在历史文献中也写作"圪、扢、纥、疙、忔、屹、肐、亿、旮、咯、胳、阁、砢、吃"等字，相同的词，有时写作不同的字，说明"圪"是不表意的成分。可以考察《汉语大词典》中所收"圪"有关的词语：扢扎象声词，形容行动快速，犹突然，立即、扢扎帮犹扢扎、扢支象声词，形容断裂声、扢支支犹扢支、扢扨象声词；参差不平貌、扢插、扢抖抖抖动貌、扢秃突起的头疮、扢咋犹扢扨、扢搭形容声响。借喻行动快速，犹突然、扢搭搭抖动貌、扢搭帮扢扎帮、扢揸扢扨、扢达扢达、扢蒂瓜果和枝茎接连的部分、扢喇察象声词，形容爬行声、扢溜弯曲、扢挞扢搭、扢皱皱缩、扢戏犹可喜。谓好事、肐肢窝胳肢窝、肐胝儿趼子，俗称老茧、肐揪紧皱、肐落角落，室隅或偏僻的地方、肐察象声词，多形容动刀动枪的声音、肐膝膝盖、纥支支形容坚韧、纥梯纥榻象声词、纥络角落、纥缝疙瘩，球状或块状的东西。多指绳线等物所结成的、咯支、咯吱、咯支支象声词、咯巴象声词，亦作咯吧、咯吱亦作咯支，象声词、咯吧咯巴、咯哑象声词，引申指发出此种声响的动作；吞嚼、咯咯象声词，呃逆或咳痰等声，形容笑声，禽鸟鸣声、咯娄象声词、咯崩咯嘣、咯嗒象声词，鸡叫声；形容反复诵读、咯喳喳象声词、咯碌象声词，形容唠叨声，呃逆之声、咯当象声词，时钟走动声、咯嘣象声词，脚踏地声，咬嚼声、咯噔象声词，形容物体撞击或脚踏地等的声音、咯叽象声词，形容笑声、咯嚓象声词、咯蹬咯噔、咯腾心脏猛跳声，形容吃惊。这些词绝大多数是拟声词，说明"圪"头最初可能主要用于拟声词构词，后来扩大构词范围，也可以用于名词、动词、形容词的构词。历史文献中的"圪"头词几乎都是出现在口语性突出的材料中，典雅的文言作品中极少见到，可以看出"圪"头词在当时是一个口语词。

具有晋语性质的"圪"头词产生于什么时代呢？从文献资料来推测，应该是在元代以后，不会早于这个时代。大概属于方言词的性质，因此在用通行语写作的一般文献中很难找到有关例证。如果在历史文献中要有所发掘的话，只有在有可能使用晋语词汇的文献中去钩沉概率最大。这类文献主要是晋语地区的方志、民间文书、民歌、谱牒之类。我们在内蒙古土默特清代契约文书阅读中发现了数条材料，为了便于对"圪"头词（包括"圪"字的分音词）的历时探索，列举如下：

（1）《清乾隆七年（1742）李仁立出佃铺口约》："岂（其）铺口坐落在舍力兔召东圪料街路南，计铺口楼式间。"

（2）《清道光二十九年（1849）陈国祯立租宅基地文约》："立租宅基地文约人陈国祯，今租到八扣名下西包头圪料街路南吉泉涌巷内东边宅基地壹块。"

（3）《清道光九年（1829）段成财立租地约》："内黄圪峁地壹块，东至薛、赵二姓，北至冯姓，南至大路，西至刘姓墙根。"

（4）《清嘉庆二十五年（1820）张金明立租地约》："立租地约人张金明，今租到得计后厂汗迟老村村东北地壹块，东至圪梁，西至水渠，南至土圪梁，北至马厂。"

（5）《清道光十七年（1837）尹有庆立租地基约》："立租地基约人尹有庆，今租到高如意包头镇南圪洞二道巷地基一段。"

（6）《清道光二十四年（1844）根庆立出租房地基约》："立出租房地基约人根庆，今因差事紧急，将自［己］场地基［一块］，东至百姓，东南至水圪洞，西至李姓，西南至托托户，北至大路，南至王姓。"

（7）《清咸丰六年（1856）白满荣立租地基约》："立租地基约人白满荣，今租到巴扣南圪冻路西空基地一块，北至于姓，东至贾姓，西至张姓，南至大路。"

（8）《清同治元年（1862）谈凤翔立租地约》："立租永远地约人谈凤翔，今租到八扣臭水井村西北圪嘴地壹块。"

（9）《清道光十九年（1839）公盖达立典地约》："东至买主，西至张圮观，南至圪塄，北至毕永贵，四至分明。"

（10）《清咸丰七年（1857）蜜计立出典地约》："立出典地约人蜜计，自因无钱使用，今将自己大道地壹块，系东西畛，东至路，西至渠，南至大道，北至圪楞（塄），计地三亩。又有后村地壹块，……南至本主，北至圪楞（塄），各四至分明。"

（11）《清嘉庆十五年（1810）把独蒙扣立出租地约》："立出租地约人把独蒙扣，因为门差紧急，今将自己大圪堆地式块，系南北畛。"

（12）《清光绪十五年（1889）杜生智立退地约》："立退地约人杜生智，今因官差、社神、蒙古地租难以支持，将自己祖遗西老将营村西南六分圪尖地（乙）［壹］块，计地式拾五亩，系西北东南畛。"

其中"圪料"、"圪洞"出现在地名街道名称中，作为专有名词使用的。"圪梁"、"圪峁"、"圪嘴"、"圪楞（塄）"、"圪堆"、"圪尖"作为一般名词使用，它们与"坡地"、"沟地"等中的"坡"、"沟"一样，用指地势、地貌的。其中"圪洞"出现的频率最高，有十几次，"洞"还有"衕"、"冻"不同的写法，当为别字异文。这些例子说明，晋语的"圪"头词大量产生并使用不会晚于清代中叶以前。

"圪"头词既为历史上产生的较为通行的一类词，使用也还比较普遍，那么今天晋语之外的方言中是否也存在这类词呢？我们查阅了三部工具书，情况如下。《现代汉语词典》（第6版，2012）中也酌收了几条"圪"头词（未标注为方言），如"圪垯（圪塔）、疙瘩（疙疸）、袼褙、虼蚤、虼螂"等。许宝华、宫田一郎《汉语方言大词典》收录官话方言区的"圪"头词有：圪斗钩子（山西芮城）、圪巴锅巴；弄在衣物上发干了的稀饭等（山东东平）、圪节紧急关头处；量词，节，段（冀鲁官话、石家庄）、圪玄花言巧语怂恿人干坏事（河北井陉）、圪老墙壁的内角（河北井陉）、圪崂山窝，角落（北京、陕西永寿、澄城、洛川、湖北浠水）、圪针荆棘，包括酸枣树（北京、东北、山东平邑）、圪钉公羊（山西运城）、圪垯土山（河南洛宁）、圪挠垃圾（东北）、圪料不温和（北京、河北大名）、圪兜连带树根的树桩（贵州大方）、圪渍污垢（武汉）、圪喇讲话不合道理（陕西永寿、澄城、洛川）、圪赖性情暴躁（北京、河北大名）、圪溜弯曲（河南南部、西部）、圪塔饺子（河南三门峡）冈陵，小山（山西运城、陕西永寿）坛子（运城）、圪荤依靠（河北井陉）、圪嘴对象或地域的嘴状部分（河南中部、西部）、圪墩蹲下（陕西渭南）、圪囊轧碎的豆秸（河北昌黎）。李行健《河北方言词汇编》中收录非晋语的"圪"（或写其他字形）头词有：疙渣锅巴、疙瘩面疙瘩、疙瘩汤面疙瘩、疙痂痂、圪蹴蹲、圪瘩头酱疙瘩、圪挤眼挤眼儿、虼蚤跳蚤、个蚤跳蚤、割针枣树上的刺、格嚷大声喊叫吵闹、格孽吵架、硌台儿_{台阶儿}、各豆儿_{蝌蚪}①。辞书中"圪"字的不同用字现象表明，它是一个没有具体词汇意义的字，与晋语完全一样。

历史文献考察结果以及现代非晋语使用事实说明了一个问题，"圪"头词原非晋语所独有。今晋语中丰富的"圪"头词是历史的继承，并将其发扬光大，在词汇构成中占据了较大的空间；非晋语区的"圪"头词，不一定就是受晋语影响的结果，同样可以看成是历史的继承。对"圪"头来源李蓝（2002）在分析历史文献后指出："圪类词就是由分音词演变而来，'圪类词词头'作为一个构词成分是分音词中的声母字在晋语各方言中经过重新分析（reanalysis）后形成的一个特殊词缀。"其音变过程是：

$$声母字+韵母字 \rightarrow 声母字+本字 \rightarrow 圪字头+本字$$

这一分析是有说服力的。

二、忽

由"忽"头构成的词语主要有动词、形容词、拟声词。从构词形式看，有"忽 A、忽 AA、忽里 AB"三种。"忽"读 xuəʔ²³。"忽"的构词能力不强，构成的词语数量有限。

（一）动词

忽撒_{（粮食、饭菜）撒落}　忽掷_{（粮食、面粉）撒落}　忽扇_{随便搧}　忽闪_{闪动的样子}
忽扬扬，扬起　忽漾_{甩动}　忽撩_{快速经过，轻快闪过}　忽兴_{不稳重的样子}　忽耀_{闪耀}
忽绕_{打了个照面}　忽摇_{摇动，晃动}

（二）形容词

忽燎燎_{爬动快速的样子}　忽扇扇_{翅膀闪动的样子，形容待人热情的样子}　忽烧烧
şɔ⁵²_{灰溜溜。烧，读去声}　忽嗒嗒_{匆匆忙忙的样子}　忽势势　忽溜打扇　忽里颓
sæ⁵²_摇　轻忽潦潦儿　白忽礤礤 liɔ³³儿　薄忽扇扇儿　毛忽扇扇儿
虚忽沓沓儿　板忽四塌_{扁平的样子}

（三）拟声词

忽嗵　忽嘶儿　忽逝　忽唏儿　忽噜噜　忽颠颠 t'ie²¹³　忽里颓嗵
忽体忽嗵　忽挺四嗒　忽挺忽嗒　忽里忽隆　忽零忽拉　忽零二拉

动词限于"忽 A"结构，形容词主要是"忽 AA"结构，拟声词除了前二者结构，还有"忽里 AB"，三种结构都有。形容词限于表状态。四字格在语音上有很明显的特点，第二个音节都是同部位的舌尖中音 t-、t'-、

---

① 李行健：《河北方言词汇编》，北京，商务印书馆，1995。

l-，还没有发现有别的读音。考察近代汉语这类结构的词语，基本上也是这样。其中，l-的使用最为广泛，使用频率最高，主要原因可能有两个：其一，为生理上的，l-为舌尖边音，发音比较省力方便，又有响亮度；其二，为音理上的，l-母的拼合能力强，适应范围广，几乎跟各种韵母都能拼合。同部位的 t-、t'-，可能是 l-的类推结果。

在"忽"头词中，有的去掉"忽"意思基本不变，如动词，有的则不能去，如形容词、拟声词，否则不成词。"忽 AA"在使用时，一般带有助词"价"或"的"、"地"，句子中作状语和补语。例如："牛牛爬得直忽燎燎价。""忽噜噜地跑哎。"

三、不

"不"在绥德方言中是仅次于"圪"的又一个词头，相对于"圪"头词来说，它所构成的词语在数量上却要少得多，可以构成名词、动词、量词和四字格的形容词等。"不"读 pəʔ³，入声，有时在一些词语中也读 p'əʔ³，或 məʔ³。后两个音是其音变。

（一）名词

不甄 ts'æ⁵²较浅的器皿；洼陷的土坑　　不甄子同"不甄"　　不脐儿肚脐眼；类似肚脐眼的东西　　不蹭划痕　　不滩空旷的平地；地摊　　不绺绺个头小的东西

（二）动词

不列扔，摔；滚　　不教怪不得　　不笊本指耙取；引申为做、劳作　　不理挣扎，活动　　不哑哑吮　　不衍液体从器皿中溢出来　　不填随身躺着

（三）量词

不绺犹绺，排　　不滩些，堆。也指抽象的事情　　不蕈 xuŋ⁵²丛

（四）形容词

不沓不成形状的东西或不成样子的姿势　　不㤞㤞形状不正的样子　　不柴柴没有水分、活力　　不楞楞掉落、滚动的样子　　不理理儿形容急切的样子　　不液液液体波动的样子　　不罅罅张开的样子　　不艳艳繁盛的样子　　不踏踏快速走、跑的样子　　灰不溜溜儿灰溜溜的样子　　黑不溜溜儿黑溜溜的样子　　光不溜溜儿光溜溜的样子　　酸不溜溜儿酸酸的　　匀不楞楞儿匀称的样子　　花不楞楞儿比较花的样子　　灰不塌塌儿灰溜溜的样子　　温不塌塌儿稍有点热度　　硬不楞楞儿感觉硬硬的　　竹不楞楞儿感觉硬硬的

（五）拟声词

不唧溅起、挤出流体的声音　　不哑哑吃、说、下雨、爆破等声音　　不嗒嗒跑步声音。翅膀飞动的声音　　不啦啦　　不惊不哑水滴、干活的声音

不惊跃哑同"不紧不哑"

四、日

有较为丰富的"日"头词也是晋语词汇的一个突出特征。绥德方言由"日"字构成的语词也比较多。"日"读 $z_{\vartheta}?^3$。"日"头词常见的有如下一些词：

日八什么也不是，用于否定或斥责　日八甭同"日八"。扯淡　日八甭子同"日八"　日觅寻觅　日磨磨蹭　日搲用手抓、捏、摸等　日绾做，弄　日捣捣乱，作弄　日倒倒弄，倒腾　日蛋不愿意做某事　日颠娇惯，多用于小孩子　日逗挑逗　日咚放较重东西时的声音　日㞞赖害　穿戴不整洁　日蹋糟蹋、欺负。挥霍　日天形容本领极高　日攘吃的贬称　日闹胡闹　日能逞能、耍小聪明。能干、有本事　日赖脏、不干净。耍赖，诬赖　日弄耍弄、作弄　日告训斥　日干心胆大　日圪颠同"日颠"　日怪奇怪　日鬼搞鬼。藏放　日骨指孩子好，不调皮。多用于否定　日侃意为不愿做某事　日恶厉害，凶残　日瞎三无能，怯懦　日磣寒酸。脏。难看。讨人嫌　日闲消闲　日闲蛋同"日闲"　日黑漆眼黑　日晃摇晃，不稳重　日哄哄骗　日嚓骂　日七蛋同"日蛋"　日求闲无聊至极　日衔吃的贬称　日昌健壮，多用于否定　日超高超　日甭同"日八甭"　日甭子同"日八甭"　日闪逗弄　日耍戏弄　日脏肮脏。不中眼。讨厌　日钻钻、待着　日吵吵闹　日躁训斥、教训　日酸寒酸。正派，用于否定　日算算计　日死汉同"日八"　日洋时髦　日样儿样子　日眼刺眼。中看，多用于否定

（一）类型及词义特征

晋语"日"头构成的语词主要是动词、形容词，此外还可以构成名词（极少）。作为形容词，"日"头词一般不能重叠使用。"日"头是由禁忌词虚化而来的一个类似前缀的语素。"日"的本字是"入"。"日"头词多为贬义语词，含有不满意、看不起、讨厌、僧恶等感情色彩，在句中有加重语气的作用。

（二）产生时代

晋语"日"头词的产生时代问题，学者们较少关注。就笔者所及文献，"日"头语词在明·兰陵笑笑生《金瓶梅词话》中已经出现，"日"写作"合"。例如：

（13）你还合神捣鬼，是那花园里拾的？你再拾一根来，我才算。（82回）

例中"你还合神捣鬼"意思是说你还在说谎话，欺骗人。清·曹雪芹《红楼梦》里写作"衾"，其用例如下：

（14）刘姥姥……又说道："这里的鸡儿也俊，下的这蛋也小巧，怪俊

的。我且刍攘一个。"(40 回)

　　(15)那刘姥姥正夸鸡蛋小巧，要刍攘一个，凤姐儿笑道……(40 回)

　　(16)再刍攘下黄汤去，还不知嗳出些什么来呢。(75 回)

　　(17)尤氏笑道："我说你刍鬼呢，怎么你大嫂子的没有？"(43 回)

　　这几个例子中，"合"、"刍"字义已经虚化。北京话"合"，今读 rì，"刍"，今读 cào。从《红楼梦》中的用例来看，"刍"当是"合"字的异体，从构词的角度说，如果读 cào，则"刍攘"不词，今晋语中贬称吃为"日攘"能够从侧面说明这一点。改"合"为"刍"者，盖只注意了意义，没有考虑构词法的因素。今绥德方言的"日"头与此完全一样，而且整个词义、用法也一致。"日"头语词在文献中比较少见，可能是其粗俗而"不登大雅之堂"，文人们尽力避免使用的缘故吧。李荣(1982/1985c：)考证，"刍"为会意字或形声字，并且举陕西商县方言"刍"读 z_1^{31} 为例加以证明，"合"当为形声字，从入日声。从今天"日"头词使用得区域来看，它主要是在北方方言区、晋语区内，晋语区内使用的更为普遍。其中，"日塌、日弄、日鬼"曾收入《现代汉语词典》及其《补编》。

五、和

　　"和"作为词尾一般用于单音节形容词性语素后，构成的词主要有：长和、稠和、瓷和、贱和、近和、烂和、慢和、绵和、明和、硬和、暖和、平和、轻和、穰和、热和、绒和、柔和、顺和、随和、松和、稀和、圆和等。它们都表示说话者希望达到的目的，有感觉。如果是不希望、不愿意出现的情况，则这类形容词后不能出现，如有"轻和"，而没有"重和"，因为背挑东西时，"轻"是人们希望的结果，而"重"则不是。"和 $\subseteq xuo^{21}$"大多词中读去声，个别词中读阳平，如"暖和"。这一点与北京话的读轻声不同。"和"尾词使用时大多数后边带有"(一)些"，如"面煮绒和些"、"天明和些好走么"。作为词根的形容词性语素，一般要具有感觉语义特征。

　　最早提出"和"为词尾者是赵元任(1979：116)，他举了"暖和、软和、温和"三个例子。钱曾怡在《济南方言词典》中也将"和"处理为词尾，放在附加式合成词中，认为其词义主要由词根来承担，据此来看，"和"可以看作为一个词尾。

六、麻也

　　"麻也"读 $\subseteq ma^{33} \ulcorner ie^{21}$。目前其本意不详，本字也难以确定，这里只

能据音用字。"麻也"大致分为两种类型：一是临时用在名词类词语后，彼此组合成临时性结构，具有举例功能，其义大致可以理解为"之类、一类"，表明人或事物的类属范围。如"吃的麻也"、"铺的麻也"、"家具麻也"、"圪虫麻也"、"生灵麻也"、"清早麻也"，就是指吃的、毡褥、家具、虫子、牲口之类的东西。二是用在相对比较固定组合结构中，另一成分多为双音节结构的动词、形容词，在意义上多表现为苦累、难受、不好看之类，所做的事情不容易。常见的有：吃亏麻也、赤屡麻也、独气麻也卖力地干样子、圪搐不舒展麻也、圪叉麻也、圪渣麻也爱挑剔，难以接待、圪堆麻也、圪筋瘦弱、纤细麻也、灰土麻也、绝气麻也、可怜麻也、零捎麻也、挨打麻也、念书麻也、气局气不够用麻也、说中麻也眨眼之间、受苦麻也、受气麻也、受罪麻也、瘦丝麻也、寻吃乞讨麻也，等等。这类组合也有黏合程度不是很紧的，如：捣蛋麻也、斗阵麻也、赌博麻也赌博之类的事、跟工打工麻也、瞌睡麻也、磕头麻也、揽工打工麻也、调皮麻也、厮打麻也，等等。

七、拜带

"拜带"，读 pai^{52} tai^{52}，本字不详，原意不明。"拜带"用在动词后，大致有两种情况。一是用法与"麻也"类似，有列举的性质，动词在语义上表达人们不愿意、不希望发生的动作行为，或遭遇不好的行为、事件，如果发生了，人们在身心上就感受不舒畅。例如：丢人拜带、惹人拜带、赌博拜带、跟工拜带、瞌睡拜带、磕头拜带、挨打拜带、受苦拜带、受气拜带、受罪拜带、寻吃拜带、厮打拜带。"丢人"是人们不愿意承受的行为，"挨打"、"受气"更不是人们所愿意承受的，"瞌睡"时就得睡，但此时如果仍然要做事情，这就违背了人的生理规律，也不是人们所愿意承受的。

二是用在一般动词语后，比较灵活，关系松散，具有开放性，词语含有类属的意思。例如：搬担拜带、背担拜带、锄地拜带、耕地拜带、浇水拜带、教书拜带、借钱儿拜带、砍柴拜带、考试拜带、念书拜带、说话拜带、写字拜带、寻人拜带、挨头子拜带、挨日嘁拜带、厮日嘁拜带、做饭拜带、做生活拜带。"搬担拜带"是指搬动挑担之类的事，如"搬担拜带一回可是麻烦呐"。"寻人拜带"是指请求他人、托人找关系帮忙这类的事，如"寻人拜带不说，还不一定能弄成么"。

当然，以上两类不是完全对立的，有时两者是掺和在一起，难以截然区别开来。此外，也可以用在名词性词语后，表示类属，犹之类。例如：青货_{水果}拜带、粮食拜带、家具拜带、吃的拜带、穿的拜带、用的拜带。

八、马爬

"马爬"本指像马爬地下一样扑倒在地，例如"你马爬下"，意思是叫你趴下，"马爬下睡"就是趴着睡觉，"马爬跌倒"就是向前扑着跌倒地上，它们作谓语、状语。这一意义进一步虚化后用于动词后，表示动作用力气、吃力，身体处于不舒适的状态。一般用于双音节动词性后。常见的有：跌倒马爬_{跌跌撞撞的样子}、跌跤马爬、斗阵马爬、独气马爬、绝气马爬、噘筋马爬、圪㧗马爬、圪蹴马爬、瞌睡马爬、受气马爬、受罪马爬、日噘马爬、弯腰马爬、挣死马爬等。"跌跤马爬"表示行走不容易，人摔倒是疼痛的，感受自然不好。"受罪马爬"表示获取东西依靠受罪的方式得到，受罪是人们不舒服的感觉。"挣死马爬"表示拼死拼活地劳作，劳累是不舒适的感觉。

此外，"马爬"用于动词后，表示人的行为、事物的状态不好，常见的有：捣蛋马爬、圪堆马爬、圪料马爬、圪筋马爬、圪擤马爬、撑肚马爬等。"捣蛋马爬"就是调皮捣蛋，指人的行为不好，如"这狗儿的～，总算考上个大学喽"。"圪料马爬"表示东西变得弯曲不平整，如"木料翘得圪料马爬，不好用喽"。这一词语又引申为人性格乖戾，"这人说话咋圪料马爬，谁惹来喽？""圪擤马爬"指东西缺少水分后变得干瘪难看的样子。"马爬"表示实义的用例早在明代文献就已经出现，如《金瓶梅词话》。这里列举其中几个例子如下：

(18)原来李瓶儿好马爬着，教西门庆坐在枕上。(16回)

(19)将烛移在床背板上，教妇人马爬在他面前。(18回)

(20)西门庆坐在帐子里，李瓶儿便马爬在他身边。(50回)

绥德方言的"马爬"当由此继承而来，词缀用法是虚化的结果。

"马爬"这类词在陕北晋语中普遍使用，山西中部和西北部的方言中也有这类词语(吴建生等，2010：236)，而其他方言极少见到，因此，似乎也可以将这一方式构成的词看作为晋语词汇的一个特征词。

九、瓦害

"瓦害"构成的词，表示人或物体的状态给人以不舒服的感觉。这类词的数量不多，常见的有：冰冷瓦害、吐淘瓦害、涩嶙瓦害、圪疤瓦害、圪泊瓦害、圪擤瓦害、圪料瓦害、圪筋瓦害、圪粝瓦害、恶水瓦害、赤屪瓦害、捏掇瓦害、日脏瓦害、日屪瓦害、嘴筋瓦害等。"瓦害"读 ꜂va²¹³ xai꜒⁵²，本字不明，这里用同音字代替。

十、些家

"些家"读 ɕi꜒⁵² ꜂tɕia²¹，它放在"的"字结构短语和表示总称事物的名词后，表示某类人或事物。例如：娘家些家、亲亲些家、黑痞些家、流氓些家、娃娃些家、大人些家、粮食些家、铺盖些家、生灵些家、树头些家、菜蔬些家、吃的些家、喝的些家、穿的些家、用的些家、烧的些家。"些家"也可以用在单独的动词、动词性或词义相关的两个动词列举后，动词如果是单音节，则后边要加语气词"叻"，构成"V＋叻＋些家"、"V₁＋叻＋V₂＋叻＋些家"结构，表示某类行为的范围，犹北京话的"吃啊喝啊之类"结构。例如：受苦些家、和面些家、做肉些家、算账些家、跟工些家、科剪些家、缝补些家、收割些家、做饭些家、耍叻些家、说叻些家、锄地些家、扭叻唱叻些家、写叻算叻些家、吃叻喝叻些家、洗叻涮叻些家、切叻剁叻些家、蒸叻煮叻些家、缝叻补叻些家、偷叻抢叻些家等。由"些家"构成的结构，都是短语，这类短语一般做话题主语。例如："树头些家我每家里可多叻。""耍叻些家谁不会？""扭叻唱叻些家，人家样样都行。""偷叻抢叻些家，那他哪一个没做过？"由"的"字短语构成的名词类"些家"短语，也可以作介词的宾语。例如："你把吃的些家拾闹_{准备、办置}好。"

十一、打么

"打么"读 ꜂ta²¹³/²¹ ꜍ma²¹，本字不详。"打么"的用法与"些家"一致，构成的结构也是短语。它可用于名词、名词性短语后表示某类人或事物的范围，犹之类的意思。例如：亲亲打么、自家打么、学费打么、衣裳打么、家具打么、吃水打么、用的打么、吃的打么。也可以用在动词、动词短语后表示某类行为。例如：办事打么、做饭打么、受苦打么、跟工打么、念书打么、学习打么。如果动词是单音节的，一般要在它的后先加语气词"叻"，再加"打么"，构成"V＋叻＋打么"、"V₁＋叻＋V₂＋叻＋打么"结构。例如：看叻打么、做叻打么、写叻打么、说叻唱叻打么、写叻算叻打么。"打么"之类的短语，主要用作主语和宾语。例如："这回办事，自家打么都待着叻。""搬家价，家具打么都送哩人嚓。""说叻唱叻打么，没那_他不会的。""给那些送哩些吃的打么。"

第三节　名词

一、洋

"洋"与"土"相对，本来指海外西洋的东西，由此构成的词，不能算作严格意义的词头，从构词的当初来看，也没有类推的功能。绥德方言由"洋"构成的词，常见的词有：洋裱、洋灯、洋钉(子)、洋号儿、洋灰_{水泥}、洋火_{火柴}、洋货、洋码儿、洋铁、洋烟_{鸦片}、洋碱、洋胰子、洋镜儿_{镜子}、洋冰糖_{水果糖}、洋瓷盆_{搪瓷盆}、洋瓷碗_{搪瓷碗}、洋蔓菁_{菊芋}、洋得溜儿_{地蚕}、洋槐树、洋柿子_{西红柿}等。随着当今国家科技进步、工业经济发展，这类词被后起的词逐渐代替，因此它们正处于趋于消失的过程中。如"洋灰"被"水泥"替代，"洋碱"被"肥皂"、"香皂"替代，"洋灯"在有了电灯后，已不再使用。相对来说，只有"洋火"、"洋裱"、"洋瓷盆"、"洋瓷碗"、"洋槐树"、"洋柿子"使用得较为稳定。从近十多年来的使用趋势观察，有的词也开始动摇了，如现在家庭取火多用"打火机"，"洋火"用的越来越少，推测这一词在不久的将来也可能会消失。海外西洋的东西叫"洋"，本国的外地东西受此影响而亦加类推，也叫"洋"，时尚的东西也叫"洋"。如洋话_{普通话}、洋气、洋劲儿、洋相。

二、儿

绥德方言"儿"缀使用得很普遍，在读音上与前一音节融合，即读卷舌的儿化音，与北京话相同。"儿"缀词主要用于名词、量词、代词、动词、副词以及一些重叠结构后。

(一)单音节语素＋儿

名词：枣儿　杏儿　猫儿　雀儿　窑儿　房儿　镜儿　瓶儿　桌儿盅儿　棍儿　袄儿　帽儿　袜儿　钱儿　仿儿　球儿　空儿　劲儿

量词：成儿　对儿　本儿　锭儿　件儿　朵儿　桩儿　宗儿　沓儿块儿　口儿　片儿

代词：这儿　那儿　搭儿

(二)双音节语素＋儿

名词：临黑儿　黄黑儿　旧个儿　早个儿　石床儿　过洞儿　灰窖儿磨系儿　圪篓儿　水葱儿　山蔓儿　猫巷儿　后劲儿　草帽儿　棉裤儿花捻儿　油旋儿　窟窿儿　圐圙儿　葫芦儿　圪落儿　轱辘儿　席片儿

动词：出门儿　上班儿　接顶儿结婚时给娘家馍馍　锢漏儿用生铁水补锅

代词：这阵儿　那阵儿　这会儿　那会儿　哪搭儿　哪的儿　咋向儿　多咱儿　甚咱儿

副词：可可儿　将将儿　款款儿　端端儿　偏偏儿　美美儿　打猛儿　故意儿　可一儿到处　老门儿完全，总共

（三）三音节语素＋儿

名词：冰圪锥儿　一摸黑儿天刚黑　先当个儿　蒜圪都儿　绿黑豆儿　水萝卜儿　小花红儿文林郎果　漏酒瓶儿　烧酒瓶儿　软板凳儿马扎　淘饭盆儿　黑面角儿　倒吊柳儿　蜗蜗牛儿蜗牛　驴粪蛋儿　白眼娃儿　耳窟窿儿　黑老罢儿最后一名　层层底儿　竖心儿旁儿　禾木儿旁儿　秃宝盖儿　人人头儿　人人脑儿

动词：没眼睛儿相互见不得　要把戏儿变戏法　弹杏核儿一种游戏

形容词：圪汪汪儿　圪尖尖儿　圪昂昂儿　圪飘飘儿　圪争争儿　忽燎燎儿

代词：这咱会儿　那咱会儿　这么个搭儿　那么个搭儿

（四）四音节语素＋儿

名词：糖芯芯枣儿　雀儿脑瓜盖儿地丁　揄灶圪落儿　晾衣裳架儿　拆炭铁锹儿火铲　笑靥圪坨儿酒窝　连蹄蹄裤儿　瓜壳壳帽儿

形容词"A圪BB"的最后一字一般要儿化。例子参见本章第二节。

（五）重叠结构＋儿

重叠结构是指词语的重叠，重叠结构的儿化主要是用于形容词后。例如：小小儿、明明儿、平平儿、热热儿、方方儿、长长儿、好好儿、灵灵儿、悄悄儿、大大儿、高高儿、短短儿、黑黑儿、绿绿儿等。

绥德方言的"儿"缀、"子"尾、重叠结构在表义上有些差异。"儿"缀词有亲切、喜爱、小称的意义，重叠式结构也表一定的喜爱色彩，"子"尾词则有不喜欢的意思在内。试比较以下几组词。老汉：老汉－老汉儿－老汉汉。老婆：老婆子－老婆儿－老婆婆。圪尖：圪尖子－圪尖尖儿－圪尖尖。弯弓：弯弓子－弯弓儿－弯弓弓。瓶：瓶子－瓶儿－瓶瓶。

三、灰

"灰"是晋语词汇中的一个重要词头，表示做事莽撞，超过了正常人的行为和理智，所构成的词语都含有一定的贬义色彩。绥德方言也有由"灰"构成的词，读 ˉxuei²¹³，但是数量极少，没有山西晋语那么丰富，常见的有五六个，如灰圪蛋做事没有理智的人、灰圪泡、灰屄、灰汉、灰人。

也可以临时用于称谓词前。例如：灰娃娃、灰后生、灰女子、灰老汉、灰婆姨、灰干部、灰老师、灰书记。

四、子

由"子"尾构成的词非常丰富。"子"读促化音 tsəʔ₂³，所以在书写中经常写成"则"，如村庄名中的"苇则沟"（苇子沟）、"园则沟"、"宽坪则"、"背园则"、"豆则沟"、"腰去声则沟"等，就是这一语音变化的典型体现。由"子"构成的词基本上都是名词，还有少数量词，其他词极少。从结构形式上看，大致分为三类。

（一）单音节语素＋子

名语素＋子　门子　麻子　疤子　把子　筐子　缝子　里子　面子

动语素＋子　裂子　套子　碾子　镊子　剪子　罩子　拐子

形语素＋子　秃子　憨子　尖子　疯子　冷子　乱子　胖子

量语素＋子　份子　对子　轮子　阵子

（二）双音节语素＋子

a 脑门子　咬舌子　面囤子　席片子　揪片子　炭面子　阿伯子　病罐子常生病的人　风门子　树枝子　近觑子　赤屦子　贼娃子　羊羔子　鞋底子　尿毯子　下巴子　布绺子　纸片子　顽皮子

b 圪揽子　圪梁子　圆圐子围起来的场地　窟脸子圆圈　辖辘子　窟窿子

c 二杆子　二流子　二混子　半鳖子　半吊子　半脑子　炰片子没有出息的人　糊脑子脑子不够数的人　捩片子性格拗捩的人　老卡子老年人的谑称　乞片子过分客气的人　生杂子做事强悍蛮横的人　悟突子性格内向、倔强的人　二尾子阴阳人

以上 a 组为一般三音节词，b 组由分音词构成，c 组含有贬义色彩。

（三）三音节语素＋子

二不杆子不上不下的东西　二不浪子半大不小的男孩子　纸圪帛子

"子"尾词，还可以作为构词成分，进一步组成新的词。例如，麻子脸、罩子灯、袄领子、架子车、门窗框子、半吊子货、温笃子水、黄梢子云、暗窜子狗咬人不出声的狗。

"子"尾的构词功能与北京话区别不大，不同的地方只在组合的对象上有所差异。北京话用"子"尾的而绥德方言不用，或者表意上有所区别，如北京话说"车子、鞋子、傻子、勺子、沙子、驴子、房子、镜子、碾碡子、绳子"，绥德方言多说"车、鞋、憨汉、勺儿、沙、驴、房儿、镜儿、

碾轱辘、绳儿"。相反的情况也是有的，北京话不多用"子"尾的，绥德方言多用，如"辣子、果子、手腕子、雨点子、冷子、圪巷子、车轮子、充子、叉子、一干子"，北京话说"辣椒、苹果、手腕、雨点、冰雹、小巷、轮胎、夹脖儿、嚼环、一伙儿"。从整体功能看，绥德方言的"子"尾词有的含有不太喜欢的色彩在内。

五、家（价）

参见第十九章第一节。

六、詈词后缀

詈词后缀主要有"鬼"、"皮"、"货"、"屄"、"脑"、"包"。它们的本义消失，意义极虚，共同点在于都含有一定的贬义。这些后缀，其实并没有像"子"尾那样彻底地虚化为词缀，还具有一定的类属意义，都是指人的。

（一）鬼

一般用于动宾式双音节语素后，很少与单音节语素组合。"鬼"读 ˪kuei²¹³。例如：催命鬼、催死鬼、苍脑鬼做事差劲的人、勾命鬼、倒运鬼、倒灶鬼、倒拾鬼、短命鬼、饿死鬼、怄鬼、急尿鬼急性子人、砍脑鬼、懒名鬼懒惰的人、遛街鬼爱逛街的人、卖脑鬼、挨刀鬼、爬肠鬼做事差劲的人、爬屄鬼、屈死鬼、讨吃鬼、挣命鬼、要命鬼。

"鬼"是迷信所说人死后的灵魂，属于阴曹地府掌管，与阳间的人相对，因而见不得人，引申出指见不得人的有不良行为的人，再引申为对某类人的贬称。这类词语在南北朝文献中已见。诸如"破面鬼"、"穷寒鬼"、"木客鬼"、"白日鬼"、"地头鬼"、"促狭鬼"、"冒失鬼"、"急脚鬼"等。这里具体举两个文献中较早使用的例子。"破面鬼"指面容破损丑陋的人。《南史》卷37《沈昭略传》："永元中，与叔父文季俱被召入华林省，茹法珍等进药酒，昭略怒骂徐孝嗣曰：'废昏立明，古今令典，宰相无才，致有今日。'以瓯投其面，曰：'使为破面鬼。'""穷寒鬼"指穷困的人。唐·张祜《感归》："乡人笑我穷寒鬼，还似襄阳孟浩然。"可见，詈词尾"鬼"出现的时代比较早，晋语许多点继承的较多，并有发展。

（二）皮

"皮"本字应该是"痞"。"痞"本指中医指胸腹内郁结成块的病，是一种难治愈的顽疾，引申为恶棍、流氓无赖，再进一步引申为坏、不好。绥德方言"皮"只与单音节语素组合成词，数量很少。"皮"读 ˪p'i³³。主要有：黑皮_{地痞，痞子}、灰皮_{做事莽撞的人}。无赖、赖皮、啬皮_{吝啬的人}、死皮_{无赖}之人、顽皮。

（三）货

由"货"构成的词，有的是固定结构，有的是临时搭配。"货"读 xuo^{52}。常见的词语有：八成儿货、巴家货_{处处为家庭的利益着想的人}、厄尿货_{倒运的人}、半吊子货_{脑子不够数的人}、缠手货_{令人棘手的人}、爬肠儿货_{不正路的人}、爬尿货_{同"爬肠儿货"}、败家子货、赔钱儿货_{未出嫁女子}、卖屄货_{婊子}、卖脑货_{挨刀子的人}、卖嘴货_{卖嘴皮子的人}、没儿货_{断后的人}、面子货_{外表好内里差的东西}、歪货、倒尿货_{倒运的人}、倒灶货、倒运货、捣蛋货、丢人货、讨吃货、偷人货、捏嘴（子）货_{做的事使他人无法张嘴说话的人}、挨打货、挨刀（子）货、挨尿货_{对女人的辱骂}、赖货、烂货_{借指乱搞男女关系的女性}、烂尿货_{同"烂货"}、烂灶儿货_{同"烂货"}、愣货、溜沟子货、脏货、瓷货_{反应迟钝，死心眼的人}、骚货、骚情货_{同"骚货"}、死害货、松动货_{厉害、强悍的人，用于否定}、吃老子货_{啃老族}、吹牛儿货、吹牛尿货、受气货、乞刀子货_{同"挨刀子货"}、讹人货、怄货_{没有出息的人}、害货、黑青货_{做事冒失的人}、黑响货_{同"黑青货"}、行货_{货色}、儿货、二杆子货、二尿货_{做事莽撞不计后果的人}。

词缀的"货"是由货物意义通过隐喻的方式发展而来。货物是买卖的物品，买卖就有赔钱和挣钱两种结果，赔钱的货物是商家不愿意经手的。用于人而言，品行不好的人就像不好的货物一样。最早用于指人的，是指未出嫁的女子，父母辛苦养大了要给别人家，出嫁时娘家要给陪嫁，从做生意的角度看，养女子是只赔钱不挣钱的买卖，故有了"赔钱货"、"殃人货"的称呼。扩大使用范围就是指人的各种贬称。需要一提的是"货"没有完全成为一个词缀，多少还有点儿词汇意义在内。

"货"作贬义后缀的用例在元代及其之后文献中已见，这里征引数例，以说明其源头。如元刊本杂剧《小张屠》2 折："那里哭的声音大，到来日只少个殃人货。""殃人货"就是使人遭殃的人。《气英布》1 折："那里发付这殃人货，势到来怎生奈何？"《冤家债主》2 折："常言道：'有钱不买张口货。'因他养活不过，方才卖与人。"《黄粱梦》4 折："至如将小妮子抬举的成人大，也则是害爹娘不争气的赔钱货。""赔钱货"指女儿。《酷寒亭》3 折："谢天地小人刚道的这淫邪货，并不曾道甚孔目哥哥。""淫邪货"指淫荡的人。元·盍西村《小桃红·莲塘雨声》："头上闲云片时过，泛清波，兰舟饱载风流货。""风流货"即风流的人。明·兰陵笑笑生《金瓶梅词话》12 回："都是露水夫妻，再醮货儿。""再醮货儿"即再嫁的女人。比较这些例子，与今天方言的用法则完全一致。

（四）尿

绥德方言由"尿"构成的词也比较丰富，它们都表示对人的辱骂或不尊敬，贬义的程度很高。"尿"读 $_{\subseteq}$suŋ^{33}。常见的有：半脑尿脑子不够数的人、笨尿、厄尿做事差劲儿的人、臭尿犹坏种、瓷尿反应迟钝的人、雌尿做事恶劣的人、儿尿品行恶劣的人、炕尿没有眼界，没有出息的人、圪曩尿絮叨的人、瞎尿心理意识很坏的人、憨尿傻子，脑子不够数的人、糊脑尿头脑不清的人、滑尿滑头，耍滑的人、坏尿犹坏种、灰尿做事不计后果的人、奸□k'ə?^{3}尿奸猾的人、赖尿做事差劲，品德底下的人、懒尿、楞尿做事干活心狠手脚重的人、囊尿囊包，脑子不够用的人、爬尿做事差劲的人、下厄尿做事下流的人、杂尿犹杂种、脏尿做事差劲的人。

"尿"作词缀表示骂人，是由形容词演变来的。"尿"本来是指精液，作名词，引申为不好，差劲，作形容词，如"尿事"、"尿人"、"尿地方"、"尿家"、"尿娃娃"、"尿婆姨"，再进一步虚化后就表示某种人，但是作形容词所具有的贬义色彩被保留下来了。

（五）脑

"脑"在绥德方言中本指头、头部，引申为头脑不够数或不做好事的人。这类词都带有贬义。"脑"读 $_{\subseteq}$cɔ^{33}。常见的有：鳖脑不开窍的人，见好处不要的人、瓷脑反应慢的人、炕脑时运不好的人、瞎脑软弱的人、憨脑傻子、滑脑耍滑的人、晃脑不稳重的人、奸脑奸猾的人、愣脑做事心狠的人、嫖脑嫖客、烧脑好嫖的男人、兴脑不稳重的人。"脑"有的也能说成"脑子"。

（六）包

"包"作为表人的晋词词缀，来自"草包"的进一步虚化。"草包"本指用草等编成的包袋，因其不坚实，比喻不坚强、胆小害怕的人，也比喻品行不好的人。"包"作晋词缀字近代汉语中已经出现。例如，明·吴承恩《西游记》18 回："我这些时不曾住脚，前前后后，请了有三四个人，都是不济的和尚，脓包的道士，降不得那妖精。"清·西周生《醒世姻缘传》63 回："我要你这攮包杂种做甚！"绥德方言由"包"构成的词很少。"包"读 $^{\subseteq}$pɔ^{213}。常见的有以下几个：囊包窝囊的人、脓包软弱的人、尿包软弱的人、尿囊包软弱的人、烧包好色的人。

附　几类名词与序数词

这里附带说说绥德方言名词中不同于北京话的几个词，以及序数词。

（一）时间名词

今儿　　明儿　　后儿　　外后儿第四天　　　外外后儿第五天　　可 $_{\subseteq}$k'ə^{33}后儿第五天之后，不具体

夜儿昨天　　前儿　　先前儿前三天　　可前儿前四天以前，不具体

今年　　　明年　　　后年　　　外后年_{第四年}　　外外后年_{第五年}　　可后年_{第五年之后，不具体}

年时　　　前年　　　先前年_{前三年}　　可前年_{前三年之前，不具体}

（二）方位名词

绥德方言的方位名词，除了有北京话的那些外，还有"浮上、浮起、浮头、浮皮儿_{还指最上层}"，"底里"，"里首、掌里、掌掌、黑头、黑里"，"外首、外起、外头"，"前里"、"后排、后里、拦后"，"当定、当停"，"左近、围圆儿"，分别表示上边、下边、里边、外边、前面、后面、中间、附近。

（三）幼小动物称"儿、儿子"、"娃儿"

对幼小动物称呼，北京话一般用"小狗"、"小猫"来表达，绥德方言用表人的词语来称呼，如许多方言叫母猫为"女猫"一样，体现了人和这些动物的亲近关系。绥德方言称呼小动物用"儿子"、"娃儿"。

儿、儿子

绥德方言的"儿"还表示雄性动物。如"儿马、儿骡、儿猫"，都是指公的。这一意义的"儿"不是词缀。

"儿子"指男性，绥德方言在用来指称动物时，不分雌雄。例如：猫儿子、狗儿子、猪儿子、兔儿子、鸡儿子、山鸡儿子、雀儿子、鸽儿子、鸦雀儿_{喜鹊}儿子、虎儿子、狼儿子、鳖儿子、黄鼬儿子、狐儿子、獾儿子等。

羊、牛、驴、马等动物不能称"儿子"，而说"羊羔羔/羊羔儿、牛不老/牛哞子、驴驹驹/驴驹子、马驹驹/马驹子"，体现了"儿子"本来意义是表小的。

一些小的瓜果、蔬菜，如"山蔓儿_{土豆}"、"茄子"、"洋柿子_{西红柿}"、"西瓜"也可以称"儿子"，放在形容词"猴小"、"碎"的后面指称或修饰。例如："这圪都猴儿子不好卖。""儿子"可指西瓜、土豆、茄子等。"这些碎儿子山蔓一把都推成粉_{加工成粉条}。"

娃儿

用"儿子"称呼的家畜，有的也可以"娃儿"来称呼。必须念儿化音。例如：狗娃儿、猪娃儿、鸡娃儿、猫娃儿、兔娃儿。但是非人工养喂的不能说，如山鸡（雄）、鸽子、麻雀、喜鹊等，就不能说"某某娃儿"。

（四）特殊的序数词

绥德方言一至九序数的表达与北京话不同。北京话表示序数一般用"第"加数词构成，绥德方言新派也逐渐地开始这样说了，而在老派中，

用"头"、数字和"一＋量词"构成。例如：头一宗儿_{第一宗}、二一宗儿_{第二}
_宗、三一宗儿、四一宗儿、最后一宗儿，头一句_{第一句}、二一句_{第二句}、三
一句，头一回、二一回、三一回、四一回、五一回、最后一回，头一遍、
二一遍、三一遍、四一遍、五一遍。十一以上用十一句、十二宗、十三
下、十四遍、十五回，等等。如果序数比较大的时候，只说数字，后边
的量词省略，如二十、二二、二三、三十、一百。

抽象事物的次序，往往用"一来、二来、三来、四来"表示，五以上
很少说"来"。

第四节　动词

一、"打"作前缀

"打"产生于汉魏时期，使用频率不高，主要用于表示击打义，唐宋
以后才大量使用，并且产生了大量的新用法。到了现代汉语中，其表意
能力更是达到了一个极限，《现代汉语词典》(第 5 版)所列动词意义多达
24 个，这在现代汉语中是少见的一个动词。绥德方言动词"打"的用法也
很丰富，有的是与北京话一致的，有的是北京话没有的。例如，猪、羊
交配，绥德方言叫"打窝"、"打圈"，燃烧、放火叫"打火"、"打烟火"，
打猎叫"打山"，虫吃为"虫打"，眼睛中进沙子、灰尘叫"打坌"，小孩子
吃饭比赛叫"打餐餐"，助跑后站立而滑行叫"打擦擦"，不远不近播种、
摆放叫"打花花"，讲话、背诵中有停顿、不连贯叫"打圪噔"、"打圪噔
噔"，等等。这些词中"打"的意义都已经虚化了，进一步发展就成为一个
词缀了。在绥德方言中，"打"既可以作前缀，又可以作后缀，还虚化为
一个助词，表达减量、随意、轻松意义。

"打"作前缀，读 ^cta²¹³，上声，是一个能产性很高的词缀，由"打"构成
的词较为丰富，除了北京话所使用的"打发、打滑、打赌、打滚、打开、打
听、打探、打扫、打闪、打问"，还有大量的词。"打"作前缀构成的词，主
要是动词，个别为副词。例如：打熬_{锻炼适应}、打帮_{劝说使接受}、打坌_{眼中进沙}
_子、打岔儿_{引开别人的话题}、打定_{拿定}、打散_{分散，分发}、打眼_{显眼，引人瞩目}、
打撼_{收拾，拾掇。将剩余的饭吃完}、打闹_{筹措}、打瓜_{泡汤，破裂，搞砸}、打划_{计划，谋}
_{划，思考}、打圈_{羊交配}、打窝_{猪交配}、打劝、打揽_{招揽}、打量_{观察}、打猛儿_副
_{词，猛然，突然}、打掐_{掐掉}、打招_{理睬，招呼}、打吓_{讹诈}、打租_{出租}、打澄_{使沉淀}、
打掇_{筹措，整理}、打误_{耽误}、打约_{打问，初步约定}、打知_{告知，打招呼}、打哨儿、

打圪噔、打骨隆儿打滚、打花花不远不近、打擦擦在冰上助跑后随惯性而自动向前滑动、打餐餐、打火火放烟火、打露水、打平伙、打烟火、打转转原地转圈、打茬对吼争辩、顶撞。

词缀"打"是由实义动词"打"虚化而来。"打"的本义是敲击、撞击，在使用过程中开始虚化。作为词缀的演化过程，大致轨迹是：首先它与动词组合，如"打闹"，在"两个人一见面就打闹"中"打"是动手动脚的意思，在"你回家打闹钱儿去"中"打"没有词汇意义，仅仅是双音节词的一个音节，词义由"闹筹措"来承担。组合后的表意主要有另一语素承担，"打"的词义泛化为"作为"，并与一些语素组合固化，再进一步虚化，"打"随之由一个实语素而虚化为一个词缀。

二、"打"作后缀

"打"也可以作后缀，也是由实意动词虚化而来，读 $^{c}ta^{21}$，轻声。"打"作后缀的词常见的有：唱打、杵打怂恿、吹打吹牛、戳打挑拨、凑打凑合，将就、蹭打、递打互相往来、滴打滴水，下雨、抖打显摆，兜威风、毂打挤兑，使受气、刮打刮，挣蝇头小利、挂打勾，不用心的做、掼打摔打，丢弃给人看、逛打、挤打挤兑，排挤、挎打、磕打磕碰、克打找茬，排挤、挎打挂、抠打克扣，专门跟人过不去、撂打丢弃、迷打迷惑、挠打言语刺激、闹打筹办，弄、拧打过来过去不停转悠、碰打、绕打转悠、嚷打吵嚷，吵架、茹打怂恿、骚打用言行讨好、捎打捎，捎带、哨打讽刺，揭人短、试打、甩打扔，丢弃、摔打甩掉、踢打挤兑、跳打、粜打卖出、停打打发，开除。

和前缀的"打"相比，作后缀的"打"的特点是：第一，能产性更高，但是与词根的黏合度不是很紧密。第二，其语法化程度更高，除了读音上表现为轻声，有的词中声母变为送气音，如"踢打"、"粜打"，可读为送气的 $t'a^{21}$。第三，进一步虚化后发展为一个助词。第四，有部分词可以按 AABB 的格式重叠，成为状态形容词。如"吹吹打打吹牛的样子"、"磕磕打打磕碰的样子"、"抠抠打打"、"唱唱打打不用心唱的样子"。有的词具有表小的作用。"打"作为后缀，多数具有表小、短的意思，继续虚化后成为一个助词，表示尝试、略微（参见第十三章第七节"随意貌"）。绥德方言的动词极少重叠，而这类词显得特殊一些。事实上，这类重叠式不同于北京话的动词重叠，因为它们没有动词重叠后所具有的语法意义，而主要表达一种状态，有状态形容词的一些性质特点。也就是说，这类重叠式不是典型的动词重叠。

另外，就多数情况而言，词缀和助词的界线是清楚的，词缀是与语素固定搭配的，助词是和符合条件的词语搭配的。但是有的"V 打"结构的"打"，是词缀，还是助词，需要根据语境来确定。当"V 打"后接宾语、后带动量短语补语时，表示随意貌。试比较："娃娃每在外起院子跳打着叻。""你跳打给下看咋个。"前句的"打"是词缀，后句的是助词。"咱出去逛打去来。""我每逛打给下就回来。"前句为词缀，后句为助词。"V 打"结构有的完全凝固化了，如抖打、掼打、磕打、迷打、骚打，有的可能是另有来历的，如"捎打"、"挂打"实际上是"捎搭"、"挂搭"。有的"打"，如"吹打"、"掼打"、"磕打"，它的意思略带一点实意。

"打"作词缀在山西晋语中也广泛使用，如阳泉（曹瑞芳 2004）、临县（李小平 2006）。

三、拉

"拉"构成的词一般都表示对行为动作的不满意。与"拉"相结合的语素为动词性单音节语素，词义由词根来承担。常见的词有：淋拉淋洒、扯拉、滴拉滴流、挂拉、摆拉、挎拉、拧拉、猁拉说人坏话。拉，读 ⊆la²¹，轻声。

四、见

"见"本指看到的意思，放在动词后已虚化为一个后缀，由视觉的结果变为某种动作发生时的感觉。主要有：听见、闻见嗅到、觉见、梦见、摸见、揣见。这些词中的"见"，有时也可以换成"着"，替换后所表达的意思一致。如，听见＝听着、梦见＝梦着。

五、掐

由"掐"缀构成的动词，一般表示动作的幅度较小，不大方。读 ⊆tɕʻia²¹，轻声。常见的词有：翻掐翻弄、削掐大体上削。克扣、抠掐大致抠弄。克扣、拗掐插一杠，找事、剥掐剥离、猴掐挑逗、逆掐做事心硬、屈掐不宽余，不大方、挢掐挢，克扣、毒掐狠毒、粘掐沾手、茹掐怂恿、搜掐搜摸，磨叽、扭掐扭和掐。不顺从。其中的"抠掐、搜掐、扭掐"可以重叠为"抠抠掐掐、搜搜掐掐、扭扭掐掐"。"掐"缀的构词能力不强，所构成的词多为及物动词。例如："你不走，抠掐甚叻么？""猴掐人家，人家不招搭理那。"

六、砍

由"砍"缀构成的动词，表示动作行为消极地反复进行或尽力用心、行为无奈,略带一点儿有不满意的色彩。读 ˀkʼæ²¹,轻声。主要有:射砍奋力参与、扑砍往前冲。积极地做某事、凶砍发脾气、排砍说人长短、是非、冻砍受冷冻、捋砍收拾,讽刺,训斥、搋砍斗嘴,争辩、说砍说人长短、跑砍来回跑、追砍多次追赶、逼砍被逼、做砍做下,打。

"砍"本表示砍伐,砍伐的结果是倒下,引申为砍倒,绥德方言把事情搁置在一边儿称为"砍下"。在此基础上虚化为词缀。"砍"缀词大多是及物动词。例如:"我不逼砍你,你能有个今儿?""你一天价凶砍谁叻?"

七、头

"头"放在动词后,使该动词表示的动作行为具有价值、必要性。"头"读 ₌tʼəu³³。如"看头",就是值得看的方面。与"头"经常搭配的动词有吃、说、睡、跑、扫、打、看、听、想、问、学、做、种、修、修理、伤心、考虑、研究等,大致说来动词具有开放性,只要需要,都可加"头"。"V头"一般用法作动词"有、没有"的宾语。例如:这饭没甚吃头,咱外面吃去来。这电视剧没看头。你做下这些事还有甚说头叻。老天有甚刮头叻,刮的甚也看不见。咱这土话有甚研究头叻?

"头"的这一用法,在汉语发展中有了一定的历史,最晚可以在明清文献中见到相关用例。例如:

(1)到第四日又没想头,就羞回院中。(明·冯梦龙《警世通言》卷32)

(2)兴哥虽然想家,到得日久,索性把念头放慢了。(明·冯梦龙《喻世明言》卷1)

(3)譬如场中出了这个题目,也说没有做头么?(清·曹雪芹《红楼梦》82回)

(4)六月八日,湖上是个满盘缸日期,我们夺个趣,才有顽头。(清·邗上蒙人《风月梦》16回)

(5)然而和女人们总觉没有甚么谈头。(清·吴趼人《二十年目睹之怪现状》99回)

这几例中的"头"都表示动作行为值得,"想头"是值得想的方面,"做头"是可以做的地方,"顽头"是值得玩的地方。"头"的用法在陕北晋语中使用较为普遍,当是从近代汉语中继承而来。

八、"一递一"结构

"一递一"经常与量词构成的"一递一+量词"结构,表示动作行为轮流交替进行，量词多为临时借用来的，以动量词为主，也可以使临时的名量词。主要用来作状语，表示动作行为进行的方式。这类格式是一个开放的类。例如：一递一下（打）、一递一口（喝）、一递一打（扇）、一递一眼（看）、一递一脚（踢）、一递一轮子（指教）、一递一句（背）、一递一首（唱）、一递一夜（照）、一递一年（种）等。在有的结构中，"递"也可说成"人"，意思大致一样，如"一人一下（喝）"、"一人一口（咬）"也是表达每个人以交替的方式进行喝、咬。

"一递一"格式在近代汉语中已经出现。仅《元曲选》中就有 5 例，这里列举 3 例。例如：

（6）我拿一把刀子，你拿一把刀子，和你一递一刀子戳哩。（元杂剧《救风尘》3 折）

（7）一个这壁，一个那壁，一递一声长吁气。（元杂剧《西厢记》4 本 3 折）

（8）你如今不要闹，咱两个则一递一夜便了。（元杂剧《百花亭》2 折）

第五节　形容词

本节主要考察绥德方言的使感形容词。所谓使感词语就是由形容词性成分加上"人"构成的具有使人产生某种感觉的形容词。根据彼此之间凝固的程度，使感形容词大致分为两类：一类是结合紧密凝固为一个词，一类是结合的程度比较松散，是一种短语结构。形容词性成分以单音节形式为主，双音节形式比较少。

使感形容词有一些突出的特点（兰宾汉 2011）。具体表现在以下几个方面。第一，词义具有自感性。使感形容词都是与人的感觉有关系，如触觉、味觉、听觉、嗅觉。与感觉无关的"大、小、长、短、方、圆、高、低、好、坏"等不能成为使感形容词，没有"大人、小人、长人、高人"说法。但不是有感觉的词如"轻、重"就一定构成使感形容词。是否为使感形容词，由说话者根据自己感觉体验而定，他人的感觉不能决定，即他人说了不算。例如，"难人"，办某一件小事，别人看来是很简单很容易做到的，并没有什么难处的，而当事者觉得有难处，那么"难人"就是一个使感形容词。表感觉的自感词，不一定就是感觉词。如"爱人"的"爱"不是感觉动词，与"辣人"的"辣"这个感觉词不一样，但也构成使感形容词，就是使人爱。第二，词义具有消极性，表达贬义色彩，是不舒服、不爽快的感觉。如"难受人"、"臭人"的"难受"、"臭"都是消极的意义。积极的词义不能进入这一格式。如“好活舒服”、“香”、“甜”就不能成为使感形容词。没有贬义色彩的中性词进入后也就具有了贬义色彩了。第三，在结构形式上都可以用“使＋人＋动词/形容词”去理解。使感形容词与一般动宾结构关系词语是有区别的。使感形容词受事为说话者自己，是定指的，一般动宾结构关系词语动作行为施加于宾语，宾语多是受事，不定指。二者中间如果要插入其他成分，则各不相同。使感形容词之间可插入程度副词“死”一类的词，一般动宾结构关系插入数量词短语。如自感词“爱人”、“熬人”、“冰人”可说成“爱死人”、“熬死人”、“冰死人”，插入“一个”，则没有使感了，变成一般动宾关系；“人”是爱、熬、冰的感受者，即说话者自己。动宾结构关系“吃人”、“杀人”、“讹人”中可以插入“一个”的，其结构意义没有变化，插入“死”，意思已非程度副词，而是一个实意语素，即死人；“人”是未知对象，是吃、杀、讹的对象。第四，在句法功能上，主要用于作谓语，例如：“你覅爱人嘞。”“这生活可熬人叻。”有的也可以作定语。例如：“冻人的天气咂过去嘞。”“臭人那条路早就修好嘞。”还可以作宾语，例如：“我怕酸人叻。”“我觉着羞人叻。”第五，使感形容词都由“人”构成，因此，在语言使用中都是指向人的。例如：“街上挤人叻，覅去嘞。”“老晌午晒人叻。”

绥德方言中的使感形容词如：爱人、熬人、拔人、憋人、冰人、擦人、臭人、冻人、饿人、聒人、晃人、荒人、急人、挤人、夹人、局人、渴人、苦人、困人、辣人、痨人、累人、冷人、麻人、闷人、压人、腻人、怕人、气人、呛人、研硌人、丧人使人感到孤独、晒人、烧人、渗人、酸人、疼人、捂人、熠人、羞人、熏人、咬人、耀人、噎人、荫人、扎人、挣人、热人、圪揀人、恶心人、寒碜人、急躁人、难看人、难受人、难过人、失笑人、头疼人、连累人、麻烦人等。

使感形容词在晋语、西北方言中使用分布具有一定的普遍性，如山西文水(胡双宝 1984)、陕西西安(兰宾汉 2011)、商州等方言皆存。

第七章 特殊类型词汇

第一节 分音词

一、分音词的性质及特点

　　分音词是指一个单音节词用两个没有意义的音节来说的词。它是单音节词在词汇双音节化过程中求偶的产物(江蓝生 2008)。从语音构造的角度说，一个音节分裂为两个音节，原来音节(基式)的声母和韵母分别处在双音节重叠式的两端。分音词的叫法有许多。因一个音节分为二，故而叫"分音词"、"析音词"；因第一个字是入声，故而谓之"入头分音词"；因第二个音节的声母为 l 而被称之为"嵌 l 词"；从整体韵律特点上说，分音词也可以称为"前冠衍接式韵律词"；从平面描写的角度看，称之为"裂变重叠词"，还叫作"反语词"。分音词很像古代汉语中的反切法，区别在于分音词不是为了表音，而是用来表义的。晋语绝大部分点有分音词，因此许多学者认为，分音词可谓是晋语词汇的一个特点(侯精一1997/1999：23；温端政 1997)，而且"是晋语最重要、最典型的语言特征之一"(李蓝 2002)，呈现出周遍性网络状分布。这一看法是客观的。绥德方言有较为丰富的分音词，并且分音词也可以作为语素构成新的词语，例如：圪揽—圪揽子、圐圙—圐圙子、不篮—不篮子、剾囵—剾囵半片、圪落—圪落儿家老鼠、圪料—圪料眼指没水平的眼力。有的分音词没有变成新词，第二个音节可用重叠的方式构成另外一个词形，在语法上有表小的功能。例如：角—圪落—圪落落、角—圪旯—圪旯旯、盘—不揽—不揽揽开口度大的笔筐、孔—窟窿—窟窿窿，它们表示小的角落、小的缝隙、小笔筐、小孔。

　　分音词主要有六个方面的特点。第一，分音词是双音单纯词。第二，后字声母为 l。第三，前字的韵母为 əʔ 或 uəʔ，即入声字。əʔ 用于开、合二呼，uəʔ 用于齐、撮二呼。第四，前字声母与后字韵母相拼所得的单音字的意义与双音的分音词基本相同，因此可以把该单音字看成是分音词的词根。第五，全词形成前暗(ʔə)后亮(l)前轻后重的强烈响度对比。第六，全词的两音节类似一个音节。前四点就其外在的形式上说的，后两点是从整体韵律特点上说的。第五个特点的意思是，前字统一为响度很小的紧喉的混元音 ʔə，后字则统一用了声母中响度最大的 l。第六个特点的意思是，分音词类似一个音节，从音量上看，作为前冠的前字音节总是轻读的单韵母相当于一个 mora(韵素)，后字是正常音节，相当于两个 mora，即前后不仅有暗亮的区别，还有轻重的区别；从响度上看，前冠音节元音的响度都极小，或者是过渡音性质的短的央元音(有入声的多采取该方式)，或者是与声母发音部位相同的可以无声化元音(无入声的多采取该方式)(王洪君 2008：188)。由此角度可以确定，晋语分音词是一种前冠衍接式的语音构词，因为第一响度峰又短又小，所以称之为"前冠"，而后面的第二音节又以响度最高的 l 开头，使得两个音节之间几乎没有响度的跌宕，所以称之为"衍接"。

二、分音词产生的机制

汉语方言中的分音词属于语音构词法，其产生的方式与理据，方言学及汉语史研究的许多学者都在积极进行探索，已有很多种解释。综合各家说法，大致有以下一些观点。或为上古汉语复辅音的遗存(王立达1961，赵秉璇 1979)，或为早期儿化词的进一步分化(徐通锵 1981)，或为古已有之的双音节词的继承(沙加尔 1999)①，或为反切注音法的套用(赵元任 1931，李蓝 2002)，或为单音词的缓读分裂(张崇 1993a)，或为叠音加有词框架模式而成(王洪君 1994)，或为一种词语由单音节衍化为双音节的构词手段(王福堂 2005)，或为裂变重叠而为(孙景涛 2008)，顺向缓读重叠分音裂变(江蓝生 2008)。通过观察，大多数的分音词与单音基式在意义上概括是从具体到一般，因此在以上各种解释里，如下解释可能更有说服力："伴随着一个音节变为两个音节，一个新的更为具体的意义产生了。从功能的角度来看，一生二这一音变方式的根本动因就是该方言有表达一个更为具体的意义的需要；操这种方言的人是为了达成意义具体化(specialization)才启用一个音节变为两个音节这一手段的。"(孙景涛 2008：109)裂变式重叠是一种能产性很高的构词机制，所以方言中使用得比较普遍，除了晋语，还有福州话、客家连成话等。江蓝生(2008)指出选择 l 声母，第一，为了避免下字为零声母而添加的一个声母，因为零声母的字，容易和前一个字的韵母相拼合，与前一个字的界

---

① 转引自孙景涛(2008：106)。

线混淆，l-相当于一个隔音符号。第二，l-声母的普适性强，几乎跟所有的韵母都能相拼，就选择了它。在以上诸说中，王洪君、孙景涛、江蓝生的分析可以解释其他诸说无法解释的问题，因此，到目前为止，这三家就产生机制的解释最为有力。总之，对这一问题的讨论，越来越深入，越来越接近问题的本质所在。

分音词有的读音，要注意古今语音的演变，按今天的读音有些看起来前后两字不能拼出一个音节，但是从汉语语音演变的历史角度来观察，则很清楚。主要是来源于古见组的字，即要将 k-组音转换为 tɕ-组音，并且要将-i-介音折合为零介音。另外也能看出它们的形成时间在尖团合流和见系二等字细音化之前。分音词具有性质形容词变为状态形容词，动作动词变为状态动词的特点。

<h3 style="text-align:center">三、分音词举例</h3>

绥德方言同晋语其他点一样，词汇中有大量的分音词存在。举例如下：

不拉 pəʔ⁵ la²¹³　扒　（1）拨动。拿手两下就～平嘅。（2）抚摩。把娃娃脑上～给下，是好抬举。

不来 pəʔ⁵ lai²¹　摆　摆动。快下来走，吊你妈脊背上～～价不熬累？

不烂 pəʔ³ læ⁵²　绊　（1）绊、羁绊。羊跑去也，拿根绳儿把那给～定。（2）使跌倒。～哩一跤。

不烂 pəʔ³ læ⁵²　拌　搅和。今儿吃哩～圪扢瘩拌汤跌鸡蛋荷包蛋。

不浪 pəʔ³ lɑ̃⁵²　棒　（1）树的主干。树～。（2）类似棍棒的、不圆的东西。身上踢滚成个泥～。

不老 pəʔ⁵ lɔ²¹³　刨　两口就～完嘅。

不揽 pəʔ⁵ læ²¹³　盘　用柳条等编制成的盛放东西的器具。这些枣儿～放不下。

扑篮 pʻəʔ⁵ læ²¹³　同"不揽"。

出链 tʂʻuəʔ³ lie⁵²　串　一拉嗒拉起一～。

出烂 tʂʻuəʔ³ læ⁵²　同"出链"。

搐落 tʂʻuəʔ⁵ la²¹　缀　裤腿上扯烂一绽，你给我～上几针。

得拉 təʔ⁵ la²¹³　搭　（1）植物发蔫，下垂耷拉的样子。这向儿天红，庄稼叶子晒得～下去嘅。（2）泛指各类物体下垂。

得揽 təʔ⁵ læ²¹³　坍　耷拉。房檐～下去嘅。

得柳 təʔ⁵ liəu²¹³　提　领着。太沉嘅，手～不起。

得撂 təʔ³ liɔ⁵² 掉 （1）掉转方向。趁那不注意～转就跑。（2）翻过来。筛子扣得那儿噢，给咱～过来。

嘟噜 tuɔʔ⁵ ləu²¹³ 兜。山蔓儿_{土豆}结得<u>那么</u>一～！

独隆 tuɔʔ³ luŋ³³ 咚 那把碗没拿好，～得一下踢掉的在地上捣烂噢。

独圞 tuɔʔ⁵ luæ²¹³ 同"突圞"。

跶拉 t'əʔ⁵ la²¹ 踏 没新鞋，去价～两只烂鞋。

突圞 t'uɔʔ⁵ luæ²¹³ 团 毛线揉得一～，没法儿绽开。

圪旯 kəʔ³ la⁵² 角。本指角落，引申为缝隙。银圆儿硬币踢掉～里噢。

圪揽 kəʔ⁵ læ²¹³ 杆 有枣儿一～，没枣儿一～。

圪梁 kəʔ³ liã³³ 僵 那些～等你着叻。

圪塄 kəʔ³ ləŋ³³ 埂 田埂。那地～半片，满不平。

圪落 kəʔ³ lɔ²¹³ 角 角落；山窝。柴搂得灶火～。当地人多写作"圪崂"

圪老 kəʔ⁵ lɔ²¹³ 搅 搅拌。你敢是手茹里去～。

圪老 kəʔ⁵ lɔ²¹³ 搞 用棍棒把东西从孔穴、缝隙中扒拉出来。拿根筷子～出来的。

圪料 kəʔ³ liɔ⁵² 翘（去声） 木料～噢。

圪撩 kəʔ³ liɔ³³ 翘（阳平） 引申为不安分、不守规矩。你的皮又～起噢。

圪柳 kəʔ⁵ liəu²¹³ 钩 东西不直、弯曲。这东西太沉噢，棍也压～噢。

圪捣 kəʔ⁵ tɔ²¹³ 搞 逗。你一阵儿把我也～忽露噢。

圪针 kəʔ⁵ tʂəŋ²¹³ 棘 刺。脚上扎哩根～噢。

骨隆 kuəʔ⁵ ləŋ²¹³ 滚 （1）打滚。快坐起，嫑在炕上～噢。（2）桶状物。胖成个圆～噢，还吃叻？（3）卷，卷走：家里那点儿家当都叫那给～走噢。（4）花费，糟蹋。钱儿都叫前家儿～完噢。

骨连 kuəʔ³ lie³³ 卷 蜷缩、弯曲。你把腿～起来。

骨略 kuəʔ³ lye³³ 同"骨连"。

锢漏 kuəʔ³ ləu⁵² 锢 熔化金属堵塞金属物品的漏洞。～匠，钉钉匠，擦眉点化一尿样。

轱辘 kuəʔ³ ləu⁵² 毂 车轮或车轮状物。车～、碾～、一～线。

圐圙 k'uəʔ⁵ lie²¹³ 圈 （1）圆圈。大大画上圪截～，把命交给老天。（2）圆圈状。咱那碾～又折噢，干脆打上个铁的耐些。

窟链 k'uəʔ³ lie⁵² 圈 围建的牲口圈。把羊圈到～里。

窟揽 k'uəʔ⁵ læ³¹² 环 ～套～。

窟窿 k'uə?⁵ ləŋ²¹³　孔　外起院子水钻开圪截～。

康寙 k'ə?⁵ lã²¹³　腔。（1）人或动物躯体中空的部分。夜里腔～碰哩下，今儿还疼叻。羊～、猪～。（2）特指半大的猪。～猪，张开身子却没有吃起膘。（3）指器物中空的部分。这里头是空～，甚也没放。

□篓 k'ə?⁵ ləu²¹³　壳　稻黍～儿喂哩猪嗑。

囫囵 xuə?⁵ ləŋ²¹³　浑　正月二十三不吃～的。

忽露 xuə?³ ləu⁵²　糊　（1）糊涂。才将～嘞，把个要紧事也给忘嘞。（2）昏厥。跌倒唑一下就～。

忽来 xuə?⁵ lai²¹　坏　花掉、花销。给哩那他几百块钱，没几天早～完嘞。

忽懒 xuə?⁵ læ²¹³　欢　人家在那儿好活着叻，你在那儿价干～叻。

葫芦 xuə?³ ləu³³　壶　金娃配银娃，西～配个烂南瓜。

急灵 tɕiə?³ liŋ³³　精　（1）反应快、灵活，精明强干。人家那些人～。（2）机灵。～的娃娃眼上能看出来叻。

摸老 mə?⁵ lɔ²¹³　摸　身上拿两个钱儿还叫贼娃子～的去嘞。

务育 vu⁵² i²¹　喂。喂养。（1）娃娃一阵儿就～饱嘞。（2）抚养。从小把你～大，就一点儿良心也没？

四、分音词的历史考察

分音词是汉语中较为古老的语言现象之一，从《尔雅》记载情况看，它的出现应该不晚于先秦时代。根据李蓝（2002）考证，现代汉语方言中的分音词来源于先秦的反语。先秦时期的反语在后来的历史发展中有三种主要变化方式，一是成为古韵书中用来提示读音的反切语，二是成为遍布全国、种类繁多的反切密语，三是晋语的分音词和闽语的切脚语。分音词现象现在所见最早记录的文献是《尔雅·释器》："不律谓之笔。"晋·郭璞注："蜀人呼笔为不律也，语之变转。"[1]《尔雅》问世时代，学术界比较普遍的看法是在先秦时期。《说文解字·聿部》也有记录："聿，所以书也。楚谓之聿，吴谓之不律，燕谓之弗。""笔，秦谓之笔。"[2]不管是吴人，还是蜀人，文献记载的事实是毫无疑问的。宋·洪迈的笔记小说《容斋三笔》卷16"切脚语"中记录了17条："世人语音有以切脚而称者，亦间见之于书史中，如以蓬为勃笼，盘为勃兰，铎为突落，巨为不可，

---

[1]　（清）郝懿行：《尔雅义疏》，北京，中国书店出版社，1982。

[2]　（汉）许慎：《说文解字》，北京，中华书局，1963，第65页。

团为突栾，钲为丁宁，顶为滴宁页，角为矻落，蒲为勃卢，精为即零，螳为突郎，诸为之乎，旁为步廊，茨为蒺藜，圈为屈挛，锢为骨露，橐为窟驼是也。"①元·陶宗仪的《说郛》（120 卷本）卷 23 引宋人俞文豹《唾玉集》"俗语切脚字"，共计 13 条，《容斋三笔》没有收录的是如下 3 条："黯赖，坏字。""突郎，唐字。""不丁，臣字。"②明·田汝成《西湖游览志馀》卷 25"委巷琐谈"中记载了 10 条："杭人有以二字反切一字以成声者，如以秀为鲫溜，以团为突栾，以精为鲫令，以俏为鲫跳，以孔为窟笼，以盘为勃兰，以铎为突落，以橐为窟陀，以圈为窟栾，以蒲为鹘卢。"③零星的记录再如："就"为鲫溜，"固"为跋扈，"庞"为博浪，"首"为撒楼（王锳 2002）。从现在搜集到的资料看，除去重复者，累计得二十余条。李蓝（2002）对历史文献中的分音词进行过系统的梳理和全面的考察，其文是目前所见资料最为丰富的文献，可参阅。历史文献中的分音词，它们在音节上体现的特点是：第一，都是不可再加分析的单纯词，与联绵词无别，可以随音取字，形成多种用字现象。第二，前一音节多为入声。第三，由单音衍化为双音的方式，都是在第二个音节前加上一个边音 l-（王锳 2002）。相互比较，现代方言的分音词与此几乎无异。可见，包括绥德方言在内的晋语分音词是古代汉语词汇现象的继承和发展。就晋语分音词和闽语切脚词丰富的数量和使用的普遍性而言，李蓝（2002）说："在北方汉语中，晋语是南方的闽语；在南方汉语中，闽语是北方的晋语。"此言不为过矣。

第二节　逆序词

　　所谓逆序词就是构词的语素相同，顺序相反，意义、用法相同的词。逆序词是一种历史语言现象的遗存，是汉语词汇发展过程中自身形成的产物。这类词在汉语发展史上一直存在，从先秦到汉魏，从南北朝到明清，文献中都有大量的例证。例如：人民—民人、平安—安平、威严—严威、茂盛—盛茂、议论—论议、志气—气志、富贵—贵富、始终—终始、名声—声名、遂乃—乃遂。逆序词在现代汉语也是较为常见的词汇现象，例如：演讲—讲演、互相—相互、忌妒—妒忌、觉察—察觉。因此，许多学者从界定、词义、词性、结构、成因、应用价值诸多方面进

　　①　《尔雅》，上海，上海古籍出版社，1978，第 604 页。
　　②　（元）陶宗仪：《说郛》，上海，上海古籍出版社，1988，第 1120 页。
　　③　（明）田汝成：《西湖游览表馀》，上海，上海古籍出版社，1980，第 456～457 页。

行积极探讨，发表了不少论著，特别是张巍的《中古汉语同素逆序词演变研究》一书，在进行共时与历时考察的同时，又研究了境外汉语逆序词的问题，并且从理论上作了深入的解释，堪称这一研究领域的代表之作①。

现代汉语方言中逆序词也是常见的。就晋语而言，无论是在山西，还是在陕北、内蒙古都普遍存在，刘勋宁（1989/1998a）对清涧方言，张崇（1992）对延川方言，张光明（1994）就忻州方言②，都做过研究。这里就绥德方言中所见词语列举如下，极个别词北京话也使用。

保准 pɔ²⁴ tʂuŋ²¹³	准保		伯叔 pie³³ ʂuəʔ³	叔伯
才刚 tsʻai³³ tɕiã²¹	刚才		菜蔬 tsʻai⁵² ʂuo²¹	蔬菜
缠裹 tʂʻæ³³ kuo²¹	裹缠		常寻 tʂʻã³³ ɕiŋ²¹	寻常
承应 tʂʻəŋ³³ iŋ⁵²	应承		答对 ta³³ tuei⁵²	对答
鬼捣 kuei²⁴ tɔ²¹³	捣鬼		发散 fa³³ sæ⁵²	散发
害祸 xai⁵² xuo⁵²	祸害		黑摸 xəʔ⁵ məʔ³	摸黑
喉咽儿 xəu³³ iər⁵²	咽喉		欢喜 xuæ²⁴ ɕi²¹	喜欢
交结 tɕiɔ²¹ tɕie³³	结交		脚手 tɕie³³ ʂəu²¹³	手脚
急尿 tɕiəʔ³ niɔ⁵²	尿急		究到 tɕiəu²¹ tɔ⁵²	到究
酒奠 tɕiəu²¹ tie⁵²	奠酒		久长 tɕiəu²¹³ tʂʻã³³	长久
看照 kʻæ²¹ tʂɔ⁵²	照看		乐作 lə³³ tsə³³	作乐
疗治 liɔ³³ tʂʅ⁵²	治疗		毛皮 mɔ³³ pʻi³³	皮毛
貌相 mɔ⁵² ɕiã⁵²	相貌		面情 mie⁵² tɕʻiŋ²¹	情面
命性 miŋ⁵² ɕiŋ²¹	性命		摸捞 məʔ⁵ lɔ²¹	捞摸
盆骨 pʻəŋ³³ kuəʔ³	骨盆		朋亲 pʻəŋ³³ tɕʻiŋ²¹	亲朋
齐整 tɕʻi³³ tʂəŋ⁵²	整齐		日每 zəʔ³ mei²¹³	每日
世时 ʂʅ⁵² sʅ³³	时世		式样 ʂəʔ³ iã⁵²	样式
收秋 ʂəu²⁴ tɕʻiəu²¹³	秋收		收夏 ʂəu²¹ ɕia⁵²	夏收
索利 sa⁵² li⁵²	利索		松宽 suŋ²⁴ kʻuæ²¹³	宽松
训教 ɕyŋ²¹ tɕiɔ⁵²	教训		天每儿 tʻie²¹³ mỹr²¹	每天
头前 tʻəu³³ tɕʻie³³	前头		味气 vei⁵² tɕʻi⁵²	气味
耍戏 ʂua²¹³ ɕi⁵²	戏耍		相属 ɕiã⁵² ʂuəʔ³	属相

---

① 例如：郑奠：《古汉语中字序对换的双音词》，《中国语文》1964 年第 6 期；曹先擢：《并列式同素逆序同义词》，《中国语文》1979 年第 6 期；张永绵：《近代汉语中字序对换的双音词》，《中国语文》1980 年第 3 期；韩陈其：《〈史记〉中字序对换的双音词》，《中国语文》1983 年第 3 期；张巍（2010）；等等。

② 张光明：《忻州方言逆序词》，《语文研究》1994 年第 2 期。

心安 ɕiŋ²⁴ ŋæ²¹³　安心　　　　　心多 ɕiŋ²⁴ təŋ²¹³　多心

兄弟 ɕyŋ²¹ ti⁵²　弟兄　　　　　压镇 ia⁵² tʂəŋ⁵²　镇压

音声 iŋ²⁴ ʂəŋ²¹　声音　　　　　引逗 iŋ²¹ təu⁵²　逗引

扎挣 tsa³³ tsəŋ⁵²　挣扎　　　　　窄狭 tsə³³ ɕia³³　狭窄

争竞 tsəŋ²¹ tɕiŋ⁵²　竞争　　　　　知感 tʂʅ²⁴ kæ²¹　感知

置办 tʂʅ⁵² pæ⁵²　办置　　　　　质对 tʂəʔ³ tuei⁵²　对质

籽种 tsʅ²⁴ tʂuŋ²¹³　种籽　　　　占霸 tʂæ⁵² pa⁵²　霸占

情知 tɕʻiŋ³³ tʂʅ²¹³　知情　　　　耍玩 ʂua²⁴ væ²¹　玩耍

意愿 i⁵² ye⁵²　愿意

第三节　成语

一、方言成语的性质

方言成语是方言词汇系统中长期习用而成的词汇现象，极具浓郁的乡土气息和生活色彩。它是方言词汇的重要组成部分，也是方言词汇特色的体现者之一。在现代汉民族共同语的熟语中，成语是相对于惯用语、俗语、歇后语而言的，那么，在现代汉语方言熟语中，相对于方言惯用语、方言俗语、方言歇后语的方言四字格结构词语，从具有结构固定、意义凝练特点来看，称之为方言成语是理所当然的，也是再恰当不过的一个术语了。方言成语在已有的研究成果中，有的叫四字格词语，有的也叫俗成语，实际上，从熟语系统性和熟语的内部特征两个角度衡量，称之为方言成语更为恰当。四字格词语不具有术语表述性功能。既然是方言成语，说其具有很浓的口语色彩、地域色彩，那就自不在言，每种方言的成语都是具有如此特点的。对方言成语的界定，这里需要说明的是并非四字相连的结构都是成语，重叠式的 AABB 式结构不一定都是成语，在确定为成语时，一定要充分考虑到具有凝固意义这一特点。

绥德方言成语也是非常丰富的，除了有陕北晋语共有的词语之外，还有绥德方言自己独有的一部分。以下对这类词语进行简要的分析与说明。

二、结构形式

绥德方言的成语形式多样，结构也较为复杂，但从总体上看，大多数是联合式复合型的，也有少数是附加型、重叠型的。不论哪种结构，以二二形式为主，具有成语的结构特征。

（一）复合式

1. 联合式：这一类型的成语最多，结构也最为复杂，所以还可以细分为以下几种类型。

a 主谓＋主谓　　例如：烟熏屁打、驴踢狗咬、脚抓手搲。

b 动宾＋动宾　　例如：养男活女、翻箱倒柜、打家劫道、漾手打脚、哭天抚泪。

c 定中＋定中　　例如：红天黑地、轻嘴薄舌、一堆二摞、粗蹄笨肐、瓷盆烂碗。

d 状中＋状中　　例如：胡吹冒撂、黄嚼黑道、少调失教、虚缭实乱、反来正去。

e 附加＋附加　　例如：圪嘀圪努、圪疗圪瘩、圪顶圪崆、圪撩圪缩、圪咛圪曩。

f 词＋词　　例如：糜子麻子。

g 其他　　例如：红黑蓝青、柴草圪渣、囫囵半片、窟窿眼窍、因耍带笑、生糊不烂。

2. 主谓式　　例如：黑虎掏心、死猪烂沉、欢马突跳、风尘不动、瞎字不识、黄风抖阵、猴蹄忒撖。

3. 动宾式　　例如：不识头道、管当眼时。

4. 动补式　　例如：忽露三天、有理八分、红火烂绽、力扑三阵。

5. 定中式　　例如：一屁时辰、红印执把、规盘二矩、阳黑二背、陈干烂屎、两旁世人。

6. 状中式　　例如：急水下船、因风吹火、紧牢圪抓、靠屁吹火、活灵二现、干死烂稠。

7. 连动式　　例如：厮打害命、厮死害命、立追祸害。

联合式中有的是固定结构，例如"A 眉 B 眼"式，它们主要用于描写人的相貌、情态。绥德方言这类词比较丰富。例如：白眉怪眼、白眉竖眼、白眉杵眼、变眉失眼、愊 pie^{33} 眉睁眼、薄眉塌眼、古眉怪眼、瞎眉组 tsæ^{52} 眼、瞎眉杵眼、横眉立眼、立眉竖眼、胮眉肿眼、平眉正眼、麻眉睁眼、没眉赖眼、没眉洼眼、没眉害眼、死眉瞪眼、歪眉溜眼、呆眉溜眼、呆眉痴眼、呆眉杵眼、怪眉失眼、酸眉溜眼、慌眉失眼、慌眉秃眼、慌眉兔眼、贼眉鼠眼、贼眉竖眼、讹眉觇眼等。这类词在晋语中数量丰富，山西忻州方言就达二百来条（温端政 1986/2003：133）。"A 眉 B 眼"式词语在近代汉语中就出现了，数量丰富。例如：张眉努眼、撑眉努眼(《朱子语类》)、彪眉打眼、柳眉星眼、黛眉星眼、愁眉泪眼、月眉星眼(元散曲)、铺眉苦眼、挤眉弄眼、愚眉肉眼、安眉带眼(元杂剧)、舒眉展眼、开眉展眼(《水浒传》)、白眉赤眼、观眉说眼、肿眉囊眼、乔眉乔眼、铺眉苦眼、贼眉竖眼(《金瓶梅词话》)、闭眉合眼、燥眉圝眼(《西游记》)、丢眉丢眼(《初刻拍案惊奇》)、闭眉刷眼(《二刻拍案惊奇》)、挤眉溜眼(明·冯惟敏《僧尼共犯》)、蛾眉凤眼、浓眉大眼(《东周列国志》)、横眉怒眼(明·沈德符《玉支肌》)、纯眉善眼(《后西游记》)、善眉善眼、涎眉邓眼(《醒世姻缘传》)、乔眉画眼(《水浒后传》)、铺眉蒙眼(《儒林外史》)、剑眉星眼、弄眉挤眼、直眉瞪眼、死眉瞪眼(《红楼梦》)、蚕眉凤眼(《隋唐演义》)、凶眉恶眼、短眉圆眼、细眉圆眼、粗眉圆眼(《济公全传》)、长眉俊眼、横眉凶眼(《续济公传》)、神眉怪眼、柳眉凤眼(《飞龙全传》)、提眉吊眼(《续小五义》)、垂眉低眼、修眉俊眼(《九尾龟》)等。

联合式的"其他"类型中,有的是四字联合,如"红黑蓝青";有的是联合加附加,如"紧牢圪抓";有的是分音加定中,如"圐圙半片";有的是分音加联合,如"窟窿眼窍";有的是介宾加动宾,如"因要带笑";有的是附加加动宾,如"圪尖戴帽";有的是联合加状中,如"生糊不烂";有的是联合的实词加语气词,如"糜叻麻叻";等等。

在词根与词缀之间,如果词根是单音节的,也就是出现了一对二的结构时,就用加衬字的方式加以弥补,凑足四字,满足结构上的二二相加格局。最为典型的是由"二"构成的词。这些词原本为三音节的动宾、状中词语,通过添加"二"构成四字格结构,例如:明铺盖→明铺二盖、疯挠揪→疯挠二揪、大摇摆→大摇二摆、动声气→动声二气、堆山摞→堆山二摞、堆天摞→堆天二摞、能牙齿→能牙二齿、做板眼→做板二眼、尿挓舞→尿挓二舞、圪堆摞→圪堆二摞、瞎拉扯→瞎拉二扯、瞎侵害→瞎侵二害、瞎爹舞→瞎爹二舞、胡盘算→胡盘二算、瞎盘算→瞎盘二算、胡侵害→胡侵二害、活刁抢→活刁二抢、活妖涮→活妖二涮、活作造→活作二造、活零落→活零二落、细声二气→细声气。这里的三音节结构,有的不能直接说,例如,明铺盖、动声气、堆山摞、堆天摞、能牙齿、活零落,有的能直接说,例如,疯挠揪、做板眼、活作造等,它们都可以直接说。有的不能构成三音节词,因此它们可能是受到这个模式的类推而来,例如,红汤二水、满天二摞、满山二洼、选脚二手、圪吟二哇、圪柳二歪、圪柳二弯、圪咛二囔。这些成语中带"圪"的,较为特殊,可以把"二"换成"圪",即圪吟圪哇、圪柳圪歪、圪柳圪弯、圪咛圪囔。从字义和语法结构上考察,"二"的本字应该是"而",特别在状中结构中显得尤为突出，它们都可以按连接作用的"而"去理解，如疯挠而掀、堆山而摞、堆天而摞、活零而落，基本上是"而"前的成分修饰后面的成分，构成状中关系。不过在读音上两个字还有不完全一致的问题，"二"读去声，"而"读阴平上。陕北晋语其他方言亦见此类现象，如吴堡方言也有"鬼声二气"，实际上是"鬼声气"添加"二"字凑成的四字音节。

（二）附加式

附加式成语中，词缀一般是双音节，它的来历一般难以考究，最初的词义无法知晓，演变历程无从分析，所以书写记录只能用同音字来代替。附加式词缀主要是后缀，常见的后缀除了第六章第二节中说到的"马爬、麻也、拜待、瓦害"等构成的词语，例如，局气马爬、可怜麻也、寻人拜待、瘦丝瓦害。还有"楞噔、圪叽、咕咚、不叽、忒浪"等后缀。例如，花不楞噔、丑不楞噔、黏麻圪叽、长麻咕咚、恶水不叽、软浓不叽、水淋不叽、怄糊忒浪。

附加式中还有中缀如"里"等。如麻里拾烦。

（三）重叠式

名词性　例如：拐拐巷巷、边边沿沿、边边畔畔、头头点点。

动词性　例如：神神叨叨、转转弯弯、咿咿吟吟。

形容词性　例如：海海漫漫、妖妖溜溜、佯佯雾雾、啉啉卵卵、立立骨骨、值值价价、钢钢骨骨、官官样样。

重叠式的成语，有的是双音节词来的，可以单说，如眉眼、边沿、转弯、佯雾、值价、钢骨，但是彼此在意义上有别。有的没有双音节词原型，不能说，如眼窍、拐溜、海漫、妖溜等。

三、来源方式

绥德方言成语百分之九十六七以上为口语形式的提炼，也有极个别来自历史故事等。例如"岑彭马武"，是东汉时期两个有名的历史人物。岑彭是南阳郡棘阳（今河南南阳新野）人，他作战勇敢，奇计迭出，信义素著，以德怀人，功勋卓著，为"云台二十八将"之翘楚。《后汉书》卷17《岑彭传》："论曰：中兴将帅立功名者众矣，惟岑彭、冯异建方面之号，自函谷以西，方城以南，两将之功，实为大焉。"马武是南阳湖阳（今河南唐河）人，也是"云台二十八将"之一。《后汉书》卷22有《马武传》，记载了其事迹。民间传说和戏曲中马武疾恶如仇、重情重义、勇猛刚强、质朴可爱。在绥德方言中，"岑彭马武"则形容摆出架势，虚张声势，震慑他人。这一意思应当是从人物事迹演化而来。

四、语义特点

(一)描述性

成语的描述性表现在对人和各类事物、现象的描述。描写人的，可以描写相貌、表情、语言、动作、性格、感受等。

1. 描写人的相貌。例如，“丑头八怪”形容长相难看，像鬼怪一样。“缩脖塌系”指脖子短或将头缩起来的样子，形容长相不舒展的样子。再如，大头大脸、丑不楞噔、丑家模样、劈头汗脸、毛蹄毛爪、母狮赖害、瓦眉二道、土糊盖脑、突鼻囊嗓、腆肚马爬、粗蹄笨胯、缩屃塌眼。

2. 描写人的表情、神态。例如，“嚷天闹地”指人大声吵闹的样子。“淡眉失笑”指似笑非笑的样子，多指暗暗嘲笑他人。再如，白眉鼠怪、麻眉睁眼、斜眉溜眼、点眉瞌睡、迭气半失、嘴噘毛长、龇牙八怪、土眉处眼、瞅眉畹眼、蹴蹄撒脚、扭腰捩胯、扭头捩怪、吃钢咬铁、筛神圪塌、兴头晃脑、圪兴打晃，都是表达人的表情、神态。

3. 描写人的穿着打扮。例如，“毛头赤脚”指女性没有梳头，光着脚丫子，形容没有装扮的样子。“披零掼扇”是指人衣冠不整的样子。再如，单衣薄裳、点眉画眼、得溜打挂、赤脚打片、赤屄麻也。

4. 描写人的语言。例如，“哩哩卵卵”指说话口齿不清的样子。“偷声唤气”指偷偷地低声说话害怕别人听到的样子。再如，叮叮单单、咛咛喃喃、哩哩卵卵、凛凛卵卵、他娘把戏、吱哇吵嘹、嘈声骨拉、村言暴语、粗声愣气、嘶声圪哇、嘶声嘹哇、张牙拌口、张长李短、直说直道、疯说二道、顶牙料嘴。

5. 描写人的动作、行为、状态。例如，“笨脚要手”是指人笨手笨脚的样子。“疯挠二掠”形容在着急时到处乱找乱翻的样子。再如，背鞴夹鞶、翻箱倒柜、风响带快、风打连忙、打门袭窗、跢跢站站、拿板乞势、力扑三阵、早眠儿夜起、挣死马爬、呲蓬爹武、拉蹄磨胯、病时连天、鼻塌颔水、碰头乞砍、扑天砍地、弯腰马爬、跌倒马爬、吐淘圪哇、撩起拾烂、二打马虎、醉麻圪湩等，它们都是用来描写人物的形态。

6. 描写人的智力、性格。例如，“傻流打动”形容头脑不精明，傻乎乎的样子。“窝囊圪叽”形容人动作、办事、说话等不利索，进一步引申为没有出息的样子。再如，不精打明、不识头道、麻糜不分、屃叽不塌、屃叽圪囊、屃叽圪软、梁天武地、筛神圪颠、筛神打卦、跳天缩地、憨溜不叽。

7. 描写人的感受。例如，“饱心压肚”形容吃饭吃得很饱的感觉。

"死猪烂沉"比喻东西很重。再如,理溜不蛋、涩嶙圪疤、涩嶙瓦害、生死烂沉、生死烂疼、酸溜不叽。

8. 描写事物性状。例如,"硬糊不烂"是指饭做得半生不熟。又如,半生拉熟、生胖瓦硬、生糊不烂、生胖烂硬、生陶湿瓦、冰拔瓦凉、温死害踏、冷陶湿瓦、边边沿沿、堆天二撅、堆天撅地、冰锅冷灶、盆干瓮尽、不拴烂整、破皮烂扇、脏麻咕湩、明光刺朗、无藤么长、松死懈沓、死蔫趿拉、死蔫骨揽、四方四正、瘦麻圪筋、碎溜半罐、歪流倒踏、长麻咕咚。

9. 描写时令季节。例如,半前落后、冬无暑夏、时来暂去、大天白日。

10. 描写自然界风光、现象。例如,天黑地暗、雷天吼地、雷翻更震、雷天震地。

（二）形象性

方言中的成语来自民间百姓之口,是日常生活的描写,具有很强的形象色彩。例如,"毛胡出链"是指东西外表长着较长的毛须,形容没有收拾干净。"毛胡"就是毛,"出链"是粘连在一起,东西上毛粘连在一起,那就是不干净清爽。"乱麻圪湩"就是像乱糟糟的麻揉搓成一团,毫无条理可言,形容事情头绪很乱的样子。"拉蹄磨胯"就是拉着蹄子拖着腿来走路,形容走路不利索。"老牛踩场"指牛行动缓慢、举动笨拙,用以表示人的动作行为缓慢,是非常形象的。"筛神圪踏"是指人不稳重时,就像跳大神的人摇头晃脑,浑身抖动,串上跳下那样,所以用它来形容人好动、不稳重的样子,是非常贴切的。再如,踏靶舞射、踢出打里、吡蓬夛武、瘦麻圪揽、翻箱倒柜、扯旗放炮等,都是很形象地来表义的。

（三）贬义性

从调查到的结果来看,成语总体上贬义占了比较大的数量。以声母是 ts-和 tɕ-的条目为例,ts-声母的成语 19 条,其中有 13 条都含有贬义。tɕ-声母的成语 31 条,其中有 21 条都含有贬义。"A 眉 B 眼"的成语绝大多数是表达贬义的。例如:死眉儿瞪眼、死眉赖眼、酸眉溜眼、扯眉呆眼、痴眉吊眼、搐眉罩眼、伤眉失眼、人眉鸽眼、捺眉罩眼等。

此外,成语的构成中大量运用了修辞格。例如,比喻:吃钢咬铁,瘦麻圪揽。夸张:戳天漾地、掀天撅地、干死烂稠等。

第八章　绥德方言保留古代文献中的词语

　　绥德方言同别的方言一样，口语中也保留了许多古代文献中曾经使用过的一些词语。这些词语在别的方言中也在使用或可能使用，因为现代方言都是从古代汉语、近代汉语演变来的，彼此都有相同的历史根源，所以有些词语不为某一方言所独有，这是正常的现象。而有人认为是某一方言所独有之说，事实证明往往靠不住。至于一个词在哪些方言被保存下来了，哪些方言没有保存；哪些词保存了，哪些词没有保存，这是由多种因素决定的，如政治、经济、历史、文化、地理、交通、教育、风俗等等，原因复杂，没有一个具体规律能说清楚的。

　　在此选择列举近年来阅读古代文献中收集到的二百六十多条词语(有的还做过专门的考释)，以示绥德方言这些词的历史来源。限于本书体例，所举文献例子一般省去具体考释环节，仅列例证。

　　【拔】pa^{33}　　(1)用水、冰使凉。你嫌热动起的话泡到水瓮里～给阵儿。《原本老乞大》："伴当，你将料捞出来，冷水里拔著，等马大控一会，慢慢的喂者。"文献中又写作"湃"。明·兰陵笑笑生《金瓶梅词话》27回："远远只见春梅拿着酒，秋菊掇着果盒，盒子上一碗冰湃的果子。"又，29回："春梅说：'嗔道不进房里来。——把这梅汤放在冰内湃着你吃？'"清·曹雪芹《红楼梦》64回："芳官早托了一杯凉水内新湃的茶来。"(2)受冷着凉。冷地上坐～叻，坐上个毯毯。

　　【巴家】pa^{21} tɕia^{213}　　处处为家庭的利益着想，顾家。那他钱儿是挣下喽，就是不～。清·刘省三《跻春台》卷1："仕贵曰：'放你的屁！养女攀高门才可沾光，我辛苦挣的银钱，岂可拿与穷鬼？不巴家的婆娘，不要开腔！'"

　　【板肠】pæ^{21} tʂʻã^{33}　　(1)肠子。猪肚驴～是下酒的好菜。明·冯梦龙《醒世恒言》卷3："你只看亚仙病中想马板肠汤吃，郑元和就把个五花马杀了，取肠煮汤奉之。"王世贞《艳异编》卷20："平生与王元鼎密。偶疾，思得马板肠，王即杀所骑骏马以啖之。"清·李绿园《歧路灯》64回："(盛希侨)笑道：'……何如您叫个狗肉案子，驴肉车子，一个个扯住一片狗腿啃，一个个切一盘驴板肠？不成局！不成局！谭贤弟，你竟胡闹起来！'"（2）心肠，心思。你狗儿的哈语气词是个坏～。明·清溪道人《禅真后史》50回："玉仙道：'……你那贼板肠，岂不省的透彻？'"

【板筋】pæ²¹ tɕiŋ²¹³　板条状的筋，也就是人和动物的肌腱和韧带。绥德方言有"搉～"一说，指抬杠，也指好抬杠的人。"饿断～。"言其极饿。明·吴承恩《西游记》75回："大圣笑道：'……四斗星官监临造，二十八宿用工夫。水浸几番不得坏，周围挖搭板筋铺。唐僧还恐不坚固，预先又上紫金箍。'"佚名《续西游记》14回："八戒道：'高情高情，变甚柜子，饿断板筋。'"

【半死刺活】pæ⁵² sɿ²¹³ la³³ xuo³³　半死不活。那偷人来喀，教人家给打哩个～。《朴通事谚解》上："一个和尚偷弄别人的媳妇，偷将去的时节，正撞见他的汉子，却拿着那和尚，打的半死刺活的。""刺"也作"辣"。清·西周生《醒世姻缘传》75回："忙跑几步，好失了脚吊得下去，好跌得烂酱如泥，免得半死辣活，受苦受罪。"

【傍】pã⁵²　激。你叫那他去，肯定没门儿，～起来还差不多。人家两个将刚不打喀，教你～哩几句，又打脱开喀。元杂剧《西厢记》5本4折："末云：这一桩事都在红娘身上，我则将言语傍着他，看他说甚么。红娘，我问人来，说道你与小姐将简帖儿去唤郑恒来。"按，金圣叹在《西厢记》批本中，将"傍"改作"激"字，可证"傍"的确有"激"之义。

【驳弹】pə³³ t'æ³³　挑剔，批评。你～人家去行，满不看各自是个甚。《朴通事谚解》中："我再没高的了，官人十分休驳弹。"文献中又写作"驳弹"、"包弹"、"弹驳"。《太平广记》卷253引《朝野金载》："小人在位，君子驳弹，莫不代子战灼，而子独何以安？"按，"驳"是"驳"的异体字。唐·李商隐《义山杂纂》卷上："筵上包弹品味。"《三国志》卷9《诸夏侯曹传》裴注引《魏略》："谧为人外似疏略，而内多忌。其在台阁，数有所弹驳，台中患之，事不得行。"①

【坌】pəŋ⁵²　进入眼中的尘土。才将刚才眼里打哩个～，这阵儿还涩得不行。《广韵·恩韵》："坌，尘也。亦作坋。"《说文解字·土部》："坋，尘也。"姚秦·鸠摩罗什译《佛说弥勒下生成佛经》："其地润泽，譬若油涂，行人往来，无有尘坌。"唐·郑嵎《津阳门诗》："九门回望尘坌多，六龙夜驭兵卫疲。"敦煌变文《燕子赋》："正见雀儿卧地，面色恰似坌土，脊上缝个服子，鬓髯亦（欲）高尺五。"

【屄嘴】pi²⁴ tsuei²¹³　嘴，詈词。你那个～就不能少说几句？清·曹

---

①　本例与《太平广记》例转引自郭在贻：《古汉语词义札记》一文，《中国语文》1979年第2期。

雪芹《红楼梦》46 回："你快夹着尿嘴离了这里，好多着呢！"墨憨主人《十二笑》："我养的儿子，谁要你们闲尿嘴来多管？"

【滗】pi²¹³ 挡住固体将液体倒出。把碗黑里里边的汤～出去。唐·玄应《一切经音义》卷 5"滗饭"注引汉服虔《通俗文》："去汁曰滗。"

【俵散】pi²¹ sæ⁵² 分散给人。那把东西都～给人家喽。《玉篇·人部》："俵，散也。"《旧五代史》卷 146《食货志》："晋天福中，河南、河北诸州，除俵散蚕盐征钱外，每年末盐界分场务，约巢一十七万贯有余。"明·佚名《杨家府演义》卷 3："使臣不日到寨，六郎等叩头领旨毕，乃将朝廷缎匹俵散诸将。"

【畐】pie³³ (1)颗粒饱满。这谷穗子可～叻。《说文解字·畐部》："畐，满也。"由器皿盛满，引申为一般东西的饱满。(2)堵塞。拿个什么把窟窿给～定。《广韵》芳逼切。宋·释道原《景德传灯录》卷 20："畐塞虚空，汝作么生去？"例中"畐塞"同义连文。文献中又作"偪"。《朱子语类》卷 104："今人大抵偪塞满胸，有许多伎俩，如何便得他虚？"段玉裁《说文解字注·畐部》："畐，偪与塞义同，畐、偪正俗字也。《释言》曰：'逼，迫也。'本又作偪。二皆畐之俗字。"

【编派】pie²¹ p'ai³³ 捏造事实讥讽他人。肯定是那瞎～的。清·曹雪芹《红楼梦》64 回："晴雯这东西编派我什么呢。"又 74 回："我若再去，连我也编派上了。"俞达《青楼梦》5 回："挹香起来要捻爱芳，一面笑道：'你为什么说笑话了编派着我？'"

【扁】pie²¹³ 把东西掖在腰间。童谣：儿搭抱上，女抱上，老汉～的裤带上。清·西周生《醒世姻缘传》48 回："把些粮食俱赶集卖了，腰里扁着银子……一溜烟走了。"又，89 回："(龙氏)叫他扁着吊数钱，寻到城内陪他姐姐。"

【扁食】pie²¹ ʂə?³ 水饺。今儿吃哩羊肉～冒粉汤。又作"匾食"。宋·徐梦莘《三朝北盟会编》卷 71："进上御膳亦用馄饨、扁食，乃金人御膳也。"明·兰陵笑笑生《金瓶梅词话》41 回："党太尉吃匾食，他也学人照样儿行事，欺负我！"明·洪楩《清平山堂话本·快嘴李翠莲记》："烧卖、匾食有何难，三汤二割我也会。"清·西周生《醒世姻缘传》26 回："(那管家娘子)背了家主，烙火烧，扦油饼，蒸汤面，包扁食，大家吃那梯己，这不过叫是为嘴。"

【擘】pə³³ 分开。～成两堆。两个相打叻，你去哩～开。《礼记·内则》："炮之，涂皆干，擘之，濯手以摩之，去其皽。"《史记》卷 86《刺客列传》："既至王前，专诸擘鱼，因以匕首刺王僚，王僚立死。"

【把擸】pəʔ⁵ lai²¹　扔，丢弃。你一把～那儿甭管嘹。《集韵·骇韵》："擸，洛骇切。把擸，弃。"《类篇·手部》："擸，把擸，弃去也。"

【不分】pəʔ³ fəŋ⁵²　不服气，不平。我每都～你这个理。南朝·刘义庆《世说新语·文学》："于法开始与支公争名，后情渐归支，意甚不分，遂遁迹剡下。"唐·崔湜《婕妤怨》："不分君恩断，新妆视镜中。"敦煌变文《燕子赋（一）》："燕了不分，以理从索，遂被撮头拖曳，捉衣撍擘。"

【不说】pəʔ³ ʂuo³³　不能、不会，表责备、反问语气。我忙成这样，你就～帮上一把？没事你～看给阵儿书？明·兰陵笑笑生《金瓶梅词话》73回："妇人道：'见睡起来，你哄我。你倒自在，就不说往后来接我接儿去。'"32回："二位老爹在这里，不说唱个曲儿与老舅听，就要去罢？"清·曹雪芹《红楼梦》36回："今儿我咳嗽出两口血来，太太叫大夫来瞧，不说替我细问问，你且弄这个来取笑。"

【不识耍】pəʔ⁵ ʂəʔ³ ʂua²¹　把开玩笑话当成真的，开不得玩笑。"不识耍"是"识耍"的反义，"识耍"是经得起开玩笑，开玩笑不嗔恼。这婆姨～，你操心挨日嘞挨骂。元杂剧《延安府》3折："廉使不识耍，不肯遵王法。勾也勾不去，倒吃了他一顿打。"明·吴承恩《西游记》18回："行者笑道：'你那老儿，年纪虽大，却不识耍。我把这话儿哄你一哄，你就当真。'"又22回："那知那怪不识耍，就走了。"

【不用】pəʔ³ yŋ⁵²　不要、不可的意思，表示劝止。筐满嘹，～放嘹！菜你～买嘹，我去买也。北魏·贾思勰《齐民要术》卷4："李树、桃树下，并欲锄去草秽，而不用耕垦。"唐·乔知之《弃妾篇》："此物虽轻贱，不用使人嗤。"敦煌变文《伍子胥变文》："恩泽不用语人知，幸愿娘子知怀抱。"

【壁虱】piəʔ⁵ sə²¹　臭虫。这几年夏上不见有～嘹。西晋·竺法护译《正法华经》："蝇蚤壁虱，亦甚众多，百足种种。"唐·道宣《续高僧传》卷20："又告门人曰：'吾见超禅师寄他房住，素有壁虱，不噉超公，乃两道流出，向余房内。'"宋·庄绰《鸡肋编》卷上："生姜苗铺荐席下去壁虱，椒叶能辟蚤，狗舌草花亦然。"

【搲】p'ai²¹³　分开。女子娃娃家腿～开像个甚？明·兰陵笑笑生《金瓶梅词话》78回："老婆脱衣解带，仰搲坑上。……两只手搲着。"

【婆姨】p'uo³³ i⁵²/²¹　妇女，媳妇。～女子家的话还能信咖。那连个～也没乱下。清·艾衲居士《豆棚闲话》第11则："始初破城，只搲财帛婆姨。"又："后来贼首有令，凡牲口上带银五十两，两个婆姨者，即行枭示。""所以彼时小子，看得钱财如粪土一样，只要抢些吃食婆姨，狼藉一番。"按，《豆棚闲话》的作者是杭州人，引例讲述的是明末农民起义的事情，讲这一问题时，作者说到了陕西、关中、延安府清涧县这些地名。明末农民起义的最中心人物是李自成，李自成是陕北米脂人，因此，他及其陕北将士们的方言最容易引起重视，而且起义军曾几乎走过大半个中国，陕北方言随着他们行进的地方会给经过之地有一定印象。因此，别人在讲述他们的有关事情时，自然不会少了他们口语里极具方言色彩的一些词语，"婆姨"应当是其中之一。所以我们推测《豆棚闲话》在表述"妇女"这一词语时，使用的是富有西北特色的方言词。从明清至今的吴方言中没有"婆姨"一词。

【培】p'ei^{33}　尘土覆盖。浑身～的灰土麻眼。元杂剧《玉壶春》3折："你道是筝闲玉雁懒铺排，琴被暗尘埋。休道你那绿窗前针指不曾拈，便小生也土培了砚台，揪撇下诗才。"《三夺槊》2折："箭空攒白凤翎，弓闲挂乌龙角，土培损金锁甲，尘昧了锦征袍。"按，"培"本指加厚土，即给植物的根部或墙基等部位堆土，引申为附着、覆盖。唐·段成式《酉阳杂俎续集》卷3："即与偕往殡所，毁瘗视之，散钱培槾，缗之数如其言。"

【𬳵】p'i^{52}　开裂或有裂纹。镢头把～喽。《广韵·支韵》："𬳵，器破而未离。"《集韵·支韵》："𬳵，《方言》'南楚之间，器破而未离谓之𬳵。'或从皮。"

【飘风】p'io^{33} fəŋ^{213}　嫖妓的隐语。那年轻那阵儿吃喝～，不务正业。明·兰陵笑笑生《金瓶梅词话》69回："我把你这起光棍，专一引诱人家子弟，在院飘风，不守本分。"又，35回："飘风宿娼，无所不为。"

【撇】p'ie^{33}　用勺子在液体面上平舀。普蔑切，《集韵》"匹蔑切"。你嫌饭稠哩拿勺儿～点儿汤。宋·梅尧臣《次韵和刘原甫紫微过予饮酒》："为撇瓮面醅，为煎鹰爪茶。"

【呼】p'u^{33}　吹气声。那～一口就把灯给吹熄喽。《广韵·尤韵》："呼，吹气。"缚谋切。

【破】p'uo^{213}　豁出，准备。～我这老命跟那些狗儿日的办一场。明·兰陵笑笑生《金瓶梅词话》25回："破着我一条性命，自恁寻不着主儿哩。"又："常言道，一不做，二不休。到根前再说话。破着一命剐，便把皇帝打！"

【破家五鬼】p'uo^{52} tɕia^{213} vu^{24} kuei^{21}　比喻为败家子。你也是个～，东西都教你给弄坏喽。元杂剧《冤家债主》1折："这的是破家五鬼，不弱如横祸非灾。"按，五鬼在迷信中是恶煞之一。五代·杜光庭《莫庭乂九宫天符醮词》："臣本宫震卦，五鬼所临，运气飞旗，仍当此月。"另一说法是"破家乌龟"，来自《史记》卷128《龟策列传》："近世江上人有得名龟，畜置之，家因大富。与人议，欲遣去。人教杀之勿遣，遣之破人家。龟见梦曰：'送我水中，无杀吾也。'其家终杀之。杀之后，身死，家不利。人民与君王者异道。人民得名龟，其状类不宜杀也。"

【铺层】p'u²¹ ts'əŋ³³　用来做鞋子、展布等的碎布。这点～耍撂哩，垫得缝圪瘩展布。文献中写作"铺持"。元杂剧《调风月》2折："剪了靴檐，染了鞋面，做铺持，一万分好待你，好觑你。"

【泼】p'ə³³　泡、冲。你坐着，我给咱～壶茶。唐·张又新《煎茶水记》："及刺永嘉，过桐庐江，至严子濑，溪色至清，水味甚冷，家人辈用陈黑坏茶泼之，皆至芳香。"清·蒲松龄《聊斋俚曲集·墙头记》："赶了个西关集，称的肉买的鸡，泼下茶倒上了一盅蜜。"

【马勺】ma²¹ ʂə³³　舀水用的大勺子，多为铜材质。～踢的瓮底子上喨。"勺"在古代文献中写作"杓"。宋·洪迈《夷坚丙志》卷17："二人甚壮，颇整洁，随身赍干糇及马杓之属。"元杂剧《秋胡戏妻》2折："媳妇儿，你只待敦葫芦摔马杓哩。（正旦唱）媳妇儿怎敢是敦葫芦摔马杓？"

【貌堂堂】mɔ⁵² t'ã³³ t'ã³³　形容人的仪表壮伟。敦煌变文《维摩诘经讲经文（三）》："菩萨众，貌堂堂，璎珞浑身百宝庄。"宋·夏元鼎《水调歌头》十之三："圆陀陀，光烁烁，貌堂堂。分明真我，罔象里全彰。"元杂剧《西厢记》1本2折："貌堂堂，声朗朗，头直上只少个圆光，却便似捏塑来的僧伽像。"

【冒猜】mɔ⁵² ts'ai²¹³　盲目的、没有把握猜测，犹瞎猜。你不要相信，我可～叻噢。清·李绿园《歧路灯》34回："只见顾家家人说道：'东县姑娘昨晚就有信来了，今日俺大爷好不差俺四下里寻鲍大叔。这是冒猜的，不料果然在此。'"又，84回："你是听风冒猜的。"

【冒懆】mɔ³³ ts'ɔ⁵²　即"髀髦"。烦闷、烦躁不安。那他这阵儿心里正～着叻，你可走开些。敦煌变文《降魔变文》："是日六师渐冒懆，忿恨罔知无□（计）校。"唐·韦庄《买酒不得》："停尊待尔怪来迟，手挈空瓶髀髦归。"

【枚】mei³³　个。量词，用于指人，限于女孩子。快看你家那～女去，哭起喨。唐·王梵志《贫穷田舍儿》："如此硬穷汉，村村一两枚。"元·周达观《真腊风土记》："人家奴婢，皆买野人以充其役，多者百余，少者亦有一二十枚。……少壮者一枚可直百布，老弱者一枚止三四十布可得。"

【懵】məŋ²¹³/⁵²　反应迟钝。这娃娃心～，你每慢慢教。《广韵·董韵》："懵，心乱也。"《玉篇·心部》："懵，心乱，心迷也。""懵老大"比喻反应特别慢的人。这个意义，"懵"只能读去声 $məŋ^{52}$。

【面馞】mie^{52} $p'uo^{21}$　做面食时防止面沾手的干面粉。面往一搭里粘敢撒～功么。《广韵·没韵》："馞，馞面。"又作"勃"。北魏·贾思勰《齐民要术》卷9："馞逾：盘水中浸剂，于漆盘背上水作者，省脂……干剂于腕上手挽作，勿著勃。"

【摸量】muo^{21} $liɑ̃^{33}$　约莫；估计；估量。这个事你先给咱～给下。明·笑笑生《金瓶梅词话》48回："经济道：'不是，你老人家摸量惜些情儿。人身上穿着恁单衣裳，就打恁一下！'"又作"拇量"。清·西周生《醒世姻缘传》96回："他拇量着这是好人，人孝敬他些甚么，他才肯收你的哩。"

【乏羊】fa^{33} $iɑ̃^{33}$　瘦而体质很弱的羊。～教家里栈着，喂上些黑豆。P.2032V《后晋时代净土寺诸色入破历算会稿》："豆贰斗砣臕后件馁乏羊用。"按本件文书还有"瘦羊"一语，说明它们所指的意义不同。乏羊是比瘦羊还要瘦，而且体质极差，瘦弱到了不能随群放牧的程度。瘦羊不等于乏羊，但是乏羊一定是瘦羊。今西北地区河西走廊一带、新疆等地也有"乏羊"一词。

【翻梢】$fæ^{24}$ $sɔ^{213}$　重振局面。这两年日月咽将～起来。"翻梢"最早指翻晾，后来赌场借用来指输钱后又把输掉的钱赢回，也指失利后重振局面。宋·朱肱《酒经》卷下："在案上摊开，令冷，翻梢一两遍。""在案上翻梢三两遍，放令极冷。"此二例是指翻晾。清·文康《儿女英雄传》30回："你只看公公，正在精神强健的时候，忽然的急流勇退，安知不是一心指望你来翻梢？"

【风】$fəŋ^{213}$　小便，与"火"连用，构成"风火"一词，泛指大小便。老人岁数大嘞，～火也送不了嘞。唐·义净《根本说一切有部毗奈耶破僧事》卷12："母女相随巡村估卖。后于一时，其女负酪，忽设矫心，遂报母曰：'我欲见风，愿母持酪，且渐前行。'母即取酪担负而去。"①"见风"指小便。元杂剧《灰阑记》3折："哥哥，你在这里，我要见风去也。"参见【水火】。

【分擘】$fəŋ^{24}$ $pə^{33}$　分，分离。同义复词。拿得点儿枣儿，你每看得～开吃去。《广韵·麦韵》："擘，分擘。"P.3744《僧张月光张日兴兄弟分书》年代不详(9世纪中期)："是故在城舍宅，兄弟三人停分为定。余之赀

---

① 此例转引自谭代龙：《义净译经身体运动概念场词汇系统及其演变研究》，北京，语文出版社，2008，第44页。按，如果解释为妇女大小便，释义过窄，非专指女性，男性亦可。

产，前代分擘俱讫，更无再论。"

【歪】vai²¹³　厉害，横蛮。那人可～叻，你可要招那。明·吴承恩《西游记》71 回："若说半个'不'字，他就说出无数的歪话，甚不中听。"清·刘省三《跻春台》卷 4："玉莲曰：'心倒不孬，就是歪了些儿！'"

【歪人】vai²¹ zəŋ³³　坏人，不讲理的人。你连个好人～也分不清？明·凌濛初《二刻拍案惊奇》卷 20："某家外假虚名，存心不善，错认做好人，冒受好报；某家迹蒙暧昧，心地光明，错认做歪人，久行废弃。"清·西周生《醒世姻缘传》27 回："若只论他皮相，必然是个邋遢歪人，麻布裙衫不整。"35 回："况你这样歪人，谁还敢再与你缠帐？"

【顽】væ³³　调皮、淘气。这娃娃～得一满实在弄不成。《原来老乞大》："——里头也有顽的么？——可知有顽的。每日学长将那顽学生师傅行呈著，那般打了呵，则是不怕。汉儿小厮每哏顽，高丽小厮每较争些个。"

【捼】væ²¹³　拧。那他那阵儿又不晓得瞎拧～甚叻。敦煌变文《燕子赋（一）》："左推右耸，捼（挼）耳捆颐。"

【闻】vəŋ³³　趁，赶，表示某个时候，介词。～热吃，再给阵儿凉噇。咱个儿～早走凉快些。敦煌变文《维摩诘经讲经文（三）》："莫待此身有疾病，即宜闻早使心怀。"唐·白居易《寄户部杨侍郎》："林园亦要闻闲置，筋力应须及健回。"金·佚名《刘知远诸宫调》第 11："回告刘郎，但对奴家闻早说。"

【稳当】vəŋ²¹³ tã²¹³　安稳，稳定。教书这么个生活～着叻。你把东西放～哩再松手。唐·杜牧《宣州留赠》："为报眼波须稳当，五陵游宕莫知闻。"明·吴承恩《西游记》42 回："他的身躯小巧，比你还坐得稳当。"

【稳帖】vəŋ²⁴ tʻie²¹　稳妥，稳当妥帖。等你的生活～哩我来看你。唐·陆龟蒙《和袭美馆娃宫怀古五绝》之四："波神自厌荒淫主，勾践楼船稳帖来。"

【问】vəŋ⁵²　问婚，求亲。你家小子～媳妇子叻不？《汉书》卷 82《王商传》："先是皇太后尝诏问商女，欲以备后宫。"唐·寒山《我见东家女》："我见东家女，年可有十八，西舍竞来问，愿姻夫妻活。"敦煌变文《破魔变》："阿奴身年十五春，恰似芙蓉出水宾（滨）。帝释梵王频来问，父母嫌卑不许人。"《太平广记》卷 429 引《河东记》："颇有过客，以金帛为问，某先不忍别，未许。"

【问当】vəŋ⁵² tã²¹　问，问候。这事不晓得能不能～上？那人架子不大，见哩人就问问当当。敦煌变文《维摩诘经讲经文（七）》："维摩卧疾于方丈，佛敕文殊专问当。"金·董解元《西厢记诸宫调》卷 1："使作得似风魔，说了依前又问当。"佚名《刘知远诸宫调》第 1："连忙土榻边，躬身施礼问当。"元刊本杂剧《拜月亭》2 折："你怎生便教我眼睁睁的不问当？"

【璺】vəŋ^{52} 破裂。俗语：打烂砂锅～(问)到底。西汉·扬雄《方言》第六："器破而未离谓之璺。"唐·段成式《酉阳杂俎》卷 10："其父一日饮茗……食顷，爆破，一无所见，茶椀如旧，但有微璺耳。"

【掘】vuo^{33} 挖取，挑取。～茄苗、～树苗。"掘"在中古为影母末韵入声，《广韵》乌括切。《说文解字·手部》："掘，搯掘也。"《广韵·末韵》"掘，掘取也。"《集韵·潸韵》："掘，取也。"唐·玄应《一切经音义》卷 7 引应劭《通俗文》："掘出曰掏。"

【窝憋】vuo^{24} pie^{21} 因地方狭小而受憋。这地方太小喥，把人～得不行。清·文康《儿女英雄传》32 回："一问，说都有人占下了，只得在顺着戏台那间倒座儿楼上窝憋下。"

【窝盘】vuo^{21} p'æ^{33} 哄着。你敢是～定问叻么。"窝盘"本指窝藏。《旧五代史》卷 146《食货志》："如有公然偷盗官盐，或将货卖，其买卖人及窝盘主人知情不告，并依前项刮咸例，五斤已上处死。"由此义引申为哄，哄着。元杂剧《后庭花》2 折："瞒着，瞒着丈夫，窝盘，窝盘人物。"明·兰陵笑笑生《金瓶梅词话》25 回："这宋蕙莲窝盘住来旺儿，过了一宿。"11 回："当下西门庆打了雪娥，走到前边，窝盘住了金莲，袖中取出今日庙上买的四两珠子，递与他穿箍儿戴。"

【卧】vuo$^{52/213}$ (1)发酵，酿制，泡制。～酸菜、～曲、～杏儿。北魏·贾思勰《齐民要术》卷 6："屈木为棬，以张生绢袋子，滤熟乳，着瓦瓶子中卧之。"敦煌变文《双恩记》："点作楼台织绮罗，卧成浆酪能香美。"(2)和泥时先将水浇在土上，使水分浸透，调和时泥变得柔润。～上一锅泥，一阵儿好调些。"卧"本字可能是"渥"。《广雅·释诂二》："渥，渍也。"《集韵·候韵》："漚，《说文》'久渍也'，或作'渥'。"

【舞弄】vu^{21} luŋ^{52} 摆弄。舞，即弄也。你不会动起夒瞎～。明·凌濛初《二刻拍案惊奇》卷 13："欲用力拆开，又恐怕折坏了些肢体，心中不忍。舞弄了多时，再不得计较。"

【搭剌】təʔ^5 la^{213} 下垂。一晌午把庄稼叶子都晒得～下喥。明·兰陵笑笑生《金瓶梅词话》2 回："通花汗巾儿袖中边搭剌，香袋儿身边低挂。"

【打交】ta^{24} tɕio^{33} 往来，交往。那种人以后少和那～。明·冯梦龙《警世通言》卷 14："逐月却与几个小男女打交。"

【打熬】ta^{21} ŋɔ^{33} 折磨；磨炼。受苦要慢慢价～叻。元杂剧《渔樵记》

1 折："误杀我者也之乎，打熬成这一付穷皮骨。"施耐庵、罗贯中《水浒传》2 回："史进回到庄上，每日只是打熬气力，亦且壮年，又没老小，半夜三更起来演习武艺。"

【打春】ta²¹ tʂ'uŋ²¹³　立春。今年～早。"打春"本指旧时州县于立春日鞭土牛以祈丰年的习俗。宋·孟元老《东京梦华录·立春》："立春前一日，……置春牛于府前。至日绝早，府僚打春。"由此引申出节气，名词。《太平广记》卷 181 引《摭言》："高锴第一榜，裴思谦以仇士良关节取状头。锴庭谴之，思谦回顾厉声曰：'明年打春取状头。'"

【打醋炭、打醋坛】ta²¹ ts'y⁵² t'æ³³　旧时把炭烧红放醋钵中，或将醋倒在烧热的铁器上以蒸气熏屋子驱逐邪气。出嫁女子走起要～呥。明·冯梦龙《警世通言》卷 6："今日主人家便要打醋炭了。待打过醋炭，却教客人吃酒。"清·文康《儿女英雄传》6 回："果然这样，那点苏合丸、闻通关散、熏草纸、打醋炭这些方法都用不着，倘然遇着个背了气的人，只敲打一阵铜旋子就好了。"一作"打醋坛"。清·西周生《醒世姻缘传》6 回："合县士民也有买三牲还愿也，也有合分资做庆贺道场的，也有烧素纸的，也有果然打醋坛的，也有只是念佛的，也有念佛中带咒骂的。"又："那华亭两学秀才，四乡百姓，恨晁大尹如蛇蝎一般，恨不得去了打个醋坛的光景。"

【打家截道】ta²¹ tɕia²⁴ tɕ'ie³³ to⁵²　到人家里和在路上抢夺财物。引申为不安消停。这娃娃一天价～，一阵儿不识闲儿。元杂剧《争报恩》1 折："他又不曾杀人放火，他又不曾打家截道。"《黑旋风》3 折："俺哥哥又不是打家截道的杀人贼，倒赔了个如花似玉的好娇妻，送与你这倚权挟势白衙内。"明·吴承恩《西游记》56 回："那厮专生恶念，不务本等，专好打家截道，杀人放火！"

【打平伙】ta²¹ p'iŋ³³ xuo²¹　(1)众人各自出资凑在一起吃喝。咱每～去来。明·凌濛初《二刻拍案惊奇》卷 5："而今幸得无事，兄弟们且打平伙，吃酒压惊去。"又作"打平和"，"打平火"。明·兰陵笑笑生《金瓶梅词话》77 回："西门庆家中这些大官儿，常在他屋里坐的，打平和儿吃酒。"凌蒙初《二刻拍案惊奇》卷 22："公子不肯，众人又说：'不好独难为他一个，我们大家凑些，打个平火。'"(2)引申为众人共享。明·冯梦龙《喻世明言》卷 29："你与柳府尹打了平火，该收拾自己本钱回去了。"

【打圈】ta²¹ tɕye⁵²　交配。羊～嗯没？清·西周生《醒世姻缘传》36 回："再有那一样歪拉邪货，心里边即与那打圈的猪，走草的狗，起骡的驴马一样，口里说着那王道的假言。"

【打哨】ta²¹ sɔ⁵² 吹口哨。你一～就刮起风喽。元杂剧《赵礼让肥》2折：“跮跮的一声锣响，［打哨科］飕飕的几声胡哨。”

【打瓦】ta²⁴ va²¹³ 指儿童掷瓦的游戏。明·杨慎《升庵诗话》卷上：“儿童飞瓦石之戏，若今之打瓦也。”冯梦龙《山歌》卷1：“吴人歌吴，譬诸打瓦抛钱，一方之戏，正不必如钦降诗规，须行天下也。”清·吴敬梓《儒林外史》2回：“那些孩子就像蠢牛一般，一时照顾不到，就溜到外边去打瓦踢球，每日淘气不了。”

【但凡】tæ⁵² fæ³³ 只要。～有点儿事就寻人家。《元典章·吏部六》：“监察每、廉访司官人每，但凡勾当行的官人每根底保举呵，他每行的实迹、元保官的名字、体覆官的名字写将来者。”清·曹雪芹《红楼梦》60回：“你老自己撑不起来，但凡撑起来的，谁还不怕你老人家？”又，74回：“我但凡有气性，早一头碰死了！”

【但是】tæ⁵² ʂəʔ³ 凡是，只要是。～个人都比你强。～有三分能耐，谁还求人叻？北魏·贾思勰《齐民要术》卷8：“诸麦饼，但是烧煿者，皆得投之。”敦煌变文《父母恩重经讲经文（一）》：“慈母心，无顺逆，但是女男皆护借。”

【啖】tæ⁵² 吃。精嘴得～哩一嘴。那么一点儿还叫那～哩一嘴。《说文解字·口部》：“啖，噍啖也。”《广雅·释诂二》：“啖，食也。”《墨子·鲁问》：“楚之南有啖人之国者桥，其国之长子生，则鲜而食之，谓之宜弟。”

【当是】tã⁵² ʂəʔ³ 当作，以为。我还～谁叻。你～我不晓得？清·曹雪芹《红楼梦》20回：“黛玉听了，冷笑道：‘我当是谁，原来是他！我那里敢挑他呢。’”又，44回：“我只当是有客来了，唬得我不敢进去。”

【倒灶】tɔ²¹ tsɔ²¹³ 倒霉，时运不济。遇上这些～事，谁也没办法。“倒灶”一词出自西汉扬雄《太玄经·灶》中：“灶灭其火，惟家之祸。”元杂剧《桃花女》4折：“敢是这老头儿没时运，倒了灶也。”明·凌濛初《二刻拍案惊奇》卷37：“我说你福薄，前日不意中得了些非分之财，今日就倒灶了。’”吴承恩《西游记》25回：“行者笑道：‘你遇着我就该倒灶，干我甚事？’”

【得窍】tə³³ tɕiɔ⁵² 懂门路，掌握技巧。做这生活不～哩可熬叻。清·李绿园《歧路灯》51回：“我有一个盟友夏逢若，这个人办这事很得窍。”

【等量】təŋ²¹ liã³³ 衡量、比较。把长短～好再着，要多买下。你先拿根棍子～给下，看大小叻。敦煌变文《维摩诘经讲经文（一）》："状萤火敌于日轮，同丘土齐于山岳。实难匹喻，莫已（以）等量……"

【籴】tie³³　总买。你敢是～的卖叻么。"籴"本指买进谷物。《说文解字·入部》："籴，市谷也。"《玉篇·入部》："籴，入米也。"《公羊传·庄公二十八年》："臧孙辰告籴于齐。"何休注："买谷曰籴。"绥德方言的总买是买进谷物的引申。

【咥】tie³³　吃的戏称。《易·履》："履虎尾，不咥人，亨。"唐·孔颖达疏："履虎尾不见咥啮于人。"唐·陆德明《经典释文》："咥……啮也。马云：龁。"

【挃】tie³³　击打。不听话不能把那～上两圪都？《广韵·帖韵》丁悷切，"挃，打也。"《龙龛手鉴·手部》："丁叶反，打也。""挃"为"挃的俗字。"文献中也写作"挃"。

【顶牙料嘴】tiŋ²¹ ia³³ lia⁵² tsuei²¹³　拌嘴，顶嘴，犹"磕牙料嘴"。小娃娃家不能～。你一天价～就不怕人家笑话。元杂剧《渔樵记》2折："谁和你料嘴哩！"《还牢末》1折："谁与你挑唇料嘴，辨别个谁是谁非？"《举案齐眉》3折："自来不相会，走将来磕牙料嘴。"

【定帖】tiŋ⁵² t'ie²¹　安定、稳定的意思。你的事等我～下来再说。清·李绿园《歧路灯》12回："少顷，只见孝移满面流汗如洗。略定帖了一会，也就不能言语，间作呻吟之声而已。"

【墩】tuŋ²¹³　用力猛地往下放。你把布袋～个几下就装下嘞么。元杂剧《争报恩》4折："好说话将孩儿放了，只当不的他打瓮墩盆乔样势。"清·西周生《醒世姻缘传》3回："这些婢女婆娘见了前边珍哥院内万分热闹，后边计氏一伙主仆连个馍馍皮、扁食边梦也不曾梦见，哭丧着个脸，墩葫芦，摔马杓，长吁短气，彼此埋怨。""墩葫芦"就是使劲往下放葫芦。又，13回："晁大舍、珍哥怕墩得疮疼，都坐不得骡车，从新买了卧轿，两个同在轿内睡卧，雇了两班十六名夫抬着。"

【董、湩】tuŋ²¹³　弄、搞，主要用于事情的否定。大人不在家，娃娃每～哩个一塌糊涂。看你～下那些事谁收拾也？清·李绿园《歧路灯》27回："王春宇道：'蠢才。这事多亏我到，若叫你们胡董起来，才弄的不成事哩。'"又，68回："若是不分，怕我董穷了连累他跟着受苦。"102回："像我这大儿子不成人，几乎把家业董了一半子，休说咱娘不爱见我，我就自己先不爱见我。"按，"董"的这一意义的本字是"湩"。"湩"《广韵》都鹏切，端母肿韵上声，绥德方言与此读音吻合，意义亦有联系。"湩"的本义是水浑浊，《广韵·肿韵》："浊多也。"《集韵·肿韵》："水浊。"由此引申为不清楚，乱糟糟，再引申为动词弄、搞。

【赌身发咒】tu²¹ ʂəŋ²¹³ fa³³ tʂəu⁵²　用自身做赌注进行发誓诅咒。为哩句闲话，两个嚷起来，还～。明·兰陵笑笑生《金瓶梅词话》31 回："玉宵推小玉，小玉推玉宵，急的那大丫头赌身发咒，只是哭。"又，51 回："来家他说我那里养老婆，和我嚷，骂我这一日，急的我赌身发咒。"68 回："西门庆听了，口中骂道：'恁小淫妇儿，我分付和这小厮缠，他不听，还对着我赌身发咒，恰好只哄我。'"

【赌神发咒】tu²¹ ʂəŋ³³ fa³³ tʂəu⁵²　对着神灵起誓诅咒。两家又吵叻，都那价～叻。明·兰陵笑笑生《金瓶梅词话》72 回："他再三赌神发咒，并不知他三婶在那边一字儿。"又，82 回："于是急的经济赌神发咒，继之以哭，道……"

【断】tuæ⁵²　总买。茄子～堆儿卖叻。宋·蔡襄《荔枝谱》第 3："初着花时，商人计林断之以立券……而乡人得饫食者盖鲜，以其断林鬻之也。"庄绰《鸡肋编》卷下："凡僧寺灶灰，民皆断扑。"

【断事】tuæ⁵² sͬ⁵²　评断是非。你寻上个～的，了结哩就对嘞。《荀子·王霸》："三邪者在匈中，而又好以权谋倾覆之人断事其外，若是，则权轻名辱，社稷必危，是伤国者也。"敦煌变文《祇园因由记》："二人欲见断事，首陁天主恐断事人为太子，故自化为断事老人，忽现驾前，询问所诤。"白居易《问皇甫十》："知君能断事，胜负两如何。"北齐僧职有"断事沙门"，掌断处僧人犯佛教戒律之事。

【毒】tuəʔ³　眼力强。那人眼～，一眼就认出来嘞。宋·张孝祥《醉落魄》："多情早是眉峰蹙。一点秋波，闲里觑人毒。"

【抬】tʻai³³　收拾，收藏。钱儿我给～嘞。元杂剧《碧桃花》4 折："请你个假古懒的官人休怪，我这里把新词袖里忙抬。(出词科，唱)一字字堪怜堪爱，一句句难学难赛。我对着众客展开，表白，这(青玉案)是那个的亲笔儿留在？"此例"把新词袖里忙抬"就是往袖子里边藏，科范的"出词科"出示词，"抬"与"出"正好相对。又，《降桑椹》4 折："孩儿也，我吃的够了，与我抬了者。"元刊本杂剧《冤家债主》2 折："你常安排着九分厮赖，把雪花银写做杂白。解时节将烂钞掷，赎时节将料钞抬。"这个例子说的是做事小气刻薄。

【太半】tʻai⁵² pʻæ³³　大半，泰半。好事～轮不上咱。《史记》卷 7《项羽本纪》："汉欲西归，张良、陈平说曰：'汉有天下太半，而诸侯皆附之。楚兵罢食尽，此天亡楚之时也，不如因其机而遂取之。今释弗击，此所谓养虎自遗患也。'"《后汉书》卷 18《盖延传》："永军乱，遁没溺死者太半。"唐·寒山《一向寒山坐》："昨来访亲友，太半入黄泉。"

【𦧈】t'æ⁵² 吐。《广韵·谈韵》："𦧈，吐舌也，他酣切。"你把嘴里的水～出去再说。叫那_他把吃哩人家的那圪都_{那些}东西都～出来。文献中又写作"探"。《前汉书平话续集》中卷："食讫肉，问使曰：'此羹甚肉？'使曰：'乃大梁王彭越肉也。'英布急将手指于口内，探出食物，吐之江中，尽化为螃蟹。"

【探食】t'æ⁵² ʂə³ 病愈以及吃饱饭后还想吃东西。我每老人病差_{病愈}噉，这几天～叻。元刊本杂剧《拜月亭》2折："男儿，怕你大赎药时准备春衫当，探食后提防百物伤。"

【填还】t'ie³³ xuæ⁵² 偿还。时运不好，喂圪戴个猪也不～。《旧唐书》卷18上《武宗本纪》："又赴选官人多京债，到任填还，致其贪求，罔不由此。"元杂剧《来生债》2折："我死之后，变做马填还他。"《铁拐李》4折："从今日填还了妻子冤家债，我心上别无挂碍。"绥德方言还有偷偷给的意思。

【停】t'iŋ³³ 均等。把吃的～分开。敦煌变文《解座文汇抄》："才亡三日早安排，送向荒郊看古道。送回来，男女闹，为分财不停怀愕（懊）恼。"明·陶宗仪《辍耕录》卷8："矾法：春秋胶矾停，夏日胶多矾少，冬天矾多胶少。"

【挺】t'iŋ⁵² 击打。人家～你几下不晓为甚。清·西周生《醒世姻缘传》40回："你敢把他当着那老婆着实挺一顿，把那老婆也给他的个无体面，叫他再没脸儿去才好。"又59回："他说：'我要赶上，我照着他奶膀结结实实的挺顿拳头给他。'"

【揄、投】t'əu³³ 引发。前几天感冒噉，我这旧病又～出来噉。《广韵·候韵》："揄，度候切，引也。"又作嵞。文献中多写作"投"。元杂剧《西厢记》3本4折："末白：自从昨夜花园中，吃了这一场气，投着旧证候，眼见得休了也。"清·西周生《醒世姻缘传》4回："萧北川道：'这样，也等不到天明梳头，你快些热两壶酒来，我投他一投，起去与他进城看病。'"文康《儿女英雄传》32回："（邓九公）说：'昨日喝多了，必得投一投。'"

【投到】t'əu³³ to⁵² 等到。～咱每老哩啈不晓成咋个噉。元杂剧《战吕布》楔子："投到他拔出戟来，我走过芦沟桥去也。"《货郎旦》1折："前月打差便去，叵耐张玉娥无礼，投到我来家，早嫁了别人。"《原本老乞大》："投到年终，行货都卖了。"

【奶房】nai²¹ fã³³ 乳房。婆姨的_{他的}媳妇～上长个东西，医院做手术去喽。唐·菩提流志《不空罥索神变真言经》卷27："若以药涂功德天像两奶房上，加持三遍。"张鷟《游仙窟》："拍搦奶房间，摩挲髀子上。"明·李时珍《本草纲目》卷16："乳妇气脉壅塞，乳汁不行，及经络凝滞，奶房胀痛，留蓄作痈毒者。"

【攘】nã²¹³　推。后面的人不敢～喽。把人～的跌倒喽。《字汇·手部》："攘，推攘也。""攘"本字应该是"攘"。《说文解字·手部》："攘，推也。"段注："推手使前也，古推让字如此作。""后攘字用为攘除之义，让又为退让字，遂造攘字表推手使前之义。攘本日纽阳部字，叠韵音转，舌面音转舌头音，是为泥纽阳部之'攘'。"①明·凌濛初《二刻拍案惊奇》卷28："不管三七二十一，同了两三个少年子弟，一推一攘的，牵的去了。"卷26："数年之间，弄做个老厌物，推来攘去，有了三家，反无一个归根着落之处了。"清·西周生《醒世姻缘传》1回："计氏赶将来踩打，或将计氏乘机推一交，攘两步。"近代汉语中"推"与"攘"多对举的形式出现，可证二者义同。《二刻拍案惊奇》卷9还有"推的推，攘的攘"。

【攘包】nã²¹ pɔ²¹³　脓包；懦弱无能的人。你噇是个～，怕那的甚叻？清·西周生《醒世姻缘传》81回："惠希仁道：'俺那个是攘包，见了他，只好递降书的罢了。'"又，53回："没了我合老七，别的那几个残溜汉子老婆都是几个偎浓呕血的攘包，不消怕他的。"

【瘼】nɔ⁵²　毒，中毒。羊吃哩些老麻子叶，～死喽。《说文解字·疒部》："瘼，朝鲜谓药毒曰瘼。从疒，劳声。"《方言》卷3："凡饮药、傅药而毒……北燕、朝鲜之间谓之瘼。"

【能】nəŋ⁵²　宁可。读去声。我～送人也，不想给那些吃。宋·晏殊《渔家傲》："总是调零终有恨，能无眼下生留恋。"元刊本杂剧《疏者下船》3折："能可长江中亡了性命，也强如短剑下碎了身躯。"

【泥】ni⁵²　陷进泥土。牛～的河滩里出不来喽。《广韵·霁韵》："泥，滞陷不通。"奴计切。隋·王通《中说》卷4"西方之教也，中国则泥"，宋·阮逸注："犹溺也。"按，或为此字为"埿"，非也。

【砯】nie³³　本义是指履石渡水。引申为过河踩踏的石头。俗语：紧过～石，慢过桥。"砯"，《广韵》力制切。《说文解字·水部》："砯，履石渡水也。……《诗》曰：'深则砯。'"

【蹍】nie²¹³　追赶。狼把你～上，你跑甚叻？"蹍"，《广韵》"乃殄

---

① 梁国均：《〈蜀语〉疏解（选录）》，遂宁市文化局《李实学术研讨会文集》，北京，语文出版社，1996，第95页。

切"。《集韵·上铣》:"躞,逐也。"

【年时】nie³³ sɹ⁵² 去年。我是～毕业的。唐·无名氏《撷芳词》:"春衫窄,香肌湿。记得年时,共伊曾摘。"宋·邵伯温《邵氏闻见录》卷18:"君家梁上年时燕,过社今年尚未回。"清·孔尚任《桃花扇》32出:"年时此日,问苍天,遭的什么花甲。"

【粘头】nie³³ t'əu²¹ 抽头;开赌场的人对赢者所提的成儿或赢者给开赌场人的小费。光仅仅～儿就给哩一百块钱噢。你这～儿的也快倒霉的噢。明·凌濛初《二刻拍案惊奇》卷8:"赢时节,道是倘来之物,就有粘头的、讨赏的、帮衬的,大家来撮哄。"

【硬擦擦】niŋ⁵² ts'a³³ ts'a³³ 本指东西很硬的样子。也指态度生硬、不温和。你里水入水,首先给人家～的样子,人家谁还敢和你说呐?明·清溪道人《禅真后史》52回:"小兰顿足道:'苦耶,天下有这样硬擦擦做事不怕死的和尚!'"方言中一般写作"硬茬茬"。

【硬柴】niŋ⁵² ts'ai³³ 耐烧的柴,相对于穰柴而言,多指木柴。这些～夑烧哩,过年起淘馍馍做黄米面馒头做豆腐起用叻。元杂剧《盆儿鬼》1折:"大嫂,搬将柴来,堆在窑门首,待我去烧起火来。这腿胫骨头上,多放几块硬柴。"又,4折:"你在我腿胫骨上加上几块硬柴,烧的我好苦也。"

【拗捩】niəu²¹ lie³³ (1)扭转折断。同义复词。你到咱园子里～两个南瓜好上午吃么。《玉篇·手部》:"捩,拗捩也。"唐·玄应《一切经音义》卷19:"拗,捩也。"慧琳《一切经音义》卷79:"捩,手拗捩也。"又:"捩,扭也。"卷63:"拗捩,今以手捼折物者也。"P.4075V《养男契样文》:"(前缺)家赀诸杂物色便共承分亭支,若也听人构厌,左南直北,拗捩东西,不听者当日□手趁出门外,针草莫与,便招五逆之子,更莫再看。"清·纪昀《阅微草堂笔记》卷21:"追得后,蹴踏头项,拗捩蹄肘,绳勒四足深至骨,痛若刀劙。"(2)指不顺从、闹别扭。你这人就解下懂得个～。唐·不空译《大乘瑜伽金刚性海曼殊室利千臂千钵大教王经》卷10:"其性拗捩,出语直突。"敦煌变文《燕子赋(一)》:"当骹々劝谏,拗捩不相用语。"

【脓包】nuŋ³³ pɔ²¹³ 怯弱无能的人。你唦是个～,不上去做打那狗儿的是?明·吴承恩《西游记》86回:"八戒道:'不要哭!一哭就脓包了!'"清·西周生《醒世姻缘传》41回:"那汉子我没看真,情管是个脓包!"

【抐】nuəʔ³ 纳入。饭甜谈噢,～哩一囊盐唦又咸噢。《广韵》内骨切。

清·胡元晖《子贯附言·原道篇》:"水哉,水哉! 往者过,来者续,其中持于往来之交者,殆㧖之而有物耶?"原注:"㧖,案物手中也。"

【来者】lai³³ tʂəʔ³　犹的话,助词,表示假设。你就这么个做~,以后人家谁还信你叻。那他要要~,你就陪去。P.3649V《后周显德四年(957)燉煌乡百姓吴盈顺卖地契(习字)》:"自卖已后,永世琛家子孙男女称为主记。为唯有吴家兄弟及别人侵射此地来者,一仰地主面上并畔觅好地充替。"P.3186《宋雍熙二年(985)牒(稿)》:"若也有甚高下死生,或欠他人债负,恐来论说,今对官面前明敕文凭,只后更不许厶兄弟边论说活计。若也论说来者,切望大王处分。"

【老爷河】lɔ²¹ i³³ xɯ³³　黄河。~那水可深叻。清·李绿园《歧路灯》22回:"我若有一点儿撒赖,再过不的老爷河。"按,今绥德年龄大的人偶尔称呼,中年以下的人很少知道了。

【嫪窝】lɔ⁵² vuo²¹³　母鸡留恋其窝,欲孵化小鸡的情状。~鸡可鸹人叻。《说文解字·女部》:"嫪,姻也。"又,《女部》:"姻嫪,恋惜也。""姻嫪"同训释为"恋惜",说明二字同义。

【勒揹】lə³³ kʻɯ⁵²　勒索。这回一满没挣得多少,还教工头~哩些。元杂剧《鲁斋郎》1折:"休想肯与人方便,衡一片害人心,勒揹了些养家钱。"元·施耐庵、罗贯中《水浒传》17回:"我若要你银子时,便是兄弟勒揹你。"也作"揹勒"。元杂剧《铁拐李》2折:"我见新官到呵······马前剑有三千个利便,旧官行揹勒些东西,新官行过度些钱。"

【冷子】ləŋ²¹ tsəʔ³　冰雹。一场~把庄稼都打坏喽。清·李绿园《歧路灯》7回:"德喜儿道:'谁料下冷子雹冰。'"

【锣锅】ləŋ³³ kuo²¹³　比小锅大一些的锅子。拿~炖哩一锅羊肉。《原本老乞大》:"更买些碗子什物:锅儿、锣锅、荷叶锅、六耳锅、磁碟子、木碟子、漆碟子。"

【栊门】ləŋ²⁴ məŋ³³　大门,院门。"栊门"当为"龙门"。人家的~盖的可阔气叻,两根腿子前还放两个大石狮子。元杂剧《西厢记》1本1折:"慢俄延,投至到栊门儿前面,刚那了一步远。"

【露白】ləu⁵² pi³³　暴露所藏金银钱财。白,白物;白银。身上的钱不知道甚会儿就~喽,教人家偷的去喽。元杂剧《朱砂担》4折:"自古道:'出外做客,不要露白。'"明·凌濛初《二刻拍案惊奇》卷36:"此镜乃我寺发迹指本,岂可轻易露白,放得在别人家去的?"

【劦】li³³　分割。拿的包子叫小偷给~哩一刀子还不晓得,你看那号儿那种人。这块肉太大喽,再~上一刀就好喽。《说文解字·刀部》:"劦,剥也，划也。"段注："《方言》：'劙，解也。'劙与劈双声义近。"《玉篇·刀部》："劙，解也，分割也。"先秦《尸子》卷下："弓人劈筋，则知牛长少。"《周书》卷50《异域传下》："绕帐走马七匝，一诣帐门，以刀劈面，且哭，血泪俱流。"《新唐书》卷144《崔宁传》："冕被谤，朝廷疑之，遣使者问状，宁部兵劈耳白其冤，使者以闻。"

【敹】liɔ³³　粗略的缝合。你先拿针~~给几下。《广韵》落萧切。《尚书·费誓》："善敹乃甲胄。"孔颖达疏："郑云：'敹，谓穿彻之。'谓甲绳有断绝，当使敹理穿治之。"章炳麟《新方言·释器》："凡非绽裂而粗率缝之亦曰敹。"

【立客】liəʔ³ kʼə³³　俗语：~难待。客人客气地站着不肯坐下，主人就感到难以招待。敦煌变文《下女（夫）词》："女答：立客难发遣，展褥铺锦床，请君下马来，模模便相量。"清·无名氏《九云记》2回："众中有嘲笑他的，笑说道：'无讹先生算不出命，原请坐下，立客难打发呢。'"

【烈子】lie³³ tsəʔ³　裂缝，裂纹。墙上绷烂一绽~。S.4199《年代不明（10世纪）某寺交割常住什物点检历》："新大铸镀贰，各壹尺捌寸，底上有破碎烈子，各叁脚全。"S.2607V《年代不明[10世纪]某寺交割常住什物点检历》："又贰尺铸镀壹面有□烈子。""烈"为"裂"的借音字。山西忻州方言将皮肤皲裂的口子为"裂子"，所指范围比绥德方言要小一些，但本质上没有差别。

【凌迟】liŋ³³ tʂʼəʔ³　蹂躏、折磨。鸡娃快教你枚个女子给~死喽。把羊羔放下，不敢~！敦煌变文《目连缘起》："瓷母既被凌迟，旧日形容改变。"《妙法莲华经讲经文（一）》："或尸粪煟煨，或磨摩碓捣，终日凌持，多般捶考（拷）。""凌迟"本为古代一种残酷的死刑，即把犯人先分割肢体，然后割断咽喉。蹂躏、折磨义当由此引申而来。

【溜】liəu⁵²　抽打、打的。那他再不听话，你就把那~给两把子棍子。明·罗懋登《西洋记》57回："那个有仇的人眼也是见不得，怎么禁得溜他一门栓。"又："内中一个说道：'抽过门拴来，着实的溜他两下，看他撒哪儿。'内中就有一个果真的抽出门拴来，照头就打。"按，此例"溜"与"打"前后对举，又"溜"后有动量短语"两下"说明次数。

【轮】lyŋ²¹³　吃的戏称。那阵儿我受饿着叻，一顿吃哩一老碗面，又~哩几个馍馍。你做下那点吃的，我一气就~完喽。元杂剧《蒋神灵应》1折："慕容垂白：古来自有能征将，谁比我将军快吃食。白米焖饭吃二十碗，硬面烧饼嚷九十。经带阔面轮五碗，卷煎烂蒜夹肉吃。酸酒饮上五十盏，下酒肥羊烂牛蹄。馒头吃上五、六扇，赚鹅吃了一大只。

元帅领兵当先去，我撑的肚胀动不的！"

【论】lyŋ³³　诉讼，告状。你愿到哪里～叻告叻，我每不怕。敦煌变文《燕子赋（一）》："无事破啰（锣）啾唧，果见论官理府。更被枷禁不休，于身有阿没好处？"《旧唐书》卷164《李降传》："前后朝臣裴武、柳公绰、白居易等，或为奸人所排陷，特加贬黜，绛每以密疏申论，皆获宽宥。"

【揸挣】tsa³³ tsən⁵²　挣扎，勉强支持。你要～得吃叻，不哩睡倒去也。～得做哩几天。明·张四维《双烈记》25出："韩姐夫此去，那鬼魅妖氛自隐形。妈妈，你当揸挣。俺姐姐终须有日到家庭。"按，此"揸"为扎的同音字。"扎挣"是"挣扎"的逆序词。

【扎裹、扎括】tsa³³ kuo²¹　打扮；装饰。二十块钱的衣裳就把你给～起嗯。清·文康《儿女英雄传》40回："倒底也让我给他刷洗刷洗，扎裹扎裹。"清·西周生《醒世姻缘传》30回："晁夫人夜间梦见计氏还穿的是那一套衣裳，扎括得标标致致的，只项中没有了那条红带，来望着晁夫人磕头。"又，2回："俺家里那个常时过好日子时节，有衣裳尽着教他扎括，我一嗔也不嗔。"

【奓、挓】tsa⁵²　张开。头发～起嗯。"奓"，陟驾切。《广韵·麻韵》："奓，张也。"《庄子·知北游》："神农隐几阖户昼瞑，妸荷甘日中奓户而入。"唐·陆德明《经典释文》引司马彪云："奓，开也。"元杂剧《博望烧屯》1折："奓沙起黄髭髯，（张飞力云）兀那村夫，你相我可是如何？"文献中也写成"挓"。《集韵·平麻》："挓，挓挲，开貌。"

【在外】tsai⁵² vai⁵²　不计算在内，除外。自家～，光亲亲能坐十几桌儿。北魏·贾思勰《齐民要术》卷5："柴及栋梁、椽柱在外。"又："岁出万束，一束三文，则三十贯；荚叶在外也。"

【早起】tsɔ²¹ tɕʻi²¹　早晨。今～还好着叻。金·佚名《刘知远诸宫调》第12："早起庄南厮撞着。"元刊本杂剧《铁拐李》3折："早起在衙里，晚时在家里，那一场欢喜，要一奉十，举案齐眉，那些儿是夫妻每道理。"

【早是】tsɔ²¹ ʂəʔ³　本来是，已经是。人家～怕叻，你还说叻。唐·王勃《秋江送别》之一："早是他乡值早秋，江亭明月带江流。"周弘亮《故乡除夜》："诗成始欲吟将看，早是去年牵课中。"

【栽】tsai²¹³　(1)树苗。柳树～～。汉·王充《论衡·初禀》："朱草之茎如针，紫芝之栽如豆。"唐·李商隐《玄微先生》："树栽嗤汉帝，桥板笑秦王。"杜甫《萧八明府处觅桃栽》："奉乞桃栽一百根，春前为送浣花村。"仇兆鳌注："桃栽二字连用，犹俗云桃秧，乃小桃之可栽者。"(2)引申为可塑造之人。这娃娃是个好～～。

【嘈】tsæ²¹³　咬，叮。蝇子～得人不能睡。《广韵》七感切，又子荅切。唐·元稹《虫豸诗》之一："毫端生羽翼，针喙嘈肌肤。"宋·周密《齐东野语》卷10："吴兴多蚊，每暑夕浴罢，解衣盘礴，则营营群聚，嘈嗫不容少安，心每苦之。"

【摘】tsə³³　倒出。～得一壶酒，两个人还没喝完。元散曲《风入松·离情》："酒满斟，他亲劝。先摘得都无少半。本待一饮不留残，到被别离泪添满。"

【窄狭】tsə³³ ɕia³³　狭窄。家里～放不下，抬得外起。唐·杜甫《潼关吏》："丈人视要处，窄狭容单车。"元杂剧《襄阳会》1折："倘曹操又领将兵来征伐俺，争奈此城地方窄狭，亦无粮草，怎生与他拒敌？"《谢金吾》楔子："前者圣人曾言，御街窄狭，车驾往来不便。"

【袒】tsæ⁵²　指鞋帮与鞋底裂开。鞋帮子～开喽。"袒"本指衣缝开裂。《广韵·裥韵》："袒，衣缝解。又作绽。绽上同。"《礼记·内则》："衣裳绽裂，纫箴请补缀。"郑玄注："绽，犹解也。"绥德方言使用的对象由衣物转移到了鞋子上。

【栈羊】tsæ⁵² iã³³　精心饲养的圈养羊。～赶群羊吃香。过年一个～都吃喽。宋·张孝祥《次东坡先生韵八首》之七："栈羊割肥红，社瓮拨浓绿。"陈师道《送晁无咎出守蒲中》："圣世急才常患少，栈羊筛酒待公归。"

【只情】tsəʔ³ tɕʻiŋ³³　只管。给人家～做，甅要奸要滑。明·吴承恩《西游记》17回："看他没头没脸的，只情使棍子打来。"兰陵笑笑生《金瓶梅词话》85回："到晚夕，煎红花汤吃下去，登时满肚里生疼，睡在炕上，教春梅按在身，只情揉揣。"（日）冈岛冠山《唐话纂要》卷3："只情要谤平人。"

【只说】tsəʔ³ ʂuo³³　当作，以为。我～你走喽，还在这儿叻？明·冯梦龙《醒世恒言》卷37："多蒙老翁送我三万两银子，我只说是用不尽的。"吴承恩《西游记》47回："徒弟呀，我当年别了长安，只说西天易走，那知道妖魔阻隔，山水迢遥！"兰陵笑笑生《金瓶梅词话》79回："玉箫道：'我只说娘锁了箱子，就不曾看见。'"

【穄】tsɿ⁵²　与"稙"相对。农谚：稙谷子～糜子。意思是谷子要早种，糜子要晚种。《淮南子·俶真训》："故河鱼不得明目，穄稼不得育时，其所生者然也。"高诱注："河水浊，故不得明目；穄稼为霜所凋，故不得待其自熟时。故曰'其所生者然也'。"参见"稙"。

【钻头觅缝】tsuæ²¹ tʻəu³³ mi⁵² fəŋ⁵²　比喻千方百计地寻找时机。那一天价～，就看哪里能挣点儿钱。明·兰陵笑笑生《金瓶梅词话》20回：

"不知怎的，听见干猫儿头差事，钻头觅缝干办了要去，去的那快！"79 回："那玉箫听见主子使他干此营生，又似来旺媳妇子那一本帐，连忙钻头觅缝，袖的去了。"清·西周生《醒世姻缘传》18 回："秦福到了武城，钻头觅缝的打听。"

【茶饭】ts'a³³ fæ⁵² 饭菜。不包括茶水在内。那婆姨做的好～。金·佚名《刘知远诸宫调》第 11："这茶饭猪不吃，狗不瞅！"

【馇】ts'a²¹³ 煮熟。～猪食。～哩一锅黑豆䐁䐁。文献中作"插"。清·西周生《醒世姻缘传》54 回："做水饭，插粘粥，烙水烧，都也通路。"又，67 回："一个插小豆腐的大锅，打的粉碎。"

【差】ts'a²¹³ 病愈。病哩两天就～嘞。你外婆的病得～不得～？汉·扬雄《方言》卷 3："差、间、知，愈也。南楚病愈者谓之差。"晋·张仲景《伤寒杂病论》卷 11："下利，脉数而渴者，令自愈；设不差，必清脓血，以有热故也。"按例中"差"、"愈"同义词变换使用。宋·沈括《梦溪笔谈》："因病危甚，服医朱严药，遂差。"

【差、搓、挃】(1)ts'ai⁵² 以拳相击。你再敢日嘞骂我的话，一圪都拳头就把你～死嘞！唐·王梵志《贫穷田舍汉》："里正被脚蹴，村头被拳搓。"敦煌变文《燕子赋（一）》："不问好恶，拔拳即差（搓）。"按，"差"在其他卷中又写作"扠"、"挃"、"搓"。《玉篇·手部》："挃，丑皆切，以拳加人也。"《广韵·佳韵》："扠，以拳加人。亦作挃。丑佳切。"《集韵·皆韵》："搓，推击也。"又《佳韵》"扠，打也。"唐·玄应《一切经音义》卷 15："挃，又作扠，同。《通俗文》：'拳手控曰挃也。'"吴·康僧会译《旧杂譬喻经》卷上："以右手扠之，手入鬼腹，坚不可出。"南北朝梁·宝唱等《经律异相》卷 43："罗刹闻此，永不肯放，萨薄聊以两拳扠之，拳入鳞甲，拔不得出。"(2)ts'ai²¹³，揉。面和硬嘞，再往软～给下。《广韵·皆韵》："挃，以拳加物，丑皆切。"《集韵·皆韵》："挃，艸皆切，以拳加物。"又《佳韵》："扠挃，樀佳切，以拳加物。或作挃。"

【藏猫】ts'ã³³ mɔ³³ 捉迷藏。绥德方言说"藏猫猫"。咱每耍～来。清·文康《儿女英雄传》6 回："原来安公子还方寸不离坐在那个地方，两个大拇指堵住了耳门，那八个指头捂着眼睛，在那里藏猫儿呢！"

【撑】ts'əŋ²¹³ "吃"的贬称。～你的脑子坏乎？清·蒲松龄《聊斋俚曲集·墙头记》："您达达无正经，捞着饼饭尽着撑，给他碗腥汤就舍了命。"

【撑】ts'əŋ²¹³ 顶、顶撞。那他将刚说哩几句话，就叫人家～得说不上来嘞。我两句话就把那他～得不敢说嘞。明·罗懋登《西洋记》14 回：

"只这一句话儿不至紧，把个天师就撑得他哑口无言，只得应声道：'去，去。'"又，64 回："……和天星老爷撑对，我们宁可各人寻个自尽，再不敢反戈相向。"清·吴敬梓《儒林外史》16 回："三房里催出房子，一日紧似一日，匡超人支吾不过，只得同他硬撑了几句，那里急了，发狠说……"

【趱】ts'uæ²¹³　赶、追赶。俗语：猫儿不上树狗～着咧！刚进去就叫人家又给～出来嘞。按，文献中又写作"攒"。明·兰陵笑笑生《金瓶梅词话》86 回："为人还有相逢处，树叶儿落还到根边，你休要把人赤手空拳往外攒，是非莫听小人言！"罗懋登《西洋记》27 回："唐状元看见去了马太监，心上吃慌，丢了银头宫主，来攒金头宫主。"

【攒】ts'uæ³³　量词，用于院落的计量。纸火烧哩个大～院。宋·林逋《耿济口舟行》："老霜蒲苇交千刃，怕雨凫鸥着一攒。"清·李绿园《歧路灯》22 回："逢若道：'谭贤弟有一攒院子，在宅子后，可以住得下，我就替你招驾，何如？'"又，67 回："我问你，当初惠先生住的那攒院子，闲也不闲？"

【籔】ts'uæ²¹³　碾子稍微碾压谷物，去高粱皮。把麦子～给下。～稻黍米。《说文解字·攴部》："籔，小舂也。"段注："小舂，谓稍舂之。"王筠句读："小舂者，谓略舂之也。"《攴部》亦作"籔"。《广韵·愿韵》、《集韵·愿韵》又作"籔、籔"。《集韵·愿韵》还作"籔"。

【杀割】sa³³ kə²¹　收拾，拾掇，使完毕。剩下这点儿饭，你给咱～哩。文献中写作"杀合"、"煞搁"、"杀割"等。《朱子语类》卷 42："子张是个有锐气底人。它作事初头乘些锐气去做，小（少）间做到下梢，多无杀合，故告以'居之无倦'。"清·刘省三《跻春台》卷 4："枉自妈教女儿用心太过，不知儿到后来怎样煞搁。"

【山鸡】sæ²⁴ tɕi²¹　雉的别称。能去声，宁可吃木鸽鸽子二两肉，不吃～四两肉。元杂剧《独角牛》1 折："休笑我浑身上无那四两山鸡肉。"

【山水】sæ²⁴ ʂuei²¹　山洪、洪水。羊教～推冲走嘞。信天游：发一回～冲一层泥，撩个朋友蜕一层皮。《汉书》卷 27 上《五行志》："文帝后三年秋，大雨，昼夜不绝三十五日。蓝田山水出，流九百余家。"《新唐书》卷 36《五行志》："永徽元年六月，新丰、渭南大雨，零口山水暴出，漂庐舍。"明·冯梦龙《警世通言卷》28："晋朝咸和年间，山水大发，汹涌流入西门。"

【哨】sɔ⁵²　吹。挂外起风一阵儿就～干嘞。元刊本杂剧《汗衫记》3 折："风哨的手倦抬，冻饿死怎挣揣！"

【尸灵】sʅ²¹ liŋ³³　尸体，遗体。前家儿的前一方的儿子把娘的他的娘的～

给抢走喽。敦煌本《搜神记一卷》："王僧兄弟三人，遂杀刘奇，抛尸灵在东园［枯井］里埋之。"明·吴承恩《西游记》57 回："你看着师父的尸灵，等我把马骑到那个府州县乡村店集卖几两银子，买口棺木，把师父埋了，我两个各寻道路散火。"

【死相】sɿ²¹ ɕiɑ̃⁵² 死板，不灵活。这人可～叻，站个那儿还不说给人帮一把。清·李绿园《歧路灯》28 回："不想要咱本地的银片子，打造的死相，也没好珠翠，戴出来我先看不中。"

【所算】suo²¹ suæ⁵² 暗算，谋害。那年时做生意叫人家给～喽。唐·姚合《寄陕府内兄郭冏端公》："中外无亲疏，所算在其情。"元刊本杂剧《替杀妻》3 折："呀！婆娘待把俺哥哥所算了，被我赚得他手内刀。"元刊本杂剧《赵氏孤儿》1 折："断颈分尸了父亲，划地狠毒心所算儿孙！"

【瘦岩岩】səu⁵² ie³³ ie³³ 消瘦的样子。那后生长得～价，个子满不低。唐·薛能《吴姬十首》之一："夜锁重门昼亦监，眼波娇利瘦岩岩。"宋·杜安世《燕归梁》："髻云松鬈衣斜裼。和娇懒、瘦岩岩。"元杂剧《汉宫秋》1 折："卿家，你觑咱，则他那瘦岩岩影儿可喜杀。"

【扨】suŋ⁵² 推搡。那狗儿的劲仗力气大，一把把我～得跌倒喽。P. 2058《碎金》："手推扨（音竦）。"《集韵·肿韵》："扨，执也，推也。"明·冯梦龙《平妖传》4 回："一头说，一头帮着老管家，将手劈胸扨那婆子。"凌濛初《二刻拍案惊奇》卷 2："便叫两个徒弟，把小道人扨了出来，不容观看。"

【展布】tʂæ²¹ pu⁵² 抹布。"展"今写作"㨄"。～踢掉地下来客也。元·施耐庵、罗贯中《水浒传》75 回："阮小七叫上水手来，舀了舱里水，把展布都拭抹了。"明·冯梦龙《平妖传》3 回："又恨不得爬上天去，拿个几万片绝干的展布，将一天湿津津的云儿展个无滴。"清·随园主人《绣戈袍全传》26 回："又凑着那位将军未起，竟举手向那桌面用展布轻轻扫去。"

【照察】tʂɔ⁵² tsʻa³³ 看守，保护。我每走哩，家里全要靠你～叻。明·吴承恩《西游记》65 回："揭谛闻言，即着六丁神保护着唐僧，六甲神看守着金铙，众伽蓝前后照察；他却纵起祥光，须臾间，闯入南天门里。"清·李绿园《歧路灯》14 回："王中站在楼门说道：'……一来是爷在世时相与的好友。二来这些爷们你来我去，轮替着来咱家照察，全不是那一等人在人情在的朋友。'"

【针关】tʂəŋ²⁴ kuæ²¹³ 针鼻，针孔。没做哩两针就把个～打喽。金·董解元《西厢记诸宫调》卷 6："行待纫针关，却便纫针尖。"《刘知远诸宫调》第 1："针关里脱得命，岂敢停待。"

【折儿】tʂər³³　比喻规矩；约束。而个现在的事都没～。明·兰陵笑笑生《金瓶梅词话》23 回："看我到明日对他说不说？不与你个功德也不怕，狂的有甚些折儿也怎的！"又，72 回："大姐姐也有些儿不是，想着他把死的来旺儿贼奴才淫妇惯的有些折儿！"

【质】tʂəʔ³　（泥土）淤积。下哩场大雨把水壕～平噎。新打的坝两三年就～起来噎。P. 2507《唐开元二十五年(737)水部式残卷》："诸水碾硙，若拥水质泥塞渠，不自疏导，致令水溢渠坏，于公私有妨者，碾硙即令毁破。""质泥塞渠"是动宾联合短语，"质"与"塞"词性相同而对举，皆为动词。"塞"是堵塞，"质"是淤积。如果"质泥"了，水渠自然就会被"塞"。

【稙】tʂəʔ³　早种的庄稼。《诗·鲁颂·閟宫》："稙穉菽麦。"毛传："先种曰稙，后种曰穉。"高亨注："稙，早种的谷类。"北魏·贾思勰《齐民要术》卷 1："二月、三月种者为稙禾，四月、五月种者为穉禾。"又，卷 9："种稙谷时种之。"唐·元稹《出门行》："善贾识贪廉，良田无稙穉。"

【装（壮）袄子】tʂuã⁵²　ŋɔ²¹　tsəʔ³　棉袄。今年冬暖，不穿～也不冻。P. 2567V《癸酉年(793)二月沙州莲台寺诸家散施历状》："赤黄绫袄子一，紫绫装袄子一。"P. 3410《年代不详(840 前后)僧崇恩析产遗嘱》："独织紫绫壮袄子壹领，紫绫裙衫壹对。"

【装（壮）裤】tʂuã⁵²　kʻu⁵²　棉裤。羊毛～穿上轻巧。P. 3260《归义军节度留后使曹元德状》："紫绵绫旋裥袄子壹领，细牒装裤壹腰，皂皮鞋壹两并细牒袜。"P. 3410《年代不详(840 前后)僧崇恩析产遗嘱》："崇恩亡后衣服，白绫袜壹量，浴衣一，长绢裤壹，赤黄绵壮裤壹腰……"衣服里、面之间絮有"绵"，故名之"装"。"装"除了读平声"侧羊切"外，又读去声"侧亮切"，与"壮"音同。"装"的去声读音为非常见音读，所以文化水平较低的文书书写者在选用字时，用了读音相同的"壮"字，这种情况直至今天亦如此。动词义的"装"，即可以读平声，又可以读去声。棉絮义的"装的"必须读去声，以便与读平声的其他东西的"装的"相区别，这就是我们说"壮"的本字为"装"的主要依据。

【装裹】tʂuã²⁴　kuo²¹　穿戴，装扮。二十块钱就把那给～起噎。敦煌变文《韩擒虎话本》："官健唱喏。亐(改)摽衣装，作一百姓装裹，担得一栲栳馒头，直到箫磨呵寨内，当时便卖。"《双恩记》："因此街坊人众，递互相传，装裹衣裳，供给茶饭。"按，绥德方言给死人穿戴衣服称"装穿"，与北京话的"装裹"意思同。北京话词义范围缩小。

【埕】tʂuəʔ³　堵塞，阻塞。草把水眼～定噎。《玉篇·土部》："埕，塞也。"《广韵·屋韵》："塞也。"宋·善卿《组庭事苑》卷 1："埕，侧六切。

塞也。"明·李实《蜀语》："蜀语：鼻塞曰堃。"宋·文素《如净和尚语录》卷下："卓拄杖云：'堃着帝释鼻孔。'"

【倡扬】tṣʻã²¹ iã³³　对不该说的事情大肆宣扬。那他那 nei⁵² 个人就爱～人家的事。明·兰陵笑笑生《金瓶梅词话》21 回："一个烧夜香，只该默默祷祝，谁家一径倡扬，使汉子知道了，有这个道理来？"又，33 回："你没的说，倒没的倡扬的一地里知道。"清·曹雪芹《红楼梦》68 回："李纨见凤姐那边已收拾房屋，况在服中，不好倡扬，自是正理，只得收下权住。"

【着家】tṣʻə³³ tɕia²¹³　不回家。一天外面瞎逛，不～。金·董解元《西厢记诸宫调》卷 1："每日价疏散不曾着家。"

【嗔恼】tṣʻəŋ³³ nɔ²¹³　恼怒，生气。你再去人家～也。明·凌濛初《二刻惊奇拍案》卷 12："晦翁越加嗔恼，道是大姓刁悍抗拒。"卷 20："遂致巢氏不堪，日逐嗔恼骂詈。"

【搇擗】tṣʻəŋ²¹ pə³³　拉搇、撕裂。"搇"、"擗"同义复词。快把那两个～开，不敢叫打噢。纸糊得不牢，两把就～烂噢。《玉篇·手部》："搇，开也。"《广韵·麦韵》："擗，分擗。"敦煌变文《燕子赋（一）》："燕子不分，以理从索。遂被撮头拖曳，捉衣搇擗。"

【畲】tṣʻua²¹³　剥去，去掉。～过皮是五十斤。本义是去掉麦子的皮。《说文解字·臼部》："舂去麦皮也。从臼，干所以畲之。"绥德方言的剥去、去掉的意思，当是由此引申而来。

【出酒】tṣʻəʔ³ tɕiəu²¹³　醉酒呕吐。夜儿喝得又～噢。清·李绿园《歧路灯》18 回："你出酒时，我还记得。后来就天昏地暗，记不清了。"

【烧】ʂɔ⁵²　霞。谚语：早～不出门，晚～晒死人。唐·张乔《郢州即事》："鸟归残烧外，帆出断云间。"张籍《留别江陵王少府》："寒林远路驿，晚烧过荒陂。"刘昭禹《冬日暮国清寺留题》："高钟疑到月，远烧欲连星。"

【上山】ʂã⁵² sæ²¹³　指老人去世埋殡。那老人～噢，娃娃也都大噢，没甚负担噢。清·刘省三《跻春台》卷 1："待等上山算一账，才知拉个大筐筐，泰公躲避无影响，把妈忧得欲断肠。"又："于是买料装殓，开路上山。"

【折针】ʂə³³ ʂəŋ²¹³　断了的针，喻为极小、没有价值的东西。我连人家的根～也没捏过。金·佚名《刘知远诸宫调》第 2："款款地进两脚。掉下个折针也闻声，牛栏儿傍里遂小坐。"《原本老乞大》："别人东西休爱者，别人折针也休拿者，别人是非休说者。"明·兰陵笑笑生《金瓶梅词话》43回："老身在这里恁几年，就是折针，我也不敢动。"

【宬】ṣəŋ³³ 居住。你每在哪里～着叻？《说文解字·宀部》："宬，屋所容受也。"《广韵·清韵》："宬，屋容受也。"

【身马】ṣəŋ²⁴ ma²¹³ 身体。偏义复词。人家那些人好～。吐鲁番出土文书《唐总章元年（668）海塸与阿郎阿婆家书》："三忖（个）阿兄身马得平安已不？次，阿女更千万再□□男迪君，女受姜、小男小君等进（近）得平安。"

【声唤】ṣəŋ²¹ xuæ³³ 呻吟。那他的病像是重叻，一黑地晚上就是个～。唐·颜师古《匡谬正俗》卷6："今痛而呻者，江南俗谓之声唤，关中俗谓之呻恫。"明·冯梦龙《喻世明言》卷16："是夜，常闻邻房有人声唤。"

【什物】ṣəʔ⁵ vəŋ²¹ 物品。"物"的韵母读音特殊。办事的～都准备好喽。《后汉书》卷20《祭肜传》："显宗既嘉其功，又美肜清约，拜日，赐钱百万，马三匹，衣被刀剑下至居室什物，大小无不悉备。"明·冯梦龙《醒世恒言》卷38："铺内一应什物家伙，无不完备。"

【拾】ṣəʔ³ 用头撞，头朝前冲。没看见那一脑就～过来喽。明·兰陵笑笑生《金瓶梅词话》79回："忽然见一个黑影子，从桥底下钻出来，向西门庆一拾。"清·西周生《醒世姻缘传》67回："他若不与我时，我拾他两头，拉了合他往历城县门口声冤。"又，80回："戴氏拉着寄姐拾头拽脸，淫妇歪拉的臭骂，拿着黄烘烘的人屎，洒了寄姐一头一脸。"

【石女】ṣəʔ³ ɕiɔ⁵² 没有阴道的女子。问的个媳妇子是个～。东汉·安世高译《佛说阿难同学经》："佛世尊出世甚难遇，犹如石女无子。"南朝·萧子良《净住子·奉养僧田门》："热血之相可寻，石女之伦不远。"五代·齐己《寄文浩百法》："铁牛无用真成角，石女能生是怪胎。"清·天花主人《云仙笑》卷2："原来那个妇人姓须，乃是个石女，又叫做二形子。"

【失笑】ṣəʔ³ ɕiɔ⁵² 不自主地发笑。这狗儿的一说话就叫人～。你可把人～死喽。《三国志》卷52《步骘传》"然时采其言，多蒙济赖"，裴松之注引晋张勃《吴录》曰："后有吕范、诸葛恪为说骘所言，云：'每读步骘表，辄失笑，此江与开辟俱生，宁有可以沙囊塞理也！'"韩愈《送穷文》："言未毕，五鬼相与张眼吐舌，跳踉偃仆，抵掌顿脚，失笑相顾。"宋·孙光宪《北梦琐言》卷11："来人失笑，闻于使衙。"

【熟惯】ṣu³³ kuæ⁵² 熟悉。我每两个～着叻。明·冯梦龙《喻世明言》卷1："薛婆道：'老身除了这一行货，其余都不熟惯。'"清·曹雪芹《红楼梦》80回："这老王道士专意在江湖上卖药，弄些海上方治人射利，这庙外现挂着招牌，丸散膏丹，色色俱备，亦长在宁荣两宅走动熟惯，都与他起了个浑号，唤他作'王一贴'。"

【拴整】ʂuæ²¹ tʂəŋ⁵² 好。今儿这件事做～嘛。李玉兰心好，人又～，这个饭馆肯定能办红叻。明·陆人龙《型世言》32 回："任天挺看看，银子比水心月多八两，又拴整，不似昨日的，便假吃趺道：'这廿四两断要的。'"

【水火】ʂuei²⁴ xuo²¹³ 大小便。那家他们老人病得可厉害叻，连～也送不了嘛，怕不行嘛。宋·皇都风月主人《绿窗新话》引《江南野记》："江南处士陈觊有词名，年五十方娶，自喜得偶。……未几，王以币帛召之。……或曰：'妇人年少，何不防闲。'答曰：'锁之矣。'或曰：'其如水火何？'觊曰：'锁匙已付之矣。'"元杂剧《蝴蝶梦》3 折："张千云：'起来，放水火。'"明·冯梦龙《醒世恒言》卷 30："且说众牢子到次早放众囚水火，看房德时，枷锁撒在半边，不知几时逃去了。"

【任甚】zəŋ⁵² ʂəŋ⁵² 任何。那娃娃懒得～也不做。金·佚名《刘知远诸宫调》第 1："抄着手入来，大干汉任甚不会。"按，指任何活儿都不会干。

【茹】zu⁵² 伸，塞，搁放。在"填茹"中又读 zu³³。你把手～进去。衣裳不晓得填～哪里嘛。《诗经·柏舟》："我心匪鉴，不可以茹。"北魏·贾思勰《齐民要术》卷 9："以茅茹腹令满。"后文献多写"擩"。

【捼】zuo³³ 推，推搡。俗语：～的前，攮的后。《广韵》奴禾切。《说文解字·手部》："推也。"《广韵·戈韵》："捼，《说文》：'推也。'"

【如法】zuə?³ fa³³ 适宜，细致。人家那些人吃的可～叻。你这生活活儿做的满实在不～，敢是细心点儿。敦煌变文《庐山远公话》："远公曰：'此寺甚好如法，则无水浆，如何居止！久后僧众到来，如何有水？'"金·董解元《西厢记诸宫调》卷 1："也没首饰铅华，自然没包弹，淡净的衣服儿扮得如法。"

【挤匝】tɕi²¹ tsa³³ 拥挤。家里～得戓不下。明·兰陵笑笑生《金瓶梅词话》70 回："府前官吏人等，如蜂屯蚁聚，通挤匝不开。"

【揭】tɕie³³ 有息借贷，与无息的"借"相对。今年～款得一分二价利，一分价～不下嘛。元刊本《重刊群书类要事林广记·应索债告状式》："某年某月不记日，有某处某人前来，引至某处某人作保，写立文帖，就某家揭借去行息至元折中统钞若干定，每月依例纳息三分，约某年某月纳本息钞定一顿归还。"清·李绿园《歧路灯》48 回："谭绍闻听说改揭为借，心中早有八分喜欢，说：'承情之甚。'早已自己取了一张纸儿，便写起借约来。"按，"借"不付息，故而谭绍闻心中"八分喜欢"。

【剪绺】tɕie²⁴ liəu²¹³　割破人衣袋偷取钱财，绺窃者。街上～可多叻，操心些。明·田汝成《西湖游览志余》卷 25："今之风俗，大抵仍之，而插号稍异：白手骗人，谓之打清水图；夹剪衫袖，以掏财物，谓之剪绺；撒泼无赖者，谓之破落户。"明·冯梦龙《警世通言》卷 17："仔细看时，袖底有一小孔，那老者赶早出门，不知在那里遇着剪绺的剪去了。"

【浇裹】tɕio²⁴ kuo²¹　花销；日常开支。这回办事，～的不多。清·文康《儿女英雄传》33 回："不过亲家你们这大户人家没这么作惯，再说也浇裹不了这些东西。"又作"搅裹"。清·西周生《醒世姻缘传》68 回："叫我找入十两银子，一切搅裹都使不尽，还有五两银子分哩。"

【教】tɕio²¹³　允许，让。多用于否定。家里大人不～来。《墨子·非儒下》："劝下乱上，教臣杀君，非贤人之行也。"唐·王昌龄《出塞》："但使龙城飞将在，不教胡马度阴山。"亦作"交"。金·佚名《刘知远诸宫调》第 12："暗想来，交人怎不答贺神天。"

【疞】tɕio²¹³　腹中绞痛。夜儿昨天混中突然间得的个～肠痧，看几乎把人给疼死。《广韵》古巧切。今多写作"绞"。《说文解字·疒部》："疞，腹中急也。"徐锴《说文系传》："今人多言腹中绞结痛也。"王筠《说文句读》："今之绞肠痧也。"《广韵·巧韵》："疞腹中急痛。"

【教招、交招】tɕio²¹ tʂʅ⁵²　教育，教诲。娃娃每解不下不懂是娘老子没给～。敦煌变文《父母恩重经讲经文(一)》："未待教招一二年，等闲读尽诸书史。""教"又写作"交"。《父母恩重经讲经文(一)》："日日交招意不移，朝朝护惜心无退。"宋·光嗣《判小朝官郭延钧进识字女子》："更遣阿母教招，恨不太真相似。"

【姐家】tɕie²¹ tɕia²¹³　外婆家，亦即母亲的家，舅家。～客、～门上。《说文解字·女部》："姐，蜀谓母曰姐。"《广雅》："姐，母也。"《广韵·马韵》："姐，羌人呼母。"《字汇》："媎同姐，兹野切。羌人呼母为媎。"①绥德方言及一些陕北晋语已经没有单独的用法，但是在复合词中作为一个语素，保留了"姐"的古老用法。

【精】tɕiŋ²¹³　全部，都，完全。我妈有点儿好吃的都～哩人嗯。好处敢不能～你一个人享受叻么？《原本老乞大》："这般精土炕上怎生睡？"

【精神】tɕiŋ²¹ ʂən³³　身体，躯体。这娃娃外婆的挂喂得好～。元杂剧《东墙记》1 折："对韶光半晌不开言，一天愁都结做心间恨。憔悴了玉肌金粉，瘦损了窈窕精神。"《赵氏孤儿》2 折："程婴云：'老宰辅，你精神

---

①　(清)梁章巨：《称谓录》，北京，中华书局，1996，第 25 页。

还强健哩。'"清·西周生《醒世姻缘传》61 回："疾厄宫文昌居旺，一生无病，健饭有力，好一段降汉子的精神！"

【敧】tɕʻi⁵² 倾斜。把石板～转个儿，操心跌倒价。文献中又写作"攲"、"欹"。北魏·郦道元《水经注》卷 11："东南流迳兴豆亭北，亭在南原上，敧倾而不正，故世以敧城目之。"唐·张鷟《游仙窟》："锦障划然卷，罗帷垂半敧。"明·吴承恩《西游记》43 回："菩萨念动真言，把净瓶敧倒，将那一海水，依然收去，更无半点存留。"《荀子·宥坐》："孔子曰：'吾闻宥坐之器者，虚则欹，中则正，满则覆。'""欹斜"歪斜不正。汉·陆贾《新语·怀虑》："故管仲相桓公，诎节事君，专心一意，身无境外之交，心无欹斜之虑，正其国如制天下。"唐·高适《重阳》："岂有白衣来剥啄，一从乌帽自欹斜。"《敦煌曲子词》："千行欹枕泪，恨别添憔悴。"

【起身】tɕʻi²¹ ʂəŋ²¹³ 动身。你每多会～的？元杂剧《灰阑记》3 折："起身时节，每人与了五两银子……"《隔江斗智》3 折："妹子，你则今日就起身罢。"

【搿】tɕʻia²¹³ 抱。～孙子，抱外甥。《集韵·祫韵》："搿，持也。"丘加切。绥德方言抱的意思是持握义引申而来。

【唴】tɕʻiɑ²¹³ 哭泣不止或悲哭过度而无声。甭教娃娃哭得～定。《广韵》丘亮切。《方言》第一："自关而西秦晋之间，凡大人少儿泣而不止谓之唴，哭极音绝亦谓之唴。"又："平原谓啼极无声谓之唴哴。"

【吣】tɕʻiŋ⁵² 猫狗呕吐。猫儿吃得多嘞，～下一洼。《广韵·去沁》："吣，犬吐。"清·蒲松龄《日用俗字·饮食章》："吐酒犹如猫狗吣，好土空把亸坑填。"

【起首】tɕʻi²⁴ ʂəu²¹³ 开始。才刚不是打劝好嘞，咋价又～嘞。P.2567V《癸酉年(793)二月沙州莲台寺诸家散施历状》："从癸酉年正月三日起首戒忏，至二月八日以前，中间所有诸家散施斛斗银器绢帛布纸衣袄材木等，一一抄数如后。"（日）圆仁《入唐求法巡礼行记》卷 3："诸寺盂兰盆会，十五日起首，十七日罢。"唐·不空译《菩提场所说一字顶轮王经》卷 4："从白月一日起首，日诵一千八遍，乃至月圆满。"

【前家儿】tɕʻie³³ tɕʻia²¹³ ər³³ 前妻生的儿子。人家～跟前也有哩娃娃嘞。元刊本杂剧《介子推》2 折："送的个前家儿惹罪遭殃，搬得个亲夫主出乖弄丑，都是后尧婆私事公仇。"元杂剧《蝴蝶梦》2 折："你差了也，前家儿着一个偿命，留着你亲生孩儿养活你可不好那！"《救孝子》4 折："兀那婆婆，为你着亲生子边塞当军，着前家儿在家习儒，甘心受苦，不认人尸。"

【歉】tɕʻie52 有点少，不足。今儿饭做得有点儿～。《说文解字·欠部》："歉，食不满也。"段注："引申为凡未满之称。"文献又作"嗛"。《荀子·仲尼》："故知者之举事也，满则虑嗛，平则虑险。""虑嗛"就是考虑不足的问题。

【亲亲】tɕʻiŋ33 tɕʻiŋ21 亲戚。你每家下来～嘅。《汉书》卷11《哀帝本纪》："汉家之制，推亲亲以显尊尊。"颜师古注："天子之至亲，当极尊号。"南朝·刘义庆《世说新语·贤媛》："汝若不与吾家作亲亲者，吾亦不惜余年。"

【情管】tɕʻiŋ33 kuæ213 尽管，只管。你～走，覅回头看。清·西周生《醒世姻缘传》30回："观其大姉诸般灵圣，情管来托梦叫奶奶知道。"蒲松龄《墙头记》2回："情管我着他两个争着事奉你。"

【清】tɕʻiŋ52 凝结，凉。羊油～的石板上嘅。《墨子·辞过》："古之民未知为衣服时，衣皮带茭，冬则不轻而温，夏则不轻而清。"《礼记·曲礼上》："凡为人子之礼，冬温而夏清，昏定而晨省。"唐·陆德明《经典释文》："清，七性反。字从冫，冰冷也。"

【罄】tɕʻiŋ52 空，指没有携带行李物品。路不好走，～人还能行。"罄"本义是器皿中空。《说文解字·缶部》："罄，器中空也。"引申为空着，空手。P.3281V《押衙马通达状稿》："今岁伏承大夫威感，罄身得达家乡，父母亡殁，活道破落，男女细累，衣食无求。"《太平广记》卷87引《高僧传》："乃誓以罄身，躬往和劝，遂二国交欢，由是显誉。"明·洪楩《清平山堂话本·刎颈鸳鸯会》："遂唤原媒，眼同将妇罄身赶回。"

【咠】tɕʻiəʔ3 私下说人坏话。你呀，甚事也不做，就解开知道个～嗻人。《说文解字·口部》："咠，聂语也。《诗》曰：'咠咠幡幡。'"即附耳私语。段玉裁注："今《诗》作'缉缉'，毛云：'缉缉，口舌声。'"

【洗剥】ɕi21 pə33 洗净。羊下水～好哩煮到小锅里。唐·杜甫《驱竖子摘苍耳》："放筐亭午际，洗剥相蒙幂。"

【戏】ɕi52 摘取。摘成熟的南瓜、梨，一般说～南瓜、～梨，等等。明·兰陵笑笑生《金瓶梅词话》12回："应伯爵推斗桂姐亲嘴，把头上金啄针儿戏了；谢希大把西门庆川扇儿藏了；祝日念走到桂卿房里照脸，溜了他一面水银镜子。"31回："琴童道：'……我赶眼不见，戏了他的来。'"

【熁】ɕie33 火烤，熏烤。放到灶火里一阵儿就～干嘅。《广韵·业韵》："熁，火气熁上。"《集韵·业韵》："熁，火迫也。"明·李实《蜀语》："火炙曰熇，又曰熁。"唐·冯贽《云仙散录·羔羊挥泪》："程皓以铁床熁肉，肥膏见火，则油焰淋漓。"清·厉鹗《宋诗纪事》卷43："为张浚所忌，诬以反，下恭州狱，糊其口，燷之以火，干渴求饮，予以酒，九窍流血死。"

【相应】ɕiã²¹ iŋ⁵² 便宜；合算；划得来。都是各自家，不能说吃亏～。文献中也写作"相因"。明·吴承恩《西游记》32回："你先与我讲讲，等我依个相应些儿的去干罢。"又，84回："行者笑道：'相应啊！我那里五钱银子还不够请小娘儿哩。'"又作"相因"。冯梦龙《喻世明言》卷2："梁尚宾听说，心中不忿，又见价钱相因，有些出息，放他不下。"

【歇魂台】ɕie³³ xuŋ³³ t'ai³³ 比喻使人紧张害怕的地方。那儿价是个～，上去紧张得说甚都忘喽。元杂剧《存孝打虎》1折："上阵似歇魂台，临军如舍身崖，若说俺朝野公卿，无一个将相之才。"

【写】ɕi²¹³ 订，预定。今年给龙王唱的戏～下喽没？明·冯梦龙《警世通言》卷11："那徐用却自有心，听得说有个少年知县换船到任，写了哥子的船。"清·李绿园《歧路灯》23回："柳树巷田宅贺国学，要写这戏，出银十五两。掌班的不敢当家，等你一句话儿。"又，24回："后来又写了几宗山陕会馆的戏，江浙会馆的戏。"

【先后】ɕie⁵² xəu⁵² 妯娌。几个～每可待人都可好叻。《尔雅·释亲》郭璞注："今相呼先后或云妯娌。"《广韵·霰韵》："先，先后，犹娣姒。"《史记》卷12《孝武本纪》："神君者，长陵女子，以子死悲哀，故见神于先后宛若。"裴骃《集解》引孟康曰："兄弟妻相谓'先后'。"司马贞《索隐》："先后，邹诞音二字并去声，即今妯娌也。"按，绥德方言的读音仍"二字并去声"。

【解】(1)kai²¹³ （用锯子）拉开木料。长哩拿锯子把那～短。(2)xai⁵² 懂得，明白，知道。你～下喽没？老师讲得我一满～不开。《庄子·天地》："大惑者，终身不解；大愚者，终身不灵。"成玄英疏："解，悟也。"金·元好问《续小娘歌》："唱得小娘相见曲，不解离乡去国情。"

【砢碜】kəʔ⁵ ts'əŋ²¹³ 使人心里难受。你说得～死人喽，快夐说喽。明·笑笑生《金瓶梅词话》59回："不然如何天生恁怪刺刺的儿，红赤赤，紫溂溂，好砢碜人子！"清·西周生《醒世姻缘传》89回："见一连骂了两家，没有人敢出来照帐，扬扬得意，越发骂的十分里厉害，百分砢碜，人说不出来的，他骂的出来，人想不到的事，他情想的到。"

【圪揞】kəʔ³ ŋæ³³ 藏。你把吃的～哪里喽？《广雅·释诂四》："揞，藏也。"王念孙疏证："《方言》：'揞、掩，藏也。荆楚曰揞，吴扬曰掩。'揞犹掩也。方俗语有侈敛耳。《广韵》：'揞，手覆也。'覆亦藏也。今俗语犹谓覆物为揞矣。"

【隔帛儿】kəʔ⁵ piər²¹³　用碎布裱成的厚片，用以做鞋底、鞋衬；袼背。你抿～做甚叻？明·冯梦龙《喻世明言》卷11：“邻家女子低声问：觅与奴糊隔帛儿?”

【趏】kua²¹³　跑。那狗儿的站起就～嘹。《广韵·辖韵》：“走皃。”古颁切。《玉篇·走部》：“趏，走貌。”

【鬼精】kui²¹ tɕiŋ²¹³　狡猾，精明。那人可～叻，少跟那交往。元杂剧《东堂老》2折：“你便有那降魔咒，度人经，也出不的这厮们鬼精。”《燕青博鱼》3折：“眼见的八九分是奸情，是谁家鬼精、鬼精，做出这乔行径?”

【滚水】kuŋ²⁴ ʂuei²¹³　开水。～把手给烧嘹。清·西周生《醒世姻缘传》92回：“遇着没有甚么的时节，买上四五文钱的生姜，煮上一大壶滚水，留那些学生吃饮。”曹雪芹《红楼梦》54回：“小丫头笑道：‘姑娘瞧瞧这个天，我怕水冷，巴巴的倒的是滚水，这还冷了。’”

【看客】kʻæ⁵² kʻə³³　接待、招待。办理红白大事时，专门负责招待客人，称之为“看客”。你是～的，把客人招待好哩就行嘹。北魏·道略《杂譬喻经》卷8：“昔北天竺有一木师，大巧，作一木女，端正无双，衣带严饰，与世无异，亦来亦去，亦能行酒看客，唯不能语耳。”唐·王梵志《草屋足风尘》：“看客只宁馨，从你痛笑我。”宋·范成大《田家留客行》：“木臼新舂雪花白，急炊香饭来看客。”

【可】kʻɯ²¹³/⁵²　满。你哪里来嘹，我每咂～世界寻你叻。敦煌变文《维摩诘经讲经文(一)》：“尽河沙界之人心差□，一念皆知；可尘亿数之烦恼踦驱，分毫弁(辨)别。”唐·段成式《酉阳杂俎》卷8：“又有王力奴，以钱五千召札工，可胸腹为山、亭院、池榭、草木、鸟兽，无不悉具，细若设色。”刘禹锡《金陵五题·生公讲堂》：“高坐寂寥尘漠漠，一方明月可中庭。”

【科】kʻuo²¹³　修剪。咱家的槐树荒嘹，要～一下叻。《广韵·戈韵》：“科，科断也。”唐·无可《题崔驸马林亭》：“宫花野药半相和，藤蔓参差惜不科。”宋·梅尧臣《和孙端叟蚕具·科斧》：“科桑持野斧，乳湿新磨刃，繁柿一去除，肥条更丰润。”

【款款】kʻuæ²¹ kʻuæ³³　慢慢，轻轻。鸡蛋～儿价放。唐·杜甫《曲江二首》之二：“穿花蛱蝶深深见，点水蜻蜓款款飞。”欧阳炯《春光好》：“几见纤纤动处，时闻款款娇声。”元杂剧《博望烧屯》4折：“不索驱军将，妙策旋安排，我轻轻垂下钓，着他款款上钩来。”

【唵】ŋæ²¹³　用手掌抓着东西往嘴里塞。～哩一口砂糖、～哩一口雪、

～了一口麨面炒熟的糠及黄豆等磨成的面粉。《广韵·感韵》："俺，以手进食也。"吴·支谦译《菩萨本缘经》卷中："犹如田夫愚痴无智，远至妻家，道路饥渴，既入其舍，复值无人，即盗粳米满口而俺。"南朝萧齐·求那毗地译《百喻经》卷4："昔有一人，至妇家舍，见其捣米，便往其所，偷米俺之。妇来见夫，欲共其语，满口中米，都不应和。"敦煌变文《捉季布传文》："上厅抱膝而鸣足，俺土又灰乞命频。"

【熬】ŋɔ³³　累。受哩一天苦就～得不行喊。元散曲《红绣鞋》："又使得她煎茶去，又使得她做衣服。倒熬得我先睡去。"

【恩宽】ŋuɯ²⁴ kʻæ²¹³　恩惠宽厚。人家那些人待人可～叻。你～我每叻，我每也敢有个心意叻嘛。《隋书》卷25《刑法志》："大理掌固来旷上封事，言大理官司恩宽。"敦煌变文《佛说阿弥陀经讲经文（二）》："为奴为婢，愿[□]侨怜。负债负财，恩宽平取。"清·曹雪芹《红楼梦》55回："平儿先道：'……姑娘虽然恩宽，我去回了二奶奶，只说你们眼里都没姑娘，你们都吃了亏，可别怨我。'"

【下里】xa⁵² li²¹　表示处所的量词，犹处。客人戓的三～喊。金·佚名《刘知远诸宫调》第11："刘知远，多勇锐，一条偏檐使得熟会，独自个当敌四下里。"元杂剧《遇上皇》1折："六合内只经你不良，把我七代先灵信口伤，八下里胡论告恶商量。"《金线池》4折："为老母相间阻，使夫妻死缠绵，两下里正熬煎，谢公相肯矜怜。"①

【闲闲】xæ³³ xæ³³　闲暇、等闲。戓下歇息下，指不干活～价，肯定好活舒服么。俗语：无～拾得个灯瓜瓜。敦煌变文《大目干连冥间救母变文并图一卷并序》："且见八九个男子女人，闲闲无事，目连向前问其事由之处。"唐·白居易《池上篇》："妻孥熙熙，鸡犬闲闲。优哉游哉，吾将终老乎其间。"鲍溶《寄张十七校书李仁行秀才》："去年八月此佳辰，池上闲闲四五人。"

【汉仗】xæ⁵² tʂã⁵²　身材。那家那些后生像老子的，都好～。清·李绿园《歧路灯》2回："当年府学秀才，大汉仗，极好品格，耳后有一片朱沙记儿，是谭哥什么人？"李百川《绿野仙踪》8回："这人好个大汉仗，又配了紫面长须，真要算个雄伟壮士。"文康《儿女英雄传》15回："还亏几个老辈子的说：'放着你这样一个汉仗，这样一个分膂力，去考武不好？为甚么干这不长进的营生呢？'"

---

①　日本学者太田辰夫(2003：92)解释为"表示方面或长度的时候使用的后缀"。其实分析太田所举例子，可以分为两组，前三例是意义同绥德方言，并非他所释的那样。

【学】xɯ³³　把当时的情况或事实照样讲给别人听。那～的可像叻。金·佚名《刘知远诸宫调》第 3：“凡百事息言，莫学与洪信洪义。”明·吴承恩《西游记》31 回：“八戒道：‘哥哥息怒，是那黄袍怪这等骂来，我故学与你听也。’”

【胡拨】xu³³ pə³³　饭菜烧煳。浮起上面生，底里烂，当定夹着～饭。《朴通事谚解》下：“咳，春奴，你看那饭有些胡拨气。这婆娘好不用意！”“胡”即“煳”。

【和】xuo⁵²　量词，一次所用的料。压上两～钱钱。《原本老乞大》：“更困里休饮，等吃一和草时饮。”又：“咱每拌上，马吃一和草时，饮水去。”又：“且房子里坐的去来，一霎儿马吃了这和草，饮水去。”

【和和饭】xuo⁵² xuo²¹ fæ⁵²　用米、菜、面等做成的稠粥一样的菜饭。我每小价常吃～，算是改善伙食。《朴通事谚解》：“请佛入到殡前，吹螺打钹，擂鼓撞磬，念经念佛，直念到明。供养的是豆子粥、饸子烧饼、面茶荨饭。临明吃和和饭。”按，时代不同，做法可能有所区别。元杂剧《村乐堂》3 折：“（正末云）……是甚饭？（俫儿云）和和饭。（正末云）着你娘做些酷累来，又是和和饭来！”

【活套】xuo³³ tʻɔ⁵²　敏捷，会来事。人家的狮子耍得可～叻。路遥《黄叶在秋风中飘落》：“有时还没农村那些有本事的大队书记活套。”明·罗懋登《西洋记》62 回：“西海蛟兵器虽重，重的就呆，到底使得不活套。陈都督蛇矛虽小，小的就乖，终久使的灵变。”按，“活套”与“灵变”反义相对。清·竹秋氏《绘芳录》24 回：“你家小爷太觉迂泥，还是二爷活套。”

【霍乱】xuəʔ⁵ læ²¹³　折腾；折磨。疑为“欢”的分音词。人家好活叻，那咂那家儿～着叻。明·兰陵笑笑生《金瓶梅词话》82 回：“唬的陈经济气也不敢出一声儿来，干霍乱了一夜。”

【二尾子】ər⁵² i²¹ tsəʔ³　（1）指两性人。那家养的个娃娃是～。明·兰陵笑笑生《金瓶梅词话》96 回：“又一人说：‘你相他相，倒相个兄弟。’一人说：‘倒相个二尾子！’”清·西周生《醒世姻缘传》8 回：“没的那郭姑子是二尾子？”（2）不伦不类。看你作的那些～生活！贾凫西《木皮散人鼓词》：“天启朝又了出了个不男不女二尾子货，和那奶母子客氏滚成窝。”清·西周生《醒世姻缘传》93 回：“既要吃佛家的饭食，便该守佛家的戒律，何可干这二尾子营生？”例子指做佛事，又干佛教不允的世俗之事。

【眼黑】ie²¹ xəʔ³　厌恶，憎恶。我～得看也不想看。宋·陆游《读范文正潇洒桐庐郡诗戏书》：“桐庐朝暮苦匆匆，潇洒宁能与昔同。堆案文书生眼黑，入京车马涨尘红。"陕西其他地方方言也见。例如《陕西省通志》卷 45 引《临潼县志》："眼黑者，憎恶也。"

【仰尘】 iɑ̃²¹ tʂʻəŋ³³　承尘，天花板。宋·吴自牧《梦粱录》卷 19："且谓四司六局所掌何职役，开列于后。如帐设司，专掌仰尘、录压、卓帏、搭席、帘幕、缴额、罘罳、屏风、书画、簇子、画帐等。"清·西周生《醒世姻缘传》49 回："没等对月，他催着晁夫人把那里间重糊了仰尘，糊了墙，绿纱糊了窗户，支了万字藤簟凉床、天蓝冰纱帐子，单等过了对月就要来住。"

【漾】iɑ⁵²　摔，摔出。车开得快，转弯弯价堪乎～出去。元刊本杂剧《薛仁贵》4 折："子见簸箕大手查沙，揪住我短头发，漾在阶直下，抢了我老鼻凹。"《魔合罗》4 折："漾个瓦儿在空虚里怎住的，嗦！"元杂剧《青衫泪》3 折："我为甚将几陌黄钱漾在水里？"文献中还有"撒漾"一词，为同义复合词，可证"漾"之词义。元刊本杂剧《拜月亭》2 折："家缘都撒漾，人口尽逃亡，闪的俺一双子母每无归向。"《调风月》2 折："把袄子疏剌剌松开上拆，将手帕撒漾在田地。"

【夜壶】i⁵² xu³³　尿壶。俗语：提茶壶，倒～。明·凌濛初《拍案惊奇》卷 31："赛儿又去房里拿出一个夜壶来，每坛里倾半壶尿在酒里，依先盖了坛头，众人也不晓得。"清·西周生《醒世姻缘传》42 回："自此以后，丢砖撩瓦，锯房梁，砍门扇，夜夜替你开了街门，夜壶底都替钻了孔洞，饭里边都撒上粪土。"

【艺解】i⁵² tɕie²¹　识见、本事、办法、才能。这娃娃有～，不然放得这么高，咋价能寻下来呐？你也真是没～，这点小事也办不成。《广雅·祭韵》："艺，才能也。""解"是见解，识见。敦煌变文《维摩诘经讲经文（七）》："三千界内总闻名，皆道文殊艺解精。"宋·孟元老《东京梦华录》卷 8："殿前两幡竿，高数十丈，左则京城所，右则修内司，搭材分占，上竿呈艺解。"按，在绥德方言中"艺解"的读音与"意见"的读音声、韵相同，声调上有所区别，前者为轻声，后者为去声。因此，二者不是一个词。

【挹】ie³³　以瓢、勺子等舀取。井子里没水喽，猴小桶也～不起。《广韵》伊入切。《诗·小雅·大东》："维北有斗，不可以挹酒浆。"唐·韩愈《画记》："舍而具食者十有一人，挹而注者四人。"

【影】iŋ²¹³　因吵闹、难看肮脏等引起的不舒服感觉。绥德方言说"圪影"。那儿价死下圪截猫儿，看着可圪～呐。明·吴承恩《西游记》49 回："你在那里做声？就影杀我也！你请现原身出来，我驮着你，再不敢冲撞你了。"92 回："其怪极爱干净，常嫌自己影身，每欲下水洗浴。"

【一般般】iə?⁵ pæ²¹ pæ²⁴　一样。也说成"一吃般般"。两个长得～价。唐·罗隐《下第作》："年年模样一般般，何似东归把钓竿。"元杂剧《鸳鸯被》3 折："怪道你两个厮像，两个鼻子一般般的。"明·吴承恩《西游记》42 回："化做落伽仙景界，真如南海一般般。"

【一搭里】iə?⁵ ta²¹³ li²¹　一块儿，一起。我每在～吃着吥。元杂剧《朱砂担》1 折："你是个货郎儿，我也是个捻把儿的，我和你合个伙计，一搭里做买卖去。"明·兰陵笑笑生《金瓶梅词话》41 回："因留了大妗子：'你今日不去，明日同乔亲家一搭儿里来罢。'"清·西周生《醒世姻缘传》75 回："要说从小儿在一搭里相处，倒也你知我见的，省的两下里打听。"

【一捻】iə?⁵ nie²¹³　一点点，形容小或纤细。你也太小气嗳，才给的这么～。唐·李咸用《吴处士寄香兼劝入道》："谢寄精专一捻香，劝予朝礼仕虚皇。"金·董解元《西厢记诸宫调》卷 1："千般风韵，一捻儿年纪，多宜！多宜！"明·兰陵笑笑生《金瓶梅词话》61 回："瘦腰肢一捻堪描，俏心肠百事难学，恨只恨和他相逢不早。"

【一就】iə?⁵ tɕiəu²¹　一并；全部。～儿吃哩饭再走。头前你做着来来，咘～你做到罢儿。宋·无名氏《错立身》7 出："小人在家管看，一就打听舍人消息。"元·许衡《鲁斋遗书》卷 3："一就把那心都使得这上头去了。"

【一哨】iə?³ sɔ⁵²　一队，一伙儿。那儿站～人，不晓得做甚吥？明·凌濛初《拍案惊奇》卷 27："一日，正在家欢呼饮酒间，只见平江路捕盗官带着一哨官兵，将宅居围住，拿出监察御史发下的访单来，顾阿秀是头一名强盗。"罗懋登《西洋记》38 回："拜辞已毕，一人一骑，统领着一哨番兵，杀奔南阵而来。"

【一世界】iə?³ ʂɭ⁵² tɕie⁵²　到处。这么点儿小事传开～。清·俞万春《荡寇志》75 回："走进房来，只见丽卿已姁姁的睡着，东西丢了一世界。"

【一星星】iə?⁵ ɕiŋ²⁴ ɕiŋ²¹　一点点。那连～也舍不得给人。元刊本杂剧《拜月亭》3 折："我一星星的都索从头儿说。"《魔合罗》2 折："应有东西财宝，一星星不落半分毫！"

【余残】y³³ ts'æ³³　剩余。同义复词。办事指宴请宾客～那些吃的放哪里去嗳？你把～的清油给我来。《广韵·寒韵》："残，余也。"东晋·佛陀跋陀罗共法显译《摩诃僧祇律》卷 30："尔时俱睒弥提婆聚落边有贼偷猪噉，余残头脚，舍弃而去。"P.4640《己未年—辛酉年（899—901）归义军衙内破用用纸布历》："余残合见管库内数目，具在别状。"吐鲁番文书《唐西州高昌县状为送阙职草事》："右得上件牒状称：前件阙职草送□交河讫，余残草未知纳处者。"

【雨脚】y²¹ tɕie³³　雨丝长垂至地，能随云行走，故名。北魏·贾思勰《齐民要术》卷2："种，欲截雨脚；一亩用子二升。"唐·杜甫《茅屋为秋风所破歌》："床头屋漏无干处，雨脚如麻未断绝。"白居易《竹枝》："巴东船舫上巴西，波面风生雨脚齐。"

【圆范】ye³³ fæ⁵²　圆全周到。你能说～叻，我记不起嘞。清·李绿园《歧路灯》35回："婶子与大叔说话时，我听着极好，只是我说不圆范。"又45回："笑的是酒馆遇的那人，略有些影儿，便刍的恁样圆范。"

第九章　绥德方言分类词表

说　明

①本表所收录的绥德方言词语分为三十类。首先按照《陕西重点方言研究》的词目条列，补充绥德方言特有词语放在相关条目之后，最后列出绥德方言熟语。

未作标注的是城区话，义合区为代表的其余三区与城区不同而又有特点的词语也有选择地列入相关条目中，用〈义〉表示义合镇，如"蝉"：猪娃子〈义〉。〈枣〉表示枣林坪镇。

②同义词按出现频率高低的次序排列。

③所收词语读音按照老派发音标注。同音字、合音字、有音无字、白读音仍然按照前文的办法处理。今天很少说的或已不说的旧词语后用〈旧〉表示，近年来新出现的词语用〈新〉表示。一些特殊音变的词语在该词条中予以说明，如"绢罗"的"绢"读去声是特殊的音变，用"声调特殊"来表示。词条中用"/"来表示几说或几读，例如"劈脸/面风"，表示可以说"劈脸风"，也可以说"劈面风"。"敁（剥）təu²¹³/⁵²"的声调可读阴平上213，也可读去声52。

④词条中举例时用"～"代替本词语。本地的俗语、歇后语、童谣、詈辞用"〈俗〉"、"〈歇〉"、"〈谣〉"、"〈詈〉"表示，贬义用"〈贬〉"表示。

⑤他人考释出的本字右上角用"＊"表示。参考的文献主要来自张崇、刘勋宁、刘育林、邢向东、张子刚、郭芹纳等先生的成果。

一、天文

（一）日、月、星

太阳 tʻai⁵² iã²¹　日头 zˌəʔ³ tʻəu³³
〈俗〉东山～背西山

太阳地（里）tʻai⁵² iã²¹³ ti⁵²（li²¹）
　阳地 iã³³ ti⁵²

向阳 ɕiã⁵² iã³³　朝阳

背阴地 pei⁵² iŋ²¹³ ti⁵²　背阴

天狗吃太阳 tʻie²⁴ kəu²¹³ tʂˌəʔ³ tʻai⁵² iã²¹

日蚀

风圀圙 fəŋ²⁴ kʻuəʔ²¹ lie²¹³　日晕

太阳 tʻai⁵² iã²¹　阳光 iã³³ kuã²¹³〈新〉

月儿 yər³³　月亮 ye³³ liã⁵²　月明
　ye³³ miŋ³³〈义〉

月亮地里 ye³³ liã⁵² ti⁵² li²¹　月亮
　照到的地方

天狗吃月儿 tʻie²⁴ kəu²¹³ tʂˌəʔ³ yər³³

月蚀

雨圐圙 y²⁴ kʻuəʔ²¹ lie²¹³　　月晕

星宿 ɕiŋ²¹ ɕiəu⁵²　　星星

北斗星 pie³³ təu²¹ ɕiŋ²¹³

启明星 tɕʻi²¹ miŋ³³ ɕiŋ²¹³〈新〉

天河 tʻie²¹ xɯ³³　　银河

流星 liəu³³ ɕiŋ²¹（名词）

扫帚星 sɔ⁵² tʂʻu²¹ ɕiŋ²¹³　　彗星

（二）风、云、雷、雨

风 fəŋ²¹³

老风 lɔ²¹ fəŋ²¹³　　大风 ta⁵² fəŋ²¹³

狂风 kʻã³³ fəŋ²¹〈新〉

台风 tʻai³³ fəŋ²¹〈新〉

小风 ɕiə²¹ fəŋ²¹³

旋风儿 tɕʻye³³ fɤr²¹

戗脸风 tɕʻiã²⁴ lie²¹³ fəŋ²¹³　　劈脸/面风
　　pʻiəʔ³ lie²¹³ / mie⁵² fəŋ²¹³　　顶风

顺屁股风 ʂuŋ⁵² pʻi⁵² kəu²¹ fəŋ²¹³
　　顺风

儿马老西风 ər³³ ma²¹³ lɔ²¹ ɕi³³ fəŋ²¹³
　　冬天刮的大西风

刮风 kua²⁴ fəŋ²¹³　　起风 tɕʻi²¹ fəŋ²¹³

风停/住嘞 fəŋ²¹ tʻiŋ³³ / tʂu⁵² læ²¹

云彩 yŋ³³ tsʻai²¹　　云 yŋ³³

圪瘩云 kəʔ³ ta²¹ yŋ³³　　瓦块云

黑云 xəʔ³ yŋ³³ ～动地　　锅㞎底云
　　kuo²¹ tuəʔ³ ti²¹ yŋ³³

黄梢子云 xuã³³ sɔ²⁴ tsəʔ²¹ yŋ³³　　云头
　　略带黄色的黑云

霞 ɕia³³　　烧 ʂɔ⁵²

早烧 tsɔ²¹ ʂɔ⁵²　　〈俗〉～不出门，晚
　　烧晒死人　　早霞 tsɔ²¹ ɕia³³〈新〉

晚烧 væ²¹ ʂɔ⁵²　　晚霞 væ²¹ ɕia³³〈新〉

雷 luei³³

吼雷 xəu²¹ luei³³　　响雷 ɕiã²¹ luei³³

鸣雷 miŋ³³ luei³³　　霹雷 pʻiəʔ³ luei³³

炸雷 tsa⁵² luei³³　　霹雳

沉底雷 tʂʻəŋ³³ ti²¹ luei³³　　声音高而
　　厚重传播较远的雷

猛雷 məŋ²¹ luei³³　　来势迅猛的雷

龙抓嘞 luŋ³³ tʂua²⁴ læ²¹　　雷劈嘞 lu-
　　ei³³ pʻiəʔ⁵ læ²¹　　雷电击打了

打闪 ta²⁴ ʂæ²¹³　　闪电

雨 y²¹³

下雨 xa⁵² y²¹³　　下雨叻 xa⁵² y²¹³ liəʔ²¹

雨点子 y²¹³ tie²¹ tsəʔ²¹

雨点点 y²¹³ tie²¹ tie³³

滴嗒起/脱嘞 tie³³ ta²¹ tɕʻi²¹³/tʻuo³³ læ²¹
　　掉点了

小雨 ɕiə²⁴ y²¹³

（碎）蒙蒙雨（suei⁵²）məŋ³³ məŋ³³ y²¹³
　　毛毛雨 mɔ³³ mɔ³³ y²¹³〈新〉
　　霖淋淋雨 məʔ³ liŋ³³ liŋ³³ y²¹³〈义〉

大雨 ta⁵² y²¹³　　老雨 lɔ²⁴ y²¹

猛雨 məŋ²⁴ y²¹　　又急又大的雨：
　　猛雷～

暴雨 pɔ⁵² y²¹³〈新〉

连阴雨 lie³³ iŋ²¹ y²¹³　　接连多日
　　阴雨

雷阵雨 luei³³ tʂəŋ⁵² y²¹³〈新〉

普雨 pʻu²⁴ y²¹　　覆盖面较大的雨，
　　多为中雨以下

退云雨 tʻuei⁵² yŋ³³ y²¹³　　天气将要
　　晴朗时下的雨

过云雨 kuo⁵² yŋ³³ y²¹³　　过来一块
　　云所下的雨

雨脚 y²¹ tɕie³³

不下（雨）嘞 pəʔ³ xa⁵²（y²⁴）læ²¹

（雨）停/住嘞（y²¹）t‘iŋ³³/tʂu⁵² læ²¹

水贯 ʂuei²¹ kuæ⁵²　虹

淋雨 liŋ³³ y²¹³　雨淋嘞 y²¹ liŋ³³ læ²¹

　　（三）冰、雪、霜、露

冰 piŋ²¹³

冰圪锥儿 piŋ²¹³ kəʔ⁵ tʂuər²¹³　挂在
　屋檐下的冰溜

冰牙圪锥儿 piŋ²¹ ia³³ kəʔ⁵ tsuər²¹³
　〈义〉

冻冰 tuŋ⁵² piŋ²¹³　结冰 tɕie²¹ piŋ²¹³

冰消嘞 piŋ²⁴ ɕiɔ²⁴ læ²¹　冰化了

冷子 ləŋ²¹ tsə³　雹子

冷雨 ləŋ²⁴ y²¹³　带冰雹的雨

雪 ɕye³³

雪片子 ɕye³³ p‘ie²¹ tsəʔ²¹　雪花儿
　ɕye²¹ xuɐr²¹³

下雪 xa⁵² ɕye³³

鹅毛大雪 ŋɯ³³ mɔ³³ ta⁵² ɕye³³　老
　雪 lɔ²¹ ɕye³³

雪颗颗 ɕye³³ k‘uo²¹ k‘uo³³　雪颗子
　ɕye³³ k‘uo²¹ tsəʔ²¹　米粒状的雪
　雪圪籸籸 ɕye³³ kəʔ³ səŋ²⁴ səŋ²¹〈义〉

雪消/化嘞 ɕye³³ ɕiɔ²⁴/xua⁵² læ²¹

露水 ləu⁵² ʂuei²¹　露 ləu⁵²

露水珠珠 ləu⁵² ʂuei²¹ tʂu²⁴ tʂu²¹

有哩露水嘞 iəu²¹ li²¹ ləu⁵² ʂuei²¹ læ²¹
　下露

霜 ʂuã²¹³

落霜 lə³³ ʂuã²¹³　下霜

霜杀嘞 ʂuã²¹ sa³³ læ²¹　霜冻

雾 vu⁵²　雾气 vu⁵² tɕ‘i⁵²

雾打嘞 vu⁵² ta²⁴ læ²¹

有/起哩雾嘞 iəu²⁴/tɕ‘i²⁴ li²¹ vu⁵² læ²¹
　下雾

　　（四）气候

天气 t‘ie²¹ tɕ‘i⁵²　天道 t‘ie²¹ tɔ⁵²

天晴着呖 t‘ie²¹ tɕ‘iŋ³³ tʂəʔ⁵ liəʔ²¹
　好天 xɔ²¹ t‘ie²¹³　晴天

天阴着呖 t‘ie²⁴ iŋ²¹ tʂəʔ⁵ liəʔ²¹
　阴天 iŋ²⁴ t‘ie²¹

阴寒寒天 iŋ²¹ xæ³³ xæ³³ t‘ie²¹³
　稍有云彩而又较冷的天

（天气）热 zə³³

天红 t‘ie²¹ xuŋ³³　天晴又热

天熘 t‘ie²⁴ tɕ‘yŋ²¹³　天气热而闷

（天气）冷 ləŋ²¹³　天气寒冷

（天气）凉 liã³³　天有凉意

（数）伏天 (ʂuo²⁴) fəʔ⁵ t‘ie²¹³　伏里
　fəʔ⁵ li²¹

入伏 zuəʔ⁵ fəʔ³　数伏 ʂuo²¹ fəʔ³

头伏 t‘əu³³ fəʔ³　〈俗〉～萝卜二伏
　盖，三伏种的好白菜

中伏 tʂuŋ²⁴ fəʔ³　二伏 ər⁵² fəʔ³

三伏 sæ²⁴ fəʔ³

天旱 t‘ie²¹ xæ⁵²　天干旱 t‘ie²⁴ kæ²¹
　xæ⁵²

涝（嘞）lɔ⁵²（læ²¹）　雨涝嘞 y²¹ lɔ⁵² læ²¹

二、地理

（一）地

地 ti^{52}

平地 p'iŋ^{33} ti^{52}　平坦的地

平川 p'iŋ^{33} tʂ'uæ^{21}　河流两岸的平地

川地 tʂ'uæ^{21} ti^{52}　河川平地

川道 tʂ'uæ^{21} tɔ^{52}　河川地区

平原 p'iŋ^{33} ye^{33}〈新〉

山地 sæ^{21} ti^{52}　与"川地"而对

旱地 xæ^{52} ti^{52}　不能用水浇灌的地

水地 ʂuei^{21} ti^{52}　走水地 tsəu^{24} ʂuei^{21} ti^{52}
水浇地 ʂuei^{21} tɕiɔ^{33} ti^{52}

下湿地 ɕia^{52} ʂəʔ^3 ti^{52}　比较潮湿的
低洼土地

园子地 ye^{33} tsəʔ^{21} ti^{52}　菜地 ts'ai^{52} ti^{52}

荒地 xuo^{52} ti^{52}

空地 k'uŋ^{52} ti^{52}

没毛滩 mə^{33} mɔ^{33} t'æ^{213}　不长草的
荒滩

沙地 sa^{21} ti^{52}

坡地 p'uo^{21} ti^{52}

碱地 tɕie^{21} ti^{52}

（耕）地（kuŋ^{21}）ti^{52}　山上的农业用地

沙土地 sa^{24} t'u^{21} ti^{52}　沙化程度较
高的可以耕种的土地：花生要
在～里种叻

圪崂地 kəʔ^3 lɔ^{21} ti^{52}　山坳里三面
被围的小片土地

石砭儿地 ʂəʔ^3 piər^{21} ti^{52}　石砭上的地

沟条地 kəu^{21} t'iɔ^{33} ti^{52}　山沟里较
低位置的长条形的地

沟塌地 kəu^{21} t'a^{33} ti^{52}　山沟与正式
成片土地之间的坡式地

梯田（地）t'i^{21} t'ie^{33}（ti^{52}）

坝地 pa^{52} ti^{52}　打坝淤积的平地

塘土 t'ã^{33} t'u^{213}　道路或庭院中的
虚土

（二）山

山 sæ^{213}

半山腰 pæ^{52} sæ^{24} iɔ^{213}

山根底（里）sæ^{24} kɯ^{21} ti^{213}（li^{21}）
山脚

山沟 sæ^{24} kəu^{213}　沟 kəu^{213}　山谷

山沟旮旯儿 sæ^{24} kəu^{213} kəʔ^3 la^{52}　①两
山之间较小的沟。②也指偏僻的
村庄

沟圪槽 kəu^{21} kəʔ^3 ts'ɔ^{33}　较窄的
山谷

夹沟圪槽 tɕia^{21} kəu^{21} kəʔ^3 ts'ɔ^{33}
很窄的山沟

瞎沟旮旯儿 xa$^{33/21}$ kəu^{213} kəʔ^3 la^{52}
山沟。含贬义

山坡 sæ^{24} p'uo^{213}

洼 va^{52}　山洼 sæ^{21} va^{52}　山洼，坡地

山（圪）顶顶 sæ^{21}（kəʔ^3）tiŋ^{21} tiŋ^{33}

崖 nai^{33}　悬崖

石畔 ʂəʔ^3 pæ^{52}　较高的石崖

红崖 xuŋ^{33} nai^{33}　不长草木的悬
崖，多为红胶土

红崖圪岔 xuŋ^{33} nai^{33} kəʔ^3 ts'a^{52}　红
胶土形成的悬崖、沟壑

红崖湾 xuŋ^{33} nai^{33} væ^{213}　红胶土
形成的湾

红石崖 xuŋ^{33} ʂəʔ^3 nai^{33}　很高的悬崖

山（梁）sæ^{213}（liã^{33}）

峁 mɔ²¹³　圪峁 kəʔ⁵ mɔ²¹³

塌 t'a³³　山体塌坡而形成的地形

塄 ləŋ⁵²　比较缓的坡地

岔 ts'a⁵²　沟壑会合或超开的地势

㟃 ie²¹³　两山头相连的凹下的鞍马形地势

渠 tɕ'y³³　圪渠 kəʔ³ tɕ'y³³　较小的沟壑

合龙山 xɔ³³ luŋ³³ sæ²¹　在县城西2.5公里处的五里湾村，山上有祖师庙，建于明万历年前后

灵宝山 liŋ³³（luŋ³³）pɔ⁵² sæ²¹³　在县城东南的满堂川乡。"宝"声调特殊

（三）江、河、湖、海、水

河 xɯ³³

河里 xɯ³³ li²¹

水壕 ʂuei²¹ xɔ³³　水渠

壕塄 xɔ³³ ləŋ²¹³　水渠的两堤

壕沿 xɔ³³ ie⁵²　水渠的两堤

水渠 ʂuei²¹ tɕ'y³³　由山洪冲击而成流洪水的沟渠

水沟沟 ʂuei²¹ kəu²⁴ kəu²¹　小水沟

湖 xu³³

石瓮儿泊 ʂəʔ³ vr̃²² pɔ³³　水潭

水（圪）泊 ʂuei²¹（kəʔ³）pɔ³³　水塘

水泊（泊）ʂuei²¹ pɔ³³（pɔ²¹）　水坑

海 xai²¹³

河沿（沿）xɯ³³ ie⁵²（ie²¹）　河边，河岸

河畔（畔）xɯ³³ pæ⁵²（pæ²¹）

坝 pa⁵²　沟河中拦水的建筑物

河滩 xɯ³³ t'æ²¹³　沟滩 kəu²⁴ t'æ²¹³

踩泥踏 ts'ai²¹ ni⁵² t'a²¹　在河边踩踏软泥玩耍

泥 ni⁵²　陷进泥潭

□væ⁵²　陷进泥潭、泥土

水 ʂuei²¹³

清水 tɕ'iŋ²⁴ ʂuei²¹

浑水 xuŋ²⁴ ʂuei²¹

雨水 y²⁴ ʂuci²¹

山水 sæ²⁴ ʂuei²¹　大水 ta⁵² ʂuei²¹³　山洪

发山水 fa²¹ sæ²⁴ ʂuei²¹　发大水 fa³³ ta⁵² ʂuei²¹³

山水头子 sæ²⁴ ʂuei²¹ t'əu³³ tsəʔ²¹　山洪来时的头子

凉水 liɑ̃³³ ʂuei²¹　冷水 ləŋ²⁴ ʂuei²¹

泛水泉泉 fæ⁵² ʂuei²¹³ tɕ'ye³³ tɕ'ye²¹　泉水

热水 zə³³ ʂuei²¹

温（温）水 vəŋ²⁴（vəŋ²⁴）ʂuei²¹

温笃子水 vəŋ²¹ t'uɔʔ⁵ tsəʔ²¹ ʂuei²¹

死蔫水 sɿ²¹ ie³³ ʂuei²¹　半开不开的水

滚水 kuŋ²⁴ ʂuei²¹　开水 k'ai²⁴ ʂuei²¹〈新〉

（四）石沙、土块、矿物

石头 ʂəʔ³ t'əu³³

老石头 lɔ²¹ ʂəʔ³ t'əu³³　大石块

石块子 ʂəʔ³ k'uai²¹ tsəʔ²¹　小石块。"块"声调特殊

石头圪垯 ʂəʔ³ t'əu³³ kəʔ⁵ ta²¹　泛指石块

石板 ʂəʔ⁵ pæ²¹

顽石 væ³³ ʂəʔ³　石子儿 ʂəʔ³ tsər²¹³　鹅卵石

顽石圪蛋 væ³³ ʂəʔ³ kəʔ³ tæ⁵²　大的鹅卵石

石礓不浪儿 ʂəʔ³ tɕiã²¹ pəʔ³ lə̃r⁵²
　礓石

沙 sa²¹³　沙子 sa²⁴ tsəʔ²¹

沙土 sa²⁴ t'u²¹³

沙滩 sa²⁴ t'æ²¹³

沙颗颗 sa²⁴ k'uo²¹ k'uo³³

土坯 t'u²¹ p'ei²¹³

砖坯 tʂuæ²⁴ p'ei²¹³

砖 tʂuæ²¹³

半起砖 pæ⁵² tɕ'i²¹ tʂuæ²¹³　半截砖

烂砖 læ⁵² tʂuæ²¹³　碎砖

瓦 va²¹³

烂瓦 læ⁵² va²¹³　碎瓦

箭儿瓦 t'uɤ̃r²⁴ va²¹³

片瓦 p'ie⁵² va²¹³

黄尘 xuã³³ tʂ'əŋ²¹　飞扬的尘土

灰尘 xuei²¹ tʂ'əŋ³³　落在物体上的
　尘土

窑须须 io³³ suei³³ suei²¹　悬挂于窑
　洞或房屋上的尘土穗子

□泥 væ⁵² ni³³　烂泥

土圪堆 t'u²⁴ kəʔ⁵ tuei²¹³　土堆 t'u²¹
　tuei²¹³

土圪瘩 t'u²¹ kəʔ⁵ ta²¹　土块

土 t'u²¹³　干的泥土

金 tɕiŋ²¹³

银 iŋ³³

铜 t'uŋ³³

铁 t'ie³³　洋铁 iã²⁴ t'ie²¹

白铁 pi³³ t'ie²¹　锡

水银 ʂuei²¹ iŋ³³/²¹³

吸铁 ɕiəʔ⁵ t'ie²¹　磁石

玉 y⁵²　玉石 y⁵² ʂəʔ²¹

臭蛋儿 tʂ'əu⁵² tær⁵²　卫生球

磷黄 liəu³³ / lyŋ³³ xuã³³　硫黄

炭 t'æ⁵²　黑炭 xəʔ³ t'æ⁵²　煤

石炭 ʂəʔ³ t'æ⁵²　相对于"木炭"

炭面子 t'æ⁵² mie⁵² tsəʔ²¹　面子炭
　mie⁵² tsəʔ²¹ t'æ⁵²　煤沫子

圪瘩炭 kəʔ⁵ ta²¹ t'æ⁵²　碎炭 suei⁵²
　t'æ⁵²　块煤

大炭 ta⁵² t'æ⁵²　大块的煤

蓝炭 læ³³ t'æ⁵²　煤核儿

石炭 ʂəʔ³ t'æ⁵²　石煤

木炭 məʔ³ t'æ⁵²

石油 ʂəʔ³ iəu³³　煤油

汽油 tɕ'i⁵² iəu³³

白灰 pi³³ xuei²¹³　石灰 ʂəʔ⁵ xuei²¹³

洋灰 iã²⁴ xuei²¹³　水泥 ʂuei²¹ ni³³〈新〉

（五）城乡处所

地方儿 ti⁵² fə̃r²¹

地场儿 ti⁵² tʂə̃r⁵²　"场"声母特殊

地势 ti⁵² ʂʅ⁵²　指具体的位置。

城 tʂ'əŋ³³　城里 tʂ'əŋ³³ li²¹　城市
　tʂ'əŋ³³ ʂʅ⁵²　相对乡村而言

城墙 tʂ'əŋ³³ tɕ'iã²¹

城壕 tʂ'əŋ³³ xɔ³³　壕沟

城里 tʂ'əŋ³³ li²¹　城内

城外 tʂ'əŋ³³ vai⁵²

城门 tʂ'əŋ³³ məŋ³³

城门洞 tʂ'əŋ³³ məŋ³³ tuŋ⁵²

（圪）巷巷（kəʔ³）xã⁵² xã²¹　圪巷（子）
　kəʔ³ xã⁵²（tsəʔ²¹）　胡同

乡里 ɕiã²⁴ li²¹　农村 luŋ³³ ts'uŋ²¹
　乡村，对"城市"而言

山沟旮旯（晃）sæ²⁴ kəu²¹³ kəʔ³ la⁵²
　（la²¹）指偏僻的村庄

老家 lɔ²¹ tɕia²¹³　家乡

赶集 kæ²¹ tɕiəʔ³

遇集 y⁵² tɕiəʔ³　逢集市

街 kai²¹³　街道

路 ləu⁵²

走路 tsəu²¹ ləu⁵²

大路 ta⁵² ləu⁵²　官路 kuæ²¹ ləu⁵²

小路 ɕiɔ²¹ ləu⁵²

羊歇歇路 iã³³ ɕie³³ ɕie²¹ ləu⁵²

羊肠小道

捷径路 tɕʻie³³ tɕiŋ⁵² ləu⁵²　近路

　　tɕiŋ⁵² ləu⁵²　捷径路。"捷"声母
特殊

墩儿圪瘩 tuɤr²¹ kəʔ⁵ ta²¹　放哨圪

瘩 fɔ⁵² sɔ⁵² kəʔ⁵ ta²¹　烽火台

慢坡(坡) mæ⁵² pʻuo²¹³⁽²⁴⁾(pʻuo²¹)

坡度较缓的坡

三、时令、时间

(一)季节

春上 tʂʻuŋ²¹ ʂã⁵²　开春 kʻai²⁴ tʂʻuŋ²¹³

夏上 ɕia⁵² ʂã⁵²

秋里 tɕʻiəu²⁴ li²¹

秋后 tɕʻiəu²¹ xəu⁵²

冬里 tuŋ²⁴ li²¹

打春 ta²¹ tʂʻuŋ²¹³　立春 liəʔ²¹ tʂʻuŋ²¹³

雨水 y²⁴ ʂuei²¹

惊蛰 tɕiŋ²⁴ tʂəŋ²¹³

春分 tʂʻuŋ²⁴ fəŋ²¹

清明 tɕʻiŋ²¹ miŋ³³

谷雨 kuəʔ⁵ y²¹

立夏 liəʔ³ ɕia⁵²

小满 ɕiɔ²¹ mæ²¹³

芒种 mã³³ tʂuŋ⁵²

夏至 ɕia⁵² tsʅ⁵²

小暑 ɕiɔ²⁴ ʂu²¹³

大暑 ta⁵² ʂu²¹³

立秋 liəʔ²¹ tɕʻiəu²¹³

处暑 tʂʻu²⁴ ʂu²¹³

白露 pi³³ ləu⁵²

秋分 tɕʻiəu²⁴ fəŋ²¹

寒露 xæ³³ ləu⁵²

霜降 ʂuã²¹ tɕiã⁵²

立冬 liəʔ²¹ tuŋ²¹³

小雪 ɕiɔ²¹ ɕye³³

大雪 ta⁵² ɕye³³

冬至 tuŋ²¹ tsʅ⁵²

小寒 ɕiɔ²¹ xæ³³

大寒 ta⁵² xæ³³

时分八节 sʅ³³ fəŋ²¹³ pa³³ tɕie³³　节日

皇历 xuã³³ liəʔ³　历书

古历 ku²¹ liəʔ³　农历 luŋ³³ liəʔ³

　阴历 iŋ²⁴ liəʔ³

阳历 iã³³ liəʔ³

(二)节 日

月尽儿 ye³³ tɕiɤr⁵²　过年 kuo⁵² nie³³
　除夕

熬年 ŋɔ³³ nie³³　守岁 ʂəu²¹ suei⁵²

初一儿 tʂʻuo²¹ iər²¹　正月初一儿
　tʂəŋ²⁴ ye²¹ tʂʻuo²¹ iər²¹

拜年 pai⁵² nie³³

小年 ɕiɔ²¹ nie³³　人七儿 zəŋ³³ tɕʻiɤr²¹
　人年 zəŋ³³ nie³³〈义〉　正月初六
　"七儿"韵母特殊

正月十五 tʂəŋ²⁴ ye²¹ ʂəʔ⁵ vu²¹

元宵节

正月二十三 tʂəŋ²⁴ ye²¹ ər⁵² ʂəʔ³ sæ²¹³

端午 tuæ²⁴ vu²¹

腊月二十三 la³³ ye²¹ ər⁵² ʂəʔ³ sæ²¹³ 〈歇〉～的送灶马——只说好，不说坏

灶马爷 tsɔ⁵² ma²¹ i²¹

枣山 tsɑ²¹ sæ²¹³　除夕蒸的有枣子、花状的一种梯形面食，用于祭祀灶王爷，正月二十三打烟火时热灰中烧烤后吃掉

七月七 tɕʻiəʔ⁵ ye²¹ tɕʻiəʔ³　七夕

牵牛郎 tɕʻie²¹ niəu³³ lɑ̃²¹　牛郎

织女 tʂəʔ⁵ ny²¹

乞巧 tɕʻiəʔ⁵ tɕʻiɔ²¹³　七夕时乞求织女赐予巧手

七月十五 tɕʻiəʔ⁵ ye²¹ ʂəʔ⁵ vu²¹　中元节

八月十五 pa³³ ye²¹ ʂəʔ⁵ vu²¹　中秋节

九月九 tɕiəu²¹ ye³³ tɕiəu²¹³　重阳节

十月一 ʂəʔ⁵ ye²¹ iəʔ³　给故去的人烧寒衣

寒食 xæ³³ ʂəʔ²¹

(寒)燕燕(xæ³³) ie⁵² ie²¹　寒食节蒸的燕子等图形的花馍。纪念介子推

子推 tsɿ²¹ tʂʻuei³³　寒食节蒸的大馒头上有小燕子形的面食。纪念介子推。"推"声母、声调特殊

熬冬 ŋɔ³³ tuŋ²¹³　冬至日晚熬东西吃，意在杀死病虫害，祈盼来年喜获丰收

进干锅 pie⁵² kæ²⁴ kuo²¹　俗谓冬至日晚炒黄豆、小麦等，意在杀死病虫害，祈盼来年丰收

腊八 la³³ pa³³

（三）年

今年 tɕiŋ²¹ nie³³

年时 nie³³ sɿ⁵² 去年。"时"声调特殊

明年 miŋ³³ nie²¹　来年 lai³³ nie²¹

前年 tɕʻie³³ nie²¹

先前年 ɕie²¹ tɕʻie³³ nie²¹　大前年

可前年 kʻə³³ tɕʻie³³ nie²¹〈义〉　大前年之前

往每年 vã²¹ məʔ⁵ nie³³　往年 vã²¹ nie³³　常年年 tʂʻã³³ nie³³ nie²¹

前几年 tɕʻie³³ tɕi²¹ nie³³

后年 xəu⁵² nie²¹

外后年 vai⁵² xəu⁵² nie²¹　大后年

外外后年 vai⁵² vai⁵² xəu⁵² nie²¹　第四年

可后年 kʻə³³ xəu⁵² nie²¹　第四年之后，不确指哪年

(常)年年 (tʂʻã³³) nie³³ nie²¹　每年 mei²¹ nie³³

开春 kʻai²⁴ tʂʻuŋ²¹³　年初 nie³³ tʂʻuo²¹³

年底 nie³³ ti²¹³

前半年 tɕʻie³³ pæ⁵² nie²¹　上半年

后半年 xəu⁵² pæ⁵² nie²¹　下半年

(一)满年(iəʔ⁵) mæ²¹ nie³³　满年四季 mæ²¹ nie³³ sɿ⁵² tɕi⁵²　整年

一年 iəʔ³ nie³³

一两年 iəʔ³ lia²¹ nie³³

两年 lia²¹ nie³³

十来年 ʂəʔ³ lai³³ nie³³

十多年 ʂəʔ⁵ təŋ²¹ nie³³　十几年 ʂəʔ⁵ tɕi²¹ nie³³

(好)多年(xɔ²¹) təŋ²¹ nie³³

（四）月

正月 tʂəŋ²¹³ ye²¹

腊月 la³³ ye²¹

闰月 z̩uŋ⁵² ye³³

月初 ye³³ tʂʻuo²¹³

半头价 pæ⁵² tʻəu³³ tɕia²¹　月半及
　其左右

月底 ye³³ ti²¹³

一个月 iəʔ³ kɯ⁵² ye²¹

前一个月 tɕʻie³³ iəʔ³ kɯ⁵² ye²¹

上（一）个月 ʂã⁵²（iəʔ³）kɯ⁵² ye²¹

这个月 tʂei⁵² kɯ⁵² ye²¹

再一个月 tsai⁵² iəʔ³ kɯ⁵² ye²¹
　下（一）个月 ɕia⁵²（iəʔ³）kɯ⁵² ye²¹

一（个）月 iəʔ³（kɯ⁵²）ye²¹　每月

前半个月 tɕʻie³³ pæ⁵² kɯ⁵² ye²¹

后半个月 xəu⁵² pæ⁵² kɯ⁵² ye²¹

初几价 tʂʻuo²⁴ tɕi²¹ tɕia²¹　上旬
　ʂã⁵² ɕyŋ³³〈新〉

十几价 ʂəʔ³ tɕi²¹ tɕia²¹　中旬
　tʂuŋ²¹³ ɕyŋ³³〈新〉

二十几价 ər⁵² ʂəʔ³ tɕi²¹ tɕia²¹　下旬
　ɕia⁵² ɕyŋ³³〈新〉

大尽 ta⁵² tɕiŋ⁵²　大建

小尽 ɕiə²¹ tɕiŋ⁵²　小建

五黄六月 vu²¹³ xuã³³ luəʔ³ ye²¹ 指
　夏季最热的时间

十冬腊月 ʂəʔ³ tuŋ²¹ la³³ ye²¹　指冬
　季最冷的时候

（五）日、时

今儿 tɕiṽr²¹³

明儿 miṽr³³

后儿 xəur⁵²

外后儿 vai⁵² xəur⁵²

外外后儿 vai⁵² vai⁵² xəur⁵²

可后儿 kʻə³³ xəur⁵²　第四天之后，
　不确指

夜儿 iər⁵²　夜里 i⁵² li²¹　昨天

第二天 ti⁵² ər⁵² tʻie²¹　次日

前儿 tɕʻiər³³　前天 tɕʻie³³ tʻie²¹

先前儿 ɕie²¹ tɕʻiər³³　先前天 ɕie²¹
　tɕʻie³³ tʻie²¹　大前天

可前儿 kʻə³³ tɕʻiər³³　可前天 kʻə³³
　tɕʻie³³ tʻie²¹　前四天

前几天 tɕʻiər³³ tɕi²¹ tʻie²⁴

星期 ɕiŋ²⁴ tɕʻi²¹　（1）一周之名称
　（2）星期日

星期天 ɕiŋ²⁴ tɕʻi²¹³ tʻie²¹　礼拜天 li²¹
　pai⁵² tʻie²¹　星期期 ɕiŋ²⁴ tɕʻi²¹ tɕʻi²¹

一星期 iəʔ³ ɕiŋ²⁴ tɕʻi²¹　一礼拜 iəʔ³
　li²¹ pai⁵²

星期一 ɕiŋ²⁴ tɕʻi²¹ iəʔ³　礼拜一 li²¹
　pai⁵² iəʔ³

成天 tʂʻəŋ³³ tʻie²¹　一天价 iəʔ⁵ tʻie²¹
　tɕia²¹　一天到晚 iəʔ³ tʻie²¹³ tɔ⁵² væ²¹³

天每儿 tʻie²⁴ mṽr²¹³　天天 tʻie²⁴ tʻie²¹
　　"每"韵母特殊

十几天 ʂəʔ⁵ tɕi²¹ tʻie²¹³

前晌 tɕʻie³³ ʂã²¹　上午

半前晌 pæ⁵² tɕʻie³³ ʂã²¹　前晌的一
　半时光

后晌 xəu⁵² ʂã²¹　下午

半后晌 pæ⁵² xəu⁵² ʂã²¹　后晌的一
　半时光

半天 pæ⁵² tʻie²¹

半老天 pæ⁵² lɔ²¹ tʻie²¹³　大半天 ta⁵²
　pæ⁵² tʻie²¹

临明（价）liŋ³³ miŋ³³（tɕia²¹）　凌晨

清/打早（起）tɕʻiŋ²⁴ / ta²⁴ tsɔ²¹³（tɕʻi²¹）

早上 tsɔ²¹ ʂã⁵²

临前晌 liŋ³³ tɕʻie³³ ʂã²¹　临近上午

临晌午 liŋ³³ ʂã²¹ vu³³　午前，临近
　中午

晌午 ʂã²¹ vu³³　中午

亮间老晌午 liã⁵² tɕie³³ lɔ²⁴ ʂã²¹ vu³³
　正中午

临后晌 liŋ³³ xəu⁵² ʂã²¹　接近午后

白日 pi³³ z̧əŋ²¹　白天。"日"韵母特殊

临/黄/随黑儿 liŋ³³ / xuã³³ / suei³³
　xər³　一摸黑儿 iəʔ³ muo⁵² xər³
　麻子眼儿 ma³³ tsə²¹ iər²¹³　黄昏

黑地/里 xəʔ³ ti⁵²/li²¹　夜晚

半夜 pæ⁵² i⁵²

前半夜 tɕʻie³³ pæ⁵² i⁵²

后半夜 xəu⁵² pæ⁵² i⁵²

一黑地/里 iəʔ⁵ xəʔ³ ti⁵²/li²¹　整夜

天每儿黑地/里 tʻie²⁴ mɐ̃r²¹³ xəʔ³
　ti⁵²/li²¹　每天晚上。"每"韵母
　特殊

起更嘹 tɕʻi²¹ kɯ²⁴ læ²¹　打更了

一更 iəʔ⁵ kɯ²¹³

二更 ər⁵² kɯ²¹³

五更 vu²⁴ kɯ²¹³

半夜三更 pæ⁵² i⁵² sæ²⁴ kɯ²¹　黑天
　半夜 xəʔ⁵ tʻie²¹ pæ⁵² i⁵²

半夜子时 pæ⁵² i⁵² tsɿ²¹ sɿ³³

日出卯时 z̧əʔ³ tʂʻəʔ³ mɔ²¹ sɿ³³

正当午时 tʂəŋ⁵² tã²¹³ vu²¹ sɿ³³

午时三刻 vu²¹ sɿ³³ sæ²¹ kʻə³³

　（六）其他时间概念

年头 nie³³ tʻəu³³　年月儿 nie³³ yər³³

年份

月份儿 ye³³ fɐ̃r⁵²

日子 z̧əʔ⁵ tsə³　日月 z̧əʔ³ ye³³　每
　日生活、生计

日子 z̧əʔ⁵ tsə³　日期

甚/多（嗨）会儿 ʂəŋ⁵²/təŋ²¹⁽²⁴⁾
　（tsæ²¹）xur³³　甚/多嗨儿 ʂəŋ⁵²/
　təŋ²⁴ tsær²¹³　什么时间 ʂəʔ³
　ma³³ sɿ³³ tɕie²¹　什么时候

先头儿/个儿 ɕie²¹ tʻəur³³/kur³³
　当个儿 tã²⁴ kur²¹　旧/先（当）
　个儿 tɕiəu⁵²/ɕie²⁴（tã²¹）kur²¹

早个儿/价 tsɔ²¹ kur³³/tɕia³³

早时/着 tsɔ²¹ sɿ³³/tʂə²¹

先前 ɕie²¹ tɕʻie³³　当初

原先 ye²⁴ ɕie²¹　过去，之前

以先 i⁵² ɕie²¹　原先，开始，最初。
　"以"声调特殊

早么儿 tsɔ²¹ mɐr³³　早点儿

（究到）落叶儿（tɕiəu²¹ tɔ⁵²）lə³³ iər³³
　最后，最终

后来 xəu⁵² lai²¹

而个/儿 ər³³ kəʔ³/tɕi²¹　现在 ɕie⁵²
　tsai⁵²〈新〉

管眼时 kuæ²⁴ ie²¹ sɿ³³　现时 ɕie⁵² sɿ³³
　眼下，当前

时光儿 sɿ³³ kuɐr²¹　时工儿 sɿ³³ kuɐ̃r²¹
　时候

时分 sɿ³³ fəŋ²¹　时辰 sɿ³³ ʂəŋ³³/tʂʻəŋ³³

才刚 tsʻai³³ tɕiã²¹　刚才

完些儿 væ³³ ɕiər²¹　即个 tɕiəʔ⁵ kəʔ²¹
　过一会儿

一向儿 iəʔ³ ɕiɐr⁵²　一段时间：过给～

四、农业(包括农林牧渔)

(一)农事

堰种 ŋæ²¹ tʂuŋ⁵²　春耕

收夏 ʂəu²¹ ɕia⁵²

收秋 ʂəu²⁴ tɕiəu²¹³

稙庄稼 tʂʅʔ³ tʂuã²⁴ tɕia²¹　早种的
　庄稼

穋庄稼 tsʅ⁵² tʂuã²⁴ tɕia²¹　晚种的
　庄稼

掏地 tʼɔ²¹ ti⁵²　用镢头翻地，松土

掏荒地 tʼɔ²¹ xuo⁵² ti⁵²　用镢头开垦
　荒地

煞地 sa³³ ti⁵²　用畜力翻没有庄稼
　的地

点籽儿 tie²⁴ tsər²¹³　种 tʂuŋ⁵²　下种

捥草 væ²⁴ tsʼɔ²¹³　薅草

谷穗穗/子 kuəʔ³ suei⁵² suei²¹ / tsəʔ³

割麦子 kə³³ mie³³ tsəʔ³

掐谷子 tɕia³³ kuəʔ⁵ tsəʔ³

砍稻黍 kʼæ²¹ tʼɔ⁵² ʂu²¹

捥黑豆 væ²¹ xəʔ³ təu⁵²

打场 ta²¹ tʂʼã³³

场 tʂʼã³³　场院

锄地 tʂʼuo³³ ti⁵²

上粪 ʂã⁵² fəŋ⁵²　施肥，埋在地里

奶粪 nai²¹ fəŋ⁵²　奶 nai²¹³　在地面
　浇粪

粪窖 fəŋ⁵² tɕiɔ⁵²　粪坑

灰窖儿 xuei²¹ tɕiɔr⁵²

沤粪 ŋəu⁵² fəŋ⁵²

攒粪 tsæ²¹ fəŋ⁵²　积肥

拾粪 ʂəʔ³ fəŋ⁵²　拾肥，积肥

粪 fəŋ⁵²　肥

茅粪 mɔ³³ fəŋ⁵²　大粪

羊粪 iã³³ fəŋ⁵²

猪粪 tʂu²¹ fəŋ⁵²

驴粪 ly³³ fəŋ⁵²

鸡粪 tɕi²¹ fəŋ⁵²

狗粪 kəu²¹ fəŋ⁵²

灰 xuei²¹³　草木灰

药碱 ie³³ tɕie⁵²　化肥 xua⁵² fei³³〈新〉

尿素 niɔ⁵² su⁵²〈新〉

臭药碱 tʂʼəu⁵² ie³³ tɕie⁵²　臭化肥
　tʂʼəu⁵² xua⁵² fei³³〈新〉　硝氨

浇地 tɕiɔ²¹ ti⁵²　浇水 tɕiɔ²⁴ ʂuei²¹³

浇水 tɕiɔ²⁴ ʂuei²¹³　灌水

水放出去 ʂuei²¹ fã⁵² tʂʼuə⁵ kʼəʔ²¹
　排水

吊水 tiɔ⁵² ʂuei²¹³　从井里取水

担水 tæ²⁴ ʂuei²¹³　从井里或河里取水

井子 tɕiŋ²¹ tsəʔ³　水井

旱井 xæ⁵² tɕiŋ²¹³

辘轳井 luəʔ⁵ luəʔ³ tɕiŋ²¹³

挹水 ie³³ ʂuei²¹³

(二)农具

桶 tʼuŋ²¹³　水桶 ʂuei²⁴ tʼuŋ²¹³

井绳 tɕiŋ²¹ ʂəŋ³³

马车 ma²¹ tʂʼəŋ²¹³　大车

推土车 tʼuei²⁴ tʼu²¹ tʂʼəŋ²¹³

拉拉车 la³³ la³³ tʂʼəŋ²¹³　架子车 tɕia⁵²
　tsəʔ²¹ tʂʼəŋ²¹³　驴拉车　ly³³ la³³
　tʂʼəŋ²¹³

车子 tʂʼəŋ²⁴ tsəʔ²¹　自行车(儿)

tsɿ⁵² ɕiŋ³³ tʂʻəŋ(tʂʻɤ̃r)²¹³

套车 t'ɔ⁵² tʂʻəŋ²¹³

装车 tʂuã²⁴ tʂʻəŋ²¹³

卸车 ɕie⁵² tʂʻəŋ²¹³　下车 ɕia⁵² tʂʻəŋ²¹³

车康篒 tʂʻəŋ²¹³ kʻəʔ⁵ lã²¹³　车厢
　tʂʻəŋ²⁴ ɕiã²¹³

车盘 tʂʻəŋ²¹ pʻæ³³

辕 ye³³

车轱辘 tʂʻəŋ²¹ kuəʔ³ ləu⁵²　车砣 tʂʻəŋ²¹
　tʻuo³³　车轮子 tʂʻəŋ²¹ lyŋ³³ tsəʔ³

网丝 vã²¹ sɿ²¹³　辐条

车轴儿 tʂʻəŋ²⁴ tʂəur²¹³

车篷 tʂʻəŋ²¹ pʻəŋ³³

车把 tʂʻəŋ²¹ pa²¹³　车杆 tʂʻəŋ²⁴ kæ²¹³

绥绳 suei²¹ ʂəŋ³³　车上用来捆绑东
　西的绳索

缰绳(儿)tɕiã²¹ ʂəŋ(ʂɤ̃r)³³

充充/子 tʂʻuŋ²¹ tʂʻuŋ³³ / tsəʔ³　夹
　脖儿

套绳 t'ɔ⁵² ʂəŋ³³

小缰子 ɕiɔ²¹ tɕiã²⁴ tsəʔ²¹

叉子 tsʻa⁵² tsəʔ²¹　嚼环

后鞦 xəu⁵² tɕʻiəu²¹³

前鏊 tɕʻie³³ pʻæ⁵²　鏊胸 pʻæ²¹ ɕyŋ³³
　鞍子上拴在驾辕牲口胸部下的
　皮带、布带等。后一"鏊"声调
　特殊

纣盖 tʂəu⁵² kai⁵²　套牲口时位于臀
　部上起保护作用的圆形或三角
　形的皮子或布块

纣棍儿 tʂəu⁵² kuɤ̃r⁵²　〈俗〉驴乏噘
　怨～

牛槅子 niəu³³ kə³³ tsəʔ²¹　牛轭

枊枊/子 tsʻəu²⁴ tsʻəu²¹ / tsəʔ²¹　牛驴

的笼嘴

(驴)眼壳儿(ly³³)ie²¹ kʻər³³　迷/蒙
　眼的 mi³³ /məŋ³³ ie²¹ təʔ²¹　掊眼

牛鼻桊儿 niəu³³ piəʔ³ ɕyər⁵²　穿在
　牛鼻子里的木棍或铁环

笼头 luŋ³³ tʻəu²¹

马掌 ma²⁴ tʂã²¹³

钉掌 tiŋ⁵² tʂã²¹³

耩子 tɕiã²¹ tsəʔ²¹　犁

耩身儿 tɕiã²⁴ ʂɤ̃r²¹³　犁身

耩把儿 tɕiã²¹ pɐr⁵²　犁把

耩辕儿 tɕiã²¹ yər³³　犁辕

铧 xua³³　犁铧

耙 pa⁵²　钉齿耙

耱 muo⁵²　用钉齿耙碎土块

(席)囤儿(ɕiəʔ³) tuɤ̃r⁵²　(席)囤子
　(ɕiəʔ³) tuŋ⁵² tsəʔ²¹　存放粮食的
　器具

扇车 ʂæ⁵² tʂʻəŋ²¹

碌碡 luəʔ⁵ tʂʻuəʔ³　石碌

磨 muo⁵²　石磨 ʂəʔ³ muo⁵²

磨窑 muo⁵² iɔ³³

磨盘 muo⁵² pʻæ³³

磨扇 muo⁵² ʂæ⁵²

磨盖 muo⁵² kai⁵²　盖磨的大圆石板

磨把把 muo⁵² pa⁵² pa²¹　磨把儿

磨不脐儿 muo⁵² pəʔ³ tɕʻiər³³　磨扇
　中心的轴

磨眼 muo⁵² ie²¹³

磨棍 muo⁵² kuŋ⁵²　推磨用的棍

磨系儿 muo⁵² ɕiər⁵²　连接磨把把
　与磨棍的环状绳索等

磨围子 muo⁵² vei³³ tsəʔ²¹　推磨时
　用来防止磨下的面粉被风吹走

的长条形席片

磨斗子 muo⁵² təu²¹ tsəʔ²¹　推磨放在磨顶上防风吹跑粮食的方形漏斗

磨道 muo⁵² tɔ⁵²

锻磨 tuæ⁵² muo⁵²　使磨齿锋利：〈歇〉石匠～——照壕子溜　合磨 kə³³ muo⁵²〈义〉

碾子 nie²¹ tsəʔ²¹

穿心碾子 tʂ‘uæ²⁴ ɕiŋ²¹³ nie²¹ tsəʔ²¹　碾棍穿过碾磙子中心与"碾夹子"、碾轴相连的碾子

碾房 nie²¹ fã³³

碾盘 nie²¹ p‘æ³³

碾轱辘 nie²¹ kuəʔ³ ləu⁵²　碾磙子

碾夹子 nie²¹ tɕia³³ tsəʔ²¹　连接碾轴与碾磙子的部件

碾围桩 nie²¹ vei²¹ tʂuã²¹³　碾轴

碾把把 nie²¹ pa⁵² pa²¹　碾磙子的外轴

碾棍 nie²¹ kuŋ⁵²

碾圜圙 nie²¹ k‘uəʔ³ lie²¹³　连接碾子外轴与碾棍的环状部件

碾道 nie²¹ tɔ⁵²

筛筛/子 sai²⁴ sai²¹/tsəʔ²¹

罗 ləŋ³³　筛粉末状细物用的器具

筛罗 sa⁵² ləŋ³³　罗底粗疏的罗

细罗 ɕi⁵² ləŋ³³　罗底细密的罗：〈俗〉粗罗馍馍，～糕

绢罗 tɕye⁵² ləŋ³³　用绢作罗底材料的罗。"绢"声调特殊

铁罗 t‘ie³³ ləŋ³³　用铁纱作罗底材料的罗

铜锣 t‘uŋ³³ ləŋ³³　用铜纱作罗底材料的罗

马尾罗 ma²⁴ i²¹³ ləŋ³³　用马尾作罗底材料的罗

罗面架儿 ləŋ³³ mie⁵² tɕiɐr⁵²　罗面圪叉 ləŋ³³ mie⁵² kəʔ⁵ ts‘a²¹³　筛面的支架

罗头 ləŋ³³ t‘əu²¹　罗子筛过面粉的剩余物；最终不再磨、碾的叫麸子

笸箩 pəʔ³ ləŋ⁵²　筛面用的器具

淡 tæ⁵²　隔 kə³³　用粗疏的罗筛面粉中的虫子及其他杂物

连枷 lie³³ tɕia⁵²

钯子 p‘a³³ tsəʔ²¹　钉钯

鹁鹁嘡 puo³³ puo³³ tʂʅ²¹〈义〉　镐锄 tʂ‘uo³³

韭锄儿 tɕiəu²¹ tʂ‘uor³³

(老)镢头(lɔ²¹)tɕye³³ t‘əu³³

小镢头儿 ɕiɔ²¹ tɕye³³ t‘əur³³

山镢 sæ²⁴ tɕye²¹　镢子 tɕye³³ tsəʔ²¹　窄而长面的镢头

锛锛 pəŋ²⁴ pəŋ²¹　比小镢头儿更小的镢头

拌 pæ⁵²　刀斧镢等刃子受损

木脑子 məʔ³ nɔ³³ tsəʔ²¹　刀刃不锋利

铡刀 tsa³³ tɔ²¹

镰刀 lie³³ tɔ²¹

砍刀 k‘æ²¹ tɔ²¹³〈新〉

木锹 məʔ⁵ ɕie²¹³

铁锹 t‘ie³³ᐟ²¹ ɕie²¹³

叉子 ts‘a²⁴ tsəʔ²¹　木叉 məʔ⁵ ts‘a²¹³　铁叉 t‘ie³³ᐟ²¹ ts‘a²¹³

簸箕 puo⁵² tɕ‘i²¹

小簸箕儿 ɕiɔ²¹ puo⁵² tɕ‘iɐr²¹

撮撮 tsʻuo³³ tsʻuo³³　类似簸箕形状
　而上边有丁字形抓柄的小簸箕

铁小簸箕儿 tʻie³³ ɕiɔ²¹ puo⁵² tɕiər²¹
　撮箕（撮垃圾用）

害踏 xai⁵² tʻa²¹　赖踏 lai⁵² tʻa²¹〈义〉
　垃圾

筐儿 kʻuər̃²¹³

老筐 lɔ²¹ kʻuã²¹³　特别大的筐子

筛儿 sɛr²¹³　筛子 sai²⁴ tsəʔ²¹

面远儿 mie⁵² yər²¹³　有提梁的方

形筐箩

篮篮/子 læ³³ læ²¹/tsəʔ²¹

圪篓儿 kəʔ⁵ ləur²¹³　篓儿

板担 pæ²¹ tæ⁵²　较宽而没有担钩
　子的扁担

担子 tæ⁵² tsəʔ²¹　较窄带钩儿的扁担

担担子 tæ²¹ tæ⁵² tsəʔ²¹　挑担子

扫帚 sɔ⁵² tʂʻu²¹　"扫"声调特殊

笤帚 tʻiɔ³³ tʂu⁵²

五、植物

（一）农作物

庄稼 tʂuã²⁴ tɕia²¹

粮食 liã³³ ʂəʔ²¹　颗子 kʻuo²¹ tsəʔ²¹
　粮 liã³³

五谷 vu²¹ kuəʔ³

杂粮 tsa³³ liã³³

麦子 mie³³ tsəʔ²¹

小麦儿 ɕiɔ²¹ miər³³

老麦 lɔ²¹ mie³³　老品种的小麦

春小麦儿 tʂʻuŋ²⁴ ɕiɔ²¹ miər³³

冬小麦儿 tuŋ²⁴ ɕiɔ²¹ miər³³

大麦 ta⁵² mie³³

麦穗穗/子 mie³³ suei⁵² suei⁵²/tsəʔ²¹

麦芒 mie³³ vã³³

麦秸 mie²¹ kai²¹³　麦秆

麦稍儿 mie³³ tɕiər⁵²　麦稍稍 mie³³
　tɕie⁵² tɕie⁵²　麦莛

麦植子 mie³³ tʂəʔ³ tsəʔ²¹　麦糠

麦苴（苴）mie³³ tʂʻua³³（tʂʻua³³）

荞面 tɕʻiɔ³³ mie⁵²　①荞麦　②荞
　麦面粉

米 mi²¹³　小米儿

谷子 kuəʔ⁵ tsəʔ²¹

酒谷 tɕiəu²¹ kuəʔ²¹　①有黏性的谷
　子，因宜于酿酒，故名。《说
　文·禾部》："秫，稷之黏者。"
　②"酒谷"碾去皮的米

酒谷米 tɕiəu²¹ kuəʔ³ mi²¹³　同"酒
　谷"②

饭谷 fæ⁵² kuəʔ²¹　用以熬稀饭、蒸
　干饭的谷子，相对于"酒谷"
　而名

达谷儿 ta³³ kuər²¹　熬稀饭、蒸干
　饭的汤易糊的谷子

稆生谷儿 liəu²¹ səŋ²¹³ kuər⁵²　自生
　谷子。"谷"儿化变调

糜子 mi³³ tsəʔ²¹

软糜子 z̩uæ²¹ mi³³ tsəʔ²¹　有黏性的
　糜子

硬糜子 niŋ⁵² mi³³ tsəʔ²¹　没有黏性
　的糜子

黑糜儿 xəʔ³ miər³³　有黏性的黑色

外壳的糜子

红糜儿 xuŋ³³ miər³³　红色外壳的糜子

干草 kæ²⁴ tsʻɔ²¹³　谷子的秆子

金稻黍 tɕiŋ²¹ tʻɔ⁵² ʂu²¹　玉米。"黍"当为"稻"

白金稻黍 pi³³ tɕiŋ²¹ tʻɔ⁵² ʂu²¹　白色的玉米

黄金稻黍 xuã³³ tɕiŋ²¹ tʻɔ⁵² ʂu²¹　黄色的玉米

金稻黍不浪 tɕiŋ²¹ tʻɔ⁵² ʂu²¹ pəʔ³ lã⁵²　不浪儿 pəʔ³ lɔ̃r⁵²　玉米棒

稻黍 tʻɔ⁵² ʂu²¹　高粱植株，籽实

稻黍□篓儿 tʻɔ⁵² ʂu²¹ kʻəʔ⁵ ləur²¹³　高粱壳儿

稻黍帽子 tʻɔ⁵² ʂu²¹ mɔ⁵² tsəʔ²¹　戴壳儿的高粱颗粒，一般是不饱满的

死圪皱皱 sɿ²¹³ kəʔ³ tsəu⁵²/²¹³ tsəu²¹　不饱满的粮食籽粒

软稻黍 zuæ²¹ tʻɔ⁵² ʂu²¹　黏性高粱植株，籽实

散散稻黍 sæ²¹ sæ³³ tʻɔ⁵² ʂu²¹　穗子呈散状的一种高粱，植株细而高

老汉儿稻黍 lɔ²¹ xær⁵² tʻɔ⁵² ʂu²¹　植株较矮的一种高粱，大致三尺左右，又称为"三尺三"

三尺三 sæ²⁴ tʂʻəʔ⁵ sæ²¹³　同"老汉儿稻黍"

杨达连 iã³³ ta³³ lie³³　植株较高的一种高粱

棒棒 pã⁵² pã⁵²　割了穗子砍倒的高粱秆儿

秸秸 tɕie⁵² tɕie⁵²　高粱秆儿最上面割掉穗子后的那节

稻子 tɔ⁵² tsəʔ　水稻 ʂuei²¹³ tɔ⁵²　指植株

稻子 tɔ⁵² tsəʔ²¹　指籽实

稙谷子 tʂəʔ⁵ kuəʔ⁵ tsəʔ²¹　早种的谷子

穉谷子 tsɿ⁵² kuəʔ⁵ tsəʔ²¹　晚种的谷子

大日月 ta⁵² zʅəʔ⁵ ye²¹　农作物生长期长

小日月 ɕiɔ²¹ zʅəʔ⁵ ye²¹　农作物生长期短

(谷)莠子(kuəʔ⁵)iəu²¹ tsəʔ²¹　火莠子 xuo²⁴ iəu²¹ tsəʔ²¹〈义〉　稗子

秕谷(子)pi²¹ kuəʔ³(tsəʔ²¹)　秕子

富谷子 pie³³ kuəʔ⁵ tsəʔ²¹　谷粒饱满的谷子

米 mi²¹³　小米 ɕiɔ²⁴ mi²¹

大米 ta⁵² mi²¹　稻米

软大米 zuæ²¹ ta⁵² mi²¹　糯米

软米 zuæ²⁴ mi²¹　有黏性的米

大软米 ta⁵² zuæ²⁴ mi²¹　有黏性的黍米

硬米 niŋ⁵² mi²¹　饭米 fæ⁵² mi²¹　相对于"软米"

黄米 xuã³³ mi²¹　没有黏性的黍米

棉花 mie³³ xua²¹　花 xua²¹³

棉花圪桃儿 mie³³ xua²¹ kəʔ³ tʻɔr³³　棉桃儿 mie³³ tʻɔr³³

麻柴秆儿 ma³³ tsʻai²¹ kær²¹³　麻柴棍子 ma³³ tsʻai²¹ kuŋ⁵² tsəʔ²¹　麻秆

芝麻 tsɿ²¹ ma³³

小麻儿 ɕiɔ²¹ mɐr³³　麻子 ma³³ tsəʔ²¹
　大麻

老麻子 lɔ²¹ ma³³ tsəʔ²¹　蓖麻

胡麻 xu³³ ma²¹　亚麻

向阳花 ɕiɑ⁵² iã³³ xua²¹³　葵花儿
　k'uei²⁴ xuɐr²¹

葵花儿籽儿 k'uei²⁴ xuɐr²¹³ tsər²¹³
　葵花子

红薯 xuŋ³³ ʂu²¹　白薯

红红薯 xuŋ³³ xuŋ³³ ʂu²¹　皮比较红
　的白薯

山蔓儿 sæ²¹ mær³³　山蔓(儿)菁儿
　sæ²¹ mæ(mær)³³ tɕiȓr⁵²　马铃薯

红山蔓儿 xuŋ³³ sæ²¹ mær³³　紫皮
　马铃薯

　(二)豆类、菜蔬

黑豆 xəʔ³ təu⁵²　黄豆与黑豆的
　总称

白黑豆 pi³³ xəʔ³ təu⁵²　黄豆

绿豆 luəʔ³ təu⁵²

黑黑豆 xəʔ⁵ xəʔ³ təu⁵²　黑豆

绿黑豆儿 luəʔ⁵ xəʔ³ təur⁵²　形同黄
　豆而绿皮

红豆儿 xuŋ³³ təur⁵²　红豆儿角角
　xuŋ³³ təur⁵² tɕie³³ tɕie³³　嫩时当菜吃

红小豆 xuŋ³³ ɕiɔ²¹ təu⁵²　赤小豆

豌豆 væ²¹ təu⁵²

豌豆苗儿 væ²¹ təu⁵² miɔr³³

豇豆 tɕiã²¹ təu⁵²　一种比红小豆大
　的土黄灰白斑驳的豆子

扁豆儿 p'ie²¹ təur⁵²

菜豆儿 ts'ai⁵² təur⁵²　豇豆

(豆)角角 (təu⁵²)tɕie³³ tɕie²¹　豆荚

稆生豆儿 liəu²¹ səŋ²¹³ təur⁵²　自生
　的豆类

茄子 tɕ'i³³ tsəʔ²¹

黄瓜 xuã³³ kua²¹

菜瓜 ts'ai⁵² kua²¹　毛菜瓜 mɔ³³
　ts'ai⁵² kua²¹　越瓜

稍瓜 sɔ²⁴ kua²¹　比甜瓜要长

丝瓜 sʅ²⁴ kua²¹

苦瓜 k'u²¹ kua²¹³　〈新〉

南瓜 næ³³ kua²¹　瓜儿 kuɐr²¹³

云瓜 yŋ³³ kua²¹

强花儿 tɕ'iã³³ xuɐr²¹³　公花,不结
　果,只起授粉作用

肉瓜儿 zəu⁵² kuɐr²¹　番瓜

冬瓜 tuŋ²⁴ kua²¹

北瓜 pie²¹ kua²¹³

葫芦儿 xuəʔ³ ləur³³　西葫芦

瓢葫芦儿 p'iɔ³³ xuəʔ³ ləur³³　面葫
　芦儿 mie⁵² xuəʔ³ ləur³³　葫芦

葱儿 ts'uȓr²¹³　葱丝 ts'uŋ²⁴ sʅ²¹
　葱的总称

葱丝 ts'uŋ²⁴ sʅ²¹　葱花

水葱儿 ʂuei²¹ ts'uȓr²¹³　小葱

茏葱 luŋ³³ ts'uŋ²¹　红皮,味辛辣,
　旱地种植,生长期一到两年

羊角子葱儿 iã³³ tɕie³³ tsəʔ²¹ ts'uȓr²¹³
　春天刚长出的葱

二葱儿 ər⁵² ts'uȓr²¹³　当年用葱籽
　种的茏葱

老葱儿 lɔ²¹ ts'uȓr²¹³　隔年长的
　茏葱

葱栽栽 ts'uŋ²⁴ tsai²⁴ tsai²¹　用来栽
　植的"二葱儿"

葱儿娃娃 ts'uȓr²¹ va³³ va²¹　葱儿
　圪瘩儿 ts'uȓr²¹ kəʔ⁵ tɐr²¹〈义〉

葱儿子 ts'uŋ²¹ ər³³ tsəʔ²¹　葱籽

葱叶子 ts'uŋ²¹ ie³³ tsəʔ²¹　葱叶

葱股股/子 ts'uŋ²⁴ ku²¹ ku³³/tsiɔ²¹　
　葱白

葱胡胡 ts'uŋ²¹ xu²⁴ xu²¹　葱须

葱儿秆子 ts'uɤ̃r²⁴ kæ²¹ tsəʔ²¹　葱
　的茎

奉葱儿 fəŋ⁵² ts'uɤ̃r²¹³　栽葱

洋葱 iã²⁴ ts'uŋ²¹

蒜 suæ⁵²　大蒜

蒜圪都儿 suæ⁵² kəʔ⁵ tur²¹³　蒜头

蒜苔 suæ⁵² t'ai³³　蒜的花茎

蒜芽儿 suæ⁵² iɐr³³　青蒜

蒜苗儿 suæ⁵² miɔr³³〈新〉

蒜 suæ⁵²　蒜泥

小蒜 ɕiɔ²¹ suæ⁵²　山蒜

韭菜 tɕiəu²¹ ts'ai⁵²

韭黄 tɕiəu²¹ xuã³³

韭菜花儿 tɕiəu²¹ ts'ai⁵² xuɐr²¹³

野韭菜 i²⁴ tɕiəu²¹ ts'ai⁵²　山韭

摘蒙儿 tsə³³ mɤ̃r³³　类似韭菜花的
　蒜类野生草，也指该植物的花。
　花小，略带粉红色，生于干旱
　地。花与大麻油炝锅，浓香四溢

洋柿子 iã²¹ sɿ²¹ tsəʔ²¹　柿子 sɿ⁵² tsəʔ²¹
　西红柿

姜 tɕiã²¹³

洋蔓菁 iã²¹ mæ³³ tɕiŋ⁵²　菊芋

(洋)得溜儿 (iã²⁴)təʔ³ liəur²¹³　地蚕

大辣子 ta⁵² la³³ tsəʔ²¹　菜辣子 ts'ai⁵²
　la³³ tsəʔ²¹　柿子椒

辣子 la³³ tsəʔ²¹　辣辣子 la³³ la³³ tsəʔ²¹
　相对"菜辣椒"而名

辣(子)面儿 la³³ (tsəʔ²¹)miɔr⁵²　辣

面面 la³³ mie⁵² mie²¹

芥末 tɕie⁵² mə³³〈新〉

胡椒 xu³³ tɕiɔ²¹　本地不产

菠菜 puo²¹ ts'ai⁵²

白菜 pi³³ ts'ai⁵²

白菜股子 pi³³ ts'ai⁵² ku²¹ tsəʔ²¹
　白菜帮子

边股子 pie²⁴ ku²¹ tsəʔ²¹　最外边的
　白菜帮子

茴子白 xuei³³ tsəʔ²¹ pi³³　包头白菜
　pɔ²¹ t'əu³³ pi³³ ts'ai⁵²　莲花菜
　lie³³ xua²¹ ts'ai⁵²　莲花白 lie³³
　xua³³ pi³³　甘蓝

长白菜 tʂ'ã³³ pi³³ ts'ai⁵²　长帮子大
　白菜

卷心菜 tɕye²¹ ɕiŋ²¹³ ts'ai⁵²

黄心菜 xuã³³ ɕiŋ²¹³ ts'ai⁵²　黄心大
　白菜

活白菜 xuo³³ pi³³ ts'ai⁵²　冬天里移
　栽到靠山而挖的小窑洞或窖里
　浇水的大白菜

冻白菜 tuŋ⁵² pi³³ ts'ai⁵²　在背阴地
　里冷冻的大白菜

荫白菜 iŋ²¹ pi³³ ts'ai⁵²　干白菜
　kæ²¹ pi³³ ts'ai⁵²　阴干的大白菜

咸白菜 xæ³³ pi³³ ts'ai⁵²　腌白菜
　ie²¹ pi³³ ts'ai⁵²

间菜 tɕie⁵² ts'ai⁵²　①在成长期间
　拔掉弱小多余的白菜。②也指
　被拔下的小白菜

间白菜 tɕie⁵² pi³³ ts'ai⁵²　因稠密而
　拔下弱小多余的白菜

莴笋 vuo²⁴ suŋ²¹/ʂuæʔ²¹　后一读音
　韵调特殊

莴笋叶（儿）vuo²⁴ ʂuəʔ²¹ ie(r)³³

莙荙 tɕyŋ²⁴ t'ã²¹　莙荙菜。"荙"韵
　　母特殊

芹菜 tɕ'iŋ³³ ts'ai⁵²

芫荽 ie³³ suei⁵²

大萝卜 ta⁵² ləŋ³³ pu⁵²　萝卜

走心 tsəu²¹ ɕiŋ²¹³　（萝卜）糠

萝卜叶子 ləŋ³³ pu⁵² ie³³ tsəʔ²¹　萝卜缨

干萝卜 kæ²¹ ləŋ³³ pu⁵²　萝卜干儿

萝卜 ləŋ³³ pu⁵²　胡萝卜

柴萝卜 ts'ai³³ ləŋ³³ pu⁵²　黄萝卜
　　xuã³³ ləŋ³³ pu⁵²　旱萝卜 xæ⁵² ləŋ³³
　　pu⁵²　个头粗大水分少形状不规
　　则的黄色胡萝卜

红萝卜 xuŋ³³ ləŋ³³ pu⁵²　红色胡萝卜

水萝卜儿 ʂuei⁵² ləŋ³³ pur⁵²　莱菔，
　　红皮萝卜

蔓菁 mæ³³ tɕiŋ⁵²

芥菜 kai⁵² ts'ai⁵²　指根用芥菜

苴莲 tɕ'ie²¹ lie³³　茎蓝

油菜 iəu³³ ts'ai⁵²〈新〉

油菜籽儿 iəu³³ ts'ai⁵² tsər²¹³〈新〉

菜籽儿 ts'ai⁵² tsər²¹³　蔬菜种子的
　　总称

　　（三）树木

树 ʂu⁵²　树头 ʂu⁵² t'əu²¹　树木

树林 ʂu⁵² liŋ³³　树林林 ʂu⁵² liŋ³³ liŋ²¹

树苗（描）ʂu⁵² miə³³（miə²¹）　树栽
　　栽 ʂu⁵² tsai²⁴ tsai²¹　柳～

树子 pə²¹ tsəʔ²¹　枣～，檺～〈义〉

树不浪 ʂu⁵² pəʔ³ lã⁵²　树身子 ʂu⁵²
　　ʂəŋ²⁴ tsəʔ²¹　树干

树梢梢/子/框 ʂu⁵² sɔ²⁴ sɔ²¹/tsəʔ²¹/
　　k'uã⁵²　树脑梢儿 ʂu⁵² nɔ²¹ sər²¹³

梢子 sɔ²⁴ tsəʔ²¹

树根 ʂu⁵² kuƷ²¹³

树叶儿 ʂu⁵² iər³³

树皮 ʂu⁵² p'i³³

树圪节 ʂu⁵² kəʔ⁵ tɕie²¹　砍去树枝
　　后长成的节疤

纽丝圪瘩 niəu²¹ sɿ³³ kəʔ⁵ ta²¹　木头
　　上的树节疤

树圪桩 ʂu⁵² kəʔ³ tʂuã²¹³　树墩子
　　ʂu⁵² tuŋ²⁴ tsəʔ²¹　树干截掉后剩
　　余部分

树杈（杈）ʂu⁵² ts'a⁵²（ts'a²¹）　树杈

树枝（枝）ʂu⁵² tsɿ²¹⁴（tsɿ²¹）　树枝子
　　ʂu⁵² tsɿ²⁴ tsəʔ²¹

栽树 tsai²¹ ʂu⁵²　种树

砍树 k'æ²¹ ʂu⁵²

科树 k'uo²¹ ʂu⁵²　落剪 lə³³ tɕie²¹
　　落铰 lə³³ tɕiɔ²¹³　修剪树木

落树 lə³³ ʂu⁵²　从较粗树枝根部锯
　　掉树枝

打树 ta²¹ ʂu⁵²　刨树 pɔ²¹ ʂu⁵²

跌树 tie³³ ʂu⁵²　将树干锯成小段

木植 məʔ³ ʂəʔ²¹　木头

松树 suŋ²¹ ʂu⁵²

松塔塔 suŋ²¹ t'a³³ t'a²¹　松球

松子儿 suŋ²⁴ tsər²¹³　松子

松香 suŋ²⁴ ɕiã²¹³　（1）松脂。（2）指
　　做事邋遢：～人

松木 suŋ²¹ məʔ³

柏树 pie³³ ʂu⁵²

柏木 pie³³ məʔ³　香木 ɕiã²¹³ məʔ³

桑树 sã²¹ ʂu⁵²　栎树 ie³³ ʂu⁵²

桑葚 sã²⁴ ɕiŋ²¹　"葚"声母特殊

桑叶 sã²¹ ie³³

杨树 iã³³ ʂu⁵²　青杨树 tɕʻiŋ²¹ iã³³ ʂu⁵²

杨木 iã³³ məʔ³

柳树 liəu²¹ ʂu⁵²

柳木 liəu²¹ məʔ³

柳梢儿 liəu²¹ sɔr²¹³　柳枝枝 liəu²¹ tsʅ²⁴ tsʅ²¹　柳条 liəu²¹ tʻiɔ³³

柳叶儿 liəu²¹ iər³³

柳毛毛 liəu²¹ mɔ³³ mɔ²¹　柳絮

倒吊柳儿 tɔ⁵² tiɔ⁵² liəur²¹³　垂柳

长椽柳儿 tʂã²¹ tʂʻuæ³³ liəur²¹³　指用作生长椽子的柳树

榆树 y³³ ʂu⁵²

榆木 y³³ məʔ³

榆钱儿 y³³ tɕʻiər²¹

榆皮 y³³ pʻi²¹

荆条 tɕiŋ²¹ tʻiɔ³³

沙柳儿 sa²⁴ liəur²¹³　柽柳

卧柳 vu⁵² liəu²¹³　杞柳。去皮后用来编簸箩、簸箕等用具

长椽柳 tʂã²¹ tʂʻuæ³³ liəu²¹³　长椽子的柳树

椴木 tuæ⁵² məʔ²¹　当地没有

杠木 kã⁵² məʔ²¹　当地没有

樗树 tsʻuei²¹ ʂu⁵²　臭椿

老槐（树）lɔ²¹ xuai³³（ʂu⁵²）　槐树 xuai³³ ʂu⁵²

（洋）槐树(iã²¹) xuai³³ ʂu⁵²　刺槐

槐花儿 xuai³³ xuɐr²¹³　刺槐花

竹子 tʂuəʔ⁵ tsəʔ²¹　本地不栽种

竹竿儿 tʂuəʔ³ kær²¹³　竹竿子 tʂuəʔ⁵ kæ²¹ tsəʔ²¹

竹叶儿 tʂuəʔ³ iər³³

（四）瓜果

青货 tɕʻiŋ²¹ xuo⁵²　水果

干果子 kæ²⁴ kuo²¹ tsəʔ²¹

桃儿 tʻɔr³³　桃子 tʻɔ³³ tsəʔ²¹

酸桃儿 suæ²¹ tʻɔr³³　山桃。核小，皮肉不能食

杏儿 xur⁵²

杏树 xu⁵² ʂu⁵²

端午杏儿 tuæ²⁴ vu²¹ xur⁵²　端午节前后成熟的杏，属于早熟的杏子

秋杏儿 tɕʻiəu²¹ xur⁵²　接近秋天时成熟的杏，属于晚熟的杏

甜杏核子杏儿 tʻie³³ xuəʔ⁵ tsəʔ²¹ xur⁵²　甜杏仁的杏

苦杏核子杏儿 kʻu²¹ xuəʔ⁵ tsəʔ²¹ xur⁵²　苦杏仁的杏

利核子杏儿 li⁵² xuəʔ⁵ tsəʔ²¹ xur⁵²　杏皮与杏核不黏的杏

黏核子杏儿 z̥æ³³ xuəʔ⁵ tsəʔ²¹ xur⁵²　杏皮与杏核相黏的杏

羊粪珠珠杏儿 iã³³ fəŋ⁵² tʂu²⁴ tʂu²¹ xur⁵²　颗粒如羊粪大小的杏

果子 kuo²¹ tsəʔ²¹

果树 kuo²¹ ʂu⁵²

苹果 pʻiŋ³³ kuo²¹

小花红儿 ɕiɔ²¹ xua²¹ xuɣr³³　小果儿 ɕiɔ²¹ kuor²¹　文林郎果

白果儿 pi³³ kuor²¹　比文林郎果略小，呈白色

老果 lɔ²⁴ kuo²¹　大红果子 ta⁵² xuŋ³³ kuo²¹ tsəʔ²¹　比苹果小，红色或红黄相间色，成熟后味儿很香

虎皮果子 xu²¹ pʻi³³ kuo²¹ tsəʔ²¹　老果的一种，皮为红黄色相间

枣树 tsɔ²¹ ʂu⁵²

枣条子 tsɔ²¹ tʻiɔ³³ tsəʔ²¹　枣树苗

枣儿 tsɔr²¹³

长枣儿 tʂʰã³³ tsɔr²¹　牙枣儿 iã³³ tsɔr²¹　长形的枣子

团枣儿 tʰuæ³³ tsɔr²¹　圆形的枣子

驴粪蛋儿枣儿 ly³³ fəŋ⁵² tær⁵² tsɔr²¹³　形似驴粪蛋的枣子

木枣儿 məʔ⁵ tsɔr²¹³　硬而水分少的枣子

虚枣儿 ɕy²⁴ tsɔr²¹　较酥软的枣子

酸枣 suæ²¹ tsɔ⁵²　"枣"发生音变

枣儿串串 tsɔr²¹ tʂʰuæ⁵² tʂʰuæ⁵²　用线或细绳子穿起来的枣子串

醉枣儿 tsuei⁵² tsɔr²¹　酒枣

炕枣儿 kʰã⁵² tsɔr²¹　装在袋子里放在做饭的热锅盖上蒸、炕的枣子

枣笆 tsɔ²¹ pa²¹³　晾干枣子的设施

枣儿核子 tsɔr²¹ xuəʔ³ tsəʔ²¹　枣核儿 tsɔ²¹ xuər⁵²

青枣儿 tɕʰiŋ²⁴ tsɔr²¹　没有红的枣子

红枣儿 xuŋ³³ tsɔr²¹³　红了的枣子

糖芯芯枣儿 tʰã³³ ɕiŋ⁵² ɕiŋ⁵² tsɔr²¹³　糖化了的枣子

红眼圈枣儿 xuŋ³³ ie²¹ tɕʰye²¹³ tsɔr²¹³　红了一圈的枣子

红脑瓜盖儿枣儿 xuŋ³³ nɔ²¹ kua²¹³ kɛr⁵² tsɔr²¹³　顶部红了的枣子

半红红枣儿 pæ⁵² xuŋ³³ xuŋ²¹ tsɔr²¹³　红了一半的枣子

满红红枣儿 mæ²¹ xuŋ³³ xuŋ²¹ tsɔr²¹³　全红了的枣子

梨树 li³³ ʂu⁵²

梨儿 liər³³

粗梨儿 tsʰu²¹ liər³³　肉质颗粒较大

而涩的梨子，老品种

细梨儿 ɕi⁵² liər³³　青梨儿 tɕʰiŋ²¹ liər³³　肉质颗粒较小而细腻的梨子

秤槌槌梨儿 tʂʰəŋ⁵² tʂʰuei³³ tʂʰuei²¹ liər³³　外形像秤锤的梨子

苹果梨儿 pʰiŋ³³ kuo²¹ liər³³　苹果与梨嫁接的梨子〈新〉

梨窨子 li³³ iŋ⁵² tsəʔ²¹　储藏梨子的小窑洞

杜梨 tu⁵² liər³³

李子树 li²¹ tsəʔ²¹ ʂu⁵²

李子 li²¹ tsəʔ²¹

御皇 y⁵² xuã³³　御皇李子，黄色

转紫红 tʂuæ⁵² tsɿ²¹ xuŋ³³　类似御皇，比御皇个头大，皮紫红肉质黄，味更香

柿子 sɿ⁵² tsəʔ²¹　本地不栽种

柿饼子 sɿ⁵² piŋ²¹ tsəʔ²¹　本地不产

石榴儿（树）ʂəʔ³ liəur³³（ʂu⁵²）本地没有

橘子 tɕyəʔ⁵ tsəʔ²¹　本地没有

木瓜 məʔ⁵ kua²¹　文冠果

核桃 kəʔ³ tʰɔ³³　本地不栽种

西瓜 ɕi²⁴ kua²¹

瓜子 kua²⁴ tsɿ²¹³

沙瓢 sa²¹ zã³³

顽瓢 væ³³ zã³³

生葫芦儿 səŋ²¹ xuəʔ³ ləur³³　（1）没有熟的西瓜　（2）鲁莽的人

小瓜儿 ɕiɔ²¹ kuər²¹³　甜瓜

甘蔗 kæ²⁴ tʂə²¹　本地不栽种

（落）花生（lə³³）xua²⁴ səŋ²¹

落花生仁仁 lə³³ xua²⁴ səŋ²¹ zəŋ³³

zəŋ²¹　落花生仁儿 lə³³ xua²⁴ səŋ²¹ zʅ̃r³³　花生米

落花生皮 lə³³ xua²⁴ səŋ²¹ p'i³³　花生米外面的红皮

（五）花草、菌类

花草 xua²⁴ ts'ɔ²¹

桂花儿 kuei⁵² xuɐr²¹　本地不栽种

菊花儿 tɕyəʔ⁵ xuɐr²¹

花狗儿 xua²⁴ kəur²¹³　野秋菊之一

梅花儿 mei³³ xuɐr²¹　本地不栽种

指甲花儿 tɕiəʔ⁵ tɕia²¹ xuɐr²¹³　凤仙花

荷花儿 xu³³ xuɐr²¹　本地不栽种

荷叶儿 xu³³ iər³³

水仙（花儿）ʂuei²¹ ɕie²¹³（xuɐr²¹）近年盆栽

牵牛花儿 tɕ'ie²¹ niəu³³ xuɐr²¹　牵牛老

杜鹃花儿 tu⁵² tɕye³³ xuɐr²¹　近年盆栽

万年青 væ⁵² nie³³ tɕ'iŋ²¹³　近年盆栽

仙人掌 ɕie²¹ zəŋ³³ tʂã²¹³　近年盆栽

花儿圪蛋蛋 xuɐr²¹ kəʔ³ tæ⁵² tæ²¹
花儿圪都（都）xuɐr²¹ kəʔ⁵ tu²¹³（tu²¹）

花儿圪瘩瘩 xuɐr²¹ kəʔ³ ta²⁴ ta²¹　花蕾

兰花儿 læ³³ xuɐr²¹³

西番莲 ɕi²¹ fæ³³ lie³³　大丽花

花儿瓣（瓣）xuɐr²¹ pæ⁵²（pæ²¹）花瓣儿

花儿心心 xuɐr²⁴ ɕiŋ²⁴ ɕiŋ²¹　花蕊

苇子 y²¹ tsəʔ²¹　芦苇

牡丹 mɔ²¹（mu²¹〈新〉）tæ²¹³　"牡"韵母特殊

玫瑰 mei³³ kuei⁵²　近年盆栽

月季 ye³³ tɕi⁵²　近年盆栽

黄花儿（草）xuã³³ xuɐr²¹（ts'ɔ²¹³）蒲公英

打碗碗（花儿）ta²⁴ væ²¹ væ³³（xuɐr²¹³）

山丹丹 sæ²¹ tæ⁵² tæ²¹　百合花

大出齐 ta⁵² tʂ'uə³ tɕ'i⁵²　蜀葵

小出齐 ɕiɔ²¹ tʂ'uə³ tɕ'i⁵²　锦葵

粉豆豆 fəŋ²¹ təu⁵² təu²¹　粉罐罐 fəŋ²¹ kuæ⁵² kuæ²¹

种花儿 tʂuŋ⁵² xuɐr²¹³　栽花儿 tsai²¹ xuɐr²¹³

浇花儿 tɕiɔ²⁴ xuɐr²¹³

务裔花儿 vu⁵² ie²¹ xuɐr²¹³　养花

蒺藜儿 tsəʔ³ liər³³

棘针 kəʔ⁵ tʂəŋ²¹³　"棘"读音特殊

刺棘 ts'ʅ⁵² tɕie²¹

苜蓿 məʔ⁵ ɕye²¹

草苜蓿 ts'ɔ²¹ məʔ⁵ ɕye²¹　第一年长出的草苜榉

马茨 ma²¹ tɕ'ie⁵²　第二年长出的草苜榉

马莲 ma²¹ lie³³　马兰

马奶奶 ma²⁴ nai²¹ nai³³　兰花类草，花蓝色，结果实似马奶状得名。嫩时可食

驴奶奶 ly³³ nai²¹ nai³³

羊角角 iã³³ tɕiə³³ tɕie²¹　根部白质，略带甜味，可食的一种草

苦菜 k'u²¹ ts'ai⁵²

甜苣 t'ie³³ tɕy⁵²

燕燕菜 ie⁵² ie⁵² ts'ai⁵²

灰条 xuei²¹ t'iɔ³³　落藜 lə³³ li²¹
　灰翟，嫩时可食

长苗 tʂ'ã³³ miɔ⁵²　面条菜。"苗"
　声调特殊

西米 ɕi²⁴ mi²¹　繁穗苋

野西米 i²¹³ ɕi²⁴ mi²¹　苋菜

突扫儿 t'uəʔ³ sɔr⁵²　地肤子。嫩时
　可食

艾 ŋai⁵²

沙蒿 sa²¹ xɔ³³　籽实可作为和豌豆
　面的添加剂

黄蒿 xuã³³ xuo⁵²　茵成蒿

臭蒿 tʂ'əu⁵² xuo²¹　铁杆蒿

驴调和 ly³³ t'iɔ³³ xuo⁵²　柴胡

野扁豆儿 i²⁴ p'ie²¹ təur⁵²　远志

猪耳朵(草)tʂu²⁴ ər²¹ tuo³³(tsʻɔ²¹³)
　车前草

黄丝丝 xuã³³ sɿ²⁴ sɿ²¹　无根草 vu³³
　kuɿ²¹ tsʻɔ²¹³　寄生缠绕在其他草
　上的草，通体呈细黄色。或谓
　菟丝

沙蓬 sa²¹ p'əŋ³³　蓬草

棉蓬 mie³³ p'əŋ³³　类似沙蓬，籽
　实可食

柠条 niŋ³³ t'iɔ²¹　柠条锦鸡儿

枸杞杞 kəu²¹ tɕ'i³³ tɕ'i²¹　野枸杞

甘草秧 kæ²⁴ tsʻɔ²¹ iã²¹³　甘草

杨忒涝桑 iã³³ t'əʔ³ lɔ⁵² sã²¹³　藤状
　类的一种木本草

羊卵卵 iã³³ luæ²¹ luæ³³　结灯笼状

角的一种草

杨叶叶 iã³³ ie⁵² ie²¹　叶子状似杨
　树叶的一种木本草

猫儿眼睛 mɔr³³ ie²¹ tɕiŋ²¹³　开黄
　花，状似猫眼睛的一种草

蓧芨 ɕiəʔ⁵ tɕi²¹³　可做扫帚的一种
　丛生草

枝枝头 tsɿ²⁴ tsɿ²¹ t'əu³³　胡枝子

猫儿眉眉 mɔr³³ mi³³ mi²¹　狗尾
　巴草

牛哞儿草 niəu³³ mɔr⁵² tsʻɔ²¹³　画眉草

雀儿脑瓜盖儿 tɕ'iɔr²¹³ nɔ²¹ kua²⁴
　kɛr⁵²　地丁

白草 pi³³ tsʻɔ²¹

菅草 tɕie²¹ tsʻɔ²¹　冰草 piŋ²⁴ tsʻɔ²¹

芦草 ləu³³ tsʻɔ²¹

芦根 ləu³³ kuɿ²¹³　芦草的根

蒲草 p'u³³ tsʻɔ²¹

蛤蟆衣 kəʔ³ ma³³ i²¹　水绵

麻麻 ma³³ ma²¹　蕈蘽子。〈谣〉~
　~ 长长，外婆外爷给你拉个
　羊羊

蘑菇 mɔ³³ ku²¹　"蘑"韵母特殊

绿毛毛 luəʔ³ mɔ³³ mɔ²¹　青苔

狗尿腿 kəu²¹ niɔ⁵² t'uei²¹　有毒的
　蘑菇

地菍 ti⁵² ʐuæ²¹³

桑木耳 sã²¹ mər⁵²　桑树上长起来
　的菌类，可食

六、动物

（一）动物

牲口 səŋ²⁴ kʻəu²¹

儿马 ər³³ ma²¹³　公马

骒马 kʻuo⁵² ma²¹³　母马

骟马 ʂæ⁵² ma²¹³　骟过的马

马驹儿 ma²¹ tɕyr²¹³　马驹驹 ma²¹ tɕy²⁴ tɕy²¹

牛 niəu³³　哞儿 mər³³　黄牛

犤牛 pʻə³³ niəu³³　公牛

犍牛 tɕie²¹ niəu³³　阉过的公牛

母牛 mu²¹ niəu³³　犕牛 səŋ²¹ niəu³³

水牛 ʂuei²¹ niəu³³

牛不老儿 niəu³³ pəʔ⁵ lər²¹³　牛哞子 niəu³³ mi⁵² tsəʔ²¹　牛犊　"哞"韵母特殊

驴 ly³³

叫驴 tɕiɔ⁵² ly³³　公驴

骟驴 ʂæ⁵² ly³³

草驴 tsʻɔ²¹ ly³³　母驴

驴驹儿 ly³³ tɕyr²¹³　驴驹子 ly³³ tɕy²⁴ tsəʔ²¹

驴条子 ly³³ tʻiɔ³³ tsəʔ²¹　身体长开的半大驴

骡子 ləŋ³³ tsəʔ²¹

驴（儿）骡 ly³³（ər³³）ləŋ³³　马父驴母

马骡 ma²¹ ləŋ³³　驴父马母

儿骡（子）ər³³ ləŋ³³（tsəʔ²¹）　公骡子

骒骡 kʻuo⁵² ləŋ³³　母骡 mu²¹ ləŋ³³　母骡子

骆驼 ləŋ⁵² tʻəŋ²¹

绵羊 mie³³ iã²¹

山羊 sæ²¹ iã³³

爪绒 tsɔ²¹ ʐuŋ³³　在山羊身上薅绒毛

羊羔儿 iã³³ kər²¹³　羊羔羔/子 iã³³ kɔ²⁴ kɔ²¹／tsəʔ²¹

圪羝 kəʔ⁵ ti²¹³　骚圪羝 sɔ²⁴ kəʔ⁵ ti²¹³　种羊

羯儿 tɕiər³³　羯子 tɕie³³ tsəʔ²¹　阉割了的公羊

母羊 mu²¹ iã³³　母儿 mur²¹³

栈羊 tsæ⁵² iã³³　圈养的羊

特母子 tʂʻuai²⁴ mu²¹ tsəʔ²¹　不会下羊羔的母羊

狗 kəu²¹³

牙狗 ia³³ kəu²¹³　公狗

母狗 mu²⁴ kəu²¹³

狗儿子 kəu²¹ ər³³ tsəʔ²¹　狗娃儿 kəu²¹ vɐr³³　小狗

巴儿狗 pɐr²⁴ kəu²¹³　哈巴儿 xa²¹ pɐr³³　哈巴狗

板凳子狗 pæ²¹ təŋ⁵² tsəʔ²¹ kəu²¹³　比巴儿狗体形略大

疯狗 fəŋ²⁴ kəu²¹³

猫儿 mər³³

儿猫 ər³³ mɔ²¹　狸猫 li³³ mɔ²¹　公猫

女猫儿 ny²¹ mər³³　母猫

猪 tʂu²¹³

肉猪 ʐəu⁵² tʂu²¹³

牙猪 ia³³ tʂu²¹³　劁了的公猪

豭猪儿 tɕie²¹ tʂu²¹³　种猪

老母猪 lɔ²⁴ mu²¹ tʂu²¹³　下猪崽的母猪

母猪 mu²¹ tʂu²¹³

猪娃儿 tʂu²¹ vɐr³³　猪儿子 tʂu²¹ ər³³
　tsəʔ²¹　猪崽

一窝风 iəʔ⁵ vuo²¹³ fəŋ²¹³　一窝只下
　了一个猪仔

劁猪 tɕ'iə²¹ tʂu²¹³　阉猪

奶劁儿 nai²¹ tɕ'iər²¹³　被劁的母猪

骟(驴、马、羊)ʂæ⁵²

童猪 t'uŋ³³ tʂu²¹³　劁了的母猪

㾍寠猪 k'əʔ³ lã²⁴ tʂu²¹³　有了身躯
　而没有长肥肉的猪

猪鬃 tʂu²¹ tsuŋ²¹³

尾巴 i²¹ pa³³

兔儿 t'ur⁵²　兔子 t'u⁵² tsəʔ²¹

鸡 tɕi²¹³

公鸡 kuŋ²⁴ tɕi²¹　成年打鸣的

小公鸡 ɕiə²¹ kuŋ²⁴ tɕi²¹　未成年的公鸡

草鸡 ts'ɔ²¹ tɕi²⁴　(1)母鸡。(2)害
　怕,折服:酒我可喝～噢

菢窝鸡 pɔ⁵² vuo²⁴ tɕi²¹³　正在孵蛋
　的母鸡

落窝鸡 lɔ⁵² vuo²⁴ tɕi²¹³　落草鸡
　lɔ⁵² ts'ɔ²¹ tɕi²¹³

鸡娃儿 tɕi²¹ vɐr³³　鸡儿子 tɕi²¹ ər³³
　tsəʔ²¹　小鸡

鸡蛋 tɕi²¹ tæ⁵²

下蛋 xa⁵² tæ⁵²　(1)鸡下蛋。(2)反悔

菢 pɔ⁵²　孵

鸡冠冠 tɕi²⁴ kuæ²⁴ kuæ²¹　鸡冠子
　tɕi²⁴ kuæ²⁴ tsəʔ²¹

鸡爪子 tɕi²¹ tʂua²¹ tsəʔ²¹

鸭子 ia³³ tsəʔ²¹

公鸭子 kuŋ²¹ ia³³ tsəʔ²¹

母鸭子 mu²¹ ia³³ tsəʔ²¹

小鸭子 ɕiə²¹ ia³³ tsəʔ²¹　鸭娃儿 ia³³ vɐr³³

鸭蛋 ia³³ tæ⁵²

鹅 ŋɯ³³

鹅娃儿 ŋɯ³³ vɐr³³　小鹅

　　(二)鸟、兽

野物儿 i²¹ vɐr³³　野兽 ie²¹ ʂəu⁵²

狮子 sɿ²⁴ tsəʔ²¹

老虎 lɔ²⁴ xu²¹

母老虎 mu²¹ lɔ²⁴ xu²¹　(1)雌性老
　虎。(2)比喻厉害的妇女

(毛)猴儿(mɔ³³) xəur³³　(毛)猴子
　(mɔ³³) xəu³³ tsəʔ²¹

熊 ɕyŋ³³

豹子 pɔ⁵² tsəʔ²¹

狼 lã³³　山神爷 sæ²¹ ʂəŋ³³ i²¹　忌讳
　的说法

貒儿 t'uær²¹³　猪獾

狐子 xu³³ tsəʔ²¹　狐狸

黄鼬 xuã²¹ iɔ⁵²　黄鼠狼

老鼠 lɔ²⁴ ʂu²¹　圪落儿家 kəʔ³ lɔr²⁴ tɕia²¹

蔪姑儿 tɕ'ie²¹ kur²¹³　鼹鼠

蛇 ʂəŋ³³

花红蛇 xua²¹ xuŋ³³ ʂəŋ³³　花蛇

灰蛇 xuei²¹ ʂəŋ³³　白蛇 pi³³ ʂəŋ³³

水蛇 ʂuei²¹ ʂəŋ³³

绿蛇 lyəʔ³ ʂəŋ³³

蟒 mã²¹³　本地没有

蛇鼠(子)ʂəŋ³³ suo²¹(tsəʔ²¹)　麻蜥,
　蜥蜴的一种

雀雀 tɕ'iə²¹ tɕ'iɔ³³　鸟的总称

黑老鸹 xəʔ³ ʔəx lɔ²¹ va³³　鸹儿 iɐr²¹³
　乌鸦

红嘴鸹儿 xuŋ³³ tsuei²¹ iɐr²¹³　山鹊

野鹊儿 ia²¹ tɕ'iɔr⁵²　喜鹊。"鹊"声

调特殊

雀儿 tɕ‘iɔr²¹³　老家雀儿 lɔ²¹ tɕia²⁴ tɕ‘iɔr²¹³　麻雀

燕儿 iər⁵²　燕子

沙燕儿 sa²¹ iər⁵²　住在石崖上灰色的燕子

雁咕噜儿 ie⁵² kuəʔ³ ləur²¹　雁

腊嘴 la³³ tsuei²¹³　山中的一种雀鸟

水鸹鸹 ʂuei²¹ ku⁵² ku²¹

斑鸠儿 pæ²⁴ tɕiəur²¹

鹁鹁咮 puo³³ puo³³ tʂ‘ʅ²¹　戴胜鸟

鸽儿 kər³³　鸽子 kə³³ tsəʔ²¹

鸽虎 kə³³ xu²¹

雀鹠子 tɕ‘iɔ²¹ iɔ⁵² tsəʔ²¹

布谷 pəʔ³ ku²¹　布谷鸟

鸪树锛锛 tɕ‘ie²¹ ʂu⁵² pəŋ²⁴ pəŋ²¹

嗒木儿 ta³³ mər⁵²〈义〉啄木鸟

哼呼 xɯ⁵² xu²¹　猫头鹰

鸱怪子 ts‘ʅ²¹ kuai⁵² tsəʔ²¹　鸱枭

鹦鹉 iŋ²⁴ vu²¹

老鹰 lɔ²¹ iŋ²¹³　皂鹰 tsɔ⁵² iŋ²¹　呜鸹 vu⁵² va²¹　呜派 vu⁵² pai²¹〈义〉黑色的鹰。"呜"声调特殊

野鸡 i²¹ tɕi²¹³

野鸭 i²¹ ia³³

山鸡 sæ²⁴ tɕi²¹　野雉

鸳鸯 ye³³ iã²¹

鹭鸶 ləu⁵² sʅ²¹

夜蝙蝠儿 ie⁵² pie²¹³ fur³³

天公鸡儿 t‘ie²¹ kuŋ²⁴ tɕiər²¹

青翅儿 tɕ‘iŋ²¹ ts‘ər⁵²

柏皱皱 pie³³ tsəu⁵² tsəu²¹　柏翅翅 pie³³ ts‘ʅ⁵² ts‘ʅ²¹〈义〉

膀膀/子 pã²¹ pã³³ / tsəʔ²¹　翅膀儿

ts‘ʅ⁵² pr̃²¹³

翎 liŋ³³

雀雀毛 tɕ‘iɔ²¹ tɕ‘iɔ³³ mɔ³³　鸟毛

脯子 p‘u²¹ tsəʔ²¹

嘴 tsuei²¹³

雀雀窝儿 tɕ‘iɔ²¹ tɕ‘iɔ³³ vuor²¹³　鸟窝

（三）虫类

蚕儿 ts‘ær³³　蚕娃儿 ts‘æ³³ vɐr³³

蚕子 ts‘æ³³ tsʅ²¹³　蚕卵

蚕娃儿 ts‘æ³³ vɐr³³　蚕蚁

蛹儿 yr̃²¹³　蚕蛹

蛾儿 ŋɯr³³　蚕蛾

蚕沙 ts‘æ³³ sa²¹　家蚕的屎

蛛蛛 tʂu²⁴ tʂu²¹　蜘蛛

蚂蚁儿 ma²¹ iər²¹

蝼蛄 lə³³ ku²¹

土鳖 t‘u²¹ pie³³

蚯蚓 tɕ‘iəu²⁴ iŋ²¹

蜗牛 vuo²¹ niəu³³

蜗蜗牛儿 kua⁵² kua⁵² niəur³³　蜗牛壳

粪扒牛 fəŋ⁵² p‘a³³ niəu³³　蜣螂

骚秃子 sɔ²⁴ t‘uəʔ⁵ tsəʔ²¹　类似蜣螂的一种虫

鞋底虫 xai³³ ti²¹ tʂ‘uŋ³³　鼠妇

磕头牛牛 k‘ə³³ t‘əu³³ niəu³³ niəu²¹　磕头虫

毛爹爹 mɔ³³ tsa⁵² tsa²¹　蜈蚣

毛蚰蜒 mɔ³³ iəu³³ ie⁵²　"蜒"声调特殊

蝎子 ɕie³³ tsəʔ²¹

蝎虎儿 ɕie³³ xur²¹³　壁虎

毛虼虫 mɔ³³ kəʔ³ tʂ‘uŋ³³　毛虫

壮地(虼)虫 tʂuã⁵² ti⁵² kəʔ³ tʂ‘uŋ³³

地蚕虫

枣圪痲 tsɔ²¹ kəʔ³ tɕiəu⁵²　枣步曲 tsɔ²¹³ pu⁵² tɕ'yəʔ³〈枣〉　枣树上的一种粗壮的大绿虫

米(圪)虫儿 mi²¹(kəʔ³) tʂ'uɤr³³　肉虫

铁嘴儿 t'ie³³ tsuər²¹³　高粱、麦子中的黑色虫子

豆牛牛 təu⁵² niəu³³ niəu²¹　绿豆中生的虫子

油旱 iəu³³ xæ⁵²　蚜虫

蝇子 iŋ³³ tsəʔ²¹　苍蝇

苍蝇 ts'ã²¹ iŋ³³　麻子苍蝇

鸣蝇 miŋ³³ iŋ²¹　绿豆蝇

长腿蠓子 tʂ'ã³³ t'uei²¹³ məŋ²¹ tsəʔ²¹　蚊子

蠓儿 məɤr²¹³　蠓子 məŋ²¹ tsəʔ²¹　较小的蚊子,毒性较弱

憨愣儿 xæ²¹ lɤr⁵²　憨蛋儿 xæ²¹ tær⁵²〈义〉　毒性特别强的蚊子

醋蠓儿 ts'u⁵² mɤr²¹³　醋缸上的蠓虫

(蠓子)咬人 niɔ²¹ zəŋ³³　叮人

虱虱 sə³³ sə²¹　虱子 sə³³ tsəʔ²¹

虮子 tɕi²¹ tsəʔ²¹

壁虱 piəʔ⁵ sə²¹　臭虫

鸡壁虱 tɕi²¹ piəʔ⁵ sə²¹　鸡虱

圪蚤 kəʔ³ tsɔ⁵²　跳蚤

虻赞 məŋ³³ tsæ⁵²　牛虻

狗蝇 kəu²¹ iŋ³³

蛐蛐 tɕ'yəʔ⁵ tɕ'yəʔ²¹　蟋蟀

叫蚂蚱蚱 tɕiɔ⁵² ma²¹ tsa⁵² tsa²¹　蝈蝈

扁蚤 pie²¹ tsuŋ²¹³　蝗虫

草毛猴儿 ts'ɔ²¹ mɔ³³ xəur³³　草猴

子 ts'ɔ²¹ xəu³³ tsəʔ²¹　螳螂

千担 tɕ'ie²¹ tæ⁵²　精灵蝗虫

蝉儿 ʂær³³

秋蝉儿 tɕ'iəu²¹ ʂær³³

樗牛儿 ts'uei²¹ niəur³³

樗蝉儿 ts'uei²¹ ʂær³³　臭椿上的一种蝉

喂呜 vei³³ vu²¹　蝉儿 ʂær³³　猪娃子 tsu²¹ va³³ tsəʔ²¹〈义〉　知了

蜜蜂儿 miəʔ³ fɤr²¹³

马蹄蜂 ma²¹ t'i³³ fəŋ²¹　大的马蜂

黄蜂儿 xuã³³ fɤr²¹　蜂的总称

土蜂儿 t'u²¹ fɤr²¹³　穴居于土中的小蜂

柴蜂儿 ts'ai³³ fɤr²¹　巢筑在草木上的蜂

地黄蜂 ti⁵² xuã³³ fəŋ²¹　巢筑在土中的蜂

绵蜂儿 mie³³ fɤr²¹　不蜇人的蜂

蜇人 tʂə²¹ zəŋ³³

蜂儿窝 fɤr²⁴ vuo²¹³

蜂蜜 fəŋ²¹ miəʔ³

亮光牛牛 liã⁵² kuã²¹³ niəu³³ niəu²¹　萤火虫

臭板牛 tʂəu⁵² pæ²¹ niəu³³　臭大姐

打灯蝉儿 ta²¹ təŋ²¹³ ʂær³³　灯蛾

蝉蝉 ʂæ³³ ʂæ²¹　蝴蝶

蚌螂儿 pã⁵² lɔr³³　蚌儿 pɔr⁵²　蜻蜓

送饭老婆婆 suŋ⁵² fæ⁵² lɔ²¹ p'uo³³ p'uo²¹　瓢虫

(四)鱼虾类

鱼 y³³

鲤鱼 li²¹ y³³

鲫鱼 tɕi⁵² y³³〈新〉　本地没有

草鱼 tsʻɔ²¹ y³³

带鱼 tai⁵² y³³〈新〉　本地没有

鲈鱼 ləu³³ y³³〈新〉　本地没有

鱿鱼 iəu³³ y³³〈新〉　本地没有

金鱼 tɕiŋ²¹ y³³　仅作观赏

鱼鳞 y³³ liŋ³³

鱼刺 y³³ tsʻʅ⁵²　鱼骨头 y³³ kuəʔ³ tʻəu³³

鱼苗儿 y³³ miɔr³³

钓鱼 tiɔ⁵² y³³

钓鱼竿儿 tiɔ⁵² y³³ kær²¹³

钓鱼钩儿 tiɔ⁵² y³³ kəur²¹³

鱼篓儿 y³³ ləur²¹³

渔网 y³³ vã²¹³

虾 ɕia³³

虾 ɕia³³　虾仁儿

虾米 ɕia³³ mi²¹〈新〉

王八 vã²⁴ pa²¹　龟

鳖 pie³³

鳖盖 pie³³ kai⁵²

螃蟹 pʻã³³ ɕie²¹

蛤蟆 kəʔ³ ma³³　青蛙

圪努儿 kəʔ⁵ nəur²¹　蝌蚪

旱蛤蟆 xæ⁵² kəʔ³ ma³³　蟾蜍

蚂蟥 ma²¹ xã³³　水蛭

水蚂儿 ʂuei²¹ mɐr²¹

七、房舍

（一）房子

家 tɕia²¹³

地方儿 ti⁵² fõr²¹　宬处 ʂəŋ³³ tʂʻu²¹
　住宅

盖（房子）kai⁵²

圈（窑洞）tɕʻye⁵²

地工 ti⁵² kuŋ²¹　修窑洞、盖房的
　地基

房子（整座）fã³³ tsəʔ²¹

窑 iɔ³³

土窑 tʻu²¹ iɔ³³

石窑 ʂəʔ³ iɔ³³

接口儿土窑儿 tɕie³³ kʻəur²¹³ tʻu²¹ iɔr³³
　土窑的开口是由石头砌成

出面子窑 tʂʻuəʔ³ mie⁵² tsəʔ²¹ iɔ³³
　窑洞的门面石头用錾打成条
　纹状

泥糊码面窑 ni³³ xu³³ ma²¹ mie⁵² iɔ³³

mie⁵² iɔ³³　窑洞的门面用泥抹成

外 vai⁵²　外起 vai⁵² tɕʻi²¹　院起
　ye⁵² tɕʻi²¹　院子

院墙 ye⁵² tɕʻiã³³

影壁 iŋ²¹ piəʔ³　照壁 tʂɔ⁵² piəʔ³

龙门 ləŋ³³ məŋ²¹　大门 ta⁵² məŋ²¹

龙/大门道 ləŋ³³ / ta⁵² məŋ²¹ tɔ⁵²

二门 ər⁵² məŋ²¹

后门儿 xəu⁵² mỹr²¹

水眼 ʂuei²¹ ie⁵²　墙根下排出水的
　通道。"眼"声调变异

崄上 tɕie²¹ ʂã⁵²　大门外边的场地

崄畔 tɕie²¹ pæ⁵²　大门外或院子的
　边畔

脚地 tɕie³³ ti⁵²　窑洞的地面，与
　炕、灶台相对的部分

窑掌 iɔ³³ tʂã²¹³　窑洞里边与门窗
　相对的墙壁

当窑 tã^{21} iɔ^{33}　　中窑 tʂuŋ^{21} iɔ^{33}

前窑 tɕ'ie^{33} iɔ^{33}

后窑 xəu^{52} iɔ^{33}

窑深 iɔ^{33} ʂəŋ^{213}　进深，指窑的深度

掏空 t'ɔ^{24} k'uŋ^{21}　面宽，指窑的宽度

正房 tʂəŋ^{52} fã^{33}

正窑 tʂəŋ^{52} iɔ^{33}

厢房 ɕiã^{21} fã^{33}

厢窑 ɕiã^{21} iɔ^{33}　横窑儿 ɕy^{33} iɚ^{33}

倒坐窑 tɔ^{52} tsuo^{52} iɔ^{33}　与正窑相对的南边的窑

支崄窑 tsʅ^{24} tɕie^{21} iɔ^{33}　院子外"崄畔"墙上的小窑

窑券 iɔ^{33} ɕye^{52}　修砌窑洞的拱形模型及其填充物

客厅 k'ə^{21} t'iŋ^{213}〈新〉

平房 p'iŋ^{33} fã^{33}〈新〉

楼房 ləu^{33} fã^{33}〈新〉　楼 ləu^{33}

洋房 iã^{21} fã^{33}　（旧指新式楼房）

楼上 ləu^{33} ʂã^{52}〈新〉

楼下 ləu^{33} xa^{52}〈新〉

门楼儿 məŋ^{33} ləur^{33}

楼梯 ləu^{33} t'i^{213}〈新〉

梯子 t'i^{24} tsəʔ^{21}

阳台 iã^{33} t'ai^{33}〈新〉

草房儿 ts'ɔ^{21} fɤr^{33}　主要用于储存柴草的小房

凉棚儿 liã^{33} p'ɤ̃r^{33}　简单的遮阳、遮雨棚子

（二）房屋结构

墙 tɕ'iã^{33}　房脊

房顶 fã^{33} tiŋ^{213}

窑顶 iɔ^{33} tiŋ^{213}

垴畔 nɔ^{21} pæ^{52}　窑洞的外部顶上

房檐 fã^{33} ie^{33}

窑檐 iɔ^{33} ie^{33}

窑檐石 iɔ^{33} ie^{33} ʂəʔ^{3}

椽廊 tʂ'uæ^{21} lã^{33}

挑石 t'iɔ^{33} ʂəʔ^{3}　支撑窑檐石的石条

窑码子 iɔ^{33} ma^{21} tsəʔ^{21}　窑洞的门面

房梁 fã^{33} liã^{33}　梁

大梁 tã^{52} liã^{33}　脊檩

二梁 ər^{52} liã^{33}　脊檩与檩子之间的檩子

檩子 liŋ^{21} tsəʔ^{21}

小椽子 ɕiɔ^{21} tʂ'uæ^{33} tsəʔ^{21}

柱子 tʂu^{52} tsəʔ^{21}　顶柱 tiŋ^{21} tʂu^{52}

顶柱石 tiŋ^{21} tʂu^{52} ʂəʔ^{3}　柱下石

圪台儿 kəʔ^{3} t'ɛr^{33}　圪磴儿 kəʔ^{3} tɤ̃r^{52}　台阶

门圪台儿 məŋ^{33} kəʔ^{3} t'ɛr^{33}　专指门与院子之间的台阶

仰尘 iã^{33} tʂ'əŋ^{33}　天花板

正门 tʂəŋ^{52} məŋ^{33}

后门 xəu^{52} məŋ^{33}

门限 məŋ^{33} xæ^{52}　门坎

门圪落 məŋ^{33} kəʔ^{3} lɔ^{213}　门后

门插子 məŋ^{33} ts'a^{33} tsəʔ^{21}　门闩

单扇门 tæ^{21} ʂæ^{52} məŋ^{33}

双扇门 ʂuæ^{21} ʂæ^{52} məŋ^{33}

走扇门 tsəu^{21} ʂæ^{52} məŋ^{33}　因安装不平衡而自动关闭的门

锁子 suo^{21} tsəʔ^{21}

钥匙 ie^{33} sʅ^{33}

窗子 tʂ'uã^{24} tsəʔ^{21}

暖隔 nuæ^{21} kə^{33}　窑洞中类似房子隔扇的窗子

窗台 tʂʻuɑ̃²¹ tʻai³³

窗肩肩 tʂʻuɑ̃²⁴ tɕie²⁴ tɕie²¹　支撑平
　　馇的台阶

平馇 pʻiŋ³³ tɕʻiɑ̃⁵²　门窗上横着的
　　最长最宽的木头

门馇 məŋ³³ tɕʻiɑ̃⁵²　门两边的木头

通柱 tʻuŋ²¹ tʂu⁵²　平馇上与窗脑儿
　　相连的竖木头

圆窗弯子 ye²⁴ tʂʻuɑ̃²¹³ væ²¹ tsə²¹
　　门窗上紧贴墙壁的弧形木头

窗脑儿 tʂʻuɑ̃²⁴ nɔr²¹³　与圆窗弯子、
　　通柱相连的横木，在门窗的最
　　上方

窗股子 tʂʻuɑ̃²¹ ku⁵² tsəʔ²¹　构成窗
　　格的细木条

吊窗儿 tiɔ⁵² tʂʻuɒr²¹　窗子上部可
　　吊起用以透气的部件

天窗 tʻie²⁴ tʂʻuɑ̃²¹　窗子平馇以上
　　部分

小窗儿 ɕiɔ²¹ tʂʻuɒr²¹³　窗子平馇以
　　下部分

老鸹圪锥 lɔ²¹ va³³ kəʔ³ tʂuei²¹³　屈
　　戌儿

门栓关 məŋ³³ ʂuæ²⁴ kuæ²¹　门环环
　　məŋ³³ xuæ³³ xuæ²¹

门逼子 məŋ³³ piəʔ⁵ tsə²¹　使门闭
　　合后不松开的部件

门转儿 məŋ³³ tʂuær²¹³　承载门轴
　　的部件

猫道 mɔ³³ tɔ⁵²　窗台或窗子上、墙
　　上猫出入的通道

走廊儿 tsəu²¹ lɒr³³

过道儿 kuo⁵² tɒr⁵²

过洞儿 kuo⁵² tuɣr⁵²　两窑洞之间
　　的通道

一进两开 iəʔ³ tɕiŋ⁵² lia²¹ kʻai²¹³

楼道儿 ləu³³ tɒr⁵²〈新〉

楼板 ləu³³ pæ²¹³〈新〉

　　　　（三）其他设施

火房 xuo²¹ fɑ̃³³　厨房 tʂʻu³³ fɑ̃³³

锅灶 kuo²¹ tsɔ⁵²

灶火 tsɔ⁵² xuo²¹　灶 tsɔ⁵²　炉灶

炉齿 ləu³³ tsʻʅ⁵²　炉条。"齿"声调特殊

锅台 kuo²¹ tʻai³³

锅巷 kuo²¹ xuɑ̃⁵²　锅台靠近墙壁
　　的地方

炕 kʻɑ̃⁵²

掌炕 tʂɑ̃³³ kʻɑ̃⁵²　在窑洞后边的炕

门前炕 məŋ³³ tɕʻie³³ kʻɑ̃⁵²　炕在窑
　　洞一进门的窗户下方

窗前炕 tʂʻuɑ̃²¹ tɕʻie³³ kʻɑ̃⁵²　门窗上
　　没有门，炕在窗户下

上炕儿 ʂɑ̃⁵² kʻɒr⁵²　靠近炕栏的炕

下炕儿 xa⁵² kʻɒr⁵²　靠近墙壁的炕

前炕 tɕʻie³³ kʻɑ̃⁵²　靠近窗子的炕

后炕 xəu⁵² kʻɑ̃⁵²　相对于前的炕

当炕 tɑ̃²¹ kʻɑ̃⁵²　炕的中央

锅圪落儿 kuo²⁴ kəʔ⁵ lɔr²¹³　靠近灶
　　台的炕

窨灶圪落儿 tʻəu³³ tsɔ⁵² kəʔ³ lɔr²¹³
　　靠近窨灶的炕

滚炕 kuŋ²¹ kʻɑ̃⁵²　热炕 zə³³ kʻɑ̃⁵²

炕棱 kʻɑ̃⁵² ləŋ³³　安在炕边沿的石
　　条或木条

炕沿 kʻɑ̃⁵² ie⁵²　炕的边沿。"沿"
　　声调特殊

毛儿巷 mɔr³³ xɑ̃⁵²　灶膛与炕洞连
　　接的部位

炕洞子 k'ã⁵² tuŋ²⁴ tsəʔ²¹　炕下通
　烟火的通道

烟洞 ie²¹ t'uŋ⁵²　烟囱

窬灶儿 t'əu³³ tsɒr⁵²　炕下烟火通道
　与烟囱拐弯处开的小口，用以调
　节烟火流通快慢、压力

春锅(子)tʂuŋ²⁴ kuo²¹³(tsəʔ²¹)
　夏天在院子里砌的做饭炉灶

炉子 ləu³³ tsəʔ²¹

茅口 mɔ³³ k'əu²¹³　茅子 mɔ³³ tsəʔ²¹
　后路 xəu⁵² ləu²¹〈义〉　厕所

磨房 muo⁵² fã³³

马棚 ma²¹ p'əŋ³³

驴圈 ly³³ tɕye⁵²

驴槽 ly³³ ts'ɔ³³

牛圈 niəu³³ tɕye⁵²

草房儿 ts'ɔ²¹ fã³³　放草的房子

猪圈 tʂu²¹ tɕye⁵²　猪窝儿 tʂu²⁴ vuor²¹³

猪(食)槽儿 tʂu²¹(ʂəʔ³)ts'ɒr³³
　猪食盆儿 tʂu²¹ ʂəʔ³ p'ɤ̃r³³

猪食 tʂu²¹ ʂəʔ³

羊圈 iã³³ tɕye⁵²

栅拉 tsa⁵² la²¹　栅子 tsa⁵² tsəʔ²¹
　栅栏

狗窝儿 kəu²¹ vuor²¹³

狗食盆儿 kəu²¹ ʂəʔ³ p'ɤ̃r³³　狗食不
　甑子 kəu²¹ ʂəʔ³ pəʔ³ ts'æ⁵² tsəʔ²¹

狗食 kəu²¹ ʂəʔ³

鸡窝儿 tɕi²⁴ vuor²¹³

鸡篓儿 tɕi²⁴ ləur²¹³　鸡笼，装小鸡
　用的

鸡食 tɕi²⁴ ʂəʔ³

下蛋钵钵 xa⁵² tæ⁵² pə²⁴ pə²¹　鸡下
　蛋的窝

柴(草)堆 ts'ai³³(ts'ɔ²¹)tuei²¹³
　柴摞 ts'ai³³ ləŋ⁵²　柴草垛

八、器具、用品

(一)一般家具

家具 tɕia²¹ tɕy⁵²　家伙 tɕia²⁴ xuo²¹

柜(子)kuei⁵²(tsəʔ²¹)　衣柜等的
　通称

立柜 liəʔ³ kuei⁵²　竖柜 ʂu⁵² kuei⁵²

平柜 p'iŋ³³ kuei⁵²

水柜 ʂuei²¹ kuei⁵²　高低与桌子近
　似，柜平面的两端向内卷去

夹柜儿 tɕia³³ kuər⁵²　下部开门，
　上部有两抽屉的柜子

顶箱儿 tiŋ²¹ ɕiɒ̃r²¹³　门箱儿 məŋ³³
　ɕiɒ̃r²¹　方形，中上方开小门

桌子 tʂuo³³ tsəʔ²¹

圆桌儿 ye³³ tʂuor³³

方桌儿 fã²¹ tʂuor³³

长桌子 tʂ'ã³³ tʂuo³³ tsəʔ²¹　条桌

办公桌儿 pæ⁵² kuŋ²¹³ tʂuor³³

饭桌儿 fæ⁵² tʂuor³³

炕桌儿 k'ã⁵² tʂuor³³

桌布 tʂuo³³ pu⁵²　台布

抽屉儿 tʂ'əu²¹ t'iər³³

茶几 ts'a³³ ɕi²¹³〈新〉

椅子 i²¹ tsəʔ²¹

躺椅 t'ã²¹ i²¹³　睡椅 ʂuei⁵² i²¹³

椅子背 i²¹ tsəʔ²¹ pei⁵²

椅子掌子 i²¹ tsəʔ²¹ ts'əŋ⁵² tsəʔ²¹

椅子腿之间的横木

凳子 təŋ⁵² tsəʔ²¹　统称

板凳 pæ²¹ təŋ⁵²

方凳儿 fã²¹ tɤr⁵²

小/猴板凳儿 ɕiɔ²¹/xəu³³ pæ²¹ tɤr⁵²

猴凳凳 xəu³³ təŋ⁵² təŋ²¹

圆凳儿 ye²¹ tɤr⁵²

高凳子 kɔ²¹ təŋ⁵² tsəʔ²¹

软板凳儿 zuæ²⁴ pæ²¹ tɤr⁵²　马扎

草墩儿 tsʻɔ²¹ tuɤr²¹³　蒲团

　(二)卧室用具

床 tʂʻuã³³

床头 tʂʻuã³³ tʻəu³³

床边边 tʂʻuã³³ pie²⁴ pie²¹　床沿沿
　tʂʻuã³³ ie⁵² ie⁵²　"沿"声调特殊

床底下 tʂʻuã³³ ti²¹ xa²¹　床底里
　tʂʻuã³³ ti²¹ li³³

石床儿 ʂəʔ³ tʂʻuɤr³³　石板搭成的
　平台

床铺 tʂʻuã³³ pʻu²¹　铺开的被褥

蚊帐 vəŋ³³ tʂã̃⁵²　帐子 tʂã̃⁵² tsəʔ²¹

蚊帐钩儿 vəŋ³³ tʂã̃⁵² kəur²¹³

毯 tʻæ²¹³

栽绒毯 tsai²¹ zuŋ³³ tʻæ²¹³　地毯
　ti⁵² tʻæ²¹³　小的毯子

毡 tʂæ²¹³

毡子 tʂæ²¹³ tsəʔ²¹

绵毡 mie³³ tʂæ²¹　绵羊毛擀的毡

沙毡 sa²¹³ tʂæ²¹　涩毡 sə³³ tʂæ²¹
　山羊毛擀的毡

绒毡 zuŋ³³ tʂæ²¹　羊绒毛擀的毡

被子 pi⁵² tsəʔ²¹

被窝儿 pi⁵² vuor²¹³　被圪筒儿 pi⁵²
　kəʔ³ tʻuɤr²¹

被里(子) pi⁵² li²¹³ (tsəʔ²¹)

被面(子) pi⁵² mie⁵² (tsəʔ²¹)

被挡头 pi⁵² tã⁵² tʻəu²¹　被头

装的 tʂuæ⁵² təʔ²¹　被套 pi⁵² tʻɔ⁵²〈新〉
　棉被的胎

被单(子) pi⁵² tæ²¹³⁽²⁴⁾ (tsəʔ²¹)　护单
　xu⁵² tæ²¹　床单 tʂʻuã³³ tæ²¹〈新〉

褥单子 zuəʔ³ tæ²⁴ tsəʔ²¹

褥子 zuəʔ⁵ tsəʔ²¹

席子 ɕiəʔ⁵ tsəʔ²¹　用高粱秆的最上
　节的皮编织而成

席签 ɕiəʔ²¹ tɕʻie²¹³　席子上起来
　的刺

批批 pʻi²¹ pʻi³³　高粱秆最上一节去
　掉穗,用于编席子、囤子等

苇席 y²¹ ɕiəʔ³　竹席子 tʂuəʔ³ ɕiəʔ⁵
　tsəʔ²¹〈新〉

凉席儿 liã³³ ɕiər⁵²

枕头儿 tʂəŋ²¹ tʻəur³³

枕头儿套子 tʂəŋ²¹ tʻəur³³ tʻɔ⁵² tsəʔ²¹

枕巾儿 tʂəŋ²¹ tɕiɤr²¹³

枕头儿稚子 tʂəŋ²¹ tʻəur³³ tʂəʔ⁵ tsəʔ²¹
　充在枕头里的谷稚子、荞麦皮等

枕芯儿 tʂəŋ²¹ ɕiɤr²¹³　枕头芯儿〈新〉

梳妆台 ʂuo²⁴ tʂuã²¹³ tʻai³³〈新〉

梳头匣儿 ʂuo²¹ tʻəu³³ xɐr³³　放梳
　头用具的小匣子

镜儿 tɕiɤr⁵²　镜子 tɕiŋ⁵² tsəʔ²¹

穿衣镜 tʂʻuæ²⁴ i²¹ tɕiŋ⁵²　落地镜子

手提箱 ʂəu²¹ tʻi³³ ɕiã²¹³〈新〉

皮箱 pʻi³³ ɕiã²¹

衣箱 i²⁴ ɕiã²¹

褡裢儿 ta³³ liər³³　捎裢 sə²¹ lie³³
　中间开口的方口袋,多用牲畜驮

顺顺 ʂuŋ⁵² ʂuŋ²¹　褡裢，人肩扛的

毛布袋 mɔ³³ pu⁵² tai²¹　粗毛线编
　　织的口袋

线口袋儿 ɕie⁵² kʻəu²¹ tɛr⁵²　线绳编
　　织的口袋

麻包 ma³³ pɔ²¹³　麻袋

鸡皮包 tɕi²¹ pʻi³³ pɔ²¹³〈新〉　蛇皮
　　袋 ʂəŋ³³ pʻi³³ tai⁵²〈新〉　编织袋

衣架儿 i²¹ tɕiɐr⁵²〈新〉

晾衣裳架儿 liã⁵² i²¹ ʂã³³ tɕiɐr⁵²

马桶 ma²¹ tʻuŋ²¹³〈新〉　抽水的

尿盆儿 niɔ⁵² pʻŗ̃r³³　尿盆子 niɔ⁵²
　　pʻəŋ³³ tsəʔ²¹

尿罐儿 niɔ⁵² kuær⁵²　尿罐子 niɔ⁵²
　　kuæ⁵² tsəʔ²¹

夜壶 ie⁵² xu³³

(洗)澡盆(ɕi²⁴) tsɔ²¹ pʻəŋ³³〈新〉

暖水袋 nuæ²⁴ ʂuei²¹ tai⁵²　热水袋
　　zʅ³³ ʂuei²¹ tai⁵²　热水袋

　　(三)炊事用具

风匣 fəŋ²¹ xa³³　风箱

拉风匣 la³³ fəŋ²¹ xa³³　扇风匣

火枪(子)xuo²¹ tɕʻã²¹³ (tsəʔ²¹)
　　通条

拨火棍儿 pə³³ xuo²¹ kuŗ̃r⁵²　烧柴
　　禾用来扒拉的棍子

锸炭铁锨儿 tsʻə³³ tʻæ⁵² tʻie²¹ ɕiɐr³³
　　火铲

柴 tsʻai³³

柴草 tsʻai³³ tsʻɔ²¹³

稻草 tɔ⁵² tsʻɔ²¹³　稻杆

棒棒 pã⁵² pã⁵²　砍下的高粱秆儿

豆秸 təu⁵² kai²¹³

糜草 mi³³ tsʻɔ²¹³　糜子秆

干草 kæ²⁴ tsʻɔ²¹³　谷子秆，喂牲口的

锯末 tɕy⁵² mə³³

刨花儿 pɔ⁵² xuɐr²¹³

洋火 iã²¹³ xuo²¹　火柴

锅底黑 kuo²⁴ ti²¹ xəʔ³　锅烟子

家匙 tɕia²¹ sʅ³³　(1)餐具、灶具总称
　　(2)工具：锣鼓～

锅 kuo²¹³

铝锅 ly²¹ kuo²¹³

砂锅儿 sa³³ kuor²¹³

大锅 ta⁵² kuo²¹³　老锅 lɔ²¹ kuo²¹³

小锅儿 ɕia²¹ kuor²¹³

罗锅(子)ləŋ³³ kuo²¹³(tsəʔ²¹)
　　比小锅大一些

炒瓢 tsʻɔ²¹ pʻiɔ³³　炒锅

锅盖 kuo²¹ kai⁵²

锅圈子 kuo²⁴ tɕye²¹³ tsəʔ²¹　搁锅
　　使平稳的用具，或用木制成，
　　或用草编织

锅刷刷/子 kuo²¹ ʂua³³ ʂua²¹ / tsəʔ²¹

鍪儿 ŋor⁵²

铁匙 tʻie³³ sʅ³³　铁锅铲

铜匙 tʻuŋ³³ sʅ³³　铜锅铲

水壶 ʂuei²¹ xu³³

碗 væ²¹³

瓷碗 tsʻʅ³³ væ²¹³

细碗 ɕi⁵² væ²¹³　细瓷碗

粗碗 tsʻu²⁴ væ²¹³　粗瓷碗

洋瓷碗 iã²¹ tsʻʅ³³ væ²¹³　搪瓷的

老碗 lɔ²⁴ væ²¹³

海碗 xai²⁴ væ²¹³　大老碗 ta⁵² lɔ²⁴ væ²¹³

小碗 ɕiɔ²⁴ væ²¹³　猴碗碗 xəu³³ væ²¹
　　væ³³　较小的碗

猴汤碗儿 xəu³³ tʻã²⁴ vær²¹³　很小

的碗

钵钵 pə³³ pə³³　（1）放盐、调料等的小器皿。（2）指小孩吃饭小碗。（3）小坑

碗瓜瓜 væ²¹ kua²⁴ kua²¹　碗托儿

瓦瓷儿 va²¹ ts'iər³³　瓷碗碎片

碗架儿 væ²¹ tɕiɛr⁵²　碗柜儿 væ²¹ kuər⁵²

茶杯（杯）ts'a³³ pei²¹³（pei²¹）　茶杯子 ts'a³³ pei²⁴ tsəʔ²¹

茶缸儿 ts'a³³ kɒr²¹　茶缸子 ts'a³³ kɑ̃²⁴ tsəʔ²¹

茶壶 ts'a³³ xu³³

暖壶 nuæ²¹ xu³³　暖水瓶

碟子 ti³³ tsəʔ²¹

勺儿 ʂər³³　勺子 ʂə³³ tsəʔ²¹　舀饭勺儿 iɔ²¹ fæ⁵² ʂər³³　饭勺

勺勺 ʂə³³ ʂə²¹　调羹儿 t'iɔ³³ kɯr²¹　撩羹儿 liɔ³³ kɯr²¹　羹匙

筷子 k'uai⁵² tsəʔ²¹

筷（子）篓篓 k'uai⁵²（tsəʔ²¹）ləu²¹ ləu³³　筷笼

（烧）酒盅儿（ʂɔ²¹³）tɕiəu²¹ tʂũr²¹³　（烧）酒盅盅/子（ʂɔ²⁴）tɕiəu²¹ tʂuŋ²⁴ tʂuŋ²¹/ tsəʔ²¹　指瓷的酒具

酒杯杯 tɕiəu²¹ pei²⁴ pei²¹　指玻璃的酒具

盘儿 p'ær³³　盘子 p'æ³³ tsəʔ²¹　木制长方形的端饭、放碗筷、放调料的盘子

宾盘 piŋ²¹ p'æ³³　搪瓷的圆形盘子

酒壶儿 tɕiəu²¹ xur³³　酒壶壶 tɕiəu²¹ xu³³ xu²¹　壶儿 xur³³　酒嗦嗦 tɕiəu²¹ su⁵² su²¹

浇奠壶儿 tɕiɔ²¹ tie⁵² xur³³

酒坛子 tɕiəu²¹ t'æ³³ tsəʔ²¹

坛子 t'æ³³ tsəʔ²¹　坛儿 t'ær³³

醋坛儿 ts'u⁵² t'ær³³　醋坛子 ts'u⁵² t'æ³³ tsəʔ²¹

罐子 kuæ⁵² tsəʔ²¹　罐儿 kuær⁵²

直罐 tʂəʔ³ kuæ⁵²　形似缸的半大罐子

瓢儿 p'iɔr³³　舀水用的

面瓢儿 mie⁵² p'iɔr³³　舀面用的

马勺 ma²¹ ʂə³³　舀水的大勺子

盆儿 p'ɣr³³　盆子 p'əŋ³³ tsəʔ²¹

和面盆儿 xuo³³ mie⁵² p'ɣr³³

淘饭盆儿 t'ɔ³³ fæ⁵² p'ɣr³³　盛饭用的盆子

洗菜盆儿 ɕi²¹ ts'ai⁵² p'ɣr³³

瓷盆儿 ts'ɿ³³ p'ɣr³³

洋瓷盆儿 iɑ̃²¹ ts'ɿ³³ p'ɣr³³　搪瓷盆

木盆儿 məʔ³ p'ɣr³³

脚盆 tɕie³³ p'əŋ³³　老脚盆 lɔ²¹ tɕie³³ p'əŋ³³　最大的盆子

二盆 ər⁵² p'əŋ³³　比脚盆小的盆

面囤儿 mie⁵² tuɣr⁵²

笮篱 tsɔ⁵² lie²¹　"篱"韵母特殊

瓶儿 p'iɣr³³　瓶子 p'iŋ³³ tsəʔ²¹

漏酒瓶儿 ləu⁵² tɕiəu²¹ p'iɣr³³〈旧〉　装酒用的瓶子

瓷瓶儿 ts'ɿ³³ p'iɣr³³

玻璃瓶儿 puo²¹ li³³ p'iɣr³³

瓶盖儿 p'iŋ³³ kɛr⁵²

瓶儿塞子 p'iɣr³³ sə³³ tsəʔ²¹　瓶儿塞塞 p'iɣr³³ sə³³ sə²¹

礤床儿 ts'a³³ tʂuɒr³³　礤子 ts'a³³ tsəʔ²¹　擦扁片状的炊具

抿夹儿床儿 miŋ³³ tɕiɛr³³ tʂ'uɒ̃r³³　将糊状面团抿成圆柱状的炊具

锼儿 səur²¹³　擦丝的炊具

（捣）蒜钵钵（tɔ²¹³）suæ⁵² pə³³ pə²¹　蒜臼

（捣）蒜杵杵（tɔ²¹）suæ⁵² tʂʻu²¹ tʂʻu³³　捣蒜槌

刀子 tɔ²⁴ tsəʔ²¹　切菜刀 tɕʻie³³ tsʻai⁵² tɔ²¹³

切刀 tɕʻie³³ tɔ²¹³　蒸糕、切糕用的刀子

杀羊刀子 sa³³ iã³³ tɔ²⁴ tsəʔ²¹

杀猪刀子 sa³³ tʂu²¹³ tɔ²⁴ tsəʔ²¹

磨石 muo³³ ʂəʔ²¹　磨刀石 muo³³ tɔ²⁴ ʂəʔ²¹

油石 iəu³³ ʂəʔ²¹

切菜墩子 tɕʻie³³ tsʻai⁵² tuŋ²⁴ tsəʔ²¹　砧板

肉墩子 z̧əu⁵² tuŋ²⁴ tsəʔ²¹

案儿 ŋær⁵²　面板，做面食、切菜用的

桶 tʻuŋ²¹³　水桶 ʂuei²⁴ tʻuŋ²¹³

饭桶 fæ⁵² tʻuŋ²¹³

饭罐儿 fæ⁵² kuær⁵²　送饭罐儿 suŋ⁵² fæ⁵² kuær⁵²

蒸笼 tʂəŋ²¹ luŋ³³

甀箅儿 tɕiŋ⁵² pʻiər²¹　箅子

瓮 vəŋ⁵²　缸

石瓮 tæ⁵² vəŋ⁵²　放一石粮食的缸

五斗瓮 vu²¹³ təu²¹ vəŋ⁵²　放五斗粮食的缸

水瓮 ʂuei²¹ vəŋ⁵²　水缸

米瓮 mi²¹ vəŋ⁵²

醋瓮 tsʻu⁵² vəŋ⁵²

淋（醋）瓮 liŋ⁵²（tsʻu⁵²）vəŋ⁵²　过滤醋的缸

腌菜瓮 ie²¹ tsʻai⁵² vəŋ⁵²

泔水瓮 kæ²⁴ ʂuei²¹ vəŋ⁵²　泔水缸

泔水 kæ²⁴ ʂuei²¹

㧬布 tʂæ²¹ pu⁵²　揩涮布子 kʻai²¹ ʂuæ⁵² pu⁵² tsəʔ²¹　揩家布子 kʻai²¹ tɕia²¹³ pu⁵² tsəʔ²¹　抹布

拖把 tʻəŋ²¹ pa⁵²〈新〉

仓子 tsʻã²⁴ tsəʔ²¹　粮仓

席囤子 ɕiə³ tuŋ⁵² tsəʔ²¹　茓子

囤儿 tuř⁵²　囤子 tuŋ⁵² tsəʔ²¹

（四）工匠用具

推刨儿 tʻuei²¹ pɔr⁵²　刨子

斧子 fu²¹ tsəʔ²¹

平斤 pʻiŋ³³ tɕiŋ⁵²　锛子。"斤"声调特殊

锯儿 tɕyr⁵²　锯子 tɕy⁵² tsəʔ²¹

凿儿 tsʻər³³　凿子 tsʻə³³ tsəʔ²¹

方尺 fã²⁴ tʂʻəʔ³　曲尺

折尺 tʂə³³ tʂʻəʔ³

卷尺 tɕye²¹ tʂʻəʔ³

线斗子 ɕie⁵² təu²¹ tsəʔ²¹　墨斗

打线 ta²¹ ɕie⁵²　绷线 pəŋ²¹ ɕie⁵²　弹线 tʻæ³³ ɕie⁵²　墨斗线

（洋铁）钉子（iã²⁴ tʻie²¹）tiŋ²⁴ tsəʔ²¹　洋钉儿 iã²⁴ tiř²¹³

铆钉 mɔ²¹ tiŋ²¹³

钳子 tɕʻie³³ tsəʔ²¹

老虎钳 lɔ²⁴ xu²¹³ tɕʻie³³

锤子 tʂʻuei³³ tsəʔ²¹　钉锤

镊子 nie³³ tsəʔ²¹

绳绳/子 ʂəŋ³³ ʂəŋ²¹/tsəʔ²¹　绳儿 ʂỹr³³

大绳 ta⁵² ʂəŋ³³　很粗的绳索

死圪瘩 sˌ²⁴ kəʔ⁵ ta²¹　死结

活趋趋 xuo²¹ tɕʻy²⁴ tɕʻy²¹　活结

折转儿 tʂə³³ tʂuær²¹³　合页儿 xə³³ iər³³　折扇儿 tʂə³³ ʂær⁵²

瓦刀 va²¹ tɔ²¹³

泥眼 ni⁵² ie²¹　泥匙儿 ni⁵² sər²¹　抹子

泥盘 ni⁵² p'æ³³　泥板

稞 zæ⁵²　麻刀，用麦秆等充当

灰兜子 xuei²⁴ təu²¹ tsəʔ²¹　灰槽子 xuei²¹ ts'ɔ³³ tsəʔ²¹

錾(子)tsæ⁵²(tsəʔ²¹)

砧子 tʂəŋ²⁴ tsəʔ²¹　打铁时垫铁块用

剃头刀儿 t'i⁵² t'əu³³ tər²¹³　剃刀

推剪 t'uei²⁴ tɕie²¹　推子

铰头剪子 tɕiɔ²¹ t'əu³³ tɕie²¹ tsəʔ²¹　理发剪 li²¹ fa³³ tɕie²¹³〈新〉

梳子 ʂuo²⁴ tsəʔ²¹

磨刀布 muo³³ tɔ²¹³ pu⁵²　鐾刀布

理发椅子 li²¹ fa³³ i²¹ tsəʔ²¹

踏衣裳机 t'a³³ i²¹ ʂã³³ tɕi²¹³　缝纫机 fəŋ³³ zəŋ³³ tɕi²¹³

剪子 tɕie²¹ tsəʔ²¹

尺子 tʂ'ə⁵ tsəʔ²¹

熨铁 yŋ⁵² t'ie²¹　熨斗

烙铁 lə³³ t'ie³³　电烙铁

弹花弓儿 t'æ³³ xua²¹ kuɣ̃r²¹³　弹棉花用

弹花槌儿 t'æ³³ xua²¹ tʂ'uər³³　弹棉花槌

弹(棉)花 t'æ³³(mie³³) xua²¹

纺车 fã²¹ tʂ'əŋ²¹³

锭儿 tiɣ̃r⁵²　纺车上的锭子

花捻儿 xua²⁴ niər²¹³　纺线的棉花小卷儿

擘花捻儿 pə³³ xua²⁴ niər²¹³　将棉花分为蓬松的小棉花片

搓花捻儿 ts'əŋ²¹ xua²⁴ niər²¹³

织布机 tʂəʔ³ pu⁵² tɕi²¹³

梭子 suo²⁴ tsəʔ²¹

筬 ʂəŋ³³　综(读 zèng)，织布机上使经线交错着上下分开以便梭子通过的装置

站线 tsæ⁵² ɕie⁵²　交站 tɕiɔ²¹ tsæ⁵²　提起经线的线

拐子 kuai²¹ tsəʔ²¹　缠经线的纺织用具

陀儿 t'uor³³　捻线用的陀螺

拨吊儿 pə³³ tiər⁵²　捻毛线用的丁字形用具

（五）其他生活用品

东西 tuŋ²⁴ ɕi²¹

脸盆(儿)lie²¹ p'ɣ̃(r)³³

脸盆儿架(子)lie²¹ p'ɣ̃r³³ tɕie⁵²(tsəʔ²¹)

洗脸水 ɕi²⁴ lie²¹ ʂuei²¹³

香皂 ɕiã²¹ tsɔ⁵²

洋胰子 iã²⁴ i²⁴ tsəʔ²¹　胰子 i²⁴ tsəʔ²¹　洋碱 iã²⁴ tɕie²¹³　肥皂 fei³³ tsɔ⁵²〈新〉

洗衣粉 ɕi²¹ i²⁴ fəŋ²¹³

羊肚子手巾儿 iã³³ tu²¹ tsəʔ²¹ ʂəu²¹ tɕiɣ̃r²¹³　毛巾儿 mɔ³³ tɕiɣ̃r²¹〈新〉

洗脸手巾儿 ɕi²¹ lie²¹³ ʂəu²¹ tɕiɣ̃r²¹³　洗脸毛巾

揩水手巾儿 k'ai²⁴ ʂuei²¹³ ʂəu²¹ tɕiɣ̃r²¹³　手绢

洗脚盆儿 ɕi²¹ tɕie³³ p'ɣ̃r³³

揩脚布 k'ai²¹ tɕie³³ pu⁵²　擦脚布 ts'a³³ tɕie³³ pu⁵²

蜡 la³³　蜡烛

灯 təŋ²¹³　(1)煤油灯　(2)电灯〈新〉

洋灯 iã²⁴ təŋ²¹³　罩子灯 tsɔ⁵² tsəʔ²¹

təŋ²¹³ 有玻璃罩的煤油灯

马灯 ma²¹ təŋ²¹³

灯瓜瓜 təŋ²⁴ kua²⁴ kua²¹ 旧式最简
易的灯

灯树 təŋ²¹ ʂu⁵² 灯盏

灯树座子 təŋ²¹ ʂu⁵² tsuo⁵² tsəʔ²¹
灯树底座

灯树杆子 təŋ²¹ ʂu⁵² kæ²¹ tsəʔ²¹

灯树盘子 təŋ²¹ ʂu⁵² pʻæ³³ tsəʔ²¹
灯树的盘子

灯捻子 təŋ²⁴ nie²¹ tsəʔ²¹ 灯芯

灯罩子 təŋ²¹ tsɔ⁵² tsəʔ²¹ 灯罩儿
təŋ²¹ tsɔr⁵²

灯汤碗儿 təŋ²⁴ tʻã²⁴ vær²¹³ 点灯钵
钵 tie²¹ təŋ²¹³ pə³³ pə³³ 点灯盛
油的器皿

点灯油 tie²¹ təŋ²¹³ iəu³³

灯篓儿 təŋ²¹ ləur³³ 灯笼

点灯 tie²¹ təŋ²¹³

电棒 tie⁵² pã⁵² 荧光灯

提包儿 tʻi³³ pər²¹ 手提包

挎包 kʻua⁵² pər²¹ 肩膀上挎的包儿

钱儿包 tɕʻiər³³ pɔ²¹

章子 tʂã²⁴ tsəʔ²¹ 图章

公章 kuŋ²⁴ tʂã²¹³ 公图 kuŋ²¹ tʻu³³

私章 sʅ²⁴ tʂã²¹³ 私人章子 sʅ²¹ zəŋ³³
tʂã²⁴ tsəʔ²¹

望远镜 vã⁵² ye²¹ tɕiŋ⁵²

糨糊儿 tɕiã⁵² xur³³〈新〉 指工厂
生产的

糨子 tɕiã⁵² tsəʔ²¹ 稀的糨糊

面黏子 mie⁵² zæ³³ tsəʔ²¹ 面黏黏
mie⁵² zæ³³ zæ²¹ 面屎 mie⁵² sʅ²¹
〈义〉 稠的糨糊

顶针儿 tiŋ²¹ tʂə̃r²¹³

线毂辘辘 ɕie⁵² kuəʔ³ ləu⁵² ləu²¹ 线毂
辘儿 ɕie⁵² kuəʔ³ ləur⁵² 线轴

针 tʂəŋ²¹³ 缝衣针

针关（关）tʂəŋ²⁴ kuæ²¹³⁽²⁴⁾（kuæ²¹）
针鼻

针尖(尖)tʂəŋ²⁴ tɕie²¹³⁽²⁴⁾（tɕie²¹）

针脚 tʂəŋ²⁴ tɕie²¹³

纫针 zəŋ⁵² tʂəŋ²¹³ 穿针（动宾）

绣花儿针 ɕiəu⁵² xuɐr²¹³ tʂəŋ²¹³

老针 lɔ²¹ tʂəŋ²¹³ 纳鞋底儿针 na³³
xai³³ tiɐr²¹ tʂəŋ²¹³

缲被子针 iŋ²¹ pi⁵² tsəʔ²¹ tʂəŋ²¹³
绗被子的针

折针 ʂə³³ tʂəŋ²¹³ 半截子针，多喻
一丝一毫的东西

针线包包 tʂəŋ²¹ ɕie⁵² pɔ²⁴ pɔ²¹
针线包

针攒儿 tʂəŋ²⁴ tsær²¹³ 针攒攒
tʂəŋ²⁴ tsæ²⁴ tsæ²¹ 存放针线随
身携带的小用具。源于"针毡"

(针线)字笼儿(tʂəŋ²¹ ɕie⁵²) pəʔ⁵ lə̃r²¹
存放针头线脑的字笼

铺层 pʻu²¹ tsʻəŋ³³ 用来做鞋子、
鞋底等的旧布料

圪帛儿 kə²⁵ piər²¹ 袼褙

补丁 pu²⁴ tiŋ²¹

锥儿 tʂuɐr²¹³ 锥子 tʂuei²⁴ tsəʔ²¹

耳挖挖 ər²¹ va²⁴ va²¹ 挖耳塞的
va²⁴ ər²¹ sə³³ təʔ²¹ 耳挖子

搓板儿 tsʻəŋ²⁴ pær²¹ 洗衣板

棒槌 pã⁵² tʂʻuei²¹

槌帛石 tʂʻuei³³ pie²¹ ʂəʔ²¹ 槌布石
头。"帛"声调特殊

鸡毛打打/子 tɕi²¹ mɔ³³ ta²¹ ta³³/tsəʔ²¹
　鸡毛掸掸/子 tɕi²¹ mɔ³³ tæ²¹ tæ³³/tsəʔ²¹

扇子 ʂæ⁵² tsəʔ²¹

芭蕉扇 pa²⁴ tɕiɔ²¹³ ʂæ⁵²

拐棍儿 kuai²¹ kur̃⁵²　棍儿 kur̃⁵²
　拐杖

文明棍儿 vəŋ³³ miŋ³³ kur̃⁵²　手杖

擦屁股纸 tsʻa³³ pʻi⁵² ku²¹ tsʅ²¹³
　手纸

桩子 tʂuã²⁴ tsəʔ²¹　木圪桩 məʔ³
　kəʔ³ tʂuã²¹³　木桩

橛橛/子 tɕye³³ tɕye²¹/tsəʔ²¹　橛子

卯卯/子 mɔ²¹ mɔ³³/tsəʔ²¹　榫子

卯子 mɔ²¹ tsəʔ²¹　公卯子 kuŋ²⁴ mɔ²¹
　tsəʔ²¹　榫头

卯口 mɔ²⁴ kʻəu²¹³　卯眼儿 mɔ²⁴ iər²¹³
　母卯子 mu²¹ mɔ²¹ tsəʔ²¹　榫眼

九、称谓

（一）一般称谓

男人（家）næ³³ zəŋ²¹（tɕia²¹）　男的
　næ³³ təʔ²¹

女人（家）ny²¹ zəŋ³³（tɕia²¹）　女的
　ny²¹ təʔ²¹　婆姨女子 pʻuo³³ i⁵²ʴ²¹
　ny²¹ tsəʔ²¹

月（地）娃娃 ye³³（ti⁵²）va³³ va²¹
　婴儿

（猴）娃娃（xəu³³）va³³ va²¹　小孩儿

小子 ɕiɔ²¹ tsəʔ²¹　男孩儿

女子 ny²¹ tsəʔ²¹　女孩儿

老汉儿 lɔ²¹ xær⁵²　老汉汉 lɔ²¹ xæ⁵²
　xæ²¹　老头儿

老汉 lɔ²¹ xæ⁵²　(1)老头儿　(2)丈夫

老婆儿 lɔ²¹ pʻuor³³　老婆婆 lɔ²¹
　pʻuo³³ pʻuo²¹　老太婆

老婆 lɔ²¹ pʻuo³³　多指年长的妻子

后生 xəu⁵² səŋ²¹　年轻人

秃把子后生 tʻuəʔ³ pa⁵² tsəʔ²¹ xəu⁵²
　səŋ²¹　秃圪尖后生 tʻuəʔ³ kəʔ⁵
　tɕie²¹ xəu⁵² səŋ²¹　二十来岁有了
　力气的未婚小伙子

城里人 tʂʻəŋ³³ li²¹ zəŋ³³

乡巴佬儿 ɕiã²⁴ pa²¹ lɔr²¹³〈贬〉

乡里人 ɕiã²⁴ li²¹ zəŋ³³

一家子 iəʔ²¹ tɕia²⁴ tsəʔ²¹　同宗同姓
　的人

外路人 vai⁵² ləu⁵² zəŋ³³　外地人
　vai⁵² ti⁵² zəŋ³³　外路脑子 vai⁵²
　ləu⁵² nɔ³³ tsəʔ²¹〈贬〉

本/当地人 pəŋ²¹/tã²¹ ti⁵² zəŋ³³

洋人 iã²¹ zəŋ³³　外国人/家 vai⁵²
　kuo³³ zəŋ³³/tɕia²¹　外国脑子 vai⁵²
　kuo³³ nɔ³³ tsəʔ²¹〈贬〉

各自家 kə³³ tsʅ⁵² tɕia²¹　各人家
　kə³³ zəŋ³³ tɕia²¹　自己人

户家 xu⁵² tɕia²¹　本家 pəŋ²¹ tɕia²¹³
　一家子 iəʔ²¹ tɕia²⁴ tsəʔ²¹

外人 vai⁵² zəŋ³³　人家 zəŋ³³ tɕia²¹

客人 kʻə³³ zəŋ³³

同岁 tʻuŋ³³ suei⁵²　同年等岁 tʻuŋ³³
　nie³³ təŋ²¹ suei⁵²　同庚

内行 nuei⁵² xã³³　在行 tsai⁵² xã³³

外行 vai⁵² xã³³

生手儿 səŋ²⁴ ʂəur²¹

二不杆子 ər⁵² pəʔ³ kæ²¹ tsəʔ²¹
　半瓶醋

光光(汉)kuã²⁴ kuã²¹ （xæ⁵²）
　光棍儿 kuã²¹ kuŗ̃⁵²　单身汉

老女子 lɔ²⁴ ny²¹ tsəʔ²¹　老姑娘

童养媳妇儿 t'uŋ³³ iã²¹ ɕiəur³³
　童养媳

二婚 ər⁵² xuŋ²¹　再婚

寡妇 kua²¹ fu⁵²

离婚婆姨 li³³ xuŋ²¹³ p'uo³³ i⁵²/²¹

卖屁的 mai⁵² pi²⁴ təʔ²¹　婊子 piɔ²¹
　tsəʔ²¹

嫁汉的 tɕia⁵² xæ⁵² təʔ²¹　有夫之妇
　卖身的

盖老 kai⁵² lɔ²¹　称呼妻子与人有不
　正当关系的男人

嫖脑(子)p'iɔ³³ nɔ³³（tsəʔ²¹）　乱搞
　女人的人

烧脑(子)ʂɔ²¹ nɔ³³（tsəʔ²¹）　好色
　之徒

炒面神 ts'ɔ²¹ mie⁵² ʂəŋ²¹　称与儿媳
　偷情之公公

私娃娃 tsʅ²¹ va³³ va²¹　私生子

犯人 fæ⁵² zəŋ²¹　囚犯

衙役 ia³³ i³³

暴发户儿 pɔ⁵² fa³³ xur⁵²　发财户
　儿 fa³³ ts'ai³³ xur⁵²

败落户儿 p'ai⁵² lə³³ xur⁵²

啬皮 sə³³ p'i³³　穷胎鬼 tɕ'yŋ³³ t'ai³³
　kuei²¹³　吝啬鬼

弄子 luŋ⁵² tsʅ²¹³　败家子儿 p'ai⁵²
　tɕia²¹ tsər²¹³

寻吃的 ɕiŋ³³ tʂ'əʔ⁵ təʔ²¹　讨吃的

t'ɔ²¹ tʂ'əʔ⁵ təʔ²¹　要饭的 iɔ⁵² fæ⁵²
　təʔ²¹　乞丐

走江湖的 tsəu²¹ tɕiã²¹ xu³³ təʔ²¹
　跑江湖的 p'ɔ²¹ tɕiã²¹ xu³³ təʔ²¹

骗子(手儿)p'ie⁵² tsəʔ²¹（ʂəur²¹³）

贩人的 fæ⁵² zəŋ³³ təʔ²¹　人贩子
　zəŋ³³ fæ⁵² tsəʔ²¹

流氓 liəu³³ miŋ²¹

(死)黑痞（sʅ²¹）xəʔ³ p'i³³　地皮，
　无赖

玍渣子 ka²¹ tsa³³ tsəʔ²¹　做事苛刻
　刁钻的人

烀栽栽 ŋəu²¹ tsai²⁴ tsai²¹　没有出
　息的人

人命圈子 zəŋ³³ miŋ⁵² iəu³³ tsəʔ²¹
　亡命之徒

拐娃娃的 kuai²¹ va³³ va²¹ təʔ²¹　拍
　花子的

土匪 t'u²¹ fei²¹³

强盗 tɕ'iã³³ tɔ⁵²

贼 tsai³³　贼娃子 tsai³³ va²¹ tsəʔ²¹
　"娃"声调特殊

剪绺儿 tɕie²⁴ liəur²¹³　偷人的 t'əu³³
　zəŋ³³ təʔ²¹　小偷儿 ɕiɔ²¹ t'əur²¹³
　扒手

　　(二)职业称谓

工作 kuŋ²⁴ tsə²¹　在公家单位上班

生活 səŋ²⁴ xuo²¹　营生 iŋ³³ səŋ²¹
　营干 iŋ³³ ŋæ⁵²

工人 kuŋ²¹ zəŋ³³　在公家单位

跟工的 kɯ²⁴ kuŋ²¹ təʔ²¹　做工的
　tsuə³ kuŋ²⁴ təʔ²¹　多指临时受
　雇于人的

揽工的 læ²¹ kuŋ²⁴ təʔ²¹　雇工

长工 tʂʻã³³ kuŋ²¹³

短工儿 tuæ²¹ kur̃²¹³

零工儿 liŋ³³ kur̃²¹³

庄户人家 tʂuã²¹ xu⁵² zəŋ³³ tɕia²¹
　普通条件家庭

受苦人 ʂəu⁵² kʻu²¹³ zəŋ³³　受苦的
　ʂəu⁵² kʻu²¹³ təʔ²¹　戳牛屁股的
　tʂʻuo³³ niəu³³ pʻi⁵² kəu²¹ təʔ²¹〈贬〉
　农民 luŋ³³ miŋ³³〈新〉

生意人 səŋ²¹ i⁵² zəŋ³³　做/闹买卖
　的 tsuəʔ³/nɔ⁵² mai²¹ mai⁵² təʔ²¹
　做/闹生意的 tsuəʔ³/nɔ⁵² səŋ²¹ i⁵² təʔ²¹

掌柜的 tʂã²¹ kuei⁵² təʔ²¹　老板 lɔ²⁴
　pæ²¹³〈新〉

东家 tuŋ²⁴ tɕia²¹

老板娘 lɔ²⁴ pæ²¹ niã³³〈新〉

伙计 xuo²¹ tɕi⁵²

打(拉)杂的 ta²¹(la³³) tsa³³ təʔ²¹

徒弟 tʻuo³³ ti⁵²　学徒

照顾手/家 tʂɔ⁵² ku⁵² ʂəu²¹³/tɕia²¹
　买东西的 mai²¹ tuŋ²⁴ ɕi²¹ təʔ²¹
　顾客

做小买卖的 tsuəʔ³ ɕiɔ²¹ mai²¹ mai⁵²
　təʔ²¹　小贩

摆摊子的 pai²¹ tʻæ²⁴ tsəʔ²¹ təʔ²¹
　摆摊摊的 pai²¹ tʻæ²⁴ tʻæ²¹ təʔ²¹
　摆摊儿的 pai²¹ tʻær²⁴ təʔ²¹　摊贩

打帮的/家 ta²¹ pã²⁴ təʔ²¹/tɕia²¹
　生意中介人

说合 ʂuo³³ xə³³　房屋、土地等大
　买卖的中介人

牙子 ia³³ tsəʔ²¹　牲畜交易中介人
　牙合 ia³³ xə³³

教书先生 tɕiɔ²⁴ ʂu²¹³ ɕie²⁴ səŋ²¹

先生 ɕie²⁴ səŋ²¹　先儿 ɕiər²¹³〈旧〉

教师 tɕiɔ⁵² sɿ²¹　老师 lɔ²¹ sɿ³³

学生 ɕie²¹ səŋ²¹³

同学 tʻuŋ³³ ɕie³³

说书的 ʂuo³³ ʂu²⁴ təʔ²¹

当兵的 tã²⁴ piŋ²¹ təʔ²¹

吹手 tʂʻuei²⁴ ʂəu²¹　吹唢呐等的人

古知老 ku²¹ tʂɿ²⁴ lɔ²¹³　无所不知的人

拜识 pai⁵² ʂəʔ²¹　朋友 pʻəŋ³³ iəu²¹

兵 piŋ²¹³

公安局家/的 kuŋ²⁴ ŋæ²¹ tɕyəʔ⁵ tɕia²¹/
　təʔ²¹　警察

医生 i²⁴ səŋ²¹　大夫 tai⁵² fu²¹

开车的 kʻai²⁴ tʂʻəŋ²⁴ təʔ²¹　司机 sɿ²⁴ tɕi²¹

手艺人 ʂəu²¹ i⁵² zəŋ³³　匠人 tɕiã⁵²
　zəŋ³³　耍手艺的 ʂua²¹ ʂəu²¹ i⁵² təʔ²¹

木匠 məʔ³ tɕiã⁵²

柳匠 liəu²¹ tɕiã⁵²　编织簸箕等用
　具的匠人

石匠 ʂəʔ³ tɕiã⁵²

大工 ta⁵² kuŋ²¹　建筑工匠

小工(子) ɕiɔ²¹ kuŋ²¹³(tsəʔ²¹)　小工

瓦匠 va²¹ tɕiã⁵²

泥匠 ni⁵² tɕiã⁵²　泥水匠 ni⁵² ʂuei²¹
　tɕiã⁵²

锡匠 ɕiəʔ³ tɕiã⁵²

铜匠 tʻuŋ³³ tɕiã⁵²

铁匠 tʻie³³ tɕiã⁵²

锢漏儿匠 kuəʔ³ ləur⁵² tɕiã⁵²　补锅的

钉钉匠 tiŋ⁵² tiŋ⁵² tɕiã⁵²　钉家匙的
　tiŋ⁵² tɕia²¹ sɿ³³ təʔ²¹　钉碗的 tiŋ⁵²
　væ²¹ təʔ²¹

焊焊匠 xæ⁵² xæ²¹ tɕiã⁵²　焊洋铁壶的

毡匠 tʂæ²¹ tɕiã⁵²

皮匠 p'i³³ tɕia⁵²

染匠 z̢æ²¹ tɕia⁵²

画匠 xua⁵² tɕiã⁵²

粉匠 fəŋ²¹ tɕiã⁵²　加工粉条的匠人

裁缝 ts'ai³³ fəŋ²¹　裁坊 ts'ai³³ fã²¹

剃头的 t'i⁵² t'əu³³ təʔ²¹　剃头匠
　t'i⁵² t'əu³³ tɕiã⁵²

理发的 li²¹ fa³³ təʔ²¹〈新〉

磨刀子的 muo³³ tɔ²⁴ tsəʔ²¹ təʔ²¹

杀猪的 sa³³ tʂu²⁴ təʔ²¹　屠家 t'u³³
　tɕia²¹　屠户

脚户儿 tɕie³³ xur⁵²　脚夫 tɕie³³ fu²¹³
　〈旧〉

抬轿的 t'ai³³ tɕiɔ⁵² təʔ²¹　轿夫

老艄 lɔ²¹ sɔ²¹³　搬船的 pæ²¹ tʂ'uæ³³
　təʔ²¹　艄公

管事的 kuæ²¹ sɿ⁵² təʔ²¹　拿事的 na³³
　sɿ⁵² təʔ²¹　掌柜的 tʂã²¹ kuei⁵² təʔ²¹
　管家

合伙儿的 xə³³ xuor²¹ təʔ²¹　合作的人

厨子 tʂ'u³³ tsəʔ²¹　做饭的 tsuəʔ³
　fæ⁵² təʔ²¹　厨师 tʂ'u³³ sɿ²¹〈新〉

大师傅 ta⁵² sɿ²¹ fu³³　大灶上的
　厨子

喂牲灵的 vei⁵² səŋ²¹ liŋ³³ təʔ²¹　饲
　养员

拦羊的 læ³³ iã³³ təʔ²¹

喂猪的 vei⁵² tʂu²⁴ təʔ²¹

奶妈儿 nai²¹ mɐr²¹³　奶娃娃的
　nai²¹ va³³ va²¹ təʔ²¹

引/看娃娃的 iŋ²¹/k'æ⁵² va³³ va²¹ təʔ²¹
　保姆

仆人 p'ə³³ z̢əŋ³³〈旧〉　伺候的 ts'ɿ⁵²
　xəu²¹ təʔ²¹

丫鬟 ia²¹ xuæ³³〈旧〉

老娘婆 lɔ²¹ niã³³ p'uo²¹　接生婆

和尚 xuo³³ ʂã⁵²

姑子 ku²⁴ tsəʔ²¹　尼姑

出家人 tʂ'uəʔ³³ tɕia²¹ z̢əŋ³³

道人 tɔ⁵² z̢əŋ³³　道士 tɔ⁵² sɿ⁵²

炭毛儿 t'æ⁵² mɐr³³　炭毛子 t'æ⁵²
　mɔ³³ tsəʔ²¹　掏炭的 t'ɔ²¹ t'æ⁵² təʔ²¹
　挖煤的人

（三）其他

下家 ɕia⁵² tɕia²¹　做事差劲、不地
　道的人

死抠抠 sɿ²¹ k'əu²⁴ k'əu²¹　办事没有
　灵活性的人

死脑筋 sɿ²⁴ nɔ²¹ tɕiŋ²¹³　固执的人

死眼眼 sɿ²⁴ ie²¹ ie³³　没有眼色的人

活眼眼 xuo³³ ie²¹ ie³³　灵活、见机
　行事的人

强/掟板筋 tɕiã⁵²/lie³³ pæ²¹ tɕiŋ²¹³
　性格偏执的人

掟偏筋 lie³³ p'ie²¹ tɕiŋ²¹³〈义〉　做
　事扭掟的人

人牙子 z̢əŋ³³ ia³³ tsəʔ²¹　特别厉害
　的人

二杆子 ər⁵² kæ²¹ tsəʔ²¹　做事莽撞
　的人

二梁棒 ər⁵² liã³³ pã⁵²　冒失鬼

半吊子 pæ⁵² tiɔ⁵² tsəʔ²¹　半脑子
　pæ⁵² nɔ²¹ tsəʔ²¹　脑子不够数的人

地毛鬼神 ti⁵² mɔ³³ kuei²¹ ʂəŋ³³　长
　得很矮的人

神谝谝 ʂəŋ³³ p'ie³³ p'ie²¹　能说会道
　的人

一生（生）人 iəʔ⁵ səŋ²¹（səŋ³³）z̢əŋ³³

性格孤僻的人

时兴人 sɿ³³ ɕiŋ²¹³ zəŋ³³　思想眼界比较新潮的人

古时人 ku²¹ sɿ³³ zəŋ³³　思想比较守旧的人

炸子儿 tsa⁵² tsər²¹³　做事残酷的人

捩子子 lie³³ tsʻɿ²¹ tsʻɿ³³　做事扭捩、叛逆的人，"子"也读不送气音：包老爷的颗儿——~〈歇〉

孬种/子 nɔ²⁴ tʂuŋ²¹ / tsɿ²¹³　弱智人

(尿)囊包 (suŋ³³)nã²¹ pɔ²¹³　尿包 suŋ³³ pɔ²¹³　窝囊废

瞎/儿/爬/坏/赖/臭/脏 尿 xa³³ / ər³³ / pʻa²¹ / xuai⁵² / lai⁵² / tʂʻəu²¹ / tsã²¹³ suŋ³³　坏种子 xuai⁵² tʂuŋ²¹³ tsəʔ²¹　儿人/货 ər³³ zəŋ³³ / xuo⁵²

搅茅棍 tɕiɔ²¹ mɔ³³ kuŋ⁵²　指挑拨是非的人〈贬〉

糊脑子 xu⁵² nɔ²¹ tsəʔ²¹　指不明事理的人

丧门神 sã²¹ məŋ³³ ʂəŋ²¹　经常来纠缠打扰的人

挨打毛儿 nai³³ ta²¹³ mər³³　挨打受气的人

十、亲属

(一)长辈

长辈 tʂã²¹ pei⁵²

老爷 lɔ²¹ ia²¹³　曾祖父

老奶 lɔ²¹ nia²¹³　曾祖母

爷爷 ia²⁴ ia²¹　祖父

奶奶 nia²⁴ nia²¹　祖母

外爷 vei⁵² ie²¹　外祖父　"外"韵母特殊。下条同

外婆 vei⁵² pʻuo²¹　外祖母

爸爸 pa³³ pa²¹　爹 ta²¹³　老子 lɔ²¹ tsəʔ²¹　父亲

妈 ma²¹³　娘 niã³³　母亲

娘老子 niã³³ lɔ²¹ tsəʔ²¹　父母

叔叔 ʂuəʔ⁵² ʂuəʔ³³　面称　(老)丈人(lɔ²¹)tʂã⁵² zəŋ³³　背称　岳父

婶子 ʂəŋ²¹ tsəʔ²¹　面称　(老)丈母(lɔ²¹)tʂã⁵² məŋ²¹　背称　岳母

公公 kuŋ²⁴ kuŋ²¹

婆婆 pʻuo³³ pʻuo²¹

后老子 xəu⁵² lɔ²¹ tsəʔ²¹　继父

后娘 xəu⁵² niã³³　继母

大爷 ta⁵² i²¹　伯父

大妈 ta⁵² ma²¹³　伯母

爹 ta²¹³　叔父：二爹 ər⁵² ta²¹³　三爹 sæ²⁴ ta²¹³

妈 ma²¹³　叔母：二妈 ər⁵² ma²¹³　三妈 sæ²⁴ ma²¹³

舅舅 tɕiəu⁵² tɕiəu²¹　舅父

妗子 tɕiŋ⁵² tsəʔ²¹　舅母

姑姑 ku²⁴ ku²¹　姑母

姨姨 i³³ i²¹　姨妈

姑夫 ku²⁴ fəʔ²¹

姨夫 i³³ fəʔ²¹

叔叔 ʂuəʔ⁵² ʂuəʔ²¹　姻伯(弟兄的岳父，姐妹的公公)

老姑(姑)lɔ²¹ ku²⁴(ku²¹)　姑奶奶(父之姑妈)

老姨(姨)lɔ²¹ i³³(i²¹)　姨奶奶(父之姨妈)

(二)平辈

一辈儿 iə³³ pər⁵²　平辈 pʻiŋ³³ pər⁵²

般辈 pei⁵² fəŋ⁵²　辈分 pei⁵² fəŋ⁵²

婆姨汉 p'uo³³ i⁵²/²¹ xæ⁵²　夫妻

（老）汉（lə²¹）xæ⁵²　丈夫，年龄大
　　时称呼　受苦的/人 ʂəu⁵² k'u²¹
　　təʔ²¹/zəŋ³³　男人 næ³³ zəŋ²¹
　　掌柜的 tʂã²¹ kuei⁵² təʔ²¹〈旧〉

老婆 lə²¹ p'uo³³　年龄大时称呼

媳妇子 ɕiəu³³ tsəʔ²¹　年轻时称呼

家里的 tɕia²⁴ li²¹ təʔ²¹〈旧〉

婆姨 p'uo³³ i⁵²/²¹　（1）妻子　（2）已
　　婚妇女

小老婆 ɕiə²⁴ lə²¹ p'uo³³　小婆 ɕiə²¹
　　p'uo³³

阿伯子 a²⁴/ia²⁴ pie²¹ tsəʔ²¹　背称
　　婆家哥哥 p'uo³³ tɕia²¹ kɯ²¹ kɯ³³
　　背称　哥哥 kɯ²¹ kɯ³³　面称
　　大伯子。"阿"读 ia，读音特殊

婆家兄弟 p'uo³³ tɕia²¹ ɕyŋ²¹ ti⁵²　背
　　称　小叔子

婆家姐姐 p'uo³³ tɕia²¹ tɕi²¹ tɕi³³　背
　　称　姐姐 tɕi²¹ tɕi³³　面称　大姑子

婆家妹子 p'uo³³ tɕia²¹ mei⁵² tsəʔ²¹
　　背称　小姑子

妻家弟兄（子）tɕ'i²⁴ tɕia²¹ ti⁵² ɕyŋ²¹³
　　（tsəʔ²¹）　内兄弟

妻哥 tɕ'i²⁴ kɯ²¹³　背称　哥哥 kɯ²¹
　　kɯ³³　面称　内兄

小舅子 ɕiə²¹³ tɕiəu⁵² tsəʔ²¹　内弟

妻姐 tɕ'i²⁴ tɕi²¹³　背称　姐姐 tɕi²¹
　　tɕi³³　面称　大姨子

小姨子 ɕiə²¹ i³³ tsəʔ²¹　背称　妻妹

弟兄（子）ti⁵² ɕyŋ²¹（tsəʔ²¹）

姊妹 tsɿ²¹ mei⁵²　兄弟姐妹的合称

哥哥 kɯ²¹ kɯ³³

嫂嫂/子 sɔ²¹ sɔ³³/tsəʔ²¹

兄弟 ɕyŋ²¹ ti⁵²　弟弟

兄弟媳妇 ɕyŋ²¹ ti⁵² ɕiəu³³　弟媳

姐姐 tɕi²¹ tɕi³³

姐夫 tɕi²¹ fu³³

妹子 mei⁵² tsəʔ²¹　妹妹

妹夫 mei⁵² fu²¹

伯叔弟兄（子）pie³³ ʂuəʔ³ ti⁵² ɕyŋ²¹³
　　（tsəʔ²¹）　堂兄弟

伯叔哥哥 pie³³ ʂuəʔ³ kɯ²¹ kɯ³³　背
　　称　哥哥 kɯ²¹ kɯ³³　面称　堂兄

伯叔兄弟 pie³³ ʂuəʔ³ ɕyŋ²¹ ti⁵²
　　堂弟

伯叔姊妹 pie³³ ʂuəʔ³ tsɿ²¹ mei⁵²
　　堂姊妹

伯叔姐姐 pie³³ ʂuəʔ³ tɕi²¹ tɕi³³　背
　　称　姐姐 tɕi²¹ tɕi³³　面称　堂姐

伯叔妹子 pie³³ ʂuəʔ³ mei⁵² tsəʔ²¹
　　堂妹

姑舅（弟兄）ku²¹ ɕiəu⁵²（ti⁵² ɕyŋ²¹³）
　　姑舅弟兄子 ku²¹ ɕiəu⁵² ti⁵² ɕyŋ²¹
　　tsəʔ²¹　两姨（弟兄）lia²¹ i³³（ti⁵²
　　ɕyŋ²¹³）　两姨弟兄子 lia²¹ i³³ ti⁵²
　　ɕyŋ²¹ tsəʔ²¹　表兄弟

姑舅哥哥 ku²¹ ɕiəu⁵² kɯ²¹ kɯ³³　背称
　　两姨哥哥 lia²¹ i³³ kɯ²¹ kɯ³³　背称
　　哥哥 kɯ²¹ kɯ³³　面称　表兄

姑舅嫂嫂/子 ku²¹ ɕiəu⁵² sɔ²¹ sɔ³³/tsəʔ²¹
　　背称　两姨嫂嫂/子 lia²¹ i³³ sɔ²¹
　　sɔ³³/tsəʔ²¹　背称　嫂嫂 sɔ²¹ sɔ³³ 面
　　称　表嫂

姑舅兄弟 ku²¹ ɕiəu⁵² ɕyŋ²¹ ti⁵²　两
　　姨兄弟 lia²¹ i³³ ɕyŋ²¹ ti⁵²　表弟

姑舅姊妹 ku²¹ ɕiəu⁵² tsɿ²¹ mei⁵²
　　两姨姊妹 lia²¹ i³³ tsɿ²¹ mei⁵²　表
　　姊妹

姑舅姐姐 ku²¹ ɕiəu⁵² tɕi²¹ tɕi³³　背称
　　两姨姐姐 lia²¹ i³³ tɕi²¹ tɕi³³　背称
　　姐姐 tɕi²¹ tɕi³³面称　表姐

姑舅妹子 ku²¹ ɕiəu⁵² mei⁵² tsəʔ²¹　背
　　称　两姨妹子 lia²¹ i³³ mei⁵² tsəʔ²¹

背称　表妹

（三）晚辈

小辈儿 ɕiə²¹ pər⁵²　晚辈

子女 tsɿ²⁴ ny²¹³　子弟 tsɿ²¹ ti⁵²

娃娃 va³³ va²¹　孩儿每 xɛr³³ məʔ²¹
　　用于小时候

小子 ɕiə²¹ tsəʔ²¹　儿子

大儿 ta⁵² ər³³　大小子 ta⁵² ɕiə²¹
　　tsəʔ²¹　老大 lə²¹ ta⁵²　大儿子

二儿 ər⁵² ər³³　二小子 ər⁵² ɕiə²¹
　　tsəʔ²¹　老二 lə²¹ ər⁵²　二儿子

猴小子 xəu³³ ɕiə²¹ tsəʔ²¹　老生生
　　lə²¹ səŋ²⁴ səŋ²¹　小儿子

务裔的 vu⁵² ie²¹ təʔ²¹　养子

儿媳妇（子）ər³³ ɕiəu³³（tsəʔ²¹）
　　儿媳

女子 ny²¹ tsəʔ²¹　女儿

女婿 ny²¹ ɕi⁵²

孙子 suŋ²⁴ tsəʔ²¹　(1)孙子　(2)品
　　行低劣的人

孙媳妇儿 suŋ²¹ ɕiəur³³　孙媳妇

孙女儿 suŋ²⁴ nyr²¹³

孙女儿婿 suŋ²⁴ nyr²¹ ɕi⁵²

重孙(子)tʂʻuŋ³³ suŋ²¹（tsəʔ²¹）

重孙女 tʂʻuŋ³³ suŋ²⁴ nyr²¹³

外孙(子)vai⁵² suŋ²⁴（tsəʔ²¹）

外孙女 vai⁵² suŋ²⁴ nyr²¹³

外甥 vai⁵² səŋ²¹　外孙、外甥

外甥女 vai⁵² səŋ²¹ nyr²¹³

侄儿 tʂəʔ³³ ər³³　侄子

侄女 tʂəʔ³³ ny²¹³

妻侄儿(子)tɕʻi²¹³ tʂəʔ³ ər³³（tsəʔ²¹）
　　内侄

妻侄女 tɕʻi²¹ tʂəʔ³ ny²¹³　内侄女

（四）其他

挑担 tʻiə²¹ tæ⁵²　连襟

亲家 tɕʻiŋ⁵² tɕia²¹

亲家 tɕʻiŋ⁵² tɕia²¹　面称　母亲家
　　mu²¹ tɕʻiŋ⁵² tɕia²¹　背称　亲家母

亲家 tɕʻiŋ⁵² tɕia²¹　面称

亲亲 tɕʻiŋ²⁴ tɕʻiŋ²¹　亲戚

走亲亲 tsəu²¹ tɕʻiŋ²⁴ tɕʻiŋ²¹　亲亲家
　　下去呦 tɕʻiŋ²⁴ tɕʻiŋ²¹ tɕia²⁴ xa²¹
　　kʻəʔ⁵ liəʔ²¹　走亲戚

前家儿女 tɕʻie³³ tɕia²¹ ər³³ ny²¹³
　　带犊儿

男人家 næ³³ zəŋ³³ tɕia²¹　爷儿们

婆姨女子家 pʻuo³³ i⁵²/²¹ ny²¹ tsəʔ³
　　tɕia²¹　娘儿们

娘家 niā³³ tɕia²¹

婆家 pʻuo³³ tɕia²¹

男方 næ³³ fã²¹　男的家 næ³³ təʔ⁵
　　tɕia²¹　婚姻关系中的男方

女方 ny²¹ fã²¹³　女的家 ny²¹ təʔ²¹
　　tɕia²¹　婚姻关系中的女方

外婆家 vei⁵² pʻuo³³ tɕia²¹　姐家
　　tɕie²¹ tɕia³³①　姥姥家

丈人家 tʂã⁵² zəŋ²¹ tɕia²¹　妻家
　　tɕʻi²⁴ tɕia²¹

---

　　①　"姐"在古汉语中有母亲的意思，"姐家"就是母亲的家，也即外婆家。《说文解字·女部》："蜀谓母曰姐。"

十一、身体

（一）五官

身子 ʂəŋ²⁴ tsəʔ²¹　身体 ʂəŋ²⁴ tʻi²¹　精神 tɕiŋ²¹ ʂəŋ³³

身材 ʂəŋ²⁴ tsʻai³³　身干儿 ʂəŋ²⁴ kær²¹³

汉仗 xæ⁵² tʂã⁵²　个仗 kɯ⁵² tʂã⁵²　个头

矬不塌 tʂʻuo³³ pəʔ⁵¹ tʻa²¹　矮个头

脑 nɔ³³　头 tʻəu³³　的老 təʔ³ lɔ²¹³〈贬〉　骷子 kʻu²⁴ tsəʔ²¹〈义〉

奔颅脑/头 pəŋ²¹ ləu³³ nɔ³³/tʻəu³³　奔儿头

光脑/头 kuã²¹ nɔ³³/tʻəu³³　秃脑/头 tʻuəʔ³ nɔ³³/tʻəu³³　电光脑/头 tie⁵² kuã²¹ nɔ³³/tʻəu³³

歇/秃顶 ɕie³³/tʻuəʔ⁵¹ tiŋ²¹³

脑门心 nɔ²¹ məŋ³³ ɕiŋ²¹³　头顶 tʻəu³³ tiŋ²¹³

后脑把子 xəu⁵² nɔ²¹³ pa⁵² tsəʔ²¹　后脑勺子

脖子 puo³³ tsəʔ²¹　脖颈 puo³³ tɕiŋ²¹　脖项 puo³³ xã⁵²〈旧〉　颈

脖腔股 puo³³ tɕʻiã⁵² ku²¹　"腔"声调特殊

后眼钵儿 xəu⁵² ie²¹ puor³³　后眼圪坨儿 xəu⁵² ie²¹ kəʔ³ tʻuor³³〈义〉　后脑窝子

头发 tʻəu³³ fa²¹

踢/脱/跌头发 tʻã⁵²/tʻuo³³/tie³³ tʻəu³³ fa²¹　掉头发

脑皮 nɔ²¹ pʻi³³　头皮屑

奔颅 pəŋ²¹ ləu³³　前额

囟门子 ɕiŋ⁵² məŋ²¹ tsəʔ²¹　囟门　"门"声调特殊

鬓角 piŋ⁵² tɕie²¹

辫子 pie⁵² tsəʔ²¹　辫辫 pie⁵² pie²¹

圪纂纂 kəʔ³ tsuæ²⁴ tsuæ³³　髻

圪/拨鬏鬏 kəʔ³/pə³³ tɕiəu²⁴ tɕiəu²¹　拨鬏儿 pə³³ tɕiəur²¹³

马鬃鬃 ma²¹ tsuŋ²⁴ tsuŋ²¹　锁锁 suo²¹ suo³³　马缨缨 ma²¹ iŋ²⁴ iŋ²¹〈义〉　刘海儿

眉眼/脸 mi³³ ie²¹³/lie²¹³　脸 lie²¹³

眉眼/脸圪蛋儿 mi³³ ie²¹³/lie²¹ kəʔ³ tær⁵²　脸（圪）蛋儿 lie²¹（kəʔ³）tær⁵²

眉眼/脸圪都 mi³³ ie²¹³/lie²¹³ kəʔ⁵ tu²¹³　颧骨

眉路圪都 mi³³ ləu⁵² kəʔ⁵ tu²¹³　眉骨

笑靥圪坨儿 ɕiɔ⁵² ie²¹ kəʔ⁵ tʻuor³³　酒窝

人中 zəŋ³³ tʂuŋ²¹³

两口腮 lia²¹ kʻəu²¹³ sai⁵²　腮帮子

两口岔 lia²¹ kʻəu²¹ tsʻa⁵²　嘴角

眼 ie²¹³　眼窝 ie²¹ vuo²¹³〈贬〉

毛眼眼 mɔ³³ ie²¹ ie³³　眼睫毛长，大而有神的眼睛，美女特征之一

眼眶儿 ie²¹ kʻuɐ̃r⁵²

眼娃儿 ie²¹ vɐr³³　眼珠子 ie²¹ tʂu²⁴ tsəʔ²¹　眼睛儿 ie²¹ tɕiɐ̃r²¹³　眼珠

没眼睛儿 mə³³ ie²¹ tɕiɐ̃r²¹³　互相见不得

白眼娃儿 pi³³ ie²¹ vɐr³³　白眼珠

黑眼娃儿 xəʔ³ ie²¹ vɐr³³　黑眼珠

眼睛仁儿 ie²¹ tɕiŋ²¹ zɤ̃r³³　黑眼仁儿 xəʔ³ ie²¹ zɤ̃r³³　瞳人儿

眼角 ie²¹ tɕie³³

眼圈圈 ie²¹ tɕʻye²⁴ tɕʻye²¹　眼圈儿 ie²¹ tɕʻyɐr²¹³

眼畔 ie²¹ pæ⁵²　眼圈儿下部分

眼泪 ie²¹ luei⁵²

脓胶 nuŋ³³ tɕiɔ²¹　眼眵

眼皮儿 ie²¹ pʻiər³³

光眼 kuã²⁴ ie²¹³　单眼皮儿

花眼 xua²⁴ ie²¹³　双眼皮儿

眼扎毛儿 ie²¹ tsa³³ mɔr³³　眼睫毛

眉 mi³³　眼眉 ie²¹ mi³³　眉毛 mi³³ mɔ³³

皱眉头 tsəu⁵² mi³³ tʻəu³³

鼻子 piəʔ³⁵ tsəʔ²¹

鼻子 piəʔ⁵ tsəʔ²¹　鼻涕

鼻圪痂 piəʔ⁵ kəʔ²¹ tɕia²¹³　干鼻涕

鼻窟窿儿 piəʔ⁵ kʻuəʔ³ lɤ̃r²¹³

鼻毛儿 piəʔ³ mɔr³³

鼻圪尖儿 piəʔ³ kəʔ³³ tɕiər²¹³　鼻子
　顶端

鼻子尖 piəʔ⁵ tsəʔ²¹ tɕie²¹³　鼻子灵

鼻梁沿 piəʔ³ liã³³ ie³³　鼻梁 piəʔ³ liã³³

鼻洼 piəʔ³ va⁵²　鼻翅

红鼻子 xuŋ³³ piəʔ³⁵ tsəʔ²¹　酒糟鼻子

嘴 tsuei²¹³　口 kʻəu²¹³

嘴/口唇儿 tsuei²¹/kʻəu²¹ tʂʻuɤ̃r³³

唾沫 tʻuo⁵² mi²¹

唾沫点子 tʻuo⁵² mi²¹ tie²¹ tsəʔ²¹
　唾沫星

颌水 xæ²⁴ ʂuei²¹

舌头 ʂə³³ tʻu³³

舌苔 ʂə³³ tʻai³³

大舌头 ta⁵² ʂə³³ tʻəu³³〈新〉（口齿
　不清）

牙 ia³³

门牙 məŋ³³ ia²¹

嗓牙 sã²¹ ia³³　槽牙 tsʻɔ³³ ia³³
　大牙

虎(虎)牙 xu²¹(xu³³) ia³³　鼠牙 ʂu²¹ ia³³

牙粪 ia³³ fəŋ⁵²　牙垢

牙床子 ia³³ tʂʻuã³³ tsəʔ²¹

虫(吃)牙 tʂʻuŋ³³ (tʂʻəʔ³)ia³³

牙口 ia³³ kʻəu²¹

耳朵 ər²¹ tuo³³

耳窟窿儿 ər²¹ kʻuəʔ³ lɤ̃r²¹³　耳朵眼儿

耳朵棱棱 ər²¹ tuo²¹³ ləŋ³³ ləŋ²¹
　耳轮

耳须须 ər²¹ suei³³ suei²¹　耳垂 ər²¹
　tʂʻuei³³

耳塞 ər²¹ səʔ³/sə³³　耳屎

耳背 ər²¹ pei⁵²

屄斗 pi²⁴ təu²¹　耳刮子 ər²¹ kua²⁴
　tsəʔ²¹　耳刮子

下巴(子)xa⁵² pa²¹³(tsəʔ²¹)

嗯咙 xuəʔ³ ləŋ³³　嗓子 sã²¹ tsəʔ²¹
　喉咙

嗯嗦青 xuəʔ³ su⁵² tɕʻiŋ²¹　锁黄/喉圪
　瘩 suo²¹ xuã³³/xəu³³ kəʔ⁵ ta²¹
　喉结

胡子 xu³³ tsəʔ²¹　胡须

圈脸胡(子)tɕʻye²⁴ lie²¹ xu³³(tsəʔ²¹)
　络腮胡子

八乂胡儿 pa³³ tsa⁵² xur³³　八字胡子

胡子 xu³³ tsəʔ²¹　下巴须

　（二）手、脚、胸、背

肩膊 tɕie²⁴ pə²¹　肩膀

胛子 tɕia³³ tsəʔ²¹　签版 tɕʻie²⁴ pæ²¹³
　肩胛骨

溜肩子 liəu⁵² tɕie²⁴ tsəʔ²¹　坡肩肩/子
　muo²¹ tɕie²⁴ tɕie²¹/tsəʔ²¹　溜肩膀

胳膊 kəʔ⁵ pə²¹

(胳)肘子(kəʔ³) tʂəu²¹ tsəʔ²¹　胳
　扭儿 kəʔ³ niəur²¹³　胳扭子 kəʔ³
　niəu²¹ tsəʔ²¹　胳膊肘

胳涝车钵钵 kəʔ³ lɔ⁵² tʂʻəŋ²¹³ pə³³ pə²¹
　胳肢窝

手腕儿 ʂəu²¹ vær⁵²　手腕子

左手 tsəŋ⁵²/²⁴ ʂəu²¹³　左手 tsɿ⁵² ʂəu²¹

〈义〉　左手端碗，正手拿筷子

右手 iəu⁵² ṣəu²¹　正手 tṣəŋ⁵² ṣəu²¹

(手)指头儿(ṣəu²¹) tsə³³ t'əur³³　手指

骨节儿 kuəʔ⁵ tɕiər²¹　关节(指头)

指头儿缝缝 tsə³³ t'əur³³ fəŋ⁵² fəŋ²¹　手指缝儿

死肉圪瘩 sɿ²¹ zəu⁵² kəʔ⁵ ta²¹　老茧 lɔ²¹ tɕie²¹³　手跰子，老茧子

老拇指头儿 lɔ²⁴ mə²¹ tsə³³ t'əur³³　大拇指

二拇指头儿 ər⁵² mə²¹ tsə³³ t'əur³³　食指 ṣəʔ³⁵ tsɿ²¹³

中指 tṣuŋ²⁴ tsɿ²¹³

无名指 vu³³ miŋ³³ tsɿ²¹³

猴/小指头儿 xəu³³ / ɕiə²¹ tsə³³ t'əur³³　小拇指

指甲 tɕiəʔ⁵ tɕia²¹　"指"读音特殊，下条同

指甲心 tɕiəʔ⁵ tɕia²¹ ɕiŋ²¹³　指甲盖和指甲肌肉连接处

指拇蛋儿 tsə³³ mə²¹/mi²¹ tær⁵²　手指头肚

圪都 kəʔ⁵ tu²¹³　槌头 tṣ'uei³³ t'əu²¹　拳头

手掌 ṣəu²¹ tṣã²¹³　掌子 tṣã²¹ tsəʔ²¹

巴掌 pa²⁴ tṣã²¹³　打一巴掌

手心 ṣəu²¹ ɕiŋ²¹³

手梁面 ṣəu²¹ liã³³ mie⁵²　手背 ṣəu²¹ pei⁵²

虎口 xu²⁴ k'əu²¹　指大拇指和食指相连的部分

腿 t'uei²¹³　腿把子 t'uei²¹ pa⁵² tsəʔ²¹　指整条腿

大腿 ta⁵² t'uei²¹³　大腿把子 ta⁵² t'uei²¹ pa⁵² tsəʔ²¹

大腿根 ta⁵² t'uei²¹ kɯ²¹³　大腿根儿

小腿 ɕiə²⁴ t'uei²¹　小腿把子 ɕiə²⁴ t'uei²¹ pa⁵² tsəʔ²¹

腿肚儿 t'uei²¹ tur⁵²　腿肚子

腿圪窝窝 t'uei²¹ kəʔ⁵ vuo²⁴ vuo²¹　大小腿之间的窝

小腿把骨殖 ɕiə²⁴ t'uei²¹ pa⁵² kuəʔ⁵ ṣəʔ²¹　胫骨

圪膝(盖儿)kəʔ³ ɕi⁵²(kɛr⁵²)　膝盖

胯骨 k'ua²¹ kuəʔ³

裆 tã²¹³　两腿之间

屪沟 tuəʔ⁵ kəu²¹³　胯下

屁股/沟 p'i⁵² ku²¹/kəu²¹

屁眼儿 p'i⁵² iər²¹³　屁股/沟门门 p'i⁵² ku²¹/kəu²¹ məŋ³³ məŋ²¹　肛门

屪蛋 tuəʔ³ tæ⁵²　屪子 tuəʔ⁵ tsəʔ²¹　屁股蛋

屁股/沟行行 p'i⁵² ku²¹/kəu²¹ xã³³ xã²¹　屁股沟儿

尾巴把把 i²¹ pa³³ pa⁵² pa⁵²　尾骨

屌 tɕ'iəu³³　鸡巴(男阴)

鸡鸡 tɕi²⁴ tɕi²¹　鸡儿 tɕiər²¹³　(赤子阴)

屄 pi²¹³　板板/子 pæ²¹ pæ³³/tsəʔ²¹　扁溜溜 p'ie²¹ liəu³³ liəu²¹　挭鸡儿 miŋ²¹ tɕiər²¹³〈义〉　挭溜儿 miŋ²¹ liəur³³〈义〉　女阴

合 zəʔ³　透 t'əu⁵²　交合

弄 luŋ⁵²　闹 nɔ⁵²　避讳说法　造 ts'ɔ⁵²〈詈〉

尿 suŋ³³　精液

脚腕儿 tɕie³³ vær⁵²　脚腕子 tɕie³³ væ⁵² tsəʔ²¹

踝二骨 xua³³ ər⁵² kuəʔ²¹　踝二圪都 xua³³ ər⁵² kəʔ⁵ tu²¹³　踝拉骨 xua³³ la²¹ kuəʔ²¹〈义〉　踝子骨

脚 tɕie³³

赤脚 tṣ'əʔ³ tɕie³³　赤脚片子 tṣ'əʔ³

脚片子 tɕie³³ pʻie²¹ tsəʔ²¹　赤脚

脚梁面 tɕie³³ liã³³ mie⁵²　脚背

脚片子 tɕie³³ pʻie²¹ tsəʔ²¹　脚板　tɕie³³
　　pæ²¹³　脚掌

脚心 tɕie²¹ ɕiŋ²¹³

脚腰 tɕie²¹ iɔ²¹³

脚尖儿 tɕie²¹ tɕiər²¹³

脚指头儿 tɕie³³ tsə³³ tʻəur³³

脚指甲 tɕie³³ tɕiəʔ⁵ tɕia²¹　"指"读
　　音特殊

脚把把 tɕie³³ pa⁵² pa⁵²　脚后跟 tɕie³³
　　xəu⁵² kɯ²¹³　脚跟 tɕie²¹ kɯ²¹³

脚踪 tɕie²¹ tsuŋ²¹³　脚印

鸡眼儿 tɕi²⁴ iər²¹³

心口子 ɕiŋ²⁴ kʻəu²¹ tsəʔ²¹　心圪都
　　ɕiŋ²⁴ kəʔ⁵ tu²¹³　心口儿

腔子 tɕʻiã²⁴ tsəʔ²¹　腔箉窭 tɕʻiã²⁴
　　kʻəʔ⁵ lã²¹³　腔眼 tɕʻiã²⁴ ie²¹³
　　胸脯

肋肢 lə²¹ tsɿ²¹³　肋骨

奶房 nai²¹ fã³³　奶 nai²¹³　乳房

奶 nai²¹³　奶水 nai²¹ ʂuei²¹³　奶汁

肚子 tu⁵² tsəʔ²¹

小肚子 ɕiɔ²¹ tu⁵² tsəʔ²¹

不脐儿 pəʔ³ tɕʻiər³³　肚脐眼

腰 iɔ²¹³

脊背 tsəʔ³ pei⁵²

脊梁骨 tsəʔ³ liã³³ kuəʔ²¹

　　（三）其他

旋子 tɕʻye³³ tsəʔ²¹　头发旋儿

双旋子 ʂuã²¹ tɕʻye³³ tsəʔ²¹　双旋

指头儿纹纹 tsə³³ tʻəur³³ vəŋ³³ vəŋ²¹
　　指纹

亝笭儿 pəʔ³ lɤ̃r²¹³　亝笭笭 pəʔ³ ləŋ²⁴
　　ləŋ²¹　圆形的指纹

簸箕 puo⁵² tɕʻi²¹　簸箕形的指纹

汗毛儿 xæ⁵² mər³³　寒毛

肉/毛眼子 zəu⁵²/mɔ³³ ie²¹ tsəʔ²¹
　　蘑菇眼子 mɔ³³ ku²¹ ie²¹ tsəʔ²¹
　　汗毛眼

记 tɕi⁵²　胎记，呈片状

骨殖 kuəʔ⁵ ʂəʔ²¹　骨头 kuəʔ³/kəʔ³ tʻəu³³

筋 tɕiŋ²¹³

懒筋 læ²¹ tɕiŋ²¹³　脚后跟上的筋

血 ɕie³³

血管儿 ɕie³³ kuær²¹³

脉 mie³³

五脏 vu²¹ tsã⁵²

心 ɕiŋ²¹³　心锤儿 ɕiŋ²¹ tʂʻuər³³

肝 kæ²¹³　肝花 kæ²⁴ xua²¹

肺 fei⁵²　肺子 fei⁵² tsəʔ²¹

苦蛋 kʻu²¹ tæ⁵²　胆 tæ²¹³

涩脾 sə³³ pʻi³³　脾

脾胃 pʻi³³ vei⁵²　（1）脾和胃　（2）性格

肚子 tu⁵² tsəʔ²¹　胃 vei⁵²

腰子 iɔ²⁴ tsəʔ²¹　肾

肠肠/子 tʂʻã³³ tʂʻã²¹/tsəʔ²¹

大肠 ta⁵² tʂʻã³³

小肠儿 ɕiɔ²¹ tʂʻɤ̃r³³

盲肠 mã³³ tʂʻã³³

十二、疾病、医疗

（一）一般用语

难活叻 næ³³ xuo²¹ liəʔ²¹　病噮 piŋ⁵²
　　læ²¹　有过失 iəu²¹ kuo⁵² ʂəʔ³

不乖 pəʔ⁵ kuai²¹³　用于小孩

不舒在 pəʔ⁵ ʂuo²¹ tsai⁵²　身体不
　　舒服

小病 ɕiɔ²¹ piŋ⁵²

难活得厉害呗 næ³³ xuo²¹ tə?³ li⁵² xai²¹ liə?²¹　病得厉害呗 piŋ⁵² tə?³ li⁵² xai²¹ liə?²¹　重病 tʂuŋ⁵² piŋ⁵²

病差/好些儿嘹 piŋ⁵² tsʻa²⁴ / xɔ²¹ ɕiər²⁴ læ²¹　病差/好个儿嘹 piŋ⁵² tsʻa²⁴ / xɔ²¹ kɯr²¹ læ²¹　强些儿/个儿嘹 tɕʻiã³³ ɕiər²¹ / kɯr²¹ læ²¹　病情减轻了些

病差/好嘹 piŋ⁵² tsʻa²⁴ / xɔ²⁴ læ²¹　病愈

请医生 tɕʻiŋ²¹ i²⁴ səŋ²¹

治 tʂʅ⁵²　医（病）

看病 kʻæ⁵² piŋ⁵²

捏/号脉 nie³³ / xɔ⁵² mie³³

开方子 kʻai²¹ fã²⁴ tsə?²¹　开药方儿 kʻai²¹ ie³³ fõr²¹³　开处方儿 kʻai²⁴ tʂʻu²¹ fõr²¹³　开药方子

偏方儿 pʻie²⁴ fõr²¹

抓药 tʂua²¹ ie³³　（中医）

买药 mai²¹ ie³³　（西药）

（中）药铺儿（tʂuŋ²⁴）ie³³ pʻur⁵²

药房 ie³³ fõr³³　（西药）

（药）引子（ie³³）iŋ²¹ tsə?²¹

（熬）药锅子（ŋɔ³³）ie³³ kuo²⁴ tsə?²¹

药罐子 ie³³ kuæ⁵² tsə?²¹　经常吃药的人

熬药 ŋɔ³³ ie³³　煎药

膏子 kɔ²¹ tsə?²¹　药膏

膏药 kɔ²⁴ ie²¹　（中药）

丸药 væ³³ ie²¹

药面面 ie³³ mie⁵² mie⁵²　药面儿

搽/摸药 tsʻa³³ / muo²¹ ie³³　搽药膏

上药 ʂã⁵² ie³³　（动宾）

出汗 tʂʻuə?³ xæ⁵²　出水 tʂʻuə?⁵ ʂuei²¹³　发汗

去风 tɕʻy⁵² fəŋ²¹³

败/下/去/息火 pʻai⁵² / ɕia⁵² / tɕʻy⁵² / ɕi⁵² xuo²¹³

去湿 tɕʻy⁵² ʂə?²¹

败毒 pʻai⁵² tuə?³　去毒 tɕʻy⁵² tuə?³

化食 xua⁵² ʂə?³　消食

扎针 tsa²¹ tʂəŋ²¹³

扳罐子 pæ²¹ kuæ⁵² tsə?²¹　扳钵钵 pæ²¹³ pə³³ pə³³　拔火罐子

打醋坛 ta²¹ tsʻu⁵² tʻæ³³

（二）内科

跑肚 pʻɔ²¹ tu⁵²　跑呗 pʻɔ²¹ liə?²¹　拉肚子 la³³ tu⁵² tsə?²¹　泻肚

拉稀 la²¹ ɕi²¹³　牲畜泻肚

烧呗 ʂɔ²⁴ liə?²¹　发烧 fa²¹ ʂɔ²¹³

发冷 fa³³ ləŋ²¹³

起鸡皮疙瘩 tɕʻi²¹ tɕi²¹ pʻi³³ kə?⁵ ta²¹

着凉嘹 tʂɔ³³ liã³³ læ²¹　拍嘹 pʻie³³ læ²¹　风发 fəŋ²⁴ fa²¹　伤风感冒

咳嗽 kʻə³³ səu⁵²

气局 tɕʻi⁵² tɕyə?³　气喘 tɕʻi⁵² tʂʻuæ²¹³

气管儿炎 tɕʻi⁵² kuær²¹³ ie⁵²

热晕呗 zɔ³³ yŋ⁵² liə?²¹　受热嘹 ʂəu⁵² zɔ³³ læ²¹　中暑

上火 ʂã⁵² xuo²¹³　动火 tuŋ⁵² xuo²¹³

不化食 pə?³ xua⁵² ʂə?³　积滞

肚（子）疼 tu⁵²（tsə?²¹）tʻəŋ³³

心圪都疼 ɕiŋ²⁴ kə?⁵ tu²¹ tʻəŋ³³　心口子疼 ɕiŋ²⁴ kʻəu²¹ tsə?²¹ tʻəŋ³³　胸口疼

头昏 tʻəu³³ xuŋ²¹³　头晕

晕车 yŋ⁵² tʂʻəŋ²¹³

晕船 yŋ⁵² tʂʻuæ³³

脑疼 nɔ³³ tʻəŋ³³　头疼 tʻəu³³ tʻəŋ³³

恶心 ŋɯ²¹ ɕiŋ²¹³　发呕 fa³³ ŋəu²¹³

扰 zɔ²¹³　疲 fæ⁵²　心里圪～～价

吐嘹 tʻu²¹³ læ²¹

呇 tɕʻiŋ⁵²　（猫狗）吐

干呕 kæ²⁴ ŋəu²¹³　干哕

疝气 ʂuæ⁵² tɕ'i⁵²

肠子漏下来 tʂ'ã³³ tsəʔ²¹ ləu⁵² xa⁵²
　　lai³³ læ²¹　脱肛

子宫脱垂 tsɿ²¹ kuŋ²¹³ t'uo³³ tʂ'uei³³
　　〈新〉

打摆子 ta²⁴ pai²¹ tsəʔ²¹　发疟子

霍乱儿 xuəʔ³ lær⁵²　"乱"韵母特殊

当彩 tã²⁴ ts'ai²¹³　当糠彩 tã²¹³ k'ã²⁴
　　ts'ai²¹³　出麻疹

当痘彩 tã²¹³ təu⁵² ts'ai²¹³　　出痘儿
　　tʂ'uəʔ³ təur⁵²　出水痘，出天花

种(牛)痘 tʂuŋ⁵²(niəu³³) təu⁵²

兴病 ɕiŋ²¹ piŋ²¹　伤寒 ʂã²¹ xæ³³

黄病 xuã³³ piŋ⁵²　黄疸

肝炎 kæ²¹ ie⁵²〈新〉

肺炎 fei⁵² ie⁵²〈新〉

肚子疼 tu⁵² tsəʔ²¹ t'əŋ³³　胃病 vei⁵²
　　piŋ⁵²〈新〉

盲肠炎 mã³³ tʂ'ã³³ ie⁵²〈新〉

本身病 pəŋ²¹ ʂəŋ²¹ piŋ⁵²　痨病
　　lɔ³³ piŋ⁵²

（三）外科

跌烂噎 tie³³ læ⁵² læ²¹　跌伤 tie³³ ʂã²¹³

碰烂噎 p'əŋ⁵² læ⁵² læ²¹　碰伤 p'əŋ⁵²
　　ʂã²¹³

划/蹭烂皮 xua³³/ts'əŋ⁵² læ⁵² p'i³³
　　蹭破皮儿

划/割烂一绽 xua³³/kə³³ læ⁵² iəʔ³
　　tsæ⁵²　刺个口子

出血 tʂ'uəʔ³ ɕie³³

黑青 xəʔ⁵ tɕ'iŋ²¹³　淤血

肿 tʂuŋ²¹³　红肿

发 fa³³　溃脓 xuei⁵² nuŋ³³

圪痂 kəʔ⁵ tɕia²¹³　结痂

疤 pa²¹³

长疮儿 tʂã²¹ tʂ'uɐ̃r²¹³

长疔儿 tʂã²¹ tiɤr²¹³

瘘 ləu⁵²　痔疮

疥痨 kəʔ³ lɔ³³　疥疮

癣 ɕie²¹³

牛皮癣 niəu³³ p'i²¹ ɕie²¹³

狗屁癣 kəu²¹ p'i⁵² ɕie²¹　金钱癣

热颗子 zə³³ k'uo²¹ tsəʔ²¹　痱子

云彩骨揽 yŋ³³ ts'ai²¹ kuəʔ⁵ læ²¹³
　　衣服上的汗斑

猴子 xəu³³ tsəʔ²¹

魇子 ie²¹ tsəʔ²¹　痦子

蚕痧 ts'æ³³ sa²¹　土魇子 t'u²⁴ ie²¹ tsəʔ²¹
　　雀斑

粉刺 fəŋ²¹ ts'ɿ⁵²

臭股子 tʂ'əu⁵² ku²¹ tsəʔ²¹　（狐）臭
　　(xuaʔ³) tʂ'əu⁵²

口臭 k'əu²¹ tʂ'əu⁵²

大/肿脖子 ta⁵²/tʂuŋ²¹ puo³³ tsəʔ²¹
　　甲状腺肿

鼻子不灵 piəʔ⁵ tsəʔ²¹ pəʔ³ liŋ³³　嗅
　　觉不灵

鼻子不通 piəʔ⁵ tsəʔ²¹ pəʔ⁵ t'uŋ²¹³
　　鼻子堲噎 piəʔ⁵ tsəʔ²¹ tʂuəʔ⁵ læ²¹
　　囔鼻儿

水蛇腰 ʂuei²¹ ʂəŋ³³ iɔ²¹³

差嗯咙 ts'a²¹ xuəʔ³ ləŋ³³　公鸭嗓

一只眼 iəʔ⁵ tʂəʔ³ ie²¹³　另一只眼睛
　　是瞎的

独眼儿龙 tuəʔ⁵ iər²¹³ luŋ³³

近觑子眼 tɕiŋ⁵² tɕ'yəʔ⁵ tsəʔ²¹ ie²¹³
　　先天性的　近视眼 tɕiŋ⁵² sɿ²¹
　　ie²¹³〈新〉　后天而成

远视眼 ye²¹ sɿ²¹ ie²¹³〈新〉

老花眼 lɔ²¹ xua²⁴ ie²¹³

水泡泡眼 ʂuei²¹ p'ɔ⁵² p'ɔ²¹ ie²¹³
　　鼓眼泡儿

对眼子 tuei⁵² ie²¹ tsəʔ²¹　斗鸡眼

（内斜视）

怕光 p'a⁵² kuã²¹³　羞明

（四）残疾等

羊羔儿风 iã³³ kɔr²¹ fəŋ²¹³　羊二风
　iã³³ ər⁵² fəŋ²¹³　癫痫

惊风 tɕiŋ²⁴ fəŋ²¹³　小儿病

搐叻 tʂuəʔ⁵ liəʔ²¹　抽风 tʂ'əu²⁴ fəŋ²¹³

中风 tʂuŋ⁵² fəŋ²¹³

瘫 t'æ²¹³　瘫嘫 t'æ²⁴ læ²¹　瘫痪

半身不遂 pæ⁵² ʂəŋ²¹³ pəʔ³ suei³³

瘸子 tɕ'y³³ tsəʔ²¹　拐子 kuai²¹ tsəʔ²¹

蹀脚儿 tie²¹ tɕiər³³　走路一蹀一蹀
　的人

罗框儿腿 ləŋ³³ k'uɐ̃r⁵² t'uei²¹³

背锅儿 pei²⁴ kuor²¹　罗锅儿

聋子 luŋ³³ tsəʔ²¹

哑巴/子 ia²¹ pa³³ /tsəʔ²¹

吃嗑 tɕiəʔ⁵ k'ə²¹　结巴

吃嗑嗑 tɕiəʔ³ k'ə²¹ k'ə²¹　口吃的人

瞎子 xa³³ tsəʔ²¹

憨汉 xæ²¹ xæ⁵²　傻子

秃子 t'uəʔ⁵ tsəʔ²¹　秃脑 t'uəʔ³ nɔ³³

疤 pa²¹³　麻子

疤子 pa²⁴ tsəʔ²¹　（1）麻子，疤痕
　（2）脸上有麻子的人

豁唇唇 xuo³³ tʂ'uŋ³³ tʂ'uŋ²¹
　兔唇嘴

豁牙 xuo³³ ia³³　豁牙子

没牙不浪 mə³³ ia³³ pəʔ³ lã⁵²　掉光
　了牙齿的人

秃舌舌 t'uəʔ³ ʂə³³ ʂə²¹　舌头短，说
　话不清楚的人

老婆儿嘴 lɔ²¹ p'uor³³ tsuei²¹³　老
　公嘴，成年男子嘴上不长胡须

近觑觑 tɕiŋ⁵² tɕ'yəʔ⁵ tɕ'yəʔ²¹　近视
　眼的人

对眼（子）tuei⁵² ie²¹（tsəʔ²¹）　对眼

六指儿 luəʔ³ ts'iər²¹³　"指"声母
　特殊

左撇子 tsəŋ²⁴ p'ie²¹ tsəʔ²¹　稗不捒
　子 tsʅ⁵² pəʔ³ lie²¹ tsəʔ²¹　左瓜拉
　tsəŋ²⁴ kua²¹ la³³

半蹩子 pæ⁵² p'ie²¹ tsəʔ²¹　肢体残
　废的人

半饼子 pæ⁵² piŋ²¹ tsəʔ²¹　同"半蹩子"

十三、衣服、穿戴

（一）服装

穿戴 tʂ'uæ²¹ tai⁵²

装穿 tʂuã²⁴ tʂ'uæ²¹　穿罩 tʂ'uæ²¹
　tsɔ⁵²　死去的人穿戴好

打扮 ta²¹ pæ⁵²　扎扮 tsa³³ pæ⁵²
　扎裹 tsa³³ kuo²¹　裹罩 kuo²¹ tsɔ⁵²
　穿衣裳 i²¹ ʂã³³　衣服

袄儿 ŋr²¹³

制服 tʂʅ⁵² fəʔ³

中式 tʂuŋ²⁴ ʂəʔ³　中装

西装 ɕi²⁴ tʂuã²¹

长布衫儿 tʂ'ã³³ pu⁵² sær²¹³　大布
　衫儿 ta⁵² pu⁵² sær²¹³　长衫

马褂儿 ma²¹ kuɐr⁵²

褂褂 kua⁵² kua²¹

旗袍 tɕ'i³³ p'ɔ³³〈新〉

棉衣 mie³³ i²¹

装袄儿 tʂuã⁵² ŋr²¹³　棉袄儿
　mie³³ ŋr²¹

皮袄 p'i³³ ŋɔ²¹

大氅 ta⁵² tʂʻã²¹　大衣 ta⁵² i²¹

短大衣 tuæ²¹ ta⁵² i²¹

衬衣 tsʻən⁵² i²¹　衬衫儿 tsʻən⁵² sær²¹³

罩衣 tsɔ⁵² i²¹　罩衫儿 tsɔ⁵² sær²¹
　外衣

里头衣裳 li²¹ tʻəu³³ i²¹ ʂã³³　内衣
　nuei⁵² i²¹

溻水的 tʻa³³ ʂuei²¹³ təʔ²¹　汗架架
　xæ⁵² tɕia⁵² tɕia²¹　汗褂褂 xæ⁵²
　kua⁵² kua²¹　汗背心

（袄儿）襟子（ŋɔr²⁴）tɕiŋ²⁴ tsəʔ²¹
　衣襟儿

襟子 tɕiŋ²⁴ tsəʔ²¹　大襟

掩襟儿 ie²¹ tɕiɣ̃r²¹³　小襟

对门子 tuei⁵² məŋ³³ tsəʔ²¹　对襟

底边 ti²¹ pie²¹³　下摆

领子 liŋ²¹ tsəʔ²¹

袖子 ɕiəu⁵² tsəʔ²¹

袖口 ɕiəu⁵² kʻəu²¹³

长袖儿 tʂʻã³³ ɕiəur⁵²

短袖儿 tuæ²¹ ɕiəur⁵²

套袖儿 tʻɔ⁵² ɕiəur⁵²　袖套

裙儿 tɕʻyɣ̃r³³　裙子 tɕʻyŋ³³ tsəʔ²¹

裤儿 kʻur⁵²　裤子 kʻu⁵² tsəʔ²¹

单裤儿 tæ²¹ kʻur⁵²

裤衩儿 kʻu⁵² tsʻɐr²¹³

半裤儿 pæ⁵² kʻur⁵²　短裤

连蹄蹄裤儿 lie³³ tʻi³³ tʻi²¹ kʻur⁵²
　连脚裤

开裆（裆）裤儿 kʻai²⁴ tã²¹³⁽²⁴⁾（tã²¹）
　kʻur⁵²

收/严裆裤儿 ʂəu²⁴/ŋæ³³ tã²¹ kʻur⁵²
　严裆裆裤儿 ŋæ³³ tã²⁴ tã²¹　kʻur⁵²
　死裆裤儿

裤裆 kʻu⁵² tã²¹³

裤腰 kʻu⁵² iɔ²¹³

裤带 kʻu⁵² tai⁵²　裤腰带

裤腿 kʻu⁵² tʻuei²¹³

道道 tɔ⁵² tɔ²¹　道衩衩 tɔ⁵² tsʻa²¹ tsʻa²⁴
　搊搊 tsʻəu²⁴ tsʻəu²¹〈义〉　衣兜儿

扣子 kʻəu⁵² tsəʔ²¹　扣圪瘩儿 kʻəu⁵²
　kəʔ³ tɐr²¹　圪桃圪瘩儿 kəʔ³ tʻɔ³³
　kəʔ⁵ tɐr²¹　纽扣

扣门儿 kʻəu⁵² mɣ̃r³³　扣襻儿 kʻəu⁵²
　pʻær⁵²

扣子 kʻəu⁵² tsəʔ²¹　扣儿

扣眼儿 kʻəu⁵² iər²¹³

（二）鞋帽

鞋 xai³³

跐拉巴儿鞋 tʻəʔ³ la³³ pɐr³³ xai³³
　没后跟鞋 mə³³ xəu⁵² kɯ²¹ xai³³
　拖鞋

暖鞋 nuæ²¹ xai³³　棉鞋

皮鞋 pʻi³³ xai³³

翻毛儿皮鞋 fæ²¹ mɔr³³ pʻi³³ xai³³
　鞋面没有抛光的皮鞋

胶鞋 tɕiɔ²¹ xai³³

毡窝子 tʂæ²⁴ vuo²⁴ tsəʔ²¹〈旧〉
　毡鞋 tʂæ²¹ xai³³

布鞋 pu⁵² xai³³

补口儿鞋 pu²⁴ kʻəur²¹ xai³³　鞋口
　有松紧带的鞋

圆口儿鞋 ye³³ kʻəur²¹³ xai³³　老汉鞋
　lɔ²¹ xæ⁵² xai³³　鞋口
　是圆形的鞋

方口儿鞋 fã²⁴ kʻəur²¹ xai³³　鞋口
　是方形的鞋

实遍纳鞋 ʂəʔ³ pie⁵² na³³ xai³³
　鞋底用绳子密密而纳的鞋

毛底鞋 mɔ³³ ti²¹ xai³³　鞋底用布条
　粘贴而成的鞋

层层底儿鞋 tsʻən³³ tsʻən²¹ tiər²¹³
　xai³³　鞋底是用袼褙一层层垫
　制而成的鞋

稳跟鞋 vən²¹ kɯ²¹³ xai³³　订婚时
　女子送男子的鞋

踏帐鞋 tsa²¹ tʂã⁵² xai³³　结婚时男
　子穿女方送的鞋

扣奶鞋 kʻəu⁵² nai²¹ xai³³　第一个孩
　子满月时妻子娘家送女婿的鞋

鞋底儿 xai³³ tiər²¹³　鞋底子 xai³³
　ti²¹ tsəʔ²¹

鞋帮子 xai³³ pã²⁴ tsəʔ²¹　鞋帮儿
　xai³³ pɐ̃r²¹³

鞋楦 xai³³ ɕye⁵²　鞋楦子

鞋溜子 xai³³ liəu⁵² tsəʔ²¹　鞋拔子

雨鞋 y²¹ xai³³

鞋带儿 xai³³ tɛr⁵²　鞋带带 xai³³ tai⁵² tai²¹

袜子 va³³ tsəʔ²¹　袜儿 vɐr³³

线袜儿 ɕie⁵² vɐr³³

毛袜儿 mɔ³³ vɐr³³

丝袜儿 sɿ²¹ vɐr³³

长袜儿 tʂʻã³³ vɐr³³

短袜儿 tuæ²¹ vɐr³³

袜带带 va³³ tai⁵² tai²¹　袜带

袜底子 va³³ ti²¹ tsəʔ²¹　袜儿底儿
　vɐr³³ tiər²¹³

袜儿腰（腰）vɐr³³ iɔ⁵²（iɔ⁵²）　袜儿
　筒筒 vɐr³³ tʻuŋ²¹ tʻuŋ²⁴

砣砣鞋 tʻuo³³ tʻuo²¹ xai³³　弓鞋

缠脚布 tʂʻæ³³ tɕie³³ pu⁵²　裹脚布
　kuo²¹ tɕie³³ pu⁵²　旧时妇女的裹
　脚布

裹腿 kuo²⁴ tʻuei²¹³　裹战 kuo²¹ tʂæ⁵²
　军人用的

帽子 mɔ⁵² tsəʔ²¹

皮帽儿 pʻi³³ mər⁵²

棉帽儿 mie³³ mər⁵²

礼帽 li²¹ mɔ⁵²

瓜壳壳帽儿 kua²¹ kʻə³³ kʻə²¹ mər⁵²
　瓜皮帽

军帽儿 tɕyŋ²¹ mər⁵²

鳖盖帽儿 pie³³ kɐi⁵² mər⁵²　平顶有
　硬帽檐的帽子。如公检法系统
　戴的帽子

草帽儿 tsʻɔ²¹ mər⁵²

帽儿檐檐 mər⁵² ie³³ ie²¹　帽儿苦苦
　mər⁵² ʂæ⁵² ʂæ²¹　帽檐儿

（三）装饰品

首饰 ʂəu²¹ ʂəʔ³

手镯 ʂəu²¹ tʂʻuo³³　镯子

金箍子 tɕiŋ²⁴ ku²¹ tsəʔ²¹　手箍儿
　ʂəu²¹ kur²¹³　金戒镏儿 tɕiŋ²¹ tɕie⁵²
　liəur³³　戒指 tɕie⁵² tsəʔ²¹〈新〉
　"指"的韵母特殊

项链儿 ɕiã⁵² liər⁵²〈新〉

项圈儿 xã⁵² tɕʻyər²¹

百家锁儿 pie³³ tɕia²¹ suor²¹³　长命
　锁儿 tʂʻã³³ miŋ⁵² suor²¹³　小儿佩
　带的

别针儿 pie³³ tʂɤ̃r²¹³〈新〉

簪儿 tsær²¹³　簪子

耳环（环）ər²¹ xuæ³³（xuæ²¹）

胭脂 ie²⁴ tsɿ²¹³

粉 fəŋ²¹³　粉子 fəŋ²¹ tsəʔ²¹

（四）其他穿戴用品

围裙儿 vei³³ tɕʻyɤ̃r²¹　褚裙儿 tsʻɔ³³
　tɕʻyɤ̃r³³

（转）牌牌（tʂuæ⁵²）pʻai³³ pʻai²¹　转围
　儿 tʂuæ⁵² vɐr³³　围嘴儿　转围围
　tsuæ⁵² vei³³ vei²¹〈义〉

尿布（布）niɔ⁵² pu⁵²（pu²¹）　尿衬衬/
　毯毯 niɔ⁵² tsʻəŋ⁵² tsʻəŋ²¹/tʻæ²¹ tʻæ²⁴

尿裤子 niɔ⁵² tɕʻi³³ tsəʔ²¹

屁帘儿 pʻi⁵² liər³³　系在小孩子屁
　股后面防冷、湿的布

摇车 iɔ³³ tʂʻəŋ²¹

手巾儿 ʂəu²¹ tɕiɣ̃r²¹³　手绢儿

围巾儿 vei³³ tɕiɣ̃r²¹³　围脖儿
　　vei³³ puor³³

手套儿 ʂəu²¹ tʻɔr⁵²

眼镜 ie²¹ tɕiŋ⁵²

伞 sæ²¹³　雨伞 y²⁴ sæ²¹³

雨衣 y²¹ i²¹³〈新〉

雨披 y²¹ pʻi²¹³〈新〉

（手）表（ʂəu²⁴）piɔ²¹³

十四、饮食

（一）伙食

饭食 fæ⁵² ʂəʔ²¹　汤头 tʻã²¹ tʻəu³³
　　吃喝 tʂʻəʔ³ xə³³　伙食

家常（便）饭 tɕia²¹ tʂʻã³³（pie⁵²）fæ⁵²
　　便饭

小灶儿饭 ɕiɔ²¹ tsɔr⁵² fæ⁵²　小锅儿饭

吃饭 tʂʻəʔ³ fæ⁵²

早起饭 tsɔ²⁴ tɕʻi²¹ fæ⁵²　早饭

晌午饭 ʂã²¹ vu²¹³ fæ⁵²　午饭

黑地饭 xəʔ⁵ ti⁵² fæ⁵²　黑里饭 xəʔ⁵
　　li²¹ fæ⁵²　晚饭

腰饭 iɔ²¹ fæ⁵²〈旧〉　打尖

吃的 tʂʻəʔ⁵ təʔ²¹　食物

零吃 liŋ³³ tʂʻəʔ²¹　零食 liŋ³³ ʂəʔ²¹〈新〉

点心 tie²¹ ɕiŋ²¹³

饭时儿 fæ⁵² sər³³　吃饭的时间

（二）米食

大米饭 ta⁵² mi²¹ fæ⁵²　米饭

蒸饭 tʂəŋ²¹ fæ⁵²　小米蒸饭

捞（捞）饭 lɔ³³（lɔ³³）fæ⁵²　小米煮
　　到八九分后捞出焖熟

干饭 kæ²¹ fæ⁵²　水分比较少的黄
　　米蒸饭

焖饭 məŋ⁵² fæ⁵²　腊八粥

枣儿焖饭 tsɔr²¹ məŋ⁵² fæ⁵²　放枣
　　子、软小米的腊八粥

豇豆焖饭 tɕiã²¹ təu⁵² məŋ⁵² fæ⁵²
　　用豇豆软小米做的腊八粥

肉焖饭 zəu⁵² məŋ⁵² fæ⁵²　用羊肉
　　丁、软小米放花椒、辣椒、葱、
　　盐做的稠粥，腊八日吃。即肉
　　丁丁饭

肉丁丁饭 zəu⁵² tiŋ²⁴ tiŋ²¹ fæ⁵²　软
　　小米与羊肉丁放花椒、辣椒、
　　葱、盐做成的稠粥饭

剩饭 ʂəŋ⁵² fæ⁵²

（饭）煳犏噁（fæ⁵²）xu³³ pə³³ læ²¹
　　（饭）糊了

（饭）㕮气噁（fæ⁵²）sʅ²¹ tɕʻi⁵² læ²¹
　　（饭）馊了

捂扑气 vəʔ⁵ pʻəʔ³ tɕʻi⁵²　食物稍有
　　发霉的气味

绿霉霉 luəʔ³ mei³³ mei²¹　食物发
　　霉长出的绿毛

锅圪巴 kuo²⁴ kəʔ³ pa²¹³　锅巴

米汤 mi²¹ tʻã³³　（1）小米粥　（2）煮
　　饭滗出来的汤

粽子 tsuŋ⁵² tsəʔ²¹

和和饭 xuo⁵² xuo²¹ fæ⁵²　有米、
　　面、菜混合而成方调料、盐的
　　稠粥

（三）面食

面 mie⁵²　面粉

白面 pi³³ mie⁵²　好面 xɔ²¹ mie⁵²
　　小麦面

黑面 xəʔ³ mie⁵²　豇豆、小麦等磨
　　成的面粉

杂面 tsa³³ mie⁵²　豌豆、小麦磨成的面粉

豆面 təu⁵² mie⁵²　小豆等与小麦磨成的面粉

头箩面 t'əu³³ tsʻæ⁵² mie⁵²　（1）第一遍筛下的面　（2）喻第一次

二箩面 ər⁵² tsʻæ⁵² mie⁵²　（1）第二遍筛下的面　（2）喻被人用过的

麸面 fu²¹ mie⁵²　最后一遍筛下的面

面 mie⁵²　长条条面 tʂʻã³³ t'io³³ t'io²¹ mie⁵²　面条儿

挂面 kua⁵² mie²¹

汤面 t'ã²¹ mie⁵²

调汤面 t'io³³ t'ã²¹ mie⁵²　清汤面

调面 t'io³³ mie⁵²　没有臊子、汤的面

捞面 lo³³ mie⁵²　没有汤的面

和面 xuo⁵² mie⁵²　有菜有汤的面

臊子面 so⁵² tsəʔ²¹ mie⁵²

肉臊子 z̩əu⁵² so⁵² tsəʔ²¹　拌面的肉菜，肉可以是片、丁、丝

素臊子 su⁵² so⁵² tsəʔ²¹　拌面的素菜，多带汤

揪片儿 tɕiəu²⁴ p'iər²¹³　揪片子 tɕiəu²⁴ p'ie²¹ tsəʔ²¹　面片儿

面旗旗 mie⁵² tɕʻi³³ tɕʻi²¹　面叶儿 mie⁵² iər³³　菱形状的面片

甩面 ʂua³³ mie⁵²　搋面 tɕye³³ mie⁵²〈义〉抻面

宽（片子）面 k'uæ²¹（p'ie²¹ tsəʔ²¹）mie⁵²　比一般面条儿宽一些

面馞 mie⁵² p'uo²¹　做面食时为防止黏合而撒的米粉、面粉

面糊糊 mie⁵² xu³³ xu²¹　用面做成的糊状食物

不烂圪瘩 pəʔ³ læ⁵² kəʔ⁵ ta²¹　拌圪瘩汤

圪饦儿 kəʔ³ t'uor³³　猫耳朵面

饸饹 xɯ³³ lo²¹

烩/和杂面叶儿 xuei⁵²/xuo⁵² tsa³³ mie⁵² iər³³　杂面（豌豆与小麦磨制的面粉，切成菱形状）与菜烩成

抿夹儿 min²¹ tɕiər³³　抿夹儿床上搓下的短面节

礤夹儿 tsʻa³³ tɕiər³³　礤子上搓下来的短面条

馍馍 mu³³ mu²¹　馒头

黄儿 xuə̃r³³　小米、玉米面做的发糕

摊黄儿 t'æ²¹ xuə̃r³³　在鏊子上烙蒸的食品

黄馍馍 xuã³³ mu³³ mu²¹　有枣泥豆沙馅的黄米面馒头

窝窝 vuo²⁴ vuo²¹　窝窝头

包儿 por²¹³　包子 po²⁴ tsəʔ²¹

角儿 tɕiər³³　角子 tɕie³³ tsəʔ²¹　饺子形状而大五六倍，蒸熟而食

黑面角儿 xəʔ³ mie⁵² tɕiər³³　（1）杂粮面蒸制的角儿　（2）讳指女性的生殖器

油条 iəu³³ t'io³³〈新〉

饼子 piŋ²¹ tsəʔ²¹　烧饼

起面饼子 tɕʻi²¹ mie⁵² piŋ²¹ tsəʔ²¹　发面饼子

死面饼子 sʅ²¹ mie⁵² piŋ²¹ tsəʔ²¹　未发面的饼子

枣儿角子 tsor²¹³ tɕie³³ tsəʔ²¹　包有枣子馅儿的饼子

油旋儿 iəu³³ ɕyər⁵²　用油和面，并在炉子上烙烘的层状饼子

油饼子 iəu³³ piŋ²¹ tsəʔ²¹　有油未发的面，在炉子上烙烘的饼子

干炉儿 kæ²¹ ləur³³　用油和面，并

　在炉子上烙烘的干酥食品

烙饼 lɔ⁵² piŋ²¹　软饼 zuæ²⁴ piŋ²¹

煎饼 tɕie²¹³ piŋ²¹

花卷 xua²⁴ tɕyər²¹³

糕条 kɔ²¹ t'iɔ³³　金银馍

扁食 pie²¹ ʂəʔ³　饺子

（扁食）馅馅/子（pie²¹　ʂəʔ³）xæ⁵²

　xæ²¹/tsəʔ²¹　（饺子）馅儿

馄饨 xuŋ³³ tuɤ̃r⁵²〈新〉

蛋糕 tæ⁵² kɔ²¹〈新〉

月饼 ye³³ piŋ²¹

雪花 ɕye³³ xua²¹　用油和面，用芝

　麻、糖做馅烙烘而熟的食品

馃馅 kuo²¹ ɕie⁵²　用油和面，用枣

　泥或糖做馅儿的烙烘而熟的

　食品

油麻花儿 iəu³³ ma³³ xuɐr²¹³　麻花

油炸炸 iəu³³ tsa³³ tsa²¹　油馃

　iəu³³ kuo²¹

油糕 iəu³³ kɔ²¹　炸糕

油圆圙 iəu³³ k'uəʔ⁵ lie²¹³　油炸的

　环状饼

糕角儿 kɔ²¹ tɕiər³³　包馅儿油炸的糕

饼干儿 piŋ²¹ kær²¹³

酵子 tɕiɔ⁵² tsəʔ²¹

　　（四）肉、蛋

肉丁丁 zəu⁵² tiŋ²⁴ tiŋ²¹　肉丁

肉片子 zəu⁵² p'ie²¹ tsəʔ²¹　肉片

肉丝丝 zəu⁵² sʅ²⁴ sʅ²¹　肉丝

肉末末 zəu⁵² mə³³ mə²¹

肉皮 zəu⁵² p'i³³

肘子 tʂəu²¹ tsəʔ²¹

猪蹄儿 tʂu²¹ t'iər³³　猪蹄蹄/子

　tʂu²¹ t'i³³ t'i²¹/tsəʔ²¹

猪脑子 tʂu²⁴ nɔ²¹ tsəʔ²¹

里脊 li²¹ tɕiəʔ³

蹄筋 t'i³³ tɕiŋ²¹³

牛舌头 niəu³³ ʂə³³ t'əu³³

猪舌头 tʂu²¹ ʂə³³ t'əu³³

下水 ɕia⁵² ʂuei²¹　指猪牛羊的内脏

肺子 fei⁵² tsəʔ²¹

肠子 tʂ'ã³³ tsəʔ²¹

大肠 ta⁵² tʂ'ã³³

小肠儿 ɕiɔ²¹ tʂ'ɒ̃r³³

腥汤 ɕiŋ²⁴ t'ã²¹　煮肉的汤

肋条 lə²¹ t'iɔ³³　肋肢 lə²¹ tsʅ²¹³

　排骨

牛肚子 niəu³³ tu²¹ tsəʔ²¹　牛肚儿

　（带毛状物的那种）

牛肚子 niəu³³ tu²¹ tsəʔ²¹　牛肚儿

　（光滑的那种）

肝花 kæ²⁴ xua²¹　肝子 kæ²⁴ tsəʔ²¹

腰子 iɔ²⁴ tsəʔ²¹

鸡杂儿 tɕi²¹ tsɐr³³

鸡嗉子 tɕi²¹ su⁵² tsəʔ²¹　鸡肫

猪血 tʂu²¹ ie³³

鸡血 tɕi²¹ ie³³

炒鸡蛋 ts'ɔ²¹ tɕi²¹ tæ⁵²

跌鸡蛋 tie³³ tɕi²¹ tæ⁵²　荷包蛋

煮鸡蛋 tʂu²¹ tɕi²¹ tæ⁵²

蒸鸡蛋 tʂəŋ²⁴ tɕi²¹ tæ⁵²　蛋羹

变蛋 pie⁵² tæ⁵²　松花蛋

鸡蛋汤 tɕi²¹ tæ⁵² t'ã²¹³　蛋汤

　tæ⁵² t'ã²¹³

　　（五）菜

就（饭）菜 tɕiəu⁵²（fæ⁵²）　ts'ai⁵²

　下饭的菜

素菜 su⁵²/ɕy⁵² ts'ai⁵²

肉菜 zəu⁵² ts'ai⁵²　荤菜

八碗 pa³³ væ²¹　传统筵席上摆的

　八碗菜肴

硬八碗 niŋ⁵² pa³³ væ²¹　全为肉类

　的"八碗"

软八碗 zuæ²¹ pa³³ væ²¹　四个肉菜

四个蔬菜或粉汤的"八碗"

五簋 vu²¹ kʻuei²¹³　传统筵席上的
　五碗菜肴

十三花 ʂəʔ³ sæ²⁴ xua²¹　传统筵席
　上的十三碗菜肴。

十六件儿 ʂəʔ³ liəu⁵² tɕiər⁵²　传统
　筵席上的十六碗菜肴，最高级
　别的筵席

炖肉 tuŋ⁵² zɞu⁵²　红烧肉

烧肉 ʂɔ²¹ zɞu⁵²　片状的炖肉

丸子 væ²⁴ tsəʔ²¹　(1)肉丸子　(2)土
　豆在礤子上加工成片，拌面粉蒸
　熟的食品，一般调蒜汁等佐料
　而食

酥鸡 su²⁴ tɕi²¹　裹着面炸后再蒸熟
　的鸡肉块

豆腐 təu⁵² fu²¹

豆腐皮 təu⁵² fu²¹ pʻi³³　当地不加工

豆腐渣 təu⁵² fu²¹ tsa²¹³

腐竹 fu²¹ tʂuəʔ³〈新〉

豆腐干儿 təu⁵² fu²¹ kær²¹³〈新〉

豆腐脑儿 təu⁵² fu²¹ nɔr²¹³〈新〉

豆浆 təu⁵² tɕiã²¹³〈新〉

揽豆腐 læ²¹ təu⁵² fu²¹〈义〉　未经
　过滤，不点卤水而制成的豆腐

粉 fəŋ²¹³　粉条的统称

细粉 ɕi⁵² fəŋ²¹　比粉丝略粗

宽粉 kʻuæ²⁴ fəŋ²¹　粉条

粉皮 fəŋ²¹ pʻi³³　片粉 pʻie⁵² fəŋ²¹

绿豆粉 luəʔ³ təu⁵² fəŋ²¹³　绿豆淀
　粉做的粉条

山蔓儿粉 sæ²¹ mær³³ fəŋ²¹³　土豆
　粉条，与绿豆粉相对而称

面筋 mie⁵² tɕiŋ²¹³

凉粉 liã³³ fəŋ²¹　土豆淀粉做的凉粉

黑粉 xəʔ⁵ fəŋ²¹　绿豆淀粉做的凉粉

碗饦儿 væ²¹ tʻuor³³　荞麦面做熟

成糊状，盛碗中冷后切块调佐
料或麻辣肝而食

豆豉 təu⁵² səŋ²¹　"豉"读音特殊

芡 tɕʻie⁵²　芡面儿 tɕʻie⁵² miər⁵²
　淀粉

木耳 məʔ³ ər²¹³　多读合音 mər⁵²

桑木耳 sã²¹ mər⁵²　桑树上长的木耳

银耳 iŋ³³ ər²¹³〈新〉

金针 tɕiŋ²⁴ tʂəŋ²¹³

海参 xai²¹ səŋ²¹

海带 xai²¹ tai⁵²

（六）油盐作料

味道儿 vei⁵² tɔr⁵²　滋味

味气 vei⁵² tɕʻi²¹　气味

色道儿 sə³³ tɔr⁵²　颜色

猪油 tʂu²¹ iəu³³　羊油 iã³³ iəu³³
　荤油

花生油 xua²⁴ səŋ²¹ iəu³³

菜籽儿油 tsʻai⁵² tsər²¹ iəu³³〈新〉

香油 ɕia²¹ iəu³³　芝麻油

清油 tɕʻiŋ²¹ iəu³³　真清油 tʂəŋ²⁴
　tɕʻiŋ²¹ iəu³³　大麻籽油

老麻子油 lɔ²¹ ma³³ tsəʔ²¹ iəu³³　麻
　油 ma³³ iəu³³　蓖麻油，点灯用

盐 ie³³

大盐 ta⁵² ie³³　块状的粗盐

小盐儿 ɕiɔ²¹ iər³³　精盐

芝麻盐 tsʅ²¹ ma³³ ie³³　芝麻炒熟捣
　碎放少量盐

酱 tɕiã⁵²　酱油

芝麻酱 tsʅ²¹ ma³³ tɕiã⁵²

黑豆酱 xəʔ³ təu⁵² tɕiã⁵²　黄豆做
　的酱

杏子酱 xɯ⁵² tsʅ²¹ tɕiã⁵²　杏仁做
　的酱

醋 tsʻu⁵²

红砂糖 xuŋ³³ sa²¹ tʻã³³　红糖

白砂糖 pi^{33} sa^{21} tʻã^{33}　白糖

冰糖 piŋ^{21} tʻã^{33}

洋冰糖 iã^{24} piŋ^{21} tʻã^{33}　水果糖块

麦芽糖 mie^{33} ia^{33} tʻã^{33}〈旧〉

调和 tʻiɔ^{33} xuo^{52}　作料的总称

茴香 xuei^{33} ɕiã^{21}　八角

花椒 xua^{24} tɕiɔ^{21}

胡椒 xu^{33} tɕiɔ^{21}　胡椒粉

（七）烟、茶、酒

烟 ie^{213}

黄金儿烟 xuã^{24} tɕiɤ̃r^{213} ie^{213}　烟叶是绿黄色的品种，抽起来较软

徽州烟 xuei^{24} tʂəu^{213} ie^{213}　烟叶是绿色的品种，抽起来较硬

烟片子 ie^{24} pʻie^{24} tsəʔ^{21}　烟叶子 ie^{21} ie^{33} tsəʔ^{21}　烟叶

烟丝丝 ie^{24} sɿ^{24} sɿ^{21}　烟丝

纸烟 tsɿ^{21} ie^{213}

带把儿烟 tai^{52} pɐr^{52} ie^{213}　带过滤嘴的香烟

旱烟 xæ^{52} ie^{213}

水烟 ʂuei^{21} ie^{213}

水烟锅儿 ʂuei^{21} ie^{24} kuor^{213}　水烟袋（铜制的）

旱烟锅儿 xæ^{52} ie^{24} kuor^{213}　烟锅

儿 ie^{24} kuor^{213}　旱烟袋

烟锅儿脑脑/子 ie^{24} kuor^{213} nɔ^{33} nɔ^{21}/tsəʔ^{21}

烟锅儿嘴嘴/子 ie^{24} kuor^{213} tsuei^{21} tsuei^{21}/tsəʔ^{21}

烟锅儿杆杆/子 ie^{24} kuor^{213} kæ^{21} kæ^{33}/tsəʔ^{21}

纸烟匣儿 tsɿ^{21} ie^{21} xɐr^{33}　烟盒

烟布袋儿 ie^{21} pu^{52} tɐr^{213}　装烟叶的袋子

烟嗅 ie^{21} ɕiəu^{52}　烟油子

烟灰灰 ie^{24} xuei^{24} xuei^{21}　烟灰

火镰儿 xuo^{21} liɐr^{33}　旧时取火用具

火石 xuo^{21} ʂəʔ^{21}　用火镰打的那种石头

（沏好的）茶 tsʻa^{33}

茶叶 tsʻa^{33} ie^{21}　茶 tsʻa^{33}

滚水 kuŋ^{24} ʂuei^{21}　开水

泼茶 pʻə^{33} tsʻa^{33}　泡茶 pʻɔ^{52} tsʻa^{33}　沏茶

倒茶 tɔ^{52} tsʻa^{33}

烧/辣酒 ʂɔ^{24}/la^{33} tɕiəu^{21}　酒 tɕiəu^{213}　白酒

黄酒 xuã^{33} tɕiəu^{21}　米酒，小米酿制而，较稠

十五、红白大事

（一）婚姻、生育

亲事 tɕʻiŋ^{21} sɿ^{52}　婚事 xuŋ^{21} sɿ^{52}

说媒 ʂuo^{33} mei^{33}　说亲事 ʂuo^{33} tɕʻiŋ^{21} sɿ^{52}　提亲 tʻi^{33} tɕʻiŋ^{213}　做媒 tsuaʔ^{3} mei^{33}

假谈 tɕia^{21} tʻæ^{33}　试着谈，尚未正式确定为恋爱关系

问媳妇子 vəŋ^{52} ɕiəu^{33} tsəʔ^{21}　找媳妇

寻人家 ɕiŋ^{33} zəŋ^{33} tɕia^{21}　找婆家

媒人 mei^{33} zəŋ^{21}　说媒的 ʂuo^{33} mei^{33} təʔ^{21}

验人 ie^{52} zəŋ^{33}　相亲

人样 zəŋ^{33} iã^{52}　相貌

年纪 nie^{33} tɕi^{52}　年龄

定亲 tiŋ^{52} tɕʻiŋ^{213}　订婚 tiŋ^{24} xuŋ^{213}〈新〉

作亲 tsə³³ᐟ²¹ tɕ'iŋ²¹³　建立婚姻关系

奶头儿作亲 nai²¹ t'əur³³ tsə³³ᐟ²¹ tɕ'iŋ²¹³　娃娃亲

财礼 ts'ai³³ li²¹³　定礼，彩礼

斗儿 təur²¹³　彩礼中的粮食，现已没有

裹亲布 kuo²¹ tɕ'iŋ²¹³ pu⁵²　彩礼中的布匹

扯布 tʂ'əŋ²¹ pu⁵²　（1）买布料（2）专指为结婚而买布料

喜日子 ɕi²¹ zəʔ⁵ tsə²¹　喜期

喜酒 ɕi²¹ tɕiəu²¹³

引媳妇子 iŋ²¹ ɕiəu³³ tsə²¹　引叨 iŋ²¹ liə²¹　（男子）娶亲

（女子）出嫁 tʂ'uəʔ³ tɕia⁵²

出嫁女子 tʂ'uəʔ³ tɕia⁵² ny²¹ tsə²¹　嫁闺女

结婚 tɕie²¹ xuŋ²¹³〈新〉

轿 tɕia⁵²　花轿

拜天地 pai⁵² t'ie²¹ ti⁵²　拜堂

新人 ɕiŋ²¹ zəŋ³³　结婚的男女

新女婿 ɕiŋ²⁴ ny²¹ ɕi⁵²　新郎

为儿女婿 vei³³ ər³³ ny²¹ ɕi⁵²　倒插门

新媳妇子 ɕiŋ²¹ ɕiəu³³ tsə²¹　新娘

帐房窑 tʂã⁵² fã³³ iɔ³³　新房

闹房 nɔ⁵² fã³³　闹房

回门 xuei³³ məŋ³³

后走 xəu⁵² tsəu²¹³　又走哩一下里 iəu⁵² tsəu²⁴ li²¹ iəʔ³ xa⁵² li²¹　再醮

办（后）老婆 pæ⁵²（xəu⁵²）lɔ²¹ p'uo³³　续弦

活人亲 xuo²¹ zəŋ³³ tɕ'iŋ²¹³　离婚后再嫁人

青头 tɕ'iŋ²¹ t'əu³³　没有结过婚的女子

后宫 xəu⁵² kuŋ²¹　再嫁的女子

怀上（身子）嘞 xuai³³ ʂã⁵²（ʂəŋ²⁴ tsəʔ²¹）læ²¹　怀上娃娃嘞 xuai³³ ʂã⁵² va³³ va²¹ læ²¹　有（哩身子）嘞 iəu²⁴（li²¹ ʂəŋ²⁴ tsəʔ²¹）læ²¹　怀孕了

大肚（子）婆姨 ta⁵² tu⁵²（tsəʔ²¹）p'uo³³ i⁵²ᐟ²¹　怀娃娃婆姨 xuai³³ va³³ va²¹ p'uo³³ i⁵²ᐟ²¹　怀娃娃的 xuai³³ va³³ va²¹ təʔ²¹　孕妇

跌哩个身子 tie³³ li²¹ kuəʔ³ ʂəŋ²⁴ tsəʔ²¹　身子跌嘞 ʂəŋ²⁴ tsəʔ²¹ tie³³ læ²¹　踢/跌嘞 t'ã⁵²/tie³³ læ²¹　没怀定 mə³³ xuai³³ tiŋ⁵²　小产 ɕiɔ²¹ ts'æ²¹³〈新〉

养娃娃 iã²¹ va³³ va²¹　生孩子

接生 tɕie²¹ səŋ²¹³

老娘婆 lɔ²¹ niã³³ p'uo³³　接生婆

衣胞儿 i²⁴ pər²¹³　胎盘

坐月子 tsuo⁵² ye³³ tsəʔ²¹

送汤 suŋ⁵² t'ã²¹³　产妇生小孩子后，娘家人送面食等

满月 mæ²¹ ye³³

闹/做满月 nɔ⁵²/tsuəʔ³ mæ²¹ ye³³　孩子满月当日待客祝贺

头首首 t'əu³³ ʂəu²¹ ʂəu³³　头胎

二首首 ər⁵² ʂəu²¹ ʂəu³³　第二胎

三一个 sæ²⁴ iəʔ⁵ kuəʔ²¹　第三胎

双生儿 ʂuã⁵² sr̃²¹³　双胞胎。"双"声调特殊

打嘞 ta²¹ læ²¹　打胎 ta²¹ t'ai³³〈新〉

墓生生 mu⁵² səŋ²⁴ səŋ²¹　遗腹子

吃奶 tʂ'əʔ³ nai²¹³

奶头儿 nai²¹ t'əur³³

（小孩子）尿床 niɔ⁵² tʂ'uã³³

　　（二）寿辰、丧礼

生儿 sr̃²¹³　生日

过生儿 kuo⁵² sɤr²¹³　做生日

过晬儿 kuo⁵² tsuər⁵²　十二岁以下
　过生日

知生儿 tʂʅ²⁴ sɤr²¹³　女子出嫁后第
　一个生日，娘家人来到婆家给
　其过生日，意在告知婆家生日
　之期

祝寿 tʂuəʔ³ ʂəu⁵²　过生儿 kuo⁵² sɤr²¹³

寿星 ʂəu⁵² ɕiŋ²¹³

白事 pi³³ sʅ⁵²　丧事

冷事 ləŋ²¹ sʅ⁵²　中年以下非正常
　死亡

奔丧 pəŋ²⁴ sã²¹³

殁嘞 mə³³ læ²¹　圪迁嘞 kəʔ⁵ tɕ‘ie²⁴
　læ²¹　失间嘞 ʂəʔ³ tɕie³³ læ²¹
　死嘞 sʅ²⁴ læ²¹〈贬〉

老(去)嘞 lɔ²⁴ (k‘əʔ⁵) læ²¹　圪硬下
　嘞 kəʔ³ niŋ⁵² xa²¹ læ²¹　要下命嘞
　iɔ⁵² xa²¹ miŋ⁵² læ²¹　咽下气嘞
　ie³³ xa²¹ tɕ‘i⁵² læ²¹　老年去世

腾仓 t‘əŋ³³ ts‘ã²¹³　老年人去世前
　把肚子的东西排泄尽

丢野嘞 tiəu²⁴ ie²¹³ læ²¹　撂嘞 liɔ⁵² læ²¹
　没抱起 mə³³ pɔ⁵² tɕ‘i²¹　没搭起
　mə³³ tɕ‘ia²⁴ tɕ‘i²¹　没活人 mə³³
　xuo³³ zəŋ³³　小孩、婴儿死

草上 ts‘ɔ²¹ ʂã⁵²　灵床

木头 məʔ³ t‘əu³³　棺材

寿材 ʂəu⁵² ts‘ai³³　木头 məʔ³ t‘əu³³
　生前预制的棺材

盛函 tʂ‘əŋ³³ xæ³³　入殓

灵棚儿 liŋ³³ p‘ɤr³³　灵堂

丧 sã²¹³　灵 liŋ³³　丧灵 sã²¹ liŋ³³
　灵柩

尸灵 sʅ²¹ liŋ³³　尸体

牌位儿 p‘ai³³ vər⁵²　灵位儿 liŋ³³ vər⁵²
　灵牌儿 liŋ³³ p‘ər³³

守灵 ʂəu²¹ liŋ³³

过七 kuo⁵² tɕ‘iəʔ²¹　做七

守孝 ʂəu²¹ ɕiɔ⁵²

戴孝 tai⁵² ɕiɔ⁵²／xɔ⁵²

除孝 tʂ‘u³³ ɕiɔ⁵²／xɔ⁵²

孝布 ɕiɔ⁵² pu⁵²

孝衫 ɕiɔ⁵² sæ²¹　男人穿

孝衣 ɕiɔ⁵² i²¹　孝袄儿 ɕiɔ⁵² ŋɔr²¹³
　孝裤儿 ɕiɔ⁵² k‘ur⁵²　女人穿

麻壳壳 ma³³ k‘ə³³ k‘ə²¹　麻壳儿
　ma³³ k‘ər³³　孝帽子

麻带 ma³³ tai⁵²

孝子 ɕiɔ⁵² tsʅ²¹³

孝孙 ɕiɔ⁵² suŋ²¹³

扯丧 tʂ‘əŋ²¹ sã²¹³　出殡前将灵柩从
　灵堂抬出

出丧 tʂ‘uə³ sã²¹³　出殡

请灵 tɕ‘iŋ²¹ liŋ³³　将已过世的人的
　灵魂请回来

送灵 suŋ⁵² liŋ³³　送葬

丧棒儿 sã²¹ pɒ̃r⁵²　丧棍儿 sã²¹
　kuɤr⁵²〈义〉哭丧棒

纸火 tsʅ²¹ xuo²¹³　纸扎 tsʅ²¹ tsa³³
　用纸扎的人、马、房子等

烧纸 ʂɔ²⁴ tsʅ²¹³　(1)烧的纸钱
　(2)烧纸钱(动宾)

纸钱 tsʅ²¹ tɕ‘ie³³　(1)烧的纸钱
　(2)折合纸钱的钱

阴票儿 iŋ²¹ p‘iɔr⁵²　鬼票儿 kuər²¹
　p‘iɔr⁵²　冥币

坟地 fəŋ³³ ti⁵²

坟 fəŋ³³　坟墓

坟圪堆 fəŋ³³ kəʔ³ tuei²¹³　坟墓的
　土堆

陆巷儿 luəʔ³ xɒ̃r⁵²　墓坑，墓道

墓窑儿 mu⁵² iɔr³³　墓室

任墓石 zəŋ⁵² mu⁵² ʂəʔ³　拦挡墓室

口的石板，类似墓门石

墓桌儿 mu⁵² tʂuor³³　墓室口放置的搁置冥器的小桌子

祭食钵钵 tɕi⁵² ʂəʔ³ pə³³/²¹ pə³³　墓室后壁上放置祭品的器皿，多为小碗之类

碑 pei²¹³　（1）墓碑　（2）石碑

烧纸去喽 ʂɔ²⁴ tsʅ²¹³ kʻəʔ⁵ læ²¹　坟里去喽 fəŋ³³ li²¹ kʻəʔ⁵ læ²¹　上坟

寻无常 ɕiŋ³³ vu³³ tʂʻã²¹　寻短见 ɕiŋ³³ tuæ²¹ tɕie⁵²　寻死 ɕiŋ³³ sʅ²¹³　自杀

跳河（自尽）tʻiɔ⁵² xɯ³³　投水

钻水瓮（自尽）tsuæ²⁴ ʂuei²¹ vəŋ⁵²

跳石畔（自尽）tʻiɔ⁵² ʂəʔ³ pæ⁵²　从高石崖上往下跳

跳垴畔（自尽）tʻiɔ⁵² nɔ²¹ pæ⁵²　从窑洞外部的顶上往下跳

上吊 ʂã⁵² tiɔ⁵²

骨殖 kuəʔ⁵ ʂəʔ²¹　尸骨

（三）迷信

老天 lɔ²¹ tʻie²¹³　天老子 tʻie²⁴ lɔ²¹ tsəʔ²¹　天爹爹 tʻie²¹³ ta²⁴ ta²¹　老天爷

灶马爷 tsɔ⁵² ma²¹ i²¹　灶王爷

神（神）ʂəŋ³³（ʂəŋ²¹）

神仙 ʂəŋ³³ ɕie²¹

佛 fə³³　佛家 fə²¹ tɕia²¹³

菩萨 pʻu³³ sa²¹

观世音 kuæ²¹ ʂʅ⁵² iŋ²¹³

土地庙 tʻu²¹ ti⁵² miɔ⁵²

老爷庙 lɔ²¹ i³³ miɔ⁵²　关帝庙

城隍庙 tʂʻəŋ³³ xuã³³ miɔ⁵²

阎王（爷）ie³³ vã²¹（i³³）

神像 ʂəŋ³³ ɕiã⁵²

香案 ɕiã²¹ ŋæ⁵²

上供 ʂã⁵² kuŋ⁵²

蜡座子 la³³ tsuo⁵² tsəʔ²¹　烛台

蜡 la³³　蜡烛（敬神的那种）

香 ɕiã²¹³　线香（敬神的那种）

香炉 ɕiã²¹ ləu³³

烧香 ʂɔ²⁴ ɕiã²¹³　（动宾）

抽签 tʂʻəu²⁴ tɕʻie²¹³　求签

算卦 suæ⁵² kua⁵²　打卦 ta²¹ kua⁵²

庙会 miɔ⁵² xuei⁵²

上香 ʂã⁵² ɕiã²¹³　进香

做道场 tsuəʔ³ tɔ⁵² tʂʻã²¹

念经 nie⁵² tɕiŋ²¹³

念佛 nie⁵² fə³³

拜佛 pai⁵² fə³³

测字 tsʻəʔ³³ tsʅ⁵²

看风水 kʻæ⁵² fəŋ²⁴ ʂuei²¹³

算命 suæ⁵² miŋ⁵²

算命/卦的 suæ⁵² miŋ⁵²/kua⁵² təʔ²¹　算命/卦先生 suæ⁵² miŋ⁵²/kua⁵² ɕie²⁴ səŋ²¹

看麻衣相的 kʻæ⁵² ma³³ i²¹ ɕiã⁵² təʔ²¹　看相的

阴阳 iŋ²¹ iã³³

神婆儿 ʂəŋ³³ pʻuor²¹　巫婆

跳神 tʻiɔ⁵² ʂəŋ³³

异人 i⁵² zəŋ²¹　会跳神的人

许（口）愿 ɕy²⁴（kʻəu²¹）ye⁵²

还（口）愿 xuæ³³（kʻəu²¹）ye⁵²

为儿 vei³³ ər³³　给他人做儿子

黑门儿 xəʔ³ mɣr³³　（1）无后断绝香火　（2）没有指望

十六、日常生活

（一）衣

穿衣裳 tṣʻuæ²⁴ i²¹ ʂã³³

脱衣裳 tʻuo³³ i²¹ ʂã³³　脱衣服

脱鞋 tʻuo³³ xai³³

量身子 liã³³ ʂəŋ³³ tsəʔ²¹

量衣裳 liã³³ i²¹ ʂã³³

缝衣裳 fəŋ³³ i²¹ ʂã³³　做衣服

贴边 tʻie³³ pie²¹³　缝在衣服里子边
　上的窄条

缠边 pʻie²⁴ pie²¹³　缘边 ie³³ pie²¹³

缭边 liə³³ pie²¹³　缲边儿

鞔鞋帮儿 mæ³³ xai³³ põr²¹³　做鞋帮子

垫鞋底子 tie⁵² xai³³ ti²¹ tsəʔ²¹　垫鞋
　底儿 tie⁵² xai³³ tiər²¹³　做鞋底

纳鞋底子 na³³ xai³³ ti²¹ tsəʔ²¹　纳鞋
　底儿 na³³ xai³³ tiər²¹³

缉鞋口子 tɕʻiəʔ³ xai³³ kʻəu²¹ tsəʔ²¹
　用布条包鞋口缝纫

缀/缝扣子 tʂuei⁵²/fəŋ³³ kʻəu⁵² tsəʔ²¹
　钉扣子

绣花儿 ɕiəu⁵² xuɐr²¹³

补补丁 pu²¹³ pu²¹ tiŋ²¹　打补丁

缝/装被子 fəŋ³³/tʂuã⁵² pi⁵² tsəʔ²¹
　做被子

缝/装褥子 fəŋ³³/tʂuã⁵² zuəʔ⁵ tsəʔ²¹
　做褥子

洗衣裳 ɕi²¹³ i²¹ ʂã³³　洗衣服

洗一水 ɕi²¹ iəʔ⁵ ʂuei²¹³　衣物只洗
　了一次

摆 pai²¹³　投，用清水漂洗

烧 ʂɔ⁵²　指衣服、布料退色变白或
　变灰

晒衣裳 sai⁵² i²¹ ʂã³³

晾衣裳 liã⁵² i²¹ ʂã³³

浆衣裳 tɕiã⁵² i²¹ ʂã³³

熨衣裳 yŋ⁵² i²¹ ʂã³³

铰衣裳 tɕiɔ²⁴ i²¹ ʂã³³　剪裁衣服

（二）食

救火 tɕiəu⁵² xuo²¹³　生火，指烧柴禾

着火 tʂʻəʔ³ xuo²¹³　起火 tɕʻi²⁴ xuo²¹³

打着烟火唡 ta²¹ tʂʻəʔ³ ie²⁴ xuo²¹³ læ²¹
　失火

笼火 luŋ³³ xuo²¹³　生火，指烧煤

做饭 tsuəʔ³ fæ⁵²

淘米 tʻɔ³³ mi²¹³　做糕、黄馍馍时
　才淘米，平时做饭不淘米

起面 tɕʻi²¹ mie⁵²　发面

和面 xuo³³ mie⁵²

搋面 tsʻai²¹ mie⁵²　揉面使之有韧劲

揉面 zəu³³ mie⁵²　发面中放碱面
　等，揉使之均匀

擀面 kæ²¹ mie⁵²　擀面条

切面 tɕʻie³³ mie⁵²　切面条

煮面 tʂu²¹ mie⁵²　下面条

捞面 lɔ³³ mie⁵²　（1）捞面条　（2）不
　带汤的面

蒸馍馍 tʂəŋ²¹ mu³³ mu²¹　蒸馒头

捏扁食 nie³³ pie²¹ ʂəʔ²¹　包饺子

包包子 pɔ²⁴ pɔ²⁴ tsəʔ²¹　包包儿
　pɔ²⁴ pɔr²¹³

炸丸子 tsa³³ væ³³ tsəʔ²¹

拣菜 tɕie²¹ tsʻai⁵²　择菜

洗菜 ɕi²¹ tsʻai⁵²

切菜 tɕʻie³³ tsʻai⁵²

炒菜 tsʻɔ²¹ tsʻai⁵²　做菜（总称）

做汤 tsuəʔ³ tʻã²¹³

饭好唡 fæ⁵² xɔ²⁴ læ²¹　饭便宜唡
　fæ⁵² pie⁵² i⁵² læ²¹　（包括饭菜）

（饭）生（fæ⁵²）səŋ²¹³　不熟 pəʔ⁵ ʂuəʔ²¹

吃饭叻 tʂʻəʔ³ fæ⁵² liəʔ²¹　开饭

搛饭 tɕie²¹ fæ⁵²　将捞饭、大米饭、
　菜等盛碗中

舀饭 io²¹ fæ⁵²　盛稀饭一类

掏饭 tʻɔ³³ fæ⁵²　将稀饭等舀在饭盆中

吃饭 tʂʻəʔ³ fæ⁵²

啖 tæ⁵²　吃：～哩一嘴

抄菜 tsʻɔ²¹ tsʻai⁵²　搛菜

舀汤 io²¹ tʻã²¹³

吃早（起）饭 tʂʻəʔ⁵ tsɔ²¹（tɕʻi²¹）fæ⁵²

吃晌午饭 tʂʻəʔ⁵ ʂã²¹ vu²¹³ fæ⁵²

吃黑地饭 tʂʻəʔ⁵ xəʔ³ ti⁵² fæ⁵²　吃晚饭

零（碎）吃 liŋ³³（suei⁵²）tʂʻəʔ³　吃
　零食

拿筷子 na³³ kʻuai⁵² tsəʔ²¹　使筷子

肉硬叻 zəu⁵² niŋ⁵² liəʔ²¹　肉不烂
　zəu⁵² pəʔ³ læ⁵²

咬不烂/下 nia²¹ pəʔ³ læ⁵²/xa⁵²
　嚼不下/动 tɕi³³ pəʔ³ xa⁵²/tuŋ⁵²

（吃饭）噎定/住噁 ie³³ tiŋ⁵²/tʂu⁵² læ²¹

打饱声 ta²⁴ pɔ²¹ ʂəŋ²¹³　打嗝儿（吃
　饱后）

嗝露 kəʔ³ ləu⁵²　打冷嗝儿

倒冷气 tɔ⁵² ləŋ²¹ tɕʻi⁵²

生食气 səŋ²⁴ ʂəʔ³ tɕʻi⁵²　因食物不
　熟引起消化不良而倒上来的食
　物气味

撑/挣起噁 tsʻəŋ²⁴/tsəŋ⁵² tɕʻi²¹ læ²¹
　吃撑/挣噁 tʂʻəʔ³ tsʻəŋ²⁴/tsəŋ⁵² læ²¹
　吃得撑着了

吃着不香 tʂʻəʔ³ tʂʻə³³ pəʔ⁵ ɕiã²¹³
　没口味 mə³³ kʻəu²¹ vei⁵²　嘴没味儿

喝茶 xə³³ tsʻa³³

喝酒 xə³³ tɕiəu²¹³

吃烟 tʂʻəʔ⁵ ie²¹³　抽烟

饿噁 ŋɯ⁵² læ²¹

（三）住

起 tɕʻi²¹³　起床 tɕʻi²¹ tʂʻuã³³

洗手 ɕi²⁴ ʂəu²¹³

洗脸 ɕi²⁴ lie²¹³

涮口 ʂuæ⁵² kʻəu²¹³　漱口

刷牙 ʂua³³ ia³³

梳头 ʂuo²¹ tʻəu³³

刮头 kua²¹ tʻəu³³　篦头

梳辫子/辫 ʂuo²¹ pie⁵² tsəʔ²¹/pie²¹

辫辫子/辫 pie⁵² pie⁵² tsəʔ²¹/pie²¹

梳纂纂 ʂuo²⁴ tsuæ²¹ tsuæ²¹³　梳髻

缯圪鬐鬐 tsəŋ⁵² kəʔ³ tʂua²¹ tʂua³³
　扎发髻

铰指甲 tɕiɔ²¹ tɕiəʔ⁵ tɕia²¹　剪指甲。
　"指"读音特殊

挖耳塞 va²⁴ ər²¹ sə³³　圪老耳塞 kəʔ⁵
　lɔ²¹³ ər²¹ sə³³　掏耳朵 tʻɔ²⁴ ər²¹ tuo²¹³

洗身名/子 ɕi²¹³ ʂəŋ²⁴ miŋ³³/tsəʔ²¹
　洗澡 ɕi²⁴ tsɔ²¹³

擦身名/子 tsʻa³³ ʂəŋ²⁴ miŋ³³/tsəʔ²¹
　擦澡

尿尿 niɔ⁵² niɔ⁵²　小便

屙 pa²¹³　屙屎 pa²⁴ sɿ²¹³　去 kʻəʔ³
　大便

提屎 tʻi³³ sɿ²¹³　提上屙 tʻi³³ ʂã⁵²
　pa²¹³　屙屙 pa²¹ pa³³　把持小儿
　双腿、哄大便

去下 kʻəʔ³ xa⁵²　拉下屎

提尿 tʻi³³ niɔ⁵²

屙尿 pa²¹ niɔ⁵²

歇凉凉 ɕie³³ liã³³ liã²¹　乘凉

晒太阳 sai⁵² tʻai⁵² iã²¹　晒阳阳
　sai⁵² iã³³ iã²¹

烤火（火）kʻɔ²⁴ xuo²¹（xuo³³）　烤火

点灯 tie²¹ təŋ³³

吹灯 tʂʻuei²⁴ təŋ²¹³　熄灭油灯

关灯 kuæ²⁴ təŋ²¹³　熄灭电灯

歇给下儿/阵儿 ɕie³³ kei⁵² xɐr²¹ / tʂʐ̃r²¹
歇一歇儿 ɕie³³ iəʔ³ ɕiər³³ 歇歇

丢盹儿 tiəu²⁴ tuʐ̃r²¹³ 点盹儿 tie²⁴
tuʐ̃r²¹³ 打盹儿

打呵牙 ta²¹ xɯ³³ ia³³ 打哈欠

熬唉 ŋɔ³³ læ²¹ 困唉 k'uŋ⁵² læ²¹ 瞌
睡唉 k'ə³³ ʂuei⁵² læ²¹

铺炕 p'u²¹ k'ã⁵² 铺床

躺下 t'ã²¹ xa⁵² 睡下 ʂuei⁵² xa⁵²

仰下 niã²¹ xa⁵² 靠着东西躺下

睡着唉 ʂuei⁵² tʂ'ə³³ læ²¹

打鼾睡 ta²¹ xæ⁵² ʂuei²¹ 打呼

睡不着 ʂuei⁵² pəʔ³ tʂ'ə³³

歇晌午 ɕie³³ ʂã²¹ vu²¹³ 睡晌午觉
ʂuei⁵² ʂã²¹ vu²¹³ tɕi⁵² 睡午觉

仰目直天睡 niã³³ məʔ³ tʂ'əʔ⁵ t'ie²¹³
ʂuei⁵² 仰面睡 niã³³ mie⁵² ʂuei⁵²

侧楞转/起睡 tsə³³ ləŋ³³ tʂuæ⁵² /
tɕ'i²¹ ʂuei⁵² 侧面睡

死停下 sɿ²¹ t'iŋ³³ xa⁵²〈罟〉 睡觉

圪皮 kəʔ³ p'i³³ 稍作睡眠

趴下睡 p'a⁵² xa⁵² ʂuei⁵² 趴着睡

落枕 lə³³ tʂəŋ²¹³

抽筋叻 tʂ'əu²⁴ tɕiŋ²⁴ liəʔ²¹ 筋搐叻

tɕiŋ²¹ tʂ'uəʔ⁵ liəʔ²¹

梦梦 məŋ⁵² məŋ⁵² 做梦

说梦话 ʂuo³³ məŋ⁵² xua⁵² 胡说
xu³³ ʂuo³³

睡魇着唉 ʂuei⁵² ie²¹³ tʂ'ə³³ læ²¹
睡阴唉 ʂuei⁵² iŋ²⁴ læ²¹ 魇住了

熬夜 ŋɔ³³ ie²¹

开夜车 k'ai²¹ ie⁵² tʂ'əŋ²¹

（四）行

地里去唉 ti⁵² li²¹ k'əʔ⁵ læ²¹ 下地干
活

上工 ʂã⁵² kuŋ²¹³

收工 ʂəu²⁴ kuŋ²¹³

上班儿 ʂã⁵² pær²¹³

下班儿 ɕia⁵² pær²¹³

出去唉 tʂ'uəʔ⁵ k'əʔ³ læ²¹

回家唉 xuei³³ tɕia²¹³ læ²¹

耍 ʂua²¹³ 玩耍

串 tʂ'uæ⁵² 转 tʂuæ⁵² 逛/溜达
kuã⁵² / liəu⁵² ta²¹ 逛街

溜（达）liəu⁵²（ta²¹） 走串 tsəu²¹
tʂ'uæ⁵² 散步

十七、讼事

打官司 ta²¹ kuæ²¹ sɿ⁵²
告状 kɔ⁵² tʂuã⁵²
原告 ye³³ kɔ⁵²
被告 pi⁵² kɔ⁵²
状子 tʂuã⁵² təʔ²¹ 呈子 tʂ'əŋ³³ təʔ²¹
惊堂木 tɕiŋ²¹ t'ã³³ məʔ³
坐堂 tsuo⁵² t'ã³³ 升堂 ʂəŋ²¹ t'ã³³
退堂 t'uei⁵² t'ã³³
问案 vəŋ⁵² ŋæ⁵²〈旧〉 审案 ʂəŋ²¹ ŋæ⁵²
过堂 kuo⁵² t'ã³³

证人 tʂəŋ⁵² zəŋ³³
人证 zəŋ³³ tʂəŋ⁵²
物证 və³³ tʂəŋ⁵²
质对 tʂəʔ³ tuei⁵² 对证 tuei⁵² tʂəŋ⁵²
对质
刑事 ɕiŋ³³ sɿ⁵²
民事 miŋ³³ sɿ⁵²
家务事 tɕia²¹ vu⁵² sɿ⁵² 清官难断～
律师 luəʔ⁵ sɿ²¹³
写状子的 ɕi²¹ tʂuã⁵² təʔ²¹ təʔ²¹

代书

服 fəʔ³

不服 pəʔ⁵ fəʔ²¹

上诉 ʂã⁵² su⁵²

断 tuæ⁵²　判 p'æ⁵²　宣判

招（认）tʂɔ²¹³（zəŋ⁵²）

口供 k'əu²¹ kuŋ⁵²

咬 nio²¹³　供 kuŋ⁵²

同谋 t'uŋ³³ mu³³　同伙儿 t'uŋ³³ xuor²¹³

故犯 ku⁵² fæ⁵²

误犯 vu⁵² fæ⁵²

犯法 fæ⁵² fa³³

犯罪 fæ⁵² tsuei⁵²

诬告 vu⁵² kɔ⁵²

赖 lai⁵²

连坐 lie³³ tsuo⁵²

放噅 fã⁵² læ²¹　开释

假释 tɕia²¹ ʂəʔ²¹

保释 pɔ²¹ ʂəʔ²¹

取保 tɕ'y²⁴ pɔ²¹³　寻/保出来噅
　ɕiŋ³³/pɔ²¹ tʂ'uə²³ lai³³ læ²¹

逮捕 tai²¹/⁵² pu²¹³

抓起噅 tʂua²⁴ tɕ'i²⁴ læ²¹　关/逮里
　去噅 kuæ²⁴/tai²⁴ li²¹ k'əʔ³ læ²¹

押（解）ia³³（tɕie²¹³）

囚车 tɕ'iəu³³ tʂ'əŋ²¹³

青天（大老爷）tɕ'iŋ³³ t'ie²¹³（ta⁵² lɔ²¹ i³³）
　清官 tɕ'iŋ²⁴ kuæ²¹³

赃官 tsɔ²⁴ kuæ²¹³　贪污受贿的官

糊涂官儿 xu³³ t'u³³ kuær²¹³　昏官

贪赃 t'æ²⁴ tsã²¹³　受贿 ʂəu⁵² xuei⁵²

贿赂 xuei⁵² ləu⁵²　行贿 ɕiŋ³³ xuei⁵²
　送东西 suŋ⁵² tuŋ²⁴ ɕi²¹

罚钱儿 fa³³ tɕ'iər³³　罚款 fa³³ k'uæ²¹³

杀头 sa³³ t'əu³³　斩首

枪毙 tɕ'iã²¹ pi⁵²　枪崩 tɕ'iã²⁴ pəŋ²¹³
　枪打 tɕ'iã²⁴ ta²¹³

木牌子 məʔ³ p'ai³³ tsəʔ²¹　斩条

拷打 k'ɔ²⁴ ta²¹³

打屁板 ta²¹ tuə⁵² pæ²¹³　打屁股

上枷 ʂã⁵² tɕia²¹³

手杻 ʂəu²⁴ tʂəu²¹³　手铐 ʂəu²¹ k'ɔ⁵²

脚镣 tɕie³³ lio⁵²

绑起来 pã²⁴ tɕ'i²⁴ lai²¹

禁闭起来 tɕiŋ²¹ pi⁵² tɕ'i²⁴ lai²¹

坐牢 tsuo⁵² lɔ³³　坐/关禁闭 tsuo⁵²/
　kuæ²⁴ tɕiŋ²¹ pi⁵²

探监 t'æ⁵² tɕie²¹³

跑噅 p'ɔ³³ læ²¹　越狱 ye³³ y⁵²

立字据 liə³³ tsʅ⁵² tɕy⁵²

画押 xua⁵² ia³³

按手印儿 ŋæ⁵² ʂəu²¹ ir̃r⁵²

苛捐杂税 k'ɯ²⁴ tɕye²¹³ tsa³³ ʂuei⁵²

租子 tsu²⁴ tsəʔ²¹　地租

约 ie³³　地约 ti⁵² ie³³　地契 ti⁵² tɕ'i⁵²

税契 ʂuei⁵² tɕ'i⁵²

上税 ʂã⁵² ʂuei⁵²　纳税

执照儿 tʂəʔ³ tʂɔr⁵²

牌照儿 p'ai³³ tʂɔr⁵²

告示 kɔ⁵² sʅ⁵²　布告 pu⁵² kɔ⁵²

通知 t'uŋ²⁴ tʂʅ²¹³

路条儿 ləu⁵² t'iər³³　路单 ləu⁵² tæ⁵²

命令 miŋ⁵² liŋ⁵²

印 iŋ⁵²　公砣 kuŋ²¹ t'uo³³　公章儿
　kuŋ²⁴ tʂr̃r²¹³　章子 tʂã²⁴ tsəʔ²¹
　官方图章

私访 sʅ²⁴ fã²¹³

交代 tɕiɔ²¹ tai⁵²　交接 tɕiɔ²¹ tɕie³³
　把经手的事务移交给接替的人

上任 ʂã⁵² zəŋ⁵²

离任 li³³ zəŋ⁵²　卸任

免职 mie²¹ tʂəʔ²¹　罢免 pa⁵² mie²¹³

案卷 ŋæ⁵² tɕye⁵²

传票 tʂ'uæ³³ p'iɔ⁵²

十八、交际

伺应 ts'ʅ⁵² iŋ⁵² 应酬 iŋ⁵² tʂ'əu³³

来往 lai³³ vã²¹³ 来回 lai³³ xuei³³

　打交儿 ta²¹ tɕiɚr²¹³

看人 k'æ⁵² zəŋ³³ 看望人

看(望)k'æ⁵²(vã⁵²) 拜访 pai⁵² fã²¹³

回拜 xuei³³ pai⁵²

客人 k'ə³³ zəŋ³³ 客 k'ə³³

待客 tai⁵² k'ə³³ 请客 tɕ'iŋ²¹ k'ə³³

款/管待 k'uæ²¹/ kuæ²¹ tai⁵² 招待

　tʂʅ²¹ tai⁵²

男客 næ³³ k'ə³³

女客 ny²¹ k'ə³³ (1)女性客人

(2)特指出嫁的女子

上客 ʂã⁵² k'ə³³ 贵客 kuei⁵² k'ə³³

　主客

稀客 ɕi²¹ k'ə³³

迎客 iŋ³³ k'ə³³

送礼(当)suŋ⁵² li²¹³/²⁴(tã²¹³)

礼(当)li²¹³/²⁴(tã²¹³) 礼物 li²¹ və³³

礼钱 li²¹ tɕ'ie³³

行礼 ɕiŋ³³ li²¹³ 上礼 ʂã⁵² li²¹³ 给礼钱

人情 zəŋ³³ tɕ'iŋ³³

当客 tã²¹ k'ə³³ 做客

陪客 p'ei³³ k'ə³³ (动宾)

慢待噯 mæ⁵² tai⁵² læ²¹ 招待不周

担耐 tæ²¹ nai⁵² 担待 tæ²¹ tai⁵²

送客 suŋ⁵² k'ə³³ 照(客)tʂɔ⁵²(k'ə³³)

不送噯 pəʔ³ suŋ⁵² læ²¹ 慢慢儿走

　mæ⁵² mær⁵² tsəu²¹³ (主人说的

　客气话)

嫑送噯 piɔ⁵² suŋ⁵² læ²¹ 留步留步

添麻烦噯 t'ie²¹ ma³³ fæ³³ læ²¹ 谢谢

嫑客气 piɔ⁵² k'ə³³ tɕ'i³³ 嫑圪争 piɔ⁵²

　kəʔ⁵ tsəŋ²¹³ 不客气

行门户 ɕiŋ³³ məŋ³³ xu⁵² 赶事宴

　kæ²¹ sʅ⁵² ie²¹ 赶事 kæ²¹ sʅ⁵²

　参加红白事

吃好的去叻 tʂ'əʔ³ xɔ²¹ təʔ²¹ k'əʔ⁵

　liə²¹ 参加喜庆事

(小)科打(ɕiə²¹)k'uo²⁴ ta²¹ 小费，

　正礼之外的礼钱或礼物

倒茶 tɔ⁵² ts'a³³

摆酒席 pai²⁴ tɕiəu²¹ ɕiəʔ³ 坐席叻

　tsuo⁵² ɕiəʔ⁵ liə²¹

一桌席 iəʔ³ tsuo³³ ɕiəʔ²¹ 一桌酒席

请帖 tɕ'iŋ²¹ t'ie³³

送请帖 suŋ⁵² tɕ'iŋ²¹ t'ie³³ 下请帖

坐席 tsuo⁵² ɕiəʔ²¹ 坐 tsuo⁵² 入席

上席 ʂã⁵² ɕiəʔ²¹ 正席 tʂəŋ⁵² ɕiəʔ²¹

下席 xa⁵² ɕiəʔ²¹

上菜 ʂã⁵² ts'ai⁵² 端菜 tuæ²¹ ts'ai⁵²

倒酒 tɔ⁵² tɕiəu²¹³ 看酒 k'æ⁵² tɕiəu²¹³

　斟酒 tʂəŋ²⁴ tɕiəu²¹³ 满上 mæ²¹ ʂã⁵²

　喝过再倒

敬酒 tɕiŋ⁵² tɕiəu²¹³ 看酒 k'æ⁵² tɕiəu²¹³

　劝酒

喝起 xə³³ tɕ'i²¹ 干杯 kæ⁵² pei²¹³〈新〉

划拳 xua³³ tɕ'ye³³ 行酒令

尽让 tɕiŋ²¹ zã²¹³ 斯让 ɕiəʔ³ zã⁵²

　互相礼让

让 zã⁵² 让架 zã⁵² tɕia⁵² 稍作客

　气地礼让

作假 tsa³³ tɕia²¹³

捎上封信 sɔ²¹ ʂã⁵² fəŋ⁵² ɕiŋ⁵²

捎个话 sɔ²⁴ kuəʔ³ xua⁵² 带信儿

黑头帖子 xəʔ³ t'əu³³ t'ie³³ tsəʔ²¹

　匿名帖子

不和(面)pəʔ³ xuo³³(mie²¹) 不对

事 pəʔ³ tuei⁵² sʅ⁵²　不对头 pəʔ³
　tuei⁵² t'əu²¹　恼着叻 nɔ²¹ tʂəʔ⁵
　liəʔ²¹
不搭话 pəʔ³ ta³³ xua⁵²　不说话
冤家 ye²⁴ tɕia²¹　仇人 ʂəu³³ / tʂ'əu³³
　zəŋ³³　死对头 sʅ²¹ tuei⁵² t'əu²¹
不平（路见～）pəʔ³ p'iŋ³³
不忿 pəʔ³ fəŋ⁵²　不服 pəʔ⁵ fəʔ²¹
背黑锅 pei²⁴ xəʔ⁵ kuo²¹³　冤枉 ye²⁴ vã²¹³
　受（委）屈 ʂəu⁵²（vei²¹）tɕ'yəʔ³
插嘴 ts'a³³ tsuei²¹³　插话 ts'a³³ xua⁵²
打话把 ta²¹ xua⁵² pa²¹　打岔
驳弹 pə³³ t'æ³³　挑刺儿 t'iɔ²¹ ts'ər⁵²
　作驳 tsə³³ pə³³　吹毛求疵
拿班乞势 na³³ pæ²¹³ tɕ'iəʔ³ sʅ⁵²
　装模作样 tʂuã²¹ mu³³ tsə³³ iã⁵²
　做作 tsuəʔ³ tsə³³
摆（臭）架子 pai²¹（tʂ'əu⁵²）tɕia⁵² tsəʔ²¹
　摆/耍辣子 pai²¹ /ʂua²¹ la³³ tsəʔ²¹
　耍大辣子 ʂua²¹ ta⁵² la³³ tsəʔ²¹
耍排场 ʂua²¹ p'ai³³ tʂ'ã²¹　摆阔气
　pai²¹ k'uo²¹ tɕ'i⁵²　扎势 tsa³³ sʅ⁵²
　抖打 təu²⁴ ta²¹　摆阔
装憨 tʂuã²⁴ xæ²¹³　装傻

装疯 tʂuã²⁴ fəŋ²¹³
装病 tʂuã²¹ piŋ⁵²
装（裹）tʂuã²⁴（kuo²¹）　假装
出洋相儿 tʂ'uəʔ⁵ iã²¹ ɕiə̃r⁵²　出丑
　儿 tʂ'uəʔ⁵ tʂ'əur²¹³
丢人 tiəu²¹ zəŋ³³　背兴 pei⁵² ɕiŋ⁵²
笑（话）ɕiɔ⁵²（xua²¹）　嘲笑
溜沟子 liəu²¹ kəu²⁴ tsəʔ²¹　巴结
　pa²⁴ tɕie²¹
攀 p'æ²¹³　套近乎
挨恋叻 ŋai²¹ lye⁵² liəʔ²¹　拉近乎
　la³³ tɕiŋ⁵² xu²¹
串门子 tʂ'uæ⁵² məŋ³³ tsəʔ²¹　（1）串
　门儿　（2）嫖女人
串 tʂ'uæ⁵²　嫖
串拉 tʂ'uæ⁵² la²¹　串门儿
看起 k'æ⁵² tɕ'i²¹　看得起
看不起 k'æ⁵² pəʔ⁵ tɕ'i²¹
朋伙伙 p'əŋ³³ xuo²¹ xuo²⁴　朋/合
　伙儿 p'əŋ³³ / xə³³ xuor²¹³
答应 ta³³ iŋ⁵²
不答应 pəʔ³ ta³³ iŋ⁵²
断出去 tuæ⁵² tʂ'uəʔ⁵ k'əʔ²¹　撵出去

十九、商业、交通

（一）经商行业
字号 tsʅ⁵² xɔ⁵²
招牌 tʂɔ²¹ p'ai³³
帖子 t'ie³³ tsəʔ²¹〈旧〉　广告 kuã²¹
　kɔ⁵²〈新〉
开铺子 k'ai²¹ p'u⁵² tsəʔ²¹　开门面
　k'ai²¹ məŋ³³ mie⁵²
铺面 p'u⁵² mie⁵²　商店的门面
摆摊摊/子 pai²¹ t'æ²⁴ t'æ²¹ /tsəʔ²¹

摆摊儿 pai²¹ t'ær²¹³
做买卖 tsuəʔ³ mai²¹ mai⁵²　做生意
　tsuəʔ³ səŋ²¹ i⁵²　闹生意 nɔ⁵² səŋ²¹ i⁵²
营生 iŋ³³ səŋ²¹　生意
店 tie⁵²　旅社儿 ly²¹ ʂr̃r⁵²　旅店
馆子 kuæ²¹ tsəʔ²¹〈旧〉　食堂
　ʂəʔ³ t'ã³³〈新〉　饭铺 fæ⁵² p'u⁵²
　饭馆
坐/进食堂 tsuo⁵² /tɕiŋ⁵² ʂəʔ³ t'ã³³
　下/进馆子 ɕia⁵² /tɕiŋ⁵² kuæ²¹ tsəʔ²¹

跑堂儿的 p'ɔ²¹ t'p̃r³³ tə?²¹　打（拉）
　杂儿的 ta²¹（la³³）ts'ɛr³³ tə?²¹
　堂馆儿　"杂"的声母特殊

布铺 pu⁵² p'u⁵²　卖布门市 mai⁵²
　pu⁵² məŋ³³ sʅ⁵²〈新〉　布店

百货铺儿 pie³³ xuo⁵² p'ur⁵²　百货
　门市 pie³³ xuo⁵² məŋ³³ sʅ⁵²〈新〉
　百货店

杂货铺 tsa³³ xuo⁵² p'u⁵²　杂货门市
　tsa³³ xuo⁵² məŋ³³ sʅ⁵²〈新〉
　杂货店

粮市儿 liã³³ sər⁵²　粮食门市 liã³³
　ʂə?³ məŋ³³ sʅ⁵²〈新〉　粮站 liã³³
　tsæ⁵²〈新〉　粮店

瓷器店 ts'ʅ³³ tɕ'i⁵² tie⁵²

文具店 vəŋ³³ tɕy⁵² tie⁵²〈新〉

书店儿 ʂu²¹ tiər⁵²

剃头铺儿 t'i⁵² t'əu³³ p'ur⁵²〈旧〉
　理发馆儿 li²¹ fa³³ kuær²¹³〈新〉
　理发店

剃头 t'i⁵² t'əu³³　推头 t'uei²¹ t'əu³³
　理发 li²¹ fa³³

刮脸 kua³³ lie²¹³

刮胡子 kua³³ xu³³ tsə?²¹

剃头担子 t'i⁵² t'əu³³ tæ⁵² tsə?²¹
　剃头挑子

剃光头 t'i⁵² kuã²¹³ t'əu³³　剃光脑
　t'i⁵² kuã²¹³ nɔ³³

推小平头儿 t'uei²⁴ ɕiɔ²¹ p'iŋ³³ t'əur³³

肉架子 zou⁵² tɕia⁵² tsə?²¹　肉铺

杀猪 sa³³ tʂu²¹³

宰羊 tsai²¹/ ts'ai²¹ iã³³　杀羊 sa³³ iã³³

当铺 tã⁵² p'u⁵²

赁房子 liŋ⁵² fã³³ tsə?²¹　租房子，
　掏房租

问房子 vəŋ⁵² fã³³ tsə?²¹　借房子，
　不掏房租

赁窑 liŋ⁵² iɔ³³　租窑洞，掏租钱

问窑 vəŋ⁵² iɔ³³　借窑洞，不掏租钱

典房子 tie²¹ fã³³ tsə?²¹

典窑 tie²¹ iɔ³³

炭市儿 t'æ⁵² sər⁵²　炭栈 t'æ⁵² tsæ⁵²
　〈义〉　煤铺

（二）经营、交易

开张 k'ai²⁴ tʂã²¹³　开业 k'ai²¹ ie³³〈新〉

关门儿 kuæ²¹ m̃r³³　（1）停业
　（2）倒闭

倒塌 tɔ²¹ t'a³³　倒闭

倒/盘出去 tɔ²¹/ p'æ³³ tʂ'uə?⁵ k'ə?²¹
　盘店

盘货 p'æ³³ xuo⁵²　点货 tie²¹ xuo⁵²
　盘点

拦柜 læ³³ kuei⁵²　柜台 kuei⁵² t'ai³³

要价 iɔ³³ tɕia⁵²　开价

还价 xuæ³³ tɕia⁵²

不搞价 pə?³ kɔ²¹ tɕia⁵²　不讲价

（价钱）便宜 p'ie³³ i⁵²　贱 tɕie⁵²

（价钱）贵 kuei⁵²　高 kɔ²¹³　大 ta⁵²

（价钱）公道 kuŋ²¹ tɔ⁵²

包来回 pɔ²¹ lai³³ xuei³³　包赔 pɔ²¹ p'ei³³

断 tuæ⁵²　籴 tie³³　总买

断堆儿 tuæ⁵² tuər²¹³　按堆论价而卖

买卖好 mai²¹ mai⁵² xɔ²¹³　生意好
　səŋ²¹ i⁵² xɔ²¹³

买卖不好 mai²¹ mai⁵² pə?³ xɔ²¹³　生意
　不好 səŋ²¹ i⁵² pə?³ xɔ²¹³　买卖清淡

工钱 kuŋ²¹ tɕ'ie³³

本钱 pəŋ²¹ tɕ'ie³³　本儿 p'r²¹³

保本儿 pɔ²⁴ p'r²¹³　保本钱 pɔ²⁴
　pəŋ²¹ tɕ'ie³³

赚/挣钱儿 tsuæ⁵²/ tsəŋ⁵² tɕ'iər³³
　赚/挣着听 tsuæ⁵²/ tsəŋ⁵² tʂə?⁵ liə²¹

赔钱儿 p'ei³³ tɕ'iər³³　亏/赔本儿
　k'uei²⁴/ p'ei³³ p'r²¹³　折本儿　ʂə³³

p$\tilde{\gamma}$r^{213}

盘缠 p'æ^{33} tʂ'æ^{21}　路费 ləu^{52} fei^{52}

利 li^{52}　利钱/息 li^{52} tɕie^{33} / ɕiə^3

驴打滚儿 ly^{33} ta^{21} ku$\tilde{\gamma}$r^{213}　利滚利

交/走运 tɕiɔ^{21}/tsəu^{21} yŋ^{52}　交红运 tɕiɔ^{21} xuŋ^{33} yŋ^{52}　时/运气好 sʅ^{33}/ yŋ^{52} tɕ'i^{52} xɔ^{213}　狗尿的脑上噯 kəu^{21} niɔ^{52} təʔ^{21} nɔ^{33} ʂa^{52} læ^{21}

倒运 tɔ^{21} yŋ^{52}

短 tuæ^{213}　少 ʂɔ^{213}　欠 tɕ'ie^{52}　差 ts'a^{213}　争 tsəŋ^{213}　不争人一分钱儿

差 ts'a^{52}　～五毛十块（即已有九元五角）

光 kuã^{213}　抵充账目，除去

押金 ia^{33} tɕiŋ^{213}

（三）账目、度量衡

账房儿 tʂa^{52} f$\tilde{\gamma}$r^{33}

开清 k'ai^{24} tɕ'iŋ^{213}　开利 k'ai^{21} li^{52}

记账 tɕi^{52} tʂa^{52}

入账 zuəʔ^3 tʂa^{52}　收账（记收入的账）

出账 tʂ'uəʔ^3 tʂa^{52}　（记付出的账）

流水账 liəu^{33} ʂuei^{213} tʂa^{52}

来往账 lai^{33} vã^{213} tʂa^{52}

塌账 t'a^{33} tʂa^{52}　跌账 tie^{33} tʂa^{52}　欠账 tɕ'ie^{52} tʂa^{52}　借账 tɕi^{52} tʂa^{52}

要账 iɔ^{52} tʂa^{52}

老账 lɔ^{21} tʂa^{52}　旧账 tɕiəu^{52} tʂa^{52}

烂账 læ^{52} tʂa^{52}　死账 sʅ^{21} tʂa^{52}

水牌 ʂuei^{21} p'ai^{33}〈旧〉临时记账用的木牌或铁牌

发票 fa^{33} p'iɔ^{52}　单据 tæ^{21} tɕy^{52}

收据 ʂəu^{21} tɕy^{52}

开支 k'ai^{24} tsʅ^{213}　开销 k'ai^{24} ɕiɔ^{213}　花销 xua^{24} ɕiɔ^{21}

存钱儿/款 ts'uŋ^{33} tɕ'iər^{33}/k'uæ^{213}　存下的钱

零钱儿 liŋ^{33} tɕ'iər^{33}

零花 liŋ^{33} xua^{213}　零支里花 liŋ^{33} tsʅ^{213} li^{21} xua^{213}

票票/子 p'iɔ^{52} p'iɔ^{21}/tsəʔ^{21}　钞票

银圆儿 iŋ^{33} yər^{33}　硬币

元宝 ye^{33} pɔ^{52}　"宝"声调特殊

铜圆 t'uŋ^{33} ye^{33}　铜板儿

黄钱儿 xuã^{33} tɕ'iər^{33}　铜钱

银圆 iŋ^{33} ye^{33}　响洋 ɕiã^{21} iã^{33}

字儿 tsər^{52}　铜圆、硬币有字的一面

漫儿 mær^{52}　铜圆、硬币无字的一面

一块钱 iəʔ^3 k'uai^{52} tɕ'ie^{21}

一毛钱 iəʔ^3 mɔ^{33} tɕ'ie^{21}　一角钱

一分钱儿 iəʔ^5 fəŋ^{213} tɕ'iər^{33}

十块钱 ʂəʔ^3 k'uai^{52} tɕ'ie^{21}

一张票子 iəʔ^5 tʂã^{213} p'iɔ^{52} tsəʔ^{21}（钞票）

一个铜圆 iəʔ^5 kuəʔ^3 t'uŋ^{33} ye^{33}　一个子儿 iəʔ^5 kuəʔ^3 tsər^{213}　一个铜板儿

一百块钱 iəʔ^5 pie^{21} k'uai^{52} tɕ'ie^{21}

算盘子 suæ^{52} p'æ^{33} tsəʔ^{21}　算盘儿 suæ^{52} p'ær^{33}

天平 t'ie^{21} p'iŋ^{33}

戥子 təŋ^{21} tsəʔ^{21}

秤 tʂ'əŋ^{52}　秤的总称

抬杆秤 t'ai^{33} kæ^{21} tʂ'əŋ^{52}　狗肉不上～

（盘盘）秤儿（p'æ^{33} p'æ^{21}）tʂ'$\tilde{\gamma}$r^{52}　盘子秤 p'æ^{33} tsəʔ^{21} tʂ'əŋ^{52}

钩子秤 kəu^{21} tsəʔ^{21} tʂ'əŋ^{52}　钩秤

刀子秤 tɔ^{24} tsəʔ^{21} tʂ'əŋ^{52}　连接秤盘的绳索与秤杆之间用铁质部件装置而成

公斤秤 kuŋ^{24} tɕiŋ^{213} tʂ'əŋ^{52}

十六两秤 ʂəʔ^3 liəu^{52} liã^{213} tʂ'əŋ^{52}　十六两为一斤的秤，今已不用

磅秤 pã^{52} tʂ'əŋ^{52}

秤儿盘（盘）tʂʻɤ̃r^{52} pʻæ^{33}（pʻæ^{33}）
秤儿盘子 tʂʻɤ̃r^{52} pʻæ^{33} tsəʔ^{21}

秤星儿 tʂʻəŋ^{52} ɕiɤ̃r^{213}

定盘星儿 tiŋ^{52} pʻæ^{33} ɕiɤ̃r^{213}

秤儿杆子 tʂʻɤ̃r^{52} kæ^{24} tsəʔ^{21}　秤杆儿 tʂʻəŋ^{52} kær^{213}

秤（儿）钩子 tʂʻəŋ(r)^{52} kəu^{24} tsəʔ^{21}

秤锤儿 tʂʻəŋ^{52} tʂʻuər^{33}　秤锤子 tʂʻəŋ^{52} tʂʻuei^{33} tsəʔ^{21}

秤毫系 tʂʻəŋ^{52} xɔ^{33} ɕi^{52}　秤毫

用秤秤/志 yŋ^{52} tʂʻəŋ^{52} tʂʻəŋ^{213}/tsɿ^{52} 用秤秤

秤高 tʂʻəŋ^{52} kɔ^{213}　（称物时）秤尾高

掮干草 vuo^{33} kæ^{24} tsʻɔ^{213}　高得不站 kɔ^{24} təʔ^{21} pəʔ^{3} tsæ^{52}　秤尾特别高

秤低 tʂʻəŋ^{52} ti^{213}　低得喝水叻 ti^{24} təʔ^{21} xɔ^{33} ʂuei^{213} liəʔ^{21}　（称物时）秤尾低

刮子 kua^{33} tsəʔ^{21}　刮板（平斗斛的木片）

勺子 tʂʻɔ^{33} tsəʔ^{21}　卖醋、酱油的固定量器，有一斤的、半斤的、一两的等种类。"勺"读音特殊

（四）交通

铁路/道 tʻie^{33} ləu^{52}/tɔ^{52}

铁轨 tʻie^{33} kuei^{213}

火车 xuo^{21} tʂʻəŋ^{213}

火车站 xuo^{21} tʂʻəŋ^{213} tsæ^{52}

公路 kuŋ^{21} ləu^{52}

汽车 tɕʻi^{52} tʂʻəŋ^{21}

客车 kʻə^{21} tʂʻəŋ^{213}

货车 xuo^{52} tʂʻəŋ^{213}

公共车 kuŋ^{21} kuŋ^{52} tʂʻəŋ^{21}

小车儿 ɕiɔ^{21} tʂʻɤ̃r^{213}　蛤蟆车 kəʔ^{3} ma^{33} tʂʻəŋ^{21}　小轿车，两头平的小车

摩托 muo^{33} tʻuo^{33}　摩托车

三轮儿 sæ^{21} luɤ̃r^{33}　三轮车（载人的）

三轮儿 sæ^{21} luɤ̃r^{33}　平板三轮车（拉货的）

自行车儿 tsɿ^{52} ɕiŋ^{33} tʂʻɤ̃r^{213}　车子 tʂʻəŋ^{24} tsəʔ^{21}

马车 ma^{21} tʂʻəŋ^{213}　大车

车寋餮 tʂʻəŋ^{21} kʻəʔ^{5} lɑ^{213}　车盘 tʂʻəŋ^{21} pʻæ^{33}　车厢

车毂辘 tʂʻəŋ^{21} kuəʔ^{3} ləu^{52}　车砣 tʂʻəŋ^{21} tʻuo^{33}　车轮子 tʂʻəŋ^{21} lyŋ^{33} tsəʔ^{21}

网丝 vã^{21} sɿ^{213}　辐条

车轴儿 tʂʻəŋ^{24} tʂ̣əur^{213}

辕 ye^{33}　车辕

车把 tʂʻəŋ^{24} pa^{213}

车杆 tʂʻəŋ^{24} kæ^{213}

架子车 tɕia^{52} tsəʔ^{21} tʂʻəŋ^{213}　驴拉车 ly^{33} lɑ^{33} tʂʻəŋ^{213}　拉拉车 lɑ^{33} lɑ^{21} tʂʻəŋ^{213}　人拉的

推土车 tʻuei^{33} tʻu^{21} tʂʻəŋ^{213}　独轮车

船 tʂʻuæ^{33}

帆 fæ^{33}

舵 tʻuo^{33}

棹杆 tsɔ^{52} kæ^{213}　橹

船桨 tʂʻuæ^{33} tɕiɑ̃^{213}

渔船 y^{33} tʂʻuæ^{33}

轮船 lyŋ^{33} tʂʻuæ^{33}

码头 ma^{21} tʻəu^{33}

渡口 tu^{52} kʻəu^{213}

矴石 nie^{33} ʂəʔ^{3}　过河踩踏的石头

二十、文化教育

（一）学校

学校 ɕie³³ ɕiɔ⁵²

念上书嘞 nie⁵² ʂã²¹ ʂu²⁴ læ²¹   上上学嘞 ʂã⁵² ʂã²¹ ɕie³³ læ²¹   上学（开始上小学）

念书去嘞 nie⁵² ʂu²¹³ k'ə?⁵ læ²¹   学校去嘞 ɕie³³ ɕiɔ⁵² k'ə?⁵ læ²¹   上学（去学校上课）

放学 fã⁵² ɕie³³   上完课回家

逃课 t'ɔ³³ k'uo⁵²   偷跑 t'əu²⁴ p'ɔ²¹   逃学

幼儿园儿 iəu⁵² ər³³ yər³³〈新〉

托儿所儿 t'ə³³ ər³³ suor²¹³〈新〉

义学 i⁵² ɕie³³

私学 sʅ²¹ ɕie³³   私塾 sʅ²¹ ʂu²¹³

学费 ɕie³³ fei⁵²

放假 fã⁵² tɕia⁵²

暑假 ʂu²¹ tɕia⁵²

寒假 xæ³³ tɕia⁵²

请假 tɕ'iŋ²¹ tɕia⁵²

罚站 fa³³ tsæ⁵²

罚跪 fa³³ k'uei⁵²

（二）教室、文具

教室 tɕiɔ⁵² ʂə?²¹

课堂 k'uo⁵² t'ã̃³³

上课 ʂã⁵² k'uo⁵²

下课 ɕia⁵² k'uo⁵²

讲台儿 tɕiã²¹ t'ɛr³³

头（一）排 t'əu³³（iə?⁵）p'ai³³   前排 tɕ'ie³³ p'ai³³

后排 xəu⁵² p'ai³³   最后（一）排 tsuei⁵² xəu⁵²（iə?⁵）p'ai³³

黑板/牌 xə?⁵ pæ²¹/ p'ai³³

石板儿 ʂə?⁵ pær²¹

粉锭子 fəŋ²¹ tiŋ⁵² tsə?²¹   粉笔 fəŋ²¹ piə?²¹

（油）石笔（iəu³³）ʂə?⁵ piə?²¹

黑板/牌擦儿 xə?³ pæ²¹/ p'ai³³ ts'ɛr³³   黑板/牌擦擦 xə?³ pæ²¹/ p'ai³³ ts'a³³ ts'a²¹   板擦儿

教棍儿 tɕiɔ⁵² kuɣr⁵²   教鞭

板书 pæ²¹ ʂu²¹³

备课 pi⁵² k'uo⁵²

教案 tɕiɔ⁵² ŋæ⁵²

点名 tie²¹ miŋ³³

到 tɔ⁵²   有 iəu²¹³   来嘞 lai³³ læ²¹   点名时答语

起立 tɕ'i²¹ liə?³

坐下 tsuo⁵² xa²¹

点名册 tie²¹ miŋ³³ ts'ə³³

分数儿册 fəŋ²¹ suor⁵² ts'ə³³

戒尺 tɕie⁵² tʂ'ə?³

打手心 ta²⁴ ʂəu²¹ ɕiŋ²¹³

笔记（本儿）piə?³ tɕi⁵²（pɣr²¹³）   笔记本本 piə?³ tɕi⁵² pəŋ²¹ pəŋ²⁴

课本儿 k'uo⁵² pɣr²¹³

铅笔 tɕ'ie²⁴ piə?³

皮擦擦 p'i³³ ts'a³³ ts'a²¹   橡皮

修铅笔刀儿 ɕiəu²¹ tɕ'ie²⁴ piə?³ tɔr²¹³

圆规 ye³³ kuei²¹

三角板儿 sæ²¹ tɕye³³ pær²¹³

镇纸 tʂəŋ⁵² tsʅ²¹³

作文本儿 tsɔ³³ vəŋ³³ pɣr²¹³

大字本儿 ta⁵² tsʅ² pɣr²¹³

描红 miɔ³³ xuŋ³³   红模子

钢笔 kã²⁴ piə?²¹

钢笔尖儿 kã²⁴ piə?²¹ tɕiər²¹³

钢笔杆儿 kã²⁴ piə?²¹ kær²¹³

钢笔套套 kã²⁴ piə?²¹ t'ɔ⁵² t'ɔ²¹

钢笔套儿 ka̱²⁴ piə?²¹ t'ɔr⁵²

毛笔 mɔ³³ piə?²¹

毛笔套套 mɔ³³ piə?³ t'ɔ⁵² t'ɔ²¹
　笔帽

毛笔杆子 mɔ³³ piə?²¹ kæ²¹ tsə?²¹
　毛笔杆儿 mɔ³³ piə?²¹ kær²¹³

毛笔脑脑/子 mɔ³³ piə?²¹ nɔ³³ nɔ²¹/tsə?²¹
　毛笔头儿

毛笔尖儿 mɔ³³ piə?³ tɕiər²¹³

油笔 iəu³³ piə?²¹　圆珠笔

蘸笔 tsæ⁵² piə?²¹

笔筒儿 piə?³ t'uᵶr²¹³

砚瓦儿 ie⁵² var²¹　砚台

研墨 ie⁵² mei³³　磨墨 muo³³ mei³³

墨盒儿 miə?³ xər³³

墨汁 miə?⁵ tʂə?²¹

捺笔 tæ⁵² piə?²¹

墨水儿 miə?⁵ ʂuər²¹

蘸水儿 tsæ⁵² ʂuər²¹³

打水儿 ta²¹ ʂuər²¹³　灌水儿　kuæ⁵²
　ʂuər²¹³

书包儿 ʂu²⁴ pɔr²¹³

（三）读书识字

念/读书人 nie⁵²/tuə?³ ʂu²¹ zəŋ³³
　念书的 nie⁵² ʂu²⁴ tə?²¹

识字的 ʂə?³ sʅ⁵² tə?²¹

不识字的 pə?⁵ ʂə?³ sʅ⁵² tə?²¹　睁眼
　瞎子 tsəŋ²⁴ ie²¹³ xa³³ tsə?²¹

念书 nie⁵² ʂu²¹³　读书

温习 vəŋ²⁴ ɕiə?²¹　复习 fə?⁵ ɕiə?²¹
　温书

背书 pei⁵² ʂu²¹³　背诵 pei⁵² suŋ⁵²

报考 pɔ⁵² k'ɔ²¹³　报名 pɔ⁵² miŋ³³

考场儿 k'ɔ²⁴ tʂɔ̱r²¹³　试场儿 sʅ⁵²
　tʂɔ̱r²¹³

进场儿 tɕiŋ⁵² tʂ'ɔ̱r²¹³　进考场

叫号儿 tɕiɔ⁵² xɔr⁵²　唱号儿 tʂ'ɑ̱⁵² xɔr⁵²

喊号

考试 k'ɔ²¹ sʅ⁵²

卷子 tɕye⁵² tsə?²¹　考卷儿 k'ɔ²¹ tɕyər⁵²

交甜/白卷儿 tɕiɔ²¹ t'ie³³/pi³³ tɕyər⁵²
　交白卷儿

改卷子 kai²¹ tɕye⁵² tsə?²¹　判卷子
　p'æ⁵² tɕye⁵² tsə?²¹　评卷

满分儿 mæ²¹ fᵶr²¹³

零分儿 liŋ³³ fᵶr²¹³　零（圪）蛋 liŋ³³
　（kə?³）tæ⁵²

出榜 tʂ'uə?⁵ pa̱²¹³　发榜

头（一）名 t'əu³³（iə?³）miŋ³³　第一名
　ti⁵² iə?³ miŋ³³　头家 t'əu³³ tɕia⁵²
　只用于比赛类的排名

第二名 ti⁵² ər⁵² miŋ³³　二家 ər⁵² tɕia⁵²

第三名 ti⁵² sæ²¹ miŋ³³　三家 sæ²¹ tɕia⁵²

罢名/家 pa⁵² miŋ³³/tɕia⁵²　黑老罢
　xə?³ lɔ²¹ pa⁵²　拉罢罢 la³³ pa⁵² pa²¹
　末名

考上嘞 k'ɔ²¹ ʂa̱⁵² læ²¹　考起嘞 k'ɔ²¹
　tɕ'i²¹ læ²¹　考取了

没考上 mə³³ k'ɔ²¹ ʂa̱⁵²　没考起
　mə³³ k'ɔ²¹ tɕ'i²¹³　没考取

毕业 piə?³ ie³³

肄业 i⁵² ie³³　没念完

文凭 vəŋ³³ p'iŋ³³　毕业证儿 piə?³
　ie³³ tʂᵶr⁵²

（四）写字

大字 ta⁵² tsʅ⁵²　大楷

小楷儿 ɕiɔ²¹ k'ɛr²¹³

写仿儿 ɕi²¹ fᵶr²¹³

（写）仿儿纸（ɕi²¹³）fᵶr²¹ tsʅ²¹³

字帖 tsʅ⁵² t'ie³³

临帖 liŋ³³ t'ie³³　照上写 tʂɔ⁵² ʂa̱⁵² ɕi²¹³

涂嘞 t'u³³ læ²¹　勾嘞 kəu²⁴ læ²¹

写别字 ɕi²¹ pie³³ tsʅ⁵²　写白字

漏字 ləu⁵² tsʅ⁵²　掉字

草稿儿 ts'ɔ²⁴ kɔr²¹³
写/打底稿儿 ɕi²¹/ta²¹ ti²¹ kɔr²¹³
　打草稿儿 ta²¹ ts'ɔ²⁴ kɔr²¹³　起草
　儿 tɕ'i²⁴ ts'ɔr²¹³　起稿子
誊 t'əŋ³³　抄 ts'ɔ²¹³　誊清
一点儿 iəʔ⁵ tiər²¹³
一横 iəʔ³ xuŋ³³
一竖 iəʔ³ ʂu⁵²
一飘儿 iəʔ⁵ p'iər²¹³　一撇儿　iəʔ⁵ p'iər²¹³
一捺儿 iəʔ³ nɐr⁵²
一勾儿 iəʔ⁵ kəur²¹³
一踢儿 iəʔ³ t'iər⁵²　一挑
一画儿 iəʔ³ xuɐr⁵²　一笔 iəʔ⁵ piəʔ²¹
　一道道 iəʔ³ tɔ⁵² tɔ²¹
偏旁儿 p'ie²¹ p'ɒ̃r³³
(单)立人儿(tæ²⁴) liəʔ³ zʅr³³
双立人儿 ʂuã²¹ liəʔ³ zʅr³³
弓长张 kuŋ²¹ tʂ'ã³³ tʂã²¹³　弯弓张
立早章 liəʔ⁵ tsɔ²¹³ tʂã²¹³
禾木儿旁儿 xuo³³ mɒr²¹ p'ɒ̃r³³
框档儿 k'uã²¹ tɒr⁵²　四框栏儿(匚)
宝盖儿 pɔ²¹ kɛr⁵²　(宀)
秃宝盖儿 t'uəʔ³ pɔ²¹ kɛr⁵²
　削秃宝盖儿 ɕyəʔ³ pɔ²¹ kɛr⁵²
竖心儿旁儿 ʂu⁵² ɕiɣ̃r²¹ p'ɒ̃r³³　(忄)

乱犬儿 luæ⁵² tɕ'yər²¹³　反犬旁(犭)
硬耳朵儿 niŋ⁵² ər²¹ tuor³³　单耳刀儿(卩)
软耳朵儿 zuæ²¹ ər²¹ tuor³³　双耳刀儿(阝)
反文儿 fæ²¹ vɣ̃r³³　反文旁(攵)
踢王儿 t'iəʔ³ vɒ̃r³³　窄玉儿 tsə³³ yr⁵²　斜玉儿(王)
踢土儿 t'iəʔ⁵ t'ur²¹³　提土旁(土)
竹(字)头儿 tʂuəʔ³(tsʅ⁵²) t'əur³³　(⺮)
火字旁儿 xuo²¹ tsʅ⁵² p'ɒ̃r³³　(火)
四点点 sʅ⁵² tie²¹ tie²¹　四点底(灬)
三滴水儿 sæ²¹ tie³³ ʂuər²¹³　三点水儿(氵)
两滴水儿 liã²¹ tie³³ ʂuər²¹³　两点水儿(冫)
病肩儿 piŋ⁵² tɕiər²¹　病旁儿(疒)
之腰儿 tsʅ²¹ iər²¹³　走之儿(辶)
纽丝儿 niəu²¹ sər²¹³　绞丝旁(纟)
踢手儿 t'iəʔ³ ʂəur²¹　提手旁(扌)
草头儿 ts'ɔ²¹ t'əur³³　草字头(艹)
足路儿 tɕyəʔ³ ləur³³　足字旁(⻊)
窄刀儿 tsə²¹ tɒr²¹³　立刀儿旁(刂)
特牛儿 t'ə³³ niəur³³　牛字旁(牜)

二十一、文体活动

（一）游戏、玩具

风筝 fəŋ²¹ tsəŋ⁵²
捉猫猫 tʂuo³³ mɔ³³ mɔ²¹　捉老猫儿 tʂuo³³ lɔ²¹ mɒr³³　捉迷藏 tʂuo³³ mi³³ ts'ã³³〈新〉
藏猫猫 ts'ã³³ mɔ³³ mɔ²¹　藏老蒙儿
踢毽毽 t'iəʔ³ tɕie²¹ tɕie³³　踢毽子

抓子儿 tʂua²⁴ tsər²¹³　吃子儿 tʂ'əʔ³ tsər²¹³
吃鳖 tʂ'əʔ³ pie³³　吃子儿。子儿为羊骨头做
弹蛋蛋 t'æ³³ tæ⁵² tæ²¹　弹球儿
吃扁食 tʂ'əʔ⁵ pie²¹ ʂəʔ²¹　打水飘儿
跳圈 t'iɔ⁵² tɕ'yər²¹³　跳房房 t'iɔ⁵² fã³³ fã²¹〈义〉　跳房子

跳绳儿 tʻiɔ⁵² ʂɤ̃r³³

跳皮筋儿 tʻiɔ⁵² pʻi³³ tɕiɤ̃r²¹³

掏交交 tʻɔ²⁴ tɕiɔ²⁴ tɕiɔ²¹　翻绳

捏游游 nie³³ iəu³³ iəu²¹　幼儿将手一握一放

□/打牛 tʂʻua²¹/ta²¹ niəu³³　抖牛

打瓦儿 ta²⁴ vɐr²¹³　立一些小石块，数量比参加的人少一块，参加者抛石将其击倒为胜，没有击中者受罚

打老爷 ta²⁴ lɔ²¹ i³³　立最大的石块在中间为"老爷"，两边、前、后较小者为"耳子"、"曹操"、"捶背"，六人参加，没有击倒者受"老爷"或其他发令者处罚

打马城 ta²¹ ma²¹ tʂʻəŋ³³　甲乙两队人将手叉着成一线，让甲方某一人跑过去冲开乙方阵线者，选乙方的一个人为甲方，没有冲开者该人归乙方，交替进行，剩余至一人者输

顶牛儿 tiŋ²¹ niəur³³　一腿弯曲抬起，两手抱着脚腕，用膝盖顶对方的膝盖，不能站立或弯曲腿的脚落地者输

跳蛋儿 tʻiɔ⁵² tær⁵²　分甲乙两方，各若干人将石头、礓石球或铁球用脚夹着跳而滚出，双方交替行走，被对方击中，若不能被同一方相击救活者，死。一方被对方全部击中，认输结束

捏瓦瓦 nie³³ va²¹ va²⁴　捏蛋蛋 nie³³ tæ⁵² tæ⁵²　抓阄

跳方儿 tʻiɔ⁵² fɒr²¹³　占方

跳老虎 tʻiɔ⁵² lɔ²¹ xu²¹³　玩石子儿的一种游戏

啃羊踢踢 kʻuŋ²¹ iã³³ tʻi³³ tʻi²¹　玩石子儿的一种游戏，在"区"字图案上，各执二子在线上交替行走，无路可走者认输

灌驴尿 kuæ⁵² ly³³ tɕʻiəu²¹　玩石子儿的一种游戏。双方各执三子在左右两边，交替行走一子，三子被迫进入圆圈者认输

弹杏核儿 tʻæ³³ xu⁵² xuər²¹　手抓若干颗杏核撒在地上，两颗中间用手指划一下（不能碰撞任何一颗，碰撞上者，算违规，由另一方进行），然后用一颗杏核弹中另一颗，获取其中之一，直至最后一颗，或无法弹击，由对方进行。手中展示出多者先弹

点羊粪珠 tie²¹ iã³³ fən⁵² tʂu²¹³　用羊粪球作计数单位的一种游戏，双方各持等量颗数，按一定的规则次第放置在坑内，交替进行，以获取数量多者为胜

老婆儿算账 lɔ²¹ pʻuor³³ suæ⁵² tʂã⁵²　一种纸牌游戏

拉骆驼 la³³ lən⁵² tʻəŋ²¹　一种纸牌游戏。数人参与，轮流出牌，将牌纵向排列，当遇上相同点数牌时，由下牌人获取，最后手中无牌者输

划拳 xua³³ tɕʻye³³

出谜语 tʂʻuəʔ³ mi³³ y²¹³

打灯谜儿 ta²¹ təŋ²¹ miər³³　猜灯谜

猜枚枚 tsʻai²¹ mei³³ mei²¹　猜谜儿

扳不倒儿 pæ²¹ pəʔ³ tɔr²¹³　不倒翁

牌九儿 pʻai³³ tɕʻiəur²¹³

麻将 ma³³ tɕiã⁵²/tɕia⁵²

跌色 tie³³ sə³³　掷色子

压/扣明宝 nia⁵²/k'əu⁵² miŋ³³ pɔ²¹³ 押宝

红口儿 xuŋ³³ k'əur²¹³　宝心红的一边，压中者赢

黑屁股 xəʔ³ p'i⁵² ku²¹/kəu²¹　宝心黑的一边，压中者输

选棋 ɕye²¹ tɕ'i³³　用部分象棋比大小决定胜负，可出单棋，也可出对儿

打扑克 ta²¹ p'u³³ k'ər²¹

顶棍儿 tiŋ²¹ kũr⁵²　一种纸牌游戏

梦和 məŋ⁵² xu³³　一种纸牌游戏

(鞭)炮 (pie²¹)p'ɔ⁵²　叭啦鞭儿 pa⁵² la²¹ pier²¹³　爆竹

放(鞭)炮 fã⁵² (pie²¹) p'ɔ⁵²　放叭啦鞭儿 fã⁵² pa⁵² la²¹ pier²¹³　放鞭炮

两响炮 liã²⁴ ɕiã²¹³ p'ɔ⁵²　二踢脚

花 xua²¹³　烟火 ie²⁴ xuo²¹³

放花 fã⁵² xua²¹³　放花炮

起火 tɕ'i²⁴ xuo²¹³

　(二)体育

象棋 ɕiã⁵² tɕ'i³³

下(象)棋 ɕia⁵² (ɕiã⁵²) tɕ'i³³

棋盘 tɕ'i³³ p'æ³³

棋(砣子) tɕ'i³³ (t'uo³³ tsəʔ²¹)　棋子

(老)将 (lɔ²¹) tɕiã⁵²　将、帅的统称

黑将 xəʔ³ tɕiã⁵²　红将 xuŋ³³ tɕiã⁵²　帅

士(子) sɿ⁵² (tsəʔ²¹)

象 ɕiã⁵²　相 ɕiã⁵²

车 tɕy²¹³

马 ma²¹³

炮 p'ɔ⁵²

牛儿 niəur³³　兵、卒的统称

红牛儿 xuŋ³³ niəur³³　兵

黑牛儿 xəʔ³ niəur³³　卒

拱/顶/挺牛儿 kuŋ²¹/tiŋ²¹/t'iŋ²¹ niəur³³　拱卒

上士 ʂã⁵² sɿ⁵²　起士 tɕ'i²¹ sɿ⁵²

下士 xa⁵² sɿ⁵²　落士 lə³³ sɿ⁵²

飞象 fei²¹ ɕiã⁵²　上象 ʂã⁵² ɕiã⁵²

落象 lə³³ ɕiã⁵²　收象 ʂəu²¹ ɕiã⁵²

出马 tʂ'uəʔ⁵ ma²¹³　上马

出/顺/挺车 tʂ'uəʔ⁵/ʂuŋ⁵²/ t'iŋ²¹ tɕy²¹³

出(老)将 tʂ'uəʔ³ (lɔ²¹) tɕiã⁵²

踩 ts'ai²¹³　马~嘴

打 ta²¹³　炮~

马后炮 ma²¹ xəu⁵² p'ɔ⁵²

老将围嘴 lɔ²¹ tɕiã⁵² vei³³ læ²¹　老将舔了

将(军) tɕiã⁵² (tɕyŋ²¹³)　将军

将死嘴 tɕiã⁵² sɿ²¹ læ²¹　吃嘴 tʂ'əʔ⁵ læ²¹

围棋 vei³³ tɕ'i³³

黑子儿 xəʔ⁵ tsər²¹³

白子儿 pi³³ tsər²¹³

和(棋)xuo³³ (tɕ'i³³)　和嘴 xuo³³ læ²¹

棋迷 tɕ'i³³ mi³³

挽河 tɕye³³ xu³³　拔河 pa³³ xu³³〈新〉

打澡水 ta²¹ tsɔ²⁴ ʂuei²¹³　耍水 ʂua²⁴ ʂuei²¹³　游泳〈新〉

打背水 ta²¹ pei⁵² ʂuei²¹³　仰泳

蛤蟆儿水 kəʔ³ mɐr³³ ʂuei²¹³　蛙泳

大刨 ta⁵² pɔ²¹³　自由泳

钻掼泡儿 tsuæ²¹³ kuæ⁵² p'ɔr²¹　潜水

打球儿 ta²¹ tɕ'iəur³³

球儿赛 tɕ'iəur³³ sai⁵²

乒乓球儿 p'iŋ⁵² p'ɔ²¹ tɕ'iəur³³

篮球 læ³³ tɕ'iəu²¹

排球 p'ai³³ tɕ'iəu²¹

足球 tɕyəʔ³ tɕ'iəu²¹

羽毛球儿 i²¹/y²¹ mɔ³³ tɕ'iəur³³

跳远儿 t'iɔ⁵² yər²¹³

跳高儿 t'iɔ⁵² kɔr²¹³

（三）武术、舞蹈

栽/翻帽盖头儿 tsai²¹/fæ²¹
　　mɔ⁵² kai⁵² t'əur³³　翻跟头

鹞子翻身 iɔ⁵² tsəʔ²¹ fæ²⁴ ʂəŋ²¹³
　　打车轮子

倒立 tɔ⁵² liəʔ²¹

耍狮子 ʂua²¹ sɿ²⁴ tsəʔ²¹　舞狮子

扳水船儿 pæ²⁴ ʂuei²¹ tʂ'uɐr³³
　　跑旱船

蹅拐子 tsa²⁴ kuai²¹ tsəʔ²¹　踩高跷

耍刀 ʂua²¹ tɔ²¹³

耍枪 ʂua²¹ tɕ'iã²¹³

唱秧歌 tʂ'ã⁵² iã³³ kɔ²¹　扭秧歌
　　niəu²¹³ iã³³ kɔ²¹　"歌"韵母特殊

打腰鼓儿 ta²¹ iɔ²⁴ kur²¹³

跳舞儿 t'iɔ⁵² vur²¹³

蛮婆 mæ³³ puo³³　秧歌中的女丑角

蛮汉 mæ³³ xæ⁵²　秧歌中的男丑角

（四）戏剧

耍泥圪瘩 ʂua²¹³ ni³³ kəʔ⁵ ta²¹
　　木偶戏

小戏 ɕiɔ²¹ ɕi⁵²　牛皮不咍 niəu³³
　　p'i³³ pəʔ⁵ tsa²¹　皮影戏

大戏 ta⁵² ɕi⁵²

京剧 tɕiŋ²¹ tɕy⁵²〈新〉

话剧 xua⁵² tɕy⁵²〈新〉

剧院儿 tɕy⁵² yər⁵²　戏院

戏台 ɕi⁵² t'ai³³

戏箱 ɕi⁵² ɕiã²¹

正戏 tʂəŋ⁵² ɕi⁵²　正本戏

捎戏 sɔ²¹ ɕi⁵²

夜戏 i⁵² ɕi⁵²

戏开噒 ɕi⁵² k'ai²⁴ læ²¹

戏煞噒 ɕi⁵² sa³³ læ²¹

戏子 ɕi⁵² tsəʔ²¹唱戏的 tʂ'ã⁵² ɕi⁵² təʔ²¹
　　指唱戏剧的演员　演员儿 ie²¹
　　yər³³〈新〉

耍把戏儿 ʂua²⁴ pa²¹ ɕiɐr⁵²　变戏法
　　（魔术）

说书 ʂuo²¹ ʂu²¹³

说史由 ʂuo³³ sɿ²¹ iəu³³　说古经
　　ʂuo³³ ku²¹ tɕiŋ²¹³　讲历史故事

花脸 xua²⁴ lie²¹³

大花脸 ta⁵² xua²⁴ lie²¹³

二花脸 ər⁵² xua²⁴ lie²¹³

三花儿（脸）sæ²⁴ xuɐr²¹³（lie²¹³）

小丑儿 ɕiɔ²⁴ tʂ'əur²¹³

老生 lɔ²¹ səŋ²¹³

小生 ɕiɔ²¹ səŋ²¹³

武生 vu²¹ səŋ²¹³

老旦 lɔ²¹ tæ⁵²

青衣 tɕ'iŋ²⁴ i²¹³

花旦 xua²¹ tæ⁵²

小旦 ɕiɔ²¹ tæ⁵²

抟旗旗的 tʂəu²¹³ tɕ'i³³ tɕ'i²¹ təʔ²¹
　　打伞伞的 ta²⁴ sæ²¹ sæ³³ təʔ²¹
　　跑龙套的

戏迷 ɕi⁵² mi³³

二十二、动作

（一）一般动作

站 tsæ⁵²

站着 tsæ⁵² tʂəʔ²¹　立着

立 liəʔ³　站

立立站站 liəʔ⁵ liəʔ³ tsæ⁵² tsæ⁵²
　　跥跥站站 tuo³³ tuo³³ tsæ⁵² tsæ⁵²
　　走走站站，没有地方坐下

跥站 tuo³³ tsæ⁵²〈贬〉　站立

圪蹴 kəʔ³ tɕiəu²¹³　蹲

坐 tsuo⁵²

腿盘定坐 t'uei²¹ p'æ³³ tiŋ⁵² tsuo⁵²　盘腿坐

跌/栽/蹪/砍倒噗 tie³³/tsai²⁴/kuæ⁵²/k'æ²¹ tɔ²¹³ læ²¹

脑/头杵地 nɔ³³/t'əu³³ tʂ'u²¹ ti⁵²　倒栽葱

马爬下 ma²¹ p'a³³ xa⁵²　狗吃屎 kəu²¹ tʂ'əʔ³ sɿ²¹³〈贬〉

仰目直天 niã³³ məʔ²¹ tʂ'əʔ⁵ t'ie²¹³　仰八脚

不烂倒噗 pəʔ³ læ⁵² tɔ²⁴ læ²¹　绊倒噗 pæ⁵² tɔ²⁴ læ²¹　"不烂"是"绊"的分音词

爬/站起来 p'a³³/tsæ⁵² tɕ'i²¹ lai³³

摇脑/头 iɔ³³ nɔ³³/t'əu³³　摆头 pai²¹ t'əu³³

点脑/头 tie²¹ nɔ³³/t'əu³³

抬/仰头 t'ai²¹/niã³³ t'əu³³

脑/头圪低下 nɔ³³/t'əu³³ kəʔ⁵ ti²¹ xa⁵²　低头 ti²¹ t'əu³³

脑/头调过来 nɔ³³/t'əu³³ tiɔ⁵² kuo⁵² lai²¹　回头 xuei³³ t'əu³³

兴/摇头晃脑 ɕiŋ²¹/iɔ³³ t'əu³³ xuã⁵² nɔ³³

（眉）脸调/转/迈过去（mi³³）lie²¹ tiɔ⁵²/tʂuæ⁵²/mai⁵² kuo⁵² k'əʔ²¹　眉眼调/转/迈过去 mi³³ ie²¹³ tiɔ⁵²/tʂuæ⁵²/mai⁵² kuo⁵² k'əʔ²¹　脸转过去

睁眼 tsəŋ²⁴ ie²¹³

瞪眼 təŋ⁵² ie²¹³

眼合定/上 ie²¹³ xə³³ tiŋ⁵²/ʂã⁵²　眼圪挤定/上 ie²¹ kəʔ⁵ tɕi²¹³ tiŋ⁵² ʂã⁵²　闭眼

挤眼 tɕi²¹ ie²¹³　挤/眨眉弄眼 tɕi²¹/

tsæ²¹ mi³³ luŋ⁵² ie²¹³　圪挤眼 kəʔ⁵ tɕi²¹ ie²¹³

眨眼 tsæ²¹ ie²¹³

迷定/住眼 mi³³ tiŋ⁵²/tʂu⁵² ie²¹³　捂住眼睛

遇上/见 y⁵² ʂã⁵²/tɕie⁵²　碰上/见 p'əŋ⁵² ʂã⁵²/tɕie⁵²

看 k'æ⁵²

照 tʂã⁵²　望 vã⁵²　往远看

觑 tɕ'y³³　透过洞、孔向里看

睄 sɔ³³　很快地看

瞟 p'iɔ³³　斜着眼睛很快地看

瞅 ts'əu²¹³

睒 tʂ'æ³³/ʂæ³³　不高兴地看

睕 væ²¹³　不满意地看

盯 tiŋ²¹³　集中精力看，注视

瞪 təŋ⁵²

覰 pie³³〈贬〉　看：叫那～见噗

照看 tʂã⁵² k'æ⁵²　看护

觑看 tɕ'y³³ k'æ⁵²　觑探 tɕ'y³³ t'æ⁵²　捎带照看

瞭睄 liɔ⁵² sɔ²¹　（1）捎带照看（2）望风

睄探 sɔ³³ t'æ⁵²　觑探 tɕ'y³³ t'æ⁵²　偷偷看

眼睛转得突噜噜价 ie²¹ tɕiŋ²¹³ tʂuæ⁵² təʔ²¹ t'uəʔ³ ləu⁵² ləu⁵² tɕia²¹　眼睛乱转 ie²¹ tɕiŋ²¹³ luæ⁵² tʂuæ⁵²　"突"又念 tuəʔ³

眼泪圪汪汪儿价 ie²¹ luei⁵² kəʔ⁵ vã²¹ vɤr³³ tɕia²¹　噙着眼泪

流/淌眼泪 liəu³³/t'ã²¹³ ie²¹ luei⁵²

耳朵耷揽着叻 ər²¹ tuo²¹³ təʔ⁵ læ²¹³ tʂəʔ²¹ liəʔ²¹　耷拉着耳朵

侧棱着耳朵听 tsa³³ ləŋ³³ tʂəʔ²¹ ər²¹ tuo³³ t'iŋ²¹³　夌起耳朵听 tsa⁵² tɕ'i²¹ ər²¹ tuo³³ t'iŋ²¹³　支起耳朵听

张嘴/口 tʂɑ̃²⁴ tsuei²¹³/kʻəu²¹³

嘴/口合定 tsuei²¹/kʻəu²¹ xə³³ tiŋ⁵²

　嘴/口抿定 tsuei²¹/kʻəu²¹ miŋ³³

　tiŋ⁵²　嘴/口闭定 tsuei²¹/kʻəu²¹

　pi⁵² tiŋ⁵²　闭嘴

努嘴 nu²⁴ tsuei²¹³　扭嘴 niəu²⁴

　tsuei²¹³　向人撅嘴示意

嘴噘起 tsuei²¹ tɕye³³ tɕʻi²¹　噘嘴

　tɕye³³ tsuei²¹³　翘起嘴唇，表示

　生气或不满

夌/搲/举手 tsa⁵²/nɔ²⁴/tɕy²⁴ ʂəu²¹³

招手 tʂɔ²⁴ ʂəu²¹³

劈手 pʻiəʔ⁵ ʂəu²¹³

漾/摆/摇手 iɑ̃⁵²/pai²¹/iɔ³³ ʂəu²¹³

手摞脱/开 ʂəu²¹ liɔ⁵² tʻuo³³/kʻai²¹³

　手放脱/开 ʂəu²¹³ fɑ̃⁵² tʻuo³³/kʻai²¹³

手松开 ʂəu²¹ suŋ²⁴ kʻai²¹³　松/放/摞

　手 suŋ²⁴/fɑ̃⁵²/liɔ⁵² ʂəu²¹³　撒手

拖手 tʻəŋ²⁴ ʂəu²¹³　拉手

伸手 ʂəŋ²⁴ ʂəu²¹³

动手 tuŋ⁵² ʂəu²¹³　搂拾 ləu²⁴ ʂəʔ²¹

　搂早 ləu²⁴ tsɔ²¹　着手，开始

动手 tuŋ⁵² ʂəu²¹³　打架

拍手 pʻie³³ ʂəu²¹³　鼓掌 ku²⁴ tʂɑ̃²¹³

背操个/着手 pei⁵² tsʻɔ²¹³ kuəʔ²¹/

　tʂəʔ²¹ ʂəu²¹³　背转手 pei⁵² tʂuæ²¹

　ʂəu²¹³　背着手儿

叉个/着手 tsʻa⁵² kuəʔ²¹/tʂəʔ²¹ ʂəu²¹³

　两手叉起 lia²¹ ʂəu²¹³ tsʻa⁵² tɕʻi²¹

　两手交叉

捅个/着手 tʻuŋ²¹ kuəʔ²¹/tʂəʔ²¹ ʂəu²¹³

　双手交叉伸到袖筒里

捂定 vəʔ³ tiŋ⁵²　捂住

搚定 ŋæ⁵² tiŋ⁵²　揞住

蒙定 məŋ³³ tiŋ⁵²　蒙住

摸/拔拉 məʔ³/pəʔ³ la²¹³　摩挲

挡 tsʻəu²¹³　(1)用手托着向上或

　前　(2)向上拉：～裤子

抧 tʂəu²¹³　(1)执，举　(2)被挟

　制：家里念书的把我～得死

　死家

扶/搀/挡着 fu³³/tsʻæ²¹/tsʻəu⁵² tʂəʔ²¹

弹指头儿 tʻæ³³ tsə³³ tʻəur³³

弹脑瓜儿 tʻæ³³ nɔ³³ kuɐr²¹

捏起圪都 nie³³ tɕʻi²¹ kəʔ⁵ tu²¹³

　攥起拳头

蹾脚 tuŋ²¹ tɕie³³　跺脚

脚圪踮/担起 tɕie³³ kəʔ⁵ tie²⁴/tæ²⁴

　tɕʻi²¹　踮脚

大腿摞二腿 ta⁵² tʻuei²¹³ ləŋ⁵² ər⁵²

　tʻuei²¹³　大圪膝摞二圪膝 ta⁵²

　kəʔ⁵ ɕie²¹ ləŋ⁵² ər⁵² kəʔ⁵ ɕie²¹

　翘二郎腿

腿骨联定 tʻuei²¹ kuəʔ³ lye³³ tiŋ⁵²

　蜷腿

摇/筛腿 iɔ³³/sai²⁴ tʻuei²¹³　抖腿

踢腿 tʻiəʔ⁵ tʻuei²¹³

摞开腿 liɔ⁵² kʻai²¹ tʻuei²¹³　丢开腿

跑腿 pʻɔ²¹ tʻuei²¹³

叉腰 tsʻa⁵² iɔ²¹³

弯腰 væ²¹ iɔ²¹³　腰弯下 iɔ²⁴ væ²¹ xa⁵²

　腰猫转 iɔ²¹ mɔ³³ tʂuæ⁵²

伸腰 ʂəŋ²⁴ iɔ²¹³　伸懒腰儿 ʂəŋ²¹³

　læ²¹ iɔr²¹³

撑腰儿 tsʻəŋ²⁴ iɔr²¹³　支持

竖肩膀 ʂu⁵² ie²⁴ pə²¹　耸肩

茹胳膊 z̩u⁵² kəʔ⁵ pə²¹　伸胳膊

哨屎子 sɔ⁵² tuəʔ⁵ tsəʔ²¹　撅屁股

捶(脊)背 tʂʻuei³³(tsəʔ³) pei⁵²

洗 ɕi²¹³　擤(鼻涕)ɕiŋ²¹³

吸鼻子 ɕiəʔ⁵ piəʔ⁵ tsəʔ²¹　吸流鼻涕

打喷嚏 ta²¹ pʻəŋ⁵² tʻi²¹

闻 vəŋ³³

嫌弃 ɕie³³ tɕʻi⁵²

哭 k'uə$?^3$　嚎 xɔ^{33}

跑 p'ɔ^{33}　逛 kɑ̃^{52}　趄 kua^{213}

走 tsəu^{213}

放 fɑ̃^{52}　搁 kə^{33}　～在桌上

搀 tsʻæ^{213}　掺和 tsʻæ^{21} xuo^{33}　和
　　xai^{52}　对 tuei^{52}　酒里～水

拾揽/掇 ʂə$?^3$ læ^{52}/tuo^{21}　收拾
　　ʂəu^{24} ʂə$?^{21}$　收拾(东西)。"揽"
　　声调特殊

摭扫 tʂə^{33} sɔ^{213}　打扫合并

摭并 tʂə^{33} piŋ^{52}　摭业 tʂə^{33} ie^{33}
　　合并

杀割 sa^{33} kə^{21}　将剩余的部分干完
　　毕或吃完

挑 t'iɔ^{213}　挑拣 t'iɔ^{24} tɕie^{213}　沙 sa^{52}
　　选择

得溜起 tə$?^3$ liəu^{24} tɕʻi^{21}　拿/提起
　　(东西)na^{33}/ t'i^{33} tɕʻi^{21}

捡/捏起(来)tɕie^{24}/nie^{33} tɕʻi^{21}
　　(lai^{21})

擦/摡哩 tsʻa^{33}/ŋɯ^{24} li^{21}　擦掉

撂喽 liɔ^{52} læ^{21}　丢失

踢 t'ɑ̃^{52}　落(把东西遗放在某处)

寻着/见/上喽 ɕiŋ^{33} tʂʻə^{33}/ tɕie^{52}/ʂɑ̃^{52}
　　læ^{21}　找着了

抬 t'ai^{33}　藏 tsʻɑ̃^{33}　圪搭 kə$?^3$ ŋæ^{33}

抬 t'ai^{33}　藏 tsʻɑ̃^{33}　(人)藏(起来)

摞起来 ləŋ^{52} tɕʻi^{21} lai^{33}　码起来

剩下 ʂəŋ^{52} xa^{21}　剩残 ʂəŋ^{52} tsʻæ^{33}

弄 luŋ^{52}　闹 nɔ^{52}

做 tsuə$?^3$　干，办事

舌 tʂʻua^{213}　剥去植物的皮，去掉
　　表层之物

舌剥 tʂʻua^{21} pə^{33}　去掉表层东西：
　　把树皮给咱～哩

襄活 ɕiɑ̃^{33} xuŋ^{52}/xuo^{52}　帮忙　"活"
　　读鼻音特殊

(二)心理活动

晓得 ɕiɔ^{21} tə$?^{21}$　晓 ɕiɔ^{213}　知道
　　～啥不去嘹

解下/开喽 xai^{52} xa^{21}/k'ai^{21} læ^{21}
　　懂了

会喽 xuei^{52} læ^{21}　学会喽 ɕie^{33} xuei^{52} læ^{21}

猛一下解开/下喽 məŋ^{21} iə$?^3$ xa^{52}
　　xai^{52} k'ai^{24}/xa^{21} læ^{21}　猛猛价解
　　开/下喽 məŋ^{21} məŋ^{24} tɕia^{21} xai^{52}
　　k'ai^{24}/xa^{21} læ^{21}　恍然大悟

认得 zəŋ^{52} tə$?^{21}$

认不得 zəŋ^{52} pə$?^5$ tə$?^{21}$　不认得

识字 ʂə$?^3$ tsɿ^{52}

盘算给下 p'æ^{33} suæ^{52} kei^{52} xa^{21}
　　盘算盘算

掂量/敠给下 tie^{21} liɑ̃^{33}/tuo^{21} kei^{52} xa^{21}
　　掂量一下　"掂"本字为"战"

想给下 ɕiɑ̃^{21} kei^{52} xa^{21}　盘算给下
　　p'æ^{33} suæ^{52} kei^{52} xa^{21}　想想 ɕiɑ̃^{24}
　　ɕiɑ̃^{213}〈新〉

估计 ku^{21} tɕi^{52}　约莫 ie^{33}/iŋ^{24} məŋ^{21}
　　估划 ku^{21} xua^{33}　估量

敠量 tuo^{33} liɑ̃^{33}　(1)掂量　(2)估量

想/出/拿主意 ɕiɑ̃^{21}/tʂʻuə$?^3$/na^{33}
　　tʂu^{21} i^{52}

想办法 ɕiɑ̃^{21} pæ^{52} fa^{21}　想法/方子
　　ɕiɑ̃^{21} fa^{33}/fɑ̃^{24} tsə$?^{21}$

动脑子 tuŋ^{52} nɔ^{21} tsə$?^{21}$　动脑筋
　　tuŋ^{52} nɔ^{21} tɕiŋ^{213}

猜(排) tsʻai^{21}(p'ai^{33})　猜想

断/肯定 tuæ^{52}/k'ɯ^{21} tiŋ^{52}　料定

主张 tʂu^{21} tʂɑ̃^{213}　想的 ɕiɑ̃^{21} tə$?^{21}$

信 ɕiŋ^{52}　相信 ɕiɑ̃^{21} ɕiŋ^{52}

(起)疑心 (tɕʻi^{21})i^{33} ɕiŋ^{213}　怀疑
　　xuai^{33} i^{33}

想甚着叻 ɕiɑ̃^{21} ʂəŋ^{52} tʂə$?^5$ liə$?^{21}$
　　想什么着叻 ɕiɑ̃^{21} ʂə$?^5$ ma^{21} tʂə$?^5$

liəʔ²¹　沉思

想不出个解数 ɕiã²¹ pə⁵ tʂ'uəʔ²¹

　　kuəʔ²¹ xai⁵² ʂuo²¹　理不出头绪

二心不定 ər⁵² ɕiŋ²¹³ pə³ tiŋ⁵²　犹

　　豫不决的样子

拿不定主意 na³³ pə³ tiŋ⁵² tʂu²¹ i⁵²

操心 ts'ɔ²⁴ ɕiŋ²¹³　（1）留神　（2）费

　　心考虑和料理

怕 p'a⁵²　害怕

受怕嘞 ʂəu⁵² p'a⁵² læ²¹　怕上嘞

　　p'a⁵² ʂã⁵² læ²¹

怕哩跳 p'a⁵² li²¹ t'iɔ⁵²　吓着了

着/害急 tʂə³³ / xai⁵² tɕiəʔ³

着慌 tʂə³³ xuã²¹³

日急慌忙 zəʔ³ tɕiəʔ³ xuã²¹ mã³³

　　急打慌忙 tɕiəʔ⁵ ta²¹ xuã²¹ mã³³

　　手忙脚乱 ʂəu²¹ mã³³ tɕie³³ luæ⁵²

吃惊 tʂ'əʔ⁵ tɕiŋ²¹³　受惊 ʂəu⁵² tɕiŋ²¹³

牵挂 tɕ'ie²¹ kua⁵²　萦心 iŋ²⁴ ɕiŋ²¹³

　　挂念 k'ua⁵² nie⁵²　牵心 tɕ'ie²⁴ ɕiŋ²¹³

提心吊胆 t'i³³ ɕiŋ²¹³ tiɔ⁵² tæ²¹³

放心 fã⁵² ɕiŋ²¹³

不放心 pə³ fã⁵² ɕiŋ²¹³

盼（望）p'æ⁵²（vã⁵²）

巴/盼不得 pa²⁴ / p'æ³³/⁵² pə³ təʔ²¹

　　"盼"读阳平调特殊

指宗 tsʅ²⁴ tsuŋ²¹　指记 tsʅ²¹ tɕi⁵²

　　指望

指 tsʅ²¹³　指望。～不上

记着/定 tɕi⁵² tʂəʔ²¹ / tiŋ⁵²

记住/定嘞 tɕi⁵² tʂu⁵² / tiŋ⁵² læ²¹

　　记住了

忘（记）了 vã⁵²（tɕi⁵²）læ²¹

想/记起（来）嘞 ɕiã²⁴ / tɕi⁵² tɕ'i²¹

　　（lai³³）læ²¹

丢手 tiəu²⁴ ʂəu²¹³　不小心，往往

眼红 ie²¹ xuŋ³³　嫉妒

够嘞 kəu⁵² læ²¹

眼黑 ie²¹ xəʔ³　日眼 zəʔ³ ie²¹³

　　讨厌 t'ɔ²¹ ie⁵²

眼热 ie²¹ zə³³　亲近

恨 xɯ⁵²　嫉恨 tɕi⁵² xɯ⁵²

爱 ŋai⁵²　羡慕

偏心 p'ie²⁴ ɕiŋ²¹³

怄气 ŋəu⁵² tɕ'i⁵²

埋怨 mai³³ ye⁵²　怨过/驳

　　ye⁵² kuo²¹/pə³　抱怨

气 tɕ'i⁵²　憋气 pie³³ tɕ'i⁵²

害气 xai⁵² tɕ'i⁵²　恼 nɔ²¹³　发火 fa³³

　　xuo²¹³　发脾气 fa³³ p'i³³ tɕ'i⁵²　生气

嗔叫 tʂ'əŋ³³ tɕ'iɔ⁵²　责备

嗔恼 tʂ'əŋ³³ nɔ²¹³　恼，责备

□niɔ³³　烦腻

心疼 ɕiŋ²¹ t'əŋ³³　（对物）爱惜

亲 tɕ'iŋ²¹³　心疼 ɕiŋ²¹ t'əŋ³³　（对人）

　　疼爱

爱 ŋai⁵²　喜欢

高兴 kɔ²¹ ɕiŋ⁵²

相谢 ɕiã²¹ ɕi⁵²　知感 tʂʅ²⁴ kæ²¹³

　　感谢　"谢"韵母读音特殊

幸 ɕiŋ⁵²　娇惯，宠爱

偏 p'ie²¹³　向 ɕiã⁵²　偏向 p'ie²¹ ɕiã⁵²

迁就 tɕ'ie²¹ tɕiəu⁵²　将就 tɕiã²¹

　　tɕiəu⁵²

应付 iŋ⁵² fu²¹　敷衍

不依 pə⁵ i²¹³　□pei²¹³　"不依"的

　　合音

承应 tʂ'əŋ³³ iŋ⁵²　应承

熬煎 ŋɔ²⁴ tɕie²¹³　煎熬

　　（三）语言动作

说 ʂuo³³　说话

圪杳 kəʔ⁵ t'a²¹　圪嚷 kəʔ³ nã⁵²　念

　　叨，唠叨

言传 ie³³ tʂ'uæ²¹

拉（闲）话 la^{52}（xæ^{33}）xua^{52}　拉沓
　la^{52} t'a^{21}　聊天

白 p'ie^{33}　闲聊。今多写为"谝"

谖谎 ɕye^{24} xuã^{213}　撒谎

虚说 ɕy^{24} ʂuo^{21}　没有说实话

搭茬儿 ta^{33} ts'ɐr^{33}　插嘴 ts'a^{33}
　tsuei^{213}　打茬儿

接搭 tɕie^{33} ta^{21}　能与人说得上话

不言传 pə?^{3} ie^{33} tʂ'uæ^{21}　不说话，
　不做声

十叫九不应 ʂʐ?^{3} tɕiɔ^{52} tɕiəu^{21} pə?^{3}
　iŋ^{52}　无论怎么叫，都不答应

学 xɯ^{33}/xə^{33}　把事情从头至尾说
　一遍

学豉 xɯ^{33}/xə^{33} t'æ^{52}　学唇豉舌
　xɯ^{33}/xə^{33} tʂ'uŋ^{33} t'æ^{52} ʂə^{33}　学舌

挽拉 væ^{21} la^{33}　嚼舌

拉/说悄悄话 la^{52}/ʂuo^{33} tɕ'iɔ^{21} tɕ'iɔ^{33}
　xua^{52}

嘀嘀叨叨 ti^{21} ti^{24} tɔ^{21} tɔ^{24}　叮叮单
　单 tiŋ^{21} tiŋ^{24} tæ^{21} tæ^{24}　咛咛囔囔
　niŋ^{21} niŋ^{24} nã^{21} nã^{24}　嘀嘀咕咕，
　说无关紧要的话

訸* zͺæ^{33}　反复地说：～～匠

海吵 xai^{21} ts'ɔ^{213}　议论

探博 t'æ^{52} puo^{21}　打探

查访 ts'a^{33} fã^{213}　查问 ts'a^{33} vəŋ^{52}
　访探 fã^{21} t'æ^{52}　调查，打听

乖拦 kuai^{21} læ^{33}　好言相劝

卖青杏儿 mai^{52} tɕ'iŋ^{21} xər^{52}　卖屄
　嘴 mai^{52} pi^{24} tsuei^{213}　比喻说空
　话送人情，卖嘴

拍屄（嘴）p'ie^{21} pi^{213}（tsuei^{213}）〈詈〉
　瞎白 xa^{33} p'ie^{33}　瞎（屄）溜 xa^{21}
　（pi^{24}）liəu^{52}〈詈〉　瞎说 xa^{33} ʂuo^{33}

要叻 ʂua^{21} liə?^{21}　（圪）哄（kə?^{5}）
　xuŋ^{213}　骗

（给……）说（kei^{52}……）ʂuo^{33}
　告诉

捩筋 lie$^{33/21}$ tɕiŋ^{213}　抬杠 t'ai^{33} kã^{52}

找茬儿 tsɔ^{21} ts'ɐr^{33}　寻事 ɕiŋ^{33} sʐ^{52}
　寻不是 ɕiŋ^{33} pə?^{3} sʐ^{52}

顶嘴 tiŋ^{24} tsuei^{213}　顶 tiŋ^{213}

嚳嘴 tɕiã^{52} tsuei^{213}　顶嘴

吵杂 ts'ɔ^{21} tsa^{33}　吵闹

厮嚷/吵 ɕiə?^{5} zã^{213}/ts'ɔ^{213}
　嚷 zã^{213}　吵架

斗阵 təu^{52} tʂəŋ^{52}　（1）吵嘴
　（2）打架

厮打 ɕiə?^{5} ta^{213}　打架

克兑 k'ə^{33} tuei^{52}　挤兑

嚓筋 tɕye^{24} tɕiŋ^{213}　吵嘴

日噘 zͺə?^{5}/zͺuə?^{5} tɕye^{21}　破口骂

厮日噘 ɕiə?^{3} zͺə?^{5}/zͺuə?^{5} tɕye^{21}
　双方互骂

挨日噘 nai^{33} zͺə?^{5}/zͺuə?^{5} tɕye^{21}
　挨骂

安顿/咐 ŋæ^{21} tuŋ^{52}/fu^{33}　嘱咐

挨头子 nai^{33} t'əu^{33} tsə?^{21}　挨骂，挨
　批评

嗐嗺 t'ɔ^{33} tsɔ^{52}　谴嗺 tɕ'ie^{21} tsɔ^{52}
　训斥

叫 tɕiɔ^{52}　嘶声 sʐ^{21} ʂəŋ^{213}　喊（叫）
　xæ^{21}（tɕiɔ^{52}）　（～他来）

吼 xəu^{213}　（1）叫喊　（2）训斥：老
　师把那～哩一顿

吼喊 xəu^{24} xæ^{21}　吼叫 xəu^{21} tɕiɔ^{52}
　降喊 ɕiã^{33} xæ^{213}　训斥

撒嗓 sa^{24} sã^{213}　大声训斥

超践 tʂ'ɔ^{21} tɕie^{52}　骂

敞扬 tʂ'ã^{21} iã^{33}　散扬 sæ^{52} iã^{33}　丧
　扬 sã^{52} iã^{33}　扬告 iã^{33} kɔ^{52}　学学
　xɯ^{33}/xə^{33} ɕie^{21}　说人不该说的事

丧摊子 sã^{52} t'æ^{24} tsə?^{21}　丧坛场

sã⁵² t'æ³³ tʂʻã²¹　揭老底

呲笑 ts'ʅ²¹ ɕiɔ⁵²　嗤笑 tʂʻʅ²¹ ɕiɔ⁵²　耻笑

说嘴 ʂuo³³ tsuei²¹³　说空话

祈告 tɕʻiə?³ kɔ⁵²　央告 iɑ²¹ kɔ⁵²

话排 xua⁵² p'ai²¹　诉说，叙述

聑祷 tɕʻiə?⁵ tɔ²¹³　无奈，诉说烦恼的事

聑咳 tɕʻiə?³ sa⁵²　嚼舌，背后说坏话〈贬〉

茹架 z̩u⁵² tɕia⁵²　挑茹 t'iɔ²¹ z̩u⁵²　谤架 pã⁵² tɕia⁵²　戳架 tʂʻuo³³ tɕia⁵²　挑拨，怂恿

腾 t'əŋ⁵²　(1)使略高　(2)怂恿

腾架 t'əŋ⁵² tɕia⁵²　怂恿

猴逗 xəu³³ təu⁵²　挑逗

解话 xai⁵² xua⁵²　听话，懂事

阴雾 iŋ²¹ vu⁵²　阴阴雾雾 iŋ²⁴ iŋ²¹ vu⁵² vu²¹　言语迟缓，爱说不说的样子

(语)音痴 (y²¹)iŋ²⁴ tʂʻʅ²¹³　不爱说话

（四）其他动作

搭拦 ta³³ læ³³　着留 tʂʻə³³ liəu³³　留下

闹 nɔ⁵²　弄、搞、筹措

翻乱 fæ²¹ luæ⁵²　翻闹 fæ²¹ nɔ⁵²　回挽 xuei³³ væ²¹　设法筹措

拾/播翻 ʂə?⁵/ puo²⁴ fæ²¹³　搜寻，翻弄

翻搅/腾 fæ²⁴ tɕiɔ²¹³/t'əŋ²¹　(1)搜寻，翻弄　(2)过问

摸虑 muo²¹ lye⁵²　筹办，安排，考虑

回搅 xuei³³ tɕiɔ²¹　翻弄

拾闹 ʂə?³ nɔ⁵²　准备(饭、钱)，做

乱 luæ⁵²　不花费代价得到(东西)

拾乱 ʂə?³ luæ⁵²/ læ⁵²　不花代价得到，捡来

抹刷 mə?⁵ ʂua²¹　抚摸，洗刷，揩抹

称着 tʂʻəŋ⁵² tʂʻə³³　值得

称不着 tʂʻəŋ⁵² pə?³ tʂʻə³³　不值得

着得 tʂə³³ tə?²¹　容得下，能接收

着不得 tʂə³³ pə?⁵ tə?²¹　容不下，不能接收

支住/定 tsʅ²¹ tʂu⁵²/tiŋ⁵²　力住/定 liə?³ tʂu⁵²/tiŋ⁵²　支持得住，忍耐不住

支不住/定 tsʅ²¹ pə?³ tʂu⁵²/tiŋ⁵²　力不住/定 liə?³ pə?³ tʂu⁵²/tiŋ⁵²　支持不住，忍耐不住

挨住/定 nai³³ tʂu⁵²/tiŋ⁵²　忍耐得住

挨不住/定 nai³³ pə?³ tʂu⁵²/tiŋ⁵²　忍耐得住

荫 iŋ²¹³　遮住视线、光线

□kã⁵²　(1)冒(烟、气)　(2)特指烟没有从烟囱中冒出，而使从灶火等处窜出：窑里～得不能成

逛 kuã⁵²　游荡

㸒* ŋəu²¹³　烧制：～糖酱

□pia²¹³　用力粘贴

进 pie⁵²　裂开

努 nu²¹³　憋着气使劲

落 lia⁵²　落，拉

跻 tɕʻiɔ²¹³　迈过，跨过(障碍物)

嘈 tsæ²¹³　□kã²¹³　苍蝇叮咬

囚 ɕiəu³³　寂寞，烦躁

嚇诈 xə?³ tsa⁵²　诈唬

迎摆 iŋ³³ pai²¹　迎担 iŋ³³ tæ²¹　迎接

担 tæ⁵²　(1)悬空放置　(2)吊

搛 tæ⁵²　(1)搛笔　(2)粗略磨：水瓮上把刀子～给下

寨 tsai⁵² (1)插 (2)挡：拿圪针～定

腾 t'əŋ⁵² 探取，够得上

夯 tsa⁵² 趷夯 ts'ɿ²¹ tsa⁵² 张开，竖起

挓 tsa⁵² 躺：～倒

劂 xuo³³ 劂剥 xuo³³ pə³³ 刀子割

垩* tʂuəʔ³ 堵塞

捂 vəʔ³ (1)捂住 (2)使不透气

掼 kuæ⁵² 扔

踬 kuæ⁵² 摔跤

甩 ʂua³³ 撂 liɔ⁵² 扔 ər²¹³ (1)扔 (2)丢弃：把没用东西～噭

进上 tɕiŋ⁵² ʂã⁵² 打得过

进不上 tɕiŋ⁵² pəʔ³ ʂã⁵² 打不过

订对 tiŋ²¹ tuei⁵² 订正，核实

质证 tʂəʔ³ tʂəŋ⁵² 质对 tʂəʔ³ tuei⁵² 对证

幸 ɕiŋ⁵² 宠惯

圪颠 kəʔ⁵ tie²¹ 宠惯的样子

缯 tsəŋ⁵² 捆扎，系

做果 tsuəʔ⁵ kuo²¹ 做灭 tsuəʔ⁵ mie²¹ 处理，杀

做过噭 tsuəʔ³ kuo⁵² læ²¹ 坏事了

裹缠 kuo²¹ tʂ'æ³³ 纠缠

劗* tsa⁵² 砍

劗鸹 tsa⁵² tɕ'ie²¹ 随便吃

啃撽 k'ɯ²⁴ va²¹ 大体上吃了一些

吃唖 tʂ'əʔ⁵ tsa²¹ 吃贿赂

撕撽 sɿ²⁴ va²¹ 撕扯

占揽 tʂæ⁵² læ²¹ 占拉 tʂæ⁵² la²¹ 抢占

抿 miŋ²¹³ (1)抹：～缝缝 (2)用糨糊一层层地粘：～圪帛儿

抿 miŋ³³ 圪抿 kəʔ⁵ miŋ²¹ 嘴唇略饮少许：牙疼起口里～上点酒

噙 tɕ'iŋ³³ 啥

毅* tuo³³ 毅打 tuo³³ ta²¹ (1)以手指或细棍之类相击 (2)筷子略微夹了点饭菜，谓吃得少

毅茹 tuo³³ z̺u³³ 动手动脚并呵斥

攲* ɕiəʔ³ 打：～哩两把子

浅看 tɕ'ie²¹ k'æ²¹³ 小看

搭 tɕ'ia²¹³ 抱

抾 tɕ'ia⁵² 扼住(脖子)

抾把/爬 tɕ'ia⁵² pa²¹/p'a²¹ 克扣，截留

笡* tɕ'ie⁵² 倾斜

跌(黑)痞 tie³³ (xəʔ³) p'i³³ 跌死/赖痞 tie³³ sɿ²¹/lai⁵² p'i³³ 耍赖

掐盘 tɕ'ia³³ p'æ²¹³ 掐算 tɕ'ia³³ suæ⁵² 掐爬 tɕ'ia³³ p'a²¹ 算命

腆 tie³³ 挺：～颗大肚

腾开 t'əŋ³³ k'ai²¹³ 起开 tɕ'i²¹ k'ai²¹³ 让开

吃架 tʂ'əʔ³ tɕia⁵² 支架 tsɿ²¹ tɕia⁵² 招架，经受

撑 ts'əŋ⁵² 招架

歇缓 ɕie³³ xuæ²¹³ 歇泊 ɕie³³ puo³³ 歇息

起首 tɕ'i²⁴ ʂəu²¹³ (1)开始 (2)孕妇临产

公该 kuŋ²⁴ kai²¹³ 应公该 iŋ⁵² kuŋ²⁴ kai²¹³ 应当

投到 t'əu³³ tɔ⁵² 等到

谋住 mu³³ tʂu⁵² 谋下 mu³³ xa⁵² 认定

死填 sɿ²¹ t'ie³³ 歇息，闲待

踢踏 t'iəʔ⁵ t'a²¹ (1)糟蹋 (2)相互争斗

捎打 sɔ²⁴ ta²¹ 捎带

搞叨 kɔ²⁴ tɔ²¹ 商量，商议

祈揽 tɕ'iəʔ³ tɕiɔ²¹³ 祈茹 tɕ'iəʔ³ z̺u³³ 参与，搭手

倒流 tɔ⁵² liəu³³　比喻退步

等上 təŋ²¹ ʂã⁵²　遇到

茹* zʮ³³/⁵²　(1)填塞，搁置　(2)递送　(3)伸入。去声用字，今写"擩"

跢茹 tuo³³ zʮ³³　填塞，扔掉，赠予

茹填 zʮ⁵² tʻie²¹　填茹 tʻie³³ zʮ⁵²　填塞，搁置

挼 zʮo³³　推：～的前，攘的后

挼 zʮa³³　(1)皱缩　(2)折磨

挼人 zʮa³³ zʻəŋ³³　蹂躏人，作践人

挼爬 zʮa³³ pʻa²¹　蹂躏，作践

挼搓 zʮa³³ tsʻəŋ³³　揉搓

装 tʂuã⁵²　填充

楦 ɕye⁵²　撑：～大喽

烧 ʂɔ⁵²　出霞：天～喽

清 tɕʻiŋ⁵²　凝结：羊油～的石板上喽〈俗〉

冷清 ləŋ²¹ tɕʻiŋ⁵²　比喻一动不动

灿 tsʻæ⁵²　(1)解开　(2)做饭时米粒开裂

潩* tuŋ²¹³　(1)在水里乱搅乱拍　(2)胡弄，乱搞

潩淘 tuŋ²¹ tʻɔ²⁴　胡弄，乱搞

潩乱子 tuŋ²¹ luæ⁵² tsəʔ²¹　闯祸

挣 tsəŋ⁵²　撑

招 tʂɔ²¹³　惹，搭理

尿 niɔ⁵²　〈贬〉理睬，搭理

磨 muo⁵²　拖拉

抹 ma³³　使套着的东西褪下

扳 pæ²¹³　(1)攀　(2)折　(3)摘取

盘 pʻæ³³　平整：～两畦园子

缠 pʻie³³　(1)用针缝　(2)挽起、卷起(袖子)

叉 tsʻa²¹³　攀缘：～头上去喽

碴 tsʻa³³　摩擦，划

涝 lɔ⁵²　淘洗，投洗

祖* tsæ⁵²　鞋底与鞋帮缝线断开。《广韵·襇韵》："衣缝解"。丈苋切。今写"绽"

组* tsæ⁵²　用大针脚临时缝上。《广韵·襇韵》："补缝。"丈苋切

敹* liɔ³³　粗略缝

绌 tʂʻuə³　大针脚简单缝缀：两针就～定喽

措* tsʻə³　拿，收藏

造 tsʻɔ⁵²　糟蹋，欺负

造剥 tsʻɔ⁵² pə³³　造整 tsʻɔ⁵² tʂəŋ²¹　糟蹋

整造 tʂəŋ²¹ tsʻɔ⁵²　整治，教训

造蛋 tsʻɔ⁵² tæ⁵²　故意作对为难人，捣蛋

合 kə³³　制作，合成：～哩一架门窗

割 kə³³　买：～肉

掌 tsʻəŋ⁵²　支，垫

出洗 tʂʻuəʔ⁵ ɕi²¹³　搂

教照 tɕiɔ²¹ tʂɔ⁵²　调教

务裔 vu⁵² i²¹　(1)抚养　(2)抱养　(3)侍弄

营务 iŋ³³ vu⁵²　侍弄

扬黄土 iã³³ xuã³³ tʻu²¹　比喻挥霍钱财

炉 ləu³³　烙，烤制

使唤 sʅ²¹ xuæ⁵²　使用

回 xuei³³　解冻：白菜～喽

回 xuei³³/⁵²　使土质疏松：虫把地～虚喽

攒 tsʻuæ²¹³　集中到了一起

垙 tsʻʅ⁵²　沾上污物

相端 ɕiã⁵² tuæ²¹³　端详 tuæ²¹ ɕiã³³　观察

瞅眼 tsʻəu²¹ ie²¹³/nie²¹³　留心寻找

绥 suei²¹³　用簸箕左右摇动其中

东西

淋拉 liŋ³³ la²¹　洒，淋

招呼 tʂʅ²¹ xu³³　照看，照应

迷 mi³³　特指财宝迷失

缘 ie³³　（虫子）爬

爬缘 pʻa³³ ie³³　圪爬 kəʔ³ pʻa³³　比喻艰难地行走

蹅 tsa²¹³　踩，踏

踩蹅 tsʻai²¹ tsa²⁴　践踏

蹅踏 tsa²⁴ tʻa²¹　花费，花销

跐 tsʻʅ²¹³　踩，踏

吊 tio⁵²　把牛驴等拴到圈外场地晒太阳

带输赢 tai⁵² ʂu²¹ iŋ³³　打赌

解导 xai²⁴ tɔ²¹　督促：再把那事～给下

冒 mɔ⁵²　盲目，没有根据

懵 məŋ²¹³　一下反应不过来

研 nie³³　硌

着紧 tʂʻə³³ tɕiŋ²¹³　抓紧

出 tʂʻuəʔ³　产出超过一般的量

出门儿 tʂʻuəʔ³ mr̃³³　走亲戚

倒来回 tɔ⁵² lai³³ xuei³³　一个来回

蹿 tsʻuæ²¹³　追，逼

穿 tʂʻuæ²¹³　边干边学

穿练 tʂʻuæ²¹ lie⁵²　锻炼

打骨隆儿 ta²¹ kuəʔ⁵ lr̃r²¹　打滚儿 ta²⁴ kur̃²¹³

捣鬼 tɔ²⁴ kuei²¹³　撒谎

倒腾 tɔ²⁴ tʻəŋ³³　腾出，腾空

倒腾 tɔ²⁴ tʻəŋ²¹　做，干活

刁空儿 tiɔ²¹ kʻur̃⁵²　刁打 tiɔ²⁴ ta²¹　抽空

�tie³³　猛吃的戏称

顶戴 tiŋ²¹ tai⁵²　伺候

蹾 tuŋ²¹³　（1）颠簸　（2）跳下使脚腿受挫麻木疼痛

乏 fa³³　牲畜体质差没精力

妨 fã²¹³　相克，妨碍

圈 tɕʻye⁵²　修造（窑洞）

箍 ku²¹³　修窑洞或桥洞

罟 ku²¹³　强迫做事

罟揽 ku²⁴ læ²¹　凑合

化瓤 xua⁵² zã³³　西瓜成熟后使瓜瓤成水

和搅 xuo³³ tɕiɔ²¹³　碰撞，打扰

和架 xuo³³ tɕia⁵²　碰撞

戳拨/架 tʂʻuo³³ pɔ²¹ / tɕia⁵²　碰撞

戳搅 tʂʻuo³³ tɕiɔ²¹³　（1）太长而碰撞　（2）打扰

圪署 kəʔ³ ŋæ⁵²　署裹 ŋæ⁵² kuo²¹³　署署* ŋæ⁵² tʻa²¹　藏

按沓 ŋæ⁵² tʻa²¹　按办 ŋæ⁵² pæ²¹　准备

炕 kʻã⁵²　（1）烘干　（2）烙：～哩两张饼子

挎 kʻua⁵²　（男人）勾引

捩 lie³³　（1）扭转　（2）扭伤

另 liŋ⁵²　分家

□məŋ⁵²　浸泡

摸虑 muo²¹ ly⁵²　准备

抛 pʻɔ²¹³　� tʂʻua²¹³　过秤时去掉包装物的分量

品对 pʻi²¹ tuei⁵²　小心对付

熥* tʻəŋ²¹³　熥，烫

唼 sa⁵²　虫子咬

骚情 sɔ²⁴ tɕʻiŋ²¹　献殷勤，巴结

驳弹 pə³³ tʻæ³³　挑剔

合会 xə³³ xuei⁵²　处理

捎 sɔ⁵²　后退

蚀 ʂəʔ³　腐蚀

踏蛋 tʻa³³ tæ⁵²　鸡交尾

拖 tʻəŋ²¹³　拖拉，拉

跳弹 tʻiɔ⁵² tʻæ²¹　跳踏 tʻiɔ⁵² tʻa²¹

跳打 t'iɔ^{52} ta^{21}　蹦跳

填还 t'ie^{33} xuæ^{52}　(1)饲养家畜兴旺(多用于否定)　(2)偷偷给人

克挡 k'ə^{33} tɑ̃^{52}　阻拦，阻挡

扰烦 ʐɔ^{21} fæ^{33}　打搅

冗烦 ʐuŋ^{21} fæ^{33}　使人麻烦

冗翻 ʐuŋ^{21} fæ^{213}　(小孩)哭叫闹腾

顾就 ku^{52} tɕiəu^{21}　顾及，照顾

顾揽 ku^{52} læ^{21}　无力顾及

推 t'uei^{213}　冲走，卷走

焐 vu^{52}　使热

详情 ɕiɑ̃^{33} tɕ'iŋ^{33}　想象，思考

行 ɕiŋ^{33}　(房子、窑洞)移动、滑行

敨剥 təu$^{21/52}$ pə^{33}　抖开

擘 pə^{33}　分擘 fəŋ^{21} pə^{33}　分开

科* k'uo^{213}　修剪，砍

煏 piəʔ^{3}　烘烤

熸 ɕie^{33}　火烤

滗 pi^{213}　把器物中的东西挡住将液体倒出去

䨣* p'əʔ^{3}　水沸溢出。又读 pəʔ^{3}

洇 iŋ^{52}　液体落在布或纸上而散开，浸开

焞* p'əʔ^{3}　烟火从灶膛涌出

潎* p'ie^{33}　在液体上掠舀

鞔 mæ^{33}　(1)蒙鼓面　(2)给鞋帮上蒙布

弥 mi^{33}　接缝

褿* ts'ɔ^{33}　衣服等的污渍：实～

捥 væ^{213}　拔：～黑豆

搰 vuo^{33}　挑，挖

摦 va^{213}　抓挠

搲* vuo^{213}　使弯曲

搭 ta^{33}　披

度送 tuo^{33} suŋ^{52}　送，断送

煺 t'uei^{52}　用滚水烫已宰杀的猪、鸡等以去毛

籴 tie^{33}　总买

粜 t'iɔ^{52}　卖出

舚* t'æ^{52}　(1)伸：～舌头　(2)吐：～清水。也作"䑙"

溻 t'a^{33}　浸：～湿

矲* t'uəʔ^{3}　少，短

锉* t'uəʔ^{3}　钝：磨～

砑* nia^{52}　碾：～钱钱。今写"压"

痨* nɔ^{52}　中毒

劙 li^{33}　刀割，刀划

铰 tɕiɔ^{213}　剪。剪子～。《广韵·肴韵》："铰刀。"古肴切

睖* ts'əŋ^{33}　瞪：那把我～哩一眼。《集韵·蒸韵》："睖瞪，直视皃。"丑升切

捩 lie^{33}　(1)扭伤　(2)扭捩

圝 luæ^{33}　(1)团揉　(2)量词　(3)不停咀嚼　(4)不得要领的做说

捋 lyəʔ^{3}　顺着枝条采取

咂 tsa^{33}　吸吮，嘬

掫* tsəu^{213}　端：～盆儿

钞 ts'ɔ^{213}　用筷子夹取

撮 ts'uo^{33}　用簸箕铲取

搋 ts'ai^{52}　击打

搋 ts'ai^{213}　揉面：～糕

爁* læ^{213}　轻炒：肉锅里～给下

潲 sɔ^{52}　(1)洒水：给白菜上～点儿水　(2)量词：崖上画下一～

宬 ʂəŋ^{33}　(1)居住　(2)闲待　(3)盛，容纳

射 ʂəʔ^{3}　猛然向上：一～站起就走

约 tɕiŋ^{213}　系(围裙之类)

掬 tɕyəʔ^{3}　(1)捧　(2)量词

撧* tɕye^{33}　(1)扯拉　(2)断开

撧别 tɕye^{33} pie^{21}　花销：有几个钱

儿也早～完哝

戳* tsuəʔ³ 击打：～哩一伙

撅* ɕye⁵² 挑选所余：～下小的没人要哝

炟* ɕi⁵² 熄灭：火～哝

聒 kuo³³ 声音嘈杂，使人厌烦

聒嘈 kuo³³ tsʻɔ⁵² 同"聒"

唵 ŋæ²¹³ 就掌而吃颗粒、粉状食物：～哩一口雪

揞* ŋæ³³ 遮挡：拿手～定

稺 tsɿ⁵² 迟，晚：～生儿生日

稙 tʂə̃ʔ³ 早：～谷子

淹* ŋə³³ 用灰土等把火盖住：把灶火～哩

熰 ŋɔ⁵² 水在锅里反复烧开：～锅水

趴 pa²¹³ 圪趴 kəʔ³ pa²¹³ (1)爬起来 (2)爬：～脊背上不下来

圪皮 kəʔ³ pʻi³³ 稍作睡眠

圪硶 kəʔ⁵ tsʻəŋ²¹³ 发瘆

圪乘 kəʔ³ tʂʻəŋ⁵² 略微移动

圪搐 kəʔ³ tʂʻuəʔ³ (1)抽搐 (2)皱

圪亲 kəʔ⁵ tɕʻiŋ²¹³ 发嗲

圪踮 kəʔ³ tie²¹³ (1)踮脚：～起看 (2)发嗲：把你能得～甚叻

圪揣 kəʔ⁵ tʂʻuai²¹³ 揣摸

圪凑 kəʔ³ tsʻəu⁵² 凑，聚集

圪晃 kəʔ³ xuã⁵² 小幅度的晃动

圪夹 kəʔ⁵ tɕia²¹ 夹(在腋下)

圪挤 kəʔ⁵ tɕi²¹³ (1)拥挤 (2)闭(眼睛)

圪品 kəʔ⁵ pʻiŋ²¹³ 作势

二十三、位置

浮上/起/皮儿/头 fu³³ ʂã⁵²/tɕʻi²¹/pʻiər³³/tʻəu²¹ 上头 ʂã⁵² tʻəu²¹ 上面儿 ʂã⁵² miər⁵²

底里/下 ti²¹ li³³/xa²¹ 下头/面儿 xa⁵² tʻəu²¹/miər⁵²

地下 ti⁵² xa²¹ 操心！嫑掉～

地上 ti⁵² ʂã²¹ ～脏得恶叻

天上 tʻie²¹ ʂã⁵²

山(圪瘩)上 sæ²¹(kəʔ⁵ ta²¹) ʂã⁵²

路上 ləu⁵² ʂã²¹

街上 kai²¹ ʂã⁵²

墙上 tɕʻiã³³ ʂã⁵²

门上 məŋ³³ ʂã⁵²

桌子上 tʂuo³³ tsəʔ²¹ ʂã⁵² 桌儿上 tʂuor³³ ʂã⁵²

椅子上 i²¹ tsəʔ²¹ ʂã⁵²

边边起/上 pie²⁴ pie²¹ tɕʻi²¹/ʂã⁵²

沿沿起/上 ie⁵² ie²¹ tɕʻi²¹/ʂã⁵²

边儿上

角角起/上 tɕie³³ tɕie²¹ tɕʻi²¹/ʂã⁵² 角儿上

棱棱起/上 ləŋ³³ ləŋ²¹ tɕʻi²¹/ʂã⁵² 棱儿上

尖尖起/上 tɕie²⁴ tɕie²¹ tɕʻi²¹/ʂã⁵² 尖儿上

尾巴上 i²¹ pa³³ ʂã⁵²

里头/首/面儿 li²¹ tʻəu³³/ʂəu²¹³/miər⁵² 黑里 xəʔ⁵ li²¹

外头/首/面儿/起 vai⁵² tʻəu³³/ʂəu²¹³/miər⁵² tɕʻi²¹

中间 tʂuŋ²⁴ tɕie²¹ 当停/定 tã²¹ tʻiŋ³³/tiŋ⁵² 当中 tã²⁴ tʂuŋ²¹³

手里 ʂəu²¹ li³³

腰里 iɔ²⁴ li²¹

怀里 xuai³³ li²¹

口/嘴里 kʻəu²¹/tsuei²¹ li³³

心里 ɕiŋ²⁴ li²¹

家里 tɕia²⁴ li²¹

窑里 iɔ³³ li²¹

房里 fã³³ li²¹

水里 ʂuei²¹ li³³

河里 xɯ³³ li²¹

井里 tɕiŋ²¹ li³³

沟里 kəu²⁴ li²¹

乡里 ɕiã²⁴ li²¹　乡上 ɕiã²¹ /ʂa⁵²

镇上 tʂəŋ⁵² ʂã²¹　镇里

城里 tʂʰəŋ³³ li²¹

省上 səŋ²¹ ʂa⁵²

山里 sæ²⁴ li²¹　野外

大/龙门外（头）ta⁵² / ləŋ³³ məŋ³³ vai⁵²（tʰəu²¹）

门外（头）məŋ³³ vai⁵²（tʰəu²¹）

墙外（头）tɕʰiã³³ vai⁵²（tʰəu²¹）

窗子外头 tʂʰuã²⁴ tsəʔ²¹ vai⁵² tʰəu²¹　窗户外头

车上（头）tʂʰəŋ²¹ ʂã⁵²（tʰəu²¹）

车外 tʂʰəŋ²¹ vai⁵²

前里/头/面儿 tɕʰie³³ li²¹ / tʰəu²¹ / miər⁵²　前边

后里/头/面儿 xəu⁵² li²¹ / tʰəu²¹ / miər⁵²　后边

山前（头）sæ²¹ tɕʰie³³（tʰəu²¹）

山后（头）sæ²¹ xəu⁵²（tʰəu²¹）

山东面儿 sæ²⁴ tuŋ²¹ miər⁵²　山东

山西面儿 sæ²⁴ ɕi²¹ miər⁵²　山西

山南面儿 sæ²¹ næ³³ miər⁵²　山南

山北面儿 sæ²¹ pie³³ miər⁵²　山北

车前（头）tʂʰəŋ²¹ tɕʰie³³（tʰəu²¹）

车后（头）tʂʰəŋ²¹ xəu⁵²（tʰəu²¹）

房子后（头）fã³³ tsəʔ²¹ xəu⁵²（tʰəu²¹）

门后（头）məŋ³³ xəu⁵²（tʰəu²¹）

窑后（头）iɔ³³ xəu⁵²（tʰəu²¹）

脑后 nɔ³³/²¹ xəu⁵²

背后 pei⁵² xəu⁵²

以前 i²¹ tɕʰie³³

以往 i²⁴ vã²¹

以后 i²¹ xəu⁵²

以上 i²¹ ʂã⁵²

以下 i²¹ xa⁵²

后来 xəu⁵² lai²¹　指过去某事之后

从今儿往/以后 tsʰuŋ³³ tɕiɤr²¹³ vəʔ³ / i²¹ xəu⁵²

从这儿往/以后 tsʰuŋ³³ tʂer²¹³ vəʔ³ / i²¹ xəu⁵²　指将来

从那儿往/以后 tsʰuŋ³³ nɐr²¹³ vəʔ³ / i²¹ xəu⁵²　从此以后，不拘过去将来

东面儿 tuŋ²¹ miər⁵²　东边

西面儿 ɕi²¹ miər⁵²　西边

南面儿 næ³³ miər⁵²　南边

北面儿 pie³³ miər⁵²　北边

东南 tuŋ²¹ næ³³

东北 tuŋ²¹ pie³³

西南 ɕi²¹ næ³³

西北 ɕi²¹ pie³³

东头儿 tuŋ²¹ tʰəur³³

西头儿 ɕi²¹ tʰəur³³

南面儿 næ³³ miər⁵²　南头

北面儿 pie³³ miər⁵²　北头

路东 ləu⁵² tuŋ²¹³

路西 ləu⁵² ɕi²¹³

路南 ləu⁵² næ³³

路北 ləu⁵² pie³³

路边边 ləu⁵² pie²⁴ pie²¹　路边儿

当定 tã²¹ tiŋ⁵²　当间

床底下/里 tʂʰuã³³ ti²¹ xa³³ /li³³

楼底下/里 ləu³³ ti²¹ xa³³ /li³³

脚底下/里 tɕie³³ ti²¹ xa³³ /li³³

碗底（底）væ²⁴ ti²¹（ti³³）　碗底子 væ²⁴ ti²¹ tsəʔ²¹　碗底儿

锅底（底）kuo²⁴ ti²¹（ti³³）　锅底子 kuo²⁴ ti²¹ tsəʔ²¹　锅底儿

瓮底（底）vəŋ⁵² ti²¹（ti³³）　瓮底子 vəŋ⁵² ti²¹ tsəʔ²¹　缸底儿

鞋底儿 xai³³ tiər²¹³　鞋底子 xai³³ ti²¹ tsəʔ²¹

袜底儿 va³³ tiər²¹³　袜底子 va³³ ti²¹ tsəʔ²¹

心底儿 ɕiŋ²⁴ tiər²¹³

旁里 pʻã³³ li²¹　侧旁 tsʻə³³ pʻã³³　旁边

左右 tsəŋ²¹ iəu⁵²　左近 tsəŋ²¹ tɕiŋ⁵²　附近

围圆儿 vei³³ yər³³　周围：方达～

跟前 kɯ²¹ tɕʻie³³

甚地方 şəŋ⁵² ti⁵² fã²¹　什么地方 şəʔ³ ma³³ ti⁵² fã²¹　哪里 la²¹ li³³　哪搭儿 la²¹ tɐr³³

左面儿 tsəŋ²¹ miər⁵²　左边

右面儿 iəu⁵² miər⁵²　右边

往/朝里走 vəʔ³/tʂʻɔ³³ li²¹ tsəu²¹³

往/朝外走 vəʔ³/tʂʻɔ³³ vai⁵² tsəu²¹³

往/朝东走 vəʔ³/tʂʻɔ³³ tuŋ²⁴ tsəu²¹³

往/朝西走 vəʔ³/tʂʻɔ³³ ɕi²⁴ tsəu²¹³

往/朝回走 vəʔ³/tʂʻɔ³³ xuei³³ tsəu²¹³

往/朝出走 vəʔ⁵/tʂʻɔ³³ tʂʻuəʔ³ tsəu²¹³

往/朝前走 vəʔ³/tʂʻɔ³³ tɕʻie³³ tsəu²¹³

以东 i²¹ tuŋ²¹³

以西 i²¹ ɕi²¹³

以南 i²¹ næ³³

以北 i²¹ pie³³

以内 i²¹ nuei⁵²

以外 i²¹ vai⁵²

以里 i²⁴ li²¹³

以来 i²¹ lai³³

之后 tsʅ²¹ xəu⁵²

之前 tsʅ²¹ tɕʻie³³

之外 tsʅ²¹ vai⁵²

之内 tsʅ²¹ nuei⁵²

之间 tsʅ²¹ tɕie³³

之上 tsʅ²¹ şã⁵²

之下 tsʅ²¹ xa⁵²

上下 şã⁵² xa⁵²

二十四、代词等

（参见第十一章代词）

咋（高、做）tsua²¹³　"怎么"的合音，怎么 tsəʔ³ ma²¹³　"怎"的韵母特殊

咋办 tsua²¹ pæ⁵²　怎么办 tsəʔ³ ma²¹³ pæ⁵²　"怎"的读音特殊

多（久、高、大、厚、重）təŋ²¹³

我每两个 ŋa²¹ məʔ³ lia²⁴ kuəʔ²¹　我们俩

咱每两个 tsʻa³³ məʔ²¹ lia²⁴ kuəʔ²¹　咱们俩

你每两个 ni²¹ məʔ²¹ lia²⁴ kuəʔ²¹　你们俩

那些两个 nəʔ⁵ ɕi²¹ lia²⁴ kuəʔ²¹　他每

两个 tʻa²⁴ məʔ²¹ lia²⁴ kuəʔ²¹　他们俩

婆姨汉两个 pʻuo³³ i⁵²/²¹ xæ⁵² lia²⁴ kuəʔ²¹　老婆老汉两个 lɔ²¹ pʻuo³³ lɔ²¹ xæ⁵² lia²⁴ kuəʔ²¹　夫妻俩

娘每两个 niã³³ məʔ²¹ lia²⁴ kuəʔ²¹（母亲和子女）娘儿俩

父子两个 fu⁵² tsəʔ²¹ lia²⁴ kuəʔ²¹（父亲和子女）爷儿俩

爷爷孙子两个 ia²⁴ ia²¹ suŋ²⁴ tsəʔ²¹ lia²⁴ kuəʔ²¹　爷孙俩

先后两个 ɕie⁵² xəu⁵² lia²⁴ kuəʔ²¹　妯娌俩。"先"读去声，声调特殊

姊妹两个 tsʐ²¹ mei⁵² lia²⁴ kuəʔ²¹　姑嫂俩

婆媳妇两个 pʻuo³³ ɕiəu³³ lia²⁴ kuəʔ²¹　婆媳俩

弟兄两个 ti⁵² ɕyŋ²¹ lia²⁴ kuəʔ²¹　兄弟俩，哥儿俩

姊妹两个 tsʐ²¹ mei⁵² lia²⁴ kuəʔ²¹　姐妹俩，姐儿俩，兄妹俩，姐弟俩

舅舅外甥两个 tɕiəu⁵² tɕiəu²¹ vai⁵² səŋ²¹ lia²⁴ kuəʔ²¹　舅甥俩

姑姑侄儿两个 ku²⁴ ku²¹ tʂəʔ³ ər³³ lia²⁴ kuəʔ²¹　姑姑侄女两个 ku²⁴ ku²¹ tʂəʔ⁵ ny²¹ lia²⁴ kuəʔ²¹　姑侄俩

叔父两个 ʂuəʔ³ fu⁵² lia²⁴ kuəʔ²¹　叔侄俩

师傅徒弟两个 sʐ²¹ fu³³ tʻu³³ ti⁵² lia²⁴ kuəʔ²¹　师徒俩

人每 zəŋ³³ məʔ²¹　人们

先后(子)每 ɕie⁵² xəu⁵²（tsəʔ²¹）məʔ²¹　妯娌们

姊妹每 tsʐ²¹ mei⁵² məʔ²¹　姑嫂们

师徒每 sʐ²¹ tʻu³³ məʔ²¹　师徒们

老师学生每 lɔ²¹ sʐ³³ ɕie²¹ səŋ²¹³ məʔ²¹　老师学生们

牲灵每 səŋ²¹ liŋ³³ məʔ²¹

二十五、形容词

好 xɔ²¹³　强 tɕʻiã³³　这个比那个～些

不错 pəʔ³ tsʻuo⁵²　不赖气 pəʔ³ lai⁵² tɕʻi⁵²（颇好之意）

差不多 tsʻa²⁴ pəʔ⁵ təŋ²¹³

不咋样 pəʔ⁵ tsua²¹ iã⁵²　不算个甚 pəʔ³ suæ⁵² kuəʔ²¹ səŋ⁵²

不顶事 pəʔ³ tiŋ²¹ sʐ⁵²

坏 xuai⁵²　儿 ər³³　不好 pəʔ⁵ xɔ²¹³

次 tsʻʐ⁵²　东西很～

凑合 tsʻəu⁵² xuo²¹/xə²¹　将就 tɕiã²¹ tɕiəu⁵²

美 mei²¹³

娥 ŋɯ³³　好看：长得～～儿价

俊 tɕyŋ⁵²　用于男女老幼

好看 xɔ²¹ kʻæ⁵²　多用于女性

秀气 ɕiəu⁵² tɕʻi⁵²　多用于女孩

漂亮 pʻiɔ⁵² liã⁵²〈新〉用于女性

丑(难看)tʂʻəu²¹³　难看 næ³³ kʻæ⁵²

要紧 iɔ⁵² tɕiŋ²¹³

热闹 zə³³ nɔ⁵²　红火 xuŋ³³ xuo⁵²　"火"声调特殊

坚实 tɕie³³ ʂəʔ²¹　牢(靠)lɔ³³（kʻɔ⁵²）坚固

实受 ʂəʔ³ ʂəu⁵²　坚实，耐用

硬 niŋ⁵²

残 tsʻæ³³　凶残：这人做事可～叻

鑱* tsʻæ³³　言语尖刻

鑱火 tsʻæ³³ xuo²¹　言语尖刻

索利 sa⁵² li⁵²　利索 li⁵² sa²¹

软 ʐuæ²¹³

(干)净（kæ²¹）tɕiŋ⁵²

(日)脏/赖（zəʔ³）tsã²¹³/lai⁵²　不干净 pəʔ⁵ kæ²¹ tɕiŋ⁵²

咸 xæ³³

甜 tʻie³³　淡，不咸

香 ɕiã²¹³

臭 tʂʻəu⁵²

酸 suæ²¹³

甜 tʻie³³

苦 kʻu²¹³

辣 la³³

稀 ɕi²¹³　米汤太～

稠 tʂ'əu³³　米汤太～

糨* lye⁵²　（稀饭等）黏：米汤熬得～～儿价

稀 ɕi²¹³　筛 sa⁵²　不稠，不密

稀筛 ɕi²¹ sa⁵²　稀疏

密 miə?³　稠 tʂ'əu³³　稠密

肥 fei³³/ɕi³³　指动物：猪很～

胖 p'ã⁵²　肥 fei³³/ɕi³³　用于指人

瘦 səu⁵²　不肥，不胖

瘦 səu⁵²　指肉

好活 xɔ²¹ xuo³³　舒在 ʂuo²¹ tsai⁵²　舒服 ʂu²³ fə?²¹

难受 næ³³ ʂəu⁵²　难活 næ³³ xuo²¹　（1）难受　（2）生病

害羞 xai⁵² ɕiəu²¹³　腼腆 mie²⁴ t'ie²¹

乖 kuai²¹³　小孩儿真～

乤骨 ka²¹ kuə?²¹　顽（皮）væ³³（p'i³³）皮 p'i³³

皮实 p'i³³ ʂə?²¹　（1）结实　（2）意志力强

能行 nəŋ³³ ɕiŋ³³　真行

不行 pə?³ ɕiŋ³³　不中用 pə?³ tʂuŋ²¹ yŋ⁵²　使不上 sʅ²¹ pə?³ sã⁵²　那人～

心瞎着吶 ɕiŋ²¹ xa³³ tʂə?²¹ liə?²¹　缺德

精 tɕiŋ²¹³　积溜 tsə?³ liəu³³　机灵

灵巧 liŋ³³ tɕ'iɔ²¹³　她有一双～的手

灵 liŋ³³　灵动 liŋ³³ tuŋ⁵²　灵醒 liŋ³³ ɕiŋ²¹³　聪明

糊涂 xu³³ t'u²¹　忽露 xuə?³ ləu⁵²

懵 məŋ²¹³　脑子笨 nɔ²¹ tsə?²¹ pəŋ²¹　心笨

缺心眼儿 tɕ'ye³³ ɕiŋ²⁴ iər²¹³　死心眼儿

脓包 nuŋ³³ pɔ²¹³　懦弱的人

软作 zuæ²¹ tsə³³　性格软弱

能燕儿 nəŋ³³ iər⁵²　显能，显摆

瞎 xa³³　无能

嗇 sə³³　细 ɕi⁵²　尿毛儿 tɕ'iəu³³ mər³³〈贬〉　吝嗇

嗇皮 sə³³ p'i³³　细毛儿 ɕi⁵² mər³³　吝嗇鬼

小气 ɕiɔ²¹ tɕ'i⁵²

大方 ta⁵² fã²¹　大刺 ta⁵² lã²¹

囫囵 xuə?³ ləŋ³³　整 tʂəŋ²¹³　鸡蛋吃～的

浑 xuŋ³³　～身是汗

突 t'uə?³　努 nu²¹³　凸

凹 va²¹³/⁵²　塌 t'a³³　缩 ʂua³³

凉快 liã³³ k'uai⁵²

背 pei⁵²　僻静 p'i²¹ tɕiŋ⁵²　背静 pei⁵² tɕiŋ⁵²

丧 sã⁵²　（感觉）孤寂

无事 vu³³ tsʅ⁵²　安静

活龙 xuo³³ luŋ³³　活络

活套 xuo³³ t'ɔ⁵²　灵活，办事能力强

黏拉* xu⁵² la²¹　（1）不太稠也不稀的稀饭、汤面等　（2）人性格平和，好打交

正经 tʂəŋ⁵² tɕiŋ²¹　地道 ti⁵² tɔ²¹　～四川风味

齐整 tɕ'i³³ tʂəŋ²¹³　整齐 tʂəŋ²¹ tɕ'i³³

四正 sʅ⁵² tʂəŋ⁵²　齐备，合适，稳妥

全换 tɕ'ye³³ xuæ⁵²　完整，到齐

拴整 ʂuæ²¹ tʂəŋ⁵²　好

泰半儿 t'ai²¹ p'ær³³　大半，一般

神 ʂəŋ³³　神气 ʂəŋ³³ tɕ'i⁵²

满/随意 mæ²¹/suei²¹ i⁵²　可心 k'ɯ⁵² ɕiŋ²¹³　称心 tʂ'əŋ⁵² ɕiŋ²¹³　心里下去噁 ɕiŋ²⁴ li²¹ xa⁵² k'ə?⁵ læ²¹

恼 nɔ²¹³　不高兴

迟 tʂ'ʅ³³　晚：来～噁

多 təŋ²¹³　歠* nã⁵²　可～来人噁

少 sɔ²¹³

大 ta⁵²

小 ɕiə²¹³　猴 xəu³³

长 tʂʻã³³

短 tuæ²¹³

宽 kʻuæ²¹³

窄 tsə³³

厚 xəu⁵²

薄 puo³³

深 ʂəŋ²¹³

浅 tɕʻie²¹³

高 kɔ²¹³

低 ti²¹³

矮 ŋai²¹³　矬 tsʻuo³³

远 ye²¹³　远吊 ye²² tiɔ⁵²

正 tʂəŋ⁵²

歪 vai²¹³　怵 tɕʻiəu²¹³　偏 pʻie²¹³

斜 ɕi³³

生 səŋ²¹³

熟 ʂuəʔ³

旺 vã⁵²

奋 tsʻuŋ²¹³　（1）大　（2）旺盛

熟惯 ʂuəʔ³ kuæ⁵²　熟悉

红 xuŋ³³

朱红 tʂu²¹ xuŋ³³

粉红 fəŋ²¹ xuŋ³³

深红 ʂəŋ²¹ xuŋ³³

黑红（红） xəʔ³ xuŋ³³（xuŋ³³）

浅红 tɕʻie²¹ xuŋ³³

枣红 tsɔ²¹ xuŋ³³

蓝 læ³³

浅蓝 tɕʻie²¹ læ³³

深蓝 ʂəŋ²¹ læ³³

天蓝 tʻie²¹ læ³³

毛蓝 mɔ³³ læ²¹

绿 luəʔ³

葱儿绿 tsʻuʳr²¹ luəʔ³　葱心儿绿

草绿 tsʻɔ²¹ luəʔ³

水色 ʂuei²¹ sə³³　水绿

浅绿 tɕʻie²¹ luəʔ³

品绿儿 pʻiŋ²¹ luər⁵²　"绿儿"声调
　　特殊

白 pi³³

灰白 xuei²¹ pi³³

苍白 tsʻã²¹ pi³³

灰 xuei²¹³　（1）灰色　（2）灰溜溜
　　的感觉

深灰 ʂəŋ²⁴ xuei²¹³

浅灰 tɕʻie²⁴ xuei²¹³

银灰 iŋ³³ xuei²¹³

白灰灰 pi³³ xuei²⁴ xuei²¹　灰白

草灰 tsʻɔ²¹ xuei²¹³

豆色 təu⁵² sə³³　豇豆一样的颜色

黄 xuã³³

杏黄 xɯ⁵² xuã³³

米黄 mi²¹ xuã³³

深黄 ʂəŋ²¹ xuã³³

浅黄 tɕʻie²¹ xuã³³　淡黄 tæ⁵² xuã³³

青 tɕʻiŋ²¹³

皂青 tsɔ⁵² tɕʻiŋ²¹³

紫 tsɿ²¹³

玫瑰色 mei³³ kuei⁵² sə³³　玫瑰紫

黑 xəʔ³

驼色 tʻəŋ³³ sə³³　棕色

二十六、副词、介词等

(才)将 (ts'ai³³) tɕiã²¹³　才 ts'ai³³
将将儿 tɕiã²¹ tɕiə̃r³³　刚：我～
来，没赶上

才才 ts'ai³³ ts'ai³³

正/将好 tʂəŋ⁵²/tɕiã²⁴ xɔ²¹³　可可儿
k'ɯ⁵² k'ur⁵²　(1)不多不少：～十
块钱　(2)刚好：那天～下雨叻

欻欻儿 tɕ'ie⁵² tɕ'iər⁵²　不多不少刚
好，恰好

凑巧 ts'əu⁵² tɕ'iɔ²¹³　刚巧

可圪单单儿 k'ə³³ kə?³ tæ³³ tær²¹
正好，恰恰

正 tʂəŋ⁵²　刚：不大不小，～合适

混 xuŋ⁵²　正，正在：我每我们～
走着喽，下起雨喽

混中 xuŋ⁵² tʂuŋ²¹³　突然间，正当
中：那他～早就解不开昏厥喽

至如 tsʐ²⁴ zu²¹　从来：我～没叫
人说过

练 lie⁵²　快：你每～看，这是甚叻

练猛 lie⁵² məŋ²¹³　快：～走，迟去也

光 kuã²¹³　划 ts'æ²¹³　精 tɕiŋ²¹³
净 tɕiŋ⁵²　～吃面，没菜

有点儿/些儿 iəu²⁴ tiər²¹³/ɕiər²¹³
天～冷

(恐)怕 (k'uŋ²¹) p'a⁵²　敢(个)
kæ²¹³ (kuə?²¹)　兴许 ɕiŋ²⁴ ɕy²¹³
说不定 ʂuo³³ pə?³ tiŋ⁵²　也许：～
下雨叻

差乎儿 ts'a²¹/ts'æ²¹ xur³³　看乎儿
k'æ²¹ xur³³　差点儿：～跌倒

该也 kai²⁴ ia²¹　当然：～是你的

非(离) fei²¹³ (li³³)……不 pə?³
非……不：这事情非离人家不可

立马 liə?⁵ ma²¹　暂马 tsæ²⁴ ma²¹
马上：人～就来

崭 ts'æ²¹³　全，很。《广韵·衔韵》：
锄衔切

闻早 vəŋ³³ tsɔ²¹³　趁早儿：～走

迟早 tʂʅ³³ tsɔ²¹³　早晚 tsɔ²⁴ væ²¹³
随时：～倒霉也

眼看 ie²¹ k'æ⁵²　～就到期嘞

多亏 təŋ²⁴ k'uei²¹³　幸亏 ɕiŋ⁵² k'uei²¹³
～是你来嘞，不哩不然就麻烦嘞

当当对面 tã²⁴ tã²¹ tuei⁵² mie⁵²　当
面 tã²¹ mie⁵²　咱每有话～说

背后 pei⁵² xəu⁵²　背地 pei⁵² ti⁵²
夒～乱说

一搭里 iə?³ ta²¹ li³³　一起 iə?⁵
tɕ'i²¹　一块儿：咱每～吃

一个(人) iə?⁵ kuə?³ (zəŋ³³)　自己：
就那～去嘞

顺便儿 ʂuŋ⁵² piər⁵²　你咱～给我买
本书

故把儿 ku⁵² pər²¹　专意故儿 tʂuæ²¹
i²¹ kur²¹　故意儿 ku⁵² iər²¹　那～
捣乱叻

到底 tɔ⁵² ti²¹　到究 tɔ⁵² tɕiəu²¹³
究竟 tɕiəu²¹ tɕiŋ⁵²　那～走没走

一满 iə?⁵ mæ²¹　根本 kɯ²⁴ pəŋ²¹³
压根儿：那～不晓得

一满 iə?⁵ mæ²¹　实在 ʂə?³ tsai⁵²
的当 tiə?³ tã⁵²　这人～不好

平四十 p'iŋ³³ sʅ⁵² ʂə?³　已经四十：
这人～嘞

一满(里) iə?⁵ mæ²¹ (li²¹)　总共
tsuŋ²¹ kuŋ⁵²　满共 mæ²¹ kuŋ⁵²
满揽攒 mæ²⁴ læ²¹ ts'uæ³³　一共：
～才十个人

夒 piɔ⁵²　不要：慢慢儿走，～跑

白 pi³³　赠 tsəŋ²¹³　不要钱：～吃呗

白 pi³³　空 k'uŋ²¹³　～跑哩一回

偏 p'ie²¹³　偏偏儿 p'ie²¹ p'iər³³　你
　不让我去，我～要去呗

瞎 xa³³　乱 luæ⁵²　胡 xu³³　～说

先 ɕie²¹³　头里 t'əu³³ li²¹　你～走，
　我随后就来

(以/起)先 (i⁵²/tɕ'i²⁴) ɕie²¹³　那～
　不晓得，后来才听人说的。"以"
　声调特殊

另(外) liŋ⁵²(vai⁵²)　～还有一个人

叫 tɕiɔ⁵²　让 zã⁵²　给 kei⁵²　被：～
　狗咬了一口

把 pəʔ³/pa²¹³　～门关上。入声读
　音特殊

和 xuo³³　跟 kuɯ²¹³　对 tuei⁵²　你～
　人家好，人家就～你好

朝(着) tʂ'ɔ³³(tʂəʔ²¹)　对着：那～
　我笑呗

到 tɔ⁵²　走 tsəu²¹³　往 vəʔ³　～哪
　儿去呗

往 vəʔ³　～前站。～大长。～猴搐呗

到 tɔ⁵²　～哪天才算完喷

到 tɔ⁵²　的 təʔ³　在 tai⁵²/tsai⁵²
　搉～水里

投(到) t'əu³³(tɔ⁵²)　在……之前：
　～鸡叫，我早起来喷

闻 vəŋ³³　～热吃

趁 tʂ'əŋ⁵²

在 tai⁵²/tsai⁵²　～哪里宬住着

从 ts'uŋ³³　朝 tʂ'ɔ³³　拦 læ³³
　担 tæ⁵²　～这儿下

自(从) tsɿ⁵²(ts'uŋ³³)

照 tʂɔ⁵²　～这么个做就好

依 i²¹³　叫 tɕiɔ⁵²　照：～我看可以着呗

撼 xæ²¹³　拿 na³³　用 yŋ⁵²　使：你～
　毛笔写

顺着 ʂuŋ⁵² tʂəʔ²¹　～这个路走

朝 tʂ'ɔ³³　～后头看

替 t'i⁵²　你～我说

给 kei⁵²　为 vei⁵²　替 t'i⁵²　～大
　家办事

给 kei⁵²　那把碗～打喷

给我 kei⁵² ŋa²¹³　虚用，加重语气：
　你～再说么

和 xuo³³　带 tai⁵²　跟 kuɯ²¹³　这个
　～哪个一样

和 xuo³³　跟 kuɯ²¹³　向 ɕiã⁵²　～那
　说给下

和 xuo³³　跟 kuɯ²¹³　问：～那借么

把……叫 pəʔ³/pa²¹³……tɕiɔ⁵²
　管……叫：绥德把土豆叫山蔓儿

把……当 pəʔ³/pa²¹³……tã²¹³
　拿……当：这里的人把麦秸当
　柴烧

从小 ts'uŋ³³ ɕiɔ²¹³　你～就能吃苦

往出/外 vəʔ³ tʂ'uəʔ²¹/vai⁵²　向/朝
　外 ɕiã⁵²/tʂ'ɔ³³ vai⁵²　望外：我每
　不～卖

赶 kæ²¹³　跟 kuɯ²¹³　你～临黑回去

二十七、量词

一把(椅子) iəʔ⁵ pa²¹　　一笔(款) iəʔ⁵ piəʔ²¹

一枚(奖章、女只用于小女孩) iəʔ³ mei³³　　一匹(马) iəʔ⁵ p'iəʔ²¹

一本儿(书) iəʔ⁵ pə̃r²¹³　　一头(牛) iəʔ³ t'əu³³

一封(信) iəʔ³ fəŋ⁵²

一服(药) iəʔ⁵ fəʔ²¹　一味(药)

一道(沟) iəʔ³ tɔ⁵²

一顶(帽子) iəʔ⁵ tiŋ²¹³

一锭儿(墨) iəʔ³ tiɤr⁵²

一桩儿/宗儿/件儿(事) iəʔ⁵ tʂur̃²¹³ / tsur̃²¹³ / tɕiər⁵²　一档子(事)

一朵儿(花儿) iəʔ³ tuor²¹³

一顿(饭) iəʔ³ tuŋ⁵²

一条(板凳、瓮) iəʔ³ tʼiɔ³³

一挂/辆(车) iəʔ³ kʼua⁵²/liã²¹³

一柱(香) iəʔ³ tʂu⁵²

一枝(花儿) iəʔ³ tsʅ²¹³

一只(手) iəʔ⁵ tʂəʔ³

一盏(灯) iəʔ³ tsæ⁵²

一张(桌子) iəʔ⁵ tʂã²¹³

一桌(酒席) iəʔ³ tʂuo³³

一场(雨) iəʔ⁵ tʂʼã̃²¹³

一出(戏) iəʔ⁵ tʂʼuə³

一床(被子、老人) iəʔ³ tʂʼuã³³

一身儿(棉衣) iəʔ⁵ ʂɤr²¹³

一杆(枪) iəʔ⁵ kæ²¹³

一支(笔) iəʔ⁵ tsʅ²¹³

一根(头发) iəʔ⁵ kɯ²¹³

一钵(树、庄稼) iəʔ³ pə³³

一颗(米) iəʔ⁵ kʼuo²¹³

一块(石头) iəʔ³ kʼuai⁵²

一片(砖) iəʔ⁵ pʼie²¹³

一口(猪) iəʔ⁵ kʼəu²¹³

一口儿(人) iəʔ⁵ kʼəur²¹³

两口子 lia²⁴ kʼəu²¹³ tsəʔ²¹　两口儿 lia²⁴ kʼəur²¹³ 夫妻俩

一家儿(铺子) iəʔ⁵ tɕiər²¹³

一架(飞机) iəʔ³ tɕia⁵²

一所(学校) iəʔ⁵ suo²¹³

一间(房子) iəʔ³ tɕie³³

一眼(窑、井) iəʔ⁵ ie²¹³

一件儿(衣裳) iəʔ³ tɕiər⁵²

一行儿(字) iəʔ³ xər³³

一篇(文章) iəʔ³ pʼie⁵²

一页儿(书) iəʔ⁵ iər²¹³

一节儿(文章) iəʔ³ tɕiər³³

一段儿(文章) iəʔ³ tuær⁵²

一片儿(好心) iəʔ³ pʼiər⁵²

一片(肉) iəʔ³ pʼie²¹³　"片"声调特殊

一面(旗) iəʔ³ mie⁵²

一层(纸) iəʔ³ tsʼəŋ³³

一股儿(香味儿) iəʔ³ kur⁵²

一座(桥) iəʔ³ tsuo⁵²

一盘(棋) iəʔ³ pʼæ³³

一门(亲事) iəʔ³ məŋ³³

一刀(纸) iəʔ²¹ tɔ²¹³

一沓儿(纸) iəʔ³ tʼɚr³³

一桩儿(事情) iəʔ⁵ tʂur̃²¹³

一瓮(水) iəʔ³ vəŋ⁵²　一缸(水)

一碗(饭) iəʔ⁵ væ²¹³

一杯(茶) iəʔ⁵ pei²¹³

一把(米) iəʔ⁵ pa²¹

一把儿(萝卜) iəʔ⁵ pɐr²¹³

一包(花生) iəʔ⁵ pɔ²¹³

一卷儿(纸) iəʔ⁵ tɕyər²¹³

一捆(行李) iəʔ⁵ kʼuŋ²¹³

一担(水) iəʔ³ tæ⁵²　一挑(水)

一排(桌子) iəʔ³ pʼai³³

一块儿(地方) iəʔ³ kʼuɛr⁵²　一院儿(地方) iəʔ³ yɚr⁵²　一院(房子)

一片儿(鞭炮) iəʔ⁵ pʼiər²¹³　一串 iəʔ³ tʂʼuæ⁵²

一句(话) iəʔ³ tɕy⁵²

一位(客人) iəʔ³ vei⁵²

一双(鞋) iəʔ⁵ ʂuã²¹³

一对(花瓶) iəʔ³ tuei⁵²

一副(眼镜) iəʔ³ fu⁵²

一套（书）iəʔ³ t'ɔ⁵²

一种（虫子）iəʔ⁵ tʂuŋ²¹³

一伙儿（人）iəʔ⁵ xuor²¹³

一和儿（钱钱）iəʔ³ xuor⁵²　压哩～钱钱黄豆片

一干子（人）iəʔ⁵ kæ²¹³ tsəʔ²¹〈贬〉

一帮（人）iəʔ²¹ pã²¹³

一群（人）iəʔ³ tɕ'yŋ³³　一运（人）iəʔ³ yŋ⁵²

一批（货）iəʔ³ p'i²¹³

一个 iəʔ⁵ kuəʔ³

一起 iəʔ³ tɕ'i²¹

一窝儿（蜂）iəʔ²¹ vuor²¹³

一圪抓（葡萄）iəʔ⁵ kəʔ²¹ tʂua²¹³　一嘟噜

一蕨（草）iəʔ³ xuŋ⁵²　一丛

一拃 iəʔ⁵ tsa²¹　大拇指与中指张开的长度

一虎口 iəʔ³ xu²⁴ k'əu²¹　大拇指与食指张开的长度

一庹 iəʔ³ t'ə³³　两臂平伸两手伸直的长度

一跪儿 iəʔ³ k'uər⁵²　中指后屈与食指张开之间的长度

一指（厚）iəʔ⁵ tsʅ²¹³

一停儿 iəʔ³ t'iɤ̃r³³

一成儿 iəʔ³ tʂʅɤr³³

一脸（土）iəʔ⁵ lie²¹³

一身（土）iəʔ²¹ ʂəŋ²¹³

一肚子（气）iəʔ³ tu⁵² tsəʔ²¹

一莇儿（碗）iəʔ³ tʂəur⁵²　用草绳捆束的一摞碗

（吃）一顿 iəʔ³ tuŋ⁵²

（吃）一轮子 iəʔ³ lyŋ³³ tsəʔ²¹

（吃）一阵子 iəʔ³ tʂəŋ⁵² tsəʔ²¹

（要哩）一场和 iəʔ⁵ tʂ'ã²⁴ xuo²¹　一次。"场"声调特殊

（走）一回/趟 iəʔ³ xuei³³ / t'ã⁵²

（打）一下 iəʔ³ xa⁵²

（打）一和 iəʔ³ xuo⁵²　一次、一顿

（看）一眼 iəʔ⁵ ie²¹³

（吃）一口 iəʔ⁵ k'əu²¹

（说）一阵儿 iəʔ³ tʂɤ̃r⁵²　一会儿

（下）一阵（雨）iəʔ³ tʂəŋ⁵²

（闹）一场 iəʔ⁵ tʂ'ã²¹³

（见）一面 iəʔ³ mie⁵²

一座（佛像）iəʔ³ tsuo⁵²

一扇（门）iəʔ³ ʂæ⁵²

一幅（画儿）iəʔ⁵ fəʔ³

一堵（墙）iəʔ³ tu²¹³

一瓣儿（花瓣、蒜）iəʔ³ pær⁵²

一处（地方）iəʔ³ tʂ'u⁵²　一块儿 iəʔ³ k'uɛr⁵²　一圪瘩 iəʔ⁵ kəʔ⁵ ta²¹　主要指独院儿

一部（书）iəʔ³ p'u⁵²

一班儿（车）iəʔ²¹ pær²¹³　一趟 iəʔ³ t'ã⁵²

（洗）一水（衣裳）iəʔ⁵ ʂuei²¹³

（烧）一炉（香）iəʔ³ ləu³³

一炷（香）iəʔ³ tʂu⁵²

一团（泥）iəʔ³ t'uæ³³

一堆（雪）iəʔ²¹ tuei²¹³

一口（牙）iəʔ³ k'əu²¹　一槽（牙）

一列（火车）iəʔ³ lie³³

一圪都（问题）iəʔ⁵ kəʔ³ tu²¹³　一些

一路（公共汽车）iəʔ³ ləu⁵²

一师（兵）iəʔ³ sʅ²¹³

一旅（兵）iəʔ⁵ ly²¹³

一团（兵）iəʔ³ t'uæ³³

一营（兵）iəʔ³ iŋ³³

一连（兵）iəʔ³ lie³³

一排（兵）iəʔ³ p'ai³³

一班（兵）iəʔ²¹ pæ²¹³

一组儿 iəʔ⁵ tsur²¹³

一哨（人）iəʔ³ sɔ⁵²　一队；一道子　　　　一包（子）（书）iəʔ²¹ pɔ²¹³（tsəʔ²¹）

一撮儿（毛）iəʔ³ tsuor³³　　　　　　　一袋子（干粮）iəʔ³ tai⁵² tsəʔ²¹

一轴儿（线）iəʔ³ tʂəur²¹³　　　　　　　一池子（水）iəʔ³ tʂʻɿ³³ tsəʔ²¹

一绺儿（头发）iəʔ³ liəur⁵²　　　　　　　一瓶子（醋）iəʔ³ pʻiŋ³³ tsəʔ²¹

（写）一手（好字）iəʔ⁵ ʂəu²¹³　　　　　一罐子（饭）iəʔ³ kuæ⁵² tsəʔ²¹

（写）一笔（好字）iəʔ⁵ piəʔ³　　　　　一坛子（酒）iəʔ³ tʻæ³³ tsəʔ²¹

（当）一票（当）iəʔ³ pʻio⁵²　　　　　　一桶（汽油）iəʔ⁵ tʻuŋ²¹³

（开）一届（会议）iəʔ³ tɕie⁵²　　　　　一盆（洗澡水）iəʔ³ pʻəŋ³³

（做）一任（官）iəʔ³ zəŋ⁵²　　　　　　一壶儿（茶）iəʔ³ xur³³

（下）一盘（棋）iəʔ³ pʻæ³³　　　　　　一锅（饭）iəʔ⁵ kuo²¹³

（请）一桌（客）iəʔ³ tʂuo³³　　　　　一笼儿（包子）iəʔ³ luʳr³³

（打）一圈儿（麻将）iəʔ⁵ tɕʻyər²¹³　　　一甑算儿（馍馍）iəʔ³ tɕiŋ⁵² pʻiər²¹

（唱）一台儿（戏）iəʔ³ tʻɛr³³　　　　　　一算子

一丝儿（肉）iəʔ⁵ sər²¹³　　　　　　　一盘儿（家匙）iəʔ³ pʻær³³

一点儿（面粉）iəʔ⁵ tiər²¹³　　　　　　一碟儿（小菜）iəʔ³ tiər³³

一滴（雨）iəʔ³ tie²¹　　　　　　　　　一碗（饭）iəʔ⁵ væ²¹³

一匣儿（火柴）iəʔ³ xɛr³³　　　　　　　一杯（茶）iəʔ²¹ pei²¹³

一盒儿（烟）iəʔ³ xər³³　　　　　　　　一盅（烧酒）iəʔ²¹ tʂuʳr²¹³

一匣子（首饰）iəʔ³ xa³³ tsəʔ²¹　　　　一瓢儿（面）iəʔ³ pʻiər³³

一箱子（衣裳）iəʔ²¹ ɕiã²¹³ tsəʔ²¹　　　一勺子 iəʔ³ ʂə³³ tsəʔ²¹

一架子（小说）iəʔ³ tɕia⁵² tsəʔ²¹　　　一勺儿（酱油）iəʔ³ ʂər³³

一柜子（书）iəʔ³ kuei⁵² tsəʔ²¹　　　　一圪截（萝卜）iəʔ³ kəʔ⁵ tɕʻie²¹

一抽屉（文件）iəʔ³ tʂʻəuʔ³ tʻiʔ³³　　　一捻儿（事）iəʔ⁵ niər²¹³　一点儿

一筐子（菠菜）iəʔ³ kʻuã²⁴ tsəʔ²¹　　　一半个 iəʔ³ pæ⁵² kuəʔ³　个把两个

一篮子（梨）iəʔ³ læ³³ tsəʔ²¹　　　　　百把来个 pie³³ pa²¹ lai³³ kuəʔ³

一篓子（炭）iəʔ⁵ ləu²¹ tsəʔ²¹　　　　千把（来）人 tɕʻie²⁴ pa²¹（lai³³）zəŋ³³

一炉子（灰）iəʔ³ ləu³³ tsəʔ²¹　　　　万把块钱 væ⁵² pa²¹ kʻuai⁵² tɕʻie²¹

二十八、附加成分

后加成分：　　　　　　　　　　　　　　-不行 pəʔ³ ɕiŋ³³　能得～

-扎嘊 tsa³³ læ²¹　-坚实嘊 tɕie³³ ʂəʔ²¹　　-尽嘊 tɕiŋ⁵² læ²¹　说～，瞎～
　　læ²¹　透嘊 tʻəu⁵² læ²¹　极了：坏～　　-死（人）嘊 sɿ²¹（zəŋ³³）læ²¹　-坏嘊

-儿嘊 ər³³ læ²¹　坏嘊 xuai⁵² læ²¹　　　　xuai⁵² læ²¹　怕～
　　极了：热～　　　　　　　　　　　　　-日踏嘊 zəʔ³ tʻa²¹ læ²¹　-过嘊 kuo⁵²

-恶呦 ŋa³³ liə²¹　很：好得～　　　　　　læ²¹　马爬嘊 ma²¹ pʻa³³ læ²¹　倒嘊

-要命 io⁵² miŋ⁵²　热得～　　　　　　　　tɔ²⁴ læ²¹　做～

-美噯 mei²⁴ læ²¹　吃～

-不得了 pəʔ⁵ təʔ³ liɔ²¹³　说上个～

-不楞登的 pəʔ³ ləŋ⁵² təŋ²¹ təʔ²¹　花～

-不嗒嗒的 pəʔ³ tɕi³³ tɕi²¹ təʔ²¹　酸～

-最/再……不过 tsuei⁵²/tsai⁵²……pəʔ³ kuɔ⁵²

吃头 tʂʔəʔ³ tʼəu³³　吃法 tʂʔəʔ⁵ fa²¹　这个菜没～

喝头 xə³³ tʼəu³³　那个酒没～

看头 kʼæ⁵² tʼəu³³　这出戏有个～

干头 kæ⁵² tʼəu³³

奔头 pəŋ⁵² tʼəu³³

苦头 kʼu²¹ tʼəu³³

甜头儿 tʼie³³ tʼəur³³　吃着～噯

前加成分：

胖-pʼã²¹³　～臭　～酸

溜-liəu⁵²　～光

死-sʅ²¹³　～沉

崭-tsʼæ²¹³　出～新

生-səŋ²¹³　～硬

焦-tɕiɔ²¹³　～酸

黢-tɕʼyeʔ³　～黑

怪-kuai⁵²　～甜

老-lɔ²¹³　～高　～早

憨-xæ²¹³　～长　～沉

丁-tiŋ²¹³　～咸　～苦

逊-ɕyŋ⁵²　～甜

干-kæ²¹³　～稠

陈-tʂʼəŋ³³　～干

虚字：

噯 læ²¹

哩 li²¹

叻 liəʔ²¹

着 tʂəʔ²¹

得 təʔ²¹

的 təʔ²¹ tiəʔ²¹〈旧〉

个 kuəʔ²¹

二十九、数字等

一号（指日期、下同）iəʔ³ xɔ⁵²

二号 ər⁵² xɔ⁵²

三号 sæ²¹ xɔ⁵²

十号 ʂəʔ³ xɔ⁵²

初一 tʂʼuo²¹ iəʔ³

初二 tʂʼuo²¹ ər⁵²

初三 tʂʼuo²⁴ sæ²¹³

初十 tʂʼuo²¹ ʂəʔ³

老大 lɔ²¹ ta⁵²

老二 lɔ²¹ ər⁵²

老三 lɔ²¹ sæ²¹³

老十 lɔ²¹ ʂəʔ³

老小 lɔ²¹ ɕiɔ²¹³　老幺

哥哥 kɯ²¹ kɯ³³　大哥

二哥 ər⁵² kɯ²¹³

三哥 sæ²⁴ kɯ²¹³

一个 iəʔ³ kuəʔ³

两个 lia²⁴/²¹ kuəʔ³

三个 sæ²⁴/²¹ kuəʔ³

十个 ʂəʔ⁵ kuəʔ³

第一 ti⁵² iəʔ³

第二 ti⁵² ər⁵²

第三 ti⁵² sæ²¹³

第十 ti⁵² ʂəʔ³

第/头一个 ti⁵²/tʼəu³³ iəʔ⁵ kuəʔ³

第二个 ti⁵² ər⁵² kuəʔ³　二一个 ər⁵² iəʔ⁵ kuəʔ³

第三个 ti⁵² sæ²⁴ kuəʔ³　三一个 sæ²⁴ iəʔ⁵ kuəʔ³

第九个 ti⁵² tɕiəu²¹ kuəʔ³　九一个

tɕiəu²¹ iəʔ⁵ kuəʔ³

第十个 ti⁵² ʂəʔ⁵ kuəʔ³

一 iəʔ³

二 ər⁵²

三 sæ²¹³

四 sʅ⁵²

五 vu²¹³

六 liəu⁵²

七 tɕʻiəʔ³

八 pa³³

九 tɕiəu²¹³

十 ʂəʔ³

十一 ʂəʔ⁵ iəʔ³

二十 ər⁵² ʂəʔ³

二十一 ər⁵² ʂəʔ⁵ iəʔ³

三十 sæ²⁴ ʂəʔ²¹

三十一 sæ²⁴ ʂəʔ²¹ iəʔ³

一百 iəʔ⁵ pie²¹

一千 iəʔ²¹ tɕʻie²¹³

一百一（十）iəʔ⁵ pie²¹ iəʔ³（ʂəʔ³）

一百一十个 iəʔ⁵ pie²¹ iəʔ⁵ ʂəʔ³ kuəʔ³

一百一十一 iəʔ⁵ pie²¹ iəʔ⁵ ʂəʔ³ iəʔ²¹

一百一十二 iəʔ⁵ pie²¹ iəʔ⁵ ʂəʔ³ ər⁵²

一百二（十）iəʔ⁵ pie²¹ ər⁵²（ʂəʔ³）

一百三（十）iəʔ⁵ pie²¹ sæ²¹³（ʂəʔ³）

一百五（十）iəʔ⁵ pie²¹ vu²¹³（ʂəʔ³）

一百五十个 iəʔ⁵ pie²¹ vu²¹ ʂəʔ⁵ kuəʔ³

二百五（十）ər⁵² pie²¹ vu²¹³（ʂəʔ³）

二百五 ər⁵² pie²¹ vu²¹³　傻子

二百五十个 ər⁵² pie²¹ vu²¹ ʂəʔ⁵ kuəʔ³

三百一（十）sæ²⁴ pie²¹ iəʔ³（ʂəʔ³）

三百三（十）sæ²⁴ pie²¹ sæ²¹³（ʂəʔ³）

一千一（百）iəʔ²¹ tɕʻie²¹ iəʔ³（pie²¹）

一千一百个 iəʔ²¹ tɕʻie²¹ iəʔ⁵ pie²¹ kuəʔ³

一千九（百）iəʔ²¹ tɕʻie²¹ tɕiəu²¹³（pie³³）

一千九百个 iəʔ²¹ tɕʻie²¹ tɕiəu²¹ pie³³
　　kuəʔ³

三千 sæ²⁴ tɕʻie²¹³

五千 vu²¹ tɕʻie²¹³

八千 pa²¹ tɕʻie²¹³

一万 iəʔ³ væ⁵²

一万二（千）iəʔ³ væ⁵² ər⁵²（tɕʻie²¹³）

　一万两千 iəʔ³ væ⁵² lia²¹ tɕʻie²¹³

一万两千个 iəʔ³ væ⁵² lia²¹ tɕʻie²⁴ kuəʔ³

三万五（千）sæ²¹ væ⁵² vu²¹³（tɕʻie²¹³）

三万五千个 sæ²¹ væ⁵² vu²¹ tɕʻie²⁴ kuəʔ³

零 liŋ³³

二/两斤 ər⁵² / lia²¹ tɕiŋ²¹³

二两 ər⁵² liã²¹³

二钱 ər⁵² tɕʻie³³

二/两分 ər⁵² / lia²¹ fəŋ²¹³

二厘 ər⁵² li³³　两厘厘 lia²¹ li³³ li²¹

二/两丈 ər⁵² / lia²¹³ tʂã⁵²

二/两尺 ər⁵² / lia²¹ tʂʻəʔ³

二寸 ər⁵² tsʻuŋ²¹

二分（两分）ər⁵² fəŋ²¹³

二里 ər⁵² li²¹

两石 lia²¹ tæ⁵²

二/两斗 ər⁵² / lia²¹ təu²¹³

二/两升 ər⁵² / lia²¹ ʂəŋ²¹³

二合 ər⁵² kə³³

两项 lia²¹ ɕiã⁵²

二/两亩 ər⁵² / lia²¹ mu²¹³

两垧 lia²¹ ʂã²¹³

几个？ɕi²¹ kuəʔ³

好多个？xɔ²¹ təŋ²⁴ kuəʔ³

好几个 xɔ²¹ tɕi²¹ kuəʔ³

好些个 xɔ²¹ ɕie²¹ kuəʔ³

一些些 iəʔ⁵ ɕie²¹ ɕie²¹

好一些 xɔ²¹ iəʔ⁵ ɕie²¹

大一些 ta⁵² iəʔ⁵ ɕie²¹

一点儿 iəʔ⁵ tiər²¹³

一点点 iəʔ⁵ tie²¹ tie²⁴

大点儿 ta⁵² tiər²¹³

十多个（比十个多）ʂəʔ³ təŋ²¹ kuəʔ³

一百多个 iəʔ³ pie²¹³ təŋ²⁴ kuəʔ³

十来个（不到十个）ʂəʔ³ lai³³ kuəʔ³

千数个 tɕ'ie²¹ ʂuo⁵² kuəʔ³

百把十个 pie³³ pa²¹ ʂəʔ³ kuəʔ³

百二八十 pie³³ ər⁵² pa³³ ʂəʔ³

十十八八 ʂəʔ⁵ ʂəʔ³ pa³³ pa²¹

三十五十 sæ²⁴ ʂəʔ³ vu²¹ ʂəʔ³

半个 pæ⁵² kuəʔ³

一半儿 iəʔ³ pær⁵²

两半儿 lia²¹ pær⁵²

多半儿 təŋ²¹ pær⁵²

一大半儿 iəʔ³ ta⁵² pær⁵²

一个半 iəʔ⁵ kuəʔ³ pæ⁵²

半月二十 pæ⁵² ye³³ ər⁵² ʂəʔ³　半个
　　月到二十天

十数八天 ʂəʔ³ ʂuo⁵² pa²¹ t'ie²¹³
　　十天八天

一月四十 iəʔ³ ye³³ sɿ⁵² ʂəʔ³　一个
　　月到四十天

干支、属相：

甲 tɕia³³

乙 iəʔ³

丙 piŋ²¹³

丁 tiŋ²¹³

戊 vu⁵²

己 tɕi²¹³

庚 kɯ²¹³

辛 ɕiŋ²¹³

壬 zəŋ³³

癸 kuei²¹³

子 tsɿ²¹³

丑 tʂ'əu²¹³

寅 iŋ³³

卯 mɔ²¹³

辰 tʂ'əŋ³³

巳 sɿ⁵²

午 vu²¹³

未 vei²¹³

申 ʂəŋ²¹³

酉 iəu²¹³

戌 ɕyəʔ³

亥 xai⁵²

三十、熟语

（一）成语

p

把明不识 pa²¹ miŋ³³ pəʔ⁵ ʂəʔ²¹　天未
亮就起床，形容起得很早：你这
～起来做甚叻么

板忽四塌 pæ²¹ xuəʔ²¹ sɿ⁵² t'a²¹　形
容扁平的样子：那家那些娃娃
脑都长得～，满不好看

般般数数 pæ²⁴ pæ²¹ ʂuo⁵² ʂuo⁵²　指
各种各样的东西，或指各种礼节

半分三厘 pæ⁵² fəŋ²¹³ sæ²¹ li³³　形容
钱数很少：我可没沾你的～

半憨流也 pæ⁵² xæ²¹³ liəu³³ ie²¹　脑
子不够数：那是个～的人，你和
那计较甚叻么

半里煞割 pæ⁵² li²¹ sa³³ kə²¹　半零
煞割 pæ⁵² liŋ³³ sa³³ kə²¹　事情进
行到中途停了下来：你做的
个～，不怕叫人家说

半零二落 pæ⁵² liŋ³³ ər⁵² la²¹　事情
进行到中途而止：生活做哩个
～就跑回来喽

半前落后 pæ⁵² tɕ'ie³³ la³³ xəu⁵²　指
中午的前或后，多指不是时候：

到哩～，把驴给咱縻出去

半生拉熟 pæ⁵² sən²¹³ la³³ ʂuə?²¹
半生料熟 pæ⁵² sən²¹³ liə⁵² ʂuə?³
半生不熟：饭还～着叻，再等
给阵儿

半死拉活 pæ⁵² sʅ²¹³ la³³ xuo³³　半死
不活

饱心压肚 pə²¹ ɕiŋ²¹³ nia⁵² tu⁵²　形容
吃得很饱：吃得～，走也走不
动喽

饱天实地 pə²¹ t'ie²¹³ ʂə?³ ti⁵²　吃得
很饱的样子：你吃得～敢好做
生活

背锅弯腰 pei²⁴ kuo²¹ væ²⁴ iɔ²¹³
背锅射天 pei²⁴ kuo²¹ ʂə?⁵ t'ie²¹
腰杆不直的样子

背锅拥肩 pei²⁴ kuo²¹ yŋ²⁴ ie²¹³
身材不端庄的样子

背藏夹裹 pei⁵² ts'ã³³ tɕia³³ kuo²¹
偷偷摸摸掩藏东西

背鞲夹礜 pei⁵² tɕiəu²¹³ tɕia³³ p'æ⁵²
不高兴而给人脊背相对：谁说
那来喽？～站个那儿不言传

本乡田地 pəŋ²¹ ɕiã²¹³ t'ie³³ ti⁵²　本
地，相对于外地而言

笨脚要手 pəŋ⁵² tɕie³³ iɔ⁵² ʂəu²¹³　形
容手脚笨拙，多用于男性：男
人家～，哪能做哩个针线活
儿叻

白眉怪眼 pi³³ mi³³ kuai³³ ie²¹³　白眉
鼠怪 pi³³ mi³³ ʂu²¹ kuai⁵²　白眉楚
眼 pi³³ mi³³ tʂ'u⁵² ie²¹³　受冷而脸
色惨白：看你～那么个样子，快
把衣裳穿厚些

白眉溜眼 pi³³ mi³³ liəu⁵² ie²¹³　脸色
难看的样子

白眉竖眼 pi³³ mi³³ ʂu⁵² ie²¹³　白吃

白喝的样子：一天价～，甚也
不做

屁汤辣水 pi²⁴ t'ã²¹ la³³ ʂuei²¹³　言
语刻薄；一败涂地，狼狈不堪：
今儿教人家～日噘哩顿

屁汤尿水 pi²⁴ t'ã²¹ ni⁵² ʂuei²¹³　屁
汤二水 pi²⁴ t'ã²¹ ər⁵² ʂuei²¹³　屁
斗二水 pi²⁴ təu²¹ ər⁵² ʂuei²¹³　哭
泣的贬称：平时不孝敬，老下噘
咂～那儿价哭叻

屁喳流水 pi²¹ tsa⁵² liəu³³ ʂuei²¹³
屁喳流也 pi²¹ tsa⁵² liəu³³ ie²¹
贬称说话的样子

屁声骨啦 pi²⁴ ʂən²¹³ kuə?⁵ la²¹　贬
称难以听懂的话

屁声呇晃 pi²⁴ ʂən²¹³ kə?⁵ la²¹　比喻
多嘴

百事不成 pie³³ sʅ⁵² pə?³ tʂ'ən³³　什么
事情也干不成

边边畔畔 pie²⁴ pie²¹ pæ⁵² pæ⁵²
(1)边沿的小块土地　(2)边沿上

边边沿沿 pie²⁴ pie²¹ ie⁵² ie⁵²　(1)边
沿的小块土地　(2)形容到处都
是：东西放得～，脚也踏不下去

遍天二地 pie⁵² t'ie²¹³ ər⁵² ti⁵²　遍山
二圪 pie⁵² sæ²¹³ ər⁵² va⁵²　形容
到处都是

变眉失眼 pie⁵² mi³³ ʂə?⁵ ie²¹　脸色
难看，形容极不高兴：说得人
家直～哩，你这是咋喽

冰拔瓦凉 piŋ²⁴ pa²¹ va²¹ liã³³　冰冷
湿瓦 piŋ²⁴ ləŋ²¹ ʂə?⁵ va²¹　冰凉
的样子：投我每回去饭菜也～
喽，又热哩一回

冰人圪瓦 piŋ²¹ zŋ³³ kə?⁵ va²¹　冰冷
的感觉

冰锅冷灶 piŋ²⁴ kuo²¹ ləŋ²¹ tsɔ⁵²　好

久没有生火做饭：家里回去～，就这儿价吃

病时连天 piŋ⁵² sʅ³³ lie³³ tʻie²¹　形容体弱多病：问得个媳妇子～还，甚也顶不上

愊眉睁眼 pie³³ mi³³ tsəŋ⁵² ie²¹³　形容恼怒的样子：两个嚷吵得～，快打起来喽

薄眉扇眼 puo³³ mi³³ ʂæ⁵² ie²¹　薄眉塌眼 puo³³ mi³³ tʻa³³ ie²¹　轻浮的样子

不超烂堂 pəʔ²¹ tʂʻɔ²¹³ læ⁵² tʻã³³　不超烂/赖害 pəʔ²¹ tʂʻɔ²¹³ læ⁵²/lai⁵² xai⁵²　不超乌烂 pəʔ²¹ tʂʻɔ²¹³ vu²¹ læ⁵²　不日烂超 pəʔ⁵ zəʔ³ læ⁵² tʂʻɔ²¹³　形容长势、长相不好看：大人丑，娃娃每也长得～

不超烂添 pəʔ²¹ tʂʻɔ²¹³ læ⁵² tʻie²¹　敞开的样子：家里不戓人喽，塌陷得～

不规烂矩 pəʔ²¹ kuei²¹³ læ⁵² tɕy⁵²　不守规矩

不叽烂害 pəʔ²¹ tɕi²¹³ læ⁵² xai⁵²　不干净的样子

不惊跃咂 pəʔ²¹ tɕiŋ²¹³ iɔ⁵² tsa²¹　击水或水溅起下落的声音

不精打明 pəʔ²¹ tɕiŋ²¹³ ta²¹ miŋ³³　（1）糊里糊涂：睡得还～着叻，就叫吃饭叻　（2）智力不全：你跟～的人较量叻，不丢人?

不里不烂 pəʔ⁵ li²¹³ pəʔ³ læ⁵²　地上障碍物多，使人难以行走

不里不浪 pəʔ⁵ li²¹³ pəʔ³ lã⁵²　棍棒及类似形状的东西放置无序：地下～放一圪堵东西，脚踩不下去

不理乞磕 pəʔ⁵ li²¹³ tɕiəʔ⁵ kʻa²¹　（1）好动，不安静：这娃娃～，一满不安生　（2）毫不消停地干活

不领忸怪 pəʔ⁵ liŋ²¹³ tɕiəu²¹ kuai⁵²　不领九怪 pəʔ⁵ liŋ²¹³ tɕieiou²¹ kuai⁵²　形容物件搁放杂乱无章，有碍行动：脚地下～，不晓堆圪都甚叻

不蒙意顾 pəʔ³ məŋ³³ i⁵² ku⁵²　不随意顾 pəʔ³ suei³³ i⁵² ku⁵²　没有在意，毫无预料：我是～看见的

不识掂掇 pəʔ⁵ ʂəʔ³ tie²¹³ tuo²¹　没有眼色，不明事理：～些的人，你要招搭理那

不识头道 pəʔ⁵ ʂəʔ³ tʻəu³³ tɔ⁵²　不识参差 pəʔ⁵ ʂəʔ³ tsʻæ²⁴ tsʻa²¹　不识差次 pəʔ⁵ ʂəʔ³ tsʻa²¹ tsʻʅ⁵²　比喻没有眼色：这么大的娃娃，还～

不拴烂整 pəʔ²¹ ʂuæ²¹³ læ⁵² tʂəŋ⁵²　不好，不正气：那他那圪都那些朋友都～

不兴不丧 pəʔ⁵ ɕiŋ²¹³ pəʔ³ sã⁵²　意犹未尽：酒喝得～

不言打传 pəʔ³ ie³³ ta²¹ tʂʻuæ²¹　沉默少语，不爱说话，不作声：那平时也～

鼻塌领水 pie³ tʻa³³ xæ²⁴ ʂuei²¹　流着鼻涕口水。形容不讲究卫生：人老喽，～开始喽

pʻ

胮眉肿眼 pʻã²¹ mi³³ tʂuŋ²⁴ ie²¹³　眉目浮肿的样子：看那～，大概两个斗阵来喽

盆干瓮尽 pʻəŋ³³ kæ²¹³ vəŋ⁵² tɕiŋ⁵²　比喻可吃的东西一点儿不剩余：去哩那么圪都人，把人家吃哩个～

碰头乞砍 pʻəŋ⁵² tʻəu³³ tɕiəʔ³ kʻæ²¹　碰头乞磕 pʻəŋ⁵² tʻəu³³ tɕiəʔ⁵

k'əʔ²¹ 比喻不停地干活、忙乱：那他那助词勤快，一天价～光做生活叻

皮不愣噔 p'i³³ pəʔ⁵ ləŋ⁵² təŋ⁵² 皮忽四塌 p'i³³ xuəʔ⁵ sʅ⁵² t'a²¹ 皮眉两绺 p'i³³ mi³³ lia²¹ liəu⁵² 疲沓，别人说上无动于衷：不是说你叻，～还不动一下

披领惯扇 p'i²¹ liŋ³³ kuæ⁵² sæ⁵² 披领打挂 p'i²¹ liŋ³³ ta²¹ kua⁵² 衣冠不整的样子：你敢薆那么个～，不怕叫人家笑话

屁吱流也 p'i⁵² tsʅ²¹ liəu³³ ie²¹ 不停地放屁：一黑地一晚上～，你敢是肚子凉噯

偏三向四 p'ie²⁴ sæ²¹³ ɕiã⁵² sʅ⁵² 做事不公正：这个事情谁也不能～

品滋合眼 p'iŋ²¹ tsʅ²¹³ kə³³ ie²¹ 品滋流也 p'iŋ²¹ tsʅ²¹³ liəu³³ ie²¹ 品滋圪马 p'iŋ²¹ tsʅ²¹³ kəʔ⁵ ma²¹ 做事、说话拿架子，不干脆：我一看见～那号人就够噯

平眉正眼 p'iŋ³³ mi³³ tsəŋ⁵² ie²¹ 五官端庄的样子：人是长得～，没说辞

平出平里 p'iŋ³³ tʂ'uəʔ²¹ p'iŋ³³ li²¹ (1)地势、道路平坦 (2)进去无人阻挡

凭屁凭尿 p'iŋ³³ pa²¹³ p'iŋ³³ nio⁵² 大小便不能自理

乒子码子 p'iŋ²¹ tsəʔ²¹ ma²¹ tsəʔ²¹ 做事干脆利索：你那点儿生活～就做完

扑天砍地 p'əʔ²¹ t'ie²¹³ k'æ²¹ ti⁵² 形容向前冲的样子：人家做甚也～，一满不要奸

破行烂李 p'ə³³ ɕiŋ³³ læ⁵² li²¹ 指不值钱的破旧东西：穷是穷，～还能背几背

劈头盖脑 p'iəʔ³ t'əu³³ kai⁵² nɔ²¹³ 正对着头和脸而来，形容来势迅猛：甚也没说来噯，人家早～打过来噯

劈头汗脸 p'iəʔ³ t'əu³³ xæ⁵² lie²¹ 劈头汗水 p'iəʔ³ t'əu³³ xæ⁵² ʂuei²¹³ 汗水淋淋的样子：担哩一回水，早就熬累得～

破皮烂扇 p'uo⁵² p'i³³ læ⁵² sæ⁵² 破皮连扇 p'uo⁵² p'i³³ lie³³ sæ⁵² 形容衣着、东西破烂的样子：炕上～放一洼

m

麻糜不分 ma³³ mi²¹ pəʔ²¹ fəŋ²¹³ (1)脑子糊涂，不分是非曲直：那～，你敢不能也就那么个么 (2)形容难缠的样子

麻眉睁眼 ma³³ mi³³ tsəŋ⁵² ie²¹³ 睡眼惺忪的样子：睡得～早叫走叻

麻里拾烦 ma³³ li²¹³ ʂəʔ³ fæ²¹ 形容很麻烦：这可～，晓这么个啥，不做噯么

马二马三 ma²¹ ər⁵² ma²¹ sæ²¹³ (1)形容糊里糊涂的样子：他又喝得～ (2)形容胡搅蛮缠、耀武扬威的样子：老子的来哩～，咂不晓得要咋价叻

满承满应 mæ²¹ tsəŋ³³ mæ²¹ iŋ⁵² 满口答应

满满流流 mæ²⁴ mæ²¹ liəu³³ liəu²¹ 形容满得要流出来的样子：你把饭舀得～，叫人咋价端叻？

满满圪堆 mæ²⁴ mæ²¹ kəʔ⁵ tuei²¹³ 形容放满了的样子：年时好收

成，仓子里放得直～

满打满算 mæ²⁴ ta²¹ mæ²¹ suæ⁵²
满盘满算 mæ²¹ p'æ³³ mæ²¹ suæ⁵²
全部计算在内：这次生意不好，
～将够个本儿

满抬二举 mæ²¹ t'ai³³ ər⁵² tɕy⁵²　被
人热情接待：去哩人家～，一
下也没怠慢

满天二撂 mæ²¹ t'ie²¹³ ər⁵² ləŋ⁵²　满
天堆地 mæ²⁴ t'ie²¹³ tuei²¹ ti⁵²　形
容东西堆放到处都是：那一辈子
甚也没挣下，就挣下些书，房子
里堆得～

忙火拾乱 mã³³ xuo²¹ ʂəʔ⁵ læ⁵²　忙乎
缭乱 mã³³ xu³³ liɔ³³ luæ⁵²　忙死
赶趁 mã³³ sɿ²¹ kæ²¹ tʂ'əŋ⁵²　忙死
乱活 mã³³ sɿ²¹ læ⁵² xuo²¹　忙死失
活 mã³³ sɿ²¹ ʂəʔ⁵ xuo²¹　忙死且活
mã³³ sɿ²¹ tɕ'ie³³ xuo²¹　忙踏害死
mã³³ t'a³³ xai⁵² sɿ²¹　匆匆忙忙的
样子：你这～是做甚叻

毛胡出链 mɔ³³ xu³³ tʂ'uəʔ⁵ lie⁵²　毛
胡出烂 mɔ³³ xu³³ tʂ'uəʔ⁵ læ⁵²　东
西没有收拾干净：给人家还起拴
连收拾得净净儿价，覅～。

毛叽圪软 mɔ³³ tɕi²¹³ kəʔ⁵ ʐuæ²¹　不
干净的样子

毛皮不正 mɔ³³ p'i³³ pəʔ²¹ tʂəŋ⁵²　行为
不规矩：那种人～，你个儿不
要往来

毛头赤脚 mɔ³³ t'əu³³ tʂ'əʔ⁵ ie³³　没有
装扮的样子：女人价一天价不收
拾，～像个甚

毛蹄毛爪 mɔ³³ t'i³³ mɔ³³ tʂua²¹³　毛
手毛脚：你那儿～瞎搲抓甚叻

毛杂混水 mɔ³³ tsa²¹ xuŋ⁵² ʂuei²¹
不干净

猫咴吼叫 mɔ³³ iɔ²¹³ xəu²¹ tɕio⁵²　大
声说话、叫喊：你那是～谁叻

冒天射地 mɔ⁵² t'ie²¹³ ʂəʔ⁵ ti⁵²　冒舞
一射 mɔ⁵² vu²¹³ iəʔ⁵ ʂəʔ²¹　冒冒
失失的样子

帽儿不着地 mɔr⁵² pəʔ²¹ tʂ'ə³³ ti⁵²
毫不知情，没有一点信息：我
～，谁也没给我说

没本烂事 mə³³ pəŋ²¹³ læ⁵² sɿ⁵²　没
本事

没老二小 mə³³ lɔ²¹³ ər⁵² ɕio²¹³　指
大人小孩子一个样，都不好

没眉赖眼 mə³³ mi³³ lai⁵² lie²¹
没眉他法 mə³³ mi³³ t'a²¹ fa³³
死皮赖脸，厚着脸皮

没眉洼眼 mə³³ mi³³ va⁵² ie²¹³　没眉
洼脸 mə³³ mi³³ va⁵² lie²¹³　没眉
害眼 mə³³ mi³³ xai⁵² ie²¹³　形容
脸皮很厚：你这～又来喽

没边没沿 mə³³ pie²¹³ mə³³ ie⁵²　形
容东西堆放到处都是：家里溻
得直～

没抓没搲 mə³³ tʂua²¹³ mə³³ va²¹³
毫无办法：急得我真是～

门头夹道 məŋ³³ t'əu³³ tɕia³³ tɔ⁵²
比喻门径、方法：这么大的后
生喽，连～也解不开不懂

门三户四 məŋ³³ sæ²¹³ xu⁵² sɿ⁵²　指
是否有狐臭：问媳妇子要查访
好～

门箱竖柜 məŋ³³ ɕiã²¹ ʂu⁵² kuei⁵²
指各种家具

猛猴儿上树 məŋ²¹³ xəur³³ ʂã⁵² ʂu⁵²
形容事情来得突然，毫无准备

猛圪拉碴 məŋ²¹³ kəʔ⁵ la³³ ts'a⁵²　猛
然，突然：那～得的个病，没
几天早就殁喽

没理没拉 məʔ⁵ li²¹³ məʔ⁵ la²¹ 待理
不理、自觉无趣的样子：去哩
人家～，大概上回把阿儿人家惹
下噯

没领二拉 məʔ⁵ liŋ²¹³ ər⁵² la²¹ 形容
无精打采的样子：快些做，～
多会能完呖

眉眉眼眼 mi³³ mi²¹ ie²¹ ie³³ 同"眼
眼窍窍"

眉高眼低 mi³³ kɔ²¹³ ie²¹ ti²¹³ 指人
的脸色与表情变化

眉膁眼肿 mi³³ p'ã²¹³ ie²⁴ tʂuŋ²¹³
同"膁眉肿眼"

糜呖麻呖 mi³³ liə²¹ ma³³ liə²¹
糜子麻子 mi²¹ tsəʔ²¹ ma²¹ tsəʔ²¹
大致，粗略，考虑得不仔细：
我每～早分开噯。"糜"、"麻"声
调读音特殊

糜麻五谷 mi³³ ma³³ vu²¹ kuəʔ²¹ 泛
指各种农作物：家里～都种
着呖

绵叽圪软 mie³³ tɕi²¹ kəʔ³ zuæ²¹ 软
绵绵的样子

明光刺朗 miŋ³³ kuã²¹³ ts'əʔ³ lã⁵²
形容家具等光亮耀眼的样子：
人家好摆设，家里直～

明铺二盖 miŋ³³ pu²¹³ ər⁵² kai⁵² 明
铺夜盖 miŋ³³ pu²¹³ ie⁵² kai⁵² 白天
晚上睡在一起，指公开同居偷
情，无所忌讳：那两个～，谁解
不开不懂

名望相信 miŋ³³ vã²¹ ɕiã²¹ ɕiŋ⁵² 名
声信誉：人敢活个～，不要脸
有甚意思呖

冥无踪影 miŋ²¹ vu³³ tsuŋ²⁴ iŋ²¹
冥无踪眼 miŋ²¹ vu³³ tsuŋ²⁴ ie²¹
突然间无影无踪：这儿放个碗，

～早不见噯

磨屄擦沿 muo³³ pi²¹³ ts'a³³ ie⁵²
说人闲话

磨牙费口 muo³³ ia³³ fei⁵² k'əu²¹
磨嘴费舌 muo³³ tsuei²¹³ fei⁵² ʂə³³
多费口舌

母狮赖害 mu²¹ sʅ³³ lai⁵² xai⁵²
形容妇女穿着邋遢的样子，也
指蛮横不讲理：那～你还敢招
惹，搭理那呖

f

反来正去 fæ²¹ lai³³ tʂəŋ⁵² k'əʔ²¹
无论如何：～我要去呖

翻梁搭背 fæ²¹ liã³³ ta³³ pei⁵² 衣服
等里子往外穿

翻马皮楦 fæ²⁴ ma²¹³ p'i³³ ɕye⁵² 说
话不讲信用，做事翻悔：咱每
说话要算话呖，不能～噢

翻眚流水 fæ²⁴ t'a²¹ liəu³³ ʂuei²¹ 说
话重复，颠三倒四

翻箱倒柜 fæ²⁴ ɕiã²¹³ tɔ²¹ kuei⁵² 到
处乱翻：衣裳不晓得放哪里噯，
咋给你～寻呖

翻祖噘辈 fæ²⁴ tsu²¹³ tɕye³³ pei⁵²
辱骂祖先，形容骂得厉害

费劲拜待 fei⁵² ɕiŋ⁵² pai⁵² tai⁵² 劳
神费力：我每～给那找的工作，
做哩两天嗏早不去噯

分门立户 fəŋ²¹ məŋ³³ liəʔ³ xu⁵² 分
家过日子：娃娃每都大噯，～各
过各的去

风尘不动 fəŋ²¹ tʂ'əŋ³³ pəʔ³ tuŋ⁵²
一点风都没有，形容没有任何
动静

风尘草动 fəŋ²¹ tʂ'əŋ³³ ts'ɔ²¹³ tuŋ⁵²
风吹草动

风打练忙 fəŋ²⁴ ta²¹ lie⁵² mã³³ 形

容手忙脚乱的样子：平时不放好，用起嗳咹～寻不上

风响带快 fəŋ²⁴ ɕiɑ̃²¹³ tai⁵² kʻuai⁵² 干活手脚快捷利索：建宝家 建宝的媳妇那做生活直～，一阵儿早就做完嗳

疯常古道 fəŋ²¹ tʂʻɑ̃³³ ku²¹ tɔ⁵² 疯疯癫癫的样子

疯挠二掭 fəŋ²¹ nɔ³³ ər⁵² va²¹³ 疯掭拾抓 fəŋ²⁴ va²¹³ ʂəʔ²¹ tʂua²¹³ 指着急时瞎乱寻找样子：听听 乖乖 寔给阵儿，～是咋嗳

疯侵二害 fəŋ²⁴ tɕʻiŋ²¹ ər⁵² xai⁵² 瞎侵害、糟蹋：这娃娃～，咹看把家里弄成个甚嗳

疯说二道 fəŋ²¹ ʂuo³³ ər⁵² tɔ⁵² 疯说疯道 fəŋ²¹ ʂuo³³ fəŋ²¹³ tɔ⁵² 不停地说叨

疯羊道马 fəŋ²¹ iɑ̃³³ tɔ⁵² ma²¹ 疯疯圪癫 fəŋ²⁴ fəŋ²¹ kəʔ³ tie²¹ 疯疯癫癫，神经不大正常：这人～，敢受刺激嗳

v

瓦眉二道 va²¹ mi³³ ər⁵² tɔ⁵² 脸上脏污难看的样子：看你那脸，恶水得～

歪来好去 vai²¹ lai³³ xɔ²¹ kʻəʔ²¹ 不论好坏如何：不挑嗳，～就这

歪溜倒踏 vai²¹ liəu³³ tɔ⁵² tʻa²¹ 把鞋穿歪的样子：懒得那穿个鞋还～

歪溜射天 vai²¹ liəu³³ ʂəʔ⁵ tʻie²¹ 指穿戴、行为等不端正：那一天价～，哪里也去叻

歪眉溜眼 vai²¹ mi³³ liəu⁵² ie²¹ 五官不端正的样子，形容长相难看

歪汤好水 vai²⁴ tʻɑ̃²¹ xɔ²⁴ ʂuei²¹³ 形容不论饭食好坏：条件不好，～你每咹吃饱

歪瓜儿捸枣儿 vai²⁴ kuɐr²¹³ lie³³ tsɔr²¹³ 指样子难看，也比喻模样不好的人

弯腰马爬 væ²⁴ iɔ²¹³ ma²¹ pʻa³³ 形容腰弯得很深：背得太多嗳，压得直～

弯腰背锅 væ²⁴ iɔ²¹³ pei²⁴ kuo²¹ 弯腰七锅 væ²⁴ iɔ²¹³ tɕʻiəʔ⁵ kuo²¹ 腰身弯曲的样子：娃娃价就～，把那腰直起来

猂花儿留叶 væ²¹ xuɐr²¹³ liəu³³ ie²¹ 言语夸张，挑拨是非：你每那邻居～，甚事不是那挑起的

王皮照旧 vɑ̃³³ pʻi²¹ tʂɔ⁵² tɕiəu⁵² 毛病依旧，没有任何改正：王二进哩回监狱，出来还就～。"王"为"毛"的音变

危打急按 vei²⁴ ta²¹ tɕiəʔ³ ŋæ⁵² 匆忙凑合，也指急急忙忙的样子：娃娃说吃不上嗳，我咹～把钱儿寄过去

危忙急打 vei²⁴ mɑ̃³³ tɕiəʔ³ ta²¹ 慌慌忙忙：车来嗳，我～就跑，门忘记锁嗳

危忙十抓 vei²¹ mɑ̃³³ ʂəʔ⁵ tʂua²¹³ 形容着急时到处乱抓乱翻的样子：一下溜脱嗳，我～乿抓，拉定卜 颗 棘针才没跌下去

微些儿不动 vei³³ ɕiɐr²¹ pəʔ³ tuŋ⁵² 文些儿不动 vəŋ³³ ɕiɐr²¹ pəʔ³ tuŋ⁵² 一动不动的样子：小价懒得～，大哩变好嗳

文约执把 vəŋ³³ ie³³ tʂəʔ³ pa⁵² 双方书写的证明文书：～在人手里叻，你想耍想

文风礼至 vəŋ³³ fəŋ²¹³ li²¹ tsʅ⁵² 形

容孩子懂礼节，有礼貌

温死害踏 vəŋ²⁴ sʅ²¹³ xai⁵² t'a²¹　温死害嘟 vəŋ²⁴ sʅ²¹³ xai⁵² tu²¹　温忽四踏 vəŋ²⁴ xuəʔ³ sʅ⁵² t'a²¹　形容半冷不热：去哩人家理溜不拦蛋待理不理，端上来的饭还～

稳排四悠 vəŋ²¹ p'ai³³ sʅ⁵² iəu³³　稳排四衍 vəŋ²¹ p'ai³³ sʅ⁵² ie²¹　动作迟缓，四平八稳：人家往死忙叻，你咂～坐下拉散散话说闲话

五零二落 vu²¹ liŋ³³ ər⁵² la²¹　五零四散 vu²¹ liŋ³³ sʅ⁵² sæ⁵²　形容零零散散的样子

五来六去 vu²¹ lai³³ liəu⁵² k'əʔ²¹　随便，任意：咱两个还叻，～都能叻

乌七八皂 vu²¹ tɕ'iəʔ³ pa³³ tsɔ⁵²　不正派、不正路：来哩一些～的人

午明大亮 vu²¹ miŋ³³ ta⁵² liã⁵²　形容明目张胆、无所顾忌的样子：人家～就拿得去喥

无本净利 vu³³ pəŋ²¹³ tɕiŋ⁵² li⁵²　不花本钱只得利益

无声撂息 vu³³ ʂəŋ²¹³ liɔ⁵² ɕiəʔ²¹　无打撂息 vu³³ ta²¹³ liɔ⁵² ɕiəʔ²¹　无消打息 vu³³ ɕiɔ²¹ ta²¹³ ɕiəʔ²¹　没有任何音信或没有任何动静：我二叔自当兵走哩二十年一直～

无藤没长 vu³³ t'əŋ²¹ mə⁵² tʂ'ã³³　形容极长：地里可荒叻，草长得～

误工八踏 vu⁵² tuŋ²¹³ pa³³ t'a³³　误工半时 vu⁵² tuŋ²¹³ pæ⁵² sʅ³³　耽误时间

窝囊不叽 vuo²⁴ nã²¹ pəʔ⁵² tɕi²¹　窝囊圪叽 vuo²⁴ nã²¹ kəʔ⁵² tɕi²¹　动作不利索或没有出息的样子：～价，说你甚叻

窝大十口 vuo²¹ ta⁵² ʂəʔ⁵² k'əu²¹　形

容家庭人口众多：那家里～，负担重

t

打帮缭乱 ta²¹ pã²¹³ liɔ³³ luæ⁵²　从中周旋说合：人家不想卖，那一阵儿给～成喥

打门袭窗 ta²¹ məŋ³³ ɕiə⁵² tʂ'uã²¹　捣门袭窗 tɔ²¹ məŋ³³ ɕiə⁵² tʂ'uã²¹　拍打门窗，惊扰他人，形容动作粗鲁：那些耍的半夜，才～回来

打家劫道 ta²¹ tɕia²¹³ tɕ'iəʔ³ tɔ⁵²　打家劫舍，不安分：那回家里也～，一阵儿不识闲儿不消停

打惊射怪 ta²⁴ tɕiŋ²¹³ ʂəʔ³ kuai⁵²　犹大惊小怪

打紧凑忙 ta²⁴ tɕiŋ²¹³ ts'əu⁵² mã³³　忙乱紧急的时候，多指最需要别人帮忙的时候：平时你咂做你的，～给我每襄活帮给下

打凉下火 ta²¹ liã³³ ɕia⁵² xuo²¹　指清热泄火：多喝点儿绿豆汤，那是～的

打茬对吼 ta²¹ ts'a³³ tuei⁵² xəu²¹　接过话头争辩、顶撞：两个～就嚷哩一轮子一阵

大嚎小叫 ta⁵² xɔ³³ ɕiɔ²¹ tɕiɔ⁵²　犹大呼小叫，嚎叫的哭泣样子

大脚二手 ta⁵² tɕie³³ ər⁵² ʂəu²¹³　没有节制地花销开支

大来小去 ta⁵² lai³³ ɕiɔ²¹ k'əʔ²¹　比喻随意，不挑剔：我叻～都能叻

大侵二害 ta⁵² tɕ'iŋ²¹³ ər⁵² xai⁵²　大肆糟蹋损坏

大天白日 ta⁵² t'ie²¹³ pi³³ zəŋ²¹　光天化日：你这是～叻么，没一点儿王法喥？

大头大脸 ta⁵² t'əu³³ ta⁵² lie²¹　五官
　方正的样子：人长得～，还可以
大头摸拉 ta⁵² t'əu³³ məʔ⁵ la²¹　大体
　上，粗略：咱每～说给下就行嘐
大摇二摆 ta⁵² iɔ³³ ər⁵² pai²¹³　大摇
　大摆的样子：吃完人家就～回
　去嘐
呆眉溜眼 tai²¹ mi³³ liəu⁵² ie²¹　呆
　眉痴眼 tai²¹ mi³³ tʂʰʅ²⁴ ie²¹　呆眉
　楚眼 tai²¹ mi³³ tʂʰu⁵² ie²¹　呆眉
　悻眼 tai²¹ mi³³ ɕiŋ⁵² ie²¹　痴呆的
　样子，形容行动迟缓：人一老
　就～嘐
待搭不理 tai⁵² ta²¹ pəʔ⁵ li²¹　待理
　不理的样子：咱去哩吧人家～，
　还不顶不去
单人独马 tæ²¹ zʐən³³ tuəʔ⁵ ma²¹　单
　枪匹马：就我一个～，一年价也
　忙不下个甚
单衣薄/忽裳 tæ²⁴ i²¹³ pə³³/xuəʔ³ ʂã³³
　单皮薄沿 tæ²¹ p'i³³ pə³³ ie³³　形容
　衣服单薄：你～就不怕冷
淡溜不扯 tæ⁵² liəu³³ pəʔ⁵ tʂʰəŋ²¹
　形容饭菜没有味道：做的饭～，
　常吃不饱
淡眉失笑 tæ⁵² mi³³ ʂəʔ³ ɕiɔ⁵²　似笑
　非笑的样子，多指暗暗嘲笑他
　人：那他那～不晓得的是甚意思
但凡小事 tæ⁵² fæ³³ ɕiɔ²¹ sʅ⁵²　任何
　事情：咱每不能～就寻人家
当当对面 tã²⁴ tã²¹ tuei⁵² mie⁵²　指
　双方当面交涉：你有甚事咱～来
刀劈斧砍 tɔ²¹ p'iəʔ²¹ fu²⁴ k'æ²¹³
　用刀斧砍
捣蛋麻也 tɔ²¹ tæ⁵² ma³³ ie²¹　调皮
　捣蛋：这娃娃小家～，大哩啊
　改变好嘐

捣鬼扬长 tɔ²⁴ kuei²¹³ iã³³ tʂʰã²¹　说
　谎话：那给你～，你能信那呦？
多多带少 təŋ²⁴ təŋ²¹ tai⁵² ʂɔ²¹　形
　容很多：给哩那～，记你好呦
多和应少 təŋ²⁴ xə³ iŋ⁵² ʂɔ²¹³　或多
　或少，不拘泥于多少：人家买
　下地方嘐，咱敢～帮点儿
多嘴圪拉 təŋ²⁴ tsuei²¹³ kəʔ⁵ la²¹
　多嘴多舌：谁叫你～来嘐
低三下四 ti²⁴ sæ²¹³ ɕia⁵² sʅ⁵²　给人
　低头下气，形容卑贱恭顺，阿
　谀逢迎
低眉垂眼 ti²¹ mi³³ tʂʰuei³³ ie²¹　形容
　无理的样子：没做下好事，不唦
　能～呦？
刁红抢黑 tiɔ²¹ xuŋ³³ tɕʰiã²¹ xəʔ²¹　争
　着抢着，形容抢时间去做某
　事：家里忙成这么个，那还～
　往赌博场里跑呦
刁来打去 tiɔ²¹ lai³³ ta²¹ k'əʔ²¹　抽
　空捎带做事：你那点儿生活我
　～就做嘐
滴流淡水 tie³³ liəu³³ tæ⁵² ʂuei²¹　比
　喻断断续续，不紧凑：那个工
　～做哩几个月才完
点眉画眼 tie²¹ mi³³ xua⁵² ie²¹　描眉
　画眼：老也老嘐还，一天价还～
点眉瞌睡 tie²¹ mi³³ k'ə³³ ʂuei⁵²　点盹
　瞌睡 tie²⁴ tuŋ²¹ k'ə³³ ʂuei⁵²　打盹
　的样子：那这阵儿～着呦
典窑赁房 tie²¹ iɔ³³ liŋ⁵² fã³³　租赁
　房屋
跌倒马爬 tie³³ tɔ²¹³ ma²¹ p'a³³
　跌倒骨隆 tie³³ tɔ²¹³ kuəʔ⁵ ləŋ²¹
　跌跤马爬 tie³³ tɕiɔ²¹³ ma²¹ p'a³³
　跌跌撞撞，连滚带爬的样子：
　熬得我直～

跌气半失 tie³³ tɕ'i⁵² pæ⁵² ʂəʔ²¹　累得
喘不过气来的样子：走得快嘹，
熬累得我～

跌脚二手 tie³³ tɕie³³ ər⁵² ʂəu²¹　形
容手忙脚乱、不可开交：一到
秋哩，忙得人～

跌脚绊手 tie³³ tɕie³³ pæ⁵² ʂəu²¹　施展
不开手脚：地方窄狭，做个甚也～

叮叮单单 tiŋ²¹ tiŋ³³ tæ²¹ tæ²⁴　形容
说话啰里啰嗦：你～人家谁
听叻

顶牙料嘴 tiŋ²¹ ia³³ liɔ⁵² tsuei²¹³　顶
嘴（料：抵触）：好好听大人的
话，覂一天价就解下懂得，晓得
个～

钉子铔子 tiŋ²⁴ tsəʔ³ pəŋ²⁴ tsəʔ³　比
喻双方硬碰硬，互不相让：两个
～就吵扰吵起来嘹

丢帮跌底 tiəu²¹ pã²¹³ tie³³ ti²¹³　比
喻出现疏漏，丢了脸面：～的
事可做不着

丢东撂西 tiəu²¹ tuŋ²¹³ liɔ⁵² ɕi²¹³
丢三落四：你小价常～，还不
叫人说

丢人现眼 tiəu²¹ zəŋ³³ ɕie⁵² ie²¹³
丢人背兴 tiəu²¹ zəŋ³³ pei⁵² ɕiŋ⁵²
丢人拜带 tiəu²¹ zəŋ³³ pai⁵² tai⁵²
出洋相，丢脸面

端茶递/倒水 tuæ²⁴ ts'a³³ ti⁵²/tɔ⁵² ʂuei²¹³

端屎倒尿 tuæ²⁴ sֺ²¹³ tɔ⁵² niɔ⁵²　伺
候生活不能自理的人

端射二跳 tuæ²⁴ ʂəʔ³ ər⁵² t'iɔ⁵²　（1）气
急后暴跳样子：没说哩两句话，
把那气得～　（2）形容高兴得欢
蹦乱跳样子：娃娃每喜得～

端汤递水 tuæ²⁴ t'ã²¹³ ti⁵² ʂuei²¹³　伺
候他人：老人不能下炕几年嘹，

～靠我兄弟叻

冬无暑夏 tuŋ²¹ vu³³ ʂu²¹ ɕia⁵²　冬无
夏长 tuŋ²¹ vu³³ ɕia⁵² tʂ'ã³³　冬夏
无长 tuŋ²¹ ɕia⁵² vu³³ tʂ'ã²¹　比喻
一年四季：咱每受苦人～歇不下

蹴蹄撒脚 tuŋ²¹ t'i³³ sa²¹ tɕie²¹　跺脚
甩手的样子，表示任性、不满
意：这狗儿的恼嘹，～谁也乖哄
说好话使消气不下

东扑西砍 tuŋ²¹ p'əʔ²¹ ɕi²⁴ k'æ²¹　东
跑西逛 tnŋ²¹ pɔ³³ ɕi²¹ kuã⁵²/kã⁵²
犹东奔西跑，形容忙乱奔波：
一年价～，常用不下来

动声动气 tuŋ⁵² ʂəŋ²¹³ tuŋ⁵² tɕ'i⁵²
动声二气 tuŋ⁵² ʂəŋ²¹³ ər⁵² tɕ'i⁵²
说话用力，表示不满：一说话
就～，谁咋价你来嘹

斗阵闹仗 təu⁵² tʂəŋ⁵² nɔ⁵² tʂã⁵²　不
和气，吵嘴打架：两口子～，
娃娃也没人管

得溜打挂 təʔ⁵ liəu²¹³ ta²¹ kua⁵²　得
溜连胯 təʔ⁵ liəu²¹³ lie⁵² k'ua⁵²
得领打挂 təʔ⁵ liŋ²¹³ ta²¹ kua⁵²
穿戴不整齐，做事不认真的样
子。也指无精打采的样子。这
娃娃常就这么个～，一满不
上心

得溜旋风儿 təʔ⁵ liəu²¹³ ɕye⁵² fɣ̃r²¹
得溜悬挂 təʔ⁵ liəu²¹³ ɕye³³ kua⁵²
生气的样子：看那恼得直～

独气马爬 tuəʔ³ tɕ'i⁵² ma²¹ p'a³³　独
气麻也 tuəʔ³ tɕ'i⁵² ma³³ ie²¹　使
劲吃力的样子：我～给你拿来，
你喳送人嘹

堆山二撂/抓 tuei²⁴ sæ²¹³ ər⁵² ləŋ⁵²/
va⁵²　堆山积撂 tuei²⁴ sæ²¹³ tɕiəʔ⁵
ləŋ⁵²　堆天二撂 tuei²⁴ tie²¹³ ər⁵²

ləŋ^{52}　堆积如山，形容东西很多：这儿价没有的，我每家多得～

堆天摞地 tuei^{24} t'ie^{213} ləŋ^{52} ti^{52}　形容东西堆积很多的样子

跢前站后 tuo^{33} tɕ'ie^{33} tsæ^{52} xəu^{52}　不能稳定的站立一处：事宴上～，还熬叻

跢跢站站 tuo^{33} tuo^{33} tsæ^{52} tsæ^{52}　站站立立，不能坐下休息：赶事宴参加红白事～可熬累叻

敠敠打打 tuo^{33} tuo^{21} ta^{21} ta^{21}　略为吃菜：人家大概饱着叻，～没咋吃

躲七溜八 tuo^{21} tɕ'iəʔ^{21} liəu^{52} pa^{33}　躲藏的样子：我又不是吃你叻，你～是？

t'

塌脚磨手 t'a^{33} tɕie^{33} muo^{52} ʂəu^{213}　举手投足不利索

抬杆打墓 t'ai^{33} kæ^{213} ta^{21} mu^{52}　指埋葬死人的活儿

啕声斗气 t'ɔ^{33} ʂəŋ^{213} təu^{52} tɕ'i^{52}　啕声圪哇 t'ɔ^{33} ʂəŋ^{213} kəʔ^{3} va^{21}　吵闹怄气：搼孙子抱外甥的人嘞，一天价还～做甚叻

汤清水利 t'ã^{24} tɕ'iŋ^{213} ʂuei^{21} li^{52}　非常清楚细致：账做得～，不差一点

提领招致 t'i^{33} liŋ^{213} tʂɔ^{21} tʂʅ^{52}　管教孩子：娃娃解不开，大人每敢要～叻么

提起所要 t'i^{33} tɕ'i^{21} suo^{21} iɔ^{52}　指家里生活所需物品：人家～甚没有的

天黑地暗 t'ie^{24} xəʔ^{21} ti^{52} ŋæ^{52}　(1)天昏地暗，形容乌云遮天或刮大风时的飞沙漫天的景象：混走喒刮起风嘞，～，甚也看不见嘞　(2)形容程度深、厉害：

调三和四 t'iɔ^{33} sæ^{213} xuo^{52} sʅ^{52}　泛指各种调料：炒菜叻，～甚也没有的

跳天缩/射地 t'iɔ^{52} t'ie^{21} suo^{33}/ʂəʔ^{3} ti^{52}　活蹦乱跳的样子：这娃娃浪高兴得直～

调皮捣蛋 t'iɔ^{52} p'i^{33} tɔ^{21} tæ^{52}　非常淘气：这娃娃小价～，而儿现在变好嘞

图死纳命 t'u^{33} sʅ^{213} na^{33} miŋ^{52}　形容不顾一切

土糊盖脑 t'u^{21} xu^{33} kai^{52} nɔ^{21}　土糊盖茨 t'u^{21} xu^{33} kai^{52} ts'ʅ^{21}　土糊盖斯 t'u^{21} xu^{33} kai^{52} sʅ^{21}　土糊溅脑 t'u^{21} xu^{33} tɕie^{52} nɔ^{21}　形容浑身上下都是灰尘：我每这受苦人一天价～，跟你每工作人不一样

土眉处眼 t'u^{21} mi^{33} tʂ'u^{52} ie^{21}　脸上落满尘土的样子：风大，刮得人～

吐淘圪哇 t'u^{21} t'ɔ^{33} kəʔ^{3} va^{21}　吐天圪哇 t'u^{21} t'ie^{213} kəʔ^{3} va^{21}　吐淘瓦害 t'u^{21} t'ɔ^{33} va^{21} xai^{52}　吐天瓦地 t'u^{21} t'ie^{213} va^{21} ti^{52}　呕吐的样子：酒喝多嘞，咂给你～

同年等岁 t'uŋ^{33} nie^{33} təŋ^{21} suei^{52}　年龄相同

同眼相见 t'uŋ^{33} ie^{213} ɕiã^{21} tɕie^{52}　当事人双方当面看清：咱每～，嫑以后这么长么短这么长那么短嘞

推拥不断 t'uei^{21} yŋ^{33} pəʔ^{3} tuæ^{52}　形容人多拥挤样子：街上唱戏叻，人直～

他娘把戏 t'əʔ^{3} niã^{33} pa^{21} ɕi^{52}　(1)说

话带脏字：那那种人，一说话
就～ （2）骂骂咧咧，骂人：你
把嘴干净个儿，～谁叻

跋领四拉 t'əʔ⁵ liŋ²¹³ sʅ⁵² la²¹　跋领
跋拉 t'əʔ⁵ liŋ²¹³ t'əʔ⁵ la²¹　无精打
采、衣着不整的样子：走快些，
～像个甚

突鼻囊嗓 t'uəʔ⁵ piəʔ³ nã²⁴ sã²¹³　突
鼻囊屎 t'uəʔ⁵ piəʔ³ nã²⁴ sʅ²¹　突鼻
囊水 t'uəʔ⁵ piəʔ³ nã²⁴ ʂuei²¹³　流着
鼻涕的样子：务育得些娃娃～

秃眉竖眼 t'uəʔ³ mei³³ ʂu⁵² ie²¹³　没
有眉毛，眼睛竖立，形容相貌
难看

秃舌绊连 t'uəʔ³ ʂə³³ pæ⁵² lie²¹　秃声
淡哩 t'uəʔ³ ʂəŋ³³ tæ⁵² li²¹　说话口
齿不清

突皮露肉 t'uəʔ³ p'i³³ ləu⁵² zəu⁵²
衣不遮体：家里穷，穿得～

突汤漏水 t'uəʔ⁵ t'ã²¹³ ləu⁵² ʂuei²¹³
比喻泄露信息：谁～说得？

头头点点 t'əu³³ t'əu³³ tie²¹ tie³³
头头脑脑 t'əu³³ t'əu³³ nɔ²¹ nɔ³³
(1)零零碎碎：人家帮咱也敢个
～么，一满还能支靠依靠，依赖人
家叻 (2)比喻处事的常识与道
理：社会上没闯打过，连个～
也解不开不懂

偷死暗活 t'əu²⁴ sʅ²¹³ ŋæ⁵² xuo³³
偷死圪暗 t'əu²⁴ sʅ²¹³ kəʔ⁵ ŋæ⁵²
偷死圪茹 t'əu²⁴ sʅ²¹³ kəʔ⁵ zu²¹
偷明暗死 t'əu²¹ miŋ³³ ŋæ⁵² sʅ²¹
偷偷摸摸：那怕婆姨叻，给老
人点儿也～

偷声唤气 t'əu²⁴ ʂəŋ²¹³ xuæ⁵² tɕ'i⁵²
窃窃私语，害怕别人听到：说
哑官官样样说么，～作甚叻

踢出打里 t'iəʔ⁵ tʂ'uəʔ³ ta²⁴ li²¹　进进
出出，没有大事做：这儿价～的
人多，你哑回去

踢踏门限 t'iəʔ³ t'a³³ məŋ³³ xæ⁵²　形
容人员进出频繁：一说寻人家
叻，说媒的哑～

n

拿死害命 na³³ sʅ²¹³ xai⁵² miŋ⁵²　用
尽全部力量：见哩就～，谁敢
着留叻

拿板祈势 na³³ pæ²¹³ tɕ'iəʔ³ sʅ⁵²　拿架
子，摆资格：那本事不大，常还～

拿轻撼重 na³³ tɕ'iŋ²¹³ xæ²¹ tʂuŋ⁵²
指搬运东西

恼眉扯眼 nɔ²¹ mi³³ tʂ'əŋ²⁴ ie²¹³　满
脸不高兴的样子：那把人～，
我又没得罪那

恼眉悴眼 nɔ²¹ mi³³ ɕiŋ⁵² ie²¹³　不高
兴的样子：看那那么个～，敢
个谁又惹那来来

恼眉洼眼/脸 nɔ³³ mi³³ va⁵² ie²¹³/lie²¹³
因恼怒而脸色阴沉难看的样子：
你这～是为甚么

挠起十掀 nɔ³³ tɕ'i²¹ ʂəʔ⁵ va²¹³　手
忙脚乱，到处乱抓：～寻不上

能尻刷言 nəŋ³³ pi²¹³ ʂua³³ ie²¹　显
摆卖弄的样子

能牙二齿 nəŋ³³ ia³³ ər⁵² ts'ʅ²¹　卖
弄、显能的样子：你～，谁爱
你叻

泥糊盖呲 ni³³ xu³³ kai⁵² ts'ʅ²¹　浑身
泥土的样子：我每这些受苦人
～，不敢进你每家门

泥脚二手 ni³³ tɕie³³ ər⁵² ʂəu²¹³　手脚
上沾满泥土的样子

咬牙闭拨 niɔ²¹ ia³³ pi⁵² pə²¹　咬牙
切齿的样子：娃娃不听话，恨

得那一天价～

撑肚马爬 nie²¹ tu⁵² ma²¹ p'a³³　挺着肚子的样子：吃得直～，敢少吃个儿

咛咛喃喃 niŋ²¹ niŋ³³ næ²¹ næ³³　咛咛囔囔 niŋ²¹ niŋ³³ nã²¹ nã³³　形容说话唠叨，表达不清楚的样子：～不晓得说哩些甚

硬绷斯/实磕 niŋ⁵² pəŋ²¹³ ɕiəʔ³ /ʂəʔ³ k'ə³³　硬碰实磕 niŋ⁵² p'əŋ⁵² ʂəʔ³ k'ə³³　硬打硬碰 niŋ⁵² ta²¹³ niŋ⁵² p'əŋ⁵²　凭借实力较量、做事

硬糊不烂 niŋ⁵² xu³³ pəʔ³ læ⁵²　饭做得半生不熟：～吃哩肚子疼也

硬眼儿强盗 niŋ⁵² iər²¹³ tɕ'iã³³ tɔ⁵²　强行抢夺：来哩个后生，～抢走嘞

扭腰摅胯 niəu²¹ iə²¹³ lie³³ k'ua²¹³　故意扭曲身体，形容做事不爽快：好好走，～作甚呦？

扭头摅怪 niəu²¹ t'əu³³ lie³³ kuai⁵²　表示不满意或不愿意听从的样子：你～是不满意，还是咋个？

扭尿摅怪 niəu²¹ tɕ'iəu³³ lie³³ kuai⁵²　扭摅不顺从：你呃痛痛快快，～下个甚？

扭嘴算卦 niəu²⁴ tsuei²¹³ suæ⁵² kua⁵²　挑拨是非，引起事端：一天价不做正事，就会个～

扭东摅西 niəu²¹ tuŋ²¹³ lie³³ ɕi²¹³　小偷小摸：那家那些娃娃没～呦

扭扭掐掐 niəu²⁴ niəu²¹ tɕ'ia³³ tɕ'ia²¹　不顺从的样子

扭七摅八 niəu²¹ tɕ'iəʔ³ lie³³ pa³³　摆架子，不肯顺从：你看那做个甚也～，不会给你顺顺儿价

暖窑热炕 nuæ²¹ iə³³ zə³³ k'ã⁵²　形

容住的舒适：你每家～好哉

l

拉毛害死 la³³ mɔ³³ xai⁵² sʅ²¹　形容紧张匆忙的样子：那些～跑回来嘞

拉蹄磨/竖胯 la³³ t'i³³ muo⁵²/ʂu⁵² k'ua²¹　行走不利索的样子：走起路来～

拉天磨地 la³³ t'ie²¹³ muo⁵² ti⁵²　拉拖长东西在地上磨的样子

懒名竖胯 læ²¹ miŋ³³ ʂu⁵² kua²¹³　懒名竖眼 læ²¹ miŋ³³ ʂu⁵² ie²¹³　形容懒惰的样子：看着那他那么个～，我就尽够嘞

拦头故辞 læ³³ t'əu³³ ku⁵² sʅ²¹　犹劈头盖脑：我连甚也没说，人家～就给数落哩一顿

烂豁失道 læ⁵² xuo³³ ʂəʔ³ tɔ⁵²　慌乱匆忙的样子：你这～忙甚呦？

狼虫虎豹 lã³³ tʂ'uŋ³³ xu²¹ pɔ⁵²　指野禽猛兽：老山林里有～呦

牢掫圪抓 lɔ³³ va²¹ kəʔ⁵ tsua²¹　同"紧牢圪抓"

老雷老雨 lɔ²¹ luei³³ lɔ²⁴ y²¹　雷雨交加，雨势很大：夜黑地～下哩一场

老眉老眼 lɔ²¹ mi³³ lɔ²⁴ ie²¹　拿着老脸去求情：你叫我这～往哪里放呦

老来到去 lɔ²¹ lai³³ tɔ⁵² k'əʔ²¹　从老到死去，指人的晚年阶段：年轻苦受多哩，～不得动去也

老牛踩场 lɔ²¹ niəu³³ ts'ai²¹ tʂ'ã³³　形容人做事或走路慢腾腾的样子

老干儿不正 lɔ²¹ kær²¹³ pəʔ³ tʂəŋ⁵²　指长辈没有给晚辈树立好榜样，

也用来批评他人家教不好

塄上碥下 ləŋ³³ ʂ$\tilde{a}$⁵² tɕie³³ xa⁵²　居住邻近：我每戚得可近叻，～

冷陶湿/圪瓦 ləŋ²¹ tʰɔ³³ ʂəʔ⁵/kəʔ⁵ va²¹　形容饭菜冰凉：撂下些饭～，吃得肚子疼

愣声愣气 ləŋ⁵² ʂəŋ²¹³ ləŋ⁵² tɕʰi⁵²　说话声音粗重，犹瓮声瓮气

雷鸣击鼓 luei³³ miŋ³³ tɕiəʔ⁵ ku²¹　形容声势浩大

雷天震/黑/吼地 luei³³ tʰie²¹³ tʂəŋ⁵²/xəʔ⁵/xəu²¹ ti⁵²　比喻声势浩大〈贬〉：～咂不晓得做甚叻么

雷番更阵 luei³³ fæ³³ kuʔ²¹ tʂəŋ⁵²　形容声势浩大，不停地改换：那咂～不晓得咋价叻，落着眼儿最终平不塌没有起色，一般

礼规三道 li²¹ kʰuei²¹³ sæ²¹ tɔ⁵²　比喻繁文缛节极多：榆林城儿家～多。"规"声母特殊

理溜不淡 li²¹ liəu³³ pəʔ⁵ tæ⁵²　待理不理的样子，形容待人不热情

理溜拦淡 li²¹ liəu³³ læ³³ tæ⁵²　不在乎的样子

两旁世人 lia²¹ pʰ$\tilde{a}$³³ ʂʅ⁵² zəŋ³³　非亲非故的人：人家～谁管你叻

两无照查 lia²¹ vu³³ tʂɔ⁵² tsʰa³³　两头不知，失于照应：走的个生地方，出哩个事也～

两摸两撞 lia²⁴ muo²¹³ lia²¹ tʂʰu$\tilde{a}$⁵²　形容凭碰运气做事：谁也不敢保证，～叻

两利两手 lia²¹ li⁵² lia²⁴ ʂəu²¹³　处置不当而使人或物死亡或完全损坏，无法挽回：～把人打死喽

梁天舞地 li$\tilde{a}$³³ tʰie²¹³ vu²¹ ti⁵²　形容冒失行事的样子：你这后生

～，满布操心

燎毛骨拦 liɔ²¹ mɔ³³ kuəʔ⁵ læ²¹³　毛发烧焦的味道：家哩咋价有些～味

撩起拾烂/乱 liɔ³³ tɕʰi²¹ ʂəʔ⁵ læ⁵²/luæ⁵²　拾翻撩乱 ʂəʔ⁵ fæ²¹³ liɔ³³ luæ⁵²　形容坐立不安心的样子：那～不想戚喽

立眉四眼 liəʔ³ mi³³ sʅ⁵² ie²¹³　长相难看，说话蛮横的样子：长得～，可厉害叻

立眉竖眼 liəʔ³ mi³³ ʂu⁵² ie²¹³　(1)眼睛眉毛竖起，形容长相难看 (2)比喻非常生气的样子：恼哩一下～，可怕叻

立神见怪 liəʔ³ ʂəŋ³³ tɕie⁵² kuai⁵²　立地作怪：你敢不能～我每么

立时三刻 liəʔ³ sʅ³³ sæ²¹ kʰəʔ³　立即，马上：说雨就是雨，～就来喽

立追祸害 liəʔ³ tʂuei²¹³ xuo⁵² xai⁵²　形容紧急催逼的样子：想走喽，～，一阵儿不戚

力叉祸害 liəʔ³ tsʰa²¹³ xuo⁵² xai⁵²　举止不顾一切，形容泼辣的样子

力尽汗干 liəʔ³ tɕiŋ⁵² xæ⁵² kæ²¹³　力尽水干 liəʔ³ tɕiŋ⁵² ʂuei²¹ kæ²¹³　力气出尽，再无余力：我去～喽，再也帮扶不上你喽

力扑三阵 liəʔ⁵ pʰəʔ³ sæ²¹ tʂəŋ⁵²　奋力前冲的样子：那狗儿的～要打叻

连哭带嚎 lie³³ kʰuəʔ³ tai⁵² xɔ³³　夹哭带嚎 tɕia³³ kʰuəʔ³ tai⁵² xɔ³³　嚎哭的样子：那大概又斗阵吵架来喽，～跑的来喽

连明打昼 lie³³ miŋ³³ ta²¹ tʂəu⁵² 连明带夜 lie³³ miŋ³³ tai⁵² i⁵² 不分昼夜：一听说出事嘞，～就跑来嘞

连跑带逛 lie³³ pʻɔ³³ tai⁵² kã⁵² 跑步向前：听说这儿有事，我～就来嘞

连三赶四 lie³³ sæ²¹³ kæ²¹ sʅ⁵² 急急忙忙，紧逼催促：～把我给叫来嘞

裂牙舞爪 lie³³ ia³³ vu²⁴ tsɔ²¹³ 说话凶狠的样子

捩眉罩眼 lie³³ mi³³ tsɔ⁵² ie²¹³ 形容容貌丑陋难看的样子：人长得～，个子也不高

零七碎八 liŋ³³ tɕʻiəʔ³ suei⁵² pa³³ 零碎而纷乱：～的东西都给哩人嘞

零敲碎打 liŋ³³ tɕʻiɔ²¹³ suei⁵² ta²¹ 以零散的方式进行或处理：剩下的～买完嘞

零支里花 liŋ³³ tsʅ²¹³ li²¹ xua²¹³ 零碎花费：一年价～也不小叻

零捎麻也 liŋ³³ sɔ²¹³ ma³³ ie²¹ 捎带中就把东西吃、用完：那么吃都那么多苹果～就吃嘞

邻居壁室 liŋ³³ tɕy⁵² piəʔ⁵ ʂəʔ³ 谓相邻而居

临梢麻也 liŋ³³ sɔ²¹³ ma³³ ie²¹ 指事情进行到快要结束的时候：～嘞又没哩几张铁锨。

凛凛卵卵 liŋ²¹ liŋ³³ luæ²¹ luæ³³ 哩哩卵卵 li²¹ li³³ luæ²¹ luæ³³ 说话口齿不清：不知那～说甚叻

流脓溃水 liəu³³ nuŋ³³ xuei⁵² ʂuei²¹³ 脓疮、伤口溃烂的样子：身上的疮儿～，看不能看

路头路脑 ləu⁵² tʻəu³³ ləu⁵² nɔ²¹ 在路上：我每～常见叻

乱脚七手 luæ⁵² tɕie³³ tɕʻiəʔ³ ʂəu²¹ 形容人多手杂

乱麻圪湩 luæ⁵² ma²¹ kəʔ⁵ tuŋ²¹ 乱麻咕湩 luæ⁵² ma³³ ku²⁴ tuŋ²¹ （1）形容凌乱的样子：炕上湩得～ （2）形容头绪很多

乱七八糟 luæ⁵² tɕʻiəʔ³ pa³³ tsɔ⁵² 形容乱糟糟的样子。"糟"声调特殊

聋眉痴/扯眼 luŋ³³ mi³³ tʂʅ²⁴/tʂʻəŋ²⁴ ie²¹ 聋天痴地 luŋ³³ tʻie²¹ tʂʻʅ²¹ ti⁵²

聋眉迟眼 luŋ³³ mi³³ tʂʅ³³ ie²¹ 听力迟钝的样子：人一老就～嘞，谁也过不去

驴踢狗咬 ly³³ tʻiəʔ³ kəu²⁴ niɔ²¹³ 比喻互相争斗：那些他们～，还不是为哩利

驴蹄马胯 ly³³ tʻi³³ ma²⁴ kʻua²¹³ 将没有联系的事扯拉在一起

ts

杂七杂/溜八 tsa³³ tɕʻiəʔ³ tsa³³ / liəu⁵² pa³³ （1）形容东西种类繁多、杂乱：今儿这～买的还不少 （2）比喻人数众多，素质高低不一：车站跟前尽是些～的人，可要操心叻

蹉靶舞射 tsa²¹ pa²¹³ vu²¹ ʂəʔ³ 擦掌摩拳，跃跃欲试的样子：你再夝那么个～嘞，人家笑叻

蹉毛不识 tsa²¹ mɔ³³ pəʔ⁵ ʂəʔ³ 蹉天舞地 tsa²⁴ tʻie²¹³ vu²¹ ti⁵² 动手动脚的样子，形容不稳重的样子：当爸爸的人嘞，还～

夝脚舞手 tsa⁵² tɕie³³ vu²⁴ ʂəu²¹³ 伸展手脚的样子

载文作礼 tsai²¹ vəŋ³³ tsə³³ li²¹³ 假斯文，摆礼数：一丝儿挑不起没本事，还～，咂满不应

眨眉弄眼 tsæ²¹ mi³³ luŋ⁵² ie²¹³ 眨眉日眼 tsæ²¹ mi³³ zəʔ³ ie²¹³ 挤眉弄眼

脏麻咕咚 tsã²⁴ ma³³ ku²⁴ tuŋ²¹ 脏兮兮的样子：家里湩得～

早眠儿夜起 tsɔ²¹ miɣr³³ ie⁵² tɕ'i²¹³ 形容勤快：看人家～做下多少生活，咱叻？"眠"韵母特殊

作礼作数 tsɔ³³ li²¹³ tsə³³ ʂuo⁵² 斯文摆架子：本事不大还～叻

左打围园儿 tsəŋ²⁴ ta²¹ vei³³ yər³³ 附近：那～没个人

左三右四 tsəŋ²¹ sæ²¹³ iəu⁵² sʅ⁵² 比喻就在附近：慢慢寻，就在那～叻

左来右去 tsəŋ²¹ lai³³ iəu⁵² k'əʔ³ 比喻不讲任何条件：～就这钱儿，你看着花去

左倒西歪 tsəŋ²⁴ tɔ²¹³ ɕi²⁴ vai²¹³ 形容身不由己，站立不稳的样子：总要喝得～叻，咂才了消叻

左分右倒 tsəŋ⁵² fəŋ²¹³ iəu⁵² tɔ²¹³ 摇摇晃晃，站立不稳：喝得～噢，还说没喝多。"左"声调特殊

挣死马爬 tsəŋ⁵² sʅ²¹³ ma²¹ p'a³³ 用尽力气：人家～做叻，你看不着？

支门应户 tsʅ²¹ məŋ³³ iŋ⁵² xu⁵² 应付平常家庭事务

吱哇吵嘹 tsʅ³³ va³³ ts'ɔ²¹³ liɔ⁵² 形容小孩子吵闹的样子：娃娃每～，麻烦得我一满不能行

只多不少 tsʅ²¹ təŋ²¹³ pəʔ⁵ ʂɔ²¹³ 数量有余：给你的～，甓数噢

仄棱奓舞 tsəʔ³ ləŋ³³ tsa⁵² vu²¹³ 拉起架势，动手动脚的样子：你这～是做甚叻

祖宗三代 tsu²¹ tsuŋ²¹³ sæ²¹ tai⁵² 指祖宗上辈：那把人家日噘哩个～

钻沟溜圿 tsuæ²⁴ kəu²¹³ liəu⁵² va⁵² 形容到处躲藏：那～躲债着叻，你寻不上

做板二眼 tsuəʔ⁵ pæ²¹³ ər⁵² ie²¹ 做板弄数 tsuəʔ⁵ pæ²¹³ luŋ⁵² ʂuo⁵² 耍弄心眼做样子：你～谁解不开不明白

做茶打饭 tsuəʔ³ ts'a³³ ta²¹ fæ⁵² 做饭烧菜：～我都还行

嘴噘毛长 tsuei²¹ tɕye³³ mɔ³³ tʂ'ã³³ 不高兴的样子

嘴尖毛长 tsuei²¹ tɕie²¹³ mɔ³³ tʂ'ã³³ 多嘴多舌，爱挑剔的样子：那常就～，敢平和些儿么

醉麻咕/圪咚 tsuei⁵² ma³³ ku³³ / kəʔ⁵ tuŋ²¹ 醉醺醺的样子：夜里昨天喝得～，今儿还头疼叻

ts'

擦天滑地 ts'a²¹ t'ie²¹³ xua³³ ti⁵² 形容道路很滑，难以行走：下雪天～，走慢些

扠天合地 ts'a²⁴ t'ie²¹³ xə³³ ti⁵² 爬上爬下，上蹿下跳：这娃娃～，一阵儿不省事

叉叉搲搲 ts'a²¹ ts'a³³ va²¹ va²¹ 形容东西放置混乱无序

柴草圪渣 ts'ai³³ ts'ɔ²¹³ kəʔ⁵ tsa²¹³ 碎柴乱草，指不干净：井子里～落哩去一圪都

菜糊圪渣 ts'ai⁵² xu³³ kəʔ⁵ tsa²¹³

菜糊不烂 ts'ai⁵² xu³³ pəʔ⁵ læ⁵²/²¹³

菜汤滚水 ts'ai⁵² t'ã²¹³ kuŋ²⁴ ɕuei²¹

全菜没粮，形容饭食很差，难
以下咽：那阵儿一天吃得～，
饿美喂

残病隔时 ts'æ³³ piŋ⁵² kə³³ sɿ³³ 形
容体弱多病：娘的～，甚也不
能做

嘈声骨拉 ts'ɔ²⁴ ʂəŋ²¹³ kuəʔ⁵ la²¹
形容外地人的口音难懂，听不
惯：那些外路人说得～，一满
解不开

吵天闹/嚷地 ts'ɔ²¹ t'ie²¹³ nɔ⁵² / z̧ã²¹
ti⁵² 吵嚷的样子：两个～好几
回喂

藏头露尾 ts'ã³³ t'əu³³ ləu⁵² tuəʔ³
顾首不顾尾，躲躲闪闪的样子

岑彭马武 ts'əŋ³³ p'əŋ³³ ma²⁴ vu²¹³
形容虚张声势，震慑他人：你
咂听听儿价，～做甚叻

瞅眉睕眼 ts'əu²¹ mi³³ væ²⁴ ie²¹³ 不
高兴地盯瞅人的样子：咋喂么，
把人家直～

愁眉哇苦眼 ts'əu³³ mi³³ va⁵²/kɯ²⁴ ie²¹
忧愁的样子

从根到底 ts'uŋ³³ kɯ²¹³ tɔ⁵² ti⁵² 至始
至终

从小至大 ts'uŋ³³ ɕiɔ²¹³ tsɿ⁵² ta⁵²
从小时候到现在：那～就身体
不好

村法武治 ts'uŋ²⁴ fa²¹ vu³³ tʂɿ⁵² 形
容使用很严厉的手段惩罚、蹂
躏，毫不手软留情：这娃娃～，
把鸡娃儿快凌迟死喂

村言暴语 ts'uŋ²¹ ie³³ pɔ⁵² y²¹³
形容说话言语粗俗

粗蹄笨胯 ts'u²¹ t'i³³ pəŋ⁵² k'ua²¹

四肢粗壮，举止笨拙的样子：
看你那么个～样儿去

粗声愣气 ts'u²⁴ ʂəŋ²¹³ ləŋ⁵² tɕ'i⁵²
(1)说话声音低沉嗓门大：那那
说话一当个儿一直就～ (2)形
容不高兴时说话的腔调：谁说
你来喂，咂～是？

瓷盆烂碗 ts'ɿ³³ p'əŋ³³ læ⁵² væ²¹³
指陈旧破烂的灶具：家里穷得
就有几个～

瓷眉瞪/棱眼 ts'ɿ³³ mi³³ təŋ⁵²/ləŋ⁵²
ie²¹³ 反应慢的样子：这娃娃～，
满教不里去

龇眉弄眼 ts'ɿ²¹ mi³³ luŋ⁵² ie²¹³ 挤
眉弄眼：你没看着那才给～叻

龇蓬歹武 ts'ɿ²¹ p'əŋ³³ tsa⁵² vu²¹³
动手动脚的样子：那见哩我每
还～叻，快嫑说你喂

龇牙八怪 ts'ɿ²¹ ia³³ pa³³ kuai⁵²
龇牙咧嘴 ts'ɿ²¹ ia³³ lie³³ tsuei²¹³
(1)嬉皮笑脸的样子，形容不庄
重：你看那那个～的样儿
(2)形容痛苦难忍的样子

措起放下 ts'ə⁵² tɕ'i²¹³ fã⁵² xa²¹
指能力强，什么都会做

s

杀生害命 sa³³ səŋ²¹³ xai⁵² miŋ⁵² 指
杀害动物：我胆小，一辈子没
敢～

傻流打动 sa²¹ liəu³³ ta²¹ tuŋ⁵² 头脑
不精明，傻乎乎的样子：～的
人，你何欺负人家是？

筛神圪踏 sai²¹ ʂəŋ³³ kəʔ⁵ t'a²¹ 筛
神圪颠 sai²¹ ʂəŋ³³ kəʔ⁵ tie²¹ 筛
时圪颠 sai²¹ sɿ³³ kəʔ⁵ tie²¹ 筛神
打马 sai²¹ ʂəŋ³³ ta²¹ ma²¹ 形容
好动、不稳重的样子：这女子

一天价～不听听乖乖哎给阵儿

三八两句 sæ²¹ pa³³ lia²¹ tɕy⁵² 三言两语

三八两下 sæ²¹ pa³³ lia²¹ xa⁵² 几下子，形容极快：叫阿儿人家会的人，～就弄好噒

三等两样 sæ²⁴ təŋ²¹³ lia²¹ iã⁵² 三般两样 sæ²⁴ pæ²¹³ lia²¹ iã⁵² 非一视同仁对待：吃个饭还～

三起两下 sæ²⁴ tɕi²¹³ lia²¹ xa⁵² 分离在几处不能团聚：一家人～，也不是个事

三八六九儿 sæ²⁴ pə²³ liəu⁵² tɕiəur²¹³ 形容时间相隔很短：这儿离家近，～就能回去叻。"八"韵、调特殊

三番五次 sæ²⁴ fæ²¹³ vu²¹ tsʻʅ⁵² 三番两次 sæ²⁴ fæ²¹³ lia²¹ tsʻʅ⁵²

三门不出 sæ²¹ məŋ³³ pə²⁵ tʂʻuə²³ 深居家中不外出：人家那些娃娃～，沟坡不下

三年两载 sæ²¹ nie³³ lia²⁴ tsai²¹³ 三年二年 sæ²¹ nie³³ ər⁵² nie³³

三年五载 sæ²¹ nie³³ vu²⁴ tsai²¹³

三天两头儿 sæ²⁴ tʻie²¹ lia²¹ tʻəur³³

三天两早 sæ²⁴ tʻie²¹ lia²¹ tsɔ²¹³ 三天两后响 sæ²⁴ tʻie²¹ lia²¹ xəu⁵² ʂã²¹ 形容做事没有持久性

三天两夜 sæ²⁴ tʻie²¹³ lia²¹ ie⁵²

三长两短 sæ²¹ tʂʻã³³ lia²⁴ tuæ²¹³

三言两语 sæ²¹ ie³³ lia²⁴ y²¹

三心二意 sæ²⁴ ɕiŋ²¹³ ər⁵² i⁵² 三心两意 sæ²⁴ ɕiŋ²¹³ lia²¹ i⁵²

三三两两 sæ²⁴ sæ²¹ lia²⁴ lia²¹

三平/匹二马 sæ²¹ pʻiŋ³³ / pʻiə²³ ər⁵² ma²¹³ (1)形容做事马虎，不认真 (2)指对事情的利害不甚

计较

三歧两下 sæ²¹ tɕʻi²¹³ lia²¹ xa⁵² 居住在不同的地方

三跻两步 sæ²⁴ tɕʻiə²¹³ lia²¹ pu⁵² (1)大步行走：～就赶上噒 (2)比喻距离近：满不远远，～就走到噒

三颜二色 sæ²¹ ie³³ ər⁵² sə³³ 形容颜色花哨

三灾六难 sæ²⁴ tsai²¹³ liəu⁵² næ⁵² 指意外的灾难

散零二落 sæ²¹ liŋ³³ ər⁵² la²¹ 零散不完整

山驴野马 sæ²¹ ly³³ i²⁴ ma²¹ 比喻缺少调教，没有礼貌：这家这些娃娃都就这么个～，少调失教

山毛厌诈 sæ²¹ mɔ³³ ie⁵² tsa⁵² 形容粗野没有礼貌的样子

捎来搭去 sɔ²¹ lai³³ ta²¹ kʻə²¹ 捎带、顺便，不需要专门去做：这点儿生活～早做完噒

捎书带信 sɔ²⁴ ʂu²¹³ tai⁵² ɕiŋ⁵² 用书信的方式反复告知：你每～叫回来叻，回来又没甚事

涩嶙圪疤 sə³³ liŋ³³ kə²³ pa²¹ 涩嶙瓦害 sə³³ liŋ³³ va²¹³ xai⁵² 物体表面坑坑洼洼不光滑的样子：买的瓷碗～，洗不好洗

生胖瓦硬 səŋ²⁴ pʻã²¹³ va²¹ niŋ⁵² 形容食物或语言生硬：□xɯ²¹³蒸得红薯～，吃啊不能吃

生死烂沉 səŋ²⁴ sʅ²¹³ læ⁵² tsʻəŋ³³ 形容物体很重：那铅圪瘩去～

生死烂贵 səŋ²⁴ sʅ²¹³ læ⁵² kuei⁵² 形容物价极高：这向儿这段日子的菜～

生死烂疼 səŋ²⁴ sʅ²¹³ læ⁵² t'əŋ³³　形容非常疼痛：腿碰到石头上喽，碰得人～

生死不烂 səŋ²⁴ sʅ²¹³ pə?³ læ⁵²　生糊不烂 səŋ²¹ xu³³ pə?³ læ⁵²　形容饭菜等半生不熟：炒得茄子～，吃也不能吃

生事打架 səŋ²¹ sʅ⁵² ta²¹ tɕia⁵²　惹是生非：那自小就爱～，大喽咂不喽

生膀烂硬 səŋ²⁴ p'ã²¹³ læ⁵² niŋ⁵²　形容饭菜生硬：蒸的米饭～，大概一满没烧火

生捶实捣 səŋ²¹ tʂ'uei³³ ʂə?³ tɔ²¹³　冷捶实捣 ləŋ²¹ tʂ'uei³³ ʂə?⁵ tɔ²¹³　依靠结结实实捶揍才能奏效，来硬的：说上一下不听，就要～呦？

生陶湿瓦 səŋ²¹ t'ɔ³³ ʂə?⁵ va²¹　半生不熟的样子

屃叽圪/不塌 suŋ³³ tɕi²¹³ kə?⁵/pə?⁵ t'a²¹　形容软弱、胆怯的样子：外面儿出去～，咂家里回来厉害呦

屃叽圪软 suŋ³³ tɕi²¹³ kə?⁵ zᵤæ²¹³　屃叽圪囊 suŋ³³ tɕi²¹³ kə?⁵ nã²¹³　形容干活动作缓慢，不利索的样子：做个饭，～半老天做不好

松死害沓 suŋ²⁴ sʅ²¹³ xai⁵² t'a²¹　松死赖害 suŋ²⁴ sʅ²¹³ lai⁵² xai⁵²　松死害肚 suŋ²⁴ sʅ²¹³ xai⁵² tu⁵²　松沓害死 suŋ²⁴ t'a²¹ xai⁵² sʅ²¹³　松松垮垮的样子：看你绑得～，一阵儿就扬散喽

时来暂去 sʅ³³ lai³³ tsæ⁵² k'ə?³　形容时间极短：念书的～戓一下，不哩常空着呦

嘶声圪哇 sʅ²¹ ʂəŋ²¹³ kə?⁵ va²¹　形容大声叫喊、吵闹：娃娃每～，可麻烦呦

嘶声嘹哇 sʅ²¹ ʂəŋ²¹³ liɔ³³ va²¹　大声乱喊乱叫：不敢～，有个病人嫌麻烦呦

死熬死战 sʅ²¹ ŋɔ³³ sʅ²¹ tʂæ⁵²　拼命苦干：受苦人就靠～呦么

死缠磨缠 sʅ²¹ tʂ'æ³³ muo⁵² tʂ'æ³³　纠缠不放：那给你～，一点法子也没有的

死毛骨揽 sʅ²¹ mɔ³³ kuə?⁵ læ²¹³　动物毛不舒展的样子

死猫日狗 sʅ²¹ mɔ³³ zə?⁵ kəu²¹³　比喻狠狠地殴打：把那～打哩一祸一次，后来可乖呦

死眉儿瞪眼 sʅ²¹ miər³³ təŋ⁵² ie²¹³　痴呆的样子：看见那那么个～早尽够喽

死牛顶墙 sʅ²¹ nieu³³ tiŋ²¹ tɕ'iã³³　百般抵赖，认死理

死皮赖脸 sʅ²¹ p'i³³ lai⁵² lie²¹³　死眉赖眼/脸 sʅ²¹ miər³³ lai⁵² ie²¹/lie²¹　形容脸皮厚

死皮烂毯 sʅ²¹ p'i³³ læ⁵² t'æ²¹　泛指破旧衣物

死蔫跶拉 sʅ²¹ ie³³ t'ə?⁵ la²¹　无精打采：夜黑地要时间长喽吧，今儿咂～，没精神

死蔫骨揽 sʅ²¹ ie³³ kuə?⁵ læ²¹³　死蔫打盹 sʅ²¹ ie³³ ta²¹ tuŋ⁵²　植物失去水分萎缩的样子：菜赶快吃呦，再放给顿就～喽

死抢害夺 sʅ²¹ tɕ'iã³³ xai⁵² tuo³³　强行夺取：人家不给，那～就抢得去喽。"抢"声调特殊

死强活盗 sʅ²¹ tɕ'iã³³ xuo³³ tɔ⁵²　(1)同"死抢害夺" (2)极力迫

使他人接受：我�Ⓩ～才把那留下来。"抢"声调特殊

死心不尽 sๅ²¹ ɕiŋ²¹³ pəʔ³ tɕiŋ⁵²
无望而坚持

死央二告 sๅ²¹ iã²¹³ ər⁵² kɔ⁵²　苦苦
哀求

死猪烂沉 sๅ²¹ tʂu²¹³ læ⁵² tʂʻəŋ³³　形
容物体沉重，不易搬动

四散里去 sๅ⁵² sæ²¹³ li²¹ tɕʻy⁵²　四撒
里去 sๅ⁵² sa²¹³ li²¹³ tɕʻy⁵²　各个方
面：人家～都好着叻

四方四正 sๅ⁵² fã²¹³ sๅ⁵² tʂəŋ⁵²
方方正正的样子

四道五处 sๅ⁵² tɔ⁵² vu²¹ tʂʻu²¹
到处：学费还是～凑的

四沟八岔 sๅ⁵² kəu²¹³ pa³³ tsʻa⁵²
沟沟岔岔

四脚四手 sๅ⁵² tɕie³³ sๅ⁵² ʂəu²¹³
四肢一起倒地时的样子

四平八稳 sๅ⁵² pʻiŋ³³ pa³³ vəŋ²¹³　动
作迟缓，毫不紧凑：给你说哩
半老天嗳，咋还～不动

四水相和 sๅ⁵² ʂuei²¹³ ɕiã²¹ xuo³³
形容各个方面都要协调：～，
不能只顾一头

四通八达 sๅ⁵² tʻuŋ²¹³ pa³³ ta³³

四面八方 sๅ⁵² mie⁵² pa²¹ fã²¹³

四散五离 sๅ⁵² sæ²¹³/⁵² vu²¹ li³³
(1)方方面面：～的事情都要闹
好叻　(2)分散、散落的样子

四撒五离 sๅ⁵² sa²¹³ vu²¹ li³³　形容东
西散落的样子

事头事宴 sๅ⁵² tʻəu³³ sๅ⁵² ie²¹　事头
事脑 sๅ⁵² tʻəu³³ sๅ⁵² nɔ²¹　指各种
红白大事

事前宴后 sๅ⁵² tʻəu³³ ie²¹ xəu⁵²
办事的前前后后

瘦麻圪揽 səu⁵² ma³³ kəʔ⁵ læ²¹³
瘦而高的样子：长得～，满不
好看

瘦丝圪麻 səu⁵² sๅ²¹ kəʔ⁵ ma²¹
瘦丝圪揽 səu⁵² sๅ²¹ kəʔ⁵ læ²¹³
瘦丝圪授 səu⁵² sๅ²¹ kəʔ⁵ ʐua²¹
瘦丝麻害 səu⁵² sๅ²¹ ma³³ xai⁵²
瘦丝麻也 səu⁵² sๅ²¹ ma³³ ie²¹
瘦麻圪筋 səu⁵² ma³³ kəʔ²¹ tɕiŋ²¹³
消瘦的样子：长得～，你那好
的吃哪里嗳？

酸溜不叽 suæ²¹ liəu³³ pəʔ⁵ tɕi²¹
(1)酸溜溜的感觉：～有甚吃的叻
(2)长相难看：而几现在呀长得
好个儿嗳，原先～可难看叻
(3)言语举止轻佻：一说就～，
没人跟那一搭里坐

酸眉溜眼 suæ²¹ mi³³ liəu³³ ie²¹
酸眉处眼 suæ²¹ mi³³ tʂʻu⁵² ie²¹
酸眉兔眼 suæ²¹ mi³³ tʻu⁵² ie²¹
(1)吃很酸东西后的样子
(2)吃醋，产生嫉妒情绪的样子

酸汤辣水 suæ²⁴ tʻã²¹³ la³³ ʂuei²¹
指酸辣的菜汤

随茶便饭 suei³³ tsʻa³³ pie⁵² fæ⁵²
家常便饭

须须挂挂 suei³³ suei³³ kua⁵² kua⁵²
形容装饰繁杂

碎溜半罐 suei²¹ liəu³³ pʻæ⁵² kuæ⁵²
形容碎小的样子：～的南瓜结
哩一畔

tʂ

展眉趄眼 tʂæ²¹ mi³³ tʻã²¹ ie²¹³
脸庞上没有皱纹

展展趄趄 tʂæ²⁴ tʂæ²⁴ tʻã⁵² tʻã⁵²
舒展，平坦的样子

张八李九 tʂã²⁴ pa²¹ li²⁴ tɕiəu²¹³

说人长短：那～在那儿价说着呗。"李"声调特殊

张嘴拌舌 tʂɑ̃²⁴ tsuei²¹³ pæ⁵² ʂɚ³³
张牙拌口 tʂɑ̃²¹ ia³³ pæ⁵² kʻəu²¹
向人开口相求：咱有哩敢嬰再～跟旁人借么

张天没地 tʂɑ̃²⁴ tʻie²¹³ mə³³ ti⁵²　形容说话夸张不实：那说话一当个儿—直就那么个～，嬰放在心上

张长李短 tʂɑ̃²¹ tʂʻɑ̃³³ li²¹ tuæ²¹³
指评论他人是非

真本实料 tʂən²⁴ pən²¹³ ʂɚʔ³ liɔ⁵²　指物品的制作材料好：这可是～，没一点儿假

真金白银 tʂən²⁴ tɕiŋ²¹³ pi³³ iŋ³³
实实在在的钱财，没有假的

正儿八经 tʂən⁵² ər⁵² pa²¹³ tɕiŋ²¹
严肃认真，正式：领导～的说呗，咱可要操心呐

正行正当 tʂən⁵² xɑ̃³³ tʂən⁵² tɑ̃⁵²
正当、合情合理：～的钱儿咂花去，怕你瞎花呗么

知根达底 tʂʅ²⁴ kɯ²¹³ ta³³ ti²¹　比较了解：都是些～的人，你放心借给

肿眉脿眼 tʂuŋ²¹ mi³³ pʻɑ̃²⁴ ie²¹³　眼睛、面部浮肿：你哭来呗，直～

转转弯弯 tʂuæ⁵² tʂuæ⁵² væ²¹ væ²¹
比喻用迂回的方式进行：你见哩那，咂～打呐去

周眉正眼 tʂəu²¹ mi³³ tʂən⁵² ie²¹³
五官端正好看的样子：人长得～，没说辞

这么长么短 tʂəu²¹ tʂʻɑ̃³³ muo⁵² tuæ²¹³
这长那短 tʂa²¹ tʂʻɑ̃³³ na²⁴ tuæ²¹³
比喻从中挑拨：那家事多，你走给下又～呗。"么"是"那么"的省略

锥扎不动 tʂuei²¹ tsa³³ pəʔ³ tuŋ⁵²
采取任何办法都不能行动起来，形容很懒惰

拙嘴笨舌 tʂuo³³ tsuei²¹³ pən⁵² ʂɚ³³
拙嘴笨脖 tʂuo³³ tsuei²¹³ pən⁵² kʻua²¹
嘴巴笨拙，谓不善于言辞

直说直道 tʂɚʔ³ ʂuo³³ tʂɚʔ³ tɔ⁵²
形容嘴快能说

tʂʻ

肠麻五肚 tʂʻɑ̃³³ ma²¹ vu²⁴ tu²¹³
泛指人和动物的内脏

长麻咕咚 tʂʻɑ̃³³ ma²¹ ku²⁴ tuŋ²¹
东西比较长的样子：菜切得～，咋吃呐？

长来短去 tʂʻɑ̃³³ lai³³ tuæ²¹ kʻəʔ³
长长短短 tʂʻɑ̃³³ tʂʻɑ̃²¹ tuæ²¹ tuæ³³
长和尽短 tʂʻɑ̃³³ xəʔ³ tɕin⁵² tuæ²¹
或长或短，不论多少：～以后再算

长片短扇 tʂʻɑ̃³³ pʻie²¹³ tuæ²¹ ʂæ⁵²
形容衣衫不整齐

唱歌儿拦叹 tʂʻɑ̃⁵² kɯr²¹³ læ³³ tʻæ³³
哼唱歌曲的样子：人家想得开，一天价～解不开不懂个愁。

超天没地 tʂʻɔ²⁴ tʻie²¹³ mə³³ ti⁵²　超天打卦 tʂʻɔ²⁴ tʻie²¹³ ta²¹ kua⁵²
(1)形容做事粗心大意，不专心的样子：那～，一阵儿不闲
(2)形容说话不着天地的样子

陈干烂屎 tʂʻən³³ kæ²¹³ læ⁵² sʅ²¹³
陈年旧事

陈年古辈 tʂʻən³³ nie³³ ku²¹ pei⁵²
很久以前：～的事呗，早不记呗

着眼挨近 tʂʻɚ³³ ie²¹³ ŋai²¹ tɕiŋ⁵²
指关系亲近，沾亲带故

扯旗放炮 tʂʻəŋ^{21} tɕʻi^{33} fɑ̃^{52} pʻɔ^{52}
大张旗鼓，摆开架势

扯东拉西 tʂʻəŋ^{21} tuŋ^{213} la^{33} ɕi^{21}
东拉西扯，形容说话不集中

扯天没地 tʂʻəŋ^{21} tʻie^{213} mə^{33} ti^{52}
比喻说话漫无边际：说甚哑说，耍～囕

吃风㞎屁 tʂʻəʔ^{5} fəŋ^{213} pa^{21} pʻi^{52}　指没有经济来源，生活困顿

吃钢咬铁 tʂʻəʔ^{5} kɑ̃^{213} niɔ^{21} tʻie^{33}
比喻为人厉害，说话使劲的样子

吃铁化水 tʂʻəʔ^{3} tʻie^{33} xua^{52} ʂuei^{213}
比喻人的消化能力好

吃屎攀伴儿 tʂʻəʔ^{5} sɿ^{213} pʻæ^{21} pær^{52}
喜欢拉着别人一起做事

吃烟打火 tʂʻəʔ^{5} ie^{213} ta^{24} xuo^{213}
指吸烟

赤尿麻也 tʂʻəʔ^{5} tuəʔ^{3} ma^{33} ie^{21}
下身裸露的样子，一丝不挂的样子：看你～像个甚

赤脚打片 tʂʻəʔ^{3} tɕie^{33} ta^{24} pʻie^{21}
光脚不穿鞋的样子：你～不怕扎上刺

赤土摊平 tʂʻəʔ^{5} tʻu^{213} tʻæ^{21} pʻiŋ^{33}
荡然无存的样子：那帮人去哩把人家抢哩个～

迟三过五 tʂʻʅ^{33} sæ^{213} kuo^{52} vu^{213}
不久将来：～就要来囕

迟嘴笨舌 tʂʻʅ^{33} tsuei^{213} pəŋ^{52} ʂə^{33}
笨嘴笨舌，不会说话

迟来早去 tʂʻʅ^{33} lai^{33} tsʻɔ^{21} kəʔ^{3}
不论时间早晚

痴眉呆眼 tʂʻʅ^{24} mi^{33} tai^{24} ie^{21}　扯眉呆眼 tʂʻəŋ^{21} mi^{33} tai^{24} ie^{21}　扯眉吊眼 tʂʻəŋ^{21} mi^{33} tiɔ^{52} ie^{213}　扯眉瞪眼 tʂʻəŋ^{21} mi^{33} təŋ^{52} ie^{213}　扯眉圪呆 tʂʻəŋ^{21} mi^{33} kəʔ^{5} tai^{21}　痴呆的样子：寻个眼眼活些儿的，那～不行

蠢脚笨手 tʂʻuŋ^{21} tɕie^{33} pəŋ^{52} ʂəu^{213}
迟/痴手笨脚 tʂʻʅ^{33} ʂəu^{213} pəŋ^{52} tɕie^{33}
手脚不灵活动作缓慢的样子：那～做不了这生活

丑头/时八怪 tʂʻəu^{21} tʻəu^{33}/ sʅ^{33} pa^{33} kuai^{52}　丑头不赖 tʂʻəu^{21} tʻəu^{33} pəʔ^{5} lai^{21}　形容人的相貌或物体外形丑陋的样子：长得～，你咋价能看上来囕？

丑时赖害 tʂʻəu^{21} sʅ^{33} lai^{52} xai^{52}
丑陋又不洁净度样子

丑不楞噔 tʂʻəu^{21} pəʔ^{3} ləŋ^{52} təŋ^{52}
形容丑陋的样子：问得那么个～媳妇子

丑家模样 tʂʻəu^{21} tɕia^{213} mu^{33} iɑ̃^{52}
容貌丑陋难看的样子：你那么个～，还不晓得哪里去叻

臭天动地 tʂʻəu^{52} tʻie^{213} tuŋ^{52} ti^{52}
臭气熏天：窑哩～，谁也不回去

戳天漾/砍地 tʂʻuo^{21} tʻie^{213} iɑ̃^{52}/kæ^{21} ti^{52}　戳天晃/要地 tʂʻuo^{21} tʻie^{213} xuɑ̃^{52}/ iɔ^{52} ti^{52}　形容棍棒之类很长，有碍行动：棍太长囕，～不好拿

出假话丑 tʂʻuəʔ^{5} tɕia^{213} xua^{52} tʂʻəu^{213}
故意出丑逗人发笑：那常就那么个～

出谋定计 tʂʻuəʔ^{3} mu^{33} tiŋ^{52} tɕi^{52}
为他人出主意想办法

出言出语 tʂʻuəʔ^{3} ie^{33} tʂʻuəʔ^{5} y^{213}　出言吐语 tʂʻuəʔ^{3} ie^{33} tʻu^{24} y^{213}　说话用词，谈吐：你不能好好说，咋价～就伤人

出水汗连 tʂʻuəʔ^{5} ʂuei^{213} xæ^{52} lie^{21}
汗水淋淋：这几天身子虚，一

动就～

出消撂息 tʂʻuəʔ⁵ ɕiɔ²¹³ liɔ⁵² ɕiəʔ²¹
示意，暗示消息

搐眉眨眼 tʂʻuəʔ³ mi³³ tsæ²⁴ ie²¹³
使眼色传递消息：你没看着那
些在～叻

搐眉罩/弯眼 tʂʻuəʔ³ mi³³ tsɔ⁵²/væ⁵²
ie²¹³　满脸愁容，不高兴的样子
ʂ

伤眉失眼 ʂã²¹ mi³³ ʂəʔ⁵ ie²¹³　伤人
面子：慢慢价说叻，一下就～，
谁惹你来嗭？

伤筋动/痛骨 ʂã²⁴ tɕiŋ²¹³ tuŋ⁵²/
tʻuŋ⁵² kuəʔ³　筋骨损伤

孙三沓四 ʂɔ³³ sæ²¹³ tʻa³³ sɿ⁵²　（1）说
话啰嗦：两句早说完嗭，哑给
你～没了消　（2）多嘴，爱问无
聊的事：好好儿走你的路，～问
下个甚叻

烧眉烫眼/脸 ʂɔ²¹ mi³³ tʻā⁵² ie²¹³/
lie²¹³　脸色发红、发烧的样子

烧钱挂纸 ʂɔ²¹ tɕʻie³³ kua⁵² tsɿ²¹³
给去世的人烧香纸：娃娃每都
在门外叻，家里连个～的也没

烧香磕头 ʂɔ²⁴ ɕiã²¹³ kʻɔ³³ tʻəu³³　上
坟、上庙烧香纸磕头祭奠或
祈求

烧死烫活 ʂɔ²⁴ sɿ²¹³ tʻā⁵² xuo³³　形
容吃滚烫东西的样子：吃慢些，
～哑为甚

烧人火燎 ʂɔ²¹ zəŋ³³ xuo²¹ liɔ²¹　形
容天气炎热难挡

烧无吃尽 ʂɔ²¹ vu³³ tʂʻəʔ³ tɕiŋ⁵²　没
有柴火，没有吃的，形容生活
过得贫困：家里～，戓下动的话
嘴也挂起嗭

少长失短 ʂɔ²¹ tʂʻā³³ ʂəʔ⁵ tuæ²¹³　少

这没那 ʂɔ²¹³ tʂa²¹³ mə³³ na²¹³　少
东没西 ʂɔ²¹ tuŋ²¹³ mə³³ ɕi²¹³　短
缺的东西很多，形容家境不好：
农村叻～，哪能和城里比么

少调失教 ʂɔ²¹ tʻiɔ³³ ʂəʔ⁵ tɕiɔ⁵²　缺
少教育：大人儿气，娃娃么～

少调没和 ʂɔ²¹ tʻiɔ³³ mə³³ xuo⁵²　缺
少调味品，指饭菜没味道：老
家～，做成这么个就不错嗭

少窑没炕 ʂɔ²¹ iɔ³³ mə³³ kʻā⁵²　指居
住困难

少油没盐 ʂɔ²¹ iəu³³ mə³³ ie³³　比喻
饭菜无滋无味：我每这饭～，
你哑凑合着吃

少抓失掠 ʂɔ²¹ tʂua²¹³ ʂəʔ⁵ va²¹³　同
"少做无弄"

少做无弄 ʂɔ²¹ tsuəʔ³ vu³³ luŋ⁵²　无
所事事，无聊至极：戓下～，
得如串个阵儿叻？

折脚要手 ʂɔ³³ tɕie³³ iɔ⁵² ʂəu²¹³　没
有女人来持家，比喻失去了帮
手：一个男人家～，家里保险肯
定不行

舌秃理短 ʂɔ³³ tʻuəʔ³ li²⁴ tuæ²¹³　理
屈词穷的样子，形容说话没有
底气：那～，不敢胡龇诈

神神叨叨 ʂəŋ³³ ʂəŋ²¹ tɔ³³ tɔ²¹　神经
不正常，说话絮叨：那可能有
毛病嗭，一个人还～

身高马大 ʂəŋ²⁴ kɔ²¹³ ma²¹ ta⁵²　形
容人身材高大魁梧，身体强壮：
那～，你连跟前到不了

身小力怯 ʂəŋ²⁴ ɕiɔ²¹³ liəʔ⁵ tɕʻie　身
体矮小，没有力气

收秋遇夏 ʂəu²⁴ tɕʻiəu²¹³ y⁵² ɕia⁵²
指秋收夏收忙碌时间：到哩～，
连个人也叫不下

十家九亲 ʂəʔ⁵ tɕia²¹³ tɕieu²¹ tɕʻiŋ²¹³
　　形容周围的亲戚多

十七大八 ʂəʔ⁵ tɕʻiəʔ³ ta⁵² pa³³　十七
　　八岁，形容已经长大懂事：～的
　　人嘞，你甚解不开_{不懂}

十层五纳 ʂəʔ³ tsʻəŋ³³ vu²¹ na³³
　　（1）形容密密缝缀：穿个袄子，
　　补得直～　（2）形容物体包裹得
　　严密：<u>这么点儿东西包得还～</u>

十人九/八/五马 ʂəʔ³ z̩əŋ³³ tɕieu²⁴/
　　pa³³/vu²¹ ma²¹³　　人数多，形容
　　动用了很大力量：那一下牛劲
　　上来哩，～说不转

射天砍地 ʂəʔ⁵ tʻie²¹³ kʻæ²¹ ti⁵²
　　跃跃欲试的样子

十字马爬 ʂəʔ³ tsʅ⁵² ma²¹ pʻa³³
　　横七竖八放着

失慌撩乱 ʂəʔ⁵ xuã³³ liɔ³³ luæ⁵²
　　心里纷乱的样子：拿稳些儿么，
　　～是？

石头瓦块 ʂəʔ³ tʻəu³³ va²¹ kuai⁵²　指
　　碎石烂瓦：娃娃每～撂下一_{院子}外

甩天掼地 ʂua³³ tʻie²¹³ kuæ⁵² ti⁵²　生
　　气而甩砸东西

耍把弄戏 ʂua²⁴ pa²¹³ luŋ⁵² ɕi⁵²　耍
　　弄手段：常就<u>那么</u>个～，我每
　　谁不晓得

缩屁塌眼 ʂua²¹ pi²¹³ tʻa³³ ie²¹³　缩
　　头缩尾，不舒展的样子：那～
　　在那儿觑着叻

缩脖塌系 ʂuã²¹ puo³³ tʻa³³ ɕi⁵²　脖
　　子短或将头缩起来的样子，形
　　容长相不舒展：你那～是冷叻，
　　还是咋嘞

水淋不叽 ʂuei²¹ liŋ³³ pəʔ⁵ tɕi²¹
　　水淋圪叽 ʂuei²¹ liŋ³³ kəʔ⁵ tɕi²¹

水淋麻哑 ʂuei²¹ liŋ³³ ma³³ tsa⁵²
　　被水淋湿、淋透的样子：洗个
　　衣裳，把脚地渥_搞得～

水淋拜带 ʂuei²¹ liŋ³³ pai⁵² tai⁵²　东西
　　洗过或雨水淋湿后滴水的样子

水激明光 ʂuei²¹ tɕi³³ miŋ³³ kuã²¹
　　形容容光焕发：这婆姨彻吃得～

说理说信 ʂuo³³ li²¹³ ʂuo³³ ɕiŋ⁵²　讲
　　道理分辨是非：那还是～的人

说中话言 ʂuo²¹ tʂuŋ²¹³ xua⁵² ie²¹
　　话未说完就出现了，形容时间
　　极快：～就到嘞

z̩

嚷天闹地 z̩ã²¹ tʻie²¹³ nɔ⁵² ti⁵²　嚷天
　　吵地 z̩ã²¹ tʻie²¹³ tsʻɔ²¹³ ti⁵²　大声
　　吵闹的样子：那敢～要去叻么

黏洼不叽 z̩æ³³ va²¹ pəʔ⁵ tɕi²¹　黏麻
　　圪叽 z̩æ³³ ma³³ kəʔ⁵ tɕi²¹　黏溜圪
　　抓/挼 z̩æ³³ liɔu³³ kəʔ⁵ tʂua²¹³/
　　va²¹³　形容黏糊的样子：馍馍蒸
　　得～，一满_{实在}不好吃

黏黏挼挼 z̩æ³³ z̩æ²¹ va²¹ va²⁴
　　（1）同“黏洼不叽”　（2）纠缠，
　　交往：老子的为人不行，你嫑
　　跟那～　（3）占便宜：那人眼
　　小，好～

黏麻圪渥 z̩æ³³ ma³³ kəʔ⁵ tuŋ²¹
　　（1）同“黏洼不叽”　（2）算账办
　　事不利索　（3）智力不够数

热蒸现卖 z̩ɔ³³ tʂəŋ²¹³ ɕie⁵² mai⁵²
　　随做随卖，比喻现学现做

人眉鸽眼 z̩əŋ³³ mi³³ kə³³ ie²¹³
　　人眉跟眼 z̩əŋ³³ mi³³ kuɯ²¹³ ie²¹³
　　人眉打眼 z̩əŋ³³ mi³³ ta²¹³ ie²¹
　　人模人样（含贬义）

人匹马夫 z̩əŋ³³ pʻiəʔ³ ma²¹ fu³³
　　人夫接驾 z̩əŋ³³ fu³³ tɕie³³ tɕia⁵²

骡夫接驾 ləŋ³³ fu²¹ tɕie³³ tɕia⁵²
动用许多人力物力，指花销代
价大：～去里一大堆

人老三辈儿 zˌəŋ³³ lɔ²¹³ sæ²¹ pər⁵²
祖祖辈辈：我每～不是你每这
么个作事〈处事〉

人逢儿礼至 zˌəŋ³³ fr̃r³³ li²¹ tsɿ⁵²
待人有礼貌：回老家要～叻，
不哩人家笑话咱每没家教

人前面后 zˌəŋ³³ tɕie³³ mie⁵² xəu⁵²
阳奉阴违

人情门户 zˌəŋ³³ tɕ'iŋ³³ məŋ³³ xu⁵²
来往的礼节与礼物

人天人地 zˌəŋ³³ t'ie²¹³ zˌəŋ³³ ti⁵²
形容到处是人，人满为患：那
家下～，连个立脚的地方也没
有的

惹人拜带 zˌəŋ²¹ zˌəŋ³³ pai⁵² tai⁵²
得罪人：～的事都教咱赶上喽

茹眉茹眼 zˌu²¹ mi³³ zˌu²⁴ ie²¹³　因为
肥胖而使眼睛挤成一条缝的
样子

茹眉洼眼 zˌu²¹ mi³³ va⁵² ie²¹³　脸形
很胖的样子

茹天盖地 zˌu²¹ t'ie²¹³ kai⁵² ti⁵²
东西堆放很满的样子

软囊圪叽 zˌuæ²¹ nã³³ kəʔ⁵ tɕi²¹
软囊不叽 zˌuæ²¹ nã³³ pəʔ⁵ tɕi²¹
软脓圪叽 zˌuæ²¹ nuŋ³³ kəʔ⁵ tɕi²¹
软脓不叽 zˌuæ²¹ nuŋ³³ pəʔ⁵ tɕi²¹
软弱无力的样子，比喻性格软
弱：那～连个话也说不成

软叽八塌 zˌuæ²¹ tɕi²¹³ pa³³ t'a²¹
软绵不叽 zˌuæ²¹ mie³³ pəʔ⁵ tɕi²¹
软弱无力的样子

日古日怪 zˌəʔ⁵ ku²¹³ zˌəʔ³ kuai⁵²
日古烂怪 zˌəʔ⁵ ku²¹³ læ⁵² kuai⁵²

千奇百怪：有一本书里尽写些
～的事

日七八糟 zˌəʔ⁵ tɕ'iə³ pa³³ tsɔ⁵²
乱七八糟。"糟"声调特殊

日屎赖害 zˌəʔ⁵ tuəʔ³ lai⁵² xai⁵²
（1）形容人穿着松垮，不修边
幅，不干净：看你穿得～，还
验人去叻　（2）不讲究，不爱
好：女人家～，像个甚

日谋夜算 zˌəʔ³ mu³³ ie⁵² suæ⁵²　整
日不停谋算〈贬〉：你这～还没
发哩？

日神捣鬼 zˌəʔ³ ʂəŋ³³ tɔ²⁴ kuei²¹³
日神弄鬼 zˌəʔ³ ʂəŋ³³ luŋ⁵² kuei²¹³
使用诡计不干正事，搞鬼〈贬〉：
那一天价～不小得做些甚哩

日鬼徉躺 zˌəʔ⁵ kuei²¹³ iã²⁴ t'ã²¹　胡
搞，不干正事〈贬〉：那～，还
以为人家解不开

日溜打挂 zˌəʔ³ liəu³³ ta²¹ kua⁵²　二
溜打挂 ər⁵² liəu³³ ta²¹ kua⁵²　做
事不谨慎，大咧咧的样子：这
娃娃～靠不上

日死没活 zˌəʔ⁵ sɿ²¹³ mə³³ xuo³³　形容
不顾一切的样子：～把那捶哩
一和

日月二气 zˌəʔ³ ye³³ ər⁵² tɕ'i⁵²　过日
子，生活：人家也敢有个～叻么

日七八怪 zˌəʔ⁵ tɕ'iə³ pa³³ kuai⁵²
古里古怪：而几现在这社会～的
事甚也有叻

日噘捣腾 zˌəʔ⁵ tɕye²¹ tɔ²¹³ t'əŋ²¹
骂骂咧咧的样子：你～谁叻

辱眉现眼 zˌuæ³ mi³³ ɕie⁵² ie²¹³　丢
人现眼：你～还好意思见人叻
tɕ

挤脓压水 tɕi²¹ nuŋ³³ nia⁵² ʂuei²¹

动辄哭泣的样子：好好价说，
～哭甚叻

叽叽咕咕 tɕi²¹ tɕi³³ ku²¹ ku³³　嘀嘀
咕咕：两个～不晓得说些什么

夹跑带逛 tɕia³³ pʻɔ³³ tai⁵² kã⁵²
边走边跑：出来圪截个狗，那些
～就颠嗫

夹耍带笑 tɕia³³ ʂua²¹³ tai⁵² ɕiɔ⁵²
半开玩笑半正经：我～把那些
说哩一顿

夹屁合缝 tɕia²¹ pi²¹³ xɔ³³ fəŋ⁵²〈罾〉
凭空编造：那～，不知又说我
甚来嗫

家和自家 tɕia²¹ xuo³³ tsɿ⁵² tɕia²¹
指同一族的人：～都待上，客
也不少嗫

家关要匙 tɕia²⁴ kuæ²¹³ iɔ⁵² sɿ³³　家中
所有大小用具：那家～都全着叻

假眉三道 tɕia²¹ mi³³ sæ²¹³ tɔ⁵²　虚
情假意：那就会那个～，谁不
晓得

焦糊兀浪 tɕiɔ²¹ xu³³ tʻəʔ³ lã⁵²　烧
焦的样子：烧两个截红薯烧得
～不能吃

搅家不和 tɕiɔ²¹ tɕia²¹³ pəʔ³ xuo³³
拨弄是非使家庭不和睦：那家
的那些女客每～

尖嘴猴儿腮 tɕie²⁴ tsuei²¹³ xəur³³
sə³³　形容人消瘦的样子：看你
那么个～的样儿去，还笑人家
瘦叻

尖声呲唠 tɕie²⁴ ʂəŋ²¹³ tsəʔ³ lɔ⁵²　形
容说话声音尖细刺耳：说话～
的那个人先动得手

脚抓手挜 tɕiɔ²¹ tʂua²¹³ ʂəu²¹ va²¹³
（1）形容手忙脚乱：忙得人～，
你不说帮给下？（2）不经意间

时间就过去了，比喻时间过得
极快：～早迟嗫

脚轻手快 tɕie³³ tɕʻiŋ²¹³ ʂəu²¹ kʻuai⁵²
做事手脚利索

接屎接尿 tɕie³³ sɿ²¹³ tɕie³³ niɔ⁵²
形容生活不能自理：那家老人
瘫嗫，满要～

衿裙打褂 tɕiŋ²¹ tɕʻyŋ³³ ta²¹ kua⁵²
系好围裙（准备做饭）：回家里
～，赶快做饭

斤二八两 tɕiŋ²¹ ər⁵² pa³³ liã²¹³
形容数量不多：～还，嫑还嗫

紧牢圪抓 tɕiŋ²¹ lɔ³³ kəʔ³ tʂua²¹　精心
慎微保管：我唡～给你抬着叻

紧接二待 tɕiŋ²¹ tɕie³³ ər⁵² tai⁵²　尽心
热情接待：你姑可好叻，我每去
哩～

尽心办理 tɕiŋ²¹ tɕiŋ²¹³ pʻæ⁵² li²¹
用尽心思做：你托那做个甚也，
都给你～。"办"读音特殊

尽由自在 tɕiŋ²¹ iəu³³ tsɿ⁵² tsai⁵²
自由自在：你每花钱～，没受
局制吧

惊人古怪 tɕiŋ²¹ zəŋ³³ ku²¹ kuai⁵²
惊人鼓捣 tɕiŋ²¹ zəŋ³³ ku²⁴ tɔ²¹³
惊人圪哇 tɕiŋ²¹ zəŋ³³ kəʔ³ va²¹
使人受到惊吓：你这是做甚叻？
～的

惊人动地 tɕiŋ²¹ zəŋ³³ tuŋ⁵² ti⁵²
惊天失地 tɕiŋ²⁴ tʻie⁵² ʂəʔ³ ti⁵²
惊天动地：你再嫑那个～嗫，我
每受不了

经神斗/下马 tɕiŋ²¹ ʂəŋ³³ təu⁵²/ xa⁵²
ma²¹³　吵嘴打架：两口子常就
那个～，谁不笑

净大溜光 tɕiŋ⁵² ta⁵² liəu³³ kuã²¹³
没有剩余：今儿饿嗫，一盆子饭

吃哩个～

久惯劳长 tɕiəu²¹ kuæ⁵² lə³³ tʂʻɑ̃³³
　时间已久，做事习惯老练：三
　岁上卖饸饹——～嘹〈歇〉

急水下船 tɕiəʔ⁵ ʂuei²¹³ ɕia⁵² tʂʻuæ³³
　比喻事情来得紧急，来不及准备

急屁火烧 tɕiəʔ³ pʻi⁵² xuo²¹ ʂɔ²¹³
　急于干某事：～能做成个甚叻

急打慌忙 tɕiəʔ⁵ ta²¹³ xuɑ̃²¹³ mɑ̃³³
　匆匆忙忙：一听说有事，汉的她
　的丈夫就～来嘹

绝气马爬 tɕye³³ tɕʻi⁵² ma²¹ pʻa³³
　绝气麻也 tɕye³³ tɕʻi⁵² ma³³ ie²¹
　呼吸紧促，形容用尽了浑身力
　气：你这～做甚叻？

噘筋不来 tɕye³³ tɕiŋ²¹³ pəʔ⁵ lai²¹
　噘筋马爬 tɕye³³ tɕiŋ²¹³ ma²¹ pʻa³³
　斗气吵嘴的样子：婆姨汉两个
　～，娃娃也不管

局眉局眼 tɕyəʔ³ mi³³ tɕyəʔ³ ie²¹
　局眉皂眼 tɕyəʔ³ mi³³ tsɔ⁵² ie²¹
　形容拘束、局促的样子：去哩
　～怎说叻？

tɕʻ

蹊跷古怪 tɕʻi²¹ tɕʻiɔ²¹³ ku²¹ kuai⁵²
　非常奇怪：而几现在的社会，
　甚～的事也有叻

起根落叶 tɕʻi²¹ kɯ²¹³ lə³³ ie³³　事情
　的始末：事情的～是咋个

欺心胆大 tɕʻi²⁴ ɕiŋ²¹³ tæ²¹ ta⁵²
　心胆大，不顾后果：这娃娃也
　太～嘹，把家里的钱拿得花嘹

起根缘由 tɕʻi²¹ kɯ²¹³ ye³³ iəu³³
　事情的起因

起火八踏 tɕʻi²⁴ xuo²¹³ pa³³ tʻa³³
　起火半时 tɕʻi²⁴ xuo²¹³ pæ⁵² sɿ³³
　形容生气的样子

起楼盖房 tɕʻi²¹ ləu³³ kai⁵² fɑ̃³³
　指搞修建：人家后来生活好嘹，
　～，问得好媳妇子

起名送号 tɕʻi²¹ miŋ³³ suŋ⁵² xɔ⁵²
　给人起绰号

齐河两岸 tɕʻi³³ xəʔ³ lia²¹ ŋæ⁵²
　形容围观的人很多：～的人都
　看你叻

齐头故施 tɕʻi³³ tʻəu³³ ku⁵² sɿ²¹
　劈头盖脑地（训斥）

气呼/吼嗨咽 tɕʻi⁵² xu²¹/ xəu²¹ tʻɔ³³ ie²¹
　气喘的样子：你走得～，哑歇
　个阵儿

抢茬拨道 tɕʻiɑ²¹ tsʻa³³ pə³³ tɔ⁵²
　抢茬害夺 tɕʻiɑ̃²¹ tsʻa³³ xai⁵² tuo³³
　迫不及待地抢在人前：这家这
　些娃娃满没礼貌，吃个饭还～

抢淘害死 tɕʻiɑ̃²¹ tʻɔ³³ xai⁵² sɿ²¹
　争抢的样子

敲明叫响 tɕʻiɔ²¹ miŋ³³ tɕʻiɔ⁵² ɕiɑ̃²¹³
　直接，明确：咱～说，哪件事
　做得对着叻

前出后里 tɕʻie³³ tʂʻuəʔ³ xəu⁵² li²¹³
　前出里后 tɕʻie³³ tʂʻuəʔ³ li²¹³ xəu⁵²
　指相邻居住：咱每～，谁不用
　个谁

前家后妻 tɕʻie³³ tɕia²¹³ xəu⁵² tɕʻi²¹³
　重新组合的家庭，关系难以和谐：
　～的生活不好过

千安万顿 tɕʻie²⁴ ŋæ²¹³ væ⁵² tuŋ⁵²
　反复嘱咐：走价我妈～叫我要
　好好学叻

千年古辈儿 tɕʻie²¹ nie³³ ku²¹ pər⁵²
　形容时间很久

千辛万苦 tɕʻie²⁴ ɕiŋ²¹³ væ⁵² kʻu²¹³
说一千，道一万 ʂuo³³ iəʔ⁵ tɕʻie²¹,
　tɔ⁵² iəʔ³ væ⁵²　千言万语

千真万确 tɕ'ie²⁴ tʂəŋ²¹³ væ⁵² tɕ'ye³³

亲姊各妹 tɕ'iŋ²⁴ tsɿ²¹³ kə³³ mei⁵²
　　关系亲近的兄弟姊妹：阿儿人家
　　～咋个能叻

轻来打去 tɕ'iŋ²¹ lai³³ ta²¹ k'əʔ³　　轻
　　出轻里 tɕ'iŋ²¹ tʂuəʔ³ tɕ'iŋ²⁴ li²¹
　　不干重的体力活：那啞后来～
　　还能做点儿生活

轻皮忒搎 tɕ'iŋ²¹ p'i³³ t'əʔ³ səu²¹　　形
　　容举止轻浮的样子：那婆姨就
　　会～，不能听那的话

轻嘴薄舌 tɕ'iŋ²⁴ tsuei²¹³ puo³³ ʂɿ³³
　　形容能言善道：你这～把人家
　　给圪迷迷惑定㖏

清汤淡水 tɕ'iŋ²⁴ t'ã²¹³ tæ⁵² ʂuei²¹³
　　清汤寡水 tɕ'iŋ²⁴ t'ã²¹³ kuæ²⁴
　　ʂuei²¹　　形容饭食稀而无滋无味：
　　那家的饭～，没法吃

清早麻也 tɕ'iŋ²⁴ tsɔ²¹³ ma³³ ie²¹
　　一大早：你每～早起来㖏

穷家薄业 tɕ'yŋ³³ tɕia²¹³ pə³³ ie³³
　　没有多少家产：那家～，谁能
　　看上叻

穷打急按 tɕ'yŋ³³ ta²¹³ tɕiəʔ³ ŋæ⁵²
　　条件不好，将就凑合：生活不
　　好，就这家～着过叻

且央而告 tɕ'ie²¹ iã²¹³ ər⁵² kɔ⁵²
　　且央祷告 tɕ'ie²¹ iã²¹³ tɔ²¹ kɔ⁵²
　　极力求告：打那直～。"而"声
　　调特殊

尿毛鬼胎 tɕ'iəu³³ mɔ³³ kuei²¹ t'ai³³
　　不正气，吝啬：这人～，可儿差
　　劲叻

尿眉竖眼 tɕ'iəu³³ mi²¹³ ʂu⁵² ie²¹
　　尿眉楚眼 tɕ'iəu³³ mi³³ tʂ'u⁵² ie²¹
　　形容脸皮厚的样子：你～咋好
　　意思到人家下去来㖏

尿头菜瓜 tɕ'iəu³³ t'əu³³ ts'ai⁵² kua²¹
　　比喻劈头盖脑说些难听的话

尿挓二舞 tɕ'iəu³³ tsa⁵² ər⁵² vu²¹³
　　躺着姿势难看的样子：父子两
　　个～躺炕上不起来

尿尽毛干 tɕ'iəu³³ tɕiŋ⁵² mɔ³³ kæ²¹³
　　比喻没有剩余：家里吃得～，
　　甚也没㖏

怵头不来 tɕ'iəu²¹ t'əu³³ pəʔ³ lai²¹
　　形容物体不端正：西瓜长得～，
　　不好卖

七差八糊 tɕ'iəʔ⁵ ts'a²¹³ pa³³ xu³³
　　差错交织，乱七八糟的样子：
　　这么简单的个账算得～

七长八短 tɕ'iəʔ³ tʂ'ã²¹³ pa³³ tuæ²¹³
　　(1)形容长短不一　(2)从中专
　　门挑剔

七打八误 tɕ'iəʔ³ ta²¹³ pa³³ vu⁵²　　由
　　于各种原因而使耽误：今儿事
　　多，～啞没赶上

七颠八倒 tɕ'iəʔ⁵ tie²¹³ pa³³ tɔ²¹³
　　乱糟糟的样子

七沟八岔 tɕ'iəʔ⁵ kəu²¹³ pa³³ ts'a⁵²
　　形容沟壑纵横：你每那儿～，
　　不好找

七老八少 tɕ'iəʔ⁵ lɔ²¹³ pa³³ ʂɔ⁵²　　形容
　　老的老，小的小：家里～，都顶
　　不上事

七老八十 tɕ'iəʔ⁵ lɔ²¹³ pa³³ ʂəʔ³　　形容
　　年纪很大

七扭八㧬 tɕ'iəʔ⁵ niəu²¹³ pa³³ lie³³
　　形容不顺从的样子：为上次的
　　事，那～不想去

七扭八歪 tɕ'iəʔ⁵ niəu²¹³ pa³³ vai²¹³
　　形容不端正的样子：放正么，
　　～像个甚

七扭八弯 tɕ'iəʔ⁵ niəu²¹³ pa³³ væ²¹³

（1）拐来拐去，形容路径不直：那地方不好找，～才到嘞

（2）同"七扭八捩"

七刨八扣 tɕʻiəʔ³ pʻɔ³³ pa³³ kʻəu⁵²　多处扣除：算起不少，～也不剩多少嘞

七拼八凑 tɕʻiəʔ³ pʻiŋ⁵² pa³³ tsʻəu⁵²　东西不足，勉强拼凑够：就这钱儿也是～打闹的

七忸八歪 tɕʻiəʔ⁵ tɕʻiəu²¹³ pa³³ vai²¹³　不正的样子：家具放得～，你不说搬正？

七上八下 tɕʻiəʔ⁵ ʂã⁵² pa³³ xa⁵²　形容心情不安的样子

七手八脚 tɕʻiəʔ⁵ ʂəu²¹³ pa³³ tɕie³³　形容人多杂乱

七嘴八舌 tɕʻiəʔ⁵ tsuei²¹³ pa³³ ʂə³³　形容人多语杂

祈神/仇祷告 tɕʻiəʔ³ ʂəŋ³³ / ʂəu³³ tɔ²¹ kɔ⁵²　苦苦哀求祷告的样子：那咥～说好话叻

祈死拿命 tɕʻiəʔ⁵ sʅ²¹³ na³³ miŋ⁵²　竭尽全力，不顾一切

踢跳不理 tʻiəʔ³ tʻiɔ⁵² pəʔ⁵ li²¹³　乱蹦乱跳的样子：这家这些娃娃～，一满不安生

挈匙圪捞 tɕʻiəʔ³ sʅ³³ kəʔ⁵ lɔ²¹³　碍手碍脚，妨碍他人干活：你站这儿除不顶事还～叻

瘸天拐地 tɕʻye³³ tʻie²¹³ kuai²¹ ti⁵²　一瘸一拐的样子，形容瘸得厉害：那～，家里的生活都靠那叻

觑眼缩探 tɕʻye³³ ie²¹³ ʂuã²¹ tʻæ⁵²　缩头缩脑窥视的样子：要进来咥进来，～做甚叻

屈紧打忙 tɕʻyəʔ⁵ tɕiŋ²¹³ ta²¹³ mã³³　多指事情发生的突然，来不及应对：走得～，甚也没顾上拿ɕ

稀零忽落 ɕi²¹ liŋ³³ xuəʔ⁵ la²¹　稀疏的样子

稀溜忽落 ɕi²¹ liəu³³ xuəʔ⁵ la²¹　（1）稀疏的样子：今年天旱，地里的庄稼长得～　（2）饭熬得很稀：这饭～咋吃叻

稀泥擦水 ɕi²¹ ni³³ tsʻa³³ ʂuei²¹³　形容道路泥泞：路上～，一满不好走

稀汤鬻溢 ɕi²⁴ tʻã²¹³ pəʔ⁵ ie²¹　形容饭特别稀：做的饭～，一阵儿就饿嘞

喜眉儿拉笑 ɕi²¹ miər³³ la³³ ɕi⁵²　喜眉笑眼 ɕi³³ mi³³ ɕiɔ⁵² ie²¹³　喜笑的样子：那些人～，不笑不说话

擤鼻唾痰 ɕi²¹ piəʔ³ tʻuo⁵² tʻæ³³　又擤鼻涕有吐痰

斜眉溜眼 ɕi³³ mi³³ liəu⁵² ie²¹³　斜眉吊眼 ɕi³³ mi³³ tiɔ⁵² ie²¹³　五官不端庄的样子：那长得～，一看就不是好人

嘻嘻酸酸 ɕi²¹ ɕi³³ suæ²¹ suæ²¹　低声说话的样子，咬耳根：两个一到一搭里就～

细声二气 ɕi⁵² ʂəŋ²¹³ ər⁵² tɕʻi⁵²　说话声音尖细：你个男人家说话～，还像个男人？

细麻圪筋 ɕi⁵² ma³³ kəʔ⁵ tɕiŋ²¹³　细麻狗筋 ɕi⁵² ma³³ kəu²¹ tɕiŋ²¹³　细麻狗鸡儿 ɕi⁵² ma³³ kəu²¹ tɕiər²¹³　形容很细的样子：大萝卜长得～，大概粪小嘞

下牙舞爪 ɕia⁵² ia³³ vu²¹³ tsɔ²¹³

下了严格的命令，花费了很大
的功夫

显能二干 ɕie²¹ nəŋ³³ ər⁵² kæ²¹
形容显摆的样子

现眉辱眼 ɕie⁵² mi³³ ʐuəʔ⁵ ie²¹³
丢人现眼：你不怕～，我每还
怕叻

小窑窄炕 ɕiɔ²¹ iɔ³³ tsə³³ k'ã̃⁵² 指住
宿地方窄小：我每～，哪比上
你那地方叻

小家寒气 ɕiɔ²¹ tɕia³³ xæ³³ tɕ'i⁵²
家庭人口少，生活不富裕：你
每～，积攒那点儿也不容易

响锣击鼓 ɕiã̃²¹ ləŋ³³ tɕiɔʔ³ ku²¹³
锣鼓齐鸣，形容极其热闹

心急火燎 ɕiŋ²¹ tɕiɔʔ³ xuɔ²¹ liɔ²¹³
着急的样子：你这～哪里去叻？

心平意静 ɕiŋ²¹ p'iŋ³³ i⁵² tɕiŋ⁵²
心里平静

心心事事 ɕiŋ²⁴ ɕiŋ²¹ sʅ⁵² sʅ⁵² 有心
事的样子

新正上月 ɕiŋ²⁴ tʂəŋ²¹³ ʂã̃⁵² ye³³
大正月：～甚也不拿，敢不好
看么

寻长递短 ɕiŋ³³ tʂ'ã̃³³ ti⁵² tuæ²¹³
做帮手，干些零活：娃娃大噯，
能给～噯

寻死觅活 ɕiŋ³³ sʅ²¹³ mi⁵² xuɔ³³
寻死拿命 ɕiŋ³³ sʅ²¹³ na³³ miŋ⁵²
寻死上吊 ɕiŋ³³ sʅ²¹³ ʂã̃⁵² tiɔ⁵² 想
不开自寻短见：两个一斗阵就～

寻吃讨叫 ɕiŋ³³ tʂ'əʔ³ t'ɔ²¹ tɕiɔ⁵² 乞讨
度日：那后来一满实在不行，～
着叻

寻人拜带 ɕiŋ³³ zʅ.ən³³ pai⁵² tai⁵²
托找关系办事：而儿现在这社
会，但办个事就要～叻

行门打户 ɕiŋ³³ məŋ³³ ta²¹ xu⁵² 指
各种行礼：一年价～的花费也
不少叻

行言举动 ɕiŋ³³ ie³³ tɕy²¹ tuŋ⁵² 言
行举止：人歪好，～上一下就
看出来噯

厮死害命 ɕiəʔ⁵ sʅ²¹³ xai⁵² miŋ⁵² 厮
打害命 ɕiəʔ⁵ ta²¹³ xai⁵² miŋ⁵² 吵
嘴打架：两个一到一搭里就个～

凶神恶鬼 ɕyŋ²¹ ʂəŋ³³ ŋu³³ kuei²¹³
凶神恶煞。比喻凶恶的人

虚屁透气 ɕy²⁴ p'i²¹³ t'əu⁵² tɕ'i⁵²
说谎造谣：那狗儿日的～，你
还能听叻？

虚胖不叽 ɕy²¹ p'ã̃⁵² pəʔ³ tɕi²¹
身体虚胖不健康的样子：药把
那吃得～

虚说溜道 ɕy²⁴ ʂuo²¹ liəu⁵² tɔ⁵²
虚说溜也 ɕy²⁴ ʂuo²¹ liəu⁵² ie²¹
撒谎，不说实话：这兀儿的～，
没一句真话

虚缭实乱 ɕy²¹ liɔ³³ ʂəʔ³ luæ⁵² 心里
发慌，坐立不安：你咂嫑～，
明儿一早回去

虚缭虚乱 ɕy²¹ liɔ³³ ɕy²¹ luæ⁵²
心里不踏实的样子：怕误车叻，
一黑地一晚～没睡着

横罗十字 ɕye³³ ləŋ³³ ʂəʔ³ tsʅ⁵²
纵横交错的样子：棍枪圪揽～
撂下一外院子

横溜不蛋 ɕye³³ liəu³³ pəʔ³ tæ⁵²
东西不圆的样子：西瓜没营务
好，都长得～

横说顺对 ɕye³³ ʂuo³³ ʂuŋ⁵² tuei⁵²
耍贫嘴，寻找各种借口狡辩、
开脱：一说你就给咱～

掀天浪/撂/茹地 ɕye²⁴ t'ie²¹³ lã̃⁵² /

ləŋ^{52}/ ʐu^{52} ti^{52} 形容物体体积大，不瓷实：看去不少，～放下一窑

喧天浪地 ɕye^{24} t'ie^{213} lɑ̃^{52} ti^{52} 说话不着天地，吹牛儿：那那～，没个实话

谖谎八十 ɕye^{24} xuɑ̃^{213} pa^{33} ʂəʔ^{21} 说谎话：李三那一天价～，谁当个话叻？

血糊盖茨 ɕye^{33} xu^{33} kai^{52} ts'ɿ^{33} 满脸、浑身是血的样子：两个没几句话就打得～

逊糕儿烂甜 ɕyŋ^{52} kɔr^{213} læ^{52} t'ie^{33} 非常甜：这南瓜～，可好品种

k

干吃尽拿 kæ^{21} tʂ'əʔ^{3} tɕiŋ^{52} na^{33} 白吃白拿

干稠实道 kæ^{21} tʂ'əu^{33} ʂəʔ^{3} tɔ^{52}

干嚼立道 kæ^{21} tɕi^{33} liəʔ^{3} tɔ^{52} 形容说话非常快：那～说哩半老天

干麻鼠怪 kæ^{21} ma^{33} ʂu^{21} kuai^{52} 身体干瘦的样子

干死烂稠 kæ^{24} sɿ^{213} læ^{52} tʂ'əu^{33} 形容果实结得很稠的样子：靠畔上的枣儿结得～

干牙忽丝 kæ^{21} ia^{33} xuəʔ^{3} sɿ^{21} 食物很干的样子：馍馍放得直读tʂ'ə^{33}～

干颜儿洁净 kæ^{21} iər^{33} tɕie^{33} tɕiŋ^{52} 形容非常干净：那些家里拾掇得～，可爱好叻

钢把硬证 kɑ̃^{24} pa^{213} niŋ^{52} tʂəŋ^{52} 语气十足，声音高昂的样子：两个～就吵起来嘞

隔三差五 kə^{33} sæ^{213} ts'a^{52} vu^{213} 时隔不久，时常

各打各账 kə^{33} ta^{213} kə^{33} tʂ'ɑ̃^{52} 双方各自为自己打算

古声怪气 ku^{21} ʂəŋ^{213} kuai^{52} tɕ'i^{52} 怪声怪气的样子：谁招惹，搭理那来嘞？说话咋～

古式二怪 ku^{21} ʂəʔ^{3} ər^{52} kuai^{52} 形容非常奇怪：你没听过，～的事可多叻

古式怪样 ku^{21} ʂəʔ^{3} kuai^{52} iɑ̃^{52}

古模失怪 ku^{21} mu^{33} ʂəʔ^{3} kuai^{52} 怪模怪样：咂看电视上的人，打扮得直～

箍长搭短 ku^{21} tʂ'ɑ̃^{33} ta^{33} tuæ^{213} 不论长短：～还要给你还三百块

瓜瓜流也 kua^{24} kua^{21} liəu^{33} ie^{21} 女性开心的笑声：这婆姨笑得～，甚事么？

拐拐溜溜 kuai^{21} kuai^{213} liəu^{52} liəu^{52} (1)曲曲折折：～，走哩半老天才到 (2)零碎的，小块的：～的地也种不完

拐拐巷巷 kuai^{21} kuai^{33} xɑ̃^{52} xɑ̃^{52} 弯弯曲曲偏僻的小巷子：你每宬居住得这么个～里，一满不好找

怪式二样 kuai^{52} ʂəʔ^{3} ər^{52} iɑ̃^{52} 同"古式怪样"

怪眉失眼 kuai^{52} mi^{33} ʂəʔ^{5} ie^{213} 怪模怪样

管当眼时 kuæ^{24} tɑ̃^{213} ie^{21} sɿ^{33} 当下，眼前：我～还能吃上叻

官官样样 kuæ^{24} kuæ^{21} iɑ̃^{52} iɑ̃^{52} 光明、大方的样子：咱每～的事，怕甚叻

光眉花眼 kuɑ̃^{21} mi^{33} xua^{52} ie^{21} 眉毛稀疏单眼皮的长相：这女子个子不低，就是长得～。"花"声

调特殊

光光流也 kuã²⁴ kuã²¹ liəu³³ ie²¹
　光光失天 kuã²⁴ kuã²¹ ʂəʔ⁵ tʼie²¹
　打光棍：那他那～，家里撂不
　下甚？

沟儿上山下 kəur²¹ ʂã⁵² sæ²¹ xa⁵²
　形容村庄相距很近：我每成得
　～，鸡叫狗咬都听着叻

规盘二矩 kuei²¹ pʼæ³³ ər⁵² tɕy⁵²　规
　规矩矩：到哩人家下，咱每要
　～，甭叫人家笑话

鬼七六八 kuei²¹ tɕʼiə⁵³ liəu⁵² pa³³
　鬼溜七十 kuei²¹ liəu³³ tɕʼiə⁵⁵ ʂəʔ³
　鬼溜失天 kuei²¹ liəu³³ ʂəʔ⁵ tʼie²¹
　形容鬼鬼祟祟的样子：这狗儿
　的～，又不晓得弄甚叻

鬼骨拦叹 kuei²¹ kuəʔ³ læ³³ tʼæ⁵²
　不大方，不正气：那些坐一搭
　里就～说人长短

鬼毛丧道 kuei²¹ mɔ³³ sã⁵² tɔ⁵²
　做事不正派，偷偷摸摸的样子：
　那～又不晓做甚叻

鬼眉溜眼 kuei²¹ mi³³ liəu⁵² ie²¹³
　神情鬼祟怪异的样子：看那～
　那个样，保险没做好事

鬼眉怪眼 kuei²¹ mi³³ kuai⁵² ie²¹³
　鬼眉处眼 kuei²¹ mi³³ tʂʼu⁵² ie²¹³
　鬼眉二怪 kuei²¹ mi³³ ər⁵² kuai⁵²
　脸色怪异的样子，怪模怪样：
　你看那～，保险没做好事

鬼声二气 kuei²¹ ʂəŋ²¹³ ər⁵² tɕʼi⁵²
　怪声怪气：睡魇着喽，咂～瞎嘶
　声叻

鬼鬼溜溜 kuei²¹ kuei²¹³ liəu⁵² liəu⁵²
　鬼鬼祟祟的样子：我看着你～
　跑过去嘞么

工程马道 kuŋ²¹ tʂʼəŋ³³ ma²¹ tɔ⁵²
　开工的场地：～，甚人也遇叻

滚油浇心 kuŋ²¹³ iəu³³ tɕiɔ²¹³ ɕiŋ²¹³
　形容煎熬难忍，痛苦不堪：你
　是～叻？是咋嘞？

棍枪圪揽 kuŋ⁵² tɕiã²¹³ kəʔ⁵ læ²¹³
　指棍棒之类的东西：～撂下一地

根长蔓短 kuɯ²¹ tʂʼã³³ væ⁵² tuæ²¹³
　比喻事情的前后详细经过

根根蔓蔓 kuɯ²⁴ kuɯ²¹³ væ⁵² væ⁵²
　事情详详细细的经过

圪巴链膪 kəʔ⁵ pa²¹³ lie⁵² tʂʼuai²¹
　表面结疤不平整，不光滑：人
　没本事，和得个面还～

圪泊洼害 kəʔ³ pə³³ va²¹ xai⁵²　圪泊
　洼掐 kəʔ³ pə³³ va²¹ tɕia²¹　形容坑
　洼不平的样子：这路～，可是不
　好走

圪绷打眼 kəʔ⁵ pəŋ²¹³ ta²¹ ie²¹　想
　笑忍住不能笑或佯装不知道的
　样子

圪叉麻也 kəʔ³ tsʼa³³ ma³³ ie²¹
　很扎眼的样子：你～不怕人家
　笑话

圪搐麻也 kəʔ⁵ tʂuəʔ³ ma³³ ie²¹
　圪搐流也 kəʔ⁵ tʂuəʔ³ liəu³³ ie²¹
　圪搐瓦害 kəʔ⁵ tʂuəʔ³ va²¹ xai⁵²
　形容皱缩不平展的样子：这山
　蔓～不好吃嘞

圪低打盹 kəʔ⁵ ti²¹³ ta²¹ tuŋ²¹³　低
　头打瞌睡。指糊里糊涂，马马
　虎虎：我心里也是～，不晓得
　咋算的

圪嘀圪努 kəʔ⁵ ti²¹³ kəʔ³ nu⁵²　说话
　言语嗳嚅，含糊不清的样子：
　说个话还～，敢把那胆大些

圪颠例倒 kəʔ⁵ tie²¹³ li⁵² tɔ²¹³　颠三
　倒四：人老嘞，～起嘞

圪疔圪瘩 kəʔ⁵ tiŋ²¹³ kəʔ³ ta²¹

　圪斗圪瘩 kəʔ⁵ təu²¹³ kəʔ⁵ ta²¹

　表面鼓起疙瘩的样子：这块儿
　布～，满不光

圪疔圪蛋 kəʔ⁵ tiŋ²¹³ kəʔ³ tæ⁵²

　鼓起球状的样子：布袋儿里～
　装得满满价

圪疔冒瘩 kəʔ⁵ tiŋ²¹³ mɔ⁵² ta²¹

　表面鼓起许多较小圪塔的样子：
　脸上～起来一圪都颗子

圪顶圪㞞 kəʔ⁵ tiŋ²¹³ kəʔ⁵ mɔ²¹³

　形容山势不平：分的些地都～，
　没一块平整的

圪斗搬蛋 kəʔ⁵ təu²¹³ pæ²¹ tæ⁵²

　事无巨细全部说出：你呫～说
　下个甚，不怕人笑

圪堆二摞 kəʔ⁵ tuei²¹³ ər⁵² ləŋ⁵²

　形容很满，到处都是的样子：
　今年好收成，粮食打得～

圪堆麻也 kəʔ⁵ tuei²¹³ ma³³ ie²¹

　形容堆得很高的样子：仓子里
　的粮食放得～

圪堆压马 kəʔ⁵ tuei²¹³ nia⁵² ma²¹³

　圪堆马爬 kəʔ⁵ tuei²¹³ ma²¹ pʻa³³

　形容装得很满很沉的样子：～
　给那些装哩一袋子

圪蹴马爬 kəʔ⁵ tɕiəu²¹³ ma²¹ pʻa³³

　蹲趴的样子：背得重喽，压得～
　站不起来

圪虮烂虫 kəʔ⁵ tɕi²¹³ læ⁵² tsʻuŋ³³　指
　蝎子、蛇之类各种虫害：草地
　里有～叻，操心些儿

圪尖戴帽儿 kəʔ⁵ tɕie²¹³ tai⁵² mɔr⁵²

　很形容东西盛得很满的样子：
　～吃哩一碗

圪焦圪懒 kəʔ⁵ tɕiɔ²¹³ kəʔ⁵ pie²¹　感
　觉别扭，不自在：跟老人戓一

搭里，～，一满不方便

圪紧害倸 kəʔ⁵ tɕiŋ²¹³ xai⁵² tsʻa⁵²

　形容做事、干活快速利落

圪筋麻夌 kəʔ⁵ tɕiŋ²¹³ ma³³ tsa⁵²

　圪筋马爬 kəʔ⁵ tɕiŋ²¹³ ma²¹ pʻa³³

　腿脚不灵便，动作迟缓、困难
　的样子

圪筋麻也 kəʔ⁵ tɕiŋ²¹³ ma³³ ie²¹

　卷曲不舒展的样子：秤的些红
　薯都～，一满不好

圪揽棒卡 kəʔ⁵ læ²¹³ pã⁵² tɕʻia²¹

　指棍棒之类：外起院子谁～放下
　一圪都

圪揽晃卡 kəʔ⁵ læ²¹³ xuã⁵² tɕʻia²¹

　形容物体细而长，也指瘦而高
　的样子：长得～，太高喽

圪塄半片 kəʔ³ ləŋ³³ pæ⁵² pʻie²¹　圪
　塄马爬 kəʔ³ ləŋ³³ ma²¹ pʻa³³　形
　容地势、道路不平坦的样子：
　路没修好，～，一满实在不好走

圪里圪瘩 kəʔ⁵ li²¹ kəʔ³ ta²¹　心里
　感到不舒服：你说得人心里～，
　不说不由你？

圪里旮旯 kəʔ⁵ li²¹³ kəʔ³ la⁵²　不引
　人注意的角落：～都看喽，还没
　寻上

圪撩圪缩 kəʔ³ liɔ³³ kəʔ³ ʂuã²¹　动
　作姿势拘谨，不舒展：见哩人
　夒～，大方些儿

圪料二三 kəʔ³ liɔ⁵² ər⁵² sæ²¹³　形容
　不平正的样子：家具都翘得～，
　门子闭不定

圪料马爬 kəʔ³ liɔ⁵² ma²¹ pʻa³³　(1)形
　容不平整的样子：这木植翘
　得～，不好用喽　(2)性格不随
　常态：这人咋价～，实在不好打
　交道　(3)心情不舒畅：今儿这

事情叫人心里～

圪溜二三 kəʔ⁵ liəu²¹³ ər⁵² sæ²¹³
（1）同"圪柳二歪" （2）蹑手蹑
脚走路的样子：这龟孙，一到
饭时就～过来喽

圪柳二歪 kəʔ⁵ liəu²¹³ ər⁵² vai²¹³
圪柳二弯 kəʔ⁵ liəu²¹³ ər⁵² væ²¹³
圪柳洼掐 kəʔ⁵ liəu²¹³ va²¹ tɕʰia³³
弯曲不直的样子：树长得～，
不是好材底

圪柳板担 kəʔ⁵ liəu²¹³ pæ²¹ tæ⁵²
物体不平坦的样子

圪咛圪嚷 kəʔ⁵ niŋ²¹³ kəʔ⁵ nã²¹³
圪咛二嚷 kəʔ⁵ niŋ²¹³ ər⁵² nã²¹³
说话唠叨

圪轻害睬 kəʔ⁵ tɕʰiŋ²¹³ xai⁵² tsʰai⁵²
形容动作迅速、利落：那点儿
生活～早做完喽，怕甚叻

圪轻麻叉 kəʔ⁵ tɕʰiŋ²¹³ ma³³ tsʰa⁵²
形容办事干脆果断，也指动作
迅速利索

圪糁瓦害 kəʔ⁵ səŋ²¹³ va²¹ xai⁵²
饭食、面粉中有颗粒物

圪竦猴气 kəʔ⁵ suŋ²¹³ xəu³³ tɕʰi⁵²
形容动作不舒展的样子，或待
人不大方：～站个跟前，连个
话啊不敢说

圪须连挂 kəʔ³ suei³³ lie³³ kua⁵²
圪须打挂 kəʔ³ suei³³ ta²¹ kua⁵²
衣衫褴褛的样子：家里生活不
好，穿得也～

圪须麻念 kəʔ³ suei³³ ma³³ nie⁵²
零散细小的样子

圪稀颏摇 kəʔ⁵ ɕi²¹³ sæ⁵² iɔ³³ 形容
不稳摇晃的样子：家匙放得～，
快打得喽

圪兴打晃 kəʔ⁵ ɕiŋ²¹³ ta²¹ xuã⁵²

形容一颠一晃走得很快样子：
你看那～，肯定酒喝多喽

圪兴腆肚 kəʔ⁵ ɕiŋ²¹³ nie²¹ tu⁵²
挺起肚子的样子：吃得～

圪嘤要哇 kəʔ⁵ iŋ²¹³ iɔ⁵² va³³ 圪嘤
二哇 kəʔ⁵ iŋ²¹³ ər⁵² va³³ （1）高
喉咙大嗓子说话，用指说话态
度不好：你说话不能慢慢价，
～做甚叻 （2）吵架：两个又～
上喽

圪渣麻也 kəʔ⁵ tsa²¹³ ma³³ ie²¹
挑剔的样子：没工作几年，回
家里～，甚也吃不下去

圪纣麻也 kəʔ⁵ tʂəu⁵² ma³³ ie²¹
形容后边跟随了一溜人或物

骨联洼掐 kuə³ lie³³ va²¹ tɕʰia³³
指物品或牲畜的皮毛不舒展

kʰ

开肠/膛破肚 kʰai²¹ tʂʰã³³ / tʰã³³
pʰuo⁵² tu⁵² 剖开肚子

开/扭门捩锁 kʰai²¹ / niəu²¹ məŋ³³
lie³³ suo²¹³ 指进行偷盗行为

靠屁吹火 kʰɔ⁵² pʰi⁵² tʂʰuei²⁴ xuo²¹³
比喻依靠不上

看门掌户 kʰæ²¹ məŋ³³ tʂã²¹ xu⁵²
看门打户 kʰæ²¹ məŋ³³ ta²¹ xu⁵²
看家护园

磕头祷告 kʰə³³ tʰəu³³ tɔ²¹ kɔ⁵²
磕头礼拜 kʰə³³ tʰəu³³ li²¹ pai⁵²
磕头捣蒜 kʰə³³ tʰəu³³ tɔ²¹ suæ⁵²
形容苦苦哀求的样子：给人家
～叻，还敢说再的叻？

咳稀打嗽 kʰə³³ ɕi²¹³ ta²¹ səu⁵²
咳嗽的样子：一黑地～睡不着

可怜麻也 kʰu²¹ lie³³ ma³³ ie²¹
形容可怜的样子：那些人～，
没过几天好日子

可怜祈势 k'ɯ²¹ lie³³ tɕiə?³ ʂ̩⁵²

　　可怜巴巴的样子

苦巴苦挣 k'u²⁴ pa²¹³ k'u²¹ tsəŋ⁵²

　　苦苦营求，辛劳劳作：人家有，

　　是人家～的

宽眉大眼 k'uæ²¹ mi³³ ta⁵² ie²¹³

　　眉毛宽，眼睛大。形容男人长

　　得帅气

宽门亮窗 k'uæ²¹ məŋ³³ liã⁵² tʂ'uã²¹³

　　门窗宽大，光线明亮

跪楞祷告 k'uei⁵² ləŋ³³ tɔ²¹ kɔ⁵²

　　哀求祷告

空合无粮 k'uŋ²¹ kə³³ vu³³ liã³³　比

　　喻没有一粒粮食：家里～，你

　　教吃甚叻？

空手拉脚 k'uŋ²⁴ ʂəu²¹³ la³³ tɕie³³

　　赤手空拳，没有带任何东西或

　　礼物

困三二月 k'uŋ⁵² sæ²¹³ ər⁵² ye³³

　　春季二三月，多指青黄不接的

　　时候：一到～早吃不上噯

哭鼻流眼 k'uə?⁵ piə?³ liəu³³ ie²¹³

哭鼻流水 k'uə?⁵ piə?³ liəu³³ ʂuei²¹³

　　哭泣流泪的样子：考不好咂～，

　　当个儿是甚的？

哭声挠打 k'uə?⁵ ʂəŋ²¹³ nɔ³³ ta²¹

哭声挠哇 k'uə?⁵ ʂəŋ²¹³ nɔ³³ va²¹

　　说话带着哭声：没说你么，～

　　是咋噯？

哭天喊地 k'uə?⁵ t'ie²¹³ xæ²¹ ti⁵²　痛

　　哭的样子：肚子疼得～，咋也

　　没办法

哭天抚泪 k'uə?⁵ t'ie²¹³ fu³³ luei⁵²

　　哭天抹泪的样子

窟窿眼窍 k'uə?³ ləŋ⁵² ie²¹³ tɕiɔ⁵²

　　窟里窟窿 k'uə?⁵ li²¹³ k'uə?³ ləŋ²¹³

　　形容窟窿很多：崖上钉子钉得

～，没一处新的

圈圈大套 k'uə?⁵ lie²¹³ ta⁵² t'ɔ⁵²　讲

　　述得而空泛

圈圈套系 k'uə?⁵ lie²¹³ t'ɔ⁵² ɕi⁵²　绳

　　索套叠在一起，形容关系错综

　　复杂

ŋ

挨眼着近 ŋai²⁴ ie²¹³ tʂ'ə³³ tɕiŋ⁵²

　　关系亲近，多指本家的关系：

　　老人每老嗽，～的都在门外叻

挨情顺理 ŋai²¹ tɕ'iŋ³³ ʂuŋ⁵² li²¹

　　按情理办事，顺当合理地办理

挨打挨垫 ŋai²⁴ ta²¹³ ŋai²¹ tie⁵²

　　比喻按规矩、次序进行：～轮

　　上你噯，能乱来叻？

熬死且活 ŋɔ³³ sʅ²¹³ tɕ'ie³³ xuo³³

　　累死累活，使尽力气：你这～

　　为个甚么？

安门立户 ŋæ²¹ məŋ³³ liə?³ xu⁵²

　　建立新家，独立生活

严卯合缝 ŋæ³³ mɔ²¹³ xə³³ fəŋ⁵²

　　本指卯榫对接吻合，没有丝毫

　　缝隙。比喻正合适

恶心污烂 ŋə³³ ɕiŋ²¹³ vu²¹ læ²¹

　　形容肮脏的使人想呕吐

恶心瓦害 ŋə³³ ɕiŋ²¹³ va²¹ xai⁵²

　　恶心想吐的感觉：脸咂～，几

　　年像没洗

恶水不叽 ŋə³³ ʂuei²¹³ pə?⁵ tɕi²¹

恶水瓦害 ŋə³³ ʂuei²¹³ va²¹ xai⁵²

恶水瓦恰 ŋə³³ ʂuei²¹³ va²¹ tɕ'ia²¹

　　脏兮兮的样子：身上穿得～，

　　可糟叻

讹眉搭/缩眼 ŋɯ³³ mi³³ ta³³ / ʂua³³ ie²¹

讹眉洼眼 ŋɯ³³ mi³³ va⁵² ie²¹

　　眼睛耷拉，待理不理的样子：

　　人家～，咱每不走等甚着叻

讹眉赖眼 ŋɯ³³ mi³³ lai⁵² ie²¹ 摁眉
赖眼 ŋɯ²¹ mi³³ lai⁵² ie²¹ 摁眉洼
眼 ŋɯ²¹ mi³³ va⁵² ie²¹ 死乞白赖
的样子：那是～的个人，你能
咋价叻

讹眉觑眼 ŋɯ³³ mi³³ ʂæ³³ ie²¹ 眼睛
用力瞅，表示不满意

炕眉洼眼 ŋəu²¹ mi³³ va⁵² ie²¹ 脸上
不干净的样子 运气不好

炕糊忒浪 ŋəu²¹ xu²¹³ t'ə³ lã⁵²
形容被火烧焦或做饭烧糊后的
样子：烙得饼子～，苦得吃不
能吃

x

瞎般烂数 xa³³ pæ²¹³ læ⁵² ʂuo⁵² 拙
劣的计谋、手段：那他那～可
多叻

瞎糊不烂 xa³³ xu³³ pə³ læ⁵² 形容
饭食粗糙，多指饮食没有任何
讲究：～一阵儿吃饱噫

瞎二马三 xa³³ ər⁵² ma²¹ sæ²¹³
马马虎虎

瞎拉二扯 xa³³ la³³ ər⁵² tʂ'əŋ²¹³
不着天地瞎扯拉：你好好说，
嫑～噫

瞎烂不扯 xa³³ læ⁵² pə³ tʂ'əŋ²¹³
乱七八糟：～放下一堆东西

瞎眉绽眼 xa³³ mi³³ tsæ⁵² ie²¹³
瞎眉杵眼 xa³³ mi³³ tʂ'u⁵² ie²¹³
瞎眉失眼 xa³³ mi³³ ʂə³⁵ ie²¹³
形容视力低下〈贬〉：那他那么个
～还不让人家说

瞎盘二/烂算 xa³³ p'æ³³ ər⁵² / læ⁵²
suæ⁵² 往坏里瞎想：-黑地睡不
着，光～叻

瞎跑二/烂逛 xa³³ p'ɔ³³ ər⁵² / læ⁵² kã⁵²
到处乱跑：女子娃娃家，一天

家～做甚叻？

瞎侵二害 xa³³ tɕ'iŋ²¹³ ər⁵² xai⁵²
瞎糟蹋，胡折腾：你就～去行

瞎说六道 xa³³ ʂuo³³ liəu⁵² tə⁵²
胡说八道：你在这儿～甚叻

瞎眼闭暴 xa³³ ie²¹³ pi⁵² pɔ⁵² 形容
视力低下

瞎夵二舞 xa³³ tsa⁵² ər⁵² vu²¹³
诈唬人的样子：那咂～要吃人
叻么

瞎字不识 xa³³ tsɿ⁵² pə⁵ ʂə³ 一个
字也不认识

海打忽露 xai²⁴ ta²¹ xuə³ ləu⁵²
海打囫囵 xai²⁴ ta²¹ xuə³ ləŋ³³
大致估算：咱嫑细算，～分开
就行噫

海海漫漫 xai²⁴ xai²¹ mæ⁵² mæ⁵²
形容到处都是：家里苹果放得
～，没人吃喂羊叻

害流塌水 xai⁵² liəu³³ t'a³³ ʂuei²¹
不干净整洁的样子：你咂～觉
不着个背兴丢人？

寒风冷气 xæ³³ fəŋ²¹³ ləŋ²¹ tɕ'i⁵² 天
气寒冷

颔水流也 xæ²¹ ʂuei²¹³ liəu³³ ie²¹
流口水的样子：那么价大的娃
娃噫，还～

憨呲烂笑 xæ²⁴ ts'ɿ²¹³ læ⁵² ɕiɔ⁵²
嗤笑的样子：光～人叻，各自
直是个甚叻

憨溜半罐 xæ²¹ liəu³³ p'æ⁵² kuæ⁵²
脑子不够数：那～，你还和那他
较量叻。"半"声母特殊

憨溜失眼 xæ²¹ liəu³³ ʂə³⁵ ie²¹³
憨溜失天 xæ²¹ liəu³³ ʂə³⁵ t'ie²¹³
憨溜塌水 xæ²¹ liəu³³ t'a³³ ʂuei²¹
头脑不精明，呆傻的样子：～

的些人，欺负那他的可怜叻

憨眉溜眼 xæ²¹ mi³³ liəu⁵² ie²¹³
　傻呆的样子

憨声圪沓 xæ²⁴ ʂəŋ²¹³ kəʔ⁵ t'a²¹
　说傻话：你可不敢～见甚说甚

汉脚要手 xæ⁵² tɕie³³ iɔ⁵² ʂəu²¹³
　汉脚汉手 xæ⁵² tɕie³³ xæ⁵² ʂəu²¹³
　形容男人操持家务手脚笨拙的
　样子，多指光棍汉的生活

嚎嚎带哭 xɔ³³ xɔ³³ tai⁵² k'uəʔ³
　哭泣中带着诉说的样子

嚎天哭/扯地 xɔ³³ t'ie²¹³ k'uəʔ³ /
　tʂ'ən²¹ ti⁵²　嚎啕大哭的样子

嚎哇哭叫 xɔ³³ va³³ k'uəʔ³ tɕiɔ⁵²
　大声哭叫的样子：两个又打得
　～起嗽

好不至一 xɔ²¹ pəʔ³ tsʅ⁵² iəʔ³　形容
　达到最好的地步

好吃二喝 xɔ²¹ tʂ'əʔ³ ər⁵² xɔ³³　好吃
　好喝，形容精心招待：出门出
　去～，回也不想回来

好来歹去 xɔ²¹ lai³³ tai²¹ k'əʔ³
　不论好坏如何：过去的事～咱
　不说嗽，看今儿这事咋弄叻

好平无故 xɔ²¹ p'iŋ³³ vu³³ ku⁵²
　无缘无故：～欺负人家是？

呵牙舞爪 xɯ²¹ ia³³ vu²⁴ tsɔ²¹³
　本指狗咬人时的样子，借指人
　呵欠连声、舒展腰身的样子

学唇舔舌 xə³³ tʂ'uŋ³³ t'æ⁵² ʂə³³
　故意学舌：～可不是好娃娃

黑鼻烂眼 xəʔ⁵ piəʔ³ læ⁵² ie²¹³
　形容人长相不顺眼的样子

黑打马虎 xəʔ⁵ ta²¹ ma³³ xu²¹　光线
　很暗，看不清楚：天还～着叻，
　车就走起身嗽

黑灯打户 xəʔ⁵ təŋ²¹³ ta²¹ xu⁵²

黑灯瞎火：窑里～，灯没点着

黑地打洞 xəʔ⁵ ti²¹³ ta²¹ tuŋ⁵²
　同"黑天打洞"。"地"声调特殊

黑糊忒浪 xəʔ⁵ xu³³ t'əʔ³ lã⁵²　火烧
　后乌黑的样子：烧得几颗山蔓
　土豆～，不能吃

黑胡婆娑 xəʔ⁵ xu³³ p'a³³ sa²¹　形容
　满脸胡须的样子

黑虎掏心 xəʔ⁵ xu²¹³ t'ɔ²⁴ ɕiŋ²¹³
　形容下手凶猛

黑焦乌蓝 xəʔ⁵ tɕiɔ²¹³ vu²¹ læ³³
　(1)烟火熏烧得乌黑的样子：一
　场火把家里的东西烧得～
　(2)形容事情办糟糕的样子：好
　好的个事弄得～

黑老鸹是 xɯ⁵² lɔ²¹³ va³³ ʂəʔ³　很贪
　婪的样子：～背哩一背走嗽。
　"黑"韵调特殊

黑溜拉水 xəʔ³ liu³³ la³³ ʂuei²¹　黑乎
　乎的样子：桌子上～放两个碗

黑眉溜/烫眼 xəʔ³ mi³³ liəu⁵² / t'ã⁵²
　ie²¹³　满脸脏黑的样子：柴不
　干，把人熏得～

黑眉竖/四/绽眼　xəʔ³ mi³³ ʂu⁵² /
　sʅ⁵² / sæ⁵² ie²¹³　满脸是黑的样
　子：做甚着来嗽？弄得～

黑摸打揣 xəʔ⁵ məʔ³ ta²⁴ tʂ'uai²¹³
　黑暗中摸索进行

黑青乌蓝 xəʔ⁵ tɕ'iŋ²¹³ vu²¹ læ³³
　同"红黑蓝青"

黑七溜八 xəʔ⁵ tɕ'iəʔ³ liəu⁵² pa³³
　长相黑，形容不正路：那常跟
　那些～的人在一起叻，能不学
　坏叻

黑漆乌蓝 xəʔ⁵ tɕ'iəʔ³ vu²¹ læ³³
　乌黑难看的样子：崖上谁给画得
　～？快擦哩

黑水汗脸 xəʔ⁵ ʂuei²¹³ xæ⁵² lie²¹
　汗流满面的样子：常不担水嘹，
　担哩两回熬累得～

黑死赶程 xəʔ⁵ sɿ²¹³ kæ²¹ tʂʻəŋ³³
　天色已经很黑：我～才跑回来

黑死烂稠 xəʔ⁵ sɿ²¹³ læ⁵² tʂʻəu³³
　形容果实结得很稠的样子：今
　年的枣儿结得～

黑天半夜 xəʔ⁵ tʻie²¹ pæ⁵² ie⁵²　黑死
夜静 xəʔ⁵ sɿ²¹³ ie⁵² tɕiŋ⁵²　半夜
三更：～价一个人走不怕

黑天打洞 xəʔ⁵ tʻie²¹ ta²¹ tuŋ⁵²
　黑天打昼 xəʔ⁵ tʻie²¹ ta²¹ tʂəu⁵²
　光线很暗，能见度低：路上没
　拿个手电，～走回来的

黑天没地 xəʔ⁵ tʻie²¹ mə³³ ti⁵²　天色
已经很黑：那么一点儿生活直
做的～才回来

黑头夜脑 xəʔ³ tʻəu³³ ie⁵² nɔ²¹³
　黑夜，晚上：～又碰不上个人，
　能不怕叻？

黑心烂肝 xəʔ⁵ ɕiŋ²¹³ læ⁵² kæ²¹³
　形容人心坏透了

黑眼定心 xəʔ⁵ ie²¹³ tiŋ⁵² ɕiŋ²¹³
　形容非常痛恨：把那～日嘹
　哩顿

黑云动地 xəʔ³ yŋ³³ tuŋ⁵² ti⁵²　乌云
密布的样子

赫铃要啦 xəʔ⁵ liŋ²¹³ iɔ⁵² la²¹　形容物
件松动有声：骑个自行车也～

赫里阵倒 xəʔ⁵ li²¹³ tʂəŋ⁵² tɔ²¹³
　(1)东西摇晃、撞击的声音：空
　窑里做甚叻，直～　(2)同"赫
　里倒阵"

赫里倒阵 xəʔ⁵ li²¹³ tɔ²¹ tʂəŋ⁵²
　赫里三阵 xəʔ⁵ li²¹³ sæ²¹ tʂəŋ⁵²
　动作麻利，做事精干：那点儿

生活，～早做完嘹

赫里赫啦 xəʔ⁵ li²¹³ xəʔ³ la⁵²　(1)物
品破烂的声音：开个车烂得～
(2)借指身体有病：你妈～一辈
子下来嘹

赫老二三 xəʔ⁵ lɔ²¹³ ər⁵² sæ²¹　形容
动作迅速：一天没吃饭，～早
把两老碗吃嘹

恨楞八十 xɯ⁵² ləŋ³³ pa³³ ʂəʔ²¹
　做事心重的样子

虎眉兴眼 xu²¹ mi³³ ɕiŋ⁵² ie²¹³　眉宽
眼大，形容小孩长得有精神：
这娃娃～

虎眉睁眼 xu²¹ mi³³ tsəŋ⁵² ie²¹³
　虎头虎脑的样子，形容孩子长
得有精神：看这娃娃长得～，
可亲叻

胡吹冒撂 xu³³ tʂʻuei²¹³ mɔ⁵² liɔ⁵²
　形容说话夸张，不合实情：那
种人光会～叻

胡二马三 xu³³ ər⁵² ma²¹ sæ²¹³
　马马虎虎：那他～不晓买得些
甚叻

胡盘二算 xu³³ pʻæ³³ ər⁵² suæ⁵²
　胡盘乱算 xu³³ pʻæ³³ luæ⁵² suæ⁵²
　心里瞎想：一黑地～睡不着

胡凭鬼捣 xu³³ pʻiŋ³³ kuei²¹³ tɔ²¹
　不务正业，瞎倒腾：那那钱儿
～来的

胡嫖乱赌 xu³³ pʻiɔ³³ luæ⁵² tu²¹³
　指人不务正业

胡侵二害 xu³³ tɕʻiŋ²¹³ ər⁵² xai⁵²
　乱糟蹋：你再～，我给你每家
里人说也

糊糊馇馇 xu³³ xu³³ tsʻa³³ tsʻa³³
　不清楚的样子：记的账～，看
不清

糊儿八塌 xu⁵² ər³³ pa³³ tʻa²¹ 头脑昏昏沉沉的样子：瞎跑哩一天，把人熬得～

花麻油嘴 xua²¹ ma³³ iəu³³ tsuei²¹³ 嘴巧，会说话：这娃娃～，可会说哩

花般十样儿 xua²⁴ pæ²¹³ ʂəʔ³ iɒ̃r⁵²
花般二样儿 xua²⁴ pæ²¹³ ər⁵² iɒ̃r⁵²
花花样样 xua²⁴ xua²⁴ iã⁵² iã⁵² 各种各样：饭菜做得～

花红柳绿 xua²¹ xuŋ³³ liəu²¹ luəʔ³ 花花绿绿的样子

花麻油嘴 xua²¹ ma³³ iəu³³ tsuei²¹³
(1)指小孩子嘴巧会说 (2)能说会道〈贬〉

花不愣噔 xua²⁴ pəʔ³ ləŋ⁵² təŋ⁵² 形容很花哨：咂把我每娃娃打扮得～噮

花眉哨眼 xua²¹ mi³³ so⁵² ie²¹ 花眉溜眼 xua²¹ mi³³ liəu⁵² ie²¹ 俊俏的样子：人家长得～，哪里配不上你？

话丑理端 xua⁵² tʂʻəu²¹³ li²⁴ tuæ²¹³ 话难听，道理是对的

话言话语 xua⁵² ie³³ xua⁵² y²¹³ 言语中

黄风抖阵 xuã³³ fəŋ²¹³ təu²¹ tʂəŋ⁵² 形容尘土飞扬的样子：一到春上，就刮得～

黄风雾气 xuã³³ fəŋ²¹³ vu⁵² tɕʻi⁵² 刮风起雾，形容天气不好：今儿天刮得～，咂覅走噮

黄番抖阵 xuã³³ fæ³³ təu²¹ tʂəŋ⁵² 摆开阵势大干一场的样子，形容声势浩大：看那些～，咂不晓得咋价也么，其实不然

黄嚼黑道 xuã³³ tɕi³³ xəʔ³ tɔ⁵² 胡说八道诋毁他人：那狗儿的～，你每不能听

黄天黑地 xuã³³ tʻie²¹³ xəʔ³ ti⁵²
(1)形容大风刮得天昏地暗的样子
(2)形容声势浩大：那咂～不晓得咋干也么

慌里失张 xuã²⁴ li²¹³ ʂəʔ⁵ tʂã²¹³
慌天失地 xuã²⁴ tʻie²¹³ ʂəʔ³ ti⁵²
失天慌地 ʂəʔ⁵ tʻie²¹³ xuã²¹ ti⁵²
慌溜失天 xuã²¹ liəu³³ ʂəʔ⁵ tʻie²¹
慌里慌张的样子，多指办事不沉稳：我看着那～前沟里出去嗻

慌眉兔眼 xuã²¹ mi³³ tʻu⁵² ie²¹
慌眉失眼 xuã²¹ mi³³ ʂəʔ⁵ ie²¹
慌死不烂 xuã²⁴ sɿ²¹³ pəʔ³ læ²¹
慌慌张张的样子：那门上～突哩下早不见嗻

欢马突/独出/跳 xuæ²⁴ ma²¹³ tʻuəʔ³/tuəʔ³/tʂʻuəʔ³ tʻiɔ⁵² 形容活蹦乱跳的样子：娃娃走价还～么

红黑尽短 xuŋ³³ xəʔ³ tɕiŋ⁵² tuæ²¹ 不论长短：剩残的东西～都给你

红黑蓝青 xuŋ³³ xəʔ³ læ⁵² tɕʻiŋ²¹³ 青一块紫一块：身上～都是汉的打的。"蓝"声调特殊

红眼儿烂畔 xuŋ³³ iər²¹³ læ⁵² pæ⁵² 眼睛通红，眼睑发炎下翻的样子

红火烂绽 xuŋ³³ xuo⁵² læ⁵² tsæ⁵² 形容非常热闹

红火热闹 xuŋ³³ xuo⁵² ẓ³³ nɔ⁵² 红红火火的样子

红蓝柳绿 xuŋ³³ læ³³ liəu²¹ luəʔ³ 花花绿绿，颜色鲜艳

红马赤条 xuŋ³³ ma²¹³ tʂʻəʔ³ tʻiɔ³³

赤身裸体：你咂快穿上，～不怕人笑话？

红眉烫眼 xuŋ^{33} mi^{33} t'ɑ̃^{52} ie^{213}
红眉楚眼 xuŋ^{33} mi^{33} tʂ'u^{52} ie^{213}
满脸通红的样子：炕热，睡得人～

红三火四 xuŋ^{33} sæ^{213} xuo^{52} sɿ^{52}
红火热闹的样子：老家过年还～，好宬着叻

红天黑/火地 xuŋ^{33} t'ie^{213} xəʔ^{3} / xuo^{52} ti^{52}
红红火火：有这进项收入，日月保险过得要～

红汤二水 xuŋ^{33} t'ɑ̃^{213} ər^{52} ʂuei^{21}
流血的样子：一群上去乱打叻，打得～

红约执把 xuŋ^{33} ie^{33} tʂəʔ^{3} pa^{52}
红印执把 xuŋ^{33} iŋ^{52} tʂəʔ^{3} pa^{52}
按有手印的文字凭据

红紫驳掐 xuŋ^{33} tsɿ^{213} pə^{33} tɕ'ia^{21}
形容红得刺眼瘆人：鸡杀下嘞，湩得～

红口白牙 xuŋ^{33} k'əu^{213} pi^{21} ia^{33}
指亲口许诺：～说下些哄人话

红头血浪 xuŋ^{33} t'əu^{33} ɕie^{33} lɑ̃^{52}
形容满头是血的样子

横七竖八 xuŋ^{33} tɕ'iəʔ^{3} ʂu^{52} pa^{33}
纵横交错

昏天漾地 xuŋ^{24} t'ie^{213} iɑ̃^{52} ti^{52}
昏头漾脑 xuŋ^{24} t'əu^{213} iɑ̃^{52} nɔ^{21}
头昏目眩：夜里喝多，今儿还～

昏死忽露 xuŋ^{24} sɿ^{213} xuəʔ^{3} ləu^{52}
昏厥不知：那年蝎子把我蛰哩一沟子，疼得～

猴眉蒜眼 xəu^{33} mi^{33} suæ^{52} ie^{213}
猴眉碎眼 xəu^{33} mi^{33} suei^{52} ie^{213}
眼睛长得小，形容人的表情或面相滑稽

猴心鬼气 xəu^{33} ɕiŋ^{213} kuei^{21} tɕ'i^{52}
猴零半罐 xəu^{33} liŋ^{33} p'æ^{52} kuæ^{52}
碎小的样子：拿的几颗山蔓都～，没一颗大的

猴蹄忒擞 xəu^{33} t'i^{33} t'əʔ^{5} səu^{21}
形容小孩子好动的样子

吼雷炮仗 xəu^{21} luei^{33} p'ɔ^{52} tʂɑ̃^{52}
雷场隆隆：一黑地～叻，一点雨也没下

吼雷打闪 xəu^{21} luei^{33} ta^{24} ʂæ^{21}
雷电交加

忽露二三 xuəʔ^{3} ləu^{52} ər^{52} sæ^{21}
忽露三天 xuəʔ^{3} ləu^{52} sæ^{21} t'ie^{21}
(1)糊里糊涂：病重叻，一阵儿价～ (2)形容动作快：一碗饭我～早吃完嘞

忽挺四嗒 xuəʔ^{5} t'iŋ^{213} sɿ^{52} t'a^{21}
走路高一脚，低一脚，形容脚步声很大：直到后半夜嘞，咂才～回来嘞

忽里打咚 xuəʔ^{5} li^{213} ta^{21} tuŋ^{52} 同“忽里散嗵”(1)

忽里散嗵 xuəʔ^{5} li^{213} sæ^{213} t'uŋ^{21}
忽里忽隆 xuəʔ^{5} li^{213} xuəʔ^{3} luŋ^{52}
忽里忽噜 xuəʔ^{5} li^{213} xuəʔ^{3} ləu^{52}
(1)形容扔放东西的声音很大：～倒下一地西瓜 (2)形容动作迅速，快捷：～早把一碗饭喝完嘞

忽零四落 xuəʔ^{3} liŋ^{33} sɿ^{52} la^{21} 形容用具部件松动活络的样子：自行车烂得～，一满不能骑嘞

忽溜打扇 xuəʔ^{3} liəu^{33} ta^{21} ʂæ^{52}
(1)衣着不整 (2)形容举止、动作不稳重的样子

忽挺忽嗵 xuəʔ^{5} t'iŋ^{213} xuəʔ^{3} t'uŋ^{52}
忽体忽嗵 xuəʔ^{5} t'i^{213} xuəʔ^{3} t'uŋ^{52}

(1)同"忽挺四嗒"　(2)同"忽里散嗵"

忽掷半片 xuəʔ⁵ tʂʻəʔ³ pæ⁵² pʻie²¹

　忽掷流撒 xuəʔ⁵ tʂʻəʔ³ liəu³³ sa²¹

　东西散落出去：端点儿麸子还～，倒下一圪都

囫囵半片 xuəʔ³ ləŋ³³ pæ⁵² pʻie²¹

　完整或一半：慢慢吃，夞～早咽下去喽

灰溜不塌 xuei²¹ liəu³³ pəʔ⁵ tʻa²¹

　灰溜掷塌 xuei²¹ liəu³³ tʂʻəʔ⁵ tʻa²¹

　颜色暗淡，没有光彩的样子：那阵儿家里穷，穿得～，哪像而几现在

灰眉处眼 xuei²¹ mi³³ tʂʻu⁵² ie²¹³

　(1)形容满头满脸粘上灰尘的样子

　(2)形容灰溜溜的样子

灰眉溜眼 xuei²¹ mi³³ liəu³³/⁵² ie²¹³

　同"灰眉处眼"(2)

灰眉竖眼 xuei²¹ mi³³ ʂu⁵² ie²¹³

　形容神情懊丧或消沉样子

灰眉四眼 xuei²¹ mi³³ sʅ⁵² ie²¹³

　通体灰尘覆盖的样子：扫哩个外院儿，直培得～

灰死圪如 xuei²⁴ sʅ²¹³ kəʔ⁵ ʐu²¹

　灰死圪软 xuei²⁴³ sʅ²¹³ kəʔ⁵ ʐuæ²¹

　灰死圪塌 xuei²⁴ sʅ²¹³ kəʔ⁵ tʻa²¹

　灰死圪抿 xuei²⁴ sʅ²¹³ kəʔ⁵ miŋ²¹

　穿着颜色灰暗，毫不光鲜：家里穷，穿得～

灰心丧气 xuei²⁴ ɕiŋ²¹³ sã⁵² tɕʻi⁵²

　心灰意冷，意志消沉

灰土麻也 xuei²⁴ tʻu²¹³ ma³³ ie²¹

　形容浑身粘上灰尘的样子

活刁二抢 xuo³³ tiɔ²¹³ ər⁵² tɕʻiã²¹³

　一哄而上抢夺：车站跟前可乱叻，一满～叻

活妖二算 xuo³³ iɔ²¹³ ər⁵² suæ⁵²

　言语轻佻，从中怂恿调拨，出馊主意：夞那～，这门亲事早就成喽

活作二造 xuo³³ tsə³³ ər⁵² tsʻɔ⁵²

　有意折腾出一些事情：好好儿的，你～甚叻？

活灵而现 xuo³³ liŋ³³ ər⁵² ɕie⁵²　活灵活现的样子

活零二落 xuo³³ liŋ³³ ər⁵² la²¹　器具部件松动活络的样子：板凳腿子也～喽，不能坐喽

豁牙露齿 xuo²¹ ia³³ ləu⁵² tsʻʅ²¹³

　牙齿掉落不完整的样子：人老喽，～，说话漏气叻

Ø

二打马虎 ər⁵² ta²¹³ ma³³ xu²¹　糊里糊涂：正睡得～把我叫醒喽

二五八踏 ər⁵² vu²¹³ pa³³ tʻa²¹　昏昏沉沉的样子

二心不定 ər⁵² iŋ²¹³ pəʔ³ tiŋ⁵²　二二次次 ər⁵² ər⁵² tsʻʅ²¹ tsʻʅ⁵²　二乎二乎 ər⁵² xu³³ ər⁵² xu³³　二二乎乎 ər⁵² ər⁵² xu³³ xu³³　心里疑虑不能确定：这人做事常就个～，一满不利索

二流吃踏 ər⁵² liəu³³ tʂʻəʔ⁵ tʻa²¹

　二流打挂 ər⁵² liəu³³ ta²¹ kua²¹

　形容做事不专心、认真的样子：这娃娃做个甚也～，满全然不放在心上

牙黄口臭 ia³³ xuã³³ kʻəu²¹ tʂʻəu⁵²

　饥饿的样子：把你饿得～哩咂记起也

牙天恨地 ia³³ tʻie²¹³ xɯ⁵² ti⁵²　说话没有好声气，你～谁叻？

阳黑二背 iã³³ xəʔ³ ər⁵² pei⁵²　阴阳

两岸：～的人都看叻

扬名赤土 iã³³ miŋ³³ tʂʼəʔ⁵ tʼu²¹
　　不愿让人知道的事情而被知晓

养男活女 iã²¹ næ³³ xuo³³ ny²¹³
　　养育子女，形容年龄已大，该
　　懂事理了：你也是～的人嘁，甚
　　解不开

养老送终 iã²⁴ lɔ²¹³ suŋ⁵² tʂuŋ²¹³
　　赡养老人到老，死后殡葬

佯佯雾雾 iã²⁴ iã²¹ vu⁵² vu²¹　形容
　　待理不理的样子：问上那～不
　　招理睬你

漾手打脚 iã⁵² ʂəu²¹³ ta²¹ tɕie³³
　　挥舞着胳膊走路的样子：你有
　　甚喜事叻，走路还～

妖猫鼠怪 iɔ²¹ mɔ³³ ʂu²¹ kuai⁵²
　　打扮举止轻佻的样子

妖溜失天 iɔ²¹ liəu³³ ʂəʔ⁵ tʼie²¹
　　妖妖溜溜 iɔ²⁴ iɔ²¹³ liəu³³ liəu³³
　　妖溜祈势/拾 iɔ²¹ liəu³³ tɕʼiəʔ³
　　ʂʅ⁵² / ʂəʔ⁵　说话妖里妖气的样子

吆三慢二 iɔ²⁴ sæ²¹³ mæ⁵² ər⁵²
　　形容做事、行动缓慢：我早说
　　嘁，那敢～不起身

要命乞克 iɔ⁵² miŋ⁵² tɕʼiəʔ³ kʼə²¹
　　不要命的样子

依陈顾旧 i²¹ tʂʼəŋ³³ ku²¹ tɕiəu⁵²
　　形容不善变通，没有改变

以老结实 i²⁴ lɔ²¹³ tɕie³³ ʂəʔ³　不客
　　气，实实在在：你个儿～吃，
　　嫑作假过于客气

咿咿吟吟 i²¹ i³³ zəŋ²¹ zəŋ³³　低声哭
　　泣的样子：家里娃娃哭得～，
　　麻烦得不行

烟熏气打/□ ie²⁴ ɕyŋ²¹³ tɕʼi⁵² ta²¹³ /
　　xɯ²¹³　烟气熏蒸：放的家里～，
　　两年早就不好看嘁

烟熏火燎 ie²⁴ ɕyŋ²¹³ xuo²¹ liɔ²¹³
　　烟火熏烤的样子：房子里～，
　　墙早黑嘁

眼泪婆娑 ie²¹ luei⁵² pʼa³³ sa²¹　掉眼
　　泪的样子：刚说哩几句，那
　　就～

眼明二快 ie²¹ miŋ³³ ər⁵² kʼuai⁵²
　　精神爽快，头脑清醒：洗给把就
　　～嘁

眼眸二合 ie²¹ mu³³ ər⁵² xə³³　眼睛
　　眯缝的样子：说上那～，不
　　招你

眼熟面花 ie²¹ ʂuəʔ³ mie⁵² xua²¹
　　似曾熟悉的样子：这人～，哪
　　里见过

眼同相见 ie²¹ tʼuŋ³³ ɕiã²¹ tɕie⁵²　双
　　方一起看好、见证：咱每～，
　　东西就这

眼头见识/脑 ie²¹ tʼəu³³ tɕie⁵² ʂəʔ³ / nɔ²¹³
　　眼色见识、机灵劲儿：还说你
　　常出门叻，连个～也没？

眼眼窍窍 ie²¹ ie³³ tɕʼiɔ⁵² tɕʼiɔ⁵²　比
　　喻各种机会：有些～你敢招呼
　　上我一把

一班一辈 iəʔ²¹ pæ²¹³ iəʔ³ pei⁵²
　　一个辈分：两个～，能作亲叻

一差二错 iəʔ⁵ tsʼa²¹³ ər⁵² tsʼuo⁵²
　　意外发生的差错：哎，～就成
　　这么个嘁

一差糊涂 iəʔ⁵ tsʼa²¹³ xu³³ tʼu³³　一塌
　　糊涂：算哩个账，差得～

一刀两断 iəʔ²¹ tɔ²¹³ lia²¹³ tuæ⁵²

一堆二摞 iəʔ²¹ tuei²¹³ ər⁵² lə⁵²
　　(1)东西放置到处都是　(2)体
　　态臃肿的样子

一干二净 iəʔ²¹ kæ²¹³ ər⁵² tɕʼiŋ⁵²
　　干干净净

一根一板 iəʔ²¹ kɯ²¹³ iəʔ³ pæ²¹³
原原本本：我回去给你～说

一举两得 iəʔ⁵ tɕy²¹³ lia²¹ tə³³

一来二去 iəʔ³ lai³³ ər⁵² k'əʔ³　来来
往往

一磨二揽 iəʔ³ muo⁵² ər⁵² læ²¹³
不加区别，全部包括在内：那
～把咱每都告下喽

一母所生 iəʔ⁵ mu²¹³ suo²¹ səŋ²¹³
一母同胞 iəʔ⁵ mu²¹³ t'uŋ³³ p'ɔ³³
一个母亲所生养，用于说明亲
缘关系亲近

一男半女 iəʔ³ næ³³ pæ⁵² ny²¹³　一儿
半女，有个孩子：两个不养生育，
一辈子连个～也没有的

一娘九种 iəʔ³ niã³³ tɕiəu²⁴ tʂuŋ²¹³
指兄弟姊妹性格各异

一屁时辰 iəʔ³ p'i⁵² sʅ²¹³ ʂəŋ³³　极短
的时间，一会儿：去哩没～早
回来喽

一清二白 iəʔ²¹ tɕ'iŋ³³ ər⁵² pi³³
非常清白

一清二楚 iəʔ²¹ tɕ'iŋ³³ ər⁵² tʂ'u²¹
很清楚

一扇两打 iəʔ³ ʂæ³³ lia²⁴ ta²¹　一下
两下地随手打人：我这～常挨
着叻。"扇"声调特殊

一拴二整 iəʔ²¹ ʂuæ²¹³ ər⁵² tʂəŋ⁵²
（1）形容收拾得干净整洁
（2）形容为人正派

一说二打 iəʔ³ ʂuo³³ ər⁵² ta²¹³　形容
态度粗暴蛮横

一生二熟 iəʔ⁵ səŋ²¹³ ər⁵² ʂuəʔ³
交往多了就熟悉了

一时三刻 iəʔ³ sʅ³³ sæ²¹ k'ə³³　一时
半会儿，形容极短的时间：车
坏下喽，～敢个修不好

一死二活 iəʔ⁵ sʅ²¹³ ər⁵² xuo²¹　一死
二去 iəʔ⁵ sʅ²¹³ ər⁵² k'əʔ³　千万，
务必：你去～嫑答应

一天二地 iəʔ²¹ t'ie²¹³ ər⁵² ti⁵²　形容
用了很长时间：走哩就～不回来

一心涂地 iəʔ²¹ ɕiŋ²¹³ t'u³³ ti⁵²　死心
塌地，对结果的好坏不再抱有
希望

一行一户 iəʔ³ xã³³ iəʔ³ xu⁵²　同一
个行当的：你每～叻，以后咴
多照应上

一吆二喝 iəʔ²¹ iə²¹³ ər⁵² xə³³　（1）形
容大声差使他人　（2）形容很多
人一齐吆喝

一种八代 iəʔ²¹ tʂuŋ²¹³ pa³³ tai⁵²
形容不好的行为代代遗传

一庄一里 iəʔ²¹ tʂuã²¹³ iəʔ⁵ li²¹³
居住同一个村庄，指近邻关系：
～的，谁不用个谁

阴麻圪浑 iŋ²¹ ma³³ kəʔ³ tuŋ²¹
阴麻哨道 iŋ²¹ ma³³ sɔ⁵² tɔ⁵²　天
气阴沉沉的样子：这天～成这
么个，快下下的喽

阴死圪暗 iŋ²⁴ sʅ²¹³ kəʔ³ ŋæ⁵²
（1）天气阴沉沉的样子　（2）比
喻性格内向，不愿说话。

嘤嘤哇哇 iŋ²¹ iŋ³³ va²¹ va³³　吵闹
的声音

因风吹火 iŋ²⁴ fəŋ²¹³ tʂ'uei²¹ xuo²¹³
比喻借机说事：那～叻，嫑搭
理那

因嫑带笑 iŋ²⁴ ʂua²¹³ tai⁵² ɕiɔ⁵²
借着开玩笑而说出真正的意图：
你嫑怕，这么个事我～就给你
办喽

迎出摆里 iŋ³³ tʂ'uəʔ³ pai²¹³ li²¹
迎来送去

迎出送里 iŋ³³ tʂʻuəʔ²³ suŋ li²¹　不断地迎送客人

远路风尘 ye²¹ ləu⁵² fəŋ²¹ tʂʻəŋ³³　远远路程 ye²⁴ ye²¹ ləu⁵² tʂʻəŋ³³　形容途程遥远：我～地来看你，敢够意思么。

云焦骨揽 yŋ³³ tɕiɔ²¹³ kuəʔ⁵ læ²¹³　汗渍状一块：衣裳恶水脏得～嘹，赶快脱下洗给把

云天雾地 yŋ³³ tʻie²¹³ vu⁵² ti⁵²　（1）云雾笼罩的样子　（2）说话使人迷惑不解

有理八分 iəu²⁴ li²¹³ pa³³ fəŋ⁵²　非常有理：各自挣下的钱儿，使唤就～

有东没西 iəu²¹ tuŋ²¹³ mə³³ ɕi²¹³　形容东西困乏

油香喷天 iəu³³ ɕiã²¹³ pʻəŋ⁵² tʻie²¹　形容味道很香：人家～吃叻，你咂看着

油脂割黏 iəu³³ tsʅ²¹³ kə³³ nie³³　油脂卜黏 iəu³³ tsʅ²¹³ pə³³ nie³³　油腻的样子：杀哩个猪，衣裳上湩弄得直～

（二）詈词

屄嘴 pi²⁴ tsuei²¹³　嘴

屄骨殖 pi²¹ kuəʔ⁵ ʂəʔ³　贬称东西

屄脑子 pi²⁴ nɔ²¹ tsəʔ³　（1）脑袋　（2）脑筋　（3）东西的贬称

屄脑蛋子 pi²¹ nɔ³³ tæ⁵² tsəʔ³　（1）脑袋　（2）东西的贬称

屄眼 pi²⁴ ie²¹³　屄窟窿（子）pi²¹ kuəʔ³ ləŋ⁵²（tsəʔ²¹）　眼睛的贬称

屄手 pi²⁴ ʂəu²¹³　手的贬称

屄手腕子 pi²⁴ ʂəu²¹³ væ⁵² tsəʔ³　手的贬称

屄杆子 pi²⁴ kæ²¹³ tsəʔ³　棍状物的贬称

屄样子 pi²¹ iã⁵² tsəʔ³　同"尿样子"

尿毛儿 tɕʻiəu³³ mɔr³³　形容不大方

尿毛儿鬼 tɕʻiəu³³ mɔr³³ kuei²¹³　吝啬的人

尿颜色 tɕʻiəu³³ ie³³ sə²¹　难看的脸色

尿样子 tɕʻiəu³³ iã⁵² tsəʔ³　尿样子 suŋ³³ iã⁵² tsəʔ³　死样子　难看的样子

尿（屄）劲儿 tɕʻiəu³³（suŋ³³）tɕiə̃r⁵²　差劲的样子

二尿货 ər⁵² tɕʻiəu³³ xuo⁵²　做事差劲，不知高低、轻重的人

二圪梁 ər⁵² kəʔ³ liã³³　愣头青

瓷尿瓶 tsʻʅ³³ tɕʻiəu³³ pʻiŋ³³　呆笨的人

蛋尿事 tæ⁵² tɕʻiəu³³ sʅ⁵²　算不了什么大事

鬼音调儿 kuei²¹ iŋ³³ tiər⁵²　贬称他人腔调

瞎毛 xa²¹ mɔ³³　犹坏种

瞎屄 xa³³ suŋ³³　犹坏种

瞎眼窝/睛 xa³³ ie²¹ vuo²¹³/tɕiŋ²¹³

倒眼窝/睛 tɔ²¹ ie²¹ vuo²¹³/tɕiŋ²¹³　瞎子，不长眼睛

憨水子 xæ²⁴ ʂuei²¹ tsəʔ³　很傻的人

糊脑子 xu⁵² nɔ²¹ tsəʔ³　脑子不够数的人

没屄脸 mə³³ pi²¹ lie²¹³　不要脸

坏屄 xuai⁵² suŋ³³　坏种子 xuai⁵² tʂuŋ²¹³ tsəʔ³　坏种

死尿势 sʅ²¹ tɕʻiəu³³ sʅ⁵²　死样子 sʅ²¹ iã⁵² tsəʔ³　不讨人喜欢的样子

屄脑子 suŋ³³ nɔ²¹ tsəʔ³　屄（囊）包 suŋ³³（nã²¹）pɔ²¹³　胆小鬼

（三）惯用语

摆辣子 pai²¹ la³³ tsəʔ³ 摆架子：本事不大，～叻

半落子 pæ⁵² la²¹ tsəʔ³ 做了一半的事情、活计

不出血 pəʔ⁵ tʂ'uaʔ³ ɕie³³ 不出币 pəʔ⁵ tʂ'uaʔ³ pi⁵² 出手不大方

不起山儿 pəʔ⁵ tɕ'i²¹ sær²¹³ 不叠被子

翻嘴舌 fæ²⁴ tsuei²¹ ʂə³³ 传话，挑拨是非

草鸡毛 ts'ɔ²¹ tɕi³³ mɔ³³ 比喻胆子小

撑屁脑 ts'əŋ²⁴ pi²¹³ nɔ³³ 形容人特别固执

撑好汉 ts'əŋ²⁴ xɔ²¹ xæ⁵² 逞强，显能

大教头儿 ta⁵² tɕiɔ²¹ t'əur³³ 制造事端者幕后人

打露水 ta²¹ ləu⁵² ʂuei²¹ 比喻作无用的陪伴

打头炮 ta²¹ t'əu³³ p'ɔ⁵² 比喻率先去干

捣京腔 tɔ²¹ tɕiŋ²⁴ tɕ'iã²¹ 咬京腔

鬼心眼儿 kuei²¹ ɕiŋ²⁴ iər²¹ 鬼点子，坏主意

鬼抽筋 kuei²¹ tʂ'əu²⁴ tɕiŋ²¹³ 平白无故地发火

光面子 kuã⁵² mie⁵² tsəʔ³ 做表面文章

光溜光 kuã²¹ liəu²¹ kuã²¹³ 一点也不剩余了

溜沟子 liəu²¹ kəu²¹³ tsəʔ³ 溜须拍马

挨打毛儿 nai³³ ta²¹ mər³³ 经常挨打的人

孽罐子 nie³³ kæ⁵² tsəʔ³ 作孽的事情

牛油砣儿 niəu³³ iəu³³ t'uor³³ 性格固执的人

费手续 fei⁵² ʂəu²¹ ɕyəʔ³ 费功夫

好回身 xɔ²¹ xuei³³ ʂəŋ²¹³ 无疾而终

憨八成儿 xæ²¹ pa³³ tʂ'ʳ̃r³³ 脑子不够数的人

憨架子 xæ²¹ tɕia⁵² tsəʔ³ 做事不稳妥的人

回刀肉 xuei³³ tɔ²¹ ʂəu⁵² 回头草

伙穿裤儿 xuo²⁴ tʂ'uæ²¹ k'ur⁵² 比喻关系特别要好

夹馅馅 tɕia³³ xæ⁵² xæ⁵² 比喻事情有纰漏

家窝佬 tɕia²¹ vuo²¹³ lər²¹³ 不爱外出的人

久油子 tɕiəu²¹ iəu²⁴ tsəʔ³ 老手

强板筋 tɕiã̃⁵² pæ²¹ tɕiŋ²¹³ 性格倔强的人

尽打尽 tɕiŋ⁵² ta²¹ tɕiŋ⁵² 全部在内

卖青杏儿 mai⁵² tɕ'iŋ²¹ xɯr⁵² 自我标榜，说空话

卖式子 mai⁵² ʂəʔ⁵ tsəʔ³ 同"耍辣子"

没眉眼 məʔ³ mi³³ ie²¹ 厚脸皮

没了消 məʔ⁵ liɔ²⁴ ɕiɔ²¹³ 没完没了

拉黑牛儿 la³³ xəʔ³ niəur³³ 设局哄骗

老圪茬 lɔ²¹ kəʔ³ tʂ'ua³³ 年龄大有资历的人

老二梁 lɔ²¹ ər⁵² liã³³ 显能的老年人

老一造 lɔ²¹ iəʔ³ ts'ɔ⁵² 年龄大的人

捩片筋 lie³³ p'ie²¹ tɕiŋ²¹³ 好拗捩的人

恶水罐 ŋɔ³³ ʂuei²¹³ kuæ⁵² 承担恶名

炕圪栽 ŋəu³³ kəʔ³ tsai²¹³ （1）东西烧焦后的状态 （2）借指时运不好的人

摁鼻子 ŋɯ²¹ piəʔ⁵ tsəʔ³ 要赖，不认账

偏斧砍 p'ie²⁴ fu²¹³ k'æ²¹³ 比喻说话、处理事务以强硬的姿态偏袒一方，不公平：你这说理敢不能～么

人头子 z̩ŋ³³ t'əu³³ tsəʔ³ 长相漂亮的人

直筒子 tʂəʔ⁵ t'uŋ²¹ tsəʔ³ 直圪筒 tʂəʔ³ kəʔ³ t'uŋ²¹³ 说话直的人

吃人狼 tʂ'əʔ³ z̩ŋ³³ lã³³ 动作粗鲁、莽撞的人

吹牛屄 tʂ'uei²¹ niəu³³ pi²¹ 吹牛说大话

上牙爪 ʂã⁵² ia³³ tsɔ⁵² 施加严厉的手段管教

势皮子 s̩⁵² p'i³³ tsəʔ³ 指可依仗的人，多指父亲

十不足 ʂəʔ³ pəʔ⁵ tsuəʔ³ 永远不能满足

实片子 ʂəʔ⁵ p'ie²¹ tsəʔ³ 智力低下的人

耍汉性 ʂua²¹ xæ⁵² ɕiŋ⁵² 不讲道理显示自己的强悍

耍精能 ʂua²¹³ ɕiŋ²¹³ nəŋ³³ 在别人面前显示自己的精明

耍辣子 ʂua²¹ la³³ tsəʔ³ 故意显示自己的技能，显摆

耍赖皮 ʂua²¹ lai⁵² p'i³³ 耍赖

耍麻搭 ʂua²¹ ma³³ ta²¹ 遇到麻烦

耍门户 ʂua²¹ məŋ³³ xu⁵² 指待人接物出手大方

耍脾气 ʂua²¹ p'i³³ tɕ'i⁵² 使性子，使人为难

耍手腕儿 ʂua²⁴ ʂəu²¹³ vær⁵² 采用巧妙策略对付他人

生蹦子 səŋ²¹³ pəŋ⁵² tsəʔ³ 生手，不知道路数的人

四不像儿 s̩⁵² pəʔ³ ɕiã⁵² 什么都不像

死般数 s̩²¹ pæ²¹ ʂuo⁵² （1）旧的不解决问题的规矩、做法 （2）拙劣的计谋

下把尿 ɕia⁵² pa²¹ suŋ³³ 做事使阴招、不地道的人

漾杆子 iã⁵² kæ²¹ tsəʔ³ 摆设，没有实际用处

一门坡 iəʔ³ məŋ³³ p'uo²¹³ 一个家族，同宗

药罐子 ie³³ kuæ⁵² tsəʔ³ 经常有病的人

矮子里选将军 nai²¹ tsəʔ³ li²¹ ɕye²¹ tɕiã²⁴ tɕyŋ²¹³ 比喻劣中选优

八斗的命上不了一石 pa³³ təu²¹³ təʔ²¹ miŋ⁵² ʂã⁵² pəʔ³ liɔ²¹³ iəʔ³ tæ⁵² 形容人的命运是有定数的

抱定葫芦儿抠籽儿叨 pɔ⁵² tiŋ²¹ xuəʔ³ ləur³³ k'əu²⁴ tsər²¹³ liəʔ²¹ 比喻吃老本

白日游四方，黑地借油补裤裆 pi³³ z̩ŋ²¹ iəu³³ s̩⁵² fã²¹³，xəʔ³ ti⁵² tɕi⁵² iəu³³ pu²¹ k'u⁵² tã²¹³ 该做事时不做，不该做时却花上代价去做

鼻子比脸（还）大 piəʔ⁵ tsəʔ³ pi²⁴ lie²¹³（xæ³³）ta⁵² 投入成本比收效大，形容得不偿失

不吃凉粉腾板凳 pəʔ⁵ tʂ'əʔ³ liã³³ fəŋ²¹ t'əŋ³³ pæ²¹ təŋ⁵² 比喻不干其事者让出位置

不吃蒜不想蒜（算）pəʔ⁵ tʂ'əʔ³ suæ⁵² pəʔ⁵ ɕiã²¹³ suæ⁵² 批评人不动脑筋思考

不怕慢，但怕站 pəʔ³ p'a⁵² mæ⁵²，tæ²¹ p'a⁵² tsæ⁵² 做着总比不做强

不怕一万，就怕万一 pəʔ³ p'a⁵² iəʔ³

væ⁵², tsəu⁵² pʻa⁵² væ⁵² iə³

不怕王大嫌众人，但怕众人嫌王
大 pə³ pʻa⁵² vã³³ ta⁵² ɕie³³ tʂuŋ⁵²
z̧əŋ³³，tæ²¹ pʻa⁵² tʂuŋ⁵² z̧əŋ³³
ɕie³³ vã³³ ta⁵²

不听老人言，吃亏在眼前 pə²¹
tʻiŋ²¹³ lɔ²¹ z̧əŋ³³ ie³³，tʂʻə²⁵
kʻuei²¹³ tsai⁵² ie²¹ tɕʻie³³

不走的路走三回 pə²⁵ tsəu²¹³ tə²¹
ləu⁵² tsəu²⁴ sæ²¹ xuei³³　比喻事
情难以预料

搓绳绳不转 tsʻəŋ²¹ ʂəŋ³³ ʂəŋ³³ pə³
tʂuæ⁵²　比喻紧紧相逼：银行家
来哩叫你～

长木匠，短铁匠 tʂʻã³³ mə³ tɕiã⁵²，
tuæ²¹ tʻie³³ tɕiã⁵²　木匠备料要
长，长则可去，短则废了。铁
匠备料要短，短则可打长，长
则截掉浪费。形容做事要看清
楚对象，考虑周全

吃饱不想家 tʂʻə²⁵ pɔ²¹³ pə³ ɕiã²⁴ tɕia²¹³

吃饭要尝，说话要想 tʂʻə²⁵ fæ⁵² iɔ³
ʂã³³，ʂuo³³ xua⁵² iɔ⁵² ɕiã²¹³　意为
做事要动脑子思考

吃哩馍馍还卷卷 tʂʻə²⁵ li²¹ mu³³ mu²¹
xuæ³³ tɕye²¹ tɕye³³　比喻得到就
要付出

吃哩五谷还想吃六谷 tʂʻə²⁵ li²¹ vu²¹
kuə³ xæ³³ ɕiã²¹³ tʂʻə²⁵ luə²⁵ kuə³
比喻贪得无厌

吃屎的箍定个屄屎的 tʂʻə²⁵ sᴉ²¹³ tə³
ku²¹³ tiŋ⁵² kuə²¹ pa²⁴ sᴉ²¹³ tə³
比喻倒找麻烦

吃老子儿 tʂʻə³ lɔ²¹³ tsə³ ər³³
犹啃老族

搐鼻子瞪眼 tʂʻuə²⁵ piə³ tsə²¹ təŋ⁵²
ie²¹³　同一搐鼻子二瞪眼

吹牛屄不问牛主家 tʂʻuei²¹ niəu³³
pi²¹³ pə³ vəŋ⁵² niəu³³ tʂu²¹ tɕia³³
吹牛说大话毫无顾忌

吹手炮手，两离两手 tʂʻuei²⁴ ʂəu²¹
pʻɔ⁵² ʂəu²¹，lia²¹³ li⁵² lia²⁴ ʂəu²¹
比喻毫不相干

凑吃楞掀人 tsʻəu⁵² kə³ ləŋ³³ ɕie²¹
z̧əŋ³³　犹落井下石

打狗看主家 ta²⁴ kəu²¹³ kʻæ⁵² tʂu²¹³
tɕia³³　形容做事要看对象

打黑牛镇黄牛 ta²¹ xə³ niəu³³ tʂəŋ⁵²
xuã³³ niəu³³　犹杀鸡给猴看

打开窗子说亮话 ta²⁴ kʻai²¹³ tʂʻuã²¹³
tsə³ ʂuo³³ liã⁵² xua⁵²　说话直来
直去，不绕弯子，实话实说

打鱼儿捎鳖 ta²¹ yər³³ sɔ²¹ pie³³　比
喻有意外的收获

大让小，吃不了 ta⁵² z̧ã⁵² ɕiɔ²¹³，
tʂʻə²⁵ pə³ liɔ²¹³　爱戴小的人是
没有问题的

地方/空空不挪 ti⁵² fã²¹/kʻuŋ⁵²
kʻuŋ⁵² pə³ nəŋ³³　形容紧紧相逼

刁糜子，掐谷穗 tiɔ²¹ mi³³ tsə³，
tɕʻia³³ kuə³ suei⁵²　比喻手脚不
干净

跌到遇个擦 tie²⁴ tɔ²¹³ y⁵² kə³ tsʻa³³
事情发生巧合

掂葫芦倒水 tie²¹ xuə³ ləu³³ tɔ⁵²
suei²¹³　犹颠三倒四

儿子赶老子也大 ər³³ tsə³ kæ²¹³ lɔ³
tsə³ ia²¹³ ta⁵²　意为利息比本金多

该死的娃娃尿朝天 kai²⁴ sᴉ²¹³ tə³
va³³ va²¹ tɕʻiəu³³ tʂʻə³³ tʻie²¹³
比喻无可挽回的事情不必强求

高喉咙大嗓子 kɔ²⁴ xuə³ luŋ³³ ta⁵²
sã²¹ tsə³　形容嗓门很高：你
这一说话就～，不能低些个？

圪嚷屄量荞麦 kəʔ³ nã⁵² suŋ³³ liã³³
   tɕ'iɔ³³ mie⁵²   比喻说话啰唆

圪搜着，强如圪蹴着 kəʔ²¹ səu²¹³ tʂəʔ²¹，
   tɕ'iã³³ tʂ'u²¹ kəʔ³ tɕieu²¹³ tʂəʔ²¹
做着慢总比不做好

狗脸儿亲家 kəu²⁴ lier²¹³ tɕ'iŋ⁵²
   tɕia²¹   比喻反复无常的人

狗肉不上抬杆秤 kəu²¹ zəu⁵² pəʔ³
   ʂã⁵² t'ai³³ kæ²¹ tʂ'əŋ⁵²   比喻不识
   人抬举，上不了台面

狗咬狗两嘴毛 kəu²⁴ niɔ²¹³ kəu²¹³
   liã²⁴ tsuei²¹³ mɔ³³   比喻谁也得
   不到好处

光打闪不下雨 kuã²⁴ ta²⁴ sæ²¹³ pəʔ³
   xa⁵² y²¹³   同"空/干吼雷不下雨"

鬼怕的恶人 kuei²¹ p'a⁵² təʔ³ ŋə³³
   zəŋ³³   比喻一物降一物

哈巴儿打扮死是个狗样子 xa²¹
   pɐr²¹³ ta²¹ pæ⁵² sɿ²¹³ ʂəʔ³ kuəʔ³
   kəu²¹ iã⁵² tsəʔ³   外表再如何改
   变其本质不会变

好出门不如歪在家 xɔ²¹ tʂ'uəʔ³
   məŋ³³ pəʔ³ zu³³ vai²¹ tsai⁵² tɕia²¹³
   再好的外边生活不如家里好

好狗不挡路 xɔ²⁴ kəu²¹ pəʔ³ tã⁵² ləu⁵²

好婆姨脸上一片疤 xɔ²¹ p'uo³³ i⁵²/²¹
   lie²¹ ʂã⁵² iəʔ⁵ p'ie²¹ pa²¹³   比喻美
   中不足

好得屁股蒸糕 xɔ²¹ təʔ²¹ p'i⁵² ku²¹
   tʂəŋ²⁴ kɔ²¹³   比喻臭味相投，关
   系极好〈贬〉

和朋友，拜弟兄 xuo³³ p'əŋ³³ ieu²¹³，
   pai⁵² ti⁵² ɕyŋ²¹   广交朋友

话没驳，驴没角 xua⁵² mə³³ pə³³，
   ly³³ mə³³ tɕye³³   不能吹毛求疵

话是个丑的，理是个端的 xua⁵²
   ʂəʔ⁵ kuəʔ³ tʂ'əu²¹ təʔ²¹，li²¹ ʂəʔ⁵

kuəʔ³ tuæ²¹³ təʔ²¹

话说开，水拨转 xua⁵² ʂuo³³ k'ai²¹³，
   ʂuei²¹³ pə³³ tʂuæ⁵²   比喻把事情
   缘由说清楚了，彼此就会理解

话说三黐淡如水 xua⁵² ʂuo³³ sæ²¹
   ts'æ⁵² tæ⁵² zu³³ ʂuei²¹³   话说三
   遍淡如水

会家不难，难家不会 xuei⁵² tɕia²¹³
   pəʔ³ næ³³，næ³³ tɕia²¹³ pəʔ³ xuei⁵²
   会做的人觉得不太难，觉得难的
   人不会做

会打的打十下，不会打的打一下
   xuei⁵² ta²¹ təʔ³ ta²¹³ ʂəʔ³ xa⁵²，
   pəʔ³ xuei⁵² ta²¹ təʔ³ ta²¹ iəʔ³ xa⁵²
   打人不打要害部位

会待的待匠人，不会待的待丈人
   xuei⁵² tai⁵² təʔ³ tai⁵² tɕiã⁵² zəŋ³³，
   pəʔ³ xuei⁵² tai⁵² təʔ³ tai⁵² tʂã⁵²
   zəŋ³³   形容是否会成家立业

红火枪子烂揋布，生芽麦子坏豌
   豆 xuŋ³³ xuo²¹³ tɕ'ã²⁴ tsəʔ²¹ læ⁵²
   tʂæ²¹ pu⁵²，səŋ³³ iã³³ mie³³ tsəʔ²¹
   xuai⁵² væ²¹ təu⁵²   烧红的通条放
   在揋布上，气味难闻；生了芽
   的麦子和坏了的豌豆面难吃

活人眼里茹圪都拳头 xuo³³ zəŋ³³
   ie²¹ li³³ zu⁵² kəʔ⁵ tu²¹³   比喻明火
   执仗抢夺

家不和造穷叻，户不和造屄叻
   tɕia²¹ pəʔ³ xuo³³ ts'ɔ²¹ tɕ'yŋ³³
   liəʔ²¹，xu⁵² pəʔ³ xuo³³ ts'ɔ⁵² suŋ³³
   liəʔ²¹   不和气是衰败的根源

将出草窑儿就认不得寻吃的喽
   tɕiã²¹ tʂ'uəʔ³ ts'ɔ²¹ iər³³ tsəu⁵²
   zəŋ⁵² pəʔ⁵ təʔ³ ɕiŋ³³ tʂ'əʔ³ təʔ²¹
   læ²¹   比喻人富后很快瞧不起穷
   人了

借锅容易拔锅难 tɕi⁵² kuo²¹³ yŋ³³ i⁵²
pa²¹ kuo²¹³ næ³³　比喻借给人东
西容易，要回来难

紧过砅石慢过桥 tɕiŋ²¹ kuo⁵² nie³³
ʂə?³ mæ⁵² kuo⁵² tɕ'iɔ³³　踩石头
过河动作要快，过桥可以慢走，
比喻因环境不同而采取不同的
措施、方法

精精捉憨憨 tɕiŋ²⁴ tɕiŋ²¹ tʂuo³³ xæ²⁴
xæ²¹　吃亏的是智力有问题
的人

精死的婆姨憨着叻 tɕiŋ²⁴ sʅ²¹³ tə?³
p'uo³³ i⁵²/²¹ xæ²⁴ tʂə?³ liə?²¹
女人再精明也有想不到的地方

酒肉朋友，米面夫妻 tɕiəu²¹ ʐəu⁵²
p'əŋ³³ iəu²¹，mi²¹ mie⁵² fu²⁴ tɕ'i²¹
依赖酒肉的朋友感情不会时长，
平平淡淡的夫妻感情才是永
久的

急屄大便急喷安茅子 tɕiə?⁵ pa²¹³ læ²¹
ŋæ²¹ mɔ³³ tsə?³　内急时才想起
修厕所。比喻为时已晚，来不
及了

砍哩黄蒿出棘针 k'æ²⁴ li²¹ xuã³³
xuo⁵² tʂ'uə?³ kə?³ tʂəŋ²¹³　比喻
儿子的能耐远胜过无能的老子

看人下菜碟 k'æ⁵² ʐəŋ³³ ɕia⁵² ts'ai³³ ti²¹
比喻小瞧人

瞌睡等上个枕头 k'ə³³ ʂuei⁵² təŋ²¹
ʂã⁵² kuə?³ tʂəŋ²¹ t'əu³³　瞌睡给
哩个枕头 k'ə³³ ʂuei⁵² kei⁵² li²¹
kuə?³ tʂəŋ²¹³ t'əu³³　有需求时恰
巧能满足，形容正中下怀

瞌睡短不下眼里 k'ə³³ ʂuei⁵²
tuæ²¹ pə?³ xa⁵² ie²¹ li²¹³ kuo⁵²
形容有绕不过去的环节

空/干吼雷不下雨 k'uŋ²⁴/kæ²⁴ xəu²¹

luei³³ pə?³ xa⁵² y²¹³　比喻只哭不
落泪

口里俭，肚里挪 k'əu²¹ li³³ tɕie²¹³，
tu⁵² li²¹ nəŋ³³　钱财是勤俭节约
得来的

口里嘁个羊卵卵 k'əu²¹ li³³ tɕ'iŋ³³
kuə?²¹ iã³³ luæ²¹ luæ³³　比喻说
话口齿不清楚

饿老鸹掏心 ŋu⁵² lɔ²¹ va³³ t'ɔ²⁴ ɕiŋ²¹³
形容极其疼痛

狼虎两相怕 lã³³ xu²¹³ liɑ²¹ ɕiə?³ p'a⁵²
比喻双方心里都害怕对方

狼走嘁寨墙叻 lã³³ tsəu²¹³ læ²¹ tsai⁵²
tɕ'iã³³ liə?²¹　形容无济于事

老牛吃哩个嫩草草 lɔ²¹ niəu³³ tʂ'ə?³
li²¹ kuə?³ nuŋ⁵² ts'ɔ²¹ ts'ɔ³³
比喻老男人娶了个小媳妇

老手旧胳膊 lɔ²⁴ ʂəu²¹³ tɕiəu⁵² kə?³
pə²¹　指办事有经验

老鸹笑猪黑 lɔ²¹ va³³ ɕiɔ⁵² tʂu²¹ xə?³
乌鸦嘲笑猪长得黑，形容彼此
一样

雷声大雨儿点小 luei³³ ʂəŋ²¹³ ta⁵²
y²⁴ tiər²¹³ ɕiɔ²¹³　形容声势浩大，
行动甚微

里水看出水 li²⁴ ʂuei²¹ k'æ⁵² tʂ'uə?⁵
ʂuei²¹³　比喻做事前要考虑好
后果

里三层外三层 li²¹ sæ²¹³ ts'əŋ³³ vai⁵²
sæ²¹ ts'əŋ³³　形容围观的人很
多，也指东西包装得很严实

理溜不拦蛋 li²¹ liəu³³ pə?³ læ³³ tæ⁵²
形容待理不理，漫不经心的样子

两碗豆腐，豆腐两碗 liɑ²⁴ væ²¹
təu⁵² fu²¹，təu⁵² fu²¹ liɑ²⁴ væ²¹
比喻形式虽变而实质未变

两圪瘩石头夹一圪瘩肉 liɑ²¹ kə?³

ta²¹ ʂəʔ³ t'əu³³ tɕia³³ iəʔ⁵ kəʔ³ ta²¹ z̥əu⁵² 两面受到夹击，比喻处境艰难

撂不展舌头 liɔ⁵² pəʔ³ tʂæ²¹³ ʂəʔ³ t'əu³³ 比喻理屈

聋子听怪话，哑巴吃菜瓜 luŋ³³ tsəʔ³ t'iŋ²¹ kuai⁵² xua²¹, ia²¹ pa³³ tʂ'əʔ³ ts'ai⁵² kua²¹ 聋子容易把话听错

驴乏噭怨纣棍 ly³³ fa³³ læ²¹ ye⁵² tʂəu⁵² kuŋ⁵² 故意寻找借口

驴渴哩奔井来也 ly³³ k'ə³³ li²¹ pəŋ⁵² tɕiŋ²¹³ lai³³ ia²¹ 比喻会主动前来相求的

驴下骡子两张皮 ly³³ xa⁵² ləŋ³³ tsəʔ³ lia²¹ tʂã³³ p'i³³ 比喻事情互不相干

锣鼓长哩没好戏 ləŋ³³ ku²¹³ tʂ'ã³³ li²¹ mə³³ xɔ⁵² ɕi⁵² 不好事情的发生有前兆

麻绳拣细处断叻 ma³³ ʂəŋ³³ tɕie²¹³ ɕi⁵² tʂ'u²¹ tuæ⁵² liəʔ³ 比喻薄弱环节就容易出问题

马下不下驴驹子 ma²¹ xa⁵² pəʔ³ xa²¹ ly³³ tɕy²⁴ tsəʔ³ 比喻子女长相随父母

蚂蚁儿不理翻滚挣扎死个细腰腰 ma²⁴ iər²¹ pəʔ³ li²¹³ sʅ²¹³ kuəʔ²¹ ɕi⁵² iɔ²⁴ iɔ²¹ 作无用的挣扎

卖饭的还怕大肚汉 mai⁵² fæ⁵² təʔ³ xæ³³ p'a⁵² ta⁵² tu⁵² xæ⁵² 谓多多益善

卖石灰的着不得卖白面的 mai⁵² ʂəʔ³ xuei²¹³ təʔ³ tʂə³³ pəʔ⁵ təʔ³ mai⁵² pi³³ mie⁵² təʔ³ 比喻同行之间互相排斥

忙婆姨寻不下好汉 mã³³ p'uo³³ i⁵²/²¹ ɕiŋ³³ pəʔ³ xa⁵² xɔ⁵² xæ⁵² 犹心急吃不得热豆腐

猫儿不上树狗追着叻 mɔr³³ pəʔ³ ʂã⁵² ʂu⁵² kəu²¹ tʂuei²¹³ tʂəʔ³ liəʔ²¹ 比喻做不愿意做的事

没个贴面的厨子 mə³³ kuəʔ³ t'ie³³ mie⁵² təʔ³ tʂ'u³³ tsəʔ³ 喻求人办事不能让人家蒙受损失

没毛风匣两头儿扇 mə³³ mɔ³³ fəŋ²¹ xa³³ lia²¹ t'əur³³ sæ²¹³ 煽风点火

没牛噭，使驴哩 mə³³ niəu³³ læ²¹, sʅ²¹³ ly³³ liəʔ³ 比喻在无奈的情况下退而求其次

没人管，狗舔碗 mə³³ z̥əŋ³³ kuæ²¹³, kəu²⁴ t'ie²⁴ væ²¹³ 比喻没有人管理，局面混乱

没烧香的，尽扰庙的 mə³³ ʂɔ²⁴ ɕiã²¹³ təʔ²¹, tɕiŋ⁵² z̥ɔ²¹³ miɔ⁵² təʔ³ 比喻没有办正事的人，都是一些打扰的人

门圪落里门后立五尺着叻 məŋ³³ kəʔ⁵ lɔ²¹³ liəʔ⁵ vu²¹³ tʂ'əʔ³ tʂəʔ⁵ liəʔ²¹ 同"八斗的命上不了一石"

门里出身，自带/会三分 məŋ³³ li²¹ tʂ'uəʔ⁵ ʂəŋ²¹³, tsʅ⁵² tai⁵²/xuei⁵² sæ²⁴ fəŋ²¹

门神老哩不捉鬼 məŋ³³ ʂəŋ²¹ lɔ²¹³ li²¹ pəʔ³ tʂuo³³ kuei²¹³ 比喻人老无用

恼灰糜子 nɔ²⁴ xuei²¹ mi³³ tsəʔ³ 比喻自找没趣

能宁可挨屁斗挨耳光不吃亏 nəŋ⁵² nai³³ pi²⁴ təu²¹³ pəʔ⁵ tʂ'əʔ³ k'uei²¹³ 宁可挨打，不愿舍弃财物。比喻视财如命

挪一门门，吃一盆盆 nəŋ³³ iəʔ³ məŋ³³ məŋ²¹, tʂ'əʔ³ iəʔ³ p'əŋ³³

p'əŋ²¹　形容人稍作运动就会饥饿

尿脬系子_{输尿管上}捺_磨刀子 niɔ⁵²
p'ɔ²¹ ɕi⁵² tsəʔ³ ʂã⁵² tæ⁵² tɔ²⁴ tsəʔ³
比喻做事、动作很危险

捏定鼻子救气叻 nie³³ tiŋ⁵² piəʔ⁵
tsəʔ³ tɕiəu⁵² tɕ'i⁵² liəʔ²¹　比喻没
有办法

牛脑煮不烂，多得二斤黑炭 niəu³³
nɔ³³ tʂu²¹ pəʔ³ læ⁵²，təŋ²¹ təʔ³
ər⁵² tɕiŋ²¹³ xəʔ³ t'æ⁵²　比喻再难
办的事情费点力气总能办成

婆姨声女子气 p'uo³³ i⁵²ᐟ²¹ ʂəŋ²¹³
ny²¹ tsəʔ³ tɕ'i⁵²　形容男人不稳重

欺老不欺小 tɕ'i²⁴ lɔ²¹³ pəʔ³ tɕ'i²⁴
ɕiɔ²¹³　比喻眼光要看远

骑上驴寻驴叻 tɕ'i³³ ʂã⁵² ly³³ ɕiŋ³³
ly³³ liəʔ²¹

亲不过的姑舅，香不过的猪肉
tɕ'iŋ²¹ pəʔ³ kuo⁵² təʔ³ ku²¹ tɕiəu⁵²，
ɕiã²¹ pəʔ³ kuo⁵² təʔ³ tʂu²¹ zəu⁵²

尻毛儿上捋得吃虮子 tɕ'iəu³³ mər³³
ʂã⁵² lyəʔ⁵ təʔ³ tʂ'əʔ⁵ tɕi²¹³ tsəʔ³
形容人极其吝啬

穷汉脖子没强劲 tɕ'yŋ³³ xæ⁵² puo³³
tsəʔ³ mə³³ tɕiã⁵² tɕiər̃⁵²　形容没
有骨气，逼迫无奈

穷汉肯说来年的话 tɕ'yŋ³³ xæ⁵²
k'ɯ²¹ ʂuo³³ lai³³ nie³³ təʔ²¹ xua⁵²
穷人总是把希望寄托于将来

穷汉说话驴放屁 tɕ'yŋ³³ xæ⁵² ʂuo³³
xua⁵² ly³³ fã⁵² p'i⁵²　比喻说话没
人相信

穷厮讥，饿厮吵 tɕ'yŋ³³ ɕiəʔ³ tɕi²¹³，
ŋɯ⁵² ɕiəʔ³ ts'ɔ²¹³　指在生活贫困
时易生矛盾

缺胳膊短腿 tɕ'ye³³ kəʔ⁵ pəʔ³ tuæ²⁴
t'uei²¹³　物品部件缺少，形容东
西已不完整

人活眉脸树活皮，老麻子_{蓖麻}活个
圪嘴嘴 zəŋ³³ xuo³³ mi³³ lie²¹ ʂu⁵²
xuo³³ p'i³³，lɔ²¹³ ma³³ tsəʔ³ xuo³³
kəʔ³ kəʔ⁵ tsuei²¹ tsuei³³　形容人
活得要有尊严，要有廉耻之心

人霉哩合狗不站 zəŋ³³ mei³³ li²¹
zəʔ³ kəu²¹³ pəʔ³ tsæ⁵²　比喻人的
运气极坏

人暖腿，狗暖嘴 zəŋ³³ nuæ²⁴ t'uei²¹³，
kəu²⁴ nuæ²⁴ tsuei²¹　冬天里人的
腿、狗的嘴怕冷

人挪活，树挪死 zəŋ³³ nəŋ³³ xuo³³，
ʂu⁵² nəŋ³³ sɿ²¹³　换个环境总会
变好的

人尿哩狗也欺负叻 zəŋ³³ suŋ³³ li²¹
kəu²¹ ia³³ tɕ'i²¹ fu³³ liəʔ²¹　人软
弱了谁都欺负

人有种种，地有垄垄 zəŋ³³ iəu²¹³
tsuŋ²¹ tʂuŋ³³，ti⁵² iəu²¹³ lyŋ²¹
lyŋ³³　形容父子相像

肉烂锅里叻 zəu⁵² læ⁵² kuo²¹³ li²¹
liəʔ²¹　比喻东西就在其中，没
有失去

三出子五来回 sæ²¹³ tʂ'uəʔ³ tsəʔ³
vu²¹ lai³³ xuei²¹　三番五次，形
容执意要达到某种目的：咱每
没面子，～还是办不成

三出子两来回 sæ²¹ tʂ'uəʔ³ tsəʔ³ lia²¹
lai³³ xuei²¹　同"三出子五来回"

三年等的个润腊月 sæ²¹ nie³³ təŋ²¹
təʔ⁵ kuəʔ³ zuŋ⁵² la³³ ye³³　比喻
运气、机遇不好

三岁带的老来相儿 sæ²¹ suei⁵² tai⁵² təʔ³ lɔ²¹ lai³³ ɕiɒ̃r⁵²　三岁看得老来相儿 sæ²¹ suei⁵² kʻæ⁵² təʔ³ lɔ²¹ lai³³ ɕiɒ̃r⁵²　从小时就可看出一个人将来发展情况。常用来批评孩子的某些不好表现

三天不吃饭，装个卖米汉 sæ²⁴ tʻie²¹ pəʔ⁵ tʂʻəʔ³ fæ⁵², tʂuɑ²⁴ kuəʔ³ mai⁵² mi²¹ xæ⁵²　犹打肿脸充胖子

三碗不饱，五碗不放 sæ²⁴ væ²¹ pəʔ⁵ pɔ²¹³, vu²⁴ væ²¹³ pəʔ³ fɑ̃⁵²　形容饭量大

骚秃子蜣螂的一种虫变死是个粪爬牛屎壳螂 sɔ²⁴ tʻuəʔ⁵ tsəʔ²¹ pie⁵² sʅ²¹³ ʂəʔ³ kuəʔ³ fəŋ⁵² pʻa²¹ niəu³³　同"哈巴打扮死是个狗样子"

是狼是虎奔身来也 sʅ⁵² lɑ̃³³ sʅ⁵² xu²¹³ pəŋ⁵² ʂəŋ²¹³ lai³³ ia²¹　不论什么情况，总会来临的

死人活心肝 sʅ²¹ zəŋ³³ xuo³³ ɕiŋ²¹³ kær²¹³　比喻平庸的人做出令人意外的事

死猫儿扶不上树 sʅ²¹ mɒr³³ fu³³ pəʔ³ ʂɑ̃⁵² ʂu⁵²　比喻难以相助

四六不成材 sʅ⁵² liəu⁵² pəʔ³ tʂʻəŋ³³ tsʻai³³　形容材料无法使用

随上龙王吃贺雨（牲）suei³³ ʂɑ̃⁵² luŋ³³ vɑ̃²¹ tʂʻəʔ³ xuɤ⁵² y²¹³（səŋ²¹³）比喻跟着沾光

少胳膊短腿 ʂɔ²¹ kəʔ⁵ pəʔ³ tuæ²⁴ tʻuei²¹³　同"缺胳膊短腿"

神像打烂/哩还重做叻 ʂəŋ³³ ɕiɑ̃⁵² ta²¹ læ⁵²/li²¹ tʂʻuŋ³³ tsuəʔ³ liəʔ²¹　比喻敢于冒犯了不起的人物

十叫九不应 ʂəʔ³ tɕiɔ⁵² tɕiəu²¹ pəʔ³ iŋ⁵²　形容言语迟缓

十里路上没真言 ʂəʔ³ li²¹ ləu²¹ ʂɑ̃⁵² mə³³ tʂəŋ²¹ ie³³　不能听信谣言

拾银子不在起得早 ʂəʔ³ iŋ³³ tsəʔ³ pəʔ³ tai⁵² tɕʻi²¹ təʔ³ tsɔ²¹³　比喻好运气不是能够追求到的

双手画不成个八字 ʂuɑ²⁴ ʂəu²¹³ xua⁵² pəʔ³ tʂʻəŋ³³ kuəʔ³ pa³³ tsʅ⁵²　比喻一字不识

水瓮里走不哩鳖 ʂuei²¹ vəŋ⁵² li²¹ tsəu²¹³ pəʔ³ li²¹ pie³³　形容难以逃掉

水瓮哩跑不了鳖 ʂuei²¹³ vəŋ⁵² li²¹ pʻɔ²¹³ pəʔ⁵ liɔ²¹³ pie³³　犹瓮中之鳖

说的一套，做的一套 ʂuo³³ təʔ³ iəʔ³ tʻɔ⁵², tsuəʔ³ təʔ³ iəʔ³ tʻɔ⁵²　形容言行不一

说下钉子就是铁 ʂuo³³ xa⁵² tiŋ²⁴ tsəʔ³ tsəu⁵² ʂəʔ³ tʻie³³　比喻说话算数

桃儿饱杏儿伤人，李子地里埋死人 tʻɒr³³ pɔ²¹³ xur⁵² ʂɑ̃²¹ zəŋ³³, li²¹ tsəʔ³ ti⁵² li²¹ mai³³ sʅ²¹ zəŋ³³　桃子可以饱吃，杏子吃多伤身体，李子吃多会要命。谓水果属性不同

掏墙剜窟窿 tʻɔ²¹ tɕʻiɑ̃³³ væ²¹ kʻuəʔ³ ləŋ⁵²　比喻想尽一切办法处理事情

踢脚不烂手 tʻiəʔ³ tɕie³³ pəʔ³ læ⁵² ʂəu²¹³　碍手碍脚的样子

兔儿担从梁过去噗 tʻur⁵² tæ⁵² liɑ̃³³ kuo⁵² kʻəʔ³ læ²¹　比喻毫无办法

兔儿危急哩咬一口 tʻur⁵² vei²⁴ li²¹ niɔ²¹ iəʔ⁵ kʻəu²¹　即兔子急了也

咬人

无事人睡的安然觉 vu^{33} s$_1^{52}$ z̩əŋ^{33} ṣuei^{52} təʔ^3 ŋæ^{21} z̩æ^{33} tɕiə^{52}　形容身心轻松，没有负担

无事人说的胆大话 vu^{33} s$_1^{52}$ z̩əŋ^{33} ṣuo^{33} təʔ^{21} tæ^{21} ta^{52} xua^{52}　犹站着说话腰不疼

瞎驴碰草地 xa^{33} ly^{33} p'əŋ^{52} tsə^{21} ti^{52}　无意中撞着。讥讽靠运气获得

瞎猫儿逮住个死老鼠 xa^{33} mɔr^{33} tai^{21} tiŋ^{52} kuə^3 s$_1^{21}$ lɔ^{24} ṣu^{21}　比喻没本事的人偶然有所收获

先小人，后君子 ɕie^{24} ɕiɔ^{21} z̩əŋ^{33}，xəu^{52} tɕyŋ^{24} ts$_1^{21}$　谓丑话说在前

捎毛驳不是 ɕiŋ^{33} mɔ^{33} pɔ^{33} pəʔ^3 s$_1^{52}$　故意寻岔：那~叻，你耍招理那

想吃油糕怕油嘴 ɕiã^{21} tʂ'əʔ^3 iəu^{33} kɔ^{21} p'a^{52} iəu^{33} tsuei^{213}　比喻想得到却怕付出必要的劳动

小胳膊捩不过大腿 ɕiɔ^{21} kəʔ^5 pəʔ^3 lie^{33} pəʔ^3 kuo^{52} ta^{52} tuei^{21}　比喻力量微弱

小娃娃口里讨虚实 ɕiɔ^{21} va^{33} va^{21} k'əu^{21} li^{33} t'ɔ^{24} ɕy^{21} ṣəʔ^3　形容孩子能说实话

小娃娃厮打，为个瓷马马 ɕiɔ^{21} va^{33} va^{21} ɕiəʔ^3 ta^{213}，vei^{52} kuə^3 ts'$_1^{33}$ ma^{21} ma^{33}　形容事出有因

小小儿偷针针，大哩抽筋筋 ɕiɔ^{21} ɕiɔr^{33} t'əu^{21} tʂəŋ^{24} tʂəŋ^{21}，ta^{52} li^{21} tʂ'əu^{24} tɕiŋ^{24} tɕiŋ^{21}　小时候养成的坏习惯长大后要吃大亏

小心没大差 ɕiɔ^{21} ɕiŋ^{213} mə^{33} ta^{52} ts'a^{52}　小心做事总是不会出大的差错

晓得尿床不铺毡 niɔ^{21} təʔ^3 niɔ^{52} tʂ'uã^{33}

pəʔ^3 pu^{24} tʂæ^{213}　比喻没有预测能力

心硬养小子 ɕiŋ^{21} niŋ^{52} iã^{21} ɕiɔ^{21} tsəʔ^3　比喻要做成某事必须心狠

雪地里埋不定死人 ɕye^{33} ti^{52} li^{21} mai^{33} pəʔ^3 tiŋ^{52} s$_1^{21}$ z̩əŋ^{33}　犹纸里包不住火

寻吃乞丐的跟上个讨吃乞丐的 ɕiŋ^{33} tʂ'ə^5 təʔ^3 kɯ^{21} ṣã^{52} kuəʔ^3 t'ɔ^{21} tʂ'ə^5 təʔ^3　比喻没有跟对人

寻吃的也有用叻 ɕiŋ^{33} tʂ'ə^5 təʔ^3 ia^{213} iəu^{21} yŋ^{52} liə^{21}　任何人都是有用的，不要把人看扁

寻吃乞讨赶不上碗热饭 ɕiŋ^{33} tʂ'ə^5 kæ^{21} pəʔ^3 ṣã^{52} væ^{21} z̩ə^{33} fæ^{52}　形容做事行为迟缓

眼合着叻，心活着叻 ie^{21} xə^{33} tʂəʔ^3 liə^{21}，ɕiŋ^{21} xuo^{33} tʂəʔ^3 liə^{21}　形容人表面平静，心里却活泛

羊下羔儿担得狗屎疼 iã^{33} xa^{52} kɔr^{213} tæ^{52} təʔ^3 kəu^{21} pi^{213} t'əŋ^{33}　比喻无端地干涉他人的事情；多管闲事

养儿像娘舅，养女像家姑 iã^{21} ər^{33} ɕiã^{52} niã^{33} tɕiəu^{52}，iã^{24} ny^{213} ɕiã^{52} tɕia^{24} ku^{213}　生养儿子长相一般像舅舅，生养的女儿长相一般像姑姑

腰来腿不来 iɔ^{21} lai^{33} t'uei^{21} pəʔ^3 lai^{33}　形容手脚动作迟缓

要么杨六郎，要么卖麻糖 iɔ^{52} ma^{21} iã^{33} liəu^{52} lã^{33}，iɔ^{52} ma^{21} mai^{52} ma^{33} t'ã^{21}　比喻成败在此一举

一搐鼻子二瞪眼 iə^5 tʂ'uə^3 piə^5 tsəʔ^3 ər^{52} təŋ^{52} ie^{213}　说话动辄吹胡子瞪眼睛，形容表情凶狠，

使脸色给人看

一个槽头拴不定两头叫驴 iəʔ⁵ kuəʔ³ tsʻɔ³³ tʻəu³³ ʂuæ²¹ pəʔ³ tiŋ⁵² lia²¹ tʻəu³³ tɕiɔ⁵² ly³³ 比喻彼此不能相容

一个锅里搅稀稠 iəʔ⁵ kuəʔ³ kuo²⁴ li²¹ tɕiɔ²¹³ ɕi²¹ tʂʻəu³³ 指在一处共同生活

一个老鼠害哩一锅汤 iəʔ⁵ kuəʔ³ lɔ²⁴ ʂu²¹³ xai⁵² li²¹ iəʔ⁵ kuo²¹³ tʻã²¹³

一碌碡支不出一个响屁 iəʔ⁵ luəʔ³ tʂʻuəʔ³ tsɿ²¹ pəʔ³ tʂʻuəʔ³ kuəʔ³ ɕiã²¹ pʻi⁵² 形容性子慢，行动迟缓的人

一说话，二瞪眼 iəʔ³ ʂuo³³ xua⁵² ər⁵² təŋ⁵² ie²¹³ 动辄给人脸色看

一丈来，五尺去 iəʔ³ tʂã⁵² lai³³ vu²¹ tʂʻəʔ³ kʻəʔ³ 不论如何

一丈长，五尺短 iəʔ³ tʂã⁵² tʂʻã³³ vu²¹ tʂʻəʔ³ tuæ²¹³ 同"一丈来，五尺去"

一锥子扎不出黑血 iəʔ⁵ tʂuei²⁴ tsəʔ³ tsa²¹³ pəʔ³ tʂʻuəʔ³ xəʔ³ ie³³ 比喻脸皮厚

艺多不拿人 i⁵² təŋ²¹³ pəʔ³ na²¹ zˌəŋ³³ 手艺多了不会精湛。形容学艺要精专

油尽捻子干 iəu³³ tɕiŋ⁵² nie²¹ tsəʔ³ kæ²¹³ 形容人的精力耗尽，生命已经走到尽头

游门子数板担 iəu³³ məŋ³³ tsəʔ³ ʂuo²⁴ pæ²¹ tæ⁵² 无聊瞎逛

有也五八，没也四十 iəu²¹ ia³³ vu²¹ pa³³，mə³³ ia²¹³ sɿ⁵² ʂəʔ³ 比喻不分青红皂白就做决断

越睡越懒，越吃越馋 ye³³ ʂuei⁵² ye³³ læ²¹³，ye³³ tʂʻəʔ³ ye³³ tsʻæ³³

支/等上个筛儿尿不满 tsɿ²¹/təŋ²¹ ʂã⁵² kuəʔ³ sɛr²¹³ nio⁵² pəʔ⁵ mæ²¹³ 吃不了兜着走

挂棍儿挂个长的，交朋友交个强的 tʂu²¹ kuɛr⁵² tʂu²¹ kuəʔ³ tʂʻã³³ təʔ³，tɕiɔ²¹ pʻəŋ³³ iəu²¹³ tɕiɔ²¹ kuəʔ³ tɕʻiã³³ təʔ³ 谓要结交好的人

挂棍儿挂个长的，攀伴儿攀个强的 tʂu²¹ kuɛr⁵² tʂu²¹ kuəʔ³ tʂʻã³³ təʔ³，pʻæ²¹ pær⁵² pʻæ²¹ kuəʔ³ tɕʻiã³³ təʔ³ 同"挂棍儿挂个长的，交朋友交个强的"

种瓜得瓜，种豆得豆，拦羊的吃肉 tʂuŋ⁵² kua²¹³ tə³³ kua²¹³，tʂuŋ⁵² təu⁵² tə³³ təu⁵²，læ³³ iã³³ təʔ²¹ tʂʻəʔ³ zˌəu⁵²

自夸自没人爱，苦菜花儿没人戴 tsɿ⁵² kʻua²¹³ tsɿ⁵² mə³³ zˌəŋ³³ ŋai⁵²，kʻu²¹ tsʻai⁵² xuɛr²¹³ mə³³ zˌəŋ³³ tai⁵²

嘴是个粉粉的，留下说人的 tsuei²¹ ʂəʔ³ kuəʔ²¹ fəŋ²¹ fəŋ²⁴ təʔ³，liəu³³ xa⁵² ʂəʔ³ zˌəŋ³³ təʔ³ 意为人生来就会批评别人的长短

左挪不得右转 tsəŋ²¹ nəŋ³³ pəʔ⁵ təʔ³ iəu⁵² tʂuæ⁵² （1）形容地方极其狭小 （2）手头经济拮据、窘迫

（四）歇后语

棒槌挑牙 pã⁵² tʂʻuei²¹ tʻiɔ²¹ ia³³——扛口叻 xã²⁴ kʻəu²¹³ liəʔ²¹ 比喻难以开口

包老爷的衙门 pɔ²⁴ lɔ²¹³ i²¹ təʔ³ ia³³ məŋ²¹——好进难出 xɔ²¹ tɕiŋ⁵² næ³³ tʂʻuəʔ²¹

背锅儿睡在墓圪堆上 pei²⁴ kuor²¹

ṣuei⁵² tai⁵² mu⁵² kəʔ⁵ tuei²¹³ ṣã⁵²
——不晓/知脚手高低叻 pəʔ⁵
ɕio²¹³/tṣʅ²¹³ ṣəu²¹ tɕie³³ kɔ²⁴ ti²¹³ liəʔ²¹
谓自傲自大

奔颅前額上吊个秤锤锤 pəŋ²¹ ləu³³
ṣã⁵² tio⁵² kuəʔ³ tṣ'əŋ⁵² tṣ'uei³³
tṣ'uei²¹——捣眼窝 tɔ²⁴ ie²¹ vuo²¹³
比喻没有眼光

鼻子流到口里头 piəʔ⁵ tsəʔ³ liəu³³
tɔ⁵² k'əu²⁴ li²¹ t'əu³³——顺势 ṣuŋ⁵²
ʂʅ⁵²　比喻随手可做，捎带

苍蝇爬到驴屎上 ts'ã²¹ iŋ³³ p'a³³ tɔ⁵²
ly³³ tɕ'iəu⁵² ṣã⁵²——抱定粗腿子
嗳 po⁵² tiŋ²¹ ts'u²⁴ t'uei²¹ tsəʔ³ læ²¹
比喻有大的后台

茶壶里煮扁食 ts'a³³ xu³³ li²¹ tṣu²¹³
pie²¹ ṣəʔ²¹　——肚里有，嘴嘴
里倒不出来 tu⁵² li²¹ iəu²¹³，
tsuei²¹ tsuei³³ li²¹ tɔ⁵² pəʔ⁵ tṣ'uəʔ⁵
lai³³　指人不擅长讲说

炒面捏的个人 ts'ɔ³³ mie⁵² nie³³ təʔ³
kuəʔ²¹ zəŋ³³——熟人 ṣuəʔ³ zəŋ³³

鸥怪子哭娘 ts'ʅ²¹ kuai⁵² tsəʔ³ k'uəʔ³
niã³³——造起你的不祥 ts'ɔ⁵² tɕ'i²¹
ni²¹ təʔ²¹ pəʔ⁵ ɕiã³³　比喻自找麻烦

赤扆子断狼 tṣ'əʔ⁵ tuəʔ⁵ tsəʔ³ tuæ⁵²
lã³³——胆大不识羞 tæ²¹ ta⁵² pəʔ⁵
ṣəʔ²¹ ɕiəu²¹³

穿上皮袄喝烧酒 tṣ'uæ²¹ ṣã⁵² p'i³³
ŋ²¹ xə³³ ṣɔ²¹³⁴ tɕiəu²¹³——里外
发烧 li²¹ vai⁵² fa²¹ ṣɔ²¹³

碟子里端水 ti³³ tsəʔ³ li²¹ tuæ²⁴
ṣuei²¹³——一不霎儿一不霎儿来
嗳 iəʔ⁵ pəʔ⁵ iər²¹ iəʔ⁵ pəʔ⁵ iər²¹ lai³³
læ²¹　比喻事情一步步都会来的

粉匠漏粉 fəŋ²¹ tɕiã⁵² ləu⁵² fəŋ²¹³——
拍壳子 p'ie³³ k'ə³³ tsəʔ³　指胡说
八道

风匣里的老鼠 fəŋ²¹ xa³³ li²¹ təʔ⁵ lɔ²⁴
ṣu²¹——两头受气 lia²¹ t'əu³³ ṣəu⁵²
tɕ'i⁵²

粪爬牛屎壳螂搬家 fəŋ⁵² p'a²¹ niəu³³
pæ²⁴ tɕia²¹³——滚蛋 kuŋ²¹ tæ⁵²

割的驴屎敬神叻 kə³³ təʔ³ ly³³ tɕ'iəu³³
tɕiŋ⁵² ṣəŋ³³ liəʔ²¹——神也惹嗳，
驴也死嗳 ṣəŋ³³ ia²¹ zə²⁴ læ²¹，
ly³³ ia²¹ sʅ²⁴ læ²¹　谓做事两头不
得好处

圪膝盖儿上钉掌 kəʔ³ ɕi⁵² kɛr⁵² ṣã⁵²
tiŋ⁵² tṣã²¹³——离蹄（题）太远嗳
li³³ t'i³³ t'ai⁵² ye²¹³ læ²¹

狗屁的罐系子上嗳 kəu²⁴ pa²¹ təʔ³
kuæ⁵² ɕi⁵² tsəʔ³ ṣã⁵² læ²¹——不
能提 pəʔ³ nəŋ³³ t'i³³　无法说及

狗咬石匠 kəu²⁴ nio²¹³ ṣəʔ³ tɕiã⁵²——
想挨锤子嗳 ɕiã²¹ nai³³ tṣ'uei³³
tsəʔ³ læ²¹

狗咬巴屎的 kəu²⁴ nio²¹³ pa²⁴ sʅ²¹³
təʔ³——不识抬举 pəʔ⁵ ṣəʔ⁵ t'ai³³ tɕy⁵²

狗看星宿 kəu²¹ k'æ⁵² ɕiŋ²¹ ɕiəu⁵²
——认不得稀稠 zəŋ⁵² pəʔ⁵ təʔ³
ɕi²¹ tṣ'əu³³

狗屎的脑上嗳 kəu²¹ nio⁵² təʔ³ nɔ³³
ṣã⁵² læ²¹——浇（交）运 tɕio²¹ yŋ⁵²
形容有好运气了

狗吃尿脬 kəu²¹ tṣ'əʔ³ nio⁵² p'ɔ²¹——
空喜一场 k'uŋ²⁴ ɕi²¹³ iəʔ⁵ tṣ'ã²¹

裹上被子看戏 kuo²¹³ ṣã⁵² pi⁵² tsəʔ³
k'æ⁵² ɕi⁵²——尽家当抖叻 tɕiŋ⁵²
tɕia²¹³ tã⁵² təu²¹³ liəʔ²¹　比喻用尽

了全部能力

和尚的帽儿 xuo³³ ʂã⁵² təʔ³ mɔr⁵²
——平不塌 pʻiŋ³³ pəʔ³ tʻa²¹　做事
一般，没有起色

尖底子锅儿 tɕie²⁴ ti²¹ tsəʔ³ kuor²¹³
——自不稳 tsʅ⁵² pəʔ⁵ vəŋ²¹³

靠小姨子养娃娃 kʻɔ⁵² ɕiɔ²¹ i³³ tsəʔ³
iã²¹ va³³ va²¹——靠不上 kʻɔ⁵² pəʔ³
ʂã⁵²　想些没有指望的事

裤裆哩放屁 kʻu⁵² tã²⁴ li²¹ fã⁵² pʻi⁵²
——两岔岔流 lia²¹ tsʻa⁵² tsʻa⁵²
liəu³³　所言不是一回事，也指
分为两个部分

腊月二十三的送灶马 la³³ ye³³ ər⁵²
ʂʅ²¹ sæ²¹³ təʔ³ suŋ⁵² tsɔ⁵² ma²¹——
只说好，不说坏 tsəʔ³ ʂuo³³ xɔ²¹³，
pəʔ³ ʂuo³³ xuai⁵²

拦羊的打酸枣 læ³³ iã³³ təʔ³ ta²¹
suæ²¹ tsɔ⁵²——捎带 sɔ²¹ tai⁵²

狼照羊 lã³³ tʂɔ⁵² iã³³ ——照完噠
tʂɔ⁵² væ³³ læ²¹　监守自盗

老虎吃天 lɔ²⁴ xu²¹ tʂʻəʔ³ tʻie²¹³——
无从下手 vu³³ tsʻuŋ³³ ɕia⁵² ʂəu²¹³
比喻难以进行

老虎洗脸 lɔ²⁴ xu²¹ ɕi²⁴ lie²¹³——一
不拉 iəʔ⁵ pəʔ³ la²¹　一抹平，什
么也没有

老婆儿放叉劈腿 lɔ²¹ pʻuor³³ fã⁵² tsʻa⁵²
——硬下叻 niŋ⁵² ɕia⁵² liəʔ³　强制
他人做事

老鼠顶个杏壳壳 lɔ²⁴ ʂu²¹ tiŋ²¹
kuəʔ³ xɯ⁵² kʻə³³ kʻə²¹——冒充红
仁仁(人人)mɔ⁵² tʂʻuŋ²¹³ xuŋ³³
zəŋ³³ zəŋ²¹

六月里捼黑豆 liəu⁵² ye³³ li²¹ væ²¹

xəʔ³ təu⁵²——瞅/凑/对空叻
tsʻəu²¹／tsʻəu⁵²／tuei⁵² kʻuɤr⁵² iəʔ²¹
比喻趁机会做某事

聋子的耳朵 luŋ³³ tsəʔ³ təʔ²¹ ər²¹
tuo³³——摆设 pai²¹ ʂə³³

驴尿拌豆芽 ly³³ tɕiəu³³ pæ⁵² təu⁵²
ia²¹——粗细不匀 tsʻu²¹ ɕi⁵² pəʔ³ iŋ³³
比喻搭配不协调

驴粪蛋儿 ly³³ fəŋ⁵² tær⁵²——面面光
mie⁵² mie⁵² kuã²¹³　比喻表里不一

驴啃脖子 ly³³ kʻuŋ²¹³ puo³³ tsəʔ³——
工变工 kuŋ²¹ pie⁵² kuŋ²¹³

蚂蚱蚱吃大腿 ma³³ tsa⁵² tsa⁵² tʂʻəʔ³
ta⁵² tʻuei²¹——自吃自 tsʅ⁵² tʂʻəʔ³ tsʅ⁵²

买豆芽的不拿秤儿 mai⁵² təu⁵² ia²¹
təʔ³ pəʔ³ na³³ tʂʻɤr⁵²——乱/冒抓
叻 luæ⁵²／mɔ⁵² tʂua²¹³ liəʔ²¹
比喻做事没计划，盲目进行

没毛风匣 mə³³ mɔ³³ fəŋ²¹ xa³³——两
头儿扇 lia²¹ tʻəur³³ sæ²¹³　比喻在
两边挑拨是非

木匠的斧子 məʔ³ tɕiã⁵² təʔ³ fu²¹
tsəʔ³——偏砍叻 pʻie²⁴ kʻæ²¹ liəʔ²¹
比喻做事不公正

南山的桃儿 næ³³ sæ²¹³ təʔ³ tʻɔr³³——
一绿绿儿(律律)的 iəʔ⁵ luəʔ³ luər⁵²
təʔ³〈贬〉　比喻一样的品行

尿脬打人 niɔ⁵² pʻɔ²¹ ta²¹ zəŋ³³——
臊气难闻 sɔ²¹ tɕʻi⁵² næ³³ vəŋ³³

怵嘴嘴歪嘴吹喇叭儿 tɕʻiəu²⁴ tsuei²¹
tsuei³³ tʂʻuei²⁴ la²¹ pər³³——偏偏
的遇上个端端的 pʻie²¹ pʻie³³ təʔ³
y⁵² ʂã⁵² kuəʔ³ tuæ²¹ tuæ³³ təʔ³
比喻事情的发生很巧合

瘸子担水 tɕʻy³³ tsəʔ³ tæ²⁴ ʂuei²¹³——

一不鬻儿一不鬻儿来啵 iəʔ⁵ pəʔ³
iər²¹ iəʔ⁵ pəʔ³ ʔəʔ³ iər²¹ lai³³ læ²¹
同"碟子里端水"

三分钱儿买的个蛤蟆 sæ²⁴ fəŋ²¹³
tɕ‘iər³³ mai²¹ təʔ⁵ kuəʔ³ kəʔ³ ma³³
——越看越鳖（别）ye³³ k‘æ⁵² ye³³
pie³³　越看越不顺眼

三岁上卖饸饹 sæ²¹ suei³³ ʂã⁵² mai⁵²
xɯ³³ lɔ²¹——久惯捞长啵 tɕiəu²¹
kuæ⁵² lɔ³³ tʂ‘ã³³ læ²¹　形容经验
丰富

三张麻纸糊的个驴脑 sæ²⁴ tʂã²¹³
ma³³ tsɿ²¹³ xu³³ təʔ⁵ kuəʔ³ ly⁵²
nɔ³³——好大的面子 xɔ²¹ ta⁵²
təʔ³ mie⁵² tsəʔ³

杀猪杀屁股 sa³³ tʂu²¹³ sa³³ p‘i⁵² ku²¹
——一人一个做法/另一把儿起手
iəʔ³ zəŋ³³ iəʔ⁵ kuəʔ³ tsuəʔ³ fa²¹/liŋ⁵²
iəʔ³ pɐr²¹ tɕ‘i²⁴ ʂəu²¹　比喻各有各
的方法

砂锅捣算 sa²⁴ kuor²¹ tɔ²¹ suæ⁵²——
就这一锤子（买卖）tsəu⁵² tʂei⁵²
iəʔ³ tʂ‘uei³³ tsəʔ³（mai²¹ mai⁵²）

石匠锻磨 ʂəʔ⁵ tɕiã⁵² tuæ⁵² muo⁵²——
照壕壕/子溜 tʂɔ⁵² xã³³ xã²¹/tsəʔ³
liəu⁵²　按前人的做法进行，比喻
因循守旧

石狮子的屁眼 ʂəʔ⁵ sɿ²¹³ tsəʔ³ təʔ³
p‘i⁵² nie²¹——道行不深 tɔ⁵² xəŋ³³
pəʔ⁵ ʂəŋ²¹³

宋川吴堡县成所在地的毛鬼神 suŋ⁵²
tʂ‘uæ²¹ təʔ³ mɔ³³ kuei²¹ ʂəŋ³³——
好请难发送 xɔ²⁴ tɕ‘iŋ²¹³ næ³³ fa³³
suŋ⁵²

淘米筛子做锅盖 t‘ɔ³³ mi²¹³ sai²¹³

tsəʔ³ tsuəʔ⁵ kuo²¹ kai⁵²——眼眼
太多 ie²¹ ie³³ t‘ai⁵² təŋ²¹³

头上害疮脚把把流脓 t‘əu³³ ʂã⁵²
xai⁵² tʂ‘uã²¹³ tɕie³³ pa⁵² pa²¹ liəu³³
nuŋ³³——坏透啵 xuai⁵² t‘əu⁵² læ²¹

秃子脑上的虱子 t‘uəʔ⁵ tsəʔ³ nɔ³³
ʂã⁵² təʔ³ səʔ³³ tsəʔ³——（1）明摆
着 miŋ³³ pai²¹³ tʂəʔ³　（2）有吃处，
没宿处 iəu²¹ tʂ‘əʔ³ tʂ‘u²¹，mə³³
ɕyəʔ³ tʂ‘u²¹

脱裤子放屁 t‘uo³³ k‘u⁵² təʔ³ fã⁵²
p‘i⁵²——多费/要一层手续 təŋ²¹
fei⁵²/ʂua²¹ iəʔ³ tʂ‘əŋ³³ ʂəu²¹ ɕyəʔ³
形容做事多了一些无用的环节

外甥哭妗子 vai⁵² səŋ²¹ k‘uəʔ³ tɕiŋ⁵²
tsəʔ³——记起一阵子 tɕi⁵² tɕ‘i²¹
iəʔ³ tʂəŋ⁵² tsəʔ³　比喻不当一回事

戏场哩的婆姨 ɕi⁵² tʂ‘ã²¹³ təʔ³ p‘uo³³
i⁵²/²¹——有主啵 iəu²⁴ tʂu²¹³ læ²¹

小娃娃挨打 ɕiɔ²¹ va³³ va²¹ nai³³
ta²¹³——尽够支啵 tɕiŋ²¹ ŋəu⁵² tsɿ²¹³
læ²¹　形容最大限度地承担、忍
受地

新安的茅子 ɕiŋ²⁴ ŋæ²¹³ təʔ³ mɔ³³
tsəʔ³——香三天 ɕiã²¹ sæ²⁴ t‘ie²¹
比喻干事情只有一时的热情

新媳妇子放屁 ɕiŋ²¹ ɕiəu³³ tsəʔ³ fã⁵²
p‘i⁵²——零忒攃 liŋ³³ t‘əʔ³ səu²¹
比喻做事零敲碎打，没有连续
性，不完整

秀才学阴阳 ɕiəu⁵² ts‘ai²¹ ɕie³³ iŋ²¹
iã³³——一拨就转 iəʔ³ pə³³ tsəu⁵²
tʂuæ⁵²　比喻学起来很快入门

鸭子吃菠菜 ia³³ tsəʔ³ tʂ‘əʔ³ puo³³
ts‘ai⁵²——平铲 p‘iŋ³³ ts‘æ²¹³

烟雾地里断狼 ie²¹ vu⁵² ti⁵² li²¹ tuæ⁵²
lã³³ ——冒吼叻 mɔ⁵² xɐu²¹³ liə?²¹
比喻盲目吆喝，没有根据地
说话

羊圈里踢掉颗驴粪蛋儿 iã³³ tɕye⁵²
li²¹ t'ã⁵² k'uo²¹ ly³³ fəŋ⁵² tær⁵²——
最你大 tsuei²¹³/⁵² ni²¹³ ta⁵² "最"
读阴平上调特殊

月尽儿看皇历 ye³³ tɕiʏ̃r⁵² k'æ⁵² xuŋ³³
liə?²¹——没日子嘅 mə³³ z̩ə?³
tsə?³ læ²¹ 比喻没有多少时间

枣核子 枣核 上解板 tsɔ²¹³ xuə?⁵ tsə?³
ʂã⁵² kai²⁵ pæ²¹³——不够一锯(句)
pə?³ kɐu⁵² iə?³ tɕy⁵²

寡妇梦见屎嘅 kua²¹ fu⁵² məŋ⁵² tɕie⁵²
tɕ'iəu³³ læ²¹——尽想好事 tɕiŋ⁵²
ɕiã²¹³ xɔ²¹ s̩⁵²

寻吃的透哈巴儿 ɕiŋ³³ tʂ'ə?³ tə?³
t'əu⁵² xa²¹ pɐr²¹³——穷箍打 胡凑
合 tɕ'yŋ³³ ku²⁴ ta²¹

屎皮鞭鼓 tɕ'iəu³³ p'i²¹ mæ³³ ku²¹³——
硬撑叻 niŋ⁵² ts'əŋ²¹³ liə?³ 比喻
强硬支撑

袖圪筒儿茹出个脚片子 ɕiəu⁵² kə?⁵
t'uʏ̃r²¹³ z̩u⁵² tʂ'uə?⁵ kuə?³ tɕie³³
p'ie²¹³ tsə?³——好大的手 xɔ²¹ ta⁵²
tə?³ ʂɐu²¹³

瞎子推磨 xa³³ tsə?³ t'uei²¹ muo⁵²——
由驴转 iəu³³ ly³³ tʂuæ⁵² 放任自流

黑豆换黑豆 xə?³ tɐu⁵² xuæ⁵² xə?³
tɐu⁵²——看谁寻谁叻 k'æ⁵² ʂuei³³
ɕiŋ³³ ʂuei³³ liə?²¹ 比喻办事情谁
掌握主动权谁就处于有利地位

黑豆地里种芝麻 xə?³ tɐu⁵² ti⁵² li²¹
tʂuŋ⁵² ts̩²¹ ma³³——捎带 sɔ²¹ tai⁵²

回回拾得颗猪脑 xuei³³ xuei³³ ʂə?³
tə?³ k'uo²¹ tʂu²¹³ nɔ³³——吃也不
是，摺也不是 tʂ'ə?⁵ ia²¹ pə?³ s̩⁵²，
liɔ⁵² ia²¹ pə?³ s̩⁵² 形容左右为难

回回拾得个猪蹄蹄 xuei³³ xuei³³
ʂə?³ tə?³ kuə?²¹ tʂu²¹ t'i³³ t'i³³——
吃去不能吃，摺去舍不得 tʂ'ə?⁵
k'ə?³ pə?³ nəŋ³³ tʂ'ə?³，liɔ⁵² k'ə?³
ʂəŋ²¹ pə?⁵ tə?³ 形容左右为难

和尚的帽儿 xuo³³ ʂã⁵² tə?³ mɔr⁵²——
平不塌 p'iŋ³³ pə?⁵ ta²¹ 形容做事
没有起色

茅盖上打擦擦 mɔ³³ kai⁵² ʂã⁵² ta²⁴
ts'a³³ ts'a²¹——离屎(死)不远嘅
li³³ s̩²¹ pə?³ ye²⁴ læ²¹

老骡子拴到背巷里 lɔ²¹ ləŋ³³ tsə?³
ʂuæ²¹ tɔ⁵² pei⁵² xã⁵² li²¹——没用
嘅 mə?³ yŋ⁵² læ²¹

老和尚的屎 lɔ²¹ xuo³³ ʂã⁵² tə?³
tɕiəu³³ ——(1)没见过世面
mə³³ tɕie⁵² kuo⁵² s̩⁵² mie⁵²
(2)没入渠道 mə³³ z̩ uə?³ tɕ'y³³ tɔ⁵²

井子里的蛤蟆 tɕiŋ²¹ tsə?³ li²¹ tə?³
kə?³ ma³³——没见过个大天
mə³³ tɕie⁵² kuo⁵² kuə?³ ta⁵² t'ie²¹
比喻见识少

(五)谜语

弟兄二人一样高，腰里别把杀人
刀。(门插子) ti⁵² ɕyŋ²¹³ ər⁵²
z̩əŋ³³ iə?³ iã⁵² kɔ²¹³，iɔ²⁴ li²¹ pie²¹
pa²¹ sa²¹ z̩əŋ³³ tɔ²¹³。

对面洼上一群鹅，乓乓吧吧要跳
河。(饺子) tuei⁵² mie⁵² va²¹ ʂã⁵²
iə?³ tɕ'yŋ³³ ŋui³³，p'iŋ²¹ p'iŋ³³ pa²¹
pa²¹ iɔ⁵² t'iɔ²¹ xɯ³³。

远看一匹马，近看没尾巴，肚里
转莲花，口里吐黄沙。(扇车)
ye²¹ k'æ⁵² iə?⁵ p'iə?³ ma²¹³，tɕiŋ⁵²

k'æ⁵² mə³³ i²¹ pa³³，tu⁵² li²¹ tṣuæ⁵²
lie³³ xua²¹，k'əu²¹ li³³ t'u²¹ xuã³³
sa²¹。

花里虎里里虎花，四个抓抓没尾巴。（青蛙）xua²¹ li³³ xu²¹ li³³ li²⁴ xu²¹ xua²¹³，sɿ⁵² kuəʔ³ tṣua²¹ tṣua³³ mə³³ i²¹ pa³³。

四四方方一座城，里头宬个毛老人。（风箱）sɿ⁵² sɿ⁵² fã²⁴ fã²¹ iəʔ³ tsuo⁵² tṣ'əŋ³³，li²¹ t'əu³³ ṣəŋ³³ kuəʔ³ mə³³ lɔ²¹ ẓən³³。

南山上来个铜猴猴，头上顶个火炉炉，乒乒吧吧磕头头。（旱烟锅）næ³³ sæ²¹ ṣã⁵² lai²¹ kuəʔ³ t'uŋ³³ xəu³³ xəu²¹，t'əu³³ ṣã⁵² tiŋ²¹ kuəʔ³ xuo²¹ ləu³³ ləu²¹，p'iŋ²¹ p'iŋ³³ pa²¹ pa³³ k'ə³³ t'əu³³ t'əu²¹。

南里上来个黑小子，不拿锤，不拿錾，垒的个房房真好看。（燕窝）næ³³ li²¹ ṣã⁵² lai²¹ kuəʔ³ xəʔ⁵ ɕiɔ²¹ tsəʔ³，pəʔ³ na³³ tṣ'uei³³，pəʔ³ na³³ tsæ⁵²，luei²¹ təʔ⁵ kuəʔ³ fã³³ fã³³ tṣəŋ²⁴ xɔ²¹ k'æ⁵²。

金石板，银石板，石板底里扣老碗。（月亮）tɕiŋ²¹ ṣəʔ⁵ pæ²¹，iŋ³³ ṣəʔ⁵ pæ²¹，ṣəʔ⁵ pæ²¹ ti¹³ li³³ k'əu²¹ lɔ²⁴ væ²¹。

一尺高的个老汉汉，脑头上顶个火蛋蛋，火蛋蛋踢掉嘹，怕得老汉汉逛跑嘹。（香）iəʔ⁵ tṣ'əʔ³ kɔ²⁴ təʔ⁵ kuəʔ³ lɔ²¹ xæ⁵² xæ²¹，nɔ³³ ṣã⁵² tiŋ²¹ kuəʔ³ xuo²¹ tæ⁵² tæ²¹，xuo²¹ tæ⁵² tæ²¹ t'ã⁵² læ²¹，p'a⁵² təʔ³ lɔ²¹ xæ⁵² xæ²¹ kã⁵² læ²¹。

语法篇

第十章　重叠的形式与功能

第一节　名词的重叠及功能

一、重叠形式

绥德方言名词重叠为 AA 式、AABB 式两类。AA 式与北京话基本一致。例如：人人、门门、家家。AABB 式有的与北京话一致，例如：瓶瓶罐罐、盆盆碗碗、前前后后、上上下下、里里外外。有的与北京话有所不同，即北京话不能重叠的，绥德方言也能重叠。例如：事事情情、时时节节、汤汤水水、酒酒肉肉、皮皮毯毯、眉眉眼眼、肉肉菜菜、根根蔓蔓、意意思思、心心事事、东东西西、家家具具、铺铺盖盖、衣衣裳裳。

二、重叠功能

汉语的名词重叠不但数量上有维度加大的变化，具有延展性、代表性等意义以及附加意义，有的还具有明显的夸张或比喻的作用。绥德方言名词重叠的功能主要表现在以下两点。

第一，AABB 式表示统指、遍指、总括，大致相当于"所有"或"全部"、"每一"、"逐一"的意思。前后两个重叠式名词指的是同一类事物，二者相连表示同类事物的所有或全部的意思，即具有周遍性。例如：坛坛罐罐、碟碟碗碗、衣衣裳裳、边边沿沿、边边畔畔、根根蔓蔓、崖崖畔畔、针针线线、上上下下、前前后后、里里外外，它们都具有统指、总括的意义，"包包蛋蛋"指大大小小的包袱，"坛坛罐罐"是指坛子、罐子这类器皿，"衣衣裳裳"指穿戴服饰这类东西，"眼眼窍窍"指各种机会。"事情"、"时节节日"可以说成"事事情情"、"时时节节"，指每件事情，每个节日。构成遍指意义的词，其构词成分要具有代表性，能代表该类事物，有的构词成分不具有代表性，也就不能说，如"酱醋、碗筷"就不能构成"*酱酱醋醋、*碗碗筷筷"。有的没有 AB 基式词，如"头头点点、海海漫漫"，就没有"*头点、*海漫"这样的词。没有 AB 基式的应该是叠音式名词，但是它们也就有遍指、总括的意义。这类词极其少见，山西介休、万荣等地方言(乔全生 2000：36)有类似的词，如"事事情情、东东西西、莱莱蔬蔬"。

第二，AABB式表示委婉。例如，"意意思思"、"心心事事"是委婉地表达某种意思、某种心事。这类名词重叠现象在方言中更是少见。

这里附带说说量词的重叠问题。

绥德方言的量词重叠可分为名量词的重叠和动量词的重叠两类，其形式都是 AA 式的，如个个、卯卯_{桩、宗}、宗宗，回回、下下、次次、顿顿等。量词重叠式有周遍、每一的意义，与北京话的量词重叠功能一致。例如：

(1)老子养儿个个有份。

(2)卯卯事情叫你心里难受。

(3)你回回给咱溷乱子。

(4)你下下打不上。

(5)顿顿给咱往下剩，像个甚么？

例(1)的"个个有份"就是每个人有份，例(4)的"下下打不上"就是每一下打不上。

量词重叠作宾语表示动作进行方式。例如：数个个、断_{总卖}堆堆、秤斤斤、论两两、挣把把、卖颗颗、切块块、镂丝丝等。它们表示按照量词的方式进行，如"断堆堆"是按照一堆一堆的方式卖，"绺把把"是按照一把一把的方式捆扎，"切块块"按照块状的形式切割。又如：摞摞摞、堆堆堆、串串串等，这几个的第一个音节都是动词，后两个音节是量词的重叠，意思与上边的"数个个"一样，"摞摞摞"就是按照一摞一摞的方式摞起来。

第二节　动词的重叠及功能

一、重叠形式

动词重叠式在绥德方言中使用得并不普遍，而且重叠的形式与北京话并不完全相同。绥德方言动词重叠式 AA 式很少，ABAB 式基本不用，主要是 AABB 式。例如：吃吃喝喝、品品对对、等等对对、订订对对、对对付付、碰碰坎坎、躲躲闪闪、躲躲藏藏、进进出出、来来往往、挑挑拣拣、拉拉扯扯、磕磕碰碰、溜溜达达、缝缝补补、走走串串、走走站站、补补衲衲、拾拾揽揽、跑跑逛逛 kã⁵²、说说笑笑、洗洗涮涮、拍拍打打、写写算算、跢 tuo³³ 跢站站、哩哩啦啦说不清楚、完整、吵吵嚷嚷、凑凑和和、忍忍让让、尽尽让让、叼叼抢抢、吹吹打打吹牛、断断续续、抢抢夺夺、摇摇晃晃、抠抠掐掐、扭扭掐掐、堵堵挡挡、商商量量、转转弯弯委婉说明、招招呼呼、捏捏掇掇、捏捏揣揣、应应付付、迷迷糊糊、迷迷瞪瞪、搜搜掐掐，等等。这类动词较为丰富，它们都有 AB 基式。近年也开始出现了 AA 式、ABAB 式，在新派中使用得突出一些，盖受北京话影响所致。

二、重叠功能

一般来说，汉语动词重叠的语法意义是多方面的，有体的方面：表短时，表延续，表反复，表惯常；有量的方面：表少量，表轻微；有情态的方面：表尝试，表随意，表轻松，表悠闲，表缓和；有色彩的方面：口语，非贬义。表"轻微体"是它对动词重叠语法意义的整体概括。绥德方言动词的重叠仅有其中的部分语法意义。

第一，AABB 式动词重叠具有形容词的某种性质，表示状态、方式。例如："说说笑笑"表示有说有笑的样子。"抠抠掐掐"表示动作不利索，磨磨叽叽的样子。"撕撕掫掫 va²¹³"表示互相拉扯打斗。"捏捏揣揣"表示挑拣、摸索的样子。它们能作谓语，也可以作状语。例如：人家把你抬抬举举，你也敢要执执架架么。你那儿抠抠掐掐做甚叻？

动词 ABAB 式重叠表示轻松随便或反复动作，及动作的轻佻不正经意味。例如：我每也敢学习学习。来咱参观参观。这是近年来受北京话影响而出现的新用法，主要在新派中使用。

第二，绥德方言的单音节动词一般不重叠，北京话通过重叠手段来表达动量减小的语法意义，绥德方言用另外的方式来表达，即用动词后加上"给＋下儿/一下"、"给＋动量词"来实现。如"看看"、"说说"说成"看给下（儿）"、"说给下（儿）"。"下（儿）"是"一下（儿）"的省略，有时也可以不省略。相互比较，"下"比"一下"表示的不可数动量少一些，语气轻一些。

第三，绥德方言动词有少量的 AA 儿式，表示程度的加深，有增量的作用，与动词重叠表示的语法意义并不一致，从功能上看，应该变成形容词了。例如：服服儿、够够儿、烦烦儿、愁愁儿、□□儿（niɔ³³ cin³³ niɔr³³)厌烦、怕怕儿、伤伤儿、草草儿心里服输。这类动词重叠数量极其有限，并有许多条件限制：首先，必须是单音节动词，第二个音节要儿化；其次，重叠表示的是程度加深，而非北京话动词重叠所表达的语法意义；再次，语义上表现为心理活动、感觉。心理活动动词能够受程度副词修饰，某种程度上说具有形容词的一些性质，而绥德方言的形容词是可以重叠的，所以这些动词也可以重叠。换句话说，这是有一定条件限制的动词重叠，也可看作是形容词的重叠。例如：

(1)我把你服服儿价。

(2)教书教得我烦烦儿价。

(3)大灶上的饭把我吃得伤伤儿的。

例(1)中的"服服儿"表示很服气，(2)"烦烦儿"就是很烦，(3)"伤伤儿"是伤害很大。

三、与动词重叠形似的问题

第一，表示并列关系。绥德方言中也存在着类似北京话形式的"咱每走走，说说"之类的话。这种看似动词重叠，实际上与北京话的动词重叠并不相同，它是"V+也(啊)+V"结构零音节形式的体现，因此，表达的语法意义也就大不相同。绥德方言中的 VV 是表示并列关系的，"走走，说说"即边走边说的意思。详见第十八章第一节"并列类复句"。

第二，表示话题功能。绥德方言动词重叠现象表示话题功能，有的需要对举才能成句，有的独自成句。例如：

(4)说说不下，管管不了(liɔ²¹³)。

(5)打打不成，谴嗦谴责谴嗦不成。

(6)给给噎，后悔也不顶事噎。

(7)说说噎，人家不听有甚办法呦。

(8)挨打挨打噎，剥去剥不下。

以上例子的第一个动词后有语音停顿，也可加标记词"去"、"呦"、"么"等话题标记，意思并没有变化，如例(4)、(6)、(8)可以说成下面的句子，意思不变。

(4′)说去说不下，管去管不了。

(6′)给去给噎，后悔也不顶事噎。

(8′)挨打么挨打噎，剥么剥不下。

比较北京话的动词重叠，绥德方言这类现象实际上不是一般意义上的动词重叠。

第三，表示所发出的动作行为是无所谓的，毫不在意的。在 VV 后加上"上/下"，构成"V＋V＋上/下"结构，多用于应别人之说而在进行动作行为之时回答，只单说。动词一般为动作动词。例如：

(9)——你哑要客气噇，拿上。——拿拿上么，你每的一份儿情义呦。

(10)——你担上走。——担担上，怕甚叻。

(11)——你敢爬下么。——爬爬下，这有个甚叻。

(12)——坐下说。——坐坐下，正熬噇。

在 VV 后可以加"去"，构成"V＋V＋去"结构，其中第一个 V 后，也可加代词"你、那他、那些他们"，也可以加动词"叫"，表明说话人主观上的消极态度，认为该行为是无所谓的，不需在乎的。例如：

(13)走(你)走去，离哩狗屎不种菜噇！

(14)要(那些)要去，就怕那些要不来。

(15)哭(叫)哭去，一阵儿不哭也。

这一结构前还可以加能愿动词，构成"能/想/愿＋V＋V＋去"，用在紧缩复句中，表示假设关系。例如：

(16)你能吃吃去。

(17)那想给给去。

(18)谁愿念念去。

在 VV 后加"给下"，构成"V＋V＋给下"结构，其中第一个 V 后，也可加"就"。例如：

(19)看(就)看给下，正有空儿叻。

(20)掏(就)掏给下，几镢头就掏完噇。

(21)日噘(就)日噘给下，还少哩一圪瘩肉也？

第三节　形容词的重叠及功能

一、重叠形式

绥德方言形容词的重叠式与北京话基本上一致，有 AA 式、不 AA 式、AABB 式、A 里 AB 式。例如：

AA 式：长长　小小　真真　麻麻　咸咸　花花　黑黑　熟熟　娥娥油油

不 AA 式：不大大　不长长　不沉沉　不稠稠　不瓷瓷　不粗粗不多多　不高高　不贵贵　不咸咸　不厚厚　不欢欢　不俊俊　不快快

不宽宽　不难难　不深深　不强强　不远远　不硬硬　不行行　不真真_{清晰}
不重重

　　AABB式：a. 安安心心　红红火火　可可以以　利利索索　排排场场
拴拴整整　顺顺当当　抬抬举举、稳稳妥妥　恓恓惶惶　消消停停
佯佯雾雾　匀匀称称　正正气气　执执架架　立立骨骨　纳纳咽咽
钢钢骨骨

　　b. 长长短短　大大小小　多多少少　高高低低　贵贵贱贱　好好坏坏
瞎瞎好好　歪歪好好

　　A里AB式：儿里儿气　牛里牛气　流里流气　洋里洋气　糊里糊涂
小里小气　猴里猴气　老里老气　麻里麻烦　妖里妖气

二、重叠功能

　　绥德方言形容词重叠的语法意义AABB式、A里AB式与北京话完全一致，如A里AB式带有贬义色彩；AA式也大致相同，可以表程度变化，表状态的形成，表强调，表主观估价，表"类同物复现"，同时，也有不一致的地方。这里主要分析绥德方言AA式的功能。

　　第一，AA式具有增量作用，即在数量上较原有状态有所增加，这一意义的第二个A多读儿化。例如：辣—辣辣儿、光—光光儿、匀—匀匀儿。前者只表示事物的性状如何，后者除此之外，还表示有些辣、有些光、有些匀称。AA式作谓语、状语、定语、补语时，一般要加助词"家/价"，特别是不读儿化音时一定要加，不加则不能成句。例如：

　　(22)鸡蛋猴猴儿价。（谓语）

　　(23)给你买个大大价的气球。（定语）

　　(24)墙垒得高高价。（补语）

　　第二，AA式可以加否定词"不"构成"不AA"。赵元任（1979：111）指出，形容词重叠式一般不能直接用"不"否定，如不说"不绿油油的"，绥德方言亦此。但是绥德方言可以说"不AA"，表示与A的意思相反相对，不过表意上还在A的范围内。AA式的后一音节一般要儿化，而否定式的"不AA"式后一A不能读儿化。"不AA"式最常见的有如上23个。"不AA"式对A有一定的要求，换言之，不是所有的形容词都能进入这一重叠式中，如与大、长、远、深、强、重、高、粗等词义相反的形容词小、短、近、浅、弱、轻、低、细等则不能进入，表现出了形容词语法功能上的不对称性。表意上，"不AA"比"不A"量度、性状要稍微轻一点儿，含有"不过于、不太、不明显"的意思，犹不太A，但还可以。不大大≈不太大，不沉沉≈不太沉，不行行≈不太行。如果要表示很不

A 的意思，但还在 A 的语义范畴内，一般在前加副词"可 k'ə³³、满、一满"来实现，如"可不稠稠、满不重重"就是不稠、不重，也就是稀、轻的意思，可不稠稠≈稀、满不重重≈轻。按照量度、性状的不同进行排列的话，依次递减的情况是：A＞不 AA＞不 A＞满不 AA＞－A。－A 是A 的相反，即 A 的反义词，A 是"大"，－A 就是"小"。"不 AA"式使用的语境是，说话者认为他所描述的对象在量度、性状上对比，要小于一般的标准 A（大、高、沉、强），但是又超过了－A（小、低、轻、弱），这种情况下才用"不 AA"式。量度、性状的标准是相对的，需要有个参照物，但在"不 AA"式中一般不出现，这个参照物是一种隐含的语义信息，是说话者已有认知中的结果。

　　"不 AA"式可以作谓语、定语、补语，也可以独立成句，回答询问。例如：

　　（25）这段路不长长，一阵儿就到喽。（谓语）

　　（26）不大大的个筐子盛的还不少呐。（定语）

　　（27）长得不高高的个后生来问你在不在。（补语）

　　（28）——红薯长得粗细呐？——不粗粗。（独立成句）

　　"不 AA"式作句子成分时，后边不能用"价"，而只能用"的"。如例（26），试比较：不大大的个筐子——（你给咱编上个）大大价个筐子。

　　"不 AA"式在山西晋语中亦见，如大同方言也有"不大大儿、不高高儿、不粗粗儿、不沉沉"等十个（袁海林 2008：209）。不过彼此在语义和读音上有所区别，大同方言的"不 AA 儿"是表示度量非常小，而且要儿化。阳高方言有"不远远"、"不宽宽"，偏关方言也有"不远远"（郭利霞 2009）。绥德方言不读儿化音，范围比大同方言较广一些。

　　第三，AABB 式 b 组表示没有什么条件，犹无论、不论怎样的意思。它们是由词义相反的两个形容词 AB 重叠构成，不具备相反词义条件的 AB，不能表达这一意义。也就是说，如果 A、B 是性质形容词成分，则构成 AABB 式 b 组，表示具有 AB 性质的事物都包括在内，表示不论怎样；如果 A、B 不是性质形容词成分，AABB 式 a 组则没有这一意义。a 组的基式 AB 是一个词，如安心、红火，可以受副词"可"的修饰；b 组的基式 AB 是两个词，如长短、大小，不能受副词"可"的修饰，"长"和"短"、"大"和"小"是两个单音节形容词使用。AABB 式最后一个音节不能儿化。

三、与形容词重叠形似的问题

　　此外，绥德方言还有类似 AA 式的说法，具有话题功能，一般在第一个 A 后有语气上的停顿，有时在第一个形容词后可加"去"或"起"，表示左右不是，无所适从。例如：

(29)贵贵唉，贱贱唉，咂解不开_{不懂}咋价去对。

(29′)贵(去)贵唉，贱(去)贱唉，咂解不开咋价去对。

(30)长长得不行，短短得不能用。

(30′)长(起)长得不行，短(起)短得不能用。

(31)好好得心掏出来给你，儿儿得给你厄下。

(31′)好(起)好得心掏出来给你，儿(起)儿得给你厄下。

这一句式第一个 A 后也可以换成话题标记"价、喳、叻"等，话题功能的性质更加突出。

在"A＋A＋唉＋还"句式中，表示现实已经如此，需要承认事实的存在。例如：

(32)老老唉还！

(33)迟迟唉还！

第一个 A 后，实际上省略或脱落了"也 ia(啊 a)"，但是 A 的音节要拖长一点，是"也"的零音节读音存在的表现。

第十一章　代词

绥德方言的代词有三类：人称代词、指示代词、疑问代词。以下进行列举与描写，同时与其他方言作比较，并对部分词语进行探源，以明其来历。

第一节　人称代词

绥德方言的人称代词见表 11-1。

表 11-1　绥德方言人称代词

	第一人称	第二人称	第三人称	其他		
				自称	他称	领属
单数	我 ŋa²¹³ 我家 ŋa²¹³ ·tɕia 咱 tsʻa³³ 咱家 tsʻa³³ ·tɕia	你 ni²¹³ 你家 ni²¹³ ·tɕia	那 na²¹³ 他 tʻa²¹³ 那家 na²¹³ ·tɕia 他家 tʻa²¹³ ·tɕia	各人 kə³³ zɛŋ³³ 人家 zɛŋ³³ ·tɕia 阿儿 ɚ⁵² 人家 zɛŋ³³ ·tɕia 阿儿 ɚ⁵² 人家	人家 zɛŋ³³ ·tɕia 阿儿 ɚ⁵² 人家 旁人 pʻã⁵² zɛŋ³³ 另人 liŋ⁵² zɛŋ³³	各自 kə³³ tsɿ⁵² 再的 tsai⁵² təʔ³其他 自家 tsɿ⁵² ·tɕia
复数	我每 ŋa²¹³ məʔ³ 我每家 ŋa²¹³ məʔ³ ·tɕia 咱每 tsʻa³³ məʔ³ 咱 tsʻa³³	你每 ni²¹³ məʔ³ 你每家 ni²¹³ məʔ³ ·tɕia	那些 nəʔ³ ·ɕi 他每 tʻa²¹³ məʔ³ 那家 nəʔ³/niəʔ³ ·tɕia 那些每 nəʔ³/niəʔ³ ·ɕi məʔ³			
领属	我 ŋa²¹³/ŋəʔ³ 咱 tsʻa³³ 我每 ŋa²¹³ məʔ³ 咱每 tsʻa³³ məʔ³	你 ni²¹³/niəʔ³ 你每 ni²¹³ məʔ³	那 na²¹³/nəʔ³ 他 tʻa²¹³/tʻəʔ³ 那些 nəʔ³ ·ɕi 他每 tʻa²¹³ məʔ³ 那些每 nəʔ³/niəʔ³ ·ɕi məʔ³			

从表 11-1 可以看出，绥德方言人称代词系统与北京话有相同之处，也有相异的地方。这里主要就相异的地方进行描写与说明。

一、第一、第二人称代词

(一)"咱"

绥德方言第一人称代词，除了"我"，还有"咱"。"咱"既可是包括式，也可是排除式；既能表示单数，也能表示复数。例如：

(1)咱啥甚也没做，心里踏实着吶。

(2)咱下读·xa，处所后置词来客嘞。

(3)甭招惹那些他们，咱个儿助词走。

(4)你好是你的，咱不好还给你黏上价你好是归你自己，我不好，能给你沾染上？

例(1)、(4)为排除式，与听话者相对。例(2)、(3)为包括式，包括听话人在内。例(1)、(4)是单数；例(2)、(3)是复数。需要指出的是，作为单数，有一定的感情色彩，表达自己与他人的不同。"咱"表示复数在宋元时代文献多见。吕叔湘(1985：98－101)指出："在宋、金、元的文献里咱字有单数(＝我)跟复数(＝我们)两种用法。""咱(tsa)作我讲，现在北京话里不用(tsa 音的'咱'北京话不单用，只出现在'咱家'一词中——引者)，方言里也少见。""据说山西北部和绥远境内还有方言用复数的 tsa。""这个咱(表示复数——引者)字现代北京话里也不用了，跟这个相当的是咱们。"绥德方言"咱"的用法，北京话今已不存，却正是吕先生所说的近代汉语用法，这是陕北晋语的一个特点(邢向东 2006a：33)，在山西晋语的一些地方也存在。

(二)"我/咱"与"我/咱家"、"你"与"你家"

绥德方言第一人称代词中有"我/咱家"、"你家"，"家"读轻声，其意思与"我/咱"、"你"一样，而与"我/咱的家"的"我/咱家"、"你的家"的"你家"却不相同。"我/咱的家"、"你的家"的意思，绥德方言一般用"我/咱下"、"你下"或"我/咱家下/里"、"你家下/里"来表示，"家"读本调，所以"我/咱家"、"你家"相当于"我/咱"、"你"。"我家"、"你家"在使用时，有强调我、你的含义，而"我"、"你"则没有这一含义；从语法功能上看，"我/咱家"、"你家"只作主、宾语，不作定语，"我"、"你"则主、宾、定语都可以作。"我家"、"你家"作主语时，"家"还兼有提顿语气，具有话题标记的作用，与北京话的助词"呢"类似。例如：

(5)你每愿咋价吶，咱家啥有个做上的嘞你们愿意怎么样呢，我呢有个做的活儿了。

(6)我家没事，再的其他人跟前那敢吶我没有事，其他人跟前他敢呢？

（7）你家啥是儿货你呢是个差劲的人。

（8）我每家啥没偷没抢，不像有些人我们呢没有偷没有抢，不像有些人。

（9）驴明儿轮到你家喂叻驴明天轮流到你饲喂呢。

（10）走到你家下一看，一个人也没有的。

表示单数时，也可以用"我每/咱每家"，如例（8）。再如"咱每家甚也有叻。""咱每家"在这里也表示复数。以上例中的"我每家"也可以说"咱每家"，意思不变。代词"你家"与"你的家庭"形式一致，都说"你家"，例（7）"你家"指你，例（9）"你家"指你的家庭。"你的家庭"也可以用"你家下"来区别，"下"是处所后置词，如例（10），例（9）的"你家"后也可以加处所后置词"下"而意思不变。"你家"表示"你"的意思在北京话系统中不见。

（三）"我"表示否定

在绥德方言中针对对方要求、告诉做某事时候，否定意义的表达经常用"我"来表示，"你、那"则不能。例如：

（11）——你给咱担水去。——我。

（12）——你一阵儿回家去。——我。

代词用以表达否定的意义是极少见的，但还是存在的，北京话的"什么"用在谓语动词或者形容词之后、用在名词或者引语之前都可以表示否定。这是由询问目的的"做什么"演变而来。[1] 绥德方言的"我"表示否定意义是如何来的，我们以为与"什么"的来历不同，可能是"我不"省略副词"不"而来。用"不"来表达拒绝，过于直露，会使对方激怒，用"我"显得委婉一些。在绥德方言中表示特别肯定语气的时候，如上例（11）、（12），必须要说成"我不"。换句话说，"我"的否定意义是句法结构的省略而赋予的。这一用法的句调只能用平调和降调，不能是升调，说明否定的意义不是通过反问语调实现的。

二、第三人称代词

绥德方言第三人称代词有两个系统。一个是与北京话相同的"他"系统；一个是借用指示代词的"那"系统。前者产生时代很晚，目前正处于形成状态，后者产生时代较早，当是第三人称代词的底层。

（一）"那"、"那些"、"那些每"

绥德方言"那"作为第三人称代词时，其读音与语法意义密切联系。

---

① 姜炜、石毓智：《"什么"的否定功用》，《语言科学》2008 年第 3 期。

"那"作主语、宾语与非亲属名词构成领属关系时读 na^{213}，与作为指示代词的读音相同。例如：

(13)那给我说的。

(14)你把书还给那嚏没？

(15)那的钱叫贼娃子偷的去嚏。

"那"与"些"组合起来表示第三人称代词的复数时，读促化音"$nə?^3$"，其形成原因，见下文四(一)之第 2 节。

指示代词"那些"指代两个以上数量的事物，但在绥德方言中，用以借来表示第三人称代词复数时，后边还可以再加表复数的"每"，说成为"那些每"。例如：

(16)今儿这天气又把那些每跰读 $niŋ^{33}$，追赶上嚏。

(17)你快叫那些每回来，外面冷呐。

(18)那些每哪里听你的话呐。

"那些"与"那些每"表达的意义相同。如果将例中的"每"去掉，意思不变。因为"那些"本来就是表复数的，加"每"当是受"我"、"你"构成复数加"每"影响的类化结果。

绥德方言第三人称代词"那"、"那些"是借用指示代词而来的，其借用手段与古代汉语第三人称代词的借用方式相同。我们知道，上古汉语没有专职的第三人称代词，在语言表达中，第三人称代词用指示代词"之、其、彼"来替代，真正的专职第三人称代词到了唐朝才正式产生。第三人称代词采取借用的方式在现代汉语方言中被继承了下来，这种现象在晋语及西北方言中比较常见，有一定的普遍性。除了绥德方言，还有陕北米脂方言："那 na^{213}，他。"山西临县的"他"又说"乃 $nɛɛ^{312}$"，"他们"又说"捏家 $niə?^{24} tɕiA^{24}$"(李小平 1991：53)。离石方言用"乃 $niɛi^{313}$"表示"他"。临汾方言单数是"那₁ na^{21}"，复数是"那₁家₁ $na^{21} kua^{21}$"、"那家₂ $na^{21} tɕia^{21}$"、"那 na^{35}"(潘家懿 1990：105)。洪洞方言："倻 na^{21}"、"哪 na^{24}　倻 na^{21}"表示"他"，"倻家 $na^{21} tia^2$"、"哪倻家 $na^{24} na^{21} tia^2$"表示"他们"(乔全生 1999：131)。长子方言："□ na^{54}，'人家'合音，口语有时表单数等于'他'。"(高炯 1995：54)按，"□"当为"那"，因为他们、人家大伙的意思有说"□都 $na^{54} təu^{213}$"、"□ na^{54}"，可证"□"不是"人家"的合音，而是"那"。万荣方言用"伢 $n̠ia^{24}$"，"伢都 $n̠ia^{24} təu^{51}$、年都 $n̠iæ̃^{24} təu^{51}$"表示"他们"(吴建生 1984：37－38)。甘肃兰州方言"那 la^{51}、那们 $la^{51}·mən$"，表示他、他们，"那、那们"与"他、他们"想比，口语性强(张文轩等 2009：88)。镇原、安西、金塔、玉门(雒鹏 2006)、固原、同心等地也有这一现象。如固原方言"第三人称代词除用'他、他们'以外，还有'乜[n̠iɛ²⁴]、乜介[n̠iɛ²⁴ tɕiɛ²¹]（单数）、乜们[n̠iɛ²⁴·məŋ]（复数）'。"（杨子仪等1990：253）同心方言："俹说着明儿去哩。""那"可以读la，也可以读na（张安生2000：182）。乌鲁木齐方言用"俹n̠ia⁵¹"、"俹们n̠ia⁵¹·mʏŋ"表示他、他们（周磊1995：106）。按，"那"类词既指"他"，又指"人家"，二者具有共同特点，即说话人双方以外的第三者。这些例子表明，第三人称代词被借用的现象在许多地方都存在，绥德方言只是其中之一而已。以上方言，有的虽然"那"表示指示代词与人称代词没有并存，我们仅从个别方言点似乎看不出借用问题，但是放在同一大方言区或邻近方言区域内，通过比较观察，借用的来历还是清楚的。

绥德方言"那些"表示第三人称复数时，"些"读音与指示代词不同，读轻声·ɕi。而作指示代词时一般读轻声儿化音·ɕier。"那"的读音也不同，作人称代词读nəʔ³或niaʔ³（少一些），作指示代词读nei⁵²。因此，从读音上可以分辨出人称代词与指示代词。

"那"在绥德老派中还有特定所指，即夫妻间的互称，读na²¹³。新派中渐渐以名字相称，称呼"那"的现象正处在消失的过程中。

（二）他

汉语第三人称代词"他"是由旁指代词发展来的，从旁指代词演变到人称代词，在句法结构上首先是作定语，既表示原来的一般指示的修饰关系，也有新出现的领属关系，这时"他"由指示代词向人称代词转变，这在性质上与指示代词有了区别（唐作藩1980：61），之后才发展为第三人称代词。

绥德方言"他"与"那"在语法功能上有区别。各类句子成分都可以用"那"，即使用"那"没有什么条件限制，而"他"先用于亲属称谓词前，表示领属关系，即限于作定语，其他句子成分则仍然用"那"而不用"他"。绥德方言称呼为"拉臊嘴说话中用粗话"人的口语中经常使用"他奶·nia"、"他娘把戏"，"他"也是用作定语的。"他"的读音因为作定语及其他方面的原因也发生了变化（见下文）。表面上看，似乎也有例外，如詈词"日他ʂəʔ³ tʻəʔ³"（"日"声母读同部位ʂ，概为避讳所致），"他"好像是作宾语，实际并非如此。这个"他"是"他娘"的省略，也是作定语的。近年来，"他"的使用情况发生了一些变化，新派口语中逐渐没有了条件限制，特别是受文化教育程度较高的人。新、老派比较，老派主宾不用"他"，新派"他"与"那"皆可。由老派的作定语，到新派的主宾皆可，这一变化与古代汉语人称代词"他"由指示代词到人称代词的形成过程一致。也就是说，第三人称代词"他"的出现始于定语，而后推而广之到其他句法成分。绥德方言"他"的语法分布状态，也可以为古代汉语人称代词"他"的产生发展过程提供一个现代方言佐证。

"他"与"那"的区别还表现在感情色彩上。绥德方言"那"的使用无所谓褒贬色彩，而"他"的使用有时含有贬义色彩。例如：

(19)他那种人走到哪里也不行。

(20)他小子迟早倒霉去也。

"他"表示贬义的现象在晋语和西北方言中较为普遍。例如，山阴方言："除表示单、复数第三人称外，还含有不满、轻蔑等感情色彩。"(杨增武1982)兰州方言："说话者如果和第三者关系一般或对其有成见，谈到第三者用'他'，且有轻视、不满及疏远的意味。"(雒鹏年1997)

三、其他人称代词

(一)"各人"与"自家"

这两个词都是表自己，也可以指别人。例如：

(21)那各人来哩拿走的。

(22)我各人的事不要你每管。

(23)那自家是个甚货色还解不开不明白？

(24)我自家是个甚人害你的事着叻我自己是个什么人影响你的事呢？

例(21)、(23)指别人；例(22)、(24)指自己。"自家"在使用中有强调自己的意思。

"自家"在绥德方言中还指本家，如"这是我每自家，比我小一辈"。

(二)阿儿

"阿儿 ar^{52}"意思同"人家"，只有儿化音，本字目前不详。例如：

(25)阿儿给洗哩半年家匙叻。

(26)你不给阿儿做嗯你不给人家做了？

(27)钱儿还给阿儿嗯。

(28)阿儿走也，你每愿意咋价叻。

这个词可以指他人，如例(25)－(27)；也可以指自己，如例(28)。自指一般要有一定的语境才好确定。

"阿儿"在晋语山阴方言中也存在，读音与绥德方言相近。例如："□[ʌr]二虎和三虎都是高中生。""□[ʌr]也要去姥姥家。"(杨增武1982)根据笔者调查，在山阴方言中，这个词的使用频率非常高，远远超过"人家"。

（三）"再的"、"旁人"、"另人"与"人家"

"再的"指别的、其他。"旁人"、"另人"、"人家"都指别人。例如：

（29）甭都你吃哩，给再的也留下点儿。

（30）这是我的，再的是人家的。

（31）那眼里头没个旁人。

（32）除了我，另人谁管你叻？

（33）人家都不去，咂你一个去。

（34）人家不吃噇，咂都给你。

"再的"可指人，如例（29）；也可指事物，如例（30）。"旁人"专指人的。"人家"在使用中既可以他指，如例（33）；也可以自指，如例（34）。"人家"自指时一定要从语境来确定，否则可以理解为他指。

绥德方言"人家"与"阿儿"所指相同，用于自指时，"阿儿"多含有对对方言行不满意的色彩，他指时则没有。这两个词虽然呈现出并存局面，但是"阿儿"远没有"人家"使用频率高。"阿儿"呈现出渐渐消失的境况。

四、人称代词的读音

（一）"我"、"你"、"他"、"那"作定语的音变

1."我"、"你"、"他"促化读音的形成

绥德方言的"我"、"你"、"他"单字调读音是 ηa^{213}、ni^{213}、$t'a^{213}$，合乎绥德方言语音演变规律，没有特殊之处。但是"我"、"你"、"他"在亲属称谓词前表示领属关系时，与单字调的韵母、声调不同，读塞音韵尾、入声调，分别是 $\eta ə ʔ^3$、$niəʔ^3$、$t'əʔ^3$。形成这种读音的条件是什么呢？刘育林（1988）认为是与"的"合音而成的，这是有道理的。其中"我"的合音，有人在"我妈"、"我爸"、"我哥"中读为 $kəʔ^3$，k 应该是 η 的同部位音变。从音理上看，绥德方言"的"读 $təʔ^3$，老派的读音中还有 $tiəʔ^3$ 一读，所以"我、你、他"与"的"在合音时，就像反切一样，第一个字"我"、"你"、"他"取声母，第二个字"的"取韵母和声调，即成为 $\eta ə ʔ^3$、$niəʔ^3$、$t'əʔ^3$。从音变条件上看，促声音出现的条件是"我"、"你"、"他"用在亲属称谓词前表示领属关系。假使在其他语境下，如作主、宾语构成"的"字短语时，都读舒声音，不能读促化音，这一规律性很强。如果在"我"、"你"、"他"与亲属称谓词之间出现"的"的情况下，就要读它的本音，即舒声音，不能读促化音。例如：

（35）我的妈妈也，你站个畔畔起_{边上}不怕跌下去？

（36）叫你的大大也不顶事。

这两个例子中的"我"、"你"必须读 ŋa²¹³、ni²¹³。出现了"的"就不能读促化音，这正可以从反面证明促化音的确是与"的"合音的结果。

代词读促化音的现象山西晋语亦见。如在晋语平鲁、应县、山阴、临县、代县、长治（以下皆指长治县）、大同、右玉、左云等地的方言材料报道中，我们也能看到类似的事实，可资比较印证。如平鲁方言"我、他"都有两个读音：uə²¹³、uəʔ³⁴；tʼɑ²¹³、tʼəʔ³⁴。读促化音的"我、他"，"只用作亲属称谓的限定词"（杨增武 2002：92）。应县方言的"我、他"读音：uɣ⁵⁴、uəʔ⁴³；tʼa⁴³、tʼaʔ⁴³。它们的语法功能同平鲁方言（蒋文华 2007：170）。山阴方言"他"读 tʼəʔ⁴（杨增武 1982），临县方言"他"读 tɑʔ⁴（李小平 1998）。代县方言的第三人称代词作定语时，如果后边的被修饰成分是亲属称谓词，也不能够带结构助词"的"，第三人称代词往往是单数，后边的被修饰成分是其他称谓名词时可以有"的"；第一、二人称代词没有这种现象（崔淑慧 2005：88）。长治方言"他"也读促化音 tʼəʔ²¹，但在使用范围上扩大，还可以作主语和宾语（王利 2007：117）。"领属对象是亲属名词时，'我'、'你'、'他'一般都变读为入声，分别读作[vəʔ³²]、[nieʔ³²]、[tʰəʔ³²]，后面不能再用结构助词'的'[tieʔ³²]。"①我们把绥德、平鲁、应县、山阴、临县、代县、长治、大同、右玉、左云等进行整体考察，可以看出，晋语中人称代词单数修饰称谓名词时发生合音的现象较为普遍，主要分布在五台片、大包片、吕梁片。平鲁、应县等地方言中"我"、"他"的这一现象与绥德方言的情况相同，如果说有所不同的是，平鲁、应县等地方言中的音变现象不够整齐，都没有第二人称"你"的促化现象。长治方言促化音"他"读 tʼəʔ²¹ 的使用范围没有限制，其发展过程，从绥德方言来看，应该是促化音先限于定语，然后扩展到主、宾语。

2."那些"、"那家"的"那"促化音的形成

"那些"指代他们时，上节中已经说到"那"要读促化音 nəʔ³/nieʔ³，前者使用普遍，后者使用较少。这一读音是否也如"我"、"你"、"他"与"的"合音而来的？我们认为是由"那一些"合音而来，而非与"的"合音的结果，也不是指示代词"那些"的直接借用。绥德方言"一"是入声韵，读 iəʔ³，"那"读 na²¹³，或 nei²¹³，合音后正是 nəʔ³，或 nieʔ³。表示单数的"那"没有促化音，也可以有力地证明促化音是"那一"合音的产物。从语法结构关系上说，"那一些"是"那"与"一些"的组合，但是在合音过程中并没有按照语法结构的规律而进行，而是依据语音的韵律而合的。"那一

---

① 范晓林：《晋北方言领属代词的重叠》，《中国语文》2012 年第 1 期。

些"是一个超音步,其构成模式有两种:2+1与1+2。2+1是"右向音步",这一模式是汉语韵律词的自然属性,1+2是"左向音步",为非自然属性。汉语的"右向音步"多于"左向音步",这是受人类发音先后次序限制的生理机制而决定的(冯胜利 2000:90、99)。"那一些"的合音是自然属性规律下形成的,即"那"读 nə?[3]/niə?[3]是"那一"合音的结果。合音时可以保留介音 i,也可以不保留,故而出现了两个读音。① 读 nə?[3]的使用频率高于 niə?[3]。而假若从其他途径来思考"那"的促化音,则无法得到合理的解释。在绥德方言中,如果指代的数量仅仅是一个时,"那"只能读 nei[52],这也可以从另外一个侧面说明"那一些"的合音问题。

  "那一些"合音的具体过程如何呢?我们认为首先是从意义变化开始的。表示人的代词赋予指量短语"那一些"后,"那一些"就有了两个含义:一是表示事物数量,一是表示第三人称复数。那么,是不是一个形式有两个意义就必然会发生合音现象呢?不是。"那一些"发生合音应该是受代词系统整体性特征的影响而引发的。我们知道,在汉语各类词中,代词是一个封闭的词类,最具有系统性,特别是人称代词、指示代词都呈现出整齐的意义和形式上的对称性。如,绥德话的"这"—"那"、"这些"—"那些"、"我"—"你"、"我每"—"你每"、"我家"—"你家"等,都在形式上整齐对应,单音节对单音节,双音节对双音节。这一特点就使得它内部成员在形式上做了整齐划一的要求。第一、第二人称代词的复数是双音节,第三人称代词"那一些"为三音节,这个三音节的存在将系统的整齐局面打乱。打乱了就需要规范、调整,其结果是将"另类"的三音节变为双音节,整齐局面重新恢复。从三音节变为双音节,可以采取脱落、合并等手段来实现。在这里没有发现有脱落的迹象,合并的轨迹却是非常明确的,从"那一些"合并到"那些",其方式如同反切一样:na[213] + iə?[3]→nə?[3]/niə?[3]。意义的变化引起音节形式上的改变,这是第二步。我们还应看到,"那一些"表示两个意义,既是词,又是短语,就语言表意的明确性说,两个意思的三音节自然没有改为双音节表示单一意义清楚明白。这也是发生合音的一个原因。

  "那家"指他们时,"那"也读 nə?[3] 或 niə?[3],同样是由"那一"合并而来。例如:

  (37)桶还给那家噇。

_____

  ① 与此类似的例子还有"不要",在关中地区合音时舍弃了介音 i,读 pao,陕北地区保留了介音 i,读 piə。

(38)那家下这阵儿没人。

"那家"如果是短语，指"那一家"，"那"是指示代词，读 nei^{52}，不能读促化音。因此，从读音上可以把它们严格地区别开来。

"那"读促化音的这种现象在晋语其他地区偶见。如山西临县方言的"那"读 nəʔ^{43}（李小平 1998），"他们"又说"捏家 niəʔ tɕia"（李小平 1991：53），应县方言"那"读"nəʔ^{43}"（蒋文华 2007：291）。

五、与人称代词有关的几个问题

(一)"我给咱"、"你给咱"

绥德方言的"咱"可以用于人称代词"我"、"你"后，中间加一表对象的介词"给"，构成"我/你＋给＋咱＋VP"句式，在句意上含有商量、祈使的意味，语气显得较为缓和。"咱"是表示复数的，也就是说 VP 所表示的动作行为是说、听者双方的。"咱"的声母必须读送气音 tsʻ-。例如：

(39)你坐着，我给咱做饭。

(40)你给咱担上两回水。

(41)我给咱往倒砍，你给咱往一搭里_{一块儿}抱。

例(39)的意思说饭是给你我做的，你来坐，我来做。例(40)、(41)亦同。例中如果去掉"给咱"，商量、祈使语气就大大减弱了，甚至是没有了。

"我/你＋给＋咱＋VP"句式在晋语其他方言点亦见。如陕北神木、府谷、清涧、延川（邢向东 2006a）、米脂、子洲、佳县、横山、山西汾阳（宋秀令 1992）、中阳（乔全生等 2003）等地。晋语一些方言点还有与此类似的句子"我/你＋咱＋VP"，即上边"我/你＋给＋咱＋VP"句中"给"字不出现。这种句式中的"我/你＋咱"是从宋元语言中的"我/你＋咱"直接继承来的，还是"我/你＋给＋咱＋VP"句的省略，晋语学界目前还在讨论中，没有一致的看法（乔全生 2003，邢向东 2006a，范慧琴 2007）。我们不作讨论。这里想要说明的是，绥德方言中"我/你"后有与"咱"读音相近、用法类似的词，或许能为"我/你＋咱"这一问题的继续讨论提供一点参考。这个词读 tsa^{52}，不送气、去声，与"咱"的送气、声调不同，本字目前还未考定。神木方言有"则"与绥德方言的 tsa^{52} 用法类似，但是彼此有区别，绥德方言的"则"读 tsə^{33}，韵、调皆与神木不符合。即绥德方言的 tsa^{52} 不是"则"。绥德方言的 tsa^{52} 在此用"咂"来表示。例如：

(42)我咂回也，你每咂戍_待着。

(43)你咂好好念书，我咂好好跟工_{打工}，敢行叻吧？

(44)咱每哑走，好叫那些他们哑早些歇去。

(45)这事你每哑慢慢说，看咋价怎么样弄处理合适。

(46)那些他们哑享福去嘞，哑叫咱每在这儿受罪叻。

(47)那哑这阵儿不晓得又忙甚去嘞。

(48)孩儿每哑都大嘞，你那苦日月哑过去嘞。

(49)河滩那卜棵大柳树哑叫山水洪水推冲的去嘞。

(50)钥匙哑不晓得放哪搭儿哪儿嘞。

(51)人家说哑说去，你能管定叻?

(52)你要去哑去，要窚哑窚着。

(53)娃娃想当兵哑叫当去。

比较绥德方言的“哑”与“咱”，可以看出它们有以下几点区别：第一，从使用范围上看，“哑”除了用于第一、第二人称代词后，例(42)—(45)；也可以用于第三人称代词后，例(44)、(46)、(47)。可以用于人称代词后，例(42)—(47)；也可以用于名词后，例(48)—(50)。还可以用于动词后，如(51)—(53)。“咱”则只能用于第一、第二人称代词后，不能用于第三人称代词与名词后，更不能用于动词后。也就是说，“哑”比“咱”的使用范围广。第二，从构成条件上看，“哑”的前边不需要“给”的出现，而“咱”前必须要有。即“给”的有无对于句式来说有着至关重要的作用。第三，从用语上看，“咱”字句式都表示商量、请求的意义，而“哑”字句式除了表示这种意义，如例(43)、(44)。还可以表示其他意义，如表埋怨，例(46)，表无奈，例(51)、(52)，表感叹，例(49)。“哑”字句式都含有舒缓语气的特征，“哑”的意义近乎语气词“呢”，如果换成语气词“叻”，句子意思不变。但是“给咱”的“咱”却绝对不能替换成“叻”。这说明有“哑”的句子即使表示商量的语气也不是“哑”在起作用，而是另有因素的。第四，读音不同(见上)。由此可以确定，绥德方言的“哑”与晋语的其他方言的“我/你＋咱＋VP”句式中的“咱”是两个不同的词。那么，这个“哑”是宋元时“我咱”、“你咱”后“咱”用法的演化，用法的扩大，还是根本不同的两个词，我们倾向于后者。

(二)后置词“下/行”

如果表示某一人称这里、那里的意思，绥德方言常常将处所后置词“下”附加在其后，构成“我(每)下”、“咱(每)下”、“你(每)下”、“那(些)下”、“那些每下”等来表示。如例(2)、(10)、(38)。“下”的后置词用法在汉魏时代已经出现(江蓝生 1998)，绥德方言是古代用法的继承。在绥德东部的义合镇用近代汉语曾经所使用的“行”来表示。“下”与“行”在用法上没有任何区别，参见第十九章第七节。

（三）"每"的读音与用法

1."每"的读音及本字

北京话用于人称代词后表示复数的助词是"们"，绥德方言与此相同的助词读音同"木"。根据读音，很难找到一个词义比较合适的字。北京话的"们"，绥德方言单字音读 məŋ^{33}，因此，表复数的助词从读音上看不出是"们"字。深臻摄唇音字，绥德方言都读-ŋ尾音。那么，本字是哪个字呢？邢向东（2002：560）认为是近代汉语中曾经广泛使用过的"每"，读入声是其促化音变。"每"绥德方言读 mei^{213}，表示复数的 məʔ^3，也可能是"每"促化的结果。

表复数的助词读促化音在山西晋语中亦见。例如，山阴方言读 məʔ^1（杨增武 1982），大同方言读 məʔ^{32}（马文忠等 1986：89），文水方言读məʔ^2（胡双宝 1990：90），临县方言读 məʔ^{23}（李小平 1998），静乐方言读məʔ^4（李建校 2005：207），等等。

2."每"用于表事物

在绥德方言中，"每"除了附加于人称代词、表人的名词后表示数量多，还可以用来表示事物的复数，这里附带说一下。例如，表示牲口多，绥德方言可以说"牲灵每"、"牲牲灵灵每"，表示许多猪、羊，可以说成"羊每"、"猪每"，等等。在靠近黄河沿岸的定仙墕乡一带，无生命的物品也可以用"每"，如"调和调料每"、"铁锨每"等。

"们（每）"表事物的现象在北方其他方言亦多见。例如，山西平遥方言说"绸绸水水们"、"汤汤水水们"、"地下们"等（侯精一 1989/1999：379），河北藁城方言说"树们"、"衣服们"（杨耐思等 1958），山东利津方言说"小马驹儿们"、"小鸡们"、"绳子们"、"锄们"（杨秋泽 1990：162），甘肃兰州方言说"衣裳们"、"树们"、"房子们"（黄伯荣等 1960），临夏方言说"大豆们"（谢晓安等 1990），青海西宁方言说"猪娃们"、"庄稼们"、"桌子们"、"书们"（张成材等 1987：243）。"们（每）"表示事物的复数，在元代文献就出现了。例如：

（54）果必有征敌，这驴每怎用的？（元·刘时中《新水令·代马诉冤》）

（55）窗隔每都飐飐的飞，椅卓每都出出的走，金银钱米都消为尘垢。（钱霖《般涉调》）

（56）这马每都绖者。（《原本老乞大》）

一般认为元代文献"们（每）"的这些用例是受蒙古语的影响而出现的。今天北方地区"们（每）"用于表事物，或许就是元代语言现象的延续。以上各个方言点，如果观察一下地图，它们基本处在相同的纬度位置上，这些地方历史上曾为阿尔泰语系的蒙古人所居之地，或为其接邻之壤。当然也有可能是表人的"们"类化结果，如中央电视台"动物世界"栏目的解说词，经常说到"老虎们"、"河马们"、"鸟儿们"等，并非拟人化的修辞手法，也非童话作品的描写。

（四）"兀儿（的）"

"兀儿（的）"在绥德方言中用于第二、第三人称代词以及指示代词后，可以说"你兀儿（的）"、"你每兀儿（的）"、"这兀儿（的）"、"这些兀儿（的）"与"那兀儿的"、"那些兀儿的"。例如：

（57）你兀儿喳一满不学好你呢实在不学好。

（58）那兀儿的迟早吃亏去也他早晚吃亏呀。

（59）那些兀儿的又不晓得哪去喽。

（60）这兀儿的受苦不行，念书还可以。

代词后带"兀儿"句子多表示笑骂，用于开玩笑。这是因为"兀儿"可能是"兀儿日的"的省略，而"兀儿日的"是晋语"兀儿狗日的"缩略。第三人称代词的复数"那些每"后不能带"兀儿"。"兀"在晋语及西北方言中作指示代词，具有很大的普遍性。陕北吴堡、佳县、清涧、延川、神木、府谷等地有指示代词"兀儿"、"兀些"、"兀里"、"兀阵儿"、"兀底"、"兀底价"或"兀底个"等（邢向东 2006a：49—51）。陕西关中、山西、甘肃、宁夏、青海等地方言也有"兀"类词，呈现出点、片分布，说明历史上"兀"类词在西北地区曾经呈现出一个整体分布局面。那么，我们可以推测绥德方言在历史上也曾有过"兀"作指示代词使用的阶段，今天已经被"那"所取代，仅仅以词尾形式被保留下来。"兀"、"兀的（底）"在近代汉语中出现，是指示代词。例如：

（61）更打着黄昏也，兀的不愁杀人！（金·董解元《西厢记诸宫调》卷 1）

（62）兀底一座山门！（同上，卷 1）

（63）鹊相庞儿谁有，兀底便笔描不就。（宋·张镃《夜游宫·美人》）

（五）"我"、"你"的定语"好"

人称代词"你"、"我"、"他"一般不接受定语的修饰，"定语＋的＋我/你"的句式从宋代开始出现，[①] 近年来这种句式在书面语中广为使用，口语里偶尔能听到，但是晋语及西北方言中还没有见到。绥德方言有与

---

① 黑维强、王作栋：《宋代已见"定语＋的＋人称代词"用例》，《甘肃高师学报》2008 年第 3 期。

此类似的一种句式，即"好＋我＋的＋你＋叻"。例如：

(64)好我的你叻，咺快去，再给阵儿迟唉。

(65)好我的你叻，尔个现在的事情你还解 xai^{52} 不下不懂？

这种句式也可以说成："好＋你（每）＋叻"。例如：

(66)好你每叻，娃娃大唉，不听话么。

(67)好你哩！咱每现在准备扩大砖场，忙乱事在后边哩！

能作定语的仅一个"好"，其他词义、语法功能相同的词语都不能代替。"我"位置上的代词，还可以是"你（每）"。在"好"与"你（每）"之间有时可以有代词"那"出现。例如：

(68)好那你叻，谁解不开不懂个好。

(69)好那你每叻，这回饶哩我吧。

绥德方言的这种句式在陕北方言中使用得较为普遍，例(67)是来自路遥的《平凡的世界》中。山西晋语中也存在，以下例子是来自马烽、西戎的《吕梁英雄传》。例如：

(70)（康大婶）伤心地哭着说："好你们哪，他是我的儿嘛！……"(12回)

(71)（康肉肉）急得用手捶着后脑瓜说："好你们啦，你们把我保住，……"(18回)

(72)（他）斥责道："好你咧！不要抽了，把人家给呛死了！"(3回)

(73)好你辛在汉，一年多功夫，你倒变成敌人的走狗啦！(40回)

(74)（她）连哭带骂道："好你龟孙子，你把我老汉害死又把我有才叫敌人打死……"(44回)

无论是绥德方言，还是山西晋语，从语用上看，一是用来表示祈求，如例(64)、(68)—(71)，二是表示无奈、感叹，如例(65)—(67)。此外，山西晋语中还用于表达斥责，如例(72)—(74)。

类似这种结构的句式在近代汉语已经出现。例如：

(75)觅汉道："好你呀，这是说的甚么话！……"(清·西周生《醒世姻缘传》66回)

此例是我们目前见到的唯一例子。

（六）词尾"～家"的来源

在上文的描写中可以看到，绥德方言的人称代词中有一部分词都含有"家"，就其性质来说，当是词尾。代词词尾的"～家"从名词词尾演变而来。参见第十九章第一节。

第二节　指示代词

　　绥德方言的指示代词系统由近指与远指两个部分构成，没有如晋语中一些方言所存在的中指现象。就其所指类型，与北京话相同，可以表示人、物、处所、时间、性状、方式、程度等。详见表 11-2。

表 11-2　绥德方言指示代词

	人、物	处所	时间	性状、方式、程度、数量等
近指	这 tʂa²¹³/tʂei⁵² 这个 tʂei⁵² kəʔ³/kuəʔ³ 这些 tʂei⁵²/tʂəʔ³·ɕie 这圪截 tʂei⁵² kəʔ³·tɕ'ie 这圪都 tʂei⁵² kəʔ³·tu 这块 tʂəʔ³ kuai²¹³ 这兀儿 tʂa²¹³ vur³³	这儿（价） tʂɐr²¹³（·tɕia） 这里（价） tʂəʔ³·li（tɕia³³） 这搭儿（价） tʂəʔ³ tɐr²¹³（·tɕia） 搭儿（价） tɐr²¹³（·tɕia） 这么个搭儿（价） tʂəu²¹³ kuəʔ³ tɐr²¹³ （·tɕia）	这阵儿（价） tʂei⁵² tʂɐr⁵²（·tɕia） 这阵子 tʂei⁵² tʂəŋ⁵² tsəʔ³ 这会儿 tʂei⁵²·xuɐr 这向儿 tʂei⁵²·ɕiɐr 这咱儿（价）tʂei⁵²/ tʂəʔ³·tsɐr（·tɕia） 这咱会儿 tʂei⁵²/ tʂəʔ³ tsæ²¹³·xur 那儿 nɐr⁵²	这么（价） tʂəu²¹³（tɕia³³） 这么个 tʂəu²¹³ kəʔ³/kuəʔ³ 这么些儿 tʂəu²¹³·ɕiɐr 这些些 tʂəʔ³ ɕie²¹³·ɕie 这来（来）（价）tʂəʔ³ lai³³（·lai）（tɕia³³） 这点儿 tʂei⁵²·tiɐr
远指	那 na²¹³/nei⁵² 那个 nei⁵² kəʔ³/kuəʔ³ 那些儿 nei⁵²/nəʔ³·ɕie 那圪截 nei⁵² kəʔ³·tɕ'ie 那圪都 nei⁵² kəʔ³·tu 那块 nəʔ³ kuai²¹³ 那兀儿 nɐ²¹³ vur³³	那儿（价） nɐr²¹³（·tɕia） 那里（价） nəʔ³·li（tɕia³³） 那搭儿（价） nəʔ³ tɐr²¹³（·tɕia） 那么个搭儿（价） nəu²¹³ kuəʔ³ tɐr²¹³ （·tɕia）	那阵儿（价） nei⁵² tʂɐr⁵²（·tɕia） 那阵子 nei⁵² tʂəŋ⁵² tsəʔ³ 那会儿 nei⁵²·xuɐr 那向儿 nei⁵²·ɕiɐr 那咱儿（价）nei⁵²/ nəʔ³·tsɐr（tɕia） 那咱会儿 nei⁵²/ nəʔ³ tsæ²¹³·xur	那么（价） nəu²¹³（tɕia³³） 那么个 nəu²¹³ kəʔ³/kuəʔ³ 那么些儿 nəu²¹³·ɕiɐr 那些些 nəʔ³ ɕie²¹³·ɕie 那来（来）（价）nəʔ³ lai³³（lai³³）（tɕia³³） 那点儿 nei⁵²·tiɐr

一、表示人、物的指示代词

绥德方言表示人与物的指示代词比北京话要丰富一些。

(一)"这"与"那"的读音

指示代词"这"与"那"的读音比较多，因意思不同而异。从表 12-2 可以看出，包括儿化音在内，"这"有四个：$tṣa^{213}$、$tṣei^{52}$、$tṣə^{3}$、$tṣar^{213}$；"那"有五个：na^{213}、nei^{52}、$nə^{3}$ 或 $niə^{3}$、nar^{213}、$nər^{52}$。

其中，$tṣa^{213}$ 和 na^{213} 是"这"和"那"的基本读音，符合绥德方言语音演变规律。$tṣɐr^{213}$ 和 $nɐr^{213}$ 是 $tṣa^{213}$ 和 na^{213} 的儿化音。$tṣei^{52}$ 与 nei^{52} 用于数量短语前，例如"这五个羊卖给人家嘞"、"那三个给你的"中的"这"、"那"。我们推测，这两个音不是绥德方言固有的，亦非推广普通话的结果，应当是来自北方地区其他方言(可能是中原官话)，今老派读音中都有这两个音，以此可以确定它们不是推广普通话后的几十来年才出现的。北京话的"这"、"那"读 zhèi、nèi，有人认为是"这一"、"那一"的合音，但对于绥德方言而言，"这"、"那"与"一"难以合成 $tṣei^{52}$ 与 nei^{52}。因为绥德方言的"一"是入声，读 $iə^{3}$，即使念单字音，也念成 $iə^{33}$，合成的音只能是"这"、"那"的另外两个音，即 $tṣə^{3}$、$nə^{3}$ 或 $niə^{3}$。关于"那"读 $nə^{3}$ 或 $niə^{3}$，见上"人称代词"一节。"这"读 $tṣə^{3}$，其形成与"那"相同。

此外，"那"还读 $nər^{52}$，当是"那日儿"$nei^{52}\ zə^{3}r^3$ 的合音，用于具体某一日后构成同位语，如"正月十五那你在哪里来来?""你忘嘞? 咱在寒食那去的。"

(二)"这圪截"、"那圪截"与"这圪都"、"那圪都"

这两组词用于指示人、物时多含有不恭敬、不满意、不喜欢等附加意义，特别是用于指人时，这种附加色彩更为明显。"这圪截"、"那圪截"表示单数，与"这个"、"那个"的意思相近；"这圪都"、"那圪都"表示多数，与"这些"、"那些"的意思相近。"圪截"犹"个"，"圪都"犹"些"。这里需要注意的是，"这圪都"有时用于自称，表示对对方所作所为不满意，可以用如单数，犹"我们"表示"我"一样。例如：

(1)这圪都人都不好说话。

(2)你把那圪都受苦的往哪里打发呦?

(3)有事喳记起我嘞，事办嘞喳早把这圪都人忘嘞有事情呢记起我了，事情办了早就把这些人忘记了。

例(1)、(2)是他指，例(3)是自指。这两组词如果指示物品的时候，有时无所谓褒贬色彩的。例如：

(4)我这圪截老筐，系子折嘹。

(5)你那圪都山蔓土豆卖完嘹吧？

"这圪都"、"那圪都"还用于表示事物的数量。

（三）"这块"与"那块"

"这块"、"那块"作为指示代词，意思近似"这个"、"那个"。"块"在这里读为 kuai[213]，据此读音，我们很难与"块"字联系在一起，承蒙侯精一、王洪君二位先生垂示。"这块"、"那块"使用的一般情况是，说话时对所说的对象不便于说出或突然想不起来，就用它们来代替，犹如北京话口语中经常出现的"这个这个/那个那个……"。有时使用"这个"与"那个"时，所指代的对象是清楚的。例如：

(6)你给这块捎个话。

(7)那块咋没来？

"这块"、"那块"与指量短语的"这一块"、"那一块"不同，而与"那些"用来表示第三人称代词一样（见上节），由于代词与指量短语都是用相同的外在形式"这块"、"那块"，所以在使用过程中，为了表意明白清楚，在指量短语基础上发展而来的代词通过改变读音的方式来与指量短语相区别，即将送气音 k‛、去声，变成了不送气音 k、上声。作为指示代词，绥德方言的"这块"、"那块"与山西晋语的一些方言点相同。太原方言用"这块"、"兀块"来表示"这个"、"那个"，"块"读 ꞈkuai，也可以读 ꞈk‛uai（沈明 1994：106－107）。太原方言两读的情况正好说明绥德方言的不送气音当是由送气音发展而来的。通过与太原方言的比较，能看出绥德方言"块"的来历。再如，神木方言"个"除了有"古贺切"的读音，另有一个读音"kuɛ"（邢向东 2006a：47），应当与绥德方言的情况是一致的。此外，甘肃白龙江流域的中原官话"个"也有类似的读音：宕昌、武都读 kai，文县读 k‛uai（莫超 2004：81）。"块"是否为本字呢，不是，我们推测应该是"个"。

"这块"、"那块"还可以用来表示方式。如："你给咱那块给下。"

（四）"这兀儿"与"那兀儿"

这两个词既可用来表人，也可以用来表物，含有笑骂、贬义或不满意的色彩。"兀儿"是词缀。在使用时，"这兀儿"与"那兀儿"常常与"的"结合为"这兀儿的"、"那兀儿的"，犹这家伙、那家伙。

二、表示处所的指示代词

(一)"～搭儿"类词与"～里"类词的比较

绥德方言的"搭儿"是"这搭儿"的省略，其用法与"这儿"相近，"那搭儿"与"那儿"意思一致，用法近似。其他形式的"～搭儿"类词是在"这搭儿"、"那搭儿"的基础上派生出来的，意思及用法与"(这)搭儿"、"那搭儿"没有区别。这里需要说明的是"<u>这么</u>个搭儿"、"<u>那么</u>个搭儿"中的"<u>这么</u>"、"<u>那么</u>"是合音词，只能读 tʂəu²¹³、nəu²¹³，不能读成两个音节。例如：

(8)你的镢头在搭儿叻。

(9)才将_{刚才}这搭儿站那个人哪去喽？

(10)你把箱子搬那搭儿。

(11)<u>这么</u>个搭儿价爬个蝎虎儿_{这里爬一个蝎虎}。

(12)顶针儿就在<u>那么</u>个搭儿价寻着(tʂʻə³³)的_{顶针就在那里寻找到的}。

"<u>这么</u>个搭儿"、"<u>那么</u>个搭儿"这两个词在陕北及其以外晋语中很少见。与"(这)搭儿"、"那搭儿"意思相近的词还有"这里"、"那里"，有的语境中用彼用此皆可。但它们的意思还是有细微的差别。"～搭儿"类词不管是近指，还是远指，所指处所是相对具体而明确的。如例(8)用"搭儿"表明"镢头"的确切位置在何处；例(10)所指代箱子搬放的地点也是很具体的。而"～里"类词所指处所则是比较模糊的，可以指代地方，也可以指代地点，其中"那里价"给人以距离上更远的感觉。例如：

(13)这里是西安，又不是咱村里。

(14)我每_{我们}在这里看过电影。

(15)菜送的到乡政府那里喽。

(16)人家那里的生活好。

例(13)的"这里"指代的是西安，例(15)"那里"指代乡政府的办公地。

"～搭儿"类词与"～里"类词，"浑言之则同"，然而"析言之则异"。即在一定的语境下，有的"～搭儿"类词不能用成"～里"类词。如例(10)、(11)的"<u>这么</u>个搭儿(价)"、"<u>那么</u>个搭儿(价)"就不能换成"这里"、"那里"。同样，有的"～里"类词不能用成"～搭儿"类词。如例(15)、(16)即是。"～搭儿"类词与"～里"类词在意义上的细微差别，这与神木方言相同(邢向东 2002：567)。

近年来，"～搭儿"类词的使用正在发生一些变化，新派使用的频率比老派降低了，反映了普通话对新派的一些明显影响。

（二）"这儿（价）"与"那儿（价）"

这两个词用法同"～搭儿"类词，所指代的位置也是具体的，有时也可以表示地点、地方。例如：

（17）你把茶缸搁这儿（价）。

（18）我站个那儿（价）没人搭理。

（19）咱这儿（价）的路好走着呐。

（20）那家他们那儿（价）太苦焦艰苦哎。

例（17）、（18）所指代的处所是具体的；例（19）、（20）所指代的处所比较模糊。

（三）处所指示代词的层次

绥德方言的指示代词是两套系统。一个系统是"这、那"类，主要有："这儿、这儿价、这里、这里价、那儿、那儿价、那里、那里价"。从近代汉语"这、那"产生时代来看，它们产生在唐代，属于早期层次。另一个系统是"搭儿"类，主要有："搭儿（价）、这搭儿（价）、这么个搭儿（价）、那搭儿（价）、那么个搭儿（价）"。它们是"这、那"类与"搭儿"结合而成，从近代汉语"搭（答）儿"产生时代来看，它们产生于宋元时期，时代要晚一些。第二个系统与西北地区的一些方言类似。例如，陕西户县方言"这搭儿、兀搭儿"（孙立新 2001：417－418），扶风方言"这搭、兀搭、啊搭哪里"（毋效智 2005：273－274），宁夏固原方言"这搭儿、那搭儿、兀搭儿"（杨子仪等 1990：253－254），甘肃敦煌方言"这搭、这搭些这儿，这里、兀搭些、兀搭些那儿，那里"（刘伶 1988：190），远在中亚的吉尔吉斯斯坦、哈萨克斯坦等东干语的"这搭、那搭、兀搭"（林涛 2003：191－192），等等。当然绥德方言与这些方言并不完全相同，这些方言有"兀"构成表示远指意义的词，绥德方言就没有。

"这搭（答）"、"那搭（答）"在近代汉语中已经产生。例如：

（21）这答儿忒富贵，满城中绣幕风帘，一哄地人烟辏集。（元·关汉卿《一枝花·杭州景》）

（22）这答儿里到且是荫凉，咱在这里坐一回儿罢。（明·兰陵笑笑生《金瓶梅词话》52 回）

（23）见吊个花碌碌纸榜，不似那答儿闹穰穰人多。（元·杜仁杰《耍孩儿·庄家不识勾阑》）

（24）恰离了绿水青山那答，早来到竹篱茅舍人家。（卢挚《沉醉东风·闲居》）

可以看出，晋语与西北地区方言的"～搭"类词保留了宋元代语言的用法，是近代汉语的继承与发展。

三、表示时间的指示代词

绥德方言表示时间的指示代词也比较丰富，有八组十六个。它们都指示时间，但是意义与用法有所不同。

（一）"～向儿"类词

"～向儿"类词是指比较长的一段时间，表达的是时段，而且侧重时段跨度长，犹这些天(来)、那些天(来)，使用的范围限于说话时的近期之内。例如：

（25）我这向儿一直成_犹闲居着叻。

（26）那向儿家里事多，看乎儿_{几乎}忙死。

两例可理解为这段时间、那段时间。

（二）"～阵儿"类词

"～阵儿"类词所指时间可近可远。既可以是说话的时刻，也可以是与说话很近的时段，还可以是与说话较远时间，远到几天、几个月前，甚至是几年、几十年前。例如：

（27）你咋价这阵儿才来。

（28）人家问你那阵儿不说是_{语气词}？

（29）那_他这阵儿大概前沟里出去喊。

（30）我每来哩这阵儿你在哪里来来_{我们来了这会儿时间你在哪里来着}？

（31）年时这阵子正乱包着叻_{去年这阵子正忙乱着呢}。

（32）我年轻那阵儿价不是你每<u>这么</u>个样子_{我年轻那个时候不是你们这么个样子}。

例（27）—（29）表时点，如例（27）表示的是说话者发问的这个时刻，例（28）表示人家问话的那个时刻。例（30）—（32）表示某一时段，如例（30）是说我们到来之后到你出现的这段时间你在哪里来着，例（32）说人年轻的时候，只能是个一个时段，不可能是时刻。

"～向儿"类词与"～阵儿"类词都可以表示时段，如例（25）的"这向儿"、例（30）的"这阵儿"，又都可以表示近期。但是它们还是有明显区别的："～向儿"类词只能表时段，不表时刻，"～阵儿"类词皆可。例（26）的"那向儿"，也可以说成"那阵儿"；例（27）的"这阵儿"却不能换成"这向儿"。

（三）"～会儿"类词与"～咱儿"类词

"～会儿"、"～咱儿"类词表时间，可以表示时点，也可以指时段，所指时间也是可近可远。例如：

（33）这会儿能担水去嘞。

（34）这咱儿会儿嘞，那些咋价还不回来叻。

（35）年轻那会儿憨着叻傻着呢，光耍叻，不学习。

（36）我上学那咱会儿连饭也吃不饱。

（37）你当个儿是个做甚的，这咱儿价咂记起嘞你当初是个做什么的，这会儿才记起了？

例（33）、（34）表时点的，（35）、（36）表时段的。例（37）可指时点，也可指时段。

绥德方言"～咱儿"类词的"这咱"、"那咱"的"咱"是"早晚"的合音。"早晚"连用在先秦出现，表示过早或过迟，应早或应迟，后泛指近日的某个时候。"从元代起，就不说早晚而说多早晚。更后，早晚变成一个合音字，从前写'咱'或'咱'（后者如《金瓶梅词话》），现代多写作'咱'。"（吕叔湘 1985：357）近代汉语中已经出现了"这咱（昝、咱）"、"那咱（昝、咱）"。例如：

（38）老九如何这咱才来？（明·兰陵笑笑生《金瓶梅词话》6 回）

（39）放到这昝，叫姑蹁这们一脚！（清·西周生《醒世姻缘传》59 回）

（40）昨日传集他每俱赴帐前，这咱敢待齐也。（清·洪昇《长生殿》17 出）

（41）月娘便问："你昨日早辰使他往那里去，那咱才来？"（明·兰陵笑笑生《金瓶梅词话》33 回）

（42）那咱我又才来，上头有婆婆，敢主的事么？（清·西周生《醒世姻缘传》22 回）

例中的"这咱"、"那咱"或表示时点，或表示时段。相互比较，可以看出绥德方言的"～咱儿"类词是近代汉语的继承。

四、表示性状、程度的指示代词

（一）"这么"、"那么"的读音

绥德方言表示性状、程度的几个指示代词，凡是含有"这么"、"那么"的，"这么"、"那么"都是合音（参见本书凡例）。另外，"这么些"、"那么些"中的"些"读·ɕie，轻声，与表示第三人称复数"那些"的"些 ɕi^{52}"的韵母、声调不同。

（二）"～些些"、"～来来"类词

由"～些些"、"～来来"构成的"这些些"、"那些些"、"这来来"、"那来来"，意思近于"这么些"、"那么些"与"这么"、"那么"，它们共同之处在于表示所修饰对象有多、大、长、远之类语义特征，都可以作补语。区别之处在于，"～些些"类词只与名词组合，"～来来"除了与名词组合，还可以与形容词组合。例如：

（43）这些些东西都白白糟蹋嘞。

（44）你就拿那些些价钱买叻啊？

（45）苹果摘得这些些，往哪里放叻？

（46）鸡蛋送下那来来，吃也吃不完。

（47）人家给拿得这来来大叻，你每还嫌小也？

（48）那来来多的人都抬不起来。

"～些些"、"～来来"与"～些"、"～来"在表示数量时有区别，前者在数量上比后者的数量更多、更大等。表示性状、程度时，"～来来"与"～来"有区别，"～来"能与形容词组合表示程度的加强，"～来来"则没有这一能力。例如，可以说"这来好"、"那来好"，则不能说"*这来来好"、"*那来来好"。"～来（来）"类词在绥德相邻的清涧方言（邢向东2006a：57－58）和太原方言都有，例如，太原、平遥方言的"这来"、"兀来"（侯精一等1993：134；沈明1994：127、126）。

"些些"在近代汉语中出现，多见于唐五代文献（吕叔湘1985：368）。但是从唐代产生到今北京话中都是表示少许，一点儿，而在绥德方言中，由"些些"构成的两个词却表示多（表示少用"点点"），表意古今发生了相反的转变。由"些些"构成的词在太原、忻州等方言中亦见，大多表示多数。例如，太原、文水、沁县方言有"这些些"、"兀些些"，忻州方言有"兀些些"（侯精一等1993：125）。相互比较可以看出，绥德方言的用例并不孤立，是晋语所具有的一些用法。

第三节　疑问代词

绥德方言的疑问代词见表11-3。

表 11-3　绥德方言疑问代词

人 单复数	领属	事物	指别	处所	时间	性状、方式	原因	数量
谁 ṣuei^{33} 谁每 ṣuei^{33} məʔ^{3} 哪个 la^{213} kuəʔ^{3} 哪些 la^{213} ·ɕi	谁家 ṣuei^{33} ·tɕia	甚 ṣəŋ^{52} 什么 ṣəʔ^{3} ·ma	哪 la^{213}	哪 la^{213} 哪里 la^{213} ·li 哪搭儿 （价） la^{213} ·tɐr （·tɕia） 哪的儿 （价） la^{213} ·tɐr （·tɕia）	甚会儿 ṣəŋ^{52} ·xur 多会儿 təŋ^{213} ·xur 甚咱（儿） ṣəŋ^{52} tsa(r)^{213} 会儿 ·xur 甚咱儿价 ṣəŋ^{52} tsɐr^{213} ·ɕia 多咱儿会儿 təŋ^{213} tsɐr^{213} ·xur 多咱儿价 təŋ^{213} tsɐr^{213} ·ɕia 几时 tɕi^{213} sʅ^{33}	咋 tsua^{213} 咋个 tsua^{213} kuəʔ^{3} 咋价 tsua^{213}·tɕia 怎么（个） tsəʔ^{3} ma^{213} （kuəʔ^{3}） 咋向儿 tsua^{213} ɕiɒr^{52} 咋来来 tsua^{213} lai^{33} ·lai 咋着叻 tsua^{213} tʂəʔ^{3} ·liəʔ 多 təŋ^{213}	何 xɯ^{52} 为甚 vei^{52} tʂəŋ^{52} 为 什么 为 什么 vei^{31} ṣəʔ^{3} ·ma	多 təŋ^{213} 多少 təŋ^{213} ṣə/əŋ^{213} 多大 təŋ^{213} tai^{52} 几 tɕi^{213}

一、表示人的疑问代词

绥德方言表示人的疑问代词有"谁"、"谁每"、"谁家"三个，分别表示单数、复数、领属关系。"谁"的使用情况与北京话相同，不赘。这里只说后两个词的用法。

（一）谁每

北京话表示人多数疑问代词没有加"们"的形式，而用诸如"哪些人"等来表示。绥德方言能用加"每"的形式"谁每"来表示。例如：

（1）谁每的苹果拿走喽？

（2）今儿开会来哩些谁每？

"谁们"在晋语、西北地区方言中常见。如陕北神木、府谷、佳县、吴堡方言（邢向东 2006a：60－70），山西平遥方言（侯精一 1989/1999：392）、文水方言（胡双宝 1990：90），定襄方言（范慧琴 2007：76），青海西宁方言(张成材等 1987：243)。

"谁们"在近代汉语中偶见，我们以此可以观察绥德方言的来历。例如：

(3)(薛三槐媳妇)又问："今日去那头铺床的都是谁们？"(清·西周生《醒世姻缘传》59 回)

(4)程嵩淑道："你说他们是谁们？毕竟确有其人。"(清·李绿园《歧路灯》62 回)

例中的"谁们"犹哪些人，与今方言用法无别。晋语和西北方言的"谁们"，应当是近代汉语的直接继承。

(二)谁家

绥德方言"谁家"表领属，"家"的意思已经虚化，"谁家"与"谁的"同。例如：

(5)路上踢掉两只谁家娃娃的鞋。

(6)谁家羊把白菜都给吃噻。

这种"家"的读音，绥德方言中与"家庭"的"家"相同，从读音上不能将二者分辨开来。但是通过与陕北其他方言作比较，就能看清楚。如府谷、神木、佳县、吴堡、清涧等处"谁家"的"家"与"家庭"的"家"不同音了，主要元音已非 a，而是央化或高化为 ə、e、i、uɛ̃(邢向东 2006a：67)。

"谁家"还有任指的用法，犹某人，不表疑问，有征引他人言行做依据的功能。如果"谁家"后带"的"，则"家"可以不出现。例如：

(7)谁家的做甚叻，吃哩再说。

(8)谁家的话噻，靠指望小姨子妻妹养娃娃还能靠上叻？

例(7)表示某人做什么，例(8)表示某人的话。这二例的"家"也都可不用。

"谁家"还可以专门用来询问姓氏，其意义比较实。例如：

(9)——你是谁家？——我黑家我姓黑的。

绥德方言表示任指一个人的，还用"谁谁谁"来表达，犹北京话的"某某某"，如"谁谁谁咋个如何，那都解开懂得叻。"任指某事，用"甚甚甚"来表达，如"谁给我甚甚甚，都记着叻。"任指处所，用"哪搭哪搭"来表示，如"东西放的哪搭哪搭，一下也不乱。"

绥德方言用于询问人时，单数用"哪个"，复数用"哪些"来表示。如"哪个领导不在？""你说哪些还吃上饭？"

二、表示事物的疑问代词

绥德方言表示事物的疑问代词有"甚"与"什么"。从使用频率看，前者高，后者低；从使用对象看，前者老派多用，后者多见于新派，用"什么"显得"洋气"些。日本学者志村良治(1995：193)曾对"甚"与"什么"作过研究。他认为："'甚'是唐末五代西北地区常用的词语。此后五代文化保存在吴、楚、蜀等地，宋以来的文化是在以汴京为国都的河南一带或更向南些，元迁都于大都，这个疑问词在各个地方继续发展。'甚'跟'什(甚)摩'同时并存，而且后来被'什(甚)摩'压倒，这反映了地域的差异和时代的不同。"这一结论说明，"甚"与"什么"是同源异流，"甚"是唐五代西北方言，"什么"是权威方言演变的形式，二者之间不存在直接的语音继承关系，属于不同的方言系统(邢向东 2006a：71－72)。由此说明，绥德方言的"甚"是唐五代西北方言的继承，属于较早的一个词，"什么"来自周围权威方言，是后起的词。这两个词的使用状况，也正好能为"甚"与"什么"的产生时代及历史层次作一旁证。外来成分进入本方言一般是从新派开始的，先在新派中开始使用，固有成分多保存于老派中，"甚"与"什么"的更替正是如此。这一现象在神木、府谷方言中亦存(邢向东 2002：575)。

"甚"还有一些固定的搭配格式，主要有"甚不甚"、"不差甚"，前者同北京话的"不管怎样"，后者同北京话的"差不多"。例如：

(10)你这回甚不甚赚喽。

(11)苦是受美_{程度副词}喽，甚不甚没饿。

(12)那两个大小不差甚。

(13)今儿不差甚完喽。

(14)咱个儿做的不差甚就对喽。

这些固定用法陕北神木方言亦存(邢向东 2002：575)。

三、表示指别的疑问代词

绥德方言的指别疑问代词只有一个"哪"，读 la^{213}，它与"农"、"弄"、"瘘_{中毒}"是绥德方言中仅有的几个将北京话的 n 读 l 或 l 读 n-的字，其余 l、n 字的读音都不相混。"哪"的用法同北京话，在此不赘。

四、表示处所的疑问代词

绥德方言表处所的词较为丰富，亦为两套系统。一套是"哪"、"哪里"，从"哪"(汉语早期写作"那")的产生时代看，这套系统出现较早；一套是有"搭"的"哪搭儿"类词，产生于宋元时期，时代较晚。后产生者依附于早期出现的"哪"，所以含有"哪"字。"哪的儿"是"哪搭儿"的音变形式。与指示代词一样，"哪"类词询问的处所比较宽泛，"搭"类词询问的处所比较具体，体现了陕北晋语具有一致性的特点(邢向东 2006a：72—73)。例如：

(15)书放在 tai⁵²哪喔？

(16)你哪里去叻？

(17)杯杯在哪搭儿搁着叻？

(18)不晓得那把衣裳填茹_{放置，塞}的哪搭儿价喔？

(19)张三家不知在哪搭儿茋_住着叻？

表示处所的词同北京话一样，也有任指和泛指的现象，不赘。"哪"如果独立表示疑问，一般后边要带语气词"叻"，否则不成句，如"你在哪叻"，没有"叻"，人们就觉得话没有说完整。

五、表示时间的疑问代词

表示时间的疑问代词也比较丰富。除了"多时"，剩余几个词都有"会儿"这个成分。这几个词语也有层次问题的存在。根据"甚"的时代推测，"甚会儿"产生较早，含有"咱"的几个词产生在后，"多时"出现时代较晚。"多时"有两个意思，一是指时间久远(如：要罢多时喔)，一是表示询问时间，什么时间。例如：

(20)那些_{他们}甚会儿走的？

(21)你这手艺甚咱会儿学会的？

(22)今年甚咱儿价打春叻？

(23)你每学校多咱会儿开学叻？

(24)你多咱儿价说的？

(25)咱每多会儿种荞麦叻？

(26)村里多时开的会？

"甚咱会儿"、"多咱儿价"、"多会儿"等除了表时间的疑问，还表示时间已长久，后边多加"早_就"，强调时间之长。例如：

(27)我每甚咱会儿早等上你喔，你哪里钻_待着来喔？

(28)人家多咱儿价早不想做喔。

由"咱"构成的"多咱"在近代汉语中出现(写作"多咱")。例如：

(29)多咱是人间恶煞，可什么阃外将军。(元杂剧《赵氏孤儿》1 折)

(30)多咱是宜假不宜真？(元杂剧《蝴蝶梦》楔子)

(31)不知涎缠到多咱时候，有个来的成来不成？(明·兰陵笑笑生《金瓶梅词话》21 回)

绥德方言的"多咱"与此几例无别，当是近代汉语的直接继承，在用法上有所发展。

"多会儿"也是产生于近代汉语，但是最初是表示许多时候（下例（32）即是），而后才有表示疑问的用法。例如：

（32）差人去不多会，叫了侯小槐来。（清·西周生《醒世姻缘传》35回）

（33）宝钗扶起，问道："你多会儿来的?"（清·陈少海《红楼复梦》89回）

（34）玉友问道："你多会儿来的?"（清·陈少海《红楼复梦》13回）

（35）你们何不求他去看看你们的棚子，多会儿发财呢？（清·陈森《品花宝鉴》34回）

可以看出，绥德方言的"多会儿"也是从近代汉语中继承来的。

六、表示性状、方式的疑问代词

表性状的几个疑问代词中，大致分为两组。一组是固定的词，一组是固定的组合。

"咋"的意思同北京话的"怎么"。"咋"与"怎么"的关系跟"甚"与"什么"的关系类似。不过，在构成上有差异，差异在于"咋"为"怎么"的合音；"甚"与"什么"不是合音关系。"咋"在绥德方言中能单独使用，更多的是与其他成分构成"咋价"、"咋个"、"咋向儿"，它们与"咋"的意思相同，表示怎样、怎么样。例如：

（36）水这么大，你咋过来的？

（37）你咋价跟人家吵来来？

（38）有咋个大人就有咋个娃娃。

（39）你那脑上头上是咋嘚？

（40）你每为咋个事斗阵吵架叻？

（41）咋个话就把人家给惹恼嘚？

（42）咱每的生意这个月咋向儿？

"咋"等几个词，除了表示疑问，还可以表任指、反问和疑惑等。例如：

（43）人家咋说，咱每咋来。

（44）我想咋个就咋个。

（45）你咋价越学越倒流倒退嘚？

（46）你怎么价一个人来的？

例（43）、（44）表任指；例（45）表反问；例（46）表疑惑。这里"怎么"的"怎"，绥德方言读 tsə?³，与人称代词中的促化现象形成方式相同。

"咋"还与语气词"嘚"、"来来（嘚）"、"着叻"等语气词构成一种固定的组合，即组成"咋唤"、"咋来来(唤)"、"咋着叻"，表示怎么了、怎么来着、怎么样，"咋唤"可以作谓语、状语，"咋来来(唤)"、"咋着叻"只作谓语。例如：

(47)你每这是咋唤？

(48)毛儿_{人名}咋唤不能念书？

(49)这脚地_{窑内的地面上}的水是咋来来？

(50)你说而儿_{现在}这人咋来来？

(51)我这手段_{手艺}咋着叻？

(52)这人品行咋着叻？

"咋"还有其他固定的搭配格式。如，"咋也"：无论如何；"不咋"：不太、不很；"咋也不咋"：没有任何关系。陕北晋语其他方言(邢向东2006a)、山西定襄方言(范慧琴2007：82－83)中亦见此用法。

"多"的用法见下文。

七、表示原因的疑问代词

表示原因的疑问代词，绥德方言主要有"何"、"为甚"、"为什么"。"甚"与"什么"有层次问题的存在(见上文)，"为甚"与"为什么"一样，也有先后时代问题。

相对其他疑问代词而言，"何"是一个历史悠久的词，层次最古老，它的意思就是为什么、怎么。就中古音演变的情况看，"何"作疑问代词读去声与绥德方言的语音演变规律不相符合。《广韵》中动词义(担、挑)的"何"又有"胡可切"一读，折合今音是去声。这样来看，绥德方言的"何"读去声是用了动词意义的音读。这种张冠李戴的读音在汉语方言并非孤例。"何"不单独使用，在句子末要有语气词"是"(犹"呢")出现，构成"何……是"句式，意思是"为什么……呢"、"怎么……呢"。例如：

(53)你这娃娃何<u>这么个</u>是？

(54)你何不来是？

(55)那咂何把老人打发走是？

(56)<u>这么好</u>的菜何叫羊吃是？

这种句式都表示反诘语气。"何"的用法在陕北清涧石盘话中也有，说明这一词的存在并不是孤立的。

八、表示数量的疑问代词

"多"、"多少"、"多大 tai^ʔ"、"几"都是表示数量的。"多"与"多少"

不同，"多"是表性状的，询问的数量根据所问对象的性状而与别的词组合，如"多大"、"多长"、"多高"、"多粗"等。"多少"和"几"在询问对象的数量上有区别："几"所询问对象的数量大致在十之内，数量超过十的，就用"十几"、"几十/百/千/万"；"多少"所询问的对象，询问者的心里是没有任何信息的，可以在十以内，亦可以在十以上。"多少"表询问时，"少"又读 ᶜtʂəŋ，应该是受到"多 ᶜtəŋ"的感染而来，其他情况下读本音 ᶜʂɔ。"多大 taiᵖ"用法同"多少"，比"多少"更土气一些，也就是时代较早的词。绥德方言还有"多少少"、"多多大 taiᵖ 少"，表示很多的意思，有不计其数的感觉，使用时都含有说话者的不满的主观情绪。例如：

(57)你一个人念书花费哩家里多少少钱？

(58)为办事，不晓得送哩人家多少少礼。

(59)给那多多大 taiᵖ 少的东西，从来不念人个好。

绥德方言还有"好少少"的说法，也表示多的意思，在说话者的心中，某类东西是无所谓的，某类现象已经见怪不怪了。"多少少"的用法在定襄方言中也存在(范慧琴 2007：81)。

九、绥德方言代词的几个特点

根据以上三个章节的描写与分析，可以看出绥德方言代词有以下几个方面的特点。

第一，绥德方言的代词保留了近代汉语代词的一些成分，有唐五代的，也有宋元时代的，还有明清以来的。不同时期成分的保留，形成了叠置现象，彼此之间有历史层次存在。

第二，与北京话比较，绥德方言的指示代词与疑问代词用法分类细致。

第三，兼类现象明显，通过语音上的改变来区别意义的不同。如"这"、"那"与"这儿"、"那儿"、"这些"、"那家"等，它们所代不同，或通过儿化来实现，或借变韵来体现。

第四，合音词较多。如表亲属称谓前的"我的"、"你的"、"他的"、"这么"、"那么"、"咋"以及第三人称"那些"。

第五，有些词形成一些固定用法。如"咋噘"、"咋来来"、"咋着叻"、"甚不甚"、"不差甚"、"好少少"、"多多带少"。

第六，绥德方言代词与周围陕北晋语相比较较为丰富，兼有陕北晋语南北地域性特点，体现了绥德在陕北的文化中心地位以及对周围方言的影响力及兼容力。

第十二章　副词、连词、介词及语气词

第一节　副词

现代汉语副词的分类比较复杂，各家分法并不相同。同一个词，有的不只表示一个意义，例如"就"，可以表示时间、范围、语气，这类词意义的具体确定，需要根据语境来定。我们把副词大致分为程度、范围、时间、否定、情状、语气等六类来对绥德方言的副词进行描写，并就一些不同于北京话的词做些说明。每一类分为 a、b 两组，a 组是与北京话相同的，不再进行说明，b 组与北京话不同，是需要描写说明的对象。如果有的词用法既有与北京话相同的，也有不同的，也放在 b 组中。

一、程度副词

（一）表示程度高

a. 最　太　死　挺　顶　越　过于　实在　狠狠　根本

b. 可　可乎儿　可是　海哩　海着　满　一满　恶　美　美美　胖顶　焦　生　憨　逊　靠　神　坚实　扎　扎扎　的的　实实　儿过日蹋　残　残残　很　到到　直　黑水　慢仗

可₁ k'əʔ³　（1）同北京话的"非常"。家里布置得～好叻。我今儿～熬坚实嘞。（2）表示提醒，句末多有语气词"噢"与之呼应。你～要好好学叻噢。

可₂ k'ə³³　犹最、很，用于方位词前。放的～那上面叻。拿的～不多多。这人～没意思。

可乎儿 k'ə³³ xur²¹　同"可₁"（1），但表示程度略微低一点，用于否定。那些戌的房子～不大大。

可是 k'əʔ⁵ ʂəʔ³　（1）同"可₁"，表示程度更高，而非转折之义。可作状语。人家那些人～拾整叻。这～好吃叻。那后生～能喝酒叻。可作状语，谓语省略，表示不满意，抱怨，犹北京话的"真是的"。唯你～，一满不实诚，叫你吃就吃么。这路～，你每常咋走叻？

海哩 xai²¹ li³³　越发，更加。多用于否定。那里家的东西～贵嘞。两个的关系后来～不行嗯。

海着 xai²¹ tʂəʔ³　同"海哩"。病得～不行嗯，连原先也不顶嗯。神木方言也有用"海"表示程度的用法，但是绥德方言不能单独使用，必须与"哩"、"着"合用。

满 mæ²¹³　非常，很，实在。村里～没几个人。那地方～不好戏。

一满 iəʔ⁵ mæ²¹　非常，的确，实在。我可饿得～支不住嗯。客人～没来哩几个。

恶 ŋə³³　很，极，只作补语。你家那狗伤厉害得～叻。你的事做～嗯。

美 mei²¹³　犹坏、极。一般只能作补语。今儿可受～嗯。那可叫人家日嚒骂～嗯。

美美 mei²¹ mei³³　犹狠狠。只作状语，与"美"仅作补语构成互补关系。你～把那给收拾给顿。～价吃哩一回。秧歌剧《货郎担》："前年来了个砍脑鬼小李，～地把我捉了一下。"

胖 p'ã²¹³　用于形容词前，表示程度很高。那家他家里～臭，门里进不去。东西不吃，放的咂～酸烂臭。

顶 tiŋ²¹³　用于形容词前，表示程度很高。饭～咸，谁能吃下去叻。

焦 tɕio²¹³　用于形容词前，表示程度很高。蒸的馍馍～酸，敢个可能没搭碱。今年黄酒没做好，～酸。

生 səŋ²¹³　用于形容词前，表示程度很高。包儿～沉，里头不晓装些甚叻。今年菜～贵。

憨 xæ²¹³　用于形容词前，表示程度很高。这娃娃长得～沉，抱不动。

逊 ɕyŋ⁵²　用于形容词"甜"的前边，表示程度深。

靠 k'ɔ⁵²　同"可₂"。用于形容词、方位词、介词结构前。饭熬得～烂些。你～往前放。

神 ʂəŋ³³　很，非常。我对你也是～服嗯。这个词是城里中年以下的人使用频率极高的一个词。

坚实 tɕie³³ ʂəʔ³　极，坏，过分。这事情可做～嗯。生意可是赔～嗯。

扎 tsa³³　极。你这人啥儿～嗯。多用于否定意义的句子中。

扎扎 tsa³³ tsa³³　狠狠，后边多要带词尾"价"，只作状语。～价给哩那几句，那也受嗯。

的的 tiəʔ⁵ tiəʔ³　狠狠，后边多要带词尾。你把那～价给上几句。你把话～价说给。"的的"与"扎扎"原本是形容词，表状态。

实实 ʂəʔ⁵ ʂəʔ³　完全。～价叫人家说批评哩顿。

儿 ər³³　极，很。夜黑地回来价就我一个人，可怕～喽。这雨可下～喽，庄稼都快下死喽。

过 kuo⁵²　犹极。这下咹做～喽，人家恼喽。

日踏 z̥ə?³ t'a²¹　坏，极。今儿这天可熬_累～喽。这回可训～喽。

残 ts'æ³³　表示程度极高，犹极，作补语。那狗儿的坏～喽。人家的事也办～喽。

残残 ts'æ³³ ts'æ³³　同"残"，使用时要带词尾"价"。～价给上几句。你把那做得～价。

很 xɯ²¹³　词义同北京话，但是用法上有区别。在绥德方言中"很"可以修饰动词，表示数量多，这一意义只作状语。今儿匠人～吃喽。～刮哩几天风。～买的肉喽。句中的"很"表示吃的多、刮风刮的时间长、买的东西多。

到到 tɔ⁵² tɔ⁵²　极点，使用时要带词尾"价"，只能作补语。把饭熬得～价。一下把那做得～价。

直 tʂ'ə?³　表示行为程度很高，意近简直。好得～屁股里蒸糕欪。

黑水 xə?³ ʂuei²¹　表示行为程度高，作补语，用于否定的意义。这下把那弄～喽。

慢仗 mæ⁵² tʂã⁵²　非常，十分。那些人～精喽。东北那些地方～冷喽。

(二)表示程度低

a. 略微　稍微　有点儿　还　还要

b. 有捻儿　微些儿　些微儿　但微儿　些许　沾　沾微　沾些儿　差乎儿　看乎儿　看　少短

有捻儿 iəu²⁴ niər²¹³　有点儿，稍微。这阵儿～疼。

微些儿 vei³³ ɕiər²¹³　略微。你可懒得～不动。

些微儿 ɕie²¹ vər³³　略微。～有点儿高。

但微儿 tæ^{52/21} vər³³　稍微。～做上点生活早熬得不行喽。

些许 ɕie²⁴ ɕy²¹³　也许。～快到喽。等你去哩，～人家走喽。

沾 tʂæ²¹³　略微。扁食馅馅～点甜。

沾微 tʂæ²¹ vei³³　略微。画儿挂的～高喽。打租_{租取}的地～远个儿。

沾些儿 tʂæ²⁴ ɕiər²¹³　略微。菜～甜，再调点儿盐。

差乎儿 ts'æ²¹ xur³³　几乎。～叫那家那个截狗咬哩。～耽误哩事。

看乎儿 k'æ²¹ xur³³　几乎。路滑的～把人给跌倒。上班～迟到哩。

看 k'æ²¹³　几乎。～把人怕死。今儿～教人家抓定。

少短 ʂɔ²⁴ tuæ²¹³　几乎，差不多。人家～给你磕头欪，咹能答应喽。

二、范围副词

范围副词包括总括、限制、处所几类。

a. 全　都　尽　一共　总　总共　光　一齐　一律　不过　就　只　只是　最为　净

b. 直　一伙　一满(里)　满共(里)　满老户儿　老蒙儿　拢共　唯　最　齐　一搭里　伙　厮　单另　但　但是　但凡　划　争　可世界　满世界　全世界　一世界　大待例

直 tʂʻə³³　完全，都。这回～做过。～叫你说着 tʂo 去声，说中。

一伙 iəʔ⁵ xuo²¹³　全部，都。剩下的这点儿～你拿的去。～揽攒没多少。

一满(里) iəʔ⁵ mæ²¹³(li²¹)　总共。这回考试的～才一百来人。

满共(里)mæ²¹ kuŋ⁵²(li²¹)　总共。村里的学校～没几个学生｜～来哩二十来个客｜～才几个人。

满老户儿 mæ²⁴ lɔ²¹³ xuor²¹　全部，总共。～没多少人。

老蒙儿 lɔ²⁴ mɤ̃r²¹³　(1)全部，都，一共。你～戚下也敢不是个事么。(2)完全，彻底。那嫌熬叻，～不去嘬。

拢共 luŋ²¹³ kuŋ⁵²　总共。家里～没多少粮。～才走哩几个人。

唯 vei³³　只，只有。这儿价这些人，～你儿。这一桌子菜，～这个好吃。

最 tsuei²¹³　只，只有，唯独。作为范围副词，"最"的读音与程度副词的"最"有所不同，即改变了声调，变去声为上声。表示范围的用法是由表示程度用法发展而来。这圪都 这些人里头～你儿 差劲、坏。庄稼里首～黑豆好营务。

齐 tɕʻi⁵²　全部，都。有点儿钱儿～借给人嘬。这点饭，～吃哩也不够饱。

一搭里 iəʔ³ taʔ²¹ li²¹　一起，一块儿。明儿咱每～走。另外，还有名词用法，表示同一个处所。

伙 xuo²¹³　一同，共同，表示同时同地(如何)。你的书咱每两个～用上。～吃～睡。

厮 ɕiəʔ³　相互。～挤～靠，捣烂锅灶〈俗〉。你每～挨着睡。

单另 tæ²¹ liŋ⁵²　单独，独自。刘老师的账～算。

但 tæ⁵²　只。～能来啥就来。我生活～得过，就不要你每帮。

但是 tæ⁵² ʂəʔ³　只要是。～个人赶 比你强。

但凡 tæ⁵² fæ³³　只要。咱～小事就麻烦人家。

划 tsʻæ²¹³　只，独自。～你一个吃叻，敢是分支开吃叻么。～叫做叻，甚也不给个甚。

争 tsən²¹³　又读 tsuŋ²¹³　（1）总，已经，表示动作行为已经如此了，即使再想法补救也是无济于事，因此，后续句多接副词"再"、"还"，表示继续前一动作行为。后续句的动词后一般是数量短语，说明动作行为的数量。～吃嘞，再吃上两个。～迟嘞，再坐给阵儿。（2）全部，都。每顿饭～就这些好的。本字应为"总"。

可世界 kʻɯ²¹ ʂʅ⁵² tɕie²¹　到处，四处。你抬个这儿，呃叫我每～寻叻。

满世界 mæ²¹ ʂʅ⁵² tɕie²¹　同"可世界"。～找你叻，你在哪里来来？

全世界 tɕye³³ ʂʅ⁵² tɕie²¹　同"可世界"。

一世界 iəʔ³ ʂʅ⁵² tɕie²¹　同"可世界"。那不晓得翻搅甚叻，东西甩扔掉下～。

大待例 ta⁵² tai⁵²/²¹ li²¹　一般，都。～这么个价，不是对你一个两个人卖叻。

三、时间、频率副词

a. 已　正　刚　才　将　老　总　先　马上　常　时常　常常　根本　到底　再　又　也　还　一再　一直　一股劲儿　一向　再三　重　重新　暂且

b. 才才　才将　常寻　打多时　当向　当地儿　到罢儿　混　混中　久到底儿　久到根儿　久到哩　就里儿　来首　来水　立马　练　练猛（价）　流水　落叶　马下　慢慢儿　判　随当儿　随当儿里　时不时　太半　旋　一把　一划　一到罢儿　一到根儿　一久儿　以先　暂马　暂总　早　至如　自古儿

才才 tsʻai³³ tsʻai³³　（1）表示动作行为进行得很迟。你～～来嘞，我每家匙也早洗完嘞。（2）刚才。车～走哩的，这阵儿没走远。

才将 tsʻai³³ tɕiã²¹³　刚才。那些～还在这儿来来。

常寻 tʂã³³ ɕiŋ²¹　寻常，平常。我～就在这儿放着叻，今儿咋价不见嘞。

打多时 ta²¹ tən²¹³ ʂʅ³³　偶尔。我每～才去一回。

当向 tã²¹ ɕiã⁵²　当即，立即。难活得～早不行嘞。

当地儿 tã²¹ tiər⁵²　同"当向"。借的钱我～就还嘞。

到罢儿 tɔ⁵² pɐr²¹³　最终。那还是～走噈。

混 xuŋ⁵²　同"判"。～说着啥忘噈。～吃着啥哭脱噈。

混中 xuŋ⁵²　表示突然间。病重叻，～就解不下噈。

久到底 tɕiəu²¹ tɔ⁵² ti²¹³　到底，终究。多用于否定。～也不时长。

久到根儿 tɕiəu²¹ tɔ⁵² kər²¹³　到底，终归。～也靠不住。

久到哩 tɕiəu²¹ tɔ⁵² li²¹　到底。多用于否定。～不是些好人家。

就里儿 tɕiəu⁵² liər²¹　当即，马上。打得那～早不行噈。

来首 lai³³ ʂəu²¹³　往往，常常。人老噈，寻个甚～早忘噈。

来水 lai³³ ʂuei²¹　同"来首"。出门～早就把钥匙锁的家里噈。

立马 liəʔ³ ma²¹　马上。你嫑急，～就好噈。

练 lie⁵²　立即。～吃，饭冷噈。

练猛(价) lie⁵² məŋ²¹³(tɕia²¹)　同"练"。看把娃娃熬成个甚噈，～往下坐。

流水 liəu³³ ʂuei²¹　经常，时常。那～就去噈。

落叶 lə³³ ie³³　最终。～还不是给人家噈。

马下 ma²¹ ɕia⁵²　马上。饭～就好噈。

慢慢儿 mæ⁵² mær⁵²　渐渐。～就不出气噈。

判 p'æ⁵²　正，正在。使用的句式结构基本上固定为"判＋V＋着＋啥＋V＋噈"，表示正在如何时却怎么样了，句意含有转折的意思。～坐着啥，一下霍露昏厥，昏迷噈。

随当儿 suei³³ tɒr⁵²　随即。人家叫我每看哩下，～就拿的去噈。

随当儿里 suei³³ tɒr⁵² li²¹　同"随当儿"。吃完饭，～把家匙洗噈。

时不时 sʅ³³ pəʔ³ sʅ³³　经常，常常。～就和你不说话噈。

太半 t'ai²¹ p'ær³³　通常，一般。受苦人～天黑哩才回来叻。

旋 ɕye⁵²　(1)时常，经常。家里没事动起你每啀～来。(2)随即。～吃～做，做下多哩坏去也。

一把 iəʔ⁵ pa²¹³　犹立即、马上。类似"一下子"。～把账算哩。我～就把你狗日儿的做死噈。

一划 iəʔ⁵ ts'æ²¹³　一个劲儿，总是。那～欺负人叻。

一到罢儿 iəʔ³ tɔ⁵² pɐr²¹³　一直，向来。那两个～关系好。

一到根儿 iəʔ³ tɔ⁵² kər²¹³　始终，全然。我每～就好。

一久儿 iəʔ⁵ tɕiəur²¹³　(1)始终，根本，从来。～没见那来。人家～解不开不懂你这么些事。(2)过一会儿，以后。咱每～再算。

以先 i⁵² ɕie²¹³　一开始。"以"读音特殊。～那阵儿你是个做甚的，这会儿咂危着急哩。

暂马 tsæ²⁴ ma²¹ 马上。车～就来哩，咱每走快些。

暂总 tsæ²⁴ tsuŋ²¹³ 同"暂马"。～客来哩，咱还没备办准备好。

早 tsɔ⁵² 就，表示时间快，时间在前。人家早～到哩。

至如 tsʅ²⁴ zu²¹ 从来，根本。多用于否定。～没捏过人家根折针。

自古儿 tsʅ⁵² kur²¹³ 一直，始终。多用于否定。我～也没说过这话。

四、肯否、否定副词

a. 准定 肯定 不 没 没有 不应 不敢 不用 不许 不要 慢

b. 保险 的当 嫑 怕经儿 捺 不说 <u>不依</u> 该也

保险 pɔ²⁴ ɕie²¹³ 天阴的<u>这么</u>厚，～下雨也。

的当 tiəʔ³ tā⁵² 的确。这事肯定～着叻。

嫑 piɔ⁵²/puo⁵² "不要"的合音词。今儿天热地里～去哩。"嫑"尽管是"不要"的合音，但是在语法上功能上二者有一定的区别。"嫑"有点儿像北京话的禁止之词"别"。"不要"能带宾语，而"嫑"不能带宾语，只能作状语。"咱每不要筐子哩。""咱每嫑要筐子哩。""不要走哩。""嫑走哩。""*咱每嫑筐子哩。"

怕经儿 pʻa⁵² tɕiə̃r²¹³ 不愿意，不屑。我可～来你每下。

捺 na⁵² 不理睬。我～你也，你愿咋价叻。

不说 pəʔ³ ʂuo²¹ 不能、不会，用于反问语气的句子中。你～管给下娃娃？

<u>不依</u> pei²¹³ "不依"的合音。家里～来。

该也 kai²¹³ ia²¹³ 犹当然。<u>这么</u>难的题，你～不会做。

五、情态、方式、语气等副词

a. 特意 赶紧 赶快 悄悄 暗暗 正好 正巧 可巧 刚好 正好 猛猛 偏偏儿 故意 专门 随便 顺便 顺势 万万无论如何 千万务必 明明 果不其然 偏 偏偏 可 就 只好 只管 难怪 究竟 到底 何苦 反正 反倒 兴许 当然 幸亏 大概 大约 约莫 其实 明明 恐怕 反正 贵贱 死活 白 白白 干 八成

b. 长短 打猛儿 打猛子 大敢 待大 待大例 待例 倒转 到究儿 端端儿 的当 的实 反转 敢 敢个 敢是 敢怕 故把儿 和管 和拘 红黑 黄黑 或管 或拘 将将儿 可端 可端哩 可好儿 可可儿 款款儿 挺挺儿 利利儿 猛圪拉碴 猛猛儿 其情 情

情管　特是　歪好　委的儿　瞎好　些许　休管　休平管　许个　早
早哩　早时　早是　真个　真正儿　争　正好好　只且　只情　专意故
儿　着实　自自儿

长短 tʂ'ã³³ tuæ²¹³　不论如何。唯你可是，～给人家把账开哩。

打猛儿 ta²⁴ mɤ̃r²¹³　猛然，忽然。你这可是，十冬腊月～记起个吃
西瓜。

打猛子 ta²⁴ məŋ²¹³ tsəʔ²¹　同"打猛儿"。你不是要还戚住几天叻，～
记起个走。

大敢 ta⁵² kæ²¹³　大概。这～又是你来来吧。

待大 tai⁵² ta²¹　"待大例"的省略。～串串门叻。

待大例 tai⁵² ta²¹ li²¹　随便。人家～说叻，没甚意思。

待例 tai⁵² li²¹　"待大例"的省略。～说叻，又不是真的。

倒转 tɔ⁵² tʂuæ⁵²　反倒，反而。你不帮也就算嘞，～向着人家说叻，
甚意思么？

到究儿 tɔ⁵² tɕiəur²¹　到底，究竟。在疑问句中多表示追问。你去哩～
给说来来没？～各人家看着亲。

端端儿 tuæ²¹ tuær³³　偏偏，恰好。怕人叻嗏，～遇上个走路的。

的当 tiəʔ³ tã⁵²　的确。你～去叻？

的实 tiəʔ⁵ ʂəʔ³　的确。这么价看来，那～没给人家还给。

反转 fæ²¹ tʂuæ⁵²　反倒，反而。不照门就是嘞，～咬起人来嘞。

敢 kæ³³　推测语气，也许，可能。你～晓得嘞。

敢个 kæ²¹ kuəʔ³　大概，可能。这阵儿嘞么，车～走嘞。

敢是 kæ²¹ ʂəʔ³　大概，可能。～你妈抬藏的。

敢怕 kæ²¹ p'a⁵²　大概，可能。投你去哩～人家停当结束嘞。

故把儿 ku⁵² pɐr²¹³　故意。那～儿气叻么，又不是真的就那么个。

和管 xə³³ kuæ²¹³　同"休管"。晌午～吃甚都行叻。

和拘 xə³³ tɕy²¹³　同"休管"。你～要上个甚。

红黑 xuŋ³³ xəʔ³　同"黄黑"。咱说上人家～不听么。

黄黑 xuã³³ xəʔ³　不管怎样。～不说，见哩就打。

或管 xuo³³ kuæ²¹³　同"休管"。～谁来，都能叻。

或拘 xuo³³ tɕy²¹³　同"休管"。你敢～给上个甚么。

将将儿 tɕiã²¹ tɕiãr³³　刚刚，恰好。车上～能坐五个人。

可端 k'uɯ⁵² tuæ²¹³　恰好，可巧。正要给你送去叻，～碰上你嘞，
给你。

可端哩 k'ɯ⁵² tuæ²¹³ li³³　同"可端"。叫你来叻啥，又～不在。

可好儿 k'ɯ⁵² xɔr²¹³　可巧。我每去哩～那些也来嗫。

可可儿 k'ɯ⁵² k'ɯr⁵²　恰好，恰巧。寻哩几天没寻上，那儿～在街上碰上嗫。

款款儿 k'uæ²¹ k'uær²¹³　老老实实。你～在家里着，外面不敢去。你～价放下。

挺挺儿 t'iŋ²¹ t'iɤ̃r²¹³　静静。你～站那儿，甭动。

利利儿 li⁵² liər⁵²　完全，彻底。那大夫一个偏方就把病～价治好嗫。

猛圪拉碴 məŋ²¹ kəʔ³ la³³ ts'a⁵²　猛然。天好好价啥，～下哩阵儿雨。

猛猛儿 məŋ²¹ mɤ̃r³³　突然，猛然间。～记起个甚哩，一下就不得了嗫。

其情 tɕ'i³³ tɕ'iŋ³³　其实。～老师甚也没说。

情 tɕ'iŋ³³　同"情管"。到你姑姑家～做～吃。

情管 tɕ'iŋ³³ kuæ²¹³　尽管，只管。到哩学校你甚呀也甭想，～学你的。

特是 t'ə³³ ʂəʔ³　的确、实在。你～支不定支撑不住哩就甭做嗫。

歪好 vai²⁴ xɔ²¹　不论如何，不管怎样：～听不进去人的话。

委的儿 vei²¹³ tiər²¹　幸亏，多亏。多与"要不"、"不啥"搭配使用。～是你，不啥就交代不了幸亏是你，不然的话就交代不过去。

瞎好 xa³³ xɔ²¹³　不论如何，不管怎样：～寻上个营生就行嗫。

些许 ɕie²⁴ ɕy²¹　也许。～那些到嗫，咱每走快些。

休管 ɕiəu²⁴ kuæ²¹³　不管、不论。我每这种人好说，～咋个都能叻。

休平管 ɕiəu²¹ p'iŋ³³ kuæ²¹³　同"休管"。你咂～给上个甚，我每还嫌弃叻？

许个 ɕy²¹ kuəʔ³　也许。明儿～下雨也。

早 tsɔ⁵²　表示事情发生的或结束的时间超过一般情况，犹如北京话"就"、"倒"。你～来嗫，还早着叻。会～开完嗫？

早哩 tsɔ²¹ li³³　同"早时"。～迟嗫，还磨蹭叻？

早时 tsɔ²¹ sɿ³³　已经，本来。～难活叻，你还又拍哩一打。

早是 tsɔ²¹ ʂəʔ³　同"早时"。～娃娃难过叻，你还又说叻。

真个 tʂəŋ²⁴ kəʔ³　表示确认语气，确实，的确。你夜里～去来来？～疼叻，又不是假的。

真正（儿）tʂəŋ²¹ tʂəŋ(tʂɤ̃r)²¹³　确实，的的确确。你～是个儿尻。天还～早着叻，好好睡。

赠 tsəŋ²¹³　白白。～吃～喝白吃白喝〈俗〉。今儿这人情～领嗫。

正好好 tʂəŋ⁵² xɔ²¹ xɔ³³　恰巧，刚好。两个～碰到一搭里噻。

只且 tsəʔ³ tɕʻie²¹　同"只情"。那些愿咋价叻，你个儿～做，覅耍奸耍滑。

只情 tsəʔ³ tɕʻiŋ³³　只管。去哩～吃，覅怕人。

专意故儿 tʂuæ²¹ i³³ kur²¹　故意，专门。那～要儿叻么。

着实 tʂə³³ ʂəʔ³　确实，千万。叫你每同学～不敢去，那儿可危险叻。

自自儿 tsɿ⁵² tsər⁵²　渐渐。那个事后来～忘噻。

由相反意义构成的副词，都能用"～来～去"结构去表示无论如何，不管，例如，"歪好"可以说成"歪来好去"，意思一样。

第二节　连词与介词

一、连词

连词是起连接作用，用来连接词、短语、分句和句子等语法单位的词。绥德方言的连词，多数与普通话不一致。这里就连接词、短语的连词进行说明，起关联作用的连词。常见的有：和、跟、既然、既是、虽说、虽只然、破、未时、未时价、未免万一、万一、要么、就打就算、慢说、慢仗、慢是、慢算、覅说、就是。它们的具体用法，参见第十八章。

再 tsai⁵²　即使。我～不行，也敢赶娃娃强吧。你～有本事，没人用你，还不是个"还"你即使有本事，没有人重用你，还不是如此。

带 tai⁵²　和。你～你妈前里走，我随后来。这个～那个放一搭里一块。

二、介词

介词是用在名词性词语前面、共同组合成介词短语，整体来修饰谓词性词语，表示时间、处所、方向、方式、手段、施事、受事、对象、原因、目的等。绥德方言的介词与北京话的介词差异较小，多数与北京话一致。根据介词与名词语搭配的位置不同，介词可分为前置和后置两类，绝大多数是前置介词，后置介词较少。从意义上大致可以分为五类。有表示时间、处所的，用于引出动作发生的时间、地点、方向、起点或终点，常见的词有：从、自从、在、到、当、往、向、朝、闻、趁、顺、担、架、拦、往、抽、凑、赶。有表示原因、目的的，用于引出动作的起因、后果或者目的，常见的有：为、为哩、因、因为。有表示方式、方法、依据、工具等，常见的有：用、拿、凭、靠、按、照、以、依、据、将。有表示施事或受事的，常见的词有：把、教、给、由。有表示对象的，用于引出动作所关涉的对象或范围，常见的有：对、跟、和、替、除哩。

其中，以下几个是北京话没有的，或者是没有该用法的，举例说明。

担 tæ⁵² 从，在。你～这儿下，那面儿没路。～墙摞扔过来。

架 tɕia⁵² 从，由。你每敢是～上面往过抬么。电线～塝畔上过去嗽。

拦 læ³³ 从，朝。你～这儿价下。你个儿～脑上往过蹍。你～这儿下就到嗽。这一词使用已久，唐宋文献已见。五代·静、筠《祖堂集》卷10："雪峰拦胸把驻云……"《断桥妙伦禅师语录》卷1："甚处来，拦头坐关。"元·施耐庵、罗贯中《水浒传》62回："张顺却在水底下拦腰抱住，又钻过对岸来。"①

往 vəʔ³ 朝向。～高垒。～大捏。北京话的"朝向"这一意义，只能表示向着某处，绥德方言除此之外，还表示向某种状态进行，这里的形容词只表示动作行为发展的状态，不再表示性质。

抽 tʂ'əu²¹³ 对，照。～脸掼哩两打。～屁股踢给两脚。

凑 ts'əu⁵² 趁，趁机。～头儿没来哩，你赶快走。

给 kei⁵² 交与、付出。北京话的"给＋了＋宾语"结构，绥德方言用"给＋给＋宾语"。问句的回答可以是宾语省略加语气词。如，衣裳给给娘的嗽。你把饸饹床子给给你二爹(ta²¹³)家嗽没？——给给嗽。"给"可以直接用于没有给予意义的动词后。如，那个事说给嗽。你唱给老师听给下。

的 təʔ²¹ 只用在动词后，与处所名词构成介宾短语，是后置介词，犹"到"、"在"。参见第十九章第二节讨论。

个 kuəʔ²¹ 同介词"的"。二者的区别是，"个"是句子结构重新分析的结果，"的"是动词"着"语法化的产物。参见第十九章第四节。

---

① 此三例转引自詹绪左、崔达送：《禅宗文献中的同义介词"撴""蓦""拦"》，《古汉语研究》2011年第3期。

第三节　语气词与叹词

一、语气词

说话都是带有语气的，语气有多种多样，诸如说明、叙述、请求、建议、提醒、奉告、命令、赞同、认可、埋怨、谴责、嘲讽、批评、无奈、拒绝、感激、问候、询问、招呼、相承、惊讶、感慨、醒悟、虚拟等。这些语气可以通过句调实现，也可以用语气词来实现，或者两者兼而有之。语气词是用在句尾表示陈述、疑问、祈使、感叹等语气和停顿的词，有的也能用在句中表示舒缓停顿或强调。依据句中的位置，语气词分为句中语气词和句末语气词两类。句中语气词可以表示停顿，也可以表示列举、假设或强调等。句末语气词根据所表达语气的不同，可以分为陈述、疑问、祈使、感叹四类。绥德方言的语气词有自己的特点，表现在具体用词上，与北京话相差较大，用法上也不完全一致。本节就绥德方言的语气词作简要描写。

（一）表示陈述语气

绥德方言表示陈述语气的词主要有：嘹、嘹么、嘹唦、叻、叻么、来来么、来么、来价、来唦、也、也么、也唦、的、吧、么、也。有的词不只陈述语气一种用法，也都列述于后。

嘹 læ²¹　即"了₂"，用于句末，表示对事件、行为的叙述语气，同时兼表已然体。"嘹"在句子中具有成句的功能，没有它，句子就不能成立。我的房子卖～。外面下起雨～。"嘹"常还用于名词后，构成分句。大人家～，还解不开不懂？晌午～，能收工嘹还。它还可以用在单独的形容词后。怪～，才还在这儿来来么。

嘹么 læ²¹ ma²¹/mə²¹　用于句末，表示已然的确认语气。你放心，人家早就给～。那会儿我园子去～。

嘹唦 læ²¹ sæ²¹　用于前一分句末，表示对某一情况的陈述。火烧哩一气～，锅里还没抬倒水。走哩半天～，才记起没拿个包儿。

叻 liəʔ²¹　(1)犹"呢"，用于句末，表示行为、状态的叙述。受苦是可熬～。坐这儿价可好活～。(2)用于句末表示疑问。你咋价走～？明儿下雨～？(3)兼作助词，用在句末表示加强正在或者将要进行。你每过给阵儿来，我每吃饭～。人家睡～，咱快走。参见第十四章第三节。

叻么 liəʔ⁵ mə²¹　(1)用于句末，表示肯定语气。人家说去～，谁说不去？放心，我后儿做～。(2)在句末表示加强疑问语气。你是谁～？书在哪～？

来来么 lai³³ lai²¹/læ²¹ mə²¹ (1)用于句末，表示对原有事物性质确定的语气，与北京话的"来着"相同，多用于前后不同情况的对比。两家原先可好～，咋价不行嘞？前向儿还可胖～。前一例是原来与现在的"不行"作对比。后一例虽然没有直接出现对比的句子，但是言下之意现在已经不胖了。(2)用于疑问句末，表示对疑问语气的加强。这事谁～？会不会是那些每_{他们}～？

来么 lai³³/læ²¹ mə²¹ 用于句末，表示加强动作行为的陈述语气。就这么个～。不难难，看上我做的～。

来价 lai³³ tɕia²¹ (1)用于句末，表示对曾经发生事情的叙述。想说～，又给忘嘞。我每敢给～，人家不要。(2)还表示假设语气，含有期盼的意义。你说～就好嘞。

来唦 lai²¹ sæ²¹ 同"来价"。

也 ia²¹ (1)用于句末，表示对将要发生的某种行为的陈述，兼具时制作用。妈，我每走～。看这天气一阵儿刮风～。(2)用于疑问句末，表示对将要发生的某种行为进行询问。看你哪里耍～？学校多会儿放假～？

也么 ia²¹ mə²¹ (1)用于句末，表示陈述语气的加强。我敢走～。人家给～，你怕甚劢？(2)用于疑问句中，表示疑问语气。你每走～，宬劢？明儿还敢唱～？

也唦 ia²¹ sæ²¹ 用在句中，表示语气提顿，引出话题。那人～可炕劢。你～好活美嘞。

么 ma²¹/mə²¹ 见下文。

的 tə²¹ 详见第十九章第二节。

咂唦 tsa⁵² sæ²¹ 用于句首，表示语义的连接关系。那日捣哩下，～想不起来嘞。看哩半老天，～你看见嘞。娘的说哩动，～没事嘞。

(二)表示疑问语气

表示疑问语气的语气词主要有：吧、嘞吧、么、是、劢、也。

吧 pa²¹ (1)用于疑问句末，表示对已然行为的推测语气，疑问的语气比较轻微。这事你做的～？你没事～？疑问语气中带"吧"的，都表示疑问的语气弱。(2)用在祈使句末，使得语气变得舒缓，用在陈述句末，表示不确定的语气，用在疑问句末，使语气带有揣测、估计的意味，这些与北京话一致。有所不同的是，在疑问句的用法中，常常在句中要用表示推测语气副词"敢"、"敢是"和它搭配。你敢王家的女婿～？敢是这么个～？"吧"是新产生的一个词。

喽吧 læ²¹ pa²¹　（1）用于疑问句末，表示对已然行为的推测语气，疑问的语气较弱。串门子的走～？你解开～？"喽"本是句末语气词，表示对某一行为已经发生或完成与性状变化的陈述，与其前边的整个事件有关，"吧"也是与整个句子相关联。不过，两者在句中的层次地位不同，"吧"的层次高于"喽"，"喽"是陈述某一行为已经发生或完成与性状变化的，"吧"是对整个句子的疑问。因为是对行为或性状已然体的猜测，没有"喽"的出现，就无法表达已然体，所以两者只能共现。如果是未然体的猜测，"吧"则只能与"哩"组合。（2）表示语气的确认，经常与语气副词"敢"（读 kæ³³，阳平调）搭配。今儿敢下雨～。你还不信，我揭贷的款敢是还～。

么 ma²¹　（1）用于疑问句中或疑问语气词后，有强调语气的作用。你说谁～？人家给的月饼叻～？（2）用于陈述句或分句末，表示肯定语气。这一用法，有时也读 mə²¹，是 a 弱读后央化的结果。不会就问～。谁挣的钱谁花～。经常与"敢"、"敢是"搭配，表示语气的确认。你敢装裹给阵儿～。事情敢是不能光顾各自～！（3）用于祈使句中，表示央求、督促、请求、命令语气。说成 ma 时，表达央求的语气突出，说成 mə 时，命令的语气显著。你每前面做慢些个儿～。你快走～。娃娃每往下坐～，站起做甚叻？你每都少说上两句～。（4）用于并列结构的假设复句中，表示语气的舒缓，说话的意思是表达两难。要去～，开不了口；不要～，我也困起来喽。借～不想借，不借～没有的。（5）用于反复问句中，参见第十七章第三节。

是 ʂəʔ²¹　用于疑问句末，表示疑问。你不来～？详见第十九章第九节。

叻 liəʔ²¹　见上文。

也 ia²¹　见上文。

（三）表示祈使语气

表示祈使语气的词主要有：吧、么、来、嗉、哩么、叻么。

吧 pa²¹　见上文。

么 ma²¹/mə²¹　见上文。

来 lai³³　用于祈使句末，表示提议、商量、征询、请求的语气。咱个儿要～。要不喝酒～。参见第十四章第一节。

嗉 sæ²¹　用于祈使句末，表示提醒、督促的语气。往远站～，看不着累事碍手碍脚着叻？你快来～。详见第十九章第十节。

哩么 li²¹ mə²¹　用在肯定句中、句末，表示商量、建议、请求的语气。你敢做～，这点生活用不了几天。等娃娃大～也不迟。

叻么 liəʔ⁵ ma²¹　用于句末，表示央求、无奈等语气。给你～，谁说不给？我也会～，你咋不晓得？

（四）表示感叹语气

表示感叹语气的词主要有：来（来）、着价、还、还价、还叻、还着、还着叻、还动、还动起、还敢。

来（来）lai³³（lai²¹/læ²¹）　用在句中、句末补语标记词"得"后，表示感叹语气。把你能得～不晓得九几喽！那些喜得～直叫叻！"得来（来）"后的补语也可以省略。那回把我急得～！熬得～！参见第十四章第一节。

着价 tʂ‘ə³³ tɕia²¹　用于感叹句中或句末补语标记词"得"后表示感叹。那些两个好得～屁股里蒸糕叻！你喳来儿_{不好、差劲}得～不能提！后边的补语有时可以省略。而几_{现在}那房子贵得～！把那狗儿的厉害得～！

还 xæ³³　用在句末，表示对已经如此的某人、某事表示不满、埋怨、责备等方面的感叹，也用来表示无奈的感叹。你这人～！那些事情～！给也给喽～！那连个屁尿也送不了～！

还价 xæ³³ tɕia²¹　（1）多用于句中体词性成分后，表示无奈的感叹语气。一般有后续句，但是也可以不出现，要说出的话是不言而喻的。那～，咱哑能咋价那叻？你每～叻！（2）用于句中，表示提顿语气，作话题标记。谁～不用个谁。当官儿的～甚没有的！

还叻 xæ³³ liəʔ²¹　（1）表示无奈的感叹语气。公家～，你能硬过人家叻。（2）表示无所谓的感叹语气。这点儿事～，没甚。娃娃家的话～。（3）用于句中，表示提顿语气，作话题标记。看个娃娃～不是个事。

还着 xæ³³ tʂəʔ³　同"还叻"（1）（2）。你～，谁敢惹你叻。你又不用～。吃的～，来我给咱弄。

还着叻 xæ³³ tʂəʔ³ liəʔ²¹　同"还叻"（1）。咱～，谁心疼叻！那跟工～，肯定没钱儿。

还动 xæ³³ tuŋ⁵²　同"还叻"（1）（2）。受苦人～，哪个人会关心叻？那～，又不打个照_{不当回事}。

还动起 xæ³³ tuŋ⁵² tɕ‘i²¹　同"还动"。人家给～是叻，指_{指望}我开口是没门儿。就这么个～，谁不会做？

还敢 xæ³³ kæ²¹　同"还叻"（1）（2）。你～谁能看上你的样子叻？

二、叹词

叹词是用于表示感叹或呼答的词。绥德方言的叹词，有的并非表达单一的感叹语气，而是同时含有几种不同的语气在内，所以归类时，只能按照其中的一个比较突出的语气来进行。有的词是另外一个词的音变形式。

（一）表示喜怒哀乐等感情的叹词

（1）表示惊讶、赞叹、喜悦的，主要有：啊呀、啊呀呀、呃呀、呃呀呀、哈呀、哈呀呀、呃哟、嗨呀、嘿呀、□z_ei^{52}。

啊呀 a^{33} ia^{21}　（1）用于句首，表示惊奇。～，没见过这么好的个人！～，老天睁眼嘞！（2）用于句首，表示疼痛、难受。～，这么疼叻。～，熬死人嘞。～，你怕死人嘞。

啊呀呀 a^{33} ia^{33} ia^{21}　用于句首，表示非常惊奇。～，总算把你寻上嘞！～，这叫甚事么！

呃哟 $ə?^{21}$ $iɔ^{21}$　（1）用于句首，表示惊讶、后悔。～，咺把个大事给忘嘞。～，你说我那阵儿咋价就想不起是？（2）用于句首，表示疼痛。～，你把人踩死_{踩痛}嘞。

呃呀 $ə?^{21}$ ia^{21}　（1）用于句首，表示惊讶、醒悟。～，社会变得太快嘞！～，看乎_{几乎}忘哩，要给人家捎个东西叻么。（2）用于句首，表示疼痛。～，你烧死人嘞。～，你怕死人嘞。

呃呀呀 $ə?^{21}$ ia^{21} ia^{21}　用于句首，表示非常惊讶、感叹。～，你把人可亏死着不成？～，这叫甚事么！

哈呀 xa^{33} ia^{21}　用于句首，表示惊叹、感慨。～，厉害得打起人来嘞。～，这回捞得来嘞。

哈呀呀 xa^{33} ia^{21} ia^{21}　用于句首，表示非常惊叹、感慨。～，今儿咺把你逮定嘞。

嗨呀 xai^{33} ia^{21}　同"哈呀"。

嘿呀 $xə?^3$ ia^{21}　同"哈呀"。

欸 ei^{213}　（1）用于句首表示惊讶语气。～，这儿价冷得劲儿大叻么。～，这狗儿的牛得恶叻。（2）表示不以为然、否认语气。～，不是你说的那么个。～，哪里能叫娃娃每晓得叻。

□z_ei^{52}　用于句首，表示醒悟。～，行李咺撂的车上嘞。

（2）表示疼痛、悲伤、惋惜，主要有：唉、嗨、啊呀、呃呀、呃哟。

唉 ai^{52}　（1）用于句首，表示惋惜。～，好人不寿长。～，这么个茬茬错过去嘞。（2）用于句首，表示不满。～，你说有甚办法叻？

嗨 xai^{52}　用于句首，表示悔恨、遗憾。～，这回生意可做的沟里下去嘞。

啊呀 a^{33} ia^{21}　见上文。

呃呀 $ə\textipa{P}^{21}$ ia^{21}　见上文。

呃哟 $ə\textipa{P}^{21}$ $iɔ^{21}$　见上文。

(3)表示愤怒、鄙视、讥讽、不满、无奈的感叹，主要有：呸、哼、唉、可是等。

呸 $p\text{'}ei^{52}$　用于句首，表示鄙视，被唾弃。～，你糟死人嗫。

哼 $xəŋ^{52/213}$　用于句首，表示鄙视。～，谁没吃过。也可以作谓语。鼻子～人没深浅。

唉 ai^{52}　见上文。

可是 $k\text{'}ə\textipa{P}^{3}$ $ʂə\textipa{P}^{21}$　用于句末，表示无奈的语气。一般与句首语气词"唯"构成"唯……可是"结构。唯你～，直圪争_{轻易不接受他人的馈赠}成这么个是？这～，咂弄坏嗫。

(4)表示醒悟、明了、告诫，主要有：啊、噢、唵、看等。

啊 a^{52}　用于句首，表示突然醒悟、明白过来。～，我咂解开嗫。～，做过嗫_{完了}，我钱儿也忘记带嗫。

噢 $ɔ^{213}$　用于句首，表示豁然明白、恍然大悟的语气。～，这么个动，可乎儿_{实在}不难难么。～，这下咂解开嗫。

噢 $ɔ^{52}$　告诫的语气。用于句末，表示对前边所说内容的提醒、强调、叮嘱。你去哩要听老师的话叻，～！你嫑乱花钱，～！

唵 $æ^{52}$　用于句首，表示提示、警告、不满。～，就你这么个样子动，我不给你嗫。～，我两下把你做死叻。

看 $k\text{'}æ^{213}$　用于句首，表示对不小心而出现差误或将要出现问题时的提醒、告诫语气。"看"读如"看守"义的阴平上调，但无看守意义。～，咂踢嗫。～，咂敢捣烂嗫么。这两例表示事情已经发生。～，拍_{感冒}哩去也。～，溜下去嗫噢。这两例表示将会发生，提醒注意。

(二)表示呼唤、应答的叹词

表示呼唤、应答的叹词主要有：哎、唵、噢、噢么、嗯。

哎 ai^{33}　(1)用于句首，作为应答语，表示对呼叫者的回应，独立成句。(2)用于句首，表示呼唤人，引起对方的注意，含有不尊敬的意思。～，你每下_{那里}来人嗫没？(3)旧时也用于夫妻间当面互相呼叫，没有贬义。旧时妻子一般没有大名，丈夫的名字妻子如果直呼，显得不够尊敬，所以相互间就用"哎"来呼叫对方。

唵 $æ^{33}$　旧时主要用于夫妻间当面互相呼叫，同"哎"(3)。～，说你叻么。～，你听见嗫没么？夫妻间用"哎"、"唵"这类呼叫，绥德方言称之为"咦啊流水"，即没有正式的词语来表达。

　　噢 ɔ³³　（1）用于句首，作为应答语，表示对对方所说内容的认可、确认语气，其后有语音停顿。～，我记住喽。～，你每放心，以后我咂不要喽。（2）用于句首，呼叫时要将语调拖长，但与后边的被呼叫者称谓之间在语音上没有停顿。～——侯栓_{名字}，回来吃饭来。（3）用于句末，含有祈使语气，表示强调。你等给阵儿～，我一下就好喽。咱每说好～，不能下蛋_{反悔}。

　　噢么 ɔ³³ ma²¹ / mə²¹　用于句首，表示确认、回应语气。"么"轻读，弱化为 mə。～，我也想不明白么。～，你说谁不愿意。～，嫑你动起哪里有个我叻。

　　嗯 əŋ³³　用于句首，或独立成句，表示确认、回应语气。～，晓得喽。～，我解开喽。

　　这里附带说一说绥德方言的助词。

　　绥德方言的助词，可以分为结构助词、时制助词、比况助词等。结构助词主要有"的"，北京话书面语中写法、用法有区别的"的、得"在绥德方言中是不分的，北京话的"地"绥德方言一般不用，而是用"价"等来表示。时制助词和体貌助词，主要有"着、的、来、来来、也、来喽、喽、叻、过、哩、上、下、下来、开、脱"等，比况助词有"是、的、也是、也是的、也的、一样"等，其他助词有"给、每、所、连、看"等。它们的用法，有的与体貌、时制有关，在这些内容的章节中进行具体描写，有的作了专题考察，所以助词的内容没有设立专门章节进行讨论。

第十三章　体貌系统

　　汉语体貌目前还没有一个统一的认识，但是对这个问题的探讨从 20 世纪开始至今一直在进行着。20 世纪 20 年代，黎锦熙对汉语体的问题有了初步的说明，40 年代，王力、吕叔湘、高名凯进行了全面系统的分析，进入 80 年代以后，孔令达(1986)、刘勋宁(1988)、龚千炎(1995)、戴耀晶(1997)、左思民(1998)、陈前瑞(2008)等作了深入讨论。汉语方言体貌的讨论成果也比较丰富，代表性的成果有张双庆主编的《动词的体》(1996)、胡明扬主编的《汉语方言体貌论文集》(1996)、李小凡的《苏州方言的体貌系统》(1998a)、乔全生的《晋方言语法研究》(2000)、邢向东的《陕北晋语语法比较研究》(2006)、郭校珍的《山西晋语语法专题研究》(2008)等。其中李小凡将苏州方言的体貌分为动态和事态两大类。"动态是观察动作的发展变化的过程所区分的体貌类型，分为完成体、持续体、进行体、经历体、继续体、反复体、短时体、尝试体等。事态是观察事件的发生、存在、变化与否所区分的体貌类型，分为已然态、未然态、将然态、仍然态、定然态等。"(李小凡 1998a)他认为体貌表达的手段，"主要是动态助词和副词，附加在谓词前后。事态的语法标记主要是事态语气词，附加在句末。动态和事态都可以独立地表达体貌，也可以合在一起共同表达体貌。"邢向东(2006a)将陕北晋语的体貌分为体和貌两个部分，体包括完整体和非完整体，前者又分完成体、经历体，后者又分为起始体、实现体、持续体。貌包括动量减小貌和随意貌。

　　根据前人研究成果，我们对体貌的理解是动词所体现的动作行为或事件在时间进行过程中的结果状态，体貌是动词的语法范畴。这里将绥德方言的体貌分为体和貌两大类。体包括完成体、经历体、起始体、实现体、持续体。其中完成体、经历体是完整体，起始体、实现体、持续体为非完整体。貌包括减量貌、随意貌、反复貌等。体貌的表达手段有动态助词、副词和事态语气词等。

第一节　完成体

　　完成体是动词所表示的动作行为已经完成。完成体的动词一般要具备[＋动作]和[＋结束]两项语义特征，不具备这两个特征的动词不能构成完成体。北京话的"是、好像、属于、觉得、认为、希望、需要、作为"等"动词不表示变化，因而无所谓完成时，不能加'了₁'"（吕叔湘1999：352）。绥德方言亦此，如"是、好像、觉着、以为认为、想、要、当当作"，不能表示完成体的。

绥德方言的完成体主要通过动态助词"哩"与"下"来完成。动态标记词放在动词、形容词和动补结构之后，以此叙述某一动作行为或变化已经完成。

一、哩

"哩 li²¹"表示已经发生的动作行为或变化。它是一个动态体标记，与北京话"了₁"的用法基本相同。"哩"经常使用的句式有 V＋哩＋C、V＋哩＋O＋嘑、V₁＋哩（＋O）＋V₂、V₁＋哩＋V₂＋哩等。例如：

（1）人才才刚才走哩一阵阵。

（2）我吃哩饭嘑。

（3）说好哩去叻么。

（4）我每回来打扫哩才歇哩一阵儿。

例（1）在说话时"走"的动作已经完成了。例（2）表示吃饭这一行为已经完毕。例（3）表示"去"是在"说"的动作完成后进行的。例（4）表示"打扫"的动作行为已经结束。

绥德方言"哩"的用法与北京话的"了₁"有一定的差异，主要区别就在于出现在句子结构的不同位置上。在动宾谓语句中，如果宾语没有带数量短语修饰语，一般句末必须要有语气词"嘑"与之呼应，否则句子结构不完整。例如：

（5）那些他们吃哩饭嘑。

（6）我扳哩金黍玉米嘑，熬嘑。

例（5）如果说成"那些吃哩一顿饭"，则句末的"嘑"就可以不用。例（6）相同。

"哩"用在形容词谓语句的形容词后表示状态发生变化，一般是表达尚未发生的事件。例如：

（7）等枣儿红哩你每咂来吃。

（8）你大哩着等到你长大了时再进行（某事）。

（9）天黑哩再要。

例（7）表示枣子将来"红"的性状完成。（8）表示"大"的性状完成。形容词作谓语表示性状在将来完成，所以在句子中多用后续句或助词"着"等相关成分来体现将来时，如例(7)的"等"、"你每咂来吃"，例(8)的"着"，例(9)的"再"。

"哩"用在动词后还可以表达即将要完成的动作行为，也可以用在动词、形容词后表示假设语气。例如：

(10)我看会哩再做。

(11)等念书的走哩着等念书的人走了再进行(某事)。

(12)你饿哩给我说。

(13)你敢忘哩么，记着吧有甚用叻你忘记了吧，记着吧有什么用处呢？

(14)你闹下弄到哩，我就不给还噯。

(15)地荒长草哩就锄上回价。

(16)天热哩盖薄被子。

(17)吃哩吧咋价也？

例(10)－(13)的"看"、"走"、"饿"、"忘"在说话时还没有完成，是将要完成的动作行为。后四例表示假设语气，例(14)如果"闹下"的话就不还了，例(15)如果土地"荒"了的话就锄，(16)天热的话盖薄被子，例(17)是说假如吃了，能怎么样呢。

二、下

"下 xa^{21}"用于动词后表示动作已经完成，结果已经出现。动词可以是非连续动词，也可以是连续动词，句末有语气词"噯"表示。例如：

(18)夜黑地昨晚下下雪噯。

(19)潭下乱子闯下祸噯。

(20)驴又站下噯。

(21)你咋说下话不算数噯？

(22)霍蹋下一圪都饥荒，那狗儿咂跑噯弄下许多债务，那狗日的跑了。

例(20)是持续动词，其他四例为非持续动词。

"下"也可以表示将来的动作完成。例如：

(23)教那杀下人你咂哭去。

(24)投等到那糟蹋下就迟噯。

例中的"杀"、"糟蹋"的动作行为都尚未发生。

"下"也可以用于形容词后，表示与过去相比，性状所发生的改变已经完成。例如：

(25)大下噯　小下噯　长下噯　好下噯　儿下噯　能行下噯　年轻下噯

精明下噫

(26)投拿回家里一秤就短下噫。

第二节　经历体

经历体就是过去某个时候曾经完成某种动作、发生过某种变化或存在过某件事。绥德方言表示经历体词语，主要有"过"、"来来"、"来噫"。某个时间是以说话时作为参照点。

一、过

"过"的用法与北京话基本一致，表示经历的，所以主要用于陈述句和疑问句中，不能用于祈使句。例如：

(1)我光只去过榆林，西安还没去过。

(2)这种事我铩多遇过噫。

(3)才来这个人你见过没？

(4)后来你再念过书没？

(5)我还没见过你这么个儿人差劲的人来噫。

"过"表示否定和反复疑问时，不能用"不"，只能用"没"。

二、来来、来噫

用在动词之后，表示动作曾经经历过，犹北京话的"来着"。第二个"来"是语气词"噫"，它可能受到前边的"来"的同化而发生了音变。"来"不单用。例如：

(6)这东西我可早就吃来来。

(7)老天来来，你怨谁呦？

(8)夜儿你来动词来来？

(9)你去哩问卖货的来来没？

(10)你见来噫？

(11)——谁来来？——我来来/不是我来来/不晓得谁来来。

(12)——谁来噫？饭倒的炕上也不拾掇。

例(6)的"早"、例(8)的"夜儿"、例(9)的"去哩"都表明是过去的某个时间。

"来来"表示经历体，从另外一个角度看，也就是过去时的问题。详见第十四章第一节。

以上完成体和经历体是把事件当作一个整体表达的，所以二者是一个完整体。

第三节　起始体

起始体表示动作行为、状态或事件的开始进行。绥德方言的起始体主要通过动词、形容词后加助词或趋向动词"脱、起、起来、开、上"来表示。因为事件已经开始并持续，所以起始体的句末，一般多有语气词"嘬"出现，表示对某个动作行为、状态或事件的叙述。

一、脱

绥德方言用在动词、形容词后表示起始体最常用的词是"脱 t'uo^{33}"。例如：

(1)下脱雨嘬下起雨了。

(2)这人说脱就没了消嘬这人说起来就没完了。

(3)人儿脱哩也是没办法人坏起来也是没有办法！

(4)羊快跑脱嘬羊快要开始跑了。

例(1)、(2)表示陈述语气，例(3)表示感叹语气。句中如果在动词前加副词"快"，表示将要开始，如例(4)，表示将要开始跑了。可能是受到外来成分的影响，在新派中，"脱"字句的动词前有时还可以用"开始"修饰动词。例如：

(5)天开始下脱雨嘬，你每哑快些走天开始下起雨了，你们快点走。

(6)那两个又开始打脱嘬那两个又开始打起来了。

句子中如果去掉"开始"，意思没有任何变化。如果去掉"脱"，则句意发生变化或不成句，例(1)则表示动作行为完成，雨已经下了，(2)则不成句，(3)则人已经变坏，(4)则是羊将要跑，将要进行与开始有关，但开始的问题不是强调的部分。

"脱"表起始体在陕北晋语绥德周围地区和西北方言中比较普遍。青海西宁(程祥徽 1980)、宁夏中宁(李树俨 1989：153)、甘肃白龙江流域(莫超 2004：65)等地方言都有。例如：

(7)冰消脱了。(西宁)

(8)雨快下脱了。(西宁)

(9)干脱(了)。(中宁)

(10)割脱(了)。(中宁)

（11）几句话不对，两个就打脱了。（舟曲）

（12）客人还没到齐酒就喝脱了。（舟曲）

（13）房子还没干就搬进去脱了。（宕昌）

远离西北地区的国外东干语中也使用（林涛 2003：233）。例如：

（14）狗把猫看见，放旮旯跑的撵脱哩。

（15）尤布尔跟上喊脱哩。

"脱"表示起始体是由动词"脱"虚化而来的。"脱"的本义是肉去皮骨。《说文解字·肉部》："脱，消肉臞也。"引申为脱离、摆脱，掉落，失去，漏掉。脱离是相对于本体而言的，离开本体也就是新个体存在的开始，与本体分离之时也就是新个体开始之时，相伴而生，即由此意义虚化后产生了助词的用法。"脱"表示起始体，其语法化的条件是首先要用于动词后，构成"V＋脱"连动结构，当句子的语义重心倾向于动词 V 时，"脱"就成了一个次要动词，在此基础上它的语义开始发生变化，最后虚化为动态助词。目前，我们在历史文献中尚未发现其发展演变轨迹的用例。

二、起、起来

"起"、"起来"用于动词后表示起始，是动宾关系的，则放在动宾之间，如果是形容词，则具有状态变化的意义。例如：

（16）天下起雨喽。

（17）两个又打起来喽。

（18）一下教那说起来你就走不了喽。

（19）这向儿又热喽。

（20）这儿以下的题难起喽。

三、开

"开"用在动词后，表示动作行为开始进行或状态的开始持续，句末要带语气词"喽"，或者有后续句。例如：

（21）天下开雨喽天下起雨了。

（22）这娃娃哭开就没完喽。

（23）将暖和哩几天，又冷开喽。

（24）教那儿气开哩比谁也气让他开始坏起来的话比谁也坏。

（25）鸡传开哩，一点儿法子也没鸡瘟疫流行开了，一点儿法子也没有。

"开"的本义是开门，引申为打开，张开，开创，开始。当"开始"意义出现在动词后，"开"逐渐虚化，其使用范围扩大，也可以放到形容词后，表示性状的变化，即成为起始体的标记。

"脱、开、起、起来"的使用是有区别的。第一，"开"表开始，可以是现在进行的，也可以是过去的习惯性行为的陈述。例(22)可以从两个方面去理解，一是指哭的状态正在持续，一是指对"哭"这种习惯的陈述，所以有歧义。例(24)只是过去的习惯。第二，"开"有开始的动作义，放在动词后，指这个动词的动作行为开始进行。

第四节　实现体

实现体就是指动作行为、事件或状态已经成为现实的存在。绥德方言的实现体主要用"上 tʂã⁵²"来表达，句末一般要有语气词"喽"表示对实现体的陈述，"喽"同时具有成句的作用。"上"主要用于动宾结构中，位于在动宾之间，其结构形式是"V＋上＋N＋喽"。例如：

(1)笼上火喽生上火了,指烧煤，家里一阵儿就暖喽。

(2)学生娃娃每上上课喽。

(3)那家这阵儿吃上饭喽。

有时也可以出现在非动宾结构中，例如：

(4)两个好上喽没？

(5)投到十月里天就冷上喽。

(6)说上就没了消消停喽。

例(4)、(5)是没有宾语，它们是形容词，表示性状的实现，自然不带宾语。有的是宾语省略，如例(6)，宾语"话"省略。

"V＋上＋N＋喽"有时有歧义产生，既可表示进行，又可以表示实现。例如：

(7)念上书喽。

(8)穿上衣裳喽。

例(7)、(8)可以理解为进行，正在念书、正在穿衣服，也可以理解为实现，念书、穿衣服的行为实现。再比较："考上试喽"与"考上大学喽"，前者只能是考试正在进行，后者一般理解为念大学实现。

实现体与完成体有相似之处，有时不易分别。它们的区别在于，实现体侧重于表达动作行为、事件或状态开始并正在进行或持续，完成体则是动作行为、事件或状态已经结束，不再继续。例(1)的"笼"这个行为开始，成为现实并且还在进行中。例(2)上课的行为开始，在持续，没有结束。实现体和起始体的异同在于，两者"都有动作、状态已经开始的意思。但两者观察事件的着眼点不同，实现体的观察点在事件已经开始后的某一点，而起始体的观察点在事件开始的那一刻。由此导致两者在语义、用法上的区别。"(邢向东 2006a：96)可以比较，"下脱雨喥"与"学生娃娃每上上课喥"，前者是立足于刚开始下雨的时间，后者是开始上课以后的某一时间。

"上"的这一用法同"来、起、下"等一样，都是由趋向动词进一步虚化而来的。

绥德方言"的"与"喥"一起搭配，也可以表示实现体，参见第十九章第二节。

第五节　持续体

持续体是指动作行为、事件或状态在某一时间内保持不变。其中的状态持续可以分为两类情况，一是动作行为完成后的一种结果，一是与动作无关的客观情况，前者是完成的持续体，后者是静态持续体(李小凡 1998b：159)。持续体的动词具有[＋动作]、[＋状态]语义特征。绥德方言的持续体主要用助词"着"、"的"和"下来"来表达。

持续体也有人称之为进行体，但也有人将两者分开来说的。持续体与进行体都表示动作行为或变化尚未结束，都在进行中。彼此区别在于进行体强调的是动作行为此刻正在进行，持续体强调动作行为或变化后将继续进行(李小凡 1998b：174)。把它们合并在一起，是因为从形式上很难分开，只能从意义上去分。

一、着

"着 tʂəʔ³"表示持续体在绥德方言中有两类情况。第一，表示动作行为或状态的持续，句末一般有语气词"喥"、"叻"表示陈述。例如：

(1)混戍着唥肚疼起喥正待着呢，肚子疼起来了。

(2)耍着耍着早就恼喥。

(3)坐着就睡着喥。

(4)街上正唱戏着叻。

(5)娃娃还小着叻。

(6)你看不见我正忙着叻么？

表示持续的句子如"门开着呢"、"花红着呢"一类，北京话在动词、形容词前不能加时间副词"正、在、正在"，而绥德方言可以加相关的词语，可加的词语是"正、混"一类时间副词，如可以说"门正开着叻"、"花正红着叻"。再如例(1)的"混"、(4)的"正"。但是如果动词带"着"以拷贝结构的形式出现，如例(2)，动词"耍"就不受"正、混"的修饰了。例(5)、(6)是表示状态的持续。

第二，表示在某一动作行为之后再进行另一动作行为，另一动作行为有时出现，一般要出现在句首，有时也可以不出现。第二个动作行为带"着"处于句末，句子是以"着"煞尾的，又因表示将来持续的动作行为，因此，句末一般不能再有语气词"嘚"、"叻"出现。例如：

(7)做你那生活等我收哩秋着干你那些活等我收秋后再干。

(8)去你每家下，敢要我把念书的打发走着么去你们家里，要等我把念书的人打发走后再去。

(9)要买敢是等我吃哩饭着要买等我吃了饭再买。

(10)杀羊敢要等到过年起着杀羊要等到过年时杀。

例(7)的"做你那生活"是"收哩秋"后进行的另一动作行为，"做你那生活"进行的条件是"收哩秋"。(8)"去你每家下"是另一动作行为，它的进行条件是首先完成"把念书的打发走"。例(9)、(10)的另一动作行为是"要买"、"杀羊"。另一动作行为的进行在前一个动作行为的完成之后进行，因此，在句中经常用"等"、"到"等词来凸显。因为这类句式表示将来持续，所以动词前也不能有副词"正"类词的修饰。

"着"用在表将来时间的名词性词语后，第一个动作行为可以不出现，是彼此都知道的，表示到了那个时间再进行第二个动作行为。例如：

(11)即个着一会儿再做(某事)。

(12)今儿不早嘚，明儿着今天不早了，明天再做。

(13)你的事以后着你的事以后再办。

(14)到哩月底着到了月底再进行。

这里的"着"前都可以加上"再"，例(11)说成"即个再着"，例(12)说成"明儿再着"，例(7)—(10)也可以加"再"，意思同不加一致。例中的"即个"、"月底"等都表示时间，有些词语不直接表示将来的时间，但是从其语境上能够看出它的时间意义。例如：

(15)过生儿着等过生日时再进行。

(16)等我上大学起着等我上大学时再做(某事)。

(17)你大哩着等你大了再做(某事)。

(18)我不忙哩再着等我不忙了时再做(某事)。

这里的"过生儿"、"上大学起"、"大哩"、"不忙"都是表示将来进行这些动作行为的时间。"着"要作为表达动作行为的动词，有一个严格的条件限制，它必须是动宾式的动词或动宾短语，如例（7）的"做你那生活"，例（8）的"去你每家下"，还有其他例子的"要买、杀羊"等，例（15）可以说成"想吃油糕过生儿着"的"吃油糕"。动宾结构以外的其他结构的词语是不能作为第二个动作行为的。形容词后用"着"表示持续时候，比较自由，没有动词那样的限制，如例（17）、（18）。

用在询问及回答时，绥德方言的"着"与"不"可以同现，肯定回答时，动词与形容词用法一致，都带"着"，否定回答时存在差异，动词能带"着"，形容词不能带。例如：

（19）前沟里耍着不噎？——耍着叻/不耍着噎/不耍噎/不噎。

（20）街上唱戏着不么？——唱着叻/不唱着（么）。

（21）那几个婆姨站着也不？——站着叻/不站着。

（22）这向儿肉�贵着不噎？——贵着叻/不贵噎。

（23）捎回来的吃的好着不么？——好着叻/不好噎。

（24）你看天晴着也不？——晴着叻/不晴。

否定回答时，带"着"是顺着问句而说的，不带"着"更简洁一点儿。

这里附带说一下"着"的其他用法。

第一，"着"用于动词、形容词性词语后表示动作行为进行或性状存在的某一时间。例如：

（25）我难活着你咋不来看_{是我病的时候你怎么不来看我呢}？

（26）咱每吃不上着谁也不管_{咱们吃不上的时候谁也不管}。

（27）枣儿红着价你不是吃哩一回么_{枣子红的时候你不是吃了一回嘛}。

（28）到死着也不会把你忘哩_{到死时也不会把你忘了}。

（29）等张师闲哩着给你家做_{等张师闲了时给你家做}。

（30）打针着不能动弹_{打针时不能动弹}。

（31）上课着不能吃东西_{上课时不能吃东西}。

这里的"着"可以表示过去的时间，如例（25）－（27），可以换成助词"价"或"着"后加"价"连用，例（27）是"着价"连用。也可以表示将来时间，如例（28）、（29），也可以表示不确定的时间，即可以理解为现在，也可以理解为将来，如例（30）、（31）。

第二，"着"表示假设语气。这一用法是由表示时间的用法引申而来。有的可以换成"价"或"着价"连用，意思不变。例如：

（32）那些有着吧会记你着叻_{如果他们有吧会记着你呢}？

(33)长着价咋也好说，就怕短下哩叻长的话怎么都好说，就怕不够了呢。

(34)你每好着么咋也行，不好哩迟嘁你们好的话怎么行，不好的话就晚了。

(35)记着哩秤上二斤盐记着的话买上二斤盐。

例(32)表示假如他们有了的话，也不会记着你。(33)假如长了的话，怎么也好说，就怕短缺了呢。(35)表示如果记起的话，就称上二斤咸盐。

第三，"着"放在代词"<u>这么</u>"、"<u>那么</u>"后强调程度发展的状态。例如：

(36)能<u>这么</u>价着打叻能这样子地打呢？

(37)你<u>那么</u>价着溜打也没顶事你那样子地溜须讨好也没顶事。

(38)钱儿还<u>那么</u>价着花叻钱还能那么样地花费呢？

例(36)是说打人能如此程度地打呢？(37)表示你那么样地讨好也没有起作用。例(38)是说钱还能那么样地花费呢？

第四，"着"经常用于语气词"还"后，也可以与"叻"构成"着叻"一起用在"还"后，表示不满意、责备或无奈等语气。例如：

(39)你还着你还能说什么呢！

(40)那那种人还着叻！你跟那较量甚叻他那种人还能说什么呢！你跟他较量什么呢？

(41)教师还着叻！有甚干头叻教师还能说什么呢！有什么值得干的地方呢？

例(39)是说你无法说起，表示对你的不满意。例(40)是说他那种人没有什么好说的，你跟他较量什么呢？句子的意思是批评你不该和他较量。(41)表示教师这个职业不好，含有对教师职业的不满意。以上例子，"还着"、"还着叻"用于名词后，还可以用于在动词、形容词及其短语后，语义功能不变。

第五，用于由动词"操心"构成的句子末，表示提示、奉劝的语气。例如：

(42)拿好，你去操心给咱撂哩着拿好，你呢小心给咱们丢了。

(43)操心跌倒着！

(44)你咂操心叫人家看着着。

例(42)是提示对方小心把东西丢了。"去"在句中是话题标记。例(43)提示小心摔倒。例(44)告诫对方小心被别人看着，其中，第一个"着"读送气音 tʂʻə³³。这一结构的句子，在"着"后还可以加上"噢"，表示提示、奉劝语气的加强，如例(43)，可以说成"操心跌倒着噢"。

第六，用于动词后，表示该动作行为是值得的，有益处、有价值的。动词前多可以加能愿动词"能"，加强可行性的语气表达，句末要有语气词"叻"，否则不成句。读 tʂʻə³³，阳平。例如：

(45)这生意做着叻。

(46)就这么个的话，咱每能换着叻。

(47)送这点儿人情送着叻。

(48)要的要着叻，给的给着叻要的人值得要，给的人值得给。

例(45)是说生意值得做，(46)意思是值得换，划得着，(47)是谓送人情值得，例(48)是指值得要，值得给。

二、的

"的"主要用于表示状态的持续，经常以对举的形式出现在存现句。见第十九章第二节"的"。

三、下来、下去

"下来"、"下去"主要用于动词、形容词之后，表示行为的持续、状态改变并持续。"下来"、"下去"作为动词是有词义差别的，因移动者的位置、方向不同而异，但是词义虚化后，用以表达行为持续、状态改变并持续的时体时，则无别，V/A＋下来＝V/A＋下去。例如：

(49)就这么价做下来/下去也挣不了多少钱儿。

(50)你那书念下来/下去罢么，有甚用叻。

(51)留级留下来/下去罢么，能念成个甚叻。

(52)天气凉下来/下去嘞。

(53)熬煎煎熬下来/下去就好嘞。

(54)你牛下来/下去罢么，有甚好结果叻。

例(49)的"做下来/下去"表示干活行为的持续，例(50)的"念下来/下去"表示念书行为的持续，例(52)的"凉下来/下去"表示天气的状态由热已经改变为凉，而且凉的状态保持持续，例(53)的"熬煎"表示煎熬状态的持续。

第六节　减量貌

减量貌指动作行为的幅度减小。减量貌就是一般语法论著所说的尝试体、短时体。减量貌有的表示动作行为的尝试，有的表示动作行为时间短暂。北京话对这一语法意义的表达主要是用动词重叠的方式来进行的，绥德方言有四种途径：一是通过动词后加"给下"、"给阵儿"之类实现。二是动词后加助词"看"的方式来实现。三是用动词"试"、"试打"、

"试打看"来直接实现。四是通过重叠方式实现，双音节动词为 ABAB，单音节动词为"V一V"。减量貌主要用于表达未然事件的陈述和请求别人做某事的祈使句中，也可用于表达未然事件的反问句中。从语用上看，减量貌的语气都比较缓和，句子里经常带"敢"等助词。

一、给下

"给下"有时也说成"给一下"，表明"给下"是"给一下"的省略。在"动词＋给下"后有时还可以再加助词"看"。"给下"读 kei^{52} xa^{21}。例如：

（1）你去哩敢说给下。

（2）你问给下你试着问一下。

（3）咱每敢绕打给一下就不能嘅？

（4）敢等再大给下着么试着等再大一点。

（5）敢稍微热给一下就好嘅试着稍微加热一点就会好了。

"给一下"有时也可以单独用"一下"来表示时量小。例如：

（6）那说一下人家敢是听叻。

（7）看一下就看坏嘅？

（8）你叫我摸一下么。

与"给下"相关的词语还有"给阵儿"、"给回"，是"给一阵儿"、"给一回"的省略。用法同"给下"，表示时量小，但是语法化的程度没有"给下"高。例如：

（9）叫那些过来歇给阵儿么。

（10）耍给阵儿不耍去也。

（11）下给一阵儿就好嘅。

（12）吃给回敢就晓得嘅。

例中动词后加"给阵儿"、"给回"后，表示歇息、玩耍、下雨、吃的时量短暂。

二、看

"看"是助词，放在动词后表示某一动作行为具有减量意义。就句子语气而言，"看"所处的句子为祈使句、疑问句，一般表达商量、建议、请求、祈使、询问、反问语气等。用"看"的减量意义，只能用于未然，不能用于将然。"看"读 $k'æ^{21}$，轻声。例如：

（13）咱要看给叻不。

（14）你敢吃看咋个。

(15)摸给下看敢烧叻不？

(16)问看人家有没？

例(13)是说咱们试着要一下，以此来看给不给。例(14)是说你试着吃一下如何，表示建议。例(15)的意思是你尝试着摸一下，确认烧不烧。这个句子没有具体语境的话，有两种语气，一是表询问，一是表反问。例(16)是试着询问一下人家有没有。

绥德方言有时也可以单独用"看"来表示尝试的意义。这类句式多是建议意思的表达。例如：

(17)你吃看咋个你试着吃，怎么样。

(18)你做看熬不你试着做，累不累？

(19)你要看给叻不你试着要，（人家）给呢不给？

(20)咱每摸看烧叻不咱们试着摸，烧不烧。

例(17)建议你试着吃一下，感觉怎么样。例(19)表示你试着去要一下，看人家给不给。

三、试、试打

"试"、"试打"是动词，"试打"的意思同"试"。它们可以直接用来表示动作时量短暂，就是尝试一下，也可以用在动词前表示某一动作尝试一下。因为它们是动词，所以在表示减量意义时，既可以表示已然的减量，也可以表示未然的减量。使用时可以后带表示过去时的"来来"、"过"以及表量的"给（一）下"、"给阵儿"等。"试"读 s_1^{52}，"试打"读 $\mathrm{s}_1^{52}\,\mathrm{ta}^{21}$。例如：

(21)你每不信动起_的话，我给你每试。

(22)这些法子都试过。

(23)你试打说给下。

(24)这生活我试打来来，满不好做。

(25)咱每试打抬给回。

以上例子，例(21)、(23)是行为尚未实现的动作短暂，例(22)、(24)是行为已经实现的动作短暂。例(21)、(22)、(24)直接用"试"、"试打"表达动作短暂进行，例(23)、(25)句中另有减量的动作"说"、"抬"。

绥德方言的"试打"后加上助词"看"结合而成"试打看"，表示动作的减量意义，表达减量意义更为突出。"试打看"使用时不再与别的动词搭配。例如：

(26)是<u>这</u>么个动弹，你每试打看。

(27)咱每试打看难叻不？

例(26)的意思是如果这样的话，你们尝试做一下。例(27)是对某一动作的尝试，以此检验该动作的难度大小，这里的"难"不是尝试的动作，而是指尝试动作的性状。

四、V一V

绥德方言的减量貌有时也用"V一V"来表示。例如：

(28)地方小，咱每挤一挤。

(29)你每咋解不下_{不懂}挪一挪？

(30)咱每让一让，看那些咋价也。

能够出现在"V一V"中的动词不是很多，说明这一表达方式在绥德方言中使用得并不广泛，它产生的时间较晚，是受周边权威方言或北京话影响而产生的。

第七节　随意貌

随意貌是指动作行为随意，不精心准备。绥德方言用于表达随意貌的助词有"打"和"拉"两个。随意貌动词一般限于自主动词。

一、打

"打"用在表判断、能愿之外的动词后，表示动作行为的随意、应付、敷衍，还表示减量、轻松的意义。动词多为单音节，"打"后要带不定量的数量短语宾语或补语，表示数量少。"打"读 ta²¹，轻声。例如：

(1)你说打上几句就行嗳。

(2)忙得我吃打哩几口就跑。

(3)要打上点儿对嗳，嫑没够。

(4)想打哩几天想不出个解读 xai² 数头绪，眉目。

(5)你跑打哩几回？

(6)有打两个钱儿一下就了不起嗳。

例(1)"说打"就是随便说。例(2)"吃打"是指随意吃点儿。例(3)"要打"就是随便要点。这三例的"几句"、"几口"、"点儿"是名词性短语省略了中心语"话"、"饭"、"某东西"，分别作了"V打"的宾语。例(4)"想打"随便想一下。例(5)表示随意跑了几回。这两例的"几天"、"几回"作"V打"的补语。

"打"用在形容词"快"、"慢"后，表示提醒，含有说话者不满意在内。
例如：

(7)你把那快打个儿。

(8)慢打个儿，谁跬追赶你着吶？

"打"在绥德方言中可以作后缀(见第六章第四节)，判断、能愿动词之外的常见单音节动词几乎都可以与"打"组合，说明彼此结合得不太紧密，因此"打"进一步虚化就发展成了助词。邢向东(2006a：109)对此作过一些讨论，认为"'打'作后缀时是半黏着词缀，与词根的关系相对较松，随着组合能力进一步扩大，意义更加广泛，逐渐放在其他一些单音节动词之后，成为随意貌助词。"助词"打"的演变过程是：动词短语→动词性语素→动词词缀→动词后附式助词。绥德方言的动词一般不重叠使用，但是带有助词"打"的时候，有些词偶尔也可以按 ABAB 重叠的形式表示尝试意义。例如："来我试打试打，看咋着吶。""你敢看打看打给下就对嘞么，�还要咋价吶？""你宷着吶，敢把家里揩打揩打。"重叠的形式与加"给下"的方式相比较，前者表达随意貌的功能似为更加明显，更加突出。

二、拉

"拉"用在动词后表示随意貌，其用法与"打"基本相同，动词也为单音节，但是它没有"打"用得广泛。陈述句中，"拉"后一般要带动量短语作补语，其中"一顿"或"顿"使用得最为常见，量词短语不能是表示确切计量的，只能是模糊性的。疑问句后可以不带。"拉"读 la²¹，轻声。例如：

(9)看拉哩顿，没看完随意看了一顿，没有看完。

(10)吃拉哩顿，剩下的倒嗔大致吃了一顿，剩余的倒掉了。

(11)做拉给顿就对嘞随意做了一顿就行了。

(12)今年地荒，锄拉哩两薭(tsʻæ²)今年的地荒草旺盛，大致锄了两遍。

(13)今儿熬嗔，做拉一阵儿就回来嗔今天累了，随意做了一阵儿就回来了。

(14)你去哩说拉上几句就行你去了，随便说上几句话就行。

(15)那上嗱拉下个甚那边吃到写什么呢？

因为表示随意，句中经常有副词"就"与此搭配，如例(11)、(13)、(14)。

"拉"可能是由"打"音变而成，它们的声母属于同部位，有音变的基础条件。

第八节　反复貌

反复貌是表示动作行为或状态变化的反复进行，表明动作行为或状态变化的动量大、次数频繁。反复貌是通过动词与意义相反的两个趋向动词构成并列式结构表现的，动词要具有动态意义。主要的形式有："V来V去"、"V上V下"、"V前V后"、"V出V里"。例如：

(1)推来推去倒去也。

(2)端上端下不晓几回喽。

(3)我跑前跑后为哩谁？

(4)娃娃引_抱出引里_入哄不下。

此外，也可以用"V也V也"重叠结构来表示。例如：

(5)我梦着走也走也，咋也走不动。

(6)后来跟那磨也磨也，磨得那麻烦起喽，才答应的。

(7)好话说也说也，说得人家早_就不恼喽。

从上描写与说明可以看出，绥德方言体貌系统大致具有如下一些特点。第一，有的语法意义用体标记来实现，有的不用，而用别的形式，亦即体标记不是体貌系统唯一的表达手段。第二，形式与意义之间不是等同的对应关系，同样体现汉语语法词类与句法成分之间一对多的特点。第三，语法意义的实现，手段和途径是多样的，并非都是单一的形式，有时是复合式的。

第十四章　时制关系

时制是说话时或话语中所说事情的相对时间。时制表达问题是方言语法调查、研究的重要内容之一，也是方言语法较为全面、深入研究不可缺少的部分。绥德方言的时制助词与北京话不同，多用"来"表示过去某一时间，用"也"表示将来某一时间，用"叻"表示现在这一时间。

第一节　过去时

所谓过去时就是指句子所陈述或询问的事件发生在某一参照时间以前，表达"曾经"的语法意义（邢向东 2006a：114）。绥德方言的过去时主要通过助词"来"、"来来"、"来嗭"表示。"来"在单用时，有时可以与"有"、"是"搭配使用。

一、"来"的语法意义与读音

北京话表达某一参照时间以前一件事、一个过程曾经发生过，过去完成了的语法意义，一般是用动态助词"过"来表示，句中同时还往往有"曾"、"曾经"一类的时间词语相伴随。绥德方言表达这一语法意义有时也用"过"。例如："那两个好过，后来不晓得为甚恼嗭。""好活过几天。"但是更多的时候，还是用助词"来"表达。"来"和"过"都表示曾然，但是两者有一定的差异，状态形容词后只能用"来"，而不能用"过"。因为状态形容词具有临时性的语义特征，曾然的事情是指具体某一事情在某一参照时间之前，故而总是与过去时间相联系（吴福祥 1996：312），所以"来"表示过去时的句中也常常有表示过去时间的名词性词语、时间副词出现。绥德方言的"来"表达过去时不能单用，它的后面还必须要有一个语气词出现，这个语气词是"来"，即"来来"连用，意思犹北京话的"来着"。"来"表示过去时的语法意义有两类情况：一类是表单纯的曾然说明，或申述事情是过去发生或存在的，与现在无关。另外一类则隐含着曾经有过，现在没有了，过去与现在前后之间存在着语义转折。

绥德方言助词"来"读 lai^{33}，语气词"来"读轻声 lai^{21}，也可以读成轻声 læ^{21}，以此缘故，"来来"有时也可写作"来嗭"。从读轻声而又有变音现象，也可以帮助我们确定第二个"来"是语气词，非为助词"来"的重叠。

二、"来"的句型分布

根据谓语性质，助词"来"可以出现在各类谓语句中。

（一）用于动词谓语句

"来"用于动词谓语句，说明动作行为曾经经历。动词可以是一般动词，也可以是动宾短语、动补短语、动补宾短语。一般动词中也可以是"有"和"是"。例如：

（1）就我一个去来来。

（2）我原先放得好好儿价来来。

（3）家里有点儿积攒来来，后来都霍蹋花销啦。

（4）我当个儿当初是村长来来。

在山西晋语中，"来"的该用法不能用于属性、关系类动词（郭校珍2008：99），陕北晋语则无此限制。

（二）用于形容词谓语句

"来"用于形容词谓语句中，除了表明曾经有过的性质与状态，还隐含着说话时已不再具备原来的性质或保持原来的状态，也就是与现在没有联系了。例如：

（5）那他原先厉害来来。

（6）你不是可能显能来来么？咋价不能显能啦！

（7）我每我们家可好来来。

这三例隐含着现在不厉害了、不显能了、不好了。这里还可以通过与"叻"的比较来看形容词谓语句"来来"的隐含义。如果将例（7）的"来来"换成"叻"，即：

（8）我每家可好叻。

例（8）是说我们家好，一般指说话时的现在。假如指过去好，这种状态也还可以指一直延续到现在。所以句子中可以加上持续意义的词语"一直"之类，句子的意思不变："我每家一直可好叻。"而例（7）明显隐含着现在已经不好了。如果加上一个过去意义的时间词语状语后，隐含义不变，加上持续意义的词语"一直"之类，则不成句："*我每家一直可好来来。"而例（8）加上一个过去意义的时间词语状语后，句意则变了。如加"那阵儿价那个时候"、"旧个儿"、"先当个儿"、"原先"等，则例（7）、（8）为：

（7'）我每家那阵儿价可好来来。

（8'）我每家那阵儿价可好叻。

比较可以看出，例(8′)和例(7′)所隐含的意思已经一致了。因为例(8′)加“那阵儿”后，变成了过去“好”的性状。

(三)用于名词谓语句

“来”用于名词谓语句时只用来说明曾经有过的数量、价格等，也可以是处所、时间等以及相关的疑问。数量、价格等如果询问，不能用于询问现时的，只能是之前的，即不能在直接问的时候加上“来来”。例如：

(9)一个甲子多少年来来？

(10)白菜才将还一块钱三斤价来来。

(11)唱戏前儿前天来来，不是夜儿昨天。

(12)我学校来来，哪里也没去。

(13)谁来来谁来着？——木匠来来木匠来着。

例(9)—(13)，实际上仍然是过去或在前的情况表达。例(9)的甲子多少是询问之前已经确定的，问的人原来知道的，现在记不得了或不太肯定了。例(12)是询问之前在哪里，处在学校也是询问之前的事情，例(13)询问事情谁干的。

(四)用于主谓谓语句

“来”用于主谓谓语句中，用法同上述三种句型的意义。例如：

(14)这话我说来来，到多会儿何时也承认叻。

(15)这人你敢可熟着来来。

(16)你这土鸡蛋一斤几块价来来？

例(14)为动词性主谓谓语，例(15)为形容词性主谓谓语，例(16)名词性主谓谓语。在以往的调查中说绥德方言名词谓语句和主谓谓语句一般不能用“来”，我们调查发现，实际上是可以说的，使用得还比较普遍。

三、“来”的句类分布

从句子的语气来看，“来”可以出现在陈述句、疑问句和感叹句中。祈使句是表示将然，与过去时在时间上构成冲突，所以“来来”不会出现在祈使句中。

(一)用于陈述句

用于陈述句主要表达曾经发生过某事或出现某种状态。例如：

(17)你小价小的时候可爱唱来来。

(18)年时去年我每我们去北京来来。

陈述句动词前经常有表示过去的时间词语状语，如：“以前、前年、年时、先前儿大前天、前儿、前几天、夜儿昨晚、上个月、几个月前、小价、才、才刚_{刚才}、不多时"等。如果句子中没有具体时间，则指说话之前的时间。有时也可以有后续句出现。例如：

（19）你哥才还在这儿来来。

（20）你小价可俊来来，哐看而几_{现在}丑成个甚喛。

（21）这事保险李书记来来_{这事肯定李书记做的}。

（22）今年那_他还来来。

例（21）虽然没有时间词语出现，实际上仍然表示过去时的，李书记做这件事情的时间还是在说话之前。（22）时间虽然是当时的年头，但是"来"的时间仍然是在说话之前，即在今年过去的时间内曾经"来"的。

陈述句如果是表示否定，用"没"和"不是"来体现，动词前常常带副词"也"、"还"、"又"等。例如：

（23）衣裳也没洗来来。

（24）今年还没下雨来来。

（25）踏饥荒_{欠账}反正不是我来来。

（26）吃不上不是老天来来，你懒成那么个的_{吃不上不是老天来着，你懒惰而导致成那个样子的}。

例（23）、（24）似非却是，邢向东（2006a：119）对此作了如下很好的解释："沿河方言句尾的'了'、'嘞'是兼有表当事时作用的语气词。因此，在带'没'否定句末加上这两个词，说明该否定句处于'复合'时制关系中：上位层次从该事件、状态到参照时间为止'一直没有'发生或变化的角度来看，是属于'当事时'的，下位层次从事件发生、状态变化的时间角度来看，则是'先事时'的。时制助词和句法结构的层次关系当为'［没（＋VP＋来）］＋了/嘞'。"按，"当事时"即现在时，"先事时"即过去时。

绥德方言的"来来"在肯定句中有时也可以表示原因。例如：

（27）你这脸咋价肿成这么个？——牙疼得来来。

（28）那些_{他们}两个斗阵_{吵架}，硬你给茹架_{怂恿，挑拨得来来}。

（29）硬叫你说得来来。

例（27）的"脸肿"是因为"牙疼"，（28）"斗阵"是因为"茹架"，（29）某事的发生是因为"说"的缘故。

句中的动词有时也可以不出现，即为名词谓语句和名词性主谓谓语句。参见本节上文的二（三）。再如：

在对话语境下，句中动词也常常可以省略。例如：

（30）谁担的水？——毛儿_{人名}来来。

（31）谁要的来的谁要的来着？——我每同学来来我们同学来着。

（二）用于疑问句

用于疑问句，表达的意思是询问曾经如何。例如：

（32）羊肉割买来来没？

（33）你不是去来来？

（34）夜儿前晌那阵儿价你做甚着来来昨天上午那个时候，你做什么来了？

（35）下雨着价那些在哪里来来下雨的时候，他们在哪里来着？

（36）受苦价你熬来来没劳动的时候，你累来了没有？

在疑问句的特指问中，句中疑问代词之外的成分多可省略，不论是询问人物、事件、地点、时间、数量，还是询问状态、方式、原因、结果、过程等，都是如此，只需要保留疑问代词和"来来"即可。第一个"来"一般指明所问焦点。例如：

（37）谁来来？｜哪里来来？｜甚来来？｜多会儿来来？

（38）多少来来？｜咋个来来？｜为甚来来？｜咋价来来？

带过去助词"来"的反复问句，"没"要置放于句末。可与语气词"噘"比较。例如：

（39）你说来来没？——说来来/没说来来/没来来/还没来来/没说。

（40）你说噘没？——说噘/没说来来/没来来/还没来来。/没说/没说哩。

比较上两例，例（39）回答不论肯定与否定都可以带动态助词，也可以不带，如"没说"。否定回答时不能带语气词"哩"。例（40）肯定回答时，不能带时态助词，只能说"说噘"，否定回答时，时态助词可带可不带，同时也可带语气词"哩"。

（三）用于感叹句

用于感叹句，表达对人行为的感叹，一般是用于批评、责备。只能作补语。例如：

（41）看把你能得来来！

（42）今儿把那喜高兴得来来！走路也不一样噘。

（43）看你把你媳妇子说得来来！一分钱儿也不值噘。

在感叹句中，有时可以是三个"来"的连用，如例（41）说成"看把你能得来来来！"连用的三个"来"，只有最后一个"来"可以读 læ^{21}，前两个不能。带时态助词"来"的感叹句多为无谓语"把"字句，句中还经常用助词"看"与此搭配（参见第十六章第二节）。

四、"来"与相关体貌助词、趋向补语"来/去"的关系

(一)与完整体助词的共现关系

表达过去的助词"来"同语气词"来"同时出现时,肯定句表达参照时间前已完成或结束的事件,否定句也一样,不过多与"还"搭配使用。见上文二、三节。

过去助词"来"与助词"下"共现,在表示肯定语气时,后续句一般表示反问语气。或句尾用语气词"么"表示肯定、确认语气。表示否定的语气,后续句可以是肯定语气,也可以是疑问语气。例如:

(44)今早起还担下水来来,早 tsɔ⁵²就没嗫?

(45)先前儿买下一袋儿面来来。(咋价今儿早没嗫?)

(46)还没卖下钱儿来来,卖下就给你还。

(47)那家他们那个猴小子小儿子还没问下媳妇子来来,不晓得为甚?

过去助词"来"与助词"得"共现。例如:

(48)肉夜儿昨天就割得来来,你不晓得?

(49)人家早早儿还得来来,又不是没还。

在陕北晋语府谷方言及山西晋语中,这两例不用"得",而用近代汉语曾经使用过的助词"将",如"拿将来"(乔全生 1992)。绥德方言只用"得",不用"将"。神木方言将补语"来"和过去时"来"发生语音归并,只剩一个,但是也可以说成"请得来来了",感觉很啰嗦,不像自然口语(邢向东 2006a:122—123)。绥德方言大致同神木方言。

(二)与非完整体助词的共现关系

绥德方言的"来"可以与起始体的助词"起"、"上"、"脱"共现,多有后续句,句中一般要有副词"就"、"早 tsɔ⁵²就,已经"、"又"等。这种句式的语气词"来",多读 læ²¹,轻声。例如:

(50)梨树长起来来,还没结上。

(51)日月生活,日子刚好起来来,人早殁嗫。

(52)我姐本来念上高中来来,后来家里穷,咽没念成。

(53)馍馍还没蒸上来来,就想吃嗫。

(54)羊跑脱来来,又拴住嗫。

(55)天还没冷脱来来,早把棉袄穿上嗫。

"来"可以与持续体的助词"着"搭配使用,构成"着来",表示某时某事正在进行或持续。例如:

(56)你走价我正睡觉着来来,你忘记嗫?

(57)我教书那阵儿你还没念书着来来。

(58)前儿刮大风着，你地里动弹着来来，家里宬着来来_{前天刮大风时，}<small>你在地里劳动来着，家里待着来着？</small>

(59)车来哩那阵儿你做甚着来来<small>车进来那阵儿，你做什么来着？</small>

"来"可与趋向补语"去 k'ə?³"连用。其中"去"不能省略，省略后，句意就会发生变化。例如：

(60)我每赶集去来来。

(61)那些打枣儿去来来。

(62)你三叔，闹搞甚去来来？

(63)你喝酒去来来没？

时态助词同体貌助词的共现，说明两者是有显著区别的。

助词"来"在陕北晋语中普遍存在，山西晋语也存在，如娄烦、神池、汾阳(郭校珍 2008：121)。

(三)"来"与"过"的区别

绥德方言表示经历体也用"过"，它的用法与北京话一致。"过"与"来"虽然都表示经历体，但是在用法上有一定区别。"过"与"来"的区别同"过"与"来来"。

第一，两者所处的句中位置不同。"来来"只出现在句末，"过"可以出现在句中，也就是说，"过"后边还可以有别的成分出现。例如：

(64)我去过北京、上海、澳门。

"过"后带"北京、上海、澳门"，而"来来"没有此功能，若要说此类话，只能说成如下例(65)：

(65)我北京、上海、澳门去来来。

第二，在否定句中的表现不同。"来来"不能直接用于否定句，"过"可以。例如：

(66)我没去过北京。

(67)* 我没去过北京来来。

如果要表达例(67)这样的意思，在"没"的前边必须加副词"还"就可以了，即说成：

(68)我还没去过北京来来，打算明年去也。

而"过"对"还"的依赖性是随意的，可以有，也可以无。

第三，是否省略动词，上两者的情况不同。"来来"句可以省略动词，而"过"的句子不能省略动词，"*谁过"、"*老天过"。此外，两者能否作话题标记的能力不同。"来来"可以作话题标记，"过"则不行。例如："我来来甚也没看见。""*我过甚也没看见。"

第四，能否用于状态形容词后。"来来"能用在状态形容词后，而"过"不能用。例如：

（69）夜儿还稠圪囔囔来来。

（70）*夜儿还稠圪囔囔过。

第五，是否直接用于名词、代词后，两者的功能不同。"来来"可以。例如："这儿来来"、"先前儿来来"、"桌子上来来"、"咋来来"、"我来来"。而"过"则不能，不能说成："*这儿过"、"*先前儿过"、"*桌子上过"、"*咋过"、"*我过"。

此外，两者在作话题标记功能上有所不同。"来来"可以，"过"不行。例如：

（71）我来来甚也没看见。

（72）*我过甚也没看见。

五、"来"的来源

事态助词"来"产生的时代较早，非常典型的用例在南北朝文献中已经见到，所以这一用法的形成时代不晚于南北朝。它的形成过程，曹广顺（1995）、吴福祥（1996）、梁银峰（2004）都有详细的讨论。这里酌引梁文、曹著数例。例如：

（73）如是天者，不曾学来，不曾闻来。（元魏·瞿昙般若流支译《正法念处经》）

（74）莫言行万里，曾经相识来。（南朝·庾信《忽见槟榔》）

（75）琛谓峦："何处放蛆来，今晚始顾？"（《北史》卷 40《甄琛传》）

（76）红树萧萧阁半开，上皇曾幸此宫来。（唐·张祐《华清宫四首》之三）

（77）师又时问僧："汝诸方行脚来，觅取难得底物来不？"（《祖堂集》卷 4）

（78）在先一引盐两定家钞卖来。（《元典章·户部 8》）

"来"是由连动式结构"V+（+NP）+来"中的趋向动词"来"虚化而来的，作为事态助词，大致在清代初期之后的北方官话基本上不再单独使用，而是与"着"结合为一个"来着"，其用例在元曲中已有。例如，元散曲《中吕·山坡羊》："病成魔，泪如梭，凄凉无数来着末。"绥德方言的"来"不能单独使用而与语气词"来"结合为一个整体，这一点同"来着"的功能一致。

第二节　将来时

将来时与过去时正好相对，是指事情发生在参照时间之后。参照时间可以是说话的时候，也可以是说话中提到的某个时间。将来时表达的意思是，即将要进行的事情和发生的状态变化（邢向东 2006a：128）。绥德方言的将来时助词有"也"、"去也"、"叻"。

一、"也"的读音

绥德方言的将来时"也"，有两个读音：ie²¹³ 和 ia²¹³。前者为文读音，后者为白读音。文读音当是来自权威方言，是外来的，白读音是自身音系继承来的。白读音与语气词"呀"的读音相同，当出现于句末时，是否会发生像北京话"啊"那样的音变呢？如果从静态的角度来看，这是有可能的，但是放在汉语发展历史中考察，通过不同方言的比较，则可以排除这一推测。"也"在中古为麻韵上声三等字，北京话今读 ie，绥德方言读 ia，读 ia 与绥德方言麻韵大多数字读 i、əŋ（章组字）的规律不相吻合。但是"也"读 ia 其实并不孤立，麻韵字中还有一个字"爷"，也读 ia，另外"爹"读 ta。这两个 a 作主要元音的字，也都是白读音，说明"也"读 ia 同"爷、爹"都是唐宋古音之遗迹。文白异读在绥德城区系统性不强，大多是一些零散的字，而在沿河区乡镇方言中则是成系统的，其中，麻韵除了个别字外，白读音都读 ia、a。如"借"读 tɕiaˀ，"写"读 ˉɕia，"邪斜"读 ɕia，"野"读 ˉia，"夜"读 iaˀ。此外，晋语还有一些地方的白读音也读 ia（范慧琴 2007：249）。这可以证明，绥德方言"也"的白读音不是"啊"音变来的。相反，绥德方言"啊"的一些用法，是"也"丢失 i 韵头变来的。

"也"读 ia，不论是用作助词、副词，还是用在选择问句"VP 也不"中，都读此音。"VP 也不"中也可以读 a，脱落 i 而来。

二、"也"的句型分布

从句型看，绥德方言的将来助词"也"可用于各类句型中。

（一）用于动词谓语句

谓语可以是动词和动宾结构、述补结构，也可以是主谓结构。如果谓语带有状语"快"、"能"、"得 能够"时，句末要用"嗻"、"叻"，而不能用"也"、"去也"、"着也"。三个相比较，用"也"、"去也"较多，用"着也"较少。表示强调的副词"可"（读 kʼəʔ³）和程度副词"可是"可以作状语。通过比较如下例(1)－(5)与例(6)、(7)来说明。

(1)再烧给阵儿，豆腐可老去也再烧一阵儿，豆腐就将要过火(不嫩)了。

(2)今黑地下雨也今晚将要下雨了。

(3)钱儿又可是出坏去也钱儿又将要大量地花费了。

(4)不敢冰上走，擦滑倒着也。

(5)快压住，风刮跑着也。

(6)人家快攥上咱的喽。

(7)灶上的饭能吃饱叻。

例(6)因为有状语"快"，例(7)有状语"能"，句中的"喽"、"叻"不能换成"也"。自然例(1)－(5)中也不能加上状语"快"、"能"、"得"之类的词。

(二)用于形容词谓语句

谓语可以是形容词和形容词性短语。同动词谓语句一样，也不能有状语"快"、"能"、"得"的修饰，但可以用"可"、"可是"来修饰。例如：

(8)锅里(可是)干也，快倒上些儿水。

(9)一阵儿天(可)就暗也。

(10)看这天气，明儿可热坏去也。

(11)人家那生意可是大去也。

(三)用于名词谓语句

表示对某一事情发展趋势作出的推测判断。例如：

(12)以后一个月三千工资去也。

(13)一顿饭四个菜也，你不信慢慢看。

例(12)是说将来会一个月挣到三千块钱的工资，例(13)谓以后一顿饭将会吃上四个菜的。

(四)用于主谓谓语句

同以上各类谓语句的情况一致。例如：

(14)饭我做也，你每_{你们}要管喽。

(15)你看噢，那个瓶子娃娃每打烂去也。

(16)羊肉一斤十五块去也。

这三个例子是说我将做饭，孩子们将会把瓶子要打烂的，羊肉价将要涨到或降到一斤十五块钱。

(五)用于重叠式结构

"也"还可以出现在重叠式结构中，用"又"搭配作为后续句，表示出乎意料的不如意事。这一结构用于对过去曾经发生的事情加以叙述，总体上说句子结构表达的是过去时，由后续句体现，但就“V也”重叠结构而言，是表明过去某一时间将要发生的动作行为，从这一点上看，表达的是将来时。例如：

(17)走也走也，又湮下些账欠了一些账。

(18)放假也放假也，又加哩几天班。

(19)给也给也，又没事嘅。

例(17)的“走”、例(18)的“放假”、例(19)的“给”，都是表明过去某一时间将要走、将要放假、将要给的行为即将发生，所以在这一点上说，它们是将来时。另外，如果不是重叠式，则不成句。

三、“也”的句类分布

从句类来看，将来助词“也”可用于肯定意义的陈述句和疑问句，一般不用于祈使句和感叹句。

(一)用于陈述句

表达在参照的时间之后，某件事情即将会发生或变化。发生的时间可长，也可以短。例如：

(20)看，筐子往下蹋掉也。

(21)明儿我每村唱戏也。

(22)以后敢有个做的去也么。

(23)过几天天冷去也。

(24)树慢慢粗去也。

陈述句也可以是否定式的，表示对未来做出推测判断，多用“去也”。例如：

(25)那些管不下，不管去也。

(26)过给向儿没来往去也。

(27)那两个以后没做的去也，就是瞎侵害糟蹋。

(28)天气慢慢不冷去也。

(29)那些他们待你不好去也，不信咱每咂看着。

(二)用于疑问句

“也”用于疑问句时，可以用于是非问句、特指问、正反问，也可以用于选择问句。例如：

(30)你每赶集走也？

(31)你四爹 ᶜta 老哩咋过也？

(32)咱每到底走也不走？

(33)你是回也，还是戗也？说句利索话。

在正反问句中，如果有助词"也"的出现，"不"一般出现在动词后边，即"V＋也＋不"。"也"也可以说成语气词"叻"，不过彼此略有区别，用"也"重在时间，用"叻"重在强调。当然两者都可省略，询问的语气更为直接，而用"也"和"叻"，语气上显得要委婉一些，同时还含有征询的语气在内。请比较：

(34)你走也不？——你走叻不？——你走不？

(35)要水也不？——要水叻不？——要水不？

四、"也"的来源

将来助词"也"在陕北晋语和山西晋语中使用得较为普遍，刘勋宁(1998a)、邢向东(2002、2006a)等对此都有一些考察。从历时的角度看，"也"的用法产生于近代汉语。例如：

(36)兀的般标格精神，管相思人去也，妈妈！（金·董解元《西厢记诸宫调》卷1)

(37)下梢管折倒了性命去也！（同上，卷1)

(38)天色儿又待明也。（同上，卷4)

(39)婆婆决然来报喜也。（元刊本杂剧《老生儿》1折)

(40)老夫今日散这钱也。（同上，2折)

这些例子都是指某一参照时间之后会出现某一事件或过程。例(36)是张生第一次看到崔莺莺时说的，表示张生将要去相思了。例(37)是说张生看见崔莺莺而生爱慕之情却不能得到，因此说将要把性命折磨了。例(39)是说婆婆一定将会来报喜的。余例皆同。比照这些例子的"也"与晋语的"也"，不难看出它们彼此间用法的一致性，也就是说，绥德方言"也"的用法正是从近代汉语中继承而来的。

第三节　现在时

一、"叻"、"噯"的语法意义和读音

现在时指事件的发生时间与参照点是同时的(邢向东2006a：133)。绥德方言的现在时由句末语气词"叻"来充当，"叻"在此既表示时态，又表示语气，身兼二职。现在时可以分为已然和正然两类。已然由"噯"来表示，正然由"叻"来表示。

表示已然的"嘞"在绥德方言中读轻声 læ²¹，它不能读成过去时中的 lai 那个音。也就是说，在过去时中，读 læ 与 lai 是自由的，而在表示现在时则是固定的。"叻"读轻声 liə²¹，只此一个读音。刘勋宁（1998a：121）曾经对句尾"了"的来源做过分析，认为"了"是近代汉语"了也"的合音。陕北清涧方言中有"V+□[lε]＋不"的问句形式，[lε]是"哩也"的合音。如此看来绥德方言的"叻"也可能是一个合音。

二、"叻"、"嘞"的句型分布

（一）用于动词谓语句

在绥德方言中，动宾谓语句如果表示事件正在进行或持续中，现在时助词"叻"与持续助词"着"共现，表示正然，但是不能与表示完成体、实现体、起始体助词共现。可比较下面三例：

（1）我每吃哩饭嘞。

（2）我每吃饭着叻。

（3）我每正吃饭着叻。

例（1）表示完成体，所以可以有"嘞"，而例（2）、（3）表示持续，有"叻"出现，表示持续，所以不能再出现"嘞"。

在一般动词谓语句中，肯定句带"嘞"，表示完成，是已然体，否定句带"叻"，则表示尚未进行或实现，表示未然体。例如：

（4）那些他们夜儿昨天去嘞。（去了，已然）

（5）那些明儿去叻。（未去，未然）

（6）那些还没去哩。（未去，未然）

在"有"字句中，表示肯定意义，带"嘞"，表达从无到有的变化；表示否定意义，带"着"，表达到说话时为止，没有的状态一直持续，句尾带"叻"，出现在"着"后，也可以不出现"着叻"。例如：

（7）这阵儿有水嘞。（已然）

（8）这阵儿还没水着叻。（未然）

（9）这阵儿还没水。（未然）

（10）这阵儿没水嘞。（未然）

在有能愿动词"能"的谓语句中，"嘞"用于肯定句表示应该、能够做某事了，强调到现在为止还没有做某事，如果"嘞"后带语气词"噢"，提醒的意义更为明确；用于否定句表示不该、不能、不敢做某事，强调现在及以后该做某事。也就是说，到现在还不具备某些素质、能力、可能等。例如：

(11)天不早嘹,能做饭嘹噢。

(12)<u>这么大的人嘹</u>,还不会做饭着叻。

(13)我还不会用电脑着叻。

(14)念上书嘹,要穿恶水脏衣裳嘹。

(二)用于形容词谓语句

在形容词谓语句中,带有现在时助词"叻",句子表示性状发生了变化。表达肯定意义,如果形容词后带有"嘹",表明目前的性状发生了变化,带有"着+叻"表示性状的持续。表达否定意义,如果形容词后带有"着+嘹",表示目前之前持续的性状结束了,带有"叻"表示到目前为止状态还没有发生变化,或没有出现新的状态。例如:

(15)水热嘹。

(16)水热着叻。

(17)水不热(着)嘹。

(18)水没热来嘹。

例(15)、(16)是表示肯定意义,例(15)水原来不热,例(16)水原来是热的。例(17)、(18)表达否定意义,例(17)水原来是热的,例(18)水原来不热。

(三)用于名词谓语句

名词谓语句的名词主要是表示人、时间、数量的词。在肯定句中如果用了"嘹",表示某种身份或时间、年龄、数量发生了变化。否定句中用"叻",表示时间、年龄、数量还没有达到名词谓语所说的限度。名词谓语的前边常常有副词"早就、还"来修饰,后边带助词"着"。例如:

(19)今儿早十五嘹_{今天就十五日了}。(今天已经是十五日)

(20)今年还没二十着叻_{今年还没有二十岁呢}。(今年不到二十岁)

(21)那些娃娃着叻,你较甚量叻_{他们还是孩子呢,你较什么量呢?}

(22)那还学生着叻_{他还是学生呢}。

(23)那早不娃娃着嘹_{他早已经不是孩子了}。

(24)想吃面叻,那还麦子着叻_{想吃面呢,它还是麦子呢}。

例(23)这类句式北京话一般不能说,绥德方言中可以说,表示对事情否定的申述。

三、"叻"的句类分布

"叻"可以出现在陈述句中,也可以出现在疑问句中,祈使句、感叹句很少使用。陈述句的情况见上节。疑问句这里主要分析正反问中的使用情况。在正反问中，"叻"与"嘅"的用法比较复杂，两者处于互补分布状态，肯定句用"嘅"的，否定句用"叻"，肯定句用"叻"的，否定句用"嘅"。如果表示强调，在否定词前加"是"。例如：

（25）你走叻(也)不走?　　——走叻/也。　——不走。

（26）你走叻(也)不?　——走叻/也。　——不走。

（27）你走不嘅你走不走了?　　——走叻。　——不走嘅。

（28）你走嘅(是)没?（电话问）　——走嘅。　　——没(走)。——没走来嘅。

（29）你走来嘅没你走来了没有?　——走来嘅。　——没(走)。——没走来嘅。

（30）你走叻(是)没叻你走呢不走?　——走叻。　　——没叻。

（31）你走也(是)不(走)?　　——走也/叻。　——不走。

（32）你走不走?　　——走叻。　——不走。

反复问句中如果出现过去助词"来"，则句末不能带"叻"，如例（29）。在问话时带"也"，则回答时可以用"也"，否则，回答时不能带，而"叻"都可以用，如例（27）、（31）。

第十五章　几类特殊补语

补语是用以说明动作行为的结果、目的、状态、趋向、数量、时间、处所、可能性，也用以说明性状的程度、事物的状态等。绥德方言的补语与北京话基本一致，但是也有一些差异。这里就有差异的趋向补语、结果补语、程度补语、可能补语、处所补语、目的补语作一说明。

第一节　趋向补语、结果补语

一、趋向补语

趋向补语是表示动作的方向或事物运动的方向。绥德方言的趋向补语与北京话一致，主要由"来、去"及其组成的复合词来充当，可以分为以下 a、b 两组。

a. 来　去　进　出　上　下　回　上来　上去　下来　下去　出来　出去　回来　起来　进来　进去

b. 里来进来　里去进去　起去　前去　前来　后来　后去　转

其中，a 组与北京话相同，b 组与北京话不同。b 组的"前去"与"前来"的意思相同，都是指由后边去前边，但是说话者的处所不同。"前去"表示说话者处于后边的位置，"前来"表示说话者处于前边的位置。可以看出，绥德方言与北京话不同的地方在于用词上有别，而非同一个词在用法上的相异。例如：

(1)你快爬里来。

(2)沟里跑里去个人。

(3)掀起去嘞。

(4)才将走后去嘞。

(5)东西娘的送前来嘞。

(6)那跑前去嘞，没见上。

(7)前村走后来嘞从前村向后村走来了。

(8)那两个后街上串后去嘞那两个后街上逛去了。

绥德方言的"里"可以作动词，意思同"进"。例如："鸡早就里窝儿嘅。""你里叻不？不里让开。""里"也与动词"来、去"搭配作动词使用。例如："快里去，外面冻叻。""引人的迎接新媳妇的人沟里里来嘅。"它放在动词后表示趋向，例(1)的"里来"用在"爬"后，就是爬进来，例(2)的"里去"用于"跑"后，就是跑进去。"起去"与"起来"一样，可以作动词，例如："你起去看外面儿咋嘅。"用于动词后表示趋向，例(3)"起去"用在动词"掀"之后，表示动作的趋向。"前、后"在绥德方言也可以单独作动词，表示向前走、向后走。例如："今儿天不早嘅，咱个儿后。""你每在着，我每前也。"也可以与动词"来、去"搭配作动词使用，用于动词后表示趋向，例(5)—(8)就是。

二、结果补语

结果补语是表示动作、行为产生的结果，与中心语之间一般有因果关系。结果补语主要由形容词来充当，也可由少数单音节动词来充当。绥德方言的结果补语与北京话基本一致。常见的结果补语有：见、着、住、转、定等。"见"用于看、听、感觉类的动词后，"着 ꜀tʂʻə、住、转、定"用于各类动词后。例如：

(9)寻见　摸见　揣见　觉见　梦见

(10)吃着　踩着　烧着　觉着　梦着　碰着　要着　做着　冻着　拾忙着　盘算着

(11)说定　拿定　看定　做定　担定　冻定　力定

(12)说转　想转　擩转　翻转明白过来　撇转　放转、掼转、变转、改转、正转、换转、缓转　打劝转　盘算转

(13)支住　抱住　盖住　爬住　担住　力住

(14)说开　擩开　搬开

"转"在绥德方言中较为特殊，这里稍做说明。作补语时读 tʂuæ^{52}，去声，用于动词后，表示趋向(叫转、拨转、拧转、调转、倒转、翻转翻过来)、结果、状态(吊转、倒吊转、瞪转、翘转、奄拉转)。结果补语的用法是由动词义改变行动的方向虚化而来。据高峰(2011)考证，它的发展过程是，连动结构后项→趋向补语→结果补语→动相补语。

第二节　程度补语、可能补语

一、程度补语

程度补语是表示动语所达到的程度或状态。绥德方言表示程度的方

式主要有四种。

（一）用程度副词来表示

这类常见的副词有：扎、恶、儿、坏、透、死、尽、绝、日踏、结实、美等。这些词主要用于表达不如意、遭受、被动的事。补语与中心语之间，有的必须要有助词"得"的出现，如"恶"。有的不用，如"死、扎、日踏"。例如：

（1）今儿可熬累扎哝。

（2）那坏得恶叻。

（3）这道题可把人难儿哝。

（4）老师可把那批评日踏哝。

（5）这生意可赔结实哝。

（6）没吃美么，可教日噘骂美哝。

如果表达积极的主动的事，一般不用补语的形式，而是通过状语的形式来实现。此外，还可以通过重叠的方式加强程度。如果表示不如意的被动的事情时，不能重叠。其中"日踏、恶"既可以用于不幸的事情，也可以用于愉快的事情，如"两个好的恶叻"、"你可好活日踏哝"。"美"作补语也可以表示不幸的事情。"美"作补语在山西晋语的平遥方言亦存（侯精一等1993：127）。

（二）用动词性词语来表示

常用的词语有：要命、倒、过、到家到头，到极点、到头、到罢儿最终到头、屄下本指拉下屎，到极点、马爬等。例如：

（7）那狗儿日的坏到罢儿哝那家伙坏到头了。

（8）你啥儿得屄下你坏到极点了。

（9）将一回就做马爬哝刚一次就做坏了。

这些词语在表示程度时，词义实际上已经有了一定的虚化色彩。"到家"作补语在山西平遥方言亦有（侯精一等1993：127）。

（三）用否定性等短语来表示

常见的否定性短语有：没敢看、死不下、不能听、不能提、没法说、说不成、弄不成、没办法、不行等。有时也用非否定的短语，如：沟里下去哝溜到了沟底、黑汤辣水不成样子、龟孙子断穷追不舍、眼黑里里边滴血状态惨烈等。它们一般用于表达不幸、不愉快的事情，说明行为、性状的发展变化到了极点，借此表示程度。这些短语表示程度时经常使用两种固定句式结构："A/V＋得＋C"和"A/V＋哩＋个＋C"。例如：

（10）那地方日脏得没法说。

(11)叫兄弟的日噘骂哩个没敢看。

(12)两个好得不能提。

(13)看把那兴宠惯得弄不成。

(14)儿得沟里下去差劲极了。

(15)这回把那忙哩个龟孙子断这回把他忙到极点了。

(16)今儿教指教哩个眼黑里滴血叻今天让教训到极点了。

(四)用代词来表示

以上两类补语，都可以用代词“甚、什么、这么个、那么个”来代替，句末要有语气词“嘅、叻”，也可以在代词“甚、什么”后加“样儿、样子、尿样儿、地步、田地、程度”等词来表示所达到的程度，谓语的中心词动词、形容词后边要带“成、到”，构成“A/V＋成/到＋代词(＋名词)”。从语气来看，这类句子多表示感叹。例如：

(17)看我这生意赔成个甚嘅!

(18)你看那狗儿的坏成个什么嘅!

(19)你家咥万恶成个甚样儿嘅!

(20)娃娃还能兴宠惯成那么个地步叻!

(21)看两个好到甚程度嘅!

(22)你说那儿到甚田地嘅!

(23)人还能懒成这么个样儿叻!

二、可能补语

可能补语是表示“能怎么样”或“不能怎么样”。北京话的可能补语的肯定式是“V＋得＋C”，如：搬得动、吃得饱、做得好；否定式是“V＋不＋C”，如：搬不动、吃不饱、做不好。绥德方言的可能补语与北京话在肯定式上存在差异，可以不用“得”，用“得”时，它在句子中的结构位置不同；否定式具有一致性。绥德方言的可能补语主要有“V＋了＋叻”、“(能＋)V＋得＋来＋叻”、“得＋C＋叻”、“V＋C(＋O)＋叻”、“V(＋C)＋去也”几种结构类型。

(一)V＋了＋叻：V＋不＋了

在这一结构中，“了”必须读 liɔ^{213}，它放在动词后表示能够实现或完成那个动作行为，作可能补语。例如：

(24)衣裳我拿了叻。　　　　衣裳我拿不了。

(25)娃娃个子高了叻。　　　娃娃个子高不了。

(26)这事人家能管了叻。　　这事人家管不了。

(27)地锄了叻。　　　　　　　　地锄不了。

这一结构所表示事态出现的可能性是由"了"来承担，去掉它，句子的意思就发生变化，不再表达可能性。句末的语气词"叻"具有成句作用，没有它，句子则不能成立。这一结构也能用于"V＋C＋V＋不＋C"选择问句的肯定回答或否定回答。

（二）（能）＋V＋得＋来/去＋叻：V＋不＋来/去

这一结构类似北京话的结果补语，但是并不完全一致。例如：

(28)明儿(能)还得来/去叻。　　明儿还不来/去。

(29)(能)要得来/去叻。　　　　要不来/去。

(30)那(能)想得来叻。　　　　　那想不来。

句中的"来"和"去"不是趋向补语，趋向补语与动词之间不能有"得"出现，有"得"则表示动词与"来"、"去"一起表示动作行为的可能与否。例(28)是说明天能够还来或者能够还去，明天不能还来或者不能还去。例(30)表达的是他能想得到，他想不到。这一结构对动词的选择上有一定的条件，含有位移的动词"来"、"去"都可用，其他动词，"来"的适应性强，"去"则弱，如例(30)中一般不能用"去"。此结构也可以不用"得"，却仍然表示可能。如果不用"得"就变成下面的(四)结构了。

（三）得＋C＋叻：不＋得＋C

绥德方言的可能补语还用"得"后带补语的形式表示可能，这是最具有代表性的可能补语类型。补语C是动词、形容词，形容词一般不能是消极意义的"坏、瞎、恶水不干净"等。例如：

(31)我得动叻。　　我不得动。

(32)车得走叻。　　车不得走。

(33)镢把得短叻。　　镢把不得短。

(34)那些得好叻。　　那些不得好。

这一结构也可用于"得＋C＋不＋得＋C"选择问句的肯定或否定回答。

（四）V＋C(＋O)＋叻：V＋不＋C(＋O)

这一结构充当补语的主要是"起、上、下、来、动、过、开、见、会、清、好、完、成"等。表明动作行为的结果或趋向。例如：

(35)看上叻。　　看不上。

(36)说清话叻。　　说不清话。

(37)那看见叻。　　那看不见。

(38)买起车叻。　　买不起车。

(39)吃起肉叻。　　吃不起肉。

(40)要成叻。　　　要不成。

（五）V（＋C）＋去也：V＋不（＋C）

这一结构用"去也"表示即将可能发生某种事情。参见第十四章第二节。例如：

(41)娃娃跌下去也。　　　　娃娃跌不下去

(42)两个恼去也。　　　　　两个恼不了。

(43)就这么个受，熬累倒去也。　熬不倒。

第三节　处所补语、目的补语

一、处所补语

绥德方言的处所补语与北京话的处所补语大多一致，也有不一致的地方，表现在用助词"的"和"个"构成的两种结构。动词是表示动作意义的，处所补语一般是方位短语与相关的代词。

（一）V＋的＋NL

这一结构相当于北京话的"V＋在/到＋NL"结构。"的"的用法同"在"、"到"。例如：

(1)爬的外起哭叻。

(2)走的哪里嗯?

绥德方言也可以用"在"，读 tai^{52}，新派也用"到"。

（二）V＋个＋NL

该结构也与北京话的"V＋在/到＋NL"相同。例如：

(3)睡个地上不起来。

(4)仰依靠个铺盖上看书叻。

以上两种结构参见第十九章第二节、第四节的相关内容。

（三）V＋的个/在个/到个＋NL

这一结构是意义相同介词的连用，也可以看作是以上结构的叠置。例如：

(5)靠的个墙上拉不动。

(6)圪扒在个树上唱歌儿叻。

(7)圪捼待到个那里价就不动嘞。

二、目的补语

目的补语也有人将它归入结果补语中。绥德方言与北京话目的补语(即 VC 结构)相对应的结构形式最常见的是“往＋C＋V”结构。例如：

(8)往倒推　往散抖　往醉喝　往完吃　往会学　往醒叫　往成说　往死饿　往脱甩　往展扽　往忽蹋戳　往烂杆搅和　往塌炉拉沓

(9)往长拉　往高抬　往细捻　往胖吃　往酸搅　往热烧　往贵卖　往慢跑　往光磨　往烂搅和　往好说合　往明白算　往红火闹　往圪柳搂　往瓷实捶　往拴正做　往黑水揉搓　往利索拾掇

(10)往着睡　往住拴　往定补　往出搊推　往开拉　往起坐　往转搬　往来拿　往过跳

这一结构的补语 C，都可以直接放到动词后作补语，意思一致，两者的区别在意义上。作为补语的 C，主要有动词、形容词以及其他词，例(8)的补语是动词，例(9)是形容词，例(10)是只作补语的助词等。

这一结构在语义及体貌上有三个显著特点。一是目的性，即 C 是动作行为所要实现或达到的目的，这个目的是主观上想要实现或达到的，因此在具有目的性的同时，还具有明确的主观性。如“往倒推”，“倒”是“推”在主观上所要达到的目的。“往长拉”的“长”是“拉”的目的，“往着睡”的“着(指进入睡眠状态)”是“睡”的目的。如果将 C 理解为结果，似乎不太合适。退一步说，即使是结果，也是尚未实现的结果。二是过程性。这是说“往＋C＋V”结构所表达的动作行为有一个过程。如“往倒推”，所发生“推”的行为开始进行，到“倒”的目的最终实现，这是一个有起始到结束的过程。“往长拉”、“往着睡”也是从短到长的“拉”，从未眠到入眠的“睡”，同样是一个行为过程的经历。这一结构对 V 的功能也有一定的要求，即 V 必须是自主动词，以此才可以保障行为过程进行、目的的实现，就是因为 V 为自主动词，“往＋C＋V”结构多用于“把”字句。三是未然态。在绥德方言中说“往＋C＋V”结构时，都是动作行为尚未进行，是未然态，如“你每把墙往倒推”，说此话时，“推”的行为尚未发生，自然“倒”的结果也就没有实现。同样“往长拉”、“往着睡”这些结构也是未然态，“拉”和“睡”的行为都没有发生。“往＋C＋V”结构中的“往”的词性在此需要讨论。它是介词，还是助词呢？如果是介词，则 C 是动词、形容词的情况与介词的功能不符合。如果理解为一个前置助词的话，就比较合乎语法体系的整体考虑。这就像“被”表示被动用法一样，如果后边是名词性成分，解释为介词合理，如果后边是动词，解释为助词合理。宗守云等(2013)认为"往"是介词用法的扩展，"往＋C＋V"结构是"往＋C＋里＋V"结构"里"的脱落，这是有一定道理的。但是"里"脱落后，"往"的性质需要重新分析确定，应该做语法体系上的斟酌。

　　绥德方言"往＋C＋V"结构在晋语中使用得比较普遍，宗守云等(2013)有详细的描写与分析。

第十六章　特殊语序和句式

第一节　特殊语序

绥德方言的语序和北京话基本一致，有所不同的是，两类宾语经常放在动词前，动宾关系中的时态助词"着"放置于宾语后。还有副词"再"、"还"可用于主语前，"才"可用于句末。动词"来"位于主语前。

一、肯定句中处所宾语前置

绥德方言的宾语一般放在动词谓语后，构成"主＋谓＋宾"结构，但如果宾语是表示处所、地点的，也可以放在谓语前边，构成"主＋宾＋谓"句式。例如：

（1）——你哪里去叻？——我北京去叻。

（2）——你谁家下_{后置词}，那里去也？——我你每家下去也。

（3）我（ŋa²¹³）我（ŋəʔ³）外婆家下_{后置词}，那里去叻。

（4）那些_{他们}地里去喽。

（5）咱每_{咱们}街上走_去，叫那些_{他们}给咱看门。

（6）老子_{他父亲}外地去喽。

例（1）的"哪里"、"北京"，例（3）的"我外婆家下"，例（4）的"地里"，例（6）的"外地"都是表处所的宾语，它们都放在了动词"去"、"走"之前。

宾语前置句中的宾语和动词有一定的限制。宾语是表示处所地点的疑问代词"哪里"，以及方位、处所类名词词语。谓语动词主要是"去、走"及其与地点名词相关的"坐、睡、仰、靠"等，其他动词一般不能。这与古代汉语中的疑问代词作宾语前置现象有点类似。我们推测，首先是疑问代词作宾语前置，围绕这一疑问焦点，问答时顺着原来句子语序进行，方位词、处所类名词也就能出现在动词谓语前了，也即宾语前置首先使用于问句及答句中。其次，由答句类句式结构类推到具有这一意思的一般陈述句中。

二、否定句中的宾语前置

处所、地点宾语如果进行否定的时候，宾语也前置，否定词要放在宾语前，一般出现在疑问句中，也可以出现陈述句中。例如：

(7)几点嘿？你还不学校去？

(8)你每哑不家里坐是？

(9)你不楼上搬嘿？

(10)我不床上睡嘿，炕上睡也。

(11)那些不兰州跑嘿，跑上北京嘿。

例(7)的"学校"，例(8)的"家里"，例(9)的"楼上"，例(10)的"床上"，例(11)的"兰州"，都是处所词或方位短语，在句子中作宾语，位于动词前。

三、动宾结构中的动态助词"着"位于宾语后

动宾结构的动词如果表示动作行为正在进行中，时态助词"着"的位置，北京话处于动词后宾语前，如"吃着饭"、"说着话"，而绥德方言是将"着"放在宾语后，句末必须要有语气词"叻"。例如：

(12)人家这阵儿正吃饭着叻。

(13)那些打扑克着叻。

(14)夜儿下雨价我每看电视着叻。

(15)你夜儿来那阵价，我每锄黑豆地着叻。

这一用法在唐五代西北方言中已经出现了，绥德方言的用法是这一历史的继承。

四、副词"再"、"还"位于主语之前

绥德方言疑问句中，如果表示此外别的、其他意义的副词"再"、"还"可以放置在句首。例如：

(16)再谁晓得叻？

(17)还谁来来嘿？

(18)再还什么人看见嘿？

"再"与"还"在表义上相同，但是用法上略有区别，"再"只能出现在句首，例(16)的"再"，不能放在主语"谁"后。"还"的位置比较灵活，可以在主语的前边，也可以在主语的后边。例(17)也可以说成"谁还来来嘿"，例(18)说成"再谁还看见嘿"。

五、"来"位于主语之前

表示要做什么事情，北京话的"来"放在主语后动词前，如"我来说两

句(我说两句)"，"来"可以省略。绥德方言的"来"放在句首主语前，句子意思含有商量或请求允许的语气，主语限于第一人称代词"我"、"我每"。例如：

(19)来我给咱看。

(20)来我给咱打，你来捏。

(21)来我每给你搬，你咂坐下歇给阵儿。

(22)这么价安排你看咋个噢？来我炸，你来切。

这里的"来"没有了移位的含义，仅仅表示一种请求的语气，动词的意义已经虚化了。而如果"来"放在主语后，说成"我来给咱看"，意思就有了一些变化，表示移位意义，这样也可以说，但是在绥德方言中使用频率不高。例(20)的"你来捏"，"来"不能放在主语"你"前，正好说明了"来"的使用条件是限于第一人称代词这一特点。

六、状语"才"位于句末

在动词带数量短语宾语或补语时，副词"才"如果作状语修饰动词谓语，有时可以放在句末，表示数量小。例如：

(23)你给哩五十块钱才。

(24)一小时走哩五里路才。

(25)学哩三天两后晌才。

这一句式的一般语序是"才"放置于动词前，例(23)是"你才给哩五十块钱。"

七、动量短语位于动词前

在强调动作行为的频率高时，绥德方言经常将动量短语放置于动词前，语用上都带有夸张色彩。动量短语只是模糊的计数，不能是具体精确的计数，目的在于说明行为与结果的不对称。例如：

(26)我给那十回说噢，敢是不听么我给他说了十多次，就是不听。

(27)二十遍念噢，就是记不定。

(28)人家为你十回八回跑噢，敢是不好办。

(29)你就三出子五来回三番五次跑上也，不晓得最后咋个。

这几例表达了说得多、念得多、跑得多，"十回"、"二十遍"，并非具体的十、二十。从时态上看，一般为已然事件，偶尔也可以用于假设关系的句子中，如例(29)，这个假设实际上也是已然体，即将来动作行为完成后的情况。

　　这里附带说一下动词的一种语法现象。北京话动词一般不受程度副词修饰，但是绥德方言可以。程度副词有"很、可 ₌k'ə、靠竭力、利利彻底、完全"等，它们修饰动词，表示动作行为进行的量度很大。例如：

　　(30)你很走路喷你走了很多路。

　　(31)我今儿很喝喷我今天喝了很多。

　　(32)前儿教你把我可说坚实喷前天让你把我的确训坏了。

　　(33)你靠站里头你竭力向里边站。

　　(34)娃娃每利利坐下娃娃们完全地坐下。

　　例(30)表示走了很多的路，例(31)表示喝了很多的酒，例(32)意思是把我批评得很厉害，例(33)表示你要彻底地往里边站立。例(34)意思是孩子们完全坐下。

第二节　"把"字句

　　北京话"把"字句构成成分有诸多条件要求，诸如动词不能是一个光杆动词，动词一般要具有处置性，"把"字介引的事物是已知的、确有所指的等，如果不具备这些条件，就不能构成合格的"把"字句，或者不能算作典型的"把"字句。绥德方言有这类"把"字句。除此之外，还有几种特殊的"把"字句。从结构上看，它们有的成分不完整；从语法功能上看，有的淡化了处置意义；从语用来看，多表达否定色彩、主观色彩。这类"把"字句的特点是：一、没有补语，动词所表示的动作行为是"把"字引出的对象自己发出，主要用于表示感谢，或感叹、责备。二、句子中没有动词出现，可谓半截子"把"字句，主要用于责备、辱骂。这两类句式，它们淡化了处置意义，都用以表达否定语义。三、表达主观色彩突出的祈使语气。四、与"教"字被动句套合使用。本节对绥德方言较为特殊的两种"把"字句进行讨论。

一、无补语"把"字句

（一）结构分析

　　绥德方言"把"字句的谓词无相应补语，其结构形式有两种，与此相关的结构还有一种。如果用于听话者，则句子的主语已不出现，是典型的无主句；如果用于说话者自己和第三者，则可以有主语出现，主语只能是听话者，即你、你们。

　　1. 看＋把＋宾语＋谓语＋得

　　(1)看把你兴 ₌ɕiŋ 得！

(2)看把你每好活得让你们舒服得那个劲!

(3)看把你小子日能得看把你小子有本事的那个样!

(4)看把你熬累得!

(5)看把那些他们麻烦得!

(6)看把我糟践得!

句中的“看”是助词，不表达“看”的具体意义，只起提醒功能，强调作用。若将“看”理解为动词，在句子中它与其他成分是不搭配的。“看”的作用，我们可以通过比较的办法得以检验，即把句子中的“看”去掉与原来句子进行对比。如将例(1)、(3)、(5)变为下面的(1′)、(3′)、(5′)，句子的意思基本未变，但是强调提醒的意义随之而去，“看”的语用功能就显现出来了。

(1′)把你兴得!

(3′)把你小子日能得!

(5′)把那些麻烦得!

2. 把＋宾语＋谓词＋得＋来来/着家

上一结构中的“得”后带“来来”、“着(tʂʻə[33])价”就是本式结构。后一“来”也可以读为 læ[21]，它不是“来”的重叠，而是语气词“唻”同化的结果。例(1)—(6)可以说成:

(1″)看把你兴得来来!

(2″)看把你每好活得来来!

(3″)看把你小子日能得来来!

(4″)看把你熬得着价!

(5″)看把那些麻烦得着价!

(6″)看把我糟践得着价!

3. 把＋宾语＋谓词＋补语

这一表感慨、提醒意义的“把”字句，在谓语后也可以出现补语，补语的出现，可以观察句子的非处置性特点。例如:

(7)把我饿得肚子疼!

(8)把人爱得着价一满不能提把人爱得呀实在无法说!

(9)看把你小子还日超有本事的贬称得上天去也!

(10)看把你儿气不学好得着价还厄下拉下屎价!

(11)看把你能得那么个样儿去语气词。

(12)看把你喜得着价一跳三尺高叫你高兴得跳起来了!

(13)看把那些闲得着价还尿床也叫他们无聊至极了!

这一结构，如果是说话人自己的感慨，则不能加助词"看"，如例(7)、(8)，其他人称可以加上，也可以不加。句中的动词语"疼、提、上天、屁下、一跳三尺高、尿床"都没有处置的意思，只是表示某种状态或结果。名词语"那么个样儿"更谈不上处置与否。因此，这一结构"把"字句如果不用"把"，句子的意思基本不变。"看"必须保留。如例(1)－(6)，可以说成：

(14)看你兴得！

(15)看你每好活得！

(16)看你小子日能得！

(17)看你熬累得！

(18)看那些他们麻烦得！

(19)看我糟践得！

这里需要说明的是第一、第三人称的情况与第二人称是有所区别的，例(18)只能理解为带"把"的意思，例(19)有歧义，一是"我"为受事，即与带"把"的意思一样，二是"我"为施事，与带"把"的句意相反。说明这一句式原本用于第二人称的。

(二)成分分析

1. 谓语

北京话的"把"字句，谓语是处置动词，不能是形容词，因为形容词不具有处置意义，而绥德方言的"把"字句不表示处置意义，所以谓语可以是动词，也可以是形容词。它们表示人的情态、心理活动或生理感受，以及一般的动作行为，常见的有：兴、浪、疯、烧、圪渣挑剔、喜、羞、羞愧、爱、恨、愁、眼红、急、受、疼、困、病、饿、聋、昏、晕、熬、渴、锈、打、踢、咬、走、醉、瞌睡、失笑、麻烦、能、日能、日超、美、好活、难活、牛、闲、麻、酸、热、冰、冷、沉等等。表示心理活动的词"总是和过去的时间相联系着"(李临定 1990：113)，也就是动作行为或情状都已经实现，句子是已然体，例(1)、(7)、(8)、(13)"兴"、"饿"、"爱"、"闲"的状态已经出现，直至说话之时仍然在持续。

2. 宾语

充当"把"字句的宾语，主要是第二人称代词及其与第二人称代词构成的同位短语，如"你"、"你每们"和"你小子"、"你娃娃"、"你狗儿"、"你兀的"等，这是因为这一句式主要是用于对话中。有时也可以是第三人称代词及其与第三人称代词构成的同位短语和称谓词，如"那他"、"那些他们"，但是使用频率较低。第一人称代词也可以出现，但是使用的频率很低。

3. 补语

补语可以是一个词，也可以是一个短语或小句，它们都可以统一用"那个样儿"、"劲儿"或"成哩个甚"、"成甚唉"来代替，用以表示情态或程度，它们多为对前边动作行为的状态描摹，这个状态行为在说话者看来是不可能实现的或达到的。补语可以是"那个样儿"，说话者看来不应该是那个样子，"甚（样子）"表示达到一个程度，说话者认为不该到这个程度，或者不可能做到补语所说的那个结果。

4. 得

"得"在"把"字句中，如果它的后边带有补语，那么它就是一个助词，是凸显补语的一个典型标记。从上述所引例子来看，补语省略了，或者说补语没有出现，句子在表意上仍然与补语出现的句意基本相同，这是句式在表意上固化的缘故。但是带来的一个变化是，没有补语出现的补语标记"得"，其身份会不会发生变化，即人们对它重新确定属性呢？由于补语没有出现的原因，"得"作为补语标记的功能已经失去，所以，我们宁愿将其分析为一个表示语气的词。这是语法重新分析（reanalysis）的结果。怎么确定"得"的属性发生了变化？这可以通过"得"后的成分"来来"、"着"、"着价"来观察。如果"得"仍然是补语标记的话，这些语气词是不能与它结合的，补语标记与补语之间是不能插入别的成分的。

（三）语用分析

就语用而言，无补语"把"字句有比较明显的主观性色彩，表明说话者对对方或自己的一种看法，主要用于听话者，即第二人称，第一、第三人称用得较少。具体说来，第一，"把"字句表示斥责、埋怨等感叹语气，在说话者看来，对方的动作行为及所表现的状态是不该出现的，即句子具有否定色彩意义。上举例（1）表达了说话者对对方"兴"的批评。例（2）是批评你们不该"好活"。如果出现补语，补语中说明的正是责备的信息，或说明动作行为不可能实现，如例（8）的"上天去也"，这是不可能的事情，以此委婉批评对方。第二，表示对人的谢意。谢意的前提是，由于自己的原因而使对方做了不该做的，或不需要做的事情，对方的行为是不应该的，就意味着否定，所以对人谢意中实际上也是有否定的意味存在。例（4）是说因为自己的原因而使你"熬"的谢意，这个"熬"对你来说是不应该的。例（5）是对"麻烦"人的谢意，表达了本不应该麻烦而麻烦的感谢之情。例（6）是表达对自己不幸的感慨或埋怨。与一般"把"字句相比较，这类"把"字句处置意义淡化了，自主意义凸显出来了。

（四）补语省略的可能性

无补语"把"字句，应该看成是有"补语"的省略。在这一句式中，补语省略就会使句子的语义表达变得不完整，提供给听话者的信息不全面，但是为什么这类"把"字句仍然能存在呢？实际上，句子已经具有自足性了，人们经常用"看＋把＋宾语＋谓语＋得＋补语"表达否定意义，久而久之，这一结构专门用于表达否定意义，成为一种套话，一个语法构式。每当听到"看＋把＋宾语＋谓语＋得"时，就会知道未出现的补语是一个否定的信息，因此不必说出补语部分，表意的信息大致是完整的。依据常识进行语用推理，也能够得到完整的表意信息。从构式理论来看，由最初的补语（词语）表意，到后来通过句式结构表意，这样，最初表意的补语被淡化、边缘化，以至于不需要出现，此时，补语的出现与否，句子的表意结果都是一样的。根据会话原则来分析，人们在会话中只说必须说的，即补语不出现的情况下，句子的整体意思没有改变。换句话说，补语不是必须说的成分，因为句式结构承担了补语原来的表意职责，故而省略补语也是可行的（江蓝生 2008）。省略的过程应该是：

看＋把＋宾语＋谓词＋得＋补语→看＋把＋宾语＋谓词＋得＋那个样儿→看＋把＋宾语＋谓词＋得→看＋把＋宾语＋谓词＋得＋来来/着价

江蓝生（2008：134）对此还从完形认知的角度作出了解释，认为套话在认知心理上是个完形（gestalt），高频使用的结果就是完形的形成。这一角度的解释，别有新意。

（五）近代汉语中的用例

现代汉语方言中的无补语"把"字句在近代汉语中已经出现。可与下面的用例进行比较（江蓝生 2008：125）：

（20）贾母听了，笑道："猴儿，把你乖的！"（清·曹雪芹《红楼梦》35 回）

（21）宝钗笑道："偏这个颦儿惯说这些白话，把你就伶俐的。"（同上，52 回）

（22）且不必去见贾母，倒把袭人不好意思的。（同上，36 回）

近代汉语的"把"字句处置性很弱，所以也可以不用"把"，与今天的方言一样。例如：

（23）贾政道："他能的。"（清·曹雪芹《红楼梦》75 回）

二、无动词"把＋名词语"句

绥德方言的"把"字句除了省略补语外，还有省略动词谓语的现象，即"把＋名词语"结构，也可以叫半截子"把"字句。

（一）结构分析

无动词"把"字句，结构的主体成分是"把+名词语"，所表示的句意与一般的"把"字句有很明显的区别，即句中没有实现处置结果的动词或动词性短语。例如：

（24）我把你个龟孙子。

（25）把你兀日的把你个狗东西。

（26）把你个死小子，往哪里跑也？

（27）把你个倒灶鬼把你个倒霉蛋！

（28）把那个晃脑小子，以后再算账着把你个摇头晃脑的家伙，以后跟你再算账。

（二）语用分析

"把+名词语"句多为感叹句式，用于责骂、怪罪、指斥对方或第三者，或者表达无可奈何的意思，等等。句中有无"我"的出现，句子所表达的意思有一定的区别。如果说话中用了"我"，表达的语气相对要强烈一些。如例（24）说出了"我"，则明显地感到语气要强烈得多。

（三）其他方言用例

随着方言调查的深入进行，无动词"把"字句在方言中越来越多地被发现，材料越来越丰富。从地域上看主要分布在北方，以西北地区最为突出，境外汉语西北方言的东干语中也保存。例如：

（29）我把你个狗东西！｜我把你这个瞎尿！　　　　　　（陕西西安）

（30）我把你个碎尿！｜我把你个狗杂碎！　　　　　　　　（石泉）

（31）（我）把你个挨枪子儿的！｜（我）把你个霉脑壳！　　（安康）

（32）把他家的！｜把这伙混账东西，竟然欺负到我的头上来了！

　　　　　　　　　　　　　　　　　　　　　　　　（山西运城）

（33）把你个贼胚子！｜把你个倒灶货，寻的哪里也寻不着。（临汾）

（34）我把你个龟孙子！｜把你这个狗东西！　　　　　（河南汝南）

（35）把这么个怪张人。　　　　　　　　　　　　　（新疆汉语方言）

（36）把这些个畜生！　　　　　　　　　　　　　　　（青海西宁）

（37）把你还瞌睡成那样儿！把他大方的！把你个灰鬼。（呼和浩特）

（38）我把你这个没良心的东西！　　　　　　　　　　　（东干语）

这些方言材料表明，无动词"把"字句分布于相当大的区域，具有一定的普遍性，北京话的口语中也偶尔使用（吕叔湘1999：56），这证明无动词"把"字句曾经是一个流行的句式。下面的历史考察也恰好说明了这一点儿。

（四）历史考察

"把＋名词语"句在近代汉语时期的北方地区，或者说是北方官话区中曾经较为广泛地使用过，大致产生于明代中叶，其后相沿，我们对此作过一些考察（黑维强2002c），这里引数例如下。

（39）兴儿云："我把你这个馋嘴的老婆子！"（元杂剧《降桑椹》4折）

（40）二净云："我把你个生忿忤逆弟子孩儿。"（元杂剧《剪发待宾》3折）

（41）行者又笑道："我把你这馕糟的！"（明·吴承恩《西游记》76回）

（42）西门庆大怒，骂道："我把你这起光棍！"（明·兰陵笑笑生《金瓶梅词话》34回）

（43）（素姐）骂说："我把你这秦贼忘八羔子！"（清·西周生《醒世姻缘传》56回）

（44）（平儿）口内笑骂："我把你这嚼舌根的小蹄子！"（清·曹雪芹《红楼梦》38回）

（45）（黛玉）按着宝玉笑道："我把你烂了嘴的！"（同上，19回）

"把＋名词语"句多为感叹句式，最早主要用于辱骂、怪罪、责备、指斥对方或第三者，后来演变出了戏谑、笑骂，或者表达无可奈何的意思，如例（44）、（45）就是戏谑、笑骂的用例，例中的"笑"是一个很好的脚注。从用例统计结果看，绝大多数是表达辱骂类的意义，戏谑类的例子比较少，也就是说，前者是使用的主流。通过比较可以看出，"把＋名词"的两种用法，绥德等方言中也是如此，说明现代汉语方言中的这类句式应该是近代汉语用法的直接继承。

（五）产生的动因

近代汉语及现代汉语方言中的"把＋名词语"句，北京话已经很少使用，只出现在特殊意义的句子中，而北方方言，特别是西北方言有较多的使用，最近二十来年对这一句式的讨论比较多。刁晏斌（1987）、邢向东（1994）、张美兰（2001）、王文晖（2001）、黑维强（2002c）、王景荣（2002）、江蓝生与杨永龙（2008）等对此句式作过讨论。① 我们对此曾经有过简单的讨论（黑维强2002c），认为"在当着对方的面辱骂时，不说出处置的结果（即相关动词述语），会给对方造成悬念，让对方想到什么样

① 刁晏斌：《近代汉语"把"字句的省略式》，《大连教育学院院刊》1987年第2期；邢向东：《呼和浩特方言感叹句的常用句式》，《方言》1994年第2期；张美兰：《论近代汉语"我把你/这个＋名词性生成分"》，《语文研究》2000年第3期；王文晖：《近代汉语中的一种特殊把字句》，《中国语文》2001年第4期；王景荣：《新疆汉语方言的"把"字句》，《新疆大学学报》2002年第2期。

的后果，就会有可能出现什么样的结果。这样不说出比说出更具有威胁的作用，更具有恐吓人的力度，所谓'无声胜有声'。因此，可以说'把＋NP'句最初是一种讲究语言表达技巧的结果。同时，我们也不排除说话者因表达比较强烈的感情，没有把话说完就停止了，或者因找不到非常狠毒的处置结果词语而语塞。到后来逐渐固定成为一种专表辱骂人的句式，又分化出了笑骂的意思。但认为如果与'避讳'有关的话，那么，这对于表达辱骂的'把＋NP'句来说，句子中已经有了表达粗俗的贬义词（如'下流种子'、'囚根子'等），似乎无需再避讳什么了。总之，不管是什么原因而使处置的动词述语没有出现，人们能够明白要说的内容，因而并没有影响到意思的表达。"

这里再作一点补充。这一句式产生的动因与上边讨论的"看＋把＋宾语＋谓语＋得"句的具有相同的情形。最初使用的是完整的"把"字句，由于经常用"我＋把＋名词语（你）＋动词语"结构表达辱骂、斥责的意思，使用久了就使句式结构在表意上固化，没有后边的处置类动词语的出现，表意的作用也是一定的。另外，从汉语史的情况来看，完整的"把"字句产生在前，半截子"把"句产生在后。根据文献资料而言，最迟在唐代已经有完整的"把"字句。例如，李白《清平乐》："应是天仙狂醉，乱把白云揉碎。"方干《李侍御上虞别业》："若将明月为俦侣，应把清风遗子孙。"而"把＋名词语"句，如上文所述，在明代中叶才出现，时代远在唐代之后，这一出现时代先后不同状况，也恰好说明了后者是由前者演变的结果。上文讨论的"看＋把＋宾语＋谓语＋得"句的产生也是这种情况。

三、祈使性"把"字句

"把"字句多为叙述某个事件的发生、某个动作的实现，如"羊把庄稼吃了。"此外，绥德方言的"把"字句还用以表示劝告、命令，要求对方该如何如何，具有很强的主观感情色彩。

（一）结构分析

祈使语气的"把"字句，其完整的句式结构是"你＋也/�＋把＋那＋谓词＋动量词"。例如：

（46）你也把那走早个儿！

（47）你也把那书念给阵儿价！

（48）你也把那学得厉害些儿！

（49）你每们咾把那勤快些儿！

（50）你咾把那紧凑个儿！

（二）成分分析

1. 主语。因为这类"把"字句是表达祈使语气的，故而句子的主语一般只能是第二人称代词"你"、"你每"。

2. 谓词。祈使语气的"把"字句，它的谓词都是表达肯定、积极意义的，不能是相反的，如走迟、不念、学屄（懦弱）、懒、拖拉等，不能出现在谓词的位置上，除非是有意识地强调某种行为。这类"把"字句与一般的"把"字句比较，它的处置性非常弱。因此，这类"把"字句去掉"把那"后，句子的意思变化不大，特别是主语"你"后用"咂"时，更为显著。两者的差别在于语气有所不同，去掉"把那"后，祈使语气减弱，基本上是提示、建议语气，命令语气没有了。试将例（46）—（50）与下面的例（46′）—（50′）比较，彼此的差异是明显的。

（46′）你也走早个儿！

（47′）你也书念给阵儿价！

（48′）你也学得厉害些儿！

（49′）你每咂勤快些儿！

（50′）你咂紧凑个儿！

3. 动量词。句子中的动量词语都是模糊的不定量词，不能是具体的计量词，例中的"个儿—点儿"、"些儿"、"阵儿"，都不表定量。

4. 也、咂。这两个词是语气词，用于主语后，在句子中带有提顿语气和话题标记的功能。"也"读 ia^{21}，轻声，"咂"读 tsa^{52}，去声。

四、"把"字句和"教"字句的套合句式

绥德方言与北京话一样，有单独使用的"把"字句和"教"字句，同时也有"把"字句和"教"字句套合的现象。"教"在新派中也可以说成"让"。陕北晋语使、让义的动词是"教"，读上声，也可以读去声，介词义表被动的用法也有两读，所以作介词用的，应该是"教"，而非"叫"。北京话的介词"叫"，在陕北晋语中只有去声一读。"把"字句和"教"字句的套合句可以分为两类。

（一）把……教……

这类套合句子在语义上多表达不幸、不如意的事情，在说话者看来，所述对象的行为是不被赞成的，是被谴责的，也即句子表述的是对所述对象行为的一种否定评价，基本上体现了"把"、"教"句式的语用功能。例如：

（51）把那么好的一份家当直教那他给糟蹋光。

(52)把你教人家调教给几天就好噯。

(53)那他把我的地方教人家给占哩也不管。

(54)你把我的那份饭教那圪截那个老汉吃噯?

例(51)家产被糟蹋光,这在人们的评价体系中是不应该的;例(52)教人家调教你,说明你的品行是不好的;例(53)我的地方教人家占有了,他却不管,他的这种行为是不负责任的;例(54)用反问语气说明我的饭教他人吃了是不合适的,未经我的同意而做主,在语气上流露出来了对你的行为批评。

(二)教……把……

这一结构与上一结构的区别是"把"与"教"出现的次序相反。句子表达的内容也是不幸的、不如意的事情。从时体角度来看,可以有三种类型。

第一,可以表达已然的事情,为陈述语气。例如:

(55)那夜黑地回去教老子的把那给打哩一和_{他昨晚回去让他的父亲把他给打了一顿。}

(56)鸡教那家那圪截狗把腿给咬断噯_{鸡叫他们那个狗把腿给咬断了。}

(57)今儿教小子的班主任把我给嗨嚛哩一顿_{今天让儿子的班主任把我给训斥了一顿。}

(58)那教婆姨把那给说恼噯_{他叫媳妇把他给批评恼火了。}

(59)就教你一个早把我的名声给糟蹋噯_{就叫你一个就把我的名誉给糟蹋了。}

(60)家里就教娃娃每把那些给连累定噯_{家里只叫孩子们就把他们给拖累住了。}

例(55)挨打是不幸的事;例(57)被人训斥一顿是不顺心的事;例(59)声誉不是真的坏了而被人说坏,也不是好事。这些句子所述的动作行为皆已发生,所以句中有时态助词"哩"、陈述语气词"噯"。

第二,用以表达提示、告诫,是未然的事情,为祈使语气。可能发生的事情是不愉快的,因此句中一般要有表提示、告诫的"操心小心"一词出现。听话者一般只能是第二人称。例如:

(61)你咂操心教小偷把钱儿偷走噢。

(62)你去操心教人家把你去_{助词}骗哩_{你呢小心被人把你呀骗了。}

(63)你每操心教那家那个狗把你每咬哩噢_{你们小心被他家的那只狗把你给咬了啊。}

例(61)如果发生小偷将钱儿偷走是倒霉的事;例(63)若被狗咬,也是不如意的事。

第三,可以用以表达将然的事情,句末有表示将然的助词"去也"、

"也"。句子在表达将然事情时，在提示、告诫的同时，更说明了如果不针对所要发生的事情采取相应的措施或加以制止，事情就会一定发生。例如：

（64）我教那些把我麻烦死去也。

（65）教生灵每把那点儿白菜糟蹋也，快措读tsʻəʔ³，收藏哩。

（66）那卜棵树教风把那刮倒去也。

（67）碗搁个边边起，教娃娃每掀下把那捣烂去也。

例中所说将要发生的事情，也非说话者所期盼的。

（三）"把……教……"与"教……把……"的差异

这两类结构在语用上区别不大，都用于表达不幸、不如意的事，但在结构成分的要求上还是有显著差别的。"把……教……"结构的句子主语和"把"的宾语不能是同一对象，如例（51）句子的主语没有出现，应该是"教"的宾语"那"，"把"的宾语是"那么好的一份家当"；（53）句子的主语是"那"，"把"的宾语是"我的地方"。而"教……把……"结构的句子主语和"把"的宾语是同一对象，如例（55）、（58）、（63）、（67），或领有关系，如例（56）、（59）、（61）。如果句子的主语出现，是名词性的，"把"的宾语多用代词复指，如例（64），如果没有出现，要补充出只能是名词性的，"把"的宾语就不能用名词了，而只能用代词。

此外，"教"字句与"给"套用时，"给"的后边可以带与事宾语。例如：

（68）你每你们的碗教我给你每打烂哩几个。

（69）地畔上的庄稼教羊给那些他们吃哩一绺。

这两例的施事是"我"、"羊"，受事是"碗"、"庄稼"，与事是"你每"、"那些"。

北京话被动句的"受事"一般作主语，绥德方言"教"字句的"受事"放在动词后作宾语。例如：

（70）夜儿教那日嘅哩我一和昨天被他骂了我一顿。

（71）不蒙意顾教小花儿娘的说哩我一顿没防备被小花儿的娘训了我一顿。

（72）混走着唦教蜂儿蜇哩那娃娃一沟子，啀哭得哇哇价正在走着呢那孩子被蜂蜇了一下，就哭得哇哇地。

第三节　比较句

本书讨论的比较句是在结构形式上有特征的句子，意念上的比较句在此不赘述。一个结构完整的比较句一般要具备四个要素和一个要求：

比较主体(X)、比较基准(Y)、比较词(如"比"、"赶"、"一样")、比较结果(Z)和较为固定的词语序列。如"我比你高"、"我和你一样高"、"伊较好我"(厦门话),四要素完备。凡是符合条件的词语能够进入该格式就能产生比较语法意义(张赪 2010:26)。比较句中最常见的有两种类型,一是差比句,一是平比句。下文就此两类进行分析讨论。

一、差比句

差比句就比较的结果看,可以分为两类:一是胜过,一是不及。两者的差别除了比较词不同,也有句子结构上的不同。"胜过"的比较词主要有"赶、强如","不及"的比较词主要有"不胜、不如、不顶"。从结构看,可以分为"结果+基准"和"基准+结果"两大类。绥德方言这两大类都有,又分为六小类。"基准+结果"型有两种:(1)比较主体+比较词+基准+结果项,(2)比较主体+基准+结果项/比较词。"结果+基准"型有四种:(3)比较主体+结果项+比较词+基准,(4)比较主体+比较词/结果项+基准,(5)比较主体+比较词+基准,(6)比较主体+结果项₁+基准+比较词+结果项₂。"赶"字比较句详见第十九章第八节,这里讨论其余几个词构成的比较句。内部又包括了渐进的比较,渐进式的结构式是"数量词+赶+数量词+Z",如"一个赶一个强/一个不如一个。"

(一)差比句的肯定式

从古今差比句的结构来看,大致有两种类型:"基准+结果"和"结果+基准"。绥德方言的差比句以"基准+结果"类型为常见,"结果+基准"类型也使用,但是使用上有一定的条件限制。常见的结构完整的比较句一般要具备四个要素,即比较主体(X),比较基准(Y),比较结果(Z),比较词(如"赶")。

1. X+赶+Y+Z(见第十九章第八节)

2. X+Z+过+Y

这一结构的比较词不用介词,而是用助词"过"置于动词或形容词后来表示差异。Z 可以是形容词语,也可以是动词语。隐含的语法意义是 X 比 Y 能 Z。此结构可以用于陈述语气。例如:

(1)打球儿动起的话,我打过你叻。

(2)那他能跑过你叻。

(3)我冷过你叻,不信动价咱脱哩衣裳看。

例(1)的意思是我比你能打,例(2)是指他比你跑得快,例(3)是指我比你能经得起冷。

"X＋Z＋过＋Y"结构也可以用于反问语气。例如：

(4)谁能厉害过王大？

(5)你个子高，高过姚明叻？

(6)你能喝过年轻后生叻？

不论是陈述语气，还是反问语气，它们都是尚未发生的事情，动词、形容词前经常有能愿动词"能"修饰，属于未然体。

3．X＋强如＋Y(＋Z)

"X＋强如＋Y(＋Z)"就是 X 比 Y 强，X 强过 Y。"强如"的具体表现可以出现，即有比较结果 Z。Z 也可以不出现，不出现时，"强如"就一身兼二职，既作比较词，又表示比较结果。在近代汉语中，"强如"还是两个词，没有凝固成一个词，类似的结构还有"胜如"、"远如"、"瘦如"等。也就是说，"如"与之前边的成分不是一个词。从句式结构分析，绥德方言的"强如"也是两个词。"如"在这一句式中读 tʂʻu²¹，轻声，它的本音读 zu³³，读轻声的 tʂʻu²¹ 是同部位发生的音变，音变的原因可能是读轻声的缘故。例如：

(7)我每啥不好，也强如你坐禁闭。

(8)吃到肚子哩强如送哩人。

(9)我喂哩狗强如给哩那我喂了狗，胜过给了他。

(10)人家穷，也强如你。

例(7)的"坐禁闭"是 Z。例(8)的比较主体是"吃到肚子"，基准是"送人"，没有具体的比较结果 Z。例(9)、(10)同例(8)。

4．X＋也＋顶＋Y

这一结构是含有让步性的比较句。"顶"同"强如"一样，既作比较词，又表比较结果。例如：

(11)憨汉也顶上你叻傻子也顶你。

(12)今年咋也顶年时今年无论如何也顶去年。

(13)谁也顶你。

(14)不管咋价，跟工咋也顶个家里受苦无论如何，打工顶在家里种地。

5．X＋Z₁＋Y＋Z₂

这一结构不用比较词，比较结果有二。Z_1 限于形容词大、小、长、短、高、低、轻、重、多、少等，Z_2 主要是数量短语，是 Z_1 的具体体现。例如：

(15)我大你两岁，你大那三岁。

(16)这个月少要你二十块钱。

6. "强如"的历史考察

"强如"最初是"形容词＋动词"结构，从汉语发展史来看，属于"A＋如"类型差比句。"A＋如"这一结构在宋元时期已经出现。而类似的差比句结构的用例在唐诗中已见。例如：

(17)有力强如鹘，有爪利如锥。(唐·元稹《大觜乌》)

(18)应笑强如河畔柳，逢波逐浪送张骞。(唐·沈亚之《题海榴树呈八叔大人》)

(19)可人标韵强如旧。(宋·杨泽民《蝶恋花》)

(20)杀了董卓、吕布，落得凌烟阁上标名，强如平原县为宰。(《三国志平话》卷上)

(21)把投木槁鸟西风里放，也强如衔茶野鹿琛宫里养。(元杂剧《陈抟高卧》4 折)

例(17)(18)就句式意义上理解，可以看作是差比句，但是由于"强"自身的词汇意义有"胜出、超过"，因此，有学者认为不是句式本身可以表差比(张赪 2010：71)。但是"A＋如"表示差比的苗头已经出现。到了宋代，"A＋如"类型差比句成熟，如《全宋词》有 36 例，元代相沿。这一时期的形容词除了"强"还有"胜、大、瘦、远"等。与近代汉语比较，绥德方言的"A＋如"差比句只剩一个"强"，这个"强"是"A＋如"结构中最早出现的一个词，也就是最具稳定性的一个词，因此保留到了现在。

(二)差比句的否定式

绥德方言差比句否定式比较词较为丰富，有"不如"、"不胜不如"、"不顶不如"、"顶不上"、"赶不上"、"不过"、"敌不过"、"哪如"、"哪胜"、"哪/咋顶"、"哪/咋顶上"、"没"等。它们的意思是比不上，这些比较词多为词的组合，不是介词，与肯定句的比较词有较大差别。有的与北京话一致，有的北京话不说。否定式结构主要有两种。

1. X＋比较词＋Y＋Z

表达比较否定，这一结构使用最为广泛，句中 Z 有时可以省略，如下例(23)、(24)。例如：

(22)兄弟的做事不如哥哥的宽堂大方、大手。

(23)这个不胜那个。

(24)你肯定敌不过那。

(25)楼房哪胜窑好戒楼房哪里胜过窑洞好住。

(26)乡里咋顶上城里叻?

(27)我说的哪顶上人家好。(比较：我说的不如人家好｜我没人家说的好。)

2. X＋连＋Y＋也＋比较词

这一结构是上一结构的变形,将上一结构的"比较词"和比较结果的Z合二为一。句子中用介词"连"或"连"与"也"的搭配,多表示对某人或事物、动作行为等的强调,含有甚而至于的意思在内,比较结果的差别将更大。除此之外,与上一结构的不同还有比较词的使用,即含有"哪"的几个词不能出现在句子的比较词位置上。例如:

(28)大哩连小着也不如_{长大了连小的时候也不如了}。

(29)明儿的天气保险_{肯定}连今儿也不胜。

(30)你活得连个寻吃的_{乞丐}也不顶。

北京话有"比"的否定式"不比"来表示差比句否定式,如"他不比你强"。绥德方言有"赶"字肯定差比句,但是没有"不赶"否定式,有"强如"的肯定差比句,没有"不强如"的否定式,否定的差比句偶尔也用北京话的不"比",如:"谁也不比谁差多少。""人家给的不比你的少。"

有时不用比较词,只用否定词"没"。例如:

(31)妹子的_{她的妹妹}没姐姐的_{她的姐姐}俊。(比较:妹子的不如姐姐的俊｜妹子的赶不上姐姐的俊。)

从上看出,差比否定句的比较词有的不用否定词"不",但仍然表达差比否定之意,是通过用反问的方式,即用代词"哪、咋"来实现。"强如"是谓词性比较词,连接动词性成分,"赶"字用于名词性成分的比较,两者功能不同,分布不同,是一个互补分布的状态。历史上曾经有过这样的局面,绥德方言可谓是历史面貌的保存。

汉语方言的差比句大致可分为四类八种(张赪 2010:120－121):a 基准＋结果((1)比较主体＋比较词＋基准＋结果项、(2)比较主体＋比较词₁＋基准＋比较词₂＋结果项),b 结果＋基准((3)比较主体＋结果项＋比较词＋基准、(4)比较主体＋比较词＋结果项＋基准、(5)比较主体＋比较词₁＋结果项＋比较词₂＋基准、(6)比较主体＋结果项＋基准),c(7)比较前项＋比较连接标记＋比较后项＋比较结果,d(8)比较主体＋基准＋比较词＋结果项。就以上描写情况可以看出,绥德方言的结构类型只有其中的一部分,但也存在以上八种当中没有的结构,如"比较主体＋结果项₁＋基准＋比较词＋结果项₂"。这说明汉语方言的比较句是相当复杂的,绥德方言可为汉语方言比较句的进一步研究提供一点参考。

张赪(2010:99)曾就元明清七种文献的差比句进行过考察,其结果是:"从元到明初'结果＋基准'型差比句还是汉语的一种优势句型,到明代'基准＋结果'型差比句才和'结果＋基准'型差比句基本平分秋色，到了清代'基准＋结果'型差比句则占了绝对优势，从元到清'基准＋结果'型差比句的使用越来越频繁，最终取代了'结果＋基准'型差比句成为优势句型。"绥德方言的差比句"基准＋结果"使用频率高，也是优势句型，符合汉语比较句的发展潮流。

二、平比句

平比句就是比较主体与比较基准进行比较后，其结果项是一致的。从语用上说，与差比句的求其异正好相反，平比句是求其同的。绥德方言平比句也有"基准＋结果"和"结果＋基准"两个类型。平比句的比较词和比差比句的比较词有较大的不同，而且还有显著的褒贬色彩差异。常见的带有褒义和中性色彩的比较词语有"一样、一样样、一个样样儿、也是、也的、差不多、不差上下"；用于贬义色彩的比较词语有"一（尿）个色色儿、一（尿）个样样儿、一（尿）个般般儿"等。不论是褒贬意义，这些词语经常与介词"和、跟、带与、跟"搭配使用，构成"和/跟/带……一样/一个般般儿"结构。

（一）肯定平比句

1．X＋和＋Y＋比较词＋Z

这一结构是平比句中最常见的。结果项 Z 主要是由形容词充当。例如：

（32）这个和那个一样大。

（33）我跑得和（跟）那一样快。（比较：我和（跟）那跑得一样快。）

（34）那脸盘子长得和老子的也是，方楞楞价。

2．X＋和＋Y＋比较词

这一结构是上一结构结果项 Z 的省略。例如：

（35）这里和个老家也是，好寂着吥。

（36）那那脾气还跟小价也的 _{他那性格还跟小的时候一样}。

（37）那做事和那些家里的人一个般般价。

（38）今年冬里带年时 _{去年} 一样样儿价。

3．X＋Y＋比较词

这一结构又是上一结构介词"和"的省略。例如：

（39）老大、老二不差上下。

（40）娘的带与和老子的一个样样儿价。

（41）那些做事一尿个色色儿价 _{他们做事一个样样}。

（42）三个咋一个样样儿价来嗫?

这里需要说明的是，例子中的"和、带"是连词，连接的是两个比较的对象，即比较主体和基准，没有主次之分，可以改变顺序，例（39）可以说成"老二和老大不差上下"。因此比较主体和基准有时也可以用一个词语来表示，如例（41）的"那些做事"，例（42）的"三个"。

4. X＋Z＋和＋Y＋比较词

这一结构主要使用在"把"字句和带补语的句子中。Z 主要由动词来充当。例如：

（43）那长得和个老子的也是。

（44）看把你小得和个娃娃也的。

（45）那心疼得和杀那也差不多。

在现代汉语的平比句中，偶尔也能见到"一样样"的句式，语法研究论著中很少提及，这里列举三例，以示这一现象的存在。例如：

（46）她会有出息的，和男娃一样样，说不定还强呢!（CCL，1994年《人民日报》）①

（47）（愣二）疯得跟上回一样样儿的。（CCL，曹乃谦《到黑夜我想你没办法》）

（48）我知道你也有过同我一样样的梦。（来自网络）

这是方言句式，还是普通话的句式，从使用的用例数量之少来看，可能是具有方言性质的。

以上四种句式中，1 和 4 是结构完整的平比句，比较句的四要素俱全，前者属于"基准＋结果"类型，后者属于"结果＋基准"类型。2 和 3 是四要素不完整的平比句，没有结果项。

平比句是没有否定式的。虽然平比句通过比较词加否定词的方式可以构成否定式，如"这个和那个不一样大"，其结构与肯定平比句一致，但是从语义上说，否定式否定了两个比较项的一致性，就是说 X 与 Y 之间存在差异，有差异也就丧失了构成平比句的基本条件和存在的前提，平比句否定式与其语义上的要求是相背离的。

有比较词"一样"、"也是"等构成的句式，有的是比较句，有的是比喻句。二者的区别就在于，比较是在具体存在的同一类事物中进行，而比喻是在两类不同事物之间进行。

---

① CCL 是指北京大学中国语言学研究中心语料库语料。

第十七章 疑问句

汉语疑问句可以从不同的角度、不同的标准进行分类，有派生系统、转换系统、结构系统、功能系统、选择系统(邵敬敏等 2010)。例如，按疑问句内部小类的派生关系分类(吕叔湘)，分为特指问、是非问(又分为正反问、选择问)；按陈述句与疑问句之间的转换关系进行分类(朱德熙)，分为是非问、特指问、选择问(包括反复问)等。我们按是非问、特指问、选择问和反复问四种形式来说明。绥德方言的特指问与北京话没有大的区别，我们在"代词"一章中有所涉及，这里就不再讨论，这里仅对其他三类进行描写与分析。陕北晋语的疑问句已经有不少的描写，如刘勋宁(1998a：115－134)、马晓琴(2004a、2004c)、邵敬敏、王鹏翔(2003；又邵敬敏等 2010)、邢向东(2005、2006a)。这些论著有的涉及了绥德方言，我们在此基础上对绥德方言的疑问句进行系统描写与说明。特指疑问句在代词一章曾有论述，这里不赘。

绥德方言表示疑问的方式有如下三种：第一，用上升语调，反问时用"啊 a²¹³"，表示没有听清楚，或者感到惊奇，不合常理。第二，使用语气词，主要有"是、也、叻、么、嗏"。第三，使用连词"也是、还是"和语气副词"敢、敢是"。总体上说，疑问句中使用不同的语气词，表达的疑问语气不同：用"是"的疑问句有强烈的质疑、责备疑问语气在内；用"也"表达的疑问语气较为舒缓，含有商量、征询的语义；用"叻"的疑问句，表达一般的询问语气；用"么"的疑问句含有督促、加重语气的作用；用"嗏"的疑问句，也表达一般的疑问语气。不同的助词使用，有的取决于所处句式的不同时态，如"来来"用于已然态的疑问。

第一节 是非问

北京话是非问的最明显的特点是能用语气词"吗"。绥德方言没有语气词"吗"，而是有陕北晋语独有的语气词"是"，其功能近似北京话的"呢"、"吗"。据此有人认为，陕北方言"却没有第二种利用疑问语气词的是非问句"(邵敬敏等 2010：150)，这一看法还可讨论。绥德方言的是非问可以分为事后问与事前问两类。

一、事后问

"是"表示疑问、反问语气，主要用于事后的追问。这一问句的问话用意是，本来可以将某些问题解决，或可以避免某些问题，但是被问的对方当时却没有如此（即焦点），因此事情出现了现在这样不该有的结果或局面等。例如：

(1)你不叫我是？

(2)你早哩不说是？

(3)你不要是？

(4)你咹不给人家是？

例(1)是问当初为什么不叫我，叫了我就不会有现在不该有的结果。例(2)是问出现某种情况的那个时候问什么不说。例(3)说你当时问什么不要呢。例(4)意思是给了人家，自己却没有了，或者人家不愿意接受。这些问句中都可以加上表过去时间的词语，进一步说明询问的事情是过去发生。例(1)在"不叫"前可以加"走价_{走的时候}"、"去价_{去的时候}"、"那阵儿"、"那早上"等，只要是能表明过去时间的又在语义上搭配的词语都可以。例(2)的"早哩_{早的时候}"就是。例(3)、(4)也是如此。

二、事中、事前问

相对于事后问的就是事中与事前问。绥德方言事中、事前问也可以用"是"来表示，具体表现在以下几个方面。

第一，用"是"也可以事前询问自己不知道的信息。例如：

(5)你每搬这是_{你们为什么搬这个呢}？

(6)而个的人咋瞎成<u>这么</u>个是_{现在的人怎么坏成这个样子呢}？

(7)你宬这儿价不回去是_{你待在这里为什么不回去呢}？

例(5)是对搬动的对象为什么要被搬不清楚而问，询问时一般是将要搬动或正在搬动中，但不是搬动结束后的询问。例(6)是对正在发生的人变坏的询问，例(7)是对尚未回去行为的询问。

第二，在陈述句后面加"是不"表示对未来事情有所知却不能确认的询问，一般需要对方予以证实，句末不用疑问语气词。例如：

(8)你饿嗖，是不？

(9)那些熬_累叻，是不？

(10)客人不走，是不？

(11)明儿没雨嗖，是不？

这一种问句往往是前边做出一定的判断后,对方还没有回答就继续询问。可以是肯定的询问,如例(8)、(9),也可以用于否定的询问,如例(10)、(11)。"是不"当是"是不是"的省略。总体上说,这类结构使用的频率不太高。

第三,主语后加"是",表示对已知情况加以确认,所以否定性的疑问,否定副词只能是"没"。句末不用疑问语气词。例如:

(12)你是没吃的嗫?

(13)伙食费是没嗫?

(14)大的是没种里去_{大的种子没有播种进去}?

(15)跟工是跟够嗫_{打工是打够了}?

例(12)询问时,已经知道没有吃的这一事实,需要对方确认。例(15)是了解到了对方打工已经打够的事实进行询问,需要得到对方对这一事实的确认。

第四,主语后加"是是",表示对已知情况加以确认。如上例(12)、(14)也可以说成:

(16)你是是没吃的嗫?

(17)大的是是没种里去?

例(16)同例(12),例(17)同例(14),句子的意思没有变。"是是"与"是"的功能相同,但"是是"不是"是"的重叠,而是"是不是"的省略。

主语后用"是是"进行询问,虽然可以把"是是"看成是"是不是"的省略,但这一结构不能看作是选择问句,因为句子中询问焦点只有一个,就是"是是"后的成分,如例(16)的疑问焦点只有"没吃的",例(17)的疑问焦点只有"没种里去",要求对这个焦点成分进行回答。因为句子中并非有两个焦点,换言之,这一个结构不符合选择问句的构成条件,因而只能作是非问句来理解和分析。

第二节　选择问

选择问句是提出两种或两种以上的情况,让对方从中进行选择。绥德方言的选择问句有意念上的,即无标记的,也有有形式标记的,还有由特殊词语构成的,即用相反意义单音节形容词做选择项的。马晓琴(2004a)对陕北晋语的选择问句做过详细的描写,其所描写到的类型,绥德方言大致都可以说。

一、结构形式

（一）X＋么＋Y

（1）明儿去么后儿去？——明儿(去叻)/后儿(去叻)。

（2）你要大的么要小的？——(要)大的/(要)小的。

（3）考试前年么年时_{去年}？——前年/年时。

这一结构是绥德方言选择问句的基本结构，其他结构都是这一结构的扩展和发展。"么"用于选择前项之后，既表示语气，同时又兼有连接作用。"么"有加重询问语气的作用，也可以不用，如例（1）可以说成："明儿去后儿去？"此结构能用于未然事情的询问，如例（1）。也能用于已然事情的询问，如例（3）。用于未然态，"么"可以换成语气词"叻"，而已然态则不能。换用"叻"后，则强调、加重的语气消失，可以看出"么"的作用。回答语是 X，或 Y。

（二）X＋也＋么＋Y＋也

（4）你背也么担也？——(我)背也/担也。

（5）今年你跟工也么家里做也？——(我)跟工也/家里做也。

（6）你做饭也么洗家匙也？——(我)做饭也/洗家匙也。

这一结构主要用于未然事情的询问。因为语气词"也"同时又是用来表示将来时的助词，故此结构不能表达已然态的询问。答语是"X 也"，或"Y 也"。

（三）X＋哩＋么＋Y＋哩

（7）肉送哩么吃哩？——送哩/吃哩。

（8）钱儿存哩么使唤_{花销，花费}哩？——存哩/使唤哩。

（9）剩下的炮抬_{收藏}哩放哩？——抬哩/放哩。

"哩"在绥德方言中用于表达将要进行的行为，所以只能用未然事情的询问。这一结构在表达询问的同时，句子还有较为明显的商量、征求的语气在内。回答是"X 哩"，或者"Y 哩"。

（四）X＋叻＋么＋Y＋叻

（10）你起叻么睡叻？——(我)起叻/睡叻。

（11）那些要西安去叻么北京去叻？——西安去叻/北京去叻。

（12）你会写叻么会算叻？——(我)会写叻/会算叻。

这一结构用于未然态，表示将要发生或进行的行为，如例（10）、（11）；也用于惯常态，如例（12）。"么"在这里起连接和加重询问语气的作用。回答语是"X 叻"，或"Y 叻"。

（五）X＋嘹＋么＋Y＋嘹

（13）人家拿得去嘹么放下嘹？　——拿得去嘹/放下嘹。

（14）肉割_买得贵嘹么贱嘹？　——贵嘹/贱嘹。

（15）今儿十一嘹么十二嘹？　——（今儿）十一嘹/十二嘹。

（16）生灵轮到你喂嘹么我喂嘹？　——你喂叻/我喂叻。

（17）该上头家扫嘹么下头家扫嘹？　——上头家叻/下头家叻。

绥德方言的"嘹"是表示陈述的语气词，用以表达行为或性状出现变化或将要变化，所以这一结构可用于表达已然态，如例（13）－（15）。也可以表达未然态，如例（16）、（17），但是句末语气词要换成"叻"。"么"在句子中起加强询问的功能。回答语是"X 嘹"，或"Y 嘹"。

（六）X＋着叻＋么＋Y＋着叻

（18）上次叫你价你每要着叻拉话着叻？　——要着叻/拉话着叻。

（19）看那些_{他们}这阵儿学着叻睡着叻？　——学着叻/睡着叻。

（20）饭冷着叻热着叻？　——冷着叻｜冷嘹/热着叻。

（21）下星期你每复习着叻么考试着叻？

这一结构的辅助词是"着叻"，它表示行为或状态持续，可以表示过去的持续，如例（18）；也可以表示现在的持续，如例（19）、（20）；也可以是将来的持续，如例（21）。该结构的答语是"X 着叻"，或"Y 着叻"。如果状态发生变化，如例（20），回答时的句末语气词要用相关的"嘹"，自然状态下，由热会变冷，而不会是相反，亦即不能回答说"热嘹"。

（七）X＋来来＋么＋Y＋来来

（22）人家杀你来来么剐你来来？　——杀（我）来来/剐（我）来来。

（23）考试前儿来来么夜里来来_{考试是前天来着还是昨天来着}？　——前儿来来/夜里来来。

（24）拿大的打来来么小的打来来_{拿大的打来着还是小的打来着}？　——大的（打）来来/小的（打）来来。

绥德方言的"来来"是用于表达已经发生的事情，所以这一结构用于已然态。答语是"X 来来"，或"Y 来来"。

（八）X＋嘹＋么＋Y＋着叻

（25）你爸爸山里去嘹么家里做着叻？　——山里去嘹/家里做着叻。

（26）起来嘹么睡着叻？　——起来嘹/睡着叻。

这一结构是（五）与（六）两种结构的结合，时态与这两种结构一致，前项问是已然态，后项问是持续态。答语是"X 嘹"，或"Y 着叻"。

（九）X＋噢＋么＋Y＋叻

（27）串门子的走噢么拉话叻？　——走噢/拉话叻。

（28）人家睡噢么看电视叻？　——睡噢/看电视叻。

这一结构是（八）结构"着叻"的省略，前项问是已然态，后项问是持续态。答语是"X噢"，或"Y叻"。

（十）X＋着叻＋么＋Y＋噢

（29）你看那这阵儿价吃着叻么吃完噢？　——吃着叻/吃完噢。

（30）衣裳洗着叻么洗好噢？　——洗着叻/洗好噢。

这一结构是（五）与（六）两种结构的结合，时态与这种结构一致，前项问是持续态，后项问是已然态。答语是"X着叻"，或"Y噢"。

（十一）X＋叻＋么＋Y＋噢

（31）来的人开会叻么走噢？　——开会叻/走噢。

（32）天下叻么停噢？　——下叻/停噢。

（33）我二 ŋər² 姨织布叻么要去噢？　——织布叻/要去噢。

这一结构是（十）结构"着叻"的省略。答语是"X叻"，或"Y噢"。

总结以上结构类型，为了便于对比，列表 17-1 如下。

表 17-1　选择问句的结构类型

结构形式	选答语	时态	助词、语气词
X＋么＋Y	X，或 Y	已然态、未然态	么
X＋也＋么＋Y＋也	X 也，或 Y 也	未然态	么、也
X＋哩＋么＋Y＋哩	X 哩，或 Y 哩	未然态	么、哩
X＋叻＋么＋Y＋叻	X 叻，或 Y 叻	未然态	么、叻
X＋噢＋么＋Y＋噢	X 噢，或 Y 噢	已然态	么、噢
X＋着叻＋么＋Y＋着叻	X 着叻，或 Y 着叻	已然态、未然态	么、着叻
X＋来来＋么＋Y＋来来	X 来来，或 Y 来来	经历态	么、来来
X＋噢＋么＋Y＋着叻	X 噢，或 Y 着叻	前已然态，后持续态	么、噢、着叻
X＋噢＋么＋Y＋叻	X 噢，或 Y 叻	前已然态，后持续态	么、噢、叻
X＋着叻＋么＋Y＋噢	X 着叻，或 Y 噢	前持续态，后已然态	么、着叻、噢
X＋叻＋么＋Y＋噢	X 叻，或 Y 噢	前持续态，后已然态	么、叻、噢

以上是用语气词来表达选择问的，绥德方言有时也用连词表达选择问，下面是用连词与反义形容词连用形式表达的选择问句，以及他选问句。

（十二）是＋X＋是/还是/也是＋Y

"也是"在绥德方言的选择问句中意义及功能与"还是"相同。例如：

(34)你看着(tʂ‘ə)的是这个，是/还是/也是那个？——这个/那个。

(35)是人家不给，还是/也是你不要？——人家不给/我不要。

(36)你是要肥的，是瘦的？——肥的/瘦的。

（十三）X＋Y＋叻

这一结构的选择问与（一）结构句中省略"么"不同，这里不是"么"的省略，而是原本不需要"么"。X、Y只限于两个意义相反的单音节形容词如"大小"、"好坏"等，两个词连用后，句末加上语气词"叻"就构成选择问。答语比较灵活，可以是"X叻"，或"不X"，也可以是"X着叻"，或"Y着叻"，还可以是其他形式。这一形式，北京话一般是要加"还是"的。例如：

(37)西瓜大小叻？——大噫/小噫｜大叻/小着叻。

(38)你看这布歪好叻？——好着叻/不好/一般/凑合/满不行行。

(39)饭生熟叻？——生着叻/熟噫/差不多噫/快噫/真没叻/早着叻。

(40)给人家的衣裳新烂叻？——新着叻/烂噫。

这类选择问句的形容词是个封闭类，主要是大小、长短、高低、薄厚、深浅、宽窄、粗细、远近、轻重、多少、稠稀、密筛、紧松、软硬、迟早、快慢、贵贱、歪好、瞎好、甜淡咸、新烂、新旧、干湿、明暗、冷热、老小、老嫩、丑俊、胖瘦、肥瘦、忙闲、生熟。方、圆等词则没有这种功能。这类词之外的单音节和多音节形容词如果表示选择问，一般用反复问等形式进行。

这类"X＋Y"结构的选择问句也可以加语气词"噫、叻"表示疑问，但是句子的结构与上有所不同："X叻/噫Y叻/噫？"例如：

(41)这羊二百一买的，你看贵叻/噫贱叻/噫？

(42)离北京远噫，那西安远叻/噫近叻/噫？

(43)你看菜甜淡噫咸噫？

（十四）X＋Y＋要不哩/不哩/再不哩＋Z

这一结构表示二选一之外也可以有第三种选择，即可以选择X、Y之外的Z。选择Z时，分句的开头用"要不哩、不哩、再不哩"来引出Z。这几个词语含有否则的意思，表示退一步的选择，它们原本是用以表示假设关系的。例如：

(44)你去，我去，要不哩咱都覅去？

(45)明儿说，后儿说，不哩咱不说噫？

(46)你来开，我来开，再不哩一人一半？

反义形容词"X＋Y"结构选择问句在魏晋南北朝时期出现了，其后代代相沿，直至元明时代。例如：

(47)又曰："士马多少？"(《宋书》卷59《张畅传》)

(48)马师曰："汝见柴橛大小？"对曰："勿量大。"(《祖堂集》卷4)

(49)京里吃食贵贱？(《老乞大》)①

到了现代，北京话中消失。从目前的报道材料看，晋语中还大量存在。如山西山阴方言就比较突出，此外，大同、隰县、中阳、右玉、忻州、朔州也有这种现象存在(郭利霞2009)。这里转引几例如下：

(50)这儿离张庄远近哩？

(51)那人胖瘦哩？(以上山阴)

(52)他个儿高低？

(53)面和得软硬？(以上大同)

二、助词、语气词

绥德方言选择问句除了依靠句子的结构形式和语气来表达，还通过助词、语气词"也 ia、么 ma/ mə、呦、哩、嗫、着呦、来、来来"等来帮助实现询问，以此明确时态、体貌等。偶尔也用关联词"是、也是、还是、要不哩、不哩、再不哩"来表达，但是使用频率相对较低。

第三节　反复问

就结构形式上看，北京话典型的反复问句结构是"VP/AP＋不/没＋VP/AP"，绥德方言也有这一结构。例如："你每夜儿给人家说没说？""那里价热不热？"但是更多的是这一结构的变式"VP/AP＋不/没"，还有添加一些语气词、助词而成的结构。总体上说，绥德方言的反复问句与北京话不同的地方在于，一是结构形式不同，二是所用语气词不同，三是否定词有所不同。特别是由禁止之词而来的"覅"(本义为不要、别的意思)构成的反复问句，是北京话和许多方言所没有的一种语法现象。

一、结构形式

从否定词的不同可以分为"不"字式、"覅"字式和"没"字式三类。其中"不"字式和"覅"字式在用法上较为一致。反复问句在询问时，可以不带语气词，也可以带语气词。这三类内部又分为不同的类，有的是结构

---

① 以上三例转引自郭利霞(2009)，特此说明。

不同形成的，有的是语气词不同形成的。

（一）"不"字式

由"不"字构成的反复问句，是针对未然态的询问，询问的动作行为尚未发生或性质状态尚未变化。

1. VP/AP＋也/叻＋不？

（1）你吃也不？——吃也/叻。——不吃。

（2）你吃叻不？——吃叻/不吃。

（3）天冷也不？——冷也/叻。——不冷。

（4）天冷叻不？——冷叻/不冷。

这一结构用"也"询问，可以用"也"和"叻"回答，如例（1）、（3）。用"叻"询问，则只能用"叻"回答，不能用"也"来回答，只能是已然，如例（2）、（4）。在动词疑问句中，用"也"、"叻"的句子有的实际上是有歧义的，如表示抽烟的意思"吃"：一是问将然，表示将要吃（抽）；一是问已然，表示有无吃（抽）的习惯。这一结构的形容词疑问句则无歧义。

2. VP/AP＋也/叻＋不＋么

（5）你吃也不么？——吃也/叻。——不吃。

（6）你吃叻不么？——吃叻/不吃。

（7）那里热也不么？——热叻/不热。

（8）那里热叻不么？——热叻/不热。

这一结构是上一结构句末加语气词"么"的变化，询问的语气较强。如果是形容词作为谓语，否定的回答，句末的语气词不能用"叻"。

3. VP/AP＋不

（9）你吃不？——吃叻/不吃。

（10）你割的肉肥不？——肥（着）叻/不肥。

这一结构中没有语气词，表达一般询问语气，是最常见的询问形式。

4. VP/AP＋不＋VP/AP

（11）你吃不吃？——吃叻/不吃。

（12）枣儿稠不稠？——稠（着）叻/不稠。

这一结构使用得不是很多，使用时有强调的语气在内。

5. VP/AP＋也/叻/么＋是＋不＋VP/AP＋么

（13）你会也（么）是不会么？——会叻/不会。

（14）你会叻（么）是不会么？——会叻/不会。

（15）你会么是不会么？——会叻/不会。

（16）水热也是不热么？——热叻/不热。

(17)水热叻是不热么？——热叻/不热。

(18)水热叻么是不热么？——热叻/不热。

这一结构除了使用语气词"也/叻/么"外，还使用了"是"，"是"在句中有加强选择询问语气词的作用。下面结构中使用"是"的结构都有这样的作用。

6. VP/AP＋叻/么＋是＋不＋VP/AP＋嘞

(19)你吃叻（么）是不吃嘞？——吃叻/不吃嘞。

(20)你要么是不要嘞？——要叻/不要嘞。

(21)水瓮满着叻是不满嘞？——满着叻/不满嘞。

这一结构除了使用"是"外，句末还有语气词"嘞"，蕴含对已然态的询问语气，即吃、要的行为或满的性状已经存在过。

7. VP/AP＋也/叻/么＋是＋不＋VP/AP

(22)你吃也（么）是不吃？——吃也/不吃。

(23)你吃叻（么）是不吃？——吃叻/不吃。

(24)夜黑地_{夜晚}雨大么是不大？——大叻/不大。

这一结构是上面5或6结构的变化。与5结构比较，句末没有语气词"么"，所以强调的语气减弱，与6结构比较，句末没有语气词"嘞"，所以句子在语气上没有了已然态的询问。

8. VP/AP＋也/叻＋是＋不

(25)你吃也是不？——吃叻/不吃。

(26)你吃叻是不？——吃叻/不吃。

(27)题难叻是不？——难叻/不难。

这一结构中"也"的使用情况比较有趣，它可以属前，也可以属后。如果是属前，其后就要有语气停顿，询问语气中还有征询、商量的意思在内；如果是属后，即读成"也是"，语音在 VP/AP 后停顿，句意上含有强调作用。如例(25)如果"也"是属前，询问语气中还有征询是否"吃"的意思在内，如果"也"是属后，在"吃"后语音有停顿，句子含有强调是否"吃"的意味。相比较，"叻"则无此现象，只能属前，这与"也"的来历有关。

9. VP＋也/叻/嘞/么＋是＋咋个

(28)走也（么）是咋个？——走也/不走嘞。

(29)走叻（么）是咋个？——走叻/不走嘞。

(30)走嘞（么）是咋个？——走嘞/没走哩。

这一结构的语气词使用"也"的话，也可以用"不＋VP＋也＋是＋咋个"形式，其结果是一致的。句末用"咋个"有加重询问语气的作用。例

(28)与"不走也是咋个"的询问结果是一样的。句中语气词如果使用"叻",则无此动词否定式的询问形式。说明句式结构来源不同。

10. 得＋VP/AP＋不得(＋VP/AP)

(31)得来不得(来)？——得(来)叻/不得(来)。

(32)得高不得(高)？——得(高)叻/不得(高)。

(33)得小不得(小)？——得(小)叻/不得(小)。

这一结构中的"得"是能愿动词，能的意思，句子的意思是能否如何。"得"有时也可以说成"能"。

11. VP/AP(＋着)＋不＋嘹

(34)娃娃哭着不嘹？——哭着叻/不(哭)嘹。

(35)你家媳妇子恼着不嘹？——恼着叻/不(恼)嘹。

(36)街上唱戏着不嘹？——唱着叻/不(唱)嘹。

(37)娃娃尿床不嘹？——尿叻/不(尿)嘹。

(38)炕热不嘹？——热着叻/不(热)嘹。

这一结构询问从前的动作行为、事件或状态是否仍然在继续进行或持续，句子有预设意义，询问者已知某种行为或状态将要发生或出现变化，"嘹"是时制助词兼语气词。例(34)的意思是哭的行为是否仍然在继续，预设了询问者已经知道哭的事实。例(38)的意思是炕是否仍然保持热的性状，预设询问者知道热的事实。

动词带宾语是反复问句的重要因素之一。这里就此专门说明一下。绥德方言反复问句带宾语的形式有"V＋O＋不/没＋V"结构，如"吃烟不吃？""有茶没？"还有"V＋不/没＋V＋O"结构，如"家里栽不栽红薯？""你塌欠不塌账？""喂不喂狗？"其中，第一种结构比较常见，第二种结构使用频率没有第一种结构高。

12. VP＋了(ᵇlio²¹³)＋叻＋不

(39)搬了叻不？——搬了叻/搬不了。

(40)做了叻不？——做了叻/做不了。

这一结构中的"了"是补语，表示 VP 能否完成的询问。

以上所举例子的 VP、AP 为单光杆儿动词、形容词，其实动词还可以是动宾短语、动补短语、状中短语。例如："你吃苹果也不？""你考过北京没么？""你吃饱嘹没？""你会开也不会开？"

(二)"嫑"字式

"嫑"是禁止之词，是"不要"的合音词，犹北京话的"别"，绥德方言中不用"别"来表达禁止之意。由"嫑"构成的反复问句在陕北晋语中是较为特殊的一种现象，目前在山西晋语及其他地区晋语研究的论著中尚未见到这方面的报道，因此，对此值得考察。"覅"字式反复问句中，如果使用了语气词，则表达的语气与"不"字式问句一致，所以以下的描写中一般不再作说明了。

1．VP＋覅

(41)我说覅？

(42)咱每要覅？

这一结构是"覅"字式使用频率最高的句式之一，其余结构是在此基础上进行增加成分而来。

2．VP＋也/么＋覅

(43)你说咱吃也/么覅？——吃么/覅吃。

(44)叫那些回去也/么覅？——叫回去么/覅叫回去。

这一结构的肯定回答，不论是用语气词"也"询问，还是用"么"询问，都用"么"回答，不能用"也"回答。

3．VP＋哩(么)＋覅(＋VP)

(45)把钱儿给哩(么)覅(给)？——给哩(么)/覅给。

(46)门锁哩(么)覅(锁)？——锁哩(么)/覅锁。

这一结构中有动态助词"哩"的出现，用于询问动作行为是否将要发生或进行，而由"不"构成的反复问句中没有这一功能。

4．VP＋覅＋VP

(47)你说我要覅要？——要叻/么/覅要。

(48)借覅借？——借叻/么/覅借。

这一结构是"VP＋覅"结构的完全式，是下面几种结构的基本形式，它们可以看作是这一结构增加成分而来。

5．VP＋叻(么)＋覅＋VP

(49)行李带叻(么)覅带？——带叻(么)/覅带。

(50)放水叻(么)覅放？——放叻(么)/覅放。

6．VP＋也＋么＋覅＋VP

(51)拿也么覅拿？——拿么/覅拿。

(52)说也么覅说？——说么/覅说。

7．VP＋也＋是＋覅＋VP

(53)这回打也是覅打？——打叻么/覅打。

(54)报上个名也是覅报？——报了么/覅报。

8．VP＋叻＋也＋是＋覅＋VP＋嘅

(55)叫人叻也是覅叫嘅？——叫叻么/覅叫嘅。

(56)唱叻也是嫑唱喽？——唱叻么/嫑唱喽。

这一结构中，VP 如果是动宾短语，在问句否定部分的"嫑 VP"中，宾语一般省略了，如例(55)中的"人"。"嫑"字式疑问句同(一)之 11 结构一样，句中用"喽"，也是有预设意义的，即询问时知道动作行为已经发生，如例(56)"唱"的行为已经发生。

比较以上(一)与以下(三)，可以看出，来自禁止之词的"嫑"已经不再是单纯的"不要"合音了，即不完全是禁止之词，而是有了一定的语法化变化，用法接近"不"，但是语法化程度没有"不"那么高。如在语法功能上，"嫑"不能带宾语，只能作状语，说明它已经不再是单纯的"不要"的合音问题了，"要"的动词意义虚化了(参见副词一章"嫑")。在读音上也能看出"嫑"与"不"有一定的区别。作为单纯的合音词，"不要"可以读成 puo^{52}(此音仅限于城区名州镇)，也可以读成 pio^{52}，但是在反复问句中，则一般读后一读音，不读前一音。要之，"嫑"还没有完全像"不"那样彻底语法化，禁止的意义在语感上多少还是存在一点，也就是说，"嫑"正处于发展演变过程中，语法功能已经改变了，词汇意义尚未消失殆尽。

由"嫑"与"不"构成的疑问句彼此间有突出的差别存在。从时间关系上看，"嫑"字式疑问句，主要用于未然态的询问，"不"字式疑问句则比较自由。从语气词的搭配使用上看，"嫑"字式疑问句，主要使用涉及未然态的语气词，"不"字式疑问句则比较自由。从谓词的使用上看，"嫑"字式疑问句仅限于动词，不能用形容词，"不"字式疑问句则皆可。

(三)"没"字式

"没"字式疑问句主要用于已然事件的询问。

1. VP/AP＋喽＋没(＋VP/AP)

(57)你吃喽没(吃)？——吃喽/没(吃哩)。

(58)水凉喽没(凉)？——凉喽/没(凉哩)。

这一结构中的"喽"是语气词，用于询问动作行为的完成或性状的发展变化。

2. VP/AP＋来＋喽＋没(＋VP/AP)

(59)年时过年回去来喽没？——回去来喽/没(回去)。

(60)天冷来喽没？——冷来喽/没(冷)。

这一结构中的"来"是过去时助词，所以所询问的问题是过去发生的事情。例(60)表示天气曾经冷过或者没有冷过。这样的疑问，表明询问时是不冷的。

3. VP/AP＋来＋喽＋没(＋VP/AP)＋么

(61)你吃来喽没么？——吃来喽/没(吃/么)/没吃么。

(62)天气晴来喽没么? ——晴来喽/没(晴/么)/没晴么。

这一结构是在上一结构"VP/AP＋来＋没(＋VP/AP)"句末加上语气词"么"的变化。加"么"有加强疑问语气的作用。如果是形容词作谓语,句末的语气词不能是"叻"。

4. VP/AP＋喽＋没(＋VP/AP)＋么

(63)学会喽没么? ——学会喽/没(学会)么。

(64)门坏喽没么? ——坏喽/没(坏)么。

这一结构是"VP/AP＋喽＋没(＋VP/AP)"的句末加上语气词"么"的变化,同样具有加强疑问语气的作用。

5. VP/AP＋没＋VP/AP

(65)你给没给? ——给喽/没(给哩/给)。

(66)你的衣裳湿没湿? ——湿喽/没(湿哩/湿)。

如果不考虑历史发展的状况,就绥德方言现有的"没"字问句诸种形式而言,这一结构是一个完整结构的"没"字问句。以下三种结构可以看成是这一结构增加一些成分的变化。

6. VP/AP＋喽＋是＋没＋VP/AP

(67)你吃喽是没吃? ——吃喽/没吃(哩)。

(68)你每好喽是没好? ——好喽/没好(哩)。

7. VP/AP＋喽＋么＋是＋没＋VP/AP＋么

(69)你会喽么是没会么? ——会喽/没会么。

(70)水热喽么是没热么? ——热喽/没热么。

8. VP/AP＋喽＋么＋是＋没＋VP/AP＋哩

(71)那吃喽么是没吃哩? ——吃喽/没吃(哩)。

(72)馍馍冷喽么是没冷哩? ——冷喽/没冷(哩)。

9. VP＋叻(＋么)＋没＋叻

(73)我每饭便宜喽,你每吃叻没叻? ——吃叻/没叻。

(74)车走叻没叻? ——走叻/没叻。

这一结构可以看成是省略了1之类结构的后一VP而来的,但与以上其他结构有所不同,表现在两个方面:第一,在时间关系上,它用于表达对未然事件的询问,不能表达已然事件的询问,与"不"的性质大致相同;第二,使用的范围小,仅限于动作行为的询问,不能询问性状的发展演变。在句中使用"么",有加强语气的作用。"叻"为语气词,如北京话的"呢"。

以上所举例子的VP、AP主要是单光杆儿动词、形容词。其实,动词还可以是动宾短语、动补短语、状中短语。例如："你吃苹果也不?""你去过北京没么?""你吃饱嘹没?""你会开车也不会开?"在问句中用"是"有强调语气的作用;如果有后一 VP、AP 出现,也有强调疑问语气的作用。

　　另外,这里值得一提的是,能愿动词"得"表示能够,它进入反复问句显得较为特殊。例如:

　　(75)你得来叻不? ——得来叻/不得来。

　　(76)个子得高不得高嘹? ——得高叻/不得高嘹。

二、语气词

　　从上看出,绥德方言反复问句中语气词有"也、叻、么、嘹"四个和动态助词"哩"一个,句末有"么、嘹"两个。反复问句中语气词的不同,决定于否定词,不同的否定词需要不同的语气词来搭配。不带语气词,表达询问的语气平淡,是一般情况下的询问,带了语气词,则因语气词的不同而有所不同。

　　"嘹"用于"覅"、"没"的问句中,不与"不"共现,因为"嘹"是表示动作行为的完成。"没"否定的动作行为具有客观性,主要用于过去和现在,不用于将来,是对已然态的询问,不与"叻"、"也"同现。"不"询问的动作行为具有主观性,可用于过去、现在和将来,是对未然态的询问。"覅"是表示禁止的副词,主要用于未然,不能用于过去、现在,询问时带有明显征询、商量的语气在内。

　　"也 ia"一般询问将要发生的或将要进行的事情,在反复问句中有舒缓、征询、商量语气的作用。"叻"在反复问句中有加强语气的作用,含有催促的意思,疑问的语气更为直截了当。两个词在使用过程中除了有一定的分工,它们构成的问句有历史早晚的区别。"也"字句产生的时代在前,历史更为悠久,"叻"字句时代在后。有时"也"与"叻"在句中可以连用,如例(1)也可以说成"你吃也叻不吃"。"也"与"叻"的区别还在于"叻"可用以询问习惯、嗜好,而"也"则不能。例如:"你吃烟吸烟叻不?"可以指将要抽烟这一行为的进行,也可以指有无抽烟的嗜好,"也"则只有前者一种含义。"在书面作品中,'VP₁也 VP₂'到清代已逐渐少见,在现代汉语中则消失了。但是现代某些方言中却存在以'呀、啊、哪'代'也'的同样的句式。"①就绥德方言看,还继续使用"也",方言中的"呀"有的就是

---

　　① 吴慧颖:《"VP₁也 VP₂"和"VP₁也怎的"——关于近代汉语中的两种选择问句》,《古汉语研究》1990 年第 2 期。

"也"。"啊"的性质邵敬敏等(2010：238)认为是选择标记："'啊'是由语气词发展而来的选择标记，当'啊'附着在选择前项，前、后项之间有语音停顿时，主要起语气词的作用，后项通常要有一个呼应的成分，……'啊'用在选择项之间，而又无语音停顿，则起选择连词的作用，成为一个典型的选择标记。"如果按照邵先生等的分析，绥德方言的"也"与"啊"具有相同的性质，也起选择标记作用。

语气词"叻"，表示询问的语气比没有语气词的反复问句有所加强。

语气词"么"表达疑问语气比"叻"更为强烈，另有一定的督促、埋怨以及加重反问语气在内。"叻"、"也"与"么"也可以连用为"叻么"、"也么"。

与"也"、"么"比较，"哩"在反复问句中使用的范围比较狭窄，仅限于"要"字式反复问句中，"不"、"没"两个类型中不用。

三、"不、没"的性质

对于陕北晋语中"不、没"后边没有动词、形容词或语气词这类反复问句，即句尾是"不、没"的反复问句，有学者分析陕北晋语时，将其归入是非问句，主要根据是"不、没"已经不再是否定副词，而是具有语气词性质的作用。"从语义功能考察，我们发现'VP-Neg?'式问句的问话和答语跟普通话的是非问句基本对应，其句尾的'不'、'没'语义已经虚化，跟普通话的'吗'字作用相当。"(邵敬敏等 2010：158)我们以为这样的看法尚有讨论的余地，其理由如下，以绥德方言为例。

首先，省略"不、没"后边的成分，不等于"不、没"的性质改变，不一定就"说明它已开始虚化、弱化了，已经不是典型的否定副词了"，它们应当仍然是否定副词。认为省略掉"不、没"后，"其意义完全相同"，实际上意思是有区别的。就其所举例子"你吃饭也不"与"你吃饭也"来分析。前者是对未然事件的询问，即对"吃饭"与"不吃饭"两种结果没有任何的主观判断和倾向性的询问；后者只是对"吃饭"这一行为的询问，而且对"吃饭"的动作行为有了较大程度上的主观肯定，也就是有了明显的倾向性，但是却没有对否定行为作出询问。再如"车开走嘹没"与"车开走了吗"。前者是对"开走"与"没开走"的两种结果的询问；后者是典型的北京话，在典型的陕北晋语中是不说的，典型的陕北晋语不说"吗"，"了"应该说成如前者中的"嘹"，亦即陕北晋语应该说"车开走嘹?"所以，前者是反复问，后者是是非问。

其次，陕北晋语中，在"VP＋也＋不"后还可以出现语气词"嘹"、"么"，例如："今儿匠人吃饭不嘹/么?"其句子的意思是对"吃饭"与"不吃饭"的询问。这里有了一个语气词"嘹"、"么",或"嘹么",如果再将"不"、"没"理解为类似"吗"的词,是不是合适呢?刘坚等(1992:236)认为汉语史中的"'不耶、不乎'连用,更可以看出'不'的称代性,即'不'称代'不VP','耶、乎'表示疑问语气。"陕北晋语句末有语气词的使用,也可以按此理解。另外,在汉语史疑问句的讨论中,确定"不"是否为语气副词,一般是将"不"放在句法语义框架内,即如果句子中有了疑问副词"颇(叵)、宁"、否定副词"不、未"、反诘副词"岂、讵"等词,那么,否定词"不"因为汉语语义选择规则的条件限制不允许进入句子中,从而导致其虚化,"丧失称代性否定的功能,虚化成疑问语气词,其功能在于帮助表达句子的疑问语气。"(吴福祥 1997)有人认为这一检验的框架并不能全部成立,[①] 这里姑且不论。而从陕北晋语的反复问句来看,句子中并没有阻止"不、没"进入的副词"宁"、"不"、"岂"之类词语的存在,也就是没有语义冲突的框架问题的存在,所以难以将"不、没"确定为语气词。

再次,"不"与"没"的区别从其后接续的动词、形容词的使用上也可以看出。"不"(包括"薅")字句式中的动词可以是自主动词,也可以是非自主动词,还可以是形容词,比较自由;而"没"字句式中的动词使用不太自由,主要是非自主动词,形容词则不能用。例如,可以说"那来不?""你不会?""长得俊不俊?""题难不?"却不能说"*你会没会?""*长得俊没俊?""*题难没?""来"是自主动词,"会"是非自主动词,"俊、难"是形容词。这体现了"不"与"没"的区别,前者具有主观性,后者具有客观性。如果说"不"为语气词尚有一点根据的话,那么,作为禁止之词的"薅",无论如何难以说得过去。

最后,就汉语发展的历史来说,语气词"吗"可能是来自"不"、"没",但是陕北晋语的"不"、"没"还没有虚化到"吗"那样的地步,因为如上所述,去掉"不"、"没"后句意是有区别的。换句话说,这不是虚化的不彻底的问题,"虚化的不彻底"是说已经虚化了,而陕北晋语还在表达实在的意义,即表达否定的意义,如果说与"吗"有点儿关系的话,仅仅是一个形式上的类似。这诚如作者所分析的那样:"首先,'不'和'没'还可以分清楚;其次,否定词后面可以补出 VP 来;再次,否定的语义还残留着;最后,……陕北方言却不能问'你北京人不?'"因此,所谓的"正反是非问"也就无从谈起。

---

① 遇笑容:《〈撰集百缘经〉语法研究》,北京,商务印书馆,2010,第 103 页。

四、历史来源考察

绥德方言的反复问句，有的结构产生时代较早，在上古汉语中就出现了，以下例子可资比较。[①] 例如：

（一）VP/AP＋不

（77）曰："齐多知，而解此环不？"（《战国策·齐策》）

（78）若与余肉，汝能食不？（北魏·慧觉等译《贤愚经》卷1）

（79）前者既言不堪，此园堪住已不？（敦煌变文《降魔变文》）

（二）VP/AP＋也＋不＋VP/AP

（80）从城排一大阵，识也不识？（敦煌变文《韩擒虎话本》）

（81）遮銮驾却是应也不应？怖民人却是惊也不惊？（元刊本杂剧《七里滩》3 折）

（82）你下边有猫儿也没有？（明·兰陵笑笑生《金瓶梅词话》19 回）

（83）看是也不是？（明·兰陵笑笑生《金瓶梅词话》61 回）

（三）VP/AP＋不＋VP/AP

（84）相忆今如此，相思深不深？（唐·王维《赠裴迪》）

（85）这个是阿谁不是？（敦煌变文《舜子变》）

（86）这雨大不大？（元杂剧《魔合罗》1 折）

（87）知他和尚在也不在？（明·兰陵笑笑生《金瓶梅词话》42 回）

（四）VP/AP＋怎摩/怎的

（88）是你诸人，患颠那怎摩？（五代·静、筠《祖堂集》卷 16）

（89）尸首实葬了那怎的？（《朴通事谚解》）

（90）交与呵怎生？（蔡美彪《元代白话碑集录》）

通过观察，相互比较，绥德方言反复问句的有些结构与上面的这些例子完全一致，如（一）－（三）结构，绥德方言完全继承了下来，并且在此基础上又有所发展，如绥德方言的"VP＋也/叻/嚜/么＋是＋咋个"是在（四）的基础上发展而来的。发展变化除了表现在结构上，即结构上比古代文献要复杂了一些，在语气词的使用方面也有不同的体现。换句话说，既有继承，又有发展。

---

① 　以下所举例子有几例转引自蒋绍愚、曹广顺：《近代汉语语法史研究概述》，北京，商务印书馆，2005；张美兰：《〈祖堂集〉语法研究》，北京，商务印书馆，2003。

第十八章 复句关系表达与虚拟范畴

复句是表达结构比较复杂、内容比较丰富的句子。复句的研究主要是语义关系和表达形式两部分内容。现代汉语复句的表达方式有二：一是使用一些标记性质的词语，一是无标记形式，即所谓意合法。不论在北京话的口语中，还是在方言中，无标记复句的使用频率要远远高于有标记复句的使用频率，但是作为复句语义关系的研究，有标记的复句关系研究意义更大。有标记的形式又分为四类：一是分句中加连词，二是分句末用助词或语气词，三是分句中使用副词、动词等实词，四是超词形式，即短语或跨语法单位的组合（北京话如"不但不"、"如果说"、"若不是"等）。这四类有时互相搭配使用，彼此并非完全独立，特别是语气词，经常和连词、副词、动词等前后呼应，加强不同关系和语气的表达。绥德方言的复句类型与北京话一致，但是在关联词语的使用上却大不相同，存在着较大的差异。彼此最为明显的差异是，绥德方言没有北京话那么多的连词充当关联词，所以通过动词、助词、语气词来弥补不足。当然，动词是否可以看作是关联词语，还需要讨论，但是在复句关系的表达上，它们起码起到了一定的作用。

复句的语义关系深深隐藏在句子内部的，是非显性的语言现象。复句语义关系的体现有有标记和无标记之分。有标记就会使隐含关系得到显性体现，无标记则需要通过语境等手段来确定，如果离开一定的语境，就会有不同的分析结果。有形式标记，则便于确认与分析，没有标记，则关系就较难认定。复句语义关系间经常有重叠、交叉关系存在（如"如果……就"，既有假设关系，还有因果关系），因此，对此进行全面系统研究有较大的难度。对于方言的复句研究来说，由于在形式上与北京话有较大差异，即用不同的形式标记，而且许多形式标记尚未被发掘，研究的难度则更大，这也是方言复句研究成果较少的原因之一。换句话说，从现有研究状况看，方言复句需要加强调查研究，方言复句的深入调查研究可以体现汉语复句整体表达的复杂性和丰富性。

复句的分类目前有二分与三分两种方式。如何进行分类，或者说哪种分类更为合理，应当"从关系出发，用标志控制"（邢福义 2001：8）。根据这一认识，复句分为并列类关系、因果类关系和转折类关系三大类更为合适。这是相对彻底的分类法，不留死角，没有遗漏。如果按照二分法，有的关系则不能归入其中，如北京话的"否则"类词表达的关系，绥德方言表示否则意义的"不哩"、"不喳"、"不动"类构成的复句关系，就无法归纳到任何一类复句之中。

邢福义（1987：200－201）对三大类复句的解释是这样的。并列类复句指在关系上是种种合取并列和情况不同的析取并列的聚合，其聚合点是事物与事物之间的并列性。因果类复句指在语义关系上是种种实言因果和种种假言因果的聚合，其聚合点是事物间乙由甲而导出的因果性。转折类复句指在语义关系上是种种直截了当的转折和种种假言否定性转折的聚合，其聚合点是事物间的逆转性，或者说是事物间的矛盾对立。本书采用邢先生的三分法，对绥德方言有形式标记的复句关系表达进行描写与分析。

语气与虚拟范畴的表达有时与复句关系的表达是紧密相关的，所以本章在讨论复句关系的表达之后，也对绥德方言中的语气与虚拟范畴问题做些简要的描写与分析。因为两者是相关的，所以在内容的表达上有重复之处。

第一节　并列类复句

一、并列复句

并列复句就是分句间有平列并举关系的复句。代表性的形式标志是"既……又"。绥德方言的并列复句，一般不用关联词语，通过分句直接表达。有时也用。有的通过一些词语的对举形式来体现，这些词语类似关联词语，如"一阵儿"，它的本义是动作或情形继续的一段时间，但是在表示并列关系时已无表达时间的意义了。常用的关联词语有：

a. 又……又、有时……有时、又、还。

b. 也……也、啊……啊、就……就、就里儿……就里儿、判……判、旋……旋、戚给阵儿_{一会儿}……戚给阵儿、混戚着_{突然间}……混戚着、混中_{突然间}……混中、一阵儿……一阵儿、夹……夹、着。

a组同北京话，b组是绥德方言使用的关联词语。我们只讨论b类，下文同。

（一）"也……也"类、"就……就"类

这组复句包括"也……也"、"啊……啊"、"就……就"、"就里儿……

就里儿",它们所表达的意思同北京话的"一边……一边"。"啊……啊"中的"啊(a^{33})"是"也……也"的"也(ia^{33})"读音弱化结果,而且"啊"还会进一步弱化,弱化后变为非音素成分,其读音保留于前字,即将第一个 V 的韵母延长大致半个音节的时长,其形式也就变成了"V+V"结构。"V+V"结构并列复句,有人觉得只用以表示不满或责怪的语气,其实在语气上并非限于这一类型,如果表示不满或责怪的语气,实际上是句中别的成分所体现出来的。例如:

(1)后生每,你每咂走也走,说也说_{年轻人们,你们呢一边走,一边说}。

(2)你每咂做啊做,吃啊吃_{你们呢边做边吃}。

(3)念书表扬表扬叻,批评批评叻_{念书表扬也要表扬呢,批评也要批评呢}。

(4)各自的娃娃打打叻,亲亲叻_{自己的孩子大也要打呢,亲昵也要亲昵呢}。

(5)看把我忙死,就做饭,就拾掇家_{几乎把我忙死,边做饭,边收拾家}。

(6)你每就里儿学,就里儿做_{你们一边学,一边做}。

例(3)、(4)在绥德方言中不是动词重叠的问题,绥德方言没有典型的动词重叠表达相关语法意义的现象,因此句中的"表扬表扬"、"批评批评"、"打打"、"亲亲"不是动词的重叠,而是"表扬也/啊表扬"、"批评也/啊批评"、"打也/啊打"、"亲也/啊亲""也/啊"的弱化形式,在"也/啊"音节弱化后,它在前一个动词后还保留其存在的地位,即拖长前一个动词"扬"、"评"、"打"、"亲"音节的时长,大致为半个音节的长度,也就是这个音节说的时候时长要长到一个半音节。此外,例(3)、(4)这类结构的并列关系使用时,动词必须为对举,即"表扬"与"批评"、"打"与"亲"同时出现,否则,不能构成并列。

"V+V"结构表达并列关系的语法现象在西安方言中也存在(兰宾汉2011:316)。例如:"俩人说说儿,笑笑儿,没试着_{觉着}一后晌功夫就完咧。"相比较,西安方言的第二个动词要儿化,绥德方言不儿化。西安方言的意思是一会儿 V,一会儿 V,绥德方言并不限于此,使用的范围比西安方言要广。

(二)"判……判"类

这组包括"判"、"旋"、"戚给阵儿"、"混戚着"、"混中"、"一阵儿"等,它们的意思大致相当于北京话的"一会儿/一阵儿……一会儿/一阵儿"。例如:

(7)判说去叻,判喨又不去喽_{一会儿说去呢,一会儿呢又说不去了}。

(8)你每咂旋做着,也咂旋吃着_{你们呢边做边吃}。

(9)你看那戚给阵儿要这么个,戚给阵儿要那么个_{你看他一会儿要这样,}

一会儿要那样。

(10)混宬着喳恼嘅，混宬着喳又好嘅一阵儿呢不高兴，一阵儿呢又好了。

(11)那混中要叻，混中又不要嘅他猛然间要呢，猛然间又不要了。

(12)一阵儿价哭叻，一阵儿价笑叻一会儿哭呢，一会儿笑呢。

(三)着

用在两个不同动词之间，侧重表示两个动作行为同时进行。用“着”表示并列关系的句子，谓语仅限于少数动词，其他词类不能进入，因为“着”的动态性质还在起一定的作用，而且这一结构的句式是以紧缩复句的形式出现的。例如：

(13)咱吃着说咱们一边吃一边说。

(14)你每哂走着看你们呢一边走路，一边看。

(15)咱每个儿喝着拉沓咱们一边喝酒，一边商议(事情)。

这三例表示一边进行某一动作，同时又进行另一动作，咱们边吃边说、边走边看、边喝边说。北京话也有类似的结构，是为连动结构，不完全表达并列关系的，还表达动词与动词之间表示一种手段和目的(如“站着讲”)、表达动作正在进行中出现了动作(如“说着笑起来了”)(吕叔湘 1999：666)，而绥德方言完全是表达并列关系的，北京话类似的句式，绥德方言用别的词来表达(如“站下讲”、“说着喳/价笑起来嘅”)。

用“着”表达的并列关系，动词多是及物动词，但是宾语在句子中不能出现，如例(13)“吃”的宾语“饭”之类的词语、“说”的宾语“话”、“事”之类的词语，例(14)“看”的宾语某物，都不能出现，它们是交际双方彼此已知的，或者是常识性的内容，因此它们的省略在句意的表达上并不受到任何影响。

此外，绥德方言还用类似北京话“不是……而是”结构的“不是……是”。例如：“不是我不买，是那不卖。”“不是我要说叻，是那些逼得我说的。”此结构一般情况下先说否定，后说肯定，但是也可以相反，即“是……不是”。例如：“是那不卖，不是我不买。”这类结构的中心动词为同一个词，或者相关。

二、连贯复句

连贯复句是分句间有先后继承关系的复句。在时间上先后形成纵线序列，次序不能颠倒。代表性形式标志是“接着”。绥德方言连贯复句常用的关联词语有：先/以先/起先……罢哩/后来、将……就、等……就、投……就、一……就、罢哩、就哩儿、(哂)才等。例如：

（一）先/以先/起先……罢哩/后来、罢哩

这类句式"先"、"罢哩"连用，表示动作行为先后连贯进行，用"先"表示首先进行某一动作，或者之前进行某一动作。如果是曾经发生事件的叙述，在分句末经常用"着来喽"来提示曾经进行的某一行为。"罢"是完毕的意思，表示前一动作完毕，即"先"所修饰的动作行为进行完毕，"罢哩/后来"后边的动作行为是承接"先"发生的行为而进行，所以表达了连贯关系。与"先"意思类似的词语，还有"以读去声先"、"开头"、"开始"、"头前"，它们也可以出现在"先"的位置上。这一句式也可以不用"先"，就单用"罢哩"来表示。例如：

（16）我每先拉话着来喽，罢哩才串哩一阵儿我们先说话着呢，完毕了才逛了一阵。

（17）以先家里宬着来，罢哩去的北京一开始家里住着来着，这之后去了北京。

（18）起先吃饭，后来才喝的酒先吃饭，后来才喝了酒。

（19）头前耍着来喽，罢哩才做的作业前边玩来着，完毕才做了作业。

（二）将……就/就哩儿、一……就、就哩儿

该类句式表示前一动作行为刚刚完毕，紧接着就发生第二个行为或第二件事情。用"将"或"一"来强调两个行为之间的时间上紧密相连。有时也用"就哩儿"来表示。"就哩儿"是时间副词，随即、马上的意思，它所修饰的动作行为是相随前一事件立即进行或马上发生的。"将……就/就哩儿"、"就哩儿"只能用于曾然体，"一……就"可以用于曾然的事情，也可以用于未然的事情。例如：

（20）王梅将过哩河喽，山水就下来喽王梅刚过了河呢，山洪就流下来了。

（21）生活将停当哩，工钱就哩儿就给算喽活儿刚完毕，工钱随即就给结算了。

（22）我每一坐下啥，人家饭菜就端上来喽我们刚刚坐下呢，人家饭菜就端上来了。

（23）话还没说完，那狗儿的就哩儿早翻脸喽话还没有说完，那狗东西随即就翻脸了。

（24）你每头里走，我每就哩来喽你们前边走，我们随即就来了。

（三）等……就、投……就

"投"是等到的意思，用"投"来表示连贯关系，是谓等到前边所说的事情实现后，接着的事情如何。用"投"构成的连贯复句，后一分句多表达不如意、不希望出现的事情和结果却已经成为事实了，即在时间上已经晚了。

(25)等下哩雨再种去，保险就迟嘅等到下了雨再去播种，肯定晚了。

(26)投咱每去哩，人家早就走嘅等到咱们去了，人家早就走了。

用“投”表达连贯复句的现象，在近代汉语中已经出现了。

(四)咂

(27)学生每吃完，咂老师每吃的学生们吃完后，老师们才吃的。

(28)你每走哩，咂我每搬来嘅你们走了之后，我们才搬来着。

“咂 tsa[52]”表示某一事件是相承在另一事件之后，与北京话书面语用词“则”的用法类似。“则”属于曾摄德韵字，根据绥德方言语音演变规律，该韵部分字读入声，舒化字读-ə、-ie，阳平调，读音不符合，所以绥德方言的“咂”不大可能是“则”。“咂”的本字不详，也许是个合音词。

三、递进复句

递进复句是分句间有层递关系的复句。代表性形式标志是“不但……而且”。递进关系大致可以分为顺次递进和衬托递进两类。绥德方言常用的关联词语有：

a. 越……越、不光……也/连、除……还、本来……还、越、越发、还、连。

b. 嫑说……也/连/就是、慢是/慢说/满算/慢仗……也/还、早哩/早是……还、连/就连……嫑说/慢说、(再)嫑说、左来、总来。

(一)“嫑说……也”、“慢是……还”类、(再)嫑说、“慢说”类

(29)嫑说县上家解决不了，地区家也没那么个能力不要说县上的部门解决不了，地区部门也没有那样的能力解决。

(30)慢是女子不讲理，连娘的也就那么个尿样儿不要说是女子不讲理，连她的娘也就那个熊样。

(31)天王爷老子也不顶事，慢说你那本事嘅天王爷老子也不顶用，不要说你那本事了。

(32)慢说生人下后置词占强儿嘅，我每下那也就那么个不要说陌生人那里耍横了，就是在我们那里他也就那样。

(33)慢仗你嘅，你每领导也怕不行不要说你了，你们领导也怕不行。

(34)这题连老师也不会做，嫑说我每学生嘅这题就连老师也不会做，更不要说我们学生了。

“嫑说”、“慢说”一类表达的是衬托递进，前面分句内容表示否定，后面分句表示衬托，表达句意上更进一层。例(31)的结构与一般结构的例(28)、(29)次序相反，表衬托分句在前，表否定的分句在后。“嫑说”、

"慢说"类词语也可以独立使用，相对应的另外一个分句经常含有"V/A＋也＋V/A"的结构，"嫑说"的前边还可以用"再"加强衬托意义。例如：

（35）那场合把人怕也怕死噭，慢说动手打人噭_{那样的场合把人怕也怕死了，更不要说动手打人了。}

（36）看也看够噭还，慢仗吃噭_{看也看够了，更不要说吃了。}

（37）热也热死噭还价，慢算受苦噭_{热也热死了，更不要说劳动了。}

（38）天那么冷，冻也冻死噭还，再嫑说往高长噭_{天气那么冷，冻也冻死了，更不要说往高长了。}

（二）"早哩……还"类

（39）早哩恼噭，你还又逗那叻_{本来就不高兴了，你还又挑逗他呢。}

（40）早是钱儿撂噭，你还要笑那叻_{本来钱就丢了，你还嘲笑他呢？}

这类和下文（三）类都是一般递进关系。"早哩"、"早是"是本来就、本来是的意思，后一分句使用的"还"有反倒、更加、更要的意思，以此表达递进关系。

（三）"左来"类

（41）左来迟噭，你还那儿价搜甚叻_{总来时间晚了，你还在那里磨蹭什么呢？}

（42）总来不要咱每，宬下还等什么着叻_{总来不用咱们，待下来还等待什么呢。}

"左来"义同"总来"，是反正的意思。"左来"是"总来"的音变，"左"绥德方言读鼻音尾韵 tsəŋ²¹³，"总"读 tsuŋ²¹³，都是阴平上调。

四、选择复句

选择复句是分句间有选择关系的复句。代表性的形式标志是"或者……或者"。选择复句可以分为两类。

一是主观性选择，即随自己的意愿选择，也可以选择所说以外的情况。绥德方言常用的关联词语有：或/和拘……或/和拘、或/和管……或/和管、休管……休管。

二是强制性选择，是对所说情况必须选择其中之一。绥德方言常见关联词语有：

a. 不是……就是、要么……要么

b. 要哩……要哩、要不（哩）……要不（哩）

（一）"或拘……或拘"类

（43）毕哩业或拘到榆林，或拘到绥德，都能叻_{毕业后或者到榆林，或者到绥德，都可以。}

（44）黑地饭或管和_{去声}面，或管熬点米汤_{晚饭或者汤面，或者熬小米粥。}

(45)和拘钱儿，和拘东西，和拘说个话，你敢不能甚动静也没有的么或者钱，或者东西，或者说句话，你呢不能任何行为也没有的吧。

(46)和管你来，和管你兄弟来，谁也使上叻或者你来，或者你兄弟来，谁都可以。

"或管"、"和拘"本指随意，随便，作为关联词语时，是或者的意思。其中，"或管"是"和管"的音变。

（二）休管……休管

(47)你每休管揭贷叻，休管借叻，后儿一定要把钱儿拿来你们或者贷款呢，或者借呢，后天一定要把钱拿来。

(48)休管你，休管娃娃每，来个谁也能叻或者你，或者孩子们，来任何人都行呢。

"休管"是不论、不管、或者的意思。在表示选择关系时，一般要有后续句，表明选择最终的结果。

（三）要哩……要哩、要不（哩）……要不（哩）

(49)要哩听我的，要哩听那的，覅这么价稀泥抹光墙要么听我的，要么听他的，不要这样和稀泥。

(50)要不（哩）就好好儿价念，要不（哩）就回家种地去要么好好念书，要么就回家种地去！

第二节　因果类复句

一、因果复句

因果复句就是说明事物间的因果关系的复句。代表性的形式标志是"因为……所以"。绥德方言因果复句的关联词语没有北京话"因为……所以"那样典型的形式标志，也没有"既然、由于、惟其、是因为、是由于、因、因此、因而、以致、从而"这些词语的使用，所用的词语很少有连词，而是动词、副词和短语，这类词语主要有：闪得、闪戏、闪弄，敢是、敢、就敢……才、我说、我就说等。

（一）"闪得"类

"闪得"、"闪戏"、"闪弄"是表示以致、导致的意思，它们是动词，在句子中用于说明在某种原因下造成的结果。强调"闪得"类词语后边结果的出现，是因为受到前边事件的影响。这几个词语表达的是事实发生或者出现因果关系的说明，因此，都是已然事件的说明。一般用于表示不希望发生或出现的结果。例如：

(1)就那个婆婆的说上没了消，咂闪得我车也误嘞_{就她的婆婆说上没完没了，这就导致我把车也误了。}就她的婆婆说上没完没了，这就导致我把车也误了。

(2)你说来叻又不来，闪戏得人家等哩半老天_{你说来呢又不来，导致我等了大半天。}你说来呢又不来，导致我等了大半天。

(3)那家变卦嘞，闪弄得村里甚也没做成_{他们改变计划了，以致村里什么也没有做成。}他们改变计划了，以致村里什么也没有做成。

例子中结果是不希望出现的事情：误了车、浪费了时间、什么事情都没有做成。

(二)就敢……才、敢是、敢

这两个词用于说明因果关系时多出现在后一分句中，它们侧重于补充说明原因，是事后原因的陈述、追述。有时也可以放在前一分句，突显原因的表达。例如：

(4)不给你还钱儿，敢是我手里没有的么_{没有给你还钱，因为我手头没有的。}没有给你还钱，因为我手头没有的。

(5)上回你没挨头子，敢我给人家祷的好话_{上回你没有挨批评，因为我给人家说了好话。}上回你没有挨批评，因为我给人家说了好话。

(6)你哥家敢是穷么，咋价也要给帮叻_{你哥哥家因为穷困，所以无论如何要给予帮助。}你哥哥家因为穷困，所以无论如何要给予帮助。

(7)就敢你不给还么，我才新买的_{因为你不给还，我才新买的。}因为你不给还，我才新买的。

例(4)的"不给你还钱儿"是结果，"我手里没有的么"是说明原因的，例(6)"你哥家穷么"是说明原因的，"咋价也要给帮叻"是说明原因的。例(7)前一分句是说明原因，后一分句是说明结果。

(三)我说、我就说

"我说、我就说"在结构上属于主谓短语，但是意义已经虚化，"说"在此并不表达言语行为，而是表达一种主观上的认识，"我说、我就说"是一个话语标记，用于表达因果关系结果的确认，它们一般出现在后一分句中，也可以出现用在前一分句中。例如：

(8)我说咋价骑不动嘞，那些给弄坏嘞么_{我说怎么骑不动了，他们给弄坏了嘛。}我说怎么骑不动了，他们给弄坏了嘛。

(9)我就说你咋价不对劲儿，不舒在么_{我就说你怎么不对劲，身体不舒服嘛。}我就说你怎么不对劲，身体不舒服嘛。

(10)那出门去嘞噢，我说这向儿一满不见那_{他外出去了呢，我说这一段时间的确没有见到他。}他外出去了呢，我说这一段时间的确没有见到他。

例(8)、(9)前一分句是说明"骑不动"、"不对劲儿"这些结果的，后一分句"给弄坏"、"不舒在"表明原因。例(10)前一分句"出门去"说明原因，后一分句"不见那"说明结果。不论表示结果的分句在前，还是在后，都含有确认的语气。

二、推断复句

推断句就是以事实为根据推断事物之间的联系，注重理据性。代表性形式标志是"既然……就"。常见的关联词及相关词语主要有：既是/既然……动/动弹/动呔、连/就……还、那(呃)……。

（一）"既是……动"类、那(呃)……

这类句式主要用于具推论性的因果关系说明。前一分句末的"动/动弹/动呔"，在句中起提顿语气作用，后一分句中的"那/那呃"表示推论性结果。"动呔 t'ai²¹"是"动弹 t'æ²¹"的音变。例如：

（11）既是人家叫来动/动起/动弹/动呔，那呃肯定没问题既然人家叫来的话，那么肯定没有问题。

（12）既是敢揽这生意的话，那你心里保险有个底儿叻既是敢承揽这生意的话，那么你心里肯定有个底子了。

（13）你既然做动哩，那就给人家做得好好价你既然干的话，那么就给人家干得好好的。

这类结构中，表示因果部分的内容，有时也可以不用"既是/既然"，而直接用"那/那呃"表示推论性结果。例如在对话中当听了对方的话后可以说："那你不能去。""那我说的不对。""那呃敢太过分嘞么。"

（二）"连……还"类

这类句式也表达推论性因果关系，后一分句一般用反问或肯定的语气相接，表示推论的结果。"还"虚化为一个语气词了，在说话时要拖长一点儿，用在句末使得整个分句具有了对推论性事件认定的加强确认。例如：

（14）那连个蚂蚁儿也不敢往死抿还，敢杀个人他连个蚂蚁也不敢往死抿呢，怎么能杀个人？

（15）连鸡也没叫哩还，你起去做甚去叻连鸡也没有叫呢，你起来做什么呢？

（16）就做这么圪瘩生活也做不好还，有人要你才怪叻就干这点活儿也干不好呢，有人雇用你才怪事呢！

例（14）的"那连个蚂蚁儿也不敢往死抿还"是推断性的原因，"还"是对于不敢抿死蚂蚁事实的肯定，"敢杀个人"是反问语气的分句，意思即不敢杀人，这是推论性的结果。例（15）鸡没有叫，是表达推论性的原因，即时间很早，"你起去做甚去叻"也是用反问语气的分句，意思是不要起床，这是推论性的结果。

三、假设复句

假设复句是以假设为根据推断某种结果产生。代表性形式标志是"如果……就"。绥德方言常用的假设关联词语有：

a. 要是……的话，就、要不是……早就、再……也、万一……就、要、要是、的话。

b. 投……（动/动价/啥价/的话），也、要……（动/价/啥），早/就、要/要是……动/啥/价起、再/就……动/啥/价/、再……起、唯/唯是……动/价啥、动弹、动呔、动哩、动价、动起、起、起哩、哩、价、啥、啥价、价啥、啥敢、未时、未时价、未免价、话、不价、要价、不啥、晓、晓得、解下、解开。

（一）投……（动/动价/啥价/的话），也

这一结构的假设复句，表示前一分句说明事情实现了的话，就能推断出后一事情早已经结束或者事情已来不及了，或已成定局了。"投"有强调时间或条件的作用，由于事情尚未实现，所以句子就具有了假设关系。该结构的假设多表达不如意、不希望出现的事情。例如：

（17）投咱每去哩，阿儿家匙也拾掇啦等到咱们去了，人家碗筷都收拾了。

（18）投你也没法子哩动/啥价/的话，天王爷老子也办不成待你也没有办法了的话，天王爷老子也办不成。

（19）投你不来动/动价，谁也不来啦连你也不来的话，谁也不来了。

例（17）是说我们去了这件事情实现了，人家不仅吃饭早已结束，就连碗筷也已经洗涮完毕收拾好了，也就是，后一件事情我们要吃饭是不可能的，时间上来不及了。例（18）是说你办不成这件事果真发生了，任何人都办不成这件事了。例（19）是"投……"与助词"动/动价"搭配，共同构成假设关系。你是关系最好或最亲近的人，"你不来"这个行为出现，就没有其他人来了，也就意味着没有来人已经成为定局。此三例的去了而吃不上饭、事情办不成、没有人来，在说话者看来，都是不希望出现的事情。"投……"有时也可以表示其他关系，不赘。

（二）"要……（动/价/啥），早/就"类

这类句式从否定的角度对依然事实提出假设条件，表示如果不是有该原因存在的话，就不会出现后来的结果。该句式都是表达无奈的假设，这样的结果是说话人所不愿意发生的。例如：

（20）要你耽误，我每早到啦不要你耽误的话，我们早到达了。

（21）要你圪搅干扰动/价，我的作业就做完啦不要你干扰的话，我的作业就做

完了。

这一句式的结果都是否定的。例(19)的结果"我每早到嘞",实际上是没有早到,而是迟到了。例(20)"我的作业就做完嘞"实际上没有做完。这样的结果都是不希望发生的,发生了就很无奈。

这一结构也可以不用"早/就",只用"不"、"耍"与语气词"价"、"嗲"、"动"、"哩"搭配,直接表示结果,假设条件的内容承前省略,可以不再出现。例如:

(22)耍那<u>些</u>嗲,我的账算不差不要他们的话,我的账目计算不错。

(23)耍下雨动/价/嗲,今年枣儿咋价也卖个一万来块么不要下雨的话,今年红枣无论如何也卖一万来块钱。

(24)不价/嗲/动/哩,我罢么想去叻不然的话,我哪里想去呢?

(25)耍价/嗲,你每咂一家儿价都来不然的话,你们一家人都来。

例(22)、(23)不用"早、就",例(24)、(25)是省略了假设条件的具体内容,而这些内容是说话双方都知晓的。

(三)"耍/要是……动/嗲/价/起"类

这一类型是"要是"与语气词或助词构成,前一分句是说假设的,后一分句表示假言实现后的结果。例如:

(26)你要还在这儿价着,咋也好说你要是还在这里的话,怎么也好说。

(27)要是<u>这么</u>个动/动价/价,哂你也走要是这样的话,你走。

(28)要是你去哩嗲/嗲敢,肯定买回来嘞要是你去的话,肯定买回来了。

(四)"再/就……动/嗲/价"类

这一句式表示假设的情况曾经出现过。"价"主要表示满意情况的假设,其余的"动、嗲、起"类词语在意义的选择上则没有限制。"价"前边搭配的成分多是名词性的词语,"动、嗲、起"类词语前边搭配的成分一般是动词性的词语。例如:

(29)再耍弄人动/起/动起,你每哂早嘛往远爬再要弄人的话,你们早点往远滚。

(30)<u>就</u>那么个动起/嗲,谁也会叻他那样(做)的话,谁也会呢。

(31)再来一回嗲/价,敢就弄美嘞再来一次的话,那就好了。

(32)<u>就</u>而几这么个工钱嗲/价,满能行现就现在这样的工钱的话,完全可以。

例(31)、(32)用了"价"表示再来一回、现存的工钱是说话者心里希望发生的、满意的情况,例(29)"耍弄人"是谁都不愿意发生的,所以就不能用"价"。

（五）"唯……动/唦"类、话

"唯、唯是"表示说话者心里所期盼事情实现的假设。因为是期盼，所以一般用于未然事情的假设。"话"是"的话"的省略。例如：

（33）唯是你能来动起，保险红火唻_{最好你能来的话，肯定热闹了。}

（34）唯上面派上个人唦，事情就好办唻_{最好上面派上个人的话，事情就好}办了。

（35）是这么个话，那我不管唻_{这样的话，那么我就不管了。}

（六）"动"类、"哩、价"美、"唦"类

这类词用语前一分句末，表示假设，可以是未然情况的假设，也可以是已然事实的假设。例如：

（36）你每能信下我动/哩，我给你每照门_{你们能相信我的话，我给你们看门。}

（37）那说下来这里动/哩/的话，咋也误不了_{他说好了来这里的话，无论如何}耽误不了事。

（38）你吃动/价/哩，咂快往下坐_{你吃的话，快点往下坐。}

（39）明儿下雨唦/哩，咱每就不应浇园子唻_{明天下雨的话，咱们就不用浇园}子了。

（40）那些听我的话唦/价，不至于吃吃不上_{他们听我的话，不至于吃也吃}不上。

（41）是你走动/哩，保险没麻打_{如果是你走的话，肯定没有问题。}

（42）是这么个动/唦/哩，好弄着呐_{是这样的话，容易搞着呢。}

"动"、"唦"类词意思犹"的话"，它们用于前一分句末，表示假设条件，后一分句说明假设条件实现后的结果。"唦"类词可以表示已然情况的遗憾，如例（40），也能表示对未然情况的期盼，如例（39）。"动"类词侧重未然情况的假设，不表期盼语气，如例（38）、（41）。"哩"只能用于未然事情的假设，如例（37）的"来这里"还没有发生，例（39）的"下雨"也没有发生。"动"类词、"唦"类词与"哩"，在表假设时都可以和"是"搭配使用，假设的情况有时也可以用指示代词"这么个"、"那么个"来指代，如例（42），也能说成"那么个"。

（七）"未时价"类

"未时"、"未时价"、"未免价"意思是万一的意思，可用在前一分句，也能放在后一分句，表示假设情况的发生概率极其微小却可能发生，也能够表达说话者的一种委婉看法。例如：

（43）未时/未时价来哩人，就不好说唻_{万一来了人的话，就不好说了。}

（44）把伞带上，未免价下起雨哩_{把伞带上，万一下起雨了。}

这里的"未时"、"未时价"、"未免价"也可以说成"万一"。动词"操心小心，当心"也有近似的表达功能。

（八）"晓"、"解"类

表示追悔意思的假设关系，绥德方言经常用动词"晓"、"晓得"、"解下"、"解开"与语气词"动"、"唦"类词搭配使用，意思是如果知道、明白、懂得这样的情况，则该如何，主要用于第一人称，也可以用于第三人称。这类假设复句都是事后的表述。有时也与"就"搭配使用，"晓得……（就）……"表示如果是这样的情况，就会采取与这一结果相应的行为，"晓得"有较强的动词性，一般用于已然事情的假设，多和语气词"动/唦"搭配。例如：

（45）晓尿床唦不铺毡（俗语）知道尿床的话不铺毡。

（46）晓这么个唦/唦价/唦敢/价唦，不去敢由我着叻么知道这么个的话，不去应该由我决定着呢。

（47）我晓得你每也没有动弹/动哩/动价/动起，敢不来开口噫我知道你们也没有的话，不开口来着。

（48）晓唦价我咃等也知道（这样的情况）的话，我呢等呀。

（49）解下这么个转转唦/唦价/唦敢/价唦，咱敢把那要上明白是这么个缘故的话，咱们把他要上。

（50）解开大人的心思唦/唦价/唦敢/价唦，我每熬死也敢愿意的明白父母心思的话，我们累死也愿意的。

这类动词假设关系的表达，为了加强语气，后一分句经常用"再咋价也"、"打死也"、"说成个甚"来强调，如例（45）可以说成"晓尿床唦，再咋价也不铺毡"，例（48）可以说成"晓唦价，说成个甚我咃等也"，与原句比较，追悔莫及的假设语气显然突出了许多。

四、条件复句

条件复句就是以条件为根据推断某种结果。代表性的形式标志是"只有……才"和"只要……就"。可以分为两类：一类是有条件的，表示充要条件。绥德方言常用关联词语有：

a. 只要……就/也、才

b. 但凡/但……就、但唯儿……（就/早）、一下……就、但是、才敢（是）、敢才。

一类是无条件的，绥德方言常用关联词语有：

a. 不管……都/也、不论……都

b. 休管/或管/和拘/休平管/随便儿……也/都、管/愿……都、任甚……都、愿……反正/反来正去、（再）咔价……也、（再）咋也、（再）咋价也、反正、反来正去、罢么、胜不胜。

（一）但凡/但……就、但唯儿……（就/早）、一下……（就）、但是

这一组结构的条件复句，相当于北京话的"只要……就"、"只要"、"只要是"，表示充分条件。用"但是"时，句子的意思是"只要……就"，因此，与"但是"搭配的"就"可以省略不用。"一下"不再是动量短语，而是已经词汇化为一个词，并且进一步语法化一个连词，意思与用法同"一旦"、"只要"。例如：

（51）但凡有个甚事，你每就寻那些去喥只要有个任何事情，你们就找他们去了。

（52）那但遇上个人，就给你学学上喥他只要遇到一个人，就给你学舌了。

（53）但唯儿有点手艺，一辈子就够吃喥只要有个手艺，一辈子就够吃了。

（54）但是个人赶你强只要是个人就比你强。

（55）一下叫那说开哩，保险轮不上你说只要交他说上话了，肯定挨不上你说话。

在"但"字结构里，"但"的读音不同，在此需要说明。在"但凡/但……就"、"但是"中，读去声 tæ^{52}，在"但唯儿……（就/早）"中，读阴平上调 tæ^{213}。这里的"唯"一般情况下读儿化韵 vər^{33}。

（二）才敢（是）、敢才

这两个都是短语，放在后一分句的前边，表达条件和结果的必要关系。例如：

（56）人家客人吃哩，咱才敢动筷子叻人家客人吃了，咱们才能动筷子呢。

（57）雨下哩，才敢是能种叻么雨下了的话，才能种呢。

（58）声音再大个儿，这敢才叫个念书么声音再高点儿，这才叫个念书。

（59）利利价兜打开，这敢才是个艄彻底地放开，这才是个艄公（扭秧歌的艄公角色，丑角）。

（三）"休管……也/都"类

这组结构句式同北京话的"不论/无论……也/都"，表示没有什么特别的要求，在任何条件下，它的结果都一样。"休管"、"休平管"意思是不管。例如：

（60）你休管/或管/和拘/休平管/随便儿给拿上个甚，也/都能叻你不管给拿上个什么，都可以。

（61）或管谁去，都能叻或者谁去，都可以。

(62)休平管甚也能叻_{不论是什么，都可以。}

（四）"管／愿……都"、"愿……反正"类

这组结构中，"管"、"愿"的使用在句子结构上具有一个明显的特点，就是它们的前一分句的"管／愿"后边多为肯定否定并列结构"VP＋不／没＋VP"或省略形式"VP＋不／没"，也可以是意思相对的词语对举并列结构等。"管"和"愿"在句子中的位置有区别，"管"只出现在主语前，"愿"只出现在主语后。"管"的意思实际上等于"不管"、"不论"，所以它的位置可以出现在主语前。"反正"也可以说成"反来正去"。例如：

(63)管你去不去，报哩名的都给补助叻_{不管你去不去，报了名的都给补助呢。}

(64)管你赌叻不，在场场的人都罚哩一千块_{不论你赌博不赌博，在场的人都处罚了一千块。}

(65)你愿做不，反正都就那么个_{不论你做不做，都就那么个样儿。}

(66)愿有叻没，都一样收费叻_{不管有钱呢没钱，都是一样的收费。}

(67)学生愿学习叻耍叻，反正学校不管_{学生愿意学习呢玩耍呢，总之学校不管。}

(68)娃娃每愿饱叻愿饿叻，娘的反来正去一满不管_{不论孩子们饱呢饿呢，他们的娘完全不管。}

例(65)—(68)的"愿"在句子中，已经不再表达愿意、情愿的意思了。"愿"的本义是愿望，作名词用，发展为动词后，表示希望、祈求，可以带宾语，首先带的宾语是希望得到某物或发生某种行为，扩大使用范围后，用于表达不能自主的事情或行为，其意义泛化，再进一步发展后，就变成了起一定连接作用的关联词，与"都"、"反正"搭配使用，含有无论、不管的意思。与"管"相比较，"愿"在语感上感觉还是多少带有点词汇意义，没有彻底地虚化，因此，应该说它正处于词汇意义到语法意义的演化过程中。例(67)学生不论学习玩耍，都没有人管理。"学习"与"耍"在这里是相对立的两种行为。例(68)的"饱"与"饿"也是对立的。

（五）"任甚……都"

这一结构表示没有条件的，前一分句"任甚"后的成分，一般限于名词性的。"任甚"同北京话的"任何"。代词本来不表示特定复句关系的，但是却具有任指性特点，特别是疑问代词，这一点显示的更加突出，任何人、任何事情或任何行为、方式，就是对于人、事情或行为、方式没有条件限制的。换句话说，代词"任甚"在复句关系的表达中就具有了连词"无论"的语法功能，从而也就可以表达无条件的条件复句关系。例如：

(69)任甚事情，人家都给你弄得拾拾整整_{做任何事情，人家都给你办得漂漂}

亮亮。

（70）任甚人，那都能跟人家攀拉上叻任何人，他都能跟人家打上交道了。

（六）（再）咋价……也、"（再）咋也"类

这组句式也是表示没有任何条件的，意思是无论如何，不管怎么样，也要如何如何。例如：

（71）你再咋也要来叻你不管怎么样，也要来呢。

（72）到那天，你再咋也要给阿儿人家还工去叻到了那天，你无论如何也要给人家返还工日去。

（73）咱每再咋价不好，也敢是不能叫老人每受罪咱们不论多么艰辛，是不能让老人们受苦。

（七）罢么

前一分句中的成分必须有疑问代词，或者是疑问代词与其他词的组合，"罢么"用于前一个分句末，表示任何人、事物、时间、地方、行为或者方式，后一分句表达结果都是相同的。前一分句中的疑问代词没有表示真正的疑问，而是表达所有的人物、事情、方式等，这样也就同上（五）句式中的"任甚"一样，没有了条件要求，因此起到了连词"无论"的语法功能。"罢么"在句子中也还兼有提顿语气的作用，后一分句经常用否定的形式，句末一般用反问语调。例如：

（74）谁罢么，哪能不用个谁无论是谁，哪能不用个人？

（75）甚事情罢么，敢有个下数叻吧不论什么事情，都有个规矩吧？

（76）哪里罢么，不是个鸡叫狗咬叻无论哪里吧，不都是鸡叫狗咬呢？

（77）多会儿罢么，我怕过个谁无论什么时间，我都怕过个谁？

（78）做个甚罢么，你帮过个我无论做个什么，你帮过我吗？

（79）咋个罢么，都能叻不论怎么样，都行呢。

例（74）是任何人生活在社会上，结果都是一样的，必须要用到他人；例（75）无论什么事情，都是有规矩的；例（76）表示任何地方都是一个结果，即"鸡叫狗咬"；例（77）无论什么时间，我都没有怕过任何人；例（78）表示不管做任何事情，你都没有帮过我；例（79）表示无论怎么样，都是可以的。

"罢么"除了表示条件复句，也用于表示让步，表示退一步说，也不能怎么样，或者不会怎么样。见下文"让步复句"。

五、目的复句

目的复句就是述说某种行为及目的。代表性的形式标志是"以便"和

"以免"。可以分为避免和得到两个方面。绥德方言常用的关联词语有：

　　a. 为、省得、好、好让

　　b. 省下、为哩、为的、好叫、敢、敢是、敢叫、敢让

（一）省下

"省下"意思同北京话的"省得"，表示避免某一行为的进行。例如：

（80）娃娃要念教念去，省下以后后悔孩子要念书叫念去，省得以后后悔。

（81）要哩拿上，省下我每再跑一回要的话拿上，省得我们再跑一回。

（二）为哩、为的

这两个词是表示达到某一目的。"为哩"即为了，"为的"意思同"为哩"。它们所处的分句可以出现在前一分句，也可以出现在后一分句。例如：

（82）我每口里节，肚里挪，为哩给你买地方我们省吃俭用，为了给你买房子。

（83）为哩供我念书，老人每没少受罪为了供我念书，父母们没有少受罪。

（84）跟人家打架，还不是为的你与人家打架，还不是为了你？

（85）大人每起早贪黑，为的娃娃每少受苦父母们起早贪黑，为了孩子们少受苦头。

（三）好叫

这个词都是放在后一分句中，前一分句表示的行为目的，就是这个词后边所说的内容。例如：

（86）你先把肉拿回去，好叫你妈给咱做你先把肉拿回去，便于你妈给咱们做饭。

（87）多奶给两回茅粪，好叫菜长大些儿多施几次肥，以便菜长大一点儿。

例中前一分句的"先把肉拿回去"、"多奶给两回茅粪"行为的进行，是为了实现后一分句"你妈给咱做"、"菜长大些儿"的目的。

（四）"敢"类

这组词也是用于后一分句，表示便于进行某一行为的进行，整个句子因为有情态副词"敢"的存在，从而使句意含有说明解释的意思在内。例如：

（88）有哩给我每吃上点儿，敢叫差饿些儿有了的话给我们吃上点儿，以便不那么饿。

（89）你也做给阵儿，敢让我每歇一下你也做一会儿，以便我们歇息一下。

第三节 转折类复句

一、转折复句

转折复句是分句间有突然转折关系的复句。代表性的形式标志是"但是"。绥德方言转折复句的关联词主要有：

a. 光……就是、就是

b. 只说……也、早、要看、不说、其情、（也）不尽然。例如：

（一）只说……也

这一结构的复句，前一分句说明在主观上以为事情发展的较为理想，预期值较高，后一分句说明在客观事实上并未如主观愿望上所期望的那样，从而表达转折关系。这一结构的转折意味较弱。例如：

（1）只说那挣下多少钱儿嘬，也没多少么只以为他挣下很多钱了，其实没有多少。

（2）只说你哑不晓得咋价也么，也不然么只以为你不知道怎么样呢，其实不然。

句中的"只说"本指仅说，后来又产生了以为、认为的意思。"言说"类的词，它们所表达内容具有主观性特点，受言说出的内容感染作用，使得"言说"类词语也有了表示主观意义的以为、认为的词义，因此，这里的"只说"的"说"，并不表达言说的意义了。

（二）早

前一分句说明通常的事理，一般情况的否定，后一分句说明与前一分句的内容相对，表示转折意义。"早"是副词，倒、反倒、却的意思，用于后一分句。这一意义只能读去声的 $tsɔ^{52}$，不能读本调的阴平上。例如：

（3）客人没端碗来来，你早吃上嘬客人没有端碗来着，你却早早吃上了。

（4）天还不亮，学生娃娃每早念书走嘬天还不亮，学生们却早就上学走了。

例（3）的客人先吃饭，主人后吃饭，这是陕北招待客人吃饭的事理。客人还没有端碗，你反倒吃上饭了，构成转折关系。例（4）的天明去念书是常理，天未明，学生却去念书走了，形成转成关系。

（三）要看

"要看"用于前一分句，表示否定某一情况或现象等，后一分句表示事实却并非那样，或者将会出现相反的事实。例如：

(5)嫑看那说得好，做事一满不行行别看他说得好，做事情实在不行。

(6)你嫑看这会儿天不行，一阵儿就晴嘅你别看这会儿天气不行，过一阵就晴了。

(四)不说

前一分句说明一种情况，后一分句用"不说"表示不能做应该做的事情，句末是反问语气。整个句子含有不满、责备、质问的语气。"不说"含有不能、不会的意思。"不说"的"说"读轻声，与言语义的"不说话"的"说"(读阳平)相区别。例如：

(7)我每忙成这么个，你就不说襄混帮忙给下我们忙成这么个样子，你就不能帮给一下？

(8)嗹看这家里湩得猪窝也是，不说拾掇一下快看，这家里弄得跟猪窝似的，却不能收拾一下？

(9)你每生活这么好，不说扶搊给把你兄弟家你们生活这么好，不能帮扶一把你弟弟家？

(10)是这么个动哩，我吧不说串给回是这样的话，我就不能逛一次？

有时"不说"出现在前一分句，后一分句用副词"还"呼应，表示语义上的转折。例如：

(11)你不说管给下，还站那儿价笑叻？

(12)那些吧不说做上顿价饭，还说咱每做得不好他们吧不能做上一顿饭，还说咱们做得不好？

"不说"在绥德方言中主要用于第二人称作主语的句子中，也可以用于第三人称和第一人称，如例(12)是第三人称，例(10)是第一人称。

这一句式在明代白话文献的对话中就出现了，清代沿袭(黑维强2001b)。西北地区其他方言，如甘肃白龙江流域方言(莫超2004：96)、老北京话也说。据现有资料推测，"不说"是北方方言口语中使用的一个词。我们另有专文讨论。

(五)其情、(也)不尽然

这组词语用于后一分句，所表现的转折意义较轻。"其情"是副词，其实的意思；"(也)不尽然"是(也)未必的意思。例如：

(13)看去是不咋样，其情好吃着叻看着是不怎么样，其实好吃着呢。

(14)说是给咱们叻，我估计也不尽然说的是给咱们呢，我估计未必。

(15)考个好学校，专业不尽然就好考上个好大学，专业却未必就好。

二、让步复句

让步复句是分句间先让步后转折关系的复句。代表性形式标志是"虽然……但是"。还有"即使……也"、"无论……都"、"宁可……也"。无论是假言，还是实言，都是虚拟的语气比较突出，特别是实言的让步，也是以假设的语气说出的。绥德方言让步关系常用的关联词语主要有：

a. 就是……也、再……也、即便……也、倒

b. 虽说……还/可/也、虽只然……可/就是、就是/就算是……罢（么），还、就算是/就说……也/也不胜/也不如/也不顶、再……也/也不胜/也不如/也不顶、让/教……也不、只听说……不想、能……（也）不、将/将上……（动/动起/动弹/唡/唡价/唡敢）、（还）不如/不顶/不胜/强如/得如、将……哪顶、破……不如/不顶/不胜、将/破……（动/动起/动弹/动呔/唡/唡价/唡敢）、不说/何不、将/破……何不、不罢（么）、敢、敢是、早、（还）不如、（还）不胜、强如读 tʂʻu，轻声、得如、哪顶、何不。

（一）"虽说……还"类、"虽只然……可"类

这组结构同北京话的"虽然……但是"，后一分句用"还"、"也"、"就是"时，转折的意义较轻。例如：

(16)女子虽说挣上钱儿喽，还不是要家里帮叻女儿虽然挣钱了，却仍然不是要家里帮呢？

(17)你每虽只然亲着叻，可账要算清叻么你们虽然关系亲近着呢，可是账目要结算清楚呢。

(18)我每虽只然不行，人家的气那可不受我们虽然不行，但是别人的气可不受。

（二）"就是……罢（么），还"类、罢（么）

前一分句"就是……罢（么）"表示让步，"罢么"用在分句末，起强调作用，后一分句末多以反问语调，以此表达最大限度的容忍或者纵予。前一分句也可以不用"就是"类词，"罢么"也可以换成"也么"，但是肯定的色彩减弱了。例如：

(19)就是县长来哩罢么，还把人吃哩价即使县长来了，还把人给吃了的？

(20)心里就是再咋价难过罢，还能给人说叻心里即使怎么难过，还能给别人说吗？

(21)那就是再咋憨罢，回去不会给家里人说他即使怎么样傻气，回去能不会给家里人说吗？

(22)没坐车罢么，我也回来喽即使没有车坐吧，我也回来了。

这一句式可以是假言句，如例(19)，也可以是实言句，如例(22)。

（三）"就算是……也"类、"再……也"类

前一分句"就算是、就说"、"再"引出表示让步的内容，表示较大限

度的容忍或纵予，后一分句的"也"用以表示与前一分句意思的转折或对立。例如：

（23）就算是天王爷老子，我也不怕即使是天王爷老子，我也不怕。

（24）就算把脑叩成个板扁扁吧，也没人理你就算把脑袋磕扁平，也没有人理会你。

（25）后娘就说再咋亲么，也不胜各自的亲娘亲后娘即使怎么样亲，也不如自己的亲娘亲。

（26）南方再咋价好吧，也不胜/也不如/也不顶北京这地方南方即使怎么样好，也不如北京这地方。

例（23）的"天王爷"一般人是很害怕的，因为掌握着凡间人的生死予夺大权，"我不怕"，就形成了意义上的转折。例（25）后娘一般是不亲的，不好的，纵然是好的，但是终究比不上亲娘亲，形成意思上对立。

（四）"让……也不"类

这一句式的"让、叫"表示让步，"也不"后多接能愿动词"敢"。例如：

（27）你让那吃也，那也不敢张口你即便叫他吃，他也不敢张嘴吃。

（28）我叫你走罢么，你也不敢走我即使叫你走吧，你也不敢走。

（五）敢、敢是

这一结构的特点是通过动词拷贝式结构体现，即"VP 敢/敢是 VP"的形式表示让步，"敢/敢是"同时还起一定的提顿语气作用。例如：

（29）说敢说吲，又不是真个给吲说便说，又不是真的给呢。

（30）念书敢是念书么，不能一点儿生活也不做喍么念书呢归念书，不能一点活儿都不干。

（六）早

"早"用于前一分句，表示让步，后一分句表达转折。"早"的这一用法同北京话的"倒"。例如：

（31）人家早甚意见也没，怕你挡架吲么人家倒没有任何意见，反而怕你阻挡呢。

（32）我早唵没甚，担心校长不同意我倒是没什么，却担心校长不同意。

（七）能 nəŋ^{52}……（也）不

这一结构表示的是"宁可……也不"的意思，"能"是"宁可"的意思，表示所取，"（也）不"表示舍弃。例如：

（33）我能喂狗，不给那狗日的吃我宁可喂狗，也不给那狗东西吃。

（34）能赠送人家，那也不给各自家宁可白白地送别人，他也不给自家人。

（八）"将……（动），（还）不如……"类、"将……哪顶"

（35）凭你的手艺，将出门跟工，（还）不如各人拾拦起摊摊做_{凭借你的}手艺，与其出门打工，不如自己搞个场地干。

（36）将上这么多东西寻人还不顶事，不胜咱每用哩_{与其拿上这么多的东西}托人还不起作用，不如咱用了。

（37）将这功夫花在那些身上动/喥，不胜寻你的老师保险_{与其这功夫花}费在他们身上的话，不如找你的老师保险。

（38）将上这些些肉动起，得如/强如吃成个八碗_{与其拿上这么多的肉的话，}不如吃成"八碗"？

（39）将那圪都钱儿动弹，哪顶做个生意好_{与其拿上那些钱的话，哪里顶做个}好生意呢？

"将"字取舍句分为两种：一是"将"后的成分为动词性结构，舍弃项可以为已然事实，也可以是未然的事实。一是"将"后的成分为名词性结构，名词性结构中一般要有代词"这么"、"那么"、"这些些"、"那些些"作修饰语，形容数量之大或多，用以反衬选择项的取得是值得的，选择的语气更强烈。

（九）"破 p'uo²¹³……不如"类、"将/破……（动），不说/何 xɯ⁵²不"类

用"破"表示取舍关系，与之搭配"取"的部分表现形式有两种：一是和"不如"、"还不如"、"不顶"、"不说"；一是用疑问的形式，语气词一般用"是"，其他词很少用。"破"后如果是名词结构，用法及表达作用同"将"。例如：

（40）破求那动/动起/动弹/喥/喥价/喥敢，还不如我各人动手_{与其求他}的话，还不如我自己动手。

（41）破那儿价拉话着，不说把你那袜子洗哩是_{与其在那里聊天，不能把你}的袜子洗掉呢？

（42）破给那吃（动/动起/动弹/喥/喥价/喥敢），还不如倒的沟底里_与其给他吃的话，还不如倒在沟里去。

（43）破叫人家，你何不给我说是_{与其叫别人，你为何不给我呢？}

（44）破上那么圪都油动弹，不胜吃成油糕好_{与其用那么些油的话，不如吃油}炸糕好。

无论是"将/将上"，还是"破"，它们在使用中常常用助词、语气词"的话、动、动起、动弹、喥、喥价、喥敢"与之搭配，这些词都还起提顿语气作用，假设的意味很弱。"破"又读 muo²¹³，大概为同部位的音变。"破"在绥德方言中，本是动词，有准备、花费的意思，还有豁出的意思，

当用于让步复句中，词义有虚化的倾向，表示舍去。

（十）"还不如"类、强如

（45）圪搜着，强如圪蹴着(俗语)与其蹲着，不如慢慢地做着。

（46）晒成那么个的话，还不胜早些走么与其晒成那么个样子的话，还不如早点走呢。

（47）各自寻揣的做，强如教人家吼喊上自己寻找着干活，哪里顶上叫别人说上。

绥德方言"能"表示宁可之意，其历史久远，早在宋代文献就出现了，如例（48）。"不说"在明代就出现，如例（51），其后相沿。例如：

（48）出山定被江潮浼，能为山僧更少留。（宋·苏轼《六和寺冲师闸山溪为水轩》）

（49）能(原注去声)西风老尽，羞趁东风嫁与。（吴文英《过秦楼·黄钟商芙蓉》）

（50）此三件事依，即纳降；若不依，能死战。（《三国志平话》卷中）

（51）伯爵道："不说来递钟酒，也唱个儿与俺听。"（明·兰陵笑笑生《金瓶梅词话》68回）

（52）贾母啐道："下流东西，灌了黄汤，不说安分守己的挺尸去，倒打起老婆来了！"（清·曹雪芹《红楼梦》44回）

以上例子的"能"，当读去声，例（49）作者原注读"去声"，有人曾说"能"是"宁可"的合音，其实未必然。绥德方言也读去声，音义完全一致。参见第八章有关条目。

三、假转复句

假转关系是分句间有假言否定性关系的复句。前一个分句说明一个事实，后一个分句接着指出如果不这样就会成为另外一个事实。这一关系的总体特征是含有假设、否定、逆转三方面的内容。代表性的形式标志是"否则"。绥德方言常用的关联词有：

a. 多亏/幸亏……要不(然)

b. 就是……不唦/不唦价/不动/不动价/不动起/不动弹/不动哒、委的儿……不唦/不动起/要不然/要不哩/不然的话、除是……也、除是……不哩/不动/不动价/不动起/要不哩、要么……不哩、不哩、不然的话、要不哩、要不、要不唦、不唦、不动弹/哒、不动起、不动哩、不动价、不动唦。

（一）"就是……不唦"类

（53）那女子就是腿不对，不唦/不动/不动价/不动起能问叻那个女子只是腿有毛病，否则，可以娶呢。

（54）那里价的房子就是太贵喛，不喢咺买上那里的房子只不过太贵了，否则就买上。

（55）就是钱儿用紧喛，不动起树敢不卖的么只是钱使用得急了，不然的话，树是不卖的嘛。

"就是"含有只是、不过的意思，在句子中有强调语气的作用，去掉后这一语气没有了，同时兼有表述原因，"不喢"类词语用于表示否定转折，含有不然的话之义。这一句式是说，只是怎么样，否则就如何或不如何，"不喢"类词语后是肯定的表述，句意表达则是否定的结果，如果是否定的表述，句意表达则是肯定的结果。例（53）是说这女子只是腿上有毛病，否则就可以娶的，"能问"是肯定的表述，实际意思是否定的，即不"问"的。例（54）是说那边的房子只是价钱太好了，要不然就可以买上，"买上"是肯定的表述，实际意思是不"买"的。例（55）钱儿使用急了，不然的话树不卖的，"不卖"是否定的表述，实际意思是肯定的，即树"卖"了。

（二）"委的儿……不喢"类

（56）委的儿是你开口喛，不喢没那好吃的的确是你开口了，否则，没有他好吃的果子。

（57）委的儿没出事，要不哩等上个筛儿叫你尿不满的确没有出事，否则，等上个筛子叫你尿不满。

（58）委的儿送来喛，不动起误下事喛的确送来了，否则的话，耽误事情了。

"委的儿"有的确、确实的意思，在句式中加强确认语气，同时也含有表示原因的意思在内。"不哩"、"不喢"犹"要不然"、"不然的话"、"否则"，表示句式在意义上的转折。"要不然/要不哩"用于引出一个新事件，表示话题的转换；"不然的话/不喢/不动"类词语还可以用于引出前边已经出现过的事件，表示话题的承接。

（三）"除是……不哩"类

这一句式同北京话的"除非……否则"，前一分句"除是"表示唯一的条件，后一分句表示在唯一条件下的意义转折。例如：

（59）除是你每领导来哩说，不哩谁也不顶事除非你们领导来了说情，否则，谁也不顶用。

（60）除是不能行喛，不动起八碗摆下也不去除非不得已，否则的话，八碗摆下也不去。

（61）除是给我小气来，不动咺撂着去除非给我低声小气来，不然的话，事情就那里摆着去。

（四）"要不哩"类、"不哩"类

以上（一）、（二）两种结构的"就是"和"委的儿"也可以不出现，这样就形成了只有表示转折意义的有关词语"要不哩"、"不哩"来表达假转复句。在对话中，有时也可以没有先行分句的出现，用"要不哩"、"不哩"类词语直接表达假转，说话时，在它们后边没有语音停顿，如下例（68）、（69）。例如：

（62）那生活可不好做，要不哩你能做上叻那种活可不好干，要不然你能干上呢？

（63）钱儿还差着叻，要不哩咱早买喽钱还差一些呢，要不咱早买了。

（64）你的车来喽，不哩保险就迟喽你的车来了，否则肯定就迟到了。

（65）那敢有事没去，不动起那顿打少不了他因为有事情没有去。否则，那一顿打是少不了。

（66）我而儿咂没脾气喽，不动价早把那放倒喽我现在呢没有脾气了，否则，早就把他放倒了。

（67）一满没办法喽，要不唦我也不会开这个口儿实在没办法了，否则，我不会开这个口。

（68）要不哩咱谁也去喽要不然的话，咱们都去了。

（69）不哩你使唤上呢不然的话，你能使用上呢。

从以上三个章节的描写与分析可以看出，绥德方言复句关系的表达与北京话有明显的差异，最大的区别就在关联词语使用不同，而这些关联词语在陕北晋语内部，却有较大的一致性。

第四节　虚拟语气范畴

虚拟是属于语气的一个范畴。它与复句有一定联系，但同时又有明显区别，二者是就一个句子从不同的视角来说的。联系最为紧密的地方是，都用一些相同的关联词语和语气词来表达的。彼此的区别是，虚拟是从语气角度说的，复句是从结构表达角度说的，同一个类型的复句结构，可能是不同的虚拟范畴；相同的语气范畴，可能是属于不同的复句结构类型，甚至是不同的单句。换言之，虚拟语气的表达，既可以是复句，也可以是单句。在此从语气的角度来说明绥德方言的范畴问题，有益于从多角度观察绥德方言的一些语法现象，为汉语虚拟范畴的进一步研究提供一点参考。下面对愿望、假设、犹豫、纵予四类语气进行简要的分析。

一、愿望类虚拟语气

愿望类虚拟语气是指主观上希望某件事情能够发生。愿望类虚拟语气与前文所说的假设复句有相同之处，即都是对事实的假设。不同的地方在于，愿望类虚拟语气强调说话者的一种主观愿望，侧重于句子的语气；假设复句无所谓主观性和客观性，也就是既包含有主观性愿望的表达，也包括客观性的陈述，侧重于句子结构。例如："你不来的话，我就另打发人去嗐。""你能考上个好大学嗐，我受死受活都意愿_{愿意}。"前例不带任何主观性色彩，后者却有很明显的主观愿望在内。绥德方言的愿望类虚拟语气的表达，除了用复句的形式，还可以通过副词、助词、语气词等来实现。假设复句在本章第二节作了介绍，这里从语气词、语义类型两个方面就愿望类虚拟语气进行说明与分析。

(一)语气词

表达愿望类虚拟语气的词语大致分为两类。一类是"嗐"类词(嗐、嗐价、嗐敢、价嗐)，一类是"动"类词(动、动弹、动呔、动哩、动价、动起、动嗐)。二者的区别在于，"嗐"类词可用于积极的期盼，也可用于遗憾的期盼，"动"类词主要用于积极的期盼。前者在句首往往可以出现表示遗憾类的感叹词"唉"之类的词，后者用"嗐"、"嗐价"、"价嗐"表示的是愿望实现后的结果，即有后续词语或句式相随。语气词"嗐"、"嗐价"、"价嗐"也可以出现在句末，即没有后续成分存在，愿望就是语气词前边的成分。"动"类词不能出现在句末，只能在前一分句后。"动"类助词可以表示已然事实的假设，"嗐"类词一般不能。

(二)语义类型

愿望类的虚拟语气大致又可分为遗憾愿望、可得愿望两大类。

1. 遗憾愿望语气

遗憾愿望是指对曾经发生的事实相背离的主观愿望，着眼于对过去事态的期盼，这种愿望已经无法使实现，只能是用遗憾的心情加以叙述。例如：

(1)唉，我那会儿好好儿念书嗐，早考上大学嗐。

(2)唉，耍车坏嗐价迟不了。

(3)这场雨早下几天价嗐就好喽。

例(1)的"好好儿念书"是愿望，"考上大学"是愿望实现后的结果，但是没有好好念书，所以是一种遗憾的愿望。例(2)"耍车坏"是愿望，"迟不了"是愿望实现后的结果。实际情况是"车坏"了，"耍车坏"没有发生，所以这里表达的愿望也是遗憾的。例（3）"雨早下几天"是愿望，"好"是这个愿望实现后的结果。例中所说的事态都已经发生了，愿望都不能实现了，也没有实现的可能，所以句首可以出现表示遗憾的"唉"等词。

表达这类虚拟语气的语气词一般放在假设的已然事态的分句末，后接假设条件实现后的结果。有时不要后一分句，独自构成虚拟语气句。有时在句中也可以出现"要、要是、要不是"。例如：

（4）这件儿衣裳要再便宜些儿唦。

（5）夜儿要是能下点儿雨唦。

（6）要不是你耽误唦敢，咱敢早到嘞。

遗憾愿望也可以不用语气词，而用"不如、不顶、哪如、哪顶、哪胜"来表达，这些词语之后的成分，表明愿望之所在，而事实却与愿望相反，体现了说话人对愿望的遗憾。这类词的前边经常用副词"还"来修饰，表示语气的加强。其中"哪如、哪顶、哪胜"是用以表达反问语气，表明说话者的遗憾愿望，语气更突出。例如：

（7）我还不如不去来嘞。

（8）这事还不顶不办来嘞。

（9）这生活_{活儿}做得哪胜原先的？

例（7）的愿望是"不去"，实际上是去了，例（8）的"不办"是愿望，事实是办了，例（9）的"这生活"是希望出现的，却做得不如原先的，所以也表明了一种遗憾的愿望。例（9）是反问语气。

否定结构中要用"不、霎"。如例（2）、（6）。以上例子不论是肯定句，还是否定句，都是已经发生了的事，因此属于已然体。

2. 可得愿望语气

可得愿望是指着眼于未来有可能实现的愿望，与上一类"遗憾愿望语气"相对。这类语气的句子中经常有副词"最好"、"唯"与句末的语气词"唦"搭配。例如：

（10）我每结婚起，你最好能来唦价_{我们结婚的时候，你最好能来嘛。}

（11）唯工地上要唦就做得来嘞_{只要工地上要的话，就弄好了。}

（12）唯教王老师给我每上课唦，最好不过嘞_{只要让王老师给我们上课的话，最好不过了。}

例（10）的"你来"是说话者期盼的，"你来"是有可能的。例如（11）、（12）的"工地上要"、"教王老师给我每上课"都是说话者所期盼的，这些愿望是有可能实现的。这些愿望所表体现的事态都尚未进行，所以都是未然体。

表示愿望语气的词语，陕北晋语神木方言和山西晋语多用“时价”一词来表达(邢向东 2006a：156、162)，绥德方言不用，一般是用“哙”、“动”来表达。绥德方言的“时价”是与“未”构成“未时价”，表示万一、以免之义。例如：“未时价用起哩咋办?”“未时价来哩个人，你看定个儿看住些。”

二、假设类虚拟语气

绥德方言的假设虚拟语气表达与假设复句的表达较为一致，经常用助词“的话”、“动”类词与一些动词搭配构成来体现的，也可以与连词来搭配使用(这类情况见本章复句部分内容，在此不赘)。与动词类词语搭配的结构有以下几种类型。

(一)与“教”、“投”搭配

“动”类词与“教让”、“投”搭配，构成“教/投……动起/动哩/动哙/动价/动呔”结构，表示很难出现的条件，或者表示无奈的意思。例如：

(13)教那给你低头动哩，太阳西面出来嘅。

(14)教我去动价，你咂等着去。

(15)投我住上楼房动哙，狗脑上长出来角儿犄角来嘅。

(16)投你也不管妈动呔，妈就没活的路嘅。

(17)投公家也管不了哩，这可没法子嘅。

前三例是说出现的情况不大可能，后两个例子表示无奈之义。

(二)与“一下、遇上、逢”等词搭配

“动”类词与“一下、遇上、逢”等词搭配，构成“一下/遇上/逢……起/起哩/动起/动哩/动哙/动价”结构，表示强调虚拟的条件。例如：

(18)一下教那做点儿生活起，谁也不得停当嘅。

(19)一下听上那他的话动起，裤儿也穿不定。

(20)遇上时气运气不好哩，靠墙墙塌，靠山山倒。

(21)人一下倒运倒霉起哩，谁也想欺负你叻。

(22)逢那起哩，说话声音也高着叻。

(三)与“只要、但教、但唯儿、给了、等上”等搭配

“动”类词与“只要、但教、但唯儿、给了、等上”等搭配，构成“只要/但教/但唯儿……动呔/动起/动哩”、“给了/等上……价/动/哙”结构，同时还具有强调话题的作用。例如：

(23)只要你想来动呔，我来寻迎接你来。

(24)但教做点儿生活起，一下就恼嘅。

(25)听说动起就引你也，不听说动起就各人一个家里戚着。

(26)给了那价又不晓得说些甚也。

(27)等上你的话，早就起火发火喋。

（四）假设语气中隐含"怎么办"、"怎么样"

(28)我说下甚就是甚。——你说下不算数儿起叻你说了，如果将来不算数了呢？

(29)你吃不了那么多。——那我吃哩叻如果我吃了呢？

例(28)的反问语气表示你说了后反悔了的话怎么办，例(29)意思是如果我吃完了，怎么办呢？

三、犹豫类虚拟语气

在现实生活中存在着情与理的冲突，按照情感人们是不愿意进行某一行为的，而按照理性，则必须做出某一行为。或者相反。这一情理的冲突，表现在语言上就产生了犹豫不决的语气。犹豫是常见的虚拟语气之一，表明说话人对事件的选择疑惑不定，说话者处于两难境地，不知道如何是好。说话时有征询听话人的意见在内，但是询问的语气不够突出，有时也仅仅是自言自语的无奈絮叨，也就是说，询问他人而得到答案的意图极其微弱。

绥德方言犹豫类虚拟语气使用的词语主要有：去、去喿、去么、罢么等。有时也可以通过句式的对举和句末添加语气词的形式来实现的。常见的结构类型如下。

（一）VP 去，不 VP 去

绥德方言与陕北晋语其他地方一样，犹豫不定的语气主要通过动词后使用"去"的肯否定并列句式来实现。前一句多以"VP 去"的否定形式说明实际心理状况或认识。"去"读 kʻəʔ，在句中具有话题标记性质。例如：

(30)去去不想去，不去去不能行去呢不想去，不去呢不行。

(31)念去念不起，不念去娃娃想念叻念书呢念不起，不念呢孩子想念呢。

(32)说去不听，不说去敢不是个事么说呢不听，不说呢不是一回事情。

（二）VP 去喿，不 VP 去喿

此结构同上一结构，在语义表达上，有细微区别的地方是句子中使用语气词"喿"，具有提顿舒缓语气的作用。例如：

(33)打你去喿，你大喋，不打你去喿，你一满无法无天喋。

(34)拿去喿，嫌沉叻，不拿去喿，又怕吃哩亏叻。

（三）VP去么，不VP去么

这一结构使用语气词"么"不是表示强调，而是含有舒缓语气的作用，同时还有无奈的语气在内。例如：

（35）送去么，我不想见那些，不送去么，人家要呦。

（36）来去么，家里有事呦，不来去么，想见你每呦。

以上两种结构，在"去"后带上语气词，"去"的犹豫色彩有所减弱，有时也可以不出现，如例（33）也可以说成："打你唓，你大唊，不打你唓，你一满无法无天唊。"相互比较，不用"去"，句子表达犹豫不决的意味淡了一些。

（四）VP罢么，不VP罢么

"罢么"同样具有提顿语气、话题标记的功能，还可以表达纵予语气（见下节）。使用"罢么"所体现的犹豫语气要比"VP去"弱一些。例如：

（37）做罢么，挣不了几个，不做罢么，又没个做上的。

（38）卖罢么，卖不来多少，不卖罢么，放下也没用。

此外，犹豫语气的表达还可以用肯否定对举复句的形式表达。例如：

（39）一阵儿价想去呦，一阵儿价又不想去唊唖不晓得咋价呦不晓得如何是好？

（40）你说你，看也去呦，看也又不去唊你说你，一会去呢，一会又不去了。

四、纵予类虚拟语气

纵予是假设出现情况的一种虚拟语气，这种语气一般比较强烈，所以多以反问句的形式出现。从复句的角度看，多是让步句。

（一）就/就算/就是……（罢么/罢/么）

（41）你就把那打死罢么，那会给你服软呦？

（42）就算把你熬得爬下么，那些能看着 tʂʻɔ³³ 呦！

（43）就是把骨殖卖哩罢，咱能买起个楼！

这类句式的前一分句用"就/就算/就是"表示假设出现某一情况，分句末的"罢么/罢/么"加强纵予虚拟语气，后续句表示即使前一情况实现，也不会出现某一结果，例（41）即使打死的结果实现，他也不会服软，（43）就算把尸骨卖掉的事实实现，也买不起楼房。打死的结果、把尸骨卖掉的事实在现实中是不可能发生的，因此这样的假设语气是很强烈的。

（二）再……（罢么/罢）、再咋价……（罢么/罢）

（44）那再发罢么，当官的买那的账呦他即使富有吧，当官的哪买他的账？

（45）你再能行罢，能比过个人家？

(46)学的再咋价罢，还能当钱儿使唤叻？

(47)我再咋价罢么，能做成个甚叻？

这类句式同上一结构，但是比上一结构的纵予语气要弱一些。"再咋价"表示无论如何，不管怎样作为实现了，也不会有希望的结果出现或发生。

（三）罢么

直接用"罢么"表示纵予语气，表达任何人、任何事情或者任何行为，都怎样，或者不怎样。可以看作是前两类句式的省略。例如：

(48)凭你那相信，说成个花罢么，谁信叻_{凭借你那声誉，即使说成个花似的，谁相信呢}？

(49)挣来多少罢么，给你叻？

(50)教你罢么能做出这<u>么</u>些事叻_{即使让你做吧，能做出这样的事情呢}？

(51)谁罢么没点儿毛病，慢说_{更不要说个娃娃}嗯？

(52)我不好罢么给你惹上嗳？

与（一）和（二）句式比较，（三）这一句式纵予的语气更弱。在这里，前一分句的语气也可以不停顿，如例(50)、(52)。

　　汉语的语气范畴除了有各类虚拟语气范畴，还有提顿语气范畴。提顿语气范畴的表达，一是说话时直接通过语气停顿来实现，这是无标记形式的语气提顿；二是通过使用助词、语气词来实现语气提顿，这是有标记形式的语气提顿。句中语气提顿，其功能之一是引出话题，绥德方言用于引出话题的提顿语气词语数量比较丰富，但与北京话大不相同，这类标记词主要是助词与语气词，常见的有：敢、敢是、是、叻、也、来、来来、来价、去、可、可是、个、哑、的话、动、动起、动嗯、动敢、动来、动价、嗳、嗳价、嗳动、嗳敢、价（家）、价嗳、价么、价是、价叻、价嗷、还、还价、还叻、还着、还着叻、还敢、还动起、么等。其中有的在本书相关章节中已经论及到了，如"敢、敢是、是、家（价）、也、来、个"等。如此丰富的标记词，彼此之间有哪些共同点，有哪些区别的地方，这些问题还有待于进一步考察研究。

第十九章　语法专题研究

　　本章内容是绥德方言几个词语的专题讨论，目的是便于将一个词的各种用法集中起来进行较为全面系统的研究。同时，也便于观察绥德方言一些语法现象的丰富性以及与北京话的差异性。这章内容大多数曾以单篇论文的形式在一些学术会议上宣读或期刊发表过。为了全书的体例统一，将原来的格式作了一定的修改。

　　这里讨论的词语有：家（价）、的、也是的、个、儿、敢/敢是、行、赶、是、动、�等。

第一节　家（价）

　　绥德方言的"家"可以作名词、代词，也可以作词缀、助词；可以表示家人、家庭、家庭住所、掌握某种专门学识或从事某种活动的人、学术流派、饲养等意义，还可以用来表示类别、时间、方式、状态、语气等。这里主要就北京话一般不说的用法进行描写与说明，对其中一些用法作简要的历史探源，以明其来历，还就"家"的语法化过程作些分析。

　　"家"在绥德方言中读 ^{c}tɕia^{213}，阴平上调；作词缀和助词时，读轻声；个别用法里还读去声。"家"的意义较虚的一些用法，古今学人都有人写作"价"的现象。为了论述方便，本书只在本节一律写作"家"，其他章节比较虚的用法仍然写作"价"，这里特此说明。

一、"家"的用法

（一）表示类别

1. 用在名词语、动词后，表示某类人。例如：

（1）男人家　女人家　张三家　老大家　娃娃家　后生家　婆姨女子家

（2）王家　贺家　李家　张家　马家　黑家①

（3）西安家　北京家　山西家　美国家　北京大学家　工商局家

―――――

　　① 笔者从记事时起，我的外婆、舅父一直管我的母亲叫"黑家"。

省上家

(4)底下家　脑头_{上边}家　前沟家　后山家　城里家　乡里家　下家_做_{事差劲的人}

(5)做家儿　吃家儿　耍家儿　看家儿　唱家儿　赢家儿　卖家儿

挨打家儿

例(1)表示人的类别时，有的还有强调身份的意义。如"娃娃家解开懂个甚。""婆姨女子家的话还能信叻?"强调了"娃娃"、"婆姨女子"的身份，在说话者看来，这种人什么也不懂，他们的话不能信以为真。例(2)是娘家人对已出嫁女子的称呼，即将"家"用于丈夫的姓氏后相称呼。这一用法在老年人的口语中残存，中年人知道，但已不用，基本处于消失状态。例(3)指西安人、美国人、北京大学的人、工商局的人。说"北京家回来嘅"，就是指在北京居住的或工作的人回来了，"美国家科技发达"，就是美国人科技发达。例(4)表示居住在下面的人、后村的人、城里的人等。例(3)(4)将"家"附着在国名、省、市、县、乡、村名、处所、方位、行政机构事业单位名词后，整体结构表示居住在某地、某方位的或属于某一机构的人。例(4)也可简单地概括为该名词所代表的人。例(5)是用于动词后，称呼与某类动作相关的人，"家"要儿化。"做家儿"就是干活或做饭的人，"挨打家儿"就是挨打的人，如"做家儿跑光嘅，光剩些吃家儿。""挨打家儿意愿，有你甚事叻?"

在地名用法中，有"榆林城儿家"一词，另有特殊含义，为"说空话"的代名词。相传从前榆林城的人招待人时不够心诚，只说好话，不付诸行动。如说"你是个榆林城儿家"，并非字面意思你是个榆林城的人，而指你是个只说漂亮话、空话的人。这里的"城"必须读儿化，否则是一般用法，没有特殊含义了。

2. 表某类时间。有两种用法。a 用在时间名词后，表示某一段、某一类时间，作状语。例如:

(6)白日家　黑地_{晚上}家　早上家　夏上家　临明_{凌晨}家　黄黑儿_黄_昏家

例中的"白天家"、"夏上家"是指白天、夏季时间。这种用法有两个含义：一是指某个时间，如"今儿临明家狗咬得可厉害叻。""临明家"指天快要亮的时候。二是指通常或每逢某时。如"南方天热成那么个，夏上家怎么家过叻?"这是指每逢夏季。

b 用于动词、形容词及其短语之后，使这个结构相当于一个名词性成分，表示过去动作行为或性质状态发生变化与否的那个时间，一般作状语。例如：

(7)去家　有家　睡觉家　吃饭家　上自习家　崖里往下踢家_{悬崖上往}下掉

(8)小家　少家　冷家　冰家　热着家　好着家

例(7)指去的时候、有的时候等。如"去家你不说是?"去的时候你为什么不说呢。例(8)指小的时间、缺少的时候等。如"天热着家你怕不怕?"就是天热的那个时候你怕不怕。这一用法主要用在表过去的时间，若要表示现在和将来动作行为或性状发生的时间，则不可。如"*你明儿走家给我说。"要说这一意思，需把"家"换成"起"。

(二)表示顺序

"家"用于次序词中，表示先后排列顺序，只能读去声。例如：

(9)头家　二家　三家　罢家

例(9)犹第一名、第二名、第三名、最后一名，也可以理解为第一人、第二人、第三人、最后一人。如"头家是谁叻?"即第一名是谁呢。第一名只能说"头家"，而不能说成"一家"。"今儿跑哩个罢家。"就是今天跑步跑了最后一名。绥德方言的"头"是前面、第一的意思，"罢"是末尾的意思，如"拉罢"、"罢罢"，都指最后的、末尾的。"家"的这一用法声调读音较为特殊，不读轻声和本调，读去声可能是为了与家庭、单位意义的"一家"、"两家"、"三家"(读本调)的意义相互区别而改变读音的，即变音别义的结果。或许另有来源。

(三)作词尾，表示方式、状态等

1. 用于代词后，作词尾。例如：

(10)我家　你家　那他家　这儿家　那儿家　这里家　那里家　这搭儿家　搭儿家　那搭儿家　这么个搭儿家　那么个搭儿家　这阵儿家　那阵儿家　这偖会儿家　那偖会儿家　这么家　那么家　咋家　哪里家　哪搭儿家　哪个搭儿家　甚会儿家　多偖儿家　多会儿家　多少家

"我家"、"咋家"、"多少家"意思同"我"、"怎么"、"多少"。如"说我家没事，人家跟前那敢叻?""给你家你不要，啊这阵儿说甚叻。""你咋家胆小成这么个。""粉是多少家秤买的?"人称代词带"家"后，只作主、宾语，不作定语。

2. 用于重叠式或含有重叠成分的形容词及其生动式、副词、拟声词后，作词缀，犹"的"或"地"。这一用法以及以下用法有人常常写作"价"，概其词义虚化所致。例如：

(11)高高儿家　猴猴儿家　黑黑儿家　潦潦儿家　紧紧儿家　酸酸

儿家　攒攒儿家

(12)黑圪楚楚儿家　白圪生生儿家　明得朗朗儿家　光不溜溜儿家

(13)圪遛遛家　圪曚曚家　圪晃晃家　圪颍颍家_{摇晃的样子}

(14)可可儿家　刚刚儿家　偏偏儿家　端端儿家　利利儿家　猛猛儿_{猛然}家

(15)忽啴啴家　忽燎燎家　圪哇哇家　圪叭圪叭家　圪噌圪噌家

例(11)(12)是状态形容词，"高高儿家"就是高高的样子，"潦潦儿家"就是机灵的样子，"黑圪楚楚儿家"就是黑黑的样子。如"挂得高高儿家好看。""那娃娃潦潦儿家，保险能考上叻。""这对坛子黑圪楚楚儿家，咱买上个。"例(13)"圪遛遛家"是快速跑、走的样子，"圪晃晃家"即晃动的样子。如"将叫哩一声唑就圪遛遛家跑来嘬。"例(14)为有重叠成分的副词，"可可儿家"指恰巧、正好地，"端端儿家"即偏偏地、直直地，"利利儿家"是彻底地、完全地。如"怕你叻唑偏偏儿家碰上个你。""一份子家当利利儿家赌博光嘬。"例(15)是有重叠成分的拟声词，"忽啴啴家"指水流、跑步等的声音，"圪叭圪叭家"指破裂的声音。如"一瓮水忽啴啴家就流完嘬。""河滩里的冰进得圪叭圪叭家。"

3.用于数量短语或重叠式数量短语后，作词缀，或强调前边的数字，表示数量多、定价、定量，或表示动作行为以某种数量方式状态进行。量词可以是名量词，也可以是动量词。例如：

(16)一斤家　五毛家　三天家　两回家　三颗遍家　一阵儿家

(17)一口一口家(吃)　一样一样家(看)　五个五个家(数)　两下两下家(敲)　一人一下家(打)　一递一下家(来)　三七家(开)　四六家(分)

例(16)"一斤家"指以一斤的数量为单位，"两回家"就是用两次的数量。如"酒还能一斤家喝叻？可不要命嘬。""那么个人还要你去两回家请叻？""家"在这里表示数量意义的同时，又有强调喝的、去的数量多。"豆芽一斤八毛家贱粜来。""八毛家"是定价。"一个村去十个家人。""十个家"表示人数固定，是定量。例(17)"一口一口"表示吃的方式，一口吃完再吃一口。"一递一下"表示动作按轮流交替的方式进行。例(17)的用法必须是重叠结构，只作状语。数词以"一"为常见，也可以是其他数词。"一递一"是固定结构。

4.用于固定的词语结构中。"家"与不定量数词"些"组合为"些家"，说明事物、行为等的类属，意思犹之类。例如：

(18)铺盖些家你每们要拾闹_{不要准备嘬}。

(19)吃的些家，都家里拿叻。

(20)扭叻唱叻些家，没那他不会的。

例(18)指铺盖这类东西，例(20)指扭秧歌、唱歌曲这些行为、能力。这里的"些"读[ɕi⁵²]。"些家"前不能再有"这"、"那"的出现，因此，这个读音可能是"这些家"、"那些家"（读[ɕi²¹³]）受双音化影响省略而来，同时发生了音变。

用于动宾之间有"个"的结构中，构成"V＋个＋家＋宾语"句式，表示模糊的数量方式，使话语带有便捷、轻松色彩。例如：

(21)那些在哩，说个家话、做个家甚也方便他们在的话，说个话、做个什么事也都方便。

(22)留下你敢给咱看个家门连天留下你呢，给咱们看家门之类。

(23)家里供个家娃娃念书一满不容易家中供养个孩子念书，实在不容易。

这一用法，动宾之间如果没有"个"，则无法使用"家"，"个"是"家"使用的前提条件。"个家"在这里几乎成了一个宾语标记，即"个家"后边的成分不论是否为体词，都是作前边动词的宾语。比之于上一用法，这里的"家"意义更虚，完全是语法化了的一个成分，如果去掉，句子在表意上没有什么大的差异。

可以用在中补结构中，构成"Vp/Ap＋得＋直(tʂʻə³³)＋家＋补语"句式，表示结果或状态。例如：

(24)背老石头把人熬得直家饭也不想吃！

(25)你把我说得直家一文也不值嘞！

(26)那家的娃娃兴得直家脑哩上叻他家的孩子宠惯得直往头上爬呢！

(27)考上好大学嘎，喜得直家瞌睡也不瞌睡！

这一结构的补语，不论是好与坏，都可以说成"不能提"、"没法说"，也可以省略，言下之意那个动作行为或性质状态程度不用说出来，听话人可以想来是什么状况，这时句式变成了感叹语气，句首可以加上表示感叹的语气词或助词"看"。上四例也可以说成：

(24′)唉，背老石头把人熬得直家！

(25′)看你把我说得直家！

(26′)唉，那家的娃娃兴得直家！

(27′)考上好大学嘎，看把那喜得直家！

这一结构中的"家"同上一结构一样，去掉后表意上也没有什么大的差异。

可以用在"还＋家＋Vp＋叻"结构中，表示不满、责备、抱怨或无奈语气。例如：

(28)你还家能提叻，一做一个黑屁股—团糟！

(29)那还家谁敢说叻！

(30)那圪堵黑皮还家能招叻那些地痞还能招惹呢！

这一结构中的"Vp"有时可以不出现，结构上不完整了，但在语义上是自足的，句子的言下之意是，所说的对象不值一提，不能与之计较、较量，句意对否定语义特征主要是由副词"还"来承担的(笔者另文专门讨论)。例如：

(31)娃娃每还家叻孩子们还……！

(32)婆姨女子还家叻妇女、女孩子还……！

(33)那那种人还家叻他那种人还……！

(四)作助词，表示语气

1. 表示假设。"家"用于假设成分之后，表示假设语气，犹助词"的话"，可以表达已然的事，也可以表达未然的事。这种假设关系的句子一般是紧缩句。一些方言学者习惯上将此用法写作"价"。例如：

(34)你妈要是来家就好嗹。

(35)那娃娃要是考家保险肯定考上叻。

(36)夜儿昨天天热家做完嗹。

(37)那是个人命□(iəu³³)子亡命之徒，你和那赌家命也快送的嗹他是个不要命的人，你与他赌的话，命也快断送的了。

(38)工钱低家你不做，高家人家不要你。

(39)脚地窑洞内的地面不净家又说是我来来。

例(34)－(36)表示对过去事情的假设。如果动作行为或性状是肯定的，即"来"、"考"、"热"，句子的意思实际上是否定的，即"没来"、"没考"、"没热"动作行为或性状实现了。相反，如果动作行为或性状是否定的，即"没来"、"没考"、"没热"，句子的意思实际上是肯定，即"来"、"考"、"热"动作行为或性状实现了。例(37)－(39)表示未然事情的假设。例(37)"赌"的行为没有发生。例(38)"高"、"低"，例(39)"不净"的状态没有出现。

表假设语气的"家"也可以直接用于否定副词"不"、"嫑"(不能用否定副词"没")后表示假设，犹北京话的"不然(的话)"、"否则"，一般用在假设复句的后一分句开头。例如：

(40)你忙叻，不家你去。

(41)那他敢寻起人嗹，嫑家能饶哩那他叻！

"家"的这一用法可以从前一分句肯、否定两个方面来说明。如果前一分句是肯定句,"不/嫑家"可以看作是"不/嫑＋动词/代词＋家"结构的省略,例(40)、例(41)可以将承前省略的那个动词语补充出来,例(40)为"忙",例(41)为"寻起人",所以这两个句子也可以说成如下,例(40_{a1})、(41_{b1})。如果是"代词"代替,一般用"这么个",例(40)、(41)也可以说成如下(40_{a2})、(41_{b2})。

(40_{a1})你忙叻,不忙家你去。

(40_{a2})你忙叻,不是这么个家你去。

(41_{b1})那敢寻起人嘅,嫑寻起人家能饶哩那叻!

(41_{b2})那敢寻起人嘅,嫑这么个家能饶哩那叻!

如果前一分句是否定句,则"不/嫑家"后不能找到承前省略的相关动词。也就是说,否定句的后一分句要使用"不/嫑家",则前一分句的动词不能出现在后一分句,要有动词出现,只能是其他动词。如例(40)、(41)一类的句子只能说成:

(42)你不忙,不家谁敢叫你去叻?

(43)那敢没寻起人,嫑家能罚下这么多叻?

表假设语气的助词,绥德方言还有"动"、"唦"、"动唦"。例如:

(44)你管唦就好嘅。

(45)天下雨唦就不应去嘅。

(46)你要动给我说一声。

它们可以替换"家",替换后句子的意思大致不变。因用法相同的缘故,所以"家"有时也可以与"动"、"唦"叠用,组成"动家"、"唦家"、"家唦"。如例(44)的"唦"就可以说成"唦家"、"家唦"。

不过,"动"与"家"、"唦"在用法上还是有细微区别。"家"、"唦"表示对已经发生动作行为或状态带有遗憾语气,同时还表示说话者的一种期盼。肯定句表达的是动作行为没有发生,例(44)是说期盼你去"管",实际上"不管",因而感到遗憾;否定句的句意是动作行为发生了,例(44)如果说成"你不管唦就好嘅",则是期盼"不管",实际上"管"了,因此带有遗憾色彩。可见,不论肯定、否定,都含有遗憾语气。再如例(34)"你妈来家就好嘅"同例(44)。"家"、"唦"也可以表示未然的事,如例(37)、(45)。相比之下,"动"侧重表达未然的事,没有遗憾语气,例(46)"要"的动作行为没有发生。因为"家"、"唦"带有遗憾、感慨语气,因而句首往往可以出现感叹词"唉"。例如:

(47)唉,我那阵儿再多考上几分家唦还应受而儿现在这么些罪叻!

(48)唉,你要是我每我们老师唦咋好叻。

　　这类句子也可以不说出假设条件下出现的结果，即句子只是由假设条件分句的假设那部分独自构成。例如：

　　(49)唉，要早走给几天唦家。

　　例中"早走给几天"带来的结果没有出现，但同样是说话人所期盼的，能够知道是什么。

　　"家"还可与表可能性极小的假设语气连词"为免"、"为时"叠用，成为固定的组合"为免家"、"为时家"，与北京话的连词"万一"用法相近。这一用法不能换成"唦"、"动"。例如：

　　(50)为免家来哩人我咋办？

　　(51)你霎说死_{说定}，为时家人家碰上个好人哩？

　　2. 表示提顿语气，具有话题标记的功能，犹北京话的提顿语气词"嘛"、"呀"、"呢"。也可作一般语气词。例如：

　　(52)料儿家没问题，就是人手不够。

　　(53)说家我给你说，不晓得人家听叻不么。

　　这一用法与上边表假设语气的用法有点相似，似乎例子中的"家"也可以理解为"的话"，其实彼此有别。假设的意义在于强调假设实现后所产生的结果，同时也有引出下文的作用；而提顿用法，则仅仅为提出一个话题，然后对这个话题加以说明。这几例通过"家"提出话题"料儿"、"说"，然后加以说明如何，"没问题"、"我给你说"。这一用法中的"家"与人称代词"我家"、"你家"、"那家"作主语时的"家"重合，即一个"家"一身兼二职。换言之，代词词尾的"家"作主语时，有时兼有提顿语气的作用，可以理解为话题标记。

　　"家"还与其他语气词组合，如"唦家"、"家唦"、"家是"、"家叻"、"动家"、"家么"、"家噢"、"来家"等，它们也表示提顿语气，作话题标记，或者表示陈述、祈使等语气。表意上有的以"家"为主，有的以组合中的另外一个语气词为主。例如：

　　(54)人唦家没问题，就是家底儿不好。

　　(55)你家唦就不听我的话，唖敢吃哩亏噠吧_{你呢就是不听我的话，吃亏了吧}。

　　(56)你来家么就最美噢。

　　(57)好家是好着叻，就是太贵噢。

　　(58)说家是好说着叻，就是人家不晓得听不么。

　　(59)给动家没问题，又不是给的两旁世人噢。

　　(60)娘的来家甚事顶不上他妈呢_{什么事顶不上}。

　　这些例子都是用"唦家"等提顿语气，标注它前边的成分为话题。例(57)、(58)是拷贝式结构。

　　(五)与周边方言的简要比较

　　绥德方言"家"的用法在陕北晋语中具有一定的普遍性。根据我们的初步调查与了解，绥德方言"家"的一些用法在神木、榆林、横山、靖边、米脂、子洲、佳县、吴堡、延川、清涧、子长、延安等地方言也存在。已有的调查成果有延川方言(张崇 1990：99－104)、神木方言(邢向东 2002：519、583－584)。如果和这两个一南一北的方言进行简单比较的话，绥德方言与延川方言较为接近，绥德方言更多体现了陕北晋语中心地区的用法，而与神木方言的差异相对来说较大一些，如(二)、(三)之4的用法神木方言中没有，神木方言更多地体现了陕北晋语北部地区的用法。例如，绥德方言除了表顺序的用法读去声外，都读轻声 tɕia，而神木方言表示某类人的用法读 tɕia，其他用法读 tɕie(一般写作"价")，即语法化程度高的用法在神木方言中读音发生了变化。若从绥德方言观察，神木方言"家"读 tɕie 正是从 tɕia 弱化而来。与神木方言相同读音变化的还有绥德南边的清涧、延川等方言，也是意思虚化后读 tɕie 或 tɕi，轻声，意思较实的用法读 tɕia。如果二者之间(虚实之间，也即读音之间)没有关系的话，即不是一个词的发展演变，是两个词恰巧读音相同而已，而这种可能性是极小的。因为近代汉语给我们提供了有力的支持。在近代汉语中，"镇天价"这类词，又写作"镇天家"，"家"还有写成同音字"贾"、"嘏"、"加"(见下文)，如果"价"不是来源于"家"，写作同音字的"贾"、"嘏"、"加"就无法得到解释，因为"贾"、"嘏"、"加"它们没有 tɕie 的读音，这些同音字的使用实际上正好说明了"价"来源于"家"的，而且还反映了当时的"家"大致读轻声了，否则彼此之间无法借用。用法的演变引起读音的改变，读音的改变又引起了用字的变化，写"价"、"介"(古拜切)当是由此而来。与此类似的读音现象，如北京话的"去"作为实义动词时，读 qù，而作为趋向动词"去"时读轻声 qi(陆俭明 1985)，即意思较虚，韵母发生了变化。晋语"去₁"读 k'əʔ，"去₂"读不送气的 kəʔ，也是这一情况，趋向动词轻读，引起了声母的变化(黑维强 2003a)。再如，北京、河北等地一些地名"张各庄"、"李各庄"中的"各"，学界公认是"家"音变后而写作"各"的，二者的源流关系非常清楚，今天写作的"各"，谁都无法否认是由"家"的事实。换言之，"各"与"家"是一个词，用不同的字是音变引起的。北方一些地方话"别价"的"价 jie"，如果不是与"价 jia"有关系的话，为什么不写"介"一类的同音字呢？这也充分说明 jie 是由 jia

变来的，只不过用字不像"张各庄"中的"各"据音改字而已。语法化的规律表明，形式演变和意义演变之间常常呈现出不对称关系，存在着"形变滞后"现象，"一个形式 F_1 的意义 M_1 已经变为 M_2，但至少在一段时间内，形式仍然是 F_1 而没有变为 F_2。因此在这段时间内，F_1 既表示 M_1 又表示 M_2。"(沈家煊 2002：235)绥德方言的"家"的用法发生了变化，其读音形式没有变，因此正是"形变滞后"的体现，"家"无论用法虚实如何，读音上未变，体现出了其保守性的一面。据初步调查，陕北晋语"家"的用法分布情况是以绥德方言为中心，向南北两边递减，南边的延安方言，北边的神木方言，远没有绥德方言的用法丰富，体现了绥德方言在陕北晋语的中心地位的特点和对周边方言的影响力。

（六）"家"的用法梳理

以上是我们调查到的绥德方言"家"的用法。这些用法看似杂乱，其实它的发展轨迹还是比较清楚的（张崇 1993a：85）。"家"是人类社会以血缘和婚姻为标准划分出来的最基本的社会结构组织单位，"家"表示某类人是由其基本义"家庭"发展而来，例（1）－（5）是不同标准分出的类，或以性别、年龄为类，或以地域、行政区划、国别、机构单位为类，或以方位为类，或某一动作行为类。某类人的用法进一步扩大使用对象，即由人扩大到事物、事情，就可以引申出用于表示某种事类——或以时间为类，或以次序为类，或以数量为类，或以动作为类，或以性状为类，或以方式状态为类。事类用法再继续演变就是助词和语气的用法，是更加高度语法化的结果。这些用法的演变都是以一定的条件类别作为根据的。其中最为关键的环节是"家"由家庭义变为某一类人。柳士镇（1992：173）指出："'家'字放在代词、名词等后面，如果仍然具有'家庭'的实义，那么它只应看作以之组成的偏正词组的中心词，同后缀没有什么关系。如果这类'家'字不再表示'家庭'的实义，而表示某一类的人，那么它就有了虚化的趋势，同后缀有了一定的联系。"汉语具有盛放、聚集语义特征的名词，一般可以形成量词，"家"正是具备聚集语义这一特征（一家之成员、财产、力量、智慧等聚集）的名词，因此在其使用过程中产生了量词的用法，词义及用法演变过程符合汉语词语发展的普遍规律。

二、"家"的一些用法历史考察

现代汉语方言"家"的用法大多数在古代文献中已经出现，与绥德方言有关的用法，有的产生时代较早，可以追溯到上古汉语，有的产生时代较晚，大致在宋元时期。"家"在文献中还写作"价"、"贾"、"介"、

"假"、"嘎"、"加"等。不同写法，有的是因为用法（如助词、语气词）与最初的意义（表示某类人）之间有了较大的距离，如"价"、"介"，有的是当为不知道虚化前的意义，使用了同音字，如"贾"、"假"、"嘎"、"加"，或许还有地域的因素在内。不同的用字现象主要出现在唐宋以后，这一阶段的"家"，用法大大虚化了，故此。

（一）表示某类人

用在名词、动词后，或为从事某种职业或具有某种技能的人，或为某地方的人。这一用法始见于秦汉文献。例如：

（61）刺家不诊，听病者言。（《素问·长刺节论篇》）

（62）田家作苦，岁时伏腊。（《汉书》卷66《杨恽传》，以上两例转引自王云路等2005）

（63）车家胡并拾肆枚。（敦煌P.2641《丁未年六月都头知宴设使宋国清等诸色破用历状并判凭》）

（64）（太史慈）由是知名，而为州家所疾。（《三国志》卷49《太史慈传》）

（65）您孩儿则是干家的心肠，可惜了这钱钞与那穷弟子孩儿。（元杂剧《合汗衫》1折）

（66）坐定，太后使紫衣中贵人曰："迎杨家、潘家来。"（《唐人小说·周秦行记》）

例（61）－（63）"刺家"指针灸的人，"田家"指种田的人，"车家"指赶车的人。再如《汉书》、《论衡》、佛典文献中的"音家"、"乐家"、"田家"、"星家"、"术家"、"篇家"、"传家"、"宅家"、"施家"、"屠家"、"猎家"、"染家"、"巧家"、"酒家"、"陶家"等，都是此类。例（64）"州家"指州这个官府所代表的人。敦煌文献还有"新城家"、"甘州家"、"悬泉家"、"寿昌家"表示新城人、甘州人、悬泉人、寿昌人。例（65）"干家"就是做事的人。金·董解元《西厢记诸宫调》有"贤家"、"僧家"、"佛家"、"寺家"、"女孩儿家"、"秀才家"，元杂剧有"婆娘家"、"妇人家"、"女娘家"等，表明或强调其身份。例（66）用于姓氏后，指杨贵妃、齐潘淑妃。也是女性。但是在文献中也见用于男性，如《刘知远诸宫调》第一："刘家你休怕，那日见你来俺庄院。"指刘知远。明·冯梦龙《醒世恒言》卷31："张员外看罢，举手加额道：'郑家果然发迹变泰，又不忘故旧，远送礼物，真乃有德有行之人也！'"指郑信，是男性。绥德方言（一）之1的一部分用法当来源于此。

（二）表示某类时间

1. 用于时间名词后。这一用法最早用例见于唐代文献。例如：

(67)每日价，伏虎降龙。（唐·吕岩《水仙子》）

(68)终日价浅酌轻讴。（宋·赵常卿《满庭芳》）

(69)五日三朝家没纸儿文字，官清法正无差。（金·董解元《西厢记诸宫调》卷8）

《西厢记诸宫调》中还有"一夜家"、"镇日家"、"侭日家"、"一会家"等，宋词有"一霎儿价"、"一向价"、"镇日价"，元曲中有"平日家"、"逐宵家"、"逐朝家"、"整日价"、"每日家/价"、"每年家"、"半晌家"、"一年家"、"几年家"、"一天家"、"一回价"、"一会家"、"一会加"、"往日家"、"常年家"、"数载家"等。它们都是用于时间词语后。绥德方言（一）之2a的用法与此类似，当源于此而有所变化。

2. 用于动词性词语后。此一用法用例也始见于唐代。多写作"价"。例如：

(70)麦九斗买瓜，面六斗沽醋三斗，麦六斗造胡饼价用。（敦煌S.1733《年代不明[九世纪前]诸色斛斗入破历算会稿》）

(71)布两疋，唱伞裙绫价用。（敦煌P.2040V《后唐长兴二年(931)正月沙州净土寺直岁愿达手下诸色入破历算会牒》）

例中的"造胡饼价"、"唱伞裙绫价"作动词"用"的状语，表示时间概念，就是做胡饼和唱卖伞裙绫时所用。这里如果将"价"理解为价格之类的意思，则句子中的动词"用"无法与前边的词语在结构上相搭配、在语义上相联系。绥德方言（一）之2b的用法与此"价"的无差异。

（三）作代词词尾

用于代词后，作词尾，唐代产生，其后文献中用例极其丰富。例如：

(72)莫将诸女献陈，我家当知不受。（敦煌变文《维摩诘经讲经文（五）》）

(73)更做你家年纪老。（《李逵负荆》3折，转引自吕叔湘1985）

(74)他家笑吾贫，吾贫极快乐。（唐·王梵志《他家笑吾贫》）

(75)专心念三宝，真乱自家身。（同上，《身强避却罪》）

例中的"代词＋家"皆非表示领属关系，也就是说，"家"已经不是表示"家庭"之义了，"我家"、"你家"、"他家"、"自家"就是指我、你、他、自己。寒山诗中还有"侬家"，即"侬"。代词词尾"家"，吕叔湘（1985：89）认为是来自名词家庭的"家"，当"我的家"、"你的家"、"他的家"的"我家"、"你家"、"他家"的"我"、"你"、"他"由领格扩展为非领格时，"家"便蜕化为代词的词尾了。"这个没有语法作用的家字，在明代以后的文献里和现代的北京话以及一般的北方话里都不见应用。也许在日常口语里自来就没有怎么通行过？"（吕叔湘1985：89）从绥德方言来看，这样的"家"在口语里不仅通行，而且还比较广泛地使用。吕先生写作时方言资料缺乏，所以在行文中用了疑问的语气来表述，严谨之风可见一斑。绥德方言(三)之1用法当继承于此。

(四)作数量词词尾

"家"作数量词词尾，用以表示尺度或方式，这一用法的例子最早见于唐代文献。唐代之后文献用例极其丰富。例如：

(76)负者顾而言曰："八钱价措大漫作威风。"(唐·赵璘《因话录》卷4)

(77)三十、五十家撺来，比及偿到，是几个斋供。(金·董解元《西厢记诸宫调》卷6)

(78)……则索扭回头半口儿家刚刚的咽。(元杂剧《拜月亭》4折)

(79)每日三二里家捱着行前进，又早数月，今将到荆州。(元刊本杂剧《粲王登楼》2折)

(80)千峰云起，骤雨一霎儿价。(宋·辛弃疾《丑奴儿近》)

(81)哥哥比兄弟多一片家狠心肠。(元杂剧《杀狗劝夫》楔子)

以上例中的"八钱价"指仅值八钱，八钱是一个尺度，不足一两，犹今日之八成之义，"半口儿家"指用半口的方式下咽。元曲中还有"一群价"、"一片家"、"整匹价"、"几番价"、"八番家"、"三番家"、"九番家"、"数番家"、"数次家"、"数载家"、"一盘家"、"一年家"、"六七斤家"、"五四斗家"、"六文家"、"两根儿家"、"一句家"、"两行家/价"、"二升家"、"一场家"、"三遍家"、"一夜加"、"一千个家"、"一锭家"、"两辈儿家"、"三辈儿家"、"一个家/价"、"一座家"、"满头家"等。绥德方言(三)之3的用法当源于此。例(80)—(81)也是用于数量词语后，犹今北京话"地"、"的"，与前四例有区别，作谓语和定语，仅仅表示一定的数量。下文例(84)—(87)也属于这种用法。这一用法大致在宋代出现。

还用于动宾之间的宾语修饰语之后。这一用法首见于宋代平话，元杂剧中多有其例。例如：

(82)(郭威)呕了一肚价怒气。(《五代周史平话》卷上)

(83)我则要乘兴两三杯，做一个家好筵席。(元杂剧《争报恩》4折)

(84)怎么的口边头拔了七八根家狗毛，脸儿上拿了三四个狗蝇。(元杂剧《杀狗劝夫》3折)

(85)哎，钱也，我为你呵，恨不的便盖一座家这通行庙。(元杂剧《老生儿》2折)

例(84)的"个"与"根"同类词对举，"个"当为量词。但是彼此有细微差别：一是绥德方言量词限于"个"，古代文献则没有限制；二是绥德方言的"家"虚化的程度高,近代汉语文献时代较早的用例似乎可以理解为"的",如例(82)可理解为一肚子怒气,也可以理解为一肚子的怒气,时代较晚的只有语气了,如例(83)—(85)。近代汉语文献用例因时代先后不同而产生的差别,也正好说明语气词是在助词基础上演变而来的。

绥德方言(三)之 3 的用法当沿袭于此。

（五）作形容词、拟声词词尾

用于形容词、拟声词的重叠式后。这一用法犹今北京话的"地"。目前仅收集到下两例。

(86)气长长价吁,泪泠泠价落。（南戏《张协状元》32 出）

(87)那李克用正在醉中,鼻鼾鉤鉤地价睡。（《五代唐史平话》卷上）

此两例中的"长长价"即长长地,"泠泠价"即泠泠地,不停地,"鉤鉤地价",即呼呼地,"地价"叠用。绥德方言(三)之 2 的用法当来自于此。

从以上文献用例可以看出,绥德方言"家"的一些用法由来已久,在继承的同时又有所发展。

表 19-1 "家"的古今用法比较

功能	用法分布状态	词汇/语法意义	白话文献	绥德方言
名词	用于名词、动词后构成复音节名词	意义实在,表示某类人	＋	＋
	用于名词、动词、形容词后	意义实在,表示某类时间	＋	＋
数词	用于基数词及相关词语后构成序数词	意义实在,表示顺序次第	－	＋
代词	用于代词中	作代词的构成成分,意义虚化	＋	＋
词尾	用于数量短语或重叠式数量短语后	表示强调、方式或状态	＋	＋
	用于重叠式或含有重叠成分的形容词及其生动式、副词、拟声词后,作词缀	表性状或方式,犹"的"、"地"	＋	＋
	用于固定结构中	表示类属、方式、结果或状态	－	＋
助词	用于假设条件后	表示假设语气	－	＋
	用于话题之后	表示提顿语气,标注话题	－	＋

说明:表中"＋"表示有这种用法;"－"表示无这种用法。

三、"家"的语法化过程

(一)"家"的共时分析

汉语词汇语法化过程的探究，可以从历时或共时角度来进行，也可以将二者结合起来进行。总体上说，从历时角度看，实词发展为不同类型虚词的语法化过程并非都按一个共同的路子进行，而是受到各种因素的影响，出现了不同的模式，如前置介词和后置助词的形成。但是我们也能看到，具有相同词义、相同句式条件的词语，其语法化的历程即演变方向往往又相似，从而形成同类性质的虚词。具体表现在：词义由具体到抽象，失去原有的具体词汇意义；一旦语法化后，就会失去独立运用的能力，而成为一个附加成分；在读音形式上经常会伴随着弱化、轻化等现象产生，如表动态用法的"将"、"着"、"取"、"得"等，它们都经历了连动式→表示动作结果(补语)→表示动作完成、持续(助词)这样一个过程(刘坚等1995)。一个词共时平面上的不同用法是历时演变结果的展现，历时演变过程中，前后不同时代的文献常常能提供反映演变状态的一些有用线索，从而使我们揭示其语法化的具体过程。"家"的语法过程正是如此，可以从共时和历时两个方面来观察。

"家"的语法化过程与"时"的语法化过程极其类似，在此与"时"进行比较，来观察"家"的演变历程。据江蓝生的考察，时间名词"时"用于用在动词后，表示过去或现在、将来的行为或事件的已然、将然或未然，而表示假设的用法助词，当首先是从表示将然、未然的名词虚化而来。"时"除了表示假设，还可以作话题标记。诱发它的语法化的语义条件是，"出现在时间条件短语或小句末尾，表示动作或事态是没有实现的，当'VP时'的语义重心倾向于VP，'时'的词义弱化时，就引发了语法化。"(江蓝生2008)绥德方言"家"具有表示时间的意义，在此基础上开始了语法化的历程。"家"首先用于表示时间，这一词义具有实在意义，是名词，在此基础上它的意义开始虚化，进一步发展为词尾、助词，既可以构成一些复音词、表示方式、状态等，又可以用在句末表示假设语气，还可以用在主语后，表示提顿语气，作为话题标记。通过比较看出，绥德方言"家"的用法及演变过程与近代汉语到现代汉语"时"的演进过程相当一致。

"家"的语法化内部机制是类化与重新分析，也与"时"一致。"家"表示时间，一般用于句末，表示某一类型的时间，这是它语法化的句法语义条件，也就是诱发"家"语法化的原因和基础是它出现在句末，句末位置为其虚化、扩大使用范围提供了可能。无论是名词用法（如：白日家你不做，黑地家咂忙开喂），还是动词、形容词用法（如：去家虎也是，回来家狗也是｜冷家嫌冷，热家又嫌热喂，不晓咋家_{如何}顶端_{伺候}叻），即"Np/Vp 家"，都表示的是某一时间，其结构是定中关系，"家"是中心语，语义的重心所在。当"Np/Vp 家"的语义重心倾向于 Np/Vp 时，"家"的词义就弱化，语法化开始发生。（三）之 2、（三）之 3 的用法就是"家"语法化了的结果，语义是"家"前边的成分，如"你把吃的搁得高高家｜酒还能一斤家喝叻"，语义的重心在"高高"、"一斤"上，"家"弱化为词尾或方式、状态，犹北京话的"地"。"家"的语法化进程到此并没有结束，而是继续向前发展，更加虚化，作为助词、语气词用，如例（34）、（40）表示假设语气，例(52)表示提顿语气，是典型的话题标记。"家"的语法化是重新分析的结果。当"家"表示时间变为词尾或表示状态、方式时，句式的结构由后向型结构变成了前向型结构，即由中心语变为附加成分，"家"的语法结构进行了重新分析。汉语史上"Vp 时"和"Vp 者"表示假设、话题标记的用法也都大致如此，说明绥德方言"家"的语法化机制是合乎汉语发展规律的，也可以看作是汉语同类词现象演变类推作用的结果。概括起来看，"家"的语法化过程是：一般名词→时间名词→词尾→假设语气助词→话题标记。这个过程大致可以分为四个层次，一般名词和时间名词是实词，语法化的出发点，第一个层次，词尾是第二个层次（与其前边成分黏着性比较强），假设语气助词是第三个层次，话题标记是最后一个层次，语法化程度最高。

（二）"家"的历时分析

上文我们对绥德方言"家"的用法发展演变进行了简要梳理，这是从共时状态上的推测。那么，从古代文献用例来看这样的梳理有无根据呢？答案是肯定的。绥德方言的"家"从某类人到助词、语气词，经历了四个步骤，历史文献材料提供了有力证据：第一步，表示某类人是由家庭意义引申而来，家庭义在先秦时代就产生了（如《诗经》的"靡室靡家"），在秦汉间家庭义产生了某类人的用法［即二之（一）］。"家"表示某类人，其词义很实，有具体的词义，与本义的区别除了词义之外，即由社会结构单位指向了人，还有语言结构上的差别，只出现在词语组合结构的后边位置。第二步，由表示某类人引申出表示某类时间，在唐代出现［即二之（二）］。这一用法的词汇意义还是比较明显的。第三步，由时间的类引申出表示代词词尾、助词，该用法出现在六朝唐［即二之（三）（四）］。这一用法，词汇意义已经退去。第四步，由词尾引申为助词、语气词，这一

现象产生于宋元时期[二之(五)]。以上所列举文献的种种用法,从产生时代先后顺序来看,可以图示如下:

家庭义→某类人→某类时间→词尾、助词→助词

先秦 →秦汉 →唐代 →六朝唐 →宋元

从这里可以看出,"家"的用法随着时代发展在不断丰富,时代发展演变过程与"家"的语法化进程步伐正好吻合:由指人到指事物,由事物再到事类,由事类到语气,由词尾到助词。

第二节 的

绥德方言"的 tə?³",可以作助词,也可以作介词、语气词,可以单独附着在其他词语之后使用,也可以与别的语气词连用。

一、"的"作助词

"的"作助词,相当于"着"。绥德方言有助词"着",如果表示动作正在进行、持续的话,只能用"着",而不能用"的"。"的"不同于北京话的用法具体来说有以下几种情况。

第一,"的"用在动词之后,表示某处有某事物存在,构成存在句。其结构一般为"NL+V+的+N(受事)"。这种结构句式在使用中一般用于相关事物的列举介绍。例如:

(1)窑码子_窑的门面上贴的瓷砖,外起_{院子}铺的石板。

(2)人家炕上铺的栽绒毯,脚地下放的大立柜。

(3)龙(读 ₌lən³³)门_{大门}上挂的灯篓_{灯笼},贴的对子。

(4)桌子上摆的钟,瓶里插的花。

这里的"贴"、"铺"、"放"、"挂"等,在说话时动作都已经完成,"瓷砖"、"石板"、"栽绒毯"、"大立柜"等都已经附着在处所"窑码子"、"外起"、"炕上"、"脚地上"等的上面了。句子中"的"后名词限于受事。这种结构北京话用"着"来表示,不限于列举,名词施事、受事皆可(吕叔湘1999:666)。绥德方言列举、介绍一些情况,所以一般不能只说出一种东西,否则人们感到话还没有说完。"的"与"着"都表示持续,二者的分工大致是,"的"表静态持续,"着"表动态持续,"的"前的动词一般不用时间副词"正"一类的词修饰,"着"在表示有条件的持续体中也不能用,在没有条件的持续体中则可以。

第二,在连动句中,如果是表示 V₁ 和 V₂ 的连续出现,绥德方言同

北京话一样，V_1 后跟"着"。而如果 V_1 和 V_2 之间表示的是方式、目的等关系时，一般不用"着"而用"的"，其结构是"V_1 ＋的＋V_2"。例如：

（5）走的去的_{语气词}。

（6）东西阿儿_{人家}拉的卖哩。

（7）打的走的_{语气词}，又不是那_他想去叻。

（8）抢的说话叻。

（9）你拿的看给下儿_{"给一下儿"的省略}。

（10）对面下来吹鼓手，吹着喇叭捣的鼓。（信天游）

（11）对面过来赶驴汉，吆的毛驴驮的炭。（信天游）

例（5）—（9）之"的"，北京话只能用"着"来表达。例中的"的"，有的也可以换成"上"，意思基本不变。如例（5）"走的去的"→"走上去的"。例（10）、（11）两例是信天游中的例子，很有意思。例（10）"吹"后用"着"，"捣"后用"的"，例（11）两个动词后都用"的"，"的"即"着"。

从历史文献来看，"的"用在动词后，表示动作的持续或连贯，其用例在唐代已见。例如：

（12）（龙）牙便过禅版与师，师接得便打。（唐·慧然集《临济录》）

（13）微云：与我过蒲团来，牙便过蒲团与翠微，翠微接得便打。（唐·慧然集《临济录》）

例中的"接得便打"，就是接着就打。

第三，用在顺承关系的连动结构中，表示动作行为的实现。即在 V_1 与 V_2 连用的结构中，V_2 后"的"表示 V_1 行为结束后 V_2 行为才实现，犹北京话的"了"，V_2 前经常用时间副词"才"来修饰，说明承接关系。"的"这一用法主要用于对已然行为的回忆追述。例如：

（14）起先拉话着来，后来才喝的酒。

（15）到家里才给打的电话。

（16）生活做完回的家。

这三例，"喝的酒"就是喝了酒，这一行为的实现是在"拉话"完成之后。"打的电话"就是打了电话，"回的家"就是回了家。

第四，动词修饰名词时，动、名之间要有"的"，意思犹"着的"。其结构为"V＋的＋N"。这似可看作是两个"的"连用的省略。例如：

（17）外起_{院子}搁的桶哪去哦？

（18）放的路不走哦，走人家庄稼地是？

（19）树上结的枣儿快红的哦。

（20）书黑里_{里边}夹的钱儿不见哦。

　　以上"的"的三种用法，有的句子中可以换成"着"，但听起来有"咬京腔"之感。换句话说，受北京话影响较大的人，用"着"用得多些。在有的句子中，"的"不能换成"着"，如"*外起搁着桶哪去喽"。

　　"的"有"着"的意思，由来已久，早在唐宋文献里就已经出现了，元明清时相沿(冯春田 1991：195)。例如：

　　(21)我请你个玄德公安然坐的。(元杂剧《博望烧屯》1 折)

　　(22)那婆子听见，两步做一步走的去了。(明·兰陵笑笑生《金瓶梅词话》38 回)

　　(23)(和尚)戴着瓢帽，穿的染衣……(明·罗懋登《西洋记》14 回)(按，"的""着"对举)

　　文献中又写作"底"、"得"、"地"。例如：

　　(24)洞山沉吟底。(五代·静、筠《祖堂集》卷 5)

　　(25)平生意气今何在，把得家书泪似珠。(令狐楚《塞下曲》)

　　(26)仙人抱得太子，悲泣流泪。(敦煌变文《太子成道经》)

　　(27)山门下立地，看有甚么人来。(元杂剧《西厢记》1 本 1 折)

　　(28)有个官人，夫妻两口儿正在家坐地，一个人送封简帖儿来与他浑家。(明·洪楩《清平山堂话本·简帖和尚》)

　　相互比较，绥德方言"的"与这些例子中"的"完全相同，就此而言，绥德方言的"的"是近代汉语的保留。但与结构相比较，彼此并不完全相同。绥德方言"的"的第一、第二种用法在近代汉语里有体现(分别见《西洋记》、《金瓶梅》例)，第三、第四种用法未见。

　　第五，"的"用在动词后，后接语气词"喽"或"喽噢"，表示对他人的提醒或督促、强调等，说话者的意思是到时间了，应该如此，否则就迟了，要影响到后面事情的进行。这种提醒等的原因，有时要说出，有时也可以不说出，但是彼此心里都明白。其结构为"V＋的＋喽(噢)"。这一用法一般写作"得"。例如：

　　(29)天不早喽，做饭的喽噢。

　　(30)睡觉的喽噢，明儿要早些起叻。

　　(31)动弹的喽，都往起站。

　　(32)做作业的喽。

　　例(29)、(30)的第一个分句说明提醒或督促、强调等的原因或情况。例(31)的原因是后面一个分句。例(31)、(32)的原因都没有出现。

　　这种通过"的"表达应该如此的句子，在动词前还可以用能愿动词"能"等来修饰。动词如果带宾语，"的"既可以放在宾语后边，也可以放在宾语前边，意思不变。如例(24)、(28)也可以说成：

做饭的噢噢→能做饭的噢噢→能做的饭噢噢

做作业的噢→能做作业的噢→能做的作业噢

第六，用在动词与趋向动词"来、去"等之间，构成"V＋的＋来/去"结构，表义上与北京话的"V＋来/去"结构相同。"去"有时也可以换成"走"。这一用法一般写作"得"字。

这一结构，从语气的角度来看，有以下三种情况：

a　表示陈述语气，句子末尾一定要有语气词"噢"，表示动作行为的实现。例如：

(33)说的去噢。

(34)耙子还的来噢。

(35)把那条老瓮挪的走噢。

这里的"说"、"还"、"挪"的动作行为，在说话时都已经实现，所以"的"具有表达实现体的功能。

b　表达祈使语气。例如：

(36)把你每的东西搬的来。

(37)撼拿的去。

c　表示疑问语气。"来/去"后，也要有语气词"噢"。例如：

(38)人家借咱的筐儿还的来噢？

(39)你二叔把老镢头给拿的去噢没？

从结构上来看，可以带宾语，宾语能放在"的"之后"来"（"去"不行）之前，即作动词的宾语；也能放在"来/去"之后作整个"V＋的＋来/去"结构的宾语。宾语可以是词，也可以是短语（主要是数量短语）。例如：

(40)你给咱拿的几颗苹果来。

(41)搬的桌子来噢没？

(42)教你姐借的几本书来。

以上是宾语出现在"来"之前的例子。下面是宾语出现在"来/去"之后的例子：

(43)拿的来水噢。

(44)你给咱背的来几背柴。

(45)前沟家要的去饸饹床噢没？

"V＋的＋来/去"结构后面可以出现动词，构成连谓式"V₁＋的＋来/去＋V₂"，表示V₁是V₂的方式和条件。例如：

(46)请的来戚住给几天。

(47)拿的去教人家看给下儿。

(48)把那他送的医院去好好检查给下。

"V+的+来/去"结构可以用在被动句中。例如：

(49)羊夜黑地夜晚教偷人的拉的去两圪截↑。

(50)车子上挂的包子教小偷儿偷的去喽。

"V+的+来/去"结构可以用在否定句中，表示祈使语气。例如：

(51)你甄把人家的东西拿的去。

(52)不要把衣裳撖的去。

绥德方言的"V+的+来/去"结构，与近代汉语里曾经使用的"V+将+来/去"结构相类似。根据曹广顺(1990)的考察，"V+将+来/去"结构产生较早，在南北朝时就出现了，宋代以降，逐渐消亡。例如(转引自曹广顺1990)：

(53)(晋唐遵)云：有人呼将去，至一城府。（鲁迅《古小说钩沉·冥祥记》）

(54)欲问若有如此事，经题名目唱将来。（敦煌变文《破魔变》）

(55)存养熟后泰然行将去便有进。（《二程语录》卷5）

绥德方言之"的"是直接来源于近代汉语的"将"呢，即"将"的音变（不大可能，声母、韵母、声调都相距甚远），还是一种受"将"的影响而产生的类化现象，抑或另有来源？目前我们还不能作出准确说明。在此需要指出的是，"的"有时可以不要，语义上不会有太大的变化，说明绥德方言的这一结构正在发生变化。

山西临县、清徐话亦有这种用法，也读 təΩ^2(乔全生1992)。

第七，"的"用在称谓名词之后，构成一种特殊的"的"字结构，在表义上与北京话的"的"字结构不同，表示说话人双方以外的第三人称的亲属，一般作主语、宾语。我们先看出现在陕北籍作家作品中的两个例子：

(56)他和老伴这两年对孩子的称呼也变了；再不叫"安安"、"平平"或"香香"这些昵称，当面时改叫他们为"虎子老子的"、"虎子他二爸"和"虎子他二姑"这些对大人的尊称。（路遥《平凡的世界》第3部35章）

(57)(存起媳妇)想起来了："拴儿娘的哩？一回也没见来！亏你还是个英雄，自家的婆姨搁在家里，宣传人家……"（柳青《种谷记》2）

按，例(56)"虎子老子的"，即虎子的老子，指"安安"，也即孙少安。例(57)这是存起媳妇对王加扶说的话，"拴儿"是王加扶的儿子，"拴儿娘的"就是拴儿的娘，也就是下文所说的"婆姨"，因为对象不同，因而指称有异。

"的"用在称谓名词之后，有两种用法，一是用于背称，二是用于面称。

首先说用于背称。又分为两种情况：其一，说话时表示第三者的词不出现。例如：

(58)你说的那个老婆儿是娘的，不是婆婆的_{你说的那个老婆婆是她的母亲，}_{不是她的婆婆。}

(59)同学的今儿结婚叻，那赶事去喂_{他的同学今天结婚呢，他参加婚礼去了。}

(60)挑担的这几年闹买卖发喂_{他的连襟这几年做生意发财了。}

(61)拜识的这次没来_{他的结拜兄弟这次没有来。}

这里"娘的"即她的娘，"拜识的"即他的拜识。

其二，当表第三者的词语出现时，仍然可以说，中间加不加"的"，视需要而定。例如：

(62)娃娃娘的做甚去喂_{孩子的母亲做什么去了？}

(63)衣裳给哩燕燕_{人名}外爷的喂_{衣裳给了燕燕的外爷了。}

(64)我每家奶奶的出门走喂_{我们家里孩子的奶奶出门走了。}

最后一例，从表面上看定语是"我每家"，实际不是，这是一种省略说法，完整的说是"我每家娃娃奶奶的出门走喂"，真正的定语是说话人的孩子，"我每"是间接定语。

绥德方言这种"的"字结构可以作定语，后面再加上一个"的"。例如：

(65)不晓得婆姨的的个什么人叻，前儿殁下喂_{不知道他的媳妇的一个什么}_{人呢，前天去世了。}

(66)法院那人是婆家姐姐的的公公_{法院那人是她婆家的姐姐的公公。}

(67)前一下里的儿把娘的的尸灵给抢走喂_{前一处的儿子把他的母亲的尸体给}_{抢走了。}

定语标志"的"，有时也可以省略，例如第一个例可以说成"婆姨的个什么人"。这时所剩之"的"似乎同时具有了两个"的"的功能。

当面向他人介绍自己身份时，第三者不在场时，也可以使用，主、宾所指对象实际为同一人。例如：

(68)我是二妮姐姐的_{我是二妮的姐姐。}

(69)我是娃娃爷爷的_{我是孩子的爷爷。}

这里的我就是二妮的姐姐、孩子的爷爷。

再看用于面称。这一用法的条件是，说话时领属与被领属的名词必须同时出现，领属者在前，一般是人的名词，被领属者在后，是亲属称谓词，二者之间不能加"的"。这时"称谓名词＋的"结构实际上变成了听话的一方，但是只能以称呼语的身份出现，不能作主、宾语。如果句子中要有主语的出现，一般是代词"你"。例如：

(70)毛女_{人名}姑姑的，吃饭来_{毛女的姑姑，吃饭来}。

(71)金麟_{人名}爷爷的，坐下歇给阵儿_{金麟的爷爷，坐下歇息一会儿}。

(72)张三家儿的，你哪去叻_{张三的儿子，你到哪里去呢}？

例(70)"毛女姑姑的"即毛女的姑姑；例(72)"张三家儿的"，即张三家的儿子，"张三家"是定中短语作"儿"的定语。例(70)、(71)的主语没有出现，如要补出，即说"你吃饭来"、"你坐下闲给阵儿"。这种称呼从语用上来看，有的是不便于称呼，如前四例，这有点类似其他方言"孩子他妈"。有的是说话不够礼貌，如最后一例。

陕北清涧、米脂、神木等地都有这一现象存在。北方其他方言也有背称这样的用法，如兰州话、山西离石、临县、柳林、方山话。①

"称谓名词＋的"结构的这种用法，在近代汉语里有类似的用例。例如：

(73)到天晓三口儿起来，烧些面汤，娘的开后门泼那残汤，忽见雪地上有一贯钱，吃了一惊，忙捉了把去与员外看了。(元·罗贯中《三遂平妖传》3回)

(74)娘的向前道："我儿！看娘面，记得便救娘的性命则个。"(同上)

(75)他母亲忙将双手抱住，婆婆的忙把剑抢去。(明·陆人龙《型世言》10回)

(76)希图丈夫的背地买些与他。那周于伦如何肯？(同上，3回)

(77)花娘破口大骂："我你这些秃杂种，哪个不是奶奶的养活的，反来欺侮奶奶。"(清·无名氏《风流和尚》)

例(73)(74)的"娘的"及时她的娘，即永儿的娘。例(75)"婆婆的"即她的婆婆。例(76)"丈夫的"即她的丈夫。例(77)"奶奶的"就是他的奶奶。可以看出，绥德方言的"称谓名词＋的"结构是从近代汉语中继承过来又有所发展的。

第八，"的"作助词，构成"的"字短语，表示比况义，犹什么什么"似的"(黑维强 2002d)。例如：

(78)我每那些娃娃狼的_{我们家的那些孩子狼似的}。

(79)那圪截老婆跑窝母猪的，到处跑_{那个老婆子像发情的母猪似的，到处跑}。

(80)你看那胖得个猪的_{你看他胖得像个猪似的}。

---

① 黄伯荣(1996)，第546～547页。离石、临县、柳林、方山话由山西省社科院李小平、曹瑞芳二位先生相告。杜克俭、李延：《临县方言的指示代词》，《语文研究》1999年第2期。

(81)眼睛瞪得和个杂面豌豆与小麦磨成的面粉圪瘩的眼睛瞪得像个豆面疙瘩似的。"狼的"就是狼似的,"杂面圪瘩的"就是杂面圪瘩似的。这些例子里的"的",在绥德方言中又可以换成比拟助词"也是"而意思完全不变。如果没有"的",则不成句子,如"*我每那些娃娃狼"。

山西晋语中也有类似的情况,例如榆次话(李守秀1982)、临县话(李小平、曹瑞芳1990)。

近代汉语中出现了"的"表示比拟的用例。前辈及时贤们对此尚未讨论,所以我们在此多举几例:

(82)(殿直)从里面叫出十三岁的迎儿,和二十四岁花枝的浑家。(明·洪楩《清平山堂话本·简帖和尚》)

(83)越显出张生般庞儿,潘安的貌儿。(明·兰陵笑笑生《金瓶梅词话》2回)

(84)(晁大舍)乘着半间屋大的官轿,跟随着狼虎的家人,熟鸭子般的丫头仆妇。(清·西周生《醒世姻缘传》8回)

(85)他左一回右一回雪片的文书来,姐夫为甚么自己缠在身上?(清·吴敬梓《儒林外史》45回)

按,例(82)可比较该文中的另一句话:"殿直从里面叫出二十四岁花枝也似浑家出来。"(《简帖和尚》)"的"即此"也似"。例(83)"般"与"的"对举,其义显见。绥德方言的"的"与这些例子相比较,用法可谓完全相同,可见这一用法是近代汉语的继承。

第九,"的"字结构在北京话中一般不作定语,而绥德方言可以,并且在作定语时后面仍然可以有"的"出现。这种"的"字短语有一个特点,一般都是动宾短语加"的"构成。例如:

(86)受苦的的吃喝种地人的吃喝。

(87)卖菜的的筐子菜人的筐子。

(88)下面是卖吃的的下面是卖吃的人的。

第一个"的"与前边的动宾短语构成的短语指人,第二个"的"是表示领属关系的。如果去掉一个"的",句义就发生变化。如"卖菜的的筐子",去掉一个"的"后,句子的意思由卖菜人的筐子,变成了卖菜用的筐子。绥德方言这种说法不多见,主要用在针对他人的回答,为了让对方听得清楚。但是说起来总是有些别扭,因此这种结构一般改说成"某某(即动宾)人",后面再加一个"的"。如"受苦的的"→"受苦人的"。而在北京话里,这种形式只用一个"的"来表示。

二、"的"作介词

第一，"的"作介词时，用在行为动词之后，后接地点词，表示"在"、"到"的意思，是较为典型的后置介词。其结构是"V＋的＋NL"。在北京话中，这种结构之"的"用"到"、"在"来表示，但是"在"和"到"的使用是有区别的：如果动词既可表达动作，又可表达状态，用"在"和"到"都行；如果动词仅表达移动概念，不指明方向，就只能用"到"。在绥德方言中用一个"的"，因此，就没有这些区别。例如：

(89)衣裳放的箱子嘍。

(90)你坐的炕上，薆站么。

(91)看你说的哪里嘍?

(92)你仰的铺盖上闲给阵儿。

(93)羊不晓得跑的甚地方嘍?

(94)咱个儿养的家里。

"地点词"大部分为方位短语(铺盖上、家里)，也有疑问代词(哪里)、一般名词短语(甚地方)。如果是疑问句，句末一定要有语气词"嘍"。

北京话趋向动词后"到"、"在"都不能用，只能用"了"；有的不能用"在"，能用"到"(徐丹1994)。绥德方言没有这样的区别。例如：

(95)我里进的窑里，那他甚也没说。

(96)我每将出的龙门外，雨早去声下起来嘍我们刚出了大门外，雨就下起来了。

(97)上的半坡上就倒退脱嘍上到半坡上就开始倒退了。

这里的"的"，绥德方言有的似可换成"到"，有的可以换成"在"，但是总觉得不如说"的"地道。"到"和"在"大概是受外来成分的影响而产生的。

在这种结构中，有人认为"的"可以是零形式，即"的"不出现(徐丹1994)。绥德方言有时也不用，情况正处于从有到无的发展变化过程中。把"在"、"到"说成"的"的现象，在北京方言中亦有(徐丹1994)。徐丹认为北京话的"的"是表示完成体的。从上看出，绥德方言不仅用于完成体，也可以用于进行体和未然体。

"的"的这一用法，老北京话中也存在(赵元任1979：332；朱德熙1961)。近代汉语中出现了，亦作"得"，"得"比"的"出现的时代要早一些。例如：

(98)比来两人入寺听经，一人无是贪性，入得寺中听经。(敦煌变文

《庐山远公话》)

(99)若志在红心上，少间有时只射得那帖上；志在帖上，少间有时只射得那垛上；志在垛上，少间都射在别处去了！(《朱子语录》卷9)

(100)玳安道："他的魂儿听见爹到了，不知走的那里去了。"(明·兰陵笑笑生《金瓶梅词话》38回)

以上例子，有的意义还比较实，如例(98)，有的比较虚，如例(99)。已经虚化的用法，绥德方言与此是一致的。

如果作进一步探讨就会看到，介词"的"这一用法可能来自六朝以来文献的"著(箸)"(江蓝生1994/2000，袁毓林2004：340)，因为"著"也是出现在"V＋X＋NL"结构V后这样的语境中的。例如：

(101)长文尚小，载著车中。(南朝·刘义庆《世说新语·德行》)

(102)方自陈说，玄怒，使人曳著泥中。(同上《世说新语·文学》)

这里的"著"，可以理解为"到"、"在"，语法上也与"的"的功能一致，即两者必须在语法位置和语法上全面吻合，既可以表示动态(到)，又可以表示静态(在)。"著"本为动词，是附着义，经常用在动词后既作动词的补语，又作动词处所宾语的引介者，后者用法是由前者发展而来，后来完全用于后一用法，连动用法的后一动词语义上易于边缘化，即词义容易虚化，刘坚等(1995)对此有详细的论述。"著"随着语法化程度的加深，用为介词后，其读音在发生变化，变为"的"，山西方言各地不同的读音形式正能体现出这一演变过程(江蓝生1994/2000)。也就是说，"的"为"著"的音变形式，而非"在"、"到"的音变。与此伴随的变化是，字的书写也开始跟着变化，元明清时期的白话文献就写作"底"、"的"。在"V＋介词＋NL"句式中，介词的"得"是读轻声的，因而可以写作"的"，补语的"得"不是读轻声的，因而不能写作"的"，"正是通过用字来反映这两个意义相关的词在语音上的轻重差别"(袁毓林2004：345)。

也有人认为方言中介词"的"并非来自"著"，而是来自唐代持续标记的"得"，因为在有的方言中，如神木方言、丹江方言，体标记"着"与体标记"得"、介词"得"同时并存，因此，判断"的"为"著"的音变形式，并非十分合适(苏俊波2012：129)。

"的"作介词的用法在山西晋语中使用极为广泛(江蓝生1994/2000)，宁夏中宁方言也使用(李倩1997)。

第二，"的"用在动词之后，后面跟着时间名词或者隐含某一时刻的词语，相当于北京话的"到"。其结构是"V＋的＋时间词语"，意思是动作、行为要一直持续到某时刻。"的"也可以换成"到"。例如：

（103）羊要拦的晌午才能回呀。

（104）书要念的外后年_{大后年}才毕业。

（105）等的下哩班才见上人呀。

（106）你说的天塌下来也不顶事。

前两例"的"后面是表示时间的名词，后两例"的"后的词语隐含着时间，"下哩班"是指下了班的时候，"天塌下来"指天塌下来的时候。

"的"的这种用法，目前我们还不知其确切来历。但是可以推测，它可能是处所前"的"的用法演变。在汉语中，时间意义的一些用法许多是从处所意义发展而来。如表示时间的"前"、"后"就是处所方位的"前"、"后"发展而来的。所以"的"也有可能是这样。

三、"的"作叹词

只用于对话中，起呼唤、提醒语气，只能单用，犹有的方言的"给"。这里有个条件，说话时同时必须要有"递给"一类移位意义的动作行为相伴随，也就是有东西在传递，才能说"的"的，如果没有这一动作行为的发生，就不能说"的"的。有时为了强调语气，后边可以带"么"、"唦"。例如：

（107）的，你的你拿走。

（108）的，这是给你的一份。

（109）的么，快拿上！

（110）的唦，给你的。

山西方言里也有这种用法（孟庆海1996）。

北京话中有形式上类似的说法。例如："得，就这么办。""得，这一张又画坏了。"这里的"得"有两个用法：前一例是用于结束谈话时，表示同意或禁止；后一例是用于情况不如人意的时候，表示对事实的无可奈何的认可。相互比较可以看出，绥德方言的"的"与北京话"得"的用法大不相同，仅仅是形式上的相似而已。

第三节　也是、也是的^①

绥德方言中表达比拟义的词语，不用北方方言常用的比拟助词"似的"（亦作"是的"）、"一般"等，而用类似近代汉语的"也似的"一类词。从

---

① 本条词语写作中承蒙王洪君先生多次审阅并作详细修改，在此表示深深谢意！

语音形式和语法上说，和山西方言基本一致，但是也有不同之处。

绥德方言对应于现代北方方言"似的"有好几个词，根据中心语素的不同，可分成以下三组：

甲组："也是"[ia³³ ʂəʔ³ ～a³³ ʂəʔ³ ～（µ）：ʂəʔ³]。"也是"中的"是"一律读为ʂəʔ³，也有人读 səʔ³。"也是"中的"也"则有三种语音形式第一种是 ia、第二种是 a、第三种是合音于前字，使前字韵母的最后一个音素延长，上面记做"（µ）："。第二、第三两种形式是第一种的弱化形式：ia 弱化而失落介音，就成为 a；a 再进一步弱化而失去音节身份，就并入前一音节，使之变为长音。如例（1）中的"虎也是"，实际语音可以是 xu²¹³ ia³³ ʂəʔ³ ～ xu²¹³ a³³ ʂəʔ³ ～ xu²¹³：ʂəʔ³ 中的任何一个。这里不同读音只是因说话注意程度、语流速度不同而发生的弱化语流音变，因此可以互换。下面的例句写作"也是"的，都有这三种语音变体，不一一注明。

（1）去价的时候和那虎也是，回来价和那狗也是俗语，谓乘兴而去，败兴而归。

（2）这娃娃乖得和个猫也是。

（3）可疼叻，象蝎子蜇上得也是。

（4）眼肿得和个核桃也是。

（5）肚子胀得和个鼓也是。

（6）脖子上长起圪圪瘩，和个鸡蛋也是。

乙组："也是的"[ia³³ ʂəʔ³·təʔ ～a³³ ʂəʔ³·təʔ]。"也是的"有两个语音变体，分别与 a 组的第一、第二两种形式平行。也即，"也"ia 语音弱化则 i 介音失落而成 a①。"也是的"没有第三种语音变体，也即"也"a 不能进一步失去音节身份而并入前一音节。这可能是因为，多加了一个"的"的乙组，较之甲组，有语义强调之义。既是强调，就不能太弱化。下面的例子中"也是的"的"也"都有 ia、a 两种语音变体，不一一注明：

（7）那狗日的厉害得跟个母老虎也是的，谁敢招招惹叻？

（8）那两个和个仇人也是的，见哩面连句话也不说。

---

① 近代汉语中已经出现了"也"作"阿"、"啊"、"呀"的用例："你这店里草料都有阿没?"（《老乞大谚解》）又"你高丽地面里没井阿怎么?"（同上）"小琏哥唬的象鬼呀似的跪在地下。"（《醒世姻缘传》57回）又"素姐道：'雌牙裂嘴，鬼呀似的，看他待怎么!'"（96回）"你只听人家二叔方才说的这篇大道理，把你心里的为难想了个透亮，把这事情的用不着为难说了个简捷，才把姑娘你的实话憋宝啊似的憋出来了!"（《儿女英雄传》19回）又"我说：'这影啊似的，算个甚么呢?'"（29回）现代山西、内蒙古西部方言中亦有"也"读"呀"、"啊"音的。例如："他一天和老鼠啊似的不敢见人。"（任林森：《闻喜话常用介词例析》，《山西师大学报》1987年第4期）"真的，嫂子，你前边进门像个急兔呀似的。"[参邢向东、张永胜（1997）]

(9)人家把那他当个宝贝也是的，你就一点儿也不心疼？

(10)看把那小子爱得狗也是的，额水直淌呐。

这组没有第三种语音变体。但也可以偶尔见到下面类似的话。例如：

(11)瘦的跟个豆芽是的，还说长得胖。

(12)一下叫起来跟个儿马公马是的，声音可高呐。

(13)眉眼指脸吃得直语气词圪嘟嘟价，和个老南瓜是的。

这表面上看，"也"[a]已失落，其实没有。"是的"前边字的韵母限于
ia、a、ua类，也就是说"也"的读音与前字的韵母叠合在一起了。如果是
其他韵母，则必须要有"也"的出现。因此，陕北方言这种形式的"是的"
不同于北方方言的"似的"，它的出现是有前提条件的。

丙组："也的"[ia tə ～a tə～(μ)：tə]。"也的"也有三种语音形式，
出现条件与甲组完全相同，不赘述。例如：

(14)苹果结得杏也的那么大小，还不能吃着呐。

(15)这几年时运不好，怄倒霉，运气不好得和个鬼也的。

(16)咱家里的桶漏得和个筛子也的，一满实在不能用喽。

(17)那他的脚步轻得跟个猫走也的，一点儿也听不见。

(18)冷子冰雹有的鸡蛋也的这么大小。

(19)那他那双眼环铃也的，老大大价。

下面再返回头说说这三组里"也"和"是"本字的确定问题。在陕北方
言中，不管是副词"也"，还是语气词"也"，文读都为ie，白读都为ia(作
语气词用时，如"V也不"，多数人因为"意识不到它的语源"，写成了
"呀")。"也"的白读音与山西方言一致。王洪君(2000)根据刘勋宁(1985/
1998)的研究结果以及自己的研究认为，山西方言比拟助词"ia似的"的
"ia"就是宋元白话中的"也"。我们以为同属晋语的陕北方言情况相同。
就绥德方言来说，作语气词时，读阳平(调值33)，作副词时，有阳平、
阴平上(调值213)两读。"是"在绥德方言中有两个读音：一为去声 s_1^{52}；
一为入声 ʂəʔ^3 或 səʔ^3(下文不特别说明时，都包括 səʔ^3 在内)。前一个音是
单独使用时的读音，如"——这些书是不是你的？——不是的/是呐。"后
一个音多出现在一些双音节词语中，例如"只是、敢是、既是、就是、倒
是、老是、总是、才是、道是、可是、但是只要是、早是、要是、硬是"
等。这里讨论的"也 ʂəʔ^3(的)"中的" ʂəʔ^3"，就与这些双音词中的"是"相
同。山西方言吴家堡话"也似的"的乙式读 $\text{ia}^{21}\ \text{ʂəʔ}^{21}$，其中后一个音的声
韵调与陕北方言"是"的声韵调相同，但是它们有本质的区别，吴家堡话
的" ʂə "是"似的"之合音，陕北方言的" ʂəʔ "是一个独立的音节。"是"中古

为纸韵禅母上声，今一般方言都读去声，而陕北方言除了读去声，还读入声，这与一般方言的演变规律不符合，是一个例外，不过在陕北方言中并不十分特殊，它是陕北方言中众多的所谓"舒声促化"字中的一个，或许另有来源。与山西方言比较，"似"在陕北方言中不具备"也 ẓəʔ³（的）"中的"ẓəʔ³"的读音条件。"似"在绥德方言口语中很少用到，一般只出现在书面语中，仅仅有 ʂʅ⁵² 一个读音。"似"在中古时读详里切，邪母字。"邪"母字在今北京话中有 tsʻ、s、tɕʻ、ɕ 四个读音（丁声树、李荣1984），也就是说，"似"没有读如知系音的。据北京大学《汉语方音字汇》中的 20 个方言点来看，除了北京、济南"似"有"是"的训读音外，也都没有读如知系音的。这样无论是语音演变规律，还是现代汉语方言现状，都告诉我们，绥德方言"也 ẓəʔ³（的）"中的"ẓəʔ³"不可能是"似"。米脂、子洲、吴堡等地"是"的读音情况与绥德方言完全相同。因此根据读音情况来判定，陕北方言"也 ẓəʔ³ 的"中的 ẓəʔ³，应该为"是"，而不是"似"[①]。

以上三组词中，它们表意的中心成分有所不同。甲组是"是"，乙组是"是的"，丙组是"的"。丙组"的"作中心成分的情况看起来有点儿特别。"也的"在近代汉语文献中没有发现，王洪君调查的山西方言（阳高吴家堡）中也没有言及。但是在一些山西方言研究文章中有过报道。例如：

（20）榆次话：人啊地站古下人似的站一会儿。[②]

（21）同上：你就像我啊地干下一天你就像我似的干上一天。

（22）临县话：你看乃斜眉打眼的，像几夜没拉睡觉啊地。

（23）同上：人家说真人参长得人眉人眼，这块和一根干草头啊地，怕不是真的嘞。

（24）太原话：兀个男人打扮得像个婆姨啊地那个男人打扮像个女人似的。

（25）同上：看你大起大早棍棍啊地站的兀勒看你大清早像棍子似的站到那里。

太原话的"啊地"，作者认为已经成为一个形容词的后缀了，虚化的程度更高。

---

① 比拟助词"啊是"，在反映陕北生活题材的当代文学作品中也可见到。例如："身体够结实，敢是紧紧价，一撩拨，火啊似……"（王新华：《野草》，《十月》1991 年第 4 期）又，"干活象鸡鸽米啊似。""我飞啊似地跑去叫米如怀。"（第 78 页）按："似"即"是"，"是"在延安话中只读舒声［sʅ⁵²］，与"似"读音相同，所以作者用了一个表义性突出的"似"字，与近代汉语文献作者表现出相同的心理作用。

② 参见李守秀：《榆次方言的助词》，《语文研究》1982 年第 1 辑。李小平、曹瑞芳：《临县"—眉—眼"式俗语例释》，山西省语言学会、晋东南师专学报编：《语言学论文集》，太原，山西人民出版社，1990。王文卿：《太原话状态形容词后缀"油啊地"、"啊地"》，《语言研究》2012 年第 2 期。

有人认为，近代汉语中"也"本身就含有比拟的意思，并举下面两个例子作证：[①]

(26)武大云飞也去卖了一遭回来。(元·施耐庵、罗贯中《水浒传》25回)

(27)您四下里火箭一齐去，火烧的他神嚎也那鬼哭。(元杂剧《博望烧屯》1折)

如果"也"表比拟可以成立，"也的"表比拟也就不难理解。但第一个例子"也"与比拟有关似可确认，但第二个例子中"也那"是曲文(〔贺新郎〕)中典型的衬词，如果当作比拟助词来理解，则使句子意思无法讲通。因此，在例证不很充分的情况下，我们宁愿把第一例的"也"看成是"也似"的省略或脱字。[②]

从语用的角度来说，在这三组中，甲丙两组出现的环境没有任何区别，可以互换，互换后语义上不会有什么变化。我们为了说明其语音、构词、中心成分的特点来分组的，并不是因为语法分布不同而分的。乙组有加强语气的作用，含有强调或嘲讽、不满等意思在内，与甲、乙组有一定的区别。

陕北方言"也是的"几个词的语法分布和语法功能，和山西方言(吴家堡话)基本相同，因此我们在此略作说明。"也是的"构成的比拟结构句式也有"基本式"(XP_1＋和＋XP_2＋也是的)和"简式"(〔和〕＋XP_2＋也是的)两种，口语中"简式"用得更多些。XP可以是名词性成分，也可以是动词性成分；可以表示静态，也可以表示动态。"也是的"比拟结构可以单独成句，也可以作谓语，作补语，还作宾语(限作"看"等几个少数动词的宾语，如"看那鬼也的")，和山西方言一样，"也似的"所构成的短语不能作定语。出现在"和"位置上的词，还有"跟"、"象"，但是都没有"和"的使用频率高。例(14)、(18)一类的句子在语境上有所限制，即"XP_2＋也是的"(杏也的、鸡蛋的)修饰形容词构成的短语(如大小、长短、深浅等)时，它们之间必须有"那么"或"这么"的出现，否则不能成话。其他的则没有什么条件。

---

① 参见俞光中、〔日本〕植田均：《近代汉语语法研究》，上海，学林出版社，1999，第449～450页。以下二例均转引自该书。按，第一例在《水浒全传》中作"飞云也似"，见上海古籍出版社，1976年1月第1版，1984年4月新1版，第309页15行。百回本《水浒传》才作"云飞也"，见人民文学出版社，1975年10月北京第1版，第339页20行。因此，俞、植书将"云飞也"引作《水浒全传》似有误。

② 近代汉语我们仅见到一例："你把头蓬的似筐呀大，抹得脸象鬼一般。"《醒世姻缘传》91回)按，这个例子两个分句都是比喻，"呀"似为"呀似"的省略，与"一般"同义对举，"头蓬的似筐呀大"可以理解为头蓬的如筐子似的大。

第四节　个

绥德方言的"个"是一个读音复杂、用法丰富的词，这里将对其读音及助词、介词、词缀等用法进行描写和说明，并追溯一些用法的来源。与北京话相同的用法不作详细描写。

一、"个"的读音

绥德方言"个"读音的复杂性表现在它有五个音（包括儿化音在内）：kɯ⁵²、kər⁵²、kuəʔ³、kəʔ³、kuai²¹³。

"个"的这五个读音首先可以分为舒、促两类：kɯ⁵²、kər⁵²、kuai²¹³为舒声韵，kuəʔ³、kəʔ³为促化音。两个舒声韵中，kər⁵²是kɯ⁵²的儿化音（以下写作"个儿"）。"个"的读音还可分成开口呼和合口呼两类：kɯ⁵²、kər⁵²、kəʔ³属开口呼韵母，kuai²¹³、kuəʔ³属合口呼韵母。

从古音来历来说，"个"读舒声韵合乎"个"字的古今汉语语音演变规律，入声的读法则比较特殊（详下文），不合于"个"字在绥德方言中的古今语音演变规律。

"个"字四个读音既反映了"个"字在绥德方言中的发展演变关系，不同的读音又与不同的意义、用法密切相关，两者彼此交错，因而显得比较复杂，需要进行比较深入的分析和研究。

（1）kɯ⁵²　用于单字音和双音节词中。在绥德方言音系字调查中，"个"的单字音一般首先念的就是kɯ⁵²，经提示后才会想到其他音。双音节词"个子"、"个别"、"个性"、"个人"、"个位"、"个体"、"个头"、"个个个子, 每个"、"个案"、"一个劲"、"整个"等，都读kɯ⁵²。这些词在绥德方言中大多是比较新的或文的词。有的在口语中多用其他词来表示，有的不多说，甚至不说。如"个别（人）"多说"有些（人）"、"一半个读促声（人）"，"个体"、"个人"多说"私人"，"一个劲"多说"一股劲"，"整个（上午）"说"一（前晌）"，"个位"、"个个每个"、"个案"等在口语中使用得极少或根本不用。

（2）kər⁵²　主要用于助词（见下）。读这个音的词没有双音节的。

（3）kuəʔ³、kəʔ³　读音分为两类。第一类：量词；代词"这个"、"那个"、"哪个"、"这么个"、"那么个"、"咋个"中的"个"；作介词[见下文二（二）2 节]；动词与补语之间（说个没完没了）。它们读kuəʔ³、kəʔ³皆可。第二类：双音节副词"真个"、"即个一会儿"、"敢个可能"中的"个"，前两个只读 kəʔ³，不能读 kuəʔ³。后一个读 kuəʔ³、kəʔ³ 皆可。读 kuəʔ³、kəʔ³ 除了在"真个"、"即个"中存在明显的对立性，其余环境下自由。kuəʔ³ 要古老一些，kəʔ³ 新一些，kəʔ³ 应该是由 kuəʔ³ 发展而来的变体。kəʔ³ 的儿化音也是 kər⁵²，与 kɯ⁵² 的儿化音同。总体上说，读促化音的词属老牌词语，比较土气。除了量词，其余与读 kɯ⁵² 音的词比较，意义都比较虚。

（4）kuai²¹³　用于代词"这个""那个"中，但不是用于指代事物现象，而是指代动作行为的，例如，"这个给下"指这样地弄一下，"那个给下"指那样地弄一下。"个"读 uai、ai 音在其他方言和对音材料中也能见到，如西安方言白读 kuai（声调省略，下同），福安畲客读 kuai，福建潮阳读 kai，朝鲜语对文读 kai（张维佳 2002：225、230、231），说明绥德方言的这一读音不是孤立的现象。

"个"读促化音是比较特殊的，在此根据相关方言的情况作一些讨论和说明。

"个"在中古是见母个韵去声字，《广韵》"古贺切"。古代典籍中未见入声的读音。

绥德方言"个"字今读入声可以有两种考虑：一是"个"字在古代可能本有入声一读，但未着录于文献。从这种情况来说，绥德方言"个"字的入声读法可能是保留了古读。根据现有的调查材料，"个"读入声在晋语区、江淮官话和吴方言中都大量存在，参见第五章第二节。还有另一种可能：包括绥德在内，这些现代汉语方言中"个"字的入声读音是舒声促化的结果，入声的读法实际上是一个语义、语用或语法标记，因为在这些方言中，也能找到其他非入声字因意义或语法作用的不同而读成促化音的例子。目前学术界多持这种看法（郑张尚芳 1990，贺巍 1996，孙玉卿、王茂林 2006）。

我们意见比较倾向于"个"字可能是保留了古入声韵的读音。理由是从绥德方言看，"个"字舒声韵的读音是从入声韵舒化而来的，入声韵读音的历史层次早于舒声韵。

从上文所举例句可以看出，在绥德方言中，"个"的四个读音使用于不同的语言环境，而且舒促两种读音有时代早晚之别。首先，独立使用与连用的读音不同，即独立成词与双音节词中读音不同，独立成词的量词、介词读促化音，助词读舒声音。其次，在双音节词中，老牌词与新的词不同，老牌词读促化音，新的词读舒声音。从历时角度来看，助词、介词、副词、词缀都是在量词基础上产生的，因此，量词读音应该是最早的。在绥德方言，量词的用法读入声，从量演变而来的助词等读非入声；老牌词读入声，新词读舒声。这种语音与用法的关系说明，入声是早期的读音，舒声是晚期的读音。从这种情况看，把绥德方言"个"的入声读音看成早期的读音更能解释"个"的读音与用法之间的关系。

二、"个"的用法

绥德方言的"个"可以作量词，用于没有专用量词的事物，表示数量单位，同时，也可用于有专用量词的事物，表示数量单位，多数专有量词都可以用它来替代。这一用法与北京话基本相同，不赘。这里只描写其相对特殊的用法。

（一）"个"读 kər^{52} 的用法

作助词，用在主语、谓语、状语等成分后，表示语气舒缓或略微等意义[1]。

1. 用在主语后，表示语气的舒缓，犹北京话"呢"。主语由普通名词及名词性短语充当。例如：

（1）钱儿个儿花去 k'ə?^{3}，没哩我每再寄。

（2）肉个儿也吃去，覅节省。

（3）社会就这么个动起，生意个儿做着。

（4）叫你哥哥个儿覅怕。

例中的"个儿"，可以换成另外一个助词"叻 liə^{21}"，意思不变。如例（1）可以说成"钱儿叻花去，没哩我每再寄。"例（2）说成"肉叻吃去，覅节省。"

2. 用在时间名词状语后，亦表舒缓语气。常用的时间名词主要是"今年"、"今儿"、"明儿"、"后儿"等，不强调时间的自始至终。例如：

（5）咱今年个儿算哩做喋，过哩年再着。

（6）叫那些今儿个儿歇给一天，这两天熬喋。

（7）今儿有时光喋，明儿个儿再说。

（8）你每后儿个儿慢慢来。

"个儿"的这一用法多出现在对话当中，对句式有时间上的要求，即不能是已然事件。这是因为带"个儿"的句子都是商量要做什么事情的，"个儿"起舒缓语气作用，自然就不能用在表已然事件的句子中了。

以上两种用法，除了表示舒缓语气，句子多都含有劝告、请求、商

---

[1] 邢向东（2006：45）认为陕北方言一些地方这一用法的"个儿"是表语气的副词。

量或表达本人意愿的语气特征。

3.用在对举的动词谓语固定结构中，即"V＋也＋V"的"也"后，表示两件事情同时进行。例如：

(9)咱说也个儿说，做也个儿做。

(10)你看也个儿看，走也个儿走。

(11)你花也个儿花，挣也个儿挣。

(12)人家娃娃解话，要也个儿要叻，学也个儿学叻。

从语用上看，这种句子有时还强调必须做好后一件事。例(9)含有不能只说不做。这一结构如果要有"个儿"，则"也"是不可缺少的，如果没有"也"，则一般不成话。与名词、代词后的情况不同，动词后的"个儿"不能换成"叻"。"个"的这一用法是上文说到的第一、第二两种用法进一步语法化的结果。

此外，"个"还可以放在动词后，与其相关成分构成动补结构和动宾结构，如"说个没完没了"、"日噘骂哩个没敢看"、"说个事"、"见个面"，这两种用法与北京话基本相同，不赘。这一用法的"个"读促化音。

4."个"用于形容词谓语后，表示量少，犹"一些儿、一点儿"。例如：

(13)你的病这一向儿好个儿嗳吧。

(14)而儿还早叻，等娃娃每大个儿哩再买。

(15)饭热个儿嗳，能吃嗳。

(16)咱每吃快个儿，车要走叻！

这一用法的形容词都是表积极意义的"好"、"大"、"热"、"快"。如例(13)表示病情减弱，向健康的方向发展，是积极的。消极形容词后一般不能使用，如："*这后生坏个儿嗳。│*你的手冻个儿嗳。│*那小子懒个儿嗳。"因为"坏"、"冻"、"懒"等所表示的性质或状态，不是人们所期待的。

形容词谓语后的"个儿"可以换成表示少量的"(一)些儿"、"(一)点儿"，意思不变。因此，也许有人会认为这一用法的"个儿"是量词，其实不是，它们的性质不同。因为在绥德方言里，"个儿"后面还可以出现真正的典型的不定量量词"些儿"。例如：

(17)你把那饭再做稠个儿些儿嗳。

(18)天暖个儿些儿就能打澡水叻。

"些儿"也可以放在"个儿"的前面。例如：

(19)你每天明些儿个儿走，不要太早哩。

(20)这根石条短些儿个儿嗳就好嗳。

真正的不定量量词"些儿"的出现，正好说明"个儿"非量词。

(二)"个"读 kuəʔ³、kəʔ³ 的用法

1. 作助词，用于指示代词"这么个"、"那么个"和疑问代词"咋个"后，表示性状、方式，犹这么样的、那么样的、怎么样的。例如：

(21)我看这事这么个来垛沓行不行？

(22)那再那么个谁还敢和那共事吶。

(23)错嘞，不是你那么个。

(24)咱当个儿谁能晓得这么个吶。

这里的"个"，也可以看作是代词的词缀，它们的结构已很密切。处理为助词是从意义和语法功能考虑的。"个"字意义上可以理解为"的"、"……样的"，语法功能上，"这么个"等后边不能再有助词"的"之类的词出现。

2. 作介词，用于动词与处所补语之间，犹"在"、"到"。"个"的这一用法一般是与处所名词或方位短语构成介宾短语，只作补语，不能作状语。例如：

(25)那睡个路当定，谁也过不去。

(26)你三爷，你坐个这儿做甚吶？

(27)你家女子爬个地上不起来。

(28)走个畔畔上，就不怕跌下去？

(29)你咋价站个这儿？

此类结构中的"个"，绥德方言可以换成介词"在 tai⁵²/tsai⁵²"、"到"、"的"(黑维强 2003d)，句子意思不变。如例(25)可以说成"你家女子爬在/到地上不起来"或"你家女子爬的地上不起来"，对听话的人而言，这几个句子在意义上没有什么区别。能够用介词"在"、"到"、"的"来替换而意思不变，说明"个"在句子中的确为一个典型的介词。但是"在"与"到"、"个"、"的"的用法有些区别，"在"构成的介宾短语可以作补语、状语，而"到"、"个"、"的"构成的介宾短语只能作补语。"个"与"到"、"的"的用法也不完全一致："到"字、"的"字短语作补语，后边不要求有其他成分出现；而"个"字短语作补语除了疑问句[如例(29)]，后边一般要有后续成分，如例(25)的"谁也过不去"，例(26)的"做甚吶"，例(27)的"不起来"。

"个"作介词,北京话没有,其他方言很少见到①。

3. 这里附带说一下由"个"构成的"真个"、"即个"、"敢个"与"许个"。它们都是副词,只作状语。

a. 真个　犹"真的"。例如:

(30)你真个不想去嘅?

(31)这家下·xaʔ后置词吃的真个不行。

b. 即个　用于表示时间,犹一会儿。例如:

(32)你先吃,我即个再着。

(33)即个你每谁也嫑说,看那咋价也。

c. 敢个　用同副词"敢",表示推测语气。"敢个"带上语气词"叻"后可以单独成句。例如:

(34)那老子的敢个回去嘅。

(35)走这么慢,投咱到哩戏敢个就煞嘅。

(36)——看今儿这天气,敢个下雨也。——敢个叻。

"敢个"与"敢"意思一致,但"敢"的推测语气稍微弱一点。

d. 许个　也许。同"敢个",也表示推测语气,表"敢个"的语气要弱一些儿。例如:

(37)今年许个考上叻。

(38)——那些睡下嘅吧?——许个叻。

此外,"个"作量词与"家"结合,用于动宾之间,如"说个家话"、"办个家事"、"做个家饭"。

以上是对绥德方言"个"的一些用法所作的描写与说明,可概括为如下表 19-2:

表 19-2　"个"的用法及意义

读音	功能	用法分布状态	词汇/语法意义
ku⁵²	名词	双音节词(同北京话)	表示具体的实在意义
kər⁵²	助词	主语、时间名词状语后	表示舒缓语气
		动词谓语固定结构"也"后的对举句式	表示两件事情同时进行,多强调后一行为
		形容词谓语后	表示量少

①　目前仅见广东潮州、揭阳话有介词用法,是跟、替、向的意思。参见许宝华等(1999: 373)。

续表

读音	功能	用法分布状态	词汇/语法意义
kuə$ʔ^3$ kə$ʔ^3$	助词	一般动词和补语之间(同北京话)	表示补语略带宾语的性质
	介词	指示代词、疑问代词后	表性状或方式
		动词谓语与处所补语之间	犹"在"、"到"
	量词	与数词构成数量短语作定语(同北京话)	表示事物的单位
kə$ʔ^3$	词缀	双音节词"真个"、"敢个"、"即个"	表示确认、推测语气和时间

(三)与白话文献中"个"字用法的对比

除量词用法以外,白话文献中"个"的用法大致可以归纳为三个小类:一是作结构助词,与"底(地)"类似,二是作代词,三是作词缀。详细情况可参看曹广顺(1995:139－150)的研究。"个"除了作助词,还产生了代词的用法,在量词虚指的基础上,最后还发展成词缀。

下面我们举出一些实例来对比绥德方言"个"字与白话文献主要用法的异同。

1."个"用在时间名词后。例如:

(39)苦被多情相折挫。病绪厌厌,浑似年时个。(苏轼《蝶恋花》)

(40)记得当初个,与玉人幽欢小宴。(晁补之《蓦山溪》)

(41)今年个不敢来迟,有一个未拿着性儿女婿。(元刊本杂剧《调风月》2折)

绥德方言与白话文献的不同在于,在表过去的时间后不能使用,使用范围缩小了。

2."这么个"、"那么个"、"怎么个"在明清时期白话文献里已经出现。例如:

(42)你这么个明白人,怎么糊涂起来了。(清·曹雪芹《红楼梦》25回)

(43)谁知那么个园子……(同上,56回)

(44)他怎么个模样?(明·吴承恩《西游记》75回)

白话文献中"这么个"等多作定语,作谓语极为少见,没有作宾语的用例。绥德方言可以作谓语、状语、宾语,用法比白话文献中"个"更为丰富。

3."真个"在古代文献里的用例出现得比较早。例如:

(45)依家真个去,公定随侬否。(唐·王维《酬黎居士淅川作》)

(46)老翁真个似儿童，汲水埋盆作小池。(韩愈《盆池》之一)

(47)可怜藜杖者，真个种瓜侯。(司空图《休休亭》)

在意义上看，绥德方言的"真个"与例(45)－(47)没有大的区别，但是从结构上看，白话文献是"形容词＋个"为短语结构(曹广顺1995)，而绥德方言中的"真个"已凝固成了一个词(此处可参见《现代汉语词典》"真个"条)。

绥德方言和白话文献的异同我们可在上一表的基础上概括为如下表19-3：

表19-3 "个"的古今用法比较

功能	用法分布状态	词汇/语法意义	白话文献	绥德方言
名词	构成双音节名词(同北京话)	意义实在	＋	＋
助词	主语后	表示舒缓语气	－	＋
	时间名词后(限于现在、将来时间)	表示舒缓语气	＋(无限制)	＋
	动词谓语固定结构"也"后的对举句式	表示两件事情同时进行，多强调后一行为	－	＋
	形容词谓语后	表示量少	－	＋
	一般动词和补语之间(同北京话)	表示补语略带宾语的性质	＋	＋
	指示代词、疑问代词后	表性状或方式	＋	＋
介词	动词谓语与处所补语之间	表示引出处所	－	＋
量词	构成数量短语作定语(同北京话)	表示事物的单位	＋	＋
词缀	副词"真个"的"个"	表示确认语气	＋(作助词)	＋(作词缀)

注：表中"＋"表示有这种用法；"－"表示无这种用法。

第五节　儿

绥德方言中，"儿"除作为常用名词表示儿子外，可以作贬义色彩的形容词，表示动作行为、性质状态及其程度，也可以作为语素，所构成的词也都带有贬义色彩。由于"儿"是一个常用词，所以在陕北籍作家的作品和反映陕北生活题材的作品中也可以看到。贬义色彩的"儿"由来已久，在汉代文献中就出现了它的用例。以下我们试作描写说明。

一、"儿"的用法

作名词用。表示人，同北京话。表示雄性动物。儿马、儿驴、儿骡子、儿猫。与"子"构成的"儿子"一词，用法较为特殊。表示动物的幼崽。例如：狗儿子、猫儿子、鸡儿子、猪儿子、狼儿子、虎儿子。表示小的东西事物。例如：碎儿子、猴儿子。

（一）"儿"作形容词

作形容词时，"儿"是一个表义比较灵活、宽泛的词，犹坏、差劲、不好、不行、赖、丑陋、下流、胡（搞）、瞎（做）等，大凡否定的、不好的方面几乎都可以使用，具体意义视语境而定。"儿"可以作谓语。例如：

（1）这女子一满确实儿下喽，懒得微些一点不动。

（2）儿儿子不儿的话，为甚叫"儿"是？

（3）这事咥儿喽，教人家晓得喽。

（4）这人可儿叻，你不敢和那打交道。

（5）儿儿子就儿着叻，那媳妇子就不应说喽。

"儿"也可以作定语。作定语时，既可以修饰人，又可以修饰事物。例如：

（6）这么圪截个儿娃娃，好平无故日嘅走路的叻。

（7）你个儿后生，还笑话人叻。

（8）这是个儿婆姨么，将说哩几句嗱就恼喽。

（9）夜里是个儿天气，直刮哩一天老黄风。

（10）你这儿吃喝，谁能撑去声住叻。

（11）你这是个儿办法，做起来太费劲喽。

（二）"儿"表示程度深

"儿"表示某种程度深，或达到极点，犹北京话的"死"、"坏"、"厉害"和"极"等。这一用法是由形容词的"儿"虚化而来，多作谓语动词、形容词的补语，所表达的意思多是消极的、否定的。例如：

（12）夜黑地夜晚回来价就我一个人，可怕儿喽。

（13）那这回教人家打儿喽，几天还爬不起来。

（14）这雨可下儿喽，庄稼都快下死喽。

（15）那狗日的坏儿喽，捉定甚给我侵害个甚。

（16）年时去年一冬冻儿喽，树也冻死几卜棵。

（17）你嗱小气儿喽，小姨子出嫁才行哩十块钱礼。

（18）天气可热儿喽，身上长起来一圪垯一些热颗子痱子。

"儿"有时也可以作"来"、"做"等几个少数动词的状语。例如：

（19）你给我儿来的话，有你的好吃头叻。

（20）你一满_{完全}儿做叻么，不怕教人看着。

（三）构成表贬义的几个词

"儿"可以与其他语素组成一些词，这些词仍然含有贬义色彩。常见的有：儿气_{不正气，脾气不好}、儿里儿气_{流里流气}、儿劲_{脾气不好，做事差劲}、儿尿_{犹坏种}、儿货_{品行不正的儿人}等。此外，儿事_{坏事}、儿话_{酸话、不健康的话}、儿人_{不正气、不正经的人}等，经常固定搭配使用，已类似一个词了。例如：

（21）你以后跟那种儿里儿气的人少来往。

（22）那小子养下那些儿货一满_{完全}不管。

（23）你敢是个儿尿么，看浑下_{搞下}这些瞎事咋价拾掇叻？

（24）看你这娃真是个冒失鬼，又把儿事做下了，海旺怎价哩？（《惯匪周子山》）①

（25）民工们坐在一搭撒闲话，说儿话，再就拿一个新结婚的后生打趣。（《野草》）

"儿事"等已经被《汉语大词典》作为词条收录进去了。

"儿"表贬义的现象，除了陕北方言，在其他地方口语中亦有，如山西吕梁地区、陕西关中的长安、韩城、合阳。②

二、"儿"的来源

"儿"有贬义色彩来自古代汉语。"儿"的本义是婴儿、幼童。《说文解字·儿部》："儿，孺子也。""儿"又表示孩子、子女的意思。在封建礼教时代，讲究的是君臣父子关系，孩子在父辈眼里无足轻重（甚至连人都不是，如儿子只配称作"犬子"等）。这样，"儿"又引申出轻蔑之义，有了贬义色彩。例如：

（26）已而绛侯望袁盎曰："吾与而兄善，今儿廷毁我！"（《史记》卷

---

① 张庚编：《秧歌剧选》，北京，人民文学出版社，1977，第 211 页；《野草》，《十月》1991 年第 4 期，第 80 页，作者王新华曾在延安地区插过队。此外，绥德籍作者延永东的长篇小说《一个偷儿的命运》（西安，太白文艺出版社，1994），也有很多用例，在此不繁征引。

② 关中长安话是学兄高明相告，如"这人儿得很"。韩城、合阳方言参见党怀兴《"儿女子"辨》（《西北方言与民俗研究论丛》，北京，中国社会科学出版社，2004，第 220 页）。李小平先生告知，山西吕梁地区的一些地方有"儿脾气"、"儿劲气"、"儿多"的说法，"儿"的性质与陕北方言作定语的"儿"完全一致，我们推测在晋语的其它地方也可能存在。这里谨向高明兄、李小平先生表示谢意。

101《袁盎晁错列传》)①

(27)中常侍赵忠言于省内曰："袁本初坐作声价，好养死士，不知此儿终欲何作。"(《后汉书》卷 74《袁绍传》)

(28)(祢衡)对曰："吾焉能从屠沽儿耶！"(《后汉书》卷 80《祢衡传》)

(29)贺闻，故出行，至门反顾，索笔足之曰："不可啼，杀吴儿。"(《世说新语·政事》)

(30)(韩信)曰："吾悔不用蒯通之计，乃为儿女子所诈，岂非天哉！"(《史记》卷 92《淮阴侯列传》)

(31)(马援)曰："(男儿)何能卧床上在儿女子手中邪?"(《后汉书》卷 24《马援传》)

(32)孔慨然曰："大丈夫将终，不问安国宁家之术，乃作儿女子相问！"(《世说新语·方正》)

上引诸例，可以归纳为三种类型：(一)例(26)(27)，"儿"直接用于被称呼的人，独立使用，犹言小子、家伙，不敬之义显见。例(26)指称"袁盎"，例(27)指称"袁本初"。(二)例(28)、(29)，"儿"作中心成分，与其他词语组合成"某某儿"形式，表示对人的蔑称。例(28)"屠沽儿"指称陈长文、司马伯达，例(29)"吴儿"是对吴地人的称呼。(三)例(30)、(31)，"儿"作修饰成分，与其他词语构成"儿某某"形式(今所见只有"儿女子"一语)，含有轻蔑之义。例(30)"儿女子"指吕后。这三种类型也就是"儿"的三种贬义用法。其中前两种的用法是名词性质的，第三种用法，是名词呢？还是别的词呢？郭松柏、刘有志(1997)对上引《史记》等用例作了很有见地的分析："'儿女子'乃是偏正结构，'女子'是中心语，是所说的对象；'儿'为定语，从一种性质方面修饰说明'女子'。"但是"儿"不是幼小的意思，因为这些例子都含有轻蔑之义，而如果用"幼小"义去理解则没有了轻蔑之义。这样的理解是完全正确的。绥德方言作定语的"儿"与此相互比较，性质完全一样，那么，"儿"的来源也就不言而喻了。反过来看，古代汉语"儿"的贬义性质，几位先生下了工夫，用了不少的笔墨，才把问题搞清楚，而如果通过绥德方言的"儿"来理解，那显然容易多了。陕北方言"儿"的贬义色彩保留，是我们认识"儿女子"之"儿"的一条独具价值的活材料。

由上论述可以知道，绥德方言表贬义的"儿"，是从古代汉语作修饰

① 这几个例句大都转引自郭松柏、刘有志：《"儿女子"并非"妇人之子"》(《中国语文》1997年第 6 期)，何亚南：《中古汉语词汇通释两则》(《中国语文》1997 年第 6 期)，王云路：《说"儿"》(《杭州大学学报》1998 年第 3 期)。

语的"儿"直接继承过来的，而非来自于表示称呼的"儿"。如果与古代汉语作一比较的话，便可以看出，绥德方言贬义之"儿"在继承古代汉语用法的同时，又有所发展。在表义上它们都含有贬义色彩，在使用范围上却有差异。古代汉语的三种用法只限用于人（就目前所看到的文献而言），第三种用法仅限于修饰女性，而绥德方言使用的范围要广一些，人和事物都能适用，用于人时，男、女皆可。古代汉语（一）、（二）两种用法是绥德方言没有的，绥德方言作谓语、状语、表示程度、达到极点的用法又为古代汉语所无。

第六节　敢、敢是

绥德方言的"敢"可以作能愿动词，也可以作语气副词。作语气副词，有时也说成"敢是"。作能愿动词时，读本调阴平上，即 kæ²¹³，作语气副词时，可读本调，也可读阳平，即 kæ³³，同一个句子，表示可能的叙述，还是推测的判断，从读音可以作出推断。语气副词是从能愿动词演变而来。作能愿动词与北京话一致，不赘，这里只说语气副词的用法。

一、句类分析

第一，用于陈述句，表示猜度，意思犹可能，也许；表示肯定的提示，犹应该。句子的谓语可以是动词性、形容词性词语，也可以是名词性词语。这一用法中，"敢"有时也与副词"怕"连用。例如：

（1）投咱去哩敢唱完噘等到咱们去了，也许唱完了。

（2）敢怕不是你<u>这么个</u>做法么大概不是你这样的做法吧。

（3）今儿来那个人敢个怕你每沟里的今日来的那个人或许是你们村里的。

（4）这个敢怕贵噘么。

表示猜度意义的"敢"，多与"个"结合在一起使用。"敢个"带上语气词"叻"后，独自成句，只能是无主句，表示可能的意义，犹北京话的"可能呢"。

第二，用于祈使句，表示请求、催促、提示，句子的谓语为动词性词语。例如：

（5）你敢把娃娃奶饱。

（6）你敢过来看给下。

（7）你叻敢是走么，站下做甚叻。

祈使句中使用"敢（是）"表达的祈使语气比较弱。表示否定的祈使意义时，还经常与表示强调意义的副词"可"连用。例如：

(8)你每可敢不能先给钱儿再看货你们可不能先给钱后验货。

(9)这回咱可敢不能嗫这回咱们可不能了。

(10)你每背的可敢耍太重哩你们背的可不要太重了。

第三，用于疑问句，表示反问、猜度，句子的谓语为动词性词语。
例如：

(11)这敢是你潭下的乱子？

(12)你敢是没解开明白，知晓吧？

(13)听口音敢山西家么？

(14)这回敢不是我来来？

在疑问句中，疑问代词也可以同现。例如：

(15)看这敢是甚叻么？

(16)你敢是咋想的么？

(17)那些敢到哪里去嗫么？

用于选择问句。例如：

(18)——你敢是睡叻么不睡？我每等你着叻。——睡叻/不睡。

(19)你敢去叻不么？

(20)你敢是买叻不买？说句利索话。

"敢(是)"的否定形式是将否定词"不"、"没"放在"敢"的后边，如例
(5)(12)(14)。句末也用猜度、反问等语气词"吧"、"么 mə?/ma"，陈述
句、祈使句不用"吧"。如上例(11)。

"敢"、"敢是"、"敢个"的区别。三者都可用于表示猜测的陈述句中。
"敢"有时可用于句末，"敢是"与"敢个"则不能，如"你敢说么"也可说成
"你说么敢"。"敢是"只能出现句中，用于祈使句和疑问句。"敢个"只用
于陈述句中。

以上"敢(是)"的一些用法，据郭校珍(2008)报道，山西晋语及客家
方言、闽方言等都有。

二、句式分析

"敢"、"敢是"在句式上有一些比较特殊的用法，在此进行分析说明。

（一）作话题标记

陈述句中的"敢"、"敢是"有时同时兼有话题标记的功能，犹标记词
"呢、呀"。例如：

(21)你敢胖嗫么，不是衣裳小嗫。

（22）我敢不能说。

（23）人家敢是要红火叻么。

（24）一个人敢不得转。

（25）人家敢是来哩就对喽。

（26）你敢说么，咱这儿价又没外人。

（27）哎，我敢忙叻么，不哩不然的话能不来叻？

例中的"敢"有的也可用"可"、"叻"等语气词来代替，表示相同的意思，但是有一定的区别，用"可"有强调的作用，"敢"则没有。

还用在拷贝式结构中作话题标记。例如：

（28）说敢是说叻么，又不是真的要叻。

（29）我敢是我，你敢是你，谁和你伙穿裤儿穿一条裤子着叻？

（30）我每敢看敢能看么我们呢看看可以吧？

例（30）的第一个"敢"是主话题标记，即"我每"的话题标记，第二个"敢"是次话题标记，即"看"的话题标记。第一个"敢"可以省略，第二个不能省略，它是拷贝式结构成句的一个必要成分。

（二）在因果复句中表示原因

"敢"、"敢是"经常用在因果复句中表示事后原因的陈述。例如：

（31）上次没叫你来，敢是怕你每两个一见面又吵叻么。

参见第十九章因果复句部分。

三、"敢"的来源

绥德方言"敢、敢是"的一些用法，在近代汉语中已经出现。"敢"是由能愿动词发展而来，其语法化始于疑问句环境，进一步扩大范围后，也可以用于陈述句和祈使句。

（一）用于疑问句和陈述句

"敢"是由能愿动词虚化而来，作能愿动词，它有"可、能、会"等意思。从古代文献来看，早在先秦就有用例，其后相沿。例如：

（32）为大夫退，其敢当君乎？（《左传·僖公二十八年》）

（33）公主骂曰："胡狗，敢辱天王女乎？"（北朝·杨衒之《洛阳伽蓝记》卷2）

（34）亿载万年，敢有违者？（唐·韩愈《元和圣德诗》）

"敢"是如何从能愿动词发展为语气副词的呢？江蓝生（1992/2000：80）对此进行过讨论。她说："我们认为助动词'敢'虚化为疑问副词是在反问句这种语境中形成的，即：（1）助动词'敢'位于动词之前，其位置与疑问副词相当；(2)在反问句中，'敢'的语义与它原来的意义正相反，犹'不敢'，用疑问形式表现就是'安敢'，'岂敢'。由于这种句式的惯用，便使'敢'沾带上了反诘副词的意味，进而虚化为一个疑问副词。"①这一分析是可信的。在先秦及近代汉语中还有用"敢"直接放置于动词"问"、"闻"等动词前表示谦敬、疑问语气。例如：

(35)敢问何谓也？(《左传·隐公元年》)

(36)敢问官人青春多少？(明·冯梦龙《喻世明言》卷3)

绥德方言的"敢"、"敢是"的用法见于近代汉语，所见最早文献的时代为宋元时期。例如：

(37)我儿多敢肚中馁也？(《前汉书平话》卷下)

(38)孩儿，你一会不言语，可敢死了？(元杂剧《桃花女》3折)

(39)兄弟，这敢不是风寒药？(元刊本杂剧《魔合罗》2折)

(40)敢是杭州柳永？(元杂剧《谢天香》1折)

(41)敢是美人活了不成？(清·曹雪芹《红楼梦》19回)

用于疑问句的"敢"，也可用于反诘语气，如例(41)(43)，有的还起提顿语气的作用。在《元曲选》本中，反诘语气的"敢(是)"句末有的带疑问语气词"么"。

也有用于陈述语气的例子。例如：

(42)那两个花驴养，着牛绳绑我在桑树上，少后敢打五十棒。(金·佚名《刘知远诸宫调》第2)

(43)这早晚小千户敢来家了也。(元刊本杂剧《调风月》2折)

(44)见三匹金鞍马拴在老桑树，多敢是国戚皇族。(元杂剧《遇上皇》2折)

(45)这一场寻仙子可敢是非不善，畅好是受惊怕误入桃源。(元杂剧《金钱记》2折)

(46)这虔婆怕不口甜如蜜钵，他可敢心苦似黄蘗。(元杂剧《玉壶春》3折)

(47)这样敢是好，我可招护车去了。(清·文康《儿女英雄传》10回)

这几例"敢(是)"后有的是动词、形容词的例，有的是名词性的。不论是疑问句，还是陈述句，有的例子在"敢(是)"前还用"多"和"可"一类的词，进一步加强推测语气，如例(37)、(38)、(44)—(46)。

(二)用于祈使句

"敢"在历史文献中古也有用于祈使句的用例。例如：

---

① 按，还有"怎敢"、"争敢"、"焉敢"、"何敢"、"敢不"等用语。

(48)敢休交野花攒地出，我则怕村酒透瓶香。(元杂剧《遇上皇》1折)

(49)敢交你就鞍心里惊倒！(元杂剧《三夺槊》2折)

在近代汉语文献中，祈使句用例不多见。

相互比较，绥德方言与以上近代汉语中的"敢(是)"用法一致，没有根本性的区别，换句话说，绥德方言的"敢(是)"句来自近代汉语，是近代汉语语法现象的保存。

第七节　行①

绥德义合镇及其周围乡镇方言有一个放在代词、名词及其名词性短语之后表示处所的后置词"xɯ³³"(阳平调。以下省略调值)。例如：

(1)我xɯ　　你xɯ　　那他xɯ　　　那些他们xɯ　　咱每xɯ

(2)这(人)xɯ　那(人)xɯ

(3)谁xɯ　　谁每xɯ

(4)女子xɯ　老师xɯ

(5)娘的xɯ　　儿的xɯ　姑姑的家xɯ　我每家xɯ　　张三家xɯ

加"xɯ"的 N，其意思是 N 这里、N 那里。如我这里/那里、谁那里、他的姑姑家那里。这个"xɯ"是哪个字呢？从读音来观察，在读"xɯ"音的常见同音字中很难找到一个合适的字。通过近代汉语文献考察，有一个词和它相当，这就是张相(1953：767)所说的宋元词曲中曾经出现过的"行"："用于自称、人称各词之后，约相当于我这边、你那边之这边、那边，或我这里、你那里之这里、那里。"比照张先生所举例子，义合话的"xɯ"，具备"行"这个词的分布特征和意义。从义合话周边方言考察，也可以推断"xɯ"就是"行"。但问题是，从义合话"行"的两个常见读音ɕiŋ³³和 xɔ³³看，还不能直观地看出"xɯ"就是"行"。

一、"行"的意义

"行"在义合话中一般可以笼统地理解成这里、那里，但是如果根据具体语言环境，也可以同时理解成跟前、面前、名下等。例如：

(6)这点儿钱儿还是东家行拼西家行凑的｜这家行站一阵儿，那家行看一阵儿。(这里、那里)

(7)我有苦谁行说呐｜我行那他连个屁也不敢放。(跟前、那里)

---

① 本条词的写作中承蒙刘育林、张维佳、张惠英诸先生提出宝贵修改意见，谨致谢忱！

(8)牛赶的我行嘞｜咱行来哩客人嘞｜那他又到姑姑的行告去嘞。(家、那里、面前)

(9)好事轮到我妈行菜也凉嘞｜那在你行没说甚吧。(名下、跟前)

在义合以外的陕北其他地方，口语中也有这个词，虽然读音有差异(见下文)，但是所表示的意义相同，说明"行"在陕北方言中是一个通行的词。与陕北一河之隔的山西方言中也存在，如忻州(温端政1985)、太原、清徐、太谷、榆次、寿阳、祁县、平遥、介休、灵石(赵秉璇1992)、定襄(陈茂山1985)、阳曲(孟庆海1991)等。比较以下几个例子：

(10)他行咾一个客人｜我在俺舅舅行借咾一本书｜箩头在猪圈行放的哩。(忻州)

(11)你合有钱没有｜我在海贵子合坐了一阵子｜墙合(那里)垒的个猪圈。(阳曲)

(12)他行你别想讨上便宜｜我在张三行借了十块钱｜她妈家行离这里有五里路。(定襄)

(13)到俺行来吧｜这家行买了挂自行车｜房行晒的粮食。(灵石)

远离晋语地区的山东寿光、茌平、聊城等方言中亦有(江蓝生1998)。

二、"行"的读音

义合话的"xɯ"与近代汉语"行"的意义相同，但近代汉语"行"读"杭"音，义合话读"xɯ"，声母相同，韵母却相距甚远。那么，义合话的"xɯ"有没有可能读"杭"呢？读音是考察本字的必要条件之一。从语音演变规律来看，义合话不存在把见系宕江摄音读见系臻曾梗摄音的，即难以把"行"读xɯ看作是xɔ(义合话宕江效摄无介音字读音合流)有规律的演变。这样我们就得在规律以外另找根据。江蓝生(1998)说："在考证方言本字时，不仅要运用古今音韵演变的一般规律，同时也要注意考察并运用音韵演变的特殊规律。当我们遇到问题，用正常的音变规律无法解释时，不妨打开思路，设法另辟蹊径去探幽访胜。"义合话"xɯ"本字确定也应如此。

我们在考察"xɯ"时，找到了一个很有说服力的例子。在西北方言中，有一个表示内行、在行的词叫"行伍"[①]，这一意思是由古代表示军队义引申而来。义合话中亦存。例如：

---

① 陕北晋语普遍使用。宁夏银川话亦有"行伍"一词，意思与绥德方言相同。参见李树俨、张安生：《银川方言词典》，南京，江苏教育出版社，1996，第274页。

(14)这人做事可行伍叻 | 你不行伍你就不要沾手 | 那_他那念书不行，受苦_{种地}还行伍着叻。

这里的"行"，音当为《广韵》中的胡朗切。这个词中的"行"，义合话有两个读音：一读xɔ，一读 xɯ。"行"字两读现象，说明后置词的"行"读xɯ是可能的，实际存在的。

另外，义合话把本领技能的意思，仍然沿用佛教用语"道行"一词。本地有一歇后语，"石狮狮的屁眼（nie⁵²）——道行儿不深"，用以形容一个人的本领不大，修养不高等。其中"行"只读xɯ一音。这个音与其常见的两个音 xɔ、ɕiŋ 来说，比较生僻。《现代汉语词典》收有"道行"，注音héng，也是一个不常见音，这个音即《广韵》中的"户庚切"（折合今 héng/xíng）。义合话反切下字"庚"的韵母读ɯ，"道行"的"行"读xɯ，符合义合话臻曾梗摄见系字读ɯ韵母规律。那么，能否以此确定后置词"行"的读音也是"户庚切"呢？不能。后置词"行"应是"胡朗切"音变结果。原因就在于"行"在陕北、山西等地存在，义合话"行"不是孤立的，与这些地方"行"有联系，通过比较，可以看出它的音变过程。绥德北邻是佳县，后置词"行"在佳县话中读 xɑŋ³³，读音与常见义的"行"一致。陕北其他地方还有读如下音，把它们放在一起，义合话xɯ的形成过程就清楚了：

佳县 xɑŋ　绥德_{城区}、神木_{高家堡} xɑ̃　绥德_{义合}、神木_{城关} xɔ　米脂、神木_{贺家川} xɤ　榆林、横山、靖边 xuo　义合xɯ①

这里从不同地域上的读音可以看到，义合话xɯ形成过程是：首先ɑŋ变成鼻化音ɑ̃，接着鼻化韵尾脱落，然后是韵腹 ɑ 的舌位高化为ɔ，继续高化后，一是变成uo（可能是 u），一是变成不圆唇的 ɤ，ɤ 再高化后就形成了不圆唇ɯ，即韵腹舌位高化的历程是：

$$\text{ɑŋ} \to \tilde{\text{ɑ}} \to \text{ɑ} \to (\text{ɒ}) \to \text{ɔ} \to (\text{o}) \Big\langle {\text{uo} \atop \text{ɤ} \to \text{ɯ}}$$

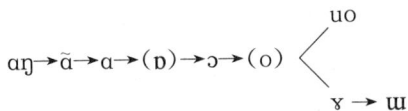

三、"行"使用的句型及历史比较

北方汉语与其他语言接触问题是近年语言研究中的一个关注点。后置词"行"就是其中之一。20世纪八九十年代时贤们作了不少的探讨。余志鸿（1983、1987）认为，后置词"行"可能是从蒙古语引进的语言现象，与阿尔泰语言交融的产物，江蓝生（1998）强调"N 行"具有时代性，要区

---

①　这里的神木方言材料邢向东先生提供，谨表谢意。

分为 a、b 式，b 式才是外来的（a 式为"N 行"前有动词或者介词，包括"动/介＋N 行"和"动/介＋N 行＋VP"两种，b 式为"N 行"前没有动/介）。义合话"N 行"句，这两类三种都保留。下面将两者作一对比，以此确定义合话"行"的来源。

a1　动/介＋N 行：

（15）你把东西放咱行｜去你每行喽｜羊轮到张三家行喽。

比较近代汉语用例①：

（16）我觑身上嗦蓝缕，向耶行无替新换旧。（金·佚名《刘知远诸宫调》第 11）

（17）若言无意向咱行，为甚梦中频梦见？（宋·柳永《木兰花》）

（18）他一辈行皆是恁地。（《朱子语类》卷 140）

（19）衷肠说与谁行。（巾箱本《琵琶记》23 出）

a2　动/介＋N 行＋VP：

（20）去你每家行睡去叻｜鸡放咱行喂｜明儿往后，驴在谁行喂叻？

（21）那他就在我行厉害叻｜桌子在你家行拿的｜在娘老子行还不有理？

比较近代汉语用例：

（22）离魂暗逐郎行远。（宋·姜夔《踏莎行》）

（23）正打你行过去，你拿不着怎地支吾？（元刊本杂剧《博望烧屯》2 折）

（24）诸处里人都来我行拜见了。（明·朱元璋《高皇帝御制文集》）

（25）这场儿的冤苦，向谁行来分诉。（明·沈泰《盛明杂剧·中山狼》3 折）

b　N 行＋动：

（26）哥哥，咱行来客喽｜娃娃每外婆的家行去喽｜那他又人家行吃喽。

（27）你谁家行也不能去｜我谁行没怕过，怕个你？｜叫你的同学咱每行吃，咱每行戚住。

比较近代汉语用例：

（28）偏向庙官行图些犒赏，咱客人行有甚盼望。（元刊本杂剧《冤家债主》3 折）

（29）这场，勾当，不由我索君王行酝酿个谎。（元刊本杂剧《西蜀梦》1 折）

（30）我只得屈身躯代亲告哀，难道是我爹行错认贤豪？（清·杨潮观

---

① 以下一些例子，有的转引自张相（1953）、江蓝生（1998/2000）。

《荀灌娘围城救父》）

比勘义合话与近代汉语中的"N 行"句，它们大同小异。根据江蓝生 (1998)的考察，"a 式是汉语自古以来就有的，b 式是元代汉语受蒙古语语序影响而产生的新兴句式。"近代汉语 b 式随着元朝的结束而衰落以至消失了。义合话保留了近代汉语中的 a 式，同时也保存着 b 式（山西方言中不见），与近代汉语一致。宋元明时期的 a 式中的"行"，有的词义虚化，去掉也不影响句意，b 式中的"行"虽无实义，但却不可少。义合话的"行"意义还是比较实的，无论 a 式，还是 b 式，一般不能去掉"行"，去掉后意义发生变化，没有强调处所的意思了，或者不成话。宋元明的 N，从张相(1953)、江蓝生(1998)文章所举例子来看，都为代词、身份名词，义合话的 N 除了这两类词外，还可以是由这些词与其他名词构成的短语，如"外婆的家"（他的外婆家）、"你叔叔家"，这类名词性短语的中心成分似乎就一个"家"。义合话在宋元明的基础上，扩展了 N 的范围。虽然有此小异，但是"行"来自近代汉语无疑。江蓝生(1998)考证，"行"当由"上"变来，义合话看不出来。

四、与"行"相关的词

义合话还有"下"，读 xa^{52}。近代汉语中还出现了与后置词"行"语法意义相同的"上"、"下"。其中"下"与指示代词结合，"行"与人称代词结合，二者互补；"上"与"行"用法相同。义合话没有"上"的用法，"下"与"行"的关系同近代汉语，二者处于互补状态。"下"又可以说成"下里"。例如：

（31）我这下人手够喽，你那儿咋个？｜你把那下里的毡铺好。

（32）这下里的儿把娘的的尸灵尸首给抢走喽｜那下里咋价说的？

"下里"有一个变体"黑里"，表示在里边。它能用在指示代词"这"、"那"后，还可以用于名词后。例如：

（33）那黑里的菜叫羊给吃喽｜这黑里的水晒干喽｜羊圈黑里钻进圪截个猪｜书黑里的钱不见喽。

"黑里"与"下里"应为一个词，大概是为了区别意义、使用范围不同加以别音的。山西一些方言"下"读 $xA\Omega^2$（孟庆海 1991），义合话"黑"读 $xə\Omega^3$，相互比较，我们推测"黑里"可能是"下里"的音变。"黑里"与"下里"的区别，可以通过它们前边的代词"这"与"那"的读音来分辨。表面看起来，它们都是"这"与那，其实读音不同。"下里"前的"这"与"那"，读 $t\mbox{s}ei^{52}$和 nei^{52}，"黑里"前的读 $t\mbox{s}a^{213}$ 和 na^{213}。不能混淆。另外，"下"、"下里"与

“这”与“那”之间都能插入数词，表示几处。例如：

（34）大概看哩快一百下喽｜说哩四、五下里都不满意｜我的心几下里搀攉扯_{拉扯}着呐。

“黑里”则不能。

第八节　赶

北京话用于比较性状和程度最常见的差比句式是“比”字句。例如：“小赵比我小五岁。”“他比我会下棋。”绥德方言最常见的差比句式是“赶”字差比句，以下就此句式进行描写，并对“赶”的语法化作一分析。

一、“赶”字句的结构类型

在现代汉语中，差比句的整体结构大致有两种结构类型：“基准＋结果”型和“结果＋基准”型。绥德方言的差比句以“基准＋结果”类型为常见，“结果＋基准”类型也使用，如“强如”作比较词的句式，但使用上有一定的条件限制。用介词“赶”作比较词的差比句是“基准＋结果”型。“赶”字比较句的结构形式有以下三种。

（一）a　“X＋赶＋Y＋Z”

这一结构是绥德方言“赶”字差比句的基本结构，其他类型都是建立在这个结构的基础上。例如：

（1）肉赶菜贵。

（2）我赶你大三岁。

绥德方言用来充当比较词语的主要是“赶”，读 kæ²¹³，阴平上。此外还有“强如”等（见第十六章第三节）。新派受普通话影响也说“比”。在老派中，“比”的读音 pi²¹³ 是个避讳音，所以多不用，只用“赶”和其他词语。“赶”是介词，由动词演变而来（详见下文）。

X、Y 的成分主要是名词、代词，如例（1）、（2），也可以是名词性短语、动词以及动词性短语。例如：

（3）大的赶小的厉害。

（4）说的赶唱的也好听_{俗语}。

（5）北京来的赶四川来的会说。

（6）那个有花花的碗赶那个蓝道道的碗瓷好。

（7）睡觉保险赶受苦所在_{舒服}么。

（8）种菜吃赶买菜吃便宜得多呐。

(9)做生活踏实肯定赶耍滑溜奸好么。

例(3)—(5)是"的"字短语，例(6)是定中短语，例(7)为动词，例(8)为动词性状中短语，例(9)为形容词性主谓短语。a结构的结果项Z如果是数量衡量的、程度等对象，"比较词"不出现也可以表达比较，但句子的语序要调整为"X＋Z＋Y"，并且要在"比较结果"后加另外"出"或"哩"及其相关结果的数量、程度等，例(1)、(2)也可以说成如下句子：

(1′)甲：肉贵菜几块叻。　　乙：肉贵出菜几块叻。　　丙：肉贵哩菜几块。　丁：肉贵哩菜好多。

(2′)甲：我大你三岁。　　乙：我大出你三岁。　　丙：我大哩你三岁。

例(1)与(1′)、例(2)与(2′)二者都表达肉贵、我大，但是有一定的区别。首先，例(1′)、(2′)在类型上有了变化，由"基准＋结果"变成了"结果＋基准"；其次，例(1′)、(2′)的乙、丙(丁)是甲的扩展，丁用于表示程度。"结果"由形容词变成了有一定动词性的词语了，后边带有"出"、"哩"等；再次，语用上，例(1)、(2)是客观的描述，例(1′)、(2′)是含有一定主观性色彩的表达，有强调结果的意味。

比较结果Z最常见的身份是形容词，如上面所举的多数例子。除此之外，还可以是其他成分，主要是由动宾短语、动补短语和"会、能、好、爱"作修饰语的状中短语这类动词性成分，单独的一个动词不可以。例如：

(10)娘的_{他的母亲}赶老子的_{他的父亲}好说话。

(11)这个赶那个爱耍排场_{摆阔气}。

(12)小的赶大的做事宽敞。

(13)我吃盐赶那吃米面也多。

(二)b　"X＋V＋得＋赶＋Y＋Z"

b结构与a结构的区别在于：b的比较结果是动词性述补短语，即"V＋得＋Z"，比较基准Y插入到比较结果中了，a的比较结果是形容词。例如：

(14)我跑得赶那_他快。

(15)前一个唱得赶后一个有味儿。

b式可以转换成a式，例(14)、(15)可以说成"我赶那跑得快"、"前一个赶后一个唱得有味儿"。但是a式不能转换成b式，主要是"比较结果"不同所致。

(三)c　"X＋赶＋Y＋A＋得＋多多叻/多着叻"

c结构是a结构的变体，比较结果主要用于说明X要在性质、状态方面比 Y 相差很多，比 a 的比较结果抽象，不再是具体性状的体现。例如：

（16）这个赶那个好得多多叻。

（17）论受苦，你赶我强得多着叻。

（18）物理赶化学难学得多多叻。

"赶"字主要用于差比句，有时也用于极比句。在绥德方言中，"赶"字差比句中如果加入"也"就变成了极比比较句，即下 d、e 结构。表达极比意义是"赶"字差比句在表义功能上的扩展。

（四）d "X＋也＋赶＋Y＋Z"

d 结构的 X 是任指的比较对象，如果是特指的比较对象，应该具有该类对象的典型性或代表性。结果项 Z 是褒义的积极的词语，而不能是相反。例如：

（19）哪里也赶咱这儿价好。

（20）谁也也赶你会动脑子。

（21）三岁的娃娃也赶你强。

（22）王三也赶你有。

例（19）哪里都比咱们这里好，那就是咱们这里最差。例（20）言外之意是你最不会动脑子。例（22）王三都比你富有，你是最不富有的，因为在说话人的心目中，王三是不富有人的代表。X 是名词性词语时，句首可以出现助词"连""取连"等强调比较的极比性。如例（22）可以说成"就连王三也赶你有。"X 是疑问代词、动词性成分时不可以加"连"。

（五）e "X＋赶＋Y＋也＋Z"

这一结构是 d 的变化，Y 是任指的，多为疑问代词充当，与 d 式比较，结果项 Z 没有词义上的限制，积极的、消极的词语都可。例如：

（23）这儿价赶哪里也好戏。

（24）你赶谁也儿气差劲、坏。

（25）有哩这个赶甚也好。

例（23）是说这里是最好待的地方。例（25）是说这个东西为最好的。

"赶"字在绥德方言中很少用于否定差比句，否定比较词多用"不如、不顶、不胜"等，或"没＋Y＋Z"结构表达。

二、"赶"字比较句在汉语方言中的分布

(一)"赶"字比较句的分布

"赶"字句在北方汉语方言中是使用较为普遍的比较句，从目前所见资料来看，分布在陕西、山西、内蒙古、宁夏、新疆、山东、河南、四川等地。① 例如：

(26)其实，做群众的尾巴总赶做群众仇人强些。(欧阳山《高干大》)

(27)一条大路通北京，再没赶成娃强的人。(《陕北民歌选》)

(28)你们连长赶我这老头子可强的太多了。(柳青《铜墙铁壁》)

(29)我赶他大两岁。(延川)

(30)我的赶你的大｜你去赶我强。(绥德、米脂、佳县、靖边、横山、榆林、延安、子长)

(31)你的赶我的还小？(清涧)

(32)这搭东西赶咱兀搭贵。(扶风、关中东府地区)

(33)我赶他大。(略阳、宝鸡、永寿、蓝田、咸阳、耀县、宜君、凤翔、太白)

(34)致一嘅赶乃一嘅大｜兀一嘅赶致一嘅好。(商州) (陕西，晋语、中原官话)

(35)妇女们见有意见没人管，于是下地的人一天赶一天少了。(西戎《纠纷》)

(36)这一个赶兀一个好。(吉县)

---

① "赶"字句的材料来自：曹志耘：《汉语方言地图集·语法卷》，北京，商务印书馆，2008，第 99 页。何茂和：《山丹方言志》，兰州，甘肃人民出版社，2007，第 288 页。黄伯荣(1996)，第 678 页。姜岚：《威海方言调查研究》，北京，中国文史出版社，2006，第 101 页。李改祥：《芮城方言常用介词浅析》，《语文研究》1999 年 1 期。李荣(2002)，第 5049 页。林涛：《中卫方言志》，银川，宁夏人民出版社，1995，第 182 页。刘静：《大同方言中的"赶"》，《山西大同大学学报》2009 年 2 期。莫超(2004)，第 127 页。乔全生(2000)，第 170 页。史秀菊：《河津方言研究》，太原，山西人民出版社，2004，第 356 页。宋恩泉：《汶上方言志》，济南，齐鲁书社，2005，第 285 页。王淑霞：《荣成方言志》，北京，语文出版社，1995，第 236 页。毋效智(2005)，第 289 页。许宝华等(1999)，第 4651 页。扬子仪、马学恭(1990)，第 259 页。殷相印：《微山方言语法研究》，哈尔滨，黑龙江人民出版社，2008，第 286 页。张安生(2000)，第 314 页。张成材：《商州方言词汇研究》，西宁，青海人民出版社，2009，第 306 页。张启焕、陈天福、程仪：《河南方言研究》，郑州，河南人民出版社，1993，第 412、416 页。张一舟等：《成都方言语法研究》，成都，巴蜀书社，2001，第 337 页。朱建颂：《武汉方言研究》，武汉，武汉出版社，1992，第 39 页。有的系笔者调查得来。河南鲁山资料由孙红举提供，甘肃天水、静宁、白银、会宁方言资料系张蓝天告知。关中地区除了扶风，皆为韩承红提供，谨向他们表示谢意。

(37)妹子赶姐姐长得高｜王小波赶他哥哥心肠好。(闻喜)

(38)这块赶(或品)兀块好。(徐清)

(39)西安赶太原近｜伢人家身体赶以前好多啦。(芮城)

(40)我赶你高｜今儿个赶奈几天热闹。(万荣)

(41)我赶你高｜这页一个赶兀页好。(河津)

(42)我个子赶你高。(运城、永济)

(43)二小子赶大小子高一头呢｜自家种的果子赶街上卖的都好吃。(大同)

(44)这本书赶那本书好。(沁县)　　　(以上山西，晋语、中原官话)

(45)你赶我高等一个头呢。(山丹)

(46)我赶他大。(秦安、岷县、华亭、环县、天水、静宁、白银、会宁)

(47)我赶他大岁半｜赶你聪明的人多大是。(舟曲、宕昌、武都、文县)　(以上甘肃，兰银官话、中原官话)

(48)我赶他大两岁｜你赶他高半截。(银川)

(49)这个人赶那个人高｜今日赶昨日好多了，明日赶今日还好。(中宁)

(50)我赶你大三岁。(中卫)

(51)这个赶那个上强｜今儿赶昨儿强多了，明儿赶今儿还要好了。(同心)

(52)固原赶银川冷｜你赶他高｜火车赶汽车快。(固原)　(以上宁夏，兰银官话)

(53)她底学习赶我好｜他底个子赶我高。(乌鲁木齐、吐鲁番)　(新疆，兰银官话)

(54)我赶他大。(包头、呼和浩特)　　　　　　(内蒙古，晋语)

(55)他还赶不上我高。(德州)

(56)论勤头我赶不上他。(潍坊)

(57)好死不赶赖活着。(利津)

(58)站着不赶坐着高。(无棣)

(59)骑车子不赶上坐汽车快｜他不赶我高。(沾化)

(60)他赶不上你高。(聊城)　　　　　　　　　(冀鲁官话)

(61)我的工资还不赶你的一半多哩。(金乡)

(62)今年赶不上年时热。(微山)

(63)我赶他大。(单县)

(64)谁说他快赶我高啦？(汶上)　　　　　　　(中原官话)

(65)今儿赶不上夜儿凉快。(荣城)

(66)他赶不上我胖。（平度、莱州）

(67)他赶不上你高。（即墨）

(68)她赶小红差远了。（威海）　　　　　　（胶辽官话）（以上山东）

(69)我赶他大。（嵩县）

(70)我赶他高｜他赶我胖来多。（宜阳、南阳）

(71)我赶你高。（鲁山）

(72)这个赶那个好｜坐下(xa)吃，赶站那吃美。（河南，中原官话）

(73)我赶他高｜他做事赶哪凯誰都稳当。（西充）

(74)今年度雨水赶去年子少｜我去赶你去合适些。（成都）（以上四川，西南官话）

(75)这些房子赶不倒那些房子好。　　　　　　（武汉，西南官话）

此外还有做动词的用例。例如：

(76)各家的院子都赶城里的小广场了。　　　　　　（东北，东北官话）

(77)可还赶不上苏州，方太太？（老舍《面子问题》）　　　　（以上北京）

(二)地理分布状况的分析

从上引材料表明，"赶"作比较词的差比句分布地区很广，其共同点是，它们都属北方方言。差别在于，山东境内方言的"赶"字句使用范围窄，仅限于否定比较，词汇意义没有完全消失，动词性特征显著，以"不上"作补语，较多地保留了近代汉语的一些句式特征(见下文)，正好是介词产生的前提。北京东北官话也是这样。而晋语及其他官话在使用上没有什么限制，语法化为一个比较介词。绥德方言用"赶"作比较介词，是其中之一，没有特别之处。

从目前所报道的方言资料看，"赶"作比较介词在南方方言中不见，查阅李荣、许宝华等的两部大型方言词典及大量的方言资料，均无一例，使用较为通行的比较词是宋代产生的"比"及其他词语，或用不同的结构形式来实现比较。在北方方言之下的江淮官话和北京东北官话没有"赶"作比较介词的相关报道，北京东北官话只有动词意义的"赶"字句(如上引(76)、(77)例)。据钱曾怡(2001：294－296)的材料看，山东境内的"赶"字句分布比较有意思。属于冀鲁官话的方言，如利津、无棣、德州、潍坊、沾化、聊城等地，属于胶辽官话的方言，如荣城、平度、莱州、即墨(威海例外)等地，"赶"作动词用，多为否定形式，与北京东北官话一致，没有虚化为介词，跟近代汉语的情况一致。而属于中原官话的方言，如金乡、微山、单县、汶上等地，是典型的"赶"字比较句。据一些学者的考察，江淮官话地区在宋元时代曾经是吴方言的地盘，可能受此影响而没有使用"赶"作比较词，吴方言是没有"赶"字比较句的。东北官话没有，可能是受北京话的影响而致。① 北京东北官话形成在后，而中原官话产生在前，中原官话没有影响到北京东北官话。大致在宋元时代，北方地区同样都有比较动词"赶"的存在，而当北京东北之外的北方地区方言的"赶"向前演变为介词的时候，北京东北官话走了另外一条路子，就是继承了宋代时出现的介词"比"，"赶"的介词比较意义发展脚步停了下来，只停留在了动词这一阶段（表时间等介词用法的产生是另一个问题）。总之，北京东北官话没有受到中原官话的影响，或者说没有走中原官话的路子。

在北方方言中，"赶"字差比句是仅次于"比"字的第二大类，目前已经处于消失的境况。在许多论著中都说到，使用"赶"字句的是中老年人，新派开始用"比"，表明"赶"字句正处于萎缩、消失的过程中，地理区域上处于点状或小片状分布局面，发展的趋势是被普通话的"比"字句取代。从另外一个角度看，现在的点状或小片状分布状况，可以推测原来在北方方言区可能是一个整体区域分布。西安方言的例子也许也能给我们的推断提供一点参考。现在的西安方言，"赶"作比较介词基本上消失了。我的同事吴媛老师（西安人）相告，她和父辈们不用"赶"字比较句，但她的外婆在世时还是使用的。西安方言是陕西关中地区中原官话发展的一个窗口，它的发展说明昔日的关中方言曾经在普遍使用"赶"字比较句的（西安西边的宝鸡等地，东边渭南地区、黄河东岸的山西万荣等地现在都用）。② 如此广阔地域使用的现状，再结合汉语发展历史来观察，可以推测到"赶"字比较句也许是中原官话底层一种比较句的残存。如果不是这一情况，现代方言分布得如此巧合就不易理解了。

---

① 从历史发展看，北京地区大都话首先形成，东北话在此基础上产生。居住在北京地区的汉族及契丹、女真族经过辽金两朝几百年的密切交往，到元代建都时基本形成了现代北京话源头的大都话。在辽代时，就开始有大批的汉民移居东北，或自愿而迁，或被辽朝俘获而去。他们主要是幽燕地区的汉民，带去的是该地区方言，汉语对东北女真族产生了重要影响，女真人放弃母语，学习使用汉语，汉语在东北各族语言中占了优势。作为当时通行的汉语，毫无疑问是燕京话为中心的幽燕方言基础上发展起来的。金朝又是在汉化已经相当深厚的基础上建立起来的，史书的有关记载能说明这一事实。"在满族形成阶段，汉语在满族中就已经成为通行的语言了。"（林涛 1987）满清入关时的东北汉语，实际上是早年的幽燕方言，所以北京东北官话成为一体。北京东北官话都有动词比较意义的"赶"也从侧面说明它们同源。

② 另据陕西教育学院韩承红老师告知，关中已经调查的 30 个点，除了麟游、陇县、千阳、旬邑外，都说"我赶他大"。

三、"赶"字用法的历史考察及其语法化

汉语比较句的研究比较充分，在许多论著中都提及并作了一些分析讨论，这样的论著有数十种，如马建忠《马氏文通》(1898)、吕叔湘《中国文法要略》(1942)、太田辰夫《中国语历史文法》(1958)、黄晓惠的《现代汉语差比格式的来源及演变》(1992)、李蓝《现代汉语方言差比句的语序类型》(2003)、魏培泉《关于差比句发展过程的几点想法》(2007)、张赪的《汉语语序的历史发展》(2010)等，特别是张赪的专著描写详备，分析充分，解释有力。现代汉语方言比较句的描写论著也很多，其中涉及"赶"字句的描写也不少，但很少有对介词"赶"的语法化的过程进行讨论的。目前所见仅有王春玲(2011：165)对方言中的"赶"字语法化过程作了一些探究，不过还需要补充完善，我们在此基础上作进一步解释。

语法化问题的考察，可以根据历时文献的使用状况来分析，也可以凭借当代(某一时代)共时平面上的语言使用过程中自然形成的各种用法分布来探究，从句法、篇章和语用现象的角度分析。此外，还可以借助不同语言类型比较进行。根据张赪对近代汉语差比句介词的语法化演变过程分析的结果看，产生于魏晋南北朝的"比较主体＋比＋基准＋VP"结构是连动式，其语法化的标志是形容词进入到该结构充当比较结果，即"VP"为"AP"取代。但是我们查阅、检索汉语史语料，还没有发现用"赶"作比较介词引入比较标准的任何用例，而作为比较介词产生基础的比较意义的动词用例甚繁，特别是元代之后频见。目前所见最早用例为元明文献，其后相沿。例如：

(78)学不得秦萧史跨彩凤重登凤台，赶不上晋刘晨采灵芝再入天台。(元·汤舜民《双调·天香引·友人客寄南闽情缘眷恋代书此适意云》)

(79)我赶不上庞居士海内沉舟，晋孙登苏门长啸。(元杂剧《忍字记》4折)

(80)王婆道："……那里讨一个赶得上这娘子的！"(施耐庵、罗贯中《水浒传》24回)

(81)俺每外官焉能赶的上。(明·兰陵笑笑生《金瓶梅词话》64回)

(82)我家这几个粉头，一般接客，赶得着他那里！(明·冯梦龙《醒世恒言》卷3)

(83)只怕后生家还赶我不上哩。(同上，卷35)

(84)兄弟李承祖，虽然也是个聪明孩子，到底赶不上姐姐。(同上，卷27)

（85）九阿姐家有几个粉头，那一个赶得上你的脚跟来？（明·冯梦龙《醒世恒言》卷3）

（86）我看起来，他目下虽穷，后来只怕你还赶他脚跟不着哩。（同上，卷20）

（87）你每杠自一船的货，也还赶他不来。（凌濛初《拍案惊奇》卷1）

（88）（王明）说道："一夜筵赶不得一夜眠，我们坐得这一夜过哩！"（明·罗懋登《西洋记》53回）

（89）实在我们年轻力壮的人捆上十个也赶不上。（清·曹雪芹《红楼梦》71回）

（90）你比他大多了，又是叔叔，倘或赶不上他，又叫老太太生气。（同上，92回）

（91）我们究竟是一件浊物，还是老太太的儿孙，谁能赶得上他。（同上，111回）

就所见用例来看，"赶"使用的基本结构几乎都是"赶得上"、"赶不上"、"赶得着"、"赶不着"、"赶不得"、"赶不来"等形式，它们的句子结构是"X＋赶得上/不上＋Y"，以此判断，"赶"是一个动词，"赶"后边的"上、着、不上、不着、不来"等都是它的结果补语，有时Y不出现，如例（81）、（89），但没有一例是形容词，亦即"赶"后边的成分非差比句结构中典型的结果项。由此来看，"赶"在历史文献中没有比较用法的介词用例。"赶"作介词的用法虽然在历史文献中有用例，却是表时间和起点意义的。如果说比较介词"赶"是从这一用法来的，而不是从动词比较义表的，这就与其他比较用法介词产生过程的共同规律相左。换句话说，从历时的角度来探究"赶"的语法化是行不通的。

另一条路子是现代汉语方言共时平面的考察。遗憾的是在现代汉语方言中"赶"字句没有典型的连动结构，没有出现两可分析，然后再重新分析为介词的用例。因此，对"赶"的语法化问题讨论只能进行一个推测。汉语介词是由动词演化而来，从动词演化到介词，大致经历三个阶段（石毓智2010：295）：普通动词→经常或者只出现于次要动词的位置→丧失了普通动词与指示时间信息有关的句法特征而转化为介词。演化为介词的次要动词主要是能够携带施事者、受事者、与事者、工具、处所、时间、范围、目的、方式、原因等词类，它们使用频率较高，容易语法化。作为比较介词的"赶"，它的语法化过程同其他介词一样，也应该是在这样的情况下演变而来的，即由"赶＋NP＋V"连动结构中的"赶"虚化而来。

"赶"字在《说文解字》中已经出现，意思是"举尾走也"，即兽类翘尾奔跑，此义今普通话读 qián。它与作比较词的"赶"在音义上都没有关系，"赶"字不是本字。比较词"赶"的本字当为"趉"。《正字通》："趉，追逐也。"唐·张鷟《朝野金载》卷 2："时同宿三卫子被持弓箭，乘马趉四十余里，以弓箭拟之，即下骒乞死。""乘马趉"就是乘马追赶。动词发展为比较介词，关键因素是动词一般要具有"超过"义，"超过"义是作为比较词的语义基础和前提条件，"超越"了才会有差距的产生。"赶"字恰好具备这一条件。"赶"的本义是追赶，而追赶预设义是因为 X 与 Y 之间存在着空间距离，X 追赶 Y，就是 X 与 Y 不在同一个起点上，彼此间有空间距离存在。二者如果要进行"赶"，自然就有了位移意义的存在，即由此到彼。"赶"经过隐喻作用，将"赶"的对象扩展到了空间距离之外事物上，从空间距离上的追赶发展到其他的诸如认知、能力、条件等方面的追赶。换言之，在隐喻的作用下，人们借助具体空间域上的追赶来表达抽象空间上的追赶，由具体行为动作上的追赶投射到认知、能力、条件等抽象事物的追赶。追赶的结果，理论上说有两种结果：一是追上，即 X 与 Y 之间的距离为零，投射到语言上，就是"赶上"、"赶得上"；一是没有追上，即 X 与 Y 之间仍然有距离存在，投射到语言上，就是"赶不上"。"赶上"是不符合表达差比意义的要求，如果将"赶上"用以比较，只能是平比，也就意味着没有"差"的存在。那么，构成差比意义的"赶"，只能是"赶"的否定结果"赶不上"发展而来。作为差比句的比较词，"不及"才符合"差"的语义需求。

上文说到，"赶"字差比句可能是历史上中原官话曾经存在过得的一个句式，但是文献中没有体现，其原因何在？我们推测还是属于方言的原因，因为方言的缘故而不用，就像今天使用"赶"字差比句地区的人们写作一样，如果行文，笔下是不会用"赶"的，都会写通行的"比"，用"比"一是不会引起人的误解，同时还显得洋气不俗。但是文献中没有留下一点儿"赶"的蛛丝马迹，却又的确令人不解。

第九节　是

在北京话中，"是"主要用作动词，也可以用作形容词、副词。绥德方言的"是"除了这三种用法，还进一步发展演变，产生了语气词、助词的用法，用以表达疑问、感叹语气和作话题标记。"是"的这两种用法，读促声韵"ʂəʔ³"（也有读"səʔ³"）。这里就绥德方言"是"作语气词、助词的用法与"是"的语法化进行考察。

一、表达疑问语气

（一）结构形式

"是"作为语气词，可以用在句末，表示疑问语气。表现形式有两种：一是经常与疑问代词结合起来使用；二是独立使用，不需要疑问代词来参与。具体表现如下四个方面。

第一方面，与"为甚"搭配使用，构成"为甚＋X＋是"结构。X 是疑问焦点，可以是动词及动词性短语，也可以是表示方式、性状的代词，偶尔为形容词。例如：

（1）人家问你价，你为甚说是人家问你的时候，你为什么说呢？

（2）那为甚去是他为什么去呢？

（3）那些为甚不大是？咋价光说咱每的小他们为什么不拿大的呢？怎么只说咱们的小。

（4）我那阵儿为甚走是？不走唦不是没事的我那阵子为什么走呢？不走的话不是没有事情的？

（5）你说我为甚不死是？把娃娃仇坏嘞你说我为什么不死呢？把孩子们连累坏了。

（6）你每两个为甚这么个是你们两个为什么这么个样子呢？

这种结构一般用于反问句中，表示比较强烈的质疑、责备语气。质疑、责备是通过比较来实现的。例（1）的意思是你"说"了的行为是不好的，即"说"了蕴含着不好的一个结果，因此你"说"了就被质疑、责备。如果用于第一人称时，则表示对自己行为的追悔、反思，也含有质疑、责备，相对于第一人称则疑问语气相对比较弱。例（5）的意思是我不死的结果给孩子带来了连累，因此反思自己活着的价值，从而也就有了质疑、责备自己的含义。可以询问已然的事实，也可以是未然的事实，未然事实的责备含义是就一般的常理这样、那样做的结果是被否定的，从而表明责备意义，例（6）的"这么个"是对已有事实在某一评判标准下的否定，也就体现了责备的意义。总体上看，这一结构中疑问焦点为形容词的使用频率极低，例（3）的"大"具有动词性，在此指的是拿大的、用大的、长大等意思。如果说话者觉得反问的语气力度还不够的话，在"是"后可以再加一个语气词"么"，这样就可以表示最为强烈的语气了。可以通过比较来说明。如例（2）如果加上"么"，即"那为甚去是么"，质询的语气显然比不加的要强烈得多了。下面的几类结构也都如此，不再赘述。

第二方面，与疑问代词"何"构成"何＋X＋是"结构，表示疑问。

例如：

(7)娃娃何哭是孩子为什么哭呢？

(8)你每何这么个是？来哩就对嘹么，还拿甚礼当叻你们为什么这样呢？来了就对了嘛，还拿什么礼物呢。

(9)这么价大的个娃娃嘹，何糟蹋你叔叔的青货是么这么大的一个孩子，为什么糟蹋你叔叔的水果呢？

(10)那何打人是么他为什么打人呢？

这一结构可以是一般的疑问，如例(7)，也可以是责备的反问，如例(8)。疑问的对象一般多指他人，很少用于第一人称。如果与"为甚+X+是"结构相比较，"何+X+是"结构表达的责备语气要轻一些。

在"何+X+是"结构中，"何"读去声 xu^{52}，声调有点特殊，参见第十一章第三节。

第三方面，与疑问代词"咋"、"咋价"构成"咋/咋价+X+是"结构。"咋"是"怎么"的合音，"咋价"是怎么、怎么样、为什么的意思。例如：

(11)叫你念书叻，你咋不学是叫你读书呢，你怎么不学呢？

(12)你还说好，你咋不要是你还说好，你怎么不要呢？

(13)那些咋价不买是他们怎么不买呢？

(14)娘的那阵儿咋给是他的妈妈那个时候怎么能给呢？

(15)你说我那会儿咋价不跟的人家去是你说我那会儿怎么不跟着人家去呢？

"咋/咋价+X+是"主要用于第二、第三人称，较少用于第一人称。这一结构可以省略疑问焦点，即可以直接用"咋嘹是"表示疑问。例如：

(16)你每两个咋嘹是？想挨打嘹你们两个怎么了呢？想挨打了？

(17)说得好好价，又咋嘹是说得好好地，又怎么了呢？

例(16)的疑问焦点没有直接出现，在后续句作了补充，例(17)则完全没有出现。

第四方面，"是"不与疑问代词组合，直接用于句末，构成"X+是"，表示疑问语气。例如：

(18)天凉成这么个嘹，你不穿厚些儿是天凉成这么样的程度了，你为什么不穿厚点儿呢？

(19)你和个儿人打交道是你为什么与一个不正气的人打交道呢？

(20)都是些干部么，直不拴整好成这么个是都是一些干部，为什么不好成这个样子呢？

(21)你去是你为什么去呢？

这一结构没有疑问代词，疑问焦点在"是"的前边，如例(18)的"不穿厚些儿"，例(19)的"和个儿人打交道"。如果为了突出疑问焦点，可以加上疑问代词"为甚"、"何"等的。

（二）语义特征

以上四种结构，从是否有疑问代词参与看，可以分为两大类。不管哪种情况，使用"是"与不用"是"的疑问句相互比较，使用"是"的疑问句总体上都含有对质疑问题原因的追究，这是与其他疑问句的最大区别。在此可以通过用语气词"叻"和不用语气词的对比来说明，如上举例(1)、(8)、(13)：

(1)a 你为甚说是？

　　b 你为甚说叻？

　　c 你为甚说？

(8)a 你每何<u>这么个</u>是？

　　b 你每何<u>这么个</u>叻？

　　c 你每何<u>这么个</u>？

(13)a 那些咋价不买是？

　　　b 那些咋价不买叻？

　　　c 那些咋价不买？

这三个例子的三组句子都表示疑问，a 用疑问语气词"是"，b 用一般语气词"叻"，c 没有语气词。用语气词的 a、b 比不用语气词的 c 疑问语气要强，用"是"的 a 比用"叻"的 b 语气又要强；用"是"的 a 还有追究原因意味在内，b、c 仅仅是一般的疑问，没有 a 的那种追究原因含义。

（三）使用范围

"是"表疑问语气的句式，主要是对第二、第三人称或事物的疑问，也可以是说话者自己的反问，被问的焦点 X，可以是肯定的内容，也可以是否定的内容，疑问焦点有时也可以不出现，用疑问代词来表示。

（四）周边及其他地区方言的使用

表示疑问语气的"是"并非绥德一地方言使用的，在陕北晋语中普遍存在，有的方言点儿上用法表现得还更为复杂，如神木方言（邢向东2006）。陕北晋语之外的西北其他地区方言亦见。例如宁夏同心方言（张安生2000：309）："筐筐子给谁哩是？"中宁方言（李树俨1989：161）："他家在哪里呢是？""他干啥着呢是？""你多乎来是？"甘肃白龙江流域方言（莫超2004：136）："他几时来哩是？"从陕北到宁夏，再到甘肃，从陕北晋语到兰银官话，再到中原官话，"是"的使用分布状况说明，"是"有疑问语气词用法的现象在西北地区方言中具有一定的普遍性，绥德方言

"是"的用法并非孤立的语法现象。

二、表示感叹语气

（一）句式结构

"是"可用于感叹句式"（看＋把）＋NP＋V/A＋得/得来"末，构成"（看＋把）＋NP＋V/A＋得/得来＋是"结构，"是"在句中强化感叹语气的表达，犹北京话的语气词"呀"。例如：

（22）看把人爱得来是！

（23）看把娘的打得来是！

（24）你把我说得是！

（25）看把你脑大得是！

（26）把你能得来是！

（27）两个好得来是！

这些例子都表示某种行为或状态的感叹。但是被感叹的具体行为结果或状态在句中都没有出现，如果要补上，都是在"得来是/得是"之后，作句子的补语。因此，"（看＋把）＋NP＋V/A＋得/得来＋是"结构可以说是省略后边的补语形成的。上边的句子，多数可以加上相关的补语。例如：

（22a）看把人爱得来是颌水口水流下来喽！

（23a）看把娘的打得来是红黑蓝青！

（26a）把你能得来是解不开不懂个天高地厚！

例子（22a）感叹"人"因爱而"颌水流下来"的行为状态，例（23a）感叹"娘的"被打而出现的"红黑蓝青"状态，例（26a）感叹"你"逞能而出现的"解不开个天高地厚"的行为。如果有后续成分出现，"是"在这里似乎可以有两种理解：既可以看作是句中作语气词，与"看"、"得/得来"一起共同表示感叹语气；又可以看成为一个引起语气提顿的句中语气词。两可的理解，说明"是"的这一用法处于发展变化的过渡阶段。

（二）语义特征及"是"的性质

用"是"加强感叹语气的句式，在整体上说，都含有责备的含义，是否定的评价。如果"是"后补出后续成分的话，都是否定的评价。如例（22a）的"颌水流下来"，表示爱的状态与程度超过了常态，一般情况下，即便特别喜爱也应当深藏于内，不显于外，而"颌水流下来"是喜爱的失态，失态是不应该出现的，所以也含有否定的评价。例（26a）的"解不开个天高地厚"，意思是什么都不放在眼里，表示对人行为不当的批评。这些后续成分的出现，在语义表达上是完整的，但是从会话原则的角度看，除非是语义表达的强调，否则都是违背了会话中礼貌原则的赞誉准则。赞誉准则是要求说话者尽量少贬低别人，尽量多赞誉别人，所以在对某一个人进行评价时，如果是负面评价，为了保护听话人或当事人的面子，总是表达的尽量简洁，负面性的评价内容往往省略不说，而根据会话语境来暗示对方，对方也完全明白说话的含义。这也是用"得来"与"是"表达感叹语气时，为什么可以省略后续成分的根本原因所在。

三、用作话题标记

"是"作助词，主要是用于话题之后，作话题标记，在语音上，其后要有一定的停顿，这个停顿要比一般句中的停顿要短一些，这里用(，)来表示。"是"作话题标记的功能是具有承前性和对比性。所谓承前性就是"是"引出的话题是说话人已说过的话题，是激活的信息；对比性就是引出的话题在语义上多为转折，前后形成相互对比。

（一）话题成分及结构分析

就结构而言，"是"可用于由一个话题构成的句子中，也可以用于多个话题的句子中。话题成分可以是名词、代词或名词性短语，也可以是动词以及介宾短语。例如：

（28）书是(，)你要好好念叻_{书呀(，)你要好好念呢。}

（29）我是(，)不去喙_{我呀(，)不去了。}

（30）明儿早上是(，)你不敢迟喙，上面来人叻_{明天早上啊(，)你不敢迟到了，}
_{上面来人呢。}

（31）娘的是(，)可伤得恶叻_{他的娘呢(，)厉害得很！}

（32）给那十回是(，)说喙，那敢是不听么_{给他说了十次了，他呢不听嘛。}

（33）喝酒是(，)不喝，吃饭叻是(，)吃叻_{喝酒呢(，)不喝，吃饭呀吃呢。}

（34）跟工在外是(，)可难叻_{打工在外吧(，)非常艰难！}

例（28）的"书"是名词，例（29）的"我"是代词，例（30）的"明儿早上"，例（31）的"娘的（他的娘）"是名词短语，例（32）的"十回"是动量短语，例（33）的"喝酒"、"吃饭"是动宾短语，例（34）"跟工在外"是动补短语。单纯的动词、形容词往往出现于拷贝式结构中，见下文。这里的"是"有的与北京话副词"是"的用法似乎一致，但是实际上有区别。第一，两者结构上关联对象的位置不同。话题标记的"是"它所关联的对象在其前边，副词的"是"它所关联的对象在其后边。第二，两者功能不同。话题标记的"是"主要作用是引出所述对象，没有词汇意义，也不能作句子成分。

副词的“是”主要是修饰它后边的动词、形容词等谓语，有词汇意义，能作句子成分的状语。第三，读音不同。话题标记的“是”在读到它时，要稍作停顿，或者是拖长音时。副词与所修饰的对象之间不需要停顿。如例(29)，北京话也有类似的句子，“我是不去了”，“是”所关涉的对象在其之后“不去”，所表达的意思是一定不去了、确实不去了，在句中起强调作用，有自然重音，修饰“不去”，作“不去”的状语。而绥德方言的“是”在句中仅仅是引出话题“我”，关涉的对象是它前边的“我”，没有强调的意思，犹北京话的“我呢/呀不去了”，“是”不能作句子成分，读完它时，要稍作些停顿。上引例(29)—(34)也都是这样。

“是”也可以用在拷贝式结构中作话题标记，多以对举结构形式出现，或有后续句出现。在此结构中，形容词也可使用。例如：

(35)看阿儿家里叻(,)钱儿是(,)钱儿，东西是(,)东西看人家家里，钱儿吧(,)有的是钱儿，东西吧(,)有的是东西。

(36)人家打是(,)打叻，亲是(,)也可是亲叻人家打呢(,)归打，亲呢(,)也是很亲的。

(37)说是(,)说叻，又不是真的说呢(,)归说，又不是来真的。

(38)给叻是(,)不给，用是(,)哂叫用去给呢(,)不给，用呢就叫用去。

(39)那儿是(,)儿着叻，可仗义也(,)仗义着叻他差劲呢(,)是差劲，可是仗义呀(,)却是仗义的。

例(35)、(36)、(39)等是对举形式的拷贝结构，它们没有后续句，也可以有后续句出现，如例(37)。有的是完全形式的，如例(36)、(38)、(39)；有的是部分型的，如例(35)、(37)。其中，例(36)的“亲”、(39)“儿”是形容词拷贝结构。

“是”经常与“唯”构成“唯……是”前加后附式结构来作话题标记，主要用于陈述句，表示对对方客气行为的善意批评。例如：

(40)唯你是(,)吃哩几颗山蔓还要还叻你呢吃了几颗土豆还要给还呢。

(41)唯那你妈是(,)来哩圪争得连口水也不喝你妈呀来了客气得连一口水也不喝。

这一结构只用于第二、第三人称。“唯”可以看作是前置式话题标记，现代汉语极少使用，而在古代汉语中使用极为频繁，古人所谓的句首发语词。

“是”还与其他语气词(它们单独也可以作话题标记)叠置使用，构成“来是”、“叻是”、“啥是”、“价是”、“去是”、“动是”等，一起作话题标记。例如：

（42）水来是（,）好着叻，就是流得太小嘞水（,）是好着呢，就是流得太小了。

（43）那要叻是（,）不给的，你动起可以他要呢（,）不给的，你的话（,）可以。

（44）远嗏是（,）不远，一锅儿烟的时辰就到嘞远呢（,）是不远，抽一锅烟的时间就到了。

（45）人价是（,）没问题，敢家里有点儿穷么人呢（,）没有问题，只不过家里有点穷。

（46）耍去是（,）能行着叻，受苦去（,）一点儿本事也没有的玩耍呢（,）有能力，吃苦呢（,）一点本事也没有。

（47）你动是（,）一满没吃亏来嘞你呢（,）确实没有吃过亏来了。

这几个双音节词，有的也可以和"唯"搭配使用，如上例（40）、（41）的"是"也可以说成"去是"、"来是"。

在绥德方言中，有时几个话题可以同时共现于一句之中。例如：

（48）你₁叻（,）你₂是（,）甚也听不里去你啊（,）你什么也听不进去。

（49）明儿来（,）我叻（,）我是（,）说甚也不做嘞明天呀（,）我呢（,）我无论如何也不做了。

（50）考试叻（,）我叻（,）我是（,）常好着叻考试呢（,）我呀（,）我常好着呢。

（51）你每下叻（,）我₁来（,）我₂是（,）再是不来嘞你们那里啊（,）我呀（,）我再也不来了！

（52）南方来（,）我₁叻（,）我₂是（,）再是不戚嘞南方呀（,）我呀（,）我再也不住了。

在不止一个话题时，话题可以相同，也可以不同，如例（48）的两个"你"，例（49）、（50）的两个"我"是相同的；话题标记也可以相同，也可以不同，以上例（50）中的两个"叻"相同。当句子中出现几个话题标记时，"是"在句子中所处位置有一定的条件限制，如例（49）中有"明儿"、"我₁"和"我₂"三个话题，"是"只能出现在最后一个话题"我₂"的后边；如果将其用在第一个话题之后，则后两个话题就不能出现，例（51）、（52）中有"你每下"、"南方"、"我₁"、"我₂"三个话题，"是"同样放在最后一个话题后，如果放在"你每下"、"南方"后，则句子不能成立。换句话说，在多话题结构中，"是"作话题标记具有后置性。多话题结构的句子，其话题有主次之分，按照徐烈炯、刘丹青（2007）对话题所作的主次之分，例（52）的"南方"为主话题，"我₁"为次话题，"我₂"为次次话题。

（二）句类的选择

就句类而言，绥德方言话题标记"是"主要用于陈述句，如例（29）、（32）、（33），也用于感叹句，如例（31）、（34）。但是不用于疑问句和祈使句，这是由话题结构的基本功能决定的。有时也用于表示提醒意思的句子中，如例(28)、(30)，看起来像祈使句，实际上还是陈述句。

(三)语用功能

"是"作话题标记，其语用功能表现在两个方面。一是具有承前性。话题标记"是"用于对话中的应答句式里，是针对问话而作答的，"'是'所引入的话题，并不是一个全新的、陌生的对象，而是会话过程中已被提及或关联的对象，是已知的、被激活的信息，至少是易推知信息"(张军2012)。因此，它具有承前性特点。用"是"作话题标记的例子，都可以预设出一个问答的语境，"是"引出的话题，如例(29)"我是(,)不去喃"，可以是对"你去不喃?"的回答，"我"承前问句的"你"而出现。例(30)"明儿早上是(,)你不敢迟喃，上面来人叻"是对"明儿早上我想迟去一阵儿，能叻不?"的回答，"明儿早上"在问句中出现。例(27)"娘的是(,)可伤得恶叻"可以是对"娘的咋个"的回答，"娘的"问句中出现。

二是具有对比性。"对比是话题的重要功能之一，提顿词则是实现话题的对比功能的主要显性手段。"(徐烈炯、刘丹青2007：195)绥德方言"是"作话题标记也体现了这样功能。以上所举例子，述题或后续句的意思具有否定、转折或不是这样的排他语义，述题所述不是预期的新信息，因此，形成对比性特点。如例(29)、(30)、(33)的述题是表示否定意义的，述题中有否定副词"不"的出现，这样话题与述题之间语义上形成否定关系。如例(32)、(45)后续句在语义含有转折的意思。例(35)是别人有钱有东西，言下之意是听话人或者是自己却没有，构成潜在的对比。例(36)的"打"与"亲"、例(39)的"儿"与"仗义"在语义上都形成对比，例(40)说的是一般情况下吃了几颗"山蔓"不需要还，因为不值几个钱，"你"竟然"还"了，与常理不合，因此构成语义对比。

(四)其他方言的分布

"是"作话题标记在陕北晋语中使用得比较普遍，张军(2012)对横山方言"是"的用法作了详细而深入的考察。龙果夫(1958)最早发现了西北地区方言中这一用法的存在，并作了讨论。此外，远离西北地区的吴方言上海话也有该用法(徐烈炯、刘丹青2007)。不同地区的存在，不同方言中的分布，可以彼此进行比较，考察异同，也可以讨论汉语"是"的产生的根源，使这一用法研究深化。那么，不同方言中的分布现象，说明这一事实是客观存在的。

四、话题标记形成考察

（一）北京话的考察

话题标记的"是"来源于表示副词"是"，是副词"是"进一步语法化的结果，副词是由判断动词发展来的。

就北京话而言，副词"是"在有的句子中实际上已经初步具有了话题标记的功能，特别是谓词性拷贝式结构中，起码也是可以两解的。例如："吃是挺好吃的，就是太贵。""说是说了，他可没说多会往下分。""看是看完了，就是看不懂。"这里的"是"，一般理解为副词，表示强调作用，焦点是"是"字后的成分，"是"大多要重读，但是也可以不重读，完全可以理解为引出话题的一个话题标记成分，即"是"前边的成分是话题。这里可以用替换"是"的手段来进行检验。上边例子中的"是"换成典型的话题标记词"嘛"、"呢"、"的话"，或者不用这些词，用语气停顿的手段来看，句子的语义并没有大的变化，仅有强调的语气稍有减弱而已，这也就是说，"是"未尝不可理解为引进话题的一个标记？试比较：

(53)a 吃是（,）挺好吃的，就是太贵。

　　　b 吃嘛/呢（,）挺好吃的，就是太贵。

　　　c 吃的话（,）挺好吃的，就是太贵。

　　　d 吃（,）挺好吃的，就是太贵。

这组句子的 a 至少表示强调的语气已经弱化了。拷贝式结构比较特殊，实际上普通结构句式其实也有类似现象。我们看《现代汉语八百词》（499 页）中的几个例子：

(54)我[是]问问，没有别的意思。

(55)一路上，大家[是]又说又笑，毫无倦。

(56)干社会主义我[是]一百个拥护，一千个赞成。

这些例子中"是"的用法，吕叔湘（1999：499）分析道："'是'不重读时，可省略，只表示一般肯定。"既然能够省略而不影响语义的表达，这就说明它的词汇意义已经很虚了，与表示特征或质料的"他[是]山西人"、表示领有的"老王[是]一只胳膊"的省略有明显的不同。换言之，这一用法只是表示一种肯定的语气。"是"表示语气用法的产生，就为话题标记的最终形成奠定了基础，而进一步虚化后，如果仅仅表示语气的提顿，那就发展为一个典型的话题标记了。

（二）绥德方言的考察

在历时文献不够充分或者没有历时文献提供依据的情况下，语法化的分析也可以从共时用法平面上去观察。西方语言学家提出，语法化常见的渐变链条是：词汇词＞语法词＞附着形式＞屈折词缀，从左到右，语法化程度逐渐加深。我们推测"是"的助词、语气词用法，源于副词，是副词进一步语法化的结果。不论是助词，还是作为语气词，其形成要具备如下条件：读音轻化，依附性增强。那么"是"的发展是否具备这些条件呢？首先，读音上，"是"由于轻读的原因而引起促化，读入声，也就是说，不仅是轻读的问题，而且韵母都有了进一步的发展。其次，它只出现在话题之后或句末，即依附性的特征十分突出。由判断动词到副词，再发展为助词、语气词。典型用法的判断动词"是"，前后两头联系的是名词性成分，其地位保持一种相对独立的中立状态，叫它为系词，大概有此因素在内。如果是谓词性成分，作为判断的性质就有所减弱，如果"是"后的谓词加强后成为中心成分时，它就会成为附加成分，副词的用法是由此而来。成为副词后，它后边的成分就变为谓词的中心了，从而体现其确认语气的作用。副词"是"继续发展，如放在拷贝式谓词结构中时，确认的作用又会减弱，因为拷贝式结构自身具有一定的话题标记功能，那么，它就具有了提顿语气的作用，也就成为话题标记。从焦点标记或副词到提顿的语气词，经历了一次重新分析，由后向性成分，变为前向性成分。

　　绥德方言"是"的助词、语气词用法，就其出现的句子中位置分析，是副词进一步虚化发展的结果。不论北京话，还是绥德方言的副词"是"，都是用以表示强调作用的，当其强调作用减弱或没有强调作用之后，它的使用性质也会随之而发生变化。作为表示强调意义的副词，其功能是修饰后边的谓词成分的，但是当它的强调作用减弱后，不再修饰后边的成分，通过重新分析，在位置不变的情况下，就指向前边的主语，成为一个引出话题的成分，也就是由作涉后的状语发展为承前的助词标记。"话题标记和疑问标记在词形上常常同一。""汉语中所有疑问语气助词都能程度不同地用作话题标记。"普通话带有话题标记性质的助词有"啊、么、呢、吧"，这四个词全都兼作疑问语气词。"普通话句末语气词中有一些是不表疑问的，如'唉、叹、的、啦'。而这些非疑问语气词全都不能作话题标记，可见疑问语气词和话题标记的同一性决非偶然的巧合。"（刘丹青 2005）从上文的描写可知，绥德方言的"是"为一个典型的疑问语气词，所以成为话题标记是符合话题标记入选的条件与规律。刘丹青（2005）的研究表明，"疑问语气词和话题标记之间存在一种单向的蕴涵关系：疑问语气词＞话题标记这一共时性的单向蕴涵关系也就反映了历时性的派生关系。因为语法化的方向是由疑问标记到话题标记的，所以所有疑问标记都不同程度具有话题标记的作用；因为这一方向不是话题标记到疑问标记，所以有些其他来源的话题标记不具备疑问标记的作用。假如我们假设相反的方向，就无法解释为什么有些话题标记毫无疑问标记的作用。此外，疑问语气词的历史研究也支持这一方向。"绥德方言的"是"，话题标记与疑问语气词二者兼而有之。

(三)其他方言的考察

"是"的用法，目前方言学研究中已有一些报道，并作了深入研究。刘丹青(2005：121)在参考方梅的看法后指出，"作为话题标记的句中语气词在标注其前成分为话题(主功能)的同时也提示了其后成分的焦点性(副功能)。那么反过来，同样位于话题和焦点之间的系词'是'在标注其后成分为焦点(主功能)的同时，也可以提示其前成分的话题性(副功能)。区别在于两类标记主副功能的换位，与此相关的是两者停顿位置的不同。两种标记都向其主功能所在成分靠拢：作为话题标记的句中语气词靠前，停顿在后；作为焦点标记的系词靠后，可能的停顿在前。假如要凸显系词的提示话题的副功能，那么只要改变一下停顿的位置就可实现。上海话的'是'正是如此，当它出现在停顿之前成为后附性标记时，它的主、副功能便发生换位，话题标记成为主功能，'是'成为近似'末'的提顿词。这是一种语法化上的重新切分。"邢向东(2006)曾经对神木方言语气"是"有过详细讨论，认为"是"为准语气词，通过移位、隐含而实现的。绥德方言与神木方言在该词的使用上差异较大，绥德方言除了有神木方言的"是$_1$"的"A类是尾句"和感叹句的"是$_3$"，没有"是$_1$"的B、C、D尾句类，也没有神木方言祈使句的"是$_2$"。神木方言的A类是通过移位方式而形成的，绥德方言用法单一，难以直接推测其形成过程。

徐烈炯、刘丹青(2007：89)"'是'作为提顿词的作用是普通话没有的，它在上海话中至今也只有提顿词的用法而没有语气词的用法，所以不宜称为语气词。"由此来看，绥德方言有语气词的用法，正好弥补了上海话作为话题标记产生中间环节语气词的缺失，说明将"是"看作语气词是合适的，绥德方言经过一个语气词的演变，也可以为上海话的来历提供佐证。

(四)历史文献考察

"是"作为话题标记的用法，在宋代之前的文献迄今尚未见到。根据赵长才(2013)的最新研究可以知道，"是"作话题标记在元明清文献中已经出现了用例，不过这类文献主要是朝鲜人学习汉语的课本资料，最早是元代的《老乞大》，最晚的是清代的《华音撮要》。这里转引数例如下：

（57）这洒子<u>是</u>不沉水，怎生得倒？（《古本老乞大》）

（58）那官人<u>是</u>今年十九岁，好文章，诸般才艺，无计算的钱粮。（《朴通事谚解》）

（59）黑夜<u>是</u>，哀痛啼哭，邻舍家听的都害鼻子酸疼；白天呵，自家背土营坟，十七年多才了了。（《训世评话》）

（60）第一名<u>是</u>赐状元及第，第二名<u>是</u>赐榜眼，第三名<u>是</u>赐探花郎。（《象院题语·天朝文科节次》）

（61）这几件衣服<u>是</u>都是耐穿的东西。（《中华正音·骑着一匹马》）

（62）那一座瓦房<u>是</u>就是徐家的庄子呢。（《华音撮要》）

需要关注的是，这些例子的"是"有的结构为"S＋是＋都是/动词＋NP"，具有典型的话题标记功能。学术界对于以上例子中的"是"的性质有不同的看法，这可能是有两方面的原因。第一，"是"的用法正处于形成阶段，用法不很稳定，可以有不同的理解；第二，同时代的其他文献资料中不多见，而且据赵长才（2013）的考察，这些例子仅限于朝鲜人学习汉语的课本中，现代汉语北京话中没有典型的用法。因此，争论也就非常正常，通过不断的争论，讨论的问题会看得越来越清楚。

由于所见文献的性质都是与外来语有关系，所以对于"是"的性质及来源，赵长才（2013）根据明朝时期朝鲜创制的"吏读（吏札）"、"口诀"书写形式与对应的汉语原文献的比勘，他的结论是："由此我们推测，该用法的'是'应该是受到教科书编写者母语朝鲜语影响将母语的格标记成分带入汉语的结果，其作用是用来标记主语或话题。源自于朝鲜语，是语言接触的产物。"那么，就格标记不突出的汉语来说，如上述北京话的用例（上述讨论仅仅是推测），现代汉语陕北晋语、西北方言（龙果夫1958）、上海方言（刘丹青2005）中用作话题标记的现象，如何看待它们的来源？是汉语自身内部演变的结果，还是继承了外来语言接触后的产物。这里简单地说一句，既然汉语格标记功能不突出，而方言中却能有话题标记的现象存在，说明汉语的"是"有产生话题标记这一功能的前提条件。而对"是"作话题标记的现象来说，不论是外来的，还是自生的，其用例的出现已经有六七百年的历史了。为什么元代到清代的其他文献就没有用例呢？这也许能说明是外来成分的依据之一。这个问题还值得继续探讨。

绥德方言"是"的语气词用法，其来历就绥德方言本身不能确定。邢向东（2006）对神木方言"是"的语气词用法作过考察，认为是"移位的结果"，也许绥德方言也是这样演变而来的。

第十节　动、唪

绥德方言的"动"和"唪"在用法上有许多共同的地方，也有不同之处。这里放在一起讨论。"动"和"唪"经常和其他词组合成数量丰富的助词或语气词(参见语气词和复句有关章节)，组合后的用法大致没有变化，用同"动"和"唪"。下文举例子时包括了这些组合后的词。

一、动

（一）"动"的用法

1. 表示假设语气。"动"类词一般用于谓词及其短语之后，也可以用在名词性词语后，意思同"的话"。它的语法分布状态如下。

a. 用于动词及动词性短语之后。例如：

（1）就你每_{你们}那么个作事_{做事}动，老哩没人管去也。

（2）你说动哩说，不说我每_{我们}走噢。

（3）你要动唪都你拿的去。

（4）吃饭动弹我给你拾闹_{准备}去。

（5）走动哩早些走，天快下起雨噞。

（6）覅舅舅的_{他的舅舅}招呼_{关照}动呔，那他而几_{现在}还受苦着吥呢。

（7）你敢瞎闹动价，人家不敢拾掇你狗儿的_{狗日的}?

b. 用于形容词及其短语后。例如：

（8）天晴动哩就能泥窑吥。

（9）热动起扇子扇给两下。

（10）再不好好动哩，学校开除你也。

（11）你坏动起够坏的，甚瞎事没做?

形容词一般是积极意义的，消极意义的不能出现，一般不说"[*]你儿动唪，我每_{我们}就离得你远远价。"如果要说，多以特殊的句式形式出现，即"形容词＋动类词＋够＋形容词＋助词/语气词"，如例(11)。

c　用于表时间、数量关系名词及名词性结构之后。例如：

（12）那天星期动哩咱每_{咱们}就能去哩。

（13）一斤一块动起不贵，能买吥。

（14）一天八个钟头动不咋熬累么。

"动"类词表示假设，没有时态上的限制，可用于现在，也可用于过去和将来。例如：

(15)你这阵儿没事动咱就走。（现在）

(16)年时_{去年}那阵儿卖动起，可是好价钱来来。（过去）

(17)人家后儿集上请客动起，咱都去来。（将来）

绥德方言的"价"也可以表示假设，但是与"动"相比较，它不能用于将来时态，例(17)的"动起"不能换成"价"。

"动"用于表示虚拟语气，因此，它所在的句子中不能有动态助词"嘹"的出现，这是绥德方言与山西晋语（见下文）的"动（儿）"的一个明显区别。

2."动"可以表示提顿语气，具有话题标记作用，犹北京话的"呢、呀"。例如：

(18)你动越来越儿坏，_{不好下嘹}。

(19)而几_{现在}的人动呔可吃渣_{挑剔}叻。

(20)戚住这地方动起没说辞_{没得说}。

"动"表示虚拟语气的用法在陕北晋语、内蒙古西部晋语、兰银官话、中原官话（邢向东 2006a：179）以及山西方言（田希诚 1996，乔全生 2000：176－177，吴建生 2003）中常见，可以看出它的使用在西北地区有一定的普遍性。

绥德方言的"动"表虚拟语气，与山西方言的"动"有一定的区别，放在一起来考察，可以看出虚化的程度并不一致。山西方言"动"的用法，吴建生（2003）曾作过详细的描写与分析。"动"的用法有三：一是用在动词后表示动作进行的时间，二是用在动词后表示假设，三是用于动词或名词后，表示对比（按，这一用法实际上是表示提顿语气或用作话题标记的）。三种用法前后相承，后者由前者演变而来。第一种用法绥德方言没有（用其他方式表示，如"动＋起（＋哩）"），从山西方言来看，应该是由表示时间演变为假设语气，再演变为提顿或话题标记的。

（二）"动"的来历

"动"的产生时代目前还不清楚。吴建生（2003）曾经举了《金瓶梅》中的两个例子，认为与山西方言表"的时候"用法大体相同。这两个例子是：

(21)早晨看镜子，兀那脸皮通黄了，饮食也不想，走动却似闪脶了腿的一般。（54 回）

(22)目下恶路不净，面带黄色，饮食也没些要紧，走动便觉烦劳。（55 回）

其实这两个例子不是很典型的用例，因为这里的"走动"完全可以理解为"行走而使身体活动"的意思，从另一个角度说，把它看作为动词也说得过去。粗看，的确可以按照山西方言的用法去理解"动"的意义，但是根据上下文语境分析，仔细玩味文意便可以看出，两个例子都是说的吃和行的问题，"饮食"是复合词，据行文例，"走动"也应该是复合词。查检《金瓶梅》全书，"走动"共计 10 例，另外 8 例都是复合动词。查《金瓶梅词话》，共得共 15 例，第二例同《金瓶梅》本，其余皆为复合动词。李倩(2000)对"动"的来源问题也作过探究，她举《红楼梦》中的两个例子说明晋语"动"的来源：

　　(23)这些日子也闷的很了。家里唱动戏，我又不得舒舒服服的看。(29 回)

　　(24)宝钗道："惟有妈，说动话就拉上我们。"(57 回)

　　我们对此二例作些分析。根据语境看，第一例是凤姐儿因为内心发闷得很而约宝、黛、钗们去外边道观里看戏，宝钗说自己不想去看，凤姐儿就说了例中的话。凤姐儿的话是想去外边看戏，因为在家里唱戏，作为贾府的大管家，她要忙里忙外的，自然不能舒舒服服地看了，也就是她不愿意在家中唱戏的原因。第二例是薛姨妈说千里姻缘一线牵时就把黛玉和宝钗的婚姻也就说到了，而宝钗不愿意她妈说自己的事，就说了引例的话。这两个例子也不是典型的能够说明问题的用例，它们实际上可以有不同的理解。周定一主编的《红楼梦语言词典》(1995：197)将此二例作为表示趋向的动词补语，即可以理解为唱开戏、说开话。换句话说，以上所举(21)－(24)四个例子还没有虚化到今天方言用法这样的地步。这里有一点可以肯定，助词"动"就是由用于动词后"动"演化而来无疑，这四个例子已经有了虚化的趋势，所以在今后研究中，"动"的语法化过程的相关历时材料还需要进一步发掘。

　　虽然从历时方面目前没有找到有关"动"的语法化过程的真正典型材料，但是我们也可以从共时方面去考察，从一般规律去演绎它的形成过程。这方面邢向东(2006a：180－82)作了一些有益的推测。他认为，"动"经常放在表示移动或结果为移动的动词后作可能补语，这是语法化的一个桥梁。在句法位置上，如果"V＋动"结构放在另一个动词短语前边作状语，那么它就会成为后边动词性成分的时间背景或条件，在组合功能上，表示可能的动补组合经过类推，就出现了"看动"、"坐动"的组合，"动"泛化为一个表时间的词，与表时间的"价"、"起"常常连用，经重新分析，也就由表时间进一步发展为用于表示虚拟语气。随着语法化程度的加深，它就成为可以出现在主语后表示虚拟意味的提顿语气词，用作话题标记。这一分析是有道理的。

二、唦

绥德方言表示假设的语气助词"唦"，读"sæ²¹"，轻声。"唦"可以单独使用，也可以与"动"连用，还能与其他语气词连用，如"唦价"、"唦敢"、"唦叻"、"唦么"、"唦来"、"唦是"等。"唦"类词的用法基本上与"动"类词一致，但有细微的区别，"唦"除了表示假设语气、提顿语气，还表示催促、提醒语气。

（一）"唦"的用法

1. 表示假设语气，有时还与"要、要是、要不是"等搭配使用，既可以表示已然体，也可以表示未然体。

（25）不来唦你想叻，来哩唦你眼黑叻。

（26）说唦价说来来，不晓得人家给办叻不么。

（27）你要好好听我的话唦敢，而几现在不至于这么个结果。

（28）你每同学再给你顶上几天唦，你这儿的事也完噭。

（29）好唦敢咱买上些。

（30）要是一人三个唦，保险吃饱噭。

（31）学费太多噭，不唦咂你学去。

（32）褒唦敢咱每咱们都能去成叻。

同语气词"动"类词一样，"唦"类词也既可以用于动词、形容词及其短语之后，如例（25）—（28），也可以用于名词后，如例（30）。例（31）、（32）的"唦"、"唦敢"可以直接用于否定副词后，副词后省略了有关的动词、形容词及短语。"唦"与"动"都是表示假设语气，用法基本一致，但是二者还是有区别的，"唦"主要用于曾经或未来发生的动作行为，而"动"则主要用于表达未然的事。

2. 用于祈使句，表示催促、提醒、请求等语气。

（33）你快说唦，还等甚着叻。

（34）你坐唦，客气甚叻。

（35）走唦，愣什么叻。

这几例表示催促、提醒对方快点说、要、走。说话中有时在动词前没有出现修饰性成分"快"或"快些"等，但是暗含着这一意思，如例（35）。

3. 表示提顿语气，犹北京话的"呢、呀"，有时具有话题标记的功能。

（36）要唦要来来，人家不给。

（37）你那婆姨唦，也是个不省油的灯。

(38)我啥价甚也不怕。

例子中的"啥"类词也可以去掉，对句意表达没有大的影响，但是提顿语气则不复存在。分析起来，例(36)的"啥"仅表提顿语气，不是话题标记。如果去掉它，在音素上不存在了，但是位置还保留着，只是附加在前边的词上，使前字韵母延长，否则就是另外一种语法意义。例(37)、(38)的"啥"是典型的话题标记。

假设语气的"sæ"类词，在山西晋语的离石、方山、中阳、汾阳、交城、灵石、介休、阳曲等地方也存在(田希诚 1996)。

4. 表示时间。"啥"在虚化为语气词之前还用在时间词语之后，表示某一时间，但是由于前边时间词语表意上占据主导地位，功能突出，使得"啥"的表意功能衰退，从而为提顿语气的形成创造了条件。例如：

(39)前儿啥敢咂把账给算哒。

(40)没过几天啥又要来哒。

(41)那些将走哩啥早下起哒。

例(39)的"前儿"，例(40)的"没过几天"，例(41)的"将走哩"，它们或直接或间接都表示时间的。

与"动"的用法比较，"啥"以上 3、4 两种用法，"动"是没有的。

(二)"啥"的来源

绥德方言的"啥"，当来自于近代汉语的"吵"。"吵"也写作"沙"、"索"("吵"的前身是语气词"些"，孙锡信 1999)，字形不同，实为一词。从音理上看，语气词一般读轻声，轻声就容易发生音变。绥德方言的"啥"在继承了"吵"的用法基础上而在读音方面发生了一些变化。"吵"的用例可以在近代汉语文献中找到对应的一些用法，通过比较可以发现，古今彼此之间的传承相沿关系。

1."吵"表示假设语气。见于元代文献，元代之前文献中尚未见到。例如：

(42)若不是师父点觉吵，怎能够如此快活呵。(元刊本杂剧《任疯子》4 折)

(43)把这厮不打碎天灵吵，怎报我冤？(元刊本杂剧《三夺槊》4 折)

(44)既不沙，却怎竹节也似差天使！(元刊本杂剧《东窗事犯》楔子)

(45)若不沙，那势剑金牌，如何得免？(元杂剧《望江亭》4 折)

(46)既不索，可怎生短命死了颜回，却怎生延年老了盗跖。(元杂剧《刘弘嫁婢》2 折)

(47)待不沙，又怕背了这恩人面。(元杂剧《潇湘雨》4 折)

(48)不因你个小名儿沙，你怎肯误入桃源。(元杂剧《曲江池》1折)

(49)你不交书叫他去唦，他如何敢来？(元刊本杂剧《气英布》1折)

考察元杂剧"唦"的用例，大多数是与连词"若"、"既"配合使用，如例(42)、(44)—(46)，而且都在偏句中表示否定，意思为如果不(如何)的话，则怎么能如何，或者将会发生何种事情。

2."唦"表示提顿语气。也见于元代文献。例如：

(50)俺那老婆沙，直见阎王也没奈何。(元刊本杂剧《紫云亭》3折)

例中"沙"的作用就是引出"俺那老婆"这个话题，整个句意是说，我的老婆呢，就是见了阎王，阎王也奈何不了。"唦"的例子不多见，需要进一步去发掘。比较此例与例(37)、(38)，从中不难看出，绥德方言的"唅"与此例"沙"的用法是完全一致的。

3."唅"是否为合音现象。从现代汉语方言共时平面上来看，绥德方言的"唅"很有可能是来自"时家(价)"的合音，但是有两个困难不容易解决：第一，"唅"如果为"时家(价)"的合音，那么如何看待"唅"再带"家"的问题。是"时家(价)"合音后再受到类推的作用而加上的？还是另有来源？如果是合音现象，那么对于假设用法的"唅"，可以说得过去，而对于提顿语气的用法解释力似乎勉强了一些。表示假设和提顿语气的"唅"，没有充分的理由说明不是一个词。第二，如果说绥德方言的"唅"为"时家(价)"的合音，那么，与绥德方言相对应的近代汉语中表示假设和提顿语气的"唦"是否也是从"时家"之类合音而来的呢？即在"唦"使用的同时或之前时代文献中有过"时家(价)"连用的用例。我们对此作了大量的调查，近代汉语文献中没有发现有关的一个用例。换句话说，难以将"唦"看成是"时家(价)"的合音，至少目前还没有看到有说服力的材料能说明这一点儿。而从历时的角度看，"唦"是由语气词"些"演变而来(孙锡信1999)，这是没有问题的。绥德沿河区方言的"些"读音同城区的"唅"，也能提供一个旁证。因此，可以推测，绥德方言的"唅"可能就是"唦"的直接继承。有趣的是西北地区宁夏同心方言还存在着"唦"(读·ṣa)的用法，"用在假设分句后，表示假设条件或意愿，义为'要是……的话'"(张安生2000：307)。与近代汉语文献比较，彼此相承关系确切无疑。

语料篇

第二十章 语料标音

一、语法例句

1、谁叻？我是老三。ʂuei³³ liəʔ²¹？ ŋa²¹ ʂəʔ³ lɔ²¹ sæ²¹³。谁呀？我是老三。

2、老四叻？那正和个朋友拉话着叻。lɔ²¹ sʅ⁵² liəʔ²¹？ na²¹ tʂəŋ⁵² xuo³³ kuəʔ²¹ pʻəŋ³³ iəu²¹ la⁵² xua⁵² tʂəʔ³ liəʔ²¹。老四呢？他正跟有个朋友说着话呢。

3、那还没拉完 na²¹ xæ³³ mə³³ la⁵² væ³³？他还没有说完吗？

4、（还）没。大概再一阵儿就拉完噻。（xæ³³）mə³³。ta⁵² kai²¹ tsai⁵² iəʔ³ tʂr̃⁵² tsəu⁵² la⁵² væ³³ læ²¹。还没有。大约再有一会儿就说完了。

5、那说立马就走也，咋价这么半天噻还在家里叻？na²¹ ʂuo³³ liəʔ⁵ ma²¹ tsəu⁵² tsəu⁵² ia³³，tsua²¹ tɕia³³ tʂəu²¹ pæ⁵² tʻie²¹ xæ³³ tsai⁵² tɕia²⁴ li²¹ liəʔ²¹？他说马上就走，怎么这么半天了还在家里呢？

6、你（到）哪里去叻？我（到）城里去叻。ni²¹³（tɔ⁵²）la²¹ li²¹³ kʻəʔ⁵ liəʔ²¹？ŋa²¹³（tɔ⁵²）tʂʻəŋ³³ li²¹ kʻəʔ⁵ liəʔ²¹。你到哪里去呢？我到城里去呢。

7、在那儿叻，不在这儿。tai⁵²/tsai⁵² nɐr²⁴ liəʔ²¹，pəʔ⁵² tai⁵²/tsai⁵² tʂɐr²¹³。在那里呢，不在这里。

8、不是那么个做，要这么个做。pəʔ³ sʅ⁵² nəu²⁴ kuəʔ²¹ tsuəʔ³，iɔ⁵² tʂəu²⁴ kuəʔ²¹ tsuəʔ³。不是那样做，要这样做。

9、太多噻，用不着那么多，只要这么多就够噻。tʻai⁵² təŋ²⁴ læ²¹，yŋ⁵² pəʔ³ tʂʻə³³ nəu²⁴ təŋ²¹³，tsʅ²¹ iɔ⁵² tʂəu²⁴ təŋ²¹³ tsəu⁵² kəu⁵² læ²¹。太多了，用不着那么多，只要这么多就够了。

10、这个大，那个小，这两个哪一个好个儿？tʂei⁵² kuəʔ²¹ ta⁵²，nei⁵² kuəʔ²¹ ɕiɔ²¹³，tʂei⁵² lia²⁴ kuəʔ²¹ la²¹ iəʔ³ kuəʔ²¹ xɔ²¹ kɯr²¹？这个大，那个小，这两个哪一个好点？

11、这个赶那个好。tʂei⁵² kuəʔ²¹ kæ²¹³ nei⁵² kuəʔ²¹ xɔ²¹³。这个比那个好。

12、这些房子不如那些房子好。tʂei⁵² ɕie²¹ fã³³ tsəʔ²¹ pəʔ³ z̩u³³ nei⁵² ɕie²¹ fã³³ tsəʔ²¹ xɔ²¹³。

13、这句话用绥德话咋说叻？tʂei⁵² ɕy⁵² xua⁵² suei²⁴ tə²¹ xua⁵² tsua²¹

ʂuo³³ liəʔ²¹？这句话用绥德话怎么说叻？

14、那今年多大岁数？na²¹³ tɕiŋ²¹ nie³³ təŋ²¹ ta⁵² suei⁵² ʂuo²¹？

15、大概有三十来岁吧。ta⁵² kai²¹ iəu²¹³ sæ²⁴ ʂəʔ³ lai³³ suei⁵² pa⁵²。

16、这些东西有咋沉？tʂei⁵² ɕie²¹ tuŋ²⁴ ɕi²¹ iəu²¹³ tsua²¹ tʂʼəŋ³³？这些东西有多重？

17、有五十斤叻。iəu²¹³ vu²¹ ʂəʔ³ tɕiŋ²¹³ liəʔ²¹。有五十斤重呢。

18、拿（得）动叻不？na³³（təʔ³）tuŋ⁵² liəʔ²¹ pəʔ³？拿得动吗？

19、那拿动叻，那拿不动。na²¹ na³³ tuŋ⁵² liəʔ²¹，na²¹ na³³ pəʔ³ tuŋ⁵²。他拿得动，他拿不动。

20、真不轻，沉得连我也拿不动。tʂəŋ²¹³ pəʔ²¹ tɕʼiŋ²¹³，tʂʼəŋ³³ təʔ³ lie³³ ŋa²⁴ ia²¹ na³³ pəʔ³ tuŋ⁵²。真不轻，沉重得连我都拿不动了。

21、你说得可好叻，你还会说点儿什么叻？ni²¹ ʂuo³³ təʔ²¹ kʼəʔ³ xɔ²¹ liəʔ²¹，ni²¹ xæ³³ xuei⁵² ʂuo³³ tiər²¹³ ʂəʔ³ ma³³ liəʔ²¹？你说得很好，你还会说点什么呢？

22、我嘴拙，我说不过那。ŋa²¹³ tsuei²¹ tʂuo³³，ŋa²¹ ʂuo³³ pəʔ³ kuo⁵² na²¹³。我嘴笨，我说不过他。

23、说哩一颗，又说哩一颗。ʂuo³³ li²¹ iəʔ³ tsʼæ⁵²，iəu⁵² ʂuo³³ li²¹ iəʔ³ tsʼæ⁵²。说了一遍，又说了一遍。

24、请你再给咱说一颗！tɕʼiŋ²⁴ ni²¹ tsai⁵² kei⁵² tsʼa³³ ʂuo³³ iəʔ³ tsʼæ⁵²！请你再说一遍！

25、不早嚓，快去！pəʔ³ tsɔ²⁴ læ²¹，kʼuai⁵² kʼəʔ³！不早了，快去罢！

26、而几还早着叻。ər³³ tɕi²¹³ xæ³³ tsɔ²¹ ʂəʔ⁵ liəʔ²¹，təŋ²¹ kei⁵² tʂr̃⁵² tsai⁵² kʼəʔ³ pa²¹。现在还早着呢。等一会儿再去罢。

27、吃哩饭再去好不？tʂʼəʔ⁵ li²¹ fæ⁵² tsai⁵² kʼəʔ³ xɔ²¹ pəʔ³？吃了饭再去好罢？

28、慢慢儿价吃！嫑急唦！mæ⁵² mær⁵² tɕia²¹ tʂʼəʔ³！piɔ⁵² tɕiəʔ³ sæ²¹！慢慢儿地吃啊！不要急！

29、坐着吃赶比站着吃好个儿。tsuo⁵² tʂəʔ²¹ tʂʼəʔ³ kæ²¹³ tsæ⁵² tʂəʔ²¹ tʂʼəʔ³ xɔ²¹ kuɚ³³。坐着吃比站着吃好些。

30、那吃哩饭嚓，你吃哩饭嚓没？na²¹ tʂʼəʔ³ li²¹ fæ⁵² læ²¹，ni²¹ tʂʼəʔ³ li²¹ fæ⁵² læ²¹ mə³³？他吃了饭了，你吃了饭没有？

31、那去过上海，我没去过。na²¹ kʼəʔ³ kuo⁵² ʂã⁵² xai²¹，ŋa²¹ mə³³ kʼəʔ³ kuo⁵²。他去过上海，我没有去过。

32、来闻给下这朵儿花儿香不香。lai³³ vəŋ³³ kei⁵² xa²¹ tʂei⁵² tuor²¹

xuɐr²¹³ ɕiã²⁴ pəʔ³ ɕiã²¹³。来闻闻这朵花香不香。

33、给我一本儿书！kei⁵² ŋa²¹³ iəʔ⁵ pɣr²¹³ ʂu²¹³。给我一本书！

34、我实在没书！ŋa²¹³ ʂəʔ³ tsai⁵² mə³³ ʂu²¹³。我实在没有书！

35、你给那说。ni²¹ kei⁵² na²¹³ ʂuo³³。你告诉他。

36、好好儿价走！甮跑！xɔ²¹ xɔr³³ tɕia²¹ tsəu²¹³！piɔ⁵² p'ɔ³³！好好儿地走！不要跑！

37、操心跌下去爬也爬不上来！ts'ɔ²⁴ ɕiŋ²¹ tie³³ xa⁵² k'əʔ³ p'a³³ ia²¹ p'a³³ pəʔ³ ʂã̃⁵² lai³³！小心跌下去爬也爬不上来！

38、医生叫你多睡给阵儿。i²⁴ səŋ²¹ tɕiɔ⁵² ni²¹³ təŋ²¹ ʂuei⁵² kei⁵² tʂɣr²¹。医生叫你多睡一睡。

39、吃烟叻（还是）喝茶叻都不行。tʂ'əʔ⁵ ie²¹³ liəʔ²¹（xæ³³ ʂəʔ³）xə³³ ts'a³³ liəʔ²¹ təu²¹ pəʔ³ ɕiŋ³³。吸烟或者喝茶都不行。

40、烟也好，茶也好，我都不爱/异气。ie²¹³ ia²¹ xɔ²¹³，ts'a³³ ia²¹ xɔ²¹³，ŋa²¹³ təu²¹ pəʔ³ ŋai⁵²/i⁵² tɕ'i⁵²。烟也好，茶也好，我都不喜欢。

41、不管你去不去，反正我是要去叻。pəʔ³ kuæ²¹ ni²¹ k'əʔ⁵ pəʔ²¹ k'əʔ³，fæ²¹ tʂəŋ⁵² ŋa²¹ ʂəʔ²¹ iɔ⁵² k'əʔ⁵ liəʔ²¹。不管你去不去，反正我是要去呢。

42、我非去不行。ŋa²¹³ fei²¹ k'əʔ³ pəʔ³ ɕiŋ³³。我非去不可。

43、你是哪一年来的？ni²¹ ʂəʔ²¹ la²¹ iəʔ³ nie³³ lai³³ təʔ²¹？你是哪一年来的？

44、我是前年来的北京。ŋa²¹ ʂəʔ²¹ tɕ'ie³³ nie³³ lai³³ təʔ²¹ pie²¹ tɕiŋ²¹³。我是前年来的北京。

45、今儿开会谁是主席？tɕiɣr²¹³ kuai²¹ xuei⁵² ʂuei³³ ʂəʔ²¹ tʂu²¹ ɕiəʔ³？今天开会谁的主席？

46、你要请我客叻。ni²¹ iɔ⁵² tɕ'iŋ²⁴ ŋa²¹³ k'ə³³ liəʔ²¹。你得请我的客。

47、走（也/啊）走，说（也/啊）说。tsəu²¹（ia³³/a³³）tsəu²¹³，ʂuo³³（ia³³/a³³）ʂuo³³。一边走，一边说。

二、陕北信天游

1、四十里长涧羊羔山山名，好婆姨出在我每张家畔 sɿ⁵² ʂəʔ³ li²¹ tʂ'ã̃³³ tɕie³³ iã³³ kɔr²¹³ sæ²¹³，xɔ²¹³ p'uo³³ i⁵²/²¹ tʂ'uəʔ³ tai⁵² ŋa²¹ məʔ²¹ tʂã̃²⁴ tɕia²¹ pæ⁵²。　张家畔起身动身刘家峁站停，峁底里下去我把朋友看 tʂã̃²⁴ tɕia²¹ pæ⁵² tɕ'i²¹ ʂəŋ²⁴ liəu³³ tɕia²¹ mɔ²¹³ sæ⁵²，mɔ²¹³ ti²¹ li²¹ xa⁵² k'əʔ³ ŋa²¹ pəʔ³ p'əŋ³³ iəu²¹ k'æ⁵²。　三月里太阳红又红，为什么我赶脚人这样苦闷 sæ²⁴ ye²¹ li²¹ t'ai⁵² iã³³ xuŋ³³ iəu⁵² xuŋ³³，vei⁵² ʂəʔ³ ma²¹ ŋa²¹ kæ²¹ tɕie³³ z̩əŋ³³ tʂəʔ³ iã⁵² k'u²¹ məŋ⁵²。 不唱山曲儿不好_受待着，唱上一个山曲儿想亲人 pəʔ³ tʂʰã⁵² sæ²⁴ tɕ'yər²¹ pəʔ³ xɔ²¹ ʂəŋ³³，tʂʰã⁵² ʂã²¹ iəʔ⁵ kuəʔ³ sæ²⁴ tɕ'yər²¹ ɕiã²⁴ tɕ'iŋ²¹ z̩əŋ³³。 你管你走东我_受上西，无定河把咱每俩分离 ni²⁴ kuæ²¹ ni²¹ tsəu²¹ tuŋ²¹³ ŋa²¹ ʂəŋ³³ ʂã⁵² ɕi²¹³，vu³³ tiŋ⁵² xɯ³³ pəʔ³ tsʰa³³ məʔ²¹ lia²¹³ fəŋ²¹ li³³。

2、前沟里糜子后沟里谷，哪搭儿_{哪里}想起哪搭儿哭 tɕ'ie³³ kəu²¹³ li²¹ mi³³ tsəʔ³ xəu⁵² kəu²¹³ li²¹ kuəʔ³，la²¹ tɐr³³ ɕiã²⁴ tɕ'i²¹ la²¹ tɐr³³ k'uəʔ³。 半碗黑豆_{黄豆}半碗米，端起饭碗想起你 pæ⁵² væ²¹ xəʔ³ təu⁵² pæ⁵² væ²¹ mi²¹³，tuæ²⁴ tɕ'i²¹ fæ⁵² væ²¹³ ɕiã²⁴ tɕ'i²¹ ni²¹³。 端起碗来想起你，眼泪滴在饭碗里 tuæ²⁴ tɕ'i²¹ væ²¹ lai²¹ ɕiã²⁴ tɕ'i²¹ ni²¹³，ie²¹ luei⁵² tie³³ tai⁵² fæ⁵² væ²¹ li²¹。 想你想你真想你，想你三天没吃半碗米 ɕiã²⁴ ni²¹³ ɕiã²⁴ ni²¹³ tʂəŋ²¹³ ɕiã²⁴ ni²¹³，ɕiã²⁴ ni²¹³ sæ²⁴ t'ie²¹ mə³³ tʂʰəʔ²¹ pæ⁵² væ²¹ mi²¹³。 墙头高来妹妹低，墙头遮着照不见你 tɕ'iã³³ t'əu³³ kɔ²¹ lai³³ mei⁵² mei²¹ ti²¹³，tɕ'iã³³ t'əu³³ tʂəŋ²¹ tʂəʔ³ tʂʂ⁵² pəʔ³ tɕie⁵² ni²¹³。 骑红马来穿灰衣，错把人家当成你 tɕ'i³³ xuŋ³³ ma²¹ lai³³ tʂʰuæ²⁴ xuei²⁴ i²¹，tsʰuo⁵² pəʔ³ z̩əŋ³³ tɕia²¹ tã²¹ tʂʰəŋ²¹ ni²¹³。 想你想的个灰塌塌，人家海吵议论咱害娃娃_{妊娠反应，孕吐} ɕiã²⁴ ni²¹³ ɕiã²⁴ təʔ⁵ tuəʔ³ xuei²¹ t'a³³ t'a³³，z̩əŋ³³ tɕia²¹ xai²¹ tsʰɔ²¹ tsʰa³³ xai⁵² va³³ va²¹。 天上下雨地下滑，自己跌倒自己爬 t'ie²¹ ʂã⁵² xa⁵² y²¹³ ti⁵² xa³³ xua³³，tsɿ⁵² tɕi tie³³ tɔ²¹ tsɿ⁵² tɕi²¹ p'a³³。 青杨柳树十八条川，出门容易回家难 tɕ'iŋ²¹ iã³³ liəu²¹ ʂu⁵² ʂəʔ³ pa²¹ t'iɔ²¹ tʂʰuæ²¹，tʂʰuəʔ³ məŋ²¹ yŋ³³ i⁵² xuei³³ tɕia²¹ næ³³。 骡子走头马走后，撂下妹子谁收留 ləŋ³³ tsəʔ²¹ tsəu²¹ t'əu³³ ma²¹³ tsəu²¹³ xəu⁵²，liɔ⁵² xa²¹ mei⁵² tsəʔ²¹ ʂuei³³ ʂəu²¹ liəu³³。 长杆烟锅儿口对着口，丢下妹子叫谁搂 tʂʰã³³ kæ²¹ ie²⁴ kuor²¹ k'əu²¹ tuei²¹ k'əu²¹³，tiəu²¹ xa²¹ mei⁵² tsəʔ²¹ tɕiɔ⁵² ʂuei³³ ləu²¹³。 棉花地里带芝麻，哥哥你走哩我没_受法_{没法待} mie³³ xua²¹ ti⁵² li²¹ tai⁵² tsɿ²¹ ma³³，kɯ²¹ kɯ²⁴ ni²¹³ tsəu²⁴ li²¹ ŋa²¹ mə³³ ʂəŋ³³ fa²¹。 白日想你纫_穿不上针，到黑地_{晚上}想你吹不熄灯 pi³³ z̩əŋ³³ ɕiã²⁴ ni²¹³ z̩əŋ³³ pəʔ³ ʂã⁵² tʂəŋ²¹³，tɔ⁵² xəʔ³ ti⁵² ɕiã²⁴ ni²¹³ tʂʰuei²¹ pəʔ³ ɕi⁵² təŋ²¹³。 前半夜想你不吹灯，后半夜想你翻不转身 tɕ'ie³³ pæ⁵² i⁵² ɕiã²⁴ ni²¹³ pəʔ³ tʂʰuei²¹ təŋ²¹³，xəu⁵² pæ⁵² i⁵² ɕiã²⁴ ni²¹³ fæ²¹ pəʔ³ tʂuæ⁵² ʂəŋ²¹³。

稻黍_{高粱}高来黑豆低，想你想在阴曹地。 t'ɔ⁵² ʂu²¹ kɔ²¹ lai³³ xəʔ³ təu⁵² ti²¹³，ɕiã²⁴ ni²¹³ ɕiã²¹ tsai⁵² iŋ²¹ tsʰɔ³³ ti⁵²。 稻黍地里带红豆，难也难在心里头 t'ɔ⁵² ʂu²¹ ti⁵² li²¹ tai⁵² xuŋ³³ təu⁵²，næ³³ ia²¹ næ³³ tai⁵² ɕiŋ²⁴ li²¹ t'əu³³。 想你想成病人人，抽签打卦问神神 ɕiã²⁴ ni²¹³ ɕiã²⁴ tʂʰəŋ³³ piŋ⁵² z̩əŋ³³ z̩əŋ²¹， tʂʻəu²⁴ tɕʻie²¹³ ta²¹ kua⁵² vəŋ⁵² ʂəŋ³³ ʂəŋ²¹ 。　哥哥走哩几十天，拉上个黑羊许口愿 kuɯ²¹ kuɯ²⁴ tsəu²⁴ li²¹ ʂəʔ³ tɕi²¹ tʻie²¹³，la³³ ʂã⁵² kuə?²¹ xəʔ³ iã³³ ɕy²⁴ kʻəu²¹ ye⁵² 。　六月里黄瓜下了架，巧口口说下些哄人话 liəu⁵² ye²¹ li²¹ xuã³³ kua²¹ ɕia⁵² li²¹ tɕia⁵²，tɕʻiɔ²⁴ kʻəu²¹ kʻəu³³ ʂuo³³ xa⁵² ɕie²¹ xuŋ²¹ zʅəŋ³³ xua⁵² 。　二道道韭菜绺捆扎把把，忘哩你的人样忘不了你的话 ər⁵² tɔ⁵² tɔ⁵² tɕiəu²¹ tsʻai⁵² tsəŋ⁵² pa²¹ pa³³，vã⁵² li²¹ ni²¹³ təʔ²¹ zʅəŋ³³ iã⁵² vã⁵² pəʔ³ liɔ²¹³ ni²¹³ təʔ²¹ xua⁵² 。　马儿不走鞭子打，朋友不来捎上两句话 ma²¹ ər³³ pəʔ³ tsəu²¹³ pie²⁴ tsəʔ²¹ ta²¹³，pʻəŋ³³ iəu²¹ pəʔ³ lai²¹ sɔ²¹ ʂã⁵² lia²¹³ tɕy⁵² xua⁵² 。　捎话捎给心上人，捎给别人扬下名 sɔ²¹ xua⁵² sɔ²¹ kei⁵² ɕiŋ²¹ ʂã⁵² zʅəŋ³³，sɔ²¹ kei⁵² pie³³ zʅəŋ³³ iã³³ xa⁵² miŋ³³ 。　树叶儿落在树根底，挨打受气只为你 ʂu⁵² iər³³ lə³³ tai⁵² ʂu⁵² kɯ²⁴ ti²¹³，nai³³ ta³³ ʂəu⁵² tɕʻi⁵² tsʅ²¹ vei⁵² ni²¹³ 。

一碗碗凉水一张纸，谁卖哩良心谁先死 iəʔ⁵ væ²¹ væ³³ liã³³ ʂuei²¹³ iəʔ²¹ tʂã²⁴ tsʅ²¹³，ʂuei³³ mai⁵² li²¹ liã³³ ɕiŋ²¹ ʂuei³³ ɕie²⁴ sʅ²¹³ 。　一碗碗凉水一炷香，谁卖哩良心就见阎王 iəʔ³ væ²¹ væ³³ liã³³ ʂuei²¹ iəʔ³ tʂu⁵² ɕiã²¹³，ʂuei³³ mai⁵² li²¹ liã³³ ɕiŋ²¹ tsəu⁵² tɕie⁵² ie³³ vã²¹ 。　花椒树上落雀雀，一对对丢下单爪爪 xua²⁴ tɕiɔ²¹ ʂu⁵² ʂã⁵² lə³³ tɕʻiɔ²¹ tɕʻiɔ²¹，iəʔ³ tuei²¹ tuei²¹ tiəu²¹ xa⁵² tæ²⁴ tsɔ²¹ tsɔ³³ 。　人家成双我成单，好像孤雁落沙滩 zʅəŋ³³ tɕia²¹ tʂʻəŋ³³ ʂuã²¹³ ŋa²¹ tʂʻəŋ³³ tæ²¹³，xɔ²¹ ɕiã⁵² ku²¹ ie⁵² lə³³ sa²⁴ tʻæ²¹ 。　雀鹞子落在灰堆里，开始好活后头灰 tɕʻiɔ²¹ iɔ⁵² tsəʔ²¹ lə³³ tai⁵² xuei²⁴ tuei²¹ li²¹，kʻai²⁴ sʅ²¹³ xɔ²¹ xuo³³ xəu⁵² tʻəu³³ xuei²¹³ 。

3、红满天的云彩风吹散，咱二人打伙计人搅散 xuŋ³³ mæ²¹ tʻie²¹³ təʔ²¹ yŋ³³ tsʻai²¹ fəŋ²⁴ tʂʻuei²¹³ sæ⁵²，tsʻa³³ ər⁵² zʅəŋ³³ ta²⁴ xuo²¹ tɕi⁵² zʅəŋ³³ tɕiɔ²¹ sæ⁵² 。　红裤带儿你袊上，你把干妹子结婚上 xuŋ³³ kʻu⁵² tai⁵² ər²¹ ni²¹³ tɕiŋ²¹ ʂã⁵²，ni²¹³ pəʔ³ kæ²¹ mei⁵² tsəʔ³ tɕie²¹ xuŋ²¹³ ʂã⁵² 。　荞麦圪饦儿羊腥汤，死死活活相跟上 tɕʻiɔ³³ mie⁵² kəʔ³ tuor³³ iã³³ ɕiŋ²⁴ tʻã²¹，sʅ²⁴ sʅ²¹ xuo³³ xuo²¹ ɕiəʔ³ kɯ²¹ ʂã⁵² 。　青杨柳树风摆浪，白日黑夜把你想 tɕʻiŋ²¹ iã³³ liəu²¹ ʂu⁵² fəŋ²⁴ lai²¹ lã⁵²，pi²¹ zʅəŋ³³ xəʔ³ ie⁵² pəʔ⁵ ni²¹³ ɕiã²¹³ 。　羊羔儿上树吃柳梢儿，拿上个死命和你交 iã³³ kɔr²¹³ ʂã⁵² ʂu⁵² tʂʻəʔ³ liəu²¹ sɔr²¹³，na³³ ʂã⁵² kuə?³ sʅ²¹ miŋ⁵² xuo³³ ni²¹³ tɕiɔ²¹³ 。　蛤蟆口灶火烧干柴，越烧越热离不开 kəʔ³ ma³³ kʻəu²¹ tsɔ⁵² xuo²¹ ʂɔ²¹³ kæ²¹ tsʻai³³，ye³³ ʂɔ²¹³ ye³³ zʅɔ³ li³³ pəʔ³ kʻai²¹³ 。　旱蛤蟆叫唤遭水灾，十指连心离不开 xæ⁵² kəʔ³ ma³³ tɕiɔ⁵² xuæ²¹ tsɔ²¹ ʂuei²¹ tsai²¹³，ʂəʔ⁵ tsʅ²¹ lie²¹ ɕiŋ²¹³ li³³ pəʔ³ kʻai²¹³ 。　白市布衫子四页页裁，越炗越热离不开 pi³³ sʅ⁵² pu²¹ sæ²¹ tsəʔ³ sʅ⁵² ie²¹ ie³³ tsʻai³³，ye³³ ʂəŋ³³ ye³³ zʅɔ³³ li³³ pəʔ³ kʻai²¹³ 。　镰刀弯弯割豇豆，你是哥哥的连心肉 lie³³ tɔ²¹ væ²⁴ væ²¹ kəʔ³ tɕiã²¹ təu⁵², ni²¹³ ʂəʔ³ kɯ²¹ kɯ³³ təʔ²¹ lie³³ ɕiŋ²¹ z̩əu⁵²。　百灵子雀雀绕天飞，你是哥哥的要命鬼 pie³³ liŋ³³ tsəʔ²¹　tɕ'iɔ²¹ tɕ'iɔ³³ z̩ɔ⁵² t'ie²¹³ fei²¹³，ni²¹³ ʂəʔ³ kɯ²¹ kɯ³³ təʔ²¹ iɔ⁵² miŋ⁵² kuei²¹³。　骑上毛驴狗咬腿，你是哥哥的勾命鬼 tɕ'i³³ ʂã⁵² mɔ³³ ly³³ kəu²⁴ niɔ²⁴ t'uei²¹³，ni²¹³ ʂəʔ³ kɯ²¹ kɯ³³ təʔ²¹ kəu²¹ miŋ⁵² kuei²¹³。丝溜溜绵毡栽绒毯，两家儿情愿没人管 səʔ³ liəu⁵² liəu⁵² mie³³ tsæ²¹³ tsai²¹ zṳŋ³³ t'æ²¹³，lia²¹ tɕieɚ²¹³ tɕ'iŋ³³ ye⁵² mə³³ zʅəŋ³³ kuæ²¹³。　井子里担水园子里浇，死也忘不了你待我的好 tɕiŋ²¹ tsəʔ²¹ li²¹ tæ²⁴ ʂuei²¹³ ye³³ tsəʔ²¹ li²¹ tɕiɔ²¹³，sʅ²¹ ia²¹ vã⁵² pəʔ³ liɔ²¹ ni²¹³ tai⁵² ŋa²¹³ təʔ²¹ xɔ²¹³。　鸡蛋壳壳点灯半炕明，烧酒盅盅淘米也不嫌你穷 tɕi²¹ tæ⁵² k'ɔ³³ k'ə²¹ tie²¹ təŋ²¹³ pæ⁵² k'ɔ⁵² miŋ³³，ʂɔ²⁴ tɕiəu²¹ tʂuŋ²⁴ tʂuŋ²¹ t'ɔ³³ mi²¹³ ia²¹ pəʔ³ ɕie³³ ni²¹ tɕ'yŋ³³。

三、童谣

1、娃娃睡睡

噢噢，娃娃睡睡 ɔ⁵² ɔ⁵²，va³³ va²¹ ʂuei⁵² ʂuei⁵²，　对面山上掐谷穗穗 tuei⁵² mie⁵² sæ²¹ ʂã⁵² tɕ'ia³³ kuəʔ³ suei⁵² suei²¹。　掐的谷穗穗喂鸡鸡 tɕ'ia³³ təʔ²¹ kuəʔ³ suei⁵² suei⁵² vei⁵² tɕi²⁴ tɕi²¹，　喂的鸡鸡嗛水水 vei⁵² təʔ²¹ tɕi²⁴ tɕi²¹ tɕ'iŋ³³ ʂuei²¹ ʂuei³³，　嗛的水水磨镰镰 tɕ'iŋ³³ təʔ²¹ ʂuei²¹ ʂuei³³ muo³³ lie³³ lie²¹，　磨的镰镰割麦麦 muo³³ təʔ²¹ lie³³ lie²¹ kə³³ mie³³ mie²¹，割的麦麦磨面面 kə³³ təʔ²¹ mie³³ mie²¹ muo³³ mie⁵² mie⁵²，　磨的面面蒸馍馍 muo³³ təʔ²¹ mie⁵² mie⁵² tʂəŋʴ²¹ mu³³ mu²¹，　蒸的馍馍跟那斗也是似的 tʂəŋ²¹ təʔ²¹ mu³³ mu²¹ kɯ²⁴ na²¹ təu²¹ ia³³ ʂəʔ³，　吃的我娃跟那虎也是 tʂ'əʔ²⁵ təʔ²¹ ŋa²¹ va³³ kɯ²⁴ na²¹ xu²¹ ia³³ ʂəʔ³，　爱的人家娃娃跟那红眼儿屁股狗也是 ŋai⁵² təʔ³ zʅəŋ³³ tɕia²¹ va³³ va²¹ kɯ²⁴ na²¹ xuŋ³³ iəɚ²¹³ p'i⁵² ku²¹ kəu²¹ ia³³ ʂəʔ³。

2、捞捞饭①

捞捞饭，打豆腐 lɔ³³ lɔ³³ fæ⁵²，ta²¹ təu⁵² fu²¹，　锅头坐个光脑你二舅舅 kuo²¹ t'əu³³ tsuo⁵² kuəʔ³ kuã²¹ nɔ³³ niəɚ⁵² tɕiəu⁵² tɕiəu⁵²，　没好吃，炒屁吃 mə³³ xɔ²¹ tʂ'əʔ³，ts'ɔ²¹ p'i⁵² tʂ'əʔ³。屁焦嗫，熏得你二舅舅大跑嗫 p'i⁵² tɕiɔ²⁴ læ²¹，ɕyŋ²⁴ təʔ³ niəɚ⁵² tɕiəu⁵² tɕiəu⁵² ta⁵² p'ɔ³³ læ²¹。

3、雁咕噜

雁咕噜雁咕噜摆绺绺 ie⁵² kuəʔ³ ləu⁵² ie⁵² kuəʔ³ ləu⁵² pai²¹ liəu⁵² liəu²¹，大米捞饭狗肉肉 ta⁵² mi²¹ lɔ³³ fæ⁵² kəu²¹ z̩əu⁵² zʅəu²¹，　你一碗，我一碗 ni²¹

---

① 哄孩子玩的游戏，大人坐在凳子或炕栏上，小孩站在大人的脚面上，两手由大人拉着，大人上下晃动腿。

iəʔ^{3} væ^{213}，ŋa^{21} iəʔ^{3} væ^{213}， 你家娃娃没碗碗 ni^{21} tɕia^{33} va^{33} va^{21} mə^{33} væ^{21}
væ^{33}， 买的个碗碗没瓜瓜 mai^{21} təʔ^{3} kuəʔ^{3} væ^{21} væ^{33} mə^{33} kua^{24} kua^{21}， 买
的个勺勺没把把 mai^{21} təʔ^{3} kuəʔ^{3} ʂə^{33} ʂə^{21} mə^{33} pa^{52} pa^{21}， 急的个娃娃哭妈妈
tɕiəʔ^{5} təʔ^{21} kuəʔ^{3} va^{33} va^{21} kʻuəʔ^{3} ma^{24} ma^{21}。

4、坐娘家
一圪都儿（一头儿蒜）嘟噜噜（滴溜溜）转 iəʔ^{5} kəʔ^{3} tur^{213} suæ^{52}，tuəʔ^{3} ləu^{52}
ləu^{52} tʂuæ^{52}， 想坐娘家（去娘家住）撂不下汉（丢不下丈夫）ɕiɑ^{21} tsuo^{52} niɑ^{33} tɕia^{21}
liɔ^{52} pəʔ^{3} xa^{21} xæ^{52}。 儿搭上（抱上），女抱上 ər^{33} tɕʻia^{21} ʂɑ̃^{52}，ny^{21} pɔ^{52} ʂɑ̃^{52}，
老汉（丈夫）编的到裤带上 lɔ^{21} xæ^{52} pie^{21} təʔ^{3} kʻu^{52} tai^{21} ʂɑ̃^{52}。

5、山鸡嘎个儿嘎
山鸡（雉鸡）山鸡嘎个儿嘎（雉鸡的叫声）sæ^{24} tɕi^{21} sæ^{24} tɕi^{21} ka^{21} kɯ^{52} ka^{213}，
你骑骡子我骑马 ni^{21} tɕʻi^{33} ləŋ^{33} təʔ^{3} ŋa^{21} tɕʻi^{33} ma^{213}， 一骑骑到外婆家 iəʔ^{5}
tɕʻi^{33} tɕʻi^{33} tɔ^{52} vei^{52} pʻuo^{21} tɕia^{21}， 外婆、外爷不在家 vei^{52} pʻuo^{21} vei^{52} ie^{21}
pəʔ^{3} tai^{52} tɕia^{21}， 石榴儿姐姐接下马 ʂəʔ^{3} liur^{33} tɕi^{21} tɕi^{33} tɕie^{33} xa^{52}
ma^{213}。石榴姐姐会擀面 ʂəʔ^{3} liur^{33} tɕi^{21} tɕi^{33} xuei^{52} kæ^{21} mie^{52}， 擀的面
一张纸 kæ^{21} təʔ^{3} mie^{52} iəʔ^{5} tʂɑ̃^{213} tsʅ^{213}， 切的面一条线 tɕʻie^{33} təʔ^{3} mie^{52}
iəʔ^{3} tʻiɔ^{33} ɕie^{52}， 煮的到锅里嘟噜噜转 tʂu^{21} təʔ^{3} kuo^{24} li^{21} tuəʔ^{3} ləu^{52} ləu^{52}
tʂuæ^{52}， 捞的到碗黑里（里边）莲花儿瓣（像莲花花瓣）lɔ^{33} təʔ^{3} væ^{21} xəʔ^{5} li^{21} lie^{33}
xuɐr^{21} pæ^{52}， 吃的到口黑里成衣线（成了缝衣服的线）tʂʻəʔ^{5} təʔ^{3} kəu^{21} xəʔ^{5} li^{21}
tʂʻəŋ^{33} i^{21} ɕie^{52}， 厾拉屎下一出练（一连串）pa^{21} xa^{52} iəʔ^{5} tʂʻuəʔ^{3} lie^{52}。

四、故事

1、北风和太阳
有一回 iəu^{21} iəʔ^{3} xuei^{33}， 北风和太阳两个在那儿价争吵谁能行 pie^{21}
fəŋ^{213} xuo^{33} tʻai^{52} iɑ̃^{21} lia^{213} kuəʔ^{3} tai^{52} nɐr^{213} tɕia^{21} tsəŋ^{213} tsʻɔ^{213} ʂuei^{33} nəŋ^{33}
ɕiŋ^{33}。 争过来争过去 tsəŋ^{21} kuo^{52} lai^{33} tsəŋ^{21} kuo^{52} kʻəʔ^{3}， 咋价也分不出个
高低 tsua^{21} tɕia^{33} ia^{21} fəŋ^{21} pəʔ^{3} tʂʻuəʔ^{5} kuəʔ^{3} kɔ^{21} ti^{21}。这阵儿价 tɕiʅ^{52} tʂʅr^{52}
tɕia^{21}， 路上来哩个走路的 ləu^{52} ʂɑ̃^{52} lai^{33} li^{21} kuəʔ^{3} tsəu^{52} ləu^{52} təʔ^{3}， 那身上
穿个截厚大衣 na^{213} ʂəŋ^{21} ʂɑ̃^{52} tʂʻuæ^{24} kəʔ^{21} tɕʻie^{21} xəu^{21} ta^{52} i^{21}。那家两个就
说好噁 nəʔ^{5} tɕia^{21} lia^{24} kuəʔ^{21} tsəu^{52} ʂuo^{33} xɔ^{24} læ^{21}， 说是看谁能叫这个走路
的脱下那的厚大衣 ʂuo^{33} ʂəʔ^{21} kʻæ^{52} ʂuei^{33} nəŋ^{33} tɕiɔ^{52} tʂei^{52} kuəʔ^{21} tsəu^{52}
ləu^{52} təʔ^{3} tʻuo^{33} xa^{52} na^{21} təʔ^{3} xəu^{52} ta^{52} i^{21}， 就算谁能行 tsəu^{52} suæ^{52} ʂuei^{33}
nəŋ^{33} ɕiŋ^{33}。北风就使上吃奶劲儿来刮 pie^{21} fəŋ^{213} tsəu^{52} sʅ^{21} ʂɑ̃^{52} tʂʻəʔ^{5} nai^{213}
tɕiɤr^{52} lai^{33} kua^{33}。那刮得越是厉害 na^{213} kua^{33} təʔ^{21} ye^{33} ʂəʔ^{21} li^{52} xai^{21}， 那

个走路的把大衣裹得越紧噢 nei⁵² kuəʔ²¹ tsəu²¹ ləu⁵² təʔ²¹ pəʔ³ ta⁵² i²¹ kuo²¹ təʔ³ ye³³ tɕiŋ²¹³ læ²¹ 。后来北风就没办法噢 xəu⁵² lai²¹ pie²¹ fəŋ²¹³ tsəu⁵² ma³³ pæ⁵² fa²¹ læ²¹ ，只好咂说算噢 tsʐ²⁴ xɔ²¹³ tsa⁵² ʂuo³³ suæ⁵² læ²¹ 。又过哩一阵儿 iəu⁵² kuo⁵² li²¹ iəʔ³ tʂʅ̃r⁵² ，太阳出来噢 t'ai⁵² iã²¹ tʂ'uəʔ³ lai³³ læ²¹ 。那热熬熬地一照 na²¹³ z̥əʔ³³ ŋɔ²¹ ŋɔ³³ təʔ²¹ iəʔ³ tʂɔ⁵² ，那个走路的立马各人就把那个截厚大衣脱下来噢 nei⁵² kuəʔ²¹ tsəu²¹ ləu⁵² təʔ²¹ liəʔ³ ma²¹ kə³³ z̥əŋ³³ tsəu⁵² pəʔ³ nei⁵² kəʔ³ tɕ'ie²¹ xəu⁵² ta⁵² i²¹ t'uo³³ xa⁵² lai³³ læ²¹ 。这阵儿价北风只好认输噢 tʂei⁵² tʂʅ̃r⁵² tɕia²¹ pie²¹ fəŋ²¹³ tsʐ²⁴ xɔ²¹³ z̥əŋ⁵² ʂu²¹³ læ²¹ ，承认那家两个太阳能行 tʂ'əŋ²¹ z̥əŋ⁵² nəʔ³ tɕia²¹ lia²⁴ kuəʔ³ t'ai⁵² iã²¹ nəŋ³³ ɕiŋ³³ 。

有一回，北风和太阳正在那儿争论谁能行。争来争去，就是分不出高低来。这时候，路上来了个走道儿的，他身上穿着件厚大衣。他们俩就商量好了，谁能先叫这个走道儿的脱下他那厚大衣，就算谁的本事大。于是，北风就使劲儿地刮起风来。不过，他越是刮得厉害，那个走道儿的把大衣裹得越紧。后来北风没法儿了，只好就算了。过了一会儿，太阳出来了。他火辣辣地一晒，那个走道儿的马上就把那件厚大衣脱下来了。这下北风只好承认，他们俩当中太阳的本事大。

2、老君爷尝草

旧当个儿从前的人可非常懒得恶极㞎 tɕiəu⁵² tã²¹ kɯ²¹ təʔ²¹ z̥əŋ³³ k'əʔ⁵ læ²¹ təʔ²¹ ŋɯ³³ liəʔ²¹ 。那咱会儿那时候 nei⁵² tsæ²¹ xur²¹ ，天上下米下面 t'ie²¹ ʂã⁵² xa⁵² mi²¹³ xa⁵² mie⁵² ，人就把面烙成大饼子 z̥əŋ³³ tsəu⁵² pəʔ³ mie⁵² lə³³ tʂ'əŋ³³ ta⁵² piŋ²¹ tsəʔ²¹ ，中间剜开个截个窟窿 tʂuŋ²⁴ tɕie²¹ væ²¹ k'ai²¹³ kəʔ⁵ tɕ'ie²¹ k'uəʔ³ ləŋ⁵² ，但从脑上套下去 tæ⁵² nɔ³³ ʂã⁵² t'ɔ⁵² xa²¹ k'əʔ²¹ ，套的脖子上 t'ɔ⁵² təʔ³ puo³³ tsəʔ²¹ ʂã⁵² ，前面儿下巴子底里的吃噢 tɕ'ie³³ miər⁵² xa⁵² pa²¹ tsəʔ²¹ ti²¹ li³³ təʔ²¹ tʂ'əʔ⁵ læ²¹ ，后脑巴子后脑壳底里的懒得不想抬手转 xəu⁵² nɔ²¹ pa⁵² tsəʔ²¹ ti²¹ li³³ təʔ²¹ læ²¹ təʔ²¹ pəʔ³ ɕia²¹ t'ai²¹ ʂəu²¹³ tʂuæ⁵² ，最后吃不上饿死噢 tsuei⁵² xəu⁵² tʂ'əʔ⁵ pəʔ³ ʂã⁵² ŋɯ⁵² sʐ²¹³ læ²¹ 。那阵儿价的庄稼一片儿叶子底里长一穗儿 nei⁵² tʂʅ̃r⁵² tɕia²¹ təʔ²¹ tʂuã²⁴ tɕia²¹ iəʔ³ p'iər²¹ ie³³ tsəʔ²¹ ti²¹ li³³ tʂã²¹ iəʔ³ suər⁵² ，就这么个还没人收割 tsəu⁵² tʂəu²¹³ kuəʔ³ xæ³³ mə³³ z̥əŋ³³ ʂəu²⁴ kə²¹ ，齐全部糟蹋噢 tɕ'i⁵² tsɔ²⁴ t'a²¹ læ²¹ 。老君爷看着人懒成这么个 lɔ²¹ tɕyŋ²¹ i³³ k'æ⁵² tʂ'əʔ³ z̥əŋ³³ læ²¹ tʂ'əŋ³³ tʂəu²⁴ kuəʔ²¹ ，一下就起火噢 iəʔ³ xa⁵² tsəu⁵² tɕ'i²⁴ xuo²¹³ læ²¹ ，就想干脆把庄稼的穗子都捋完 tsəu⁵² ɕiã²¹³ kæ²¹ ts'uei⁵² pəʔ³ tʂuã²⁴ tɕia²¹ təʔ³ suei⁵² tsəʔ²¹ təu²¹³ lyəʔ³ væ³³ ，教人都饿死算哩 tɕiɔ⁵² z̥əŋ³³ təu²¹³ ŋɯ⁵² sʐ²¹³ suæ⁵² li²¹ ，老君爷就捋庄稼穗子 lɔ²¹ tɕyŋ²¹ i³³ tsəu⁵² lyəʔ³ tʂuã²⁴ tɕia²¹ suei⁵² tsəʔ²¹ 。正捋着 tʂəŋ⁵² lyə?³ tʂə?²¹，狗看着噢 kəu²¹ k'æ⁵² tʂ'ə²¹ læ²¹，千央而告竭力祈求老君爷 tɕie²¹ iã²¹³ ər⁵² ko⁵² lo²¹ tɕyŋ²¹ i³³，教老君爷给那他留下一穗儿吃的 tɕiɔ⁵² lo²¹ tɕyŋ²¹ i³³ kei⁵² na²¹³ liəu³³ xa⁵² iə?³ suər⁵² tʂ'ə?⁵ tə?²¹。老君爷想狗有忠心 lo²¹ tɕyŋ²¹ i³³ ɕiã²¹³ kəu²⁴ iəu²¹³ tʂuŋ²⁴ ɕiŋ²¹³，就这么价才没挢完 tsəu⁵² tʂəu⁵² tɕia³³ ts'ai³³ mə³³ lyə?³ væ³³。有一样老君爷没挢哩 iəu²¹ iə?³ iã²¹³ lo²¹ tɕyŋ²¹ i³³ mə³³ lyə?⁵ li²¹，就是黑豆 tsəu⁵² ʂə?³ xə?³ təu⁵²，为甚叻 vei⁵² ʂəŋ⁵² liə?²¹？黑豆角角扎手叻 xə?³ təu⁵² tɕie³³ tɕie²¹ tsa³³ ʂəu²¹ liə?²¹。咱每而个的庄稼还是狗要下的 ts'a³³ mə?²¹ ər³³ kə?²¹ tə?³ tʂua²⁴ tɕia²¹ xæ³³ ʂə?³ kəu²¹ iɔ⁵² xa²¹ tə?²¹，吃狗的 tʂə?³ kəu²¹ tə?²¹，不啥甚也没噢 pə?⁵ sæ²¹ ʂəŋ²¹ ia²¹ mə³³ læ²¹。后来天上也不下米面噢 xəu⁵² lai³³ t'ie²¹ ʂã⁵² ia²¹ pə?³ xa⁵² mi²¹ mie⁵² læ²¹，人吃不上噢 zʐəŋ³³ tʂ'ə?⁵ pə?³ ʂã⁵² læ²¹，咋办叻 tsua²¹ pæ⁵² liə?²¹？人厉害 zʐəŋ³³ li⁵² xai²¹，把老君爷留给狗的庄稼抢走噢 pə?³ lo²¹ tɕyŋ²¹ i³³ liəu³³ kei⁵² kəu²¹ tə?²¹ tʂuã²⁴ tɕia²¹ tɕ'iã²⁴ tsəu²¹³ læ²¹，狗没个吃上的 kəu²¹ mə?⁵ kuə?³ tʂ'ə?³ ʂã⁵² tə?²¹，就给老君爷告状 tsəu⁵² kei⁵² lo²¹ tɕyŋ²¹ i³³ ko⁵² tʂuã⁵²，老君爷让狗吃芦草去 lo²¹ tɕyŋ²¹ i³³ zʐã⁵² kəu²¹³ tʂ'ə?³ ləu³³ ts'ə²¹ k'ə?²¹，狗就吃芦草去噢 kəu²¹ tsəu⁵² tʂ'ə?³ ləu³³ ts'ɔ²¹ k'ə?⁵ læ²¹，结果咬不下 tɕie³³ kuo²¹ niɔ²¹ pə?³ xa⁵²，狗给老君爷说咬不下 kəu²¹ kei⁵² lo²¹ tɕyŋ²¹ i³³ ʂuo³³ niɔ²¹ pə?³ xa⁵²，老君爷用牙一咬 lo²¹ tɕyŋ²¹ i³³ yŋ⁵² ia³³ iə?⁵ niɔ²¹³，真个咬不下 tʂəŋ²⁴ kə?³ niɔ²¹ pə?³ xa⁵²。老君爷说 lo²¹ tɕyŋ²¹ i³³ ʂuo³³，你咂吃屎去 ni²¹ tsa⁵² tʂ'ə?⁵ sɿ²¹ k'ə?²¹。狗为甚吃屎就是这么价来的 kəu²¹ vei⁵² ʂəŋ⁵² tʂ'ə?³ sɿ²¹³ tsəu⁵² ʂə?²¹ tʂəu⁵² tɕia³³ lai³³ tə?²¹。而个现在芦草叶叶上有七个牙印钵钵 ər³³ kə?²¹ ləu³³ ts'ɔ²¹ ie²⁴ ie²¹ ʂã⁵² iəu²¹³ tɕ'iə?⁵ kuə?²¹ ia³³ iŋ⁵² pə?³ pə³³，就是老君爷留下的 tsəu⁵² ʂə?³ lo²¹ tɕyŋ²¹ i³³ liəu³³ xa⁵² tə?²¹。

　　过去的人非常懒惰。那个时候，天上下米下面，人们就把面烙成大饼，中间挖开个窟窿，从头上套下去，套到脖子上，前面下巴下边的部分吃了，后脑勺下边的懒得动手转，最后吃不上饿死了。那个时候的庄稼，一片叶子下边长一个穗子，就这么样的庄稼还没有去收割，全部糟蹋掉了。老君爷看到人懒惰到了这个地步，一下子就生气了，就想干脆把庄稼的穗子都挢完，使人们都饿死算了，于是就拿手挢庄稼穗子。正挢着，被狗看见了，狗就祈求老君爷，给它留下一穗吃的。老君爷心想狗有忠心，就这样老君爷才没把庄稼穗子挢完。有一样老君爷没挢叻，就是黄豆，为什么呢？黄豆的豆角扎手呢。咱们现在的庄稼还是狗要来的，吃狗的庄稼，不然的话什么也没有了。后来呢，天上也不下米下面了，人吃不上了，怎么办呢？人厉害，把老君爷留给狗的庄稼抢走了，狗没有吃的了，就给老君爷告状。老君爷让狗吃芦草去，狗就去吃芦草去了，结果咬不下。狗给老君爷说咬不烂，老君爷用牙一咬，真的咬不烂。老君爷说，你呀吃屎去。狗为什么吃屎就是这样来的。现在芦草叶子上有七个牙印子，就是老君爷留下来的。

主要参考及引用文献

[1]白　平：《汉语史研究新论》，太原，书海出版社，2002。

[2]白涤洲：《关中方音调查报告》，喻世长整理，北京，中国科学院，1954。

[3]北京大学中国语言文学系语言学教研室：《汉语方音字汇》(第二版重排本)，北京，语文出版社，2003。

[4]曹广顺：《魏晋南北朝到宋代的"动＋将"结构》，《中国语文》1990年第2期。

[5]曹广顺：《近代汉语助词研究》，北京，语文出版社，1995。

[6]曹　鹏：《延川方言语音的演变与层次》，陕西师范大学硕士学位论文，2009。

[7]曹瑞芳：《山西阳泉方言的动词词缀"打"》，《语文研究》2004年第4期。

[8]曹志耘：《南部吴语语音研究》，北京，商务印书馆，2002。

[9]曹志耘：《汉语方言地图集》，北京，商务印书馆，2008。

[10]陈茂山：《定襄话的非动作后置"行"——兼与余志鸿同志商榷》，《语文研究》1985年第2期。

[11]陈前瑞：《汉语体貌研究的类型学视野》，北京，商务印书馆，2008。

[12]陈庆延：《晋语特征词说略》；李如龙：《汉语方言特征词研究》，厦门，厦门大学出版社，2002。

[13]程祥徽：《青海口语语法散论》，《中国语文》1980年第2期。

[14]崔淑慧：《代县方言研究》，太原，山西人民出版社，2005。

[15]戴耀晶：《现代汉语时体系统研究》，杭州，浙江教育出版社，1997。

[16]董秀芳：《"是"的进一步语法化：由虚词到词内成分》，《当代语言学》2004年第1期。

[17]范慧琴：《定襄方言语法研究》，北京，语文出版社，2007。

[18]方　梅：《北京话句中语气词的功能研究》，《中国语文》1994年第2期。

[19]冯春田：《近代汉语语法问题研究》，济南，山东教育出版社，1991。

[20]冯胜利：《汉语韵律句法学》，上海，上海教育出版社，2000。

[21]高　峰：《陕北榆林方言"转"的语法化》，《北方民族大学学报》2011年第1期。

[22]高　炯：《长子方言志》，太原，山西高校联合出版社，1995。

[23]龚煌城：《十二世纪末汉语的西北方音（韵尾问题）》，《汉藏语研究论文集》，北京，北京大学出版社，2004。

[24]龚千炎：《汉语的时制，时相，时态》，北京，商务印书馆，1995。

[25]郭利霞：《山西山阴方言"Ａ－Ａ?"式选择问句》，《方言》2009年第4期。

[26]郭利霞：《山西方言疑问句中的"敢"》，《语文研究》2011年第2期。a

[27]郭利霞：《山西山阴方言的拷贝式话题句》，《中国语文》2011年第3期。b

[28]郭松柏、刘有志：《"儿女子"并非"妇人之子"》，《中国语文》1997年第6期。

[29]郭校珍：《山西晋语语法专题研究》，上海，华东师范大学出版社，2008。

[30]郭锡良：《汉字古音手册》（增订本），北京，商务印书馆，2010。

[31]汉语大字典编辑委员会编：《汉语大字典》，武汉，崇文书局；成都，四川辞书出版社，2010。

[32]何天祥：《兰州方言里的第三人称代词》，《兰州大学学报》1986年第2期。

[33]何亚南：《中古汉语词汇通释两则》，《中国语文》1997年第6期。

[34]河北省昌黎县县志编委会、中国科学院语言研究所：《昌黎方言志》，上海，上海教育出版社，1984。

[35]贺　巍：《晋语舒声促化的类别》，《方言》1996年第1期。

[36]黑维强：《陕北绥德话带"日"字头词语》，《方言》1996年第2期。

[37]黑维强：《陕北话果假摄字读鼻尾韵例》，《中国语文》1997年第4期。

[38]黑维强：《晋语"去"本字辨》，《榆林高专学报》2001年第1期。a

[39]黑维强：《元明清白话词语札记》，《中文自学指导》2001年第6期。b

[40]黑维强：《元杂剧词语方言证》，《西北第二民族学院学报》2001年第1期。c

[41]黑维强：《从陕北方言看近代汉语助词"也似"的来源》，《延安大学学报》2002年第1期。a

[42]黑维强：《敦煌文献词语陕北方言证》，《敦煌研究》2002年第1期。b

[43]黑维强：《试论"把＋NP"句》，《宁夏大学学报》2002年第1期。c

[44]黑维强：《试说"的"字结构的比况义》，《语言研究》2002 年第 2 期。d

[45]黑维强：《晋语"去"词性辨析》，《语文研究》2003 年第 4 期。a

[46]黑维强：《陕北方言表贬义"儿"的用法及来源》，《宝鸡文理学院学报》2003 年第 3 期。b

[47]黑维强：《陕北绥德话"的"的一种用法》，《中国语文》2003 年第 4 期。c

[48]黑维强：《陕北绥德话"的"的用法》，《西北师大学报》2003 年第 3 期。d

[49]黑维强：《元明清白话词语释义》，《青海民族学院学报》2003 年第 3 期。e

[50]黑维强：《吐鲁番出土文书词语疏证三则》；邢向东：《西北方言与民俗研究论丛（一）》，北京，中国社会科学出版社，2004。a

[51]黑维强：《吐鲁番出土文书所见"针毡"考》，《西域研究》2004 年第 4 期。b

[52]黑维强：《元明清白话词语方言考》，《汉语史学报》第 5 辑，上海，上海教育出版社，2004。c

[53]黑维强：《敦煌文献词语方言续考》，《西北民院大学学报》2005 年第 2 期。a

[54]黑维强：《敦煌文献词语陕北方言证》（续），《敦煌研究》2005 年第 1 期。b

[55]黑维强：《绥德话"X 行"的"行"考辨》；邢向东：《西北方言与民俗研究论丛（二）》，北京，中国社会科学出版社，2006。

[56]黑维强：《陕北方言助词"也 ia 是的"》，《语文研究》2007 年第 3 期。

[57]黑维强：《陕北绥德话的人称代词》；乔全生：《晋方言研究——第三届晋方言国际学术研讨会论文集》，太原，希望出版社，2008。

[58]黑维强：《词语考释二则》，《中国方言学报》第 2 期，北京，商务印书馆，2009。a

[59]黑维强：《陕北绥德方言"个"的读音和用法》，《方言》2009 年第 3 期。b

[60]黑维强：《说"馎饦·勃饦儿、圪饦儿"》，《语言科学》2009 年第 1 期。c

[61]黑维强：《绥德方言语音的内部差异》，《咸阳师院学报》2010 年第 3 期。a

[62]黑维强：《绥德县河底方言的文白异读》，《方言》2010 年第 4 期。b

[63]黑维强：《敦煌、吐鲁番社会经济文献词汇研究》，北京，民族出版社，2010。c

[64]黑维强：《敦煌、吐鲁番文献词语方言考补遗》，《汉语史研究集刊》第 14 辑，成都，巴蜀书社，2011。

[65]黑维强、王作栋：《宋代已见"定语＋的＋人称代词"用例》，《甘肃高师学报》2008 年第 3 期。

[66]侯精一：《现代晋语的研究》，北京，商务印书馆，1999。

[67]侯精一、温端政：《山西方言调查研究报告》，太原，山西高校联合出版社，1993。

[68]胡光斌：《贵州遵义方言的"家"》，《方言》2006 年第 2 期。

[69]胡明扬：《汉语方言体貌论文集》，南京，江苏教育出版社，1996。

[70]胡双宝：《山西文水话的自感动词结构"V＋人"》，《中国语文》1984 年第 4 期。

[71]胡双宝：《文水方言志》，北京，语文出版社，1990。

[72]黄伯荣、赵浚等：《兰州方言概说》，《甘肃师范大学学报》1960 年第 1 期。

[73]黄伯荣：《汉语方言语法类编》，青岛，青岛出版社，1966。

[74]黄晓惠：《现代汉语差比格式的来源及演变》，《中国语文》1992 年第 3 期。

[75]江蓝生：《后置词"行"考辨》，《语文研究》1998 年第 1 期。

[76]江蓝生：《近代汉语探源》，北京，商务印书馆，2000。

[77]江蓝生：《近代汉语研究新论》，北京，商务印书馆，2008。

[78]蒋礼鸿：《敦煌文献语言词典》，杭州，杭州大学出版社，1994。

[79]蒋文华：《应县方言研究》，太原，山西人民出版社，2007。

[80]可爱的绥德编委会：《可爱的绥德》，西安，陕西人民出版社，1995。

[81]孔令达：《关于动态助词"过$_1$"与"过$_2$"》，《中国语文》1986 年第 4 期。

[82]兰宾汉：《西安方言语法调查研究》，北京，中华书局，2011。

[83]李建校：《静乐方言研究》，太原，山西人民出版社，2005。

[84]李　蓝：《方言比较、区域方言史与方言区——以晋语分音词和福州切脚词为例》，《方言》2002 年第 1 期。

[85]李　蓝：《现代汉语方言差比句的语序类型》，《方言》2003 年第 3 期。

[86]李　倩：《中宁方言的虚词"着"》，《语文研究》1997 年第 4 期。

[87]李　倩：《中宁话的始动体》，钱曾怡等：《首届官话方言国际学术讨论会论文集》，青岛，青岛出版社，2010。

[88]李临定：《现代汉语动词》，北京，中国社会科学出版社，1990。

[89]李　荣：《音韵存稿》，北京，商务印书馆，1982。

[90]李　荣：《官话方言的分区》，《方言》1985 年第 1 期。a

[91]李　荣：《汉语方言分区的几点意见》，《方言》1985 年第 2、3 期。b

[92]李　荣：《语文论衡》，北京，商务印书馆，1985。c

[93]李　荣：《现代汉语方言大词典》（分卷本、综合本），南京，江苏教育出版社，1994—2002。

[94]李　荣、丁声树：《汉语音韵讲义》，上海，上海教育出版社，1984。

[95]李守秀：《榆次方言的助词》，《语文研究》1982 年第 1 期。

[96]李树俨：《中宁方言志》，银川，宁夏人民出版社，1989。

[97]李小凡：《苏州方言的体貌系统》，《方言》1998 年第 3 期。a

[98]李小凡：《苏州方言语法研究》，北京，北京大学出版社，1998。b

[99]李小平：《临县方言志》，太原，山西高校联合出版社，1991。

[100]李小平：《山西临县方言舒声促化现象分析》，《山西师大学报》1998 年第 4 期。

[101]李小平、曹瑞芳：《临县"～眉～眼"式俗语例释》，山西省语言学会、晋东南师专学报：《语言学论文集》，太原，山西人民出版社，1990。

[102]李小平：《山西临县方言的"打"》；邢向东：《西北方言与民俗研究论丛（二）》，北京，中国社会科学出版社，2006。

[103]李宇明：《论词语重叠的意义》，《世界汉语教学》1996 年第 1 期。

[104]栗治国：《伊盟方言的"分音词"》，《方言》1991 年第 3 期。

[105]梁银峰：《汉语时态助词"来"的产生时代及其来源》，《中国语文》2004 年第 4 期。

[106]林　涛：《北京官话溯源》，《中国语文》1987 年第 3 期。

[107]林　涛：《中亚东干语研究》，香港，香港教育出版社，2003。

[108]刘丹青：《话题标记从何而来？——语法化中的共性与个性续论》，沈家煊等：《语法化与语法研究（二）》，北京，商务印书馆，2005。

[109]刘　坚等：《近代汉语虚词研究》，北京，语文出版社，1992。

[110]刘　坚等：《论诱发汉语词汇语法的若干因素》，《中国语文》1995 年第 3 期。

[111]刘　伶：《敦煌方言志》，兰州，兰州大学出版社，1988。

[112]刘勋宁：《现代汉语句尾"了"的来源》，《方言》1985 年第 2 期。

[113]刘勋宁：《现代汉语研究》，北京，北京语言文化大学出版社，1998。a

[114]刘勋宁：《中原官话与北方官话的区别及〈中原音韵〉的语言基础》，《中国语文》1998 年第 6 期。b

[115]刘勋宁：《秦晋方言娘日互转例》，《语苑撷英》编辑组《语苑撷

英——庆祝唐作藩教授七十寿辰学术论文集》，北京，北京语言文化大学出版社，1998。c

[116]刘勋宁：《"我心匪鉴，不可以茹"解》，《纪念王力先生百年诞辰学术论文集》，北京，商务印书馆，2002。

[117]刘勋宁：《一个中原官话中曾经存在过的语音层次》，《语文研究》2005年第1期。

[118]刘育林：《陕北方言说略》，《方言》1988年第2期。

[119]刘育林：《陕西省志·方言志·陕北部分》，西安，陕西人民出版社，1990。

[120]刘育林：《晋语词汇双音化的一种方式，加"圪"》，《方言》2001年第1期。

[121]刘育林、安宇柱：《陕北方言词典》，西安，陕西人民出版社，1991。

[122]柳士镇：《魏晋南北朝历史语法》，南京，南京大学出版社，1992。

[123]陆俭明：《关于"去＋VP"和"VP＋去"句式》，《语言教学与研究》1985年第4期。

[124]吕叔湘：《现代汉语八百词（增订本）》，北京，商务印书馆，1999。

[125]吕叔湘：《近代汉语指代词》，江蓝生补，上海，学林出版社，1985。

[126]吕叔湘：《中国文法要略》，北京，商务印书馆，1982。

[127]罗常培：《唐五代西北方音》，北京，科学出版社，1961。

[128]罗竹风：《汉语大词典》，上海，汉语大词典出版社，1991—1997。

[129]雒鹏：《甘肃方言第三人称代词》，《西北师大学报》2006年第1期。

[130]雒鹏年：《甘肃方言几类实词中存在的一些语法现象》，《西北师大学报》1997年第1期。

[131]马建忠：《马氏文通》，北京，商务印书馆，1983。

[132]马文忠、梁述忠：《大同方言志》，北京，语文出版社，1986。

[133]马晓琴：《陕北方言的选择问句》，《社会科学家》2004年第2期。a

[134]马晓琴：《绥德方言的副词》，《唐都学刊》2004年第3期。b

[135]马晓琴：《陕北方言的反复问句》，《广西大学学报》2004年第6期。c

[136]马晓琴：《陕西方言中"起去"的用法》，《陕西教育学院学报》2007年第1期。a

[137]马晓琴、陶相荣：《绥德方言语气词的连用》，《西北民族大学学报》2007年第1期。b

[138]马晓琴、陶相荣：《影视作品中的陕西方言——简述绥德方言的语

气词》,《电影文学》2007年第2期。c

[139]孟庆海:《阳曲方言志》,北京,语文出版社,1991。

[140]孟庆海:《山西方言里的"的"字》,《方言》1996年第2期。

[141]莫　超:《白龙江流域汉语方言语法研究》,北京,中国社会科学出版社,2004。

[142]潘家懿:《临汾方言志》,北京,语文出版社,1990。

[143]钱曾怡:《山东省方言志丛书》,北京,语文出版社;济南,齐鲁书社等,1995—2002。

[144]钱曾怡:《山东方言研究》,济南,齐鲁书社,2001。

[145]钱曾怡等:《汉语方言重点调查研究丛书》,北京,社会科学文献出版社,1993。

[146]乔全生:《山西方言的"V+将+来/去"结构》,《中国语文》1992年第1期。

[147]乔全生:《洪洞方言研究》,北京,中央文献出版社,1999。

[148]乔全生:《晋方言语法研究》,北京,商务印书馆,2000。

[149]乔全生、王晓燕:《中阳方言的人称代词》,《山西大学学报》2003年第2期。

[150]乔全生:《现代晋方言与唐五代西北方言的亲缘关系》,《中国语文》2004年第3期。

[151]邵敬敏等:《汉语方言疑问范畴比较研究》,广州,暨南大学出版社,2010。

[152]沈家煊:《著名中年语言学家自选集·沈家煊卷》,合肥,安徽教育出版社,2002。

[153]沈　明:《太原方言词典》,南京,江苏教育出版社,1994。

[154]沈　明:《晋语的分区(稿)》,《方言》2006年第4期。

[155]沈　明:《晋语五台片入声调的演变》,《方言》2007年第4期。

[156]沈　明:《晋语果摄字今读鼻音韵的成因》,《方言》2011年第4期。

[157]石毓智:《汉语语法》,北京,商务印书馆,2010。

[158]苏俊波:《丹江方言语法研究》,武汉,华中师范大学出版社,2012。

[159]孙伯君:《西夏译经的梵汉对音与汉语西北方音》,《语言研究》2007年第1期。

[160]孙景涛:《古汉语重叠构词法研究》,上海,上海教育出版社,2008。

[161]孙立新：《户县方言研究》，北京，东方出版社，2001。

[162]孙立新：《关中方言的特征词》，《西安联合大学学报》2004年第
　　　3期。

[163]孙锡信：《近代汉语语气词》，北京，语文出版社，1999。

[164]孙玉卿、王茂林：《大同方言"舒声促化"与轻声音节的关系》，《山
　　　西大学学报》2006年第3期。

[165]宋秀令：《汾阳方言的人称代词》，《语文研究》1992年第1期。

[166]唐作藩：《第三人称代词"他"的起源时代》，《语言学论丛》第6辑，
　　　北京，商务印书馆，1980。

[167]田希诚：《晋中方言的时态助词"动了"和"时"》，《首届晋方言国际
　　　学术研讨会论文集》，太原，山西高校联合出版社，1996。

[168]汪化云：《汉语方言"个类词"研究》，《历史语言研究所集刊》第七十
　　　九本第三分，2008。

[169]王春玲：《西充方言语法研究》，北京，中华书局，2011。

[170]王福堂：《汉语方言语音的演变和层次（修订本）》，北京，语文出版
　　　社，2005。

[171]王　健：《睢宁话中"个"的读音和用法》，《方言》2007年第1期。

[172]王洪君：《山西闻喜方言的白读层与宋西北方音》，《中国语文》1987
　　　年第1期。

[173]王洪君：《汉语常用的两种语音构词法——从平定儿化和太原嵌l
　　　词谈起》，《语言研究》1994年第1期。

[174]王洪君：《汉语非线性音系学》，北京，北京大学出版社，2008增
　　　订本。

[175]王洪君：《山西方言的"也[ia]似的"》，《语文研究》2000年第3期。

[176]王军虎：《西安方言词典》，南京，江苏教育出版社，1996。

[177]王军虎：《晋陕甘方言的"支微入鱼"现象和唐五代西北方音》，《中
　　　国语文》2004年第3期。

[178]王　力：《汉语史稿》，《王力文集》，第九卷，济南，山东教育出版
　　　社，1988。

[179]王　利：《长治县方言研究》，太原，山西人民出版社，2007。

[180]王立达：《太原方言词汇的几个特点和若干虚词的用法》，《中国语
　　　文》1961年第2期。

[181]王临惠：《山西方言"圪"头词的结构类型》，《方言》2001年第1期。

[182]王士元：《实验语音学讲座》，《语言学论丛》第11辑，北京，商务

印书馆，1983。

[183]王　锳：《试说"切脚语"》，《近代汉语词汇语法散论》，北京，商务
　　　印书馆，2004。

[184]王云路：《说"儿"》，《杭州大学学报》1998 年第 3 期。

[185]王云路、郭　颖：《试说古汉语中的词缀"家"》，《古汉语研究》2005
　　　年第 1 期。

[186]韦名应：《汉藏语"阴转阳"条件试析》，《中央民族大学学报》2010
　　　年第 5 期。

[187]魏培泉：《关于差比句发展过程的几点想法》，《语言暨语言学》2007
　　　年第 2 期。

[188]温端政：《忻州方言志》，北京，语文出版社，1985。

[189]温端政：《试论晋语的特点与归属》，《语文研究》1997 年第 2 期。

[190]温端政：《方言与俗语研究——温端政语言学论文选集》，上海，上
　　　海辞书出版社，2003。

[191]吴福祥：《敦煌变文语法研究》，长沙，岳麓书社，1996。

[192]吴福祥：《从"VP－neg"式反复问句的分化谈语气词"么"的产生》，
　　　《中国语文》1997 年第 1 期。

[193]吴福祥：《语法化理论、历史句法学与汉语历史语法研究》；刘丹
　　　青：《语言学前沿与汉语研究》，上海教育出版社，2005。

[194]吴建生：《万荣方言志》，《语文研究》增刊 1984 年第 11 期。

[195]吴建生：《山西方言的助词"动"》，戴昭铭：《汉语方言语法研究和
　　　探索——首届国际汉语方言语法学术研讨会论文集》，哈尔滨，黑
　　　龙江人民出版社，2003。

[196]吴建生、李淑珍：《三晋俗语研究》，太原，书海出版社，2010。

[197]吴为善：《古代诗歌节律中的后重原则》，《上海师范大学学报》1988
　　　年第 1 期。

[198]毋效智：《扶风方言》，乌鲁木齐，新疆大学出版社，2005。

[199]谢晓安、张淑敏：《甘肃临夏方言的疑问句》，《中国语文》1990 年
　　　第 6 期。

[200]辛世彪：《关中方言特征词概说》，钱曾怡，李行杰：《首届官话方
　　　言国际学术讨论会论文集》，青岛，青岛出版社，1997。

[201]邢福义：《关于"给给"》，《中国语文》1984 年第 5 期。

[202]邢福义：《复句的分类》，中国社会科学院语言研究所现代汉语研究
　　　室：《句型与动词》，北京，语文出版社，1987。

[203]邢福义：《汉语复句研究》，北京，商务印书馆，2001。

[204]邢向东：《晋语圪头词流变论》，《内蒙古师大学报》1987年第2期。

[205]邢向东：《小议部分"舒声促化字"》，《语文研究》2000年第2期。

[206]邢向东：《神木方言研究》，北京，中华书局，2002。

[207]邢向东：《陕北晋语语法比较研究》，北京，商务印书馆，2006。a

[208]邢向东：《陕北神木话的准语气词"是"及其形成》，《方言》2006年第4期。b

[209]邢向东：《陕北吴堡话的文白异读与语音层次》，《语言研究》2007年第1期。a

[210]邢向东：《移位和隐含：论晋语句中虚词的语气词化》，《语言暨语言学》2007年第4期。b

[211]邢向东：《秦晋两省黄河沿岸方言的关系及其形成原因》，《中国语文》2009年第2期。

[212]邢向东、王临惠等：《秦晋两省沿河方言比较研究》，北京，商务印书馆，2012。

[213]邢向东、王兆福：《吴堡方言调查研究》，北京，中华书局，2014。

[214]邢向东、张永胜：《内蒙古西部方言语法研究》，呼和浩特，内蒙古人民出版社，1997。

[215]熊正辉：《南昌方言的文白读》，《方言》1985年第3期。

[216]熊正辉：《官话区方言分ts tʂ的类型》，《方言》1990年第1期。

[217]徐　丹：《关于汉语里"动词＋X＋地点词"的句型》，《中国语文》1994年第3期。

[218]徐烈炯、刘丹青：《话题的结构与功能》（增订本），上海，上海教育出版社，2007。

[219]徐朋彪：《陕西富平方言的助词"的"》，《咸阳师范学院学报》2014年第3期。

[220]徐世荣：《普通话语音知识》，北京，文字改革出版社，1980。

[221]徐通锵：《山西平定方言的"儿化"和晋中的所谓"嵌L词"》，《中国语文》1981年第6期。

[222]许宝华、宫田一郎：《汉语方言大词典》，北京，中华书局，1999。

[223]杨耐思、沈士英：《藁城方言里的"们"》，《中国语文》1958年第6期。

[224]杨秋泽：《利津方言志》，北京，语文出版社，1990。

[225]杨增武：《山阴方言的人称代词和指示代词》，《语文研究》1982年

第 2 期。

[226]杨增武:《平鲁方言研究》,太原,山西人民出版社,2002。

[227]杨子仪、马学恭:《固原方言志》,银川,宁夏人民出版社,1990。

[228]余志鸿:《元代汉语中的后置词"行"》,《语文研究》1983 年第 3 期。

[229]余志鸿:《元代汉语"～行"的语法意义》,《语文研究》1987 年第 2 期。

[230]袁海林:《山西大同话中的"不 AA 儿"格》,乔全生:《晋方言研究——第三届晋方言国际学术研讨会论文集》,太原,希望出版社,2008。

[231]袁毓林:《汉语语法研究的认知视野》,北京,商务印书馆,2004。

[232]张安生:《同心方言研究》,银川,宁夏人民出版社,2000。

[233]张成材、朱世奎:《西宁方言志》,西宁,青海人民出版社,1987。

[234]张   赪:《汉语语序的历史发展》,北京,北京语言大学出版社,2010。

[235]张   崇:《也谈吴堡话"来"的特殊用法》,《中国语文》1982 年第 2 期。

[236]张   崇:《延川县方言志》,北京,语文出版社,1990。

[237]张   崇:《延川方言的逆序词》,《方言》1992 年第 4 期。

[238]张   崇:《"嵌 l 词"探源》,《中国语文》1993 年第 3 期。a

[239]张   崇:《陕西方言古今谈》,西安,陕西人民教育出版社,1993。b

[240]张   崇:《清涧县志·方言志》,西安,陕西人民出版社,2001。

[241]张   崇:《陕西方言词汇集》,西安,西安交通大学出版社,2007。

[242]张   定:《汉语方言反复体标记的若干类型》,《语法化与语法研究》(三),北京,商务印书馆,2007。

[243]张光宇:《共同保留、共同创新与共同脱轨》,《语言研究》2006 年第 2 期。

[244]张光宇:《汉语方言的鼻化运动》,《语言研究》2012 年第 2 期。

[245]张惠英:《汉语方言代词研究》,北京,语文出版社,2001。

[246]张   军:《陕北横山话的话题标记"是"》,《语文研究》2012 年第 3 期。

[247]张双庆:《动词的体》,香港中文大学中国文化研究所吴多泰中国语文研究中心,1996。

[248]张   巍:《中古汉语同素逆序词演变研究》,上海,上海古籍出版社,2010。

[249]张维佳：《演化与竞争——关中方言音韵结构的变迁》，西安，陕西人民出版社，2002。

[250]张文轩、莫　超：《兰州方言词典》，北京，中国社会科学出版社，2009。

[251]张谊生：《现代汉语名词的 AABB 复叠式》，《徐州师范大学学报》1999 年第 1 期。

[252]张　相：《诗词曲语辞汇释》，北京，中华书局，1953。

[253]张振兴：《漳平(永福)方言的文白异读(一)、(二)、(三)》，《方言》1989 年第 3、4 期，1990 年第 1 期。

[254]赵秉璇：《晋中话"嵌 l 词"汇释》，《中国语文》1979 年第 6 期。

[255]赵秉璇：《灵石方言中的后置词"行"》，《语言研究》1992 年第 2 期。

[256]赵长才：《〈训世评话〉中"是"的两种用法及其来源》，《历史语言学研究》第六辑，北京，商务印书馆，2013。

[257]赵日新：《说"个"》，《语言教学与研究》1999 年第 2 期。

[258]赵元任：《反切语八种》，《赵元任语言学论文集》，北京，商务印书馆，2006。

[259]赵元任：《汉语口语语法》，吕叔湘译，北京，商务印书馆，1979。

[260]郑张尚芳：《方言中的舒声促化现象说略》，《语文研究》1990 年第 2 期。

[261]中共绥德县委史志编纂委员会：《绥德县志》，西安，三秦出版社，2003。

[262]中国社会科学院、澳大利亚人文科学院合编：《中国语言地图集》，Longman 朗文(香港)，1987。

[263]周　磊：《乌鲁木齐方言词典》，南京，江苏教育出版社，1995。

[264]周定一：《红楼梦语言词典》，北京，商务印书馆，1995。

[265]朱德熙：《说"的"》，《现代汉语语法研究》，北京，商务印书馆，1961。

[266]宗守云、张素玲：《晋语中的"往 CV"结构》，《语文研究》2013 年第 3 期。

[267]左思民：《现代汉语中"体"的研究——兼论体研究的类型学意义》，《语文研究》1999 年第 1 期。

[268](日)志村良治：《中国中世纪语法史研究》，江蓝生、白维国译，北京，中华书局，1995。

[269](苏联)A. A. 龙果夫：《现代汉语语法研究》，第一卷，词类，郑祖庆译，北京，科学出版社，1958。

后 记

本书是邢向东教授优秀博士论文基金项目、陕西师范大学 211 工程重点建设项目和作者主持的 2007 年度陕西省社科基金项目、2012 年度国家社科基金后期项目的结项成果。

"提起个家来家有名，家住在绥德三十里铺村。"这是人们熟悉的陕北民歌《三十里铺》中的两句歌词。笔者出生在"天下名州"的绥德，每次回家，都要经过"家有名"的三十里铺村，脑海中的旋律便油然而生。喝家乡水长大的读书人，能对自己母语进行调查研究是万分荣幸的事，为家乡的文化事业发展奉献出一点儿绵薄之力，更是义不容辞的职责。

对绥德方言进行系统的调查研究，是我今生学术历程中最大的一桩心愿。这一心愿始于陕西教育学院读书期间的 1988 年，之后兴趣愈加浓厚，随即开始了田野调查、资料收集整理。拙稿的完成是二十六年来调查研究的一个阶段总结。1992 年我承担了张崇先生的中华哲学社会科学基金项目《陕西方言词典》(以《陕西方言词汇集》2007 年出版)绥德点的调查整理任务。那时由于各种因素的影响，例如方言学理论、语言学理论和汉语史知识的学习积累不够，所以一直未能对语音、语法进行全面系统的探究。现在有了机会和些许的知识积累，总算了结了多年来的心愿。

今生能做方言研究是因为遇到了前辈与师长们的指点与鼓励。感谢他们！使我有了方言意识的是王明考先生，他是我的启蒙老师。引导我走向方言研究之路的是金德平先生。1987 年陕西教育学院读书时，在陕西师大就读硕士的蔡永贵先生指点下，我到师大中文系旁听了十几门语言文字类的课程，其中金德平先生开设的是"汉语方言及方言调查"。听完金先生的课，我欣喜地感受到了过去一直难以捉摸的入声(绥德方言有入声)，从此入声不再停留于概念文字的理解上，当然，更多的是系统地学习到了方言调查的方法，训练了国际音标的听音与记音能力。最为要紧的是喜欢上了方言学这门学问，也从此开始了这门学问的学习研究。其次要致谢的是刘勋宁、张崇先生。我在博士论文的后记中曾经说过，刘先生的每篇论文使我认识到了方言的无穷魅力，读他的文章感觉到的是灵气与智慧，因为他的文章是从心里流淌出来的。灵气与智慧是学不到的，但能激励我努力思考，认真读书。2011 年 8 月 22—26 日，有幸与我仰慕的刘先生一起到清涧石盘乡刘家畔村进行了调查。一是学到了调查方言方面更多的知识、技能，二是检验了我在沿河区（与石盘近邻）调查的结果。这次调查，虽然时间很短，却令我难以忘怀。在我刚刚走上方言学之路时，张崇先生将自己承担的国家社科基金项目"陕西方言词典"绥德方言点的任务交付于我，手把手地教我怎样做词汇卡片，如何解决调查中出现的问题，在他的指导下圆满地完成了任务，锻炼了我的调查能力，积累了田野调查经验。

这里要特别感谢的是吕叔湘先生、李荣先生。我还是一个不知天高地厚的毛头小伙子的时候，冒昧给德高望重的吕先生写了学习近代汉语与方言学时遇到的困惑，哪知不到半月时间，吕先生就亲笔回信了，接到来信那一刻的感受，令我终生难忘，告诫自己要不断努力，绝不松懈。读硕士之前曾写好一篇方言词汇调查的小文章，李荣先生正好也写过与此有关的问题，于是在入学后的期末将习作抄好寄给李先生，期盼他的指点。始料未及的是，经李先生亲手修改后，小文登载于《方言》杂志上。李先生的提携后学的情怀激励着我的信心，也更增强了我学习研究方言的动力。

这本小书的一些内容是我过去专题研究的成果，承蒙《中国语文》、《方言》、《语文研究》、《汉语学报》等期刊的厚爱和支持，使一些不成熟的想法得以发表，特别是在拙稿的修改意见中学到了很多做人和做学问的东西。王洪君先生为《陕北方言助词"也 ia 是的"》一文多次修改，并向《语文研究》编辑部写信推荐发表。英年早逝的周磊先生，还有李蓝先生为发表在《方言》杂志上的拙文提出了建设性的修改意见，并且操刀修改，曾想作一个脚注致谢却被谢绝，说自己作为编辑那是应该的，不能接受致谢，这是李荣先生定的规矩。真令人感慨不已！张振兴、张惠英二位先生，一直关心本书的写作出版情况，特别告诫，方言中鲜活的资料不能因为篇幅的问题而删除，本书尽力做到了这一点。国家社科基金匿名评审专家和书稿终审专家汪峰先生对本书稿提出了宝贵的修改意见。谢谢诸位先生！

本书是邢向东先生主持的优博论文经费支持项目，调查、写作过程，无论大小问题，有了就去请教，特别是一些点的语音确定上，经他的审订而确立。初稿完成后，又提出了具体的修改意见。如果没有他的细心认真审读，书中问题将会更多。同时，他的巨著《神木方言研究》和《陕北晋语语法比较研究》是我反复学习的案头之作，奋斗的目标。虽经诸多努力，但距离他的要求还是太远了，说来有负于他的厚望，不胜惭愧。要说感谢的话，就显得太轻了，所谓"不言谢"。

作为方言调查，第一个环节是选择调查人，虽然是做自己母语的调查，选好调查人同样是不容易的，找到好的发音合作人，常常能事半功倍，而且还能帮助解决一些疑难问题。这里要感谢我的儿时伙伴李赟。他是乡上的教育专干，认识各个乡镇的同行，所以每次调查时都是他先联系好人，一个不行，再找一个，其中的一切便利，使我能获得了满意的调查结果，节约了时间。谢谢辛苦的发音合作人。先后帮助我调查的还有挚友郝海安、王宏刚、高光雄、王作栋、安海刚、常玉雄、本家侄儿黑孝珠、黑建宝（他俩又是我的小学老师）。一些问题的思考常与高光雄、郝海安、王宏刚、友生贺雪梅交流，收获甚大。贺雪梅帮我制作了声调语音图，还通读书稿，作了文字校对。同事韩夏老师帮我分析了绥德方言声调上听辨困难的问题。我校方言学专业博士生高峰老乡、学生高怡喆通读了书稿，提出了非常好的意见，从而避免了一些错误。我校旅游与环境资源学院教授延军平老乡、文学院博士生朱福林帮我绘制了部分地图。感谢你们！遇到农事方面词汇的疑难问题，老父亲的只言片语提示，常常能使事物命名理据豁然开朗，母亲丰富的词汇量，使我调查研究中时时冒出许多想法。如今老父瘫痪在炕数年，作为人子不能时时守在身边尽孝，惭愧无颜。惜喜欢认字的老母已经作古八年，不能看到此书出版，不禁怅然。唯有努力做人，认真读书，才对得起母亲的在天之灵。

2005 年秋季开学之前，我从江苏常州举家西迁回陕，来到陕西师范大学工作。这年年底之前，在完成白维国先生交给的《近代汉语大词典》编写任务同时，我接受了邢向东先生布置的任务。本书的调查、写作在断断续续中进行。在这九年期间还修改我的博士论文出版，承担着兰州大学敦煌学研究所教育部重大攻关项目《百年敦煌学研究史》的子项目《语言文字卷》写作任务。从接收任务到今，时间不算短了，但是教学任务繁重，研究工作是其次，虽然时常在不断督促、提醒自己要努力，要勤奋，但等到交稿子之时，丑媳妇见公婆的心情还是免不了的。总是想把问题搞清楚，想明白，实际上却难以做到。上学时看古人著述，动辄历经二三十年，甚或终生，心怀钦佩之情，也存疑虑，现在自己做来，深感二三十年时间一点不长，要让自己写的东西感觉还比较满意，再来十年，二十年，也十分需要。但是课题的时限性要求，不能再拖了，书中存在的问题只能将来解决了。

书中资料的调查收集始于 1988 年，1991 年夏天，2007 年 9 月，

2008 年暑期进行系统调查，2009 年到 2014 年寒暑假又就部分问题作了好多次补充调查。

全书近六十万字，没有新的理论发明，唯有做到的是在田野调查的基础上，在前人研究的基础上，努力发掘更多更为详细的鲜活资料而已。倘使学界能有一点资料可资利用，则心意已足矣。在当今追求理论创新的年代，资料是常常不被人看好的，不过心里常记张振兴先生称引李荣先生的话，"方言资料是事实"，心里也就释然了。当然书中错误疏漏之处肯定很多，祈请前辈、同行不吝赐教，不胜感激之至。

本书编辑王宁老师对书稿提出了一些修改意见，在此谨表谢忱！

2012 年 10 月于西安长安校区

2015 年 10 月改毕